Franziska Ede
Die Josefsgeschichte

Beihefte zur Zeitschrift für die alttestamentliche Wissenschaft

Herausgegeben von
John Barton, Reinhard G. Kratz
und Markus Witte

Band 485

Franziska Ede

Die Josefs-geschichte

——

Literarkritische und redaktionsgeschichtliche
Untersuchungen zur Entstehung von Gen 37–50

DE GRUYTER

ISBN 978-3-11-044746-0
e-ISBN (PDF) 978-3-11-044988-4
e-ISBN (EPUB) 978-3-11-044936-5
ISSN 0934-2575

Library of Congress Cataloging-in-Publication Data
A CIP catalog record for this book has been applied for at the Library of Congress.

Bibliografische Information der Deutschen Nationalbibliothek
Die Deutsche Nationalbibliothek verzeichnet diese Publikation in der Deutschen
Nationalbibliografie; detaillierte bibliografische Daten sind im Internet über
http://dnb.dnb.de abrufbar.

© 2016 Walter de Gruyter GmbH, Berlin/Boston
Druck und Bindung: CPI books GmbH, Leck
Gedruckt auf säurefreiem Papier
Printed in Germany

www.degruyter.com

MIX
Papier aus verantwor-
tungsvollen Quellen
FSC® C083411

Meinen Eltern
In Liebe und Dankbarkeit

Vorwort

Die vorliegende Arbeit wurde im Wintersemester 2013/14 unter dem Titel „Und Israel liebte Josef mehr als alle seine Söhne – Literarkritische und redaktionsgeschichtliche Untersuchungen zur Entstehung der alttestamentlichen Josefsgeschichte (Gen 37–50)" von der Theologischen Fakultät der Georg-August-Universität als Dissertation angenommen (Disputation: 9. Mai 2014). Für den Druck wurde sie überarbeitet.

Vielen gilt mein Dank, die zur Entstehung dieser Arbeit beigetragen haben: Zuallererst natürlich meinem Doktorvater, Prof. Dr. Reinhard Gregor Kratz. Von ihm stammt die Anregung zu dieser Arbeit, deren Entstehung er zu jeder Zeit mit großem Engagement, wertvollem fachlichen Rat und kritischer Hilfe begleitet hat.

Zu danken habe ich überdies Prof. Dr. Dr. h.c. Hermann Spieckermann, der die Mühe des Zweitgutachtens auf sich genommen und mich bereits während meiner Zeit als studentische Hilfskraft an seinem Lehrstuhl unterstützt und gefördert hat.

Mein großer Dank gilt ferner Dr. Christoph Berner, der sich nicht nur ohne Zögern als Drittprüfer zur Verfügung gestellt hat, sondern auch stets bereit war, sich in langen fachlichen Diskussionen mit mir über die Texte der Josefsgeschichte auseinanderzusetzen. Viele Beobachtungen zu Querbeziehungen zwischen Josefsgeschichte und Exoduserzählung sind aus diesen Gesprächen hervorgegangen.

Prof. apl. Dr. Thilo Alexander Rudnig hat in den ersten Semestern meines Studiums mein Interesse für semitische Sprachen und für die Arbeit am Alten Testament geweckt. Für seine stete Förderung und persönliche Anteilnahme während der Studien- und Promotionszeit bin ich ihm sehr dankbar.

Dr. Roman Vielhauer hat mich in die wissenschaftliche Exegese des Alten Testamentes eingeführt und mich auch während des Studiums mit großem Interesse und viel Geduld begleitet. Mit ihm und Dr. Harald Samuel habe ich in dem ersten Jahr meiner Promotion in dem Projekt „Die Auslegung des Buches Genesis in den Texten vom Toten Meer" zusammengearbeitet. Beide haben mir in dieser Zeit mit Rat und Tat zur Seite gestanden. Dafür sei ihnen großer Dank gesagt.

Für die großzügige Finanzierung sowohl im Rahmen des Projektes „Die Auslegung des Buches Genesis in den Texten vom Toten Meer" als auch im Rahmen des Graduiertenkolleges 896 „Götterbilder – Gottesbilder – Weltbilder" danke ich der Deutschen Forschungsgemeinschaft. Zu danken habe ich ferner allen, die an der Drucklegung dieses Buches beteiligt waren: Allen voran den Herausgebern –Prof. Dr. John Barton, Prof. Dr. Ronald Hendel, Prof. Dr. Reinhard G. Kratz und Prof. Dr. Markus Witte – für die Aufnahme in die Reihe

BZAW. Auf Seiten des Verlages halfen Dr. Sophie Wagenhofer, Katja Brockmann, Sabina Dabrowski und Katrin Mittmann. Für das Korrekturlesen danke ich Insa Agena, Dr. Mareike Blischke, Mirjam Bokhorst, Meike Christian, Dr. Peter Porzig, Prof. apl. Dr. Thilo Alexander Rudnig und Laura Victoria Schimmelpfennig. Laura Victoria Schimmelpfennig und Peter Porzig gilt darüber hinaus mein persönlicher Dank für ihre moralische Unterstützung und nicht zuletzt dafür, alle meine Launen mit viel Humor und Langmut ertragen zu haben.

Schließlich danke ich von ganzem Herzen meinen Eltern, Reinhold Ede und Christiane Ede, sowie meinem Bruder, Dr. Christopher Ede. Sie haben stets an mich geglaubt und mich in allen meinen Entscheidungen vorbehaltlos unterstützt.

Göttingen, im August 2015   Franziska Ede

Inhaltsverzeichnis

1. Erläuterungen zu Aufbau und Darstellungsweise

Die nachstehende Untersuchung ist als fortlaufende Exegese der Josefsgeschichte gestaltet. Dabei sind die jeweiligen Einzelanalysen i. d. R.[1] in Gliederung, Befund, Analyse und Ergebnis unterteilt. Die Analysen sind grundsätzlich so angelegt, dass sie auch separat zu lesen und verstehen sind. Wo zum Verständnis einzelner literarischer bzw. redaktionsgeschichtlicher Entwicklungslinien kapitelübergreifende Informationen benötigt werden, sind diese entweder direkt aufgegriffen oder es wird auf die Referenzstellen ausdrücklich verwiesen. Um die literarkritische Argumentation besser zu veranschaulichen, sind in den Fließtext Passagen hebräischen Textes integriert, in denen die jeweils bedeutsamen Abschnitte grau unterlegt bzw. anderweitig markiert und gegebenenfalls mit zusätzlichen Erklärungen versehen sind. Eine Einrückung des Textes markiert die angenommene redaktionelle Schichtung. Ist die redaktionelle Scheidung nicht durch Einrückung definiert, ist der nicht gleichursprünglich eingestufte Textbestand i. d. R. durch graue Schrift kenntlich gemacht, _{tiefergestellt} oder ausgelassen [...].

Mit Ausnahme des Abschnitts Gen 47,13–26 wird jedes Kapitel von einer Übersicht über Grundbestand und nachgetragene Motive beschlossen. Die einzelnen Motive sind mit römischen Ziffern versehen, die die relative Chronologie angeben. Hierbei jedoch handelt es sich um den Idealfall. Denn da das Abhängigkeitsverhältnis der einzelnen Schichten untereinander nicht immer mit Sicherheit zu bestimmen ist, kann vielfach nur das Verhältnis eines Motivs (I¹) zu einem direkt übergeordneten Motiv (I) genau bestimmt werden, während das Verhältnis zu ebenfalls von diesem Supra-Motiv abhängenden Motiven (I¹) unklar bleibt. Die Auszeichnung I¹ gibt demnach an, dass alle Motive I¹ von dem übergeordneten Motiv I abhängen, ihr Verhältnis untereinander allerdings u. E. nicht genau bestimmt werden kann.

Die Zählung der einzelnen Schichten erfolgt nicht fortlaufend, sondern ist auf das jeweilige Kapitel beschränkt. Mit anderen Worten: Schicht I aus Kapitel 37 ist nicht (zwangsläufig) mit Schicht I aus Kapitel 38 identisch. Andererseits liegen Schichten mit derselben Bezeichnung auch literarisch auf einer Ebene; d. h. die Kundschafter-Bearbeitung in Gen 43 gehört literarisch mit der Kundschafter-Bearbeitung von Gen 42 zusammen.

Um dem Leser einen besseren Überblick zu vermitteln, umfassen die Angaben zu den diachronen Differenzierungen bei kapitelübergreifenden Motiven jeweils alle Stellen, die der fraglichen Hand zugeschrieben werden. Dabei sind die über

---

[1] In Gen 46–47 gliedert sich die Detailanalyse in Unterabschnitte, die dem sachlichen Zusammenhang eher gerecht werden als die Kapiteleinteilung.

das aktuell besprochene Kapitel hinausweisenden Stellenangaben kleiner gedruckt. Die Angaben zu den kapitelübergreifenden Motiven sind nicht so zu verstehen, als handele es sich bei ihnen immer um einen fortlaufenden Text. Anders ausgedrückt, ist der literarische Anschluss einer Bearbeitung – nach vorne oder hinten – nicht zwingend den kapitelübergreifenden Versangaben zu entnehmen. So haben etwa Gen 48,1.2b.8.9a.10b.11 niemals direkt an Gen 41,50–52* angeschlossen. Gleichwohl werden die Verse u. E. demselben Autor zuzuweisen sein. Bezüglich der literarischen Anschlüsse sei ausdrücklich auf die Angaben in den Einzelanalysen und Kapitelzusammenfassungen verwiesen.

Bibelstellen werden – zu Teilen frei – nach der Zürcher Bibel in der Fassung von 2007/8 zitiert. Angepasst wurden spezifisch schweizerische Ausdrücke und Schreibweisen. Durchgängig geändert ist die Wiedergabe des Tetragramms, für das nicht die in der Zürcher Bibel verwandte Übersetzung „Herr", sondern der in den hebräischen Versionen überlieferte Konsonantenbestand „Jhwh" gebraucht wird.

2. Problemstellung, etablierte Lösungsansätze und methodische Überlegungen

Befund

Die Josefsgeschichte findet sich in Gen 37–50. Sie erzählt von dem geliebten Sohn Israels (Gen 37,3f), der sich im Traum als Ersten unter den Brüdern sieht (Gen 37,5–8.9): „Siehe, wir waren beim Garbenbinden mitten auf dem Feld. Da richtete sich meine Garbe auf und blieb stehen, eure Garben aber stellten sich ringsherum und warfen sich vor meiner Garbe nieder" (Gen 37,7).

Als die Brüder Josefs davon erfahren, verkaufen sie ihn von Neid erfüllt in die Knechtschaft nach Ägypten (Gen 37,27f). Doch geht der gehasste Bruder in der Fremde nicht unter, sondern steigt, im Gegenteil, zu hohen Ehren auf, nachdem er nicht nur zwei königlichen Beamten (Gen 40), sondern auch Pharao selbst (Gen 41) ihre jeweiligen Träume zutreffend zu deuten vermochte. So interpretiert er die sieben guten und schlechten Kühe bzw. sieben guten und schlechten Ähren, die dem ägyptischen König im Traum erschienen, als sieben gute Jahre der Sättigung, denen sieben schlechte Jahre des Hungers folgen werden. In weiser Voraussicht schlägt Josef Pharao deshalb vor, in den Jahren der Fülle Speise zu sammeln, die in den Jahren des Hungers als Nahrung für das Volk dienen soll. Pharao stimmt zu und ernennt Josef zum Aufseher über die gesamte Vorratspolitik.

Als sich die Zeit der Fülle nach sieben Jahren dem Ende neigt, befällt die ganze Welt ein großer Hunger (Gen 41,54–57). Während deshalb nun die anderen Länder darben müssen, ist in Ägypten dank Josefs Planung noch immer Nahrung vorhanden. So begibt es sich denn, dass der Lieblingssohn Israels seinen Brüdern wiederbegegnet (Gen 42,6ff), die auf Geheiß ihres Vaters Jakob von Kanaan aus nach Ägypten gezogen sind, um dort Getreide für das Überleben der Familie zu sichern (Gen 42,1f). Bei Josef in Ägypten angekommen, werfen sich die Brüder vor ihm nieder und erfüllen so, was Josef im Traum symbolisch vorhersah: Die Garben der Brüder verneigen sich vor der Garbe Josefs. Er, der Herr der Träume, erkennt die Brüder daraufhin sofort, sie ihn jedoch nicht.

Diese günstige Situation nutzt Josef, um seine Brüder auf die Probe zu stellen. So werden sie zunächst von Josef ins Gefängnis geworfen, der ihnen damit Gleiches mit Gleichem vergilt (Gen 42,17). Wie sie ihn dereinst nach Ägypten und in die Gefangenschaft verkauft haben, so müssen nun auch sie drei Tage in Gewahrsam bleiben. Doch ist dies Josef nicht genug. Nach Ablauf der drei Tage stellt er seine Brüder vielmehr auf eine neue Probe. Zwar dürfen sie nun mit dem erworbenen Getreide nach Hause ziehen. Allerdings müssen sie einen Bruder bei Josef in Ägypten lassen (Gen 42,24). Mit dieser Prüfung stellt Josef neuerlich eine Analogie zu seinem eigenen Schicksal her. Haben die Brüder ihn in Gen 37 einem unsicheren Geschick überlassen, so sollen sie nun an dem gefangenen Simeon erweisen, dass sie aus diesem Fehlverhalten gelernt haben und sich damit als einer Versöhnung würdig erweisen. Und obwohl die Brüder diese Prüfung bestehen, lässt auch hier die Versöhnung auf sich warten. Denn kaum haben sie den einen Bruder gerettet, gerät ein weiterer Bruder in Gefahr. Nun ist es an Benjamin, dem einzigen Vollbruder Josefs, das Verhalten der Brüder auf die Probe zu stellen (Gen 44). Wo sie in Gen 37 mit Blick auf den älteren Rahel-Sohn noch fehl gingen, sollen sie nun an dem jüngeren Rahel-Sohn zeigen, dass sie ihm loyal zur Seite stehen. Erst als die Solidarität der Brüder in einem Monolog Judas explizit zum Ausdruck gebracht wird (Gen 44,18–34), ist Josef bereit, den Brüdern zu vergeben. Er kann nicht länger an sich halten (Gen 45,1), gibt sich seinen Brüdern als Josef zu erkennen (Gen 45,3f), küsst sie alle und weint (Gen 45,15a). Und auch die Brüder, die in Gen 37,4 kein freundliches Wort mit Josef zu sprechen vermochten, finden ihre Sprache wieder (Gen 45,15b). Sie eilen nach Hause, um auch dem Vater von den positiven Ereignissen in Ägypten zu berichten. Beflügelt von der frohen Botschaft lebt der seit Gen 37 betrübte Geist Jakobs auf (Gen 45,26f) und Israel beschließt, nach Ägypten hinabzuziehen, um seinen Lieblingssohn noch einmal zu sehen (Gen 45,28). Gesagt, getan, bricht er in Gen 46,1 mit allem, was ihm gehört, auf und schließt Josef in Gen 46,30 wieder in die Arme. So ist nun endlich die gesamte Familie wieder vereint.

Damit dies auch so bleibt, siedelt Josef seine Brüder und den Vater kurzerhand in Ägypten – auf Geheiß Pharaos im besten Teil des Landes – an. Dort sollen Israel und seine Söhne nach dem Plan Gottes zu einem großen Volk werden (Gen 46,1–5), das in der Zukunft von jenem ägyptischen König unterdrückt werden wird, der von Josef nichts mehr weiß (Ex 1,8).

Mit dem oben skizzierten Erzählverlauf präsentiert sich die Josefsgeschichte als eine wohldurchdachte Komposition, deren konzeptionelle Einheit sprachlich und sachlich durch zahlreiche Querbezüge, aber auch stilistisch durch die Doppelung einzelner Motive (z. B. die Träume in Gen 37; 40f; Geldrückgabe in Gen 42–44) unterstrichen wird. Sie greift mit der Bezeichnung des Erzvaters als Israel (Gen 32,29) und dem an die Buhlschaft der Mütter, Lea und Rahel, angelehnten Konflikt zwischen Josef und seinen Brüdern (Gen 37,3f vgl. Gen 29,30f) zurück auf die Zeit der Patriarchen und bereitet mit der Ansiedlung Israels und seiner Söhne in Ägypten die Volkserzählung der Mosezeit vor. Mit diesem bücherübergreifenden Bezug stellt die Joseferzählung im Zusammenhang des Pentateuch den Übergang von der Genesis zum Exodus her und leistet demnach „Unentbehrliches für die biblische Darstellung der Vor- und Frühgeschichte Israels: Sie befördert

Israels Ahnen in das Land, aus dem Jahwe das Volk [...] herausführte, um es durch die Wüste zur *terra promissionis* zu geleiten."[1]

Trotz ihrem kunstvollen Aufbau und der brückenbildenden Funktion stehen der Lektüre der Joseferzählung als *einheitlichem* Bindeglied zwischen Erzvätern und Exodus allerdings zahlreiche Probleme entgegen. So ist das Prinzip einer kompositionellen Doppelung im Fall der Träume Josefs (Gen 37,4–8.9) oder der Aussagen Rubens (Gen 37,21f) und Judas (Gen 37,26f) zwar durchaus plausibel. Doch führt spätestens das Nebeneinander von Ismaelitern (Gen 37,25.28; 39,1) und Midianitern (Gen 37,28.36) unweigerlich zu Widersprüchen im Erzählverlauf. Wer Josef wann und an wen verkaufte, bleibt im jetzigen Zusammenhang der Abschnitte Gen 37,25.28.36; 39,1 relativ undurchsichtig.

Auffällig ist ferner der häufige Wechsel des Erzvaternamens zwischen Israel und Jakob, der etwa in Gen 45,26f.28 mit einem perspektivischen Wandel verbunden ist. Denn führt die Nachricht vom Überleben Josefs in Gen 45,26f noch zum *Aufleben* von Jakobs Geist, wird dasselbe Motiv in Gen 45,28 mit dem *nahenden Tod* Israels verknüpft und beides zum Anlass für dessen Aufbruch nach Ägypten genommen, den er in Gen 46,1aα auch antritt. Ist damit Israel nach Gen 46,1aα bereits aus eigenem Entschluss nach Ägypten aufgebrochen, verwundert es, dass Jakob in der nächtlichen Vision Gen 46,1aβ–5a von Gott erst zu einem Hinabzug zu überredet werden scheint: „*Fürchte dich nicht, nach Ägypten hinabzuziehen, denn ich will dich dort zu einem großen Volk machen*".

Von einer weiteren Vision des Erzvaters erfährt der Leser in Gen 48,3f, nach der El Schaddai Jakob zu Lus gesegnet und zu ihm gesprochen habe: „Siehe, ich will dich fruchtbar machen und dich mehren, und ich will dich zu einer Großzahl von Völkern machen. Und dieses Land will ich deinen Nachkommen zu ewigem Besitz geben" (Gen 48,4). Dieser Segen wird in Gen 48,15ff mittelbar an Josef und dessen Söhne, Ephraim und Manasse, weitergegeben, so dass sich die in Gen 46,3f angekündigte Verheißung nun in den Enkeln Jakob-Israels und also tatsächlich dort, nämlich in Ägypten realisiert.

> Und er segnete Josef und sprach: Der Gott, mit dem meine Vorfahren Abraham und Isaak gelebt haben, [...] segne die Knaben, *dass in ihnen mein Name fortlebe und der Name meiner Vorfahren Abraham und Isaak, dass sie zahlreich werden mitten im Land* (Gen 48,3f).

In den Söhnen Josefs, die ihm von Gott in Ägypten geschenkt wurden (Gen 48,9) und die für Jakob-Israel sein sollen wie Ruben und Simeon (Gen 48,5–7), will der Erzvater fortleben.

---

1 Donner, *Gestalt*, 7.

Es erstaunt dementsprechend, dass in Gen 49 sogleich ein Segen an *alle zwölf Söhne* ergeht, der Ephraim und Manasse trotz ihrer vorausgehenden Adoption (Gen 48,5–7) nicht mehr berücksichtigt, sondern stattdessen Juda als Primus unter den Söhnen Jakobs bzw. Stämmen Israels auserwählt. Eine Spannung ergibt sich zudem zwischen Gen 49,29ff und Gen 47,29–31, in denen die Begräbnisanweisungen Jakob-Israels doppelt angeführt werden. Dabei wird in Gen 47,29–31 zunächst *Josef allein* von seinem Vater *Israel* dazu verpflichtet, ihn nicht in Ägypten zu bestatten, während *Jakob* in Gen 49,29ff *alle Söhne* dazu auffordert, ihn nach seinem Tod in der Erbbegräbnisstätte Machpela zu begraben.

Die Schwierigkeiten setzen sich nach dem Tod des Erzvaters in Gen 50 fort. Denn obwohl soeben noch alle Söhne Jakob-Israels an seinem Totenbett versammelt waren (Gen 49), ist es in Gen 50,1 doch nur Josef, der den Tod seines Vaters beweint (vgl. 50,10b). Der Trauer des Rahel-Sohnes folgt die Trauer der Ägypter (Gen 50,2–4), die sich in Gen 50,7 auch in großen Scharen an dem Trauerzug beteiligen. Erst in Gen 50,8 erfährt der Leser, dass die Brüder Josefs dem Vater ebenfalls das letzte Geleit geben und in Gen 50,12f zur Ausführung bringen, was der Vater in Gen 49,29ff von ihnen erbeten hatte.

Gen 50,14 berichtet sodann von der Rückkehr Josefs, seiner Brüder und aller, die mit hinaufgezogen waren, während die Brüder nach Gen 50,15 zuallererst festzustellen scheinen, dass der Vater nicht mehr unter ihnen weilt: „Und die Brüder Josefs sahen, dass ihr Vater gestorben war, und sie sprachen: Wenn nun Josef uns feind ist und uns all das Böse vergilt, das wir ihm angetan haben?"

Bereits dieser kurze Abriss zeigt, dass die inhaltliche Geschlossenheit und formale Schönheit der Josefsgeschichte nicht gänzlich frei von sachlichen und sprachlichen Spannungen ist, die den Erzählverlauf, wenn auch nicht im Großen, so doch in nicht wenigen und nicht ganz unwesentlichen Details mehr oder weniger deutlich stören. In der Forschung ist dieser – hier nur in Ansätzen aufgezeigte – spannungsreiche Befund unterschiedlich ausgewertet worden.

Lösungsansätze
In der älteren Forschung[2] hat man sich auf die Doppelungen, Spannungen und Widersprüche einerseits und die Einbettung der Josefsgeschichte in den Gesamt-

---

2 Es sei an dieser Stelle ausdrücklich darauf hingewiesen, dass es sich bei dieser Aufteilung nur um eine Verallgemeinerung handeln kann. Die Einschätzung der jeweiligen Vertreter kann im Einzelnen durchaus sehr stark voneinander abweichen; vgl. in jüngerer Vergangenheit insbesondere die Untersuchung von Levin (Der Jahwist, FRLANT 157, Göttingen 1993), der zwar an einem

kontext des Pentateuchs andererseits konzentriert. Beidem hat man versucht, mit der Verteilung der Josefsgeschichte auf die nichtpriesterschriftlichen Quellen J und E bzw. die priesterschriftliche Quelle P gerecht zu werden, die auch insgesamt als Grundlage der Bücher Genesis–Numeri verstanden wurden. Klassisch ausgearbeitet findet sich der Lösungsansatz bei Hermann Gunkel, dessen wegweisender Kommentar noch heute die Forschung an der Josefsgeschichte (mit) prägt.

Ausgehend von Beobachtungen in Gen 37 erschließt Gunkel auch für den letzten Abschnitt der Genesis die Relevanz der nichtpriesterschriftlichen Quellen J und E.[3] Das Kapitel sei „voll von Doppelungen und Wiederholungen"[4] und könne in „zwei in sich zusammenhängende, wohl komponierte und charakteristisch von einander verschiedene Varianten"[5] unterteilt werden, von denen die Israel-Juda-Ismaeliter-Variante dem Jahwisten, die Jakob-Ruben-Midianiter-Variante dem Elohisten angehöre. Auf den in Gen 37 herausgearbeiteten Charakteristika der Quellenfäden beruht maßgeblich auch die Einschätzung der weiteren Josefsgeschichte.

Während Gunkel an der Notwendigkeit einer Aufteilung auf die Quellen J, E und P keine Zweifel hegt, fallen seine Aussagen zu Form und Gattung der Josefsgeschichte weniger eindeutig aus. Denn hatte Gunkel die Joseferzählung zunächst wie die Vätererzählungen als Sagenkranz beschrieben, stellt er umgehend fest, dass sie sich

> vor den übrigen Sagenkränzen durch eine besonders straffe Komposition aus[zeichne]: während sonst die einzelnen Sagen des Kranzes […] wie aufgereihte Perlen nebeneinander stehen, und der verbindende Faden zurücktritt, ist die Josepherzählung ein wohl organisiertes Ganze[s].[6]

Jahwisten (in Form einer jahwistischen Redaktion) grundsätzlich festhält und dabei nicht selten die traditionellen Scheidungskriterien übernimmt (etwa Israel, Juda). Doch unterscheidet sich seine literarkritische Analyse des nichtjahwistischen Textbestandes erheblich von den traditionellen Lösungsansätzen.

Zu ausführlicheren forschungsgeschichtlichen Überblicken sei weiterführend verwiesen auf Westermann, *Joseph-Erzählung*, 56–68; Ruppert, *Diskussion*, 92–97, oder Paap, *Josephsgeschichte*.

3 Die Priesterschrift, die ohnehin nur einen sehr geringen und nicht unumstrittenen Bestand innerhalb der Josefsgeschichte umfasst, wird im Rahmen der weiteren Einleitung zunächst außer Acht gelassen und erst im Zusammenhang der Einzelanalysen diskutiert.

Zu den Problemen, vor die die Priesterschrift den Exegeten in der Josefsgeschichte stellt, vgl. allgemein Schmidt, *Priesterschrift*, 111–123, oder ders., *Verbindung*, 19–37.

4 Gunkel, HK, 401.

5 Gunkel, HK, 402.

6 Gunkel, HK, 396.

Dementsprechend, so gesteht Gunkel wenig später ein, dürfe man „die Erzählung kaum mehr eine Sage, sondern müsse [man] sie eine Novelle nennen"[7].

Dieses in den Formulierungen Gunkels angedeutete Spannungsfeld von inhaltlicher Kohärenz bei gleichzeitiger Divergenz findet seinen deutlichsten Niederschlag wohl in den Arbeiten Gerhard von Rads. Er widmet sich in mehreren Aufsätzen primär dem theologischen Gehalt der Josefsgeschichte und verweist mit Nachdruck auf ihre sachliche Geschlossenheit und literarische Schönheit. So beschreibt er die Josefsgeschichte, die „durch und durch novellistisch"[8] sei, in seinem Aufsatz „Josephgeschichte und ältere Chokma" als „eine weisheitlich-didaktische Erzählung, die hinsichtlich ihres Bildungsideales ebenso wie hinsichtlich ihres theologischen Grundgedankens von starken Anregungen abhängig ist, die von Ägypten ausgegangen sind"[9].

Auch in seinem ATD-Kommentar zur Josefsgeschichte weist von Rad ausdrücklich darauf hin, dass die Josefsgeschichte zu ihrem

> Umfang [...] nicht etwa nach und nach durch eine umfassende Komposition einzelner Erzählungseinheiten angeschwollen [sei][10]. Sie ist kein ‚Sagenkranz', vielmehr ist sie eine von Anfang bis zu Ende organisch aufgebaute Erzählung, von der kein Einzelabschnitt je als gesondertes Überlieferungsgut eine ehedem selbständige Existenz gehabt haben kann[11].

Trotz dieser Einschätzung hält auch von Rad an der Quellenscheidung fest. Der Text der Josefsgeschichte sei, „abgesehen von ganz geringfügigen Teilen der priesterschriftlichen Quelle, eine kunstvolle Komposition aus den Darstellungen der Quellen J und E. Offenbar haben beide eine Josephsgeschichte enthalten"[12]. Dabei habe ein Redaktor die Quellen „nun derart miteinander verbunden, daß er in die jahwistische Josephsgeschichte umfangreiche Teile der elohistischen Parallelfassung eingelegt und so eine noch reichere Erzählung geschaffen hat"[13].

Die spannungsvolle Interpretation von Rads ist nicht ohne Widerspruch geblieben. Gegen seine Ausführungen wendet sich – im Anschluss an einen Aufsatz von Whybray[14] – dezidiert Herbert Donner in einem Vortrag vor der Akademie der Wissenschaften zu Heidelberg (1976). So scheint ihm,

---

7 Gunkel, HK, 397.
8 Von Rad, *Josephsgeschichte*, 272.
9 Von Rad, *Josephsgeschichte*, 280.
10 Vgl. hierzu Greßmann, *Ursprung*, 48–49.
11 Von Rad, ATD, 304.
12 Von Rad, ATD, 304.
13 Von Rad, ATD, 304.
14 Whybray, *Joseph*, 522–528.

als sei das Problem, das [durch die Beurteilung von Rads] gestellt wird, bislang noch nicht einmal bemerkt worden. Denn wie soll man sich das Verhältnis der didaktischen Josephnovelle zu den Erzählwerken des Jahwisten und des Elohisten vorstellen? Haben beide je für sich, zu verschiedenen Zeiten und womöglich an verschiedenen Orten die Novelle bearbeitet und in ihre jeweils charakteristische Darstellungsart eingeschmolzen? Entstanden auf diese Weise zwei unterschiedliche Sekundärfassungen der doch von allem Anfang an literarisch vorliegenden Novelle, die der jehovistische Redaktor dann gewissermaßen tertiär wiedervereinigte? Oder gab es von Hause aus zwei Josephnovellen, die J und E ohne nennenswerte Veränderungen ihren Erzählwerken inkorporierten?[15]

Literarkritisch bemängelt Donner überdies, dass

> Gen 37 [...] viel zu großes Gewicht [erhalte]: Es ist Schlüsselkapitel für die Quellenscheidung und Bezugspunkt für die Analyse von Gen 39–50. Damit wird ein neues [...] Quellenscheidungskriterium eingeführt, das nur innerhalb der Josephsgeschichte, nicht jedoch außerhalb gelten kann und das deshalb allenfalls für eine Aufteilung des Bestandes auf ‚anonyme' Quellen A und B, nicht aber auf die Erzählwerke J und E tauglich ist.

Deshalb müsse man, so Donners Resümee, eine Konsequenz ziehen, „die [von Rad] selber nicht gezogen hat. Man kann nicht beides haben: die Josephsgeschichte als Novelle und als Bestandteil der Pentateuchquellen J und E"[16].

Diese Konsequenz hat Donner zu ziehen versucht, die Josefsgeschichte allerdings seinerseits nicht gänzlich von den Pentateuchquellen gelöst. Vielmehr bietet er eine Lösung an, die die Idee der Josefsgeschichte als einer „Novelle" mit der Aufteilung der übrigen Genesis auf die Quellenschriften J und E zu vereinbaren sucht. So habe der „jehovistische Redaktor [...] die jahwistische und elohistische Darstellung des Hinabzuges der Jakobsippe nach Ägypten durch die ihm literarisch vorliegende Josephnovelle"[17] ersetzt. Der „jehovistische Redaktor war überzeugt, daß die Josephnovelle nichts anderes erzählte, nur eben ausführlicher, genauer, eindrücklicher. Deshalb durfte und konnte sie J und E vorgezogen werden"[18]. Dass „die soeben angestellten Erwägungen im Grundsätzlichen richtig sind", könne man daran erkennen, dass es

> innerhalb der Josephsgeschichte vier Stücke [gebe], die aus der Erzählung von den Schicksalen Josephs und seiner Brüder deutlich herausfallen und starke Ähnlichkeiten mit den Patriarchensagen zeigen: Stücke, die man gewissermaßen als erzählerische Rückfälle in die Art der Erzväterüberlieferung ansehen könnte.

---

15 Donner, Gestalt, 13f.
16 Donner, Gestalt, 14.
17 Donner, Gestalt, 25.
18 Donner, Gestalt, 25f.

Dabei handele es sich um Gen 41,50–52; 46,1aβ–5a; 48 und 50,23–25. „Im Gegensatz zur Josephnovelle" seien sie „den Argumenten der literarischen Pentateuchkritik durchaus zugänglich"[19] und

> trotz ihrer Isolation mit jeweils mehreren guten Gründen als quellenspezifisch zu erkennen oder doch zu vermuten. Diese Beobachtungen nähren den Verdacht, daß die vier Stücke Fragmente aus den Pentateuchquellen J und E sind,[20] die der jehovistische Redaktor deshalb stehen ließ, weil ihre Angaben in der Josephnovelle nicht enthalten waren: Angaben und Mitteilungen, die für den Fortgang der Pentateucherzählung nicht entbehrt werden konnten[21].

In der oben dargelegten Einschätzung Donners deuten sich die Grundpfeiler jener Lösungsansätze an, die in den letzten Jahrzehnten zunehmend in Konkurrenz zu der traditionellen Quellenscheidungshypothese getreten sind: (1) die Einheitshypothese und (2) die Bearbeitungshypothese. Dabei verstehen die Vertreter (1) der Einheitshypothese die Josefsgeschichte grundsätzlich als eine Größe *sui generis*, aus der lediglich einige störende Elemente – wie die umstrittenen Kapitel Gen 38; 48; 49 oder die textübergreifenden Passagen Gen 46,1–5 bzw. 50,24–26 – als spätere Zusätze oder Bearbeitungen auszuscheiden sind.[22] Betont wird bei diesem Lösungsansatz die inhaltliche Geschlossenheit der Erzählung bzw. ihre kompositionelle Einheit, die sich in zahlreichen sachlichen und sprachlichen Querverbindungen manifestiert. Damit wird das Augenmerk wieder stärker auf die sachlich-theologische Interpretation der Josefsgeschichte gelenkt, die in der traditionellen Quellenscheidung nicht selten hinter der systematischen Aufteilung des Textes zurückstehen musste. Indem sich der Blick bei der Interpretation der Josefsgeschichte als literarischer Einheit allerdings synchron auf das große Ganze richtet, gerät allzu leicht der Einzeltext mit seinen zahlreichen Facetten aus dem Blick. Dies birgt die Gefahr, Widersprüche, Spannungen, Sinn- oder Akzentverschiebungen nicht hinreichend zu würdigen und

---

19 Donner, Gestalt, 26.

20 Vgl. mit Blick auf Gen 48 bereits die Bemerkung von Greßmann, *Ursprung*, 50, die „stammesgeschichtlichen Züge, die uns in der Joseph-Sage begegnen, gehörten also zum Teil ursprünglichder [sic!] Jakob-Sage an und sind erst hinterher in die Joseph-Novelle verflochten worden".

21 Donner, Gestalt, 26f.

22 Bei dieser Auflistung kann es sich freilich nur um eine Verallgemeinerung handeln. Die Einschätzung der jeweiligen Vertreter kann im Detail durchaus sehr stark voneinander abweichen. So nimmt z. B. auch Westermann (BK 17–23; Neukirchen 1980–1982) eine grundsätzliche literarische Einheitlichkeit der Josefsgeschichte an, sieht sie allerdings lediglich in den Kapiteln Gen 37; 39–45f vorliegen, während es sich bei Gen 46–50 größtenteils um einen Bestandteil der Israel-Jakob-Geschichte handele; vgl. insbesondere Westermann, BK, 11–12.

so die Vielfalt, durch die sich die Josefsgeschichte auszeichnet, vorschnell einzuebnen.

Auf die Widersprüche, Spannungen und Brüche im Erzählverlauf konzentrieren sich (2) die Vertreter der Bearbeitungshypothese bzw. der redaktionsgeschichtlichen Modelle, die sich literarkritisch zumeist noch stark an den von der Quellenscheidung vorgegebenen Kriterien (Jakob/Israel; Ruben/Juda; Ismaeliter/ Midianiter; Rock/Träume etc.) orientieren.[23] In diesem Sinne scheiden sie in Gen 37 zumeist zwischen den zwei Begründungen des Hasses, von denen sie die Bevorzugung durch Israel mit Juda und das Motiv der Träume mit Ruben in Verbindung bringen. Die so gewonnenen Varianten werden nun jedoch nicht mehr grundsätzlich mit dem Jahwisten oder Elohisten identifiziert, sondern stattdessen als Ruben- und Juda-Variante bezeichnet, von denen eine gemeinhin als Überarbeitung der anderen verstanden wird. Herrschte in der älteren Forschung allerdings Einigkeit darüber, dass es sich bei dem Jahwisten um die gegenüber dem Elohisten ältere Quellenschrift handeln müsse, findet man unter den Vertretern der redaktionsgeschichtlichen Modelle sowohl Befürworter einer Ruben- (Redford[24], Kebekus[25], Dietrich[26]) als auch einer Juda-Priorität (Schmitt[27], Schorn[28]). Neu gegenüber der Quellenscheidung ist zudem, dass die je angenommene Grundschrift nicht als organische Fortführung der Vätergeschichte verstanden wird, sondern unabhängig von ihr entstanden sein soll. Erst mögliche Bearbeitungen werden mit etwaigen auch aus der Quellenscheidung bekannten Größen in Verbindung gebracht (Schmitt: Ruben-Bearbeitung = E; Juda-Bearbeitung = J^S; Kebekus: Ruben-Erweiterung = Je; Juda-Bearbeitung = R^P).

---

23 Auch hier sei noch einmal ausdrücklich darauf hingewiesen, dass es sich bei dieser Aufteilung nur um eine Verallgemeinerung und bei den genannten Vertretern lediglich um eine Auswahl handelt. Die redaktionsgeschichtlichen Analysen können im Einzelnen äußerst stark voneinander abweichen. Zu den redaktionsgeschichtlichen Untersuchungen ist im weiteren Sinne auch die Habilitationsschrift von Christoph Levin (Der Jahwist, FRLANT 157, Göttingen 1993) zu zählen, der zwar an einer jahwistischen Redaktion festhält, den nichtjahwistischen Textbestand der Josefsgeschichte allerdings auf vorjahwistische Quellen und nachjahwistische, nachpriesterschriftliche und nachendredaktionelle Bearbeitungen verteilt.
24 Redford, D. B., A Study of the Biblical Story of Joseph, VT.S 20, Leiden 1970.
25 Kebekus, N., Die Joseferzählung. Literarkritische und redaktionsgeschichtliche Untersuchungen zu Gen 37–50, Münster 1990.
26 Dietrich, W., Die Josephserzählung als Novelle und Geschichtsschreibung. Zugleich ein Beitrag zur Pentateuchfrage, BThSt 14, Neukirchen-Vluyn 1989.
27 Schmitt, H.-C., Die nichtpriesterliche Josephsgeschichte: ein Beitrag zur neuesten Pentateuchkritik, BZAW 154, Berlin 1980.
28 Schorn, U., Ruben und das System der Zwölf Stämme Israels, BZAW 248, Berlin 1997.

Mit dieser Bewertung sind einige Probleme der Quellenscheidung umgangen, andere jedoch beibehalten und auch neue Fragen aufgeworfen. Berücksichtigt ist zunächst die Kritik Donners, dass allein der Befund von Gen 37 für eine Identifizierung der Erzählfäden mit möglichen auch aus der Vätergeschichte bekannten Quellen nicht taugt[29]. So gilt nun der Grundbestand der Josefsgeschichte nicht mehr als integraler Bestandteil einer Quellenschrift, sondern wird als unabhängige Erzählung betrachtet, die nachträglich überarbeitet und mit der Vätergeschichte verbunden wurde. Aus dieser Einschätzung aber ergibt sich ein fundamentales Problem für die Annahme einer Juda-Grundschrift. Denn die mit Gen 37,3f eingeleitete Erzählung greift gleich auf mehrere Abschnitte der Vätergeschichte zurück. Zumindest eine sachliche Kenntnis jener Abschnitte der Vätergeschichte wäre für den Verfasser der Juda-Grundschrift demnach vorauszusetzen – mit Blick auf die wörtlichen Übereinstimmungen wohl aber auch eine literarische.

Gen 37,3f:

³ וְיִשְׂרָאֵל אָהַב אֶת־יוֹסֵף מִכָּל־בָּנָיו כִּי־בֶן־זְקֻנִים הוּא לוֹ וְעָשָׂה לוֹ כְּתֹנֶת פַּסִּים:

⁴ וַיִּרְאוּ אֶחָיו כִּי־אֹתוֹ אָהַב אֲבִיהֶם מִכָּל־אֶחָיו וַיִּשְׂנְאוּ אֹתוֹ וְלֹא יָכְלוּ דַּבְּרוֹ לְשָׁלֹם:

Gen 21,2.7:

² וַתַּהַר וַתֵּלֶד שָׂרָה לְאַבְרָהָם בֵּן לִזְקֻנָיו לַמּוֹעֵד אֲשֶׁר־דִּבֶּר אֹתוֹ אֱלֹהִים:

⁷ וַתֹּאמֶר מִי מִלֵּל לְאַבְרָהָם הֵינִיקָה בָנִים שָׂרָה כִּי־יָלַדְתִּי בֵן לִזְקֻנָיו:

Gen 29,30f:

³⁰ וַיָּבֹא גַּם אֶל־רָחֵל וַיֶּאֱהַב גַּם־אֶת־רָחֵל מִלֵּאָה וַיַּעֲבֹד עִמּוֹ עוֹד שֶׁבַע־שָׁנִים אֲחֵרוֹת:

³¹ וַיַּרְא יְהוָה כִּי־שְׂנוּאָה לֵאָה וַיִּפְתַח אֶת־רַחְמָהּ וְרָחֵל עֲקָרָה:

Gen 30,23f*:

²³ וַתַּהַר וַתֵּלֶד בֵּן וַתֹּאמֶר אָסַף אֱלֹהִים אֶת־חֶרְפָּתִי:

²⁴ וַתִּקְרָא אֶת־שְׁמוֹ יוֹסֵף לֵאמֹר יֹסֵף יְהוָה לִי בֵּן אַחֵר:

Gen 32,29:

²⁹ וַיֹּאמֶר לֹא יַעֲקֹב יֵאָמֵר עוֹד שִׁמְךָ כִּי אִם־יִשְׂרָאֵל כִּי־שָׂרִיתָ עִם־אֱלֹהִים וְעִם־אֲנָשִׁים וַתּוּכָל:

Ein weiteres Problem für die gängigen redaktionsgeschichtlichen Modelle ergibt sich aus der Übernahme jener literarischen Kriterien, die im Rahmen der Quellenhypothese formuliert wurden. Sie sind zu einem nicht unerheblichen Teil aus

---

29 Vgl. Donner, Gestalt, 19.

Gen 37 gewonnen und auf die Josefsgeschichte insgesamt übertragen bzw. ange-
wendet worden. Dabei wird nicht selten *a priori* vorausgesetzt, dass neben dem
Eingangskapitel auch ein Großteil der Josefsgeschichte, mitunter die gesamte
Josefsgeschichte aus zwei Versionen zusammengesetzt sei. Diese Versionen
werden im Rahmen der Bearbeitungshypothese zumeist als Juda- und Ruben-
Variante identifiziert und im Verhältnis von Grundschicht und Überarbeitung
verstanden. Doch scheitert diese schematische Verteilung des Textes bereits
an der Exposition Gen 37. Hier ist es nach Maßgabe des masoretischen Textes
zunächst die Bevorzugung Israels, die den Hass der Brüder auslöst (V. 3f). An das
Motiv der Bevorzugung knüpfen die Träume Josefs an (V. 5–8), die den Hass der
Brüder nun schüren. Wegen der Träume hassen sie Josef *noch mehr* (ויוספו עוד שנא
אתו). Mit dieser Begründung bereitet das Motiv der Träume den Tötungsbeschluss
in V. 19f vor, der von allen Brüdern getroffen und mit Verweis auf V. 8b begründet wird: „*Lasst ihn uns töten* (לכו ונהרגהו) *und in eine Grube werfen und sagen,
ein wildes Tier habe ihn gerissen.* Dann wollen wir sehen, was seine Träume wert
sind" (Gen 37,20). An diesem Beschluss in Gen 37,19f hängen
- das Motiv von Josefs blutgetränktem Rock, der dem Vater beweisen soll, dass
  der Lieblingssohn tatsächlich *von einem wilden Tier gerissen* wurde,
- die Rede Judas: „Was haben wir davon, wenn wir unseren Bruder *töten* (הרג)?
  [...] *Lasst ihn uns* (stattdessen) an die Ismaeliter *verkaufen* (לכו ונמכרנו)", und
- die Rede Rubens, der Josef aus „dieser *Grube* in der Wüste" und aus der Hand
  seiner Brüder retten will.

Bereits dieser kurze, synchrone Abriss lässt erahnen, dass sich die komplexen
literarischen Verhältnisse in Gen 37 nicht ohne weiteres mit einer Verteilung des
Textbestandes auf zwei Erzählfäden – seien sie unabhängig voneinander entstanden oder im Verhältnis von Grund- und Bearbeitungsschicht zu verstehen –
vereinbaren lassen. Denn die Träume (Ruben-Variante) hängen an der Bevorzugung durch Israel (Juda-Variante). Und an den Träumen hängen die wörtlichen
Reden Rubens *und* Judas. Die Aussagen der Lea-Söhne dürften folglich in Kenntnis *beider* Begründungen des Hasses formuliert sein, von denen sie allerdings
nur auf das Motiv der Träume bzw. des Tötungsbeschlusses zurückgreifen.

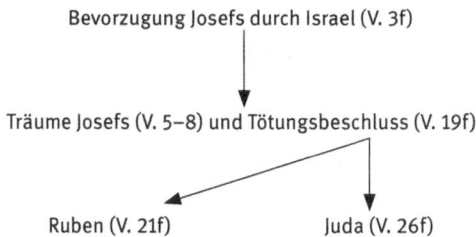

Bevorzugung Josefs durch Israel (V. 3f)

Träume Josefs (V. 5–8) und Tötungsbeschluss (V. 19f)

Ruben (V. 21f)   Juda (V. 26f)

Um dem oben skizzierten komplexen Befund gerecht zu werden, wird es notwendig sein, nach neuen Lösungsansätzen zu suchen, die sich von alten Vorannahmen verabschieden und sich stattdessen auf eine möglichst voraussetzungsfreie Analyse des uns überlieferten Textbestandes konzentrieren. In diesem Zusammenhang gilt es, die Divergenzen und Kohärenzen in Kontext und Intertext *gleichermaßen* zu berücksichtigen. Denn Brüche, Spannungen, Doppelungen oder Widersprüche können zwar ein Indiz für literarische Uneinheitlichkeit sein. Ob sie aber zu einer diachronen Differenzierung berechtigen, muss sich immer auch an den *literarischen Anknüpfungspunkten* sowie den *kontextuellen und intertextuellen Sinnzusammenhängen* zeigen. Unter Berücksichtigung der angeführten Kriterien wird die hier vorgelegte Arbeit versuchen, das Werden der Josefsgeschichte in seinen einzelnen Stadien nachzuzeichnen. Sie vertritt dabei die Hypothese eines kleinschrittigen Wachstums, im Zuge dessen Bearbeitungen bewusst und ausdrücklich an den vorliegenden Kontext anknüpfen, ihn um ein eigenes Anliegen ergänzen und ihn so in neuer Akzentuierung *fortschreiben.*

Im Rahmen dieser diachronen Differenzierung, darauf sei noch einmal ausdrücklich hingewiesen, kann es nicht darum gehen und wird es auch nicht gelingen, jeden einzelnen Vers einem bestimmten Motiv, einer bestimmten Bearbeitung oder einer bestimmten Redaktion zuzuweisen. Dies liegt bereits darin begründet, dass eine empirische Analyse nur auf Grundlage des uns überlieferten Textbestandes erfolgen und bei diachroner Betrachtung also lediglich der positive Befund möglichen literarischen Wachstums nachvollzogen werden kann. Damit sind bereits Grenzen der redaktionsgeschichtlichen Methode angezeigt. Ein möglicher Negativbefund, etwa ein zufälliger Textausfall oder bewusste Textauslassungen bzw. -ersetzungen, sind – ohne (externe) Evidenz – nicht überprüfbar und können entsprechend bei der Rekonstruktion einer möglichen Textgenese nicht berücksichtigt werden. Das in dieser Arbeit vorgeschlagene Textwachstum kann *ergo* nur als eine vorsichtige Annäherung verstanden werden.

Dass in Anbetracht der soeben angemerkten Unwägbarkeiten dennoch nicht auf eine diachrone Differenzierung verzichtet wurde, entspricht der Überzeugung der Verfasserin, die sachlich und theologisch tragenden Bearbeitungen mit relativer Sicherheit umreißen und durch diese diachrone Differenzierung das Verständnis der Josefsgeschichte als Fortführung der Vätergeschichte, als Brücke zum Exodus und als Bestandteil des Penta- bzw. Hexateuch fördern zu können. Dementsprechend wird die hier vorgelegte Arbeit den Versuch unternehmen, die einzelnen Fortschreibungen voneinander abzuheben und gegeneinander abzugrenzen, um so einen Überblick über die großen literarischen Linien zu erhalten, die die Josefsgeschichte zu dem haben werden lassen, was sie heute ist: eine Einheit in Vielfalt!

Einen Überblick über die Hauptlinien der hier angenommenen literarischen Entstehung der Josefsgeschichte bieten neben der **Zusammenfassung (6.)** vor allem folgende Teilabschnitte:

3.3.3.Genesis 41: Josef vor Pharao; hier *Abschnitt (a)* „Die kontextuellen Verknüpfungen mit dem literarischen Umfeld";

4.1. Genesis 42: Die Wiederbegegnung Josefs mit seinen Brüdern, hier *Abschnitt (f)* „Der älteste Kern von Gen 42";

4.4. Genesis 45: Josef gibt sich den Brüdern zu erkennen, hier *Abschnitt (a)* „Die kontextuellen Verknüpfungen von Gen 45" und *Abschnitt (b)* „Die Befehle Josefs (Gen 45,9–10) bzw. Pharaos (Gen 45,16–20) und ihr Verhältnis zum Beschluss Israels in Gen 45,28";

5.1.1. Genesis 46,1–30: Der Aufbruch Israels nach Ägypten, hier *Abschnitt (a)* „Die kontextuelle Einbettung von Gen 46,1–30";

5.1.4.Genesis 47,28.29–31: Der (nahende) Tod Jakob-Israels;

5.4. Genesis 50: Das Finale der Genesis, *hier Abschnitt (a)* „Gen 50 im literarischen Zusammenhang der Josefsgeschichte".

3. Genesis 37–41: Josefs Verkauf nach und Aufstieg in Ägypten

3.1. Genesis 37: Wie Josef nach Ägypten kam

Gliederung

V. 1–2:   Priesterschriftliche Exposition der Josefsgeschichte

V. 3–4:   Josef wird von Israel bevorzugt, die Brüder hassen ihn daraufhin

V. 5–11: Josef träumt sich als Primus unter den Brüdern, die Brüder hassen ihn noch mehr

V. 12:   Die Brüder brechen auf, um das Vieh zu hüten

V. 13–14: Der Vater schickt Josef den Brüdern hinterher

V. 15–17: Josef verirrt sich und bekommt von einem Mann den Weg zu den Brüdern gewiesen

V. 18–20: Die Brüder planen, Josef zu töten

V. 21–22: Ruben mahnt die Brüder, Josef am Leben zu lassen

V. 23–24: Josef kommt bei den Brüdern an, sie ziehen ihm den Rock aus und werfen ihn in eine Grube

V. 25:   Die Brüder erblicken eine ismaelitische Karawane, die auf dem Weg nach Ägypten ist

V. 26–27: Juda schlägt vor, Josef zu verkaufen

V. 28:   Midianiter kommen vorbei, ziehen Josef aus der Grube und verkaufen ihn an die Ismaeliter

V. 29–30: Ruben bemerkt den Verlust Josefs

V. 31–33: Die Brüder täuschen dem Vater vor, Josef sei tot

V. 34–35: Der Vater trauert um Josef

V. 36:   Die Medaniter verkaufen Josef nach Ägypten an Potifar

Befund

Mit Gen 37 wird die Josefsgeschichte exponiert. Hier erfährt der Leser von der familiären Konstellation im Hause Jakob-Israels, die mit dem weiteren Schicksal Josefs in kausalem Zusammenhang steht. Weil Josef der Lieblingssohn Israels ist, hassen ihn die Brüder (V. 3f). Und weil Josef den Brüdern von seinen Träumen erzählt, in denen sich der vom Vater erhaltene Vorzug spiegelt, schürt er ihren Hass (V. 5–8[.9–11]). Sie hassen ihn noch mehr – wegen seiner Träume (V. 8). Und wegen seiner Träume wollen sie ihn töten, in eine Grube werfen und behaupten, ein wildes Tier habe ihn gerissen. Dann werde man sehen, was die Träume Josefs wert seien (V. 19f). Dass es so weit nicht kommt, hat Josef den Lea-Söhnen Ruben und Juda sowie einer ismaelitischen und einer midianitischen Karawane zu verdanken, deren Handeln in je eigener Weise mit dem Schicksal des Lieblingssohnes verbunden ist.

Von den genannten Akteuren tritt als erster Ruben auf den Plan, der den in V. 19f von allen Brüdern gefassten Entschluss zur Tötung Josefs in V. 21–22 vehement ablehnt. Zwar können die Brüder auch nach seinem Willen Josef in eine Grube werfen, aber sein Blut vergießen sollen sie nicht. Ruben selbst wäscht seine Hände in Unschuld und distanziert sich von dem Handeln der Brüder, aus deren Hand er Josef später zu retten gedenkt. Dass die Brüder die eindringliche Mahnung Rubens zur Kenntnis genommen haben, ist lediglich in den Angaben von V. 23f impliziert, wo sie den lebendigen Josef in eine wasserlose Grube werfen, in der sein Überleben auch weiterhin gewährleistet ist. Auf eine direkte Reaktion der Brüder aber wartet der Leser vergebens.

Aus dem Nichts erscheinen in V. 25 stattdessen die Ismaeliter, die sich samt Lastkamelen auf dem Weg nach Ägypten befinden. Ihrer werden die Brüder gewahr, von denen sich nun auch Juda (V. 26f) zu Wort meldet. Er möchte ebenfalls auf den Brudermord verzichten. Anders als Ruben schließt Juda sich allerdings nicht von den Brüdern aus, sondern will mit ihnen gemeinsame Sache machen: „Was haben wir davon, wenn wir unseren Bruder umbringen [...]? Lasst ihn uns (stattdessen) an die Ismaeliter verkaufen [...]". Ebenfalls im Gegensatz zu Ruben erhält Juda eine direkte Reaktion auf seinen Vorschlag: „Und seine Brüder hörten (auf ihn)" (Gen 37,27b). Haben die Brüder damit eingewilligt, den verhassten Josef an die vorbeiziehenden Ismaeliter zu verkaufen, so verwundert es, dass sie im Anschluss keinerlei Anstalten machen, den Plan auch in die Tat umzusetzen. Denn an ihrer Stelle sind es in V. 28 die Midianiter, die Josef gewinnbringend verkaufen. Sie sind den untätigen Brüdern offensichtlich zuvorgekommen, haben Josef aus der Grube gezogen und ihn um zwanzig Silberstücke an die ismaelitische Karawane veräußert, die Josef nun nach Ägypten verschleppt.

In V. 29f ist es sodann nicht der um seinen Gewinn gebrachte Juda, der sich über den geplatzten Verkauf ärgert, sondern Ruben, der sich über das Verschwinden Josefs entsetzt. Denn obwohl alle Brüder in V. 27b den Beschluss gefasst hatten, Josef zu verkaufen, hat sich offenbar nur Ruben auf den Weg zur Grube gemacht. Seine Reaktion in V. 30 lässt dabei erahnen, dass er Josef nicht veräußern, sondern ihn noch immer retten und zum Vater zurückbringen wollte. Doch verzweifelt muss er den Verlust Josefs feststellen. Er zerreißt sein Gewand und kehrt zurück zu den Brüdern, die er anklagend fragt: „Der Knabe ist nicht mehr da! Und ich, wo soll ich hin?" (Gen 37,30). Auch hier bleiben die Brüder eine Antwort schuldig. Weder reagieren sie auf den Vorwurf Rubens noch auf den geplatzten Verkauf Josefs. Im Gegenteil, sie verhalten sich so, als wäre ihr Plan reibungslos aufgegangen. Sie schlachten einen Ziegenbock, tauchen das in V. 23 an sich genommene Kleid Josefs in Blut und übersenden bzw. bringen es dem Vater, dem nichts bleibt, als den (vermeintlichen) Verlust seines Lieblings zu konstatieren: „Es ist *der Rock meines Sohns* (vgl. V. 23!). *Ein wildes Tier hat ihn gefressen* (vgl. V. 20!). Zerfleischt, zerfleischt ist Josef" (Gen 37,33).

Bereits dieser kurze Überblick über den Erzählverlauf von Gen 37 zeigt, dass dem einfachen Verständnis der Exposition zur Josefsgeschichte einige Hindernisse entgegenstehen. Auffällig sind hier vor allem das nicht ganz spannungsfreie Nebeneinander der Lea-Söhne Ruben und Juda sowie die Frage nach dem eigentlichen Verkäufer Josefs. Ob und inwiefern sich die oben skizzierten Spannungen als Resultat eines literarischen Wachstumsprozesses verstehen lassen, muss die folgende Detailanalyse erweisen.

Analyse

Der priesterschriftliche Anteil: V. 1f*

Das Kapitel beginnt in V. 1f mit Notizen, die nach relativem Konsens der Priesterschrift zuzuschreiben sind. Dabei werden V. 1 sowie der Zusatz מעמק חברון in V. 14bα, die den Schauplatz des Kapitels von Sichem (V. 12 f.14bβ/vgl. Gen 33,18) nach Hebron verlagern (→ Gen 35,27), im Rahmen einer quellenschriftlich verstandenen Priesterschrift P^S zugewiesen, während V. 2[1] als Bestandteil der Grundschrift (P^G) betrachtet wird.[2]

> V. 2 scheint auch in sich nicht einheitlich zu sein. Mit Levin u. a. steht hier zu vermuten, dass es sich bei der Erwähnung der Magdsöhne V. 2aβ um einen sehr späten Nachtrag handelt, der „den Kreis der feindlichen Brüder auf die Söhne der Mägde begrenzen will"[3].

---

1 Zur Diskussion um die Übersetzung der Formulierung „Toledot" vgl. insbesondere Redford, Study, 3–14, aber auch Ruppert, FzB, 89.
2 So bereits Gunkel, HK, 492f; ähnlich von Rad, ATD, 306. Vgl. in jüngerer Vergangenheit auch Levin, Jahwist, 267f; Westermann, BK, 26f; Soggin, Genesis, 439; Scharbert, NEB, 237; Boecker, Josefsgeschichte, 15, oder Wöhrle, Fremdlinge, 102; anders Ruppert, FzB, 100–102.
3 Levin, Jahwist, 272; vgl. ähnlich Weimar, *Erwägungen*, 350; Wöhrle, Fremdlinge, 10; Boecker, Josefsgeschichte, 15f, oder ders., *Überlegungen*, 63.
Lowenthal nimmt unter Berufung auf den nicht eindeutigen Bezug von דבתם an, dass „Joseph reported the defamations of the two ‚parties' about each other and by all Ten about himself. It was already their guile and massacre at Shechem [...] that had appalled him. [... N]ow [...] Joseph appeals to their father to reprimand and correct them, [...] lest they forfeit siring God's covenant people"[3]. Gegen die These Lowenthals bleibt einzuwenden, dass er zum einen die Aussage ויבא יוסף את־דבתם רעה in ihrem Verständnis unnötig verkompliziert, zum anderen in seiner Bewertung des Verses über das explizit Gesagte weit hinausgeht und zu seiner Interpretation stattdessen Texte zu Rate zieht, auf die der Vers selbst nicht verweist.

Der nichtpriesterschriftliche Text

(a) V. 3–11: Die Begründungen für den brüderlichen Hass

Mit V. 3 beginnt die nichtpriesterschriftliche Erzählung.[4] Sie setzt ohne Umschweife mit der Mitteilung ein, dass Israel seinen Sohn Josef mehr liebte als alle seine Söhne. Das Verständnis dieser Einleitung setzt beim Leser eine gewisse Kenntnis der Vätergeschichte voraus.[5] Denn dass es sich bei Josef, dem Lieblingssohn Israels, um denselben Josef handelt, der Jakob von Rahel in Gen 30,23f geboren wurde, erkennt nur, wer auch vor Augen hat, dass der Erzvater von Gott selbst in Gen 32,29 in Israel umbenannt wurde.[6]

Gen 30,23f*: Die Geburt Josefs

²³ותהר ותלד בן ותאמר אסף אלהים את־חרפתי:

²⁴ותקרא את־שמו |יוסף| לאמר יסף יהוה לי בן אחר:

Gen 32,29: Die Umbenennung Jakobs

²⁹ויאמר לא יעקב יאמר עוד שמך כי אם־ישראל כי־שרית עם־אלהים ועם־אנשים ותוכל:

Gen 37,3*: Der Beginn der nichtpriesterschriftlichen Josefsgeschichte

³וישראל אהב את־|יוסף| מכל־בניו כי־בן־זקנים הוא לו ועשׂה לו כתנת פסים:

Israel ist Jakob und Josef ist der Erstgeborene Rahels. Nur wer darum weiß, wird auch das Motiv der Bevorzugung richtig zu erfassen wissen.[7] Denn es knüpft

---

4 Vgl. bereits Gunkel, HK, 401. Ähnlich von Rad, ATD, 307; Levin, Jahwist, 265–273, oder Ruppert, FzB, 99f.

5 Anders u. a. Wöhrle, Fremdlinge, 105, der annimmt, „dass mit Gen 37,1.2aα nicht nur der vorliegende erzählerische Übergang zwischen den vorangehenden Vätererzählungen und der Josefgeschichte der priesterlichen Schicht zuzuweisen ist, sondern dass überhaupt die älteste erkennbare literarische Verbindung zwischen diesen beiden Textbereichen auf der Ebene der priesterlichen Texte liegt. Die einfachste Erklärung dieses Befunds dürfte sein, dass die zunächst eigenständig überlieferte Josefgeschichte erst auf der Ebene der priesterlichen Texte an die Abraham- und Jakoberzählungen angehängt und so in die werdende Vätergeschichte eingebunden wurde".

6 So auch Willmes, *Ereignisse*, 58.

7 Vgl. insbesondere Lux, Josef, 50. Auf einen sachlichen Zusammenhang der Bevorzugung Josefs zu den Geburtsgeschichten in Gen 29f weist auch Tengström, Hexateucherzählung, 42, hin und schließt daraus, dass die „recht verbreitete Annahme, dass die Josephserzählung anfänglich eine freistehende Einheit gewesen sei" damit unhaltbar erscheine. Anders z. B. Lanckau, Herr, 166, der meint, dass V. 3b den Konflikt auf „eine Art begründet, die verrät, dass der Erzähler von einer Bevorzugung Rahels nichts weiß".

ebenfalls an Ereignisse der Vätergeschichte an. Wie Jakob dereinst Rahel mehr liebte als Lea und Lea die Gehasste war, so liebt Israel nun Josef mehr als alle seine Söhne, die ihren Bruder daraufhin zu hassen beginnen.

> Weil aus den ungleichen Schwestern [...] ungleich geliebte Ehefrauen wurden, verschärft sich der dramatische Konflikt und erfasst auch die kommende Generation. So wie die Labantöchter Lea und Rahel um die Liebe Jakobs, ihres Mannes, kämpfen [...], so auch die Söhne [....]. Und so wie Jakob seine Liebe unter den Frauen ungleich verteilte, so auch unter den Söhnen[8].

Und so wird Josef, der Erstgeborene der Lieblingsfrau, zum Lieblingssohn Israels.[9]

Gen 29,30f*: Jakob liebt Rahel mehr als Lea

30 וַיָּבֹא גַם אֶל־רָחֵל וַיֶּאֱהַב גַּם־אֶת־רָחֵל מִלֵּאָה וַיַּעֲבֹד עִמּוֹ עוֹד שֶׁבַע־שָׁנִים אֲחֵרוֹת׃

31 וַיַּרְא יְהוָה כִּי־שְׂנוּאָה לֵאָה וַיִּפְתַּח אֶת־רַחְמָהּ וְרָחֵל עֲקָרָה׃

Gen 37,3f*: Israel liebt Josef mehr als alle seine Söhne

3 וְיִשְׂרָאֵל אָהַב אֶת־יוֹסֵף מִכָּל־בָּנָיו כִּי־בֶן־זְקֻנִים הוּא לוֹ וְעָשָׂה לוֹ כְּתֹנֶת פַּסִּים׃

4 וַיִּרְאוּ אֶחָיו כִּי־אֹתוֹ אָהַב אֲבִיהֶם מִכָּל־אֶחָיו וַיִּשְׂנְאוּ אֹתוֹ וְלֹא יָכְלוּ דַּבְּרוֹ לְשָׁלֹם׃

Dieser impliziten Erklärung der Bevorzugung Josefs ist in V. 3aβ eine explizite Begründung zur Seite gestellt (כִּי־בֶן־זְקֻנִים הוּא לוֹ), für die ebenfalls eine Kenntnis von Ereignissen der Vätergeschichte anzunehmen sein dürfte. Dass Josef für Israel der Sohn des Alters war, ist dem Leser zwar nicht aus den Geburtsgeschichten in Gen 29f geläufig. Doch begegnet die Formulierung בֶן זְקֻנִים (atl. nur![10]) im Rahmen der Geburtserzählung Isaaks, auf den die Beschreibung – anders als auf Josef – auch zutrifft.[11] Denn er ist der Sohn, den Sara ihrem Mann Abraham in hohem

---

8 Lux, Josef, 50. Vgl. ähnlich Naumann, *Vater*, 48, oder de Hoop, Genesis, 323. Anders etwa Dietrich, Novelle, 46, der davon ausgeht, dass es sich bei dem Gegensatz der Brüder, der Bevorzugung Josefs und dem daraus resultierenden Streit um literarische Imagination handele. „[... D]ies alles entwickelt der Dichter, eines aus dem anderen mit zwingender Stringenz und klarer Intention, und ohne jeglichen Seitenblick auf die Patriarchen- oder gar die Exodustradition".
9 Vgl. zum Motiv des „Lieblingssohnes" van der Merwe, *Joseph*, 228f, oder Johnson, *Josephserzählung*, 27.
10 Vgl. ähnlich יֶלֶד זְקֻנִים in Gen 44,20.
11 So auch Lanckau, Herr, 141. Einen sachlichen Zusammenhang zwischen beiden Aussagen könnte auch Josephus, Ant., gesehen haben. Denn „Josephus specifically characterises the youth of one other patriarch in terms of practising virtue. Isaac, also passionately beloved because he was the son of old age, is said to have 'endeared himself to his parents by the practice of every virtue, showing a devoted filial obedience and a zeal for the worship of God' [Ant. 1,222]"; Niehoff, Joseph, 87.

Alter nach der Verheißung Gottes geboren hat. Diese wohl bewusste Bezugnahme erklärt dann auch die immer wieder angemerkte Diskrepanz[12] zwischen Gen 37,3f und den Geburtsnotizen Gen 29f, die als ein maßgebliches Indiz für eine unabhängige Entstehung der Josefsgeschichte in Anschlag gebracht wird.

Gen 21,2.7: Die Geburt Isaaks[13]

²ותהר ותלד שרה <u>לאברהם בן לזקניו</u> למועד אשר־דבר אתו אלהים:

⁷ ותאמר מי מלל <u>לאברהם</u> היניקה בנים שרה כי־ילדתי <u>בן לזקניו</u>:

Gen 37,3*: Die Bevorzugung Josefs

³וישראל אהב את־יוסף מכל־בניו <u>כי־בן־זקנים הוא לו</u> ועשׂה לו כתנת פסים:

Die angeführten Beobachtungen legen es u. E. nahe, dass die mit Gen 37,3f eingeleitete Erzählung eine zumindest sachliche[14] – angesichts der sprachlichen Übereinstimmungen wohl auch eine literarische – Kenntnis der fraglichen Abschnitte aus der Vätergeschichte voraussetzt.

Wie aber ist diese Bezugnahme auf die Vätergeschichte direkt zu Beginn der Josefsgeschichte zu beurteilen? Zunächst einmal dürften die mit Gen 37,3f eingeführten Ereignisse grundsätzlich vor dem Hintergrund der rezipierten Texte gelesen werden wollen. Zudem erklären die Rückbezüge, aus welchem Umstand sich die Vorzugsrolle Josefs ergibt. Er ist für seinen Vater, wie Isaak für Abraham, der Sohn des Alters, geboren von der richtigen, der geliebten Frau. Obwohl nicht eigentlich der Erstgeborene Israels, darf er deshalb die Rolle des Vorzugssohnes einnehmen. Wie zuvor schon Jakob und Isaak kommt also auch Josef gegen die genealogische Rangfolge die Stellung des *primus inter fratres* zu. Dabei impliziert die ausdrückliche Benennung des Vaters mit Israel von vornherein eine nationalpolitische Dimension und lässt so auch Josef mittelbar als nationalpolitische Größe erscheinen. In Josef lebt der Vorzugsteil Israels und der Vorzugsteil Israels lebt ab Gen 39 im ägyptischen Exil.

---

12 Vgl. z. B. Schmid, *Josephsgeschichte*, 94, oder Schmidt, Studien, 149f.

13 Möglich ist hier, dass der Bezug auf den Großvater Isaak, der strenggenommen mit dem zum Verkauf Josefs führenden Brüderkonflikt nichts zu tun hat, erst nachträglich in den Kontext eingefügt wurde. Dabei liegt er allerdings sachlich auf einer Ebene mit den weiteren Rückverweisen auf die Vätergeschichte, die gewährleisten wollen, dass Josef, der älteste Sohn der (richtigen) Frau Rahel von seinem Vater Israel bevorzugt wird. Es wird aus diesem Grund auf eine diachrone Scheidung verzichtet.

14 Anders hingegen Schmid, Josephsgeschichte, 94, oder Schmidt, Studien, 149f, von denen letzterer im Rahmen eines Quellenscheidungsmodells davon ausgeht, dass der Jahwist die unabhängig entstandene Josefsgeschichte erst nachträglich in sein Werk aufgenommen habe.

Mit Gen 37,5–8.9 folgt ein neuer thematischer Abschnitt, welcher der Bevorzugung Josefs durch seinen Vater Israel das Motiv der Träume als Auslöser für den brüderlichen Hass gegenüberstellt. Die doppelte Begründung des Hasses ist in der Forschung nicht selten zum Anlass genommen worden, zwischen zwei unterschiedlichen Quellen (J und E)[15] bzw. Varianten (Ruben-Variante; Juda-Variante)[16] zu scheiden. In Auseinandersetzung mit dieser These ist zunächst zu beachten, dass beide Motive weder in einem unvereinbaren Widerspruch zueinander stehen noch ohne weiteres gegeneinander ausgetauscht werden können. Vielmehr baut das Motiv der Träume auf V. 3f auf, an die es sowohl sprachlich als auch sachlich anknüpft. Denn die Formulierung ויוספו עוד שנא אתו (V. 5b.8b) setzt voraus, dass ein Hass der Brüder auch vorher schon bestand (V. 4aβ). Zudem ist der perspektivische Wechsel von der vertikalen Vater-Sohn-Ebene zur horizontalen Brüder-Ebene zwischen V. 3.4 aufgegriffen und weitergeführt.

Damit dürfte zumindest die Annahme einer voneinander unabhängigen Entstehung des Vorzugs- und des Traummotivs für unwahrscheinlich zu halten sein. Die Frage nach einer diachronen Differenzierung der Motive erübrigt sich freilich noch nicht. Um eine Entscheidung in dieser Angelegenheit treffen zu können, blicken wir noch einmal auf die sachliche und literarische Einbettung des Traummotives in den Kontext von Gen 37. Mit dem Wechsel von der Bevorzugung durch den Vater zu den Träumen Josefs verbindet sich zunächst sachlich eine Akzentverschiebung. Ist Josef in den V. 3f noch unschuldig an der Entstehung des brüderlichen Konflikts, so trägt er nach Aussage von V. 5–8 maßgeblich zur Verschärfung des Hasses bei. Indem er seinen Brüdern von den eigenen Träumen erzählt, in denen sich ihre Garben vor der Garbe Josefs verneigen, bringt er sie gegen sich auf. Mit dieser neuen Perspektive ist nun nicht mehr (allein) die Bevorzugung durch den Vater schuld am Schicksal des Lieblingssohnes, sondern wird (auch) Josef selbst für das Handeln seiner Brüder verantwortlich gemacht. Denn wegen seiner Träume hassen sie ihn. Und wegen seiner Träume wollen sie sich seiner entledigen (V. 19f).

Literarkritisch von Interesse ist im Kontext von V. 3–8 die auffällige Rahmung des ersten Traumes in den V. 4b.5.8b durch die chiastisch angeordneten Verweise auf den verstärkten Hass, die Worte und die Träume.[17]

---

15 Vgl. in der älteren Forschung Dillmann, Genesis, 372; Holzinger, KHC, 224, oder Gunkel, HK, 402; anders noch Wellhausen, Composition, der in V. 2b–11 hauptsächlich an E denkt. Vgl. in jüngerer Vergangenheit Ruppert, FzB, 99.

16 Vgl. hierzu Schmitt, Josephsgeschichte, 26; Dietrich, Novelle, 53.67, oder Kebekus, Joseferzählung, 16; anders Redford, Study, 138–139, der beide Motive als gleichursprünglich betrachtet.

17 Zur rahmenden Funktion der Aussagen vgl. insbesondere Becking, *Technique*, 41.45f; Weimar, *Josefsgeschichte*, 30f, oder Kebekus, Joseferzählung, 15f, von denen Kebekus allerdings davon ausgeht, dass V. 3f „Bestandteil einer redaktionellen Erweiterung" seien und V. 5b.8 deren In-

Gen 37,3–8*: Die Begründungen des Hasses

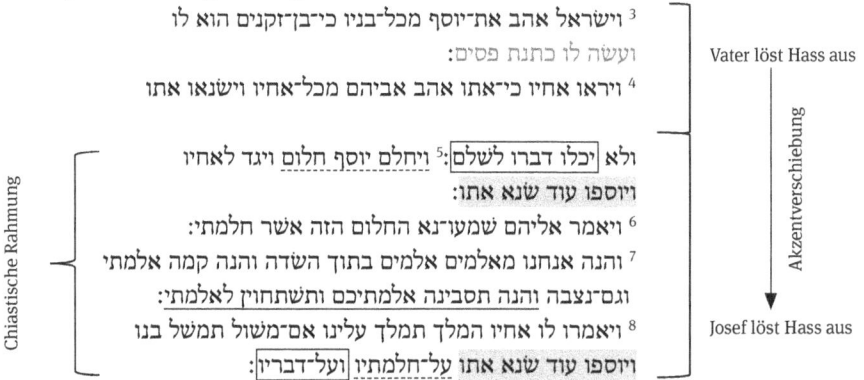

³ וישראל אהב את־יוסף מכל־בניו כי־בן־זקנים הוא לו

ועשה לו כתנת פסים:

Vater löst Hass aus

⁴ ויראו אחיו כי־אתו אהב אביהם מכל־אחיו וישנאו אתו

⁵ ויחלם יוסף חלום ויגד לאחיו |ולא יכלו דברו לשלם|:

ויוספו עוד שנא אתו:

⁶ ויאמר אליהם שמעו־נא החלום הזה אשר חלמתי:

⁷ והנה אנחנו מאלמים אלמים בתוך השדה והנה קמה אלמתי

וגם־נצבה והנה תסבינה אלמתיכם ותשתחוין לאלמתי:

⁸ ויאמרו לו אחיו המלך תמלך עלינו אם־משול תמשל בנו

ויוספו עוד שנא אתו על־חלמתיו |ועל־דבריו|:

Josef löst Hass aus

(Seitliche Beschriftungen: Chiastische Rahmung; Akzentverschiebung)

So auch die Doppelung der Begründung für den brüderlichen Hass an sich kein hinreichendes Argument für eine diachrone Differenzierung darstellt, deutet neben der auffälligen chiastischen Rahmung vor allem die sachliche Akzentverschiebung darauf hin, dass für die Motive der Bevorzugung (V. 3*.4a) und der Träume (V. 4b–8) zwei unterschiedliche Autoren anzunehmen sein könnten. Denn Gen 37,3.4a greifen zunächst auf die Aussagen von Gen 29,30–31* zurück, aus denen sie das Motiv der Ungleichbehandlung der Mütter Lea und Rahel aufgreifen. Weil Rahel die geliebte Frau Jakobs ist, ist Josef als ihr erster Sohn der Vorzugsteil Israels. Durch diese Bevorzugung werden die Söhne der Gehassten, Lea, zum Hass gegen ihren Bruder gereizt. Dabei greift auch der Terminus שׂנא auf die Vätergeschichte zurück (Gen 29,31) und dient in Gen 37 als Auslöser für den späteren Verkauf Josefs nach Ägypten. Weil die Brüder Josef hassen, wollen sie ihn loswerden.

An diese bereits in Gen 37,3.4a angelegten Motive hat offenbar ein späterer Bearbeiter angeknüpft, sie aber neu akzentuiert. Er greift aus Gen 37,3.4a das

---

tegration in den bereits bestehenden Kontext gewährleisten sollen. Alle Verse rechnet er, wie V. 10.11b.19–21.31–34* seiner Ruben-Bearbeitung (Je) zu, die damit befasst sei, den Konflikt der Brüder zu verschärfen und die Person des Vaters aufzuwerten. Abgesehen davon, wie genau die Person Jakob-Israels aufgewertet werden soll, wenn er für den Konflikt unter den Brüdern nun mitverantwortlich gemacht wird, bleibt zu fragen, wieso der Bearbeiter sich nicht auf einen Erzvaternamen beschränkt hat, sondern ihn in V. 3 mit Israel, in V. 34 hingegen mit Jakob bezeichnet. Ebenfalls unklar erscheint, wieso der Bearbeiter den Hass nun auf die Bevorzugung des Vaters ausdehnt (V. 3f), den Konflikt der Brüder jedoch ausgerechnet mit Verweis auf die Träume Josefs verschärft (V. 19–21), die noch in V. 5a.7–8a.9 als charakteristisch für die Ruben-Grunderzählung der Josefsgeschichte eingestuft wurden. Überdies hätte der Bearbeiter, so ihm der zweite Traum vorgelegen hätte, die Notiz V. 8b (חלמתיו Pl.!), um Widersprüche zu vermeiden, sinnvoller an den zweiten Traum (V. 9) hängen können, in dessen Zusammenhang eine ähnliche Notiz jedoch fehlt.

Motiv des brüderlichen Konfliktes auf, das dort aus der Ungleichbehandlung der Brüder durch Israel resultiert, nun aber auf das Handeln Josefs bezogen wird. Weil er sich selbst als Ersten unter den Brüdern träumt und ihnen dies auch kundtut, hassen sie den Lieblingssohn Israels *noch mehr*. Das Augenmerk verschiebt sich somit von der aus Gen 29,30–31 abgeleiteten Bevorzugung Josefs durch Israel auf den Konflikt, der durch die Vorrangstellung Josefs in Israel mit seinen Brüdern entbrennt. Anders formuliert, verlagert sich der Akzent von der Beziehung Israels zu seinem Sohn bzw. zu seinen Söhnen auf das Verhältnis Josefs zu seinen Brüdern. Dabei wird der Konflikt durch den ersten Traum Josefs explizit mit dem Verhalten Josefs korreliert und gleichsam zugespitzt. „Und sie hassten ihn noch mehr seiner Träume und seiner Worte wegen" (Gen 37,8b).

Während Gen 37,3.4a demnach auf Gen 29,30–31 zurückgreifen und die dort beschriebene Ungleichbehandlung der Mütter nun auch auf die Söhne beziehen, beziehen sich Gen 37,4b–8 auf Gen 37,3.4a zurück, rücken den dort angelegten Konflikt zwischen den Brüdern in das Zentrum des Interesses und schreiben ihn in neuer Akzentuierung fort. Dabei werfen die Formulierungen in Gen 37,4b–8 einen Schatten voraus auf Ereignisse der Kapitel Gen 42–45, in denen der hier angelegte Konflikt überwunden wird.[18]

Gen 42,6.9*: Die Wiederbegegnung Josefs mit seinen Brüdern

‏⁶ויוסף הוא השליט על־הארץ הוא המשביר לכל־עם הארץ ויבאו אחי יוסף וישתחוו־לו אפים‏

‏ארצה:‏

‏⁹ויזכר יוסף את החלמות אשר חלם להם ויאמר אלהם מרגלים אתם לראות את־ערות הארץ‏

‏באתם:‏

Gen 45,15: Die Versöhnung Josefs mit seinen Brüdern

‏¹⁵וינשק לכל־אחיו ויבך עליהם ואחרי כן דברו אחיו אתו:‏

Dass der Autor des Traummotivs nicht auch den zweiten Traum Josefs (V. 9) in den Kontext eingetragen hat, ergibt sich aus mehreren Beobachtungen. Abgesehen von seiner kurzen Formulierung in Form eines einzigen Partizipialsatzes, gibt der zweite Traum Josef gänzlich unverschlüsselt zu erkennen, konkretisiert die Anzahl der Brüder auf elf und ergänzt sie um die Nennung der Eltern, deren Proskynese im weiteren Verlauf der Josefsgeschichte, anders als im Falle der Brüder, keine konkrete Erfüllung finden wird. Und während der Ährentraum in V. 8 nicht nur mit der Proskynese der Brüder, sondern auch mit der Getreidemetaphorik

---

18 Vgl. Seebass, Josephsgeschichte, 87, oder Kebekus, Joseferzählung, 97f. Anders hingegen Jacob, Genesis, 765; Döhling, *Herrschaft*, 29f, oder Wenham, WBC, 406.

auf die Geschehnisse in Gen 42–45 vorausweist, stellt die astrale Motivik von V. 9 einen Fremdkörper in der gesamten Josefsgeschichte dar.[19] Zu guter Letzt kommt der Traum nach der summarischen Notiz von V. 8b auch zu spät,[20] in der ja bereits eine pluralische Anzahl von Träumen vorausgesetzt ist (עוֹד שְׂנֹא וַיּוֹסִפוּ אֹתוֹ עַל־חֲלֹמֹתָיו). Angesichts der Gesamtheit der angeführten Beobachtungen dürfte anzunehmen sein, dass es sich bei dem Traum um einen Nachtrag handelt,[21] der

---

19 Über die Symbolik des Traumes wurde viel diskutiert. So glauben etwa Gunkel, HK, 405, oder Ruppert, FzB, 106, dass die Sterne eigentlich als die den babylonischen Tierkreis repräsentierenden Sternenbilder zu verstehen seien. Hiergegen wandten etwa Holzinger, KHC, 225, oder Westermann, BK, 30 – u. E. zu Recht – ein, dass es sich um einzelne Sterne handele, die eben die elf Brüder Josefs als Individuen repräsentierten. Mit Blick auf die astrale Metaphorik des Traumes, für die sich im AT so keine Analogie finden lässt, sei ferner verwiesen auf Greßmann, *Ursprung*, 18, der einen Seitenblick auf den Achikar-Roman wirft: „Dagegen bietet sich eine genaue Entsprechung im heidnischen-aramäischen Achikar-Roman: Da wird der assyrische König Sanherib mit dem Himmelsgott verglichen, dem Sonne, Mond und Sterne untertan sind".
Relativ abwegig erscheint der Verf. die Annahme von Lanckau, Herr, 173.183.295–340, dass „die Himmelserscheinungen *en bloc* als Symbol für das nichtisraelitische Volk [hier also Ägypten] stehen" und somit „die *im* Traumkorpus [...] genannte Zahl ‚11' eine *separate* Bedeutung" trägt (Hervorhebungen im Original). So sei die Elfzahl nicht primär als Verweis auf die Brüder zu verstehen, von denen Benjamin ohnehin erst zu einem späteren Zeitpunkt (wg. V. 3aβ) geboren worden sei. Die Elfzahl sei vielmehr analog Gen 40f als Zeitspanne zu interpretieren. Dabei ergebe sich aus dem Traum, in dem sich die 13 (1+1+11) Astralkörper und also Ägypten vor Josef verneigen, dass Josef in 13 Jahren von Pharao erhöht und also ganz Ägypten sich vor ihm verneigen werde. Die Multiplikation der in Gen 37,9 vorgegebenen Zahlen, nämlich (1+1)x11, führe wiederum das zweite Anliegen des Traumes vor Augen, näherhin die ökonomische Funktion Josefs. Denn „[n]ach 22 Jahren wird Josefs ökonomische Macht für die Familie lebenserhaltend werden" (325; Hervorhebungen im Original). Für nicht zutreffend hält Lanckau hingegen die in Gen 37,10 vorgegebene Deutung des zweiten Traumes durch Jakob-Israel, der den Traum schlicht und ergreifend nicht verstanden habe. Jener aber spricht aus, was sich vom Kontext her nahelegt. Denn liest man die zwei Träume Josefs im Zusammenhang, ist der zweite (wie in Gen 40f) deutlich als Variation des ersten gestaltet. So dürfte sich die Aussageabsicht des zweiten Traumes auch grundsätzlich mit derjenigen des ersten Traumes überschneiden. Das aber hieße, dass auch der zweite Traum auf die Familie zu beziehen ist.
20 Anders Rudolph, *Josefsgeschichte*, 152, der meint: „v.8 ist verfrüht, wie der Plural ‚Träume' zeigt, und ist hinter V. 9 zu stellen".
21 Mit dieser sekundären Einstufung des zweiten Traumes entfällt für den Grundbestand der Josefsgeschichte eine weitere vermeintliche Diskrepanz zur Vätergeschichte, nach der die Mutter Josefs bereits verstorben sein müsste (Gen 35,26–20); vgl. z. B. Schmid, *Josephsgeschichte*, 94, oder Schmidt, Studien, 149f. Neben diese redaktionsgeschichtliche Bewertung von V. 9 treten auch sachliche Beobachtungen, die dagegen sprechen, dass die Aussagen zu Rahel in der Josefsgeschichte in einem Widerspruch zur Vätergeschichte stehen. Die Mutter Josefs ist in Gen 37,9 in dem Traumbild הַשֶּׁמֶשׁ וְהַיָּרֵחַ impliziert und in V. 10 direkt angesprochen. Sie scheint damit im Kontext des zweiten Traumes als noch lebend vorausgesetzt. Doch ist das Traumbild nicht zwangs-

sich womöglich an den doppelten Träumen in Gen 40f orientiert und die Aussage aus V. 8b konkretisieren will.[22] Mit dem zweiten Traum könnten ferner die V. 10f zusammengehören, in denen nun der Vater auf den Traum Josefs reagiert. Hierfür spricht literarkritisch auch, dass V. 9–11 in V. 9a und V. 11b durch Rückverweise auf V. 8b gerahmt sind.[23]

Gen 37,8.9–11: Der zweite Traum Josefs als sekundärer Nachtrag

8 ויאמרו לו אחיו המלך תמלך עלינו אם־משׁול תמשׁל בנו ויוספו עוד שׂנא אתו
על־חלמתיו |ועל־דבריו|:

9 ויחלם עוד חלום אחר ויספר אתו לאחיו ויאמר הנה חלמתי חלום עוד והנה השׁמשׁ
והירח ואחד עשׂר כוכבים משׁתחוים לי:

10 ויספר אל־אביו ואל־אחיו ויגער־בו אביו ויאמר לו מה החלום הזה אשׁר חלמת הבוא
נבוא אני ואמך ואחיך להשׁתחות לך ארצה:

11 ויקנאו־בו אחיו ואביו שׁמר |את־הדבר|:

---

läufig als Abbild der Realität zu verstehen. Dies gilt umso mehr mit Blick auf den Gesamtkontext der Josefsgeschichte, in der Rahel selbst weder im Zusammenhang der Trauer Jakob-Israels Gen 37,35 noch in der Unterredung Josefs mit seinen Brüdern Gen 42f (vgl. insbesondere Gen 43,27 השלום אביכם הזקן אשר אמרתם), der zweifachen Rückkehr der Brüder nach Kanaan zu ihrem Vater (Gen 42,29; 45,25*) oder des Hinabzugs (Gen 46,1ff*) und der Übersiedlung Israels nach Ägypten (Gen 47,11*) erscheint. Sie findet einzig im Zusammenhang der besonderen Verbindung Josefs mit Benjamin Gen 43f und dem Personenverzeichnis Gen 46,8–27* als Mutter der aus ihr hervorgegangenen „Stämme" Erwähnung. Beide Stellen aber können keinen Aufschluss über ein mögliches „Fortleben" Rahels in der Josefsgeschichte geben, weil sie die Ahnfrau nicht als Person bzw. Akteurin im Blick haben, sondern lediglich ihre genealogische Funktion berücksichtigen. Damit legt es der Gesamtbefund der Josefsgeschichte nahe, dass die Verfasserschaft entweder kein Interesse an der Lieblingsfrau Jakob-Israels hatte, oder, dass sie sehr wohl über die Begebenheiten von Gen 35,16–20 informiert war und mithin voraussetzt, dass Rahel bereits verstorben war. Mit Blick auf die im Zusammenhang mit Gen 37,3f bereits besprochene Anbindung an die Geburtsgeschichten Gen 29,30f dürfte wohl letzterer Annahme der Vorzug zu geben sein.
22 Auch Levin, Jahwist, 272; Schweizer, Josefsgeschichte, 128–132, oder Ruppert FzB, 99, scheiden den zweiten Traum als Nachtrag aus. Anders sah Greßmann, *Ursprung*, 19, in dem Garbentraum eine Nachbildung des Sternentraums. „Denn die Verneigung ist bei menschlichen oder göttlichen Lebewesen anschaulicher als bei Sachen, nun gar bei Garben, deren Halme nach orientalischer Sitte ganz kurz abgeschnitten werden, weil man kein Stroh gebraucht". Dennoch, so meint Greßmann, habe man „noch kein Recht, ihn für jünger zu halten".
Die ältere Forschung denkt bei den Träumen insgesamt an E; vgl. bereits Wellhausen, Composition, 54. Ähnlich sehen i. a. R. auch die Vertreter redaktionsgeschichtlicher Modelle in den Träumen einen Bestandteil der Ruben-Schicht; vgl. etwa Schmitt, Josephsgeschichte, 26, oder Kebekus, Joseferzählung, 344. Schmid, *Josephsgeschichte*, 97, geht aufgrund der pluralischen Formulierung V. 19f davon aus, beide Träume seien als gleichursprünglich zu betrachten; Döhling, *Herrschaft*, 4, sieht in dem zweiten Traum eine bewusste Zuspitzung des ersten.
23 Vgl. ähnlich Westermann, BK, 28–30, oder Ruppert, FzB, 106–108.

(b) V. 12–17: Die Wege Josefs und seiner Brüder trennen sich

Mit V. 12 beginnt ein neuer Abschnitt. Nachdem die familiären Konstellationen offengelegt sind, erfährt der Leser, dass sich die Brüder Josefs aufmachen, das Kleinvieh bei Sichem zu weiden. Zu ihnen will der Vater in V. 13f auch Josef entsenden. Im Zusammenhang dieser Entsendung fällt auf, dass der Vater Josef doppelt anspricht, obgleich sich die Ausführungen von V. 14a nahtlos als Fortführung von V. 13a verstehen lassen.[24] V. 13b.14a, die literarisch von V. 13a abhängen, könnten dementsprechend als Nachtrag verstanden werden. Mit diesem Nachtrag wäre dann einer älteren Entsendung in V. 13a.14b eine zweite in V. 13b–14a hinzugefügt worden. Hierbei ist zu beachten, dass die Aussage in V. 14a inhaltlich mit den Formulierungen von V. 4b korrespondiert. Möglich wäre demnach auch ein literarischer Zusammenhang von V. 4b(–8) und V. 14a. V. 13a.14b dürften als ältere Entsendung bereits mit der Begründung des Hasses durch die Bevorzugung des Vaters V. 3*.4a zusammengehören.

Gen 37,3–8.13–14*:*

³ וישראל אהב את־יוסף מכל־בניו כי־בן־זקנים הוא לו ועשה לו כתנת פסים:

⁴ ויראו אחיו כי־אתו אהב אביהם מכל־אחיו וישנאו אתו
ולא יכלו דברו לשלם:

⁵ ויחלם יוסף חלום ויגד לאחיו ויוספו עוד שנא אתו:

⁶ ויאמר אליהם שמעו־נא החלום הזה אשר חלמתי:

⁷ והנה אנחנו מאלמים אלמים בתוך השדה והנה קמה אלמתי וגם־נצבה והנה תסבינה
אלמתיכם ותשתחוין לאלמתי:

⁸ ויאמרו לו אחיו המלך תמלך עלינו אם־משול תמשל בנו ויוספו עוד שנא אתו
על־חלמתיו ועל־דבריו:

¹³ ויאמר ישראל אל־יוסף הלוא אחיך רעים בשכם לכה ואשלחך אליהם
ויאמר לו הנני:

¹⁴ ויאמר לו לך־נא ראה את־שלום אחיך ואת־שלום הצאן והשבני דבר
וישלחהו מעמק חברון ויבא שכמה:

In den V. 15–17 erfährt der Leser, dass Josef von einem nicht näher vorgestellten Mann gefunden wird, als er auf dem Feld herumirrt. Offenbar hat er sich auf dem Weg zu seinen Brüdern verlaufen und fragt nun den geheimnisvollen Unbekann-

---

24 Vgl. bereits die ältere Forschung, die i. d. R. zwischen V. 12–13a.14b (wg. Israel) J und V. 13b–14a E unterscheidet; so bereits Wellhausen, Composition, 53.
Levin, Jahwist, 265–271, sieht in V. 13b–14a einen Einschub des jahwistischen Redaktors (J^R) und muss entsprechend in der vorjahwistischen Quelle V. 13a.14b damit rechnen, dass der Name Jakob erst von J^R durch das heute im Konsonantenbestand vorfindliche Israel ersetzt wurde.

ten nach dem Weg. Und obwohl Josef und der Mann sich nicht näher zu kennen scheinen, weiß der Mann genau, um wen es sich bei Josefs Brüdern handelt. Er habe sie sagen hören, sie wollen sich auf den Weg nach Dotan machen. Mit dieser Information verabschiedet sich der Mann unversehens von der Bühne des Geschehens und Josef macht sich auf den Weg nach Dotan. Dort findet er seine Brüder.[25]

Bereits Benno Jacob sah in הַאִישׁ einen Verweis auf einen Gottesboten und nahm an, dass der Abschnitt die Führung durch Gott unterstreichen solle.[26] Diese Intention könnte durch mögliche Querbezüge zum Folgekontext gestützt werden. Dort nämlich *zieht* Juda in Gen 38 zunächst *hinab*, weg von seinen Brüdern (V. 1). Später kann er in V. 20 *die Frau nicht finden*, die er sucht.[27] Josef hingegen wird in Gen 37,15–17 von einem Mann (V. 15; vgl. die det. Form in V. 17) *gefunden* und in Gen 39,1a passiv nach Ägypten *hinabgeführt*. Zwischen den genannten Versen besteht eine sprachliche, aber auch sachliche Korrespondenz. Denn die Aussagen in Gen 37,15–17; 39,1 stellen dem aktiven, eigenmächtigen Handeln Judas in Gen 38,1.20 das passive, offenbar von Gott geführte Schicksal Josefs gegenüber. Juda wird so zur Negativfolie Josefs.

Mit dieser Perspektive decken sich die o. a. Verse grundsätzlich mit der Darstellung von Gen 38, das den Zusammenhang von Josefs Verkauf nach Ägypten (Gen 37) mit seinem weiteren Schicksal in der Fremde (Gen 39–41)[28] unterbricht. Denn das mitunter fragwürde Verhalten Judas in Gen 38 kontrastiert das tugendhafte Verhalten Josefs in Gen 39 sowie seinen sagenhaften Aufstieg in Gen 40f.[29] Während Jhwh mit Josef ist und ihm alles gelingen lässt (Gen 39,1–6*.21–23), lässt Jhwh die Söhne Judas sterben (Gen 38,7–9).

---

25 Vgl. hierzu auch Lux, Josef, 86.

26 So Jacob, Genesis, 703. Vgl. ferner Lowenthal, Joseph, 22; Pirson, Lord, 249; Ruppert, Josephserzählung, 36f; Levin, Jahwist, 265f; Kebekus, Joseferzählung, 312; Weimar, *Josefsgeschichte*, 57; ders., *Spuren*, 301, oder Fieger/Hodel-Hoenes, Einzug, 67. Fokkelman, *Genesis*, 160, denkt: the „point of the short and intermediate unit vv. 12–17 is to mould the transition: how the proud subject is sent away, loses his certainty on this outward journey and shifts to the object position"; ähnlich glaubt Niehoff, Joseph, 31, „that the function of this interlude is rather to create a clear separation between the events at home and those outside in a hostile environment".

27 Vgl. zu diesen Berührungspunkten Wünch, *Analysis*, 800.

28 Vgl. Speiser, AncB, 299; Coats, *Unity*, 15; Hamilton, NIC.OT, 431; Redford, Study, 136; Levin, Jahwist, 273; Blum, Komposition, 224; Boecker, Josefsgeschichte, 95; Salm, Tamar, 201f; Weimar, Geschichte, 91; Wenham, WBC, 373; Kratz, Komposition, 283; Ruppert, FzB, 138f; Willi-Plein, NSK.AT, 253–254; Brueggemann, Genesis, 312, oder Leuchter, *Perspective*, 223.

29 Vgl. Ruppert, FzB, 138; Alter, Art, 10, oder Menn, Judah, 38f.75–78.

Vor dem Hintergrund dieser Beobachtungen könnten V. 15–17 als redaktionelle Vorbereitung auf Gen 38 zu verstehen sein und mit dem Grundbestand jenes Kapitels auch literarisch zusammengehören. Derselben Hand dürfte auch Gen 39,1* ויוסף הורד מצרימה zuzuschreiben sein.[30]

Gen 37,15–17: Der namenlose Unbekannte

וימצאהו אִישׁ והנה תעה בשדה וישאלהו האיש לאמר מה־תבקש: [15]

ויאמר את־אחי אנכי מבקש הגידה־נא לי איפה הם רעים: [16]

ויאמר הָאִישׁ נסעו מזה כי שמעתי אמרים נלכה דתינה וילך יוסף אחר אחיו וימצאם בדתן: [17]

Gen 38,1.20: Juda und Tamar*

ויהי בעת ההוא וירד יהודה מאת אחיו ויט עד־איש עדלמי ושמו חירה: [1]

וישלח יהודה את־גדי העזים ביד רעהו העדלמי לקחת הערבון מיד הָאִשָּׁה [20]

וְלֹא מְצָאָהּ:

Gen 39,1: Josef wird nach Ägypten verschleppt*

ויוסף הורד מצרימה ויקנהו פוטיפר סריס פרעה שר הטבחים איש מצרי מיד הישמעאלים [1]

אשר הורדהו שמה:

(c) V. 18–32: Josefs Verkauf nach Ägypten

In V. 18 erblicken die Brüder Josef, nachdem dieser sie in V. 17b bereits gefunden hatte. Noch bevor Josef bei ihnen eintrifft, beschließen sie, ihn zu töten. Die Notiz V. 18b greift damit der wörtlichen Rede der Brüder V. 19f vorweg, wo die Brüder den Beschluss zur Tötung Josefs verbal zum Ausdruck bringen – allerdings nicht mit dem Terminus מות Hif., sondern mit הרג Qal.[31] Dieser Befund ist in der Forschung nicht selten so ausgewertet worden, dass literarisch zwischen zwei Tötungsbeschlüssen zu trennen sei, nämlich V. 18b als Bestandteil des Jahwisten bzw. der Juda-Variante und V. 19f als Bestandteil des Elohisten bzw. der Ruben-Variante.[32]

Betrachtet man die Verortung von V. 18b im unmittelbaren Kontext von Gen 37, legt es sich jedoch näher, dass V. 18b bereits mit Blick auf den brüderlichen Plan V. 19f formuliert wurde. Denn ihn datiert er nun ausdrücklich vor die Ankunft Josefs bei den Brüdern. Dabei wird für den Vorgang des Tötens bzw.

---

30 Vgl. unten 3.2. (a) und 3.3. (a).

31 Vgl. hierzu Ruppert, FzB, 110–111.

32 Vgl. in der älteren Forschung Dillmann, Genesis, 375; Holzinger, KHC, 224, oder Gunkel, HK, 403; anders Wellhausen, Composition, 53, der umgekehrt in V. 18b E, in V. 19–20 J vermutet. In jüngerer Vergangenheit scheidet auch Ruppert, FzB, 110–111, wieder zwischen V. 18b J und V. 19–20 E.

Sterbenlassens (מות) dieselbe Wurzel verwandt, wie sie auch in Gen 38,7.10–12 erscheint (dagegen Gen 37,20.27: הרג). Mit Blick auf diesen Befund könnte vermutet werden, dass es sich bei V. 18b um einen Zusatz handelt, der literarisch mit V. 15–17 zusammengehört und mit ihnen gemeinsam um eine redaktionelle Verknüpfung von Gen 38* mit dem Kontext der Josefsgeschichte bemüht ist. Dazu knüpft der Verfasser von V. 18b sachlich an die wohl ältere Aussage V. 18a (ויראו אתו מרחק)[33] an und erklärt nun zusätzlich, dass Josef zwar seine Brüder gefunden hatte (V. 17), aber noch nicht bei ihnen angekommen war, als sie den Plan fassten, ihn zu töten. Während sie aber ihren bösen Plan ohnehin nie in die Tat umsetzen werden, sondern Josef (gottgelenkt?) nach Ägypten hinabgeführt wird (Gen 39,1: ויוסף הורד מצרימה), lässt Jhwh in Gen 38 die Söhne Judas sterben (וימתהו יהוה Gen 38,7; Gen וימת גם־אתו 38,10).

Gen 37,15–20.23: Die Ankunft Josefs bei den Brüdern*

15 וימצאהו איש והנה תעה בשדה וישאלהו האיש לאמר מה־תבקש:

16 ויאמר את־אחי אנכי מבקש הגידה־נא לי איפה הם רעים:

17 ויאמר האיש נסעו מזה כי שמעתי אמרים נלכה דתינה וילך יוסף אחר אחיו וימצאם בדתן:

18 ויראו אתו מרחק

ובטרם יקרב אליהם ויתנכלו אתו להמיתו:

19 ויאמרו איש אל־אחיו הנה בעל החלמות הלזה בא:

20 ועתה לכו ונהרגהו ונשלכהו באחד הברות ואמרנו חיה רעה אכלתהו ונראה מה־יהיו חלמתיו:

23 ויהי כאשר־בא יוסף אל־אחיו ויפשיטו את־יוסף את־כתנתו את־כתנת הפסים אשר עליו:

In V. 19f bringen die Brüder ihre Tötungsabsicht in einer Selbstaufforderung zum Ausdruck (לכו ונהרגהו; V. 20a) und führen den Entschluss auf die ihnen von Josef enthüllten Träume zurück. Wegen seiner Träume hassen sie ihn. Und wegen seiner Träume wollen sie ihn töten. Mit diesem sachlichen Zusammenhang sind V. 19f, in denen der Beschluss zur Tötung durch Verweise auf Josefs Träume gerahmt ist, von V. 4b–8 literarisch wohl nicht zu trennen.[34] Es dürfte zudem davon auszugehen sein, dass V. 4b–8 den Konflikt der Brüder nicht zuletzt in Vorbereitung auf den hier gefassten Tötungsbeschluss zuspitzen. Dabei repräsentiert der Tötungsbeschluss in Gen 37 eine Art blindes Motiv, insofern er der Funktion

---

33 So auch Levin, Jahwist, 269.
34 Vgl. zu diesem Zusammenhang bereits die ältere Forschung mit Gunkel, HK, 402–403. Anders hingegen Wellhausen, Composition, 54, der V. 2b–11 hauptsächlich als Bestandteil von E betrachtet, während V. 19f J zuzurechnen seien.

von Gen 37 als Exposition der Josefsgeschichte diametral entgegensteht. Denn ist Josef erst einmal tot, können die in Gen 39ff beschriebenen Ereignisse gar nicht stattfinden.

Gen 37,8.19f: Die Träume als Auslöser des Tötungsbeschlusses

‎8 ויאמרו לו אחיו המלך תמלך עלינו אם־משול תמשל בנו ויוספו עוד שנא אתו <u>על־חלמתיו</u> ועל־דבריו:

‎19 ויאמרו איש אל־אחיו הנה <u>בעל</u>[35] <u>החלמות</u> הלזה בא:

‎20 ועתה לכו <u>ונהרגהו</u> ונשלכהו באחד הברות ואמרנו חיה רעה אכלתהו ונראה <u>מה־יהיו</u> חלמתיו:

Im Makrokontext der Genesis findet der Tötungsbeschluss der Brüder eine Parallele in dem Vorhaben Esaus aus Gen 27,41 (vgl. auch Gen 27,42).[36] In Gen 27 hatte der jüngere Sohn Isaaks und Zwillingsbruder Esaus, Jakob, den Segen des Vaters durch eine List erschlichen. Als Esau dies bemerkte, beschloss er, seinen Bruder zu töten. „Esau aber war Jakob feind um des Segens willen, mit dem sein Vater ihn gesegnet hatte, und Esau sprach bei sich: Es nahen die Tage der Trauer um meinen Vater. Dann will ich meinen Bruder Jakob umbringen (ואהרגה את־יעקב אחי)" (Gen 27,41). Daraufhin war Jakob – auf Anraten seiner Mutter Rebekka (Gen 27,42) – vor Esau zu seinem Onkel Laban geflohen.

Der oben skizzierte Konflikt spiegelt sich in der Josefsgeschichte. Josef träumt sich als Ersten unter den Brüdern und teilt dies seinen Brüdern unbefangen mit. Sie hassen ihn daraufhin so sehr, dass sie ihn zu töten gedenken. Gegen Gen 37,3–4a stimmen Gen 37,4b–8.19–20 mit dem Konflikt zwischen Jakob und Esau demnach darin überein, dass der Konflikt *durch das Verhalten des jeweiligen Vorzugssohnes selbst* ausgelöst wird und in einen Tötungsbeschluss (Kohortativ הרג) mündet.

Ist auch mit der Übereinstimmung הרג Koh. kein sprachliches Argument gegeben, das für sich genommen eine literarische Abhängigkeit begründen könnte, so legt es doch die Gesamtanlage der Erzählabschnitte nahe, dass sie aufeinander bezogen werden wollen und mithin in einem direkten Zusammenhang stehen könnten. Will man die Richtung einer möglichen literarischen Abhän-

---

35 Entgegen der Annahme von Fieger/Hodel-Hoenes, Einzug, 67, dürfte mit dem Terminus בעל keine „negativ konnotierte Assoziation zum kanaanäischen Gott Baal" intendiert sein. Vielmehr dürfte sich der Terminus hier aus dem Traum Josefs in Gen 37,7 ergeben, der ihm die Herrschaft über seine Brüder ankündigt. Jene jedoch sehen ihn nicht als ihren Herrn, sondern lediglich abschätzig als Herrn über die Träume an, deren Erfüllung sie mit dem folgenden Komplott gegen den Lieblingssohn Jakob-Israels als gegenstandslos betrachten (Gen 37,20b).

36 Vgl. zu dieser Parallele u. a. Carr, Fractures, 280.

gigkeit bestimmen, scheint die Beobachtung weiterführend, dass der Tötungsbeschluss in Gen 37 ein blindes Motiv darstellt, während er im Zusammenhang
von Gen 27 die Flucht Jakobs vor Esau begründet. Es dürfte dann am ehesten
anzunehmen sein, dass der Autor des Tötungsbeschlusses in Gen 37 den Konflikt
zwischen Jakob und Esau grundsätzlich kennt, ihn aufgreift und auf die Söhne
Jakobs überträgt. Diese Annahme könnte ferner ein Blick auf die Auflösung des
Konflikts zwischen Josef und den Brüdern in Gen 45,15 stützen. Dort küsst Josef
seine Brüder und weint, wie es ähnlich auch Esau bei der Wiederbegegnung
mit Jakob in Gen 33,4 getan hatte.[37] Ist in den oben skizzierten Zusammenhängen Richtiges gesehen, wäre der Konflikt zwischen Josef und seinen Brüdern in
Gen 37 und Gen 45 mit Anspielungen auf den Konflikt zwischen Jakob und Esau
in der Vätergeschichte gerahmt.

Was intratextuelle Beobachtungen im Zusammenhang von Gen 37,3–8 vermuten ließen, könnten dann auch die o. a. (möglichen) intertextuellen Bezug-
nahmen nahelegen: dass nämlich zwischen den Motiven der Bevorzugung durch
den Vater und den Träumen Josefs nicht nur sachlich, sondern auch literarisch
zu scheiden ist.[38] Während es Gen 37,3–4a mit dem Rückbezug auf Gen 29,30–31*[39]
primär um die Vorzugsrolle Josefs geht, die sich aus der Vorzugsrolle seiner Mutter
ergibt, beschäftigen sich Gen 37,4b–8.19–20 vornehmlich mit dem Konflikt unter
den Brüdern, der mit dem Konflikt zwischen Jakob und Esau in Gen 27–33* parallelisiert wird. Der Akzent verschiebt sich dabei von der größeren Liebe des Vaters
zur Schuld des Lieblingssohnes selbst, dessen eigenes Handeln den Tötungsbeschluss der Brüder provoziert. Mit der intertextuellen Bezugnahme auf die
Jakob-Esau-Erzählung könnte sich auch der Wechsel des Erzvaternamens im
Rahmen der Konfliktentfaltung Gen 42 erklären lassen, wo nicht mehr von Israel
(Gen 37,3), sondern von Jakob (Gen 42,1–2) die Rede ist.[40]

---

37 Vgl. hierzu Levin, Jahwist, 298–299.
38 So auch Levin, Jahwist, 267–269.
39 Vgl. zu diesem Zusammenhang insbesondere Lux, Josef, 50.
40 In diesem Zusammenhang ist nicht uninteressant, dass auch die hier angenommene Bezugs-
stelle von Gen 37,3a.4a, nämlich Gen 29,30f, nicht auf Israel, sondern auf Jakob verweist. Wer
auch immer die Josefsgeschichte mit Gen 37,3–4* eingeleitet hat, hat demnach den Erzvaternamen bewusst geändert. Dass in Gen 42 demgegenüber bewusst auf Jakob verwiesen wird, spricht
u. E. nicht dafür, Gen 37,3a.4a mit Gen 42,1f* literarisch auf einer Ebene anzusiedeln.

Gen 27,41: Tötungsbeschluss

וישֹטם עשֹו את־יעקב על־הברכה אשר ברכו אביו ויאמר עשֹו בלבו יקרבו ימי אבל אבי ⁴¹

ואהרגה את־יעקב אחי:

Gen 33,4: Versöhnung

וירץ עשֹו לקראתו ויחבקהו ויפל על־צוארו וישקהו ויבכו: ⁴

Gen 37,19–20: Tötungsbeschluss

ויאמרו איש אל־אחיו הנה בעל החלמות הלזה בא: ¹⁹

ועתה לכו ונהרגהו ונשלכהו באחד הברות ואמרנו חיה רעה אכלתהו ונראה מה־יהיו ²⁰

חלמתיו:

Gen 45,15: Versöhnung

וינשק לכל־אחיו ויבך עליהם ואחרי כן דברו אחיו אתו: ¹⁵

Hatte der Leser in V. 19–20 noch den Eindruck, dass alle Brüder gemeinsam den Beschluss gefasst haben, sich Josefs für immer zu entledigen, so erfährt er in V. 21f, dass sich unter ihnen eine rühmliche Ausnahme findet: Ruben, der Erstgeborene Jakob-Israels, ist mit dem Tötungsbeschluss nicht einverstanden. Vehement distanziert er sich von dem Ansinnen der Brüder, die er in der zweiten Ps. Pl. anspricht und sich so von dem weiteren Vorhaben ausnimmt: Vergießt *ihr* kein Blut, werft *ihr* ihn in diese Grube in der Wüste und legt *ihr* nicht Hand an ihn. Ruben selbst will mit dem Schaffen der Brüder nichts zu tun haben. Im Gegenteil, er will Josef aus ihrer Hand retten und ihn zum Vater zurückbringen. Um diesen Rettungsplan zu ermöglichen, wird die in V. 20 genannte Grube in V. 22 aufgegriffen. Scheint die Grube in V. 20 allerdings noch als Todesfalle gedacht, wird sie nun zum Hoffnungsschimmer für Josef. Aus dieser Grube in der Wüste will Ruben ihn retten.[41]

Gen 37,19–22: Die Brüder und Ruben

Alle Brüder (inklusive Ruben?) beschließen, Josef zu töten	¹⁹ויאמרו איש אל־אחיו הנה בעל החלמות הלזה בא: ²⁰ועתה לכו ונהרגהו ונשלכהו באחד הברות ואמרנו חיה רעה אכלתהו ונראה מה־יהיו חלמתיו:
Ruben distanziert sich von dem Plan der Brüder	²¹וישמע ראובן ויצלהו מידם ויאמר לא נכנו נפש: ²²ויאמר אלהם ראובן אל־תשפכו־דם השליכו אתו אל־הבור הזה אשר במדבר ויד אל־תשלחו־בו למען הציל אתו מידם להשיבו אל־אביו:

----

41 Vgl. zu diesem sachlichen Zusammenhang etwa Seebass, Josephsgeschichte, 23.

Dass die Rede Rubens mit dem Motiv der Grube auf den Tötungsbeschluss der Brüder zurückgreift, hat bereits die ältere Forschung gesehen und beide Motive dem Elohisten zugeschrieben.[42] Ähnlich sehen die meisten der redaktionsgeschichtlichen Vertreter in V. 19–22 grundsätzlich einen Bestandteil der Ruben-Variante.[43] Im Zusammenhang der Rede Rubens sind allerdings ähnliche Phänomene festzustellen, wie sie auch im Kontext der doppelten Begründung des Hasses anzutreffen waren. Obwohl die direkte Rede Rubens nämlich explizit auf V. 20 rekurriert und den Tötungsbeschluss der Brüder somit sachlich voraussetzt und fortführt, ist sein Planen weder mit dem Handeln der Brüder identisch noch reibungsfrei mit dem Kontext abgestimmt. Dies zeigt sich nicht zuletzt im direkten Anschluss an seine eindringliche Mahnung (V. 21f). Denn dass die Brüder die Rede Rubens zur Kenntnis genommen haben, wird dem Leser nicht unmittelbar vor Augen geführt. Eine verbale Reaktion bleiben sie dem Erstgeborenen schuldig (vgl. ebenso V. 29f.31!). Lediglich die Handlungen der V. 23f implizieren, dass die Brüder des Vorschlags nicht nur gewahr geworden sein dürften, sondern ihn auch in die Tat umzusetzen gedenken. Sie ziehen Josef den Rock aus und werfen ihn (lebendig) in die Grube, die wasserlos ist. So ist gewährleistet, dass Josef nicht ertrinkt, sondern in der Grube überlebt, aus der ihn Ruben retten möchte.

Mit Blick auf diese Beobachtungen zu V. 19–24 dürfte wohl gegen die etablierten diachronen Lösungsansätze anzunehmen sein, dass sich der Beschluss der Brüder V. 19f und die wörtliche Rede Rubens nicht derselben Hand verdanken.[44] Eher dürften die oben beschriebenen Phänomene das Resultat eines Fortschreibungsprozesses darstellen: Nachdem zunächst alle Brüder (samt Ruben) den Plan gefasst haben, Josef zu töten, distanziert sich Ruben (nachträglich) von diesem Ansinnen und wird seinen Brüdern als ethisches Ideal gegenübergestellt. Während die anderen Brüder Böses planen, will Ruben den Liebling Israels aus ihrer Hand retten und ihn zum Vater zurückbringen. Für dieses Ansinnen Rubens wird ein Motiv aus V. 20 fruchtbar gemacht: die Grube. Sie wird nun genauer beschrieben: Die Brüder sollen Josef in eine bestimmte Grube werfen („diese Grube in der Wüste"; V. 22), die offenbar in einiger Entfernung zum Nachtlager liegt (vgl. V. 29: וישב ראובן אל־הבור). Die Grube führt zudem kein Wasser (V. 24b), so dass Josefs Leben nicht durch Ertrinken bedroht ist.

---

42 So z. B. Dillmann, Genesis, 375; Holzinger, KHC, 224, oder Gunkel, HK, 403; Anders Wellhausen, Composition, 54 (V. 2b–11.18b = E; V. 19–20 = J).
43 So z. B. Schmitt, Josephsgeschichte, 26; Dietrich, Novelle, 53, oder Kebekus, Joseferzählung, 10. Anders Redford, Study, 182–183, der in V. 18.22–24 die Ruben-Schicht sieht, V. 19–21 demgegenüber als redaktionellen Nachtrag versteht.
44 Vgl. Levin, Jahwist, 271.

Gen 37,19–24*: Ruben will Josef aus der Grube retten

¹⁹ויאמרו איש אל־אחיו הנה בעל החלמות הלזה בא:

²⁰ועתה לכו ונהרגהו |ונשלכהו באחד הברות|ואמרנו חיה רעה אכלתהו ונראה מה־יהיו חלמתיו:

²¹וישמע ראובן ויצלהו מידם ויאמר לא נכנו נפש:

²²ויאמר אלהם ראובן אל־תשפכו־דם השליכו אתו אל־הבור הזה אשר במדבר ויד אל־תשלחו־בו למען הציל אתו מידם להשיבו אל־אביו:

²³ויהי כאשר־בא יוסף אל־אחיו ויפשיטו את־יוסף את־כתנתו את־כתנת הפסים אשר עליו:

²⁴ויקחהו וישלכו אתו הברה
והבור רק אין בו מים:

Die doppelte Redeeinleitung in V. 21a.22bα legt es weiterhin nahe, V. 21f auch in sich nicht als literarische Einheit zu betrachten.[45] Die redundante namentliche Nennung Rubens in V. 22a erklärt sich wohl mit Christoph Levin am ehesten dann, wenn V. 21 den jüngeren Text bietet und die namentliche Nennung Rubens nachträglich noch einmal vorweggenommen hat. Hierfür spricht auch sachlich, dass, was in V. 22bα noch Ansinnen (למען הציל אתו מידם) war, in V. 21aβ bereits zur vollendeten Tatsache wurde (ויצלהו מידם).[46] Mit dem Verweis auf den juristischen Tatbestand ויאמר לא נכנו נפש (vgl. Lev 24,17; Num 35,30; Dtn 19,11) nimmt Ruben „zusehends die Rolle des exemplarischen Gerechten an"[47].

In V. 25 erscheinen, wie aus dem Nichts, die Ismaeliter, die im Begriff sind, Spezereien nach Ägypten hinabzuführen. Sie bringen offenbar Juda auf eine Idee:

---

[45] Diese Doppelung hat im Rahmen der Quellenscheidung dazu geführt, in der Nennung Rubens V. 21a ein sekundäres Moment zu sehen, während der Vers eigentlich Bestandteil der jahwistischen Quellenschrift sei; so z. B. Wellhausen, Composition, 54; Gunkel, HK, 402–404; Holzinger, BK, 224; Dillmann, Genesis, 375; Smend, Komposition, 100; Skinner, Genesis, 447; Schmidt, Studien, 146f.
Neben dem unbefriedigenden Zwang zur Textänderung stört bei einer Zuordnung des Verses zu J vor allem der logisch-sachliche Widerspruch zu den Aussagen von V. 26f, in denen Juda ebenfalls als Sprecher seiner Brüder auftritt. So muss nun selbst innerhalb der Quelle J nicht nur eine Doppelung, sondern auch ein gewisser Widerspruch in Kauf genommen werden, wenn Juda zunächst in V. 21 inbrünstig und emotional für seinen Bruder einsteht, während in V. 26f ein nicht zuletzt auf den eigenen Gewinn bedachter Juda den Verkauf Josefs an die Ismaeliter propagiert und eine eigentliche Rettung Josefs gänzlich aus dem Blick gerät. Die sachliche Diskrepanz der V. 21.26f erklärt sich entsprechend leichter, wenn in V. 21 auch ursprünglich Ruben als Subjekt gedacht war, der dem Tötungsbeschluss der Brüder von vornherein ablehnend gegenüberstand (V. 22).
[46] Vgl. Levin, Jahwist, 272, oder Kebekus, Joseferzählung, 11. Dabei geht Kebekus allerdings davon aus, dass es sich bei V. 21.22b um einen jüngeren Nachtrag handelt.
[47] Levin, Jahwist, 272; vgl. ähnlich Kebekus, Joseferzählung, 11f.

Da sprach Juda zu seinen Brüdern: Was haben wir davon, wenn wir unseren Bruder umbringen und sein Blut zudecken? Kommt, wir wollen ihn an die *Ismaeliter* verkaufen, aber uns nicht an ihm vergreifen, er ist doch unser Bruder, unser Fleisch (Gen 37,26f).

Der Zusammenhang zwischen Juda und den Ismaelitern ist längst gesehen. Er wird i. d. R. als Indiz für eine Zugehörigkeit der Ismaeliter zum Jahwisten bzw. der Juda-Variante (V. 18b.25.26f) verstanden, die literarisch vom Elohisten bzw. von der Ruben(-Midianiter)-Variante (V. 19–22.28a) zu trennen ist.[48] Doch ist diese Annahme nicht unproblematisch. Denn mit der Formulierung הרג (vgl. dagegen V. 18b מות) und der Kombination Imperativ הלך + Kohortativ (לכו ונמכרנו) greift auch die wörtliche Rede Judas direkt auf Sprache und Syntax von V. 20 zurück. Wie die Rede Rubens, dürfte demnach auch sie in Kenntnis des dort getroffenen Tötungsbeschlusses verfasst sein.[49]

Gen 37,20.26f: Juda und der Tötungsbeschluss

20 ועתה לכו ונהרגהו ונשלכהו באחד הברות ואמרנו חיה רעה אכלתהו ונראה מה־יהיו חלמתיו:

26 ויאמר יהודה אל־אחיו מה־בצע כי נהרג את־אחינו וכסינו את־דמו:

27 לכו ונמכרנו לישמעאלים וידנו אל־תהי־בו כי־אחינו בשרנו הוא וישמעו אחיו:

Anders als die Rede Rubens ist der Vorschlag Judas inklusiv formuliert. Gemeinsam mit seinen Brüdern will er Josef verkaufen. Von ihnen erhält Juda, ebenfalls im Gegensatz zu Ruben, eine direkte Reaktion: „Und seine Brüder hörten (auf ihn)" (Gen 37,27b).

Allerdings scheint auf diesen Beschluss nicht unmittelbar eine Tat zu folgen. Denn anstelle der Brüder sind es in V. 28 die Midianiter, die Josef aus der Grube ziehen und ihn an die Ismaeliter verkaufen.[50] Und auch in V. 29 sind es nicht alle Brüder, die sich aufmachen, zur Grube zurückzukehren, sondern Ruben allein. Offenbar war er mit dem Plan Judas (V. 26–27a) doch nicht einverstanden (וישמעו אחיו V. 27b). Deshalb, so scheint es, hat er sich heimlich davongestohlen, um den Verkauf Josefs zu vereiteln.[51] Doch kommt er zu spät. Josef ist fort. Entsetzt zer-

---

48 Vgl. im Rahmen der Neueren Urkundenhypothese Dillmann, Genesis, 375; Holzinger, KHC, 224, oder Gunkel, HK, 403; in jüngerer Vergangenheit auch Ruppert, FzB, 99. Anders Wellhausen, Composition, 54.
Im Rahmen redaktionsgeschichtlicher Lösungsversuche vgl. Schmitt, Josephsgeschichte, 26; Dietrich, Novelle, 53, oder Kebekus, Joseferzählung, 10. Anders Redford, Study, 182–183.
49 Vgl. Levin, Jahwist, 265–270.
50 Vgl. hierzu die Beobachtungen von Blum, *Literarkritik*, 498.
51 Vgl. hierzu Lux, Josef, 90, oder Blum, *Literarkritik*, 498.

reißt Ruben sein Kleid, kehrt zu seinen Brüdern zurück und klagt sie an: „Der Knabe ist nicht mehr da! Und ich, wo soll ich hin? " (Gen 37,30). Wieder bleiben seine Brüder ihm eine Antwort schuldig.

Die Einbettung Rubens im Kontext von V. 27–32 unterstützt demnach die Annahme seiner nachträglichen Einführung in das Kapitel Gen 37.[52] Zwar scheinen sowohl sein Aufbruch in V. 29 als auch seine Rückkehr zu den Brüdern bzw. seine Anklage an die Brüder in V. 30 vorauszusetzen, dass er um ihr Ansinnen weiß. Doch ist weder ausdrücklich geklärt, wie er sich zu dem Plan Judas in V. 26–27a verhält (stimmt auch er in V. 27b zu?), noch scheinen die Brüder seinen Schmerz über den Verlust Josefs überhaupt zur Kenntnis zu nehmen.[53]

Auch scheint die Brüder das Verschwinden Josefs nicht zu überraschen. Denn obwohl ihr Plan vom Verkauf des Lieblingssohnes mit dem Verschwinden Josefs aus der Grube gescheitert ist, verlieren sie kein Wort über den verlorenen Gewinn.[54] Stattdessen ergreifen sie nun tatsächlich die Initiative und übersenden dem Vater Josefs blutgetränkten Rock. So wollen sie ihn davon überzeugen, dass sein Sohn von einem wilden Tier gerissen wurde. Auch dieser spannungsreiche Befund lässt sich wohl am ehesten im Kontext einer redaktionellen Bearbeitung erklären. Scheidet man nämlich die Midianiter aus dem oben geschilderten Kontext aus, ergibt das Reden und Handeln der Brüder in V. 19–32 einen tadellosen Sinnzusammenhang, der zudem durch zahlreiche sachliche und sprachliche Querbezüge miteinander verwoben ist (s. u. zu V. 33–36).[55]

Dass dieser Erzählzusammenhang auch ohne Ruben und die Midianiter literarisch nicht ganz einheitlich ist, ist zumindest im Falle des „bunten Rockes" (V. 23.32; vgl. auch V. 3) relativ leicht erklärt. In V. 23 doppelt die Angabe כתנת הפסים zunächst die einfache Umschreibung כתנת. In V. 32 ist der Überbringung

---

52 Vgl. zu den Beobachtungen insbesondere Blum, *Literarkritik*, 498–500. Blum versteht Ruben gegenüber der im Fließtext vertretenen Annahme allerdings als integralen Bestandteil von Gen 37.

53 Niehoff, *Speech*, 587f, sieht in der mangelnden Antwort der Brüder ein Indiz für einen inneren Monolog („Collective Monologue"). „Readers would naturally ask themselves whether Reuben would not have mentioned at least the pit if he had really intended to communicate with his brothers. It thus emerges that from his point of view the outburst is to a large extent an internal process addressed more to himself than to others" (588). In der Beobachtung ist sicherlich insofern Richtiges gesehen, als die Rede Rubens sich tatsächlich kaum direkt an die Brüder richtet. Vielmehr scheint sie für den Leser formuliert, dem sie darlegt, dass nicht alle Brüder sich Josefs entledigen wollten, sondern Ruben, der Erstgeborene, ihn aus der Grube und vor dem Tod bzw. der Verschleppung nach Ägypten retten wollte.

54 Vgl. hierzu die Beobachtungen von Blum, *Literarkritik*, 498,

55 So auch einige Vertreter einer literarischen Einheitlichkeit der Josefsgeschichte wie z. B. Donner, *Gestalt*, 44–45.

des Kleides (ויביאו אל־אביהם) überdies die Übersendung des bunten Kleides vorangestellt (וישלחו את־כתנת הפסים)[56] und erschwert dem Leser nun das Verständnis des Erzählverlaufs. Haben die Brüder das Kleid selbst überbracht oder haben sie es dem Vater übersandt? Mit Blick auf den Gesamtkontext dürfte ersterer Annahme der Vorzug zu geben sein. Dafür spricht auch sachlich, dass die Formulierung כתנת הפסים das כתנת genauer erklären will und also einen explizierenden Nachtrag darstellen dürfte.[57]

Die Bezeichnung des Rockes als כתנת הפסים findet ihre einzige atl. Parallele in 2Sam 13,18f.[58] Im Vergleich mit 2Sam 13 ist ferner von Interesse, dass das bunte Kleid in Gen 37 erstmals zu Beginn der Perikope in V. 3b erscheint. Dort folgt es dem Motiv der Bevorzugung Josefs durch den Vater direkt und geht dem Hass der Brüder unmittelbar voraus. Dieselben Termini, die dabei in V. 3a.4a für den familiären Konflikt verwandt (אהב מן und שנא) sind, finden sich auch in 2Sam 13,15, im Zusammenhang der Schändung Tamars. Es wird dies kaum Zufall sein. Es wird überdies kein Zufall sein, dass die Schwiegertochter von Davids Ahnherrn Juda in Gen 38 denselben Namen trägt wie die geschändete Tochter in 2Sam 13. Den Befund genauer auszuwerten, bedarf einer detaillierten Betrachtung des Samuel-Abschnittes und seines (un-)mittelbaren Kontextes, die an dieser Stelle nicht geleistet werden kann. Zumindest im Falle der Gegenüberstellung von אהב מן/ שנא dürfte aber anzunehmen sein, dass Gen 37,3a.4a literarisch von Gen 29,30–31* abhängen und im Zusammenhang mit 2Sam 13,15 den gebenden Part darstellen.

Gen 37,3f.23.32: Josef und der bunte Rock

3 וישראל אהב את־יוסף מכל־בניו כי־בן־זקנים הוא לו ועשה לו כתנת פסים:

4 ויראו אחיו כי־אתו אהב אביהם מכל־אחיו וישנאו אתו ולא יכלו דברו לשלם:

23 ויהי כאשר־בא יוסף אל־אחיו ויפשיטו את־יוסף את־כתנתו את־כתנת הפסים אשר עליו:

32 וישלחו את־כתנת הפסים ויביאו אל־אביהם ויאמרו זאת מצאנו הכר־נא הכתנת בנך הוא

אם־לא:

---

56 Vgl. hierzu bereits Gunkel, HK, 409.

57 Vgl. Levin, Jahwist, 271; auch Ruppert, FzB, 99, scheidet die Verse aus und spricht sie Je zu.

58 So auch Levin, Jahwist, 271. Zur terminologischen Übereinstimmung vgl. ferner Holzinger, KHC, 224; Westermann, BK, 27, oder Boecker, *Überlegungen*, 62.
Anders hingegen Lowenthal, Joseph, 16f. Zu einem Vergleich von Davids Tochter mit der Schwiegertochter Judas in Gen 38 vgl. van Dijk-Hemmes, *Tamar*, 135–155; zur Herleitung und Erklärung der Formulierung כתנת פסים vgl. insbesondere Hamilton, NIC.OT, 407–409. Zu den Berührungspunkten zwischen Gen 37f und 2Sam 12f vgl. insbesondere McKenzie, *Tamar*, 201f.

2Sam 13,15.18f: Die Schändung Tamars

15 וַיִּשְׂנָאֶהָ אַמְנוֹן שִׂנְאָה גְדוֹלָה מְאֹד כִּי גְדוֹלָה הַשִּׂנְאָה אֲשֶׁר שְׂנֵאָהּ מֵאַהֲבָה אֲשֶׁר אֲהֵבָהּ
וַיֹּאמֶר־לָהּ אַמְנוֹן קוּמִי לֵכִי:

18 וְעָלֶיהָ כְּתֹנֶת פַּסִּים כִּי כֵן תִּלְבַּשְׁןָ בְנוֹת־הַמֶּלֶךְ הַבְּתוּלֹת מְעִילִים וַיֹּצֵא אוֹתָהּ מְשָׁרְתוֹ הַחוּץ
וְנָעַל הַדֶּלֶת אַחֲרֶיהָ:

19 וַתִּקַּח תָּמָר אֵפֶר עַל־רֹאשָׁהּ וּכְתֹנֶת הַפַּסִּים אֲשֶׁר עָלֶיהָ קָרָעָה וַתָּשֶׂם יָדָהּ עַל־רֹאשָׁהּ וַתֵּלֶךְ
הָלוֹךְ וְזָעָקָה:

Nicht eindeutig als sekundär zu identifizieren ist im Zusammenhang von Gen 37 die Rede Judas. Denn, wie bereits angedeutet, greift sein als direkte Rede formulierter Einwand (V. 26f) mit dem Terminus הרג und der als Imperativ הלך + Kohortativ gestalteten Selbstaufforderung auf den Tötungsbeschluss von V. 20 zurück. Er bereitet mit dem Vorschlag לכו ונמכרנו לישמעאלים zudem den Verkauf in V. 28aγ vor. Der Einwand Judas fungiert somit als Bindeglied zwischen geplanter Tötung und tatsächlichem Verkauf. Dabei sind keine syntaktischen, sprachlichen oder inhaltlichen Brüche zu erkennen, die eine literarische Trennung Judas von dem Tötungsbeschluss zwingend erforderlich machten. Als einziges Indiz gegen seine Ursprünglichkeit kann der Umstand gelten, dass der Konflikt nach Maßgabe von Gen 37,3ff zwischen Josef als Individuum und seinen Brüdern als Kollektiv ausgetragen wird und auch der – von den Juda-Versen notwendig vorausgesetzte – Tötungsbeschluss selbst noch kollektiv formuliert ist (V. 19f; vgl. auch V. 28*.31ff*). Mit dem Einsatz Judas aber wird ein einzelner Bruder ausdrücklich identifiziert und tritt als Antagonist Josefs aus dem namenlosen Kollektiv hervor.

Mit Blick auf diese Beobachtung und angesichts der auch im Grundbestand von Gen 42–45* noch vorherrschenden Rede vom Kollektiv der Brüder, aus dem die Erwähnung Judas zudem deutlicher als sekundär ausgeschieden werden kann,[59] wird der Lea-Sohn in Gen 37 u. E. von dem Tötungsbeschluss (V. 19f) zu trennen und als späterer Nachtrag zu betrachten sein.[60] Er führt den Verkauf Josefs maßgeblich auf diesen einen Bruder zurück und konnotiert Juda damit negativ. Sein hiesiges Fehlverhalten wird Juda in Gen 43–44 wiedergutmachen, indem er sich für das Leben des zweiten Rahel-Sohnes Benjamin verbürgt. Angesichts der deutlichen Korrespondenz zwischen dem Verhalten Judas in Gen 37

---

59 Vgl. zum sekundären Charakter Judas im Zusammenhang von Gen 43–45 und zum literarischen Zusammenhang der Aussagen von Gen 37,26–27* mit Gen 43–44* ausführlich unten 4.2. (b) und 4.3. (b).

60 Vgl. hierzu Levin, Jahwist, 265–271, der zwischen dem Tötungsbeschluss (erweiterte vorjahwistische Quelle) und Juda (jahwistische Redaktion) scheidet.

und in Gen 43–44 ist es relativ wahrscheinlich, dass seine Erwähnung hier mit seinem Auftreten in Gen 43–44 auch literarisch zusammengehört.[61]

Die Juda-Verse dürften ferner in sich nicht einheitlich sein. Denn während die anfängliche Frage מה־בצע כי נהרג (V. 26bα) mit dem Terminus הרג auf den vorausgehenden Tötungs-beschluss (V. 20) zurückgreift und der daraus resultierende Vorschlag לכו ונמכרנו לישמעאלים (V. 27aα) den Verkauf in V. 28aγ antizipiert, zeigen V. 26bβ.27aβ terminologische Über-schneidungen mit der wörtlichen Rede Rubens in V. 22. Dabei zeichnen sich die an V. 22 erinnernden Aussagen dadurch aus, dass sie die Ablehnung des Tötungsbeschlusses mit moralischen Bedenken Judas begründen. Diese Bedenken wiederum stehen in einer gewis-sen Spannung zu dem moralisch fragwürdigen Vorschlag selbst, man möge Josef zum eigenen Gewinn verkaufen. Es dürfte mit Blick auf die angeführten Beobachtungen anzu-nehmen sein, dass das moralisch bedenkliche Verhalten Judas nachträglich an das Ideal seines Bruders Ruben angepasst worden ist. Hierzu wurden dem ursprünglichen Vorschlag V. 26bα.27aα Verweise auf V. 22 integriert (V. 26bβ.27aβ).

Gen 37,20.22.26f: Juda, Ruben und der Tötungsbeschluss

‏20 וְעַתָּה לְכוּ וְנַהַרְגֵהוּ וְנַשְׁלִכֵהוּ בְּאַחַד הַבֹּרוֹת וְאָמַרְנוּ חַיָּה רָעָה אֲכָלָתְהוּ וְנִרְאֶה מַה־יִּהְיוּ חֲלֹמֹתָיו:

‏22 וַיֹּאמֶר אֲלֵהֶם רְאוּבֵן אַל־תִּשְׁפְּכוּ־דָם הַשְׁלִיכוּ אֹתוֹ אֶל־הַבּוֹר הַזֶּה אֲשֶׁר בַּמִּדְבָּר וְיָד אַל־
תִּשְׁלְחוּ־בוֹ לְמַעַן הַצִּיל אֹתוֹ מִיָּדָם לַהֲשִׁיבוֹ אֶל־אָבִיו:

‏26 וַיֹּאמֶר יְהוּדָה אֶל־אֶחָיו מַה־בֶּצַע כִּי נַהֲרֹג אֶת־אָחִינוּ
וְכִסִּינוּ אֶת־דָּמוֹ:

‏27 לְכוּ וְנִמְכְּרֶנּוּ לַיִּשְׁמְעֵאלִים
וְיָדֵנוּ אַל־תְּהִי־בוֹ כִּי־אָחִינוּ בְשָׂרֵנוּ הוּא וַיִּשְׁמְעוּ אֶחָיו:

Dann aber dürfte weiter anzunehmen sein, dass es sich bei Ruben in Gen 37 um den zuletzt eingetragenen Bruder handelt, insofern zumindest die auf Juda bezogenen V. 26bβ.27aβ eine Kenntnis des ethisch idealen Einsatzes von Ruben noch nicht vorauszusetzen schei-nen. Hierfür spricht ferner, dass das Handeln Rubens in V. 29f eine Kenntnis des Vorschlags V. 26f* impliziert (vgl. oben).[62]

---

61 Vgl. genauer unten zu 4.3. (b). Zur Korrespondenz zwischen dem Verhalten Judas in Gen 37 und Gen 43–44 vgl. z. B. Ruppert, FzB, 303.

62 Zur literarischen Priorität Judas vgl. insbesondere Schmitt, Josephsgeschichte, 15–18, aber auch Levin, Jahwist, 265–267.271f. Anders Redford, Study, 132–135; Pirson, Lord, 227f.259.261, oder Kebekus, Joseferzählung, 9, die eine Priorität der Ruben-Verse annehmen. Donner, Gestalt, 37–39, sieht in der Konkurrenz Rubens und Judas in Gen 37; 42f ein komposito-risches Prinzip und versteht beide Brüder entsprechend als literarisch gleichursprünglich. Das Vorkommen beider Brüder in Gen 37 wäre nach Donner als retardierendes Moment zu verstehen, das den Konflikt in Gen 42f vorabbildet. In Gen 42,37 habe sich Ruben mit seinem Angebot, dass Jakob gegebenenfalls seine Enkel töten möge, selbst disqualifiziert und kann somit in Gen 43 nicht erneut als Sprecher auftreten. Deshalb ist nun Juda an der Reihe. Denn „Ruben ist der Erst-geborene, also kommt das erste Bürgschaftsangebot von ihm. Simeon, der Zweitgeborene, sitzt währenddessen in Geiselhaft und steht nicht zur Verfügung. Der Drittgeborene ist Levi. Warum nicht er, sondern Juda eintritt, kann man freilich nur vermuten. Vielleicht überging der Novellist

Älter als die bisher besprochenen Reden der Lea-Söhne (V. 21f.26f), die Einführung der Midianiter (V. 28aα) und die genauere Beschreibung des Rocks (V. 3b.23bβ.32aα) dürfte das Verkaufsmotiv in Gen 37,28 sein, an das auch der Tötungsbeschluss V. 19f erst nachträglich angeknüpft haben wird.[63] Diese Annahme ergibt sich nicht zuletzt aus der bisher angenommenen diachronen Differenzierung: Handelt es sich bei den Träumen in V. 4b–8 um eine nachträgliche Fortschreibung des Motivs der väterlichen Bevorzugung V. 3a.4a und ist der Tötungsbeschluss V. 19f explizit mit Verweis auf die Träume begründet, kann das Motiv des Verkaufs nicht erst mit V. 19f in den Kontext eingetragen worden sein. Denn auch in dem älteren Bestand, in dem der Hass der Brüder durch die Bevorzugung des Vaters begründet ist, muss Josef gemäß der Fortsetzung Gen 39ff nach Ägypten überführt worden sein. Dies aber muss – wie es ja auch im uns heute vorliegenden Text trotz Tötungsbeschluss (!) noch der Fall ist – durch den Verkauf an die Ismaeliter geschehen sein (V. 28*). Ihre Einführung (V. 25) wird demnach, wie die Ankunft Josefs bei den Brüdern (V. 23*), zum Grundbestand von Gen 37 zu zählen sein.[64]

Levi, weil dieser als Ahnherr der Priesterschaft galt, oder er bevorzugte Juda, weil er selber ein Judäer war". Die Annahme Donners verkennt u. E. die positive Darstellung Rubens, dessen Einsatz für Josef ihn weder in Gen 37 noch in Gen 42 in einem moralisch fragwürdigen Licht erscheinen lässt, sondern ihn vielmehr als ethisches Ideal unter den Brüdern hervorhebt. Vgl. ähnlich wie Donner, Gestalt, 37–39, die psychologisierende Interpretation bei Specht, *Gestalt*, 312f.

63 Vgl. Levin, Jahwist, 265–271.

64 In der älteren Forschung wurden V. 25–27.28b zumeist als Bestandteil von J verstanden; vgl. Dillmann, Genesis, 376; Holzinger, KHC, 223f, oder Gunkel, HK, 401–404; ähnlich Smend, Komposition, 101, der allerdings in V. 25 zusätzlich zwischen J (ab וישא) und E (V. 25a*) scheidet. Schwierig ist hierbei bereits der Wegfall von V. 24a aus dem Kontext der Erzählung. Denn dass Josef (V. 23) seines Kleides beraubt wird, hängt mit dem Wurf in die Grube erzähltechnisch eng zusammen: Nach V. 20 (E) beschlossen die Brüder, Josef zu töten, indem sie ihn in eine Grube würfen und wollten sodann dem Vater berichten, er sei von einem wilden Tier gerissen worden. Um jene Behauptung aber manifestieren zu können, müssen die Brüder ihn nun vor dem Wurf in die Grube entkleiden (V. 23*, J), damit sie über das für den Betrug nötige Beweisstück, das Kleid (V. 31.33), verfügen können.

Wenig zu überzeugen vermag auch die Annahme von Ruppert, FzB, 99, dass Juda und mit ihm V. 26a.27b erst durch den jehowistischen Bearbeiter in den Kontext von Gen 37 eingetragen wurde. Tut das Ausscheiden Judas der Kohärenz des Erzählfadens von Gen 37* zunächst keinerlei Abbruch, ist die Annahme einer ursprünglich analog V. 19a (ויאמרו איש אל־אחיו) gestalteten Redeeinleitung in V. 26a, die erst nachträglich durch den Juda-Bezug substituiert wurde, äußerst hypothetisch und im vorliegenden Kontext vor allem unnötig. Denn mit dem Erscheinen der ismaelitischen Karawane in V. 25 ist die Entscheidung gegen eine Tötung und für einen Verkauf des verhassten Bruders hinreichend eingeleitet.

(d) V. 33–36: Die Rückkehr der Brüder zum Vater

Die Rückkehr der Brüder zum Vater ist in V. 31f mit der Präparation von Josefs Rock (vgl. V. 23*) vorbereitet. Dass die Brüder den Rock in Tierblut tunken, entspricht ihrer Intention aus V. 20, wo sie bekundet hatten, Josef töten und danach behaupten zu wollen, *ein wildes Tier habe ihn gefressen.* Diesen Eindruck erhält nun auch der Vater, der den blutgetränkten Rock des Lieblingssohnes in V. 33 erkennt: „Es ist der Rock meines Sohns. *Ein wildes Tier hat ihn gefressen.* Zerfleischt, zerfleischt ist Josef!" (Gen 37,33). Mit diesem Ausspruch greift V. 33 auf das Ansinnen der Brüder in V. 19f explizit zurück und dürfte mit jenen nicht nur sachlich, sondern auch literarisch auf einer Ebene liegen.

Gen 37,19f.23.31–33*:

‏¹⁹ ויאמרו איש אל־אחיו הנה בעל החלמות הלזה בא:

‏²⁰ ועתה לכו ונהרגהו ונשלכהו באחד הברות ואמרנו חיה רעה אכלתהו ונראה מה־יהיו חלמתיו:

‏²³ ויהי כאשר־בא יוסף אל־אחיו ויפשיטו את־יוסף את־כתנתו את־כתנת הפסים אשר עליו:

‏³¹ ויקחו את־כתנת יוסף וישחטו שעיר עזים ויטבלו את־הכתנת בדם:

‏³² וישלחו את־כתנת הפסים ויביאו אל־אביהם ויאמרו זאת מצאנו הכר־נא הכתנת בנך הוא אם־לא:

‏³³ ויכירה ויאמר כתנת בני חיה רעה אכלתהו טרף טרף יוסף:

Doch auch die Rückkehr zum Vater dürfte sich nicht ganz einheitlich gestalten. Aufgefallen ist im Rahmen von V. 33–36 längst die abschließende Verkaufsnotiz V. 36, die an V. 28 anknüpft und Gen 39,1 antizipiert. Denn gemäß Gen 37,28* waren es die Midianiter, die Josef an die Ismaeliter verkauft haben. Die Ismaeliter aber haben Josef nach Ägypten gebracht, wo er laut Gen 39,1* von Potifar gekauft wurde. Diesen Sachverhalt stellt Gen 37,36 nun so dar, dass die Medaniter Josef nach Ägypten verkauft haben, an Potifar, den Beamten Pharaos. Mit dieser Aussage widerspricht Gen 37,36 dem Zusammenhang von Gen 37,28*; 39,1* zwar nicht zwangsläufig, gibt den Sachverhalt aber auch nicht getreulich wieder. Es dürfte sich bei dem Vers am ehesten um einen redaktionellen Nachtrag handeln, der Gen 37,28*; 39,1* kennt und sie am Ende von Gen 37 verkürzt zusammenfasst.[65] Die Vorwegnahme von Gen 39,1* in Gen 37,36 setzt dabei voraus, dass sich zwischen den Zusammenhang von Gen 37; 39 die Episode um Juda und

---

[65] Vgl. hierzu Blum, *Literarkritik*, 500, zu Gen 37,36: „Der Satz wurde als ‚raffende' Vorwegnahme (das Spiegelbild der bekannteren Wiederaufnahme) zu 39,1 bei der Einfügung von Gen 38 in den Josephzusammenhang formuliert".

Tamar in Gen 38 geschoben hat. Mit ihrer Einführung in den Kontext der Josefsgeschichte dürfte Gen 37,36 wohl auch literarisch zusammengehören (vgl. auch
oben V. 15–17.18b).[66]

Literarkritisch auffällig ist im Kontext von V. 33–35 zudem der perspektivische Wechsel zwischen V. 35a.b. Ist es in V. 34.35a Jakob, der sein Gewand zerreißt, sich in einen Sack kleidet und von seinen Söhnen und Töchtern[67] nicht
trösten lassen will, ist die Trauer des Vaters in V. 35b aus der Sicht Josefs formuliert und schließt damit über V. 34–35a hinweg an dessen explizite Nennung in
V. 33b an.[68]

Gen 37,33–35: Die Rückkehr zum Vater

greift zurück auf ⟶ ‏:יוֹסֵף‏ טרף חיה רעה אכלתהו טרף כתנת בני ויאמר ויכירה‏ [33]

‏ויקרע יעקב שמלתיו וישם שק במתניו ויתאבל על־בנו ימים רבים:‏ [34]
‏ויקמו כל־בניו וכל־בנתיו לנחמו וימאן להתנחם ויאמר כי־ארד‏ [35]
‏אל־בני אבל שאלה‏

‏ויבך אתו אביו:‏

---

66 Vgl. Blum, Komposition, 245, oder Levin, Jahwist, 271f. Anders wird Gen 37,36 im Rahmen der
Quellenscheidung i. d. R. als Bestandteil von E betrachtet; vgl. Dillmann, Genesis, 377; Holzinger,
KHC, 224; Gunkel, HK, 410; oder Ruppert, FzB, 117.
67 Mit Blick auf die pluralische Erwähnung der Töchter in Gen 37,35 haben u. a. Schmid,
Josephsgeschichte, 94, oder Schmidt, Studien, 149f, eingewandt, dass sie den Geburtsnotizen
in Gen 29f widerspreche, in denen Dina als einzige Tochter aufgeführt wird. Dieser Vergleich
trifft für den *textus receptus* der Genesis ohne Frage zu. Doch dürfte der summarischen Notiz
in Gen 37,35a nicht primär an einer genauen Darstellung der genealogischen Verhältnisse, sondern vielmehr an dem symbolischen Ausdruck des familiären Zusammenhaltes gelegen sein,
der sich in der gemeinsamen Trauer manifestiert. Denn nachdem die Midianiter dem Plan der
Brüder (Gen 37,19f) durch den „Raub" Josefs zuvorgekommen sind (V. 28aα), sind jene von einer
Schuld am Schicksal des Lieblingssohnes entlastet und können auch sie mit dem Vater um ihn
weinen. So kommen sie alle, Söhne und Töchter, zusammen, dem untröstlichen Jakob in seiner
Trauer beizustehen. Da es sich bei der Midianiter-Notiz auch nach Ansicht von Befürwortern der
Einheitlichkeit um einen Nachtrag handelt (vgl. Donner, Gestalt, 45, oder Blum, Komposition,
245) und Gen 37,35a diese Entschuldigung der Brüder sachlich bereits vorauszusetzen scheint,
bleibt überdies zu fragen, ob sich nicht in Gen 37,35a erneut (vgl. Gen 37,9) eine sekundäre Formulierung findet, die über ein ursprüngliches Verhältnis von Väter- und Josefsgeschichte keinen
Aufschluss zu geben vermag.
68 Vgl. hierzu die Beobachtungen von Seebass, Josephsgeschichte, 33.

Sachlich irritiert in V. 34.35a zudem das Verhalten der Brüder, deren Reden und Handeln bis dato darum kreiste, sich den verhassten Josef vom Halse zu schaffen. Dass die Brüder nach V. 34 trotz ihrem Fehlverhalten gegenüber Josef zum Vater kommen, um ihn zu trösten, könnte inhaltlich und literarisch mit der Einführung der Midianiter zusammengehören. Die Intention ihrer Einführung dürfte wohl mit Umberto Cassuto am ehesten in einer Entlastung der Brüder zu sehen sein.[69] Nicht sie haben Josef nach Ägypten verkauft. Nein, die Midianiter tragen Schuld an Josefs Existenz in der Fremde.

Beide Aussagen (V. 28aα.35a) wurden u. a. von Christoph Levin oder Lothar Ruppert in einem literarischen Zusammenhang mit dem Reden und Handeln Rubens (V. 21*.29f) gesehen.[70] Und in der Tat entspricht die Handlung Jakobs in V. 34 grundsätzlich dem auch von Ruben vollzogenen Ritual (V. 29f).[71] Auffällig ist im Vergleich von V. 29.34 allerdings sowohl die für den Vater zusätzlich vermerkte Notiz וישם שק במתניו (V. 34a) als auch die terminologische Diskrepanz mit Blick auf das Gewand, das mal בגד (V. 29), mal שמלה (V. 34) genannt wird.

Gen 37,29.34:

29 וישב ראובן אל־הבור והנה אין־יוסף בבור ויקרע את־בגדיו׃

34 ויקרע יעקב שמלתיו וישם שק במתניו ויתאבל על־בנו ימים רבים׃

Neben die sprachlichen Differenzen treten sachliche. Denn bisher hat Ruben seine Brüder zwar dazu bewogen, nicht selbst Hand an Josef zu legen und sein Blut zu vergießen. Doch tat er dies, weil er ihn retten und zum Vater zurückbringen wollte. Von einer konkreten Entschuldigung der Brüder ist hier nichts zu spüren. Im Gegenteil, „aus *ihrer* (!) Hand" will Ruben Josef befreien (V. 21f*). Und genau dies glaubt er in V. 29 gescheitert, wohl weil seine Brüder Josef aus der Grube zogen und ihn an die Karawane verkauften (→ ohne Midianiter in V. 28aα). So zumindest scheint es auch die Frage Rubens in V. 30 nahezulegen: הילד איננו ואני אנה אני־בא.

Es dürfte sich nach diesen Beobachtungen wohl erst später ein Nachtrag an die Fürsprache Rubens angelagert haben, der nun nicht nur den ältesten Lea-Sohn, sondern alle Söhne Jakobs von der Schuld an ihrem Bruder Josef befreien

---

69 Vgl. hierzu Kessler, *Querverweise*, 150; Cassuto, *Tamar*, 30f; Blum, Komposition, 245; Levin, Jahwist, 271f; Lanckau, Herr, 222, oder Blum, *Literarkritik*, 499.
70 Vgl. Levin, Jahwist, 271f, und Ruppert, FzB, 99. Anders scheidet z. B. Gunkel, HK, zwischen V. 34a (E) und V. 34b–35 (J).
71 Zu mythologischen Interpretationen der Trauer Jakobs vgl. Golka, *Tammuz*, 68f.

will. Dafür wurden zunächst in V. 28aα die midianitischen Kaufleute eingeführt, die nun zum Subjekt der Narrativkette V. 28aβγ werden und deren „Raub" Josefs aus der Grube die Brüder derart entlastet, dass sie gemeinsam mit ihren Schwestern den tief bestürzten Vater trösten dürfen (V. 34.35a).

Ergebnis

Die Analyse von Gen 37 hat ergeben, dass die uns vorliegende Textgestalt des Kapitels als Resultat eines längeren Fortschreibungsprozesses zu betrachten sein dürfte. Den ältesten Bestand wird dabei eine relativ knappe Verkaufsgeschichte darstellen, in der dem Leser vor Augen geführt wird, wie Josef von seiner Familie getrennt und nach Ägypten verschleppt wurde (Gen 37,3a.4a.12.13a.14b[ohne 23. מעמק חברון]a.25.28a[ab וימכרו]b). Sie setzt in den V. 3a.4a mit Rückverweisen auf die Vätergeschichte ein, vor deren Hintergrund sie demnach gelesen und verstanden werden will (Gen 21,2.7; 29,30f*; 32,29). Josef ist der älteste Sohn, den die geliebte Rahel für Jakob geboren hat. Deshalb liebt ihn Israel mehr als alle seine Söhne. Denn wie Isaak für Abraham, ist Josef für Jakob der Sohn der „richtigen" Frau. Mit dieser Bevorzugung Josefs durch seinen Vater ist seine Vorrangstellung in Israel erklärt bzw. legitimiert. Der durch die größere Liebe für Josef ausgelöste Hass der Brüder legt überdies den Grundstein für den späteren Verkauf des Rahel-Sohnes (V. 12.13a.14b.23aα.25.28aγb), der in seine Existenz in Ägypten mündet. Die ausdrückliche Benennung des Vaters mit Israel impliziert bereits für die älteste Josefsgeschichte eine nationalpolitische Dimension.

Mit der Betonung des ab Gen 39 im Exil weilenden Josef, der mit den Anspielungen in Gen 37,3f* zum Vorzugssohn Israels und so mittelbar zu einer Identifikationsgröße des Nordreichs gemacht wird, dürfte die Grundschicht der Erzählung mindestens den Untergang des Nordreichs 722/0 v. Chr., wenn nicht gar den Untergang des Südreichs (587/6 v. Chr.) bereits voraussetzen, in dessen Zusammenhang wir erstmals von einer ägyptischen Diaspora erfahren (vgl. z. B. Jer 40–44). Allein „[d]ie Freude am Königtum und das erhobene Stammesgefühl"[72] kann nicht als Argument dafür dienen, die Erzählung in eine Zeit zu datieren, „die von Revolutionen ungetrübt war"[73]. Denn sie berücksichtigt weder, dass Josef das Amt eines Königs *realiter* nie bekleidet, sondern lediglich als ältester Sohn der geliebten Rahel den Vorzug unter den Israel-Söhnen erhält, noch,

---

72 Procksch, Sagenbuch, 183. Die Aussage bezieht sich auf die Elohimquelle insgesamt, stützt sich dabei aber nicht zuletzt auf die Formulierung in Gen 37,8; vgl. Procksch, Sagenbuch, 182.
73 Ebd.

dass der Erfolg des Lieblingssohnes so nachdrücklich in der Fremde verortet
wird.

Gen 37,3a.4a.12.13a.14b*.23aα.25.28ayb: Der älteste Kern

3 וישׂראל אהב את־יוסף מכל־בניו כי־בן־זקנים הוא לו [...]:
4 ויראו אחיו כי־אתו אהב אביהם מכל־אחיו וישׂנאו אתו [...]:
12 וילכו אחיו לרעות את־צאן אביהם בשׁכם:
13 ויאמר ישׂראל אל־יוסף הלוא אחיך רעים בשׁכם לכה ואשׁלחך אליהם [...]:
14 [...] וישׁלחהו [ ] ויבא שׁכמה:
23 ויהי כאשׁר־בא יוסף אל־אחיו [...]:
25 וישׁבו לאכל־לחם וישׂאו עיניהם ויראו והנה ארחת ישׁמעאלים באה מגלעד וגמליהם נשׂאים
נכאת וצרי ולט הולכים להוריד מצרימה:
28 [...]וימכרו את־יוסף לישׁמעאלים בעשׂרים כסף ויביאו את־יוסף מצרימה:

Eine erste, umfassende Bearbeitung dürfte diese Verkaufserzählung in
Gen 37,4b–8.13b–14a.18a.19–20.23b(ohne הפסים את־כתנת).24a.28a(nur וימשׁכו ויעלו
את־יוסף מן־הבור).31.32aβb.33.35b erfahren haben. Sie knüpft an das Motiv der väterlichen Bevorzugung als Auslöser für den Hass der Brüder an und stellt ihm das
Motiv der Träume Josefs (V. 4b–8) an die Seite. Dabei beziehen die Träume den
Hass der Brüder nun nicht mehr auf den Vater, sondern auf Josef selbst, dessen
Verhalten den Hass der Brüder schürt und so ihren Tötungsbeschluss (V. 19f) provoziert. Wegen der Träume hassen sie Josef. Und wegen der Träume wollen sie ihn
töten. Der Vater mag Josef vorgezogen haben, aber sein Schicksal hat der Lieblingssohn letztlich selbst besiegelt. Gegenüber der Grundschrift wird der Vater
so von der „Schuld" an der Verschleppung Josefs entlastet, der Konflikt auf die
Ebene der Brüder verlagert, deutlich zugespitzt und mit dem Konflikt Jakobs und
Esaus in der Vätergeschichte parallelisiert. Mit den Formulierungen in V. 4b.7.14a
antizipiert (erst) diese Bearbeitung explizit die weiteren Verwicklungen zwischen
Josef und seinen Brüdern, wie sie in Gen 42–44 berichtet und in Gen 45 aufgelöst
werden.

An die oben skizzierte Bearbeitung knüpfen alle weiteren Erzählmotive an.
Dies betrifft etwa den in V. 9(–11) berichteten *zweiten* Traum Josefs, der die summarische Notiz V. 8b (על־חלמתיו אתו שׂנא עוד ויוספו) wohl in Anlehnung an Gen 40f
ausführt. Ferner gilt dies für die Einführungen der Lea-Söhne Ruben und Juda,
deren wörtliche Reden (V. 21f* Ruben, V. 26f* Juda) an den kollektiv gefassten
Beschluss zur Tötung Josefs (V. 19f) anschließen. Dabei entspricht der Rückgriff
auf V. 20 dem je vorherrschenden Interesse des Bearbeiters. So greift (zuerst)
die *Juda-Bearbeitung* (V. 26f*) auf das Tötungsvorhaben ונהרגהו לכו zurück, das
Juda nun aus Gründen des eigenen monetären Vorteils vereiteln möchte. Weil
er keinen Gewinn darin sieht, den Bruder zu töten, will er ihn lieber um Geld

veräußern. Damit wird Juda deutlich negativ konnotiert und maßgeblich für Josefs Aufenthalt in der Fremde verantwortlich gemacht. Im Kontrast dazu, wird er sich in Gen 43f für das Wohlergehen des zweiten Rahel-Sohnes, Benjamin, verbürgen.

Moralisch standhafter als Juda zeigt sich (später) Ruben. Auch die *Ruben-Bearbeitung* (V. 21f*.29f) rekurriert in V. 22 auf den Tötungsbeschluss aus V. 20. Sie nimmt das dort eingeführte Motiv der Grube auf, die zunächst als Todesfalle für Josef gedacht schien, aus der Ruben den Rahel-Sohn nun aber retten und zum Vater zurückbringen will (V. 21f*). Damit distanziert sich Ruben vehement von dem Vorhaben seiner Brüder, denen der Erstgeborene Jakob-Israels (nachträglich) als ethisches Ideal gegenübergestellt wird. Die Brüder gedachten, es böse zu machen, Ruben aber setzt sich für die unversehrte Heimkehr Josefs ein. Ähnlich wird er sich in Gen 42,37 für den zweiten Rahel-Sohn Benjamin engagieren.

Alle Brüder entschuldigt noch später die *Midianiter-Bearbeitung* (V. 28aα.34. 35a). Sie hat in V. 28aα die midianitische Karawane eingetragen, die Josef aus der Grube raubt und ihn an die Ismaeliter verkauft. Die Brüder sind indes von ihrer Schuld befreit und können – mitsamt ihren Schwestern – dem Vater tröstend zur Seite stehen.

Von dieser Bearbeitung dürften V. 15–17.18b.36 bereits abhängen (V. 36 → V. 28), die Gen 37 wohl redaktionell mit Gen 38 verbinden. Als weitere Nachträge sind die *priesterschriftlichen Notizen* V. 1f* und die *Näherbestimmung von Josefs Rock* in V. 3b.23bβ.32aα zu nennen, von denen letzteres Motiv die Einführung des Tötungsbeschlusses notwendig voraussetzt[74] (→ blutiger Rock als Beweisstück[75]

---

74 Anders schreibt Gunkel, HK, 409, in V. 33 lediglich die auch in V. 20 erscheinende Formulierung חיה רעה אכלתהו (V. 33*) dem Elohisten zu, während das Motiv der Überbringung des Rocks insgesamt an J fällt. Dabei bleibt im Zusammenhang dieser Zuweisung relativ dunkel, wieso ausgerechnet die Juda-Schicht davon berichtet haben soll, dass die Brüder Josef den Rock auszogen (V. 23) und in das Blut eines Ziegenbockes tauchten (V. 31), wenn der Beschluss לכו ונהרגהו ונשלכהו באחד הברות ואמרנו חיה רעה אכלתהו (V. 20) doch aus der elohistischen Version bzw. der Ruben-Version stammt. Mit anderen Worten, trennt Gunkel hier sowohl gegen den sachlichen als auch den sprachlichen Zusammenhang von V. 18–33, um seine nach V. 3f.5–10 gewonnenen Kriterien zur Aufteilung auf die Quellen aufrechterhalten zu können. Vgl. in jüngerer Vergangenheit ähnlich Schmidt, Studien, 147f.
75 Gegen MacLaurin, *Joseph*, 33, der glaubt, dass der Rock Josefs über eine „capacity to grant the power of divination" verfügt. Deshalb tauchten die Brüder den Rock Josefs in Blut, nicht um den Vater vom Tod Josefs zu überzeugen, sondern um so die Wirkmacht des Rockes zu unterbinden. Denn „in view of the apotropaic nature of blood ritual it is possible that in the original form of the story the blood of the goat was intended to destroy the coat's capacity [...] and so to 'close the eyes' of Jacob, and this is in fact what actually took place".

für Josefs vermeintlichen Tod). Die priesterschriftlichen Verse zeigen hingegen keine expliziten Anbindungen an den nichtpriesterschriftlichen Text, so dass ihre relativ-chronologische Einordnung in den Kontext an dieser Stelle mit erheblichen Problemen verbunden ist.

Diachrone Differenzierung

I   *Die Geschichten über Josef (Gen 37*; 39–41*)*
Gen 37,3a.4a.12.13a.14b(ohne מעמק חברון).23.a.25.28a(ab וימכרו)b;
Gen 39,1bα(nur ויקנהו ... שר הטבחים איש מצרי).4.;
Gen 40,1aα(nur ויהי אחר הדברים האלה).2(ohne על שני סריסיו).3aα.4.5a(bis בלילה אחד).6a.7a(nur לאמר)b.9–11.12(ohne זה פתרנו).13.16–17.18(ohne זה פתרנו).19–22;
Gen 41,1(nur ויהי מקץ שנתים ימים ופרעה חלם).8(nur ויהי בבקר ותפעם רוחו).9a.10.11a.12–13.14(ohne ויריצהו מן־הבור).17–21*.25aα(nur ויאמר יוסף אל־פרעה).26aα.27aα.29–31*.34–36*.40–49*.53–54

II *Die Geschichten über Josef und seine Brüder (Gen 37*; 39–45*)*:
Gen 37,4b–8.13b–14a.18a.19–20.23b(ohne את־כתנת הפסים).24a.28a(nur וימשכו ויעלו את־יוסף מן־הבור).31.32aβb.33.35b;
Gen 41,22–24a.25aβ.26aββb.27aβb.56–57;
Gen 42,1b(nur ויאמר יעקב לבניו).2a(ohne ויאמר)bα.3(ohne עשרה).6.8.9abβ.10.12.17;
Gen 45,4.15.24a.25(ohne ויבאו ארץ כנען).26aα(nur ויגדו לו לאמר עוד יוסף חי).27b

   II¹ *Das Motiv des bunten Rocks*:
      Gen 37,3b.23b(nur את־כתנת הפסים).32aα

   II¹ *Das Motiv des zweiten Traums*:
      Gen 37,9–11

   II¹ *Die Juda-Bearbeitung*:
      Gen 37,26abα.27aαb;
      Gen 43,3.6(nur ויאמר ישראל).8a.9–10;
      Gen 44,10b.14aα(ויבא יהודה ואחיו).15a.16–24.26–34

     II² *Die Ruben-Bearbeitung*:
        Gen 37,22.24b.29–30;
        Gen 42,22.36(ohne ויאמר אלהם יעקב אביהם).37

       II³ *Nachtrag zur Ruben-Bearbeitung*:
          Gen 37,21

       II³ *Nachtrag zur Juda-Bearbeitung*:
          Gen 37,26bβ.27aβ

       II³ *Die Midianiter*:
          Gen 37,28aα(ויעברו אנשים מדינים סחרים).34.35a

         II⁴ *Juda und Tamar (Ältester Kern Gen 38)*:
            Gen 37,15–17.18b.36;

Gen 38,1a.2–3.6–7.11aαb.12(ohne הוא וחירה רעהו
(העדלמי)–14a.16–19.20(ohne ביד רעהו העדלמי).24aα
(nur ויהי כמשלש חדשים).25a(ab והיא).b.26aα;
Gen 39,1a(bβ?)

P: Gen 37,1–2*

3.2. Genesis 38: Juda trennt sich von den Brüdern

Gliederung

V. 1:   Juda trennt sich von den Brüdern und trifft auf Chira
V. 2–5:   Juda heiratet Bat-Schua, sie gebiert ihm drei Söhne
V. 6–7:   Der Erstgeborene, Er, heiratet Tamar und stirbt
V. 8–10:   Der Zweitgeborene, Onan, vernachlässigt die Leviratspflicht und stirbt
            ebenfalls
V. 11:   Juda entlässt Tamar in ihr Vaterhaus
V. 12:   Bat-Schua stirbt, Juda macht sich auf den Weg zur Schafschur
V. 13–19:   Juda begegnet Tamar auf dem Weg zur Schafschur, hält sie für eine Prostituierte,
            geht zu ihr ein und schwängert sie
V. 20–23:   Juda bzw. Chira versuchen vergeblich, Tamar ihren Lohn zukommen zu lassen
V. 24–26:   Juda erfährt von Tamars Schwangerschaft und will sie bestrafen, muss aber
            seine eigene Schuld eingestehen
V. 27–30:   Die Geburt der Zwillinge Perez und Serach

Befund

Hatte der Leser soeben noch erfahren, dass Josef von einem ägyptischen Beamten käuflich erworben wurde (Gen 37,36), muss er sich mit Informationen über den weiteren Verbleib von Israels Liebling noch gedulden. Denn in Gen 38 ist es nicht die Geschichte Josefs in Ägypten, die den in Gen 37 aufgemachten Spannungsbogen fortsetzt. Stattdessen wird der Leser unvermittelt über das Schicksal Judas in Kenntnis gesetzt, der sich nach seinem moralisch fragwürdigen Vorschlag zum Verkauf Josefs augenscheinlich auch von seinen anderen Brüdern getrennt hat: „Zu jener Zeit zog Juda hinab, weg von seinen Brüdern" (Gen 38,1).

Nachdem er auf seinem Weg zunächst einem Adullamiter namens Chira begegnet, werden in Gen 38,2–12a, wie zuvor in Gen 37,3–11*, die familiären Konstellationen offengelegt. Juda heiratet eine Kanaanäerin, Bat-Schua (V. 2), die ihm drei Söhne gebiert: Er (V. 3), Onan (V. 4) und Schela (V. 5). Von ihnen werden die jüngeren Söhne, Onan und Schela, von der Mutter benannt, während Er seinen

Namen vom Vater erhält. Für seinen Erstgeborenen wählt Juda auch eine Frau, Tamar (V. 6). Im direkten Anschluss an die Heiratsnotiz wird Er in V. 7 *für böse in den Augen Jhwhs* erklärt, der ihn deshalb sterben lässt.

Offenbar tritt daraufhin mit V. 8f die Leviratspflicht in Kraft. Denn in V. 8 fordert Juda nun seinen Zweitgeborenen, Onan, auf, mit Tamar die Schwagerehe zu vollziehen, um so dem Verstorbenen zu Nachwuchs zu verhelfen. Onan aber weiß, dass der Nachwuchs nicht ihm zugerechnet würde und vollzieht einen *coitus interruptus* (V. 9). Damit *tut er das Böse in den Augen Jhwhs*, der nun auch ihn sterben lässt (V. 10). Es verbleibt als letzter Sohn Schela. Um ihn, der wohl noch nicht im heiratsfähigen Alter ist, zu schützen, schickt Juda seine Schwiegertochter in das Haus ihres Vaters zurück, von wo er sie nie zurückzuholen gedenkt (V. 11). Geraume Zeit später stirbt auch Bat-Schua, so dass Juda nun gar verwitwet zurückbleibt (V. 12a).

Mit diesen komplexen familiären Verhältnissen ist dem Leser das für den folgenden Erzählkern V. 12b–26 notwendige Vorwissen vermittelt. Juda hat seine Frau und die beiden ältesten Söhne verloren. Um seinen Jüngsten nicht auch noch zu verlieren, schickt er die Schwiegertochter gegen die Leviratsverpflichtung nach Hause. Auf dieses Fehlverhalten reagiert nun Tamar selbst.

In V. 12b.13b werden zunächst die Weichen für ihr weiteres Vorgehen gestellt. Juda macht sich auf den Weg zur Schafschur nach Timna. Auf seinem Weg begleitet ihn der Adullamiter Chira (V. 12b). Der Aufbruch des Schwiegervaters wird Tamar in V. 13 mitgeteilt. Sie legt daraufhin ihre Witwenkleider ab und bedeckt ihr Gesicht mit einem Schleier. So verhüllt setzt sie sich an das Tor Enajims, welches auf dem Weg nach Timna liegt (V. 14a). Dies aber tat sie nicht nur, weil sie wusste, dass Juda vorbeikommen würde, sondern auch, weil Schela zwischenzeitlich herangewachsen und sie ihm dennoch nicht zur Frau gegeben worden war (V. 14b).

In V. 15–18 erfolgt Tamars Wiederbegegnung mit dem Schwiegervater. Er sieht sie am Wegesrand sitzen und hält sie für eine Hure, da ihr Gesicht verhüllt ist (V. 15). Wohl aus diesem Grund, beugt er sich zu ihr herab und bittet sie, zu ihr eingehen zu dürfen (V. 16a). Dass Juda nach V. 16b indes nicht erkannt hatte, um wen es sich bei der verhüllten Frau handelt, ist dem Leser bereits aus V. 15 bekannt. Denn hätte er sie erkannt, hätte er Tamar wohl kaum für eine Hure gehalten. Die unerkannte Schwiegertochter lässt sich auf das Angebot Judas ein und schließt einen Handel mit ihm. Da Juda offensichtlich – obwohl auf dem Weg zur Schafschur – kein Vieh zur Hand hat, das er ihr als Lohn übergeben kann, soll er seiner Schwiegertochter zunächst seinen wertvollsten Besitz als Pfand überlassen: Siegel, Schnur und Stab (V. 17f). Erst nachdem er dies getan hat, darf er zu ihr eingehen und sie wird schwanger. Mit dieser zukunftsweisenden Notiz wird die Szene der Wiederbegegnung beschlossen. Tamar macht sich auf, kehrt um und legt ihre Witwenkleider wieder an.

In V. 20–23 erfährt der Leser, dass Juda tatsächlich vorhatte, das Pfand von Tamar einzulösen und ihr im Gegenzug den Lohn für ihre Dienste zukommen zu lassen. Dies soll nach seinem Wunsch durch die Hand seines Freundes Chira geschehen. Er hatte sich zwar nach V. 12 mit auf den Weg nach Timna gemacht, war in V. 14–18 allerdings nicht (namentlich) zugegen. Gleichwohl scheint er über die Begegnung Judas mit Tamar bestens informiert und macht sich auf den Weg, die Frau (V. 20) zu suchen, mit der Juda verkehrt hat und die er selbst nun als Kedesche (V. 21f; anders V. 15: זונה) bezeichnet. Dies jedoch gelingt ihm nicht. So ist er gezwungen, unverrichteter Dinge zu Juda zurückzukehren, der in V. 23 noch einmal seinen guten Willen verbal zum Ausdruck bringt: „So mag sie es behalten. Wenn wir nur nicht zum Gespött werden. Siehe, ich habe dieses Böcklein geschickt, du aber hast sie nicht gefunden".

Mit V. 24 beginnt eine neue Szene, die sich bis V. 26 erstreckt und die Schwangerschaft Tamars thematisiert. Nachdem zwischenzeitlich etwa drei Monate vergangen sind, wird Juda Mitteilung gemacht: „Deine Schwiegertochter hat gehurt und, siehe, auch ist sie durch (diese) Hurerei schwanger geworden" (V. 24*). Juda reagiert sofort und befiehlt, Tamar herauszuführen, um sie zu verbrennen. Der Befehl wird im direkten Anschluss partiell ausgeführt. Man bringt Tamar heraus und sie übersendet ihrem Schwiegervater eine Nachricht: „Von dem Mann, dem dies hier gehört, bin ich schwanger. Und sie sprach: Erkennst Du, wem dieses Siegel, diese Schnur und dieser Stab gehören?" (V. 25*). Juda erkennt die Gegenstände und gesteht sich ein: „Sie ist im Recht gegen mich, denn ich habe ihr Schela, meinen Sohn, nicht gegeben". Tamar kann ihrer Strafe entkommen und wird ins Recht gesetzt. Die Szene schließt mit der Notiz, dass Juda Tamar nicht mehr erkannt habe.

In V. 27–30 wird schließlich die Geburt des Kindes bzw. der gemäß V. 18 empfangenen Kinder entfaltet. Zwei Söhne gebiert Tamar, Perez und Serach, von denen im Kontext von Gen 38 unklar bleibt, ob sie nach Gen 38,8 dem verstorbenen Er oder vielleicht doch mit Gen 46,8–26 dem biologischen Erzeuger Juda zugerechnet werden sollen.

Dieser kurze Überblick über die Ereignisse von Gen 38 führt Folgendes vor Augen:
– Das Kapitel *unterbricht* sachlich den Zusammenhang von Josefs Verkauf (Gen 37) mit seinem Geschick in Ägypten (Gen 39–41) und verlagert den Fokus vom ältesten Rahel- auf den vierten Lea-Sohn.
– Bei der Lektüre der Erzählung ist nicht immer klar, worin das eigentliche Hauptanliegen zu sehen ist: Ist das Hauptanliegen in dem Motiv der Leviratsehe zu sehen? Warum aber tritt dann nicht Ers jüngster Bruder Schela, sondern sein Vater Juda als *levir* ein? Und weshalb wird in V. 27–30 nicht geklärt, dass die Söhne, die biologisch von

Juda gezeugt wurden, genealogisch seinem Sohn Er zuzurechnen sind? Oder sind sie das gar nicht?

– Einige Motive bzw. Formulierungen werfen im Kontext der Erzählung Fragen auf: Warum wird Chira in V. 1 eigens eingeführt, bevor in V. 1–6 die familiären Verhältnisse Judas geschildert werden? Wieso zieht Chira mit Juda in V. 12 hinauf zur Schafschur nach Timna, ist in V. 18–20 bei der Begegnung mit Tamar offenbar nicht zugegen, weiß dann aber in V. 21–23 wieder genau Bescheid? Und weshalb verweist er auf Tamar in V. 21f gegen V. 15 (זונה) und V. 20 (האשה) als קדשה?

– Im Text sind an einigen Stellen Differenzierungen aufgemacht, die dem Leser nicht näher erläutert werden: Warum wird Er von Juda benannt, Onan und Schela aber von der Mutter? Wieso ist Er schlecht in den Augen Jhwhs, während Onan Schlechtes in den Augen Jhwhs tut? Wie genau unterscheiden sich die Brüder, die verschieden bewertet werden und dennoch dieselbe Strafe erhalten?

Diesen komplexen Befund gilt es, in der nachstehenden Analyse zu klären. Dabei wird es *zum einen* darauf ankommen, das Verhältnis von Gen 38 zur Josefsgeschichte zu bestimmen. *Zum anderen* wird es notwendig sein, das Erzählziel oder die Erzählziele der Perikope genauer herauszuarbeiten.

Analyse

(a) Gen 38 und sein Verhältnis zur Josefsgeschichte

Dass Gen 38 den Zusammenhang von Josefs Verkauf nach (Gen 37) und seinem Geschick in Ägypten (Gen 39–41) unterbricht, ist längst gesehen.[76] Dennoch steht das Kapitel nicht unverbunden im Raum der Josefsgeschichte. In Gen 38,1a wird dem Leser zunächst vor Augen geführt, dass Juda zu jener Zeit hinabzog, weg von seinen Brüdern. Dabei weist die anfängliche temporale Bestimmung „in jener Zeit" zurück auf die Ereignisse von Gen 37, auf die auch die Trennung von den Brüdern anspielen dürfte. Während Juda in Gen 37 noch gemeinsam mit seinen Brüdern das Kleinvieh des Vaters weidete (Gen 37,12), hat er sich nun von ihnen getrennt und scheint eigene Wege zu gehen.[77] Mit der Wurzel ירד antizipiert

---

76 Vgl. zur Unterbrechung von Gen 37 und Gen 39 durch den Einschub der Juda-und-Tamar-Episode Speiser, AncB, 299; Coats, *Unity*, 15; Hamilton, NIC.OT, 431; Redford, Study, 136; Levin, Jahwist, 273; Blum, Komposition, 224; Boecker, Josefsgeschichte, 95; Salm, Tamar, 201f; Weimar, *Geschichte*, 91; Wenham, WBC, 373; Kratz, Komposition, 283; Ruppert, FzB, 138f; Willi-Plein, NSK.AT, 253–254; Brueggemann, Genesis, 312, oder Leuchter, *Perspective*, 223.
77 Vgl. zu diesen Beobachtungen insgesamt auch Ruppert, FzB, 140.

der Vers zudem die passive Hinabführung Josefs in Gen 39,1, der sie das aktive Verhalten Judas gegenüberstellt.[78] Zumindest für V. 1 dürfte demnach anzunehmen sein, dass er bereits in Kenntnis der umliegenden Josefsgeschichte verfasst wurde.

Aber auch über V. 1 hinaus lassen sich für Gen 38 Berührungspunkte mit dem umliegenden Kontext der Josefsgeschichte aufzeigen. Dies zeigt sich z. B. bei einem Vergleich von Gen 37,15–17 und Gen 38,20. In Gen 37,15 wird Josef von einem Mann gefunden (vgl. Gen 37,17 „der Mann" det.), als er auf dem Feld umherirrt und sich offenbar auf dem Weg zu seinen Brüdern verlaufen hat. Der Mann – den Josef nicht kennt, der aber dennoch um ihn und seine verwandtschaftlichen Beziehungen zu wissen scheint – weist ihm den Weg zu seinen Brüdern nach Dotan. Dort findet Josef seine Brüder denn auch, die ihn unter der Federführung Judas nach Ägypten verkaufen werden. Im Kontrast zu diesem wundersam gelenkten Schicksal Josefs kann Juda, der sich in Gen 38,1 aktiv von seinen Brüdern getrennt hat, in Gen 38,20 die Frau nicht finden, die er sucht.

Gen 37,15–17: Der namenlose Unbekannte

וַיִּמְצָאֵהוּ **אִישׁ** וְהִנֵּה תֹעֶה בַּשָּׂדֶה וַיִּשְׁאָלֵהוּ הָאִישׁ לֵאמֹר מַה־תְּבַקֵּשׁ: [15]

וַיֹּאמֶר אֶת־אַחַי אָנֹכִי מְבַקֵּשׁ הַגִּידָה־נָּא לִי אֵיפֹה הֵם רֹעִים: [16]

וַיֹּאמֶר **הָאִישׁ** נָסְעוּ מִזֶּה כִּי שָׁמַעְתִּי אֹמְרִים נֵלְכָה דֹּתָיְנָה וַיֵּלֶךְ יוֹסֵף אַחַר אֶחָיו <u>וַיִּמְצָאֵם</u> בְּדֹתָן: [17]

Gen 38,20*: Juda und Tamar

וַיִּשְׁלַח יְהוּדָה אֶת־גְּדִי הָעִזִּים בְּיַד רֵעֵהוּ הָעֲדֻלָּמִי לָקַחַת הָעֵרָבוֹן מִיַּד **הָאִשָּׁה** [20]
וְלֹא <u>מְצָאָהּ</u>:

Stellen V. 15–17 im Zusammenhang von Gen 37 selbst einen Fremdkörper dar, erhalten sie ihren Sinn als Vorbereitung auf das negative Geschick Judas in Gen 38 und den darauf folgenden Aufstieg Josefs in Ägypten (Gen 39ff). Juda ist das negative Gegenstück zu Josef. Während dem passiven Josef dank Jhwhs Beistand in der Fremde alles gelingt (Gen 39,2–6*.21–23), scheint der aktive Juda daheim ohne göttlichen Zuspruch unterzugehen (Gen 38,7.10 → Gen 37,18b).

Gen 37,18*:

וַיִּרְאוּ אֹתוֹ מֵרָחֹק וּבְטֶרֶם יִקְרַב אֲלֵיהֶם <u>וַיִּתְנַכְּלוּ אֹתוֹ לַהֲמִיתוֹ</u>: [18]

---

78 Zur verbindenden Funktion der Wurzel vgl. Alter, Art, 6; Coats, *Unity*, 16; Blum, Komposition, 224; Hamilton, NIC.OT, 432; Andrew, *Death*, 262; Wünch, *Analysis*, 792, oder McKenzie, *Tamar*, 200.

Gen 38,7.10:

וֹיהי ער בכור יהודה <u>רע</u> בעיני <u>יהוה</u> וימתהו <u>יהוה</u>:‎⁷

‎¹⁰וירע בעיני <u>יהוה</u> אשר עשה וימת גם־אתו:

Gen 39,2:

‎²<u>ויהי יהוה</u> את־יוסף ויהי איש <u>מצליח</u> ויהי בבית אדניו המצרי:

Mit Blick auf die angeführten Beobachtungen steht zu vermuten, dass Gen 37,15–17.18b erst mit der Einführung von Gen 38 Eingang in die Exposition der Josefsgeschichte gefunden haben. Die Verse dürften als redaktionelle Notizen zu betrachten sein, die sowohl darum bemüht sind, Gen 38 in den bereits vorliegenden Kontext der Josefsgeschichte einzubetten, als auch die Stellung und Funktion von Gen 38 im Kontext der Josefsgeschichte zu erklären.

Aber auch hierin erschöpfen sich die Berührungspunkte von Gen 38 mit dem umliegenden Kontext der Josefsgeschichte nicht. Sachliche Überschneidungen zeigen sich ebenfalls mit der Versuchung Josefs in Gen 39.[79] Denn zeigt sich Josef gegenüber den Avancen der Frau Potifars standhaft und gehorcht so dem Gebot Elohims (Gen 39,7–9*), vergnügt Juda sich auf dem Weg zur Schafschur (vgl. Gen 37,12.31) mit seiner als Hure verkleideten Schwiegertochter, der er sorglos seinen kostbarsten Besitz als Pfand überlässt (Gen 38,18). Die Pfänder werden Tamar im folgenden Erzählverlauf als Beweisstück dienen, ihre Rechtschaffenheit gegenüber Juda zu erweisen. Damit spiegelt sich auch in der Funktion der Pfänder als Beweisstück ein Motiv aus Gen 37; 39, wo das Kleid Josefs als Indiz für seinen vermeintlichen Tod (Gen 37,32f) bzw. seine vermeintliche Schuld (Gen 39,12) herangezogen wird. Dabei zeigen sich im Zusammenhang von Gen 37,32f und Gen 38,25 Übereinstimmungen, die auf eine literarische Abhängigkeit schließen lassen. Dies hat (u. a.) Erhard Blum gesehen und nimmt deshalb an, dass

[...] der Text in 37,32f, der sich vom Inhalt her dazu anbot, in Anlehnung an 38,25f neu gestaltet wurde. Im Hinblick auf das überlieferungsgeschichtliche Verhältnis von Gen 38 und Josephgeschichte deutet demnach alles darauf hin, daß letztere dem ‚Ergänzer'/‚Kompositor' [...] literarisch vorgegeben war[80].

79 Vgl. Ruppert, FzB, 138; Alter, Art, 10, oder Menn, Judah, 38f.75–78.
80 Blum, Komposition, 245. Vgl. ähnlich Leuchter, *Perspective*, 211, der meint, die Formulierung in Gen 38 ergebe sich aus der internen Logik der Erzählung, während für Gen 37,32 ein Redaktor verantwortlich sei, der sich an dem Narrativ ויכירה Gen 37,33 orientiert habe.

Ein literarkritischer Blick auf Gen 37,32f legt jedoch das Gegenteil näher. Dort nämlich hatten wir gesehen, dass dem Vater das Kleid Josefs in V. 32 doppelt überbracht wird. Im Zusammenhang von V. 31–32 fiel dabei auf, dass die Formulierung כתנת aus V. 31 in V. 32aα nicht nur aufgenommen, sondern als כתנת הפסים präzisiert wird. Dieses כתנת הפסים wird dem Vater in V. 32aα übersandt, während das Kleid in V. 32aβ offenbar von den Söhnen selbst überbracht wird. Mit Blick auf diesen Befund dürfte zwischen dem einfachen כתנת und seiner (nachträglichen) Präzisierung כתנת הפסים literarisch zu scheiden sein (vgl. auch die Doppelung in Gen 37,23!).[81] Entsprechend wären auch das Motiv des Sendens (וישלחו את־כתנת הפסים) und Erkennens (הכר־נא הכתנת) in Gen 37 zwei unterschiedlichen Händen zuzuordnen. Dass Gen 38,20.25 beide Motive aufgreift, lässt sich wohl am ehesten so erklären, dass dem Autor von Gen 38 die Formulierungen von Gen 37,32f* bereits in ihrer heutigen Formulierung vorlagen. An sie hat er in Gen 38,25–26* explizit angeknüpft und die Erzählung Gen 38 so mit dem umliegenden Kontext der Josefsgeschichte verknüpft.

Gen 37,31–33:

31 ויקחו את־כתנת יוסף וישחטו שעיר עזים ויטבלו את־<u>הכתנת</u> בדם:

32 וישלחו את־כתנת הפסים

ויביאו אל־אביהם ויאמרו זאת מצאנו <u>הכר־נא</u> <u>הכתנת</u> בנך הוא אם־לא:

33 <u>ויכירה</u> ויאמר כתנת בני חיה רעה אכלתהו טרף טרף יוסף:

Gen 38,25f:

25 הוא מוצאת והיא <u>שלחה</u> אל־חמיה לאמר לאיש אשר־אלה לו אנכי הרה ותאמר <u>הכר־נא</u> למי החתמת והפתילים והמטה האלה:

26 <u>ויכר</u> יהודה ויאמר צדקה ממני כי־על־כן לא־נתתיה לשלה בני ולא־יסף עוד לדעתה:

Die o. a. Beobachtungen zeigen, dass die Episode um den Lea-Sohn Juda sowohl sprachlich als auch sachlich in mannigfacher Weise auf den direkt vorauslaufenden bzw. nachstehenden Kontext verweist. Es dürfte demnach gegen die *communis opinio*[82] anzunehmen sein, dass Gen 38 in Kenntnis zahlreicher Formulierungen und Motive der Josefsgeschichte verfasst wurde.[83] Dass das Kapitel indes

---

81 Vgl. ausführlich oben zu 3.1. (d).

82 Vgl. hierzu bereits Greßmann, *Ursprung*, 2; vgl. ferner Rudolph, *Josefsgeschichte*, 145; Skinner, Genesis, 438; Soggin, *Judah*, 281; Dietrich, Novelle, 22; Römer, *Joseph*, 20, oder Fieger/Hodel-Hoenes, Einzug, 89.

83 So auch McKenzie, *Tamar*, 201.

nicht als integraler Bestandteil der Josefsgeschichte zu verstehen ist, zeigt sich bereits darin, dass Gen 38 in Gänze den sachlichen Zusammenhang vom Verkauf Josefs in Gen 37 mit seinem weiteren Schicksal in Ägypten (Gen 39) unterbricht.[84] Der sekundäre Charakter deutet sich überdies in den Formulierungen von Gen 38,1a an, die bemüht sind, an die Ereignisse von Gen 37 anzuknüpfen (→„in jener Zeit") und mit den neuen situativen Vorgaben von Gen 38 (→Trennung von den Brüdern) auszugleichen.

Ist damit zunächst das grundsätzliche Verhältnis von Gen 38 zum Umfeld der Josefsgeschichte geklärt, steht eine detaillierte Betrachtung der einzelnen Verse noch aus. Ihr werden wir uns im Folgenden zuwenden. Dabei orientiert sich die nachstehende Analyse nicht chronologisch am Erzählverlauf, sondern richtet sich stattdessen nach thematischen Blöcken. Wie sich bereits oben unter „Befund" angedeutet hatte, enthält das Kapitel Gen 38 Motive, die im Erzählverlauf von Gen 38 Fragen aufwerfen. Eines dieser Motive findet sich u. E. in V. 1b mit dem Adullamiter Chira, dessen Einbettung und Funktion im Kontext von Gen 38 wir im Folgenden genauer betrachten werden.

(a) Chira, der adullamitische Freund Judas

Das unvermittelte Erscheinen Chiras direkt vor den genealogischen Notizen der V. 2–5 erschließt sich dem Leser nicht ohne weiteres. Warum er hier eingeführt wird und welche Rolle er mit Blick auf Juda einnimmt, wird erst viel später, im Zusammenhang von V. 12.20–23 deutlich.[85] Doch auch dort ist seine Funktion dem Gesamtverlauf von V. 12–23 nicht immer direkt zu entnehmen. So wird Chira

---

84 Bereits die ältere Forschung nahm an, dass Gen 38 zwar „jahwistisch" sei, aber keinen ursprünglichen Bestandteil des Jahwisten darstellen könne. Gunkel, HK, 410f, oder ders., *Joseph-Geschichten*, 255, spricht deshalb von einem „Nebenfaden" des Jahwisten, der sachlich auf eine Ebene mit den Erzählungen über Ruben (Gen 35,22) oder Simeon und Levi (Gen 34) gehöre und dem jahwistischen Erzählfaden erst nachträglich zugefügt wurde. Die Stellung zwischen Gen 37 und Gen 39 habe sich dabei vor allem deshalb angeboten, weil Juda in Gen 37 noch mit seinen Brüdern zusammen ist, in Gen 38 jedoch getrennte Wege gehen soll. Vgl. ähnlich Wellhausen, Composition, 50; Holzinger, Genesis, 227; Luther, *Tamar*, 204f; Hartmann, *Genesis*, 76; von Rad, ATD, 312; Skinner, Genesis, 450.
An eine nachträgliche Unterbrechung von Gen 37; 39 durch Gen 38 denken – jenseits einer Quellenscheidung – auch Speiser, AncB, 299; Coats, *Unity*, 15; Hamilton, NIC.OT, 431; Blum, Komposition, 224; Boecker, Josefsgeschichte, 95; Willi-Plein, NSK.AT, 253–254; Brueggemann, Genesis, 312, oder Leuchter, *Perspective*, 223.
Anders sehen Graupner, Elohist, 323, oder Seebass, Josephsgeschichte, 41, Gen 38 als integralen Bestandteil der (jahwistischen) Josefsgeschichte.
85 Vgl. u. a. Luther, *Tamar*, 201.

in V. 12b zunächst als Freund Judas identifiziert, der mit ihm hinauf zur Schaf-schur zieht. Warum er als Begleitperson hier ausdrücklich genannt wird, erklärt sich allerdings erst mit Blick auf V. 20–23. Dort wird er von Juda gebeten, der Frau (האשה) das Zicklein als Lohn für ihre Dienste zu überbringen. Obwohl Juda die Profession der Frau in V. 20 dabei mit keiner Silbe erwähnt und Chira selbst bei der Begegnung zwischen Tamar und Juda keine namentliche Erwähnung findet, impliziert sein Verweis auf die קדשה in V. 21f, dass er über die in V. 14–18 berich-teten Begebenheiten bestens informiert war.

Bereits der oben skizzierte kurze Überblick zeigt, dass die Figur Chiras erzähl-technisch nur locker in den Kontext von Gen 38 eingebettet ist. Diesem sachli-chen Befund entsprechen literarkritische Beobachtungen. Blicken wir zunächst noch einmal auf V. 12b. Dort ist einleitend berichtet, dass Juda sich in der 3. Ps. Sg. zur Schafschur aufmacht. Dieser Notiz schließt sich der ausdrückliche Rück-verweis auf das Subjekt Juda mithilfe des resumptiven Personalpronomens הוא an, das den singularisch formulierten Aufbruch Judas um den Mitzug Chiras er-weitert.

Gen 38,12:

12 וירבו הימים ותמת בת־שוע אשת־יהודה וינחם יהודה ו‬<u>יעל</u> על־גזזי צאנו הוא‬ ו<u>חירה</u> רעהו העדלמי תמנתה:

Für V. 20–23 lassen sich innerhalb der Verse, aber auch mit Blick auf den wei-teren Kontext von Gen 38 terminologische Differenzierungen ausmachen. Inner-halb der Verse ist zunächst zu beobachten, dass Juda von „der Frau" spricht, von der er die Pfänder einholen möchte. Sein Freund Chira hingegen verweist in V. 21f explizit auf die Prostituierte, die Judas Pfänder einbehalten hat. Damit entspricht die Aussage Chiras zwar sachlich der Aussage von V. 15, nach der Juda seine Schwiegertochter für eine Hure hielt. Terminologisch jedoch weicht die Aussage des Adullamiters insofern von der Annahme Judas ab, als in V. 15 der Terminus זונה[86], in V. 21f hingegen (mit Nachdruck!) das Nomen קדשה[87] verwendet wird.[88]

---

86 Zum Begriff זונה vgl. Erlandson, זונה, 612–619.
87 Zur atl. Verwendung von קדשה vgl. Insbesondere Stipp, Qedešen, 209–240; zur Interpreta-tion des Terminus vgl. ferner Astour, *Tamar*, 185–196; Kornfeld/Ringgren, קדש, 1179–1204; Mül-ler, קדש, 589–609; Luther, *Tamar*, 177–180; von Soden, *Ugarit*, 329; Barstad, *Polemics*, 26; Salm, Tamar, 76.
88 Zu dieser Unterscheidung vgl. Hamilton, NIC.OT, 446, oder Menn, Judah, 30.

Gen 38,15.20–23: Die Kedesche

‏15 וירא יהודה ויחשבה לזונה כי כסתה פניה:

‏20 וישלח יהודה את־גדי העזים ביד רעהו העדלמי לקחת הערבון מיד האשה ולא מצאה:

‏21 וישאל את־אנשי מקמה לאמר איה הקדשה הוא בעינים על־הדרך ויאמרו לא־היתה בזה קדשה:

‏22 וישב אל־יהודה ויאמר לא מצאתיה וגם אנשי המקום אמרו לא־היתה בזה קדשה:

‏23 ויאמר יהודה תקח־לה פן נהיה לבוז הנה שלחתי הגדי הזה ואתה לא מצאתה:

Die Gesamtheit der sachlichen und sprachlich-syntaktischen Beobachtungen zur Einbettung Chiras in den Kontext von Gen 38 legt es u. E. nahe, in seiner Einführung eine sekundäre Entwicklung zu verstehen (→ Chira-Bearbeitung: Gen 38,1b.12bβ. 20[nur ‏העדלמי]. ‏[ביד רעהו].21–23).[89] Der adullamitische Freund dient dem Lea-Sohn als Zeuge, der – obwohl nicht namentlich genannt – seine Begegnung mit Tamar in V. 15–18 und seinen Willen zur Einlösung des Pfandes in V. 20–23 beschwören kann. So entschuldigt er nachträglich das Verhalten Judas, bekräftigt seine gute Absicht und wertet das Ansehen des Lea-Sohnes auf.[90]

(b) Die Leviratspflicht

Ein weiteres Phänomen, das oben unter „Befund" angesprochen wurde, sind die Differenzierungen zwischen den Söhnen Bat-Schuas, die im Erzählverlauf lediglich aufgemacht, aber nicht näher erläutert werden. Hier ist zunächst an die Benennung der Söhne in V. 3–5 gedacht. Während Juda dem Erstgeborenen Er seinen Namen gibt, erhalten seine jüngeren Brüder, Onan und Schela, den Namen von der Mutter. Eine neuerliche Differenzierung zwischen Er und Onan findet sich im Zusammenhang ihres Todes (V. 7.10). Während Er *böse* in den Augen Jhwhs *ist, tut* Onan *Böses* in den Augen Jhwhs. Beides führt dazu, dass Jhwh die Söhne Judas sterben lässt. Ist auch die Strafe dieselbe, scheint im Falle Ers der Anlass für die Bestrafung eine substantielle Störung seiner Gottesbeziehung; im Falle Onans versteht sie sich hingegen im Rahmen des Tun-Ergehen-Zusammen-hanges. Weil Onan seinem Bruder keinen Nachkommen verschaffen wollte und sich so der Leviratspflicht entzogen hat, wie sie in Dtn 25,5f verbindlich formu-liert ist, lässt Jhwh ihn sterben.[91]

---

89 Vgl. Levin, *Tamar*, 293.

90 Vgl. zur Funktion Chiras auch Westermann, BK, 48, oder Ruppert, FzB, 150.

91 Vgl. zu dieser Unterscheidung Levin, *Tamar*, 288. Anders Hamilton, NIC.OT, 435, der auch im Falle Ers meint, dass seine Bewertung als ‏רע auf ein Fehlverhalten zurückgehen könne.

Sachliche und sprachliche Berührungen mit der nach Dtn 25,5f bestehenden Verpflichtung zur Schwagerehe zeigen auch die Aussagen zu Judas drittem Sohn, Schela. Die Leviratspflicht ist zunächst in der Formulierung von V. 11 impliziert. Dort wird Schela Tamar vorenthalten, weil er noch nicht „groß" ist. Ausdrücklich verweist V. 14b (vgl. V. 26) auf die schwägerliche Verpflichtung: Schela ist Tamar – obwohl zwischenzeitlich herangewachsen – noch immer nicht zur Frau gegeben worden. Diese Forderung an Schela weicht inhaltlich von der Aufforderung Judas an Onan ab, der nicht Tamar heiraten (V. 14.26), sondern einen Nachkommen für seinen verstorbenen Bruder Er zeugen sollte (V. 8). Beide Aspekte begegnen gemeinsam im Kontext des Leviratsgebots von Dtn 25,5f, wo der Versorgung der Frau die Aufrechterhaltung der männlichen Linie gegenübersteht.[92]

Gen 38,8.14:

8 ויאמר יהודה לאונן בא אל־אשת אחיך ויבם אתה והקם זרע לאחיך:
14 ותסר בגדי אלמנותה מעליה ותכס בצעיף ותתעלף ותשב בפתח עינים אשר על־דרך
תמנתה כי ראתה כי־גדל שלה והוא לא־נתנה לו לאשה:

Dtn 25,5f:

5 כי־ישבו אחים יחדו ומת אחד מהם ובן אין־לו לא־תהיה אשת־המת החוצה לאיש זר יבמה
יבא עליה ולקחה לו לאשה ויבמה:
6 והיה הבכור אשר תלד יקום על־שם אחיו המת ולא־ימחה שמו מישראל:

Keine Berührungen mit der Leviratspflicht zeigen sachgemäß die Ausführungen zum Erstgeborenen Er, der sich, wie wir oben gesehen haben, von Onan zudem darin unterscheidet, dass nicht ein konkretes Vergehen bzw. ein Tun seinen Tod herbeiführt. Vielmehr scheint im Falle Ers eine substantielle Störung seines Verhältnisses zu Jhwh den Grund für sein frühzeitiges Sterben darzustellen: ויהי ער בכור יהודה רע בעיני יהוה. Die Formulierung רע בעין ist ungewöhnlich, gängiger wäre hier, wie bei seinem Bruder Onan, die (dtr) Formulierung עשה רע בעין, die an das Richterbuch[93] bzw. die Königebücher[94] erinnert. Die Kombination von רע und בעין ohne den Zusatz von עשה findet sich atl. nur noch ein weiteres Mal, näherhin in Gen 28,8. Dort sind es die Töchter Kanaans, die als schlecht in den Augen

---

92 Anders geht Menn, Judah, 58, aufgrund des fehlenden Verweises auf eine Verheiratung im Falle Onans von einer Konvention aus, die von den Vorgaben aus Dtn 25 abweicht. Auch Salm, Tamar, 150, spricht sich gegen eine direkte Verbindung von Gen 38 mit Dtn 25 aus.
93 Vgl. Ri 2,1; 3,7.12; 4,1; 6,1; 10,6; 13,1.
94 Vgl. 1Kön 11,6; 14,22; 15,26.34; 16,19.25.30; 21,20.25; 22,53; 2Kön 3,2; 8,18.27; 13,2.11; 4,24; 15,9.18.24.28; 17,2.17; 21,2.6.16.20; 23,32.37; 24,9.19.

Isaaks beschrieben werden. Aus diesem Grund hatte Isaak seinem Sohn Jakob in Gen 28,1f befohlen, keine von den Töchtern Kanaans zur Frau zu nehmen, sondern sich stattdessen eine Frau aus der eigenen Verwandtschaft zu suchen.[95] Ähnlich hatte bereits Abraham in Gen 24,3f seinem Knecht aufgetragen, für seinen Sohn Isaak keinesfalls eine von den Töchtern der Kanaanäer zu nehmen. Vielmehr sollte er in das Land seiner Verwandtschaft ziehen und eine Frau von dort nehmen. Sowohl Isaak als auch Jakob haben die Vorgaben ihrer Väter zur Endogamie befolgt. Esau hingegen, der älteste Sohn Isaaks, hat sich Frauen von den Töchtern Kanaans (Gen 36,2) genommen.

Diese Textabschnitte der Vätergeschichte seien an dieser Stelle deshalb ausdrücklich angesprochen, weil sie sachliche, aber auch sprachliche Berührungspunkte mit Gen 38,2.6f aufweisen. Hat Esau in Gen 36,2 Töchter Kanaans geheiratet, so ehelicht Juda in Gen 38,2 die Tochter eines Kanaanäers. Und hat Abraham in Gen 24,3f – vermittelt durch den Knecht – eine Frau für seinen Sohn Isaak genommen, so hat auch Juda eine Frau für seinen Sohn Er ausgewählt. Nur an diesen Stellen im AT ist die Wahl der Schwiegertochter durch den Schwiegervater belegt.

Ähnlich verhält es sich mit Gen 28,8; 38,7. Wie bereits oben angedeutet, bieten beide Stellen die einzigen Belege für die Kombination רע בעין. So wie die Töchter Kanaans böse in den Augen Isaaks sind, so ist Er, der Sohn, der Juda von einer Kanaanäerin geboren wurde, böse in den Augen Jhwhs. Anders ausgedrückt: wie die בנות כנען, ist auch der aus einer Beziehung mit einer בת־איש כנעני hervorgegangene Er substantiell als רע zu betrachten.

Gen 24,3f:
3 ואשביעך ביהוה אלהי השמים ואלהי הארץ אשר לא־תקח אשה לבני מבנות הכנעני אשר
אנכי יושב בקרבו:
4 כי אל־ארצי ואל־מולדתי תלך ולקחת אשה לבני ליצחק:

Gen 28,1f.8:
1 ויקרא יצחק אל־יעקב ויברך אתו ויצוהו ויאמר לו לא־תקח אשה מבנות כנען:
2 קום לך פדנה ארם ביתה בתואל אבי אמך וקח־לך משם אשה מבנות לבן אחי אמך:
8 וירא עשו כי רעות בנות כנען בעיני יצחק אביו:

Gen 36,2:
2 עשו לקח את־נשיו מבנות כנען את־עדה בת־אילון החתי ואת־אהליבמה בת־ענה בת־צבעון
החוי:

95 Zu den Berührungspunkten vgl. Hamilton, NIC.OT, 433.

Gen 38,2.6f:

2 וירא־שם יהודה בת־איש כנעני ושמו שוע ויקחה ויבא אליה:

6 ויקח יהודה אשה לער בכורו ושמה תמר:

7 ויהי ער בכור יהודה רע בעיני יהוה וימתהו יהוה:

Für sich genommen mag keiner der o. a. Berührungspunkte ausreichen, einen bewussten Bezug von Gen 38 auf die angeführten Abschnitte der Vätergeschichte zu postulieren. Die Gesamtheit der sachlich-terminologischen Übereinstimmungen innerhalb von V. 2.6f jedoch könnte durchaus für die Annahme sprechen, dass der auf Er und seine Mutter bezogene genealogische Rahmen mithilfe diverser Rekurse auf die o. a. Textpassagen die Verbindung Judas mit den Kanaanäern kritisieren will.[96] Dabei geht die Kritik über den Befund der Vätergeschichte insofern hinaus, als hier die Verbindung mit den Kanaanäerinnen nicht in den Augen des Menschen (i. e. Isaak), sondern in den Augen Jhwhs als schlecht betrachtet wird.

Wie ist dieser Befund zu Bat-Schua und ihren drei Söhnen nun auszuwerten? Zunächst einmal fällt auf, dass die Verse über Bat-Schua und Er sachlich und sprachlich auf Abschnitte der Vätergeschichte zurückzugreifen scheinen, die einer Verbindung der Erzväterfamilien mit den Kanaanäern kritisch gegenübersteht. Die Verse über Onan und Schela lassen demgegenüber ein Interesse am Gebot der Leviratspflicht aus Dtn 25,5f erkennen.

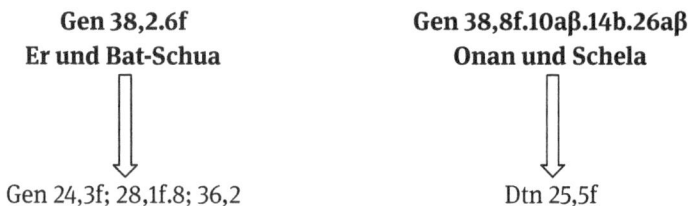

Gen 38,2.6f Er und Bat-Schua	Gen 38,8f.10aβ.14b.26aβ Onan und Schela
⇓	⇓
Gen 24,3f; 28,1f.8; 36,2	Dtn 25,5f

Mit der unterschiedlichen intertextuellen Bezugnahme hängen sachlich die Bewertungen Ers und Onans zusammen, von denen der ältere Sohn als substantiell schlecht zu betrachten ist (Gen 38,7→ Gen 28,8), während der jüngere Böses

---

96 Anders Luther, *Tamar*, 201; Skinner, Genesis, 451; Westermann, BK, 44; Soggin, Genesis, 452, oder Boecker, Josefsgeschichte, 96, die vermuten, dass die Erzählung in einer Zeit entstand, in der eine Mischbevölkerung noch nicht negativ bewertet wurde.
Abasili, *Search*, 278, sieht in dem Verweis auf Kanaan einen Hinweis darauf, dass „Judah's sojourn in Canaan will not be short-lived".
Zur forschungsgeschichtlichen Diskussion um die Bewertung der Kanaanäerinnen vgl. insgesamt v. a. Salm, Tamar, 21–26.

in den Augen Jhwhs tut (Tun-Ergehen-Zusammenhang: Verstoß gegen Dtn 25,5f →Tod).

Nimmt man die angeführten Beobachtungen zusammen, dürfte anzunehmen sein, dass hier zumindest inhaltlich zwischen zwei Anliegen zu unterscheiden ist: (1) Einer Kritik an Judas Verbindung mit den Kanaanäern, die sich in den Aussagen zu Er und Bat-Schua manifestiert, und (2) einem Verweis auf die Leviratsverpflichtung, die mit den Söhnen Onan und Schela verbunden ist. Mit Blick auf den Gesamtkontext von Gen 38 legt sich jedoch auch eine diachrone Differenzierung nahe. Denn das Motiv der Schwagerehe ist im Erzählverlauf nicht konsequent auskomponiert. So wird zwar zunächst Onan in V. 8 aufgetragen, zu seiner Schwägerin einzugehen und seinem verstorbenen Bruder Nachkommen zu verschaffen. Doch verhilft im Erzählzusammenhang nicht er Tamar zu einem Sohn, sondern ist es Juda selbst, der seine Schwiegertochter nach den Aussagen von V. 15–18 schwängert. Die aus der Schwangerschaft hervorgehenden Zwillingssöhne, Perez und Serach, werden in V. 27–30 geboren. Trotz dem Nachdruck, mit dem in V. 8f darauf hingewiesen wird, dass der Nachwuchs dem Verstorbenen zuzurechnen sei, lassen die Geburtsnotizen zu Perez und Serach allerdings jeglichen Verweis darauf vermissen, wer genealogisch als Vater der Zwillinge zu betrachten ist: Juda oder Er?[97] Wer eine Antwort auf diese Frage sucht, muss den Makrokontext des Alten Testamentes zu Rate ziehen, nach dem Perez und Serach auch genealogisch als Söhne Judas zu verstehen sind (vgl. Gen 46,12; Num 26,20f, oder Ruth 4,12.18 [nur Perez]).[98] Damit aber wird der in V. 8 so vehement eingeforderte Aspekt der Leviratsverpflichtung weder im Binnen- noch im Außenkontext überhaupt erfüllt.

Gen 38,8–10.27–30:

⁸ויאמר יהודה לאונן בא אל־אשת אחיך ויבם אתה והקם זרע לאחיך:

⁹וידע אונן כי לא לו יהיה הזרע והיה אם־בא אל־אשת אחיו ושחת ארצה לבלתי נתן־זרע לאחיו:

¹⁰ וירע בעיני יהוה אשר עשֹה וימת גם־אתו:

²⁷ ויהי בעת לדתה והנה תאומים בבטנה:

²⁸ ויהי בלדתה ויתן־יד ותקח המילדת ותקשר על־ידו שני לאמר זה יצא ראשנה:

²⁹ ויהי כמשיב ידו והנה יצא אחיו ותאמר מה־פרצת עליך פרץ ויקרא שמו פרץ:

³⁰ ואחר יצא אחיו אשר על־ידו השני ויקרא שמו זרח: ס

---

97 Vgl. hierzu Coats, *Crux*, 462; Seebass, Josephsgeschichte, 34, oder Krüger, *Genesis*, 8.
98 Anders Abasili, *Search*, 286, der davon ausgeht, dass „the twins she expects are legitimate because they are fathered by Judah and are regarded as the sons of her late husband, Er".

Gen 46,12:

¹²ובני יהודה ער ואונן שלה ופרץ וזרח וימת ער ואונן בארץ כנען ויהיו בני־פרץ חצרון וחמול:

Ähnlich verhält es sich mit der Heirat zwischen Schela und Tamar. Obwohl das Thema der Eheschließung in V. 11 implizit, in V. 14 ausdrücklich thematisiert und in V. 26 noch einmal aufgegriffen wird, bleibt die Erzählung dem Leser bis zum Ende schuldig, wie es sich eigentlich mit der Durchführung dieses Aspekts der Leviratspflicht genau verhält. Eine Antwort ist lediglich in der Formulierung V. 26b angedeutet, nach der Juda nicht wieder zu seiner Schwiegertochter eingegangen ist. Demnach scheint sich der Schwiegervater, nicht Schela, der Schwiegertochter angenommen zu haben.

Die Eintragung der beiden jüngeren Söhne Bat-Schuas dürfte mit Blick auf diese Beobachtungen – wie die Einführung Chiras – als eine sekundäre Entwicklung im Kontext von Gen 38 zu begreifen sein. Sie bezieht die schwiegerfamiliäre Fürsorgepflicht[99] explizit auf den *levir*, der nach Dtn 25,5f für einen verstorbenen Bruder eintreten soll.[100] Damit wird das deuteronomische Gebot (nachträglich) auch für den Erzählkontext von Gen 38 verbindlich gemacht (Leviratspflicht: Gen 38,4f.8f.11aβ.14b.26aβ).

(c) Tamar, die Hure (זונה)

Neben den Verweisen auf die Leviratsverpflichtung in Dtn 25,5f findet sich in V. 24 ein weiterer Gesetzesbezug. Dort bietet die Forderung Judas, Tamar wegen ihrer Hurerei mit dem Tod durch Verbrennen zu bestrafen, eine (einzige) Parallele[101] in Lev 21,9.[102]

Gen 38,24:

²⁴ויהי כמשלש חדשים ויגד ליהודה לאמר זנתה תמר כלתך וגם הנה הרה לזנונים ויאמר יהודה הוציאוה ותשרף:

---

99 Vgl. hierzu ausführlich unten 3.2. (e).

100 Anders Hamilton, NIC.OT, 435, oder Belkin, *Levirate*, 287f, der davon ausgeht, dass Gen 38 eine gegenüber Dtn 25,5f frühere Stufe des Levirats repräsentiert. Denn in „the pre-Mosaic era, as indicated in the story of Tamar, the purpose of levirate was to 'raise up seed to thy brother'".

101 Neben Gen 38,24 und Lev 21,9 begegnet die Kombination von שׂרף und זנה atl. nur noch in Ez 16,41 und Mi 1,7; lediglich letztere Stelle belegt auch das Nifal von שׂרף.

102 Vgl. zu diesem Zusammenhang Ruppert, FzB, 151; von Rad, ATD, 315f; Westermann, BK, 48f; Menn, Judah, 67; Seebass, Josephsgeschichte, 38.

Lev 21,9:

‏9ובת איש כהן כי תחל **לזנות** את־אביה היא מחללת באש **תשרף**: ס

Der Terminus זונה weist im Binnenkontext von Gen 38 zurück auf V. 15, der sich im Zusammenhang der (Wieder-)Begegnung Judas mit Tamar findet (V. 14–18). Nachdem Tamar gehört hatte, dass sich ihr Schwiegervater auf dem Weg zur Schafschur nach Timna befindet, streift sie ihre Witwenkleider ab und legt einen Schleier an. So verkleidet setzt sie sich an das Tor Enajims[103], das auf dem Weg nach Timna liegt und an dem ihr Schwiegervater folglich auf dem Weg zur Schafschur vorbeikommen muss (V. 14). Dies tut er auch. In V. 15 erblickt er seine Schwiegertochter, die er aufgrund der Verschleierung für eine Hure hält. Daraufhin beugt er sich in V. 16aα zu ihr hinab und fragt sie, ob er zu ihr eingehen dürfe. Dass er dies tat, weil er die Frau nicht als seine Schwiegertochter erkannte, ist in V. 15 mit der Annahme „und er hielt sie für eine Hure, denn ihr Angesicht war verhüllt" (ויחשבה לזונה כי כסתה פניה) schon begründet. Dementsprechend redundant erscheint die weitere Erklärung aus V. 16: כי לא ידע כי כלתו הוא.

Die Doppelung an sich ist sicher kein Grund, an dieser Stelle eine literarische Scheidung zu erwägen. Blickt man allerdings auf den Erzählverlauf von V. 14–16, fällt auf, dass nach V. 14a die Intention des צעיף zunächst darin zu bestehen scheint, Tamar in den Augen ihres Schwiegervaters unkenntlich zu machen. Von einer beabsichtigten Maskierung als einer Prostituierten hingegen erfahren wir nichts.[104] Und während das Gelingen der Täuschung in V. 16bα lediglich kons-

---

103 So u. a. Westermann, BK, 47, oder Ruppert, FzB, 147f.
Lambe, *Judah*, 108, sieht in der Formulierung בפתח עינים eine „symbolic axis" und übersetzt sie mit „opening of the eyes"; vgl. hierzu auch Hamilton, NIC.OT, 440; Kruschwitz, *Connection*, 401; McKenzie, *Tamar*, 202, oder Wünch, *Analysis*, 799: „It suggests Tamar's realization of Judah's deception, and, as a sexual euphemism, the means by which she deceives Judah".
Soggin, *Judah*, 282, schlägt vor, im Anschluss an die Vulgata *in bivio itineris* (vgl. auch Peschitta) zu lesen.
104 Vgl. die Bemerkung von Boecker, Josefsgeschichte, 103: „Juda hält die Frau für eine Dirne, er erkennt seine Schwiegertochter Tamar nicht, denn sie hatte ihr Angesicht verdeckt'". Ähnlich Soggin, *Judah*, 282, oder Salm, Tamar, 128.
Anders Brenner, *Woman*, 82, oder Erlandson, זנה, 614. Schwierig ist die Annahme von Luther, *Tamar*, 179, der davon ausgeht, die Verschleierung zeige Tamar als eine Kedesche. „Die Qedeše hat eine Tracht, die sie von der Hure unterscheidet. Sie verhüllt sich mit einem Schleier, den sie nachher wieder ablegt." Aus diesem Grund hält er in V. 15 die Formulierung „denn sie hatte ihr Antlitz bedeckt" für eine mögliche Glosse, da die זונה sich nicht dadurch auszeichne, dass sie einen Schleier trage, sondern dass sie am Wegesrand sitze. Diese Annahme widerspricht allerdings insofern dem Textbefund, als das Motiv der Verschleierung nur im Kontext der זונה, nicht der קדשה überhaupt eine Rolle spielt.

tatiert wird, geht V. 15b mit dem Motiv des Schleiers als ausweislichem Zeichen einer Prostituierten sachlich über die Exposition V. 14a hinaus. Es kommt hinzu, dass der Schleier als Kennzeichen einer Prostituierten weder an weiteren atl. Stellen noch altorientalisch belegt ist und die Verhüllung der Frau ihrem Werben um Freier diametral entgegenstehen dürfte. Ein ausdrückliches Verbot der Verhüllung einer Prostituierten findet sich im mittelassyrischen Gesetz § 40[105], in dem es heißt:

> **Mittelassyrisches Gesetz § 40:**
> Eine Dirne darf sich nicht verhüllen, ihr Kopf bleibt entblößt. Wer eine verhüllte Dirne erblickt, soll sie festnehmen [...]. Man soll ihr fünfzig Stockschläge versetzen und Asphalt auf ihren Kopf gießen.

Scheint mit Blick auf den o. a. Befund der Schleier als Kennzeichen der Prostitution relativ unwahrscheinlich, muss Tamar ihre Intention auf andere Weise verraten haben. Denn mit Blick auf die Frage Judas aus V. 16aα ist kaum davon auszugehen, dass er Tamar für etwas anderes als eine Hure gehalten hat. Der Grund für die Annahme Judas dürfte entsprechend in den Ausführungen von V. 14 angedeutet sein. Blickt man noch einmal auf die Formulierungen von V. 14, dürfte hier am ehesten das Sitzen am Wegesrand in Frage kommen, das in Jer 3,2 bzw. Ez 16,25 mit Prostitution assoziiert wird.[106]

Jer 3,1f:

לאמר הן ישלח איש את־אשתו והלכה מאתו והיתה לאיש־אחר הישוב אליה עוד הלוא ¹
חנוף תחנף הארץ ההיא ואת זנית רעים רבים ושוב אלי נאם־יהוה:

שאי־עיניך על־שפים וראי איפה לא שגלת על־דרכים ישבת להם כערבי במדבר ותחניפי ²
ארץ בזנותיך וברעתך:

Ez 16,25:

אל־כל־ראש דרך בנית רמתך ותתעבי את־יפיך ותפשקי את־רגליך לכל־עובר ותרבי את־ ²⁵
תזנתך:

Dass Prostituierte im Alten Orient ihre Dienste auch in den Toren oder an den Stadtmauern anpriesen, belegt explizit die Verfluchung der Hure Šamḫat durch Enkidu im Gilgamesch-Epos:

---

105 Borger, TUAT I, 88. Vgl. hierzu auch Astour, *Tamar*, 186f.
106 Vgl. Ebach, HThKAT, 135; Boecker, Josefsgeschichte, 103; Brenner, *Woman*, 82, oder Salm, Tamar, 128.

Das Bett deiner Lust möge der Türdurchgang sein!
[...] Möge der Schatten der Stadtmauer dein Platz sein!
[...] Mögen sie die Gasse, dein Bordell, satt haben![107]

Mit Blick auf diesen Gesamtbefund, wäre zu überlegen, ob die Verschleierung in V. 14 nicht ursprünglich dazu diente, Tamar vor ihrem Schwiegervater unkenntlich zu machen (→ V. 16aβ).[108] Bei V. 15 könnte es sich demgegenüber um einen Nachtrag handeln, der an das Motiv der Verschleierung in V. 14 anknüpft und es ausdrücklich mit der Prostitution verbindet. *Nicht obwohl*, sondern *weil* Tamar verschleiert war, hielt Juda sie für eine Hure.

Da das Motiv der Hurerei in V. 24 sachlich und sprachlich mit V. 15 zusammenhängt, wäre dann auch dort zu überlegen, ob es sich um einen Nachtrag handelt. Anders als in Gen 38,14–16 zeigen sich im Zusammenhang von Gen 38,24f keine nennenswerten literarkritischen Indizien, die zu einer diachronen Differenzierung zwingen würden. Auffällig ist jedoch die unterschiedliche intertextuelle Bezugnahme, die sich in Gen 38,25f auf den Kontext der Josefsgeschichte (Gen 37,31–33) beschränkt, im Falle von Gen 38,24 hingegen auf Lev 21,9 verweist. Die Berührungspunkte der Szene Gen 38,25f mit Gen 37,32f sind lange erkannt[109] und wurden bereits oben im Zusammenhang der kontextuellen Verortung von Gen 38 angesprochen. Da ein Vergleich beider Abschnitte allerdings auch für die Bewertung des Motivs der Prostitution weiterführend sein könnte, scheint es u. E. sinnvoll, noch einmal auf den Zusammenhang der Verse zurückzukommen. Dabei werden wir unseren Blick weiten und hier neben Gen 38,24f auch Gen 38,20 in die Gegenüberstellung mit einbeziehen.

Vergleicht man die Aussagen von Gen 37,32f und Gen 38,20.24f fällt auf, dass die Stichworte מצא, שלח und הכר־נא in beiden Textabschnitten Erwähnung finden. Auch sachlich korrespondieren beide Abschnitte miteinander. In Gen 37,31f übersenden die Brüder dem Vater das Kleid Josefs, das sie vorgeben gefunden zu haben, um ihn vom vermeintlichen Tod Josefs zu überzeugen. In Gen 38,25 dienen Tamar die Pfandgegenstände dazu, Juda, der seine Schwiegertochter zuvor nicht finden konnte (Gen 38,20), zu beweisen, dass er der Vater ihres Kindes bzw. ihrer

---

107 Haas, Liebesgarten, 84f.
108 Anders schließt etwa Kim, *Structure*, 559, aus der Differenzierung, dass Juda seine Schwiegertochter zuvor doch erkannt haben könnte. „So, it is possible to say that Judah held his tongue about her identity to Hirah. If Judah knew he had had sexual intercourse with Tamar, we can imagine that he might send Hirah to find her instead of going himself". Gegen diese Vermutung spricht allerdings deutlich die Aussage von V. 16, dass Juda sie für eine Prostituierte hielt und sie *nicht* als seine Schwiegertochter erkannte.
109 Vgl. bereits Bereschit Rabba 85,11.

Kinder ist. Und wie die Brüder Josefs den Vater auffordern: הכר־נא, so richtet auch Tamar an Juda die Frage: הכר־נא. Jakob-Israel und Juda erkennen die fraglichen Gegenstände. Während Jakob-Israel den angeblichen Tod Josefs betrauert, muss Juda bekennen: צדקה ממני.[110]

Nimmt man an, dass die Szene in Gen 38,20.25f* bereits in Kenntnis von Gen 37,32f verfasst wurde (vgl. oben), ist davon auszugehen, dass die Übersendung der Pfänder durch Tamar als Parallele zur Übersendung des Kleides in Gen 37,32f gelesen werden will. Über diese Parallele geht der Verweis auf Lev 21,9 in Gen 38,24f* hinaus, der Tamar nun ausdrücklich als זונה identifiziert. Dieser Überschuss mag sich sachlich aus dem Erzählzusammenhang von Gen 38 erklären. Angesichts der literarkritischen Beobachtungen im Zusammenhang des Motivs זונה in Gen 38,15 wäre hier jedoch auch eine diachrone Differenzierung zu erwägen. Ursprünglich hätte sich Tamar dann verschleiert an den Wegesrand gesetzt, damit ihr Schwiegervater zwar ihr Ansinnen, nicht aber ihre Identität erkennen kann. Nachdem Juda sie später vergeblich gesucht hat, übersendet sie ihm die überlassenen Pfänder und fragt: הכר־נא. Er erkennt die Gegenstände und bekennt: צדקה ממני. In diesem ältesten Erzählbestand (V. 13–14a.16–19.20[ohne ביד רעהו העדלמי].24[nur כמשלש חדשים].25[ohne הוא מוצאת].26aα) liest sich die Übergabe der Pfänder als Parallele zu Gen 37,32f.

Erst nachträglich wären diesem Erzählzusammenhang V. 15.24aβb.25aα hinzugefügt worden, die an das Motiv der Verschleierung in V. 14 anknüpfen. Sie bezeichnen Tamar nun ausdrücklich als זונה (V. 15), verbinden ihre Schwangerschaft mit der Prostitution und fordern als Strafe den in Lev 21,9 festgelegten Tod durch Verbrennen (V. 24f). Mit diesem Strafmaß wird Tamar mittelbar als Priestertochter ausgewiesen und damit der Frau Josefs (vgl. Gen 41,45) quasi gleichgestellt.

Wie die Einführung Chiras als Freund und Zeugen Judas, könnte auch dieser Nachtrag einer Entschuldigung Judas dienen. Weil Tamar sich verschleiert hatte, hielt er sie für eine זונה. Und weil Tamar scheinbar durch Hurerei schwanger geworden war, hatte er keine andere Wahl, als ihren Tod durch Verbrennen zu fordern, wie es in Lev 21,9 vorgegeben ist. Aufgewertet wird mit den Versen überdies die Stellung Tamars, die nicht, wie Juda fälschlicherweise annahm, eine Prostituierte ist, über den Bezug auf Lev 21,9 aber als Priestertochter angesehen werden könnte.

---

110 Zu den Übereinstimmungen zwischen Gen 37,32f und Gen 38,25f vgl. insbesondere Alter, Art, 10; vgl. ferner Cassuto, *Tamar*, 30f; Goldin, *Son*, 28f; Ebach, HThKAT, 142–145; Salm, Tamar, 118; Rendtorff, *Novelle*, 41f; Andrew, *Death*, 266; Kruschwitz, *Connection*, 391, oder Wünch, *Analysis*, 801.

Gen 37,31–33:

³¹ ויקחו את־כתנת יוסף וישחטו שעיר עזים ויטבלו את־הכתנת בדם:

³² וישלחו את־כתנת הפסים ויביאו אל־אביהם ויאמרו זאת מצאנו הכר־נא הכתנת בנך הוא
אם־לא:

³³ ויכירה ויאמר כתנת בני חיה רעה אכלתהו טרף טרף יוסף:

Gen 38,20.24–26:

²⁰ וישלח יהודה את־גדי העזים ביד רעהו העדלמי לקחת הערבון מיד האשה ולא מצאה:

²⁴ ויהי כמשלש חדשים

ויגד ליהודה לאמר זנתה תמר כלתך וגם הנה הרה לזנונים ויאמר יהודה הוציאוה
ותשרף:

²⁵ הוא מוצאת

והיא שלחה אל־חמיה לאמר לאיש אשר־אלה לו אנכי הרה ותאמר הכר־נא למי
החתמת והפתילים והמטה האלה:

²⁶ ויכר יהודה ויאמר צדקה ממני כי־על־כן לא־נתתיה לשלה בני ולא־יסף עוד לדעתה:

Gen 41,45:

⁴⁵ ויקרא פרעה שם־יוסף צפנת פענח ויתן־לו את־אסנת בת־פוטי פרע כהן אן לאשה ויצא
יוסף על־ארץ מצרים:

Lev 21,9:

⁹ ובת איש כהן כי תחל לזנות את־אביה היא מחללת באש תשרף: ס

(d) Die Geburt der Zwillinge

Dass es sich auch bei der Geburt der Zwillinge in Gen 38,27–30[111] um einen Nachtrag handeln könnte, hatte etwa Lothar Ruppert in seinem Kommentar zur Josefsgeschichte (2008) erwogen.[112] Dabei stützt sich diese Bewertung auf mehrere

---

111 Zu den sprachlichen Schwierigkeiten innerhalb von V. 27–30 vgl. insbesondere Zimmermann, *Births*, 377f.

112 So Ruppert, FzB, 137. Vgl. hierzu bereits die Beobachtung von Gunkel, *Joseph-Geschichten*, 258, dass die Geschichte aus zwei verschiedenartigen Stoffen bestehe: „1) der Erzählung von der Entstehung der Geschlechter Judas am Anfang und Schluß des Ganzen, 2) der eigentlichen Tamar-Sage, die das Mittelstück bildet". Ähnlich Westermann, BK, 42–44. Er sieht in V. 1–11 und V. 27–30 einen genealogischen Rahmen, der mit dem Kern der Geschichte (V. 12–26) erst nachträglich verbunden wurde. „Einer solch ausführlichen genealogischen Rahmung bedarf die Erzählung, weil sie selbständig umlief, ähnlich wie bei dem Buch Ruth". Problematisch ist an der Annahme von Westermann vor allem, dass der Kern der Geschichte zumindest auf die Einleitung V. 1–11 sachlich notwendig angewiesen ist.

Beobachtungen zur Einbettung der genealogischen Notizen V. 27–30 in den Kontext von Gen 38. So stellt Ruppert zunächst fest:

> Immerhin ist es verwunderlich, daß in der Geburtserzählung der Tamarzwillinge der Name der Mutter mit keiner Silbe erwähnt und im Eröffnungssatz (V. 27) nur durch das enklitische Personalpronomen auf sie zurückverwiesen wird ('sie'). Dagegen erscheint als einzige Akteurin eine weitere Person, die Hebamme, welche die komplizierte Geburt der Zwillinge kommentiert (V. 28f.). Bei der Namensgebung selbst wird das unpersönliche 'man' verwendet (V. 29f.). Dabei hatten doch im genealogischen Einleitungsteil der Perikope der Vater (Juda) bzw. seine ungenannte Frau ihre Söhne benannt (V. 3–5)[113].

Die Unterschiede der Geburtsnotizen V. 3–5 und V. 27–30 hatte bereits Rupperts Doktorandin Eva Salm in ihrer Monographie zu Gen 38 (1996) als Ausgangspunkt für eine diachrone Differenzierung zwischen Gen 38,1–26 und Gen 38,27–30 genommen.

> Während in Gen 38,3–5 von der Geburt Ers, Onans und Schelas nur knapp berichtet wird, und die Bedeutung der Namen nur auf der assoziativen Ebene einen kleinen Beitrag zum Verständnis des Textes liefert, werden Perez und Serach in V27–30 besonders hervorgehoben. Das deutet sich schon in V27b an, in dem von Zwillingen die Rede ist[114].

Über das Thema der Zwillingsgeburt kommt Salm auf die Niederkunft Rebekkas in Gen 25,24–26 zu sprechen, mit der Gen 38,27–30 auf vielfältige Weise verbunden ist. „So sind sich die beiden einleitenden Verse (Gen 38,27 und Gen 25,24) sprachlich durch Wortwahl bis hin zu syntaktischen Konstruktionen sehr ähnlich"[115]. Auch auf Ähnlichkeiten in Anlage und Motivik weist Salm hin. Hier ist zunächst die Farbe Rot zu beachten, die sich in Gen 25,25 auf die Haarfarbe Edoms/Esaus bezieht. In Gen 38,28–30 ist die Farbe zum einen in der Namensgebung Serachs („Sonnenaufgang") impliziert, zum anderen durch den Faden (שני) aufgegriffen, den die Hebamme um Serachs Hand gebunden hatte. Dass Serach durch den „Durchbruch" von Perez um seine Erstgeburt gebracht wird, scheint dabei die Verhältnisse in Gen 25,29–34 vorauszusetzen, nach denen Jakob sich den Status des Erstgeborenen von seinem Bruder erschlichen hatte. Während Jakob sich das Recht des Erstgeborenen erst im Erwachsenenalter und durch Betrug aneignen kann, überflügelt Perez seinen Bruder bereits im Mutterleib. Denn obwohl Serachs Hand zuerst herauskam, wird doch Perez als erster das

113 Ruppert, FzB, 137.
114 Salm, Tamar, 154.
115 Salm, Tamar, 154f.

Licht der Welt erblicken. „Insofern besteht ein Unterschied [von Jakob] zu Perez. Dieser ist wirklich der Erstgeborene"[116].

Diese Anlehnung der Geburtsnotizen Gen 38,27–30 an die Ereignisse aus Gen 25[117]

> führt indirekt zu einer Aufwertung der Verbindung zwischen Juda und Tamar. Die Bedeutung, die ihrer Beziehung zukommt, ist so der des Isaak und der Rebekka vergleichbar. Anders ausgedrückt, nicht die Ehe Judas mit der Tochter des Schua wird für die Geschichte des Volkes von Bedeutung sein, sondern die Beziehung zu seiner Schwiegertochter. In gleicher Weise erfahren Tamars Kinder gegenüber Schela eine so überdeutliche Hervorhebung, daß letzterer, der ja eigentlich die Stellung des rechtmäßigen Erstgeborenen hat, völlig aus den Augen verloren geht. Der Schwerpunkt wird auf Perez gelegt. Wie von Jakob [...] kann er von Perez Großes erwarten[118].

Gen 25,24–26:

²⁴ וימלאו ימיה ללדת והנה תומם בבטנה:

²⁵ ויצא הראשון אַדמוֹני כלו כאדרת שער ויקראו שמו עשו:

²⁶ ואחרי־כן יצא אחיו וידו אחזת בעקב עשו ויקרא שמו יעקב ויצחק בן־ששים שנה בלדת אתם:

Gen 38,27–30:

²⁷ ויהי בעת לדתה והנה תאומים בבטנה:

²⁸ ויהי בלדתה ויתן־יד ותקח המילדת ותקשר על־ידו שָׁני לאמר זה יצא ראשנה:

²⁹ ויהי כמשיב ידו והנה יצא אחיו ותאמר מה־פרצת עליך פרץ ויקרא שמו פרץ:

³⁰ ואחר יצא אחיו אשר על־ידו השָׁני ויקרא שמו זרח: ס

Über die von Salm angeführten Referenztexte hinaus sind für Gen 38 u. E. auch Bezüge in die Josefsgeschichte selbst zu erwägen. Hier ist vor allem an Gen 41,50–52* und Gen 48* gedacht, in denen uns die Geburt der Josefsöhne Manasse und Ephraim bzw. ihre Begegnung mit dem Großvater Jakob-Israel geschildert werden.[119] Zwar handelt es sich bei ihnen nicht *expressis verbis* um Zwillinge. Doch spielt auch bei den Josefsöhnen das Motiv des Vorrangs unter den Brüdern eine Rolle. Dabei ist im Erzählzusammenhang von Gen 48 nicht uninteressant,

---

116 Salm, Tamar, 157.
117 Vgl. zu einer Verbindung mit Gen 25 bereits Gunkel, HK, 418f; vgl. ferner Westermann, BK, 50f; Ebach, HThKAT, 152f; Levin, *Tamar*, 282–285; Ruppert, FzB, 253f, und insbesondere Menn, Judah, 90–94, die auch die Richtung der Abhängigkeit beider Geburtsberichte ausführlich diskutiert.
118 Salm, Tamar, 157.
119 Vgl. hierzu auch die Beobachtungen von Fokkelman, *Genesis*, 175, oder Menn, Judah, 80f.

dass der Vorrang des Jüngeren, Ephraim, mit Rückbezug auf Gen 27 begründet wird. Wie dereinst bei seinem Vater Isaak, hat in Gen 48 auch die Sehkraft Israels nachgelassen. Hatte Isaak in Gen 27 deshalb versehentlich den falschen Sohn gesegnet, so schickt sich Jakob-Israel in Gen 48 an, die rechte Hand auf den Jüngeren zu legen. Doch tut er dies nicht, wie Josef glaubt, aus Versehen. Nein, mit voller Absicht erhält der Jüngere den größeren Segen. Während also das Motiv des erblindenden Erzvaters in Gen 27 ein erzählerisch tragendes Moment darstellt, ist es im Erzählzusammenhang von Gen 48 funktionslos. Es dürfte dort vornehmlich als ein Rückgriff auf Gen 27 zu verstehen sein, der nun auch für Ephraim und Manasse den Vorrang des Jüngeren vor dem Älteren einleiten und legitimieren soll.

Diese Beobachtungen könnten auch für das Verständnis von Gen 38,27–30 von Bedeutung sein. Denn für jenen Abschnitt hatte Salm herausgestellt, dass er nicht nur auf Gen 25,24–26 zurückweist, sondern auch den Betrug Jakobs an Esau in Gen 25,29–34 bereits voraussetzen dürfte. Darüber hinaus wäre nun zu überlegen, ob dem Autor von Gen 38,27–30 nicht auch die Segnung der Josefsöhne in Gen 48 und der erschlichene Segen Jakobs in Gen 27 bereits geläufig waren. Die Geburt der Zwillinge in Gen 38,27–30 könnte dann nicht bloß einer Aufwertung Judas und seiner Verbindung mit Tamar, sondern auch seiner Aufwertung gegenüber Josef und dessen Söhnen dienen, denen nach Gen 48 der Segen Israels zuteilwird. Josef und seine Söhne mögen den Segen Israels erhalten haben. Juda jedoch hat Perez gezeugt, der über die Anknüpfung an Gen 25,24–26 mit Jakob gleichgesetzt wird. Er zeichnet sich gegenüber dem Erzvater sogar dadurch aus, dass er die Erstgeburt nicht nachträglich erschlichen, sondern im Mutterleib errungen hat.

Mit diesen Beobachtungen zu Gen 38,27–30 beschließen wir unsere diachrone Differenzierung und wenden uns einer Betrachtung des Grundbestandes zu.

(e) Der literarische Kern von Gen 38

Fassen wir die Ergebnisse der bisherigen redaktionellen Scheidung kurz zusammen. Nach Abschluss des Subtraktionsverfahrens ist in Gen 38 bei folgenden Motiven die Annahme eines sekundären Nachtrags zu erwägen[120]:

---

120 Vgl. hierzu bereits die Beobachtungen von Luther, *Tamar*, 200, dass „die Absicht des Verfassers [auf dreierlei] hinauslaufen [könne]: Qedešenwesen, Leviratsehe, Stammesgeschichtliches."

- *Chira* (Gen 38,1b.12bβ[nur העדלמי רעהו]).20[nur העדלמי רעהו וחירה הוא].21–23);
- die *Leviratsverpflichtung* (Gen 38,4–5.8–10.11aβ.14b.26aβ[b?]);
- *Tamar, die Hure* (Gen 38,15.24[ohne חדשים כמשלש ויהי].25a[nur מוצאת הוא]);
- die *Zwillingsgeburt* (Gen 38,27–30).

Es verbleibt als Grundbestand der nachstehende Erzählfaden:
Gen 38,1a.2–3.6–7.11aαb.12(ohne העדלמי רעהו וחירה הוא)–14a.16–19.20(ohne ביד
רעהו העדלמי).24aα(nur חדשים כמשלש ויהי).25a(ab והיא).b.26aα

¹ ויהי בעת ההוא וירד יהודה מאת אחיו [...]:

² וירא־שם יהודה בת־איש כנעני ושמו שוע ויקחה ויבא אליה:

³ ותהר ותלד בן ויקרא את־שמו ער:

⁶ ויקח יהודה אשה לער בכורו ושמה תמר:

⁷ ויהי ער בכור יהודה רע בעיני יהוה וימתהו יהוה:

¹¹ ויאמר יהודה לתמר כלתו שבי אלמנה בית־אביך [...] ותלך תמר ותשב בית אביה:

¹² וירבו הימים ותמת בת־שוע אשת־יהודה וינחם יהודה ויעל על־גזזי צאנו [...] תמנתה:

¹³ ויגד לתמר לאמר הנה חמיך עלה תמנתה לגז צאנו:

¹⁴ ותסר בגדי אלמנותה מעליה ותכס בצעיף ותתעלף ותשב בפתח עינים אשר על־דרך
תמנתה [...]:

¹⁶ ויט אליה אל־הדרך ויאמר הבה־נא אבוא אליך כי לא ידע כי כלתו הוא ותאמר מה־תתן־לי
כי תבוא אלי:

¹⁷ ויאמר אנכי אשלח גדי־עזים מן־הצאן ותאמר אם־תתן ערבון עד שלחך:

¹⁸ ויאמר מה הערבון אשר אתן־לך ותאמר חתמך ופתילך ומטך אשר בידך ויתן־לה ויבא
אליה ותהר לו:

¹⁹ ותקם ותלך ותסר צעיפה מעליה ותלבש בגדי אלמנותה:

²⁰ וישלח יהודה את־גדי העזים [...] לקחת הערבון מיד האשה ולא מצאה:

²⁴ ויהי כמשלש חדשים [...]:

²⁵ [...] והיא שלחה אל־חמיה לאמר לאיש אשר־אלה לו אנכי הרה ותאמר הכר־נא למי
החתמת והפתילים והמטה האלה:

²⁶ ויכר יהודה ויאמר צדקה [...]:

Der Erzählfaden zeichnet Juda als eine Art negatives Gegenstück zu seinem jüngeren Bruder Josef. Dabei scheint die Erzählung sachlich an den göttlichen Beistand anzuknüpfen, den Josef von Jhwh in Gen 39 erhält. Ihm stellt sie das aktive, eigenmächtige Handeln Judas gegenüber, der ohne göttlichen Zuspruch daheim unterzugehen droht. Denn während Jhwh Josef alles gelingen lässt (Gen 39,2f.23), lässt Jhwh den zunächst einzigen Sohn Judas sterben (Gen 38,7): Er, der ihm von einer Kanaanäerin geboren wurde (Gen 38,3) und womöglich aus diesem Grund als רע בעיני יהוה (רע → Gen 28,8) zu betrachten ist. Und gehorcht Josef dem Gebot Elohims (Gen 39,8f) und widersteht den Avancen der Frau Potifars, lässt Juda sich mit seiner verschleierten Schwiegertochter ein (Gen 38,15–18), die er zuvor verwitwet, sohn- und mittellos in ihr Vaterhaus zurückgeschickt hatte (Gen 38,11). Diese mangelnde Fürsorgepflicht Judas findet in der internationalen Versorgungspolitik Josefs ein positives Korrelat (Gen 41ff). Während Juda nicht einmal vermag, seine eigene Familie zu versorgen, ernährt Josef nicht nur Ägypten, sondern die ganze Welt.

Der Unwillen Judas, sich um die Frau seines verstorbenen Sohnes zu küm- mern, generiert im Binnenkontext von Gen 38 überdies einen Konflikt, der im Zentrum der gesamten Erzählung steht. Juda macht sich durch sein Verhalten an Tamar schuldig, die selbst die Initiative ergreift und sich das ihr zustehende Recht mithilfe einer List verschafft. Im Hintergrund steht hier sachlich die Ver- pflichtung der Familie des Verstorbenen gegenüber der Witwe, wie sie in der atl. Forschung gemeinhin unter dem Oberbegriff des Levirats zusammengefasst ist. Da das Thema des Levirats für die Interpretation des Kapitels Gen 38 von ent- scheidender Bedeutung ist, sei an dieser Stelle noch einmal ausdrücklich darauf eingegangen.[121] Die Bezeichnung „Levirat" leitet sich von dem spätlateinischen Begriff *levir* „Bruder des Ehemannes" ab. Sie bezieht sich sachlich auf die Ver- pflichtung des Schwagers gegenüber seiner verwitweten Schwägerin, wie sie in Dtn 25,5ff dargelegt ist.

Obwohl der Begriff Levirat sachlich korrekt auf den in Dtn 25,5.7 (vgl. Gen 38,8) genannten יבם „Schwager" zurückgeht, ist er als Oberbegriff des fami- lienrechtlichen Sachverhaltes nur bedingt geeignet. Denn bereits die atl. Belege lassen sich nicht auf eine Verpflichtung des Schwagers beschränken.[122] So ist es in Ruth 2–4 Boas, ein Verwandter von Naomis verstorbenem Mann (מידע, Ruth 2,1), der als Löser (גאל, vgl. Ruth 3,9.12f; 4,1.3f.6.8.14) für deren verwitwete Schwie- gertochter eintreten darf bzw. muss. Obschon die genannten Abschnitte dem Sachverhalt entsprechend nicht von einem יבם, sondern von einem גאל sprechen, wird die Erzählung im Buch Ruth in der atl. Wissenschaft nicht selten als Beispiel für die Leviratspflicht angeführt. Bereits diese Tatsache legt den Verdacht nahe, dass das „Levirat" nicht so starr zu verstehen ist, wie es die Formulierung von Dtn 25,5ff und die darauf beruhende Konzeptualisierung der atl. Wissenschaft zunächst nahelegen.

---

121 Zur Diskussion um das Levirat sei auch verwiesen auf u. a. Gunkel, HK, 412f; Burrows, *Levi- rate*, 23–33; Westermann, BK, 46; Ruppert, FzB, 143–146. Zum Levirat allgemein sei verwiesen auf Otto, *Ehe*, 1071–1073; Scharbert, *Ehe*, 311–313; Kutsch, יבם, 393–400, oder Volgger, *Gesetz*, 171–188.
122 Vgl. hierzu die Bemerkung von Boecker, Josefsgeschichte, 99, dass „die Bezeichnung ‚Schwagerehe' jedenfalls für die Tamarerzählung nicht zutreffend ist".

Hierauf deuten auch altorientalische Belege, genauer das Mittelassyrische Gesetz § 33 und das Hethitische Gesetz § 198. Jene Gesetze, die in der atl. Forschung nicht selten als Vergleichstexte für Gen 38; Ruth 2–4 und Dtn 25,5–7 herangezogen werden, nennen neben den Brüdern des Verstorbenen auch dessen Vater, der als Stellvertreter für den Verstorbenen eintreten kann.

Hethitisches Gesetz § 198[123]:

Wenn ein Mann eine Frau hat und der Mann stirbt, (so) seine Ehefrau sein Bruder nimmt und (=dann) sie sein Vater nimmt.

Mittelassyrisches Gesetz § 33[124]:

Wenn eine Frau im Hause ihres Vaters wohnt, ihr Gatte stirbt und Söhne/ein Sohn vorhanden sind/ist [...(*größere Lücke*)] und [...] er kann sie ihrem Schwiegervater zur Ehe geben. Wenn ihr Gatte und ihr Schwiegervater sterben und sie keinen Sohn hat, so ist sie Witwe und kann gehen, wohin sie will.

Ein Blick auf die Neubabylonischen Gesetze scheint ebenfalls weiterführend. Denn dort, wo ein Verweis auf das „Levirat" fehlt, wird eine kinderlose Frau nach ihrer Verwitwung finanziell abgesichert – wohl damit sie auf eine weitere Versorgung durch männliche Mitglieder der Schwiegerfamilie nicht notwendig angewiesen ist.

Neubabylonisches Gesetz § 12[125]:

Eine Gattin, deren Ehegabe ihr Gatte genommen hat, die keinen Sohn und keine Tochter hat, und deren Gatte das Zeitliche gesegnet hat – vom Besitz ihres Gatten soll die Ehegabe in voller Höhe ihr gegeben werden. Wenn ihr Gatte ihr ein Geschenk gemacht hat, so soll sie das Geschenk ihres Gatten zusammen mit ihrer Ehegabe nehmen und ist damit befriedigt. Wenn sie keine Ehegabe hat, so soll ein Richter sich den Besitz ihres Gatten ansehen, und entsprechend dem Besitz ihres Gatten soll ihr was gegeben werden.

In den altorientalischen Belegen deutet sich demnach an, dass weniger eine genaue Festlegung auf das für die verwitwete Frau eintretende männliche Familienmitglied als eigentliches Anliegen des „Levirats" zu werten ist. Vielmehr scheint die soziale Absicherung der Frau auch nach dem Tod des für sie zuständigen Ernährers im Vordergrund zu stehen. Man sollte dann vielleicht weniger von einer Schwagerpflicht als von einer (schwieger-)familiären Fürsorgepflicht sprechen.[126]

---

123 Koschaker, RHAs, 77.
124 Borger, TUAT 1, 86.
125 Borger, TUAT 1, 94. Vgl. aber auch die Ausführungen in § 11 oder § 13.
126 Vgl. hierzu insbesondere Menn, Judah, 59, oder Salm, FzB, 110.150.

Wenn mit Onan und Schela der Terminus יבם und mit ihm der Bezug auf
Dtn 25,5ff aus der Grundschicht von Gen 38 ausscheidet, hieße dies dementsprechend nicht, dass die in dem Konzept des Levirats zusammengefasste Fürsorgepflicht nicht dennoch von entscheidender Bedeutung für die Grunderzählung des Kapitels gewesen sein könnte. Im Gegenteil, sie dürfte auch dort ein
zentrales Motiv dargestellt haben. Nachdem nämlich ihr Mann verstorben war,
hätte die verwitwete und sohnlose Tamar ein Anrecht auf Versorgung durch
ihren Schwiegervater gehabt.[127] Und nicht zuletzt hätte es Juda oblegen, ihr
einen männlichen Nachfahren zu verschaffen, um Tamar sozial abzusichern.
Indem er sich dieser Verpflichtung entzieht, macht er sich an ihr schuldig
und muss sich eingestehen: צדקה ממני. Denn Tamars Hinterlist ist keinesfalls
Rechtsbruch, sondern vielmehr der Versuch einer Restitution des ihr zustehen-
den Rechts[128]: die Zeugung eines Nachkommen durch ein männliches Mitglied
ihrer Schwiegerfamilie, der als Garant ihrer sozialen Absicherung verstanden
werden kann.[129]

Erst mit dem bewussten Bezug auf die in Dtn 25,5ff festgelegte Regelung,
in der die Fürsorgepflicht allein den יבם betrifft, müssen Tamar auch in Gen 38
Schwäger zur Seite gestellt werden, die den Namen des Verstorbenen in Israel
aufrechterhalten sollen.[130] Dass die auf den Schwager bezogene Regelung
jedoch kaum ursprüngliches Anliegen der Erzählung gewesen sein dürfte,
zeigen u. E. vor allem zwei Aspekte: Zum einen konzentriert sich auch die uns
heute vorliegende Gestalt von Gen 38 noch deutlich auf den Konflikt zwischen
Juda und Tamar, der um das Thema der Versorgung Tamars, nicht um den
Namen ihres Mannes kreist.[131] Zum anderen ist das Motiv der Schwagerpflicht
bzw. der Schwagerehe in Gen 38 nicht auskomponiert. Denn weder wird der
Sohn, den Tamar gebiert, dem verstorbenen Er zugerechnet noch nimmt Schela
die verwitwete Schwägerin zur Frau.[132] Anders ausgedrückt, wird die Levirats-

---

127 Vgl. hierzu Krüger, *Genesis*, 7.
128 Anders Krüger, *Genesis*, 5, der das Handeln Tamars in Gen 38 als ethisch fragwürdig ein-
stuft.
129 Anders Skinner, Genesis, 455. Vgl. hingegen die Beobachtungen von Coats, *Unity*, 16, oder
Menn, Judah, 23.
130 Anders Salm, Tamar, 150, die sich gegen eine direkte Verbindung von Gen 38 mit Dtn 25
ausspricht: Denn „da der Text nicht weiter auf rechtliche Einzelheiten eingeht [...], kann man,
wie es Zenger im Buch Rut tat, ebenfalls ausschließen, daß Gen 38 eine Erzählung ist, in der es
um die Sitte des Levirats geht. Sie dient nur als Motiv".
131 Vgl. hierzu auch Krüger, *Genesis*, 7f.
132 Anders z. B. Boecker, *Überlegungen*, 142f.

pflicht, wie sie nach Dtn 25,5f besteht, in Gen 38 gar nicht erfüllt.[133] Denn „levir" oder, besser gesagt, Fürsorger bleibt auch in der uns vorliegenden Gestalt des Textes Tamars Schwiegervater Juda.[134] Auch in ihrem ältesten Kern ist die Erzählung Gen 38 demnach dem Thema des „Levirats" verpflichtet. Nur betrifft die Fürsorgepflicht nicht die Brüder des Verstorbenen, sondern seinen Vater Juda.[135]

Ergebnis

Die Analyse von Gen 38 hat ergeben, dass die uns vorliegende Textgestalt des Kapitels als Resultat eines längeren Fortschreibungsprozesses zu betrachten sein dürfte. Der älteste Bestand dürfte Gen 38,1a.2–3.6–7.11aαb.12(ohne הוא וחירה רעהו) –14a.16–19.20(ohne העדלמי רעהו ביד).24aα(nur חדשים כמשלש ויהי).25a(ab והיא).b.26aα umfasst haben. Er unterbricht den sachlichen Zusammenhang vom Verkauf Josefs in Gen 37 mit seinem weiteren Schicksal in Ägypten (Gen 39–41) und dürfte diesem Erzählkomplex erst nachträglich eingefügt worden sein. Mit dem umliegenden Kontext der Josefsgeschichte ist Gen 38 durch einige redaktionelle Notizen (Gen 37,15–17.18b.36; 39,1[nur מצרימה הורד ויוסף]) verknüpft worden und nimmt zudem in vielfältiger Weise auf ihn Bezug. Es ist demnach davon auszugehen, dass das Kapitel nicht nur in Kenntnis zahlreicher Motive und Formulierungen, sondern auch explizit für den Kontext der Josefsgeschichte verfasst worden ist. Dabei wird auch die Platzierung der Erzählung direkt nach dem von Juda vorgeschlagenen Verkauf Josefs nach Ägypten (Gen 37,26f*) und unmittelbar vor der Aufstiegsgeschichte des Rahelsohnes in Gen 39–41 bewusst gewählt sein. Denn sie unterstreicht die negative Darstellung Judas, durch die sich die Grunderzählung von Gen 38 auszeichnet. Während Josef von dem Mann gefunden wird, der ihm den Weg zu den Brüdern weist und so seinen Verkauf nach Ägypten

---

133 Vgl. hierzu bereits die Beobachtung von Luther, *Tamar*, 200, die „Pflicht der Leviratsehe einzuschärfen, lag dem Verfasser ganz fern, in dem ausführlich erzählten Teil weist gar nichts auf solche Absicht hin".

134 Vgl. hierzu auch die Beobachtung von Ebach, HThKAT, 136, es gehe „Tamar allein um Juda, und die Erzählung hat allein das im Blick". Vgl. ferner Belkin, *Levirate*, 278, der annimmt „Tamar by playing the harlot, made Judah himself perform the duty of a levir. [...] If, however, a brother failed to perform his duty, the obligation of a levir it would appear then, fell on the father-in-law". Zum Versorgungsmotiv bzw. der Fürsorgepflicht vgl. insgesamt Menn, Judah, 30f.

135 Anders Skinner, Genesis, 455, der meint, „[t]o suppose [...] that it was the duty of the father-in-law under *any* cirumstances to marry his son's widow, is to miss entirely the point of the narrative" (Hervorhebung im Original). Vgl. auch die Beobachtungen von Coats, *Unity*, 16, oder Menn, Judah, 23.

besiegelt, beschließt Juda, seinen Bruder um Geld zu veräußern. Ist er so nach Gen 37,26f für die Trennung Josefs von den Brüdern verantwortlich, unternimmt er es in Gen 38,1 selbst, sich von den Brüdern zu trennen. Und während er gegen die Vorgaben der Vätergeschichte (→ Gen 24,3f; 28,8) die Tochter eines Kanaanäers zur Frau nimmt, widersteht Josef den Avancen der ägyptischen Verführerin in Gen 39. So verwundert es denn nicht, dass Jhwh mit Josef ist (Gen 39,2) und ihm alles gelingen lässt (Gen 39,2f.23), während er den (zunächst einzigen) Sohn Judas sterben lässt (Gen 38,7).

Wie 1Sam–2Kön mit ihrer Konzentration auf das Südreich und die davidische Herrschaft deutlich Partei für Juda ergreifen, stellt sich der Verfasser der Grunderzählung von Gen 38 ausdrücklich auf die Seite des personifizierten Nordreiches Josef. Dass Juda in diesem Zusammenhang überhaupt so viel Raum in der Josefsgeschichte zugestanden wurde, dürfte sich dabei dem Umstand verdanken, dass Josef nicht nur erfolgreich, sondern auch und vor allem erfolgreicher als sein Bruder Juda erscheinen sollte, der für den Verkauf Josefs in Gen 37,26f maßgeblich verantwortlich gemacht wird und dessen eigenes Überleben in Gen 42–45 von der Gnade Josefs abhängt. Die einseitige Perspektive einer Erfolgsgeschichte Josefs als des personifizierten Nordreichs (Gen 39–41*) wird so zur relationalen Perspektive des Nordreichs als dem im Verhältnis zum Südreich (und selbst in der Fremde!) dominanten Glied „Gesamtisraels". Welche historischen Auseinandersetzungen sich in dieser Darstellung abzeichnen, ist dem Text selbst nicht explizit zu entnehmen. Doch könnte mit Blick auf die unter 4.2. (b) bzw. 5.1.1. (a) vermutete nachpriesterschriftliche Einfügung Judas in den Kontext der Josefsgeschichte angenommen werden, dass es sich hier um die Spiegelung von Konflikten der (perserzeitlichen) Provinzen Jehud und Samaria handelt.[136]

Dem so skizzierten Grundbestand wurden mehrere Motive hinzugefügt, die das Verhalten Judas nachträglich entschuldigen bzw. seine Person wieder aufwerten. All jene Motive knüpfen an Vorgaben des Grundbestandes an und zeigen untereinander keine direkten Berührungspunkte. Dementsprechend schwer gestaltet es sich, eine relative Chronologie der Bearbeitungen herauszuarbeiten. An einigen Stellen könnten sachliche Erwägungen herangezogen werden. So wäre beispielsweise zu überlegen, ob die Chira-Bearbeitung deshalb auf den „neutraleren" Terminus קדשה verweist, weil der mit dem Begriff זונה so häufig assoziierte Eindruck der Apostasie vermieden werden soll. Doch wäre umgekehrt genauso denkbar, dass sich der terminologische Wechsel zu זונה einer intendierten Anspielung auf Lev 21,9 (→ Gen 38,24) verdankt. Angesichts dieser und wei-

---

136 Zu anderen Vorschlägen vgl. Salm, Tamar, 203.

terer Unwägbarkeiten wird hier auf eine Differenzierung der relativ-chronologischen Verhältnisse verzichtet. Stattdessen werden wir uns auf einen Überblick über die herausgearbeiteten Nachträge beschränken.

Bedeutsam für das Verständnis von Gen 38 als einer „Leviratserzählung" ist die Eintragung der expliziten Verweise auf Dtn 25,5f. Sie umfasst Gen 38,4f.8f.11aβ. 14b.26aβ. Mit ihr geht die Einführung Onans und Schelas als potentiellen Kandidaten für eine Leviratsverpflichtung einher. Die Bearbeitung knüpft an die bereits in der Grunderzählung vorausgesetzte Fürsorgepflicht gegenüber der verwitweten Tamar an und bindet sie ausdrücklich an die deuteronomische Gesetzgebung. Dabei zeigt sich der sekundäre Charakter des Gesetzesbezuges nicht zuletzt darin, dass die Leviratspflicht, wie sie nach Dtn 25,5f besteht, im Erzählzusammenhang von Gen 38 gar nicht zur Ausführung kommt.

Ein weiterer Gesetzesbezug findet sich in der Einführung des Motivs der זונה. Die Hand, die dieses Motiv in den Kontext von Gen 38 eingetragen hat, dürfte Gen 38,15.24.25* verfasst haben. Sie greift in V. 15 zunächst das Motiv der Verschleierung Tamars aus V. 14 auf, das sie nun ausdrücklich zum Erkennungszeichen einer Prostituierten werden lässt. Diese Verbindung der Prostitution mit dem Tragen eines Schleiers ist atl. ansonsten nicht belegt und widerspricht dem Befund altorientalischer Vergleichstexte. Im Binnenkontext von Gen 38 bereitet die Aussage auf die Bestrafung Tamars in V. 24 vor, die an das Gebot Lev 21,9 angelehnt ist. Die Bearbeitung setzt Tamar, die scheinbare Prostituierte, mit einer Priestertochter gleich und wertet so ihr Ansehen – und auch das ihrer Kinder – auf. Wie die Josefsöhne Manasse und Ephraim, werden auch die Juda-Söhne Perez und Serach von einer Priestertochter geboren. Die Geburt der Zwillinge könnte dementsprechend schon vorausgesetzt sein.

Auch die Chira-Bearbeitung verweist auf Tamar ausdrücklich als Prostituierte, allerdings mit dem Terminus קדשה. Die Bearbeitung erstreckt sich über Gen 38,1b.12bβ(nur העדלמי רעהו וחירה הוא).20(nur העדלמי רעהו ביד).21–23 und knüpft sachlich an die Begegnung zwischen Juda und Tamar in Gen 38,14–18 an. Mit Blick auf die in Gen 38,14–18 formulierten Begebenheiten führt sie nachträglich den Adullamiter Chira als Freund und Zeugen Judas ein. Er kann den guten Willen Judas gegenüber der Kedesche beweisen, entlastet ihn damit und wertet sein Ansehen (wieder) auf.

Einen Nachtrag dürfte auch die Geburt der Zwillinge, Perez und Serach, in V. 27–30 darstellen. Sie knüpft an die Notiz von Tamars Empfängnis in V. 18b an und identifiziert den Nachwuchs Judas nun namentlich. Dabei orientiert sich die Darstellung der Geburt(en) inhaltlich sowie sprachlich-syntaktisch an den Vorgaben der Geburten Esaus und Jakobs in Gen 25,24–26. Der Kampf um den Vorrang unter den Brüdern, der in Gen 38,27–30 bereits im Mutterleib entschieden wird, könnte sachlich überdies den Betrug Jakobs an Esau in Gen 25,29–34;

Gen 27* sowie die scheinbar „vertauschte" Segnung Ephraims und Manasses in Gen 48* voraussetzen. Mit der Geburt der Zwillingssöhne wird das Ansehen Judas deutlich aufgewertet.

Diachrone Differenzierung

I   *Juda und Tamar (Ältester Kern)*:
   Gen 37,15–17.18b.36;
   Gen 38,1a.2–3.6–7[137].11aαb.12(ohne הוא וחירה רעהו העדלמי)–14a.16–19.20(ohne ביד רעהו העדלמי).24aα(nur ויהי כמשלש חדשים).25a(ab והיא).b.26aα;
   Gen 39,1a(bβ?)

   I¹   *Die Leviratsverpflichtung*:
      Gen 38,4–5.8–10.11aβ.14b.26aβ(b?)

   I¹   *Tamar, die Hure*:
      Gen 38,15.24(ohne ויהי כמשלש חדשים).25a(nur הוא מוצאת)

   I¹   *Chira*:
      Gen 38,1b.12bβ(nur הוא וחירה רעהו העדלמי).20(nur ביד רעהו העדלמי).21–23

   I¹   *Zwillingsgeburt*:
      Gen 37,27–30

3.3. Genesis 39–41: Josef in Ägypten

3.3.1. Genesis 39: Josef im Hause des ägyptischen Beamten

Gliederung

V. 1:   Josef wird von Potifar gekauft
V. 2–6a: Jhwh ist mit Josef und lässt ihm alles gelingen
V. 6b–12: Josef wird von der Frau seines Herrn versucht und flieht
V. 13–15: Die Frau Potifars bezichtigt Josef vor den Hausangestellten der versuchten Vergewaltigung
V. 16–20: Die Frau wiederholt die Beschuldigungen vor ihrem Mann, der Josef ins Gefängnis wirft
V. 21–23: Jhwh ist mit Josef und lässt ihn Gnade in den Augen des Gefängnisaufsehers finden

---

137 Möglicherweise ist in V. 6f der explizite Verweis auf den Erstgeborenenstatus mit Onan und Schela nachgetragen worden. Zwingend ist dies jedoch nicht, da bereits im ältesten Bestand mit der Notiz von der Schwangerschaft Tamars in V. 18 ein weiteres Kind vorausgesetzt ist und Er, so oder so, als Erstgeborener Judas zu betrachten ist.

Befund

Nachdem der Leser in Gen 38 zwischenzeitlich über das Schicksal Judas informiert wurde, setzt Gen 39 die Ereignisse aus Gen 37 fort. Josef, der in Gen 37 an die Ismaeliter verkauft wurde, wird in Gen 39,1 nach Ägypten hinabgeführt und dort von dem Obersten der Leibwache, einem ägyptischen Mann namens Potifar, erworben. Im Hause jenes ägyptischen Mannes tragen sich die in Gen 39 berichteten Ereignisse hauptsächlich zu. Den Kern der Erzählung bildet dabei die versuchte Verführung Josefs durch die Frau seines Herrn, deren Verwicklungen sich von V. 6b bis V. 20 erstrecken. Josef, schön von Gestalt, wird von der Frau seines Herrn begehrt, die ihn auffordert: „Schlafe mit mir!" (Gen 39,6b–7). Er jedoch verweigert sich ihrer Aufforderung. Im Zusammenhang dieser Zurückweisung wiederholt Josef zunächst all das Gute, das ihm durch seinen Herrn widerfahren ist, bevor er seine Ausführungen mit der rhetorischen Frage schließt: „Wie könnte ich ein so großes Unrecht begehen und gegen Elohim sündigen?" (Gen 39,8f).

Doch auch der Verweis auf das göttliche Gebot kann die Frau des Ägypters nicht schrecken. Anstatt sich von Josef zurückzuziehen, stellt sie ihm Tag für Tag nach (Gen 39,10). Und eines Tages, als niemand von den Männern des Hauses zugegen ist, nutzt sie die günstige Gelegenheit, um Josef auch physisch zu bedrängen (Gen 39,11). „Da fasste sie ihn beim Kleid und sagte: Schlafe mit mir! Er aber ließ sein Kleid in ihrer Hand, ergriff die Flucht und lief hinaus" (Gen 39,12). Von der Zurückweisung gedemütigt, ruft die Frau Potifars nach den Hausangestellten, vor denen sie angibt, Josef sei zu ihr hereingekommen, sich zu ihr zu legen. Sie aber habe sich gewehrt, indem sie laut geschrien habe (Gen 39,13–15). In ähnlicher Weise schildert sie den Vorfall später vor ihrem Mann, dem Herrn Josefs. Als jener aber hört, was seiner Frau angeblich widerfuhr, entbrennt sein Zorn. Er lässt Josef ergreifen und in das Gefängnis werfen, in dem sich die Gefangenen des Königs befinden. Dort bleibt Josef (Gen 39,16–20).

Gerahmt wird dieser erzählerische Kern durch Verweise auf den Beistand Jhwhs (Gen 39,2–6.21–23), in dem der Erfolg Josefs gründet. Weil Jhwh mit Josef ist (Gen 39,2.21), findet er Gnade in den Augen seiner Herren (Gen 39,4.22). Und weil Jhwh mit ihm ist, ist er ein Mann, dem alles gelingt (Gen 39,2f.23). Dabei steht das Mitsein Jhwhs in Gen 39,2–6 seinem weiteren Geschick in Ägypten programmatisch voran und bereitet im Falle von Gen 39,21–23 unmittelbar auf die Erfolgsgeschichte in den Kapiteln Gen 40f vor.

In Gefangenschaft nämlich trifft Josef auf den Obersten der Mundschenke und den Obersten der Bäcker, die sich mit ihm *in Gewahrsam* befinden – allerdings im Hause seines eigenen Herrn, dem Obersten der Leibwache (במשמר בית שׂר הטבחים), der Josef nach Gen 39,20 eigentlich *ins Gefängnis* (בית הסהר) gegeben hatte. Diesen königlichen Beamten vermag Josef ihre Träume zutreffend zu deuten

(Gen 40) und ebnet so den Weg für seine Audienz bei Pharao. Auch dessen Traum vermag er in Gen 41 richtig zu interpretieren und wird von Pharao zum Dank in hohe Ämter eingesetzt.

Dieser Überblick über Gen 39 zeigt, dass das Kapitel über Gen 38 hinweg auf Gen 37 zurückgreift und gleichsam auf Gen 40f vorbereitet. Dabei deuten sich zumindest im Übergang von Gen 39 zu Gen 40 Spannungen an, insofern der genaue Verbleib von Josef – im בית הסהר oder im Hause seines Herrn (שׂר בית הטבחים) – dem Erzählverlauf von Gen 39f nicht eindeutig zu entnehmen ist. Sachlich stringent zeigt sich *cum grano salis* die Erzählung Gen 39 selbst, die allerdings in auffälliger Weise durch die Jhwh-Verse gerahmt ist und in V. 9 zusätzlich auf Elohim verweist.

Mit Blick auf diesen anfänglichen Befund wird sich die nachstehende Detailanalyse auf einige Fragen besonders konzentrieren:
- Was lässt sich über die kontextuelle Einbindung von Gen 39 sagen?
- In welchem Verhältnis stehen die Rahmenverse (Gen 39,2–6a.21–23) zum erzählerischen Kern (Gen 39,6b–20)?
- In welchem Verhältnis stehen die Jhwh-Verweise in den Rahmenversen (Gen 39,2–6a.21–23) zur Erwähnung Elohims in Gen 39,9?

Analyse

(a) Die kontextuelle Einbettung von Gen 39

Die Rückbindung an den vorauslaufenden Kontext
Die Aussagen von Gen 39,1 greifen in mehrfacher Hinsicht auf den vorauslaufenden Kontext zurück. Mit der Wurzel ירד erinnert Gen 39,1a zunächst an den Aufbruch Judas in Gen 38,1. Inhaltlich greift der Halbvers auf die Verschleppung Josefs nach Ägypten zurück. Auf sie wird in Gen 37,28 allerdings nicht mit ירד Hif. (vgl. aber Gen 37,25), sondern mit בוא Hif. verwiesen. Nicht nur mit Blick auf diese sprachliche Differenz legt sich ein Zusammenhang der anfänglichen Notiz ויוסף הורד מצרימה in Gen 39,1aα mit Gen 38,1 näher.[138] Denn wie wir bereits oben im Zusammenhang von Gen 37,15–17.18b und Gen 38,1.20 gesehen haben, lässt sich das Gegenüber der aktiven Formulierung וירד יהודה מאת אחיו Gen 38,1 und der passiven Formulierung ויוסף הורד מצרימה Gen 39,1a sachlich am ehesten

---

138 Vgl. insbesondere Alter, Art, 6; vgl. ferner Coats, *Unity*, 16; Blum, Komposition, 224; Hamilton, NIC.OT, 432; Andrew, *Death*, 262, oder Wünch, *Analysis*, 792.

im Rahmen der Einfügung von Gen 38* in den Kontext der Josefsgeschichte erklären.

Das Kapitel Gen 38 zeichnet in seinem Grundbestand ein Bild von Juda, das die Erfolgsgeschichte Josefs negativ kontrastiert.[139] Dabei kommt dem aktiven Verhalten Judas, der sein Schicksal in die eigene Hand nimmt, eine entscheidende Funktion zu. Ihm steht in Gen 37,15–17 und Gen 39,1aα das passive Verhalten Josefs entgegen, das im Falle von Gen 37,15–17 (האיש) das Motiv göttlicher Führung impliziert.[140] Der Mann, der Josef gefunden hat und ihm den Weg zu seinen Brüdern weist, ebnet den Weg für seinen Verkauf nach Ägypten. Explizit findet sich das Motiv der göttlichen Führung in den Aussagen von Gen 39,2f.21, in denen Josef das Mitsein Jhwhs zugesprochen wird. Die Erwähnung Jhwhs steht dabei in starkem Kontrast zu den Aussagen von Gen 38,7(.10), in denen es Jhwh ist, der die Söhne Judas sterben lässt. Während dem aktiven Juda daheim alles zu misslingen scheint, lässt Jhwh dem passiven Josef in Ägypten alles gelingen. Um diesen Aspekt zu unterstreichen, dürfte der Autor der Grunderzählung von Gen 38 dem ihm bereits vorliegenden Kontext die redaktionellen Notizen Gen 37,15–17(.18b); 39,1a hinzugefügt haben. Auf diese Weise wird Gen 38 nicht nur sprachlich, sondern auch sachlich in das literarische Umfeld der Josefsgeschichte integriert.

Gen 37,15–17:

15 וימצאהו איש והנה תעה בשדה וישאלהו האיש לאמר מה־תבקש:

16 ויאמר את־אחי אנכי מבקש הגידה־נא לי איפה הם רעים:

17 ויאמר האיש נסעו מזה כי שמעתי אמרים נלכה דתינה וילך יוסף אחר אחיו וימצאם בדתן:

Gen 38,1.7.20:

1 ויהי בעת ההוא וירד יהודה מאת אחיו ויט עד־איש עדלמי ושמו חירה:

7 ויהי ער בכור יהודה רע בעיני יהוה וימתהו יהוה:

20 וישלח יהודה את־גדי העזים ביד רעהו העדלמי לקחת הערבון מיד האשה ולא מצאה:

Gen 39,1f:

1 ויוסף הורד מצרימה ויקנהו פוטיפר סריס פרעה שר הטבחים איש מצרי מיד הישמעאלים אשר הורדהו שמה:

2 ויהי יהוה את־יוסף ויהי איש מצליח ויהי בבית אדניו המצרי:

---

139 Anders Blum, Komposition, 260, oder van Seters, Yahwist, 317.

140 Vgl. bereits Jacob, Genesis, 703; vgl. ferner Lowenthal, Joseph, 22; Pirson, Lord, 249; Ruppert, Josephserzählung, 36f; Levin, Jahwist, 265f; Kebekus, Joseferzählung, 312; Weimar, *Josefsgeschichte*, 57, oder Fieger/Hodel-Hoenes, Einzug, 67.

Im Anschluss an Gen 39,1a erfahren wir in Gen 39,1b, dass Josef von Potifar, einem Beamten Pharaos, dem Obersten der Leibwache, einem ägyptischen Mann, gekauft wurde – und zwar von den Ismaelitern, die ihn dorthin gebracht hatten. Beginnen wir unsere Betrachtung hier in Gen 39,1bβ. Der Viertelvers greift mit der Wurzel ירד, dieses Mal aktiv auf die Ismaeliter bezogen, und der adverbialen Bestimmung שמה auf Gen 39,1a zurück und setzt diesen Halbvers notwendig voraus. Folglich kann auch er frühestens mit Gen 38 in den Kontext eingetragen worden sein und nicht als ursprüngliche Einleitung von Gen 39 betrachtet werden.[141]

Gen 39,1:

¹ ויוסף הורד מצרימה

ויקנהו פוטיפר סריס פרעה שר הטבחים איש מצרי מיד הישמעאלים אשר הורדהו שמה:

Die ursprüngliche Mitteilung über den Verkauf bzw. die Verbringung Josefs nach Ägypten dürfte demnach in Gen 37 zu finden sein. Infrage kommen dann Gen 37,28.36. Gen 37,28 berichtet, dass die Midianiter Josef aus der Zisterne holten und ihn um zwanzig Silberstücke an die Ismaeliter verkauften, die ihn nach Ägypten brachten. In Gen 37,36 wird Josef demgegenüber nicht von den Ismaelitern nach Ägypten gebracht, sondern von den Medanitern nach Ägypten verkauft. Damit gibt Gen 37,36 die Informationen von Gen 37,28; 39,1 verkürzt wieder, nach denen die Midianiter Josef zunächst an die Ismaeliter verkauft haben, von denen er letztlich nach Ägypten gebracht wurde. Der Vers greift aus Gen 37,28 den Zusammenhang vom Verkauf Josefs nach Ägypten auf und nimmt mit dem Verweis auf Potifar als Käufer Josefs die Aussage von Gen 39,1 vorweg. In diesem Zusammenhang ist zu beachten, dass dem Leser nach dem Erzählverlauf von Gen 37,28ff der Umstand von Josefs Verkauf und Verschleppung bereits bekannt ist. Die Notiz Gen 37,36aα kommt damit eigentlich zu spät.[142]

Es dürfte sich bei Gen 37,36 mit Blick auf die angeführten Beobachtungen am ehesten um eine nachträgliche Zusammenfassung der Aussagen von Gen 37,28; 39,1bα handeln.[143] Sie wird dem Umstand geschuldet sein, dass die Kapitel Gen 37 und Gen 39 nachträglich durch die Einfügung von Gen 38 unterbrochen

---

141 Vgl. Redford, Study, 30.136. Anders Schweizer, Josefsgeschichte, 149f, der in V. 1b den ursprünglicheren Wortlaut sieht. Anders auch Hamilton, NIC.OT, 458, der annimmt, dass „the sixfold use of Joseph's name in this unit (vv. 1, 2, 4, 5, 6 [twice]) reestablishes his prominence and centrality in the narrative".

142 Vgl. hierzu die Ausführungen bei Kratz, Komposition, 283.

143 Vgl. zu der hier vorgeschlagenen Argumentation insbesondere Blum, Komposition, 244.

wurden.[144] Jener Unterbrechung dürfte sich, wie bereits oben dargelegt, auch die nachträgliche Vorwegnahme der Verschleppung Josefs aus Gen 37,28* in Gen 39,1a verdanken. Fallen Gen 37,36 und Gen 39,1a demnach als redaktionelle Notizen weg, dürfte Gen 39,1b* ursprünglich an den Verkauf Josefs aus Gen 37,28*[145] bzw. nach der Erweiterung von Gen 37 um den ersten Traum Josefs (Gen 37,4b–8) und den Tötungsbeschluss (Gen 37,19–20) an Gen 37,35 angeknüpft haben.[146]

Gen 37,28*35–36*:

‏28 ויעברו אנשים מדינים סחרים וימשכו ויעלו את־יוסף מן־הבור וימכרו את־יוסף לישמעאלים
בעשרים כסף ויביאו את־יוסף מצרימה:
‏35 ויקמו כל־בניו וכל־בנתיו לנחמו וימאן להתנחם ויאמר כי־ארד אל־בני אבל שאלה ויבך
אתו אביו:
‏36 והמדנים מכרו אתו אל־מצרים לפוטיפר סריס פרעה שר הטבחים: פ

Gen 38,1:

‏1 ויהי בעת ההוא וירד יהודה מאת אחיו ויט עד־איש עדלמי ושמו חירה:

Gen 39,1:

‏1 ויוסף הורד מצרימה
ויקנהו פוטיפר סריס פרעה שר הטבחים איש מצרי
מיד הישמעאלים אשר הורדהו שמה:

Die Verbindung mit dem nachstehenden Kontext

Beschließen wir damit die Betrachtung einer Verbindung von Gen 39 mit dem vorausgehenden Kontext und widmen uns im Folgenden einer Betrachtung des Übergangs von Gen 39 zu Gen 40. Wie bereits oben unter „Befund" angeklungen ist, zeigen sich die Aussagen von Gen 39,20[147] und Gen 40,1ff nicht ganz spannungsfrei. Bereits Heinrich Holzinger bemerkte in diesem Zusammenhang,

---

144 Vgl. zu der Unterbrechung von Gen 37 und Gen 39 durch den Einschub der Juda-und-Tamar-Episode Speiser, AncB, 299; Coats, *Unity*, 15; Hamilton, NIC.OT, 431; Redford, Study, 136; Levin, Jahwist, 273; Blum, Komposition, 224; Boecker, Josefsgeschichte, 95; Salm, Tamar, 201f; Weimar, Geschichte, 91; Wenham, WBC, 373; Kratz, Komposition, 283; Ruppert, FzB, 138f; Willi-Plein, NSK.AT, 253–254; Brueggemann, Genesis, 312, oder Leuchter, *Perspective*, 223.
145 Zur Priorität von Gen 37,28 gegenüber Gen 37,36 vgl. Blum, Komposition, 244; Kratz, Komposition, 283; Levin, Jahwist, 273; anders u. a. Ruppert, FzB, 169f.
146 Vgl. ausführlich oben 3.1. (d).
147 Die Rahmenverse Gen 39,1–6.21–23 werden unten unter 3.3.1. (b) gesondert erörtert.

zu der Darstellung, dass Joseph von einem namenlosen Ägypter den Ismaeliten abgekauft, dann auf Grund der Verleumdung durch die ebenfalls namenlose Frau desselben ins Gefängnis kommt, tritt eine andere, wonach Potiphar, der [הטבחים שר], der Joseph den Midianitern abgekauft hat, ihn im Gefängnisdienst verwendet[148].

Anders formuliert, wird Josef in Gen 39,20–23 als *Gefangener* im הסהר בית betrachtet, während er in Gen 40f als *Angestellter* im Hause des הטבחים שר vorausgesetzt ist (→ Gen 40,4; 41,12). Mit dieser unterschiedlichen Vorstellung von Josefs Aufenthaltsort und Funktion gehen terminologische Differenzen einher. So müssen nach Gen 39,20 die המלך אסורי im הסהר בית verweilen, in das auch Josef von seinem Herrn, dem הטבחים שר (→ Gen 39,1; 40,4; 41,12), gegeben wird. Nach Gen 40,2.3a jedoch hat Pharao seine beiden Beamten, den המשקים שר und den האופים שר, in Gewahrsam (במשמר) gegeben, und zwar in das הטבחים שר בית. Jenes wird durch die zweite Ortsangabe שם אסור יוסף אשר מקום הסהר בית-אל in Gen 40,3b mit dem הסהר בית aus Gen 39,20 gleichgesetzt. An die Terminologie aus Gen 39,20 erinnern ferner die Aussagen in Gen 40,5b, nach denen sich והאפה המשקה (nicht שר המשקים und האופים שר)[149], die des Königs in Ägypten (nicht Pharaos), als Gefangene im הסהר בית befanden.

Als Zwischenfazit lässt sich demnach festhalten, dass in Gen 39,20; 40,2–5 zwischen zwei Vorstellungen zu differenzieren ist. Nach der einen stellt Josef einen Gefangenen dar, der sich neben weiteren Gefangenen des Königs im בית הסהר befindet. Dorthin wurde er von seinem eigenen Herrn, dem הטבחים שר, gegeben. Neben diese erste Darstellung tritt eine zweite, nach der Josef als Angestellter im Haus des הטבחים שר beschäftig wurde. Dort begegnet er dem שר המשקים und dem האופים שר, die von Pharao zum Gewahrsam in das Haus des Obersten der Leibwache gegeben wurden. Dabei greift die Vorstellung Josefs als Bediensteter des הטבחים שר über die Versuchung Josefs in Gen 39,2–20(.21–23) hinweg auf Gen 39,1 zurück, wo Josef von dem הטבחים שר erworben wurde. Sie setzt sich zudem in Gen 41 fort, wo der המשקים שר (nicht המשקה! → Gen 40,5b) vor Pharao (nicht vor dem König Ägyptens! → Gen 40,5b) ebenfalls auf Josef als הטבחים לשר עבד verweist. Anders formuliert, erstreckt sich die Darstellung Josefs

---

148 Holzinger, KHC, 230. Vgl. ähnlich und ausführlicher Gunkel, HK, 420f.
Anders u. a. Rudolph, *Josefsgeschichte*, 156, der meint, „daß Josef Gefangener und zugleich ‚Gefängnisdiener' ist, hat nebeneinander Platz: nach V. 20 ist er Gefangener, der aber (V. 21ff) das Vertrauen des Gefängnisaufsehers so gewinnt, daß er ihn frei schalten läßt." Damit jedoch sind lediglich die sachlichen Widersprüche aufgehoben, nicht aber die terminologischen.
149 Zu den Titeln der königlichen Beamten, ihrer möglichen Ableitung und Bildung vgl. insbesondere die Untersuchung von Rüterswörden, Beamten, 47–54.56f.60–64, oder – weniger ausführlich – Görg, *Titel*, 14–18; zu על-בית אשר vgl. ferner Layton, *Steward*, 633–649.

als Knecht des Oberen der Leibwache von Gen 39,1* und Gen 40* bis Gen 41*. In diesem Erzählfaden zeigt sich die Verwendung der Begriffe (שׂרים ,פרעה ,מׁשמר) mit Ausnahme der Formulierungen von Gen 40,3b.5b konsistent. Letztere weisen auf den Kontext von Gen 39,20 zurück (בית הסהר,אסר ,מלך).

Mit Blick auf die o. a. Beobachtungen hat die ältere Forschung geschlossen, dass es sich bei Gen 39,1 um eine redaktionelle Notiz handelt, die die Berichte Gen 39 J und Gen 40 E miteinander verbindet, indem Potifar, der Beamte Pharaos, der Oberste der Leibwache (E → Gen 37,36 [Midianiter-Version]) mit dem ägyptischen Mann (J) gleichgesetzt werde.[150]

> Hierdurch aber kommen die Schwierigkeiten heraus, daß ,der Ägypter', der ein Weib hat (J), zugleich ein ,Hämling' ist [...], ferner, daß derselbe Mann, der ihn schwer gekränkt, ins Gefängnis wirft J, ihn eben in diesem Gefängnis mit seinem besonderen Vertrauen beehrt 404 E[151].

Mit dieser Annahme weisen Hermann Gunkel u. a. die logischen Schwierigkeiten, die sich zwischen Gen 39f ergeben, maßgeblich auf das bewusste Eingreifen eines einzelnen Redaktors zurück. Einfacher erscheint u. E. die Erwägung, dass einem ursprünglich konsistenten Erzählzusammenhang, nach dem Josef von dem שׂר הטבחים erworben wurde (Gen 39,1*) und als עבד in seinem Haus angestellt war (Gen 40f), erst nachträglich die Versuchung Josefs in Gen 39,2ff eingefügt wurde.[152] Denn dass der שׂר הטבחים auch im jetzigen Zusammenhang von Gen 39–41* als Käufer Josefs erscheint, obwohl er nach der Einfügung der Versuchung in Gen 40 als sein Gefängnisaufseher fungiert, erklärt sich am

---

150 Anders vermutet Levin, Jahwist, 278, dass die gesamte Formulierung פוטיפר סריס פרעה שׂר הטבחים als Nährererläuterung zu אישׁ מצרי nachgetragen wurde. Dagegen spricht, dass die Erzählfigur des שׂר הטבחים weit fester im Kontext von Gen 39–41 verankert ist (vgl. oben Fließtext), als dies für den Ägypter (nur noch Gen 39,2!) gesagt werden kann.
151 Gunkel, HK, 420. Ähnlich sieht Schmidt, Studien, 228, in V. 3aßb und V. 5b redaktionelle Zusätze des Jehowisten.
Wenig überzeugend erscheint die Annahme von Seebass, Josephsgeschichte, 58, dass „eine ältere Fassung, die nur über Mundschenk und Bäcker erzählte, mit neuassyrischen und neubabylonischen Titeln überformt wurde". Denn die gängigere Variante ist nicht die Kurzform, sondern die Langform der Titel, die Seebass, Josephsgeschichte, 58, so erklärt, dass die Grundschicht „ab V. 9 mit der Titelei der Zusätze V. 2b.*3 (Haus des Oberkochs).4a überarbeitet wurde (so auch 41,10.13)".
152 Vgl. u. a. Lanckau, Herr, 232, der annimmt, dass auf Gen 39,6 ursprünglich die Erzählung von den Träumen der königlichen Beamten 40,2–3a.*4a–5a.6–14*.16–23 folgte. An eine nachträgliche Einfügung von Gen 39 insgesamt denken auch Dietrich, Novelle, 27–30, oder van Seters, Yahwist, 317.

ehesten dann, wenn es sich bei der Versuchung in Gen 39 um eine spätere Erweiterung handelt. Sie lässt Josef nach der Verleumdung durch Potifars Frau nun von seinem Herrn in das בית הסהר gegeben werden, wo er als Gefangener bleiben muss.

Gen 39,1*.20:

¹ויוסף הורד מצרימה <u>ויקנהו</u> פוטיפר סריס פרעה <u>שר הטבחים</u> איש מצרי מיד הישמעאלים
אשר הורדהו שמה:

²⁰ויקח אדני יוסף אתו ויתנהו אל־בית הסהר מקום אשר־אסורי המלך אסורים ויהי־שם
בבית הסהר:

Gen 40,2–5:

²ויקצף <u>פרעה</u> על שני סריסיו על <u>שר</u> המשקים ועל שר האופים:
³ויתן אתם במשמר ⌐בית שר הטבחים
אל־⌐בית הסהר⌐ מקום אשר יוסף אסור שם:
⁴<u>ויפקד שר הטבחים את־יוסף</u> אתם וישרת אתם ויהיו ימים במשמר:
⁵ויחלמו חלום שניהם איש חלמו בלילה אחד איש כפתרון חלמו
המשקה והאפה אשר למלך מצרים אשר אסורים בבית הסהר:

Gen 41,12:

¹²ושם אתנו נער עברי <u>עבד לשר הטבחים</u> ונספר־לו ויפתר־לנו את־חלמתינו איש כחלמו
פתר:

Beschließen wir damit die Betrachtung der kontextuellen Einbettung und wenden uns im Folgenden einer Detailanalyse der Versuchungserzählung selbst zu. Dabei werden wir uns zunächst auf das Verhältnis von Rahmen (V. 2–6a.21–23) und Kern (V. 6b–20) konzentrieren.

(b) Die Jhwh-Verse in Gen 39,2–6a.21–23 und ihr Verhältnis zum Erzählkern Gen 39,6b–20

Das Vorkommen des Tetragramms in den Rahmenversen von Gen 39 hat in der Forschung nicht selten zu der Annahme geführt, bei dem Kapitel handele es sich in der Hauptsache um einen Bestandteil des Jahwisten.[153] Gegen die Beweiskraft des Gottesnamens in der Josefsgeschichte wandte sich bereits Bernardus D. Eerdmans im Jahre 1908[154]. Er wies mit Nachdruck auf die Sonderstellung hin, die

---

153 Vgl. Holzinger, KHC, 230f, oder Gunkel, HK, 420–422.
154 Vgl. Eerdmans, Studien 1, 65–67.

Gen 39 in der Josefsgeschichte zukommt. Denn mit Ausnahme der umstrittenen Kapitel Gen 38 (→ V. 7.10) und Gen 49 (→V. 18) fänden sich hier die einzigen Erwähnungen des Jhwh-Namens im gesamten Erzählabschnitt Gen 37–50. Damit aber besitze der Jhwh-Name, so folgerte Eerdmans, als Indiz für eine Zugehörigkeit zum Jahwisten bzw. der Juda-Variante (Eerdmans: Israel-Rezension) in der Josefsgeschichte keine hinreichende Überzeugungskraft. Da auch der Elohist bzw. die Ruben-Variante von dem Jhwh-Namen in der Josefsgeschichte keinen Gebrauch macht, schlägt Eerdmans vor, Gen 39 als späteren Nachtrag zu verstehen. Hierfür spreche neben der Verwendung des Tetragramms auch die oben unter (a) besprochene Darstellung Josefs als Gefangener, die sich nur für Gen 39 aufzeigen lasse.

An diese Beobachtungen Eerdmans hat Hans-Christoph Schmitt in seiner Monographie zur Josefsgeschichte angeknüpft.[155] Er versteht das Kapitel weder als Bestandteil seiner Juda-Grundschicht noch seiner Ruben-Bearbeitung, sondern sieht in Gen 39 einen noch jüngeren Nachtrag, der bereits von der Ruben-Bearbeitung abhängt. Anders als Eerdmans kommt Schmitt im Zusammenhang seiner Analyse auch auf die auffällige Verteilung der Jhwh-Belege in Gen 39 zu sprechen. So bemerkt er: „[D]er Gebrauch des Jahwenamens beginnt in V. 3 und endet in V. 23"[156]. Er fehle „allerdings im Mittelteil von V. 7–20"[157]. Diesen Umstand führt Schmitt auf die mögliche „Benutzung einer bereits vorgeformten Erzählung"[158] zurück.

Eine diachrone Differenzierung zwischen Rahmenversen und Erzählkern nimmt demgegenüber Christoph Levin vor. Seine Scheidung zwischen den Jhwh-Versen in V. 2–6*.21–23 erhält ihre Berechtigung dabei vor allem aus dem übergeordneten Konzept seiner jahwistischen Redaktion.

> Allem Geschehen stellt der Jahwist die Feststellung voran: ,Und Jahwe war mit Josef' (V. 2aα). Sowohl der Gottesname יהוה als auch die Beistandsformel machen die redaktionelle Herkunft des Satzes wahrscheinlich. Er liest sich wie ein Erfüllungsvermerk zu der Beistandsverheißung: ,Ich will mit dir sein', wie sie an Isaak und Jakob anläßlich ihrer Wanderungen in die Fremde ergangen war und durch sie für alle in der Fremde weilenden Glieder des Jahwevolkes gilt (Gen 26,3; 28,15; 31,3). Wie zuvor bei Abrahams Knecht, bei Isaak und bei Jakob, ist Jahwe auch bei Josef mit seiner Segensmacht zur Stelle[159].

---

155 Vgl. auch Redford, Study, 128–130; Dietrich, Novelle, 27–30, oder Kebekus, Joseferzählung, 31; anders hingegen Westermann, BK, 56.
156 Schmitt, Josephsgeschichte, 84.
157 Schmitt, Josephsgeschichte, 84.
158 Schmitt, Josephsgeschichte, 84f.
159 Levin, Jahwist, 274.

Ob sich über die von Levin angeführten intertextuellen Bezüge auch im Binnenkontext von Gen 39 Anzeichen finden, die eine diachrone Differenzierung zwischen Rahmen und Erzählkorpus notwendig oder zumindest wahrscheinlich machen, soll im Folgenden geprüft werden.

Die Rahmenverse Gen 39,2–6.21–23 beschäftigen sich mit dem glücklichen Geschick Josefs, dessen Erfolg ausdrücklich auf den Beistand der Gottheit Jhwh zurückgeführt wird. Dabei finden folgende formelhafte Wendungen sowohl im vorderen als auch im hinteren Rahmen Anwendung:

- Jhwh war mit Josef;
- Jhwh ließ Josef alles gelingen;
- alles wurde Josef von seinen Herren in die Hand gegeben;
- Josefs Herren kümmerten sich selbst um nichts.

In einigen Punkten jedoch weichen die Formulierungen des vorderen und hinteren Rahmens voneinander ab. Besonders im Falle von V. 4.21 könnte diese Differenz weiterführend sein. Denn in V. 4a ist es zunächst Josef,[160] der Gnade in den Augen seines Herrn findet. In V. 21 hingegen ist es Jhwh, der Josef *seine* Gnade zuteilwerden lässt, damit ihm der Gefängnisaufseher Wohlwollen entgegenbringt. Dieser Unterschied ist vor allem deshalb bemerkenswert, weil die auf Jhwh verweisenden Verse insgesamt ein großes Bemühen erkennen lassen, das Gelingen Josefs auf das explizite Wirken der Gottheit zurückzuführen. Nicht er selbst ist für seinen Erfolg verantwortlich, sondern Jhwh.[161] Zu diesem kausalen Zusammenhang von menschlichem Gelingen und göttlichem Wirken steht V. 4 mit der aktiven Formulierung וימצא יוסף חן בעיניו vielleicht nicht in offenem Widerspruch, wohl aber in einer gewissen Spannung. Einen Ausgleich der Spannung versucht V. 21 mit dem suffigierten Nomen חנו, das die Gnade als eine Qualität Jhwhs selbst ausweist und somit retrospektiv auch das Finden der Gnade in V. 4 als Gottesgeschenk erscheinen lässt.[162] Die Gnade, die Josef in den Augen der

---

160 Vgl. hierzu die Beobachtung von Schweizer, Josefsgeschichte, 134, dass der ägyptische Mann in V. 3 zwar sehe, „daß Yʜᴡʜ mit Josef ist, in 4a [...] das Gefallenfinden Jᴏsᴇfs in den Augen des Äɢʏᴘᴛᴇʀs jedoch nicht theologisch, sondern rein menschlich motiviert ist" (Hervorhebungen im Original).

161 Vgl. hierzu insbesondere Westermann, BK, 57–58.

162 Vgl. zur Differenz zwischen V. 4.20 auch Schweizer, Josefsgeschichte, 134; ders., Josefsgeschichte, 142, oder Brueggemann, Genesis, 319f.
Vgl. zu diachronen Differenzierungen zwischen den fraglichen Versen Carr, Fractures, 209, oder Kebekus, Joseferzählung, 38f.

Menschen findet, wird so von „seiner Gnade" – i. e. der Gnade, die Jhwh Josef gibt – abhängig gemacht.

Mit Blick auf die angeführten Beobachtungen dürften die Rahmenverse als spätere Bearbeitung zu verstehen sein. Die Bearbeitung knüpft explizit an die aktive Formulierung von V. 4 an, in der Josef Gnade in den Augen seines Herrn *gefunden* hat und deshalb über sein Haus gesetzt wird. Ihr stellt der Autor der Jhwh-Verse in V. 21 die Formulierung gegenüber, dass Jhwh selbst Josef *seine* Gnade[163] *gegeben* (נתן) hat. So wird rückblickend auch das Finden (מצא) der Gnade als ein Geschenk Gottes interpretiert und das Geschick Josefs ausdrücklich von seiner Gottesbeziehung abhängig gemacht. Weil Jhwh mit ihm bzw. bei ihm[164] ist, ist Josef ein Mann, dem alles gelingt. Nicht sein eigenes Können hat ihn erfolgreich werden lassen, sondern sein herausragendes Verhältnis zu Jhwh, der ihm in allen Lebenssituationen beisteht. Dieser Zusammenhang eines positiven Gottesverhältnisses mit dem Gelingen des Menschen dürfte auch in V. 4 grundsätzlich mitzudenken sein, ist dem Text dort jedoch noch nicht *expressis verbis* zu entnehmen.

Durch die Platzierung der Jhwh-Verse direkt zu Beginn der Geschichte über Josef in Ägypten und ihre Wiederholung im Zusammenhang der Inhaftierung werden alle weiteren Begebenheiten, die sich für Josef in Ägypten zutragen, unter den Beistand Jhwhs gestellt. Über den Verweis auf das Mitsein Jhwhs blickt der Beginn der Geschichte Josefs in Ägypten zudem zurück auf die Vätergeschichte, wo die Erzväter Isaak und Jakob ebenfalls den Beistand Gottes zugesprochen bekamen (vgl. Gen 24,26; 26,3; 28,15; 31,3). Wie bei seinen Vätern vor ihm, steht auch Josefs Aufenthalt in der Fremde unter dem Schutz Gottes.[165]

---

163 Anders beziehen (u. a.) Westermann, BK, 66, oder Ruppert, FzB, 182, das Suffix nicht auf Jhwh, sondern auf den Gefängnisaufseher.

164 So übersetzt hier Jacob, Genesis, 727, im Anschluss an Rashi: „der Name Gottes war Joseph geläufig, also אתו= bei ihm, nicht wie עמו (26₂₈) mit ihm". Mit seiner an diese Übersetzung anschließenden Interpretation der wechselseitigen Beziehung von Gottheit und Josef dürfte das Richtige getroffen sein. „Der fromm erzogene Jüngling ist in dieser fremden gottlosen Welt nicht ein ahnungsloses Objekt der göttlichen Fürsorge, sondern Gott ist mit dem, der mit Gott ist, der zu ihm hält. Und eben darum ging ihm nichts verkehrt, wie sonst wohl zu befürchten gewesen wäre, sondern im Gegenteil, alles gelang ihm".

165 Vgl. zum Motiv des Mit-Seins der Gottheit auch die treffende Beobachtung von Hamilton, NIC.OT, 459, dass es sich bei den Aussagen in Gen 39 nicht, wie in den Vätergeschichten (Gen 26,3; 28,15; 31,3 עם und Gen 26,24 את), um Versprechen, sondern um eine Feststellung handelt, die sachlich Gen 21,22 und Gen 26,28 nähersteht.

Gen 39,2–4.21–23:

² וַיְהִי יְהוָה אֶת־יוֹסֵף וַיְהִי אִישׁ מַצְלִיחַ וַיְהִי בְּבֵית אֲדֹנָיו הַמִּצְרִי:
³ וַיַּרְא אֲדֹנָיו כִּי יְהוָה אִתּוֹ וְכֹל אֲשֶׁר־הוּא עֹשֶׂה יְהוָה מַצְלִיחַ בְּיָדוֹ:

Anknüpfungspunkt ⁴ וַיִּמְצָא יוֹסֵף חֵן בְּעֵינָיו וַיְשָׁרֶת אֹתוֹ וַיַּפְקִדֵהוּ עַל־בֵּיתוֹ וְכָל־יֶשׁ־לוֹ נָתַן בְּיָדוֹ:

²¹ וַיְהִי יְהוָה אֶת־יוֹסֵף וַיֵּט אֵלָיו חָסֶד וַיִּתֵּן חִנּוֹ בְּעֵינֵי שַׂר בֵּית־הַסֹּהַר:
²² וַיִּתֵּן שַׂר בֵּית־הַסֹּהַר בְּיַד־יוֹסֵף אֵת כָּל־הָאֲסִירִם אֲשֶׁר בְּבֵית הַסֹּהַר וְאֵת כָּל־אֲשֶׁר עֹשִׂים שָׁם הוּא הָיָה עֹשֶׂה:
²³ אֵין שַׂר בֵּית־הַסֹּהַר רֹאֶה אֶת־כָּל־מְאוּמָה בְּיָדוֹ בַּאֲשֶׁר יְהוָה אִתּוֹ וַאֲשֶׁר־הוּא עֹשֶׂה יְהוָה מַצְלִיחַ: ס

Eine weitere signifikante Abweichung zwischen vorderem und hinterem Rahmen findet sich in dem Segen von Gen 39,5. Dass er im Zusammenhang der Inhaftierung Josefs in V. 21–23 nicht aufgenommen ist, kann freilich sachliche Gründe haben. Doch zeigen sich in V. 4–6 auch literarkritische Auffälligkeiten, die auf eine sekundäre Einfügung des Segens schließen lassen könnten. V. 5 greift mit יֶשׁ־לוֹ וְעַל כָּל־אֲשֶׁר וְעַל בְּבֵיתוֹ אֹתוֹ הִפְקִיד auf die Aussagen von V. 4b zurück. Die Einsetzung Josefs über das Haus und die Güter seines Herrn markiert nun (מֵאָז) den Zeitpunkt, ab dem der Segen Jhwhs auch auf dem Ägypter lag. Die Segensformulierung בְּגְלַל יוֹסֵף הַמִּצְרִי בֵּית־אֶת יְהוָה וַיְבָרֶךְ findet eine Parallele in Gen 30,27.[166] Wie Laban um Jakobs willen gesegnet zu sein hofft, erfährt das Haus des Ägypters den göttlichen Segen um Josefs willen. Vater und Sohn sind gleichermaßen segens- und erfolgreich in der Fremde. In V. 5b.6aα greifen die Formeln יֶשׁ־לוֹ בְּכָל־אֲשֶׁר bzw. בְּיַד־יוֹסֵף כָּל־אֲשֶׁר־לוֹ neuerlich auf V. 4b zurück. V. 6aβ setzt die Ausführungen von V. 4 sachlich fort: Josefs Herr hat ihn über sein Haus gesetzt und alles, was er besaß, in seine Hand gegeben. Folglich kümmert er selbst sich um nichts mehr.

Mit Blick auf diese Beobachtungen steht für V. 5.6aα zu überlegen, ob sie den Zusammenhang von V. 4b.6aβ nicht erst nachträglich unterbrochen haben, dem Rahmen von Gen 39 also erst später hinzugefügt wurden. Auch sie hängen sich an die Formulierung בְּעֵינָיו חֵן יוֹסֵף וַיִּמְצָא V. 4a, die eine wortgetreue Entsprechung in Gen 30,27 hat. Die in Gen 30,27 angeführte Segnung wird nun offenbar auch in den Kontext von Gen 39,5 nachgetragen. Mit der Formulierung wird Josef seinem Großvater Isaak gleichgesetzt, dem einzigen Erzvater, der von Jahwe ebenfalls den Beistand mit der Präposition אֵת zugesprochen bekam (Gen 26,24; ansonsten עִם Gen 26,3; 28,15; 31,3).[167]

Gen 39,2–6:

² וַיְהִי יְהוָה אֶת־יוֹסֵף וַיְהִי א
יֵשׁ מַצְלִיחַ וַיְהִי בְּבֵית אֲדֹנָיו הַמִּצְרִי:
³ וַיַּרְא אֲדֹנָיו כִּי יְהוָה אִתּוֹ וְכֹל אֲשֶׁר־הוּא עֹשֶׂה יְהוָה מַצְלִיחַ בְּיָדוֹ:
⁴ וַיִּמְצָא יוֹסֵף חֵן בְּעֵינָיו וַיְשָׁרֶת אֹתוֹ וַיַּפְקִדֵהוּ עַל־בֵּיתוֹ וְכָל־יֶשׁ־לוֹ נָתַן בְּיָדוֹ:

---

166 Zur Verbindung mit Gen 30,27 vgl. insbesondere Ruppert, Josephsgeschichte, 48.
167 Zweifel an der Ursprünglichkeit von V. 5 im Kontext von V. 2–6 hegt auch Weimar, *Geschichte*, 92f. Zum sekundären Charakter von V. 5 vgl. ferner Schmidt, Studien, 221f; Boecker, *Versuchung*, 96; Kebekus, Joseferzählung, 35f; Carr, Fractures, 209.

⁵ ויהי מאז הפקיד אתו בביתו ועל כל־אשר יש־לו ‏וִיברך יהוה את־בית המצרי בגלל יוסף‏ ויהי ברכת

יהוה בכל־אשר יש־לו בבית ובשדה:

⁶ ויעזב כל־אשר־לו ביד־יוסף

ולא־ידע אתו מאומה כי אם־הלחם אשר־הוא אוכל ויהי יוסף יפה־תאר ויפה מראה:

Gen 26,24:

²⁴ ‏וַיֵּרָא אליו יהוה‏ בלילה ההוא ויאמר אנכי אלהי אברהם אביך ‏אל־תירא כי־אתך‏ אנכי וברכתיך והרביתי את־

זרעך בעבור אברהם עבדי:

Gen 30,27:

²⁷ ויאמר אליו לבן אם־נא ‏מצאתי חן בעיניך‏ נחשתי ‏וְיברכני יהוה בגללך‏:

(c) Jhwh und Elohim

Dürften nach den o. a. Beobachtungen die Jhwh-Verse keinen Bestandteil des ältesten Kerns von Gen 39 ausmachen, bleibt zu fragen, wie es sich mit der auf Elohim verweisenden Rede Josefs in Gen 39,8f verhält, die wörtliche Übereinstimmungen mit Formulierungen aus Gen 39,4–6* zeigt.

Das Zusammenfallen der Gottesbezeichnung Elohim mit Rückverweisen auf die Rahmenverse hat die Vertreter der Quellenhypothese vor Probleme gestellt. Denn gelten die Gottesnamen Jhwh und Elohim als Indiz für jahwistische bzw. elohistische Provenienz, wäre auch in V. 2–6.8f zwischen den auf Jhwh bezogenen Rahmenversen und der auf Elohim verweisenden Aussage Josefs in V. 8f zu scheiden.[168] Dies jedoch erlauben die Bezüge auf V. 4–6 nur dann, wenn gleichzeitig angenommen wird, dass der Elohist in Kenntnis des Jahwisten geschrieben wurde. Andernfalls sind die wörtlichen Rückbezüge auf den „jahwistischen" Rahmen in V. 4–6 schlechterdings kaum zu erklären.

Um dem o. a. literarischen Befund im Rahmen der Annahme zweier unabhängig entstandener Quellenschriften dennoch gerecht zu werden, wurde und wird deshalb mit einer Zusatzannahme operiert: Elohim, nicht Jhwh, könne von dem Jahwisten dann gebraucht werden, wenn sich die Erwähnung des Gottesnamens in einer direkten Rede findet, die von einem Israeliten an einen Heiden ergeht. Dementsprechend argumentiert etwa Hermann Gunkel mit Blick auf Gen 39,9:

---

168 So versuchte es noch Wellhausen, Composition, 54f, der in V. 6–19 den elohistischen Bestand von Gen 39 auszumachen glaubte.

> אלהים nicht יהוה ist hier kein Grund, den Vers J abzusprechen, noch weniger freilich gegen unsere auf den Wechsel der beiden Gottesnamen gegründete Quellenscheidung überhaupt geltend zu machen [...]: J sagt in der Erzählung ‚Jahve' [...], dagegen in der Rede von oder zu solchen Fremden, die von Jahve nichts wissen, Gott'[169].

Ist mit Blick auf die oben zitierte Einschätzung von Gunkel u. a. dem Jahwisten aber grundsätzlich auch der Gebrauch des Gottesnamens Elohim zuzutrauen, fällt der Gottesname als Kriterium einer Quellenscheidung in der Josefsgeschichte praktisch aus. Dies gilt umso mehr, als das Tetragramm mit Ausnahme von Gen 38–39; 49 in der Josefsgeschichte ohnehin keine Verwendung findet.

Will man demnach das Verhältnis zwischen den Jhwh-Rahmen-Versen und dem Verweis auf Elohim in Gen 39,9b erklären, muss sich die Entscheidung auf andere Argumente als den Gottesnamen stützen. Einen Versuch in diese Richtung hat Christoph Levin unternommen. Er differenziert literarisch zwischen einem jahwistischen Rahmen und einer gesetzesorientierten Bearbeitung, der sich auch der Verweis auf Elohim in V. 9b verdankt.

> Der im wörtlichen Sinne ‚umständliche', klauselhafte Stil der Ergänzungen bezeugt eine theologische Rechtsgelehrsamkeit, für die der Gesetzesgehorsam Ausdruck der Frömmigkeit ist. Die Norm ist das Deuteronomium. Innerhalb der Genesis liegt der Ahnfraugeschichte in der Fassung von Gen 20* dieselbe Tendenz zugrunde[170].

Um zu erläutern, warum in dieser Einschätzung von Levin Richtiges gesehen sein könnte, werden wir im Folgenden den Erzählverlauf von V. 4–20 genauer betrachten. Beginnen wir mit einem Blick auf die einzige Nennung Elohims in Gen 39. Sie findet sich in V. 9 im Kontext der Antwort Josefs auf die Forderung der Frau Potifars aus V. 7b: שכבה עמי. V. 8f erläutern die Gründe Josefs, dieser Aufforderung nicht Folge zu leisten:

> Siehe, mein Herr kümmert sich selbst um nichts im Haus; alles, was er besitzt, hat er in meine Hand gegeben (V. 8). Er selbst ist in diesem Haus nicht größer als ich, und er hat mir nichts vorenthalten als dich allein, weil du seine Frau bist. Wie könnte ich da ein so großes Unrecht begehen und gegen Elohim sündigen? (V. 9).

Mit diesen Ausführungen weist Josef zunächst auf das Vertrauen seines Herrn hin, der ihm nichts vorenthalten habe als seine Frau allein. Die Formulierungen

---

169 Gunkel, HK, 424. Vgl. Holzinger KHC, 230; in jüngerer Vergangenheit auch Schmidt, Studien, 227; Wenham WBC, 375, oder Ruppert, FzB, 175.
170 Levin, Jahwist, 278.

von V. 8 und V. 9aβ zeigen dabei terminologische Anklänge an die Jhwh-Verse
(V. 2–6*). So nimmt V. 8 mit לא־ידע אתי und נתן בידי und וכל אשר־יש־לו נתן־לו Formulierungen aus V. 4b.6a wörtlich wieder auf und macht die Großzügigkeit des Herrn für
die Begründung Josefs fruchtbar. In V. 8a findet sich eine leichte Abweichung
von der Aussage V. 6a: Statt des Indefinitpronomens מאומה steht hier das
Nomen בית (V. 8a; vgl. V. 4a). Das Indefinitpronomen begegnet dafür im direkten Anschluss V. 9b, wo es literarisch untrennbar mit dem Kontext verbunden
ist. Die Formulierungen von V. 9b hingegen weisen keine Schnittmenge mit den
Jhwh-Versen auf. Stattdessen zeigen sie sprachlich-sachliche Berührungspunkte
mit der Geschichte um die Gefährdung der Ahnfrau Sara in Gen 20, insbesondere mit V. 6 (vgl. auch V. 9). Dort nämlich findet sich neben Gen 39,9 der einzig
weitere atl. Verweis auf חשׂך מן und חטא ל – und zwar jeweils im Zusammenhang
der Vorstellung des Ehebruchs als einer gegen Gott (Elohim) gerichteten Sünde.
Es dürfte hier auch ein direkter literarischer Zusammenhang anzunehmen sein.
Um die Richtung einer möglichen Abhängigkeit zu klären, bietet sich ein kurzer
Blick auf Gen 20,2–6 an.

In Gen 20,2 erfährt der Leser, dass Abraham seine Frau Sara als seine Schwes-
ter ausgab. Daraufhin sendet Abimelek, König von Gerar, nach ihr und nimmt sie.
Was genau die Formulierung ויקח את־שׂרה meint, wird dem Leser in V. 3 erklärt.
Dort nämlich erscheint Gott dem König im Traum und lässt ihn wissen: „Siehe,
du bist des Todes um der Frau willen, die du genommen hast; denn sie ist die
Ehefrau eines Mannes (בעלת בעל)". Mit dieser Begründung verweist die Rede
Elohims auf das Gebot Dtn 22,22, wo verbindlich festgelegt ist[171]: „Wenn jemand
gefunden wird, der bei einer Frau liegt, die einen Ehemann hat (בעלת בעל), so
sollen sie beide sterben". Die Wendung בעלת בעל begegnet nur an diesen beiden
Stellen im AT, in denen jeweils der Tod als angemessene Strafe für den Ehebruch
angeführt wird. Demnach geht die Aussage Gen 20,3 insofern mit dem deuteronomischen Gesetz konform, als Gott den Ehebruch zumindest im Falle des Mannes
mit dem Tode bestrafen will.

Hatte der Leser in Gen 20,2f den Eindruck, als wäre der Ehebruch bereits
vollzogen und gemäß Dtn 22,22 nun mit dem Tode zu bestrafen, nimmt V. 4a
diesen Eindruck wieder zurück.[172] Dort nämlich wird erläutert, dass Abimelek
sich Sara noch nicht genähert hatte. Die Aussage steht damit in einer offenkun-

---

171 Zu diesem Bezug vgl. Levin, Jahwist, 174.
172 Vgl. bereits die Bemerkung von Dillmann, Genesis, 263: „Nachholend wird bemerkt: Abim.
hatte sich ihr aber noch nicht *genähert* d. h. ihr beigewohnt" (Hervorhebungen im Original); vgl.
ähnlich Gunkel, HK, 222. Vgl. zu dieser Beobachtung ferner Levin, Jahwist, 179; Westermann, BK,
393f, oder Ruppert, FzB, 446.

digen Spannung zu den Formulierungen aus V. 2f,[173] nach denen Abimelek Sara bereits genommen und also den Ehebruch mit ihr vollzogen hatte. Was in V. 4b.5 folgt, ist eine Rückfrage Abimeleks an Gott. Hier hängt der Narrativ ויאמר von der Erwähnung Abimeleks in V. 4a notwendig ab und führt eine direkte Rede ein, in der die objektive Unschuld des Königs angesprochen wird, wie sie in V. 2f impliziert ist.

> Herr, willst du auch Unschuldige töten? Hat er nicht selbst zu mir gesagt: Sie ist meine Schwester? Und auch sie selbst hat gesagt: Er ist mein Bruder. In gutem Glauben und mit reinen Händen habe ich dies getan (Gen 20,4b.5).

Auf diesen Einwand antwortet Gott in V. 6 wiederum im Traum[174] (vgl. V. 3): „Auch ich weiß, dass du dies in gutem Glauben getan hast, und ich selbst habe dich davor bewahrt, dich gegen mich zu versündigen. Darum habe ich nicht zugelassen, dass du sie berührst". Mit dieser (zweiten) Rede greift Elohim auf die Aussage Abimeleks in V. 4b.5 zurück und weist ausdrücklich auf sein eigenes Wirken im Rahmen der Geschehnisse hin: ואחשׂך גם־אנכי אותך מחטו־לי. Dabei steht die in V. 6 getroffene Aussage על־כן לא־נתתיך לנגע אליה in sachlicher Spannung zu der ersten in V. 3: הנך מת על־האשה אשר־לקחת והוא בעלת בעל.

Zusammenfassend ist demnach festzuhalten, dass sich in Gen 20,2f.4–6 zwei Anliegen gegenüberstehen, die sich nicht einfach widerspruchsfrei vereinbaren lassen. Während V. 2f davon ausgehen, dass Abimelek mit Sara, die er für Abrahams Schwester hielt, Ehebruch beging und ihm deshalb die Todesstrafe droht, nehmen V. 4.6 den Vollzug des Ehebruchs zurück. Zwar mag Abimelek Sara genommen haben (V. 2f), doch genähert hat er sich ihr noch nicht (V. 4.6). Hinzu kommt, dass er stets in reinem Gewissen gehandelt habe, weil Abraham selbst Sara als seine Schwester ausgegeben hatte (V. 5).

V. 2f befassen sich demnach mit der angemessenen Strafe für den vollzogenen Ehebruch nach Dtn 22,22. V. 4–6 knüpfen an das Motiv der in V. 2 implizierten Unschuld Abimeleks an, der um die verwandtschaftlichen Verhältnisse von Abraham und Sara nicht wissen konnte (V. 5). Sie wird in V. 4.6 nun durch das Motiv der tatsächlichen Unschuld des Königs gerahmt, der sich Sara, obwohl er sie (zur Frau) genommen hatte (V. 2), noch gar nicht körperlich genähert hat (V. 4a.6). Im Zentrum steht in V. 4–6 die Frage nach der Theodizee: Wird Elohim

---

173 Anders geht Gunkel, HK, 222, davon aus, die Nachholung V. 4a solle das reine Gewissen von Abimelek begründen. Westermann, BK, 394, glaubt, der Satz sei „aus übergroßer Vorsicht hinzugesetzt" worden.

174 Zur ungewöhnlichen Darstellung des Traums als Dialog zwischen Elohim und Abimelek vgl. insbesondere Westermann, BK, 393–394.

auch den Unschuldigen mit dem Tode bestrafen? Die Antwort des Textes lautet: Nicht nur weiß Elohim um Abimeleks Unschuld. Nein, er selbst hat ihn vor einer Sünde bewahrt. Demnach wird ihn auch keine (Todes-)Strafe treffen.

Angesichts der angeführten Beobachtungen steht zwischen V. 2f.4–6 auch eine redaktionsgeschichtliche Scheidung zu vermuten.[175] Das Verständnis des Ehebruchs als einer gegen Elohim gerichteten Sünde knüpft zwar an das im Kontext vorgegebene Motiv des Ehebruchs an, der eigentliche Schwerpunkt der Bearbeitung liegt jedoch auf der Frage nach der objektiven Unschuld des Königs bzw. der Gerechtigkeit Gottes.[176] Anders formuliert, ergibt sich die Bewertung des Ehebruchs als einer Sünde gegen Elohim aus der Reflexion über die Rechtmäßigkeit der Bestrafung eines objektiv Unschuldigen. Durch die Eintragung der V. 4–6 wird dabei im Zusammenhang von Gen 20,2-7* nachträglich der Eindruck erweckt, als handele es sich bei dem Traum in V. 3–7* auch insgesamt um den Versuch einer Neuauslegung von Dtn 22,22, die den Ehebruch über den deuteronomischen Vers hinaus als eine gegen Elohim gerichtete Sünde bewertet.[177]

Dtn 22,22:

22 כִּי־יִמָּצֵא אִישׁ שֹׁכֵב עִם־אִשָּׁה בְעֻלַת־בַּעַל וּמֵתוּ גַּם־שְׁנֵיהֶם הָאִישׁ הַשֹּׁכֵב עִם־הָאִשָּׁה וְהָאִשָּׁה
וּבִעַרְתָּ הָרָע מִיִּשְׂרָאֵל: ס

Gen 20,2-6:

2 וַיֹּאמֶר אַבְרָהָם אֶל־שָׂרָה אִשְׁתּוֹ אֲחֹתִי הִוא וַיִּשְׁלַח אֲבִימֶלֶךְ מֶלֶךְ גְּרָר וַיִּקַּח אֶת־שָׂרָה:
3 וַיָּבֹא אֱלֹהִים אֶל־אֲבִימֶלֶךְ בַּחֲלוֹם הַלָּיְלָה וַיֹּאמֶר לוֹ הִנְּךָ מֵת עַל־הָאִשָּׁה אֲשֶׁר־לָקַחְתָּ וְהִוא
בְּעֻלַת בָּעַל:
4 וַאֲבִימֶלֶךְ לֹא קָרַב אֵלֶיהָ וַיֹּאמַר אֲדֹנָי הֲגוֹי גַּם־צַדִּיק תַּהֲרֹג:
6 וַיֹּאמֶר אֵלָיו הָאֱלֹהִים בַּחֲלֹם גַּם אָנֹכִי יָדַעְתִּי כִּי בְתָם־לְבָבְךָ עָשִׂיתָ זֹּאת וָאֶחְשֹׂךְ גַּם־אָנֹכִי
אוֹתְךָ מֵחֲטוֹ־לִי עַל־כֵּן לֹא־נְתַתִּיךָ לִנְגֹּעַ אֵלֶיהָ:
9 וַיִּקְרָא אֲבִימֶלֶךְ לְאַבְרָהָם וַיֹּאמֶר לוֹ מֶה־עָשִׂיתָ לָּנוּ וּמֶה־חָטָאתִי לָךְ כִּי־הֵבֵאתָ עָלַי וְעַל־
מַמְלַכְתִּי חֲטָאָה גְדֹלָה מַעֲשִׂים אֲשֶׁר לֹא־יֵעָשׂוּ עָשִׂיתָ עִמָּדִי:

---

[175] So auch Levin, Jahwist, 193–194. Demgegenüber wird im Rahmen einer Quellenscheidung zumeist davon ausgegangen, dass es sich bei Gen 20 weitestgehend um eine literarische Einheit handelt, die der Quelle E (u. a. wg. Elohim, Traumbericht) zuzuschreiben sei. Vgl. hierzu die Ausführungen bei Westermann, BK, 390–391.

[176] Vgl. zum Motiv der Theodizee in Gen 20 Gunkel, HK, 222; von Rad, ATD, 193–195, oder Westermann, BK, 390.

[177] Vgl. zu den literarkritischen bzw. redaktionsgeschichtlichen Ausführungen hinsichtlich des Abschnitts Gen 20,1–9 insgesamt Levin, Jahwist, 173–174.179–180.

Dieser Befund ist für eine Bewertung von Gen 39,8f insofern von Bedeutung, als der Autor von Gen 39,8f die Verbindung der Auslegung des Ehebruchs nach Dtn 22,22[178] in Gen 20,2f mit der Frage nach der Theodizee in Gen 20,4–6 bereits zu kennen scheint. Denn auch er sieht in dem Ehebruch eine gegen Elohim gerichtete Sünde. Damit aber dürfte anzunehmen sein, dass Gen 39,8f als ein gegenüber Gen 20,2–7* jüngerer Text zu verstehen ist. Dass der Autor von Gen 39,8f die Aussage aus Gen 20,6 aufgenommen hat, dürfte im Kontext von Gen 39 durch die Formulierung Gen 39,7 ausgelöst sein, die an das deuteronomische Gebot Dtn 22,22 (vgl. Gen 20,3) erinnert.

Demnach setzt sich die von Dtn 22,22 ausgehende Linie zunächst in Gen 20,3 fort, dessen Aussage sachlich mit dem deuteronomischen Verbot konform geht (Ehebruch = Todesstrafe). Durch die sekundäre Eintragung der Theodizee-Frage (V. 4–6) innerhalb von Gen 20 wird das Verständnis des Gesetzes jedoch dahingehend beeinflusst, dass der Ehebruch nicht nur nach Dtn 22,22 mit dem Tode zu bestrafen ist, sondern sich auch als Sünde gegen Elohim versteht (Gen 20,6). Dieses modifizierte Verständnis, das wohl nicht als eigentliches Anliegen der Theodizee-Bearbeitung zu betrachten ist, sondern aus der theologischen Reflexion über die in Gen 20,2 implizierte Unschuld Abimeleks hervorgeht, ist in Gen 39,8f* aufgenommen. Dort dient der Verweis auf das Sündigen gegen Elohim nun als Begründung Josefs, das Angebot der Frau des Ägypters abzulehnen. Der Sohn Jakobs verhält sich ganz im Einklang mit der deuteronomischen Vorgabe. Nicht das Gesetz *per se*, sondern das daraus abgeleitete Gottesverhältnis ist nach Gen 39,9 jedoch ausschlaggebend für das Handeln Josefs (ואיך אעשה הרעה הגדלה הזאת וחטאתי לאלהים).

Dtn 22,22:

[22] כי־ימצא איש שכב עם־אשה בעלת־בעל ומתו גם־שניהם האיש השכב עם־האשה והאשה ובערת הרע מישראל: ס

Gen 20,2–6:

[2] ויאמר אברהם אל־שרה אשתו אחתי הוא וישלח אבימלך מלך גרר ויקח את־שרה:
[3] ויבא אלהים אל־אבימלך בחלום הלילה ויאמר לו הנך מת על־האשה אשר־לקחת והוא בעלת בעל:
[4] ואבימלך לא קרב אליה ויאמר אדני הגוי גם־צדיק תהרג:
[5] הלא הוא אמר־לי אחתי הוא והיא־גם־הוא אמרה אחי הוא בתם־לבבי ובנקין כפי עשיתי זאת:

---

[178] Zum Bezug des Abschnitts Gen 39,7–9 zu Dtn 22 vgl. bereits von Rad, ATD, 319f, aber auch in je eigener Interpretation Levin, Jahwist, 277f; Ruppert, FzB, 174f; Boecker, Josefsgeschichte, 33.

‫6 ויאמר אליו האלהים בחלם גם אנכי ידעתי כי בתם־לבבך עשית זאת ואחשׂך גם־‬
‫אנכי אותך מחטו־לי על־כן לא־נתתיך לנגע אליה:‬

Gen 37,7[179]–9:

‫7 ויהי אחר הדברים האלה ותשׂא אשת־אדניו את־עיניה אל־יוסף ותאמר ‬‫שכבה עמי‬‫:‬
‫8 וימאן ויאמר אל־אשת אדניו הן אדני לא־ידע אתי מה־בבית וכל אשר־יש־לו‬
‫נתן בידי:‬
‫9 איננו גדול בבית הזה ממני ולא־חשׂך ממני מאומה כי אם־אותך באשר את־‬
‫אשתו ואיך אעשׂה הרעה הגדלה הזאת וחטאתי לאלהים:‬

Mit Blick auf den oben skizzierten Befund dürfte bereits sachlich davon auszugehen sein, dass Gen 39,8f nicht mit den Jhwh-Versen auf einer Ebene liegen.[180]
Denn während die Rahmenverse Josef den Beistand Jhwhs zunächst ohne Ein-
schränkung zusprechen, machen V. 8f das Gottesverhältnis Josefs vom Halten der
Gebote Elohims abhängig. Der universelle Zuspruch Jhwhs wird so mittelbar an
den Gehorsam gegen Elohim geknüpft. Für eine sekundäre Verknüpfung beider
Motive spricht literarkritisch auch, dass lediglich V. 8.9a auf die Rahmenverse
zurückgreifen, während V. 9b mit den Verweisen auf Gen 20,6 ein neues Anliegen
in den Text eintragen.

Mit den Aussagen von Gen 39,8f könnten noch weitere Abschnitte in Gen 39
zusammenhängen. So dürfte V. 10a als redaktionelle Notiz zu betrachten sein.
Nachdem der Aufforderung von Potifars Frau in V. 7b der Nachtrag V. 8f angefügt
wurde, leitet V. 10a zur ursprünglichen Reaktion Josefs in V. 10b zurück.

Gen 39,7–10:

‫7 ויהי אחר הדברים האלה ותשׂא אשת־אדניו את־עיניה אל־יוסף ותאמר שכבה עמי‬‫:‬
‫8 וימאן ויאמר אל־אשת אדניו הן אדני לא־ידע אתי מה־בבית וכל אשר־יש־לו נתן בידי:‬
‫9 איננו גדול בבית הזה ממני ולא־חשׂך ממני מאומה כי אם־אותך באשר את־אשתו ואיך‬
‫אעשׂה הרעה הגדלה הזאת וחטאתי לאלהים:‬
‫10 ויהי כדברה אל־יוסף יום יום‬
‫ולא־שׁמע אליה לשׁכב אצלה להיות עמה:‬

---

179 Das Verhältnis von Gen 39,7 zu den Aussagen in Gen 20 und Dtn 22,22 kann mangels konkreter Berührungspunkte nicht näher identifiziert werden. Die Einrückungen markieren entsprechend nur das Verhältnis von Gen 39,8f zu Dtn 22,22 und Gen 20,2–6.
180 So auch Wellhausen, Composition, 54 (V. 1–5 J; V. 6–19 E); anders Dillmann, Genesis, 383;
Holzinger, KHC, 231; Gunkel, HK, 420–421; Skinner, Genesis, 456; Noth, Überlieferungsgeschichte, 31; Hölscher, Geschichtsschreibung, 291; von Rad, ATD, 297–298; Redford, Study, 183;
Schmitt, Josephsgeschichte, 81–87; Ruppert, Josepherzählung, 43–44; Schulte, *Entstehung*, 11
mit Anm. 14; Dietrich, Novelle, 26–30.

Von der redaktionellen Notiz in V. 10a, die die Frau des Ägypters als Wiederholungstäterin erscheinen lässt (ויהי כדברה אל־יוסף יום יום), hängt sachlich V. 11 ab. Denn auch dort setzt die Formulierung ויהי כהיום הזה voraus, dass die Frau Josef mehrfach nachstellte. V. 11 bereitet mit der Einführung der „Männer des Hauses" zudem auf die Szene V. 13–15 vor. Der Abschnitt greift mit V. 13 zunächst noch einmal auf die Aussage von V. 12 zurück und setzt die Flucht Josefs in ein zeitliches Verhältnis zur folgenden Handlung der ägyptischen Frau (ויהי כראותה).[181]

Gen 39,10–15:

^{10} ויהי כדברה אל־יוסף יום יום
ולא־שמע אליה לשכב אצלה להיות עמה:
^{11} ויהי כהיום הזה ויבא הביתה לעשות מלאכתו ואין איש מאנשי הבית שם בבית:
^{12} ותתפשהו בבגדו לאמר שכבה עמי ויעזב בגדו בידה וינס ויצא החוצה:
^{13} ויהי כראותה כי־עזב בגדו בידה וינס החוצה:
^{14} ותקרא לאנשי ביתה ותאמר להם לאמר ראו הביא לנו איש עברי לצחק בנו בא אלי לשכב עמי ואקרא בקול גדול:
^{15} ויהי כשמעו כי־הרימתי קולי ואקרא ויעזב בגדו אצלי וינס ויצא החוצה:

Die in V. 14f beschriebene Handlung zeigt ihrerseits sachliche Berührungspunkte mit einem weiteren dtn Gebot, näherhin Dtn 22,23f.[182] Dort wird – im Anschluss an das generelle Verbot des Ehebruches in Dtn 22,22 (vgl. oben zu V. 8f!) – ein konkreter Einzelfall diskutiert: Sollte eine junge Frau, die bereits einem anderen Mann versprochen ist, innerhalb einer Ortschaft auf einen Mann treffen, der mit ihr schläft (שכב עם; vgl. Gen 39,7[.10].12.14), so sollen beide zum Tor der Stadt hinausgeführt und zu Tode gesteinigt werden: Der Mann, weil er die Frau seines Nächsten geschändet hat, und *die Frau, weil sie nicht geschrien hat*. Indem die Frau Potifars also vor den Hausangestellten (Gen 39,14) behauptet, ihre Stimme umgehend erhoben zu haben, handelt sie in Einklang mit dem dtn Gesetz und suggeriert so ihre Unschuld. In der Wahrnehmung des Lesers aber, der über den tatsächlichen Sachverhalt informiert ist (V. 7–12*), präsentiert sie sich als hinterlistige Lügnerin, deren unredliches Verhalten den tatsächlichen Gesetzesgehorsam Josefs negativ kontrastiert und gleichsam betont.[183]

---

181 Vgl. hinsichtlich der Ausführungen zu Gen 39,10–15 ähnlich Levin, Jahwist, 277–278.
182 Vgl. hierzu bereits Jacob, Genesis, 730, der meint, dass „eine Frau schreit, ist nach dem Gesetze Dt 22₂₄.₂₇ ein Beweis, daß sie sich gegen die Vergewaltigung gewehrt hat, aber nur, wenn sie es während des Angriffes getan hat. Hier hätte es ja nach v. 11 niemand hören können, und sie ‚ruft' die Hausleute erst hinterher zusammen und sucht ihnen einzureden, sie habe geschrien".
183 Vgl. ähnlich Levin, Jahwist, 277–278.

V. 14f finden eine nahezu wortgetreue Entsprechung in der Unterredung der Ägypterin mit ihrem Ehemann in V. 17–19. Auch sie dürfte – zumindest in Teilen – nachgetragen sein. In Gen 39,16 erfährt der Leser, dass die Frau das Kleid Josefs, das sie in V. 12 an sich gebracht hatte, neben sich legt, bis ihr Mann nach Hause kommt. In V. 17–19 spricht sie ihren Mann an, der Josef in V. 20 ins Gefängnis wirft. Da sich die Bestrafung Josefs nicht allein aus dem Zusammenhang der Aussagen V. 16.20 erklären lässt, dürfte anzunehmen sein, dass mindestens die wörtliche Rede der Frau aus V. 17 dem Grundbestand der Versuchung zuzurechnen ist. „Ihm erzählte sie [...]: Der hebräische Sklave, den du uns gebracht hast, dass er seinen Mutwillen mit mir treibe, ist zu mir hereingekommen".

Für eine Zuordnung von V. 17 zum Grundbestand von Gen 39 könnte auch sprechen, dass der hier genannte העבד העברי in V. 14 zum איש עברי geworden ist.[184]

An die Stelle des Begriffs העבד העברי, der hebräische Sklave', den man wie in Ex 21,2 im Sinne einer sozialen Stellung verstehen kann (vgl. akk. ḫapiru), ist die Bezeichnung איש עברי, ein hebräischer (=israelitischer) Mann' getreten, die im ethnischen Sinne verstanden werden muß, wie es bei den späteren Belegen die Regel ist[185].

Der Bearbeiter, der V. 8f.10a.11.13–15.18f in den Kontext eingetragen hat, hätte dann ausdrücklich an die Formulierung V. 17 angeknüpft und mit seinem eigenen Anliegen verbunden. Der hebräische Knecht hat versucht, Mutwillen mit ihr zu treiben (V. 17). Sie aber hat sich dem dtn Gesetz entsprechend verhalten und ihre Stimme laut erhoben (V. 14f.18f). Auffällig ist in V. 17 lediglich die vor לאמר unnötige Erklärung כדברים האלה,[186] die eine Entsprechung in V. 19 findet. Möglicherweise gehört sie mit V. 18f zusammen.

Gen 39,14–20:

14 ותקרא לאנשי ביתה ותאמר להם לאמר

ראו הביא לנו איש עברי לצחק בנו בא אלי לשכב עמי ואקרא בקול גדול:

15 ויהי כשמעו כי־הרימתי קולי ואקרא ויעזב בגדו אצלי וינס ויצא החוצה:

16 ותנח בגדו אצלה עד־בוא אדניו אל־ביתו:

17 ותדבר אליו כדברים האלה לאמר בא־אלי העבד העברי אשר־הבאת לנו לצחק בי:

18 ויהי כהרימי קולי ואקרא ויעזב בגדו אצלי וינס החוצה:

---

184 Anders Kebekus, Joseferzählung, 39, der V. 17–18 als nachträgliche Erweiterung von V. 19 betrachtet.
185 Levin, Jahwist, 277–278.
186 Vgl. zu dieser Beobachtung Levin, Jahwist, 277–278, oder Kebekus, Joseferzählung, 39.

¹⁹ ויהי כשמע אדניו את־דברי אשתו אשר דברה אליו לאמר כדברים האלה עשה לי
עבדך ויחר אפו:

²⁰ ויקח אדני יוסף אתו ויתנהו אל־בית הסהר מקום אשר־אסורי המלך אסורים ויהי־שם בבית
הסהר:

Mit Blick auf die Gesamtheit der angeführten Beobachtungen dürfte davon auszugehen sein, dass die Versuchung Josefs durch die Frau des Ägypters um Gesetzesbezüge erweitert wurde (Gen 39,8f.10a.11.13–15.17[nur האלה כדברים?].18f). Im
Rahmen dieser Bearbeitung werden die Gebote, die in Dtn 22,22–24 zum Ehebruch
festgelegt sind, auch für den Kontext von Gen 39 fruchtbar gemacht. Dabei weist
die Auslegung des Ehebruchs als gegen Elohim gerichtete Sünde überdies eine
Kenntnis von Gen 20,2–7* auf.

Die Eintragung der Gesetzesbezüge knüpft an die bereits im Grundbestand der
Versuchung Josefs enthaltene Formulierung עם שכב an. Zusätzlich wird in Gen 39,8f
auf die Rahmenverse Gen 39,4.6 zurückgegriffen und der Nachtrag in den Kontext
eingebettet. Das bereits in den Rahmenversen betonte Gottesverhältnis wird dabei
neu qualifiziert, insofern es *mittelbar* mit dem gesetzeskonformen Verhalten Josefs
korreliert wird. Anders formuliert, hat der Autor der Gesetzesbezüge sein Anliegen
zwar nicht ausdrücklich mit dem Zuspruch Jhwhs verbunden. Indem er aber den
Gehorsam gegen Elohim in die Erzählung eingetragen und durch Rückbezüge auf
Gen 39,4.6 mit dem Kontext verbunden hat, stehen der Zuspruch Jhwhs und Josefs
Gesetzesgehorsam in einem kausalen Zusammenhang.

Als Kontrast zur Standhaftigkeit Josefs dient im Rahmen dieser Bearbeitung
das Verhalten der Frau des Ägypters, die für sich zwar gesetzesgetreues Verhalten
beansprucht (V. 13–15), die sich *realiter* jedoch des versuchten Ehebruchs schuldig gemacht hat. Und so, wie sie sich nur den Schein von Unschuld verleiht, wird
auch ihr Sieg nur ein scheinbarer bzw. vorläufiger sein. Denn zwar wird Josef
zunächst aufgrund ihrer Anschuldigungen ins Gefängnis geworfen. Doch wird
ihn sein Gehorsam letztlich zum Erfolg führen und zum zweiten Mann in Ägypten
aufsteigen lassen.[187]

---

187 Vgl. zu dem programmatischen Charakter des Mit-Seins z. B. Wenham, WBC, 389: „It [sc.
chapter 41] starts ominously, at least when compared with the other two, for it says nothing
about God being with Joseph. Yet on this occasion God is more evidently with Joseph than ever
before".

(d) Der literarische Kern von Gen 39 und die Versuchung Josefs durch die Frau des Ägypters

Fassen wir die Ergebnisse der bisherigen diachronen Differenzierung kurz zusammen. Nach den oben skizzierten Beobachtungen dürften sowohl der Jhwh-Rahmen in Gen 39,2–6*.21–23 als auch eine gesetzesorientierte Bearbeitung in Gen 39,8–9.10a.11.13–15.17(nur האלה כדברים?).18–19 als Nachträge auszuscheiden sein. Überdies hat es eine Betrachtung der binnenkontextuellen Verortung von Gen 39 nahelegt, in der Versuchung Josefs eine nachträgliche Einfügung zu sehen,[188] die den Kauf Josefs durch den הטבחים שר (Gen 39,1*) und sein Wirken in dessen Haus (Gen 39,4; Gen 40f*) unterbrochen hat. Dementsprechend dürften der Einleitung in Gen 39,1* einmal die Traumdeutungsberichte in Gen 40f* gefolgt sein. In den Zusammenhang jenes Erzählfadens dürfte auch die Aussage von Gen 39,4 gehören, die Josef Gnade in den Augen seines Herrn finden lässt. Jener setzt ihn daraufhin über sein Haus und gibt alles in seine Hand, was er besitzt. Mit dieser Aussage bereitet Gen 39,4 auf die Funktion Josefs als הטבחים לשר עבד in Gen 40f vor und vermittelt so zwischen der Verkaufsnotiz Gen 39,1 und den Geschehnissen im Haus des הטבחים שר.

Gen 391*.4:

¹ [...] ויקנהו פוטיפר סריס פרעה שר הטבחים איש מצרי [...]:

⁴ וימצא יוסף חן בעיניו וישרת אתו ויפקדהו על־ביתו וכל־יש־לו נתן בידו:

Gen 40,1–4*:

¹ ויהי אחר הדברים האלה חטאו משקה מלך־מצרים והאפה לאדניהם למלך מצרים:

² ויקצף פרעה על שני סריסיו על שר המשקים ועל שר האופים:

³ ויתן אתם במשמר בית שר הטבחים אל־בית הסהר מקום אשר יוסף אסור שם:

⁴ ויפקד שר הטבחים את־יוסף אתם וישרת אתם ויהיו ימים במשמר:

Zwischen Gen 39,1*.4; Gen 40f dürfte – wie bereits oben erwähnt – nachträglich die Erzählung um Josefs Versuchung durch die Ägypterin eingefügt worden sein.[189] Sie beginnt mit einem Verweis auf Josefs Schönheit, die ihn seiner Mutter gleichsetzt (Gen 29,17)[190] und den äußeren Anlass für die Begier-

---

188 Ähnlich geht Dietrich, Novelle, 30, davon aus, dass es „innerhalb des heutigen Textes eine ältere Version [gab], in der auf 37,36 unmittelbar 40,2.*3a.4.5a.6ff folgte".

189 Als sekundäre Einfügung betrachten auch Redford, Study, 183; Schmitt, Josephsgeschichte, 81–87, oder Kebekus, Joseferzählung, 43–44, die Versuchung Josefs.

190 So bereits Jacob, Genesis, 728; vgl. ähnlich von Rad, ATD, 319; vgl. in jüngerer Vergangenheit auch Levin, Jahwist, 275; Westermann, BK, 60; Ruppert, FzB, 173; Cotter, Genesis, 291.

de[191] der Ägypterin bietet. Nach Abzug des Jhwh-Rahmens und der Gesetzesbezüge dürfte die ursprüngliche Versuchungsszene folgenden Bestand umfasst
haben:

Gen 39: *Die Versuchung Josefs*

6 [...] ויהי יוסף יפה־תאר ויפה מראה:

7 ויהי אחר הדברים האלה ותשא אשת־אדניו את־עיניה אל־יוסף ותאמר שכבה עמי:

10 [...] ולא־שמע אליה לשכב אצלה להיות עמה:

12 ותתפשהו בבגדו לאמר שכבה עמי ויעזב בגדו בידה וינס ויצא החוצה:

16 ותנח בגדו אצלה עד־בוא אדניו אל־ביתו:

17 ותדבר אליו [...] לאמר בא־אלי העבד העברי אשר־הבאת לנו לצחק בי:

20 ויקח אדני יוסף אתו ויתנהו אל־בית הסהר מקום אשר־(אסורי)[אסירי] המלך אסורים ויהי־
שם בבית הסהר:

Die Szene um die Versuchung Josefs stellt den Erzählungen Gen 40f einen ersten
kleinen Aufstieg Josefs voran, dem zwischenzeitlich der „Abstieg" ins Gefängnis
folgt.

> Die Episode von der Ehebrecherin [...] hat eine nahe Parallele in dem ägyptischen
> Brüdermärchen des Papyrus d'Orbiney aus dem Ende der 19. Dynastie, 1306–1186
> (1295–1188) v. Chr. Eine unmittelbare Abhängigkeit der alttestamentlichen Erzählung von
> der ägyptischen ist nicht zu erweisen, da ähnliche Erzählungen von der Beschuldigung
> durch die enttäuschte Verführerin auch sonst zu finden sind [...]. Jedoch teilt die Josefsge-
> schichte mit der ägyptischen Fassung die Gattung des Märchens [...], die Stellung verhält-
> nismäßig am Anfang einer größeren Komposition und nicht zuletzt den Schauplatz. [...] Die
> Unselbständigkeit der alttestamentlichen Fassung ist unbestreitbar. Der Stoff ist nämlich

---

Anders Dietrich, Novelle, 73, der hier im Anschluss an die allgemeine Beobachtung von von Rad
an eine Gleichsetzung Josefs mit David glaubt. „Weniger traditionsgeschichtliche Gemeinsam-
keit [so v.Rad] als vielmehr literarische Abhängigkeit ist zu vermuten: Der Verfasser der Josephs-
Geschichtsschreibung kannte die Davids-Geschichtsschreibung, und mit bewußter Absicht und
mit Freude an feinen Anspielungen schuf er entsprechende Querverweise".
Mit Beyerle, *Joseph*, 58, sei hier zudem auf die sachlich verwandte Formulierung in Dan 1,4 hingewiesen.
191 McKay, *Redundancy*, 219f, versucht, das Verhalten der Frau Potifars damit zu entschuldigen,
dass Josef ihre Rolle als Stellvertreter ihres Mannes im Haushalt übernommen habe. Aus diesem
Grund habe sie sich übergangen gefühlt und sich an ihm rächen wollen. Abgesehen davon, dass
diese Interpretation dem Text selbst nicht zu entnehmen ist, nimmt sie die Funktion der Frau
Potifars im Erzählkontext nicht hinreichend wahr. Denn dort fungiert sie als Versuchung Josefs
und ist entsprechend negativ konnotiert. Ob es sich bei ihr um eine andernfalls rechtschaffene
Frau handelt oder nicht, interessiert den Text nicht.

nicht auskomponiert: Auf den Erweis der Unschuld Josefs und die gerechte Bestrafung der Verführerin [...] wartet der Leser vergebens[192].

Ergebnis

Fassen wir den Gesamtertrag kurz zusammen. Gen 39 ist als Produkt eines mehrstufigen Fortschreibungsprozesses zu verstehen. Dabei bilden die Aussagen von Gen 39,1*.4 den ältesten Bestand des Kapitels und dürften ursprünglich als Einleitung der Traumdeutungsberichte in Gen 40f gedient haben.

Terminologische und sachliche Schwierigkeiten im Übergang von Gen 39 zu Gen 40 lassen darauf schließen, dass die Versuchung Josefs durch die Frau seines ägyptischen Herrn dem Erzählzusammenhang von Gen 37; Gen 39,1bα(nur ויקנהו איש מצרי שׂר הטבחים...).4; 40f* erst nachträglich eingefügt worden ist. Die Episode wird V. 6b.7.10b.12.16.17(ohne כדברים האלה?).20 beinhalten. Sie ergänzt die Geschichte über Josef, den Traumdeuter, und seinen Erfolg in Ägypten um einen ersten kleinen Aufstieg im Hause Potifars, dem postwendend der Abstieg ins Gefängnis folgt.[193]

Eine erste, theologisierende Bearbeitung hat die Versuchung Josefs durch die Ergänzung der auf Jhwh bezogenen Rahmenverse erhalten. Sie dürfte V. 2–3.6aβ.21–23 umfasst haben. Der Autor dieser Rahmenverse knüpft an die Formulierungen von Gen 39,4 an und stellt den dort geschilderten Erfolg Josefs nun *expressis verbis* in einen kausalen Zusammenhang mit seinem Gottesverhältnis. Weil Jhwh mit Josef ist, ist er ein Mann, dem alles gelingt. Nicht Josef ist für seinen Erfolg verantwortlich, sondern Jhwh. Durch die programmatische Positionierung der Verse direkt zu Beginn der Geschichte Josefs in Ägypten wird die Gesamtheit der in Gen 39–50 folgenden Ereignisse von dem Gottesverhältnis Josefs bzw. dem Wirken Jhwhs abhängig gemacht. Über das Motiv des Mitseins blickt die Ergänzung zudem zurück auf die Vätergeschichte und lässt sich die Väterverheißungen in der Josefsgeschichte fortsetzen.

Noch später wurden der Erzählung über die Versuchung Josefs wohl Gesetzesbezüge hinzugefügt. Die Bearbeitung dürfte sich über V. 8f.10a.11.13–15.17 (nur כדברים האלה?).18f erstrecken. Sie knüpft ausdrücklich an Formulierungen der Rahmenverse an, die sie entsprechend bereits voraussetzt. Im Rahmen der Bearbeitung wird Josefs Gottesverhältnis in Gen 39,8f mit seinem Gesetzesgehorsam verbunden. Über diese Verknüpfung wird der in den Rahmenversen formu-

---

192 Levin, Jahwist, 276–277.
193 Vgl. zu dieser sachlichen Anlage auch Meinhold, *Gattung*, 313, oder Brueggemann, Genesis, 320f.

lierte Zuspruch Jhwhs neu qualifiziert. Der Mann, mit dem Jhwh ist, ist (nun) ein Mann, der die Gesetze Elohims befolgt.

Weitere Nachträge finden sich in dem Segen V. 5.6aα und der redaktionellen Verknüpfung mit Gen 38 in Gen 39,1a(bβ?).

Diachrone Differenzierung

I *Die Geschichten über Josef (Gen 37*; 39–41*)*:

Gen 37,3a.4a.12.13a.14b(ohne מעמק חברון).23a.25.28a(ab וימכרו)b;

Gen 39,1bα(nur שׂר הטבחים איש מצרי ... ויקנהו).4;

Gen 40,1aα(nur אחר הדברים האלה).2(ohne ויהי אחר סריסיו).3aα(על שׂני סריסיו).4.5a(bis בלילה אחד).6a.7a(nur לאמר)b.9–11.12(ohne זה פתרנו).13.16–17.18(ohne זה פתרנו).19–22;

Gen 41,1(nur ויהי בבקר ותפעם רוחו).8(nur ופרעה חלם ויהי מקץ שׂנתים ימים).9a.10.11a.12–13.14(ohne ויריצהו מן־הבור).17–21*.25aα(nur ויאמר יוסף אל־פרעה).26aα.27aα.29–31*.34–36*.40–49*.53–54

II *Die Versuchung Josefs*:

Gen 39,6b.7.10b.12.16.17(ohne כדברים האלה).20;

Gen 40,1aβb.3aβb.5b.14.23;

Gen 41,9b

III *Jhwh-Rahmen*:

Gen 39,2–3.6aβ.21–23

III¹ *Juda und Tamar (Ältester Kern Gen 38)*:

Gen 37,15–17.18b.36;

Gen 38,1a.2–3.6–7.11aαb.12(ohne רעהו ביד).14a.16–19.20(ohne רעהו העדלמי והוא וחירה).24aα(nur כמשׂלשׂ חדשׂים ויהי).25a(ab והיא).b.26aα;

Gen 39,1a(bβ?)

III¹ *Gesetzesbezüge*:

Gen 39,8–9.10a.11.13–15.17(nur כדברים האלה).18–19(?)

Einzelnachträge: Gen 39,5.6aα/Gen 39,1b(פוטיפר und פרעה סריס)

3.3.2. Genesis 40: Josef und die königlichen Beamten

Gliederung

V. 1–4:   Josef befindet sich mit Bäcker und Mundschenk im Gefängnis
V. 5–8:   Bäcker und Mundschenk haben einen Traum, Josef bittet sie, ihm davon zu erzählen
V. 9–15:   Der Mundschenk erzählt seinen Traum und Josef deutet ihn
V. 16–19:   Der Bäcker erzählt seinen Traum und Josef deutet ihn
V. 20–22:   Die Traumdeutung Josefs erfüllt sich
V. 23:   Der Mundschenk vergisst Josef

Befund

In Gen 40 setzt sich die Geschichte Josefs in Ägypten fort. Nachdem er in Gen 39,20 von dem שׂר הטבחים in das בית הסהר gegeben wurde, befindet er sich in Gen 40 wieder im Hause des שׂר הטבחים. Dabei wird in Gen 40,1–4 zunächst das Thema der Gefangenschaft noch einmal aufgegriffen und erörtert. Neben Josef werden nun auch zwei Beamte des Königs von Ägypten (Gen 40,1.5) bzw. Pharaos (Gen 40,2) ausdrücklich als Gefangene identifiziert: der Mundschenk und der Bäcker (Gen 40,1.5) bzw. der Oberste der Mundschenke und der Oberste der Bäcker (Gen 40,2.9.16.20). Über sie zürnt Pharao in V. 2 und gibt sie in Gewahrsam in das Haus des שׂר הטבחים, das nach V. 3 mit dem בית הסהר, dem Ort der Gefangenschaft Josefs, gleichzusetzen ist. Obwohl demnach Josef und die Beamten sich gemeinsam in Gefangenschaft bzw. Gewahrsam befinden, kommt Josef nach V. 4 eine besondere Funktion zu: ויפקד שׂר הטבחים את־יוסף אתם וישרת אתם.

Mit den Informationen von V. 1–4 sind dem Leser die nötigen Vorkenntnisse zum weiteren Verständnis von Gen 40 vermittelt. In V. 5 setzt die eigentliche Erzählung ein. Sie erstreckt sich bis zum Ende des Kapitels in Gen 40,23 und kreist thematisch um die Träume der königlichen Beamten, die Josef richtig zu deuten vermag. Das Motiv der Träume begegnet zum ersten Mal in V. 5: „Da hatten sie beide in derselben Nacht einen Traum, jeder gemäß der Deutung seines Traums, der Mundschenk und der Bäcker des Königs von Ägypten, die im Gefängnis lagen". Im direkten Anschluss V. 6 tritt Josef den beiden Beamten gegenüber, deren Betreuung sein Herr ihm ja aufgetragen hatte (→V. 4). „Am Morgen kam Josef zu ihnen und sah, dass sie missmutig waren" (Gen 40,6). Daraufhin spricht er sie in V. 7 an und fragt: „Warum sehen eure Gesichter so schlecht aus?" Sie erzählen ihm von ihren Träumen, für die es offenbar keinen Deuter gibt. Auf diese Information reagiert Josef mit einer rhetorischen Frage, die auf Gott als einzigen Traumdeuter verweist: „Ist es nicht Gott (Elohim) vorbehalten, Träume zu deuten?" (Gen 40,8bα). Obwohl er damit eine menschliche Befähigung zur Traumdeutung eigentlich ausgeschlossen hat, fährt er in V. 8bβ mit der Aufforderung fort: „Erzählt mir doch bitte!"

Dies tun die pharaonischen Beamten in V. 9–11 bzw. V. 16–17 in auffällig paralleler Weise. Dabei macht der Mundschenk den Anfang. Er gibt seinen Traum in direkter Rede wieder:

> In meinem Traum, siehe, da war ein Weinstock vor mir. Am Weinstock waren drei Ranken. Und als er zu treiben begann, brachen auch schon seine Blüten hervor, und seine Trauben trugen reife Beeren. Ich hielt den Becher des Pharao in meiner Hand, und ich nahm die Beeren, presste sie aus in den Becher des Pharao und gab dem Pharao den Becher in die Hand (Gen 40,9–11).

Es folgt die Antwort Josefs in V. 12f, der entgegen seinem eigenen Einwand aus V. 8 den Traum nun selbst zu interpretieren scheint. Er deutet die drei Ranken als drei Tage und das Bild der reifen Beeren, die der Mundschenk in den Becher Pharaos auspresst, als Wiedereinsetzung in sein Amt: „In drei Tagen wird der Pharao dein Haupt erhöhen und dich wieder in dein Amt einsetzen" (Gen 40,13).

Als aber der Oberste der Bäcker sah, dass Josef gut gedeutet hatte, erzählt auch er ihm seinen Traum (V. 16f). In seinem Traum spielt die Zahl drei ebenfalls eine entscheidende Rolle. Sie verbindet sich dort allerdings nicht mit einem Bild der Fruchtbarkeit, sondern stattdessen mit dem Motiv von Vögeln, die das Backwerk aus dem obersten Korb des Bäckers auffressen. Entsprechend negativ fällt die Deutung Josefs in V. 18f aus, die in ihrer Anlage der Deutung des Mundschenkentraumes aus V. 12–13 entspricht. „Dies ist seine Deutung: Die drei Körbe sind drei Tage. In drei Tagen wird der Pharao dein Haupt erhöhen, weg von dir, und dich an den Pfahl hängen lassen, und die Vögel werden das Fleisch von dir abfressen".

Dass Josef die Träume tatsächlich richtig zu deuten vermochte, erfährt der Leser in V. 20–22.

> Und am dritten Tag, dem Geburtstag des Pharao, da gab dieser ein Gastmahl für alle seine Diener, und er erhöhte das Haupt des Obersten der Mundschenke und das Haupt des Obersten der Bäcker inmitten seiner Diener. Den Obersten der Mundschenke setzte er wieder in sein Schenkamt ein, so dass er dem Pharao den Becher in die Hand geben durfte, den Obersten der Bäcker aber ließ er hängen, wie Josef es ihnen gedeutet hatte.

Die Erzählung schließt in V. 23 mit der Notiz, dass der Oberste der Mundschenke Josefs nicht gedachte, sondern ihn vergaß. Die Formulierung weist im Binnenkontext von Gen 40 zurück auf die eindringliche Bitte Josefs in V. 14, der aus diesem Haus befreit werden wollte. Die Aussage antizipiert im Außenkontext überdies die Geschehnisse aus Gen 41, wo sich der Oberste der Mundschenke in V. 9ff an Josef erinnert, als sich auch der Geist Pharaos wegen eines Traumes beunruhigt.

Dieser kurze Überblick über Gen 40 zeigt, dass die Erzählung sowohl mit dem vorauslaufenden Kapitel Gen 39 als auch mit dem nachstehenden Kapitel Gen 41 verbunden ist. Dabei zeigen sich zumindest im Übergang von Gen 39 zu Gen 40 sachliche und terminologische Schwierigkeiten, insofern dem Erzählzusammenhang nicht genau zu entnehmen ist, wo Josef sich befindet und welche Funktion er ausübt.

Thematisch beschäftigt sich Gen 40 hauptsächlich mit den Träumen des Obersten der Mundschenke und des Obersten der Bäcker, die auffallend parallel gestaltet sind. Auch die Deutungen Josefs sind identisch konstruiert. Sie stehen – insbesondere mit den aktiven Formulierungen V. 16.22 – allerdings in einer gewissen Spannung zu der rhetorischen Frage aus V. 8, nach der Traumdeutungen allein Gott vorbehalten sind.

Den o. a. Beobachtungen entsprechend wird sich die nachstehende Analyse auf folgende Fragen besonders konzentrieren:
- Wie ist Gen 40 in den umliegenden Kontext eingebettet?
- Wer deutet im Verständnis von Gen 40 die Träume: Josef oder Gott?

Analyse

(a) Die kontextuelle Verknüpfung von Gen 40
In Gen 40,1aα markiert die Formel ויהי אחר הדברים האלה einen neuen Abschnitt. Ihr folgt in V. 1aβb der Vermerk, dass der Mundschenk des Königs von Ägypten und der Bäcker gegen ihren Herrn, den *König von Ägypten*, sündigten. Das Motiv des Sündigens begründet dabei den in V. 2 konstatierten Zorn *Pharaos* über seine beiden Beamten, die er in V. 3aα in Gewahrsam in das Haus des שר הטבחים gibt. Das בית שר הטבחים ist nach V. 3aβb mit dem בית הסהר identisch, in das Josef in Gen 39,20 von seinem eigenen Herrn, dem שר הטבחים, gegeben wurde. Mit dieser Gleichsetzung leitet V. 3aβb demnach explizit auf das vorauslaufende Kapitel zurück. Im weiteren Kontext allerdings verkompliziert dieser Rückgriff das Verständnis des Erzählverlaufs. Denn hatte man in Gen 39,20 das Gefühl, dass das בית הסהר weder dem שר הטבחים unterstellt noch mit seinem eigenen Haushalt zu identifizieren ist, so suggeriert Gen 40,3, dass Josef sich nach wie vor im בית שר הטבחים befindet und immer noch dem שר הטבחים unterstellt ist. Dass sich auch an seiner Funktion als Angestellter des שר הטבחים gegenüber Gen 39,4 nichts Grundsätzliches geändert zu haben scheint, davon zeugen Gen 40,4; 41,12. Denn hat der שר הטבחים Josef in Gen 39,4 über sein Haus gesetzt und ihm alles unterstellt, so lässt er sich Josef auch in Gen 40,4 um die Gefangenen kümmern. An die Rolle Josefs im Hause des שר הטבחים erinnert sich denn auch der Oberste der Mundschenke in Gen 41,12 folgendermaßen: ושם אתנו נער עברי עבד לשר הטבחים.

Von einer gemeinsamen Inhaftierung der Beamten mit Josef ist hier nichts zu vernehmen.

Im Erzählverlauf von Gen 39–41 zeichnen sich nach den oben angeführten Beobachtungen zwei unterschiedliche Vorstellungen ab.[194] In der Vorstellung von Gen 39,1.4; Gen 40f wird Josef von dem הטבחים שׂר gekauft und fungiert als Knecht in seinem Haus. Dort befinden sich auch der Oberste der Mundschenke und der Oberste der Bäcker in Gewahrsam. Ihnen begegnet Josef und deutet ihnen ihre Träume. Daneben findet sich in Gen 39 eine Darstellung, in der Josef von der Frau seines Herrn (nie explizit הטבחים שׂר!) versucht wird, ihrer Verführung widersteht und von seinem Herrn unschuldig ins בית הסהר geworfen wird. Beide Vorstellungen werden in den Aussagen von Gen 40,3.5b miteinander verbunden.

Die oben beschriebenen logischen Schwierigkeiten, die sich aus den Formulierungen von Gen 40,1.3b.5 ergeben, sind lange gesehen. Sie haben in der älteren Forschung als Indiz für eine Quellenscheidung gedient. In diesem Sinne wurde zwischen Gen 39 J und Gen 40 E geschieden. Dabei gelten Gen 40,1*.3aβb.5b neben Gen 40,14bβ.15b i. a. R. als Reste eines jahwistischen Erzählfadens, der sich in der hauptsächlich elohistischen Erzählung von Gen 40 erhalten habe.[195]

Gegen die Annahme, dass von den o. a. fragmentarischen Notizen auf eine ehemals selbständige Erzählung geschlossen werden könne, wandte sich bereits Wilhelm Rudolph (1938). Denn für die Fragmente, so Rudolph, ließen sich überwiegend stilistische Abweichungen verzeichnen, die weder inhaltlich noch theologisch von entscheidender Bedeutung seien.[196]

An die Beobachtungen Rudolphs hat Hans-Christoph Schmitt in seiner Monographie zur Josephsgeschichte (1980) angeknüpft. Er versteht die Formulierungen in Gen 40,1*.3aβb.5b als redaktionelle Notizen, die sich der nachträglichen Einfügung von Gen 39,2ff in den Zusammenhang der Josefsgeschichte verdanken. Der redaktionelle Charakter der fraglichen Aussagen zeige sich neben syntaktischen Schwierigkeiten im Kontext von Gen 40,3.5 vor allem darin, dass

---

194 Anders z. B. Hamilton, NIC.OT, 475, der in den Aussagen von Gen 39; 40f keine Widersprüche erkennen kann. Im Gegenteil, führten auch Gen 40,3b.15 deutlich vor Augen, „that Joseph was in prison, exactly in accord with 39:19–23".
195 Vgl. hierzu bereits Wellhausen, Composition, 55, der vermutete, dass „v. 1 (ausgemacht die Überleitungsformel), v. 3b und v. 5b aus J eingetragen sind", oder Gunkel, HK, 428f, der annahm, dass es sich bei V. 3b, aber auch V. 5b.7aβ um Zusätze des Redaktors handeln müsse.
Ähnlich sehen in jüngerer Vergangenheit auch Schmidt, Studien, 228, oder Ruppert, FzB, 194, in V. 3aβb und V. 5b redaktionelle Zusätze des Jehowisten.
196 Vgl. Rudolph, Elohist, 157f.

die genannten Stellen terminologisch (אסר, בית הסהר, מלך) und sachlich (Josef als Gefangener) mit Gen 39 übereinstimmen.[197]

Dieser Einschätzung Schmitts wird grundsätzlich zuzustimmen sein. Denn scheidet man die Versuchung Josefs in Gen 39,2–23* als Nachtrag und Gen 40,1*.3aβb.5b als redaktionelle Notizen aus dem Kontext aus, bieten Gen 37*; 39,1*.4; Gen 40 einen sachlich und terminologisch stringenten Erzählverlauf. Josef wurde von seinen Brüdern nach Ägypten verkauft. Dort erwirbt ihn der שר הטבחים, der ihn über sein Haus setzt und ihm die Gefangenen zur Aufsicht gibt. Erst durch die nachträgliche Einführung der Versuchung Josefs in Gen 39 dürfte Josef auch selbst zum Gefangenen geworden sein. Um diese Vorstellung mit dem ursprünglichen Erzählverlauf auszugleichen, wurden wohl die redaktionellen Notizen Gen 40,1*.3aβb.5b eingefügt.

Gen 39,1*.20:

¹ויוסף הורד מצרימה <u>ויקנהו</u> פוטיפר סריס פרעה <u>שר הטבחים איש מצרי</u> מיד הישמעאלים אשר הורדהו שמה:

²⁰ויקח אדני יוסף אתו ויתנהו <u>אל־בית הסהר מקום אשר־אסורי המלך אסורים</u> ויהי־שם בבית הסהר:

Gen 40,2–5:

²ויקצף <u>פרעה</u> על שני סריסיו על שר המשקים ועל שר האופים:

³ויתן אתם במשמר <u>בית שר הטבחים</u> <u>אל־בית הסהר</u> מקום אשר יוסף אסור שם:

⁴<u>ויפקד שר הטבחים את־יוסף אתם וישרת אתם ויהיו ימים במשמר:</u>

⁵ויחלמו חלום שניהם איש חלמו בלילה אחד איש כפתרון חלמו <u>המשקה והאפה אשר למלך מצרים אשר אסורים בבית הסהר:</u>

Gen 41,12:

¹²ושם אתנו נער עברי <u>עבד לשר הטבחים</u> ונספר־לו ויפתר־לנו את־חלמתינו איש כחלמו פתר:

Mit den Aussagen von Gen 40,1*.3aβb.5b erschöpft sich die Vorstellung von Josef als Gefangener in Gen 40 jedoch nicht. Sie findet sich ferner in den Formulierungen von Gen 40,14, von denen wiederum Gen 40,15.23 abhängen. In V. 14 äußert Josef zunächst den Wunsch, der Mundschenk möge sich seiner erinnern und

---

197 Schmitt, Josephsgeschichte, 33. Zur Bewertung von Gen 39 als einem gegenüber Gen 40–41 jüngeren Bestandteil der Josefsgeschichte vgl. auch Redford, Study, 183; Dietrich, Novelle, 30, oder Kebekus, Joseferzählung, 43–44.

ihm Gnade erweisen. Damit bereitet die Aussage nicht nur sachlich, sondern auch sprachlich auf Gen 41 vor, wo der Mundschenk in Gen 41,9 seiner Verfehlungen gedenkt.[198] V. 14b schließt mit dem Narrativ הזכרתני ausdrücklich an V. 14a an. Hier bittet Josef den Obersten der Mundschenke, er möge seiner *vor Pharao* gedenken, damit dieser ihn aus „diesem Haus" holen könne. Dabei setzt die Formulierung והוצאתני מן־הבית הזה das Motiv der Gefangenschaft Josefs aus Gen 39 sachlich voraus.[199] V. 14 dürfte dann nicht mit dem ältesten Bestand der Traumdeutungsberichte zusammengehören, sondern wird als spätere Explikation auszuscheiden sein. Sachlich und wohl auch literarisch liegt V. 14 mit den weiteren redaktionellen Notizen V. 1(ab חטאו).3aβb.5b auf einer Ebene. Dasselbe dürfte auch auf die Formulierung von Gen 41,9b zutreffen,[200] die sowohl mit Gen 40,1b als auch mit Gen 40,14 stichwortartig verknüpft ist. Alle Aussagen dürften der nachträglichen Einfügung der Versuchung Josefs aus Gen 39 in den Kontext geschuldet sein.

Im Zusammenhang von Gen 40,1 fällt weiterhin auf, dass die Formulierung zwar im heutigen Text pluralisch (חטאו) formuliert ist, sich die Erwähnung des Bäckers syntaktisch aber nur schlecht in den Satz einfügt. Auch dies könnte ein Hinweis darauf sein, dass Gen 40,1* und Gen 41,9b literarisch zusammenhängen und beide ursprünglich nur auf das Verfehlen des Mundschenken verwiesen haben, der allein ja auch in Gen 41,9b seiner Sünde gedenken wird. Erst noch später könnte ein weiterer Bearbeiter den Bäcker, der sich gemeinsam mit dem Mundschenken in Gewahrsam befindet (Gen 40,2f), in V. 1 vermisst und nachgetragen haben.[201] So würde sich auch der zweifache Verweis auf den König von Ägypten in je unterschiedlicher grammatischer Konstruktion erklären lassen. Von ihnen verweist nur die Formulierung חטאו [...] לאדניהם למלך מצרים auf ein Sündigen *gegen* den König Ägyptens (vgl. anders Gen 41,9b!). Die Genitivkonstruktion משקה מלך־מצרים identifiziert den Mundschenken demgegenüber lediglich als Knecht Pharaos, der sündigt.[202] Gegen

---

198 Vgl. zu dieser Verbindung bereits Jacob, Genesis, 744, der mit Blick auf Gen 41,9 darauf hinweist, das „ist eine selbstverschuldete Strafe: er hatte Josephs Unschuld nicht zur Sprache gebracht, so muß er es jetzt mit seiner eigenen Sünde". Vgl. ferner Levin, Jahwist, 279.282; Wenham, WBC, 391; Brueggemann, Genesis, 339; Kebekus, Joseferzählung, 54f; Hamilton, NIC.OT, 490, oder Seebass, Josephsgeschichte, 67.

199 Vgl. bereits Holzinger, KHC, 231, oder Gunkel, HK, 430.

200 Vgl. hierzu vor allem Levin, Jahwist, 279f.282f.

201 Anders Jacob, Genesis, 734, der annimmt, dass die Erwähnung des Bäckers deshalb so unschön nachklappe, weil der Schenk, der „dem König den Becher kredenzte, ihn unmittelbarer bediente als der Bäcker, der für den Tisch lieferte, [und] daher [...] auch im Folgenden die Hauptperson ist".

202 Vgl. hierzu Jacob, Genesis, 733, der darauf hinweist, dass der König von Ägypten „zum Genitiv von משקה gemacht worden" sei.
Anders etwa Seebass, Josefsgeschichte, 56, der meint, dass der Duktus im Großen klar sei: „Mundschenk und Bäcker *verfehlten sich am* König Ägyptens" (Hervorhebung durch die Verfasserin).

wen oder was sich sein Sündigen richtet, gibt die Formulierung חטאו משקה מלך־מצרים keinen Aufschluss.

Gen 40,1*.14.23:

¹ויהי אחר הדברים האלה חטאו משקה מלך־מצרים והאפה לאדניהם למלך מצרים:
¹⁴כי אם־זכרתני אתך כאשר ייטב לך ועשׂית־נא עמדי חסד והזכרתני אל־פרעה והוצאתני
מן־הבית הזה:
²³ולא־זכר שׂר־המשקים את־יוסף וישכחהו:

Gen 41,9:

⁹וידבר שׂר המשקים את־פרעה לאמר את־חטאי אני מזכיר היום:

Von der Formulierung Gen 40,14 hängt die Aussage Gen 40,15 ab. Sie setzt den Vers nicht nur syntaktisch, sondern auch sachlich voraus und interpretiert das הבית הזה aus V. 14 als בור. Mit diesem Stichwort verweist der Vers auf Gen 37, wo Josef von seinen Brüdern ebenfalls in eine Grube geworfen wurde, aus der ihn die Midianiter herausgezogen und an die Ismaeliter verkauft haben. Für einen Zusammenhang von Gen 40,15 insbesondere mit der Notiz Gen 37,28*[203] spricht neben dem Verweis auf die Grube auch die Tendenz, die Brüder von der Schuld an Josefs Verschleppung nach Ägypten befreien zu wollen. Denn nach Aussage von V. 15 wurde Josef nicht – wie etwa in Gen 45,4 – von seinen Brüdern nach Ägypten verkauft, sondern aus dem Land der Hebräer[204] gestohlen (גנב גנבתי). Josef selbst ist beide Male „nichts als Opfer. Im Hintergrund bohrt die Frage, was Josef sich mag haben zuschulden kommen lassen, wenn Gott ihn mit solchem Geschick straft. Die glückliche Lösung folgt in 41,14aβ"[205].

Gen 37,28*:

²⁸ויעברו אנשים מדינים סחרים וימשכו ויעלו את־יוסף מן־הבור וימכרו את־יוסף לישמעאלים
בעשׂרים כסף ויביאו את־יוסף מצרימה:

---

203 So u. a. Levin, Jahwist, 280; Seebass, Josephsgeschichte, 58, oder Ruppert, FzB, 200. Die ältere Forschung verstand V. 15b zumeist als Einsprengsel von J; vgl. hier bspw. Gunkel, HK, 427. Allerdings weist V. 15 an sich weder sachliche noch sprachliche Spannungen auf, die zu einer literarischen Scheidung nötigen. Vielmehr sind beide Halbverse inhaltlich stark aufeinander bezogen und zumindest V. 15b kommt nicht ohne die Erklärung V. 15a aus.
204 Zur Diskussion um die Bezeichnung ארץ העברים vgl. Redford, Study, 201f.
205 Levin, Jahwist, 280f.

Gen 40,14f*:

14 כי אם־זכרתני אתך כאשר ייטב לך ועשית־נא עמדי חסד והזכרתני אל־פרעה והוצאתני
מן־הבית הזה:

15 כי־גנב גנבתי מארץ העברים וגם־פה לא־עשיתי מאומה כי־שמו אתי בבור:

Mit diesen Beobachtungen zu V. 15 beschließen wir die Betrachtung der kontextuellen Einbettung und widmen uns der Frage, wie sich die Rückbindung der Interpretation an Elohim in V. 8 zu den aktiv auf Josef bezogenen Formulierungen von V. 16.22 (פתר) verhält.

(b) Die Träume von Bäcker und Mundschenk und ihre Deutung durch Josef bzw. Elohim

Die Deutung bzw. Lösung von Träumen[206] wird in der Josefsgeschichte durch die Wurzel פתר ausgedrückt. Sie ist im Alten Testament nur in Gen 40f und dort an zwölf Stellen belegt. Dabei findet sich die Wurzel sieben Mal als Verb פתר (Gen 40,8.16.22; Gen 41,8.12–13.15) und fünf Mal als Nomen פתרון (Gen 40,5.8.12.18; Gen 41,11).

Synonym verwandt wird im AT die Wurzel פשר. Für sie finden sich atl. 34 Belege, davon 33 im Buch Daniel (Dan 2,4–7.9.16.24–26.30.36.45; Dan 4,3–4.6.15–16.21; Dan 5,7–8.12.15–17.26; Dan 7,16) und ein weiterer in Kohelet, näherhin Koh 8,1. In den angeführten Versen erscheint die Wurzel in 32 Fällen als Nomen פשר und nur in zwei Fällen, nämlich Dan 5,12.16, als Verb. Betrachtet man alle verbalen Belege im Zusammenhang, ist zunächst auffällig, dass sich einzig die Wurzel פתר als finites Verb finden lässt (Gen 40,16.22; Gen 41,12f), während die verbalen Belege der Wurzel פשר sich auf eine Partizipialform und einen Infinitiv (Dan 5,12 [Part. Pael msk. Sg. cstr.].16 [Inf. cstr. Peal]) beschränken. Stattdessen ist im Buch Daniel – gegen die Genesis, aber im Einklang mit Kohelet – das 31 Mal belegte Nomen[207] פשר in der Regel mit einem von der Wurzel selbst abweichenden Verb des Sprechens bzw. Kundtuns (חוה[208], ידע[209], אמר[210]) verbunden.

---

206 Zur Traumdeutung vgl. allgemein Graf, *Divination/Mantik*, 883–886; Richter, *Traum*, 202–220; Frenschkowski, *Traum II*, 33–37; Fabry/Dahmen, פתר, 810–816; Albani, *Traum/Traumdeutung*, 563–566, und spezifischer Zgoll, *Traum und Welterleben im antiken Mesopotamien. Traumtheorie und Traumpraxis im 3. – 1. Jahrtausend v. Chr. Als Horizont einer Kulturgeschichte des Traumes*, AOAT 333, Münster 2006.
207 Dan 2,4–7.9.16.24–26.30.36.45; 4,3f.6.15f.21; 5,7f.12.15–17.26; (7,16).
208 Dan 2,4.6f.9.16.24; 5,7.12.15.
209 Dan 2,9.25f.; 4,3f.15; 5,8.15–17; 7,16.
210 Dan 4,6.

Nach den o. a. Beobachtungen ist demnach einzig die in der Genesis verwendete Wurzel פתר als aktive, finite Verbform belegt, die nicht ausdrücklich zwischen Interpretationsakt und Interpretationsverkündigung zu differenzieren scheint. Anders verhält es sich bei den Belegen der Wurzel פשר. Sie wird im Daniel-Buch und in Koh 8,1 überwiegend als Nomen verwendet und mit den Verben חוה, ידע oder אמר verbunden. Damit ist die Interpretation von der Verkündigung getrennt.[211] Inwiefern diese Beobachtung für eine diachrone Differenzierung in Gen 40f von Bedeutung sein könnte, soll die folgende Untersuchung konkreter Textbeispiele verdeutlichen.

Der Textbefund in Gen 40

Beginnen wir mit der Begegnung Josefs mit Bäcker und Mundschenk in Gen 40,6–8. Hier wird uns zunächst mitgeteilt, dass Josef des Morgens zu ihnen kam und sah, dass sie jämmerlich waren. Aus diesem Grund fragt er sie in V. 7b in direkter Rede, warum ihre Gesichter so schlecht aussähen. Dabei stimmt die Frage Josefs in V. 7 (רע) mit seiner Beobachtung aus V. 6 (זעף) terminologisch nicht überein.[212] Die Wurzel זעף als Part. msk. Pl. Qal und in der Bedeutung „jämmerlich, mürrisch" (sonst: zornig) kommt nur ein weiteres Mal im Alten Testament vor, näherhin in Dan 1,10. Im Vergleich mit Dan 1,10 ist überdies bemerkenswert, dass das Partizip dort neben der Wurzel ראה und bezogen auf das suffigierte Nomen פניכם „eure Gesichter" erscheint. Damit zeigt Dan 1,1 weitere Berührungspunkte mit den Aussagen von Gen 40,6f, wo Josef zunächst bemerkt, dass die Beamten *jämmerlich* aussahen und sich dann danach erkundigte, warum die Gesichter der königlichen Beamten (פניכם) *schlecht* aussähen.

Ebenfalls auffällig ist, dass die Beamten Pharaos, die in der Josefsgeschichte eigentlich unter dem Oberbegriff שרים (14 Belege in Gen 40f[213]) zusammengefasst werden, in Gen 40,7 (vgl. nur noch Gen 40,2) unvermittelt mit dem Titel[214] סריסים

---

211 Die einzige Ausnahme stellen hier die Belege in Dan 5,12.14 dar. Dass auch bei jenen Aussprüchen Beltschazars die Interpretation nicht eigentlich durch Daniel, sondern durch Gott selbst erfolgt, geht jedoch deutlich aus der jeweils vorangehenden Erklärung hervor (Dan 5,11.14), in Daniel sei der Geist der Götter gefunden worden, der sich u. a. in seiner Fähigkeit, Träume zu deuten, manifestiere.

212 Diesen Unterschied bemerkt bereits Jacob, Genesis, 735, und glaubt, der Terminus wechsele, weil Josef sich allgemeiner halte, da er die Ursache nicht kenne.

213 Näherhin in Gen 40,2–4.9.16.20–23; 41,9–10.

214 Vgl. auch den hiervon abweichenden Begriff עבד in Gen 40,4; 41,10.12(.37f).

vorgestellt werden, wie er für Dan 1 (7 Belege[215]) – insbesondere in Kombination mit der Näherbestimmung שׂר (6 Belege) – bezeichnend ist.

Gen 40,6–7:

⁶ויבא אליהם יוסף בבקר וירא אתם והנם זעפים:

⁷וישאל את־‎סריסי‎ פרעה אשר אתו במשמר בית אדניו לאמר מדוע פניכם רעים היום:

Dan 1,10:

סריס 2x in Gen 40   סריס 7x in Dan 1
שׂר 16x in Gen 40f   שׂר הסריסים 6x in Dan 1

¹⁰ויאמר ‎שׂר הסריסים‎ לדניאל ירא אני את־אדני המלך אשר מנה את־מאכלכם ואת־משתיכם אשר למה יראה את־פניכם זעפים מן־הילדים אשר כגילכם וחיבתם את־ראשי למלך:

Auf die Frage Josefs aus V. 7 folgt in V. 8a die Antwort der königlichen Beamten. Bäcker und Mundschenk berichten Josef, einen Traum gehabt zu haben, für den es keinen Deuter gebe. Die Formulierung ופתר אין אתו erinnert an Gen 41,8. Dort zieht Pharao zur Deutung seiner Träume die Zauberer und Weisen heran, muss jedoch feststellen, dass ein Deuter für seine Träume unter ihnen nicht zu finden ist (ואין־פותר אותם).

Gen 40,8:

⁸ויאמרו אליו חלום חלמנו ופתר אין אתו ויאמר אלהם יוסף הלוא לאלהים פתרנים ספרו־נא לי:

Gen 41,8:

⁸ויהי בבקר ותפעם רוחו וישלח ויקרא את־כל־חרטמי מצרים ואת־כל־חכמיה ויספר פרעה להם את־חלמו ואין־פותר אותם לפרעה:

Im Zusammenhang von Gen 46,6–8 ist der Verweis auf die fehlenden Interpreten bereits deshalb schwierig, weil die Zeitangaben V. 5aβ.6a darauf hindeuten, dass die Deutung Josefs relativ unmittelbar auf den Traum der Beamten gefolgt sein muss. Zudem befinden sich die ägyptischen Beamten ja in Gefangenschaft und werden somit, anders als Pharao in Gen 41, kaum die Möglichkeit gehabt haben, einen anderen Interpreten als Josef überhaupt aufzusuchen.[216] Das Motiv der unfähigen Deuter geht im Erzählzusammenhang von Gen 40 demnach ins Leere.

Nicht ganz einfach mit V. 8a zu vereinbaren ist die Aussage von V. 8b. Denn hatte Josef den Beamten zunächst in Antwort auf ihre Aussage von V. 8a die vor-

---

215 Dan 1,3.7–11.18.
216 Vgl. hierzu bereits Jacob, Genesis, 735; vgl. in jüngerer Vergangenheit auch Hamilton, NIC.OT, 476.

wurfsvolle Frage gestellt, ob Deutungen nicht Elohim vorbehalten seien (V. 8bα), fährt er in V. 8bβ mit der unbekümmerten Aufforderung fort, sie mögen ihm doch von ihren Träumen berichten.[217] Die programmatisch vorangestellte Distanzierung Josefs von der Interpretation[218] in V. 8bα wirkt dabei im Zuge der in Gen 40,16.22 aktiv auf Josef bezogenen Wurzel פתר Perfekt Qal nicht ganz spannungsfrei.

Gen 40,8f.16.22:

⁸ ויאמרו אליו חלום חלמנו ופתר אין אתו ויאמר אלהם יוסף הלוא לאלהים פתרנים ספרו־נא לי:

⁹ ויספר שר־המשקים את־חלמו ליוסף ויאמר לו בחלומי והנה־גפן לפני:

¹⁶ וירא שר־האפים כי טוב פתר ויאמר אל־יוסף אף־אני בחלומי והנה שלשה סלי חרי על־ראשי:

²² ואת שר האפים תלה כאשר פתר להם יוסף:

Eine ausdrückliche Rückbindung der Traumdeutung an Gott findet sich auch im Buch Daniel, näherhin in Dan 2,27ff[219]. Dort weist Daniel den babylonischen König Nebukadnezar darauf hin, dass kein Weiser auf Erden seinen Traum bzw. sein Geheimnis (רז) zu deuten vermag. Es gebe jedoch einen Gott im Himmel, der Geheimnisse offenbare. Und dies weiß Daniel deshalb so genau, weil Gott selbst es war, der ihm in Dan 2,19a den Traum bzw. das Geheimnis Nebukadnezars offenbart hat. Die Vorstellung einer göttlichen Traumdeutung ist demnach in Dan 2 ausdrücklich mit einer numinosen Offenbarung verbunden, auf die sich Daniel bei seiner Deutung stützen kann. Der ausdrückliche Verweis auf den göttlichen Ursprung von Traum (vgl. Dan 2,2ff) und Auslegung ist in Dan 2 entsprechend fester verankert als in der Genesis,[220] wo er zudem in einem spannungsvol-

---

217 Vgl. hierzu insbesondere Schweizer, Josefsgeschichte, 152.
Ähnlich Fox, *Joseph*, 245, der meint, die Frage sei „a pious disclaimer but not exactly a modest one, for even as Joseph denies that he has special skills he is claiming to possess a very significant power: divine guidance. This is the source of Joseph's self-confidence, but the disclaimer has tactical value too".
218 Vgl. hierzu sachlich die Beobachtung von Seebass, Josephsgeschichte, 57, dass „Joseph diese herkömmliche Auffassung [sc. der Traumdeutung] mit seiner hebräischen Unmittelbarkeit zu Gott" kontrastiere. Zur programmatischen Stellung der Aussage vgl. ferner Beyerle, *Joseph*, 59f.
219 Zu einer Identifikation von Dan 2 und Gen 41 mit Aarne-Thompson Typ 922 vgl. insbesondere die Untersuchung von Niditch/Doran, *Story*, 180–193. Vgl. ferner Westermann, BK, 86; Fox, *Joseph*, 258–261 („The Disgrace and Rehabilitation of a Minister"); Hamilton, NIC.OT, 509; Gnuse, *Dream*, 40, oder Rindge, *Reconfiguration*, 90.
220 Vgl. hierzu insbesondere die Beobachtungen von Hamilton, NIC.OT, 496.

len Verhältnis zu den aktiv auf Josef bezogenen Formulierungen von Gen 40,16.22 steht.[221]

Es wäre mit Blick auf die o. a. Beobachtungen zunächst zu erwägen, ob der in V. 8 geäußerte theologische Vorbehalt nicht erst nachträglich in den Kontext von Gen 40 eingetragen worden sein könnte. Der Autor des Verses stößt sich offenbar an der aktiv-finiten Verwendung der Wurzel פתר in Gen 40,16.22, aus welcher der göttliche Ursprung der Traumdeutung nicht eindeutig zu ersehen ist. Er war für den Autor der älteren Erzählung wohl noch selbstverständlich, scheint nun allerdings für einen späteren Bearbeiter zum Problem geworden und muss deshalb ausdrücklich zur Sprache gebracht werden. Es gibt keinen menschlichen Deuter, weil alle Deutungen Gott vorbehalten sind. Der Verweis auf den göttlichen Ursprung der Deutungen ist dabei allen Deutungen Josefs programmatisch vorangestellt und führt dem Leser so vor Augen, dass Josef zwar als Subjekt zu פתר fungiert, sich die Befähigung, Traumdeutungen kundgeben zu können, aber einzig seinem herausragenden Gottesverhältnis verdankt.

Angesichts des Zusammenfallens von literarkritischen Spannungen in Gen 40,6–8 mit sprachlich-sachlichen Übereinstimmungen mit Dan 1f mag die Annahme überdies erwogen werden, ob dem Autor der theologisierenden Bearbeitung in Gen 40 die o. a. Aussagen aus dem Danielbuch nicht bereits vorgelegen haben könnten. Unter Rückgriff auf Daniel 1f, in dem eine ähnliche Ambivalenz bereits im Grundbestand vermieden ist, könnte er so sein eigenes Anliegen untermauert haben (V. 6b.7a[ohne לאמר].8).

Gen 40,6–9:

⁶ויבא אליהם יוסף בבקר

וירא אתם והנם זעפים:

⁷וישאל את־סריסי פרעה אשר אתו במשמר בית אדניו

לאמר מדוע פניכם רעים היום:

⁸ויאמרו אליו חלום חלמנו ופתר אין אתו ויאמר אלהם יוסף הלוא לאלהים פתרנים

ספרו־נא לי:

⁹ויספר שר־המשקים את־חלמו ליוסף ויאמר לו בחלומי והנה־גפן לפני:

Dan 1,10:

¹⁰ויאמר שר הסריסים לדניאל ירא אני את־אדני המלך אשר מנה את־מאכלכם ואת־משתיכם

אשר למה יראה את־פניכם זעפים מן־הילדים אשר כגילכם וחיבתם את־ראשי למלך:

---

221 Vgl. hierzu die Anmerkung von Rindge, *Reconfiguration*, 93: „Whereas Joseph claims that God is the source of his interpretation (Gen 41:16), Daniel's prayer demonstrates such a belief".

Dan 2,27–29*:

²⁷עַנֵה דָנִיֵּאל קֳדָם מַלְכָּא וְאָמַר רָזָה דִּי־מַלְכָּא שָׁאֵל לָא חַכִּימִין אָשְׁפִין חַרְטֻמִּין גָּזְרִין יָכְלִין
לְהַחֲוָיָה לְמַלְכָּא:

²⁸בְּרַם אִיתַי אֱלָהּ בִּשְׁמַיָּא גָּלֵא רָזִין וְהוֹדַע לְמַלְכָּא נְבוּכַדְנֶצַּר מָה דִּי לֶהֱוֵא בְּאַחֲרִית יוֹמַיָּא
חֶלְמָךְ וְחֶזְוֵי רֵאשָׁךְ עַל־מִשְׁכְּבָךְ דְּנָה הוּא:

²⁹אַנְתְּ מַלְכָּא רַעְיוֹנָךְ עַל־מִשְׁכְּבָךְ סְלִקוּ מָה דִּי לֶהֱוֵא אַחֲרֵי דְנָה וְגָלֵא רָזַיָּא הוֹדְעָךְ מָה־דִי
לֶהֱוֵא:

Mit der theologischen Rückbindung der Traumdeutung an Elohim dürfte auch die
Eintragung der Nominalform פתרון in Gen 40,5.12.18 zusammenhängen, die zwischen Deuter und Deutung differenziert. Nicht Josef deutet die Träume, sondern
Gott. Josef aber ist dazu auserwählt, die göttliche Deutung, die die einzig wahre
ist (זה פתרנו, Gen 40,12.18), den Menschen zu übermitteln.²²²

Dass die Verwendung der Nominalform im Kontext von Gen 40 sekundär sein
dürfte, findet auch literarkritisch Anhalt. Hier ist zunächst die Wiederaufnahme
der Wurzel איש aus Gen 40,5a in Gen 40,5b zu erwähnen. Sie fügt der Aussage,
dass *ein jeder in derselben Nacht* träumte, den Vermerk hinzu, dass *ein jeder
gemäß der Deutung seines Traumes* träumte. Damit verschiebt sich der Akzent von
der temporalen Gleichzeitigkeit auf die exakte Bedeutung der Träume. Im Hintergrund der Formulierung איש כפתרון חלמו dürfte dabei die Vorstellung stehen, dass
der, der die Träume eingibt, auch der ist, der die Träume interpretiert. Wie es nur
einen Deuter gibt, so auch nur eine Deutung.

Noch ein weiteres Indiz könnte den sekundären Charakter der Formulierung
איש כפתרון חלמו in Gen 40,5 stützen. Hier ist an eine ähnlich lautende Formulierung in Gen 41 gedacht, die sich dort in V. 12 im Zusammenhang der Rede des
Obermundschenken an Pharao findet. Die Rede des Obermundschenken beginnt
in V. 9. Er erinnert sich an seine Gefangenschaft im Hause des שר הטבחים, bei
dem Josef als עבד fungierte. Als er – und der mit ihm gefangene Oberbäcker –
einen Traum träumten, vermochte Josef ihnen ihre Träume zu deuten: ויפתר־לנו
את־חלמתינו איש כחלמו פתר (Gen 41,12). Auffällig ist im Zusammenhang der Rede
des Obermundschenken, dass er zwar in Einklang mit Gen 40,5 berichtet איש
כפתרון חלמו חלמנו (Gen 41,11). Im Rahmen der Deutung Josefs aber ist nicht darauf
verwiesen, dass er ihnen die Träume gemäß der Deutung wiedergab. Vielmehr

---

222 Vgl. hierzu Levin, Jahwist, 281.287f, der in Gen 40–41 eine weisheitliche Bearbeitung („Josefs von Gott geschenkte Weisheit") herausstellt, die große Ähnlichkeiten mit der hier vorgestellten Überarbeitung des Grundbestandes zeigt. Auch Levin sieht Übereinstimmungen mit dem
Danielbuch und nimmt deshalb an, der „Josef des Ergänzers ist eine Art Zwilling des apokalyptischen Daniels" (Levin, Jahwist, 281).

deutete er jedem Beamten seinen Traum: ויפתר־לנו את־חלמתינו איש כחלמו פתר. Während demnach in Gen 40,5; 41,11 die Betonung auf dem Nomen פתרון selbst liegt, betont Gen 41,12 die Tatsache, dass Josef einem jeden seinen Traum zu deuten vermochte. Weil seine Deutungen richtig waren, preist der Obermundschenk Josef vor Pharao an.

An der oben zitierten Formulierung in Gen 41,12 könnte sich die Eintragung der Aussage איש כפתרון חלמו in Gen 40,5; 41,11b orientieren. Der Autor knüpft dabei an die aktiv auf Josef bezogene Aussage, ויפתר־לנו את־חלמתינו איש כחלמו פתר, an und stellt ihr die nominale Wendung כפתרון חלמו entgegen. Die nominale Aussage löst den Akt der Interpretation von Josef und legt die Deutung nun verbindlich fest, die sie zudem ausdrücklich im Prozess des Träumens verortet. Bereits im Moment, da der Traum geträumt wird, beinhaltet der Traum seine פתרון. Diese ist von Elohim festgelegt. Denn er ist der einzige פותר.

Gen 40,5*:

⁵ ויחלמו חלום שניהם איש חלמו בלילה אחד איש כפתרון חלמו המשקה והאפה אשר למלך מצרים אשר אסורים בבית הסהר:

Gen 41,11–12*:

¹¹ ונחלמה חלום בלילה אחד אני והוא איש כפתרון חלמו חלמנו:

¹² ושם אתנו נער עברי עבד לשר הטבחים ונספר־לו ויפתר־לנו את־חלמתינו איש כחלמו פתר:

Im Falle der Formulierungen von Gen 40,12.18 (זה פתרנו) könnte ebenfalls ein Blick auf die Deutung des Pharaotraumes in Gen 41,26aα weiterführend sein. Denn obwohl die Deutungen in Gen 40f auffällig parallel gestaltet sind, enthält die Deutung Gen 41,26 entgegen den Ausführungen von Gen 40,12.18 nicht die Formulierung זה פתרנו. Stattdessen interpretiert Josef die Bedeutung der im Traum vorkommenden Zahlen lediglich als einen bestimmten Zeitraum: Die sieben schönen Kühe – sieben Jahre sind sie. Vor dem Hintergrund dieser Beobachtung ergibt sich zunächst ein sachlicher Überhang der Aussagen in Gen 40,12.18 um die nominale Formulierung פתרון, die innerhalb von Gen 40 auch aus inhaltlichen Erwägungen heraus einen sekundären Charakter aufwies. Auch von Gen 41 aus betrachtet erscheint die Formulierung זה פתרנו in Gen 40,12.18 damit als Nachtrag.[223]

---

223 Vgl. ähnlich Levin, Jahwist, 281.

Gen 40,12.18:

וַיֹּאמֶר לוֹ יוֹסֵף [זֶה פִּתְרֹנוֹ] שְׁלֹשֶׁת הַשָּׂרִגִים שְׁלֹשֶׁת יָמִים הֵם:

וַיַּעַן יוֹסֵף וַיֹּאמֶר [זֶה פִּתְרֹנוֹ] שְׁלֹשֶׁת הַסַּלִּים שְׁלֹשֶׁת יָמִים הֵם:

Gen 41,26*:

שֶׁבַע פָּרֹת הַטֹּבֹת שֶׁבַע שָׁנִים הֵנָּה וְשֶׁבַע הַשִּׁבֳּלִים הַטֹּבֹת שֶׁבַע שָׁנִים [הֵנָּה חֲלוֹם אֶחָד הוּא]:

Für Gen 40 kann demnach abschließend festgehalten werden, dass ein älterer Traumdeutungsbericht in Gen 40 (V. 1aα.2.3aα.4.5aα.6a.7a[nur לֵאמֹר].b.8bβ.9–11[224].12[ohne זֶה פִּתְרֹנוֹ].13.16–17.18[ohne זֶה פִּתְרֹנוֹ].19[225]–22[226]) wohl erst nachträglich um Formulierungen ergänzt wurde, die die Interpretation der Träume explizit auf Gott selbst zurückführen (Gen 40,5aβ.6b.7a[ohne לֵאמֹר].8abα.12[nur זֶה פִּתְרֹנוֹ].18[nur זֶה פִּתְרֹנוֹ]).[227] Auslöser für eine solche Entwicklung dürfte die Verwendung aktiver Verbalformen (Gen 40,16.22 פתר) in der älteren Erzählung gewesen sein, in denen der göttliche Ursprung der Traumdeutung vermutlich impliziert, nicht aber explizit zum Ausdruck gebracht ist. Dies holt ein späterer Bearbeiter nach. Er trägt nominale Formen in den Kontext der Erzählung ein und trennt die Interpretation von ihrem Sprecher: Dies ist die Interpretation! Nicht die Interpretation Josefs, sondern die einzig mögliche! Dass eine Interpretation von Träumen nicht losgelöst von der numinosen Sphäre gedacht werden kann, wird dem Autor der Grundschicht noch selbstverständlich gewesen sein und wird dem Leser nun mit der allen Deutungen programmatisch vorangestellten Formulierung הֲלוֹא לֵאלֹהִים פִּתְרֹנִים (V. 8b) auch unmissverständlich mitgeteilt. Durch den Rückgriff auf Sprache und Motive der sachlich verwandten Daniel-Erzählungen, in denen mit der durchgängigen Verwendung von Nominal- bzw. nominalen Verbformen eine ähnliche Mehrdeutigkeit bereits in der vormakkabäischen Komposition[228]

---

224 Levin, Jahwist, 281, scheidet עלתה נצה V. 10 als Glosse aus, da Subjekt und Verb eine Genus-Inkongruenz aufwiesen. Das Bild selbst passt sich jedoch zwanglos in den Kontext ein. Für die hier vertretene Einheitlichkeit der V. 9–11 plädieren u. a. Ruppert, FzB, 198f; Westermann, BK, 74; Gunkel, HK, 429–431; von Rad, ATD, 324–326.

225 Zur Ausscheidung der Formulierung מעליך als möglicher Dittographie vgl. insbesondere Levin, Jahwist, 281. Ähnlich u. a. Skinner, Genesis, 463, oder Ruppert, FzB, 201. Anders z.B. Schweizer, Josefsgeschichte, 15f.

226 Zur Diskussion um den „Geburtstag" Pharaos vgl. insbesondere Redford, Study, 205f, oder Schmitt, Josephsgeschichte, 138f.

227 Vgl. Levin, Jahwist, 281.

228 Der Terminus Komposition bezieht sich hier auf die ursprünglich wohl selbständigen Erzählungen Dan 2-6* und deren redaktionelle Verknüpfung durch die Exposition Dan 1* sowie die redaktionellen Nahtstellen Dan 2,13–23.26.39a.48b.49; 3,29f; 3,31–33; 4,14b.31f; 5,(2f.)11–13.14f.18–24.26–28.30; 6,1.26–28.29. Vgl. hierzu ausführlich Kratz, Translatio, 95.

Dan 1–6* vermieden ist, könnte der Aspekt einer gottgegebenen Interpretation in Gen 40 untermauert worden sein.

Dass die genannten Gemeinsamkeiten zwischen Josef und Daniel nicht auf mögliche Formen mündlicher Überlieferung zurückzuführen sein dürften, zeigt sich neben den mitunter exakt wörtlichen Übereinstimmungen vor allem in der auffälligen Verteilung möglicher Anspielungen auf das Danielbuch (vgl. auch Gen 41). Denn die in der Detailanalyse aufgezeigten Gemeinsamkeiten beschränken sich auf jene Abschnitte, in denen die Interpretation der Deutung an Elohim (vgl. Daniel: Elah) zurückgebunden wird. In allen übrigen Abschnitten, in denen die Erzählungen Gen 40 und Gen 41 auch parallel gestaltet sind und in Form bzw. Gattung ebenfalls mit den Erzählungen über Daniel (oder Achikar) vergleichbar sind, zeigen sich hingegen über das allgemeine Motiv der Traumlösung hinaus keine markanten Übereinstimmungen.

Ein Problem bei dieser Einschätzung ist freilich die angenommene Schnittmenge mit den hebräischen Aussagen von Dan 1–2,4a. Dann nämlich stellt sich die Frage, ob die entsprechenden Aussagen bereits in hebräischer Form vorlagen. Sollte dies der Fall gewesen sein, kommt die hier vorgeschlagene literarische Entwicklung mit der im Aristeasbrief in die Regierungszeit Ptolemaios II. (285–246 v. Chr.) datierten Übersetzung der Tora ins Griechische in Konflikt. Denn geht man mit der Mehrheit der Exegeten davon aus, dass es sich bei Dan 1 um die hebräische Übersetzung einer aramäischen Vorlage handelt, die mit der Anfügung von Dan 8 in einem direkten literarischen Zusammenhang steht, wäre die hebräische Version von Dan 1 jünger zu datieren als die Übersetzung der Tora ins Griechische. Dan 8 nämlich, so die Annahme, zeige in V. 9–13 Anspielungen auf die Regierungszeit von Antiochus IV. Epiphanes und müsse dementsprechend zwischen 167 und 164 v. Chr. datiert werden.

Doch sind auch die Überlegungen zur Übersetzung der Tora ins Griechische und zur literarischen Entstehung von Dan 1 mit Unwägbarkeiten verbunden. So wissen wir von der Übersetzung der Tora zwar aus dem Brief des Aristeas. Doch kann über die historische Glaubwürdigkeit seiner zeitlichen Verortung keine definitive Aussage getroffen werden. Materielle Zeugen einer Übersetzung, die in die Zeit Ptolemaios II. zu datieren sind, liegen u. W. nicht vor. Und auch die Annahme zur literarischen Entstehungsgeschichte von Dan 1 ist letztlich nur eine Hypothese. Am Text von Dan 1 selbst ist nur schwer mit Sicherheit zu belegen, dass es sich tatsächlich um eine Übersetzung aus dem Aramäischen handeln *muss*. Es kommt hinzu, dass mit Blick auf den angenommenen direkten Zusammenhang von Dan 1 (hebr.) und Dan 8 für beide Texte ein gemeinsamer Autor anzunehmen wäre. Auch hierfür müssten allerdings erst noch Kriterien aufgestellt werden, die differenziert aufzeigen können, dass die Formulierungen in beiden Abschnitten notwendig auf die gleiche Hand zurückzuführen wären und keinen anderen Schluss als diesen zuließen.

Solange in diesen Fragen keine eindeutige(re)n Aussagen getroffen werden können, ist die oben skizzierte Annahme zumindest nicht grundsätzlich auszuschließen.

Ergebnis

Fassen wir den Ertrag zu Gen 40 kurz zusammen. Das Kapitel in seiner jetzigen Fassung dürfte als Resultat eines längeren Fortschreibungsprozesses zu betrachten sein. Den ältesten Kern wird eine Erzählung darstellen, in der Josef der Knecht des שׂר הטבחים war. Jener hat ihn in Gen 39,1* zunächst von den Ismaelitern erworben, die Josef laut Gen 37,28*; 39,1bβ nach Ägypten hinabgeführt haben. Der שׂר הטבחים setzt Josef in Gen 39,4 über sein Haus und gibt ihm alles in die Hand. Der Erzählabschnitt setzt sich in Gen 40 fort, wo der Obermundschenk und der Oberbäcker von Pharao in das Haus des שׂר הטבחים gegeben werden. In Gefangenschaft sind sie Josef unterstellt, der ihnen ihre Träume auslegt. Und wie er sie deutet, so geschieht es. Dieser älteste Kern dürfte die Abschnitte Gen 39,1bα(nur שׂר הטבחים איש מצרי ... ויקנהו).4; Gen 40,1aα(nur ויהי אחר הדברים האלה).2.3aα.4.5a(bis בלילה אחד).6a.7a(nur לאמר)b.9–11.12(ohne זה פתרנו).13.16–17.18(ohne זה פתרנו).19–22 umfasst haben und war wohl ursprünglich als direkte Fortsetzung der Exposition Gen 37[229] konzipiert.

Erst nachträglich dürfte sich die Versuchung Josefs in Gen 39* zwischen den Zusammenhang von Gen 37; 39,1*.4; 40 geschoben haben. Mit der Einfügung der Versuchung dürften auch die redaktionellen Notizen Gen 40,1aβb.3aβb.5b.14.23 zusammengehören. Sie setzen Josef als Gefangenen voraus und tragen neue Begrifflichkeiten in den Kontext ein. Beides führt im Gesamtverlauf von Gen 37; 39–41 zu Verständnisschwierigkeiten.

Noch jünger als die redaktionelle Verknüpfung von Gen 40 mit der Versuchung aus Gen 39 dürfte jene Bearbeitung sein, die die Traumdeutung ausdrücklich auf Elohim zurückführt. Die Bearbeitung setzt in V. 7 das Motiv der Gefangenschaft Josefs notwendig voraus und dürfte in Gen 40 die V.5aβ.6b.7a(ohne לאמר).8.12(nur זה פתרנו).18(nur זה פתרנו) umfasst haben. Der Autor der Bearbeitung stößt sich offenbar an den aktiv auf Josef bezogenen Formulierungen aus Gen 40,16.22, denen er nun nominale Formulierungen entgegenstellt und so den göttlichen Ursprung der Interpretation hervorhebt. Er dürfte für den Autor der Grunderzählung noch selbstverständlich gewesen sein, scheint für den Autor der Bearbeitung jedoch zum Problem geworden und wird wohl aus diesem Grund explizit zum Ausdruck gebracht. Die Formulierungen und Motive der Bearbeitung zeigen markante Übereinstimmungen mit Dan 1f. Es ist nach dem literarkritischen Befund von Gen 40 somit zumindest nicht auszuschließen, dass der Autor der Bearbeitung die entsprechenden Daniel-Abschnitte gekannt und auf sie zurückgegriffen haben könnte, um sein eigenes Anliegen zu untermauern.

---

229 Gen 37,3a.4a.12.13a.14b(ohne מעמק חברון).23a.25.28a(ab וימכרו)b.

Die relative Chronologie der Schichten in Gen 40:

¹ ויהי אחר הדברים האלה

חטאו משקה מלך־מצרים והאפה לאדניהם למלך מצרים:

² ויקצף פרעה על שני סריסיו על שר המשקים ועל שר האופים:

³ ויתן אתם במשמר בית שר הטבחים

אל־בית הסהר מקום אשר יוסף אסור שם:

⁴ ויפקד שר הטבחים את־יוסף אתם וישרת אתם ויהיו ימים במשמר:

⁵ ויחלמו חלום שניהם איש חלמו בלילה אחד

איש כפתרון חלמו

המשקה והאפה אשר למלך מצרים אשר אסורים בבית הסהר:

⁶ ויבא אליהם יוסף בבקר

וירא אתם והנם זעפים:

⁷ וישאל את־סריסי פרעה אשר אתו במשמר בית אדניו

לאמר מדוע פניכם רעים היום:

⁸ ויאמרו אליו חלום חלמנו ופתר אין אתו ויאמר אלהם יוסף הלוא לאלהים פתרנים

ספרו־נא לי:

⁹ ויספר שר־המשקים את־חלמו ליוסף ויאמר לו בחלומי והנה־גפן לפני:

¹⁰ ובגפן שלשה שריגם והיא כפרחת עלתה נצה הבשילו אשכלתיה ענבים:

¹¹ וכוס פרעה בידי ואקח את־הענבים ואשחט אתם אל־כוס פרעה ואתן את־הכוס על־כף

פרעה:

¹² ויאמר לו יוסף זה פתרנו שלשת השרגים שלשת ימים הם:

¹³ בעוד שלשת ימים ישא פרעה את־ראשך והשיבך על־כנך ונתת כוס־פרעה בידו כמשפט

הראשון אשר היית משקהו:

¹⁴ כי אם־זכרתני אתך כאשר ייטב לך ועשית־נא עמדי חסד והזכרתני אל־פרעה

והוצאתני מן־הבית הזה:

¹⁵ כי־גנב גנבתי מארץ העברים וגם־פה לא־עשיתי מאומה כי־שמו אתי בבור:

¹⁶ וירא שר־האפים כי טוב פתר ויאמר אל־יוסף אף־אני בחלומי והנה שלשה סלי חרי

על־ראשי:

¹⁷ ובסל העליון מכל מאכל פרעה מעשה אפה והעוף אכל אתם מן־הסל מעל ראשי:

¹⁸ ויען יוסף ויאמר זה פתרנו שלשת הסלים שלשת ימים הם:

¹⁹ בעוד שלשת ימים ישא פרעה את־ראשך מעליך ותלה אותך על־עץ ואכל העוף את־בשרך

מעליך:

²⁰ ויהי ביום השלישי יום הלדת את־פרעה ויעש משתה לכל־עבדיו וישא את־ראש שר

המשקים ואת־ראש שר האפים בתוך עבדיו:

²¹ וישב את־שר המשקים על־משקהו ויתן הכוס על־כף פרעה:

²² ואת שר האפים תלה כאשר פתר להם יוסף:

²³ ולא־זכר שר־המשקים את־יוסף וישכחהו: פ

Diachrone Differenzierung

I   *Die Geschichten über Josef (Gen 37*; 39–41*):*

Gen 37,3a.4a.12.13a.14b(ohne מעמק חברון).23a.25.28a(ab וימכרו)b;

Gen 39,1bα (nur שר הטבחים איש מצרי ... ויקנהו).4;

Gen 40,1aα(nur ויהי אחר הדברים האלה).2(ohne על שני סריסיו).3aα.4.5a(bis בלילה אחד).6a.7a(nur לאמר)b.9–11.12(ohne זה פתרנו).13.16–17.18(ohne זה פתרנו).19–22;

Gen 41,1(nur ויהי מקץ שנתים ימים ופרעה חלם).8(nur ויהי בבקר ותפעם רוחו).9a.10.11a.12–13.14(ohne ויריצהו מן־הבור).17–21*.25aα(nur ויאמר יוסף אל־פרעה).26aα.27aα.29–31*.34–36*.40–49*.53–54

II   *Die Versuchung Josefs:*

Gen 39,6b.7.10a.12.16.17(ohne כדברים האלה?).20;

Gen 40,1aβ(ohne אחר הדברים האלה)b.3aβb.5b.14.23;

Gen 41,9b

II¹   *Rückverweis auf Gen 37,28*:*
      Gen 40,15

II¹   *Rückbindung der Traumdeutung an Elohim:*
      Gen 40,5a(nur איש כפתרון חלמו).2(nur על שני סריסיו).6b.7a(ohne לאמר).8.12(nur זה פתרנו).18(nur זה פתרנו);

Gen 41,1(ab והנה).2–7.8(ohne ויהי בבקר ותפעם רוחו).11b.15–16.24b.25b.28.32–33.37–39

3.3.3. Genesis 41: Josef vor Pharao

Gliederung

V. 1–7:	Pharao träumt
V. 8:	Pharao zieht seine Mantiker zur Traumdeutung heran, sie versagen
V. 9–13:	Der Mundschenk erinnert sich an Josef und empfiehlt ihn vor Pharao als Traumdeuter
V. 14:	Josef tritt vor Pharao
V. 15–24:	Pharao beschreibt seine Traumbilder vor Josef
V. 25–32:	Josef deutet die Traumbilder
V. 33–36:	Josef schlägt Pharao Maßnahmen zur Versorgung während der Hungerjahre vor
V. 37–45:	Josef wird von Pharao belohnt
V. 46:	Josefs Alter
V. 47–49:	Die sieben Jahre der Sättigung
V. 50–52:	Die Geburt der Söhne Josefs
V. 53–54:	Anbruch der Hungerjahre
V. 55–57:	Josef, der Ernährer Ägyptens und der Welt

Befund

In Gen 41 setzt sich das Thema der Traumdeutung aus Gen 40 fort. Nun allerdings sind es nicht mehr die königlichen Beamten, denen Josef ihre Träume auslegt, sondern Pharao selbst. Anders als in Gen 40 bei Bäcker und Mundschenk, erfährt der Leser von Pharao nicht nur, dass er träumt, sondern auch, wie er träumt. Denn der Wiedergabe des Traumes vor (Gen 41,15–24) und der Deutung des Traumes durch Josef (Gen 41,25–32) geht in Gen 41,1–8 zunächst eine Beschreibung des Traumes bzw. der Träume Pharaos voraus. „Nach zwei Jahren hatte der Pharao einen Traum: Siehe, er stand am Nil. Da stiegen sieben Kühe aus dem Nil herauf, von schönem Aussehen und fett im Fleisch, und sie weideten im Riedgras" (Gen 41,1f). Den sieben schönen Kühen folgen sieben magere Kühe, die die schönen Kühe verschlingen. Daraufhin wacht Pharao zunächst auf, schläft aber direkt wieder ein. In einem zweiten Traum erscheinen ihm sieben Ähren, die auf einem Halm wachsen, fett und schön. „Nach ihnen sprossen sieben Ähren, dünn und vom Ostwind versengt. Und die dünnen Ähren verschlangen die sieben fetten, vollen Ähren" (Gen 41,6f). Nachdem er ein zweites Mal aufwacht, diesmal am Morgen (Gen 41,7f; vgl. Gen 40,6), betrübt sich der Geist Pharaos über die ungedeuteten Träume. Deshalb sendet er hin und lässt alle Wahrsager und alle Weisen des Landes Ägypten rufen. Ihnen erzählt er seinen Traum (Sg.). Doch es befindet sich niemand unter ihnen, der sie (Pl.) zu deuten vermag. Wie den Beamten in Gen 40, fehlt also auch Pharao ein fähiger Mantiker.

Umso besser fügt es sich, dass der Obermundschenk sich wieder in den Diensten Pharaos befindet und sich an den hebräischen Sklaven erinnert, der im Dienste des שׂר הטבחים steht:

> Ich muss heute mein Sündigen gestehen: Der Pharao war über seine Diener zornig, und er gab mich und den Oberbäcker in das Haus des Obersten der Leibwache in Gewahrsam. Da hatten wir in derselben Nacht einen Traum, ich und er; jeder hatte einen Traum nach seiner Deutung. Nun war dort bei uns ein hebräischer junger Mann, ein Diener des שׂר הטבחים. Dem erzählten wir es, und er deutete unsere Träume, jedem deutete er seinen Traum. Und wie er sie uns gedeutet hat, so ist es gekommen (Gen 41,9–13).

Mit Blick auf diese positive Aussicht zögert Pharao nicht lange und lässt nach Josef senden, auf dass er auch ihm seinen Traum deute. In V. 14 wird Josef zu ihm gebracht. V. 15–32 beschäftigen sich mit den Traumbildern Pharaos und deren Deutung durch Josef. Dabei beginnt Pharao in V. 15 mit der Erklärung, dass er einen Traum gehabt habe, für den sich kein Deuter gefunden habe. Von Josef aber habe er gehört, dass er Träume höre, auf dass er sie deute. Dieser Annahme Pharaos widerspricht Josef vehement und erklärt, dass Traumdeutungen Angelegenheit Gottes seien (vgl. Gen 40,8). Beginnend mit V. 17 schildert Pharao Josef seine Traumbilder. Dabei entspricht die Einleitungsformel den Aussagen von Mundschenk und Bäcker in Gen 40,9.16: „In meinem Traum und siehe" (Gen 41,17). Was folgt, sind die beiden Traumbilder der Kühe und der Ähren, deren Darstellung grundsätzlich den Aussagen der Traumschilderung aus V. 1–7 entspricht. Entgegen der Schilderung aus V. 5f berichtet Pharao allerdings in V. 21f nicht, dass er nach dem Aufwachen wieder eingeschlafen sei. Stattdessen fährt er fort, von dem Traumgeschehen zu berichten, als wäre der Traum nie unterbrochen worden.

In V. 25–32 erfolgt die Deutung der zwei Traumbilder durch Josef. Er weist dabei in seiner direkten Rede einleitend darauf hin, dass es sich bei den zwei Motiven der Kühe und der Ähren um einen einzigen Traum handelt. „Der Traum Pharaos ist einer" (Gen 41,25). Dass der Traum von Gott gesandt ist, erklärt Josef im direkten Anschluss: „Was Gott tun wird, teilt er Pharao mit" (Gen 41,25). Erst im Anschluss wendet er sich der Bedeutung der Traumbilder zu. Dabei beginnt er, wie in Gen 40, mit einer Deutung der im Traum vorkommenden Zahl. „Die sieben schönen Kühe sind sieben Jahre, und die sieben schönen Ähren sind sieben Jahre; es ist ein und derselbe Traum" (Gen 41,26). Gleichermaßen verhält es sich mit den sieben schlechten Kühen. Die sieben schlechten Ähren hingegen stellt Josef nicht nur als sieben Jahre heraus, sondern interpretiert sie als sieben Jahre des Hungers. Damit geht die Aussage über die Erklärung der sieben Jahre hinaus und antizipiert bereits die Interpretation des guten bzw. schlechten Erscheinungsbildes in V. 29f. „Siehe, es kommen sieben Jahre, da wird große Sättigung im ganzen Land Ägypten sein. Nach ihnen aber werden sieben Jahre des Hungers kommen" (Gen 41,29f). So groß wird der Hunger sein, dass man darüber die Jahre der Sättigung vergessen wird (Gen 41,31). Die Deutung Josefs schließt in V. 32 neuerlich mit einem Hinweis auf Gott, der Pharao den Traum, der einer ist, zweimal hat schauen lassen. „Dass sich aber der Traum des Pharao wiederholt hat, bedeutet: Es ist bei Gott fest beschlossen, und bald wird Gott es tun".

Anders als in Gen 40 begnügt sich Josef in Gen 41 mit der bloßen Deutung der Träume vor Pharao nicht.[230] Darüber hinaus schlägt er ihm in V. 33–36 auch Maßnahmen vor, die die Bevölkerung in den schlechten Jahren vor einem Hungertod schützen sollen. Dabei legt er Pharao in V. 33 zunächst nahe, nach einem weisen und verständigen Mann zu suchen, den er über das Land Ägypten setzen möge. In V. 34–36 spricht er demgegenüber von einer Mehrzahl von Aufsehern, die der Pharao aussehen möchte, damit sie in den Jahren der Fülle Nahrung ansammeln, die in den Jahren des Hungers das Überleben sichern soll. Auf den Vorschlag bzw. die Vorschläge reagiert Pharao in V. 37ff positiv:

---

230 Vgl. hierzu auch die Beobachtung von Meinhold, *Gattung*, 317, dass es „singulär im Alten Testament [sei], daß der Deutung eines symbolischen Traumes ein Anwendungsratschlag angefügt ist, den der Deuter selbst gibt".

> Und diese Rede war gut in den Augen des Pharao und in den Augen aller seiner Diener. Und der Pharao sprach zu seinen Dienern: Können wir einen Mann wie diesen hier finden, in dem der Geist Gottes ist? Dann sprach der Pharao zu Josef: Nachdem dir Gott dies alles kundgetan hat, gibt es niemanden, der so weise und verständig wäre wie du (Gen 41,37–39).

Damit greift V. 39 auf die Aussage Josefs V. 33 zurück und lässt Pharao den Sohn Jakob-Israels als geeigneten Kandidaten für die Aufsicht über Land und Vorratspolitik erkennen. Es verwundert dementsprechend nicht, dass Josef in den V. 40–46 auf zahlreiche Weise erhöht und geehrt wird.

Mit V. 47 wird das Augenmerk wieder auf die Träume Pharaos gelenkt, deren Deutung durch Josef sich nun zu erfüllen beginnt. Deshalb werden in V. 48f die von ihm vorgeschlagenen Maßnahmen zur Vorratspolitik durchgeführt.

> Und er sammelte alles Getreide dieser sieben Jahre, die über das Land Ägypten gekommen waren, und brachte das Getreide in die Städte; in jede Stadt brachte er das Getreide der Felder, die sie umgaben. So speicherte Josef Korn wie Sand am Meer, in sehr großen Mengen, bis er aufhören musste, es zu messen, weil es nicht mehr zu messen war (Gen 41,48f).

Noch in den Jahren dieser Fruchtbarkeit werden Josef in V. 50–52 zwei Söhne geboren, Früchte seines Leibes, die ihm Asenat, die Tochter des Priesters von On, schenkt. In V. 53 gehen die guten Jahre zu Ende, V. 54 konstatiert summarisch den Beginn der Hungersnot: „Und es brachen die sieben Hungerjahre an, wie Josef gesagt hatte. Eine Hungersnot kam über alle Länder, im ganzen Land Ägypten jedoch gab es Brot". Obwohl demnach in Ägypten dank Josefs weiser Voraussicht Nahrung vorhanden ist, müssen nach V. 55 auch die Ägypter bald Hunger leiden. Aus diesem Grund schickt Pharao seine Untertanen zu Josef, dessen Weisungen sie befolgen sollen. V. 56 weitet den Blick wieder von Ägypten auf die ganze Welt und lässt Josef nicht nur als Brotgeber der Untertanen Pharaos, sondern der ganzen Welt erscheinen. Damit bereiten V. 56–57 auf die Ereignisse der Kapitel Gen 42ff vor, in denen sich die Brüder Josefs aufmachen werden, von ihm, dem Getreideverkäufer Ägyptens, Nahrung zu erwerben (Gen 42,1–6).

Der kurze Überblick zeigt, dass Gen 41 das vorauslaufende Kapitel Gen 40 nahtlos fortsetzt und mit dem Motiv der Hungersnot bzw. explizit dem Getreidetraum auf den Folgekontext Gen 42ff vorbereitet. Mit dem Motiv des Getreidetraumes bezieht sich das Kapitel überdies auf die Exposition der Josefsgeschichte in Gen 37,7 zurück. Dort hatte Josef einen Traum empfangen, in dem sich die Garben seiner Brüder vor seiner Garbe verneigen.

Thematisch beschäftigt sich Gen 41 – wie Gen 40 – mit der Deutung von Träumen. Auch in Anlage und Motivik zeigt Gen 41 große Übereinstimmungen mit jenem Kapitel. In diesem Zusammenhang ist mit Blick zurück auf unsere

Analyse von Gen 40 beachtenswert, dass *zum einen* Motive und Formulierungen aus Gen 40 wiederholt werden, die dort als sekundär bewertet wurden (z. B. expliziter Verweis auf Gott als Traumdeuter; die „anderen Traumdeuter"), *zum anderen* einige auffällige Unterschiede zu verzeichnen sind (z. B. doppelte Traumerzählung in Gen 41).

Im Kontext der Traumdeutung in Gen 41 ist ferner aufgefallen, dass dem Erzählzusammenhang nicht ganz deutlich zu entnehmen ist, von wie vielen Pharaoträumen eigentlich die Rede ist. Träumt Pharao zwei Träume, die dieselbe Deutung haben? Oder träumt er einen Traum in zwei Bildern, die jeweils dieselbe Bedeutung in sich tragen?

Mit Blick auf den oben skizzierten Befund wird sich die folgende Analyse auf einige Fragen besonders konzentrieren:
- Wie verhält sich Gen 41 zu seinem literarischen Umfeld?
- Wie viele Träume empfängt Pharao? Wie verhält sich der erste Traum bzw. das erste Traumbild zum zweiten?
- Inwiefern erlaubt ein Vergleich mit Gen 40 Rückschlüsse für die literarische Genese von Gen 41? Wie ist z. B. der Verweis auf Elohim als Traumdeuter vor dem Hintergrund von Gen 40 und mit Blick auf den literarischen Befund von Gen 41 auszuwerten?

Analyse

(a) Die Verknüpfungen mit dem literarischen Umfeld

Die Verbindung mit Gen 39; 40

Bereits über das Motiv der Träume ist Gen 41 mit der vorauslaufenden Erzählung Gen 40 verbunden. Hatte Josef dort den zwei pharaonischen Beamten ihren jeweiligen Traum korrekt ausgelegt, so darf er nun seine mantischen Fähigkeiten auch vor Pharao selbst unter Beweis stellen. Eine unmittelbare Verknüpfung zwischen beiden Kapiteln wird über die adverbiale Bestimmung ויהי מקץ שנתים ימים V. 1a[231] und die Rede des Mundschenken in Gen 41,9–13 hergestellt. Während

---

[231] Aufgrund dieser verbindenden Funktion klammert Westermann, BK, 88, V. 1a als redaktionelle Notiz aus und lässt die ursprünglich selbständige Erzählung Gen 41 mit V. 1b beginnen. Schwierig ist im Zusammenhang der Auslegung von Westermann, BK, 86f, vor allem die Annahme, die Herkunft aus einer unabhängigen Tradition sei für Gen 41 mit Blick auf die in Aarne-Thompson Type 922 dargelegten Schemata „nachgewiesen". Denn mit Blick auf die Typisierung

erstere um eine zunächst rein zeitliche Anknüpfung an den vorausstehenden Kontext bemüht ist, erklärt letztere, wie Pharao überhaupt von Josef erfahren hat und ihn als Traumdeuter in Betracht ziehen konnte.[232] Als sich nämlich der Geist Pharaos wegen seines nächtlichen Traums beunruhigt, erinnert sich der Oberste der Mundschenke an Josef, den Knecht des שׂר הטבחים, und an seine Befähigung zur Traumdeutung. Daraufhin lässt Pharao Josef an den Hof holen und ihn seinen Traum deuten. „V. 9–12 greift fast in jedem Wort auf [...] Cap. 40 zurück"[233].

Gen 40,20–22:

²⁰ויהי ביום השלישי יום הלדת את־‏פרעה‎ ויעשׂ משתה לכל־עבדיו וישׂא את־ראש שׂר
‏המשקים‎ ואת־ראש שׂר האפים בתוך עבדיו:

²¹ וישׁב את־שׂר המשקים על־משׁקהו ויתן הכוס על־כף פרעה:

²² ואת שׂר האפים תלה ‏כאשׁר פתר להם יוסף‎:

Gen 41,9–13*:

⁹וידבר ‏שׂר המשקים‎ את־‏פרעה‎ לאמר את־חטאי אני מזכיר היום:

¹⁰ פרעה קצף על־עבדיו ויתן אתי במשׁמר בית שׂר הטבחים אתי ואת שׂר האפים:

¹¹ ונחלמה חלום בלילה אחד אני והוא אישׁ כפתרון חלמו חלמנו:

¹² ושׁם אתנו נער עברי עבד לשׂר הטבחים ונספר־לו ויפתר־לנו את־חלמתינו אישׁ כחלמו
פתר:

¹³ ויהי כאשׁר פתר־לנו כן היה כן השׁיב על־כני ואתו תלה:

Explizite Stichwortverknüpfungen mit dem Kontext von Gen 40 zeigt im Rahmen der Rede Gen 41,9–12 die Aussage von V. 9b: את־חטאי אני מזכיר היום.[234] Hier greift die Wurzel חטא direkt auf den Beginn von Gen 40 zurück, wo dem Leser vermittelt wurde, dass sich der Mundschenk und der Bäcker des Königs von Ägypten gegen ihren Herrn, den König von Ägypten versündigten. Mit dem Verb זכר rekurriert die Aussage zudem auf die Bitte Josefs aus Gen 40,14.23. Dort hatte Josef den Obermundschenken zunächst in V. 14 gebeten, seiner vor Pharao zu gedenken und

---

ist lediglich erwiesen, dass ähnliche Erzählungen wie Gen 41 auch andernorts überliefert wurden. Ob damit Gen 41 eine ehedem selbständige Erzählung sein *muss*, kann ohne externe Evidenz höchstens vermutet, nicht aber mit Sicherheit postuliert werden.

232 Abwegig erscheint der Verf. die Interpretation von Green, *Determination*, 156, "[t]he servant, clearly, strives to give his information in such a way as to please and not offend Pharaoh". Dasselbe gilt für ihre aus den Formulierungen von Gen 40f insgesamt gewonnene Annahme, dass der Autor um eine negative Darstellung Pharaos im Sinne eines machtbesessenen Despoten bemüht ist; vgl. dies., *Determination*, 150.

233 Holzinger, KHC, 234; vgl. ähnlich Westermann, BK, 90.

234 Vgl. hierzu Ruppert, FzB, 220, oder Kebekus, Joseferzählung, 55.

ihn aus „diesem Haus" zu holen. In V. 23 jedoch hatte der Obermundschenk das Anliegen Josefs vergessen.

Der Verweis auf הבית הזה „dieses Haus" in Gen 40,14, aus dem Josef befreit werden möchte (והוצאתני), setzt sachlich das Motiv der Gefangenschaft Josefs voraus.[235] Wie bereits im Rahmen der kontextuellen Einbettung von Gen 39; 40 ausführlich erläutert wurde, dürfte diese Vorstellung dem Erzählzusammenhang von Gen 37*; 39–41* erst nachträglich zugewachsen und durch die redaktionellen Notizen Gen 40,1aβb.3aβb.5b.14.23 mit den älteren Traumberichten Gen 39–41* verknüpft worden sein.[236]

Im Zusammenhang jener redaktionellen Notizen dürfte dann auch die Aussage von Gen 41,9b zu verstehen sein, die stichwortartig mit Gen 40,1b.14.23 verwoben ist.[237] Der Vers wäre der Rede des Mundschenken demnach erst nachträglich zugefügt worden. Die Rede an sich[238], die in Gen 41,12 auch die Vorstellung Josefs als Knecht des שר הטבחים voraussetzt, ist hingegen bereits für den ältesten Zusammenhang von Gen 40; 41 unverzichtbar. Denn nur sie garantiert, dass Josef Pharao überhaupt vorgestellt wird.

Gen 39,1*.20:

¹ויוסף הורד מצרימה <u>ויקנהו</u> פוטיפר סריס פרעה <u>שר הטבחים</u> איש מצרי מיד הישמעאלים אשר הורדהו שמה:

²⁰ויקח אדני יוסף אתו ויתנהו אל־בית הסהר מקום אשר־אסורי המלך אסורים ויהי־שם בבית הסהר:

Gen 40,1–3*.14.23:

¹ויהי אחר הדברים האלה
חטאו משקה מלך־מצרים והאפה לאדניהם למלך מצרים:
²ויקצף <u>פרעה</u> על שני סריסיו על <u>שר המשקים</u> ועל <u>שר האופים</u>:
³ויתן אתם במשמר בית שר הטבחים
אל־בית הסהר מקום אשר יוסף אסור שם:
¹⁴כי אם־זכרתני אתך כאשר ייטב לך ועשית־נא עמדי חסד והזכרתני אל־פרעה והוצאתני מן־הבית הזה:
²³ולא־זכר שר־המשקים את־יוסף וישכחהו: פ

---

235 Vgl. bereits Dillmann, Genesis, 389.
236 Vgl. ausführlich oben 3.3.1. (a) und 3.3.2. (a).
237 Vgl. hierzu insbesondere Kebekus, Joseferzählung, 55.
238 Einen Nachtrag innerhalb der Rede des Mundschenken dürfte auch V. 11b darstellen. Vgl. hierzu oben 3.3.2. (b) zu Gen 40,5 und unten 3.3.3. (b).

Gen 41,9.12:

⁹וידבר שׂר המשׁקים את־פרעה לאמר

את־חטאַיׄ אני מזכיר היום:

¹²ושׁם אתנו נער עברי עבד לשׂר הטבחים ונספר־לו ויפתר־לנו את־חלמתינו אישׁ כחלמו

פתר:

Die Verbindung mit Gen 37; 42–45

Dürften mit den o. a. Formulierungen die grundlegenden Anbindungen an den direkt vorauslaufenden Kontext genannt sein, bleibt nach der Verknüpfung mit dem folgenden Erzählverlauf zu fragen. Hier fällt zunächst auf, dass zwischen Gen 41 und Gen 42 ein deutlicher Einschnitt zu verzeichnen ist.

> Bis zu den Ereignissen von Kap. 41 war Joseph und sein Ergehen der Gegenstand des Erzählers. Von Anfang an bis zu den wohltätigen Maßnahmen des Großwesirs hat der Leser die Gestalt Josephs nicht aus den Augen verloren. Mit Kap. 42 bricht diese Linie ab, und der Erzähler führt uns nach Palästina zu Jakob und seinen Söhnen zurück[239].

Trotz diesem erzählerischen Bruch stehen die Erzählfäden aus Gen 41 und Gen 42 nicht unverbunden nebeneinander. Sie sind vielmehr auf mehrfache Weise miteinander verwoben. So weist das in den Träumen angelegte Motiv des siebenjährigen Hungers, der sich in Gen 41,53–57* zu realisieren beginnt, voraus auf die Situation Jakobs und seiner Söhne in Gen 42–45.[240] Dabei bereitet der erste Traum über die Nilkühe[241] ganz allgemein auf den kommenden Hunger vor, während der zweite Traum über das Motiv der Ähren konkret die folgenden Reisen der Brüder antizipiert. Denn um Getreide zum Überleben zu sichern, sendet Jakob seine Söhne nach Ägypten.

Dass das Nebeneinander der beiden Traumbilder im Zusammenhang von Gen 41 nicht immer ganz spannungsfrei erscheint, hat sich bereits oben unter „Befund" angedeutet. So erfahren wir zunächst im Kontext des Traumes selbst (Gen 41,1–7), dass Pharao nach seinem ersten Traum aufwacht und sodann erneut einschläft. Nach Aussage von Gen 41,1–7 schläft und träumt Pharao demnach

---

239 Von Rad, ATD, 333.

240 Vgl. hierzu bereits Greßmann, *Ursprung*, 37.

241 Mit Bezug auf das Motiv der Kühe wies Redford, Study, 205, darauf hin: "A not uncommon cryptographic writing of the word for 'year' in Ptolemaic inscriptions employs the hieroglyphic symbol of the cow. For earlier periods no such value is attested for the sign. By what devious ways the cow hieroglyph received this symbolic connexion is not immediately apparent".

zweimal.[242] Etwas komplizierter verhält es sich bei der Wiedergabe des Geträumten vor Josef (Gen 41,15–24). Obwohl Pharao auch dort aufwacht (V. 21),[243] schläft er nicht wieder ein,[244] sondern fährt fort, in seinem Traum zu sehen: וארא בחלמי והנה שבע שבלים עלת (V. 22).

Darauf, dass es sich nicht um zwei Träume handelt, sondern beide Bilder einen Traum bilden, verweist auch die folgende Interpretation Josefs. Sie beginnt in V. 25 mit den Worten חלום פרעה אחד הוא, die am Ende von V. 26 noch einmal wiederholt werden (חלום אחד הוא). Der Traum Pharaos ist einer, weil beide Traumbilder dieselbe Deutung in sich tragen. Wie in Gen 40, ist die Interpretation der Bilder grundsätzlich in zwei Phasen unterteilt[245]: Zunächst wird die im Traum vorkommende Zahl als ein bestimmter Zeitraum[246] interpretiert; sodann wird der Zeitraum mit dem geträumten Motiv korreliert. Aus dem Rahmen fällt hier allein die Formulierung V. 27b. Sie nimmt im Kontext der ersten Phase, die eigentlich nur die genannte Zahl als Zeitraum betreffen würde, bereits die Deutung des Erscheinungsbildes als Jahre des Hungers[247] vorweg. Damit kommt V. 27b vor V. 29–30 erzähltechnisch zu früh.[248]

Diese Abweichung ist aus zwei Gründen besonders interessant. Zum einen ist die Entfaltung in zwei Phasen in Gen 40,12–13.18–19 genauso belegt und stringent eingehalten; zum anderen entspricht bereits das erste Traumbild Pharaos über die fetten und mageren Kühe in seiner Anlage den zwei Träumen von Mundschenk und Bäcker in Gen 40. Denn während sich die gute und schlechte Deutung der Träume dort auf zwei separate Träume verteilt, vereint der Kuhtraum Pharaos beide Aspekte in sich. Die sieben fetten Kühe antizipieren die

---

242 Zu Doppelträumen aus der altorientalischen Umwelt vgl. Hamilton, NIC.OT, 486–489.

243 Vgl. hierzu die Bemerkung von Jacob, Genesis, 742, zu Gen 41,5: „Dass nach dem Erwachen noch einmal geträumt wird, kommt sonst nie vor". Ders., Genesis, 747, bemerkte zudem im Zusammenhang der Traumdeutung Gen 41,25ff: Der „Traum ist Einer – dieser Erkenntnis hatte schon Pharao vorgearbeitet, indem er nicht erzählt hatte, daß er wieder eingeschlafen sei und von Neuem geträumt habe, sondern fortgefahren hatte".

244 Einen glatteren Text bietet die LXX, wo Pharao im Zusammenhang von V. 4f und V. 21 jeweils erwacht und wieder einschläft.

245 Vgl. hierzu von Rad, ATD, 329.

246 Zur Diskussion um die Siebenzahl vgl. Gunkel, HK, 432–434; Westermann, BK, 86–89; Ruppert, FzB, 216–218.222–224, oder Lanckau, Herr, 264f.

247 Vgl. zum Motiv der Hungersnot insbesondere die Ausführungen in Fieger/Hodel-Hoenes, Einzug, 154–166.

248 Vgl. zu den literarkritischen Problemen der Interpretationsverse v. a. Levin, Jahwist, 287, oder Kebekus, Joseferzählung, 58–62.
Für eine Einheitlichkeit plädieren (mit unterschiedlichen Argumenten) Gunkel, HK, 436f; von Rad, ATD, 329f; Westermann, BK, 92–94; Ruppert, FzB, 221–224, oder Lanckau, Herr, 260f.

sieben guten Jahre der Sättigung, die sieben mageren Kühe die sieben schlechten Jahre des Hungers.[249]

Nimmt man alle angeführten Beobachtungen zusammen, steht zu überlegen, ob der zweite Traum bzw. das zweite Traumbild Pharaos über die Ähren erst nachträglich in den Kontext eingefügt worden sein könnte.[250] Es antizipiert nun *explizit* die Reisen der Brüder in Gen 42–45, die dem Erwerb von Getreide dienen.

Gen 40,12–13.18–19:

‏יֹ²¹ וַיֹּאמֶר לוֹ יוֹסֵף זֶה פִּתְרֹנוֹ שְׁלֹשֶׁת הַשָּׂרִגִים שְׁלֹשֶׁת יָמִים הֵם:

‏¹³ בְּעוֹד שְׁלֹשֶׁת יָמִים יִשָּׂא פַרְעֹה אֶת־רֹאשֶׁךָ וַהֲשִׁיבְךָ עַל־כַּנֶּךָ וְנָתַתָּ כוֹס־פַּרְעֹה בְּיָדוֹ כַּמִּשְׁפָּט הָרִאשׁוֹן אֲשֶׁר הָיִיתָ מַשְׁקֵהוּ:

‏¹⁸ וַיַּעַן יוֹסֵף וַיֹּאמֶר זֶה פִּתְרֹנוֹ שְׁלֹשֶׁת הַסַּלִּים שְׁלֹשֶׁת יָמִים הֵם:

‏¹⁹ בְּעוֹד שְׁלֹשֶׁת יָמִים יִשָּׂא פַרְעֹה אֶת־רֹאשְׁךָ מֵעָלֶיךָ וְתָלָה אוֹתְךָ עַל־עֵץ וְאָכַל הָעוֹף אֶת־בְּשָׂרְךָ מֵעָלֶיךָ:

Gen 41,25–27*.29–30:

‏²⁵ וַיֹּאמֶר יוֹסֵף אֶל־פַּרְעֹה

‏חֲלוֹם פַּרְעֹה אֶחָד הוּא [...]:

‏²⁶ שֶׁבַע פָּרֹת הַטֹּבֹת שֶׁבַע שָׁנִים הֵנָּה

‏וְשֶׁבַע הַשִּׁבֳּלִים הַטֹּבֹת שֶׁבַע שָׁנִים הֵנָּה

‏חֲלוֹם אֶחָד הוּא:

‏²⁷ וְשֶׁבַע הַפָּרוֹת הָרַקּוֹת וְהָרָעֹת הָעֹלֹת אַחֲרֵיהֶן שֶׁבַע שָׁנִים הֵנָּה

‏וְשֶׁבַע הַשִּׁבֳּלִים הָרֵקוֹת שְׁדֻפוֹת הַקָּדִים יִהְיוּ שֶׁבַע שְׁנֵי רָעָב:

‏²⁹ הִנֵּה שֶׁבַע שָׁנִים בָּאוֹת שָׂבָע גָּדוֹל בְּכָל־אֶרֶץ מִצְרָיִם:

‏³⁰ וְקָמוּ שֶׁבַע שְׁנֵי רָעָב אַחֲרֵיהֶן וְנִשְׁכַּח כָּל־הַשָּׂבָע בְּאֶרֶץ מִצְרָיִם וְכִלָּה הָרָעָב אֶת־הָאָרֶץ:

Der Ährentraum Pharaos findet überdies eine motivische Parallele in Gen 37,7. Dort hatte Josef einen Traum empfangen, in dem sich die Garben der Brüder vor seiner Garbe verneigen. Diese in Gen 37,7 antizipierte Proskynese vollzieht sich in Gen 42,6,[251] wo die Brüder, nachdem sie in Ägypten angekommen sind, vor dem

---

249 Anders Westermann, BK, 87, oder Ruppert, FzB, 216–217. Zum Kompositionsprinzip der Doppelung in der Josefsgeschichte vgl. überdies Donner, Gestalt, 36–37.
250 Vgl. hierzu bereits die Bemerkung von Gunkel, *Joseph-Geschichten*, 267, der „zweite Traum, etwas kürzer gehalten, ist dem ersten möglichst gleich gebildet, weil er dasselbe bedeuten soll [...]. Von den beiden Träumen, die einander so ähnlich sind, muß einer die Priorität haben; das wird der erste sein; denn daß Kühe sich fressen, läßt sich wenigstens vorstellen, aber nicht, daß Ähren einander verschlingen".
251 Vgl. Seebass, Josephsgeschichte, 87, oder Kebekus, Joseferzählung, 97f. Anders hingegen Döhling, *Herrschaft*, 29f; Jacob, Genesis, 765, oder Wenham, WBC, 406.

unerkannten Josef niederfallen. Die Brüder, die *Getreide* von Josef kaufen wollen,
erfüllen so, was die *Garben* der Brüder in Gen 37,7 symbolisch vorwegnahmen.

Gen 37,7:

7 והנה אנחנו מאלמים אלמים בתוך השדה והנה קמה אלמתי וגם־נצבה והנה תסבינה
אלמתיכם ותשתחוין לאלמתי:

Gen 42,6:

6 ויוסף הוא השליט על־הארץ הוא המשביר לכל־עם הארץ ויבאו אחי יוסף וישתחוו־לו אפים
ארצה:

Die Aussage von Gen 42,6 wiederum ist nicht nur an Gen 37,7, sondern auch an
den Kontext von Gen 41 ausdrücklich zurückgebunden, näherhin an die Aussagen von V. 56f.[252] Um die Interrelation der genannten Verse genauer bestimmen
zu können, legt sich ein kurzer Blick auf den Zusammenhang von Gen 41,53–57
nahe.

Mit V. 53 enden zunächst die sieben guten Jahre, in denen Josef Getreide für
die Jahre des Hungers gesammelt hatte. Dementsprechend beginnt der Abschnitt
über den Eintritt der Hungersnot in V. 54 mit dem Verweis, dass der Hunger auf
der ganzen Welt lastete, während im ganzen Land Ägypten Speise vorhanden ist.
Ab V. 55 leidet auch Ägypten Hunger, weshalb Pharao seine Untertanen zu Josef
schickt. Jener öffnet in V. 56bα die Speicher und gibt ihnen Nahrung. Damit greift
V. 56bα über V. 56a auf V. 55 zurück und setzt diesen sachlich fort. Diese Beobachtung hat in der älteren Forschung dazu geführt, V. 56a als Nachtrag zu sehen.
„56a unterbricht den Zusammenhang und ist wohl Zusatz"[253].

Wirft man noch einmal einen genauen Blick auf den Verlauf von V. 54–57 fällt
allerdings auf, dass die Aussage von V. 56a והרעב היה על כל־פני הארץ über V. 55 auf
V. 54b (ויהי רעב בכל־הארצות) zurückgreift. V. 56a ist überdies den Ausführungen
von V. 56b.57 programmatisch vorangestellt, die nun den globalen Hunger mit
Blick auf die bereits in V. 54 genannten Gruppen „Ägypten/Welt" genauer entfalten und die Aussagen jeweils mit einem Verweis auf die Schwere der Hungersnot
beschließen. Demnach knüpfen V. 56f sachlich *in Gänze* an die Aussage von
V. 54b an, die sie nun näher erläutern. Terminologisch weichen sie dabei von
V. 54b geringfügig ab: Während V. 54b pluralisch von בכל־הארצות und allgemein

---

252 Vgl. Westermann, BK, 111. Anders sieht Gunkel, HK, 440–442, einen literarischen Zusammenhang zwischen Gen 41,54 und 42,6 bzw. zwischen Gen 41,56–57 und Gen 42,5. Ähnlich in
jüngerer Vergangenheit auch Ruppert, FzB, 252–253. Vgl. hierzu auch unten zu 4.1. (a).
253 Gunkel, HK, 441.

von לחם spricht, verweisen V. 56f singularisch auf כל־פני הארץ bzw. וכל־הארץ und spezifisch auf שבר.

Mit der Verwendung der Wurzel שבר stimmen die Verse mit Gen 42,6 (vgl. auch Gen 42,2–3.5) überein, dessen Aussage auch sachlich auf die Vorbereitung in Gen 41,56f angewiesen ist. Denn nur im Zusammenhang von Gen 41,56f; 42,6 erklärt sich, warum die Brüder bei ihrer Reise nach Ägypten ausgerechnet dem verloren geglaubten Josef gegenübertreten: Er ist nach seiner Verschleppung zwischenzeitlich zum משביר Ägyptens und der Welt aufgestiegen.[254]

Gen 42,54.56f:

‏⁵⁴ ותחלינה שבע שני הרעב לבוא כאשר אמר יוסף ויהי רעב ‏בכל־הארצות‏‏ובכל־ארץ מצרים היה ‏לחם‏:

‏⁵⁶ והרעב היה על ‏כל־פני הארץ‏ ויפתח יוסף את־כל־אשר בהם‏²⁵⁵‏ ‏וישבר‏‏²⁵⁶‏ למצרים ויחזק הרעב בארץ מצרים:

‏⁵⁷ ‏וכל־הארץ‏ באו מצרימה ‏לשבר‏ אל־יוסף כי־חזק הרעב בכל־הארץ:

Gen 42,6:

‏⁶ ויוסף הוא השליט על־הארץ הוא ‏המשביר‏ לכל־עם הארץ ויבאו אחי יוסף וישתחוו־לו אפים ארצה:

Wie lassen sich diese Beobachtungen nun auswerten? Es dürfte zunächst einmal anzunehmen sein, dass V. 56a im Zusammenhang der Aussagen V. 54b.56b–57 keinen Zusatz darstellt. Eher könnte in dem Halbvers eine programmatische Überschrift für V. 56b–57 zu betrachten sein, die ausdrücklich an V. 54b anschließt und nun die Auswirkungen des weltweiten Hungers für die bereits in V. 54b genannten Gruppen „Ägypten/Welt" genauer ausführt.

Der resümierende Charakter der Notiz Gen 41,54, die die Richtigkeit von Josefs Traumdeutung herausstellt, sowie die leichte terminologische Abwandlung in Gen 41,56f könnten ferner darauf hindeuten, dass es sich bei den heutigen Abschlussversen von Gen 41 um einen Nachtrag handelt, Gen 41 also ursprünglicher mit V. 54 geendet hat. Dann legt sich die Vermutung nicht fern, dass erst

---

254 Vgl. hierzu Levin, Jahwist, 290, oder Westermann, BK, 111.

255 Vgl. zu den abweichenden Lesarten von LXX, Peschitta oder SamP insbesondere Schweizer, Josefsgeschichte, 25f.

256 An dieser Stelle ist mit Schweizer, Josefsgeschichte, 26, zu überlegen, ob das Verb וישבר als Hifil zu punktieren ist. „Schließlich liegt es auch nahe, die Tätigkeit JOSEFS von der Tätigkeit derer, die laut 57a ‚kaufen' (Inf. Cs. G-Stamm), zu unterscheiden" (Hervorhebung im Original).

über die sekundären Aussagen von Gen 41,56–57 eine Verbindung mit Gen 42,1ff hergestellt worden ist.[257]

Im Kontext dieser Annahme sind auch die oben erwähnten Träume Josefs (Gen 37,7) und Pharaos (Gen 41,1–7.15–30) wieder mit zu bedenken. Denn auch sie kreisen um das Motiv des Getreides und bereiten so auf die Ereignisse ab Gen 42 vor. Und auch sie sind im Rahmen der bisherigen Analyse als sekundär aufgefallen. Damit aber sind sämtliche Motive, die die Exposition Gen 37* und die Geschichte(n) über Josef in Gen 39–41* mit Gen 42ff* verbinden, erst nachträglich in ihren jeweiligen Kontext eingefügt worden. Dieser Umstand kann u. E. entweder (1) im Rahmen einer überlieferungsgeschichtlichen Lösung oder (2) auf redaktionsgeschichtlichem Weg erklärt werden.

Geht man von einer überlieferungsgeschichtlichen Lösung aus, wären Gen 39–41* als älterer Traditionsstoff zu betrachten, der in den Zusammenhang von Gen 37*; 42–45* integriert wurde.[258] Der zweite Pharaotraum sowie die Schlussverse Gen 41,56f wären dann als redaktionelle Notizen jenes Autors zu verstehen, der das ältere Material über Josef in Gen 39–41* aufgenommen und mit Gen 37*; 42–45* verbunden hat. Von diesen redaktionellen Notizen wäre – nach unserer bisherigen Analyse – der erste Traum Josefs in Gen 37,7 literarisch zu trennen. Denn stellt der erste Traum als zweite Begründung des Hasses im Kontext von Gen 37 einen Nachtrag dar, müsste eine ältere Erzählung einmal ohne dieses Motiv ausgekommen sein. Da die ältere Einleitung für den Autor der

---

257 Vgl. hierzu bereits die Beobachtungen von Greßmann, *Ursprung*, 37, ein „Erzähler, der sein Ziel fest im Auge hat, muss die von Joseph geweissagte Hungersnot von vornherein als eine Welthungersnot darstellen; denn auf Grund der in Palästina herrschenden Hungersnot will er die Brüder Josephs nach Ägypten führen, daß sie von dort Getreide holen und bei dieser Gelegenheit das Aschenbrödel als Minister wiederfinden. Tatsächlich aber spricht die ganze Erzählung anfangs nur von der Hungersnot in Ägypten; erst ganz am Schluß wird, offensichtlich von zweiter Hand, hinzugefügt, daß sich die Not über die ganze Welt erstreckte und daß überall Hunger herrschte, während in Ägypten Brot vorhanden war. [...] Aus alledem folgt, daß die Erzählung äußerst dürftig mit der ganzen Novelle verzahnt und daß der Zusammenhang überhaupt erst sekundär hergestellt worden ist“.
258 Vgl. Strauß, *Lehrerzählungen*, 381, der annimmt, bei Gen 37–50 handele es sich letztlich um einen „einheitlich konzipierten Erzählungskomplex“, der „höchstwahrscheinlich im Laufe der Zeit unterschiedliche Überlieferungen wie Stammes-, Orts-, Landes-, höfische und priesterliche Traditionen in sich aufgenommen und diese dann in den vorliegenden Kapiteln – trotz bzw. wegen der immer noch spürbaren Spannungen – in einer deutlich erkennbaren Erzählungsabsicht vereinigt“ habe und in Gen 39–41 „einen alten vorexilischen, nord- und mittelpalästinensischen, jedenfalls auch vordeuteronomistischen Kern“ vermutet. Vgl. ferner, Carr, *Fractures*, 289; Coats, *Joseph*, 288; oder Kratz, *Komposition*, 283.

Komposition Gen 39–41*.42ff* konstitutiv ist, dürfte er das Motiv des ersten Josef-traums nicht oder zumindest erst später verfasst haben.

Diese literarische Scheidung zwischen den Motiven in Gen 37 (Garbentraum) und Gen 41 (Ährentraum; Entfaltung der Hungersnot) stellt im Rahmen einer überlieferungsgeschichtlichen Hypothese vor allem mit Blick auf Gen 42,6 vor Probleme. Der Vers besteht aus zwei Aussagen, die im Erzählverlauf von Gen 42 unentbehrlich sind. Gen 42,6a nämlich bindet das Kapitel explizit an die Ereignisse von Gen 41 zurück und erklärt, warum die Brüder bei ihrer Reise nach Ägypten ausgerechnet Josef gegenübertreten: Weil er das Getreide an das Volk verkauft. Gen 42,6b beinhaltet die nach dem Aufbruch Gen 42,3 notwendige Ankunft der Brüder vor Josef und ist aus dem Kontext von Gen 42 damit ebenfalls nicht wegzudenken. Da nun Gen 42,6 mit der Funktion Josefs als משביר und der Proskynese der Brüder sowohl auf Gen 41,56f als auch Gen 37,7 zurückgreift, wäre er entweder gleichursprünglich oder jünger einzustufen als jene Motive. Damit aber stützt ein Blick auf Gen 42,6 eher die Annahme einer redaktionsgeschichtlichen Lösung.[259]

Gen 37,7:

7 והנה אנחנו מאלמים אלמים בתוך השדה והנה קמה אלמתי וגם־נצבה והנה תסבינה

אלמתיכם ותשתחוין לאלמתי:

Gen 41,56–57:

56 והרעב היה על כל־פני הארץ ויפתח יוסף את־כל־אשר בהם וישבר למצרים ויחזק הרעב

בארץ מצרים:

57 וכל־הארץ באו מצרימה לשבר אל־יוסף כי־חזק הרעב בכל־הארץ:

Gen 42,6:

6 ויוסף הוא השליט על־הארץ הוא המשביר לכל־עם הארץ ויבאו אחי יוסף וישתחוו־לו אפים

ארצה:

Und auch ein Blick auf Gen 42,17 spricht eher für die Annahme einer redaktions-geschichtlichen Lösung. Dort ist beschrieben, wie Josef seine Brüder für drei Tage gefangen setzt. Die Bestrafung folgt konsequent auf den in Gen 42,9–16 geführten Dialog zwischen ihm und seinen Brüdern, denen er vorwirft, das Land auskund-schaften zu wollen. Die Brüder beteuern ihre Unschuld, doch Josef schenkt ihren Worten keinen Glauben und nimmt sie in Gewahrsam. Ungeachtet dessen, ob man die Verse Gen 42,9–16 als literarische Einheit versteht oder nicht, dürfte die

---

259 Vgl. hierzu die diachronen Differenzierungen bei Levin, Jahwist, 265–273.279–292.

Bestrafung in Gen 42,17 für den Erzählverlauf schon immer konstitutiv gewesen sein. Ebenso

> wie vordem Josef im Gefängnis gewesen war, legt er nun, da die Allmachtsträume des Unterdrückten sich erfüllt haben, zum Ausgleich die Brüder in Ketten – wenn auch nur für drei Tage. Solche Großmut zeigt die Größe des vormals Gequälten; zu ihr waren die Brüder außerstande[260].

In diesem Zitat Levins deutet sich der Rückgriff von Gen 42,17 auf den Zusammenhang von Gen 39–40 an. Dabei dürfte im Erzählzusammenhang nicht nur der Gewahrsam der königlichen Beamten in Gen 40, sondern auch die Gefangenschaft Josefs aus Gen 39* bereits vorausgesetzt sein. Wie bereits mehrfach besprochen,[261] dürfte die Verbindung beider Motive erst sekundär erfolgt sein. Mit Blick auf Gen 39,1 (הטבחים שׂר als Käufer Josefs) dürfte zudem davon auszugehen sein, dass beide Motive nicht gleichzeitig in den Kontext eingetragen wurden.[262] Vielmehr dürfte es sich bei der Versuchung Josefs in Gen 39 um einen Nachtrag handeln, der Josef vom Diener des הטבחים שׂר nun auch zu seinem Gefangenen werden lässt. Ist mit dieser Annahme Richtiges gesehen und setzt Gen 42,17 die Einfügung von Gen 39 bereits voraus, legt sich auch von hier aus die Vermutung nahe, dass Gen 42 dem Kontext von Gen 37–41* erst nachträglich hinzugewachsen ist.

Spricht somit der Gesamtbefund eher für eine redaktionsgeschichtliche Lösung,[263] bleibt zu fragen, was als Anliegen der älteren Erzählung Gen 37*; 39–41* zu verstehen ist und warum jene Erzählung um Gen 37*; 42–45* erweitert wurde. Um dieser Frage nachzugehen, blicken wir zunächst noch einmal zurück auf die Exposition in Gen 37. In der hier angenommenen ältesten Version von Gen 37 ist einleitend in Gen 37,3a.4a auf den Konflikt der Schwestern Rahel und Lea in Gen 29,30f verwiesen. Wie Rahel die geliebte Frau Jakobs und Lea die verhasste war, so ist Josef der geliebte Sohn Israels und seine Brüder hassen ihn.[264]

---

260 Levin, Jahwist, 289.

261 Vgl. oben 3.3.1. (a) und 3.3.2. (a)

262 Zur Bewertung von Gen 39 als einem gegenüber Gen 40–41 jüngeren Bestandteil der Josefsgeschichte vgl. auch Redford, Study, 183; Schmitt, Josephsgeschichte, 33; Dietrich, Novelle, 30, oder Kebekus, Joseferzählung, 43–44.

263 Die Einschätzung bezieht sich auf den Textkomplex Gen 37–45*. Sie sagt noch nichts darüber aus, ob die Erzählungen Gen 39–41* selbst auf ältere Traditionsstoffe zurückgehen.

264 Vgl. hierzu insbesondere Lux, Josef, 50; vgl. ferner Tengström, Hexateucherzählung, 42, oder Kratz, Komposition, 284. Anders z. B. Schmid, *Josephsgeschichte*, 94; Schmidt, Studien, 149f, oder Lanckau, Herr, 166. Anders auch Levin, Jahwist, 267f, der Gen 37,3aα(Jakob statt Israel).4a als Bestandteil einer vorjahwistischen Quelle sieht.

Die Erzählung, die mit Gen 37 exponiert wird, will offenkundig auf dem Hintergrund der angeführten Referenzstellen gelesen und verstanden werden. Sie knüpft explizit an das Motiv der Vorzugsrolle Rahels an und lässt nun ihren Sohn Josef als Lieblingssohn Israels erscheinen. Die Brüder neiden ihm diese Rolle und verkaufen ihn nach Ägypten. Fortan wird der Vorzugsteil Israels in der Fremde Leben.

Was mit Blick auf diesen Erzählverlauf erschlossen werden kann, ist zunächst, dass der Autor von Gen 37*; 39–41* Josef aufgrund seiner Abstammung von Rahel als Vorzugsteil Israels betrachtet. Dieser Vorzugsteil wird offenbar infolge innerisraelitischer Auseinandersetzungen ins Exil verkauft. Welche historischen Auseinandersetzungen bzw. Ereignisse sich in dieser (pseudo-)familiären Konstellation widerspiegeln, ist schwer zu sagen. Angesichts der expliziten Verortung von Josef in Ägypten, dürfte aber zumindest allgemein der Verlust von Eigenstaatlichkeit vorausgesetzt sein.[265] Mit Blick auf eine atl. erst exilisch belegte ägyptische Diaspora (Jer 40ff; 1Kön 25), mag an den Untergang des Südreiches zu denken sein. Eine genauere zeitliche Eingrenzung der Erzählung scheint an dieser Stelle nicht geraten, da es sich bei dem in Gen 39–41* Geschilderten um eine idealtypische und zeitlose[266] Darstellung handelt, der es weder auf die genaue Titulatur Josefs noch auf den Namen des herrschenden Pharao (vgl. anders Dan 2–6) ankommt, sondern deren Interesse sich vielmehr auf das positive Geschick des Israel-Sohnes in der Fremde konzentriert.

Denn für den Autor der Erzählung bedeutet der Verlust der Heimat keineswegs das Ende Israels. Im Gegenteil, Israel lebt, und zwar nicht in irgendeinem seiner Söhne, sondern in seinem Lieblingssohn Josef und im Exil äußerst erfolgreich fort. Mit dieser positiven Sicht auf eine Existenz im Fremdland und der damit verbundenen Hoffnung für die Exilierten stimmt die Erzählung, nicht nur in ihrem Grundbestand, mit der vormakkabäischen Komposition Dan 1–6* oder dem Brief Jeremias an die Gola Jer 29[267] überein. Und wie jene Abschnitte des Alten Testaments beschäftigt sich auch die „Geschichte Josefs" (Gen 39–41*) mit einer „Darstellung und Deutung der israelitisch-jüdischen Diasporaexistenz"[268].

---

265 Vgl. hierzu Meinhold, *Gattung*, 320, oder Fieger/Hodel-Hoenes, Einzug, 369.

266 Vgl. hierzu bereits die Bemerkung von Gunkel, *Joseph-Geschichten*, 248, dass es zu „der späten Gestalt der Joseph-Erzählungen gehört [...], daß darin nur sehr wenig Historisches nachklingt". Vgl. in jüngerer Vergangenheit zu dieser Fragestellung insbesondere Redford, Joseph, 66–68, oder Görg, *Beziehungen*, 120. Zu einer Kritik des Versuches, Josef konkret in die Zeit von Sesostris III. zu verorten, vgl. Gleeson, *Difficulties*, 103f.

267 Vgl. hierzu Meinhold, *Gattung*, 321.

268 Meinhold, *Gattung*, 320; vgl. ähnlich Kratz, Komposition, 284–286, oder Römer, *Repas*, 20f. Vgl. ferner die Bemerkung von Seebass, *Josephsgeschichte*, 29, „daß Gen 39–41, sie und nur sie, in die Nähe dessen kommen, was man eine Diasporanovelle nennt".

Erst nachträglich – so legt es der literarische Befund nahe – scheinen diese Erzählungen, die sich um das Schicksal Josefs in Ägypten ranken, um die Entfaltung des bereits mit dem Rückverweis auf Gen 29 aufgemachten Bruderkonfliktes erweitert worden zu sein. Sie legt den Fokus nun nicht mehr auf die Rolle Josefs als Lieblingssohn seines Vaters, sondern auf die Funktion Josefs als Primus im Verhältnis zu seinen Brüdern. Der Konflikt zwischen Josef und seinen Brüdern wird erst mit dieser Bearbeitung zum „eigentlichen Thema erhoben"[269]. Diese Akzentverschiebung findet ihren unmittelbaren Niederschlag in der Einführung des ersten Joseftraums (Gen 37,[4b.]5–8).[270] Nicht weil der Vater Josef mehr liebte, sondern weil Josef den Brüdern von seinem geträumten Vorrang berichtet hat, hassen sie ihn so sehr, dass sie ihn töten wollen (Gen 37,19f). Der Tötungsbeschluss הרג Koh. hat eine Parallele in den Vätererzählungen, näherhin im Zusammenhang der Feindschaft zwischen Jakob und Esau (Gen 37,20→ Gen 27,41), die in der versöhnlichen Geste Gen 33,4 aufgehoben wird. Jene Geste wiederum findet eine Entsprechung in Gen 45,15, wo Josef seine Brüder versöhnlich umarmt.[271] Mit den Bezügen auf die Vätererzählungen setzen Gen 37*; 42–45* den Konflikt zwischen Jakob und Esau mit Blick auf die Söhne Jakob-Israels fort. Im Vergleich mit den Erzählungen über Josef in Gen 37*; 39–41* richtet sich das Augenmerk dabei in Gen 37*; 42–45* nicht mehr nach außen auf das Schicksal Josefs im Exil. Vielmehr richtet sich der Blick nach innen auf die Hierarchiekämpfe in Israel. Der Schauplatz Ägypten wird im Rahmen der Konfliktentfaltung aus Gen 39–41* aufgegriffen, spielt aber für den Autor von Gen 37*; 42–45* keine entscheidende Rolle mehr.

---

269 Levin, Jahwist, 269.
270 Vgl. hierzu die Ausführungen bei Levin, Jahwist, 269–270. Eine literarische Scheidung zwischen den Motiven der Bevorzugung (Gen 37,3–4) und der Träume Josefs (Gen 37,5–1*) wurde zumeist auch im Rahmen der Neueren Urkundenhypothese vorgenommen; vgl. Dillmann, Genesis, 372; Holzinger, KHC, 224, oder Gunkel, HK, 402; anders noch Wellhausen, Composition, der in V. 2b–11 hauptsächlich an E denkt. Vgl. in jüngerer Vergangenheit z. B. Ruppert, FzB, 99.
Zwischen Juda-Version (Bevorzugung) und Ruben-Version (Träume) scheiden ferner Schmitt, Josephsgeschichte, 26; Dietrich, Novelle, 53.67, oder Kebekus, Joseferzählung, 16; anders Redford, Study, 138–139, der beide Motive als gleichursprünglich betrachtet.
271 Vgl. hierzu genauer oben 3.1. (c).

(b) Die Traumdeutungsberichte in Gen 40 und Gen 41[272]

Ein weiteres Phänomen, das oben unter „Befund" angesprochen wurde und das bereits im Zusammenhang der kontextuellen Verbindung angeklungen ist, ist die parallele Gestaltung von Gen 40 und Gen 41.[273] Die Ähnlichkeit der beiden Kapitel geht über eine bloße Gattungszugehörigkeit hinaus. Sie zeichnet sich ferner in der Anlage und literarischen Ausgestaltung beider Erzählungen ab und reicht mitunter bis in einzelne Formulierungen. So leiten etwa alle Traumempfänger – Obermundschenk, Oberbäcker und Pharao – die Wiedergabe des Geträumten mit der auch in Briefen aus Mari[274] belegten Formel ein: in meinem Traum, (und) siehe (Gen 40,9.16; 41,17).

Gen 40,9.16:

וַיְסַפֵּר שַׂר־הַמַּשְׁקִים אֶת־חֲלֹמוֹ לְיוֹסֵף וַיֹּאמֶר לוֹ בַּחֲלוֹמִי וְהִנֵּה ־גֶפֶן לְפָנָי: [9]

[16] וַיַּרְא שַׂר־הָאֹפִים כִּי טוֹב פָּתָר וַיֹּאמֶר אֶל־יוֹסֵף אַף־אֲנִי בַּחֲלוֹמִי וְהִנֵּה שְׁלֹשָׁה סַלֵּי חֹרִי עַל־רֹאשִׁי:

Gen 41,17:

[17] וַיְדַבֵּר פַּרְעֹה אֶל־יוֹסֵף בַּחֲלֹמִי הִנְנִי עֹמֵד עַל־שְׂפַת הַיְאֹר:

Der Traum selbst gestaltet sich als Symboltraum mit numerischen und bildlichen Elementen, deren (Be-)Deutung von Josef separat in zwei Phasen dargelegt wird. Zunächst wird die im Traum vorkommende Zahl als ein bestimmter Zeitraum interpretiert. Danach erfolgt die Deutung des bildlichen Elements: sprießender Weinstock, aufgefressenes Gebäck, fette und magere Kühe. Dabei ist in beiden Kapiteln dem ersten, guten Traumbild ein zweites, schlechtes Traumbild gegenübergestellt. Über diese parallele Gestaltung geht der zweite Traum Pharaos, der Ährentraum, eigentlich hinaus. Denn er wiederholt das Doppelbild des Kuhtraums nun noch einmal in anderer Motivik. Damit stützt die Abweichung

---

272 Die Ähnlichkeiten der Berichte sind längst erkannt und haben traditionell dazu geführt, beide Kapitel *cum grano salis* dem Elohisten (wegen der Gottesbezeichnung Elohim und der Träume) zuzuschreiben. Vgl. exemplarisch die Ausführungen bei Ruppert, FzB, 213f.

273 Zur parallelen Gestaltung der Träume in Gen 40–41 vgl. insbesondere die Analyse bei Pirson, Lord, 185–187.

274 „Another feature common to the prophecy in Mari and the Bible is the dream, and here also identical conventions are employed. The opening formula for the dream revelation in Mari is *ina šuttiya* 'in my dream' which is exactly like the formula in the dreams of Pharaoh and his servants [...]"; Weinfeld, *Patterns*, 185; vgl. auch Cragham, *Texts*, 43–45, oder Hamilton, NIC.OT, 479.

zu Gen 40 interne literarkritische Beobachtungen in Gen 41, die den zweiten Pharaotraum als Nachtrag erscheinen lassen.[275]

Gen 40,12–13.18–19:

gutes Traumbild

:ויאמר לו יוסף זה פתרנו שלשת השרגים שלשת ימים הם[12]
בעוד שלשת ימים ישא פרעה את־ראשך והשיבך על־כנך ונתת[13]
כוס־פרעה בידו כמשפט הראשון אשר היית משקהו:

schlechtes Traumbild

:ויען יוסף ויאמר זה פתרנו שלשת הסלים שלשת ימים הם[18]
בעוד שלשת ימים ישא פרעה את־ראשך מעליך ותלה אותך[19]
על־עץ ואכל העוף את־בשרך מעליך:

Gen 41,26–27*.29–30*:

:[...] שבע פרת הטבת שבע שנים הנה[26]
gutes und schlechtes Traumbild
:[...] ושבע הפרות הרקות והרעת העלת אחריהן שבע שנים הנה[27]
הנה שבע שנים באות שבע גדול בכל־ארץ מצרים:[29]
:וקמו שבע שני רעב אחריהן ונשכח כל־השבע בארץ מצרים וכלה הרעב את־הארץ[30]

Auch im Zusammenhang der Traumdeutung in Gen 40 hatte sich gezeigt, dass intratextuelle Beobachtungen durch einen intertextuellen Vergleich an Anhalt gewinnen. Dort hatten wir bei einem Blick auf Gen 40,6–8 festgestellt, dass die Rückbindung der Träume an Elohim einerseits mit Anspielungen auf das aramäische Danielbuch zusammenfällt und sich andererseits nicht ganz spannungsfrei in den Gesamtkontext von Gen 40 einpasst.[276] Denn hatte Josef in Gen 40,8 zunächst erklärt, dass die Traumdeutung Elohim vorbehalten sei, ermutigt er sogleich die beiden Beamten, ihm den Inhalt ihrer Träume zu berichten. Dies tun die Beamten und Josef deutet sie ihnen, und zwar als Subjekt von finiten Verbalformen der Wurzel פתר (Gen 40,16.20).

Nicht zuletzt die Ambivalenz zwischen den aktiv auf Josef bezogenen Formulierungen in Gen 40,16.20 und dem theologischem Vorbehalt in Gen 40,8 hatte uns zu der Annahme bewogen, bei der ausdrücklichen Rückbindung der Traumdeutung an Elohim könnte es sich um eine sekundäre Entwicklung handeln. Ein späterer Autor scheint sich an der Verwendung aktiver, finiter Verbalformen der Wurzel פתר gestört zu haben, in der Deuter und Deutung noch in eins fallen und der göttliche Ursprung der Deutung so nicht unmittelbar ersichtlich ist. Wohl um Missverständnisse zu vermeiden, wird die Traumdeutung deshalb von späterer Hand unmissverständlich an Elohim zurückgebunden und durch die Eintragung

---

275 Vgl. oben 3.3.3. (a).
276 Vgl. oben 3.3.3. (b).

nominaler Formen der Wurzel פתר von dem Menschen Josef als potentiellem Traumdeuter getrennt. Wenn Josef Träume lösen kann, dann nur insofern, als Elohim ihn die Deutungen übermitteln lässt.

In den Zusammenhang dieser Entwicklung dürfte auch die Wendung זה פתרנו in Gen 40,12.18 gehören, die den Inhalt von Traum und Deutung verbindlich festlegt. Wie es nur einen Deuter gibt (Gen 40,8), so auch nur eine Deutung (Gen 40,12.18). Dies ist die Deutung des Traumes; d. h. die einzig mögliche, die von Elohim vorgegeben ist. Der sekundäre Charakter der Formel wurde wiederum durch einen Vergleich mit Gen 41 gestützt, wo im Zusammenhang der ansonsten auffallend parallelen Deutung des Pharaotraums die Formel זה פתרנו bezeichnenderweise fehlt.[277]

Gen 40,12.18:

12 ויאמר לו יוסף |זה פתרנו| שלשת השרגים שלשת ימים הם:

18 ויען יוסף ויאמר |זה פתרנו| שלשת הסלים שלשת ימים הם:

Gen 41,26a:

26 שבע פרת הטבת שבע שנים הנה [...]:

Ein weiterer Vergleich zwischen beiden Kapiteln könnte für Gen 41 ebenfalls auf Spuren der oben skizzierten theologisierenden Überarbeitung aus Gen 40 schließen lassen. Dabei ist an den Traumbericht in Gen 41,1–8 gedacht.

Der Traumbericht und das Scheitern der Mantiker[278] und Weisen in Gen 41,1–8

Hier fällt im Vergleich zu Gen 40 auf, dass uns zwar auch dort berichtet wird, Bäcker und Mundschenk habe es in einer Nacht geträumt. Doch erfahren wir den Inhalt ihres Traumes erst, als sie ihn vor Josef wiedergeben. In Gen 41 hingegen erfahren wir den Inhalt des Traumes bereits während Pharao träumt. Er träumt und, siehe, er steht am Ufer des Nils. Der Traumbericht in Gen 41,1–7 stellt demnach einen sachlichen Überhang zu Gen 40 da. Er bereitet sachlich die Anwesenheit der Mantiker und Weisen in Gen 41,8 vor, die den hier geschilderten Traum nicht zu deuten vermögen.

---

277 Vgl. hierzu insgesamt Levin, Jahwist, 281.
278 Zur Diskussion um den Begriff חרטמים vgl. Jacob, Genesis, 743; Morenz, *Joseph*, 407; Ruppert, FzB, 218–220, oder Beyerle, *Joseph*, 58f. Zum Vergleich der Traumdeutungen in Dan 2; 4; (vgl. Dan 5) bzw. Gen 40f mit altorientalischen Parallelen sei verwiesen an Beyerle, *Joseph*, 59–62; Lawson, *God*, 61–76, oder Müller, *Weisheit*, 268–293.

Gen 41,8 selbst zeigt mit dem Motiv der unfähigen Deuter eine sachlich-sprachliche Schnittmenge mit einem sekundär bewerteten Abschnitt aus Gen 40, näherhin Gen 40,8.

Gen 40,8:

⁸ויאמרו אליו חלום חלמנו **ופתר אין אתו** ויאמר אלהם יוסף הלוא לאלהים פתרנים ספרו־נא
לי:

Gen 41,8:

⁸ויהי בבקר ותפעם רוחו וישלח ויקרא את־כל־חרטמי מצרים ואת־כל־חכמיה ויספר פרעה
להם את־חלמו **ואין־פותר אותם לפרעה:**

Über die Genesis hinaus erinnern die unfähigen Mantiker an die Erzählung Dan 2, wo sich der Geist Nebukadnezars in V. 1–3 (hebr.) ebenfalls betrübt. Aus diesem Grund lässt er die Mantiker und Weisen Babels zu sich rufen.[279]

Gen 41,8:

⁸ויהי בבקר **ותפעם רוחו** וישלח **ויקרא את־כל־חרטמי מצרים ואת־כל־חכמיה** ויספר פרעה
להם את־חלמו ואין־פותר אותם לפרעה:

Dan 2,1–3:

¹ ובשנת שתים למלכות נבכדנצר חלם נבכדנצר חלמות **ותתפעם רוחו** ושנתו נהיתה עליו:
² ויאמר המלך **לקרא לחרטמים** ולאשפים ולמכשפים ולכשדים להגיד למלך חלמתיו ויבאו
ויעמדו לפני המלך:
³ ויאמר להם המלך חלום חלמתי **ותפעם רוחי** לדעת את־החלום:

Während nun das Erwachen Pharaos nach dem Träumen und die Unruhe seines Geistes bereits für den ältesten Erzählverlauf von Gen 41 konstitutiv sein dürften, da sich nur in ihrer Folge die Rede des Mundschenken in V. 9–12* erklärt, erscheinen die Mantiker und Weisen äußerst locker in den Kontext eingebunden. Sie werden lediglich in Gen 41,15.24b noch einmal flüchtig aufgegriffen, spielen ansonsten aber keine entscheidende Rolle für den Gang der Geschichte.

Anders verhält sich die Sache in Dan 2, wo den Mantikern und Weisen Babels eine gewichtige Funktion im Erzählverlauf zukommt. So kommunizieren sie nicht nur verbal mit dem babylonischen König. Ihnen wird überdies von Nebukadnezar eine empfindliche Strafe angedroht, sollte ihnen der Erfolg bei der Traum-

---

279 Vgl. zu diesem Zusammenhang bereits Jacob, Genesis, 743; aber auch Westermann, BK, 89, oder Hamilton, NIC.OT, 486.

deutung versagt bleiben. „Die Sache ist bei mir entschieden: Wenn ihr mir den Traum und seine Deutung nicht eröffnet, werdet ihr in Stücke gehauen, und eure Häuser werden zu Dreckshaufen gemacht" (Dan 2,5*). Um sich und die anderen Weisen Babels zu retten, betet Daniel deshalb zu Gott, der ihm den Inhalt und die Deutung des Traumes offenbart.

> Denn „keine Weisen, Zauberer, Magier oder Seher können dem König das Geheimnis kundtun, nach dem der König fragt. Aber es gibt einen Gott im Himmel, der Geheimnisse enthüllt, und er hat den König Nebukadnezar wissen lassen, [...] was sein wird" (Dan 2,27–29*).[280]

Obwohl nun auch Pharao die Mantiker und Weisen extra zum Zwecke der Traumdeutung zu sich gerufen hat, findet zwischen ihnen und dem ägyptischen König keinerlei direkte Interaktion statt und zieht ihr ausbleibender Erfolg auch keine negativen Konsequenzen nach sich.[281] Überdies sind sie als Gegenüber Josefs im Erzählverlauf entbehrlich.[282] Denn dass Josef als Traumdeuter gerufen wird, hängt in Gen 41 nicht primär mit dem Versagen der Chartumim und Weisen zusammen, sondern verdankt sich der Tatsache, dass er Bäcker und Mundschenk ihre Träume richtig zu deuten vermochte.[283]

---

[280] Ebenfalls über die Erzählungen Gen 41 hinaus geht die Weigerung Nebukadnezars, den Weisen und Zeichendeutern in Dan 2,5 den Inhalt seines Traumes mitzuteilen; vgl. hierzu auch Rindge, *Reconfiguration*, 90f. Diese Unterlassung dürfte jedoch nicht, wie Gunkel, HK, 435, meint, als Zeichen einer „unpsychologische[n] Vergröberung durch einen schlechten Erzähler" zu verstehen sein. Vielmehr scheint sie einer Emphase der göttlichen Vormachtstellung zu dienen. Derjenige, der die Interpretation gibt, ist auch der, der den Traum überhaupt hat schauen lassen. Daniel kommt ohne die Traumerzählung aus, weil Gott, der Traumspender, ihm den Traum und dessen Deutung offenbart.

[281] Vgl. hierzu Seebass, Josephsgeschichte, 67, oder Ruppert, FzB, 218. Vgl. ferner die Beobachtung von Niehoff, Joseph, 19, dass „[l]ittle attention is [...] paid to the magicians' unsuccessful attempts at interpreting Pharaoh's dreams. Nine words describe how they were called and five more are used for Pharaoh's report to them (*Gen 41:8*). By comparison, the description of Joseph's call is much fuller in five words Pharaoh's request is related, but nine more are used to depict the details of Joseph's preparation and only then is the king's address communicated"; (Hervorhebung im Original).

[282] Vgl. zu dieser Beobachtung Ruppert, FzB, 218.

[283] Zur Traumdeutung vgl. insbesondere Zgoll, *Traum und Welterleben im antiken Mesopotamien*. Traumtheorie und Traumpraxis im 3. – 1. Jahrtausend v. Chr. als Horizont einer Kulturgeschichte des Traumes, AOAT 333, Münster 2006. Vgl. ferner Graf, Divination/Mantik, 883–886; Richter, *Traum*, 202–220; Frenschkowski, *Traum II*, 33–37; Fabry/Dahmen, פתר, 810–816; Albani, *Traum/Traumdeutung*, 563–566.

Und er deutete unsere Träume, jedem deutete er seinen Traum. *Und wie er sie uns gedeutet hat, so ist es gekommen*: Mich hat man wieder in mein Amt eingesetzt, und ihn hat man gehängt. *Da sandte der Pharao hin und ließ Josef rufen* […] (Gen 41,13–14).

Angesichts der lockeren Einbindung des Motivs der Mantiker und Weisen in den Kontext von Gen 41 wäre zunächst zu überlegen, ob ihr Scheitern vor Pharao erst nachträglich in die Erzählung eingetragen wurde.[284] Als Nachtrag dürfte dann auch der Traumbericht Gen 41,1–7 zu betrachten sein, der die Einführung der Mantiker vorbereitet und einen sachlichen Überhang zu Gen 40 darstellt.[285] Die Verse dürften in den Zusammenhang jener theologisierenden Bearbeitung gehören, die auch in Gen 40 die Traumdeutung nachträglich an Gott zurückgebunden hat. Mit Blick auf die oben skizzierte Schnittmenge mit Dan 2 erhärtet sich zudem die bereits in Gen 40 erwogene Annahme, dass dem Autor der Theologisierung Formulierungen aus Dan 1f bereits bekannt waren und er sie bewusst aufnimmt, um sein eigenes Anliegen zu untermauern. So scheint er hier aus Dan 2 das Motiv der unfähigen Traumdeuter aufzugreifen, die er nun für den Kontext von Gen 41 (vgl. auch Gen 40,8) fruchtbar macht. Dabei kontrastiert und betont die Ohnmacht der menschlichen Deuter die alleinige Macht Gottes.[286]

Mit der Einführung der Mantiker bzw. „anderen Deuter" dürfte sich die Tätigkeit der theologisierenden Überarbeitung in Gen 41 jedoch nicht erschöpfen. Vielmehr zeigen sich auch im Zusammenhang der Einleitung der Traumwiedergabe durch Pharao (Gen 41,15–17), der Trauminterpretation durch Josef (Gen 41,25–32) und dem direkt daran anschließenden Dialog beider Protagonisten (Gen 41,33–39) Spuren derselben Hand. Jenen Abschnitten werden wir uns im Folgenden

---

284 So grundsätzlich auch Levin, Jahwist, 285f, oder Kebekus, Joseferzählung, 55. Für eine ursprüngliche Verankerung der Traumdeuter und Weisen im Kontext von Gen 41 plädieren hingegen Gunkel, HK, 434f; von Rad, ATD, 328f; Westermann, BK, 89f, oder Ruppert, FzB, 218–220.

285 Der Traumbericht setzt überdies voraus, dass es sich bei beiden Traumbildern um zwei separate Träume handelt und widerspricht damit den Aussagen von V. 25f, in denen Josef ausdrücklich darauf verweist, dass es sich bei den Bildern um einen Traum handelt. Vgl. hierzu genauer unten 3.3.3. (b) „Die Interpretation der Traumbilder".

286 Entgegen der Annahme von Gunkel, HK, 435, dürfte davon auszugehen sein, dass der Kontrast zwischen dem jeweiligen Protagonisten und den Weisen bzw. Mantikern in den Büchern Gen/Ex/Dan nicht primär als Erhöhung der menschlichen Person, sondern vielmehr als Betonung der göttlichen Potenz gedacht ist, vgl. insbesondere Westermann, BK, 57, und Beyerle, *Joseph*, 59f. Kein Mensch kann Träume deuten, es sei ihm denn die Gabe der Interpretation von Gott geschenkt worden. Dieser Zusammenhang wird besonders deutlich in der Vision Daniels Dan 2,19 (mit anschließendem Dankpsalm V. 20ff).

widmen. Dabei beginnen wir chronologisch mit einem Blick auf die Wiedergabe des Trauminhaltes von Pharao.

Die Einleitung der Traumwiedergabe durch Pharao in Gen 41,15–17

Nachdem Josef in V. 14 zu Pharao gekommen ist, erklärt dieser ihm seine Situation in V. 15 so: „Ich habe einen Traum geträumt, aber es ist kein Deuter für ihn vorhanden. Von dir aber habe ich gehört folgendermaßen: du hörst einen Traum, auf dass du ihn deutest". Dieser Annahme Pharaos widerspricht Josef in V. 16 deutlich und entgegnet: „Ohne mich wird Gott dem Pharao Gutes antworten (ענה)"[287]. Nicht Josef also deutet die Träume, er übermittelt Pharao lediglich die göttliche Antwort. Nachdem dieser Sachverhalt geklärt ist, fährt Pharao in V. 17 damit fort, Josef den Traum tatsächlich zu berichten: In meinem Traum, siehe, ich stehe am Ufer des Nils.

Wie bereits besprochen, stimmt die Einleitung des Traumberichts in Gen 41,17 mit Gen 40,9.16 überein. Wie in Gen 40,6–8 findet sich in den vorangehenden Versen Gen 41,15f zudem ein Gespräch zwischen dem Traumempfänger, Pharao, und Josef, in dessen Verlauf Josef auf den göttlichen Ursprung der Deutung hinweist. Dabei findet die anfängliche Aussage Pharaos in V. 15 חלום חלמתי eine direkte (pluralische) Entsprechung in den (sekundären) Aussagen der königlichen Beamten in Gen 40,8 (חלום חלמנו). Dies ist umso interessanter, als sich die *figura etymologica* חלום חלם neben Gen 40,8; 41,11.15 auch in Dan 2,3 findet, wo es Nebukadnezar ist, der seinen Weisen berichtet: חלום חלמתי ותפעם רוחי לדעת את־החלום.

Und auch die anschließende Äußerung, Pharao habe über Josef gehört, dass er Träume höre, auf dass er sie deute (Gen 41,15b), findet eine fast wortgetreue Entsprechung im aramäischen Daniel-Buch, nämlich in Dan 5,16. Dort ist es Nebukadnezars Sohn, Beltschazar, der zu Daniel spricht: Und ich habe über dich gehört, dass du vermagst, Deutungen zu deuten. In diesem Zusammenhang ist insbesondere bemerkenswert, dass sich der Infinitiv constructus Qal bzw. Peal von פתר bzw. פשר im gesamten Alten Testament nur an diesen beiden Stellen und zwar je im Zusammenhang der *gleichen* Aussage findet. Sowohl Beltschazar als auch Pharao haben über ihren Gesprächspartner gehört, sie wären imstande, Träume zu deuten. Im Falle Pharaos weist Josef die Annahme in Gen 41,16 vehement zurück: *Ohne mich* (בלעדי) wird Elohim dem Pharao Gutes antworten. Denn, so könnte man mit Daniel sagen „das Geheimnis, das der König von den Weisen, Gelehrten, Sterndeutern und Wahrsagern fordert, vermag kein Mensch, dem

---

287 Vgl. hierzu auch die Übersetzung bei Jacob, Genesis, 745.

König zu sagen" (Dan 2,27). Nur „Gott im Himmel, kann Verborgenes offenbaren" und nur er kann dem König zeigen, „was geschehen wird" (Dan 2,28f). Es ist also nicht der Mensch Josef, der Pharao die Antwort gibt, sondern der Geist Elohims, der durch ihn spricht.

Die Beobachtungen zu Gen 41,15–17 spiegeln damit den Befund von Gen 40,6–9; die dort vollzogene literarische Scheidung dürfte sich hier wiederholen:

Gen 40,6–9:

⁶ויבא אליהם יוסף בבקר

וירא אתם והנם זעפים:

⁷וישאל את־סריסי פרעה אשר אתו במשמר בית אדניו

לאמר מדוע פניכם רעים היום:

⁸ויאמרו אליו חלום חלמנו ופתר אין אתו ויאמר אלהם יוסף הלוא לאלהים פתרנים

ספרו־נא לי:

⁹ויספר שר־המשקים את־חלמו ליוסף ויאמר לו בחלומי והנה־גפן לפני:

Gen 41,15–17:

¹⁵ויאמר פרעה אל־יוסף חלום חלמתי ופתר אין אתו ואני שמעתי עליך לאמר תשמע חלום

לפתר אתו:

¹⁶ויען יוסף את־פרעה לאמר בלעדי אלהים יענה את־שלום פרעה:

¹⁷וידבר פרעה אל־יוסף בחלמי הנני עמד על־שפת היאר:

Das Wirken Gottes im Rahmen der *Traumsendung* stellt Josef im Rahmen seiner Trauminterpretation Gen 41,25–32 heraus. Ihr werden wir uns im Anschluss zuwenden.

Die Interpretation der Traumbilder in Gen 41,25–32

Im Zusammenhang der kontextuellen Einbettung von Gen 41 in den weiteren Kontext wurde bereits angeführt, dass es sich bei dem zweiten Traumbild der Ähren um einen Nachtrag innerhalb von Gen 41 handeln dürfte. Das Traumbild der Ähren wird als redaktionelles Verbindungsglied mit den ab Gen 42 einsetzenden Reisen der Brüder zu betrachten sein, die dem Erwerb von Getreide als Grundnahrungsmittel dienen. Dieser Zweck der Reise ist mit dem Bild der Ähren nun explizit antizipiert.[288]

---

288 Vgl. oben 3.3.3. (a).

Ein Element, das den zweiten Traum in den bereits vorhandenen Kontext integriert, ist dabei die Formulierung חלום [פרעה] אחד הוא, die singularisch von einem Traum spricht und für beide Traumbilder eine einzige Deutung suggeriert. Der Traum [Pharaos] ist einer. Die Formel leitet nicht nur die direkte Rede Josefs zur Trauminterpretation in V. 25 ein, sondern ist auch der Interpretation der im Traum vorkommenden Zahl als sieben Jahre in V. 26 unmittelbar nachgestellt, sodass der erste Abschnitt der Interpretation insgesamt durch Verweise auf die Einheit des Traumes gerahmt wird. Durchbrochen wird dieses Muster von einem Verweis auf den Traum als einer göttlichen Enthüllung zukünftiger Ereignisse: „was Gott tun wird, hat er Pharao kundgetan" (Gen 41,25b).[289]

Der Traum Pharaos ist einer;   *was Gott tun wird, hat er Pharao kundgetan*

Die sieben schönen Kühe sind sieben Jahre,
und die sieben schönen Ähren sind sieben Jahre

der Traum ist einer

Auf das Handeln Gottes, das in dem Traum Pharaos verkündet wird, verweisen ferner die V. 28.32.[290] V. 28 folgt zunächst auf die Teildeutung der sieben Kühe/ Ähren als sieben Jahre, während V. 32 die Deutung des Erscheinungsbildes als Jahre der Sättigung bzw. des Hungers beschließt. Damit bilden auch die Verweise auf den Traum als Offenbarung des göttlichen Handelns einen Rahmen, der sich hier um die Gesamtinterpretation und ihre Teildeutungen legt. Mit der Formulierung השנות החלום setzen die Verse den zweiten Traum Pharaos notwendig voraus. Das Verständnis der Formulierung חלום [פרעה] אחד הוא scheint sich indes leicht verschoben zu haben. Denn gegen Gen 41,21–22, aber mit Gen 41,4f scheint Gen 41,32 nun davon auszugehen, dass Pharao tatsächlich zweimal geschlafen und zweimal geträumt hat (vgl. שנית V. 5 und השנות V. 32). Beide Träume aber beinhalten dieselbe Deutung.[291]

Mit Blick auf diesen Befund legt es sich nahe, dass die Verweise auf Elohim als Trauminterpreten literarisch von dem zweiten Traumbild zu trennen sind. Die Verweise auf Elohim setzten beide Traumbilder bereits voraus, verstehen den einen Traum nun aber als zwei separate Traumphasen und binden Traumsendung und –deutung ausdrücklich an Elohim zurück.

---

289 Zur Gestaltung von Gen 41,25–32 vgl. auch die Ausführungen bei Westermann, BK, 92–94, oder Ruppert, FzB, 222.

290 Vgl. Levin, Jahwist, 285, oder Westermann, BK, 93.

291 Vgl. hierzu Westermann, BK, 92–93, oder Ruppert, FzB, 222.

Gen 41,4–5.21–22.25–32:

‎⁴ותאכלנה הפרות רעות המראה ודקת הבשר את שבע הפרות יפת המראה
והבריאת וייקץ פרעה:

‎⁵וַיִּישַׁן ויחלם שֵׁנִית והנה שבע שבלים עלות בקנה אחד בריאות וטבות:

‎²¹ותבאנה אל־קרבנה ולא נודע כי־באו אל־קרבנה ומראיהן רע כאשר בתחלה וָאִיקָץ:

‎²²וָאֵרֶא בחלמי והנה שבע שבלים עלת בקנה אחד מלאת וטבות:

‎²⁵ויאמר יוסף אל־פרעה חלום פרעה אחד הוא
את אשר האלהים עשה הגיד לפרעה:

‎²⁶שבע פרת הטבת שבע שנים הנה
ושבע השבלים הטבת שבע שנים הנה חלום אחד הוא:

‎²⁷ושבע הפרות הרקות והרעת העלת אחריהן שבע שנים הנה
ושבע השבלים הרקות שדפות הקדים יהיו שבע שני רעב:

‎²⁸הוא הדבר אשר דברתי אל־פרעה אשר האלהים עשה הראה את־פרעה:

‎²⁹הנה שבע שנים באות שבע גדול בכל־ארץ מצרים:

‎³⁰וקמו שבע שני רעב אחריהן ונשכח כל־השבע בארץ מצרים וכלה הרעב את־הארץ:

‎³¹ולא־יודע השבע בארץ מפני הרעב ההוא אחרי־כן כי־כבד הוא מאד:

‎³²ועל הִשָּׁנוֹת החלום אל־פרעה פעמים
כי־נכון הדבר מעם האלהים וממהר האלהים לעשתו:

Sachlich finden die Verweise auf Elohim als Traumspender in Gen 41,25b.28.32 eine Entsprechung in Dan 2, wo Daniel dem babylonischen König Nebukadnezar in V. 27–29* offenbart, dass es einen Gott im Himmel gebe, der dem König mitgeteilt hat, *was sein wird*.

Dan 2,27–29*:

‎²⁷ענה דניאל קדם מלכא ואמר רזה די־מלכא שאל לא חכימין אשפין חרטמין גזרין יכלין
להחויה למלכא:

‎²⁸ברם איתי אלה בשמיא גלא רזין והודע למלכא נבוכדנצר מה די להוא באחרית יומיא
חלמך וחזוי ראשך על־משכבך דנה הוא: פ

‎²⁹אנתה מלכא רעיונך על־משכבך סלקו מה די להוא אחרי דנה וגלא רזיא הודעך
מה־די להוא:

Auch im Zusammenhang der Trauminterpretation Gen 41,25–32* fällt die Rückbindung der Traumdeutung an Gott demnach literarkritisch auf und weist intertextuell eine Schnittmenge mit Aussagen aus dem Daniel-Buch auf. Die o. a. Beobachtungen zu Gen 41,25–32 fügen sich demnach nahtlos in das Bild ein, das sich auch bei der Betrachtung von Gen 40f gezeigt hatte. Ob dies auch auf den Zusammenhang von Gen 41,33–39 zutrifft, soll die folgende Detailbetrachtung zeigen.

Der Dialog zwischen Josef und Pharao in Gen 41,33–39

In Gen 41,33 setzt sich zunächst die oben besprochene Rede Josefs an Pharao aus V. 32 fort. Der Deutung der Träume lässt Josef nun Vorschläge zu den Vorsorgemaßnahmen folgen, die Pharao angesichts der drohenden Hungersnot treffen soll. Im Rahmen dieser Vorschläge ergibt sich eine gewisse Differenz zwischen den Aussagen von V. 33 und V. 34–36. „Nach 33 soll Pharao einen Mann anstellen [...]; nach 34a dagegen sind es Beamte (Plur.), die nach 35a alles Getreide einsammeln sollen"[292]. Von den vorgeschlagenen Maßnahmen beziehen sich die konkreten und pluralisch formulierten Aussagen in V. 34–36 zurück auf die in Gen 41,29ff angekündigte Hungersnot. V. 33 hingegen antizipiert mit den Begriffen נבון וחכם die Rede Pharaos vor seinen bis dahin unerwähnten Knechten in Gen 41,37–39.[293] Ihnen gegenüber hebt Pharao die einzigartigen Fähigkeiten Josefs lobend hervor, die in einen kausalen Zusammenhang mit dem Geist Elohims gebracht werden. Weil der Geist Elohims in Josef ruht, ist keiner so verständig und weise wie er.

Mit Blick auf diese Differenz zwischen Gen 41,33–36 und Gen 41,33.37–39 ist nun beachtenswert, dass sich für letztere Aussagen wiederum Berührungspunkte mit dem Buch Daniel aufzeigen lassen. Hier ist zunächst ganz allgemein an den Kontext von Dan 5 gedacht, in dem Beltschazar ein großes Fest für seinen Hofstaat gibt, dessen Anwesenheit – anders als bei den כל־עבדיו in Gen 41 – von Anfang an vorausgesetzt ist. Konkret betreffen die Berührungspunkte zudem den Geist Gottes, der nach Dan 5,12.14 auch in Daniel ruht (vgl. auch Dan 4,5.6.15). Er findet sich in Dan 5,14[294] in Verbindung mit den Attributen der Einsicht, des Verstandes und der Weisheit חכמה, durch die sich Daniel neben der בינה auch schon in Dan 1,20 auszeichnete.

Dass auch sie keine eigentlich menschlichen Fähigkeiten, sondern göttliche Gaben sind, erklärt sich im Zusammenhang der Danksagung Daniels in Dan 2,21b–23, die allen Deutungen im Danielbuch programmatisch vorausgeschickt wird:

> [21]Er [sc. Gott] gibt den Weisen ihre Weisheit und den Verständigen ihren Verstand, [22]er offenbart, was tief verborgen ist, [...]. [23]Dich, Gott meiner Väter, lobe und preise ich, dass du mir Weisheit und Stärke gegeben hast und mich nun hast wissen lassen, was ich von dir erbeten habe, die Sache des Königs hast du uns wissen lassen.

---

292 Gunkel, HK, 432.
293 Anders u. a. Dietrich, Novelle, 31, der V. 34–36 in einem Zusammenhang mit V. 37f sieht, V. 39 hingegen auf einer Ebene mit V. 33 ansiedelt.
294 Vgl. zu dieser Parallele bereits Jacob, Genesis, 750, aber auch Hamilton, NIC.OT, 503.

Diese Aussagen aus dem Danielbuch zeigen wiederum sachlich-terminologische Anklänge an die Feststellung Pharaos, der in Gen 41,39 verkündet[295]: „Nachdem Elohim dich all dies hat wissen lassen, ist keiner vorhanden, der so verständig und weise wäre wie du".[296]

Wie bei den zuvor behandelten Textbeispielen kann also auch für Gen 41,33–39[297] festgestellt werden, dass die mit Elohim in Zusammenhang stehende Deutung (hier: Geist Elohims) mit Verweisen auf das Daniel-Buch koinzidiert und im unmittelbaren Kontext literarkritisch auffällt. Über die vorangehenden Textpassagen hinaus, verbinden die Verse hier das Motiv der von Elohim bzw. Elah eingegebenen Traumdeutung zusätzlich mit den Motiven des Verstandes und der Weisheit[298], die ihrerseits in einem kausalen Zusammenhang mit dem Geist Gottes zu verstehen sind. Wie Traumdeutungen kein Gegenstand menschlicher Weisheit, sondern Angelegenheit Gottes sind, so sind auch Verstand und Weisheit keine Eigenschaften, über die der Mensch frei verfügen könnte. Damit wird nun gegen Ende der Traumdeutungskapitel in der Josefsgeschichte auch das Verhältnis des menschlichen Deutungsvermittlers zur Deutung selbst expliziert.

Gen 41,33[299]–39:

‏33 ועתה ירא פרעה איש נבון וחכם וישיתהו על־ארץ מצרים:
‏34 יעשה פרעה ויפקד פקדים על־הארץ וחמש את־ארץ מצרים בשבע שני השבע:
‏35 ויקבצו את־כל־אכל השנים הטבת הבאת האלה ויצברו־בר תחת יד־פרעה אכל בערים ושמרו:
‏36 והיה האכל לפקדון לארץ לשבע שני הרעב אשר תהיין בארץ מצרים ולא־תכרת הארץ ברעב:
‏37 וייטב הדבר בעיני פרעה ובעיני כל־עבדיו:
‏38 ויאמר פרעה אל־עבדיו הנמצא כזה איש אשר רוח אלהים בו:
‏39 ויאמר פרעה אל־יוסף אחרי הודיע אלהים אותך את־כל־זאת אין־נבון וחכם כמוך:

Dan 1,20:

‏20 וכל דבר חכמת בינה אשר־בקש מהם המלך וימצאם עשר ידות על כל־החרטמים האשפים אשר בכל־מלכותו:

---

295 Anders bringt Beyerle, Joseph, 57, Gen 41,39 mit Dan 1,17 in Verbindung.
296 Im Zusammenhang von V. 39b אין־נבון וחכם כמוך ist mit Ruppert, Josephserzählung, 81, ferner auf 1Kön 3,12b zu verweisen הנה נתתי לך לב חכם ונבון אשר כמוך לא־היה לפניך ואחריך לא־יקום כמוך.
297 Vgl. zum Zusammenhang von V. 33.37–39* insbesondere Levin, Jahwist, 285f.
298 Zur weisheitlichen Interpretation der Josefsgeschichte vgl. von Rad, *Chokma*; zur Kritik an der Auslegung von von Rad vgl. insbesondere Crenshaw, *Wisdom*, 135–137.
299 Umgekehrt sieht Kebekus, Joseferzählung, 68f, in V. 33 die ursprünglichere Aussage.

Dan 2,21–23:

²¹ והוא מהשנא עדניא וזמניא מהעדה מלכין ומהקים מלכין יהב <u>חכמתא</u> לחכימין ומנדעא
לידעי <u>בינה</u>:

²² הוא גלא עמיקתא ומסתרתא ידע מה בחשוכא ונהירא עמה שרא:

²³ לך אלה אבהתי מהודא ומשבח אנה די חכמתא וגבורתא יהבת לי <u>וכען הודעתני די־בעינא</u>
<u>מנך די־מלת מלכא הודעתנא</u>:

Dan 5,1.14:

¹ <u>בלשאצר מלכא עבד לחם רב לרברבנוהי אלף ולקבל אלפא חמרא שתה</u>:

¹⁴ ושמעת עליך די <u>רוח אלהין בך</u> ונהירו ושכלתנו וחכמה יתירה השתכחת בך:

Fassen wir noch einmal kurz zusammen: Die Analyse der fraglichen Kapitel hat gezeigt, dass die *ausdrücklichen Verweise auf einen göttlichen Ursprung der Traumdeutungen* in Gen 40f

- zum einen (2) in ihrem unmittelbaren Kontext zu literarkritischen Spannungen führen;
- zum anderen (1) häufig Übereinstimmungen mit Motiven und Formulierungen des vormakkabäischen Danielbuches aufweisen.

Es wäre dementsprechend zu überlegen, ob es sich bei der ausdrücklichen Rückbindung der Traumdeutung bzw. Traumlösung an Elohim um eine sekundäre Entwicklung innerhalb der Kapitel Gen 40–41 handeln könnte. Dabei entfaltet bzw. expliziert die jüngere Überarbeitung, was in der älteren Erzählung nicht *expressis verbis* formuliert war: dass nämlich der Traumgedanke nicht „als Ausdruck menschlicher Hirntätigkeit, sondern als Botschaft höherer Mächte"[300] vorzustellen ist. Mit der ausdrücklichen Trennung von Traumdeuter und Deutungsmittler erhebt der Autor der Überarbeitung die unmittelbare Beziehung des Menschen zu Gott zum Problem. Sie dürfte dem Autor der Grunderzählung noch selbstverständlich gewesen sein, wenn er Josef unbefangen als Subjekt von [301]פתר angibt und damit Deuter und Deutung in einem direkten Verhältnis stehen. Der Autor der Fortschreibung hingegen differenziert ausdrücklich zwischen menschlicher Teilhabe und göttlichem Wirken.[302] Zwar ist auch für ihn Josef mit Gott über den

---

300 Zgoll, Traum, 246.

301 Zur verbalen Verwendung der akk. Wurzel pašāru vgl. Zgoll, Traum, 383–386.

302 Vgl. hierzu auch die Ausführungen bei Zgoll, Traum, 295, zu mesopotamischen Traumberichten. „Der diachrone Vergleich zeigt, daß der Traumgott erst im Lauf der Zeit häufiger erwähnt wird. Nun wäre es zu sehr vereinfacht, zu sagen: Je früher ein Text, desto eher überbringt eine Gottheit selbst ihre Botschaft. Denn der Rang des Adressaten eines Traumes spielt ebenfalls eine

רוח אלהים verbunden, doch muss er diese Verbindung ausdrücklich thematisieren und genau erklären, damit der Akt der Traumdeutung nicht im Sinne einer menschlichen Fähigkeit missverstanden werden kann.

Eine noch größere Distanz zwischen Gott und Mensch drückt sich in den Traumdeutungen Dan 7ff aus. Dort hat Daniel selbst seine Fähigkeit zur Traumdeutung offenbar verloren und ist auf die Mittlerfunktion eines Gottesboten angewiesen. Es ist nun der *angelus interpres*, der die Funktion Daniels aus Dan 2; 4 einnimmt und sich vermittelnd zwischen Gott und Menschen stellt.

Ein Schritt auf dem Weg in diese Richtung könnte die Fortschreibung in Gen 40f gewesen sein. Sie nimmt die in Dan 1–6* bereits vollzogene Trennung von menschlicher Teilhabe und göttlichem Wirken mit Blick auf die Traumdeutung auf und trägt sie in den Grundbestand von Gen 40f nach, der seinerseits den ursprünglichsten Typ der genannten Traumdeutungsberichte darstellen dürfte. Dort fallen menschliche Partizipation und göttliches Wirken noch nicht auseinander, sondern verbinden sich wie selbstverständlich in der Person Josefs, der die Träume deutet. Und wie er sie deutete, so geschah es.

(c) Die Schwierigkeiten mit Blick auf eine Identifizierung des ältesten Kerns von Gen 41

Mit den oben beschriebenen Motiven dürften die umfangreichsten Bearbeitungen in Gen 41 nachgezeichnet sein. Dass das Kapitel auch abzüglich der genannten Abschnitte nicht einheitlich sein dürfte, ist wahrscheinlich, im Einzelnen aber nur schwer zu erweisen. Relativ sicher als Nachtrag zu bestimmen, ist die Geburt der Josefsöhne Manasse[303] und Ephraim, die mit dem Grundbestand von Gen 48* in Verbindung stehen wird.[304] „Die Geburtsnotiz für Efraim und Manasse zerreißt die Schilderung der sieben fetten und der sieben mageren Jahre. Die Geburt mußte an dieser Stelle eingefügt werden, weil der Kindersegen in die fetten Jahre gehört"[305].

Von den Geburtsnotizen hängt wiederum die Heirat Josefs mit Asenat in V. 45a ab. Dies zeigt sich an der Aussage von V. 50, wo der passiven Formulierung

---

Rolle. Doch die Tendenz trifft zu. Es zeigt sich, daß der Abstand zwischen Mensch und Gott im Lauf der mesopotamischen Geschichte größer wird".

303 Zur Geburtsnotiz Manasses vgl. Zimmermann, *Studies*, 101.

304 Vgl. hierzu die Beobachtung von Brueggemann, *Genesis*, 329, dass „die „reference to the two sons of Joseph [...] appears to be ill-placed here and imposed on the story". Ähnlich Westermann, BK, 101; Kebekus, *Joseferzählung*, 55.79, oder Wenham, WBC, 397; anders von Rad, ATD, 331.

305 Levin, *Jahwist*, 284; vgl. bereits Jacob, *Genesis*, 755, aber auch Donner, *Gestalt*, 28; Hamilton, NIC.OT, 512; Seebass, *Josephsgeschichte*, 75, oder Ruppert, *Josephserzählung*, 86.

ויוסף יֻלַּד שְׁנֵי בָנִים die aktive Formulierung אֲשֶׁר יָלְדָה־לּוֹ אָסְנַת nachgestellt ist, die Asenat nun als Mutter der Josefsöhne identifiziert.[306] In Gen 48 spielt die Verbindung der Josefsöhne mit der Tochter des Priesters von On keine Rolle.

Gen 41,45.50–52:

[45] וַיִּקְרָא פַרְעֹה שֵׁם־יוֹסֵף צָפְנַת פַּעְנֵחַ וַיִּתֶּן־לוֹ אֶת־אָסְנַת בַּת־פּוֹטִי פֶרַע כֹּהֵן אֹן לְאִשָּׁה וַיֵּצֵא
יוֹסֵף עַל־אֶרֶץ מִצְרָיִם:
[50] וּלְיוֹסֵף יֻלַּד שְׁנֵי בָנִים בְּטֶרֶם תָּבוֹא שְׁנַת הָרָעָב אֲשֶׁר יָלְדָה־לּוֹ אָסְנַת בַּת־פּוֹטִי פֶרַע כֹּהֵן אֹן:
[51] וַיִּקְרָא יוֹסֵף אֶת־שֵׁם הַבְּכוֹר מְנַשֶּׁה כִּי־נַשַּׁנִי אֱלֹהִים אֶת־כָּל־עֲמָלִי וְאֵת כָּל־בֵּית אָבִי:
[52] וְאֵת שֵׁם הַשֵּׁנִי קָרָא אֶפְרָיִם כִּי־הִפְרַנִי אֱלֹהִים בְּאֶרֶץ עָנְיִי:

Gen 41,45 wird seinerseits von V. 46 vorausgesetzt, der in V. 46b die Aussage von V. 45b wiederholt. V. 46a wird i. d. R. als Bestandteil von P verstanden und von V. 46b getrennt.[307] So geht etwa Christoph Levin davon aus, es handele sich bei V. 46b um eine nachendredaktionelle Notiz, die das priesterschriftliche Datum V. 46a besser in den Kontext einbinden will.[308] Ähnlich differenziert Lothar Ruppert in P (V. 46a) und Pentateuchendredaktion (R[Pt]; V. 46b).[309] Bei dieser Einschätzung stört zweierlei: Zum einen bietet V. 46a im Rahmen einer priesterlichen Quellenschrift keinen plausiblen Übergang von Gen 37,1f* zu Gen 46,6f*. Denn war Josef nach Gen 37,2 noch 17 Jahre alt und weilte bei seinem Vater, so geht Gen 41,46 nahtlos dazu über, ihn in Ägypten zu verorten und sein Alter mit 30 Jahren anzugeben. Zum anderen wirkt auch die Annahme eines diachronen Nacheinanders zwischen V. 46a.b unnötig kompliziert. Eher dürfte davon auszugehen sein, dass es sich bei V. 46b um eine Wiederaufnahme von Gen 41,45b handelt, die gemeinsam mit V. 46a in den Kontext eingetragen wurde und einer Einbettung der Altersangabe in den bereits vorhandenen Erzählverlauf dient.

---

306 Vgl. hierzu bereits die Vermutung von Gunkel, HK, 433: „50a scheint die vornehme Heirat Josephs nicht zu kennen". Levin, Jahwist, 284, zieht V. 50a ebenfalls mit der Eheschließung zusammen; ebenso Ruppert, FzB, 237, der den Vers ausscheidet und ihn als redaktionelle Verknüpfung mit der Eheschließung (Je) durch den Jehowisten betrachtet. Ähnlich nimmt Donner, Gestalt, 28, an, dass es sich bei V. 50b um eine redaktionelle Notiz handelt, die entweder Bestandteil der Quelle J sei oder von R[JE] nachgetragen wurde. Kebekus, Joseferzählung, 80, hält V. 50b ebenfalls für einen redaktionellen Zusatz. Anders glaubt Westermann, BK, 101, an eine nachträgliche, von Gen 48 beeinflusste Einfügung der Geburtsnotiz, die an das bereits vorhandene Motiv der Eheschließung anknüpft.
307 Vgl. bereits Gunkel, HK, 492. Anders u. a. Kratz, Komposition, 281.
308 Vgl. Levin, Jahwist, 285.
309 Vgl. Ruppert, FzB, 235f.

Gen 41,45–46:

45 וַיִּקְרָא פַרְעֹה שֵׁם־יוֹסֵף צָפְנַת פַּעְנֵחַ וַיִּתֶּן־לוֹ אֶת־אָסְנַת בַּת־פּוֹטִי פֶרַע כֹּהֵן אֹן לְאִשָּׁה

וַיֵּצֵא יוֹסֵף עַל־אֶרֶץ מִצְרָיִם׃

46 וְיוֹסֵף בֶּן־שְׁלֹשִׁים שָׁנָה בְּעָמְדוֹ לִפְנֵי פַּרְעֹה מֶלֶךְ־מִצְרָיִם וַיֵּצֵא יוֹסֵף מִלִּפְנֵי

פַרְעֹה וַיַּעֲבֹר בְּכָל־אֶרֶץ מִצְרָיִם׃

> Wieder-
> aufnahme

Weitere Nachträge könnten sich in dem neuerlichen Verweis auf „die Grube"
in Gen 41,14aβ[310] (vgl. Gen 37,28*; 40,15) sowie im Zusammenhang der zahlreichen Formulierungen zur Erhöhung Josefs in Gen 41,40–44[311], der zunehmenden
Verschärfung der Hungersnot (Gen 41,19–21.30–31.35) und den Angaben zu den
von Josef getroffenen Vorsorgemaßnahmen (Gen 41,34[312]–36.47–49) finden. Vor-

---

310 In V. 14ay verweist die Formulierung וַיְרִיצֻהוּ מִן־הַבּוֹר zurück auf Gen 40,15 und könnte mit
jenem auch literarisch zusammengehören. Vgl. hierzu u. a. Levin, Jahwist, 285; Westermann, BK,
90f; Ruppert, FzB, 220.
Anders Seebass, Josephsgeschichte, 67, der vermutet, „der Zusatz könnte in Anspielung auf
37,20.22.24 metaphorisch meinen: Nun stieg Joseph aus der Gefangenschaft, ja dem Todesreich
heraus".
Nach der Neueren Urkundenhypothese wird in dem Herausholen aus der Grube (בּוֹר) ein Stör-
faktor in E gesehen, der wie die Aussage von Gen 40,15b als jahwistisches Fragment betrachtet
wird. Maßgebend für diese Einschätzung ist die Vorstellung Josefs als Gefangener, die mit Blick
auf Gen 39 J zugeschrieben wird, während E, der über einen Versuchungsbericht nicht verfügt,
an Josef als einen עֶבֶד des שַׂר הַטַּבָּחִים zu denken scheint; vgl. Holzinger, KHC, 231; in jüngerer
Vergangenheit auch Ruppert, Josephserzählung, 68f. Schwierig ist bei dieser Annahme, dass
Gen 40,15b auf die Einleitung Gen 40,15a notwendig angewiesen ist, die ihrerseits Gen 37,28
sachlich vorauszusetzen scheint. Da es sich bei Gen 37,28 allerdings um eine mit dem Josefbru-
der Ruben (E) in Verbindung stehende Aussage handelt, ist nur schwer erklärlich, wieso der
Rekurs jetzt im Zusammenhang von J vorkommen sollte. Mit anderen Worten, ist mit Blick auf die
zahlreichen Stichwortverknüpfungen eine Aufteilung der zur Debatte stehenden Verse Gen 37,28;
40,15b; 41,14* auf zwei unabhängige Quellen J und E kaum zu gewährleisten.
311 Vgl. zu den Schwierigkeiten Schmitt, Josephsgeschichte, 37–39, oder Seebass, Josephsgeschichte, 72f.
Demgegenüber geht z. B. Westermann, BK, 87, von der Einheitlichkeit der Verse aus, da die Erhöhung Josefs in V. 41–46 „nach den zeremoniellen Akten der Einsetzung in sein neues Amt"
gegliedert sei.
312 Die Abgabe des Fünften in Gen 41,34b wird wohl als ein Vorverweis auf den Abschnitt
Gen 47,13–26 zu verstehen sein; so auch Levin Jahwist, 287; Schmitt, Josephsgeschichte, 38; Westermann, BK, 95; Boecker, Josefsgeschichte, 47, oder Seebass, Josephsgeschichte, 75.
Anders Hamilton, NIC.OT, 500, der meint, „Joseph first suggests the appointment of one person
(v. 33), who will be supported by a vast network of employees spread throughout the country
(v. 34). As noted above, *ḥmš* here means *divide into five parts*. Thus v. 34 does not conflict with
v. 35" (Hervorhebungen im Original).
Zu den gängigen Interpretationsversuchen von חמש vgl. insbesondere Cotter, Genesis, 301f.

schläge zur literarischen Genese jener Motive bietet hier insbesondere Christoph Levin.[313] Eine Zuordnung der einzelnen Verse ist u. E. allerdings mit zahlreichen Schwierigkeiten verbunden, sodass hier auf eine weitere Differenzierung verzichtet wird.

Ergebnis

Fassen wir die wichtigsten Ergebnisse kurz zusammen. Gen 41 dürfte als Produkt eines sukzessiven Fortschreibungsprozesses zu betrachten sein. Den ältesten Bestand wird eine Erzählung darstellen, die an Gen 40 anschließt[314] und sich mit der herausragenden mantischen Fähigkeit des Protagonisten Josef befasst (Gen 41,1[nur חלם ופרעה ימים שנתים מקץ ויהי].8[nur ותפעם ובקר ויהי 26.[ויאמר יוסף אל־פרעה nur].25aα*21–*17.[ויריצהו מן־הבור ohne].9a.10.11a.12–13.14[רוחו]. aα.27aα.29–31*.34–36*.40–49*.53–54). Beide Traumdeutungsberichte sind kunstvoll aufeinander abgestimmt und bilden eine bewusste literarische Einheit. Dass den Erzählungen eine vorliterarische Tradition zugrunde liegt, ist gut vorstellbar. Ob die Erzählungen in einem möglichen vorliterarischen Stadium allerdings bereits im Verbund überliefert wurden oder einzeln umgingen, kann anhand der schriftlichen Überlieferung ebenso wenig verifiziert werden, wie die Frage, ob die Erzählungen bereits in einer (hypothetischen) mündlichen Vorstufe auf Josef bezogen waren oder er, wie Daniel in Dan 4 (vgl. 4QOr[Nab] f1_3,4[315]), erst nachträglich als Hauptfigur identifiziert wurde.

Eine erste umfassende Überarbeitung dürfte Gen 41 mit den redaktionellen Motiven des Ährentraumes (Gen 41,22–24a.25aβ[nur הוא אחד פרעה חלום]. 26aβb.27aβb) und der Entfaltung der Hungersnot (Gen 41,56f) erfahren haben. Beide Motive antizipieren nun explizit die Reisen der Brüder in Gen 42–45. Bei den Motiven dürfte es sich um redaktionelle Brückenverse handeln, die mit der Erweiterung der „Erzählungen über Josef" in Gen 37*; 39–41* um die „Erzählungen über Josef und seine Brüder" in Gen 37*; 42–45* zusammenhängen.

Eine noch jüngere Bearbeitung, die ihren Ausgang bereits in Gen 40 nahm, hat die Deutung der Träume Pharaos ausdrücklich an Gott zurückgebunden. Die Bearbeitung stößt sich offenbar an der Verwendung aktiver, finiter Verbformen der Wurzel פתר, die sich auf Josef als Subjekt beziehen und dessen mögliche

---

313 Vgl. Levin, Jahwist, 282–287.
314 Gen 40,1aα(nur האלה הדברים אחר ויהי).2(ohne סריסיו שני על).3aa.4.5a(bis אחד בלילה).6a.7a(nur לאמר)b.9–11.12(ohne פתרנו זה).13.16–17.18(ohne פתרנו זה).19–22.
315 Vgl. hierzu Collins, Daniel, 217–219; Kratz, *Nabonid*, 40–56, oder ders., Translatio, 99–110.

Teilhabe am Deuteprozess suggerieren könnten (Gen 40,16.22; 41,12.13). Dass alle Deutungen letztlich auf Gott bzw. das Gottesverhältnis zurückgehen, wird dem Autor der Grunderzählung noch selbstverständlich gewesen sein, nun aber von späterer Hand thematisiert und in den Aussagen von Gen 41,1(ab והנה).2–7.8 (ohne ויהי בבקר ותפעם רוחו).11b.15–16.24b.25b.28.32–33.37–39 expliziert. In diesem Zusammenhang wird die Deutung durch die Eintragung nominaler Formen der Wurzel פתר von Josef getrennt und Elohim ausdrücklich zum einzig möglichen Traumdeuter erklärt, dessen Traumdeutung ebenfalls die einzig mögliche ist. Die Bearbeitung zeigt eine große Schnittmenge mit Motiven und Formulierungen aus dem aramäischen Danielbuch und könnte eine Kenntnis der Erzählungen Dan 1–6* bereits voraussetzen.

Weitere Zusätze könnten sich in den Geburtsnotizen Manasses und Ephraims (Gen 41,50a.51–52), der zunehmend gesteigerten Erhöhung Josefs in Gen 41,40–45*, der Notiz über das Alter Josefs (Gen 41,46), den Formulierungen zur Verschärfung des Hungers (Gen 41,19b–21a.30b–31) bzw. zu den Vorsorgemaßnahmen Josefs (V. 34–36*.48–49*) finden lassen. Eine genauere Scheidung ist hier allerdings mit großen Schwierigkeiten verbunden, so dass auf eine exakte Unterteilung weitestgehend zu verzichten ist.

Diachrone Differenzierung

I *Die Geschichten über Josef (Gen 37*; 39–41*)*

Gen 37,3a.4a.12.13a.14b(ohne מעמק חברון).23a.25.28a(ab וימכרו)b;
Gen 39,1bα(nur ויקנהו ... שׂר הטבחים איש מצרי).4;
Gen 40,1aα(nur ויהי אחר הדברים האלה).2(ohne על שני סריסיו).3aα.4.5a(bis בלילה אחד).6a.7a(nur לאמר)b.9–11.12(ohne זה פתרנו).13.16–17.18(ohne זה פתרנו).19–22;
Gen 41,1(nur ויהי מקץ שנתים ימים ופרעה חלם).8(nur ויהי בבקר ותפעם רוחו).9a. 10.11a.12–13.14(ohne ויריצהו מן־הבור).17–21*.25aα(nur ויאמר יוסף אל־פרעה). 26aα.27aα.29–31*.34–36*.40–49*.53–54

II *Die Geschichten über Josef und seine Brüder (Gen 37*; 39–45*)*

Gen 37,4b–8.13b–14a.18a.19–20.23b(ohne את־כתנת הפסים).24a.28a(nur את־)וימשכו ויעלו. 31.32aβb.33.35b(יוסף מן־הבור);
Gen 41,22–24a.25aβ(nur חלום פרעה אחד הוא).26aβb.27aβb.56–57;
Gen 42,1b(nur ויאמר יעקב לבניו).2a(ohne ויאמר)bα.3(ohne עשׂרה).6.8.9a.b(ohne מרגלים אתם).10.12.17;
Gen 45,4.15.24a.25(ohne ויבאו ארץ כנען).26aα(nur עוד יוסף חי)b(ויגדו לו לאמר).27b

II¹ *Rückbindung der Traumdeutung an Elohim*

Gen 40,5a(nur חלמו).2(nur על שני סריסיו).6b.7a(ohne לאמר).8.12(nur זה פתרנו).18(nur זה פתרנו);

Gen 41,1(ab והנה).2–7.8(ohne רוחו ותפעם בבקר ויהי).11b.15–16.24b.25b.
28.32–33.37–39

II² *Die Söhne Josefs: Manasse und Ephraim*
Gen 41,50a.51–52;
Gen 48,1.2b.8.9a.10b.11

4. Genesis 42–45: Josef und seine Brüder

4.1. Genesis 42: Die Wiederbegegnung Josefs mit seinen Brüdern

Gliederung

V. 1–2:	Jakob schickt seine Söhne nach Ägypten
V. 3–5:	Alle Söhne – außer Benjamin – brechen auf
V. 6:	Die Brüder kommen bei Josef, dem Getreideverkäufer, an und werfen sich vor ihm nieder
V. 7–8:	Josef erkennt die Brüder, sie ihn nicht
V. 9–12:	Josef erinnert sich seiner Träume aus Gen 37, er bezichtigt die Brüder der Kundschafterei, sie beteuern ihre Rechtschaffenheit
V. 13–16:	Die Brüder erzählen Josef von Benjamin, er fordert, einer von ihnen möge ihn holen
V. 17:	Josef nimmt die Brüder gefangen
V. 18–20:	Die Brüder sollen vor Josef ihre Rechtschaffenheit erweisen, indem sie einen Bruder gefangen zurücklassen; die anderen aber sollen heimkehren und bei einer zweiten Reise Benjamin mitbringen
V. 21:	Ruben verweist die Brüder auf ihre Schuld aus Gen 37
V. 22–24a:	Die Brüder gestehen sich ihre Schuld ein, Josef hört mit
V. 24b:	Josef nimmt Simeon gefangen
V. 25:	Josef gibt den Brüdern heimlich ihr Geld zurück
V. 26:	Die Brüder brechen aus Ägypten auf
V. 27–28:	Einer der Brüder findet das zurückerstattete Geld
V. 29–34:	Die Brüder kehren zum Vater zurück und berichten ihm von ihrer Begegnung mit Josef aus V. 7–16
V. 35:	Alle Brüder finden das zurückerstattete Geld
V. 36–38:	Der Vater will Benjamin trotz Rubens Fürsprache (V. 37) nicht ziehen lassen

Befund

Mit dem Motiv der Hungersnot, die auch im Lande von Josefs Verwandtschaft herrscht, schließt Gen 42 sachlich an die abschließenden Aussagen von Gen 41 an.

Als nun die Hungersnot über das ganze Land hin herrschte, *öffnete Josef die Speicher und verkaufte den Ägyptern Getreide*. Die Hungersnot aber wurde drückend im Land Ägypten. Und alle Welt kam nach Ägypten, *um bei Josef Getreide zu kaufen*, denn die Hungersnot war drückend auf der ganzen Erde. Und Jakob hörte, *dass es in Ägypten Getreide zu kaufen gab*. [...] Und er sprach: Seht, ich habe gehört, *dass es in Ägypten Getreide zu kaufen gibt*. Zieht dort hinab und kauft für uns Getreide [...] (Gen 41,56–57; 42,1–2*).

Mit der Funktion Josefs als *Getreideverkäufer* ist auch Gen 42,6 notwendig auf die Einleitung in Gen 41,54.56f angewiesen, nach denen es ja Josef war, der die Speicher öffnete und Getreide an die Ägypter bzw. die Welt verkaufte.

Über das Motiv der Träume (V. 9) und des Kniefalls der Brüder (V. 6) weist Gen 42 zudem auf die Exposition der Josefsgeschichte in Gen 37 zurück.

> Siehe, wir waren beim Garbenbinden mitten auf dem Feld. Da richtete sich meine Garbe auf und blieb stehen, eure Garben aber stellten sich ringsherum und warfen sich vor meiner Garbe nieder. [...] Josef verwaltete das Land. Er war es, der allen Leuten im Lande Getreide verkaufte. So kamen Josefs Brüder und warfen sich vor ihm mit dem Gesicht zur Erde nieder. Und Josef erinnerte sich an das, was er über sie geträumt hatte (Gen 37,7; 42,6.9a).

Aber nicht nur der vorauslaufende Kontext setzt sich in Gen 42 fort. Das Kapitel antizipiert über die Motive der Gefangenschaft Simeons (V. 19.24b.33) und der geforderten Mitnahme Benjamins (V. 4.13.15.20.32.34) auch den nachstehenden Erzählverlauf.

> Wenn ihr rechtschaffene Leute seid, dann soll einer von euch Brüdern gefangen bleiben im Haus, wo ihr in Gewahrsam seid. Ihr aber geht und bringt das gekaufte Getreide heim, um den Hunger eurer Familien zu stillen. Euren jüngsten Bruder aber müsst ihr zu mir bringen. So werden sich eure Aussagen als wahr erweisen, und ihr werdet nicht sterben. Und so machten sie es. [...] Und er nahm Simeon aus ihrer Mitte und band ihn vor ihren Augen (Gen 42,19–20.24b).

Beide Motive legen den Grund für eine zweite Reise der Brüder nach Ägypten. Weil die Brüder den gefangenen Simeon auslösen müssen und bei dieser Gelegenheit Benjamin mit vor Josef bringen sollen, müssen sie noch einmal von Kanaan nach Ägypten aufbrechen.

Thematisch kreist das Kapitel hauptsächlich um die Wiederbegegnung der Brüder mit Josef, den sie in Gen 37 nach Ägypten verkauft hatten und der dort in Gen 39–41 zu hohen Ehren aufgestiegen ist. Nachdem die Brüder zu Josef gekommen sind, fallen sie vor ihm nieder. Doch statt sie mit offenen Armen zu empfangen, macht Josef ihnen in V. 9b einen doppelten Vorwurf: „*Ihr seid Kundschafter!* Die Blöße des Landes auszuspähen, seid ihr gekommen!" In V. 10–12 wird der Vorwurf genauer diskutiert. In V. 10–12 weisen die Brüder die beiden Aspekte des Vorwurfs zunächst zurück. Dabei verweisen sie in V. 11 auf den Zweck ihrer Reise, der nicht darin bestehe, die Blöße des Landes auszukundschaften. Vielmehr seien sie gekommen, um Getreide zu erwerben. Mit V. 11 weisen sie auch den Vorwurf der Kundschafterei aus V. 9bα zurück. „Wir alle, wir sind Söhne desselben Mannes. Wir sind ehrliche Leute, *deine Diener sind keine Kundschafter*". Die Antwort Josefs erfolgt unmittelbar in V. 12. Sie übergeht die soeben angesprochene Problematik der Kundschafterei und beschäftigt sich stattdessen allein mit dem mutmaßlichen Zweck der Reise. „Nein, ihr seid gekommen, um die Blöße des Landes auszuspähen".

Die Konversation, die zwischen den Brüdern und Josef in V. 9–12 stattfindet, wird in V. 30ff aufgegriffen. Dort geben die Brüder die Unterhaltung mit Josef vor ihrem Vater wieder. Anders als im tatsächlichen Gespräch V. 9–12 gehen sie dabei auf den Zweck der Reise, nämlich den Erwerb von Getreide, nicht noch einmal ein. Stattdessen greifen die Brüder lediglich auf den Vorwurf der Kundschafterei und die Beteuerung der Rechtschaffenheit zurück.

> Wir aber sagten zu ihm: Wir sind *rechtschaffene Leute*, wir sind *keine Kundschafter*! Wir sind zwölf Brüder, Söhne unseres Vaters; der eine ist nicht mehr, und der jüngste ist zurzeit bei unserem Vater im Land Kanaan. Da sagte der Mann, der Herr des Landes, zu uns: Daran werde ich erkennen, dass ihr *rechtschaffene Leute* seid: Lasst einen von euch Brüdern bei mir zurück, nehmt das Getreide, um den Hunger eurer Familien zu stillen, und geht. Bringt mir aber euren jüngsten Bruder her, damit ich erkenne, dass ihr *keine Kundschafter*, sondern *rechtschaffene Leute* seid. Dann gebe ich euch euren Bruder wieder, und ihr dürft frei im Land umherziehen (Gen 42,31–34).

Erschweren die o. a. Differenzen sicherlich nicht zwangsläufig das Verständnis des Gesamtkontextes, so ergeben sich an anderer Stelle logische Ungereimtheiten, die nicht ganz leicht zu vereinbaren sind. Denn um die o. a. Vorwürfe gegen sie zu entkräften, sollen die Brüder Forderungen Josefs erfüllen, die sich quasi gegenseitig ausschließen. So soll nach Gen 42,16 zunächst einer von den Brüdern losziehen, um Benjamin zu holen, während die anderen gefangen bei Josef zurückbleiben:

> Sendet einen von euch hin, dass er euren Bruder hole. Ihr aber werdet gefangen gesetzt. Auf diese Weise sollen eure Aussagen geprüft werden, ob ihr die Wahrheit gesagt habt. Wenn nicht, dann seid ihr Kundschafter, beim Leben des Pharao.

Nach Gen 42,19 hingegen sollen alle Brüder von dannen ziehen und nur einer als Gefangener in Ägypten bei Josef bleiben:

> Wenn ihr rechtschaffene Leute seid, dann soll einer von euch Brüdern gefangen bleiben im Haus, wo ihr in Gewahrsam seid. Ihr aber geht und bringt das gekaufte Getreide heim, um den Hunger eurer Familien zu stillen.

Lediglich die Forderung aus V. 19 wird auch ausgeführt. In V. 24b nimmt Josef Simeon gefangen; in V. 25f brechen die Brüder auf, um zu ihrem Vater nach Kanaan zurückzukehren. Dabei ist der Aufbruch in V. 25–26 MT nicht ganz leicht zu verstehen. „Und Josef befahl und sie füllten ihre Säcke, ihnen ihr Geld zurückzugeben und ihnen Wegzehrung zu geben. Und sie luden ihr Getreide auf ihre Esel und zogen davon".

Was trotz der schwierigen Syntax und mit Blick auf den Gesamtkontext von Gen 42 festgehalten werden kann, ist, dass das Füllen der Säcke und der Aufbruch der Brüder den vorauslaufenden Erzählfaden fortsetzen, während die Erwähnung des Geldes die direkt folgenden Aussagen V. 27–28 antizipiert. In V. 27–28 nämlich befinden sich die Brüder nach Antritt ihrer Reise in einer Herberge, als einer von ihnen seinen Sack öffnet, um seinem Esel Futter zu geben.

> Und er sah sein Geld, und, siehe, es lag obenauf in seinem Kornsack. Und er sagte zu seinen Brüdern: Man hat mir mein Geld zurückgegeben. Seht, es ist in meinem Kornsack. Da verließ sie der Mut. Zitternd sahen sie einander an und sagten: Was hat Elohim uns angetan?

Wie die Brüder mit dieser existentiellen Furcht umgehen, erfährt der Leser zunächst nicht. Ohne auf ihr Bangen und Zittern genauer einzugehen, fährt V. 29 mit der Rückkehr zum Vater fort, dem sie in V. 30–34 von der Begegnung mit Josef berichten. Erst in V. 35 wird das in die Säcke der Brüder zurückgelegte Geld (V. 25.27–28) neuerlich aufgegriffen. Dieses Mal jedoch findet nicht nur ein Bruder, sondern finden alle Brüder ihr Geld und fürchten sich gemeinsam mit dem Vater. Ob sie auch hier den Geldfund als eine Gottesstrafe bewerten, ist nicht näher erläutert. Warum die Brüder das Geld nicht mit dem einen Bruder in V. 27 gefunden haben, ist ebenfalls nicht direkt angesprochen.

Gen 42 schließt in V. 36–38 mit einem Dialog zwischen Jakob und Ruben, genauer gesagt mit einem Dialog, in dem sich Jakob an seine Söhne richtet und selbst von Ruben angesprochen wird. Obgleich Ruben sich in direkter Rede an seine Familie wendet, reagieren seine Adressaten nämlich nicht auf ihn. Blieben ihm seine Brüder im Zusammenhang von Gen 37,21–24 und Gen 37,29f eine verbale Antwort auf seine emotionale Rede schuldig, so geht auch Jakob in Gen 42 auf den Vorschlag Rubens nicht ein. Mit dem Leben seiner Söhne will Ruben für die unversehrte Rückkehr Benjamins bürgen. Und doch richtet sich die Antwort des Vaters (V. 38) über die Bürgschaft Rubens hinweg an alle Brüder. Kein Wort verliert er über den vorbildlichen Einsatz des Erstgeborenen für den letzten verbliebenen Rahel-Sohn.

Ähnlich verhält es sich bei der Äußerung Rubens in Gen 42,22. Im dortigen Kontext hatten in V. 21 zunächst alle Brüder ein Schuldeingeständnis abgelegt. Obschon Ruben sich selbst von diesem kollektiven Schuldbekenntnis explizit ausschließt, gehen die Brüder auf seine Ausführungen nicht näher ein. Alle Aussagen, die Ruben in der Josefsgeschichte trifft, bleiben somit (verbal) unbeantwortet.

Dieser erste Überblick über das Kapitel Gen 42 zeigt, dass das Kapitel in vielfältiger Weise an den vorauslaufenden Kontext anknüpft und überdies den folgenden Erzählverlauf antizipiert. Die Erzählung selbst zeigt sich thematisch weitestgehend geschlossen. Sie beschäftigt sich mit der Wiederbegegnung Josefs mit seinen Brüdern, die ihre Rechtschaffenheit erweisen sollen. Genau wie sie dies tun sollen, ist allerdings nicht immer ganz klar. Denn sollen die Brüder zunächst einen von sich entsenden, um Benjamin zu holen (V. 16), will Josef kurz darauf Simeon gefangen nehmen, während alle anderen ziehen dürfen (V. 19). Bei einer zweiten Reise sollen die Brüder Benjamin mitbringen (V. 20). Neben diesem doppelten Entsendungsauftrag findet auch der Fund des in V. 25 zurückerstatteten Geldes eine zweifache Erwähnung. Während zunächst nur einer der Brüder das Geld auf dem Heimweg entdeckt (V. 27–28), finden später alle Brüder ihr Geld daheim beim Vater (V. 35). Eine Erklärung dazu, wie sich die Funde zueinander verhalten, bietet der Text nicht explizit. Der Erzählverlauf bleibt dem Leser überdies schuldig, wie genau die Familie auf die Reden Rubens reagiert. Denn keine einzige seiner Reden (V. 21.37) wird mit einer Antwort gewürdigt.

Mit Blick auf diesen Befund wird sich die nachstehende Analyse mit folgenden Fragen besonders beschäftigen:
– Wie ist Gen 42 in den Kontext der Josefsgeschichte eingebettet?
– Welche Abweichungen sind zwischen der Begegnung Josefs mit seinen Brüdern (V. 6–20) und der Wiedergabe jener Ereignisse vor dem Vater (V. 30–34) zu verzeichnen und was tragen sie für die Analyse des Kapitels möglicherweise aus?
– Wie verhalten sich die Forderungen Josefs bezüglich der Gefangenschaft Simeons (V. 19) und der Mitnahme Benjamins (V. 16.20) zueinander?
– Wieso reagiert die Familie nicht auf Rubens wörtliche Reden (V. 22.37)?
– Warum findet ein Bruder das Geld vorab in der Herberge (V. 27–28), während alle Brüder das Geld erst daheim beim Vater entdecken (V. 35)?

Analyse

(a) Die kontextuellen Verknüpfungen von Gen 42
„Die Erzählungen von Josephs Begegnung mit seinen Brüdern sind der zweite Teil der Geschichte von den Erlebnissen Josephs mit seinen Brüdern"[1]. Er knüpft in Gen 42 in mannigfacher Weise an den vorauslaufenden Kontext Gen 37–41* an. Ein erster Rückbezug findet sich bereits im Zusammenhang der Forderung Jakobs

---

1 Gunkel, HK, 440. Vgl. zum Einschnitt zwischen Gen 41 und Gen 42 auch Strauß, *Lehrerzählungen*, 381; Carr, Fractures, 289; Levin, Jahwist, 269; Coats, *Joseph*, 288, oder Kratz, Komposition, 283.

Gen 42,1–2, seine Söhne mögen nach Ägypten aufbrechen, um dort Getreide zu erwerben. Denn dass in Ägypten שֶׁבֶר vorhanden ist, ist den weisen Vorkehrungen Josefs zu verdanken, der das angesammelte Getreide in Gen 41,56f an die Ägypter und die ganze Welt verkauft. Deshalb machen sich nun auch die Söhne Israels, die Brüder Josefs, auf, um von dem מַשְׁבִּיר Ägyptens und der Welt das überlebenswichtige שֶׁבֶר zu erwerben.

Der Zusammenhang des Aufbruchs der Söhne Israels bzw. Brüder Josefs nach Ägypten mit den Aussagen von Gen 41,54–57 ist längst gesehen. Dabei hat man in der älteren Forschung die doppelte Ankunft der Brüder in Ägypten (V. 5–6) als Indiz für eine Quellenscheidung betrachtet.

> *So kamen mit denen, die hinzogen, auch die Söhne Israels*, um Getreide zu kaufen, denn es herrschte Hungersnot im Land Kanaan. Josef aber war der Regent über das ganze Land; war es, der an das ganze Volk des Landes Getreide verkaufte. *Und die Brüder Josefs kamen* und warfen sich vor ihm nieder mit dem Gesicht zur Erde (Gen 42,5–6).

Aufgrund der oben zitierten Doppelung hat Hermann Gunkel angenommen, dass in V. 5–6a(nur הוּא הַשַּׁלִּיט עַל־הָאָרֶץ) und V. 6(ohne הוּא הַשַּׁלִּיט עַל־הָאָרֶץ) zwischen zwei Versionen zu scheiden sei. Dabei lasse die Proskynese der Brüder als sachlicher Rückverweis auf die Träume (Gen 37,7) für V. 6b auf den Elohisten schließen[2] – aus dessen Feder Gen 42 (Jakob; Ruben) im Wesentlichen stamme –, während in V. 5 die „Söhne Israels" für den Jahwisten sprächen. Die Aussage von V. 5 stehe überdies in einem direkten literarischen Zusammenhang mit Gen 41,56b–57, die ebenfalls dem Jahwisten zuzuschreiben seien. Denn die Formulierung V. 5 greife explizit auf Gen 41,57 zurück. V. 6 sieht Gunkel demgegenüber in einem Zusammenhang mit der Aussage von Gen 41,54b (E).[3]

---

2 Vgl. Gunkel, HK, 441; ähnlich bereits Dillmann, Genesis, 398, oder Holzinger, KHC, 239. Anders noch Wellhausen, Composition, 58, der bei Gen 42,6 an J denkt, da der Ausdruck וַיִּשְׁתַּחֲווּ־לוֹ אַפַּיִם אַרְצָה „specifisch jahwistisch" sei. Schwierig bei der Annahme von Wellhausen ist freilich, dass Gen 42,6 sich mit der Proskynese auf den ersten Traum Josefs aus Gen 37,7 zurückbezieht, den Wellhausen, Composition, 54, als Bestandteil von E betrachtet.
Anders Blum, Komposition, 233, der in V. 5a keine Wiederaufnahme sieht, sondern V. 5f als zwei unterschiedliche Vorgänge versteht, die literarkritisch in keinem Spannungsverhältnis zueinander stehen. Rudolph, *Josefsgeschichte*, 160, denkt in V. 5–6 an eine „umständliche Erzählungsweise". Hamilton, NIC.OT, 516f, unterscheidet in Jakob „the private side of [the patriarch]" und Israel „the public side of the patriarch, i. e., his office and dignity". Deshalb füge sich der Wechsel von V. 1 zu V. 5 gut in den Erzählkontext, da in V. 5 die „measures taken by a man to obtain food for himself and his family" beschrieben würden.
3 Vgl. Gunkel, HK, 442. Demgegenüber hatte noch Holzinger, KHC, 234, auf eine detaillierte Scheidung am Ende von Gen 41 verzichtet.

Diese Zuordnung ist mit Blick auf die Rückbindung an Gen 41 nicht ohne Probleme. Denn auch Gen 42,6 rekurriert nicht eigentlich auf Gen 41,54b, sondern auf Gen 41,56–57, deren Aussage der Vers sachlich und terminologisch voraussetzt.[4] Dass Josef nämlich als „*Getreideverkäufer*" (משביר) bezeichnet wird, erklärt sich nur vor dem Hintergrund seiner Funktion aus Gen 41,56–57. Gemessen an den angeführten Textbeobachtungen können also weder V. 5 noch V. 6 unabhängig von Gen 41,56–57 entstanden sein.[5]

Gen 41,54.56–57:

54 ותחלינה שבע שני הרעב לבוא כאשר אמר יוסף ויהי רעב בכל־הארצות ובכל־ארץ מצרים היה לחם:

56 והרעב היה על כל־פני הארץ ויפתח יוסף את־כל־אשר בהם וישבר למצרים ויחזק הרעב בארץ מצרים:

57 וכל־הארץ באו מצרימה לשבר אל־יוסף כי־חזק הרעב בכל־הארץ:

Gen 42,5–6:

5 ויבאו בני ישראל לשבר בתוך הבאים כי־היה הרעב בארץ כנען:

6 ויוסף הוא השליט על־הארץ הוא המשביר לכל־עם הארץ ויבאו אחי יוסף וישתחוו־לו אפים ארצה:

Dass die von der älteren Forschung vorgenommene literarische Scheidung zwischen Gen 42,5.6 trotz diesem gemeinsamen Anknüpfungspunkt in Gen 41 ihre Berechtigung haben könnte, legt sich mit Blick auf binnen- und außenkontextuelle Beobachtungen nahe.[6] Hier sei zunächst darauf hingewiesen, dass die Bezeichnung „Brüder (Josefs)" (Gen 42,3.4.6.7.8) weit fester im Erzählverlauf von Gen 42 verankert ist als die Erwähnung der Söhne Israels.[7] Die Rede von den Söhnen Israels findet sich im Kontext von Gen 37–44 einzig an dieser Stelle, im weiteren Verlauf der Josefsgeschichte noch in Gen 45,21; 46,5.8; 50,25. Sie verlagert in Gen 42 den Fokus von der Bruder- auf die Sohnschaft und steht damit der

---

4 Die sachliche Schnittmenge sieht auch Gunkel, HK, 442, und erklärt sie damit, dass es „bei J nach 41₅₇ selbstverständlich" gewesen sei, dass „die Brüder beim Korneinkauf Joseph trafen".

5 Vgl. hierzu auch die Ausführungen von Westermann, BK, 111.

6 Einen Bruch zwischen V. 5.6 sehen in jüngerer Vergangenheit auch Schweizer, Josefsgeschichte, 191f; Levin, Jahwist, 288–292; Kebekus, Joseferzählung, 90–91, oder Seebass, Josephsgeschichte, 90.

7 Anders betrachten Wellhausen, Composition, 58, oder Schmitt, Josephsgeschichte, 42–43, die Formulierung „Söhne Israels" als integralen Bestandteil der Quelle E bzw. der Ruben-Version. Denn jene Version spreche „nie von den Söhnen Jakobs, sondern immer von den Söhnen Israels".

Ausrichtung des Kapitels entgegen. Denn die Erzählung Gen 42 kreist ja gerade um das Verhältnis der Brüder zu Josef und nicht um die Beziehung des Vaters zu seinem Sohn bzw. zu seinen Söhnen. Überdies wird auch der Vater in Gen 42 sonst nie mit Israel, sondern stets mit Jakob (Gen 42,1[2x].4.29.36) benannt. Sowohl die Bezeichnung von Vater und Brüdern als auch die damit einhergehende sachliche Akzentverschiebung stellen demnach im Erzählzusammenhang von Gen 42 einen Fremdkörper dar.[8]

Auffällige Berührungspunkte zeigt die Formulierung von Gen 42,5 demgegenüber mit den Überschriften der genealogischen Listen Gen 46,8–27* und Ex 1,1–5*. Von ihnen dürfte letztere mit Christoph Levin[9] oder Christoph Berner[10] wohl grundsätzlich als Vorlage der ersteren zu betrachten sein. In den Überschriften beider Listen findet sich neben der Erwähnung der בני ישראל wie in Gen 42,5 das absolute, determinierte Partizip הבאים, das sich hier wie dort auf die Ankunft der Söhne Israels in Ägypten bezieht.

Angesichts der angeführten sprachlich-syntaktischen und sachlichen Überschneidungen steht zunächst zu vermuten, dass die genannten Stellen in einem direkten literarischen Zusammenhang stehen könnten. Dabei legt es vor allem eine Beobachtung nahe, dass die Aussage in Gen 42,5 bereits in Kenntnis der älteren genealogischen Liste in Ex 1,1[11] formuliert worden sein könnte: Die isolierte Stellung von V. 5 im Zusammenhang von Gen 42. Denn dort nimmt die Erwähnung der Söhne Israels sachlich und terminologisch eine Sonderstellung ein, während sie im Rahmen der Volksgeschichte Ex 1 eine angemessene Bezugsgröße darstellt.[12] Im Kontext der Josefsgeschichte identifiziert Gen 42,5 die in Gen 37; 42–45 vorherrschenden Brüder Josefs nun ausdrücklich mit den Söhnen Israels und verbindet so die (pseudo-)Familiengeschichte über die Söhne Jakobs mit der Volksgeschichte des Exodus. Wie die Liste der zwölf Söhne, *die nach*

---

8 Bereits Jacob, Genesis, 762, hatte auf die Spannungen des Verses innerhalb von Gen 42(–45) aufmerksam gemacht. „Jeder Ausdruck in der ersten Vershälfte ist befremdlich"; vgl. hierzu auch die Ausführungen bei Westermann, BK, 110–111.

9 Vgl. Levin, Jahwist, 305.

10 Vgl. Berner, Exoduserzählung, 39–40.

11 Für eine spätere Ansetzung der Liste Gen 46,8–27 könnte sprechen, dass diese weniger die Zwölfzahl, die sie für die Söhne Jakobs selbstverständlich voraussetzt, sondern vielmehr die insgesamt siebzig Seelen, die nach Ägypten übersiedelten, im Blick hat.

12 Hier bleibt darauf hinzuweisen, dass mit der Erwähnung Israels in dem ältesten Kern der Exposition Gen 37 freilich auch die ursprünglichste Josefsgeschichte keine reine Familiengeschichte sein kann, sondern eine lediglich in das Gewand einer Familiengeschichte gekleidete „Volksgeschichte" darstellt. Anders meint Schmidt, Studien, 277, es gehe „also in der Josephsgeschichte durchgehend um die Beziehung zwischen Personen".

Ägypten kamen, den Beginn des Buches Exodus markiert, leitet ein Verweis auf sie (wohl nachträglich) auch die Geschichte der Brüder Josefs bzw. Söhne Israels ein, *die nach Ägypten hinabziehen,* um Getreide zu erwerben.

Derselben Hand dürften sich die expliziten Verweise auf die Zwölfzahl der Brüder verdanken, die nur locker in den Kontext von Gen 42 eingebettet sind. „In V. 13 sind die beiden Nominalsätze שנים עשר עבדיך und אחים אנחנו Dubletten. Dasselbe gilt für den Bericht in V. 32. In V. 3 ist in ähnlicher Weise die Zahlenangabe ‚zehn' nachgetragen"[13].

Gen 41,57:

וְכָל־הָאָרֶץ בָּאוּ מִצְרַיְמָה לִשְׁבֹּר אֶל־יוֹסֵף כִּי־חָזַק הָרָעָב בְּכָל־הָאָרֶץ: ⁵⁷

Gen 42,5:

וַיָּבֹאוּ בְּנֵי יִשְׂרָאֵל לִשְׁבֹּר בְּתוֹךְ הַבָּאִים כִּי־הָיָה הָרָעָב בְּאֶרֶץ כְּנָעַן: ⁵

Ex 1,1:

וְאֵלֶּה שְׁמוֹת בְּנֵי יִשְׂרָאֵל הַבָּאִים מִצְרַיְמָה אֵת יַעֲקֹב אִישׁ וּבֵיתוֹ בָּאוּ: ¹

Älter als Gen 42,5 dürfte die Ankunft der Brüder vor Josef in Gen 42,6 sein, die den in Gen 42,3 konstatierten Aufbruch der Brüder notwendig abschließt.[14]

> *Da zogen die Brüder Josefs [...] hinab, um in Ägypten Korn zu kaufen. Josef aber war der Regent über das ganze Land; er war es, der an das ganze Volk des Landes Getreide verkaufte. Und die Brüder Josefs kamen und warfen sich vor ihm nieder mit dem Gesicht zur Erde (Gen 42,3*.6).*

In seinen Formulierungen bezieht sich Gen 42,6 explizit auf Aussagen von Gen 37 und Gen 41 zurück, die er zumindest kennen, mit denen er aber auch literarisch zusammengehören dürfte.[15] Dabei handelt es sich zunächst um die bereits o. a. Funktion Josefs als משביר, die auf das Ende von Gen 41 in V. 56–57 zurückblickt.[16] Darüber hinaus ist an die Proskynese der Brüder in Gen 42,6b gedacht, die den von Josef in Gen 37,7 empfangenen Traum nun zur Erfüllung bringt. Haben sich im Traumbild von Gen 37,7 die Garben der Brüder vor der Garbe Josefs verneigt, so

---

13 Levin, Jahwist, 291, der die Erwähnung der Zwölfzahl allerdings nicht in einen literarischen Zusammenhang mit Gen 42,5 (Levin: J^R wg. „Söhne Israels") stellt. Vgl. ferner Ruppert, FzB, 252.
14 Anders Levin, Jahwist, 288–289, der auf Gen 42,3 direkt Gen 42,7 folgen lässt und Gen 42,6* als nachendredaktionell bewertet.
15 Vgl. hierzu genauer unten 4.1. (f).
16 Vgl. hierzu Westermann, BK, 110–111.

fallen nun die Brüder selbst vor Josef nieder, von dem sie Getreide zum Überleben erwerben wollen.

An weitere Aussagen aus Gen 37 erinnern die V. 8–9. In V. 8 betrifft dies das Motiv des Erkennens, hier im Gegenüber zum Nichterkennen. In Gen 37 nämlich hatten die Brüder Josef sein Kleid genommen, es in Tierblut getränkt, um dem Vater vorzutäuschen, sein Lieblingssohn sei zu Tode gekommen. Als sie dem Vater das Kleid überbringen, stellen sie ihm die Frage: ־הכר־נא הכתנת בנך הוא אם אל. Jakob-Israel erkennt das Kleid seines Sohnes und betrauert seinen vermeintlichen Tod. Haben die Brüder also in Gen 37 den Vater zu einer falschen Erkenntnis gedrängt, so mangelt es ihnen in Gen 42,8 selbst an Erkenntnis.[17]

Josef hingegen hat sie nach ihrem Kniefall erkannt und fühlt sich dadurch an seine Träume erinnert. Mit dieser Aussage greift V. 9 sowohl auf den Zusammenhang von Gen 37,4b–8 als auch auf Gen 42,6b zurück.[18] Die Ereignisse, die mit Gen 42,6.8–9 eingeleitet sind, dürften dementsprechend vor dem Hintergrund der Ereignisse in Gen 37* gelesen werden wollen. Weil Josef sich als erster unter den Söhnen Israels träumte (Gen 37,7), haben seine Brüder ihn gehasst (Gen 37,8) und wollten sich seiner entledigen. Zunächst gedachten sie, den Herrn der Träume zu töten, auf dass er sähe, was seine Träume wert seien (Gen 37,19–20). Dann aber entschieden sie sich dafür, ihn zum eigenen Gewinn nach Ägypten zu verkaufen (Gen 37,28*) und ihrem Vater den Verlust seines Lieblings lediglich glauben zu machen (Gen 37,32ff). In Gen 42 nun kehren sich die Verhältnisse um. Die Brüder fallen vor Josef nieder und erfüllen so unbewusst den von ihm geträumten Vorrang.[19] Er erkennt sie daraufhin, sie ihn aber nicht. Von nun an hat er sie in der Hand und lässt sie für ihr früheres Fehlverhalten büßen,[20] bevor er sich ihnen in Gen 45,4 als der verkaufte Josef zu erkennen gibt. Der Kreis schließt sich vollends, als auch die Brüder in Gen 45,15 wieder mit Josef zu sprechen beginnen (→ Gen 37,4b). Gen 42–45*(,15) lesen sich demnach als Fortsetzung und Auflösung zu dem in Gen 37 aufgemachten Konflikt, und zwar in der um den ersten Joseftraum (Gen 37,4b–8) und den Tötungsbeschluss (37,19–20) sekundär erweiterten Fassung.[21]

---

17 Zu dieser Verbindung vgl. Alter, Art, 10, oder Wenham, WBC, 406.

18 Vgl. hierzu bereits die Beobachtungen bei Holzinger, KHC, 239.

19 Vgl. Seebass, Josephsgeschichte, 87, oder Kebekus, Joseferzählung, 97f. Anders hingegen Döhling, *Herrschaft*, 29f; Jacob, Genesis, 765, oder Wenham, WBC, 406.

20 Gegen Gunkel, HK, 443, der bei den Prüfungen in Gen 42–44 an eine reine Strafmaßnahme Josefs glaubt, wird einzuwenden sein, dass die Forderungen Josefs in Gen 42–44 auf dem Hintergrund von Gen 37 als Prüfungen zu verstehen sein dürften, an denen sich erweisen soll, ob die Brüder aus ihrem früheren Verhalten gelernt und sich gewandelt haben.

21 Vgl. hierzu oben 3.1. (a); 3.1. (c) und 3.3.3. (a); vgl. ferner unten 4.4. (a).

Gen 37,4–8.19–20.28.31–33:

‏⁴ויראו אחיו כי־אתו אהב אביהם מכל־אחיו וישנאו אתו ‏|ולא יכלו דברו לשלם:‏

‏⁵ויחלם יוסף חלום ויגד לאחיו ויוספו עוד שנא אתו:‏

‏⁶ויאמר אליהם שמעו־נא החלום הזה אשר חלמתי:‏

‏⁷והנה אנחנו מאלמים אלמים בתוך השדה והנה קמה אלמתי וגם־נצבה ‏והנה תסבינה‏ אלמתיכם ותשתחוין לאלמתי:‏

‏⁸ויאמרו לו אחיו המלך תמלך עלינו אם־משול תמשל בנו ויוספו עוד ‏שנא אתו‏ על־חלמתיו‏ ועל־דבריו:‏

‏¹⁹ויאמרו איש אל־אחיו הנה ‏בעל החלמות‏ הלזה בא:‏

‏²⁰ועתה לכו ונהרגהו ונשלכהו באחד הברות ואמרנו חיה רעה אכלתהו ונראה ‏מה־יהיו‏ ‏חלמתיו:‏

‏²⁸ויעברו אנשים מדינים סחרים וימשכו ויעלו את־יוסף מן־הבור וימכרו את־יוסף לישמעאלים בעשרים כסף ויביאו את־יוסף מצרימה:‏

‏³¹ויקחו את־כתנת יוסף וישחטו שעיר עזים ויטבלו את־הכתנת בדם:‏

‏³²וישלחו את־כתנת הפסים ויביאו אל־אביהם ויאמרו זאת מצאנו הכר־נא ‏הכתנת בנך הוא‏ אם־לא:‏

‏³³ויכירה ויאמר כתנת בני חיה רעה אכלתהו טרף טרף יוסף:‏

Gen 41,56–57:

‏⁵⁶והרעב היה על כל־פני הארץ ‏ויפתח יוסף את־כל־אשר בהם‏ וישבר למצרים ויחזק הרעב בארץ מצרים:‏

‏⁵⁷וכל־הארץ באו מצרימה לשבר אל־יוסף כי־חזק הרעב בכל־הארץ:‏

Gen 42,6.8–9:

‏⁶ויוסף הוא השליט על־הארץ ‏הוא המשביר לכל־עם הארץ‏ ויבאו אחי יוסף וישתחוו־לו אפים ארצה:‏

‏⁸ויכר יוסף את־אחיו והם לא הכרהו:‏

‏⁹ויזכר יוסף את החלמות‏ אשר חלם להם ויאמר אלהם מרגלים אתם לראות את־ערות הארץ באתם:‏

Gen 45,4.15:

‏⁴ויאמר יוסף אל־אחיו גשו־נא אלי ויגשו ויאמר אני יוסף ‏אחיכם אשר־מכרתם‏ אתי מצרימה:‏

‏¹⁵וינשק לכל־אחיו ויבך עליהם ‏|ואחרי כן דברו אחיו אתו:‏

Doch nicht nur Bezüge zur Exposition in Gen 37 sind festzustellen. Auch Anspielungen auf die Erzählungen über Josef in Gen 39–41* lassen sich in Gen 42 aufzeigen. Neben dem bereits oben besprochenen Rückverweis von Gen 42,6 auf Gen 41,56–57 betrifft dies die dreitägige Gefängnisstrafe, die Josef seine Brüder nach Gen 42,17 verbüßen lässt. Sie korrespondiert sachlich mit der Bestrafung, die Josef nach Gen 39,20 zukommt, und zeigt überdies terminologische

Übereinstimmungen mit Gen 40f. Hier ist zunächst an die Formulierung משמר gedacht, die auf Gen 40,3.4.7; 41,10 zurückweist.[22] Des Weiteren erinnert die Dauer der Bestrafung שלשת ימים an die Träume von Bäcker und Mundschenk (vgl. Gen 40,13.19.20).[23] Sie hatten in Gen 40 ein jeder einen Traum gehabt, in dem die geträumte Anzahl der Ranken bzw. Körbe von Josef als ein Zeitraum von drei Tagen interpretiert wurde. Und auch der Narrativ ויאסף in Gen 42,17 könnte ein Hinweis auf die Erzählung Gen 40f sein. Dort nämlich wird Josef in Gen 39,20ff nicht in Gewahrsam (במשמר), sondern in das Gefängnis (בית הסהר) gegeben, wo sich die Gefangenen des Königs (אסורי המלך) befinden. Für die Annahme, dass Gen 42,17 ursprünglich nicht mit MT ויאסף, sondern ebenfalls ויאסר gelesen haben könnte, könnten auch die Aussage Josefs in Gen 42,19 אם־כנים אתם אחיכם אחד יאסר בבית משמרכם und deren Erfüllung in V. 24b sprechen: ויאסר אתו לעיניהם.[24]

Es mag sich dann bei der Aussage in Gen 42,17 insgesamt um eine Anspielung auf die Geschichte Josefs in Gen 40f handeln, die sich jetzt mit Bezug auf seine Brüder wiederholt. Wie sie ihren Bruder einst ohne Skrupel nach Ägypten verkauft haben und so letztlich für seinen Gewahrsam verantwortlich sind, gibt Josef nun seine Brüder אל־משמר und vergilt ihnen Gleiches mit Gleichem. Mit dem Motiv der Gefangenschaft setzt Gen 42,17 die sekundäre Einfügung der Episode um die Versuchung Josefs in Gen 39 wohl bereits voraus, in deren Zusammenhang auch Josef selbst von einem Knecht des Obersten der Leibwache zu einem Gefangenen geworden ist.[25]

Mit diesem Überblick beschließen wir zunächst unsere Betrachtung zur kontextuellen Verknüpfung von Gen 42 und widmen uns im Folgenden der Frage nach der literarischen Einheitlichkeit des Kapitels.

(b) Der doppelte Vorwurf der Kundschafterei in V. 9
Bereits oben unter (a) ist angeklungen, dass sich in Gen 42,5–6 eine Dublette findet, die auf literarisches Wachstum schließen lässt. Von den fraglichen Versen dürfte V. 5 wohl als ein Nachtrag zu bewerten sein, der sich bereits vor dem Hintergrund der Volksgeschichte des Exodus erklärt und die in Ex 1,1–5* aufgelisteten Söhne Israels nun – zu Beginn ihrer Geschichte in Ägypten – explizit mit den Brüdern Josefs identifiziert, deren Zahl zudem ausdrücklich auf zwölf festgelegt wird (Gen 42,3[nur עשרה].13[nur עבדיך עשר].32[nur שנים עשר שנים־עשר]).

---

22 Vgl. Hamilton, NIC.OT, 523, oder Wenham, WBC, 407.
23 Vgl. insbesondere Hamilton, NIC.OT, 523.
24 Anders u. a. Wenham, WBC, 407f, der an ein Wortspiel mit dem Namen Josef denkt.
25 Vgl. genauer oben 3.3.1.

Weitere Doppelungen finden sich in V. 7–8 und V. 9b. Wie im Falle von Gen 42,5–6 haben auch diese Doppelungen Hermann Gunkel dazu geführt, zwischen zwei Versionen zu scheiden.[26] Dabei sind nach Gunkel V. 7(ohne אתם וידבר קשות).9bβ J zuzurechnen, während V. 7(nur וידבר אתם קשות).8.9abα an E fallen. Im Zusammenhang von E sei die Aussage וידבר אתם קשות (V. 7) einmal direkt auf V. 9a gefolgt. Die Scheidung begründet Gunkel damit, dass die Rede der Söhne vor Jakob in Gen 42,29–37 einheitlich sei und nicht zuletzt wegen des Erzvaternamens auf E schließen lasse.[27]

> Zu E gehört also der Ausdruck מרגלים 30.32.34, also auch die Sätze 9bα.11b.14.16bβ. Ferner wird die Frage 7 mit der Beschuldigung 9.12 und der Entschuldigung 10 und der Erzählung 5 durch das Wort בוא (meist mit ל c.inf.) zusammengehalten; ebenso wie 7b und 10b durch לשבר־אכל, und 13.32.26 durch איננו; das Gedenken an die Träume 9a hat das Niederfallen zur notwendigen Voraussetzung[28].

Bereits oben hatten wir mit Blick auf V. 5 gesehen, dass die von Gunkel vorgeschlagene Zuordnung des Verses zum Jahwisten mit einigen Schwierigkeiten verbunden ist. Denn wie V. 6 (E) bezieht sich auch V. 5 (J) nicht zurück auf Gen 41,54 (J), sondern vielmehr auf Gen 41,56–57 (E). Darüber hinaus ist auch der von Gunkel postulierte literarische Zusammenhang von V. 5.7.10 (J) allein mit Verweis auf die Verwendung der Wurzel בוא kaum zu erweisen, zumal sie sich auch in V. 6 (E) finden lässt.

---

26 Vgl. Gunkel, HK, 441. Zur Doppelung in V. 7–8 vgl. bereits Dillmann, Genesis, 399, oder Holzinger, KHC, 239. In jüngerer Vergangenheit scheiden auch Levin, Jahwist, 288–292; Schmidt, Studien, 145; Kebekus, Joseferzählung, 99f, oder Ruppert, FzB, 252f, zwischen V. 7–8.
Anders hingegen Schmitt, Josephsgeschichte, 40–42, der bei V. 7–9 insgesamt an die Ruben-Bearbeitung denkt. Anders auch Blum, Komposition, 233, oder Coats, Canaan, 33, die in V. 7f eine „klimaktische Erzählweise" sehen, „welche an diesem Höhepunkt die Überraschung gleichsam abbildet, indem sie Josephs Reaktion in zwei aufeinanderfolgende Schritte zerlegt. Das wiederaufnehmende ויכר in V. 8 hat dabei vor allem die Funktion, die wiederum rekapitulierende Reflexion Josephs in V. 9a einzuführen" (Blum, Komposition, 233).
Willi-Plein, NSK.AT, 275, geht davon aus, dass das zweite Erkennen mit den Träumen in Zusammenhang steht: Nun „erkannte er seine Brüder auch im lange verblassten Traum". Hamilton, NIC.OT, 520, nimmt an, dass der „point about the recognition in v. 7 is that he recognized them even before they spoke (v. 7b). The point about the recognition statement in v. 8 is to *contrast* Joseph's discernment with his brothers' lack of discernment" (Hervorhebung durch d. Verf.). Anders auch Doehling, *Herrschaft*, 13.
27 Vgl. Gunkel, 441–442.
28 Gunkel, HK, 442. Vgl. in jüngerer Vergangenheit auch Schmidt, Studien, 252f, oder Seebass, Josephsgeschichte, 90, die den Abschnitt ebenfalls auf die Quellen E (Schmidt: V. 8.9aβα.11b–13; Seebass: V. 7abα.9abα.10.11aαb.13) und J (Schmidt: V. 7.10.11a; Seebass: V. 7bβ.8.12.35.38) verteilen (Schmidt: unklar: V. 2.9bβ; Seebass: unklar V. 1bβ; Glättungen: V. 9bβ.11aβ).

Als spezifischer ist sicherlich die Verbindung von V. 7.10 durch die Wendung
לשבר־אכל zu betrachten. Sie wird von Gunkel mit dem Vorwurf V. 9bβ in Zusammenhang gebracht und mit sachlichen Argumenten untermauert. Denn bei dem
Vorwurf der Kundschafterei (V. 9bα) „nach E handelt es sich [...] um die Frage,
wer die Brüder sind, dagegen nach J [...], zu welchem Zweck sie gekommen sind;
diese Scheidung wird bestätigt durch אכל 10". Diese Annahme von Gunkel trifft
mit Blick auf die Differenz zwischen V. 9bα und V. 9bβ.10 sicherlich zu. Etwas
anders verhält es sich hingegen in V. 7. Dort nämlich lautet die von Josef gestellte
Frage „*woher* seid ihr gekommen?" (מאין באתם), nicht aber: „*Warum* seid ihr
gekommen?" Nicht dem Zweck der Reise gilt demnach sein vornehmliches Interesse, sondern der Herkunft der Brüder. Sie sagt indes mehr über das „wer" als
das „warum" aus. Die Antwort der Brüder selbst geht zudem über die Frage Josefs
hinaus, insofern sie neben der erbetenen Ortsangabe ארץ כנען auch den Zweck
der Reise nennt. „Und Josef sah seine Brüder und erkannte sie, aber er gab sich
ihnen nicht zu erkennen, fuhr sie hart an und sagte zu ihnen: *Woher kommt ihr?
Sie sagten: Aus dem Land Kanaan, um Getreide zu kaufen*". Der Zweck der Reise
wird von den Brüdern in V. 10 als Verteidigung gegen die Anschuldigung Josefs
aus V. 9b wiederholt.

> Da erinnerte sich Josef an die Träume, die er von ihnen geträumt hatte. Und er sagte zu
> ihnen: Ihr seid Kundschafter! *Um die Blöße des Landes auszuspähen, seid ihr gekommen.* Sie
> sagten zu ihm: *Nein, Herr! Deine Diener sind gekommen, um Getreide zu kaufen* (Gen 42,9–10).

Während die Aussage V. 10 als Antwort auf die Anschuldigung V. 9 erzähllogisch
am richtigen Platz erfolgt, stellt sie im Zusammenhang von V. 7 einen sachlichen
Überhang dar.[29]
   Bei einem Vergleich zwischen V. 7 und dem soeben erwähnten Dialog der
Brüder in V. 9–10 fällt überdies auf, dass das in V. 7 ausdrücklich erwähnte Land
Kanaan, in V. 9–10 keine Rolle spielt. V. 9–10 sind Bestandteil eines Dialogs zwi-
schen Josef und seinen Brüdern, der sich bis V. 16 erstreckt. Der Dialog wird ein-
geleitet durch den Vorwurf Josefs in V. 9b, bei seinen Brüdern handle es sich um
Kundschafter; sie seien gekommen, um die Blöße des Landes zu sehen. Diesen
Vorwurf werden die Brüder in der Folge zu entkräften suchen. Dabei verweisen
sie im Kontext von V. 10–12 zunächst auf ihren gemeinsamen Vater und ihre
Rechtschaffenheit.

---

29 Vgl. Hamilton, NIC.OT, 519, oder Schmidt, Studien, 250, der meint, die Brüder hätten die zusätzliche Information preisgegeben, weil sie spürten, dass „in der Frage ein Mißtrauen zum Ausdruck kommt, das sie mit der Angabe über den Zweck ihrer Reise ausräumen wollen".

Sie sagten zu ihm: Nein, Herr! Deine Diener sind gekommen, um Getreide zu kaufen. *Wir alle, wir sind Söhne desselben Mannes. Wir sind rechtschaffene Leute, deine Diener sind keine Kundschafter.* Aber er sagte zu ihnen: Nein, ihr seid gekommen, um die Blöße des Landes zu sehen.

V. 13–16 lenken den Fokus demgegenüber auf Benjamin, den jüngsten Bruder.

Sie sagten: Deine Diener sind ihrer zwölf, wir sind Brüder, Söhne desselben Mannes im Land Kanaan. *Der Jüngste ist zurzeit bei unserem Vater*, und einer ist nicht mehr. Josef aber sprach zu ihnen: Es ist so, wie ich gesagt habe: Kundschafter seid ihr! Damit sollt ihr auf die Probe gestellt werden: So wahr der Pharao lebt, ihr werdet von hier nicht wegkommen, *es sei denn, euer jüngster Bruder komme hierher. Sendet einen von euch hin, dass er euren Bruder hole.* Ihr aber werdet gefangen gesetzt. So sollen eure Aussagen geprüft werden, ob ihr die Wahrheit gesagt habt. Wenn nicht, dann seid ihr Kundschafter, beim Leben des Pharao.

Dieselbe Zweiteilung (Vorwurf der Kundschafterei/Mitnahme Benjamins) findet sich auch im Kontext der Rückkehr der Brüder zum Vater. Sie erfolgt in V. 29 und leitet die Wiedergabe der in V. 7–16 erzählten Ereignisse vor dem Vater in V. 30–34 ein. Bei ihrer Ankunft vor Jakob berichten die Brüder zunächst davon, dass der Mann, der Herr des Landes, hart mit ihnen geredet und sie für *Kundschafter* des Landes gehalten habe (V. 30 → V. 7). Sie aber hätten erwidert, sie seien *rechtschaffen, keine Kundschafter* (V. 31 → V. 11). Nach diesem Verweis auf ihre Rechtschaffenheit folgt die Erwähnung *Benjamins*. Zwölf Söhne seien sie, alle von einem Vater. Der eine Sohn sei nicht mehr und *der kleinste sei bei ihrem Vater* in Kanaan (V. 32 → V. 13).

Ein Vergleich der Abschnitte Gen 42,7.9–16 und Gen 42,29–32 zeigt neben großen Übereinstimmungen und Korrespondenzen auch einige Abweichungen bzw. Auslassungen. In V. 7 korrespondiert zunächst die Frage nach der Herkunft, nämlich dem Land Kanaan, mit der Aussage von V. 29, wo die Brüder ausdrücklich zu ihrem Vater in das Land Kanaan zurückkehren. Dieser vorangestellten Verortung der Familie folgt in V. 9–16 der Dialog Josefs mit seinen Brüdern bzw. in V. 30–32 die Wiedergabe jenes Dialogs vor dem Vater. Dabei stimmen in V. 30–31 sowohl der Verweis auf die harte Rede als auch der Vorwurf der Kundschafterei und die Beteuerung der Rechtschaffenheit mit den Aussagen aus V. 7.9bα.11 überein. Der zweite Aspekt des Vorwurfs in V. 9bβ („Um die Blöße des Landes zu sehen, seid ihr gekommen") ist hingegen nur insofern aufgenommen, als das Partizip מרגלים in V. 30 mit dem Objekt את־הארץ verbunden ist, das in V. 9bβ noch im Zusammenhang der Blöße erschien (את־‎עֶרְוַת‎ הארץ). Die Blöße selbst jedoch bleibt im Kontext von V. 29ff ebenso unerwähnt wie der Zweck der Reise לשבר־אכל.

Gen 42,7.9–13:

⁷וירא יוסף את־אחיו ויכרם ויתנכר אליהם
וידבר אתם קשות ויאמר אלהם מאין באתם
ויאמרו מארץ כנען לשבר־אכל:
⁹ויזכר יוסף את החלמות אשר חלם להם
ויאמר אלהם מרגלים אתם לראות את־ערות
הארץ באתם:
¹⁰ויאמרו אליו לא אדני ועבדיך באו לשבר־
אכל:
¹¹כלנו בני איש־אחד נחנו כנים אנחנו לא־היו
עבדיך מרגלים:
¹²ויאמר אלהם לא כי־ערות הארץ באתם
לראות:
¹³ויאמרו שנים עשר עבדיך אחים אנחנו בני
איש־אחד בארץ כנען והנה הקטן את־אבינו
היום והאחד איננו:

Gen 42,29–32:

²⁹ויבאו אל־יעקב אביהם ארצה כנען
ויגידו לו את כל־הקרת אתם לאמר:
³⁰ דבר האיש אדני הארץ אתנו קשות
ויתן אתנו כמרגלים את־הארץ:
³¹ונאמר אליו כנים אנחנו לא היינו
מרגלים:
³²שנים־עשר אנחנו אחים בני אבינו
האחד איננו והקטן היום את־אבינו
בארץ כנען:

Wie sind nun diese Übereinstimmungen und Abweichungen zwischen beiden Abschnitten zu erklären? Um diese Frage zu beantworten, werfen wir noch einmal einen genaueren Blick auf V. 9–12, in denen sich mit den Motiven der „Blöße des Landes" (V. 9.12) und des Getreidekaufs (לשבר־אכל, V. 10) ja ein sachlicher Überhang zu V. 29–32 findet. Auffällig ist hier zunächst, dass in V. 9b der Vorwurf Josefs doppelt entfaltet wird. Der Aussage מרגלים אתם folgt die weitere Explikation לראות את־ערות הארץ באתם. Diesem Vorwurf entgegnen die Brüder Josefs prompt: לא אדני ועבדיך באו לשבר־אכל. Die Antwort bezieht sich sachlich zurück auf den in V. 9bβ ausgedrückten Zweck der Reise, den sie auch in sprachlich-syntaktischer Hinsicht (ל+בוא + Inf. cstr.) spiegeln.

In V. 11 setzen die Brüder ihre Verteidigung fort, gehen nun jedoch nicht mehr auf den Zweck ihrer Reise ein, sondern verlagern den Fokus auf ihre Rechtschaffenheit (כנים אנחנו), die mit dem Vorwurf Josefs aus V. 9bα (מרגלים אתם) korrespondiert. Die Antwort auf ihre Aussage erhalten die Brüder in V. 12. Der Vers greift mit den Worten לא כי־ערות הארץ באתם לראות direkt auf V. 9bβ zurück, lässt das Motiv der Kundschafterei aus V. 11 (רגל Pi.) hingegen unberücksichtigt.[30]

---

30 Vgl. hierzu bereits Holzinger, KHC, 239: „11ᵃ unterbricht zwischen v. 10 und 11ᵇ, ist keine Antwort auf Josephs Frage und wird v. 12 ignoriert". Vgl. in jüngerer Vergangenheit auch Ruppert, FzB, 252. Anders z. B. Westermann, BK, 113–114.

Gen 42,9–12:

⁹ וַיִּזְכֹּר יוֹסֵף אֵת הַחֲלֹמוֹת אֲשֶׁר חָלַם לָהֶם וַיֹּאמֶר אֲלֵהֶם מְרַגְּלִים אַתֶּם
לִרְאוֹת אֶת־עֶרְוַת הָאָרֶץ בָּאתֶם:
¹⁰ וַיֹּאמְרוּ אֵלָיו לֹא אֲדֹנִי וַעֲבָדֶיךָ בָּאוּ לִשְׁבָּר־אֹכֶל:
¹¹ כֻּלָּנוּ בְּנֵי אִישׁ־אֶחָד נָחְנוּ כֵּנִים אֲנַחְנוּ לֹא־הָיוּ עֲבָדֶיךָ מְרַגְּלִים:
¹² וַיֹּאמֶר אֲלֵהֶם לֹא כִּי־עֶרְוַת הָאָרֶץ בָּאתֶם לִרְאוֹת:

Nach dem o. a. Befund beziehen sich die Aussagen V. 10.12 demnach auf den
Vorwurf לִרְאוֹת אֶת־עֶרְוַת הָאָרֶץ בָּאתֶם V. 9bβ zurück, während V. 11(כֵּנִים אֲנַחְנוּ לֹא־הָיוּ
עֲבָדֶיךָ מְרַגְּלִים) auf V. 9bα(מְרַגְּלִים אַתֶּם) rekurriert. Von den genannten Aussagen
beschäftigen sich V. 9bβ.10.12 primär mit der Frage nach dem Zweck, den die
Reise der Brüder nach Ägypten hat. Damit knüpfen sie sachlich an das Motiv der
Hungersnot aus Gen 41 an, die alle Welt nach Ägypten zu Josef treibt. Konsequent
antworten die Brüder auf die Anschuldigung Josefs mit בָּאוּ לִשְׁבָּר־אֹכֶל. Wie alle
anderen, sind auch sie zu ihm gekommen, um Getreide zu erwerben.

Gen 41,57:

⁵⁷ וְכָל־הָאָרֶץ בָּאוּ מִצְרַיְמָה לִשְׁבֹּר אֶל־יוֹסֵף כִּי־חָזַק הָרָעָב בְּכָל־הָאָרֶץ:

Gen 42,1–2.9–10:

¹ וַיַּרְא יַעֲקֹב כִּי יֶשׁ־שֶׁבֶר בְּמִצְרָיִם וַיֹּאמֶר יַעֲקֹב לְבָנָיו לָמָּה תִּתְרָאוּ:
² וַיֹּאמֶר הִנֵּה שָׁמַעְתִּי כִּי יֶשׁ־שֶׁבֶר בְּמִצְרָיִם רְדוּ־שָׁמָּה וְשִׁבְרוּ־לָנוּ מִשָּׁם וְנִחְיֶה וְלֹא נָמוּת:
⁹ וַיִּזְכֹּר יוֹסֵף אֵת הַחֲלֹמוֹת אֲשֶׁר חָלַם לָהֶם וַיֹּאמֶר אֲלֵהֶם מְרַגְּלִים אַתֶּם
לִרְאוֹת אֶת־עֶרְוַת הָאָרֶץ בָּאתֶם:
¹⁰ וַיֹּאמְרוּ אֵלָיו לֹא אֲדֹנִי וַעֲבָדֶיךָ בָּאוּ לִשְׁבָּר־אֹכֶל:

Anders als V. 9bβ.10.12 kreisen V. 9bα.11 um die bereits von Gunkel angesprochene
Frage nach dem „wer". Josef will wissen, um wen es sich bei seinen Brüdern
handelt. Für wen er sie hält, lässt er sie mit seinem Vorwurf wissen: מְרַגְּלִים אַתֶּם.
Sie streiten dies ab und beschreiben sich als rechtschaffen. Dies trifft im Binnenkontext und mit Blick auf den konkreten Vorwurf Josefs zwar zu, doch haben
sich die Brüder im vorausgehenden Erzählverlauf alles andere als rechtschaffen
gezeigt und sich an ihrem Bruder Josef verschuldet. Die Frage nach dem „wer"
zielt dementsprechend auf einen größeren Kontext und konzentriert sich auf die
Schuld, die die Brüder auf sich geladen haben und die Josef sie nun bis zur Versöhnung in Gen 45,15 begleichen lässt.[31]

---

31 Vgl. hierzu die Beobachtungen bei Levin, Jahwist, 289–290.

Neben diese sachliche Differenz tritt die Beobachtung, dass sich die Frage nach dem Zweck der Reise in Gen 42 auf die V. 9–12 beschränkt, während die Frage nach dem „wer" in V. 29–31 wieder aufgegriffen wird. Dabei fallen im Zusammenhang von Gen 42,7–12 all jene Motive literarkritisch auf, die in beiden Abschnitten Erwähnung finden: harte Rede (V. 7.30), Kundschafterei (V. 9*.30f), Rechtschaffenheit (V. 11.31). Dies betrifft zunächst die Dubletten aus V. 7–8 bzw. V. 9bα.bβ. Es betrifft des Weiteren die Wechselrede der Brüder in V. 10–12. Dort ignoriert Josef in V. 12 die Rede der Brüder aus V. 11 sowie seinen eigenen Vorwurf aus V. 9bα inhaltlich und bezieht sich stattdessen auf die Aussagen von V. 9bβ.10 zurück.

Mit Blick auf den Gesamtbefund legt es sich u. E. nahe, hier nicht nur sachlich, sondern auch literarisch zwischen zwei Anliegen zu scheiden, die in dem Vorwurf Josefs V. 9b miteinander verbunden werden: „*Kundschafter seid ihr!* Um die Blöße des Landes auszuspähen, seid ihr gekommen". Von ihnen dürfte die Angabe des Zwecks in V. 9bβ die ältere Variante darstellen und literarisch mit den Aussagen aus V. 10.12 zusammengehören, die ebenfalls die Frage nach dem „warum" thematisieren. Mit dem Motiv des Getreidekaufs (לשבר־אכל) schließen sie sachlich nahtlos an den vorauslaufenden Kontext aus Gen 41,56–57; Gen 42,1–6* an. Nachdem die Brüder zu Josef, dem משביר des Landes, gekommen sind und sich vor ihm niedergeworfen haben, erkennt er sie – sie ihn jedoch nicht. Der Kniefall der Brüder, die gekommen sind, um Getreide zu erwerben, erinnert Josef an seine Träume. Dereinst hatte Josef den Brüdern von seinem Traum erzählt, in dem sich ihre Garben vor der seinen niederwarfen. So hatte er ihren Hass geschürt und sie haben ihn nach Ägypten verkauft. Nun, da sich sein Traum aus Gen 37,7 erfüllt hat, wirft Josef den Brüdern vor: לראות את־ערות הארץ באתם. Die Brüder weisen dies zurück und geben wahrheitsgemäß an, des Getreides wegen nach Ägypten hinabgekommen zu sein. Josef schenkt ihren Worten keinen Glauben und beharrt darauf: לא כי־ערות הארץ באתם לראות. Sie sind nicht gekommen, Getreide zu kaufen, sondern seine Stellung als השליט על־הארץ zu gefährden.

Gen 37,7–8:

⁷ והנה אנחנו מאלמים אלמים בתוך השדה והנה קמה אלמתי וגם־נצבה <u>והנה תסבינה</u> אלמתכם ותשתחוין לאלמתי:

⁸ ויאמרו לו אחיו <u>המלך תמלך עלינו אם־משול תמשל בנו</u> ויוספו עוד שנא אתו על־חלמתיו ועל־דבריו:

Gen 42,6.9:

⁶ ויוסף <u>הוא השליט על־הארץ</u> הוא המשביר לכל־עם הארץ ויבאו אחי יוסף <u>וישתחוו־לו אפים</u> ארצה:

⁹ ויזכר יוסף את החלמות אשר חלם להם ויאמר אלהם מרגלים אתם <u>לראות את־ערות הארץ באתם:</u>

Weniger fest in den unmittelbaren Kontext integriert ist das Motiv der Kundschafterei, das mit der impliziten Schuld der Brüder einen größeren Erzählzusammenhang vor Augen haben dürfte. Die Bearbeitung, die dieses Motiv in den Kontext
eingetragen hat, knüpft in V. 9b an den Vorwurf לִרְאוֹת אֶת־עֶרְוַת הָאָרֶץ בָּאתֶם an, dem
sie nun die sachlich verwandte Anschuldigung מְרַגְּלִים אַתֶּם zur Seite stellt (vgl.
auch Gen 42,30: כִּמְרַגְּלִים אֶת־הָאָרֶץ). Die Anschuldigung findet ihren Gegenpol in
der Beteuerung der Brüder, sie seien rechtschaffen, כֵּנִים. Sie trifft im Binnenkontext von Gen 42 zwar zu, kann im größeren Zusammenhang der Josefsgeschichte
allerdings nur als unzutreffend bewertet werden. Denn noch in Gen 37 hatten sie
beschlossen, den Lieblingssohn Israels zu töten, ihn dann aber gewinnbringend
nach Ägypten verkauft.

Neben neuen Akzenten in der Unterhaltung Josefs und seiner Brüder in
V. 7[32].9bα.11 dürfte diese Bearbeitung auch die Rückkehr der Brüder zu ihrem
Vater nach Kanaan (V. 29) in den Kontext eingetragen haben, dem sie in V. 30–34*
von den Ereignissen in Ägypten berichten.[33] Im Rahmen dieser Rede werden
die Motive der harten Rede, der Kundschafterei und der Rechtschaffenheit aus
V. 7.9bα.11 wieder aufgegriffen. Über die Aussagen V. 33.34aβb ist die Bearbeitung
noch mit weiteren Abschnitten aus Gen 42 verbunden. In V. 33.34aβb berichten
die Brüder dem Vater, dass der Mann, der Herr des Landes, zu ihnen gesprochen
habe:

> Daran werde ich erkennen, dass ihr *rechtschaffen* seid: Lasst einen von euch Brüdern bei
> mir zurück, nehmt das Getreide, um den Hunger eurer Familien zu stillen, und geht. [...]
> Und ich werde wissen, dass ihr keine *Kundschafter*, sondern *rechtschaffen* seid. Dann werde
> ich euch euren Bruder wiedergeben, und ihr dürft frei im Land umherziehen.

Mit dieser Forderung greift der Abschnitt auf die in Gen 42,17ff berichteten Ereignisse zurück. Nachdem Josef in V. 14–16 auch den letzten Verteidigungsversuch
der Brüder aus V. 13 vehement zurückgewiesen hat, lässt er sie zunächst in
V. 17 für drei Tage gefangen setzen. Nach Ablauf der Frist spricht er in V. 18f zu
ihnen:

---

32 Ruppert, FzB, 251, sieht demgegenüber in V. 8 einen Nachtrag zu V. 7. „V. 8 unterbricht [...] den
Gang des Gesprächs [...]. Ein Bearbeiter hat offenbar in V. 8 die Information für nötig befunden,
daß die Brüder diesen nicht erkannten, sehr im Unterschied zu Josef".
33 Anders geht Levin, Jahwist, 288–290, davon aus, dass die Jahwistische Redaktion die Notiz
von der Rückkehr zum Vater in V. 29 (ohne לֵאמֹר) eingeführt hat, während es sich bei V. 30–38
um (diverse) Nachträge handelt.

> Dies tut, und ihr sollt am Leben bleiben, denn ich fürchte Gott: Wenn ihr *rechtschaffene* Leute seid, dann soll einer von euch Brüdern gefangen bleiben im Haus, wo ihr in Gewahrsam seid. Ihr aber geht und bringt das gekaufte Getreide heim, um den Hunger eurer Familien zu stillen.

Der hier noch unbenannte Bruder wird in V. 24b als Simeon identifiziert und von Josef selbst gefangen genommen. In V. 25f* machen sich die Brüder auf den Weg zu ihrem Vater Jakob, bei dem sie in V. 29 ankommen.[34]

Mit Blick auf die angeführten binnenkontextuellen Verknüpfungen ist anzunehmen, dass auch das Motiv der Gefangennahme des einen Bruders, Simeon (V. 18–19*.24b.33.34b), und der Aufbruch der Brüder V. 25f*[35] in den Zusammenhang jener Bearbeitung gehören, die V. 7.9bα.11.29–31 in den Kontext eingetragen hat (im Folgenden: Kundschafter-Bearbeitung). Sie knüpft in V. 18 an die in V. 17 erwähnte Gefangenschaft Josefs an, die wohl bereits als Reaktion auf den älteren Vorwurf V. 9bβ(באתם הארץ את־ערות לראות).10.12 zu betrachten sein dürfte. Der kollektiven, dreitägigen Gefangenschaft wird nun in V. 19 die verlängerte Haftstrafe eines Einzelnen hinzugefügt. Er soll bei Josef zurückbleiben, während die Brüder mit dem erworbenen Getreide nach Hause zum Vater ziehen. Die anderen Brüder aber sollen mit dem erworbenen Getreide heimkehren und so zeigen, dass sie tatsächlich keine Spione sind. Wenn sie sich durch dieses Tun als rechtschaffen erweisen, wird Josef ihnen Simeon freigeben. Während die Forderung im Binnenkontext von Gen 42 demnach dem Erweis dient, ob die Brüder wirklich nur Getreide kaufen wollten, zielt sie im Außenkontext auf die Schuld der Brüder und stellt so eine Analogie mit dem Schicksal Josefs in Gen 37 her.[36] Denn hatten die Brüder ihn in Gen 37 zunächst aus eigenem Entschluss in eine Grube geworfen und dann an die Ismaeliter verkauft, so zwingt er sie nun dazu, einen Bruder zurück- und somit einem ungewissen Schicksal zu überlassen. Indem die Brüder in Gen 43 tatsächlich nach Ägypten zurückkehren, erweisen sie, dass sie aus ihrem früheren Fehlverhalten gelernt haben und wahrhaft rechtschaffen sind.

Gen 42,6–12.17–19.24b.25–26*.29–31.33.34b:

6 ויוסף הוא השליט על־הארץ הוא המשביר לכל־עם הארץ ויבאו אחי יוסף וישתחוו־לו אפים
ארצה:
7 וירא יוסף את־אחיו ויכרם ויתנכר אליהם וידבר אתם קשות ויאמר אלהם מאין באתם
ויאמרו מארץ כנען לשבר־אכל:

---

34 Zum Zusammenhang der genannten Verse vgl. ähnlich Levin, Jahwist, 289–290.
35 Vgl. zu den Schwierigkeiten in V. 25 ausführlich unten zu 4.1. (e).
36 Vgl. zur Analogie, die durch die Geiselhaft Simeons mit dem Schicksal Josefs aus Gen 37 hergestellt wird z. B. Ruppert, FzB, 262–264.

‎8ויכר יוסף את־אחיו והם לא הכרהו:

‎9ויזכר יוסף את החלמות אשר חלם להם ויאמר אלהם
מרגלים אתם
לראות את־ערות הארץ באתם:

‎10ויאמרו אליו לא אדני ועבדיך באו לשבר־אכל:

‎11כלנו בני איש־אחד נחנו כנים אנחנו לא־היו עבדיך מרגלים:

‎12ויאמר אלהם לא כי־ערות הארץ באתם לראות:

‎17ויאסף אתם אל־משמר שלשת ימים:

‎18ויאמר אלהם יוסף ביום השלישי זאת עשו וחיו את־האלהים אני ירא:

‎19אם־כנים אתם אחיכם אחד יאסר בבית משמרכם ואתם לכו הביאו שבר רעבון
בתיכם:

‎24[...] ויקח מאתם את־שמעון ויאסר אתו לעיניהם:

‎25ויצו יוסף וימלאו את־כליהם בר ולהשיב כספיהם איש אל־שקו ולתת להם צדה לדרך
ויעש להם כן:

‎26וישאו את־שברם על־חמריהם וילכו משם:

‎29ויבאו אל־יעקב אביהם ארצה כנען ויגידו לו את כל־הקרת אתם לאמר:

‎30דבר האיש אדני הארץ אתנו קשות ויתן אתנו כמרגלים את־הארץ:

‎31ונאמר אליו כנים אנחנו לא היינו מרגלים:

‎33ויאמר אלינו האיש אדני הארץ בזאת אדע כי כנים אתם אחיכם האחד הניחו אתי
ואת־רעבון בתיכם קחו ולכו:

‎34[...] ואדעה כי לא מרגלים אתם כי כנים אתם את־אחיכם אתן לכם ואת־הארץ
תסחרו:

Mit der in der Kundschafter-Bearbeitung angesprochenen Rechtschaffenheit der Brüder korrespondiert das kollektive Schuldgeständnis in V. 21. Während sie vor Josef in V. 11 noch vehement betont haben כנים אנחנו, gestehen sie sich nun untereinander ein, dass sie eine Schuld auf sich geladen haben: אשמים אנחנו. An ihrem Bruder Josef haben sie sich verschuldet, dessen Träume sie erzürnt haben und den sie erst zu töten gedachten und dann nach Ägypten verkauften. Das verbale Eingeständnis trägt – zunächst im intimen Kreis der Schuldigen – nach außen, was sich innerlich schon in dem zögerlichen Aufbruch V. 1b abzeichnete: das schuldige Bewusstsein der Brüder. V. 21 markiert dabei einen Wendepunkt in der Beziehung zwischen Josef und seinen Brüdern. In Worten haben die Brüder ihre Schuld schon eingestanden, jetzt müssen ihre Taten zeigen, dass die Erkenntnis der erste Weg zur Besserung war.[37] Der Vers könnte mit Blick auf diese Beobachtungen der Kundschafter-Bearbeitung angehören.

Gegen diese Einschätzung spricht allerdings eine genauere Betrachtung von V. 23–24. V. 23 weist mit dem Pronomen הם zurück auf die Brüder und lässt Josef ihr Eingeständnis mithören. Die emotionale Reaktion Josefs auf das in V. 24a Gehörte schließt nahtlos an den Vorvers an und dürfte sich sachlich auf das Eingeständnis der Brüder V. 21 zurück-

---

37 Ähnlich Levin, Jahwist, 289f.

beziehen.[38] „Sie sprachen aber untereinander: Ja, wir müssen büßen, was wir an unserem Bruder verschuldet haben. Wir haben ihn in seiner ganzen Not gesehen, als er uns um Erbarmen anflehte, aber wir haben nicht darauf gehört. Darum ist nun diese Not über uns gekommen. [...] Sie wussten aber nicht, dass Josef es verstand, denn ein Dolmetscher vermittelte zwischen ihnen. Und er wandte sich von ihnen ab und weinte. Dann wandte er sich ihnen wieder zu und redete mit ihnen [...]" (V. 21.23–24a). V. 23–24a könnten mit V. 21 demnach literarisch auf einer Ebene liegen. Dabei lassen der inversive Anschluss in V. 23 und die umständliche Überleitung in V. 24a den Vers als sekundäre Glosse erscheinen. Für diese Bewertung könnte auch die überflüssige Redeeinleitung V. 24aβ sprechen, die im unmittelbaren Kontext keinen Anhalt findet.

Der Befund lässt sich wohl am ehesten so auswerten, dass V. 24b einmal direkt an V. 19 angeschlossen hat, bevor ein Späterer das Schuldeingeständnis der Brüder in V. 21 und die daran anschließende emotionale Reaktion Josefs in V. 23–24a nachgetragen hat. Dabei lenkt letztere die Perspektive von den Brüdern wieder zurück auf den in V. 23a ausdrücklich erwähnten Josef und bereitet so dessen Handlung in V. 24b vor. Der Nachtrag lässt die Brüder ihre Schuld nicht nur mit ihrem rechtschaffenen Verhalten begleichen, sondern fügt ihm ein verbales Bekenntnis hinzu, das im Zusammenhang mit der Reaktion Josefs in V. 23–24a die eigentlich erst in Gen 45,3f* erfolgende Versöhnung insgeheim vorwegnimmt.[39]

Neben den o. a. binnenkontextuellen Bezügen der Kundschafter-Bearbeitung in Gen 42 seien im Folgenden auch noch einige mögliche makrokontextuelle Bezüge aufgezeigt. Dies betrifft zunächst das Motiv der Kundschafterei רגל Pi. Es findet sich ebenfalls im Buch Josua. Wie in Gen 42,30, erscheint dort in Jos 6,22; 7,2; 14,7 die Wurzel רגל Pi. mit dem determinierten Objekt את־הארץ. Indem den Brüdern in Gen 42 vorgeworfen wird, dass sie das Land auskundschaften wollen, wird ihnen demnach fälschlicherweise genau das unterstellt, was die Söhne Israels später bei der Einnahme des (ewigen) Erbteils tatsächlich tun werden (vgl. Jos 2,1; 6,22–23.25; 7,2; 14,7; dagegen Num 13–14 תור): das Land auskundschaften, in dem sie wohnen werden.[40] Ist mit diesem Bezug Richtiges gesehen, könnte der Verweis auf die Kundschafterei hier eine bewusste Parallelisierung mit der *tatsächlichen* Landnahme Kanaans herstellen, die an die ältere Aussage לראות את־ ערות הארץ באתם (Gen 42,9) anknüpft, sie nun mit Blick auf die Josua-Erzählungen

---

38 Zu dem Bezug über die Rede Rubens V. 22 hinweg vgl. Boecker, *Überlegungen*, 73. „Betrachtet man nun den engeren Kontext des Rubenswortes, so stellt man wiederum fest, daß es ohne jede Reaktion bleibt und durchaus fehlen könnte, ja mehr noch: auch in diesem Fall wird der Textzusammenhang glatter und verständlicher, wenn man ihn ohne diesen Vers liest".

39 Vgl. hierzu insbesondere Ruppert, FzB, 250; vgl. ferner die Beobachtungen bei Westermann, BK, 116–117.

40 Anders u. a. Seebass, Josephsgeschichte, 88, der in dem Kundschafter-Vorwurf einen „lebensechte[n] Stoff zur Willkür von Grenzbeamten" vorliegen sieht.

als רגל Pi. identifiziert und so mit den künftigen Ereignissen im Buch Josua verbindet.

Gen 42,30:

30 דבר האיש אדני הארץ אתנו קשות ויתן אתנו כמרגלים את־הארץ:

Jos 6,22:

22 ולשנים האנשים המרגלים את־הארץ אמר יהושע באו בית־האשה הזונה והוציאו משם את־
האשה ואת־כל־אשר־לה כאשר נשבעתם לה:

Im Kontext der Josefsgeschichte selbst antizipiert das Motiv der Kundschafterei die temporäre Landnahme in Gen 47,11* und Gen 47,27 (gemeinhin P). Obwohl die Söhne Jakobs nicht eigentlich nach Ägypten gekommen sind, um das Land auszukundschaften oder gar in Besitz nehmen, werden sie genau dies auf Geheiß Pharaos tun. Dabei ist mit Gen 37,1 (gemeinhin P) ferner vorausgesetzt,[41] dass Jakob im Lande Kanaan siedelt (Gen 42,7.29) und er sich von dort mitsamt seinen Söhnen aufmachen wird, um einen temporären Erbteil in Ägypten zu empfangen. Im Kleinen und für eine begrenzte Zeit realisiert sich damit, was im Großen und für die Ewigkeit noch aussteht. Auf diese Weise erfüllen sich die priesterschriftlichen Verheißungen der Vätererzählungen bereits partiell im Rahmen der Ansiedlung Israels in Ägypten. Bevor dies allerdings geschehen kann, müssen sich die Brüder Josefs, die alle Söhne eines Mannes sind, mit dem ältesten Rahel-Sohn wieder versöhnen. Und dies geschieht nach der Kundschafter-Bearbeitung über das Motiv der Rechtschaffenheit. Erst nachdem diese erweisen ist, können sich die Brüder mit Josef versöhnen, ihrem Vater vom Überleben des Lieblingssohnes Bericht erstatten und sich als Israel in Ägypten ansiedeln. Über die Versöhnung der Söhne Jakobs konstituiert sich demnach in der Kundschafter-Bearbeitung die Gemeinschaft Israel, die in Ägypten verweilt, bevor sie Kanaan in Besitz nimmt.[42]

---

41 Vgl. in diesem Zusammenhang auch die Beobachtung bei Holzinger, KHC, 239: „Der im Stil von P arbeitende Diaskeuast ist auch spürbar: in Cap. 41 hat er ארץ מצרים durchgeführt, hier ארץ כנען".

42 Vgl. in diesem Zusammenhang auch die ausdrücklichen Verweise auf den gemeinsamen Vater in Gen 42,11; 43,27; 45,3. Während die Brüder zunächst ihre Abstammung von dem einen Vater betonen (Gen 42,11), erkundigt sich Josef in Gen 43,27 zunächst, ob „*euer* Vater" noch lebe, bevor er sich selbst in Gen 45,3 mit in die „Gemeinschaft Israels" einbezieht und fragt: „Lebt *mein* Vater noch?" Mit dieser Aussage sind die Söhne Jakob-Israels wieder versöhnt und vereint. Obwohl die Zwölfzahl hier nicht direkt erwähnt wird, dürfte das System der Zwölf Stämme sachlich vorauszusetzen sein.

Gen 37,1:

ויישב יעקב בארץ מגורי אביו בארץ כנען:[1]

Gen 47,27:

וישב ישראל בארץ מצרים בארץ גשן ויאחזו בה ויפרו וירבו מאד:[27]

Gen 48,4 (nach P):

ויאמר אלי הנני מפרך והרביתך ונתתיך לקהל עמים ונתתי את-הארץ הזאת לזרעך אחריך[4]
אחזת עולם:

Mit dem oben skizzierten Überblick über mögliche Referenzstellen schließen wir
die Betrachtung der Kundschafter-Bearbeitung und widmen uns einer Untersuchung jener Verse, in denen Gen 42 auf den zweiten Rahel-Sohn, Benjamin, zu
sprechen kommt.

(c) Die Gefangenschaft Simeons und die Mitnahme Benjamins

Wie bereits oben unter „Befund" angesprochen, stellt Josef seinen Brüdern an
zwei Stellen Bedingungen, wie sie ihre Rechtschaffenheit unter Beweis stellen
sollen. *Zum einen* fordert er beim Leben Pharaos, einer von ihnen möge nach
Kanaan ziehen, um den jüngsten Bruder nach Ägypten zu holen, während die
anderen bei ihm gefangen bleiben (V. 16). *Zum anderen* drängt er sie, einen von
sich gefangen in Ägypten zu lassen, während die anderen mit dem erworbenen
Getreide nach Hause zu ihren Familien ziehen (V. 19.33). Lassen sie sich darauf
ein, werde er erkennen, dass sie rechtschaffen sind, ihnen den gefangenen
Bruder zurückgeben und sie wären frei, das Land zu durchqueren (V. 34b).

Nur einer der Vorschläge kommt zur Ausführung. Denn nicht einer von den
Brüdern wird entsandt, um Benjamin zu holen, sondern alle, bis auf Simeon,
dürfen nach Kanaan ziehen, um die Familie mit Nahrung zu versorgen. Dabei
wird den Brüdern im Zusammenhang von V. 19f.33f aufgetragen, Benjamin mit-
zuführen, wenn sie alle zurückkehren, um Simeon auszulösen. Obgleich V. 16
suggeriert, dass es sich bei der Entsendung des Einen um ein separates Anliegen
handelt, das die Gefangenschaft der Brüder in V. 17 zuallererst veranlasst und der
Idee der alleinigen Gefangenschaft Simeons (V. 19) vorausgeht, ist die Mitnahme
Benjamins demnach im Erzählverlauf von Gen 42 untrennbar mit der Gefangenschaft Simeons verbunden.

Um der Frage nachzugehen, wie sich dieser komplexe Befund auswerten
lässt, bietet es sich an dieser Stelle an, einen genauen Blick auf die Formulierungen der oben angesprochenen Zusammenhänge zu werfen. Beginnen wir mit
dem Kontext der Forderung Josefs aus V. 14–16. Dort hatten die Brüder ihm in

ihrer direkt vorauslaufenden Rede V. 13 mitgeteilt, dass der jüngste Bruder noch beim Vater ist. Damit rekurriert die Aussage sachlich auf den Zusammenhang des Aufbruchs nach Ägypten, wie er in V. 3–4* festgehalten ist. In V. 3 nämlich folgen die Brüder dem Befehl ihres Vaters Jakob und brechen nach Ägypten auf, um Getreide zu erwerben. Etwas verzögert schließt sich in V. 4 die Erklärung an, dass Jakob seinen jüngsten Sohn Benjamin zu Hause behalten hatte, weil er fürchtete, ihm könne auf dem Weg ein Unglück zustoßen.

Gen 42,3–4*:

³וירדו אחי־יוסף עשרה⁴³ לשבר בר ממצרים:

⁴ואת־בנימין אחי יוסף לא־שלח יעקב את־אחיו כי אמר פן־יקראנו אסון:

In Übereinstimmung mit V. 4 geben die Brüder in V. 13 vor Josef an, der jüngste Sohn Jakob-Israels sei noch daheim beim Vater. Dabei nimmt die direkte Rede der Brüder in V. 13 Elemente aus V. 11 wieder auf. Dort hatten die Brüder den Vorwurf der Kundschafterei mit Verweis auf ihre gemeinsame Abstammung von einem Vater und auf ihre Rechtschaffenheit zurückgewiesen. Auch in V. 13 weisen die Brüder auf ihre gemeinsame Herkunft hin. Nun jedoch verlagert sich der Fokus von der Sohn- auf die Bruderschaft.⁴⁴ Denn in V. 13 erfolgt zunächst die Exklamation אחים אנחנו, bevor die Berufung auf den einen Vater aus V. 11 wiederholt wird: בני איש־אחד. Mit dieser Akzentverschiebung stellt V. 13 den Hinweis auf den einen Vater in den Dienst der Einführung Benjamins. Sie alle *sind Brüder*, (somit) Söhne eines Vaters, und verwandt mit dem jüngsten Sohn Benjamin, der zuhause geblieben ist.

Gen 42,9*.11.13:

⁹ויזכר יוסף את החלמות אשר חלם להם ויאמר אלהם מרגלים אתם לראות את־ערות הארץ באתם:

¹¹כלנו בני איש־אחד נחנו כנים אנחנו לא־היו עבדיך מרגלים:

¹³ויאמרו שנים עשר עבדיך אחים אנחנו בני איש־אחד בארץ כנען והנה הקטן את־אבינו היום והאחד איננו:

---

43 V. 4 erklärt im jetzigen Kontext, warum die Zahl der Brüder auf zehn beschränkt ist. Ist oben unter (a) jedoch Richtiges gesehen und gehört die Einführung der Zwölfzahl in den Kontext einer späten redaktionellen Überarbeitung, die den Beginn der Geschichte über die Brüder Josefs in Ägypten mit dem Beginn der Volksgeschichte der Söhne Israels in Ex 1 verknüpfen will, handelt es sich bei der Beschränkung der Brüder auf 10 um eine sekundäre Entwicklung. Sie setzt V. 4 bereits voraus.

44 Vgl. sachlich bereits Jacob, Genesis, 767.

Was V. 13 indes vermissen lässt, ist eine Erklärung, wie der Hinweis auf Benjamin bzw. den Jüngsten mit dem Vorwurf der Kundschafterei zusammenhängt. Denn während V. 11 der Aussage Josefs מרגלים אתם (V. 9bα) die Rechtschaffenheit aller Brüder entgegenstellt, beschränkt sich V. 13 auf eine verwandtschaftliche Verhältnisbestimmung zwischen den Brüdern, dem Vater und Benjamin, ohne dass die Relevanz dieser Aussage für den Vorwurf aus V. 9bα (und implizit V. 11) überhaupt nur angedeutet wäre. Andersherum formuliert, ist das Geständnis der Brüder, dass noch ein Bruder beim Vater verblieben ist, durch den vorausgehenden Kontext nicht motiviert.

Obwohl die Aussage von V. 13 dementsprechend locker an den voranstehenden Erzählverlauf angebunden ist, bezieht sich die Antwort Josefs in V. 14 ausdrücklich auf den Vorwurf der Kundschafterei (מרגלים אתם) zurück. Mit der Formulierung אשר דברתי אלכם לאמר setzt V. 14 zudem die vorherige Antwort Josefs aus V. 12 voraus. Wie dort, weist er auch jetzt die Auskünfte der Brüder als unwahr zurück. „Josef aber sprach zu ihnen: Es ist so, wie ich gesagt habe: Kundschafter seid ihr". Die Formulierung aus V. 14 bereitet die anschließende Forderung Josefs vor, wie sie in den V. 15–16 formuliert ist. Die anfänglichen Worte בזאת תבחנו weisen die Forderung Josefs in V. 15 explizit als eine Prüfung für die Brüder aus. Der Inhalt der Prüfung wird von einem äußeren und einem inneren Rahmen umschlossen. Während der äußere Rahmen auf den Vorwurf der Kundschafterei (מרגלים אתם) verweist, rekurriert der innere Rahmen chiastisch auf das Motiv der Prüfung (בחן) und den Schwur beim Leben des Pharao[45]. Die Prüfung selbst besteht darin, dass keiner von den Brüdern von diesem Ort (sc. Ägypten) hinausziehen darf, es sei denn, sie bringen den Jüngsten dorthin. Wie dies funktionieren soll, erklärt V. 16: „Sendet einen von euch hin, dass er euren Bruder hole. Ihr aber werdet gefangen gesetzt. So sollen eure Aussagen geprüft werden, ob ihr die Wahrheit gesagt habt".

Gen 42,14–16:

14 ויאמר אלהם יוסף הוא אשר דברתי אלכם לאמר מרגלים אתם:

15 בזאת תבחנו חי פרעה אם־תצאו מזה כי אם־בבוא אחיכם הקטן הנה:

16 שלחו מכם אחד ויקח את־אחיכם ואתם האסרו ויבחנו דבריכם האמת אתכם

ואם־לא חי פרעה כי מרגלים אתם:

---

45 Zu ägyptischen Belegen vom Schwur bei Pharao vgl. Fieger/Hodel-Hoenes, Einzug, 219f, oder Redford, Study, 233: „The term 'Pharaoh' [...] was an expression used to designate the king from the Eighteenth Dynasty into Roman times. [...] 'Pharaoh' replaces 'king' or 'ruler' in the oath first during the ninth or eighth centuries, and becomes common from the seventh on".

Christoph Levin sieht aufgrund der doppelten Rahmung in V. 15.16 eine Dublette vorliegen und schlägt vor, literarisch zwischen beiden Versen zu scheiden. V. 16 füge „dem Befehl, den jüngsten Bruder zu bringen, eine verschärfende Detailanweisung hinzu, die mit einem gewissen Recht bedenkt, daß die Ankunft Benjamins schon beim erstenmal die Bedingung gewesen sein muss, die Brüder freizulassen"[46]. Levin ist sicherlich zuzustimmen, dass V. 16 die Ausführungen von V. 15 reflektiert. Doch wird die Aussage von V. 15 in V. 16 nicht verschärft, sondern vielmehr genauer expliziert. Denn V. 15 erklärt lediglich, *dass* Benjamin hierher kommen soll: „Damit sollt ihr auf die Probe gestellt werden: So wahr der Pharao lebt, ihr werdet von hier nicht wegkommen, es sei denn, euer jüngster Bruder komme hierher". Erst V. 16 erklärt das „*Wie*". „Sendet einen von euch hin, dass er euren Bruder hole. Ihr aber werdet gefangen gesetzt. So sollen eure Aussagen geprüft werden, ob ihr die Wahrheit gesagt habt". Ohne die Erklärung aus V. 16 wäre die Aussage von V. 15 im Erzählzusammenhang demnach kaum überlebensfähig. Damit legt es sich bereits aus sachlichen Erwägungen näher, in V. 15–16 einen originären Zusammenhang zu sehen. Hierfür spricht u. E. auch die gesamte Anlage von V. 14–16, in der die eigentliche Forderung Josefs durch die doppelte Rahmung in den Fokus des Interesses gerückt wird.

Und auch ein Blick auf den weiteren Erzählverlauf mag die literarische Einheit der auf Benjamin bezogenen Vv. 13–16 stützen. Der Forderung Josefs aus V. 15–16 folgt in V. 17 zunächst die für drei Tage angesetzte Gefangenschaft der Brüder. Am dritten Tag tritt Josef den Brüdern in V. 18 wieder gegenüber und spricht in V. 19–20a:

> Wenn ihr rechtschaffen seid, dann soll einer von euch Brüdern gefangen bleiben im Haus, wo ihr in Gewahrsam seid. Ihr aber geht und bringt das gekaufte Getreide heim, um den Hunger eurer Familien zu stillen. Euren jüngsten Bruder aber müsst ihr zu mir bringen. So werden sich eure Aussagen als wahr erweisen, und ihr werdet nicht sterben.

Im Kontext dieser direkten Rede verweist Josef zunächst auf die Behauptung der Rechtschaffenheit und somit auf V. 11 zurück. Um sie zu erweisen, sollen die Brüder nun einen Bruder gefangen zurücklassen, während die anderen Brüder mit dem Getreide nach Hause ziehen dürfen. An dieser Geste, so erzählen die Brüder später vor dem Vater, wolle Josef erkennen, dass sie rechtschaffen sind, keine Kundschafter (V. 33). Dann wolle er ihnen den gefangenen Bruder wiedergeben und sie dürfen das Land durchziehen. Im Kontext von V. 20 aber erfahren

---

46 Levin, Jahwist, 272.

wir davon nichts. Obwohl auch hier die Brüder nach V. 19 ihre Rechtschaffenheit erweisen sollen, geht V. 20 nicht explizit darauf ein. Darin ist sicherlich kein sachlicher Widerspruch zu sehen. Denn dass sich die Brüder auch im Verständnis von V. 20 als „wahrhaftig" erweisen sollen, zeigt sich in der Formulierung ויאמנו דבריכם. Sie allerdings weist nicht voraus auf V. 33, sondern zurück auf V. 15. Dort aber hatte sich die Prüfung der Brüder nicht *expressis verbis* auf ihre Rechtschaffenheit, sondern auf die Formulierung ויבחנו דבריכם האמת אתכם und damit in der Erzähllogik von V. 13–16 auf die Behauptung bezogen, der jüngste Bruder würde sich noch beim Vater befinden (V. 13).

Blickt man noch einmal insgesamt auf den Zusammenhang von V. 9–16.19–20.33–34, ergibt sich ein Bild, das für das Motiv der Mitnahme Benjamins auf einen Nachtrag schließen lassen könnte.[47] Im Kontext von V. 9–16 hatten wir zunächst gesehen, dass die Brüder in V. 11 den Vorwurf Josefs aus V. 9bα abzuwehren suchen, indem sie der Anschuldigung מרגלים אתם ihre Beteuerung כנים אנחנו לא־היו עבדיך מרגלים entgegensetzen. Während V. 11 demnach explizit darum bemüht ist, den Vorwurf zu entkräften, nimmt V. 13 mit בני איש־אחד zwar eine Formulierung aus V. 11 auf.[48] Doch verschiebt sich der Fokus nun von der Sohn- auf die Bruderschaft und weist die wörtliche Rede der Brüder in V. 13 keinerlei sachlichen Bezug zu den vorausgehenden Vorwürfen Josefs auf. Vielmehr bereitet sie einer Einführung Benjamins als dem jüngsten Sohn Jakob-Israels den Weg, auf den sich auch die Forderung Josefs in V. 14–16 bezieht. V. 13–16 greifen demnach zwar auf Formulierungen aus V. 9–12 zurück. Jedoch schließen die Verse sachlich nicht nahtlos an sie an, sondern führen stattdessen ein neues Motiv in den Kontext ein.

Dabei steht die Forderung Josefs aus V. 16 in gewisser Spannung zu der Aussage aus V. 19, nach der nicht ein Bruder entsandt und die anderen gefangen zurückbleiben, sondern alle Brüder entsandt und nur ein Bruder zurückbleiben

---

[47] Bereits Gunkel, *Komposition*, 69, vermutete dass eine „ältere Fassung Benjamin überhaupt nicht gekannt" habe. Zum sekundären Charakter von Benjamin vgl. auch Levin, Jahwist, 291.296; Kebekus, Joseferzählung, 94.99–111; Schweizer, Josefsgeschichte, 180, oder Schöpflin, *Jakob*, 509f.
Anders u. a. Blum, *Literarkritik*, 494, der für die im Erzählverlauf relativ spät einsetzende Einführung Benjamins eine sachliche Erklärung bietet. Die Diskrepanz zwischen dem Erscheinen Benjamins in Gen 42 und seinem Fehlen in Gen 37 ist nach Blum darauf zurückzuführen, dass „der Erzähler es [offenbar vorgezogen habe], das heikle Thema Benjamin zu Anfang (nahezu) völlig auszublenden, um so eine ungehinderte Fokussierung auf die Sonderstellung Josephs und den Konflikt mit ‚den' Brüdern zu ermöglichen".
[48] Anders Levin, Jahwist, 291, der beide Stellen derselben Hand (Benjamin-Bearbeitung) zurechnet. Vgl. hingegen Kebekus, Joseferzählung, 99f, der V. 13 ebenfalls gegen V. 11 abgrenzt.

soll. Die Diskrepanz zwischen beiden Aussagen wird dadurch entschärft, dass *zum einen* die Mitnahme Benjamins in V. 19–20 mit der Gefangenschaft des einen Bruders, Simeon, verknüpft und *zum anderen* die Formulierung ויבחנו דבריכם האמת אתכם aus V. 16 in V. 20a aufgegriffen wird.[49] Die Wahrheit der Worte, die sich nun nicht auf die Aussage über Benjamin (V. 16→V. 13), sondern auf die Rechtschaffenheit der Brüder bezieht (V. 20→V. 19), soll sich nicht mehr daran erweisen, dass einer von den Brüdern geht, um Benjamin zu holen, während die anderen gefangen bei Josef bleiben. Nein, sie soll sich daran erweisen, dass alle Brüder außer Simeon nach Hause ziehen dürfen und sie ihren jüngsten Bruder bei der nun vorausgesetzten zweiten Reise nach Ägypten mitbringen sollen. Dass die zweite Reise indes ursprünglich durch das Motiv der Gefangenschaft Simeons ausgelöst wurde, lässt sich noch an den Formulierungen von V. 33.34b erahnen. Dort berichten die Brüder dem Vater, dass der Mann, der Herr des Landes, zu ihnen sprach:

> Daran will ich erkennen, dass ihr rechtschaffen seid: Lasst einen von euch Brüdern bei mir zurück, nehmt das Getreide, um den Hunger eurer Familien zu stillen, und geht. [...] So werde ich wissen, dass ihr keine *Kundschafter*, sondern *rechtschaffen* seid. Dann gebe ich euch euren Bruder wieder, und ihr dürft frei im Land umherziehen.

Wie im Zusammenhang von V. 9bα.11 dient hier die Rechtschaffenheit als Positivfolie der Kundschafterei. Um sie zu erweisen, muss Simeon zurückbleiben und sollen die anderen Brüder mit dem erworbenen Getreide heimkehren und so zeigen, dass ihre Reise nach Ägypten tatsächlich nur dem Kauf von Nahrung dient.[50]

---

49 Anders versuchen Hamilton, NIC.OT, 526; Clifford, Joseph, 223, oder Wenham, WBC, 408, die Differenzierung sachlich mit einem Sinneswandel Josefs zu erklären. „Initially, Joseph had decided to take all of the brothers hostage and send back only one to fetch Benjamin [...]; instead, he suddenly changed his mind and detained only one (Simeon), sending all the others back. Why? The most obvious answer is that Joseph suddenly realizes that nine men can carry more grain back to Jacob's family than one" (Clifford, Joseph, 223).

50 Anders Holzinger, KHC, 241, der vermutet, dass J die erste Reise so erzählt habe: „die Brüder kommen vor Joseph, der fragt nach ihrem Vater und ob sie noch einen Bruder haben; sie geben Bescheid; Josephs Forderung, den Bruder zu bringen, lehnen sie mit Rücksicht auf den Vater ab, worauf Joseph ihnen sagt, ohne Benjamin werde er sie nicht mehr vorlassen [...]; *darauf werden sie entlassen, Simeon mit*" (Hervorhebung durch d. Verf.).
Anders auch Gunkel, *Joseph-Geschichten*, 273, der annimmt, dass Josef nach J kein Pfand behalten habe. Er „vertraut vielmehr darauf, daß der Hunger sie [sc. die Brüder] ihm doch wieder früher oder später zuführen muß. Nach J ist also zwischen Ankunft und Abreise längere Zeit verstrichen (43,10): erst als der Hunger ihn zwang, willigte der Vater ein (43,1ff)".

Gen 42,9*.11.13–16.18–20.33–34:

‎9 ויזכר יוסף את החלמות אשר חלם להם ויאמר אלהם מרגלים אתם לראות את־ערות הארץ באתם:

‎11 כלנו בני איש־אחד נחנו כנים אנחנו לא־היו עבדיך מרגלים:

‎13 ויאמרו שנים עשׂר עבדיך אחים אנחנו בני איש־אחד בארץ כנען והנה הקטן את־אבינו היום והאחד איננו:

‎14 ויאמר אלהם יוסף הוא אשר דברתי אלכם לאמר מרגלים אתם:

‎15 בזאת תבחנו חי פרעה אם־תצאו מזה כי אם־בבוא אחיכם הקטן הנה:

‎16 שלחו מכם אחד ויקח את־אחיכם ואתם האסרו ויבחנו דבריכם האמת אתכם ואם־לא חי פרעה כי מרגלים אתם:

‎18 ויאמר אלהם יוסף ביום השלישי זאת עשׂו וחיו את־האלהים אני ירא:

‎19 אם־כנים אתם אחיכם אחד יאסר בבית משמרכם ואתם לכו הביאו שבר רעבון בתיכם:

‎20 ואת־אחיכם הקטן תביאו אלי ויאמנו דבריכם ולא תמותו ויעשׂו־כן:

‎33 ויאמר אלינו האיש אדני הארץ בזאת אדע כי כנים אתם אחיכם האחד הניחו אתי ואת־רעבון בתיכם קחו ולכו:

‎34 והביאו את־אחיכם הקטן אלי ואדעה כי לא מרגלים אתם כי כנים אתם את־אחיכם אתן לכם ואת־הארץ תסחרו:

Die Einführung Benjamins in Gen 42,4.13–16.20.34aβ.38 dürfte mit seiner Rolle in Gen 44* zusammenhängen. In jenem Kapitel wird er unschuldig des Diebstahls beschuldigt und soll als einziger Bruder bei Josef in Ägypten zurückbleiben. An ihm müssen die Brüder erweisen, ob sie aus ihrem Fehlverhalten in Gen 37 gelernt haben und ihn nicht auch einem ungewissen Schicksal überlassen. Dass dem Jüngsten ein Unglück auf dem Weg widerfahren könnte, hatte Jakob-Israel schon in Gen 42,4 gefürchtet. Anders als bei Josef, den er in Gen 37,13–14 in seinen vermeintlichen Tod geschickt hat, will er Benjamin deshalb zunächst nicht mit den Brüdern ziehen lassen. Viel Überzeugungsarbeit wird es die Brüder auch in Gen 43 noch kosten, den Vater dazu zu bewegen, Benjamin nach Ägypten gehen zu lassen. Dort angekommen, laufen sie prompt Gefahr, Benjamin zu verlieren und dem Vater auch den Verlust des zweiten „Lieblings" beichten zu müssen. Anders als in Gen 37 stellen sie sich nun allerdings auf die Seite Benjamins und wollen kollektiv für seine angebliche Schuld eintreten. Mit dieser Geste bereiten sie den Weg für die Versöhnung mit Josef, wie sie sich in Gen 45 ereignet.

Über die rein erzählerische Funktion der Figur Benjamins hinaus, dürfte davon auszugehen sein, dass der Name sich hier nicht nur als Verweis auf den Sohn Rahels und somit auf die Person Benjamin bezieht, sondern bereits vor dem Hintergrund der Volksgeschichte des Exodus zu verstehen ist und in dem Verweis auf Benjamin eine nationalpolitische Dimension mitschwingt.[51]

---

51 Vgl. hierzu Kratz, Komposition, 283–284.

Neben Josef und Benjamin findet in Gen 42 noch ein weiterer Sohn Jakob-Israels namentlich Erwähnung: Ruben. Ihm bzw. seiner erzählerischen Einbettung in den Kontext werden wir uns im Folgenden zuwenden.

(d) Ruben, der Verfechter der Rahel-Söhne

Im Kontext von Gen 42 findet sich die erste Erwähnung Rubens in V. 22. Sie wird im Zusammenhang diachroner Lösungsansätze i. d. R. als Bestandteil des Elohisten oder der Ruben-Variante betrachtet. Dabei kommt der Erwähnung Rubens selbst bei dieser Entscheidung eine nicht unwesentliche Rolle zu. Denn für die Zuordnung des Kapitels zu E bzw. der Ruben-Variante sprächen eindeutig „das Auftreten Rubens [...], die Erinnerung an die Träume Josephs [...] und schließlich auch der Gebrauch des Namens ‚Jakob' für Josephs Vater"[52]. Nach dieser Einschätzung stellt also Ruben einen integralen Bestandteil des Erzählverlaufs von Gen 42 dar, dessen Reden dementsprechend gut in den unmittelbaren Kontext eingepasst sein müssten. Dies aber trifft nur bedingt zu. Die erste direkte Rede Rubens in Gen 42 folgt auf einen Dialog zwischen den Brüdern (V. 21), die in der Forderung Josefs aus V. 19–20* eine Bestrafung für ihr Fehlverhalten aus Gen 37[53] sehen:

> Fürwahr, wir müssen büßen, was wir an unserem Bruder verschuldet haben. Wir haben ihn in seiner ganzen Not gesehen, als er uns um Erbarmen anflehte, aber wir haben nicht darauf gehört. Darum ist nun diese Not über uns gekommen (Gen 42,21).

Dieser Einschätzung aller Brüder stimmt Ruben in V. 22 grundsätzlich zu. Doch sind im Verständnis von V. 21 noch alle Brüder mit der Schuld belastet, nimmt sich der älteste Sohn Jakob-Israels in V. 22 von dem Fehlverhalten der anderen Brüder aus.[54] In der zweiten Person Plural spricht er seine Brüder anklagend an: „Habe ich euch nicht gesagt: Versündigt euch nicht an dem Knaben! Ihr aber habt nicht hören wollen. Nun wird sein Blut eingefordert". Der Eindringlichkeit von Rubens Appell zum Trotz, lassen die Brüder jegliche Reaktion auf seine direkte Rede vermissen.[55]

---

52 Schmitt, Josephsgeschichte, 40; vgl. bereits Wellhausen, Composition, 55; Dillmann, Genesis, 401; Holzinger, KHC, 239, oder Gunkel, HK, 441; vgl. in jüngerer Vergangenheit auch Kebekus, Joseferzählung, 90, oder Schmidt, Studien, 247.
53 Vgl. zu diesem Zusammenhang insbesondere Boecker, *Überlegungen*, 72f.
54 Vgl. Hamilton, NIC.OT, 527.
55 Vgl. zu dieser Beobachtung Boecker, *Überlegungen*, 72, oder Fieger/Hodel-Hoenes, Einzug, 230f.

Ähnliches Desinteresse zeigen die Familienangehörigen auch im Zusammenhang der zweiten direkten Rede Rubens in Gen 42,37.[56] Auch sie wurde und wird im Rahmen der Quellenscheidung[57] zumeist als Bestandteil von E oder der Ruben-Variante betrachtet. Die Aussage Gen 42,37 sei originär auf Gen 42,36 gefolgt, während Gen 42,38 literarisch von Gen 42,37 zu trennen sei und bereits auf den in Gen 43 einsetzenden Erzählfaden von J bzw. der Juda-Variante vorbereite.[58] Als Grund für diese Annahme gab etwa Heinrich Holzinger an, „v. 38 ignoriert Rubens Anerbieten und Simeons Gefangenschaft und wird 44,29 bei J vorausgesetzt"[59]. Damit entspricht die erste Begründung Holzingers unser o. a. Beobachtung, dass die Rede Rubens im unmittelbaren Kontext unberücksichtigt bleibt. Doch wäre an dieser Stelle noch zu prüfen, welche der beiden Aussagen – V. 37 oder V. 38 – im unmittelbaren Erzählverlauf tatsächlich einen Fremdkörper darstellt. Anders formuliert, sagt die Tatsache, dass V. 38 nicht auf V. 37 reagiert, noch nichts darüber aus, wie sich beide Aussagen in den Gesamtkontext einfügen. Um diese Frage zu klären, blicken wir auch hier noch einmal auf den Erzählverlauf in Gen 42,33–38.

In V. 33–34 berichten die Brüder Josefs ihrem Vater Jakob von der Forderung, die ihnen der Mann in Ägypten gestellt hat.

> Daran werde ich erkennen, dass ihr rechtschaffene Leute seid: Lasst einen von euch Brüdern bei mir zurück, nehmt das Getreide, um den Hunger eurer Familien zu stillen, und geht. Bringt mir aber euren jüngsten Bruder her, damit ich erkenne, dass ihr keine Kundschafter, sondern rechtschaffene Leute seid. Dann gebe ich euch euren Bruder wieder, und ihr dürft frei im Land umherziehen.

Nachdem die Brüder in V. 35 das von Josef zurückerstattete Geld in ihren Getreidesäcken gefunden haben, reagiert der Vater in V. 36 auf die direkte Rede der Brüder aus V. 34. Dabei spricht er zunächst in V. 36a allgemein davon, dass seine Söhne ihn kinderlos machen, bevor er in V. 36b explizit auf die ihm genommenen Söhne zu sprechen kommt: Josef, Simeon und Benjamin. Damit ist für V. 36b die Einführung Benjamins vorausgesetzt. Sie ist ebenfalls in der Rede Rubens aus V. 37 bekannt, der sich ja ausdrücklich vor dem Vater für seinen jüngsten Bruder verbürgt. „Meine beiden Söhne magst du töten, wenn ich ihn dir nicht wieder

---

56 Vgl. ebd.

57 Vgl. Wellhausen, Composition, 55; Dillmann, Genesis, 401; Holzinger, KHC, 239, oder Gunkel, HK, 441.

58 Vgl. z. B. Gunkel, HK, 441. Zwischen Juda- und Rubenversion scheidet auch Schmitt, Josephsgeschichte, 43, der allerdings annimmt, dass Gen 42,38 als Bestandteil der Juda-Grundschrift die gegenüber Gen 42,36–37 (Ruben-Bearbeitung) ältere Formulierung darstellt.

59 Holzinger, KHC, 239.

zurückbringe. Vertrau ihn mir an, ich werde ihn dir zurückbringen". Auf die Bürgschaft Rubens folgt in V. 38 eine direkte Rede, deren Subjekt nicht direkt genannt ist, sich aber aus der Rede selbst als Jakob-Israel erschließen lässt. „Mein Sohn wird nicht mit euch hinabziehen, denn sein Bruder ist tot, und er allein ist noch übrig. Wenn ihm etwas zustieße auf dem Weg, den ihr geht, brächtet ihr mein graues Haar vor Kummer hinab ins Totenreich". Mit der zweiten Person Plural richtet sich die Ansprache des Vaters nicht allein an seinen ältesten Sohn Ruben, auf dessen Rede er auch inhaltlich nicht eingeht. Vielmehr greift die Rede des Vaters sachlich auf die Aussage aller Brüder in V. 34 zurück, die er auch adressiert (לא־ירד בני עמכם).[60] Die Formulierungen aus V. 38 erinnern sachlich an das bereits in V. 36 von Jakob angesprochene Motiv des „Seiner-Kinder-Beraubtseins", verengen die Perspektive aus V. 36 nun aber auf die Rahelsöhne. Hatte der Vater in V. 36 auch den möglichen Verlust des Lea-Sohnes Simeon beklagt, beschäftigt ihn in V. 38 einzig das Schicksal der Söhne seiner Lieblingsfrau.[61] „Mein Sohn wird nicht mit euch hinabziehen, denn *sein Bruder ist tot, und er allein ist noch übrig.* Wenn ihm etwas zustieße auf dem Weg, den ihr geht, brächtet ihr mein graues Haar vor Kummer hinab ins Totenreich". Die Entscheidung Jakobs, den Jüngsten nicht mit nach Ägypten hinabziehen zu lassen, wiederholt dabei die Aussage aus Gen 42,4, wo dem Leser berichtet wurde, dass Benjamin bei der ersten Reise nicht mit nach Ägypten hinabziehen durfte, weil der Vater befürchtete, ihm könne ein Unglück begegnen.[62]

Mit Blick auf die angeführten Beobachtungen ist zunächst festzuhalten, dass V. 38 nicht auf die Rede Rubens in V. 37 reagiert, sondern über das Angebot des Erstgeborenen hinweg auf die Ausführungen der Brüder aus V. 34 zurückgreift und die Bedenken aus V. 4 noch einmal wiederholt. Die Rede Rubens in V. 37

---

60 Vgl. Seebass, Josephsgeschichte, 90, dass „V. 38 [...] keine angemessene Antwort auf Rubens Vorschlag in V. 37" sei.
Anders Specht, *Gestalt*, 309, oder Ruppert, Josephserzählung, 99, der meint, die „solidarische Haftung Rubens erleichtert dem Vater die Freigabe Benjamins, und die zweite Reise zur Freilassung Simeons kann angetreten werden, was heute allerdings wegen der Angleichung an J, der keine sofortige Reise der Brüder kennt, im Text nicht mehr ersichtlich ist".
Kebekus, Joseferzählung, 110f, der von einer Ruben-Grunderzählung ausgeht, nimmt an, dass es sich bei V. 38 um einen Nachtrag (Juda-Bearbeitung) handelt, der V. 36f bereits voraussetzt.
61 Vgl. Boecker, Josefsgeschichte, 57. In diesem Zusammenhang ist zudem mit Kebekus, Joseferzählung, 94, darauf hinzuweisen, dass Benjamin als „Bruder Josefs" herausgestellt wird. Damit steht er als zweiter Rahel-Sohn auf der Seite Josefs und dem Kollektiv der Nicht-Rahel-Söhne gegenüber. Vgl. ferner Hamilton, NIC.OT, 516.
62 Vgl. hierzu auch Jacob, Genesis, 762, dass „Benjamin [...] gleichfalls ‚Bruder Josephs' genannt [werde], auch um die Befürchtungen Jakobs nach dem Unglück mit Joseph zu begründen, war doch auch (Abr.) die Mutter ‚unterwegs' gestorben".

greift demgegenüber zwar auf die Mitnahme Benjamins nach Ägypten zurück, zeigt aber keinerlei Rückwirkungen auf den umliegenden Kontext. Anders formuliert, kennt V. 37 zwar den umliegenden Kontext, der umliegende Kontext aber weist keine explizite Kenntnis der Aussage Rubens auf. Nicht V. 38, sondern V. 37 fällt demnach aus dem Kontext von Gen 42 heraus. Entsprechend ist zu überlegen, ob nicht V. 38 ursprünglich mit V. 34 zusammenhängt und die Rede Rubens im Zusammenhang von V. 34–38* einen Nachtrag darstellt.

Mit der Rede Rubens in V. 37 könnte auch die Aussage von V. 36b zusammenhängen, die sachlich an V. 36a anschließt, nun aber die in der Benjamin-Bearbeitung vorherrschende Konzentration auf die Rahel-Söhne verlässt und die Perspektive auf den Lea-Sohn Simeon[63] ausweitet. Die ausführliche Redeeinleitung V. 36a, die den Erzvater ausdrücklich benennt, könnte dann einmal die Aussage von V. 38 eingeleitet haben, bevor V. 36b.37.38aα(nur ויאמר) diesen Zusammenhang unterbrochen haben.

Dass die Redeeinleitung V. 36 indes keinen integralen Bestandteil der Benjamin-Bearbeitung, sondern der Kundschafter-Bearbeitung dargestellt haben könnte, sei an dieser Stelle lediglich angedeutet und wird im Zusammenhang der kontextuellen Einbettung von Gen 43 näher erläutert.[64]

Gen 42,4.13.34.36–38:

⁴ וְאֶת־בִּנְיָמִין אֲחִי יוֹסֵף לֹא־שָׁלַח יַעֲקֹב אֶת־אֶחָיו כִּי אָמַר פֶּן־יִקְרָאֶנּוּ אָסוֹן׃

¹³ וַיֹּאמְרוּ שְׁנֵים עָשָׂר עֲבָדֶיךָ אַחִים אֲנַחְנוּ בְּנֵי אִישׁ־אֶחָד בְּאֶרֶץ כְּנָעַן וְהִנֵּה הַקָּטֹן אֶת־אָבִינוּ הַיּוֹם וְהָאֶחָד אֵינֶנּוּ׃

---

63 Die namentliche Nennung Simeons erscheint erstmals im Zuge seiner Gefangennahme in Gen 42,24b, die in den Zusammenhang der oben unter (b) besprochenen Kundschafter-Bearbeitung gehören dürfte. Sie ist aus der Formulierung Gen 42,24b MT nur schwer auszuscheiden. Sachlich aber erklärt sich die Inhaftierung ausgerechnet Simeons mit Gunkel, HK, 445; Westermann, BK, 111, oder Ruppert, FzB, 259, wohl am ehesten aus seiner Rolle als zweitgeborener Lea-Sohn. „Dieser eine ist Simeon, der älteste nach Ruben, dessen freundliche Gesinnung gegen sich er eben kennen gelernt hat. Wenn die Brüder nachdenken, so müssen sie über diese Fügung des Schicksals, daß gerade der älteste der Schuldigen jetzt bestraft wird, erstaunt und betroffen sein" (Gunkel, HK, 445). Ist aber mit Blick auf die inhaltlichen Zusammenhänge anzunehmen, dass sich die Inhaftierung Simeons in seiner Funktion als dem nach Ruben ältesten Sohn Jakob-Israels versteht, wäre seine namentliche Erwähnung im Rahmen der Kundschafter-Bearbeitung, die ja eine gegenüber den Ruben-Versen ältere Erzählschicht darstellt, unmöglich. Es wäre hier möglicherweise zu überlegen, ob die namentliche Identifizierung des Gefangenen eine nachträgliche Entwicklung darstellt und der gefangene Bruder ursprünglich mit Gen 42,19.33 als אֲחִיכֶם הָאֶחָד bzw. mit Gen 43,14 als אֲחִיכֶם אַחֵר bezeichnet worden wäre. In jenem Fall müsste freilich mit einer Textersetzung in Gen 42,24b und Gen 43,23b gerechnet werden.
64 Vgl. unten 4.2. (a).

34 וְהָבִיאוּ אֶת־אֲחִיכֶם הַקָּטֹן אֵלַי

וְאֵדְעָה כִּי לֹא מְרַגְּלִים אַתֶּם כִּי כֵנִים אַתֶּם אֶת־אֲחִיכֶם אֶתֵּן לָכֶם וְאֶת־הָאָרֶץ תִּסְחָרוּ:

36 וַיֹּאמֶר אֲלֵהֶם יַעֲקֹב אֲבִיהֶם אֹתִי שִׁכַּלְתֶּם

יוֹסֵף אֵינֶנּוּ וְשִׁמְעוֹן אֵינֶנּוּ וְאֶת־בִּנְיָמִן תִּקָּחוּ עָלַי הָיוּ כֻלָּנָה:

37 וַיֹּאמֶר רְאוּבֵן אֶל־אָבִיו לֵאמֹר אֶת־שְׁנֵי בָנַי תָּמִית אִם־לֹא אֲבִיאֶנּוּ אֵלֶיךָ תְּנָה אֹתוֹ

עַל־יָדִי וַאֲנִי אֲשִׁיבֶנּוּ אֵלֶיךָ:

38 וַיֹּאמֶר

לֹא־יֵרֵד בְּנִי עִמָּכֶם כִּי־אָחִיו מֵת וְהוּא לְבַדּוֹ נִשְׁאָר ‖וּקְרָאָהוּ אָסוֹן בַּדֶּרֶךְ‖ אֲשֶׁר תֵּלְכוּ־בָהּ

וְהוֹרַדְתֶּם אֶת־שֵׂיבָתִי בְּיָגוֹן שְׁאוֹלָה:

(e) Der doppelte Geldfund

Ein weiteres Motiv, über das die Rede Jakob-Israels in V. 38 hinweg auf V. 34 zurückgreift ist der Geldfund in V. 35. Er doppelt im Erzählverlauf die Aussage von V. 27, nach der bereits einer der Brüder das Geld in seinem Sack entdeckt hatte. Wie andernorts, hat auch hier die Doppelung nicht selten dazu geführt, zwischen zwei Quellen (bzw. Versionen) zu scheiden. Dabei werden V. 27–28 i. d. R. J zugesprochen, während V. 35 an E fällt.[65] Begründet wird diese Zuweisung nicht zuletzt mit Blick auf die divergierenden Begriffe, die in V. 27–28 und V. 35 für den „Fundort" des Geldes verwendet werden. „אמתחת 27f. J, sonst heißt es im Kap. שׂק"[66]. Doch geht diese simple Verteilung nicht ganz auf. Denn

> die Aufteilung von 'mtḥḥ[67] und śq auf je eine der beiden Hauptschichten der Josephs-
> geschichte [ist] nicht ganz so eindeutig vorzunehmen, wie es auf den ersten Blick den
> Anschein hat. In v. 27 wird nämlich neben 'mtḥḥ auch śq gebraucht. Zwar will H. Gunkel
> das 't- śqw von v. 27a als Glosse streichen, doch ist diese Interpretation angesichts der Tat-
> sache, daß man nach wjptḥ ('und er öffnete') ein Objekt erwartet, nicht gerade wahrschein-
> lich. Man wird also nicht darum herumkommen, festzustellen, daß der Verfasser von v. 27f.
> 'mtḥḥ und śq abwechselnd gebraucht[68].

Doch ist dies nicht die einzige Schwierigkeit, die der Lösungsvorschlag von Vertretern der Neueren Urkundenhypothese mit sich bringt. So betrachten etwa August
Dillmann[69], Heinrich Holzinger[70] oder Hermann Gunkel[71] V. 27.28abα(bis אֶל־ אִישׁ

---

65 Vgl. hier z. B. Dillmann, Genesis, 401; Holzinger, KHC 239, oder Gunkel, HK, 441–442.
66 Gunkel, HK, 441.
67 Zitierform nach Gesenius: אמתחת.
68 Schmitt, Josephsgeschichte, 40.
69 Vgl. Dillmann, Genesis, 401.
70 Vgl. Holzinger, KHC, 239.
71 Vgl. Gunkel, HK, 441–442.

אחיו) wegen Elohim zwar als Bestandteil von J, trennen aber die direkte Rede V. 28bβ(ab לאמר) aus diesem Kontext heraus und stellen sie in den Zusammenhang der elohistischen Quelle, in der sie einmal direkt auf V. 35 (E) gefolgt sei. Diese Entscheidung liegt darin begründet, dass die Brüder in der direkten Rede den Gottesnamen Elohim gebrauchen, der zwar im Dialog mit Fremden auch bei J zu finden ist, in einer Unterhaltung zwischen Mitgliedern des Gottesvolkes aber zwangsläufig auf E verweise. In V. 28 selbst jedoch finden sich keine Anhaltspunkte, die auf eine literarische Scheidung zwischen V. 28abα und V. 28bβ schließen ließen.

Als weiteres Argument führte Hans-Christoph Schmitt gegen die Vertreter der Neueren Urkundenhypothese an, dass

> v. 35 nicht ursprünglich in seinen jetzigen Kontext gehört haben kann. In v. 36 reagiert Jakob nämlich nur auf den Bericht der Brüder von v. 29–34 und ignoriert völlig den doch genauso gravierenden Vorfall von v. 35. V. 35 wird also offensichtlich von v. 36 noch nicht vorausgesetzt und muß daher erst sekundär in den jetzigen Zusammenhang gekommen sein[72].

Im Gegensatz zu dieser Einschätzung von V. 35 als einem Nachtrag versteht Schmitt V. 27–28 als integralen Bestandteil der Ruben-Variante. „Beide Verse sind nämlich im Kontext von V. 25–28 fest verankert"[73].

Dass diese Annahmen von Schmitt nicht zwingend sind, soll der folgende Blick auf den fraglichen Erzählabschnitt verdeutlichen. Hier stellt V. 25 bereits syntaktisch vor Probleme, die das Verständnis des Verses erschweren.[74] Der Vers liest sich in (möglichst) wortgetreuer Übersetzung des masoretischen Textes wie folgt: „Und Josef befahl und sie füllten ihre Gefäße mit Getreide, und zurückzugeben ihr Geld, einem jeden in seinen Sack und ihnen Wegzehrung zu geben. Und so tat er ihnen". Wie die Aussage zu verstehen sein könnte, mag ein Blick auf den vorauslaufenden und nachstehenden Kontext erklären. In V. 18–19 hatte Josef seinen Brüdern zunächst mitgeteilt, dass sie einen Bruder gefangen zurücklassen, während die anderen mit der erworbenen Nahrungsration nach Hause zurückkehren sollen. V. 24b konstatiert die tatsächliche Gefangennahme Simeons, der nun als einziger bei Josef verbleiben soll. Was nach der Forderung aus V. 19 erzähllogisch folgen müsste, ist die Rückkehr der anderen Brüder zu ihren Familien, die sie mit Nahrung versorgen sollen. Folgerichtig konstatiert

72 Schmitt, Josephsgeschichte, 41; vgl. ebenso Kebekus, Joseferzählung, 104–105.
73 Schmitt, Josephsgeschichte, 40. Anders hingegen Levin, Jahwist, 289, oder Kebekus, Joseferzählung, 105–106.
74 Vgl. Levin, Jahwist, 289; Dietrich, Novelle, 36–37; Schweizer, Josefsgeschichte, 197, oder Kebekus, Joseferzählung 107–108.

V. 25, dass Josef befahl und sie ihre Gefäße mit Getreide füllten. Nach dem voraus-laufenden Kontext dürfte das Subjekt des Narrativs וימלאו dann mit den Brüdern Josefs zu identifizieren sein.[75] Der Aufbruch der Brüder erfolgt in V. 26, wo sie das Getreide auf ihre Esel laden und von dannen ziehen (וישׂאו ... וילכו). In diesen stringenten Erzählverlauf fügt sich die Aussage von V. 25 ‎־אל אישׁ כספיהם ולהשׁיב שׂקו ולתת להם צדה לדרך ויעשׂ להם כן nur schlecht ein. Dort beziehen sich die finalen Infinitive über die Aussage וימלאו את־כליהם בר zurück auf den anfänglichen Befehl Josefs. Inhaltlich beschäftigt sich der Abschnitt mit dem Geld, das den Brüdern nicht in כליהם, sondern אישׁ אל־שׂקו gegeben werden soll. Damit antizipiert die Aussage sachlich und terminologisch (שׂק) das Motiv des Geldfundes bzw. der Geldfunde in V. 27–28.35.

Die syntaktischen Schwierigkeiten in V. 25 fallen demnach mit einer unter-schiedlichen intratextuellen Bezugnahme zusammen. V. 25 וימלאו את־כליהם בר leitet die Heimreise der Brüder ein, die in V. 19 von Josef gefordert wurde und nun nach der Gefangennahme Simeons konsequent erfolgt (V. 25[וימלאו את־כליהם בר].26). Die Aussage ולהשׁיב כספיהם אישׁ אל־שׂקו ולתת להם צדה לדרך ויעשׂ להם כן (V. 25aβγb) hingegen bereitet auf die Geldfunde des Bruders bzw. der Brüder vor, wie sie in V. 27–28 bzw. V. 35 berichtet werden. V. 27–28.35 sind sachlich darauf angewiesen, dass die Brüder tatsächlich mit Getreide heimkehren und setzen damit den Aufbruch der Brüder V. 25aα.26 zwangsläufig voraus.

Mit Blick auf diesen Befund steht zu vermuten, dass V. 25aβγb erst nachträg-lich in den Kontext der Heimreise eingetragen wurden und als Vorbereitung für die Geldfunde dienen.

> Die beiden Infinitivsätze [in V. 25] sind an das finite וימלאו angehängt und werden durch die abschließende Feststellung: ‚Er tat ihnen so‘, eingebunden. Diese Erfüllungsnotiz läßt auch den Sinn der Anordnung erkennen: Sie ist eine brüderliche Wohltat[76].

Stellt der Befehl zur Geldrückerstattung in V. 25aβγb aber einen Nachtrag dar, ist ferner davon auszugehen, dass V. 27–28 ebenfalls nicht als integraler Bestandteil der Heimreise zu verstehen sind. Denn, wie V. 35, sind auch sie zwangsläufig auf die Vorbereitung in V. 25 angewiesen.

---

75 Anders Jacob, Genesis, 772, der bei ‚sie‘ an „seine [sc. Josefs] Untergebenen" denkt. Anders auch Kebekus, Joseferzählung, 108, der eine unpersönliche Übersetzung vermutet.
76 Levin, Jahwist, 289.

Gen 42,19.24b.25–28.35:

[19] אִם־כֵּנִים אַתֶּם אֲחִיכֶם אֶחָד יֵאָסֵר בְּבֵית מִשְׁמַרְכֶם וְאַתֶּם לְכוּ הָבִיאוּ שֶׁבֶר רַעֲבוֹן בָּתֵּיכֶם:

[24] [...] וַיִּקַּח מֵאִתָּם אֶת־שִׁמְעוֹן וַיֶּאֱסֹר אֹתוֹ לְעֵינֵיהֶם:

[25] וַיְצַו|יוֹסֵף וַיְמַלְאוּ אֶת־כְּלֵיהֶם בָּר|וּלְהָשִׁיב כַּסְפֵּיהֶם אִישׁ אֶל־שַׂקּוֹ וְלָתֵת לָהֶם צֵדָה |לַדָּרֶךְ|וַיַּעַשׂ לָהֶם כֵּן:

[26] וַיִּשְׂאוּ אֶת־שִׁבְרָם עַל־חֲמֹרֵיהֶם וַיֵּלְכוּ מִשָּׁם:

[27] וַיִּפְתַּח הָאֶחָד אֶת־שַׂקּוֹ לָתֵת מִסְפּוֹא לַחֲמֹרוֹ בַּמָּלוֹן וַיַּרְא אֶת־כַּסְפּוֹ וְהִנֵּה־הוּא בְּפִי אַמְתַּחְתּוֹ:

[28] וַיֹּאמֶר אֶל־אֶחָיו הוּשַׁב כַּסְפִּי וְגַם הִנֵּה בְאַמְתַּחְתִּי וַיֵּצֵא לִבָּם וַיֶּחֶרְדוּ אִישׁ אֶל־אָחִיו לֵאמֹר מַה־זֹּאת עָשָׂה אֱלֹהִים לָנוּ:

[35] וַיְהִי הֵם מְרִיקִים שַׂקֵּיהֶם וְהִנֵּה־אִישׁ צְרוֹר־כַּסְפּוֹ בְּשַׂקּוֹ וַיִּרְאוּ אֶת־צְרֹרוֹת כַּסְפֵּיהֶם הֵמָּה וַאֲבִיהֶם וַיִּירָאוּ:

Zu klären bleibt, wie sich die Aussagen von V. 27–28 zueinander und wie sie sich zu V. 25aβγb verhalten. Dazu werfen wir noch einmal einen genaueren Blick auf die Formulierungen in V. 27–28 und V. 35. Gegen Gunkel hatte Schmitt hier bereits eingewandt, dass eine einfache Beschränkung der Begriffe אמתחת und שׂק auf je einen der Abschnitte nur mit der Annahme eines redaktionellen Zusatzes möglich ist. Daraus hatte Schmitt selbst geschlossen, dass „der Verfasser von v. 27f. 'mtḥḥ[77] und śq abwechselnd gebraucht"[78]. Doch ist dies nicht der einzige Punkt, in dem sich der Fund des Geldes in V. 27 von V. 35 unterscheidet. Denn betrachtet man V. 27.35 im Zusammenhang fällt auf, dass die Beschreibungen des Geldfundes zwar ähnlich lauten, sich aber in einem für das Verständnis der Erzählsequenz nicht ganz unwichtigen Punkt unterscheiden. In V. 27 ist es zunächst der Eine, der seinen Sack öffnet, um seinem Esel in der Herberge Futter zu geben. „Und siehe, sein Geld; und siehe, es lag בפי אמתחתו". Ungeachtet dessen, ob man die Wurzel אמתחת als Synonym zu שׂק versteht oder nicht, hat der Eine demnach sein Geld nicht einfach im Sack gefunden, sondern „obenauf", als er seinen Sack öffnete. Anders verhält es sich in V. 35. Dort öffnet nicht ein Bruder seinen Sack. Nein, alle Brüder leeren ihre Säcke. Erst als sie dies tun, kommt das zurückerstattete Geld zum Vorschein. In der Erzähllogik der beiden Abschnitte hätte also immer nur der Eine das Geld in der Herberge finden können, dessen Geld obenauf im Sack lag.[79]

---

77 Zitierform nach Gesenius: אמתחת.

78 Schmitt, Josephsgeschichte, 40.

79 Vgl. zu dieser Differenzierung Gunkel, HK, 446. „Das Geld liegt ganz oben im Sack, so daß es schon beim ersten Öffnen gefunden wird; anders bei E, wo es sich erst beim Entleeren findet, also mehr unten liegt". Ähnlich Greßmann, *Ursprung*, 39, und in jüngerer Vergangenheit Schmidt, Studien, 135.

Stellen die beiden Erzählabschnitte demnach weder eine simple Doppelung noch einen unvereinbaren Widerspruch dar, stimmen sie doch in ihrer Aussage nicht ganz überein. Denn in V. 35 fürchten sich die Brüder samt Vater[80] vor allem deshalb, weil sie das Geld in den Säcken gefunden haben und offenbar nicht wissen, wie es dorthin gekommen sein könnte. V. 28 geht über diese – der Situation durchaus angemessene Furcht – insofern hinaus, als der Geldfund ausdrücklich als Gottesstrafe interpretiert wird. Die Brüder fürchten sich nicht nur, weil sie das Geld gefunden haben. Sie fürchten sich auch und vor allem, weil sie glauben, dass Elohim sie damit bestrafen will.

Mit Blick auf die angeführten Beobachtungen wäre dann zu überlegen, ob V. 27–28 einen Nachtrag darstellen, der an den Geldfund V. 35 anknüpft, die dort konstatierte Furcht der Brüder nun aber auf eine theologische Ebene hebt.[81] Die Brüder fürchten sich nicht mehr, weil sie sich nicht erklären können, wie das Geld in die Säcke gekommen ist. Sie fürchten sich, weil Elohim sie damit bestrafen möchte, dass das Geld wieder in den Säcken ist. In dieser Furcht ist ihre eigene Schuld aus Gen 37 impliziert.

Mit der Furcht der Brüder vor einer Strafe durch Elohim (V. 28b) korrespondiert die Aussage Josefs aus V. 18b[82], der sich selbst als gottesfürchtig bezeichnet. Auch sie könnte mit V. 27–28 literarisch in Zusammenhang stehen. V. 25aβγb

---

Anders vermutet etwa Revell, *Midian*, 78, dass „שׂק is used where the matter of the sacks and their contents is first raised, and where the narrator presents a somewhat distanced description of events, rather than an immediate narrative involving individuals. The term אמתחת is used where the participants are more immediately involved in the action, characteristically in speech, less commonly elsewhere".

Jacob, Genesis, 773, unterscheidet zwischen Futtersäcken und Getreidelasten. „Das Wort שׂק erscheint nur, wo Esel gefüttert werden, nämlich unterwegs in der Herberge, ferner bei der Ankunft zu Hause, wo die Tiere nicht aus Säcken gefüttert werden und man den Rest, der von unterwegs noch übrig geblieben war, ausschüttet. Deshalb kommt das Wort bei der zweiten Reise nicht vor, weil es dabei nicht [...] zum Füttern der Tiere kommt". Die Annahme ist allein deshalb schwierig, weil der eine Bruder in Gen 42,27 zwar seinen *Sack* zwecks Tierfütterung öffnete, das Geld aber בפי אמתחתו fand und im Zusammenhang von Gen 42,35 überhaupt nicht von einer geplanten Tierfütterung die Rede ist.

80 Bei der Notiz המה ואביהם V. 35bβ, die das Pronomen aus V. 35a (הם מריקים) wieder aufnimmt und den Zusammenhang des Geldfundes mit der Reaktion (V. 35b) stört, könnte es sich um eine nachträgliche Glosse handeln, die dem Umstand Tribut zollt, dass beim Öffnen der Säcke durch die Brüder auch der Vater anwesend war.

81 Vgl. Alter, Art, 137–140. Anders Levin, Jahwist, 289–292, der V. 27f seiner Schicht „Schuld der Brüder" zuordnet, während es sich bei V. 25*.35a (Josefs Großmut) und V. 35b (das Erschrecken) jeweils um Einzelnachträge handelt.

82 Auch Schweizer, Josefsgeschichte, 195, oder Levin, Jahwist, 289–291, scheiden zwischen V. 18b.19. Anders Gunkel, HK, 444; Westermann, BK, 115f, oder Ruppert, FzB, 257–259.

hingegen dürften literarisch von V. 27–28 zu trennen sein und bereits mit V. 35 zusammengehören. Denn dass die Brüder in V. 35 das Geld finden können, setzt voraus, dass es ihnen zurückgegeben wurde.[83]

Gen 42,18–19.25–28.35:

18 ויאמר אלהם יוסף ביום השלישי זאת עשו וחיו
את־האלהים אני ירא:
19 אם־כנים אתם אחיכם אחד יאסר בבית משמרכם ואתם לכו הביאו שבר רעבון בתיכם:
25 ויצו יוסף וימלאו את־כליהם בר
ולהשיב כספיהם איש אל־שׂקו ולתת להם צדה לדרך ויעש להם כן:
26 וישׂאו את־שברם על־חמריהם וילכו משם:
27 ויפתח האחד את־שׂקו לתת מספוא לחמרו במלון וירא את־כספו והנה־הוא
בפי אמתחתו:
28 ויאמר אל־אחיו הושב כספי וגם הנה באמתחתי ויצא לבם ויחרדו איש אל־
אחיו לאמר מה־זאת עשה אלהים לנו:
35 ויהי הם מריקים שׂקיהם והנה־איש צרור־כספו בשׂקו ויראו את־צררות כספיהם המה
ואביהם וייראו:

Das Motiv der Geldrückerstattung wird neuerlich in Gen 43 thematisiert. Es findet sich dort im Zusammenhang eines Gesprächs der Brüder mit dem Hausvorsteher von Josef. Ihm berichten die Brüder, dass sie auf ihrem Heimweg in eine Herberge (מלון) kamen. Dort haben sie ihre Säcke geöffnet (ונפתחה את־אמתחתנו) und siehe, ein jeder fand sein Geld obenauf (בפי אמתחתו). Mit dieser Aussage fassen die Brüder die Schilderungen aus Gen 42,27–28 und Gen 42,35 zusammen. Denn hatte dort der Eine das Geld בפי אמתחתו gefunden, als er in der Herberge (מלון) seinen Sack öffnete (ויפתח האחד את־שׂקו), so fanden alle Brüder das Geld daheim beim Vater, als sie ihre Säcke geleert hatten (ויהי הם מריקים שׂקיהם). Nun aber behaupten die Brüder, sie alle hätten das Geld בפי אמתחתו איש gefunden, als sie diese öffneten (ונפתחה את־אמתחתנו). Diese „verschmolzene" Darstellung erklärt sich vermutlich am ehesten so, dass der Autor, der für das Gespräch der Brüder mit dem Hausvorsteher in Gen 43,20–21 verantwortlich ist, weder mit dem Verfasser von Gen 42,27–28 noch mit dem Verfasser von Gen 42,35 identisch ist. Vielmehr dürften ihm beide Aussagen bereits vorgelegen haben, die er nun zusammenfasst. Dabei stellt der Autor mit seinen Aussagen in Gen 43 klar, dass die Brüder das Geld nicht nur gefunden haben, sondern es auch zurückgeben wollten. So ist jeder Anschein vermieden, die Brüder hätten das Geld unrechtmäßig behalten wollen.[84]

Was bisher noch nicht zur Sprache kam, ist die kontextuelle Einbettung von Gen 42,35. Hier hatte Schmitt, wie oben erwähnt, konstatiert, dass er „nicht ursprünglich in seinen jetzigen Kontext gehört haben kann". Denn in V. 36

---

83 Zum Zusammenhang von V. 25.35 vgl. bereits Wellhausen, Composition, 57.
84 Vgl. ausführlich unten 4.2. (c).

reagiere Jakob „nur auf den Bericht der Brüder von v. 29–34 und ignoriert völlig den doch genauso gravierenden Vorfall von v. 35"[85]. Diese Beobachtung trifft auf den uns vorliegenden Text zweifelsfrei zu. Wie wir bereits im Zusammenhang der doppelten Forderung Josefs aus Gen 42,16.19 besprochen haben, dürfte es sich bei der Mitnahme Benjamins nach Ägypten allerdings um eine sekundäre Entwicklung im Kontext von Gen 42–43 handeln, die auf die Erzählung um den Becherdiebstahl in Gen 44 vorbereitet. Dabei legen es Beobachtungen zum Kontext von Gen 43–44 nahe, den Geldfund in Gen 42,35 älter einzustufen als die Forderung nach der Mitnahme und die tatsächliche Mitnahme Benjamins in Gen 43.[86]

Hier ist zunächst an die Mitnahme und Übergabe des Geschenks in Gen 43 und an den Befehl Josefs an seine Brüder in Gen 44,1–2 gedacht. Dass und warum die Mitnahme und Übergabe des Geschenks im Rahmen von Gen 43 einen Nachtrag darstellen dürfte, wird an gegebenem Ort noch ausführlich zu besprechen sein.[87] Hier werden wir uns mit einigen allgemeinen Beobachtungen begnügen, die für die aktuelle Fragestellung von Belang sind. Von der Geschenkmitnahme berichtet uns zunächst Gen 43,15. Wie der Vater es ihnen in Gen 43,11 befohlen hatte, nehmen die Brüder dem Mann ein Geschenk mit: ויקחו האנשים את־המנחה הזאת. Von dieser Formulierung in Gen 43,15aα hängt in Gen 43,15aγ syntaktisch die Mitnahme Benjamins ab: ויקחו האנשים את־המנחה הזאת [...] ואת־בנימן. Benjamin kann demnach frühestens mit der Mitnahme des Geschenks in den Kontext von Gen 43 eingeführt worden sein.

Im Zusammenhang von Gen 43,25–26* wird das Geschenk zugerichtet und übergeben. Nachdem die Brüder das Geschenk mitgenommen hatten und in Ägypten vor Josef angekommen waren (Gen 43,15), hatte jener seinem Hausvorsteher befohlen, die Brüder in sein Haus zu führen und ein Tier zu schlachten, weil er ein Mittagsmahl mit ihnen einnehmen wolle (Gen 43,16). Der Hausvorsteher führt die Brüder, wie gewünscht, in das Haus (Gen 43,17b.24a), wo sie das Geschenk zurichten, bevor Josef zur Mittagszeit kommt. Sie hatten nämlich gehört, dass er gemeinsam mit ihnen essen wolle (Gen 43,25). Mit dieser Aussage widersprechen die Brüder ihrer eigenen Furcht aus V. 18, aus der zu schließen ist, dass sie keine Ahnung hatten, warum sie in das Haus Josefs geführt wurden:

> Die Männer aber fürchteten sich, weil sie in Josefs Haus geführt wurden, und sprachen: Des Geldes wegen, das beim ersten Mal wieder in unsere Kornsäcke gekommen ist, werden wir hierher gebracht. Man will sich auf uns stürzen und über uns herfallen und uns samt unseren Eseln zu Sklaven nehmen.

---

85 Schmitt, Josephsgeschichte, 41.
86 So auch Levin, Jahwist, 289–291.
87 Vgl. unten 4.2. (a) und 4.2. (c).

Die Furcht löst sich erst mit der Versicherung des Hausvorstehers aus V. 23a auf, dass sie sich keine Sorgen wegen des gefundenen Geldes machen müssen: „Seid ohne Sorge, fürchtet euch nicht! Euer Elohim und der Elohim eures Vaters hat euch einen Schatz in eure Kornsäcke gelegt; euer Geld ist mir zugekommen". Die Aussage von Gen 43,25 greift demnach über die Szene Gen 43,18–23a hinweg auf Gen 43,16–17a zurück und scheint (noch) keinerlei Kenntnis von der Angst der Brüder zu haben. Das Gespräch zwischen den Brüdern und dem Hausvorsteher in Gen 43,18–23a dürfte dementsprechend jünger zu datieren sein als die Übergabe des Geschenks.

Um zu erklären, warum die oben zu Gen 43 angeführten Beobachtungen für das literargeschichtliche Verhältnis des Geldfundes in Gen 42,25*.35 und der Benjamin-Bearbeitung (Gen 42,34*.36*.38*) von Relevanz sind, bietet sich als nächstes ein Blick auf Gen 44 an. In Gen 44,1 erteilt Josef einen Befehl an den bereits in Gen 43 erwähnten Hausvorsteher:

> Fülle die Kornsäcke der Männer mit Getreide, so viel sie mitnehmen können, und lege das Geld eines jeden oben in dessen Sack. Meinen Becher aber, den Silberbecher, legst du oben in den Sack des Jüngsten samt dem Silber für sein Getreide.

Der Hausvorsteher tut, wie ihm befohlen. Als die Brüder sich aus Ägypten aufgemacht haben, jagt er ihnen sodann auf Geheiß Josefs nach und konfrontiert sie mit der Anschuldigung, sie hätten den ägyptischen Herrn beraubt (Gen 44,4–6). Die Brüder weisen dies von sich und schwören:

> Wie kann mein Herr so etwas sagen? Fern liegt es deinen Dienern, solches zu tun. Siehe, das Silber, *das wir oben in unseren Kornsäcken fanden* (כסף אשר מצאנו בפי אמתחתינו), *haben wir dir aus dem Land Kanaan zurückgebracht.* Wie sollten wir da aus dem Haus deines Herrn Silber oder Gold stehlen? (Gen 44,7–8).[88]

In der oben zitierten Szene Gen 44,1–2 scheinen multiple Abschnitte des vorauslaufenden Kontextes terminologisch und sachlich vorausgesetzt, die hier zusammengefasst und neu entfaltet werden. So doppelt der Befehl selbst die Aufforderung Josefs aus Gen 42,25*, die Brüder sollen sich ihre Gefäße mit Getreide füllen. An diesen Befehl hat in Gen 42, wie wir oben gesehen haben, die Rückerstattung des Geldes angeknüpft. Sie wird in Gen 43,18–23a von den Brüdern bzw. Männern (האנשים) mit dem Hausvorsteher diskutiert, der in Gen 44,1–2 den Männern (האנשים) Speise in die Säcke füllen und Benjamin überdies den silbernen Becher Josefs in den Sack geben soll. Dies tut er, verfolgt die Männer und wirft ihnen

---

88 Vgl. ausführlich unten 4.3. (a).

Diebstahl vor. Mit Verweis auf ihr redliches Verhalten aus Gen 43 weisen sie diese Anschuldigung vehement zurück.

Die Übereinstimmungen mit der Vielzahl von (disparaten) Motiven aus dem vorherigen Erzählverlauf lässt sich u. E. am ehesten so erklären, dass Gen 44,1–2 und also die Benjamin-Bearbeitung die o. a. Erzählmotive bereits voraussetzt, sie nun aufgreift und für ihr eigenes Anliegen einsetzt bzw. weiter entfaltet. Dem Befehl bei der ersten Rückkehr in Gen 42,25* wird ein zweiter zur Seite gestellt. Hier wie dort, wird den Brüdern Geld bzw. ein silberner Becher in die Säcke gegeben. In Gen 44,1–2 ergeht der Befehl dabei an den Hausvorsteher, dem sich die Brüder in Gen 43 in Sachen Geldfund anvertraut hatten. Hatte er dort allerdings den Männern (האנשים) versichert, dass sie nichts zu befürchten haben, wird er sich in Gen 44 weniger gnädig zeigen. Dort will er den vermeintlich Schuldigen zum Sklaven machen: „Bei wem er [sc. der Becher] gefunden wird, der wird mein Sklave sein, ihr aber geht straffrei aus" (Gen 44,9).[89]

Mit den o. a. Rückbezügen liest sich die Episode um den Becher-Diebstahl in Gen 44* wie eine Variation zum Motiv des bzw. der Geldfunde in Gen 42–43*.[90] Ist aber die Einführung Benjamins und seine Mitnahme nach Ägypten sekundär in den Kontext von Gen 42–43 eingetragen worden und dient sie als Vorbereitung für die auf Benjamin konzentrierte Erzählung in Gen 44, so wird der Geldfund in Gen 42,35 das ältere Motiv darstellen. An ihn haben sich wohl erst nachträglich die Aussagen um Benjamin gehängt.

(f) Der älteste Kern von Gen 42

Mit den oben umrissenen Bearbeitungen dürften die wichtigsten diachronen Entwicklungen innerhalb von Gen 42 angesprochen sein.

> Weitere Nachträge könnten sich im Zusammenhang von Gen 42,1–2 finden lassen. Dort doppelt V. 2 ויאמר הנה שמעתי כי יש־שבר במצרים die Aussage יש־שבר במצרים aus V. 1. Dabei leitet die Aussage Jakobs in V. 2 sachgemäß den Aufbruch der Brüder ein, während er mit למה תתראו V. 1 darüber hinaus eine vorwurfsvolle Frage an die Söhne richtet.[91] Die zögerliche Haltung der Brüder Josefs, die sich in der Frage des Vaters ausdrückt, könnte mit

---

89 Vgl. hierzu Levin, Jahwist, 296.

90 Vgl. hierzu bereits Gunkel, HK, 452: „Der Erzähler bringt jetzt das Motiv von den versteckten Wertsachen noch einmal, aber in schöner Abwandelung: das erste Mal war es nur Geld und in allen Säcken, jetzt ist es gar Josephs Mundbecher und in Benjamins Sack".

91 Vgl. zu diesen Spannungen bereits Noth, Pentateuch, 31 (mit Anm. 101), oder in jüngerer Vergangenheit Kebekus, Joseferzählung, 92f; Seebass, Josephsgeschichte, 86. Einen Bruch zwischen V. 1a.b sehen auch Levin, Jahwist, 289; Soggin, Genesis, 488, oder Ruppert, FzB, 253.

Christoph Levin ein schuldiges Bewusstsein implizieren.[92] Die Aussage läge dann sachlich grundsätzlich auf einer Linie mit der Kundschafter-Bearbeitung, dem Nachtrag V. 21.23–24a oder dem „theologisierten" Geldfund in V. 27–28. Wie genau die Aussage (V. 1ab[nur למה ותראו.2[nur ויאמר]) literarisch zuzuordnen ist, ist u. E. allerdings nicht genauer zu bestimmen.

Ein weiterer Nachtrag dürfte sich in der Formulierung ונחיה ולא נמות V. 2bβ finden. Sie hat eine Parallele in der Rede Judas vor dem Vater in Gen 43,8, wo sie im Zusammenhang mit dem Terminus טף erscheint. Ein Verweis auf טף findet sich in Gen 47,12; 50,21, wo Josef die Versorgung (כול) der Familie gewährleistet bzw. verspricht, sie zu gewährleisten. Alle angeführten Stellen korrespondieren miteinander und dürften sich derselben Hand verdanken. Der literarische Zusammenhang sei an dieser Stelle lediglich angedeutet und wird unten unter 4.4. (d) und 5.4. (c) genauer entfaltet.

Was nach dem Subtraktionsverfahren als literarischer Kern von Gen 42 bleibt, ist der folgende Erzählfaden: Gen 42,1–2* setzt mit der Notiz ein, der Erzvater Jakob habe vernommen, dass in Ägypten noch Getreide vorhanden sei. Aus diesem Grund schickt er seine Söhne in die Fremde, um dort Nahrungsmittel zu erwerben und so das Überleben der eigenen Familie zu sichern. Die Brüder gehorchen dem Vater und ziehen los nach Ägypten. Bei Josef, dem Getreideverkäufer des Landes, angekommen, werfen sie sich nieder und erfüllen so seinen Traum aus Gen 37,7. Josef erkennt seine Brüder und erinnert sich seiner Träume. Da er selbst ihnen unerkannt bleibt, hat er sie von nun an in der Hand. Er wirft ihnen vor, nach Ägypten gekommen zu sein, um zu sehen, wo das Land offen steht. Sie widersprechen seinem Vorwurf und geben wahrheitsgemäß an, lediglich zum Getreideerwerb vor ihn getreten zu sein. Josef schenkt ihren Worten keinen Glauben und wirft sie ins Gefängnis.

Auffällig sind in diesem Erzählfaden die mannigfaltigen Bezüge auf den vorauslaufenden Kontext. Während sich die Aufforderung Jakobs in Gen 42,1–2* auf das Ende von Gen 41, näherhin V. 56–57 zurückbezieht, schlagen die Proskynese der Brüder (Gen 42,6) und die Erinnerung an die Träume (Gen 42,9) einen Bogen zurück nach Gen 37. Der Zweck der Reise לשבר־אכל entspricht dem Erzählverlauf von Gen 41,56–57; 42,1–3; die Bestrafung der Brüder erinnert an Gen 39–40. Dieses komplexe Geflecht von Rückbezügen verdeutlicht zweierlei: *Zum einen* dürfte bereits der älteste Kern von Gen 42 die genannten Referenzstellen voraussetzen; *zum anderen* will der Erzählfaden, der hier eingeleitet wird, vor dem Hintergrund jener Abschnitte gelesen werden.[93] Haben die Brüder Josef in Gen 37

---

92 Vgl. Levin, Jahwist, 289f; ähnlich auch Schweizer, Josefsgeschichte, 179, oder Hamilton, NIC.OT, 515. Diese Implikation tritt in einigen Versionen noch deutlicher hervor; vgl. LXX ἵνα τί ῥᾳθυμεῖτε; Peschitta/Targum Jonathan tdḥlwn = תיראו.

93 Vgl. ähnlich Kebekus, Joseferzählung, 97f.

noch verspottet und in die Gefangenschaft verkauft, werden sie nun in Gen 42 erfahren, was seine Träume wert sind. Josef, der Herr der Träume, ist zum Herrn über Ägypten geworden, vor dem sie sich nun niederwerfen, um Getreide von ihm zu erbitten. Doch anstatt ihrem Ansinnen nachzukommen, wirft Josef sie ins Gefängnis und vergilt ihnen so „Gleiches mit Gleichem". Der Konflikt der Brüder, der in Gen 37 seinen Ausgang nahm, setzt sich in Gen 42 unter umgekehrten Vorzeichen fort. Waren dort die Brüder in der Position der „Stärkeren", hat nun Josef die Oberhand. Eine Lösung findet die Auseinandersetzung erst in Gen 45, wo die Entdeckung Josefs und die Versöhnung der Brüder neuerlich auf den Erzählkontext von Gen 37 zurückweisen.

Gen 37,4*.28*:

⁴ ויראו אחיו כי־אתו אהב אביהם מכל־אחיו וישׂנאו אתו |ולא יכלו דברו לשלם:|

²⁸ ויעברו אנשׁים מדינים סחרים וימשׁכו ויעלו את־יוסף מן־הבור וימכרו את־יוסף לישׁמעאלים בעשׂרים כסף ויביאו את־יוסף מצרימה:

Gen 45,4.15:

⁴ ויאמר יוסף אל־אחיו גשׁו־נא אלי ויגשׁו ויאמר אני יוסף אחיכם אשׁר־מכרתם אתי מצרימה:

¹⁵ וינשׁק לכל־אחיו ויבך עליהם |ואחרי כן דברו אחיו אתו:|

Die Konsequenzen, die sich aus den angenommenen Referenzstellen für eine literargenetische Verhältnisbestimmung von Gen 42 und dem vorauslaufenden Kontext von Gen 37; 39–41 ergeben, sind bereits ausführlich im Zusammenhang der kontextuellen Einbettung von Gen 41 angesprochen worden und sollen hier nur kurz aufgegriffen werden.[94] Bei der literarkritischen Analyse von Gen 37 und Gen 41 war zunächst aufgefallen, dass all diejenigen Motive, die ausdrücklich auf den Erzählverlauf von Gen 42ff vorverweisen, nachträglich in die genannten Kapitel eingefügt worden sein dürften. Dies betraf den Garbentraum Josefs in Gen 37,4b–8(.19–20), den Ährentraum Pharaos (Gen 41,22–24.25a [ab חלום].26aβb.27aβb.) und die Funktion Josefs als Getreideverkäufer in Gen 41,56–57. Im Zusammenhang von Gen 41 hatten wir dabei festgestellt, dass die angenommenen Zusätze sich zwanglos im Rahmen einer überlieferungsgeschichtlichen Lösung erklären ließen. Älterer Traditionsstoff, der um das Schicksal Josefs in Ägypten kreist, wäre dann von späterer Hand aufgenommen und in den Zusammenhang einer eigenen Komposition (Gen 37; 42ff) gestellt worden. Um das ältere Material mit seiner eigenen Komposition zu verbinden, hätte der Autor die ausdrücklichen Vorverweise in Gen 41 nachgetragen.

---

94 Vgl. oben 3.3.3. (a).

Problematisch wird die oben skizzierte Annahme bei einem Blick auf den ersten Joseftraum in Gen 37. Stellt er nämlich in Gen 37 tatsächlich eine sekundäre Entwicklung dar, so kann er nicht mit den Zusätzen von Gen 41 auf einer Ebene liegen. Denn der Autor, der das ältere Material in seine Komposition eingebunden hat, dürfte bereits für die älteste Einleitung von Gen 39–41 in Gen 37 verantwortlich sein. Ist diese Beobachtung allein sicherlich kein Ausschlusskriterium für eine überlieferungsgeschichtliche Lösung, lässt doch die Formulierung von Gen 42,6 eine redaktionsgeschichtliche Lösung an Wahrscheinlichkeit gewinnen. Denn Gen 42,6 nimmt mit der Proskynese der Brüder Bezug auf Gen 37,7 und verweist mit der Funktion Josefs als Getreideverkäufer Ägyptens zurück auf Gen 41,56–57. Zwar könnte angenommen werden, dass der Kniefall der Brüder in Gen 42,6 dem Garbentraum Josefs in Gen 37,7 vorausging und ihm sozusagen als Vorlage diente. Doch scheint u. E. die Annahme plausibler, dass dem Autor von Gen 42,6 beide Aussagen bereits vorlagen.[95]

Gen 37,7:

7 והנה אנחנו מאלמים אלמים בתוך השדה והנה קמה אלמתי וגם־נצבה והנה תסבינה אלמתיכם ותשתחוין לאלמתי:

Gen 41,56–57:

56 והרעב היה על כל־פני הארץ ויפתח יוסף את־כל־אשר בהם וישבר למצרים ויחזק הרעב בארץ מצרים:
57 וכל־הארץ באו מצרימה לשבר אל־יוסף כי־חזק הרעב בכל־הארץ:

Gen 42,6:

6 ויוסף הוא השליט על־הארץ הוא המשביר לכל־עם הארץ ויבאו אחי יוסף וישתחוו־לו אפים ארצה:

Für einen redaktionsgeschichtlichen Lösungsansatz könnte ferner der Rückverweis auf Gen 39–40 in Gen 42,17 sprechen. Denn mit der Gefangenschaft seiner Brüder scheint Josef ihnen Gleiches mit Gleichem vergelten zu wollen. Damit aber ist seine eigene Gefangenschaft bereits vorausgesetzt, wie sie aus den Ereignissen in Gen 39 resultiert. Bei der Betrachtung von Gen 39 und Gen 40 hatte sich vor allem im Übergang zwischen beiden Kapiteln gezeigt, dass die Versuchung Josefs erst sekundär mit den Traumdeutungskapiteln verbunden worden sein dürfte. Dabei hatte uns insbesondere die Formulierung von Gen 39,1 dazu bewogen, auch bei der Verbindung der Versuchung Josefs und der Traumdeutungsberichte

---

95 Vgl. hierzu insgesamt die diachronen Differenzierungen bei Levin, Jahwist, 265–292.

an ein diachrones Nacheinander zu denken. Denn dort wird uns berichtet, dass Josef von dem שׂר הטבחים käuflich erworben wurde, als dessen Diener er auch nach dem Verständnis von Gen 40–41 fungiert. Die Einleitung von Gen 39,1 antizipiert somit den Sachverhalt von Gen 40–41.

Durch die Verbindung von Gen 40–41 mit der Versuchung Josefs in Gen 39 aber wird Josef selbst zum Gefangenen. Er wird nun von seinem Herrn, bei dem es sich nach Gen 39,1 um den שׂר הטבחים handeln müsste, ins בית־הסהר geworfen. Dieses בית־הסהר ist nach Aussage von Gen 40,3 mit dem בית שׂר הטבחים gleichzusetzen. Demnach hätte der שׂר הטבחים Josef in das בית שׂר הטבחים gegeben. Das aber hieße, dass Josef sich die ganze Zeit am selben Ort aufgehalten haben müsste.

Dieser Befund erklärt sich u. E. am ehesten so, dass Gen 39,1 ursprünglich als Einleitung für Gen 40–41 fungierte. Dieser Erzählzusammenhang dürfte erst nachträglich durch die Versuchung Josefs in Gen 39 unterbrochen worden sein. So wird verständlich, warum Josef in Gen 40–41 weiterhin als עבד לשׂר הטבחים betrachtet wird, obwohl er nach Gen 39 zu seinem Gefangenen wurde. Setzt aber Gen 42,17 das Motiv der Gefangenschaft Josefs voraus, ist jener Vers jünger anzusetzen als die sekundäre Einfügung der Versuchung innerhalb von Gen 37; 39–41.[96]

Gen 39,1*.20:

¹ ויוסף הורד מצרימה ויקנהו פוטיפר סריס פרעה שׂר הטבחים איש מצרי מיד הישמעאלים אשר הורדהו שמה:

²⁰ ויקח אדני יוסף אתו ויתנהו אל־בית הסהר מקום אשר־אסורי המלך אסורים ויהי־שם בבית הסהר:

Gen 40,3–4.20:

³ ויתן אתם במשמר בית שׂר הטבחים אל־בית הסהר מקום אשר יוסף אסור שם:

⁴ ויפקד שׂר הטבחים את־יוסף אתם וישרת אתם ויהיו ימים במשמר:

²⁰ ויהי ביום השלישי יום הלדת את־פרעה ויעש משתה לכל־עבדיו וישׂא את־ראש שׂר המשקים ואת־ראש שׂר האפים בתוך עבדיו:

Gen 41,12:

¹² ושם אתנו נער עברי עבד לשׂר הטבחים ונספר־לו ויפתר־לנו את־חלמתינו איש כחלמו פתר:

Gen 42,17:

¹⁷ ויאסף אתם אל־משמר שלשת ימים:

---

96 Vgl. hierzu Levin, Jahwist, 288–289.

Ein Blick auf den literarkritischen Befund von Gen 37; 39–42 scheint demnach eine redaktionsgeschichtliche Lösung zu stützen. Es wäre dann davon auszugehen, dass Gen 42ff eine sekundäre Fortschreibung von Gen 37; 39–41 darstellen. Die Fortschreibung thematisiert den Konflikt zwischen Josef und seinen Brüdern, der bereits im ältesten Bestand der Exposition Gen 37 angelegt ist. Dort nämlich verweisen die einleitenden Verse Gen 37,3–4 ausdrücklich zurück auf die größere Liebe, die Jakob für Rahel nach Gen 29,30–31* empfindet.[97] Und so wie damals Rahel die Geliebte und Lea die Gehasste war, wird nun Josef zum Lieblingssohn des Vaters, den seine Brüder hassen. Dabei dürfte die Rückbindung an die Vätergeschichte in der ältesten Einleitung primär dazu gedient haben, den Vorzug Josefs als Lieblingssohn unter den Brüdern herauszustellen. Josef wird den Brüdern vorgezogen, weil er der erste Sohn der geliebten Rahel ist. Durch diese Bevorzugung Josefs von seinem Vater Israel werden die Brüder zum Hass gereizt und verkaufen ihn in ein ungewisses Schicksal nach Ägypten.[98]

Geht somit der Konflikt nach Maßgabe des ältesten Bestandes von Gen 37 noch vom Vater Israel aus, verlagert sich die Perspektive mit der Eintragung des ersten Joseftraums auf die Ebene der Brüder. Auch er kreist um das Thema des brüderlichen Vorrangs. Die Garben der Brüder Josefs verneigen sich vor seiner Garbe. Diesen Traum teilt Josef den Brüdern mit und schürt so ihren Hass. So sehr hassen sie Josef nun, dass sie beschließen, ihn zu töten.

> Sie sagten zueinander: Seht, da kommt ja dieser Träumer. Jetzt kommt, wir wollen ihn töten und ihn in eine der Gruben werfen, und wir werden sagen: Ein wildes Tier hat ihn gefressen. Wir werden ja sehen, was aus seinen Träumen wird (Gen 37,19–20).

Mit dem Tötungsbeschluss der Brüder Josefs korrespondiert die Selbstaufforderung Esaus in Gen 27,41, der seinen Bruder Jakob töten will, weil er den Erstgeburtssegen vom Vater erschlichen hat.[99] Während der Beschluss in Gen 27 in die Flucht Jakobs zu Laban mündet, stellt er in Gen 37 ein blindes Motiv dar, das nie zur Ausführung kommt. Stattdessen verkaufen die Brüder Josef gewinnbringend nach Ägypten, wo er zum zweiten Mann des Landes aufsteigt.[100]

Die Lösung des destruktiven Bruderkonflikts beginnt mit Gen 42. Nun werden die Brüder erfahren, was die Träume Josefs wirklich wert sind. Er, der Herr der Träume, ist zum Herrn über Ägypten geworden und vor ihm werden sich seine

---

97 Vgl. insbesondere Lux, Josef, 50; vgl. ferner Naumann, *Vater*, 48, oder de Hoop, Genesis, 323. Anders z. B. Dietrich, Novelle, 46.
98 Vgl. hierzu oben, 3.1. (a); 3.1. (c), und 3.3.3. (a); vgl. ferner unten 4.4. (a).
99 Vgl. zu dieser Parallele u. a. Carr, Fractures, 280.
100 Vgl. hierzu ausführlich oben 3.1. (c) und 3.3.3. (a); vgl. ferner unten 4.4. (a).

Brüder niederwerfen. Nachdem sie in Gen 42–44 zahlreiche Prüfungen überstanden und ihre Schuld an Josef so beglichen haben, ist er bereit, ihnen zu vergeben. Der Konflikt innerhalb der Familie wird in Gen 45,15 gelöst und erinnert in seiner Wortwahl wiederum an die Erzählungen über Jakob und Esau (vgl. Gen 33,4[101]). „Und er küsste alle seine Brüder, weinte und umarmte sie. Danach redeten seine Brüder mit ihm". Konnten sie in Gen 37 kein freundliches Wort mit ihm reden, weil sie ihn so sehr hassten, sind auch sie nun mit dem Vorzugssohn versöhnt. Die Rolle Josefs als *primus inter fratres* ist damit implizit anerkannt.

Ob und welche historischen Gegebenheiten sich in den in Gen 42ff geschilderten Ereignissen widerspiegeln, ist dem Text selbst u. E. nicht zu entnehmen. Als *terminus post quem* gelten die oben genannten Referenzstellen in Gen 37; 39–41.

Ergebnis

Fassen wir die gewonnen Ergebnisse kurz zusammen. Mit Blick auf den literarkritischen Befund von Gen 37; 39–41 legt es sich nahe, in Gen 42 eine sekundäre Fortsetzung der Erzählungen über Josef in Ägypten zu sehen, die sich mindestens bis zur Versöhnung der Brüder in Gen 45 erstreckt. Die Fortschreibung dürfte mit den Motiven der Träume in Gen 37,4b–8.13b–14a.18a.19–20.23b(ohne את־כתנת הפסים).24a.28a(nur וימשכו ויעלו את־יוסף מן־הבור).31.32aβb.33.35b des Ährentraums in Gen 41,22–24.25a(ab חלום).26aβb.27aβb und der Funktion Josefs als Getreideverkäufer in Gen 41,56–57 vorbereitet sein und umfasst in Gen 42 V. 1b(nur ויאמר יעקב לבניו).2a(ohne ויאמר)bα.3(ohne עשרה).6.8.9a.b(ohne אתם מרגלים).10.12.17. Sie knüpft sachlich an den bereits in Gen 37,3–4 angelegten Hass der Brüder an, erhebt den Konflikt zwischen den Brüdern nun zum eigentlichen Thema und parallelisiert ihn mit dem Konflikt zwischen Jakob und seinem Bruder Esau in den Vätererzählungen. In den Kapiteln Gen 42–45 wird der Konflikt zwischen Josef und seinen Brüdern aufgegriffen und aufgelöst. Mithilfe zahlreicher Prüfungen müssen die Brüder dabei in Gen 42–44 erweisen, dass sie sich gewandelt und aus ihrer Schuld gelernt haben. Damit bereiten sie den Weg für eine Versöhnung mit Josef, wie sie sich in Gen 45,4.15 vollzieht.

Dass die Prüfungen mitunter keinen integralen Bestandteil von Gen 42–44 darstellen dürften, hat sich bereits im Zusammenhang der literarischen Analyse von Gen 42 gezeigt. Dort stellt zunächst das Motiv der Gefangenschaft Simeons einen sekundären Bestandteil des Kapitels dar. Indem die Brüder ihn zurücklassen und das erworbene Getreide zu ihren Familien bringen, will Josef erkennen,

---

101 Vgl. hierzu Levin, Jahwist, 298–299.

dass sie rechtschaffen und keine Kundschafter sind. Dann will er den gefangenen Simeon wieder freilassen. Diese Kundschafter-Bearbeitung knüpft an den Vorwurf Josefs aus V. 9bβ(באתם הארץ את־ערות לראות) an und ergänzt ihn um die Anschuldigung אתם מרגלים. Über das Motiv der Kundschafterei רגל Pi. wird der Hinabzug der Brüder nach Ägypten, der in eine vorübergehende Ansiedlung Israels in Ägypten mündet (Gen 47,11*.27), mit der Landnahme des ewigen Erbteils im Buch Josua verknüpft (vgl. insbesondere Jos 6,22). Damit spiegelt der Einzug der Söhne Jakobs in Ägypten die spätere Landnahme im Buch Josua und lässt sich die Verheißungen an die Väter bereits in der Josefsgeschichte partiell und für einen begrenzten Zeitraum erfüllen. Auf diese Weise wird die Josefsgeschichte in den heilsgeschichtlichen Zusammenhang des Hexateuchs eingebettet. Im Binnenkontext der Josefsgeschichte kommt es der Bearbeitung insbesondere darauf an, dass sich die Brüder über den Erweis ihrer Rechtschaffenheit aktiv mit Josef versöhnen. Denn sie alle sind Söhne eines Mannes, Jakob, und nur gemeinsam repräsentieren sie Israel.

Mit der Rückkehr der Brüder nach Kanaan legt die Kundschafter-Bearbeitung den Grundstein für eine zweite Reise nach Ägypten und ist damit auf eine Fortsetzung in Gen 43 notwendig angewiesen. Im Kontext von Gen 42 dürften ihr die V. 7.9b(nur אתם מרגלים).11.18a.19.24b.25a(ohne להם לתת ולתת להם ולהשיב בספיהם איש אל־שׂקו .26.29–31.33.34aβb.36aα(nur אביהם יעקב אלהם ויאמר) zuzuschreiben sein.

An die Kundschafter-Bearbeitung knüpft die Rückerstattung des Geldes an, das die Brüder für das Getreide bezahlt haben. Es wird ihnen auf Josefs Befehl in die Säcke gelegt, wo sie es in V. 35 unter Entsetzen finden. Das Motiv wird von späterer Hand in V. 18b.27–28 theologisiert. Dort entsetzen sich die Brüder nicht mehr nur, weil das Geld zurück in ihren Säcke ist. Vielmehr fürchten sie, dass der Fund des Geldes als eine Gottesstrafe zu bewerten ist.

Von der Kundschafter-Bearbeitung hängt ferner die Einführung Benjamins ab, die ihrerseits jünger einzustufen sein dürfte als die Geldfunde in Gen 42,25a(nur לדרך צדה להם ולתת אל־שׂקו איש בספיהם ולהשיב).b.35 und Gen 42,18b.27–28. Die Benjamin-Bearbeitung umfasst in Gen 42 wohl die V. 4.13–16.20a.34aα.38 und verbindet die zweite Reise der Brüder mit der Forderung, der jüngste Bruder, Benjamin, sei nun ebenfalls mit nach Ägypten hinabzubringen. Da der zweite Aufbruch nach Ägypten erst mit Gen 43 beginnt, ist auch die Benjamin-Bearbeitung zwangsläufig auf eine Fortsetzung im Folgekapitel angewiesen. Ihren Höhepunkt findet sie in Kapitel 44, wo das Geschick Benjamins mit dem Schicksal Josefs parallelisiert wird. „Im Hintergrund steht die Frage nach dem Schicksal und der Zugehörigkeit des Landstrichs Benjamin"[102]. In dieser Frage bezieht die Josefsgeschichte

---

102 Kratz, Komposition, 283–284.

in Gen 42–44 deutlich Stellung. Benjamin gehört über die Abstammung von der Mutter zu Josef und beide sind vom Vater bevorzugt (vgl. Gen 42,4.13.38). Die hier vertretene Perspektive ist demnach die eines Israels, das primär in der Union aus Josef und Benjamin besteht.

An die Benjamin-Bearbeitung schließt die Einführung Rubens als Verfechter der Rahel-Söhne an. Sie gehört sachlich und wohl auch literarisch mit seinem Einsatz für Josef in Gen 37 zusammen. Der älteste Sohn Jakob-Israels äußert sich in Gen 42,22.37 in direkter Rede. Dabei verweist er zunächst auf seine Unschuld am Schicksal Josefs (V. 22) und setzt sich sodann für eine unversehrte Rückkehr Benjamins aus Ägypten ein (V. 37). Wie in Gen 37, bleibt sein Einsatz auch hier ohne verbale Reaktion seiner Familienmitglieder. Seine Eintragung in den Kontext von Gen 37; 42 dürfte sich an der literarisch älteren Figur Judas orientieren. Juda, der in Gen 37; 43–44 im Gegenüber zu Josef und Benjamin das Südreich repräsentiert, wird nun der moralisch ideale Ruben zur Seite gestellt, dessen (Vorbild-)Funktion sich aus seiner Rolle als Erstgeborener ergeben dürfte.

Jünger als die Benjamin-Bearbeitung wird auch der Verweis auf die Söhne Israels in Gen 42,5 sein, der den Beginn der Geschichte von den Brüdern Josefs in Ägypten mit dem Beginn der Volksgeschichte in Ex 1,1 parallelisiert. Die Söhne Israels, die in Gen 42,5 nach Ägypten hinabziehen, sind dieselben Söhne, die das Volk der Söhne Israels konstituieren (Ex 1,9). Mit der Notiz Gen 42,5 könnten überdies die Verweise auf die Zwölfzahl in Gen 42,3(nur עשרה).13(nur שנים עשר עבדיך).32(nur שנים־עשר) zusammengehören.

Mögliche Nachträge finden sich ferner in dem Schuldeingeständnis der Brüder Gen 42,21.23–24a, das literarisch mit dem zögerlichen Verhalten der Brüder Gen 42,1b* zusammenhängen könnte, und mit dem Motiv des Überlebens in Gen 42,2bβ.

Diachrone Differenzierung

I *Die Geschichten über Josef und seine Brüder (Gen 37*; 39–45*)*

Gen 37,4b–8.13b–14a.18a.19–20.23b(ohne את־כתנת הפסים).24a.28a(nur מך את־יוסף וימשכו ויעלו).31.32aβb.33.35b;

Gen 41,22–24a.25aβ(nur חלום פרעה אחד הוא).26aβb.27aβb.56–57;

Gen 42,1b(nur ויאמר יעקב לבניו).2a(ohne ויאמר)bα.3(ohne עשרה).6.8.9a.b(ohne מרגלים אתם).10.12.17;

Gen 45,4.15.24a.25(ohne ויבאו ארץ כנען).26aα(nur עוד יוסף חי ויגדו לו לאמר).27b

II *Die Kundschafter-Bearbeitung*

Gen 42,7.9b(nur מרגלים אתם).11.18a.19.24b.25a(ohne ולהשיב כספיהם איש אל־שקו).26.29–31.33.34aβb.36aα(nur ויאמר אלהם יעקב אביהם ולתת להם צדה לדרך);

Gen 43,11aβ(ohne והורידו לאיש מנחה).b(ohne נכאת ולט).13b.14a(ohne ואת־בנימין).15b.16aα(nur וירא יוסף אתם).23b.26b.27–28a;
Gen 45,3.25bα(ויבאו ארץ כנען)

III *Das Motiv des zurückerstatteten Geldes*
Gen 42,25a(nur ולהשיב כספיהם איש אל־שׂקו ולתת להם צדה לדרך).b.35

IV *Die theologische Interpretation des zurückerstatteten Geldes*
Gen 42,18b.27–28

V *Die Benjamin-Bearbeitung*
Gen 42,4.13–16.20.34aα.38;
Gen 43,6(ohne ויאמר ישׂראל).7.13a.14a(nur ואת־בנימין)b.15ay(nur ואת־בנימין).16aα(nur את־בנימין).
28b.29.34a;
Gen 44,1–4.5aαb.6–10a.11–13.14a(ohne ויבא יהודה ואחיו)b;
Gen 45,12(nur ועיני אחי בנימין).14.22b
V¹ *Die Ruben-Bearbeitung*
Gen 37,22.24b.29–30;
Gen 42,22.36(ohne ויאמר אלהם יעקב אביהם).37
V¹ *Die Zwölf Söhne Israels*
42,3(nur שׁנים־עשׂר).5.13(nur שׁנים עשׂר עבדיך).32(nur עשׂרה)

Einzelnachträge: Gen 42,1a.b(nur ויאמר יעקב לבניו).2a(nur ויאמר).21.23–24a/42,2bβ
(→ 43,8b; 45,6–7.11; 47,12; 50,20bβ.21a)

4.2. Genesis 43: Die zweite Reise der Brüder nach Ägypten

Gliederung
V. 1–2:	Die Hungersnot hält an, das Getreide ist aufgebraucht, die Brüder sollen wieder nach Ägypten
V. 3–5:	Juda redet dem Vater ins Gewissen, er möge ihnen Benjamin mitgeben
V. 6–7:	Der Vater diskutiert mit allen Brüdern die Mitnahme Benjamins
V. 8–10:	Juda will für Benjamin bürgen
V. 11–14:	Der Vater lässt die Brüder ein zweites Mal nach Ägypten ziehen und gibt ihnen diesbezüglich Anweisungen
V. 15:	Die Brüder brechen auf und treten vor Josef
V. 16–17:	Josef erteilt seinem Hausvorsteher Anweisungen
V. 18–23a:	Die Brüder und der Hausvorsteher kommen ins Gespräch
V. 23b:	Simeon wird freigelassen
V. 24–29:	Josef und die Brüder treffen ein zweites Mal aufeinander
V. 30–34:	Josef hält ein Mahl mit seinen Brüdern

Befund

Gen 43 setzt die Ereignisse aus Gen 42 fort. Dort waren die Brüder nach ihrer Begegnung mit Josef zunächst aus Ägypten zurück zum Vater gekommen, dem sie nicht nur von der Gefangenschaft Simeons, sondern auch von der Forderung Josefs berichteten, dass Benjamin bei einer zweiten Reise mit nach Ägypten hinabziehen müsse. Nach Gen 43,1–2 sollen sich die Brüder nun erneut auf den Weg gen Süden machen. Allerdings wird der Aufbruch nicht damit begründet, dass die Brüder Simeon auslösen oder Benjamin vor Josef bringen wollen. Vielmehr ist, wie in Gen 42,1–3, auch in Gen 43,1–2 der Auslöser für den Aufbruch der Brüder Josefs der drohende Hungertod.

Die in Gen 42,34–38 so drängende Frage einer Mitreise Benjamins nach Ägypten kommt erst mit Gen 43,3 wieder in den Blick. Der Vers leitet einen Dialog zwischen Juda, dem Vater und den Brüdern ein, der sich bis V. 14 erstreckt. Zunächst ergreift in V. 3–5 Juda als Sprecher der Brüder das Wort. Er richtet sich an den Vater und erklärt, dass die Brüder nur dann nach Ägypten hinabziehen können, wenn der jüngste Bruder, Benjamin, mit ihnen komme. Mit dieser Formulierung setzt die direkte Rede Judas die Unterhaltung aus Gen 42,33–38 sachlich voraus, wo die Brüder dem Vater erstmals von der Forderung Josefs Bericht erstattet hatten.

> Da sagte der Mann, der Herr des Landes, zu uns: Daran werde ich erkennen, dass ihr rechtschaffene Leute seid: Lasst einen von euch Brüdern bei mir zurück, nehmt das Getreide, um den Hunger eurer Familien zu stillen, und geht. Bringt mir aber euren jüngsten Bruder her, damit ich erkenne, dass ihr keine Kundschafter, sondern rechtschaffene Leute seid. Dann gebe ich euch euren Bruder wieder, und ihr dürft frei im Land umherziehen (Gen 42,33–34).

Die Rede Judas zeigt ferner Kenntnis von der Aufforderung des Vaters aus Gen 43,2: „Zieht wieder hin und kauft uns ein wenig Getreide". Denn in Gen 43,4–5 wird der Erwerb des Getreides explizit von der Mitnahme Benjamins abhängig gemacht. Dabei nimmt Gen 43,5b die Aussage aus V. 3b wörtlich auf.

> Da sagte Juda zu ihm: Der Mann hat uns eingeschärft: *Tretet mir nicht mehr unter die Augen, wenn nicht euer Bruder bei euch ist.* Wenn du bereit bist, unseren Bruder mit uns ziehen zu lassen, so wollen wir hinabziehen und für dich Getreide kaufen. Willst du ihn aber nicht mitziehen lassen, so ziehen wir nicht hinab, denn der Mann hat zu uns gesagt: *Tretet mir nicht mehr unter die Augen, wenn nicht euer Bruder bei euch ist.*

In V. 6 erfolgt eine erste Reaktion des Vaters. Sie knüpft sachlich an die Mitnahme Benjamins an, richtet sich allerdings nicht ausdrücklich an Juda. Vielmehr spricht der Vater nun direkt zum Kollektiv der Brüder, als dessen Redner Juda in V. 3–5 auftrat (1. Person Plural): „Warum *habt ihr* mir das zuleide getan und dem Mann gesagt, dass ihr noch einen Bruder habt?" Die Antwort auf diese Frage, erfolgt in V. 7 von allen Angesprochenen.

> Der Mann forschte so genau nach uns und unserer Verwandtschaft und sagte: ›Lebt euer Vater noch? Habt ihr noch einen Bruder?‹ Da antworteten wir ihm, wie er uns fragte. Wie konnten wir wissen, dass er sagen würde: ›Bringt euren Bruder mit herab?‹

Erst in V. 8 meldet sich wieder Juda als Sprecher der Brüder zu Wort. Über die Frage seines Vaters (V. 6) hinaus, die bereits durch die Aussage aller Brüder (V. 7) beantwortet ist, bietet Juda in V. 8–10 an, für die unversehrte Rückkehr des Knaben bürgen zu wollen. Hatte er in V. 3–5 noch als Sprecher für alle Brüder fungiert, spricht er nun in der 1. Person Singular ganz für sich selbst. Er allein will Bürge für Benjamin sein und den Vater so dazu bewegen, den Jüngsten mit nach Ägypten ziehen zu lassen.

Ohne auf den Vorschlag Judas einzugehen, richtet sich der Vater in V. 11 an alle Söhne und erteilt ihnen Anweisungen für den erneuten Aufbruch nach Ägypten. Dabei kreist seine direkte Rede zunächst nicht um die zuvor so ausführlich thematisierte Mitnahme Benjamins, sondern beschäftigt sich mit Geschenken und Geld, die ebenfalls mit nach Ägypten hinabgeführt werden sollen. Erst nachdem die Mitnahme der Güter geklärt ist, kommt der Vater auf Benjamin zu sprechen, den die Brüder nun tatsächlich mit nach Ägypten nehmen dürfen (V. 13). Mit V. 14 kommt auch der immer noch in Ägypten gefangene Simeon wieder in den Blick. El Schaddai, fleht der Vater, möge die Söhne Erbarmen bei dem Mann finden lassen, auf dass er den anderen Sohn wieder mitsende – und Benjamin.

Der Aufbruch der Brüder und ihre Ankunft bei Josef in Ägypten erfolgen in rascher Abfolge in V. 15. Nachdem sie mitgenommen haben, was ihnen der Vater auftrug, kommen sie nach Ägypten und stehen dort erneut vor Josef. Der sieht seine Brüder samt Benjamin, macht allerdings keinerlei Anstalten, sie zu begrüßen. Und auch von den Brüdern erfolgt zunächst keine Aktion. Stattdessen erfährt der Leser von einem Befehl, den Josef an seinen bisher unerwähnten Hausvorsteher richtet. „Führe die Männer ins Haus, schlachte ein Tier und richte es zu, denn die Männer werden mit mir zu Mittag essen. Der Mann tat, wie Josef gesagt hatte, und der Mann führte die Männer in Josefs Haus" (Gen 43,16–17).

Entgegen dieser Aussage aus V. 17 betreten die Männer bzw. Brüder Josefs Haus allerdings erst in V. 24. In V. 19–23 verweilen sie zunächst auf der Türschwelle, wo sie den Hausvorsteher in ein Gespräch verwickeln. Denn sie fürchten wegen jenes Geldes ins Haus gebracht zu werden, das sie in Gen 42,27–28.35 in ihren Säcken fanden. Deshalb stellen sie nun vor dem Hausvorsteher klar, dass sie keine kriminellen Absichten hegen.

> Bitte, Herr, wir sind schon einmal herabgekommen, um Getreide zu kaufen. Als wir aber in die Herberge kamen und unsere Kornsäcke öffneten, siehe, da lag das Geld eines jeden oben in seinem Kornsack, unser Geld nach seinem vollen Gewicht; das haben wir nun wieder zurückgebracht (Gen 43,20–21).

Die hier geschilderte Darstellung der Brüder stimmt mit den Begebenheiten von Gen 42 nur bedingt überein. Denn nicht alle Brüder haben das Geld in Gen 42,27–28 in der Herberge obenauf in ihren Säcken gefunden, sondern nur einer von ihnen. Alle anderen fanden das Geld hingegen daheim bei ihrem Vater, als sie ihre Säcke leerten (Gen 42,35).

Die durch den Geldfund in Gen 42 ausgelöste Furcht der Brüder beschwichtigt der Hausvorsteher in Gen 43,23a: „Seid ohne Sorge, fürchtet euch nicht! Euer Gott (Elohim) und der Gott (Elohim) eures Vaters hat euch einen Schatz in eure Kornsäcke gelegt; euer Geld ist mir zugekommen". Aus heiterem Himmel gibt er ihnen im Anschluss (V. 23b) den gefangenen Simeon heraus und führt die Männer endlich in das Haus Josefs. Dort bereiten die Männer in V. 25 das mitgebrachte Geschenk vor, bevor Josef in V. 26 ebenfalls zu ihnen stößt. Sie überreichen ihm das Geschenk und werfen sich vor ihm nieder (V. 26). Erst jetzt spricht Josef mit den Brüdern, die bereits in V. 15 vor ihm standen und die er selbst schon in V. 16 erblickt hatte. Er fragt nach dem Wohlergehen (Schalom) des Vaters, von dem sie ihm erzählt haben. „›Ist er noch am Leben?‹ Sie sprachen: ›Es geht deinem Diener, unserem Vater, gut. Er ist noch am Leben.‹ Und sie verneigten sich und warfen sich nieder" (Gen 42,27–28). Die Auskunft der Brüder ruft – wie bereits ihre Demutsgeste – keine Reaktion bei Israels Lieblingssohn hervor. Stattdessen widmen sich V. 29–30 dem speziellen Verhältnis Josefs zu Benjamin, den er nach V. 16 nun zum zweiten Mal erblickt. Um seinetwillen entbrennt in V. 30 das Erbarmen Josefs, wie es sich der Vater für seine Söhne insgesamt erhofft hatte (V. 14). Um sich durch seine Emotionen nicht zu verraten, separiert sich Josef von den Brüdern und weint heimlich. Erst nachdem er sich wieder gefangen hat, tritt er den Brüdern entgegen und lässt das von seinem Hausvorsteher organisierte (V. 16f) Festmahl beginnen. Mit der Beschreibung jenes Mahls endet Gen 43.

> Da trug man auf, gesondert für ihn, für sie und für die Ägypter, die mit ihm aßen. Denn Ägypter dürfen nicht mit Hebräern essen, für Ägypten ist dies ein Greuel. Und sie setzten sich ihm gegenüber, vom Erstgeborenen bis zum Jüngsten, genau nach ihrem Alter, und verwundert sahen die Männer einander an. Dann ließ er ihnen von den Gerichten auftragen, die vor ihm standen. Und was man Benjamin auftrug, war fünfmal mehr als das, was man allen anderen auftrug. Und sie tranken mit ihm und waren guter Dinge (Gen 43,32–34).

Was bleibt nach diesem ersten Überblick als vorläufiges Fazit festzuhalten? Zunächst schließt Gen 43 sachlich in vielfacher Weise an die Ereignisse aus Gen 42 an. So wird die Mitnahme Benjamins nach Ägypten neuerlich thematisiert und kommt die Gefangenschaft Simeons – wenn auch sehr spät – wieder in den Blick. Ebenfalls an Gen 42 erinnert das Motiv des gefundenen Geldes, das den Brüdern nach Gen 42,25 in die Säcke gelegt wurde und das sie dort in Gen 42,27–28 bzw. Gen 42,35 entdeckt haben.

Bei genauerem Hinsehen fällt allerdings auf, dass die in Gen 42–43 geschilderten Begebenheiten nicht ganz nahtlos ineinandergreifen. Denn während in Gen 42 die Gefangenschaft Simeons Grund für eine zweite Reise nach Ägypten ist, bei der auch Benjamin mit hinabgeführt werden soll, ist es nach Gen 43,1–2 die anhaltende Hungersnot. Dabei wird zwar die Mitnahme Benjamins mit der Notwendigkeit des Getreidekaufs in V. 3–5 verknüpft, doch erscheint die Herausgabe Simeons in V. 14(.23) eher als eine Art Beiläufigkeit. Sein erzwungener Aufenthalt in Ägypten scheint weder Brüder noch Vater derart zu bewegen, dass ein zweiter Hinabzug für nötig empfunden wird. Neu ist im Zusammenhang der Mitnahme Benjamins das Auftreten Judas als Sprecher der Brüder. Er übernimmt damit die Funktion Rubens aus Gen 42. Und wie bei Ruben wird auch die wörtliche Rede Judas von Brüdern und Vater nie ausdrücklich gewürdigt.

Ebenfalls ohne Reaktion bleibt zunächst die Begegnung der Brüder mit Josef. Obwohl die Brüder offenbar direkt vor Josef getreten sind (V. 15), der sie auch erblickt (V. 16), lässt eine Kommunikation noch bis V. 26f auf sich warten. Anstatt sich direkt an seine Brüder zu wenden, befiehlt Josef in V. 16–17 seinem Hausvorsteher, die Brüder in das Haus zu führen. Auch im Zusammenhang jenes Befehls und seiner Ausführung begegnen dem Leser logische Schwierigkeiten. Denn obwohl der Hausvorsteher die Brüder nach V. 17 ins Haus führt, befinden sie sich in V. 19 noch immer auf der Türschwelle, bevor der Hausvorsteher sie in V. 24 neuerlich in das Haus bringt. Sachlich ergeben sich in der Szene V. 18–23 überdies Schwierigkeiten im Verhältnis zu Gen 42. Der Geldfund nämlich, wie ihn die Brüder in V. 22 schildern, stimmt weder mit Gen 42,27–28 noch mit Gen 42,35 überein. Beide Ereignisse werden hier so zusammengefasst, als hätten alle Brüder in der Herberge ihr Geld obenauf gefunden.

Mit Blick auf diesen ersten Befund wird sich die folgende Analyse auf einige Fragen besonders konzentrieren:
–   Wie setzen sich die Ereignisse aus Gen 42 in Gen 43 fort? Warum ist die anhaltende Hungersnot der Auslöser für einen zweiten Hinabzug nach Ägypten? Weshalb kommt Simeon erst so spät in den Blick, wenn seine Gefangenschaft nach unserer Analyse von Gen 42 den Anlass für eine zweite Reise nach Ägypten bietet? Wie verhält sich die Forderung einer Mitnahme Benjamins in Gen 43 zum vorauslaufenden Kontext? Wieso tritt nun Juda als Sprecher der Brüder auf?

- Wieso findet zwischen den Geschwistern beim Zusammentreffen in V. 15–16 keine Begrüßung statt?
- Warum führt der Hausvorsteher die Brüder zweimal ins Haus? Und weshalb stimmt die Aussage der Brüder über den Geldfund nicht mit den Begebenheiten in Gen 42 überein?

Analyse

(a) Der zweite Getreidekauf

Gen 43 setzt notwendig die Ereignisse aus Gen 42 fort, deren Abschluss noch immer aussteht. Simeon sitzt gefangen in Ägypten fest, seine Brüder aber sind nach Kanaan zum Vater gezogen und haben das erworbene Getreide mitgenommen. So sollten sie Josef ihre Rechtschaffenheit erweisen.

> Da sagte der Mann, der Herr des Landes, zu uns: Daran werde ich erkennen, dass ihr rechtschaffene Leute seid: Lasst einen von euch Brüdern bei mir zurück, nehmt das Getreide, um den Hunger eurer Familien zu stillen, und geht. Bringt mir aber euren jüngsten Bruder her, damit ich erkenne, dass ihr keine Kundschafter, sondern rechtschaffene Leute seid. Dann gebe ich euch euren Bruder wieder, und ihr dürft frei im Land umherziehen. (Gen 42,33–34).

Die Ausführung dieser Forderung steht am Ende von Gen 42 noch aus. Es verwundert dementsprechend, dass die drängenden Fragen, die sich aus der Unterhaltung der Brüder mit dem Vater in Gen 42,30–38 ergeben, in Gen 43 keine direkte Fortsetzung finden. Stattdessen erfährt der Leser in Gen 43,1–2, dass die anhaltende Hungersnot der Auslöser für eine zweite Reise nach Ägypten ist.[103]

Julius Wellhausen hat aus diesem Umstand geschlossen: „Kap. 43s. ist also nicht die Fortsetzung von E Kap. 42, sondern von einem Parallelbericht aus J, der mit Hilfe einiger Fragmente in Kap. 42 selbst noch ziemlich gut zu reconstruiren ist"[104]. Nach Wellhausens Rekonstruktion sind hier zwei Versionen voneinander zu unterscheiden, von denen eine (E) mit dem Vorwurf der Kundschafterei zusammenhängt, während die andere (J) die Mitführung Benjamins zur Bedingung einer zweiten Reise nach Ägypten macht.[105]

---

103 Vgl. hierzu bereits Gunkel, HK, 447; ähnlich in jüngerer Vergangenheit wieder Schmidt, Studien, 160. Vgl. ferner Wenham, WBC, 310; Hamilton, NIC.OT, 539; Seebass, Josephsgeschichte, 98, oder Ruppert, FzB, 272.

104 Wellhausen, Composition, 56.

105 So auch Dillmann, Genesis, 402–404; Holzinger, KHC, 241, oder Gunkel, HK, 447. Vgl. in jüngerer Vergangenheit Schmitt, Josephsgeschichte, 43–44, der es als unwahrscheinlich erachtet, dass bei dem ersten Aufeinandertreffen Josefs mit seinen Brüdern „nach der Vorstel-

Der Vorwurf, sie seien Kundschafter, ist den Brüdern nach 43,5–7. 44,18ss. gar nicht gemacht worden, nicht der hat sie dazu veranlasst, dem Joseph, so wie es Kap. 42 geschieht, auseinanderzusetzen, wer und woher sie wirklich seien und dabei unwillkürlich auch Benjamins Erwähnung zu tun, sondern Joseph hat sie geradezu gefragt: lebt euer Vater noch, habt ihr noch einen Bruder? Und dann geboten, dass sie nicht ohne diesen ihm unter die Augen treten sollten[106].

Warum die Brüder ein zweites Mal nach Ägypten kommen sollten, erklärt sich, wenn Gen 42,18ff für den Erzählfaden ausfallen, lediglich anhand von Gen 42,16. Denn Josef kann die Brüder zwar auffordern, bei einer zweiten Reise Benjamin mitzubringen. Doch ohne das Motiv einer Geiselhaft hat er kein Druckmittel in der Hand, das sie überhaupt zu einer zweiten Reise nötigt.[107] Ausgerechnet hier will Wellhausen die Erklärung Gen 42,15–16 bei J aber durch die in Gen 43,7; 44,20–23 und Gen 43,3 zitierte wörtliche Rede ersetzen:

> Die Brüder kommen vor Joseph und kaufen Korn, sagend sie seien aus Kanaan. ‚Und Joseph fragte sie: lebt euer Vater noch? habt ihr noch einen Bruder? und sie sprachen zu ihm: wir haben noch einen alten Vater und es ist noch ein unerwachsener Alterssohn da und sein Bruder ist tot, und er ist allein von seiner Mutter übrig geblieben, und sein Vater hat ihn lieb. Und Joseph sprach: bringt ihn her zu mir, ich will meine Augen auf ihn richten. Sie sagten: nein Herr, der Knabe kann seinen Vater nicht verlassen, sonst stirbt der. Er aber gab ihnen die Versicherung: wenn euer jüngster Bruder nicht mit euch herabkommt, so werdet ihr nicht vor mich gelassen werden[108].

In dem von Wellhausen so rekonstruierten jahwistischen Erzählfaden bleibt der Anlass für eine zweite Reise der Brüder im Rahmen ihrer ersten Begegnung mit Josef ohne Anhalt im Erzählverlauf. Die zweite Reise wird vielmehr erst nachträg-

---

lung der Juda-Schicht ein Bruder als Gefangener zurückbehalten wurde: Nach der Darstellung von 44[19–23], die im übrigen auch durch 43[7] bestätigt wird, erkundigt sich nämlich Joseph beim ersten Zusammentreffen lediglich ausgiebig nach ihrer Vergangenheit und fordert sie dann unter Androhung seiner Ungnade auf, beim nächsten Mal ihren jüngsten Bruder Benjamin mitzubringen. Ein Kundschaftervorwurf bzw. sonst ein Verhör, das eine Gefangensetzung zur Konsequenz haben könnte, wird hier nirgends vorausgesetzt". Zwischen den Szenen in Gen 42 (E bzw. Ruben-Variante) und Gen 43–44 (J bzw. Juda-Variante) scheidet literarisch auch Kebekus, Joseferzählung, 118–122, der gegenüber Schmitt (Gen 42: Ruben-Erweiterung; Gen 43: Juda-Grundschicht) bei Gen 42 an den älteren Erzählfaden (Ruben-Grundschicht) denkt, dem Gen 43–44 (Juda-Erweiterung) erst nachträglich hinzugefügt wurden.
106 Wellhausen, Composition, 56.
107 Anders von Rad, ATD, 337–338. „Daß sie [sc. die Brüder Josefs] wieder kommen würden, war ihm sicher, weil er ja um die ungewöhnliche Dauer der Hungersnot wußte. Und außerdem konnte Joseph annehmen, daß der Lebenswille den Eigensinn des Vaters brechen würde".
108 Wellhausen, Composition, 56; vgl. Holzinger, KHC, 241.

lich durch den Verbrauch des Getreides in Gen 43,1–2 motiviert, von dem weder Josef noch seine Brüder bei der ersten Begegnung etwas angedeutet haben oder eigentlich etwas haben wissen können. Wellhausens Rekonstruktion ursprünglicher Quellenfäden erzeugt demnach im Rahmen der ersten Begegnung zwischen Josef und den Brüdern sachliche Schwierigkeiten, wo der uns vorliegende Erzählverlauf eine plausible Erklärung bietet.[109]

Mit Blick auf diesen Befund steht zu vermuten, dass die Diskrepanz in der Motivation einer zweiten Reise nach Ägypten nicht mit Verweis auf die oben rekonstruierten Quellenfäden zu erklären ist. Denn die Forderung einer Mitnahme Benjamins versteht sich nach dem Erzählverlauf von Gen 42 explizit auf dem Hintergrund der Geiselhaft, die in Gen 42,16 bzw. Gen 42,19 gefordert und in Gen 42,24b mit der Gefangennahme Simeons ausgeführt wird.[110] Wie aber ist dann zu erklären, dass auch die zweite Reise durch den anhaltenden Hunger und die Notwendigkeit eines Getreidekaufs motiviert ist? Um eine Antwort auf diese Frage zu finden, werfen wir im Folgenden einen genaueren Blick auf die Verankerung des Motivs eines zweiten Getreidekaufs im Kontext von Gen 43.

In Gen 43,1–2 erfährt der Leser zunächst, dass der anhaltende Hunger die Brüder noch einmal nach Ägypten zwingt. Die Aussage Gen 43,1–2 bildet eine Parallele zu der Szene aus Gen 42,1–2.[111]

Gen 42,1–2*:

¹ וירא יעקב כי יש־שבר במצרים **ויאמר יעקב לבניו** למה תתראו:

² ויאמר הנה שמעתי כי יש־שבר במצרים רדו־שמה ושברו־לנו משם ונחיה ולא נמות:

Gen 43,1–2:

¹ והרעב כבד בארץ:

² ויהי כאשר כלו לאכל את־השבר אשר הביאו ממצרים ויאמר אליהם אביהם שבו שברו־לנו מעט־אכל:

Damit dienen beide Reisen dem Erwerb von Getreide. Zu diesem Zweck gibt der Vater den Söhnen in V. 12 extra zusätzliches Geld mit auf den Weg, das sie in V. 15 auch mitnehmen. Mit dem doppelten Geldbetrag sollen sie nach V. 22 Nahrung erwerben. In V. 12.22 erscheint das zusätzliche Geld jeweils im Zusammenhang

---

109 Zu einer Kritik an der Aufteilung von Gen 42–43 auf die Quellen J und E bzw. die Ruben- und Juda-Version vgl. Westermann, BK, 126–129.

110 Auch Westermann, BK, 126–129, macht zahlreiche Beobachtungen, die Gen 43 als bewusste Fortsetzung erscheinen lassen.

111 Vgl. zu dieser parallelen Gestaltung insbesondere Westermann, BK, 129.

jenes Geldes, das die Brüder nach Gen 42,27–28.35 in ihren Säcken gefunden haben. Dabei bleibt im Kontext von V. 12 (vgl. V. 15) zunächst unklar, wieso die Brüder überhaupt Geld mitnehmen sollen. Erst in V. 22 wird Klarheit geschaffen: Um ein zweites Mal Getreide zu erwerben, haben die Brüder den doppelten Geldbetrag mitgebracht.[112]

Die Aussage in V. 22 findet sich im Kontext einer Szene, in der sich die Brüder mit dem Hausvorsteher Josefs unterhalten. Ihm hatte Josef in V. 16 aufgetragen, die Männer (sc. die Brüder Josefs) in das Haus zu führen. Der Hausvorsteher gehorcht und bringt die Männer in das Haus (V. 17). Sie fürchten sich, weil sie glauben des gefundenen Geldes wegen in das Haus geführt und dort bestraft zu werden (V. 18). Deshalb beginnen sie noch auf der Türschwelle mit dem Hausvorsteher ein Gespräch (V. 19), in dem sie ihm berichten:

> Bitte, Herr, wir sind schon einmal herabgekommen, um Getreide zu kaufen. Als wir aber in die Herberge kamen und unsere Kornsäcke öffneten, siehe, da lag das Geld eines jeden oben in seinem Kornsack, unser Geld nach seinem vollen Gewicht; das haben wir nun wieder zurückgebracht (Gen 43,20–21).

Bevor die Brüder ihrer Unschuld an den geschilderten Ereignissen in V. 22b explizit Ausdruck verleihen, weisen sie in V. 22a auf das andere Geld hin, mit dem sie nun ebenfalls Getreide erwerben wollen. Mit diesem Hinweis entspricht die Aussage der Brüder zwar den Vorgaben der Einleitungsverse Gen 43,1–2. Doch im Zusammenhang ihrer in Gen 43,18 beschriebenen großen Furcht, die sie nun mit ihrer in V. 19 einsetzenden wörtlichen Rede entkräften wollen, wirkt der Hinweis einigermaßen deplatziert. V. 22a stört überdies den sachlich-logischen Zusammenhang von Gen 41,21.22b.[113] Denn die Beteuerung V. 22b bezieht sich nicht auf das in V. 22a erwähnte zusätzliche, sondern auf das in V. 21 angesprochene Geld, das die Brüder in der Herberge gefunden hatten.

Gen 43,20–22:

וַיֹּאמְרוּ בִּי אֲדֹנִי יָרֹד יָרַדְנוּ ‖ בַּתְּחִלָּה לִשְׁבָּר־אֹכֶל: 20

וַיְהִי כִּי־בָאנוּ אֶל־הַמָּלוֹן וַנִּפְתְּחָה אֶת־אַמְתְּחֹתֵינוּ וְהִנֵּה כֶסֶף־אִישׁ בְּפִי אַמְתַּחְתּוֹ כַּסְפֵּנוּ 21

בְּמִשְׁקָלוֹ וַנָּשֶׁב אֹתוֹ בְּיָדֵנוּ:

וְכֶסֶף אַחֵר הוֹרַדְנוּ בְיָדֵנוּ לִשְׁבָּר־אֹכֶל ‖ 22

לֹא יָדַעְנוּ מִי־שָׂם כַּסְפֵּנוּ בְּאַמְתְּחֹתֵינוּ:

---

112 Zum Zusammenhang von V. 12*.15*.22a vgl. auch Levin, Jahwist, 296.
113 Vgl. hierzu Levin, Jahwist, 296.

Diese Überlegungen sprechen dafür, dass das Motiv des Getreidekaufs als Anlass für eine zweite Reise nach Ägypten erst nachträglich in den Kontext eingefügt wurde. Es knüpft im Binnenkontext von Gen 43 an die Aussage V. 20 an, in der von einer anfänglichen bzw. ersten Reise gesprochen wird, bei der man gekommen sei, Getreide zu kaufen: ויאמרו בי אדני ירד ירדנו בתחלה לשבר־אכל.

Im Außenkontext könnte das Motiv des zweiten Getreidekaufes dazu dienen, logische Unstimmigkeiten zwischen dem Erzählverlauf von Gen 43 und Gen 44 auszugleichen. Denn in Gen 44,1 lässt Josef seinen Brüdern ein zweites Mal nach Gen 42,25 Speise (אכל) in die Säcke (אמתחת) legen.

> Als die Brüder in Gen 42 auf dem Heimweg in einer Herberge Halt machten (Gen 42,27–28), hat einer von ihnen das rückerstattete Geld bzw. Silber (כסף) obenauf in seinem Sack gefunden (בפי אמתחתו), in Gen 42,35 fanden alle Brüder ihr Geld, nachdem sie die Säcke geleert hatten. Das Geld wollen sie dem Hausvorsteher Josefs in Gen 42,18–23a zurückerstatten, der ihnen allerdings versichert, es habe alles seine Richtigkeit, sie können das Geld behalten. Das Motiv des zurückerstatteten Geldes wird in Gen 44 wieder aufgegriffen und mit dem silbernen Becher Josefs verknüpft. In Gen 44,1–2 lässt Josef allen Brüdern das Geld und seinem einzigen Vollbruder Benjamin seinen silbernen Becher (גביע הכסף) obenauf im Sack (בפי אמתחת הקטן) verstecken (Gen 44,2). Hatte er die Brüder allerdings in Gen 42 mitsamt dem rückerstatteten Geld ziehen lassen, so schickt er ihnen nun den Hausvorsteher hinterher, der die Brüder aufhalten und des Diebstahls bezichtigen soll. Der Hausvorsteher tut, wie ihm befohlen, stellt die Brüder zur Rede und findet den vermeintlich gestohlenen Becher in Benjamins Sack.
>
> Angesichts der terminologischen und sachlichen Schnittmenge, die den Becherdiebstahl als Variation zum Motiv des Geldfundes in Gen 42–43* erscheinen lassen, verwundert es kaum, dass der zweite Getreidekauf in Gen 43,22a ausdrücklich an das Motiv des Geldfunds in Gen 43,18–23a anschließt.

Gen 42,25*:

²⁵ ויצו יוסף וימלאו את־כליהם בר ולהשיב כספיהם איש אל־שקו ולתת להם צדה לדרך ויעש להם כן:

Gen 43,1–2.12.15*.20–22:

¹ והרעב כבד בארץ:

² ויהי כאשר כלו לאכל את־השבר אשר הביאו ממצרים ויאמר אליהם אביהם שבו שברו־לנו מעט־אכל:

¹² וכסף משנה קחו בידכם ואת־הכסף המושב בפי אמתחתיכם תשיבו בידכם אולי משגה הוא:

¹⁵ [...] ומשנה־כסף לקחו [...]:

²⁰ ויאמרו בי אדני ירד ירדנו בתחלה לשבר־אכל:

²¹ ויהי כי־באנו אל־המלון ונפתחה את־אמתחתינו והנה כסף־איש בפי אמתחתו כספנו במשקלו ונשב אתו בידנו:

²² וכסף אחר הורדנו בידנו לשבר־אכל לא ידענו מי־שם כספנו באמתחתינו:

Gen 44,1–2*:

¹ וַיְצַו אֶת־אֲשֶׁר עַל־בֵּיתוֹ לֵאמֹר מַלֵּא אֶת־אַמְתְּחֹת הָאֲנָשִׁים אֹכֶל כַּאֲשֶׁר יוּכְלוּן שְׂאֵת וְשִׂים
כֶּסֶף־אִישׁ בְּפִי אַמְתַּחְתּוֹ:

² וְאֶת־גְּבִיעִי גְּבִיעַ הַכֶּסֶף תָּשִׂים בְּפִי אַמְתַּחַת הַקָּטֹן וְאֵת כֶּסֶף שִׁבְרוֹ וַיַּעַשׂ כִּדְבַר יוֹסֵף אֲשֶׁר
דִּבֵּר:

Mit dem Motiv des zweiten Getreidekaufs hängt in Teilen die wörtliche Rede Judas
in V. 3–5 zusammen.

(b) Juda und Benjamin

In der Rede Judas greift V. 3 zunächst über Gen 43,1–2 auf das Ende von Gen 42,38
zurück[114] und lässt Juda gegen das Verbot des Vaters einwenden, dass der Herr
des Landes ihnen eingeschärft habe: „Tretet mir nicht mehr unter die Augen,
wenn nicht euer Bruder bei euch ist". Das Verbot לֹא־תִרְאוּ פָנַי בִּלְתִּי אֲחִיכֶם אִתְּכֶם
aus V. 3b ist in V. 5b wörtlich wieder aufgenommen. Es rahmt mit V. 4.5a einen
Abschnitt, der die Mitnahme Benjamins ausdrücklich zur Bedingung einer
zweiten Reise nach Ägypten macht.[115] Nur wenn Benjamin mitkommt, wollen
die Brüder dem Wunsch des Vaters aus Gen 43,1–2 gehorchen und Getreide
kaufen gehen. Sollte der Vater dieser Bitte indes nicht zustimmen, werde man
nicht noch einmal nach Ägypten hinabziehen. Denn der Herr des Landes habe
ihnen gesagt: „Tretet mir nicht mehr unter die Augen, wenn nicht euer Bruder
bei euch ist".

Nach den angeführten Beobachtungen schließt demnach Gen 43,3 über
Gen 43,1–2 hinweg an Gen 42,34–38* an, während Gen 43,4–5 die Aussage aus
Gen 43,3 mit dem Anliegen des Getreidekaufs aus Gen 43,1–2 verbinden. Dieser

---

114 Einen Zusammenhang zwischen der Rede Judas in Gen 43,3–5 mit Gen 42,38 sah bereits die
ältere Forschung, die beide Abschnitte dem Jahwisten zuschrieb; vgl. Wellhausen, Composition,
57 (mit Textemendation: Gen 43,1–2; [44,26]; 42,38; 43,3); Dillmann, Genesis, 401 (mit Textemendation: „Bei C war V. 38 nicht Antwort auf eine Bürgschaftsanbietung, sondern nur auf die Meldung, dass sie ohne Benj. den Jos. nicht wieder sehen dürfen", i. e. Gen 43,3–5; 42,38); Holzinger,
KHC, 239.241, oder Gunkel, HK, 447–448 (mit Textemendation: 43,1–2 [44,25–26]; 42,38; 43,3–5).
Vgl. in jüngerer Vergangenheit Schmitt, Josephsgeschichte, 43, oder Kebekus, Joseferzählung,
110.114.
115 Anders vermutet etwa Levin, Jahwist, 294f, dass es sich bei „eurem Bruder" in V. 3 nicht
um Benjamin, sondern um Josef selbst handelt. Ein späterer Bearbeiter habe diesen Bezug nicht
mehr verstanden und deshalb den anderen Bruder eingeführt, „von dem man bei dieser Gelegenheit erfährt, daß er bei der ersten Reise zuhause geblieben ist. An diese Deutung hat später,
beginnend mit 42,4, die Benjamin-Bearbeitung angeknüpft".

Befund erklärt sich wohl am ehesten so, dass Gen 43,3 einmal direkt an das Verbot des Vaters aus Gen 42,38 angeschlossen hat, auf das die wörtliche Rede Judas sachlich rekurriert. Erst nachträglich dürfte dieser Zusammenhang durch die Eintragung von Gen 43,1–2 unterbrochen und die Rede Judas um Gen 43,4–5 erweitert worden sein.[116] Gen 43,4–5 verbinden nun den zweiten Getreidekauf explizit mit der am Ende von Gen 42 abgelehnten Mitnahme Benjamins und nehmen abschließend das Verbot aus Gen 43,3b wieder auf. Auch ein Blick auf die Rede Judas in Gen 43,3–5 stützt demnach den sekundären Charakter des zweiten Getreidekaufs.[117]

Gen 42,34.38:

‏³⁴ וְהָבִיאוּ אֶת־אֲחִיכֶם הַקָּטֹן אֵלַי וְאֵדְעָה כִּי לֹא מְרַגְּלִים אַתֶּם כִּי כֵנִים אַתֶּם אֶת־אֲחִיכֶם אֶתֵּן
לָכֶם וְאֶת־הָאָרֶץ תִּסְחָרוּ:

‏³⁸ וַיֹּאמֶר לֹא־יֵרֵד בְּנִי עִמָּכֶם כִּי־אָחִיו מֵת וְהוּא לְבַדּוֹ נִשְׁאָר וּקְרָאָהוּ אָסוֹן בַּדֶּרֶךְ אֲשֶׁר תֵּלְכוּ־בָהּ
וְהוֹרַדְתֶּם אֶת־שֵׂיבָתִי בְּיָגוֹן שְׁאוֹלָה:

Gen 43,1–5:

‏¹ וְהָרָעָב כָּבֵד בָּאָרֶץ:

‏² וַיְהִי כַּאֲשֶׁר כִּלּוּ לֶאֱכֹל אֶת־הַשֶּׁבֶר אֲשֶׁר הֵבִיאוּ מִמִּצְרָיִם וַיֹּאמֶר אֲלֵיהֶם אֲבִיהֶם שֻׁבוּ
שִׁבְרוּ־לָנוּ מְעַט־אֹכֶל:

‏³ וַיֹּאמֶר אֵלָיו יְהוּדָה לֵאמֹר הָעֵד הֵעִד בָּנוּ הָאִישׁ לֵאמֹר לֹא־תִרְאוּ פָנַי בִּלְתִּי אֲחִיכֶם אִתְּכֶם:

Wiederaufnahme

‏⁴ אִם־יֶשְׁךָ מְשַׁלֵּחַ אֶת־אָחִינוּ אִתָּנוּ נֵרְדָה וְנִשְׁבְּרָה לְךָ אֹכֶל:

‏⁵ וְאִם־אֵינְךָ מְשַׁלֵּחַ לֹא נֵרֵד כִּי־הָאִישׁ אָמַר אֵלֵינוּ לֹא־תִרְאוּ פָנַי בִּלְתִּי אֲחִיכֶם אִתְּכֶם:

Wie aber verhält sich die Rede Judas selbst im Anschluss an Gen 42 und im Kontext von Gen 43? Um diesen Sachverhalt zu klären, blicken wir noch einmal genauer auf die Rede bzw. die Reden Judas in Gen 43,3(–5).8–10 und ihre Einbettung in den unmittelbaren und mittelbaren Kontext.

Die erste Rede Judas beginnt, wie wir oben gesehen haben, mit V. 3 und wurde wohl später um V. 4–5 erweitert. Sie thematisiert die von Josef in Gen 42 geforderte Mitnahme Benjamins bei einer zweiten Reise und schließt damit sach-

---

116 An eine nachträgliche Erweiterung von Gen 43,3 um Gen 43,4–5 denkt auch Levin, Jahwist, 294. Ruppert, FzB, 274, glaubt, in V. 3–5 sei erst nachträglich der Name Juda durch den Jehowisten ergänzt worden. „Auch sonst in der Josefsgeschichte fungieren die Brüder in ihrer Gesamtheit als Sprecher. Im jetzigen Kontext aber spricht Juda in ihrem Namen [...]. Diese Neuinterpretation mußte sich schon deshalb empfehlen, da es eben Juda durch seine Selbstverbürgung gelingen wird, den Vater umzustimmen (V. 8–10 Je)“.

117 Anders u. a. Westermann, BK, 129, der meint, die „Redeform der inclusio hat hier die Funktion der Verstärkung; diese Bedingung, will Juda seinem Vater damit sagen, ist für uns unbedingt bindend“.

lich an die Diskussion aus Gen 42,34–38* an. Dass Josef den Brüdern befohlen habe, sie sollten ihm nicht mehr unter die Augen treten, sie brächten denn Benjamin mit, ist eine freie Auslegung der Ereignisse aus Gen 42.[118] Dort hatte Josef den Brüdern aufgetragen, Benjamin mitzubringen, wenn sie ein zweites Mal nach Ägypten kämen, um den gefangenen Simeon auszulösen.

Eine engere Parallele findet Gen 43,3 in Gen 44,23.26.[119] Die Verse befinden sich im Kontext einer längeren Rede Judas, die Gen 44,16.18–34 umfasst. In der Rede rekapituliert Juda zunächst die Begebenheiten der ersten Reise und der Rückkehr zum Vater. In diesem Zusammenhang weist er gleich mehrfach auf den Nachdruck hin, mit dem Josef die Anwesenheit Benjamins in Ägypten gefordert hatte. Obwohl die Brüder ihm berichtet hätten, dass es den Tod des Vaters bedeute, wenn Benjamin ihn verließe (Gen 44,22), habe Josef von „deinen Knechten" gefordert: „Wenn euer jüngster Bruder nicht mit euch herabkommt, dürft ihr mir nicht mehr unter die Augen treten" (Gen 44,23). Sie seien dann zum Vater zurückgekehrt und haben ihm ebendies berichtet.

Fluchtpunkt der Rekapitulation sind die Verse Gen 44,27–29.[120] Sie erklären, warum die Forderung Josefs so hart und unzumutbar für den Vater ist. In den Worten des Vaters gibt Juda vor Josef wieder:

> Da sprach dein Diener, mein Vater, zu uns: Ihr wisst selbst, dass mir meine Frau zwei Söhne geboren hat. Der eine ist von mir gegangen, und ich musste mir sagen: Gewiss ist er zerfleischt worden. Ich habe ihn bis heute nicht wiedergesehen. Nehmt ihr mir auch noch diesen, und stößt ihm etwas zu, dann bringt ihr mein graues Haar vor Leid ins Totenreich hinab (Gen 44,27–29).

Weil die Beziehung des Vaters zu den Rahel-Söhnen eine besondere ist, darf ihm nicht auch der zweite Rahel-Sohn genommen werden.[121]

Die besondere Beziehung des Vaters zu Josef und Benjamin hatte sich bereits in Gen 42,4 angedeutet und ist in Gen 42,38 schon einmal explizit zur Sprache

---

118 Die abweichende Darstellung wurde in der älteren Forschung als Indiz für eine Quellenscheidung betrachtet; vgl. Dillmann, Genesis, 402–404; Holzinger, KHC, 241, oder Gunkel, HK, 447. Vgl. in jüngerer Vergangenheit Schmitt, Josephsgeschichte, 43–44, oder Kebekus, Joseferzählung, 118–122 (jeweils im Rahmen redaktionsgeschichtlicher Lösungsansätze).

119 Vgl. zu diesem Zusammenhang bereits Wellhausen, Composition, 57, der daraus schloss, dass J bei der ersten Reise der Brüder ähnliche Aussagen beinhaltet haben müsse; vgl. auch Dillmann, Genesis, 401; Holzinger, KHC, 239.241, oder Gunkel, HK, 447–448. Vgl. zum Zusammenhang mit Gen 44 in jüngerer Vergangenheit auch Schmitt, Josephsgeschichte, 43; Kebekus, Joseferzählung, 110.114, oder Ruppert, FzB, 301–302.

120 Vgl. hierzu insbesondere Westermann, BK, 148–149.

121 Vgl. hierzu Westermann, BK, 148–149, oder Kratz, Komposition, 283.

gekommen. Sie ist ferner in der Unterredung zwischen Vater und Brüdern in Gen 43,6–7 impliziert. Nachdem er direkt zuvor von Juda angesprochen wurde, richtet sich Israel in Gen 43,6 mit einer Frage an alle Söhne: „Warum habt ihr mir das zuleide getan und dem Mann gesagt, dass ihr noch einen Bruder habt?" Auf diese anklagende Frage des Vaters reagieren die Brüder in V. 7 kollektiv:

> Sie sprachen: Der Mann hat sich genau nach uns und unserer Verwandtschaft erkundigt und gefragt: Lebt euer Vater noch? Habt ihr noch einen Bruder? Da haben wir ihm berichtet, wie die Dinge stehen. Konnten wir denn wissen, dass er sagen würde: Bringt euren Bruder her?

Mit dieser Darstellung weichen die Brüder von den tatsächlichen Begebenheiten bei der ersten Begegnung mit Josef ab. Nicht nach der Verwandtschaft hatte er sich erkundigt, sondern sie der Kundschafterei bezichtigt. Daraufhin haben sie selbst aus freien Stücken auf ihre Verwandtschaft hingewiesen (Gen 42,11.13).

Dass Josef sich nach Vater und Bruder erkundigt habe, ist allerdings im Folgekontext explizit belegt. So fragt Josef in Gen 43,27, ob es dem Vater, von dem ihm die Brüder zuvor berichteten (Gen 42,11.13), gut gehe. Die Doppelfrage nach Vater und Bruder ist auch in der Rede Judas in Gen 44 aufgenommen. Dort gibt Juda in V. 19 vor Josef an, er habe „seine Knechte" gefragt: „Habt ihr noch einen Vater oder einen Bruder?" Die doppelte Frage legt hier den Grundstein für alle weiteren Ausführungen, die um das besondere Verhältnis zwischen Jakob-Israel und den Rahel-Söhnen kreisen. Weil Josef nach Vater und Bruder gefragt hat, haben die Brüder ihm von den familiären Verhältnissen berichtet. Deshalb hat Josef die Mitnahme Benjamins gefordert. Und deshalb ist nun nicht nur das Leben Benjamins, sondern auch das Leben des Vaters in Gefahr.

Gen 42,4.38:

⁴ ואת־בנימין אחי יוסף לא־שלח יעקב את־אחיו כי אמר פן־יקראנו אסון׃

³⁸ ויאמר לא־ירד בני עמכם כי־אחיו מת והוא לבדו נשאר וקראהו אסון בדרך אשר תלכו־בה והורדתם את־שיבתי ביגון שאולה׃

Gen 43,3.6–7:

³ ויאמר אליו יהודה לאמר העד העד בנו האיש לאמר לא־תראו פני בלתי אחיכם אתכם׃

⁶ ויאמר ישראל למה הרעתם לי להגיד לאיש העוד לכם אח׃

⁷ ויאמרו שאול שאל־האיש לנו ולמולדתנו לאמר העוד אביכם חי היש לכם אח ונגד־לו על־פי הדברים האלה הידוע נדע כי יאמר הורידו את־אחיכם׃

Gen 44,19.23.26–29

¹⁹ אדני שאל את־עבדיו לאמר היש־לכם אב או־אח׃

²³ ותאמר אל־עבדיך אם־לא ירד אחיכם הקטן אתכם לא תספון לראות פני׃

26 וַנֹּאמֶר לֹא נוּכַל לָרֶדֶת אִם־יֵשׁ אָחִינוּ הַקָּטֹן אִתָּנוּ וְיָרַדְנוּ כִי־לֹא נוּכַל לִרְאוֹת פְּנֵי הָאִישׁ וְאָחִינוּ
הַקָּטֹן אֵינֶנּוּ אִתָּנוּ:
27 וַיֹּאמֶר עַבְדְּךָ אָבִי אֵלֵינוּ אַתֶּם יְדַעְתֶּם כִּי שְׁנַיִם יָלְדָה־לִּי אִשְׁתִּי:
28 וַיֵּצֵא הָאֶחָד מֵאִתִּי וָאֹמַר אַךְ טָרֹף טֹרָף וְלֹא רְאִיתִיו עַד־הֵנָּה:
29 וּלְקַחְתֶּם גַּם־אֶת־זֶה מֵעִם פָּנַי וְקָרָהוּ אָסוֹן וְהוֹרַדְתֶּם אֶת־שֵׂיבָתִי בְּרָעָה שְׁאֹלָה:

Wie Gen 43,3, kreist also auch der Dialog zwischen Vater und Söhnen in Gen 43,6–7 um das Wohlergehen Benjamins. Gegen einen direkten literarischen Zusammenhang der Abschnitte Gen 43,3 und Gen 43,6–7 spricht allerdings, dass sich im Zusammenhang der Reden Judas mit dem Vater ein ähnliches Phänomen abzeichnet, wie es sich auch im Zusammenhang der Reden Rubens in Gen 37; 42 feststellen ließ: Die angesprochenen Familienmitglieder reagieren nie direkt auf die Aussagen Judas.[122] So richtet Israel seine wörtliche Rede in Gen 43,6 nicht an Juda, sondern an alle seine Söhne, die ihm in Gen 42,34 auch gemeinsam von der Mitnahme Benjamins berichtet hatten und ihm in Gen 43,7 kollektiv antworten.[123] Ähnlich verhält es sich im anschließenden Dialog V. 8–14.

In V. 8–10 meldet sich zunächst noch einmal Juda zu Wort. Er bietet dem Vater an, als Bürge für den zweiten Rahel-Sohn eintreten zu wollen.

> Lass den Knaben mit mir ziehen, dann wollen wir uns aufmachen und gehen, damit wir am Leben bleiben und nicht sterben, wir und du und unsere Kinder. Ich selbst will Bürge sein für ihn, von meiner Hand kannst du ihn fordern. Wenn ich ihn dir nicht wieder zurückbringe und vor dich hinstelle, so will ich mein Leben lang vor dir die Schuld tragen. Fürwahr, wenn wir nicht gezögert hätten, wären wir jetzt schon zweimal wieder zurück (Gen 43,8–10).

Dass der Vater die Bürgschaft Judas je zur Kenntnis genommen hat, ist dem Erzählverlauf von Gen 43 nicht direkt zu entnehmen.[124] Denn auch auf dieses selbstlose Angebot Judas geht der Vater in Gen 43,11–14 mit keiner Silbe ein.[125] Wieder spricht er stattdessen alle Brüder an und lässt nirgends durchschimmern, dass es die Bürgschaft Judas war, die ihn zu seinem Entschluss bewogen hat, die Söhne neben zahlreichen Gütern nun auch Benjamin mit nach Ägypten führen zu lassen.

---

122 Anders u. a. Levin, Jahwist, 293f, der Gen 43,1–3.6.7* als literarische Einheit versteht (J^R).
123 Vgl. zum Kollektiv der Brüder auch Ruppert, FzB, 274.
124 Vgl. Ruppert, FzB, 271.
125 Vgl. Levin, Jahwist, 297: „Bevor Israel in 43,11 auf die Antwort der Söhne V. 7 reagieren kann, ist in [V. 8–10] eine Rede Judas eingeschaltet, die an der viel zu breiten Einleitung אֶל־ וַיֹּאמֶר יְהוּדָה יִשְׂרָאֵל אָבִיו als Zusatz kenntlich ist".

Der o. a. Befund dürfte sich am ehesten so erklären lassen, dass der Vater ursprünglich mit allen Brüdern kommuniziert hat. In Gen 42,29 sind sie zu ihm zurückgekehrt und haben ihm berichtet, was in Ägypten geschehen ist. Einen Bruder haben sie gefangen zurücklassen müssen. Wenn sie zurückkehren, ihn zu holen, sollen sie Benjamin mitbringen. Ihr Vater, Jakob, ist entsetzt und spricht:

> Mein Sohn wird nicht mit euch hinabziehen, denn sein Bruder ist tot, und er allein ist noch übrig. Wenn ihm etwas zustieße auf dem Weg, den ihr geht, brächtet ihr mein graues Haar vor Kummer hinab ins Totenreich. [...] Warum habt ihr mir das zuleide getan und dem Mann gesagt, dass ihr noch einen Bruder habt? (Gen 42,38*; 43,6*).

Die Brüder antworten und weisen auf das unnachgiebige Verhalten Josefs hin (Gen 43,7), der Vater resigniert und lässt die Brüder samt Benjamin nach Ägypten ziehen (Gen 43,11–14).

Dieser Erzählzusammenhang dürfte erst nachträglich durch die Einführung Judas als Sprecher der Brüder unterbrochen worden sein.[126] Sein Einsatz hier in Gen 43 dient nicht zuletzt der Vorbereitung seiner Rede in Gen 44,16.18–34, wo das Motiv der Selbstverpfändung (ערב) in Gen 44,32 wieder aufgegriffen wird.[127] Im Rahmen jener Rede wird Juda in Gen 44,18–29 mit Nachdruck darauf hinweisen, dass sein Vater auf besondere Weise mit den Rahel-Söhnen verbunden ist, von denen ihm nur noch Benjamin geblieben scheint. In Gen 44,30–34 kommt er sodann darauf zu sprechen, welchen Einsatz er für Benjamin zu leisten bereit ist.

> Und nun, wenn ich zu deinem Diener, meinem Vater, komme und der Knabe nicht bei uns ist, da doch sein Herz so an ihm hängt, und wenn er sieht, dass der Knabe nicht dabei ist, so wird er sterben, und deine Diener bringen das graue Haar deines Dieners, unseres Vaters, vor Kummer ins Totenreich hinab. [...] Darum möge jetzt dein Diener an Stelle des Knaben als Sklave meines Herrn hier bleiben, der Knabe aber möge mit seinen Brüdern hinaufziehen. Denn wie könnte ich zu meinem Vater hinaufziehen, ohne dass der Knabe bei mir wäre? Ich könnte das Leid nicht mit ansehen, das meinen Vater träfe (Gen 44,30–31.33–34).

Was Simeon unfreiwillig zugestoßen ist, nimmt Juda nun aus freien Stücken auf sich. Warum er sich in dieser Angelegenheit so einsetzt, erklärt V. 32 mit Rückblick

---

126 An ein sekundäres Motiv denken bei der Bürgschaft Judas in V. 8–10 auch Levin, Jahwist, 297, oder Ruppert, FzB, 275–276.

127 Zum Zusammenhang von Gen 43,8–10 und Gen 44,32 vgl. u. a. Levin, Jahwist, 293f. Zur Rede des Vaters V. 11–14 und ihrem Zusammenhang mit V. 8–10 vgl. Ruppert, FzB, 271. Zur Verankerung der Rede Judas im Kontext von Gen 43 vgl. ferner die Beobachtung von Dietrich, *Josepherzählung*, 22–24, dass der „Dialog Judas mit dem Vater in Gen 43,4–10 für den Fortgang der Handlung keineswegs nötig" (22) sei und darüber hinaus „in mehrfacher Hinsicht aus dem Rahmen" (23) falle.

auf die Begebenheiten in Gen 43,8–10. „Dein Diener hat sich ja für den Knaben bei meinem Vater verbürgt mit den Worten: Wenn ich ihn dir nicht wiederbringe, so will ich mein Leben lang vor meinem Vater die Schuld tragen".

Mit seiner Rede in Gen 44 setzt sich Juda nicht nur für Benjamin ein. Er setzt sich auch selbst in ein Verhältnis zum Vater und zu den Rahel-Söhnen. War er in Gen 37 noch maßgeblich für den Verkauf Josefs in die Fremde und so für sein Dasein als Sklave (עבד) verantwortlich, tritt er nun für den vermeintlich letzten verbliebenen Rahel-Sohn ein und bietet an, an seiner Stelle als Sklave (עבד) bei Josef zu bleiben.[128] Juda hat seit Gen 37 „dazugelernt". Er erkennt und respektiert das besondere Verhältnis des Vaters zu den Rahel-Söhnen. Anstandslos erkennt er so nicht nur den Vorzug Josefs und Benjamins beim Vater, sondern auch das besondere Verhältnis der beiden Rahel-Söhne zueinander an. Benjamin gehört über seine Mutter zu Josef. Beide sind die „Einzigen" des Vaters:

> Ihr wisst selbst, dass mir *meine Frau zwei Söhne* geboren hat. Der eine ist von mir gegangen, und ich musste mir sagen: Gewiss ist er zerfleischt worden. Ich habe ihn bis heute nicht wiedergesehen. Nehmt ihr mir auch noch diesen und stößt ihm etwas zu, dann bringt ihr mein graues Haar vor Leid ins Totenreich hinab (Gen 44,27–29).

Gen 42,36*.38*:

³⁶ויאמר אלהם יעקב אביהם [...]:

³⁸[...] לא־ירד בני עמכם כי־אחיו מת והוא לבדו נשאר וקראהו אסון בדרך אשר תלכו־בה והורדתם את־שיבתי ביגון שאולה:

Gen 43,3.6–10:

³ויאמר אליו יהודה לאמר העד העד בנו האיש לאמר לא־תראו פני בלתי אחיכם אתכם:

⁶ויאמר ישראל

למה הרעתם לי להגיד לאיש העוד לכם אח:

⁷ויאמרו שאול שאל־האיש לנו ולמולדתנו לאמר העוד אביכם חי היש לכם אח ונגד־לו על־פי הדברים האלה הידוע נדע כי יאמר הורידו את־אחיכם:

⁸ויאמר יהודה אל־ישראל אביו שלחה הנער אתי ונקומה ונלכה ונחיה ולא נמות גם־אנחנו גם־אתה גם־טפנו:

⁹אנכי אערבנו מידי תבקשנו אם־לא הביאתיו אליך והצגתיו לפניך וחטאתי לך כל־הימים:

¹⁰כי לולא התמהמהנו כי־עתה שבנו זה פעמים:

---

128 Vgl. hierzu insbesondere Ruppert, FzB, 303.

Die Perspektive, die sich in diesem Verhalten Judas abzeichnet, ist vor allem deshalb bemerkenswert, weil sie nicht Juda bzw. das Südreich, sondern die Rahel-Söhne favorisiert.[129] Sie werden hier als Vorzugssöhne, ja gar die einzigen Söhne „meiner Frau" dargestellt und bezeichnen offenbar Israel in einem engeren Sinne. Man wird hier wohl an das Nordreich denken können, das sich positiv gegen das Südreich abgrenzt.[130] Die Perspektive wäre dann die des Nordreichs, das sich in Gestalt von Josef und Benjamin sozusagen als Kern Israels versteht. Juda kann sich zu dieser Gemeinschaft verhalten, aber er gehört weder ganz dazu noch kann er an den Grundfesten rütteln. Hatte er letzteres in Gen 37,26–27 noch versucht, besinnt er sich nun und erkennt den *status quo* an. Man wird dann mit Westermann[131] oder Ruppert[132] zwar sagen können, dass Juda sich gegenüber Gen 37 positiv entwickelt oder gewandelt hat. Doch zeigt sich sein Wandel nicht in dem Einsatz für Benjamin *per se*, sondern vielmehr darin, dass er den Vorzug Benjamins und seines Bruders Josef nun respektiert und nicht mehr gegen ihn aufbegehrt.

Beschließen wir mit diesen Beobachtungen unsere Betrachtung der Juda-Bearbeitung in Gen 43 und widmen uns einem weiteren Phänomen, das uns in dem einleitenden Überblick aufgefallen war: Der Hausvorsteher führt die Brüder zweimal ins Haus (V. 17.24).

(c) Der Geldfund – oder: Warum führt der Hausvorsteher die Brüder zweimal in das Haus?

Die Begegnung der Brüder mit dem Hausvorsteher findet sich in Gen 43,18–23 nach deren Ankunft in Ägypten (Gen 43,15). Josef sieht sie (V. 16) und erteilt daraufhin seinem Hausvorsteher den Auftrag, die Männer ins Haus zu führen, ein Tier zu schlachten und es zuzurichten. Denn er wolle später mit den Männern zu Mittag essen. Nach V. 17 tut der Hausvorsteher, wie Josef ihm befahl, und führt die Männer in das Haus, wo sie in V. 25 auch ankommen. Dieser Zusammenhang wird durch V. 18–23.24 unterbrochen. Dort berichtet uns der Erzähler in V. 18 zunächst von der Furcht, die die Brüder überkommt.

---

129 Zur josephitischen Perspektive vgl. auch die Erwägungen von Schmitt, Josephsgeschichte, 150–156, zu seiner Juda-Grundschicht.
130 Anders schloss die ältere Forschung für den Jahwisten – nicht zuletzt mit Blick auf die namentliche Nennung Judas – auf eine Abfassung im Südreich; vgl. hierzu die Ausführungen bei Kaiser, Einleitung, 86.
131 Vgl. Westermann, BK, 150.
132 Vgl. Ruppert, FzB, 303.

> Die Männer aber fürchteten sich, weil sie in Josefs Haus geführt wurden, und sprachen: ›Des Geldes wegen, das beim ersten Mal wieder in unsere Kornsäcke gekommen ist, werden wir hierher gebracht. Man will sich auf uns stürzen und über uns herfallen und uns samt unseren Eseln zu Sklaven nehmen‹ (Gen 43,18).

Wohl aus dieser Angst heraus beginnen sie noch auf der Türschwelle ein Gespräch mit dem Hausvorsteher (V. 19) und berichten ihm davon, dass sie schon einmal in Ägypten waren.[133]

> Als wir aber in die Herberge kamen und unsere Kornsäcke öffneten, siehe, da lag das Geld eines jeden oben in seinem Kornsack, unser Geld nach seinem vollen Gewicht; das haben wir nun wieder zurückgebracht. […] Wir wissen nicht, wer unser Geld in unsere Kornsäcke gelegt hat (Gen 43,21.22b).

Der Hausvorsteher antwortet den Brüdern in V. 23a, dass er um ihre Unschuld wisse. Sie haben nichts zu befürchten. „Seid ohne Sorge, fürchtet euch nicht! Euer Gott und der Gott eures Vaters hat euch einen Schatz in eure Kornsäcke gelegt; euer Geld ist mir zugekommen". Im direkten Anschluss gibt der Hausvorsteher den Brüdern unvermittelt Simeon heraus[134] (V. 23b) und führt sie ein zweites Mal in das Haus Josefs (V. 24). Dort befinden sie sich dann auch ab V. 25 und richten ein Geschenk für Josef zu, weil sie gehört hatten, dass sie gemeinsam mit ihm zu Mittag essen würden. Josef betritt sein Haus in V. 26 und spricht mit seinen Brüdern (V. 27–29). In V. 31 beginnt das gemeinsame Mahl.

Literarkritisch sind mit Blick auf den oben geschilderten Erzählverlauf zwei Aspekte von besonderem Interesse. Zum einen ist hier die Wiederholung der Aussage ויבא האיש את־האנשים ביתה יוסף V. 17a in V. 24a gemeint.[135] Zum anderen ist an die ausdrückliche Verortung des Dialogs zwischen Hausvorsteher und Brüdern auf der Türschwelle gedacht, die suggeriert, dass sich die Brüder entgegen der Aussage von V. 17a noch nicht wirklich im Haus befunden haben. Beide Aspekte legen es nahe, bei der Szene V. 18–23* an einen Nachtrag zu denken, der den Zusammenhang von Josefs Befehl mit dessen Ausführung erst sekundär unterbrochen hat.[136]

Thematisch beschäftigt sich der Abschnitt Gen 43,18–23* mit dem bereits in Gen 42 angesprochenen Geldfund. Dort hatten wir gesehen, dass der Geldfund

---

133 Zur neuen Situationsangabe in Gen 43,19 vgl. Levin, Jahwist, 295.
134 Zur Herausgabe Simeons vgl. die Beobachtungen bei Ruppert, FzB, 279.
135 Vgl. bereits Gunkel, HK, 450. Vgl. ferner Levin, Jahwist, 296, oder sachlich Seebass, Josephsgeschichte, 99, der annimmt dass „die Situation ‚Überbringung in Josephs Haus' wiederholt [werde], weil erst V. 25b Josephs Absicht (V. 16) realisiert, ein Essen zu geben".
136 Vgl. zu dieser Beobachtung etwa Schmitt, Josephsgeschichte, 154, oder Levin, Jahwist, 295f. Anders etwa Schmidt, Studien, 161.

gleich zweifach berichtet wurde, nämlich in Gen 42,27–28 und Gen 42,35. Dabei hatte in Gen 42,27 zunächst nur ein Bruder auf dem Heimweg in einer Herberge sein Geld obenauf im Sack gefunden. In Gen 42,35 hingegen entdeckten alle Brüder ihr Geld.

Der doppelte Geldfund in Gen 42 hat nicht wenige Exegeten dazu bewogen, literarisch zwischen zwei unterschiedlichen Versionen zu unterscheiden.[137] So nahm bereits Julius Wellhausen an, dass Gen 42,27–28 ein Fragment des Jahwisten darstelle, während Gen 42,35 dem Elohisten zugehöre, der auch für den Großteil von Gen 42 insgesamt verantwortlich sei. Das Problem, dass Gen 43 gegen Gen 42 nur von einem Geldfund berichtet, löst er dabei mit einer Textänderung im Zusammenhang der jahwistischen Aussage Gen 42,27–28.

> Es stand in 42, 27s. ursprünglich das, was 43, 21 referirt wird, vergl. die Ausdrücke אמתחת, מלון und מספוא. Der Haupterzähler in Kap. 42 lässt die Scene erst v. 35 spielen, nachdem die Reisenden nach Hause gekommen sind; da sie v. 25 eine besondere צדה mit auf den Weg bekommen haben, brauchen sie ihre Säcke nicht früher aufzumachen. Um nicht in offenen Widerspruch hiermit zu geraten, hat der Bearbeiter den 43, 21 vorausgesetzten Zug fortgelassen, dass nachdem erst der eine Bruder die beunruhigende Entdeckung gemacht, nun auch die anderen gleich in der Herberge nachsehen. Aber nur so erklärt sich, warum sie alle entsetzt einander anblicken, und auch ohne dies ist es recht unnatürlich, dass sie trotz der Aufregung mit der allgemeinen Öffnung der Säcke warten bis sie zu Hause sind, zumal da wenn der eine futtert auch die andern futtern mussten[138].

Diese Annahme Wellhausens aber fügt dem Erzählzusammenhang von Gen 42,27–28.35 eine Erklärung hinzu, die inhaltlich nicht gefordert und reine Konjektur ist. Denn unabhängig davon, ob die Brüder ihre Säcke in der Herberge öffneten oder nicht, geben die je in Gen 42,27–28 und Gen 42,35 verwendeten Formulierungen durchaus Aufschluss darüber, warum ausgerechnet der Eine sein Geld in der Herberge fand. Denn als der Eine seinen Sack (שׂק, nicht אמתחת[139]!) öffnete (ויפתח), fand er sein Geld בפי אמתחתו. Alle (anderen) Brüder fanden ihr Geld hingegen (erst), als sie ihre Säcke leerten (ויהי הם מריקים שׂקיהם). Demnach befand sich das Geld nach der Erzähllogik von Gen 42,27–28.35 bei allen Brüdern in Gen 42,35 nicht בפי אמתחת, sondern unten im Sack, so dass sie es erst fanden, als sie die Säcke leerten.[140]

---

137 Vgl. ausführlich oben 4.1. (e).
138 Wellhausen, Composition, 57.
139 Vgl. zur genaueren Bestimmung dieser Wurzel etwa Greenfield, *Etymology*, 90–92, der hier eine Parallele zum assyrischen Gebrauch von *matāḫu* „to lift up, carry" vorliegen sieht.
140 Vgl. zu dieser Differenzierung Gunkel, HK, 446. „Das Geld liegt ganz oben im Sack, so daß es schon beim ersten Öffnen gefunden wird; anders bei E, wo es sich erst beim Entleeren fin-

Wie bereits im Zusammenhang der Analyse von Gen 42,27–28.35 besprochen, erklärt sich der oben skizzierte Befund nach unserer Meinung am ehesten im Rahmen eines literarischen Wachstums. Zunächst fanden alle Brüder (samt dem einen) ihr Geld, als sie ihre Säcke leerten (Gen 42,35). Erst ein späterer Bearbeiter hat den Einen von den Brüdern ausgesondert und ihn sein Geld bereits in Gen 42,27–28 finden lassen. Dazu hat er den Fundort des Geldes mit בפי אמתחתו präzisiert. Selbst wenn alle ihre Säcke in Gen 42,27–28 geöffnet hätten, hätte so doch nur der Eine sein Geld finden können. Den Widerspruch, dass der Eine sein Geld in Gen 42,35 nicht noch einmal finden kann, nimmt der Bearbeiter dabei offensichtlich in Kauf. Sachlich liegt sein Augenmerk vor allem auf dem tieferen Sinn, der sich in diesem Fund spiegelt. Denn scheinen sich die Brüder (samt Vater) in Gen 42,35 vornehmlich gefürchtet zu haben, weil sie das Geld wiedergefunden haben, fürchten die Brüder in Gen 42,27–28, dass Gott sie auf diese Weise bestrafen will. In dieser Furcht ist ihre Schuld an Josef impliziert, die sie in Gen 37 auf sich geladen haben und derer sie sich offenbar bewusst sind. Die Verse stellen demnach eine theologische Interpretation des älteren Geldfundes in Gen 42,35 dar.[141]

Zurück zu Gen 43,18–23*: In Gen 43,18–21 erscheint mit בפי אמתחתו die gleiche Wendung wie in Gen 42,27–28. Nicht erwähnt wird hingegen der Terminus שׂק. Anders als in Gen 42,27 öffnen nach Gen 43,21 nämlich alle Brüder nicht ein jeder שׂקו, sondern אמתחתינו in der Herberge (מלון), die auch in Gen 42,27 genannt war. Die Aussage stimmt demnach mit Gen 42,27–28 darin überein, dass das Geld beim Öffnen gefunden wurde und obenauf im Sack lag. Mit Gen 42,35 hingegen hat Gen 43,21 gemein, dass nicht ein Bruder, sondern alle Brüder das Geld zusammen fanden. Anders formuliert, setzt Gen 43,21 eine Kenntnis beider Abschnitte in Gen 42 voraus, stimmt aber mit keinem von beiden Abschnitten exakt überein. Auch dieser Befund dürfte sich u. E. am ehesten im Rahmen literarischen Wachstums erklären lassen. Gen 43,18–23* nehmen Aussagen aus Gen 42,27–28 und Gen 42,35 auf, setzen sie also offenbar voraus.[142] Dabei werden die Differenzierungen zwischen Gen 42,27–28.35 außer Acht gelassen und wird nur noch von einem gemeinsamen Geldfund berichtet. Denn dem Autor von Gen 43,18–23* geht es nicht zuerst darum, wie genau sich der Geldfund in Gen 42 abgespielt hat. Vielmehr ist ihm daran gelegen, eine Lücke im Erzählverlauf zu schließen, die sich

---

det, also mehr unten liegt". Ähnlich Greßmann, *Ursprung*, 39, und in jüngerer Vergangenheit Schmidt, Studien 135.
Anders Revell, *Midian*, 78, oder Jacob, Genesis, 773.
141 Vgl. hierzu insgesamt Levin, Jahwist, 295.
142 Anders Schmitt, Josephsgeschichte, 40–41, oder Kebekus, Joseferzählung, 126. Ähnlich Levin, Jahwist, 289 f.296f, der zwar Gen 42,25*.35a als älteren Bestandteil versteht, Gen 42,27f; 43,18ff* aber derselben Bearbeitung zuschreibt („Schuld der Brüder").

aus der Geldrückgabe in Gen 42 ergeben hat. Dort hatten die Brüder sich zwar wegen des Geldfundes gefürchtet, aber keinen Vorsatz geäußert, es zurückgeben zu wollen. Indem dies nun nachgeholt wird, werden die Brüder Josefs bzw. Söhne Jakob-Israels von jeder Schuld entlastet. Und nicht nur dies: Sachlich verkehrt die Aussage Gen 43,23 die Befürchtung der Brüder aus Gen 42,27–28 überdies in ihr Gegenteil: Der Geldfund ist nicht als *Gottesstrafe* zu bewerten. Nein, „euer Gott und der Gott eures Vaters" hat den Brüdern ein *Geschenk* gemacht.[143]

Gen 42,27–28.35:

²⁷ויפתח האחד את־שֶׂקו לתת מספוא לחמרו במלון וירא את־כספו והנה־הוא
בפי אמתחתו:

²⁸ויאמר אל־אחיו הושב כספי וגם הנה באמתחתי ויצא לבם ויחרדו איש אל־
אחיו לאמר מה־זאת עשה אלהים לנו:

³⁵ויהי הם מריקים שקיהם והנה־איש צרור־כספו בשקו ויראו את־צררות כספיהם המה
ואביהם וייראו:

Gen 43,20–23:

²⁰ויאמרו בי אדני ירד ירדנו בתחלה לשבר־אכל:

²¹ויהי כי־באנו אל־המלון ונפתחה את־אמתחתינו והנה כסף־איש בפי
אמתחתו כספנו במשקלו ונשב אתו בידנו:

²²וכסף אחר הורדנו בידנו לשבר־אכל לא ידענו מי־שם כספנו
באמתחתינו:

²³ויאמר שלום לכם אל־תיראו אלהיכם ואלהי אביכם נתן לכם מטמון
באמתחתיכם כספכם בא אלי ויוצא אלהם את־שמעון:

Wie wir oben gesehen haben, dürfte die Szene, die sich in Gen 43,18–23* abspielt, den Befehl Josefs an seinen Hausvorsteher in Gen 43,16 mit dessen Ausführung ab Gen 43,24 unterbrochen haben. Literarkritisch manifestiert sich dieser Umstand nicht zuletzt in dem doppelten Hinweis auf das Hineinführen der Männer in das Haus V. 17a.24a. Wie genau sich der Befehl Josefs allerdings im Kontext von Gen 43 verhält, wurde bisher noch nicht angesprochen und soll im nun folgenden Abschnitt untersucht werden.

---

143 Vgl. hierzu Kebekus, Joseferzählung, 126, der die „theologische Deutung der Geldrückgabe in V. 23 [...] als Kontrastaussage zur Rede der Brüder in Gen 42,28" versteht. Vgl. ferner Levin, Jahwist, 295.

(d) Josef und sein Hausvorsteher

Der Befehl Josefs an seinen Hausvorsteher erfolgt relativ unvermittelt nach der Ankunft der Brüder in Ägypten. Nachdem Jakob-Israel seine Söhne in Gen 43,11–14 zu einem neuerlichen Hinabzug nach Ägypten aufgefordert hatte, machen sich jene in Gen 43,15 auf und treten nach ihrer Ankunft in Ägypten vor Josef. August Dillmann kommentiert die Ankunft vor Josef folgendermaßen:

> V. 15. Sie ziehen nun nach Aeg., und stellen sich vor Josef. [...]. V. 16f. Als Jos. den Benj. bei ihnen sieht und erkennt, dass sie früher die Wahrheit gesagt haben und Benj. noch lebe, beschliesst er freundl. Behandlung, und befiehlt dem Hausverwalter (39, 4), sie ins Haus zu führen und für sie ein Mittagsmahl zu bereiten[144].

Ähnlich positiv bewertet Hermann Gunkel die Szene und unterscheidet sie ausdrücklich von der negativen ersten Begegnung in Gen 42:

> Der Erzähler hat die beiden Begegnungen mit Joseph, um die Langeweile der Wiederholung zu vermeiden, möglichst von einander unterschieden: das erste Mal bringt Joseph die Brüder dadurch in Verwirrung, daß er sie hart anfährt, das zweite Mal dadurch, daß er besonders liebenswürdig gegen sie ist und sie gar in sein Haus einlädt[145].

Diese Darstellung von Gunkel aber entspricht dem Erzählverlauf von Gen 43 nur bedingt. Denn tatsächlich hat Josef eine Einladung an seine Brüder nie ausgesprochen. Überhaupt findet eine Interaktion zwischen den Brüdern erst ab V. 26 statt, wo die Brüder sich in V. 26b (vgl. Gen 42,6) vor Josef niederwerfen und er sie in V. 27 in direkter Rede adressiert. In V. 15 treten die Brüder zwar direkt vor Josef, doch sprechen sie Josef nicht an. Und gleichwohl Josef seiner Brüder in V. 16a gewahr geworden ist, macht auch er keinerlei Anstalten, sie zu begrüßen.[146]

Anders als in Gen 42, wo die Brüder auf die Knie fallen, als sie bei Josef ankommen, zögert sich in Gen 43 die tatsächliche Begrüßung also von V. 16a bis V. 26b hinaus. Dazwischen erfährt der Leser von Begebenheiten rund um den Hausvorsteher Josefs, dem Aufträge erteilt werden, der Aufträge ausführt, mit den Brüdern Josefs spricht, ihnen Simeon freigibt und sie alle höflich im Hause

---

144 Dillmann, Genesis, 405.
145 Gunkel, HK, 449; vgl. in jüngerer Vergangenheit ähnlich Westermann, BK, 133.
146 Vgl. zu dieser sachlichen Spannung bereits Jacob, Genesis, 784, der sie damit begründet, dass Josef einer möglichen Auseinandersetzung aus dem Weg gehen wolle. Vgl. in jüngerer Vergangenheit insbesondere Ruppert, FzB, 278. „Folgerichtig und von den Brüdern erwartet wäre dann, daß [Josef] an diese das Wort richtet. Doch nein, er weist seinen Hausverwalter an, die Männer in das Haus, d. h. in sein Haus zu führen [...]."

Josefs empfängt. Dabei schlägt die Figur des Hausverwalters eine Brücke zu Gen 39–40*, wo Josef als Vorsteher im Hause des Obersten der Leibwache fungiert hatte. Nun ist Josef selbst der Herr über einen Haushalt und einen Hausvorsteher, mehr noch über den gesamten Getreidevorrat Ägyptens. Die Person des Hausvorstehers versinnbildlicht den Aufstieg Josefs in Ägypten.

Möglicherweise aus diesem Grund wird Josef die Figur des Hausvorstehers in Gen 43 zur Seite gestellt worden sein. Dass sie indes keinen integralen Bestandteil des Kapitels darstellen dürfte, hat sich bereits in den o. a. Beobachtungen angedeutet. Denn das Handeln des Hausvorstehers unterbricht den Zusammenhang der Ankunft der Brüder vor Josef V. 15–16a* mit der gegenseitigen Begrüßung in V. 26b.27. Wie in Gen 42,6 könnten jene Aussagen auch in Gen 43 einmal unmittelbar aufeinander gefolgt sein: Die Brüder treten vor Josef (V. 15b) und er sieht sie (V. 16a*). Die Brüder werfen sich vor Josef nieder (Gen 43,26b), woraufhin sie miteinander reden (Gen 43,27). In den Kontext jener Wiederbegegnung Josefs mit den Brüdern dürfte ferner die Herausgabe Simeons gehören, den Josef in Gen 42,24 auch selbst gefangen nahm.[147] Nachdem Josef seine Brüder in Gen 43,16* erblickt und sieht, dass sie ihr Versprechen gehalten haben, gibt er ihnen den gefangenen Bruder heraus (ויצא[148], Gen 43,23b).[149]

In diesen Erzählfaden könnten später die Begebenheiten rund um den Hausvorsteher in Gen 43,16–24 eingetragen worden sein. In diesem neuen Erzählverlauf wird auch Simeon nun von dem Hausvorsteher freigelassen, wobei im Zusammenhang der V. 23–24 der Eindruck entsteht, der Hausvorsteher habe ihn zunächst aus dem Haus heraus zu seinen Brüdern geführt, bevor er allesamt in das Haus hineinbringt.[150]

---

147 Vgl. hierzu auch die Beobachtung von Seebass, Josephsgeschichte, 99, dass, „in V. 23b die Nachricht von Simeons Freilassung [ganz unvermittelt erfolgt]. Nach Kap. 42 müßte man erwarten, daß Joseph selbst ihn freiließ".

148 Gegen dieses Verständnis des Narrativs ויצא wendet sich explizit Jacob, Genesis, 787.

149 Vgl. hierzu sachlich auch Jacob, Genesis, 786f, der darauf hinweist, dass Joseph „sobald [er] den Benjamin bei den Brüdern sah (v. 16), [eigentlich] verpflichtet [gewesen wäre], sofort den Simeon freizulassen. Er hatte nicht bloß den Befehl dazu zu geben, sondern dies muß das Erste gewesen sein, was er dem Verwalter auftrug, und die Anordnung, die Männer in seine Wohnung zu führen und ein festliches Mahl herzurichten, wird erst dadurch verständlich, ebenso das vorhergehende. Sobald er den Benjamin bei ihnen sah, sprach er zu seinem Vertrauten: also die Männer haben sich gerechtfertigt, sie haben meinem Verlangen gemäß ihren jüngsten Bruder mitgebracht. Demnach ist ihr anderer Bruder freizulassen und ihnen alle Ehre anzutun".

150 Zur Einbindung Simeons in den Kontext von Gen 43 vgl. auch Schmitt, Josephsgeschichte, 43f.

Gen 42,6–7*:

‏⁶ויוסף הוא השליט על־הארץ הוא המשביר לכל־עם הארץ ויבאו אחי יוסף וישתחוו־לו אפים
ארצה:

‏⁷וירא יוסף את־אחיו ויכרם ויתנכר אליהם וידבר אתם קשות ויאמר אלהם מאין באתם
ויאמרו מארץ כנען לשבר־אכל:

Gen 43,15–26*:

‏¹⁵ויקחו האנשים את־המנחה הזאת ומשנה־כסף לקחו בידם ואת־בנימן ויקמו וירדו מצרים
ויעמדו לפני יוסף:

‏¹⁶**וירא יוסף אתם** את־בנימין

ויאמר לאשר על־ביתו ‏|הבא את־האנשים הביתה|‏ ‏|וטבח טבח והכן כי אתי יאכלו האנשים
בצהרים:|‏

‏¹⁷ויעש האיש כאשר אמר יוסף ‏|ויבא האיש את־האנשים ביתה יוסף:|‏

‏¹⁸וייראו האנשים כי הובאו בית יוסף ויאמרו על־דבר הכסף השב באמתחתינו בתחלה
אנחנו מובאים להתגלל עלינו ולהתנפל עלינו ולקחת אתנו לעבדים ואת־חמרינו:

‏¹⁹ויגשו אל־האיש אשר על־בית יוסף וידברו אליו פתח הבית:

‏²⁰ויאמרו בי אדני ירד ירדנו בתחלה לשבר־אכל:

‏²¹ויהי כי־באנו אל־המלון ונפתחה את־אמתחתינו והנה כסף־איש בפי אמתחתו ונשב אתו
במשקלו ונשב אתו בידנו:

‏²²וכסף אחר הורדנו בידנו לשבר־אכל לא ידענו מי־שם כספנו באמתחתינו:

‏²³ויאמר שלום לכם אל־תיראו אלהיכם ואלהי אביכם נתן לכם מטמון באמתחתיכם
כספכם בא אלי
ויוצא אלהם את־שמעון:

‏²⁴ויבא האיש את־האנשים ביתה יוסף ‏|ויתן־מים וירחצו רגליהם ויתן מספוא לחמריהם:|‏

‏²⁵ויכינו את־המנחה עד־בוא יוסף בצהרים כי שמעו כי־שם יאכלו לחם:

‏²⁶ויבא יוסף הביתה ‏|ויביאו לו את־המנחה אשר־בידם|‏ ‏|הביתה|‏
וישתחוו־לו ארצה:

‏²⁷**וישאל להם לשלום** ויאמר השלום אביכם הזקן אשר אמרתם העודנו חי:

Die Verse über den Hausvorsteher dürften ihrerseits nicht einheitlich sein. Dies
hatte sich bereits oben bei der Analyse des Abschnitts Gen 43,17–24 (Geldfund)
gezeigt. Der besagte Abschnitt ist mit der Wiederaufnahme von V. 17a in V. 24a
wohl nachträglich in den Kontext eingebettet und dürfte bereits einen Zuwachs
innerhalb der Hausvorsteher-Verse darstellen, der das in Gen 42 zweifach belegte
Motiv des Geldfunds (Gen 42,27–28.35) aufgreift und fortschreibt.[151] Älter wird der
Befehl Josefs in V. 16* selbst sein, auf den V. 17 (→ V. 24a) reagiert.

---

151 So auch Levin, Jahwist, 295, oder Ruppert, FzB, 273. Anders Westermann, BK, 133.

Das Gastmahl

Der Befehl Josefs erfolgt, sobald er seine Brüder erblickt hat. Er wendet sich an den Hausvorsteher mit den Worten: „Führe die Männer ins Haus, schlachte ein Tier und richte es zu, denn die Männer werden mit mir zu Mittag essen". Nach V. 17a gehorcht der Hausvorsteher dem Befehl seines Herrn, nach V. 17b führt er die Männer in das Haus Josefs. „Der Mann tat, wie Josef gesagt hatte, und der Mann führte die Männer in Josefs Haus".

Christoph Levin schlägt vor, in V. 17 literarisch zwischen zwei Anliegen zu scheiden: *zum einen* dem Befehl, die Männer in das Haus zu bringen (V. 16a), den er J^R zuweist und mit V. 17b auf einer Ebene ansiedelt, *zum anderen* dem Befehl V. 16b, der durch die Ausführungen von V. 17a an J^R anknüpft.[152] Diese Entscheidung begründet Levin damit, dass der Einschub V. 16a und V. 17b trenne und zudem an dem doppelten האיש zu erkennen sei.

Gen 43,16–17:

16 וירא יוסף אתם את־בנימין ויאמר לאשר על־ביתו הבא את־האנשים הביתה
וטבח טבח והכן כי אתי יאכלו האנשים בצהרים:

17 ויעש האיש כאשר אמר יוסף
ויבא האיש את־האנשים ביתה יוסף:

Bei dieser Argumentation von Levin ist sicherlich richtig gesehen, dass V. 17b als Erfüllung zu V. 16b zu lesen ist: „Und Josef [...] sprach zu seinem Hausverwalter: Führe die Männer ins Haus [...]. Und der Mann führte die Männer in Josefs Haus". Überdies könnte die doppelte Subjektnennung aus literarkritischer Sicht durchaus ein Indiz für literarisches Wachstum darstellen. Doch ist gegen die von Levin angenommene Scheidung sachlich einzuwenden, dass es sich bei dem Hineinführen der Männer in das Haus (V. 16.17b) schwerlich um ein eigenständiges Motiv handeln dürfte. Vielmehr wird es aus einem bestimmten Grund bzw. zu einem besonderen Zweck geschehen. Blickt man auf den weiteren Kontext, dürfte sich das Eintreten der Männer in das Haus Josefs wohl am ehesten mit der Einnahme des Mahles in Verbindung bringen lassen (vgl. Gen 24,31–33[153]), das der Hausvorsteher nach V. 16b zurichten soll.

---

152 Vgl. Levin, Jahwist, 293.

153 Vgl. hierzu die Bemerkung von Jacob, Genesis, 784, dass das Verhältnis zwischen Josef und seinem Hausvorsteher „dasselbe [...] gewesen sein [wird] wie zwischen Abraham und seinem Knecht (15$_2$ 24$_2$)", und ders., Genesis, 787, „[s]ie werden behandelt wie die Gottesmänner, die bei Abraham (18$_4$ ff.) und Lot (19$_2$) einkehren und der Knecht Abrahams im Hause der Verwandten (24$_{32}$)". Vgl. allgemein auch Wenham, WBC, 423.

Der doppelten Subjektnennung zum Trotz wird man dann annehmen dürfen, dass der Befehl Josefs und dessen Ausführung in V. 17 literarisch zusammengehören. Der Befehl schließt an die Ankunft der Brüder bei Josef in V. 15b.16a und lässt ihr nun nicht die erwartete Begrüßung, sondern einen Befehl an den Hausvorsteher folgen. „Führe die Männer ins Haus, schlachte ein Tier und richte es zu, denn die Männer werden mit mir zu Mittag essen" (Gen 43,16*). Der Hausvorsteher tut, wie ihm befohlen (Gen 43,17). Er führt die Männer in das Haus und begegnet ihnen mit äußerster Gastfreundschaft (Gen 43,24b; vgl. Gen 24,32[154]).

Nachdem er die Brüder durch den Hausvorsteher in das Haus hat führen lassen, betritt mit V. 26 auch Josef selbst das Haus. Dieser Erzählzug ist durch den Befehl an den Hausvorsteher V. 16b motiviert und wird auch literarisch mit ihm zusammengehören.

Gen 43,16.24–26:

¹⁶ וירא יוסף אתם את־בנימין ויאמר לאשר על־ביתו הבא את־האנשים הביתה וטבח טבח
והכן כי אתי יאכלו האנשים בצהרים:
²⁴ ויבא האיש את־האנשים ביתה יוסף ויתן־מים וירחצו רגליהם ויתן מספוא לחמריהם:
²⁵ ויכינו את־המנחה עד־בוא יוסף בצהרים כי שמעו כי־שם יאכלו לחם:
²⁶ ויבא יוסף הביתה ויביאו לו את־המנחה אשר־בידם הביתה וישתחוו־לו ארצה:

Wie oben bereits angedeutet, dürfte die Versammlung im Hause Josefs sachlich am ehesten mit der Einnahme des gemeinsamen Mittagsmahles (V. 30b.31–34) zusammenhängen, das Josef in V. 16b angeordnet hat. Das Mahl ist mit V. 30b.31 eingeleitet, setzt mit V. 32 ein und erstreckt sich bis V. 34. Es folgt auf einen Dialog zwischen Josef und seinen Brüdern in V. 27–29*, in deren Verlauf Josefs Erbarmen gegen seine Brüder entbrennt. Anstatt seinen Gefühlen aber vor den Brüdern freien Lauf zu lassen, zieht sich Josef in V. 30 in einen separaten Raum zurück und weint (בכה) dort. Erst nachdem er sich wieder gefangen hat (אפק), kehrt er in V. 31 zu seinen Brüdern zurück. Im Hintergrund dieser Szene steht wohl die Angst Josefs vor einer (frühzeitigen) Entdeckung seiner Identität. Denn ließe er hier zu, dass die Brüder seiner emotionalen Reaktion auf ihre Aussagen gewahr würden, könnten sie ihn als Josef erkennen. So geschieht es in Gen 45,1–4*, wo Josef ebenfalls nicht mehr an sich halten kann (אפק, Gen 45,1), sich nun aber nicht mehr von den Brüdern separiert, sondern vor ihnen weint (בכה, Gen 45,2*) und sich ihnen *expressis verbis* als der zu erkennen gibt, der er ist (Gen 45,3–4*).[155] Die

---

154 Vgl. hierzu Ruppert, FzB, 279.
155 Vgl. zu den Überschneidungen von Gen 43,30–31 mit Gen 45,1–2 Seebass, Josephsgeschichte, 100, oder Ruppert, FzB, 313.

Formulierungen in Gen 43,30–31 lesen sich nach den angeführten Querbezügen sachlich und sprachlich als Parallele zu Gen 45,1–2. In beiden Fällen reagiert Josef emotional auf eine Rede seiner Brüder (Gen 43,27–29*) bzw. eines Bruders (Juda, Gen 44,18–34) und beginnt zu weinen. Während die Reaktion in Gen 45 allerdings seine Selbstvorstellung einleitet, wendet Josef sich in Gen 43 zunächst von seinen Brüdern ab, um heimlich zu weinen, und nimmt sich dann noch einmal zusammen, bevor er zu ihnen zurückkehrt.[156]

Um zu klären, wie der o. a. Befund auszuwerten sein könnte, vergegenwärtigen wir uns noch einmal kurz einige der bisher gewonnen Einsichten in die literarische Genese der Kapitel Gen 42–43. Die Zurichtung des mit V. 30–31 eingeleiteten und in V. 32–34 beschriebenen Mittagsmahles ist auf die Einführung der Figur des Hausvorstehers notwendig angewiesen. Das Handeln des Hausvorstehers wiederum unterbricht die Ankunft der Brüder vor Josef (V. 15.16a*) mit ihrer Begrüßung in V. 26f*. Entsprechend könnte die Einführung des Hausvorstehers – und mit ihm das Mittagmahl – eine sekundäre Entwicklung in Gen 43 darstellen.

Als ein sekundäres Motiv hatte sich bereits im Rahmen unserer Analyse von Gen 42 die Figur Benjamins gezeigt. Die Forderung Josefs, die Brüder mögen Benjamin mit nach Ägypten bringen, setzt eine zweite Reise und damit die Geiselhaft Simeons zwangsläufig voraus. Dass Benjamin indes nach Ägypten hinabgebracht werden soll, bereitet auf die Ereignisse in Gen 44 vor, wo er für den Diebstahl von Josefs Becher verantwortlich gemacht wird. Dafür soll er von Josef bestraft werden. Doch setzen sich alle Brüder und insbesondere Juda für den jüngeren Rahel-Sohn ein. Im Zusammenhang der Aussagen von Gen 44 hatten wir überdies oben zu (a) festgestellt, dass das Motiv des Becherdiebstahls sachlich den Geldfund aus Gen 42 variiert und dabei die Figur des Hausvorstehers aus Gen 43 bereits voraussetzt (Gen 44,1–2).[157]

Nach den o. a. Beobachtungen handelt es sich demnach sowohl bei dem Gastmahl in Gen 43,30–34* als auch bei der Figur Benjamins in Gen 43,29; Gen 44* um sekundäre Motive im Erzählzusammenhang von Gen 42–45. Scheidet man sie aus dem Kontext aus, dürfte auf die Kommunikation Josefs mit seinen Brüdern in Gen 43,27–28 einmal direkt die Entdeckung Josefs in Gen 45,1–2* gefolgt sein. Dann aber liegt die Vermutung nicht fern, dass es sich bei den Formulierungen in Gen 43,30–31 um eine nachträgliche Vorwegnahme von Gen 45,1–2 handeln könnte. Sie greift aus Gen 45,1–2 die Begriffe בכה und אפק auf, lässt die emotionale Reaktion Josefs nun aber zunächst im Geheimen stattfinden. So ist gewährleistet,

---

156 Vgl. hierzu Seebass, Josephsgeschichte, 100, der ebenfalls darauf hinweist, dass das „verborgene Weinen (V. 39) [...] auf 45,2 vorausweist".
157 Vgl. ausführlich oben 4.1. (c) und unten 4.3. (a).

dass die Brüder Josef nicht vorzeitig erkennen.[158] Ein noch späterer Autor dürfte
zwischen Mahl und Entdeckung die Episode um den Diebstahl Benjamins eingetragen haben, in der auch die Figur des Hausvorstehers bereits vorausgesetzt ist.

Gen 43,30–34:

‎30 וימהר יוסף כי־נכמרו רחמיו אל־אחיו ויבקש לבכות ויבא החדרה ויבך שמה:

‎31 וירחץ פניו ויצא ויתאפק ויאמר שׂימו לחם:

‎32 וישׂימו לו לבדו ולהם לבדם ולמצרים האכלים אתו לבדם כי לא יוכלון המצרים לאכל
את־העברים לחם כי־תועבה הוא למצרים:

‎33 וישבו לפניו הבכר כבכרתו והצעיר כצערתו ויתמהו האנשים איש אל־רעהו:

‎34 וישׂא משׂאת מאת פניו אלהם ותרב משׂאת בִּנְיָמִן ממשׂאת כלם חמש ידות
וישתו וישכרו עמו:

Gen 44,1–34*: Der Becherdiebstahl durch <u>Benjamin</u>

Gen 45, 1–2*:

‎1 ולא־יכל יוסף להתאפק לכל הנצבים עליו ויקרא הוציאו כל־איש מעלי ולא־עמד איש אתו
בהתודע יוסף אל־אחיו:

‎2 ויתן את־קלו בבכי וישמעו מצרים וישמע בית פרעה:

Von dem Motiv des gemeinsamen Mittagsmahles hängt in Gen 43 die Zurichtung des Geschenkes der Brüder für Josef ab, die sich ebenfalls im Hause Josefs
abspielt. Um dieses genauer im Erzählzusammenhang von Gen 43 zu verorten, blicken wir im Anschluss noch einmal auf den Zusammenhang der Verse
Gen 43,11.15–17a.24–26.

Das Geschenk für Josef

Das Geschenk findet in Gen 43 erstmals im Rahmen der wörtlichen Rede Jakob-
Israels Erwähnung, der seine Söhne zu einer zweiten Reise nach Ägypten auffordert. Auf dieser Reise, so weist er seine Söhne in Gen 43,11 an, sollen sie
dem Mann מזמרת הארץ בכליכם (vgl. Gen 42,25) mitnehmen. In der Forschung ist
umstritten, was genau sich hinter der Bezeichnung זמרת הארץ verbirgt. Die deutschen Übersetzungen richten sich i. d. R. nach LXX ἀπὸ τῶν καρπῶν τῆς γῆς und
lesen „von den Früchten/Erträgen des Landes".[159] Diese Übersetzung wird auch

---

158 Vgl. hierzu bereits die Beobachtungen bei Jacob, Genesis, 789.
159 Vgl. Ruppert, FzB, 276. Wörtlicher Jacob, Genesis, 781, „das, wonach ein Land besungen
wird".

durch den weiteren Verlauf von Gen 43,11 gestützt. Denn er gibt vor, was in Gen 43 unter זמרת הארץ zu verstehen ist, nämlich: מעט צרי ומעט דבש נכאת ולט בטנים ולט בטנים ושקדים. Zwischen der Constructus-Verbindung זמרת הארץ V. 11a und ihrer genaueren Explikation V. 11b findet sich die Aufforderung והורידו לאיש מנחה. Im Zusammenhang von V. 11 legt es sich nahe, מנחה als Näherbestimmung zu זמרת הארץ zu verstehen: Und bringt (es) dem Mann *als* Geschenk.[160] Darauf, dass genau dieses Geschenk, bestehend aus זמרת הארץ, nämlich מעט צרי ומעט דבש נכאת ולט בטנים ושקדים, Josef tatsächlich überbracht wird, weist V. 15aα ausdrücklich hin. Dort machen sich die Brüder ein zweites Mal auf nach Ägypten. Und wie der Vater es ihnen in V. 11 befohlen hatte, nehmen sie dorthin genau *dieses* Geschenk (את־המנחה הזאת) für Josef mit.

Entgegen dem voranstehenden Erzählverlauf nennt V. 15aα die Brüder Josefs האנשים. Dieselbe Bezeichnung wird ab V. 16 auch von Josef und dem Hausvorsteher verwandt. Dort versteht sie sich sachlich auf dem Hintergrund, dass der Hausvorsteher um die verwandtschaftlichen Verhältnisse zwischen Josef und den Männern nicht wissen kann und offenbar auch nicht wissen soll. Während die Bezeichnung האנשים in V. 16ff demnach durch die gegenüber V. 11–15 veränderte Erzählsituation motiviert ist, entbehrt sie in V. 15 eines konkreten Anhalts im vorauslaufenden Kontext.[161] Denn bisher wurden die Brüder nur mit Verweis auf ihr verwandtschaftliches Verhältnis zu Jakob-Israel (Gen 42,1.5) bzw. zu Josef (Gen 42,3.6–8) angesprochen.[162]

Nachdem der Aufbruch in V. 15b erfolgt ist und die Brüder vor Josef getreten sind, erblickt jener in V. 16 אתם את־בנימין. Ohne die Brüder zu begrüßen, richtet er sich sodann an seinen Hausvorsteher, dem er Befehl erteilt, die Männer in das Haus zu führen. V. 17a vermeldet, dass der Hausvorsteher diesem Befehl gehorcht (V. 17b → V. 24a). Im weiteren Verlauf von V. 24 versorgt er die Männer mit Wasser, ihre Esel mit Futter. Mit V. 25 werden die Brüder Josefs aktiv. Sie beginnen damit, das Geschenk zuzurichten, bevor Josef mittags kommt. Denn sie hatten gehört, dass er mit ihnen speisen wolle. Diese Nachricht steht sachlich in einem Wider-

---

160 So übersetzt in Einheitsübersetzung und Zürcher Übersetzung, elektronische Ausgaben nach BibleWorks 9.

161 Vgl. zu den unterschiedlichen Bezeichnungen Jacob, Genesis, 783f, der die Differenz allerdings so zu erklären sucht, dass die Brüder bei „der ersten Reise nämlich [...] ‚Ankömmlinge inmitten der Ankömmlinge' [waren], gewöhnliche Käufer wie alle anderen. Bei der zweiten Reise aber kommen sie als ansehnliche Fremde, die nicht nur zum zweiten Male bezahlen, sondern persönliche Geschenke für den Statthalter mitbringen. So stehen sie ‚dem Manne' nicht viel nach und können auf gleichem Fuße mit ihm reden". Vgl. ferner allgemein Cotter, Genesis, 311, oder Hamilton, NIC.OT, 548.

162 Vgl. hierzu ähnlich Hamilton, NIC.OT, 548.

spruch zu V. 18, in dem der Leser erfahren hatte, dass die Brüder keineswegs wussten, weshalb sie ins Haus geführt worden waren.

> Die Männer aber fürchteten sich, weil sie in Josefs Haus geführt wurden, und sprachen: ›Des Geldes wegen, das beim ersten Mal wieder in unsere Kornsäcke gekommen ist, werden wir hierher gebracht. Man will sich auf uns stürzen und über uns herfallen und uns samt unseren Eseln zu Sklaven nehmen‹.

Nachdem Josef das Haus in V. 26 betreten hat, bringen die Brüder ihm sofort das Geschenk, welches in ihren Händen war, in das Haus (ויביאו לו את־המנחה אשר־בידם הביתה). Ist die Geste der Geschenkübergabe direkt nach Josefs Eintreten in das Haus nicht weiter verwunderlich, erstaunt doch die Tatsache, dass die Brüder das Geschenk nun noch einmal in das Haus zu bringen scheinen, wo sie sich samt Geschenk ja auch in V. 25 aufgehalten hatten. Nach dem vorausgehenden Erzählverlauf hätten sie das Geschenk also lediglich dem nun auch im Haus befindlichen Josef überreichen müssen. Anders formuliert, ist die Wiederaufnahme der adverbialen Bestimmung הביתה im Kontext von Gen 43,26 redundant, ja störend.

Was mit Blick auf diesen ersten Überblick festgehalten werden kann, ist, dass die Mitnahme, Zurichtung und Übergabe des Geschenks nicht ganz stringent in den unmittelbaren Kontext eingebunden ist. Das Motiv des Geschenks knüpft in V. 11a zunächst an die „Erträge des Landes" an, deren direkten Zusammenhang mit der Explikation V. 11b es unterbricht. Bei der zweiten Erwähnung des Geschenks in V. 15aα wird die bisherige Erzählebene zwischen Vater und Söhnen verlassen und stattdessen die neue Situation ab V. 16 antizipiert, in der Josef vor seinem Hausvorsteher anonym von „den Männern" spricht. V. 25 berichtet gegen V. 18, dass die Brüder sehr wohl wussten, warum sie in das Haus geführt wurden. V. 26aβ nimmt im Zuge der Geschenküberbringung die adverbiale Bestimmung הביתה aus V. 26aα wieder auf[163] und gerät darüber mit der Aussage aus V. 25 in Konflikt.

Mit Blick auf diesen Befund steht u. E. auch im Zusammenhang des Geschenks zu überlegen, ob jenes Motiv dem Erzählverlauf erst nachträglich zugewachsen sein könnte.[164] Das Motiv knüpft offenbar an die Formulierung מזמרת הארץ in V. 11 an und weist die Gabe(n) nun als Geschenk für Josef aus. Dass die Gaben mit dem

163 Vgl. Levin, Jahwist, 294.
164 Vgl. hierzu auch die Bemerkung von Gunkel, HK, 451, im Zusammenhang von V. 26b: „Von dem Geschenk und wie Joseph es aufnahm, ist im folgenden keine Rede mehr; das Motiv wird fallen gelassen".

Geschenk identisch sind, findet in der Verwendung des Demonstrativpronomens הזאת in V. 15aα einen Widerhall[165] – die Gaben selbst kommen nach Gen 43,11 nicht mehr vor. Zurichtung und Übergabe des Geschenks hängen sich an den Befehl Josefs in V. 16, auf den sie auch sprachlich (כון, V. 25[166]) zurückgreifen. In V. 26 ist die Ergänzung der Geschenkübergabe durch die Wiederaufnahme der adverbialen Bestimmung הביתה in den Kontext eingebunden.[167]

Die Tatsache, dass V. 25 gegen V. 18 voraussetzt, dass die Brüder das Gespräch Josefs mit seinem Hausvorsteher aus V. 16 mitgehört haben, könnte darauf hinweisen, dass V. 18–23a* einen gegenüber dem Geschenkmotiv jüngeren Bestandteil von Gen 43 darstellen. Gen 43,16–17a.24a–26 hätten dann einmal in einem unmittelbareren Zusammenhang gestanden.[168] Die Einführung des Geschenks scheint dem Umstand Rechnung zu tragen, dass die Gaben zwar mitgenommen, aber nie *expressis verbis* übergeben wurden.

Ein weiterer Nachtrag könnte sich in der Auflistung der Gaben in V. 11b finden, wie die Übereinstimmungen mit Gen 37,25 zeigen.[169] Während dort allerdings die Reihenfolge נכאת וצרי ולט erscheint, begegnet hier zuerst die Kombination מעט צרי ומעט דבש (V. 11bα), bevor mit den Hendiadyoin נכאת ולט בטנים ושקדים zwei weitere Gaben-Paare folgen. Von ihnen findet lediglich das erste נכאת ולט – allerdings in abweichender Reihenfolge – eine Entsprechung in der Liste von Gen 37,25. Die „Aufzählung der Gaben in V. 11b" dürfte demnach nicht, wie etwa Christoph Levin vermutet, „aus 37,25 nachgetragen sein".[170] Eher wird die Liste nachträglich an Gen 37,25 angeglichen worden sein, wobei dem Autor die Formulierung מעט צרי ומעט דבש wohl bereits vorgegeben war. Vermutlich aus diesem Grund hat er die in Gen 37,25 vorfindliche Reihenfolge נכאת וצרי ולט aufgesprengt und ולט נכאת an מעט צרי ומעט דבש gehängt. Eine ältere Liste kannte möglicherweise nur מעט צרי ומעט דבש בטנים ושקדים als Geschenke für Josef.

Beschließen wir hiermit die Betrachtung der „Hausvorsteher-Verse" und widmen uns im Anschluss jenen Motiven, die in Gen 42 mit der in Gen 43 geschilderten zweiten Reise nach Ägypten zusammenhingen: Der Gefangenschaft Simeons im

---

165 Vgl. hierzu u. a. Levin, Jahwist, 294, oder Kebekus, Joseferzählung, 122.
166 Vgl. hierzu z. B. Jacob, Genesis, 787.
167 Anders u. a. Jacob, Genesis, 788, der das zweite הביתה für unentbehrlich hält. „Denn sonst würde gar nicht gesagt sein, daß die Brüder gemäß dem Befehle v. 16 in die inneren Räume geführt worden seien".
168 Auch Levin, Jahwist, 294–295, sieht in dem Gespräch der Brüder mit dem Hausvorsteher grundsätzlich ein gegenüber der Geschenkzurichtung und -übergabe jüngeres Motiv.
169 Vgl. hierzu bereits Gunkel, HK, 449, aber auch Westermann, BK, 131; Levin, Jahwist, 294, oder Dietrich, Novelle, 34–35.
170 Levin, Jahwist, 294. Vgl. allgemein zu den Übereinstimmungen mit Gen 37,25 auch Westermann, BK, 131; Wenham, WBC, 421, oder Seebass, Josephsgeschichte, 98.

244 ——— Genesis 42–45: Josef und seine Brüder

Rahmen der Kundschafter-Bearbeitung und der Forderung einer Mitnahme Benjamins im Rahmen der Benjamin-Bearbeitung.

(g) Die kontextuelle Verknüpfung mit Gen 42 – oder: die Fortsetzung von Kundschafter- und Benjamin-Bearbeitung in Gen 43

Dass wir bisher von dem in Gen 38–41 angewandten Schema abgewichen sind und die kontextuelle Anbindung von Gen 43 an den vorauslaufenden Kontext eingangs nicht eigens besprochen haben, liegt vor allem darin begründet, dass sich die Anbindungen an die großen Erzähllinien von Gen 42 nicht mit gleicher Deutlichkeit aufzeigen lassen, wie dies in den vorausgehenden Kapiteln der Fall war. Als ein Grund dafür dürfte zu nennen sein, dass die Fortsetzung der mit der Rückkehr zum Vater in Gen 42,29ff notwendig gewordenen Reise der Brüder erst mitten im Kapitel, genauer mit der Aufforderung des Vaters zum neuerlichen Aufbruch in Gen 43,11–14 beginnt. Zuvor erfahren wir in Gen 43,1–10 von einer anhaltenden Hungersnot (Gen 43,1–2.4–5), dem vorbildlichen Verhalten Judas (Gen 43,3.8–10) und einem Dialog zwischen dem Vater und allen Söhnen (Gen 43,6*–7). Alle genannten Motive sind in der vorausgehenden Analyse von Gen 43 bereits angesprochen worden. Die anhaltende Hungersnot und die Reden Judas sind überdies im Binnen- bzw. Außenkontext verortet worden. Was noch aussteht, ist eine genauere Betrachtung jenes Erzählfadens, in den der Dialog zwischen Vater und Söhnen in Gen 43,6–7* gehört.

Die Benjamin-Bearbeitung

Bei der Betrachtung der V. 3–10 wurde bereits angedeutet, dass sich der Dialog zwischen Jakob-Israel und dem Kollektiv der Söhne wohl am ehesten im Rahmen der Benjamin-Bearbeitung verorten lässt und einmal direkt an Gen 42,38 angeschlossen haben dürfte. Um diese Annahme zu erörtern, blicken wir noch einmal zurück auf die angenommene literarische Entwicklung von Gen 42.[171] Denn hängt die Erwähnung Benjamins in Gen 43 literarisch mit seiner Einführung in Gen 42 zusammen, ist die dort getroffene literarkritische Entscheidung auch für die Einschätzung der Benjamin-Verse in Gen 43 von entscheidender Bedeutung.

Maßgeblich für die Vermutung, bei der Einführung Benjamins könne es sich um einen Nachtrag handeln, waren Beobachtungen zu den Versen Gen 42,13–16.19 und ihrem Verhältnis zum weiteren Kontext von Gen 42. Beginnen wir mit einer Betrachtung von Gen 42,13–16. Der Abschnitt findet sich im Rahmen der

---

171 Vgl. hierzu ausführlich oben 4.1. (c) und unten 4.3. (a).

ersten Begegnung Josefs und seiner Brüder in Ägypten. Nachdem die Brüder in Gen 42,6 vor Josef getreten sind, erkennt jener sie und verstellt sich gegen sie (Gen 42,7). Wohl deshalb erkennen sie den verkauften Bruder nicht (Gen 42,8). Josef beschuldigt die Brüder der Kundschafterei, sie seien gekommen, zu sehen, wo das Land offen stehe (Gen 42,9). Die Brüder verneinen diesen Vorwurf, sie seien lediglich gekommen, um Getreide zu kaufen (Gen 42,10). Sie seien alle Söhne eines Mannes, rechtschaffen und keine Kundschafter (Gen 42,11). Doch Josef glaubt ihnen nicht und hält zumindest an einem seiner Vorwürfe fest: sie seien gekommen, um zu sehen, wo das Land offen stehe (Gen 42,12).[172]

Beschäftigt sich dieser Abschnitt vornehmlich mit dem Vorwurf bzw. den Vorwürfen Josefs und deren Entkräftigung durch die Brüder in V. 10–11, so verschiebt sich der Akzent in V. 13–16 auf die Einführung des jüngsten Bruders, der noch zu Hause beim Vater in Kanaan weilt. Dabei wird in V. 13 nicht näher erläutert, inwiefern dieser Sachverhalt überhaupt mit der vorausgehenden Anschuldigung Josefs zusammenhängt. Denn weder folgt der Anklage V. 12 ein vehementes „Nein!", wie es in V. 10 der Fall war, noch gehen die Brüder überhaupt auf den Vorwurf Josefs ein. Welche Ziele sie in Ägypten verfolgen, spielt in V. 13 keine Rolle. Stattdessen greift die wörtliche Rede der Brüder in V. 13 auf die Formulierung בני איש־אחד aus V. 11 zurück und ergänzt sie um den Aspekt der Bruderschaft (אחים אנחנו בני איש־אחד). Damit dient die Akzentverschiebung vornehmlich einer Vorbereitung auf die Einführung Benjamins.

Erst V. 14 kommt wieder auf den Vorwurf der Kundschafterei zu sprechen. Auch nachdem die Brüder ungefragt ihre familiären Verhältnisse offengelegt haben, ist Josef nicht geneigt, ihnen Glauben zu schenken. Um die Wahrheit ihrer Worte unter Beweis zu stellen, stellt er ihnen deshalb in V. 15–16 eine Forderung, die durch den zweifachen Schwur beim Leben Pharaos gerahmt wird.

Gen 42,11.13–16.

¹¹ כלנו בני איש־אחד נחנו כנים אנחנו לא־היו עבדיך מרגלים:

¹³ ויאמרו שנים עשר עבדיך אחים אנחנו בני איש־אחד בארץ כנען והנה הקטן את־אבינו היום והאחד איננו:

¹⁴ ויאמר אלהם יוסף הוא אשר דברתי אלכם לאמר מרגלים אתם:

¹⁵ בזאת תבחנו חי פרעה אם־תצאו מזה כי אם־בבוא אחיכם הקטן הנה:

¹⁶ שלחו מכם אחד ויקח את־אחיכם ואתם האסרו ויבחנו דבריכם האמת אתכם ואם־לא חי פרעה כי מרגלים אתם:

Diese Aussage Josefs aus V. 16 steht in einer gewissen Spannung zum weiteren Erzählverlauf. Dort nämlich lässt Josef nicht einen Bruder ziehen, während die anderen in Ägypten bleiben, sondern alle Brüder außer dem gefangenen Simeon (V. 19) ziehen nach Hause. Trotz dieser sachlichen Differenz stehen beide Aussagen nicht unverbunden nebeneinander. Denn zunächst ist die Mitnahme Benjamins in V. 19–20 ausdrücklich mit der Gefangenschaft Simeons verknüpft. Überdies wird die Forderung Josefs aus V. 16 explizit in V. 20a aufgegriffen (ויבחנו דבריכם → ויאמנו דבריכם האמת אתכם). Dabei fällt auf, dass sich auch hier ein Akzent verschiebt. Die Wahrheit der Worte nämlich bezieht sich in V. 19–20 nicht mehr, wie im Zusammenhang von V. 13.16, auf die Worte über Benjamin, sondern auf die Rechtschaffenheit der Brüder, wie sie in V. 11 von den Brüdern behauptet und in V. 19 von Josef aufgegriffen wurde. Sie soll sich dadurch erweisen, dass alle Brüder außer Simeon nach Hause ziehen und sie ihren jüngsten Bruder bei der zweiten Reise nach Ägypten mitbringen, die nun mit der Gefangenschaft des Einen zwangsläufig vorausgesetzt ist.

Gen 42,13–16.19–20:

13 ויאמרו שנים עשר עבדיך אחים אנחנו בני איש־אחד בארץ כנען והנה הקטן
את־אבינו היום והאחד איננו:
14 ויאמר אלהם יוסף הוא אשר דברתי אלכם לאמר מרגלים אתם:
15 בזאת תבחנו חי פרעה אם־תצאו מזה כי אם־בבוא אחיכם הקטן הנה:
16 שלחו מכם אחד ויקח את־אחיכם ואתם האסרו **ויבחנו דבריכם האמת אתכם**
ואם־לא חי פרעה כי מרגלים אתם:
19 אם־כנים אתם אחיכם אחד יאסר בבית משמרכם ואתם לכו הביאו שבר רעבון בתיכם:
20 ואת־אחיכם הקטן תביאו אלי **ויאמנו דבריכם** ולא תמותו ויעשו־כן:

Dass die Gefangenschaft Simeons indes das ältere Motiv und damit der Anlass der zweiten Reise nach Ägypten sein dürfte, deutet sich auch in den Formulierungen von Gen 42,33.34b an. Denn nachdem in Gen 42,20 der Zusammenhang der Forderungen aus Gen 42,13–16 und Gen 42,19 geklärt ist, fehlt in Gen 42,33.34b jeglicher Hinweis auf die Wahrheit der Worte aus Gen 42,16. Stattdessen ist dort, wie in Gen 42,9bα.11, allein die Rechtschaffenheit als positives Gegenüber zum Vorwurf der Kundschafterei genannt. Ihre Rechtschaffenheit aber sollen die Brüder dadurch erweisen, dass sie mit dem erworbenen Getreide heimkehren und so zeigen, dass sie tatsächlich nur nach Ägypten gekommen sind, um Nahrung zu kaufen und nicht, um das Land auszuspionieren (vgl. Gen 42,9–12*).

Gen 42,33–34*:

33 ויאמר אלינו האיש אדני הארץ **בזאת אדע כי כנים אתם** אחיכם האחד הניחו אתי ואת־
רעבון בתיכם קחו ולכו:

‏וְהָבִיאוּ אֶת־אֲחִיכֶם הַקָּטֹן אֵלַי וְאֵדְעָה כִּי לֹא מְרַגְּלִים אַתֶּם ‏כִּי כֵנִים אַתֶּם‏ אֶת־אֲחִיכֶם אֶתֵּן‏³⁴
‏לָכֶם וְאֶת־הָאָרֶץ תִּסְחָרוּ:‏

Ist aber die Einführung Benjamins in Gen 42 jünger als das Motiv einer Geiselhaft Simeons (Kundschafter-Bearbeitung), bedeutet dies für Gen 43, dass auch dort die Mitnahme Benjamins einen sekundären Bestandteil im Rahmen der zweiten Reise nach Ägypten darstellen dürfte.[173] Damit wären zunächst V. 1–10*, in denen die Forderung einer Mitnahme Benjamins sachlich vorausgesetzt ist, jünger einzustufen als die Aufforderung des Vaters an die Söhne, sich nach Ägypten aufzumachen (Gen 43,11ff*). Ferner wird auch die Erlaubnis des Vaters zur Mitnahme Benjamins in seiner direkten Rede Gen 43,13 einen Nachtrag darstellen. Denn auch sie versteht sich erst vor dem Hintergrund der (sekundären) Forderung Josefs aus Gen 42. Dasselbe gilt für die Ausführung des väterlichen Befehls in V. 15. „Da nahmen die Männer das Geschenk, auch den doppelten Betrag an Geld nahmen sie mit sich, und Benjamin, machten sich auf, zogen nach Ägypten hinab und traten vor Josef".

> In jenem Vers hängt die Mitnahme Benjamins syntaktisch an der Mitnahme des Geschenks, das dementsprechend einen älteren Bestandteil der Erzählung darstellen dürfte. Jünger könnte hingegen der invertierte Hinweis auf das zweite Geld sein, der die Wurzel לקח aus V. 15a noch einmal aufgreift. Für diese Annahme sprechen auch die oben zu (a) angeführten Überlegungen zur Motivation der Einführung des „zweiten Geldes" in den Kontext von Gen 43.

Ebenfalls sekundär wird im Rahmen der zweiten Reise das Erblicken Benjamins in V. 16a sein. Der Narrativ dürfte sich ursprünglicher, wie bereits Hermann Gunkel aus erzähltechnischen Gründen vermutete,[174] auf alle Brüder (אתם als nota acc.) bezogen haben. Denn auch bevor die Mitnahme Benjamins zur Bedingung einer zweiten Reise nach Ägypten wurde, wird Josef seine Brüder nach ihrer Ankunft gesehen haben.

---

173 Vgl. hierzu Levin, Jahwist, 296, oder Ruppert, FzB, 272–273.

174 Vgl. Gunkel, HK, 450, der meint, dass „Joseph jetzt schon Benjamin sieht, würde der rührenden Szene 29 f. die Pointe vorwegnehmen; את־בנימין ist Zusatz eines Mannes, der so Josephs Freundlichkeit gegen seine Brüder begründen wollte, die in Wirklichkeit den Zweck hat, sie zu verwirren". Vgl. ähnlich Kebekus, Joseferzählung, 124, der die durch die Doppelung V. 16.29 entstandene „Verwirrung" so zu lösen versucht, dass er das Erblicken jeweils unterschiedlichen Verfassern (V. 16aα Ruben-Erweiterung/ V. 29 Juda-Schicht) zuschreibt. Vgl. zur Ausscheidung Benjamins in V. 14–16 insgesamt die Ausführungen bei Levin, Jahwist, 296. „Der Name klappt in V. 14a.15a.16a jedesmal nach. Daß es Zusätze sind, ist in V. 16 wegen der Asyndese am deutlichsten, Sam LXX ergänzen die Kopula".

Dass Josef Benjamin erblickt, wird in V. 29 noch einmal aufgegriffen. Der Vers findet sich im Zusammenhang der Begrüßung Josefs und seiner Brüder. Nachdem Josef in V. 26a sein Haus betreten hatte, werfen sich die Brüder – wie bereits in Gen 42,6 – vor ihm nieder (V. 26b). Im direkten Anschluss V. 27 werden die Brüder von Josef erstmals nach ihrer zweiten Ankunft in Ägypten angesprochen. Dabei bezieht sich seine Rede zunächst auf das Wohl des Vaters, von dem man ihm bei der ersten Reise berichtet habe (Gen 42,11). „Geht es eurem alten Vater gut, von dem ihr erzählt habt? Ist er noch am Leben?" Die Antwort auf seine Fragen erhält Josef in V. 28a von den Brüdern. „Es geht deinem Diener, unserem Vater, gut. Er ist noch am Leben". V. 28b greift die Proskynese aus V. 26b wieder auf. Nachdem die Brüder so ein zweites Mal vor Josef niederfallen, hebt er die Augen und erblickt Benjamin, den Sohn seiner Mutter.[175] Daraufhin spricht er die Brüder erneut an und fragt: „Ist das euer jüngster Bruder, von dem ihr mir erzählt habt?"

An dieser Stelle deutet sich intratextuell an, was intertextuell mit Blick auf den literarkritischen Befund von Gen 42 bereits vermutet wurde: Dass die Einführung Benjamins auch im Kontext von Gen 43 sekundär sein dürfte. Denn mit der Wiederaufnahme der Proskynese aus V. 26b in V. 28b[176] leitet V. 29 nun die Einführung Benjamins ein, nach dem Josef sich postwendend informiert. So fügt V. 29[177] der wohl älteren Frage nach dem Vater V. 26b–28a auch die Frage nach dem zweiten Rahel-Sohn hinzu. Damit entspricht der Erzählfaden V. 27–29 der Auskunft der Brüder aus V. 7 und holt den dort berichteten Sachverhalt nach.

---

175 Vgl. Levin, Jahwist, 296, oder Ruppert, FzB, 272–273.

176 „Ziemliche Konfusion herrscht am Ende von [V. 28]. Soll der Punkt im letzten Buchstaben ein überflüssiges Vokalzeichen oder ein unmögliches Dageš sein? Keine der Möglichkeiten ist attraktiv. Die Alternative ist aber veranlaßt durch den Konsonantenbestand. Hier liegt der einzige Beleg des Verbs (bei den vergleichbaren Formen) vor, der nur mit *einem* ו endet. Vielleicht hat ein pietätvoller Schreiber, der am Konsonantenbestand nichts ändern wollte, den offenkundigen Fehler durch verzweifelte Dagešierung beheben wollen. Die Konsequenz zieht das Qere, dem wir [auch die Verf.] uns hier anschließen: וישתחוו"; Schweizer, Josefsgeschichte, 34 (Hervorhebung im Original).

177 Im Zusammenhang von V. 29 betont Kebekus, Joseferzählung, 127, es sei insbesondere zu beachten, „daß der von [אחיכם הקטן] abhängige Relativsatz [אשר אמרתם אלי] Gen 43,29aβ explizit auf die Rede der Brüder Gen 42,13 zurückverweist [...], was als weiteres Indiz für die Abhängigkeit der Juda-Schicht von der Ruben-Tradition gewertet werden kann". Diese Annahme von Kebekus gleicht allerdings einem Zirkelschluss. Denn ihr liegt bereits die Annahme zugrunde, dass Gen 42 wegen Ruben und Jakob nicht zur Juda-Schicht gehören kann, während umgekehrt Gen 43 wegen Juda und Israel größtenteils der Juda-Schicht zugerechnet werden müsse. Sieht man von diesem Urteil *a priori* ab, wäre zuallererst zu fragen, ob die beiden genannten Verse mit Blick auf ihre sachlichen und sprachlichen Übereinstimmungen nicht auch in einem direkten literarischen Zusammenhang stehen könnten.

Gen 43,6–7.26–29:

⁶ וַיֹּאמֶר יִשְׂרָאֵל לָמָה הֲרֵעֹתֶם לִי לְהַגִּיד לָאִישׁ הַעוֹד לָכֶם אָח:

⁷ וַיֹּאמְרוּ שָׁאוֹל שָׁאַל־הָאִישׁ לָנוּ וּלְמוֹלַדְתֵּנוּ לֵאמֹר הַעוֹד אֲבִיכֶם חַי הֲיֵשׁ לָכֶם אָח וַנַּגֶּד־לוֹ
עַל־פִּי הַדְּבָרִים הָאֵלֶּה הֲיָדוֹעַ נֵדַע כִּי יֹאמַר הוֹרִידוּ אֶת־אֲחִיכֶם:

²⁶ וַיָּבֹא יוֹסֵף הַבַּיְתָה וַיָּבִיאוּ לוֹ אֶת־הַמִּנְחָה אֲשֶׁר־בְּיָדָם הַבָּיְתָה וַיִּשְׁתַּחֲווּ־לוֹ אָרְצָה:

²⁷ וַיִּשְׁאַל לָהֶם לְשָׁלוֹם וַיֹּאמֶר הֲשָׁלוֹם אֲבִיכֶם הַזָּקֵן אֲשֶׁר אֲמַרְתֶּם הַעוֹדֶנּוּ חָי:

²⁸ וַיֹּאמְרוּ שָׁלוֹם לְעַבְדְּךָ לְאָבִינוּ עוֹדֶנּוּ חָי

וַיִּקְּדוּ וַיִּשְׁתַּחֲווּ:

²⁹ וַיִּשָּׂא עֵינָיו וַיַּרְא אֶת־בִּנְיָמִין אָחִיו בֶּן־אִמּוֹ וַיֹּאמֶר הֲזֶה אֲחִיכֶם הַקָּטֹן אֲשֶׁר אֲמַרְתֶּם אֵלָי
וַיֹּאמַר אֱלֹהִים יָחְנְךָ בְּנִי:¹⁷⁸

Dass auch die letzte Erwähnung Benjamins in Gen 43,34 nachgetragen sein dürfte, wurde bereits im Zusammenhang der Gastmahl-Bearbeitung angesprochen. Dort hatten wir zunächst vermutet, dass der Abschnitt Gen 43,27–28 einmal von Gen 45,1–2 fortgesetzt worden sein dürfte, bevor dieser Zusammenhang durch die Einführung des gemeinsamen Mittagsmahles in Gen 43,30–34* unterbrochen worden ist. Dabei wurde das Mittagsmahl mit einer Vorwegnahme der Szene Gen 45,1–2 in Gen 43,30–31 in den Kontext integriert. Noch später dürfte die Eintragung von Gen 44 das Motiv des Mittagsmahles in Gen 43,30–34* von Gen 45,1–2 getrennt haben. Diese Annahme zur relativen Chronologie der einzelnen Motive wird auch durch einen Blick auf die Mahlsszene selbst gestützt, in der die Aussage über Benjamin V. 34a notwendig auf den umliegenden Kontext angewiesen ist.

Gen 43,30–34:

³⁰ וַיְמַהֵר יוֹסֵף כִּי־נִכְמְרוּ רַחֲמָיו אֶל־אָחִיו וַיְבַקֵּשׁ לִבְכּוֹת וַיָּבֹא הַחַדְרָה וַיֵּבְךְּ שָׁמָּה:

³¹ וַיִּרְחַץ פָּנָיו וַיֵּצֵא וַיִּתְאַפַּק וַיֹּאמֶר שִׂימוּ לָחֶם:

³² וַיָּשִׂימוּ לוֹ לְבַדּוֹ וְלָהֶם לְבַדָּם וְלַמִּצְרִים הָאֹכְלִים אִתּוֹ לְבַדָּם כִּי לֹא יוּכְלוּן הַמִּצְרִים לֶאֱכֹל
אֶת־הָעִבְרִים לֶחֶם כִּי־תוֹעֵבָה הִוא לְמִצְרָיִם:

³³ וַיֵּשְׁבוּ לְפָנָיו הַבְּכֹר כִּבְכֹרָתוֹ וְהַצָּעִיר כִּצְעִרָתוֹ וַיִּתְמְהוּ הָאֲנָשִׁים אִישׁ אֶל־רֵעֵהוּ:

³⁴ וַיִּשָּׂא מַשְׂאֹת מֵאֵת פָּנָיו אֲלֵהֶם וַתֵּרֶב מַשְׂאַת בִּנְיָמִן מִמַּשְׂאֹת כֻּלָּם חָמֵשׁ יָדוֹת
וַיִּשְׁתּוּ וַיִּשְׁכְּרוּ עִמּוֹ:

---

178 LXX liest: ἀναβλέψας δὲ τοῖς ὀφθαλμοῖς Ιωσηφ εἶδεν Βενιαμιν τὸν ἀδελφὸν αὐτοῦ τὸν ὁμομήτριον καὶ εἶπεν οὗτος ὁ ἀδελφὸς ὑμῶν ὁ νεώτερος ὃν εἴπατε πρός με ἀγαγεῖν καὶ εἶπεν ὁ θεὸς ἐλεήσαι σε τέκνον.
Die Überhänge werden sich mit Schweizer, Josefsgeschichte, 34, als „nachträgliche Verdeutlichungen erzählerisch legitimer Leerstellen verstehen lassen".

Gen 44,1–34*: Der Becherdiebstahl durch Benjamin

Gen 45, 1–2*:

¹ וְלֹא־יָכֹל יוֹסֵף לְהִתְאַפֵּק לְכֹל הַנִּצָּבִים עָלָיו וַיִּקְרָא הוֹצִיאוּ כָל־אִישׁ מֵעָלָי וְלֹא־עָמַד אִישׁ אִתּוֹ
בְּהִתְוַדַּע יוֹסֵף אֶל־אֶחָיו:
² וַיִּתֵּן אֶת־קֹלוֹ בִּבְכִי וַיִּשְׁמְעוּ מִצְרַיִם וַיִּשְׁמַע בֵּית פַּרְעֹה:

Fassen wir die Beobachtungen zur Benjamin-Bearbeitung kurz zusammen. Die
Bedingung an die Brüder aus Gen 42, Benjamin bei einem zweiten Hinabzug nach
Ägypten mitzunehmen, wird in Gen 43 erfüllt. Dabei wird nach Gen 42,38 im
(sekundären) Zusammenhang von Gen 43,6–7.26b–29 erneut auf die besondere
Verbindung des Vaters mit Benjamin und Josef hingewiesen. Das enge Verhältnis zwischen Josef und seinem einzigen Vollbruder findet einen weiteren Ausdruck in der Aussage von V. 34a, nach der Benjamin fünfmal mehr zuteilwurde
als seinen Brüdern.

Die Mitnahme Benjamins nach Ägypten in Gen 42–43 bereitet auf die Erzählung Gen 44 vor, in der Benjamin neben Josef und Juda die Hauptrolle einnehmen
wird. Bleibt er selbst auch durchweg stumm, so bestimmt doch sein Wohlergehen
den Erzählverlauf von Gen 42,4 bis Gen 44,34. Wie sich die Benjamin-Bearbeitung im Folgenden fortsetzt, hat sich an einigen Stellen bereits angedeutet und
wird bei der Analyse von Gen 44 noch genauer zu erörtern sein.

Die Kundschafter-Bearbeitung

Kommen wir abschließend noch einmal auf den hier angenommenen ältesten
Erzählfaden in Gen 43 zu sprechen. Wie schon mehrfach angeklungen ist, dürfte
die Geiselhaft Simeons im Rahmen der Kundschafter-Bearbeitung von Gen 42 den
ursprünglichen Anlass für eine zweite Reise nach Ägypten gegeben haben. Von
ihr berichten die Brüder dem Vater nach ihrer Rückkehr in den Versen Gen 42,30–
34*. Mit jenem Bericht dürfte das Kapitel einmal geschlossen haben. Was in logischer Konsequenz folgen müsste, ist eine Reaktion des Vaters auf den Sachverhalt, der ihm von seinen Söhnen geschildert wurde. Doch auf sie wartet der Leser
zunächst vergeblich.[179] Stattdessen erfährt er in Gen 43, dass die Brüder „hinwie-
derum [...] nicht der moralischen Verpflichtung wegen, um sich zu legitimieren

---

179 Vgl. hierzu Seebass, Josephsgeschichte, 98. „Es muß jedoch auffallen, daß in dem gesamten
Argumentationsgang (V. 3–13) Simeons Haft weder für die Brüder noch für den Vater eine Rolle
spielt und der Vater nur nebenbei auf sie zu sprechen kommt (V. 14). Man findet wie in 42,38
eine einseitige Konzentration auf des Vaters Sorge um Benjamin". Ähnlich Westermann, BK, 129.

und Simeon zu lösen, nach Ägypten zurückgehen, sondern warten bis das Korn alle ist und der Hunger sie zwingt"[180]. Erst in seiner wörtlichen Rede Gen 43,11–14* kommt der Vater auch auf die Gefangenschaft Simeons zu sprechen.

Dass diese Verzögerung das Resultat eines literarischen Wachstumsprozesses darstellen dürfte, hat sich bereits in der vorauslaufenden Analyse angedeutet. Denn sowohl die Mitnahme Benjamins (Gen 42,38; 43,6*7) als auch die wörtliche Rede Judas (Gen 43,3.6*.8–10) und das Motiv eines zweiten Getreidekaufs (Gen 43,1–2.12aα.15aβ.22a) wurden als Nachträge aus dem Kontext ausgeschieden. Dasselbe gilt in Gen 42,35–38 auch für den Geldfund (Gen 42,35) und die wörtliche Rede Rubens (Gen 42,36*.37; vgl. jeweils oben zur Stelle). Fallen diese Motive nun als Bearbeitungen aus dem Kontext heraus, hätte die wörtliche Rede des Vaters in Gen 43,11–14* unmittelbar an den Bericht der Brüder aus Gen 42,30ff* angeschlossen.

Literarkritisch deutet sich dies auch in der Wiederaufnahme der Redeeinleitung Gen 42,36 in Gen 43,11 an, in der sich die Bezeichnung des Vaters von „Jakob" zu „Israel" verschoben hat. Da der Zusammenhang zwischen Bericht und Antwort zuallererst von der Benjamin-Bearbeitung unterbrochen worden sein dürfte, könnte sie für diese Modifikation verantwortlich sein. Zu beachten ist allerdings, dass dieselbe Hand in Gen 42,4 noch Jakob als Vater Benjamins genannt hat. Motivation und Urheber des Namenswechsels sind dementsprechend hier nicht sicher nachzuvollziehen.[181]

Zieht man nun in der wörtlichen Rede des Vaters Gen 43,11–14 ebenfalls die bereits im vorauslaufenden Kontext als sekundär ausgewiesenen Motive ab, bleibt eine Aufforderung übrig, die sich als Fortsetzung der Geiselhaft Simeons im Rahmen der Kundschafter-Bearbeitung aus Gen 42 liest. Wie Josef seine Brüder aufgefordert hatte: זֹאת עֲשׂוּ [...] אִם־כֵּנִים אַתֶּם אֲחִיכֶם אֶחָד יֵאָסֵר בְּבֵית מִשְׁמַרְכֶם, so tut der Vater dies nun mit seinen Söhnen: אִם־כֵּן אֵפוֹא זֹאת עֲשׂוּ.[182] Um Simeon zu holen, sollen sich die Brüder mit einem Geschenk auf nach Ägypten machen.

Gen 42,18a.19.29.33.34b.36*:

[...] וַיֹּאמֶר אֲלֵהֶם יוֹסֵף בַּיּוֹם הַשְּׁלִישִׁי זֹאת עֲשׂוּ [...]: [18]
אִם־כֵּנִים אַתֶּם אֲחִיכֶם אֶחָד יֵאָסֵר בְּבֵית מִשְׁמַרְכֶם וְאַתֶּם לְכוּ הָבִיאוּ שֶׁבֶר רַעֲבוֹן בָּתֵּיכֶם: [19]
וַיָּבֹאוּ אֶל־יַעֲקֹב אֲבִיהֶם אַרְצָה כְּנָעַן וַיַּגִּידוּ לוֹ אֵת כָּל־הַקֹּרֹת אֹתָם לֵאמֹר: [29]

---

180 Wellhausen, Composition, 56.
181 Einen Versuch, den Wechsel zu erklären, unternimmt z. B. Hamilton, NIC.OT, 541, der sachlich zwischen Jakob, der „suffering, human, feeling side of the patriarch" und Israel „used to underscore the office and the dignity of the patriarch" unterscheidet.
182 Vgl. zu diesem Zusammenhang Jacob, Genesis, 781.

ויאמר אלינו האיש אדני הארץ בזאת אדע כי כנים אתם אחיכם האחד הניחו אתי ואת־ [33] רעבון בתיכם קחו ולכו:

[...] ואדעה כי לא מרגלים אתם כי כנים אתם את־אחיכם אתן לכם ואת־הארץ תסחרו: [34]

ויאמר אלהם יעקב אביהם אתי שכלתם יוסף איננו ושמעון איננו ואת־בנימן תקחו עלי היו [36] כלנה:

Gen 43,11–14*:

ויאמר אלהם ישראל אביהם אם־כן אפוא זאת עשׂו קחו מזמרת הארץ בכליכם והורידו [11] לאיש מנחה מעט צרי ומעט דבש נכאת ולט בטנים ושקדים:

וכסף משנה קחו בידכם ואת־הכסף המושב בפי אמתחתיכם תשיבו בידכם אולי משגה [12] הוא:

ואת־אחיכם קחו וקומו שובו אל־האיש: [13]

ואל שדי יתן לכם רחמים לפני האיש ושלח לכם את־אחיכם אחר ואת־בנימין ואני כאשר [14] שכלתי שכלתי:

Der Aufforderung des Vaters wird einmal direkt der Aufbruch der Brüder gefolgt sein, die in V. 15b vor Josef treten. Jener erblickt sie (אתם nota acc.; s. o.) in V. 16aα und gibt ihnen den gefangenen Simeon, wie in Gen 42 versprochen, wieder frei (V. 23b). Wie bei der ersten Begegnung in Gen 42,6, fallen die Brüder sodann vor Josef nieder (V. 26b). Er spricht sie – ebenfalls wie in Gen 42,7ff* – direkt an und erkundigt sich nach dem Wohl des Vaters (V. 27), von dem sie ihm bei ihrer ersten Begegnung (Gen 42,11) berichtet hatten.[183] Die Brüder antworten ihm, dass es gut um den Vater stehe (V. 27–28a). Die Szene wird von Gen 45,1–2* fortgesetzt worden und in die Entdeckung Josefs Gen 45,3–4* gemündet sein (s. o.).

Gen 43,11*.13–14a.15b.16aα.23b.26b.27–28a:

ויאמר אלהם ישראל אביהם אם־כן אפוא זאת עשׂו קחו מזמרת הארץ בכליכם [...] מעט [11] צרי ומעט דבש נכאת ולט בטנים ושקדים:

[...] וקומו שובו אל־האיש: [13]

ואל שדי יתן לכם רחמים לפני האיש ושלח לכם את־אחיכם אחר [...]: [14]

[...] ויקמו וירדו מצרים ויעמדו לפני יוסף: [15]

וירא יוסף אתם [...]: [16]

[...] ויוצא אלהם את־שמעון: [23]

[...] וישתחוו־לו ארצה: [26]

וישאל להם לשלום ויאמר השלום אביכם הזקן אשר אמרתם העודנו חי: [27]

ויאמרו שלום לעבדך לאבינו עודנו חי [...]: [28]

---

183 Vgl. hierzu sachlich Jacob, Genesis, 788f.

Gen 45,1–4*:

¹ וְלֹא־יָכֹל יוֹסֵף לְהִתְאַפֵּק לְכֹל הַנִּצָּבִים עָלָיו וַיִּקְרָא הוֹצִיאוּ כָל־אִישׁ מֵעָלָי וְלֹא־עָמַד אִישׁ אִתּוֹ

בְּהִתְוַדַּע יוֹסֵף אֶל־אֶחָיו:

² וַיִּתֵּן אֶת־קֹלוֹ בִּבְכִי וַיִּשְׁמְעוּ מִצְרַיִם וַיִּשְׁמַע בֵּית פַּרְעֹה:

³ וַיֹּאמֶר יוֹסֵף אֶל־אֶחָיו אֲנִי יוֹסֵף הַעוֹד אָבִי חָי וְלֹא־יָכְלוּ אֶחָיו לַעֲנוֹת אֹתוֹ כִּי נִבְהֲלוּ מִפָּנָיו:

⁴ וַיֹּאמֶר יוֹסֵף אֶל־אֶחָיו גְּשׁוּ־נָא אֵלַי וַיִּגָּשׁוּ וַיֹּאמֶר אֲנִי יוֹסֵף אֲחִיכֶם אֲשֶׁר־מְכַרְתֶּם אֹתִי מִצְרָיְמָה:

Der o. a. Befund zeigt, dass sich der in Gen 42 von der Kundschafter-Bearbeitung eröffnete Erzählbogen in Gen 43 fortsetzt. Der gefangene Simeon wird wieder freigelassen, Josef spricht freundlich mit seinen Brüdern, die den Vorwurf der Kundschafterei durch ihr rechtschaffenes Verhalten entkräftet haben. Im Makrokontext der Josefsgeschichte hat ihre Rückkehr nach Ägypten zudem erwiesen, dass sie aus ihrem Fehlverhalten gegenüber Josef in Gen 37 gelernt haben. Nun kehren sie um, den verlorenen Bruder zu retten. Dabei geschieht der zweite Aufbruch auf Geheiß des Vaters, nach dessen Wohlbefinden sich Josef in Gen 43,27 erkundigt. Auch hier zeigen sich Parallelen zu Gen 37. Denn hatte der Vater dort seinen Liebling Josef losgesandt, zu sehen, ob es gut um die Brüder steht, entsendet er nun seine Söhne zu dem Totgeglaubten, der den Brüdern seinen Frieden (שלום) entbietet und sich danach erkundigt, ob es gut um den Vater stehe. Wie der Vater mit der Erkundigung nach dem Wohlsein der Brüder in Gen 37 den Verkauf Josefs und somit die Zerrüttung der Familie ausgelöst hatte, leitet sein Befehl in Gen 43 die Versöhnung der Brüder ein, die mit der Frage nach dem Wohl des Vaters ihren Ausgang nimmt. Denn nicht nur die Brüder sind Söhne dieses einen Mannes (Gen 42,11). Auch Josef ist der Sohn dieses Vaters. „Ich bin Josef. Lebt *mein Vater* noch?" (Gen 45,3). In dieser Konstellation besteht die Familie aus dem Vater, Josef und *allen* Brüdern. Ihre Versöhnung ist das Ziel, das mit Gen 45,3 erreicht wird.

Ergebnis

Fassen wir unsere Ergebnisse kurz zusammen. Der Erzählzusammenhang von Gen 43 dürfte als Resultat eines sukzessiven Fortschreibungsprozesses zu verstehen sein. Den ältesten Erzählfaden stellen dabei Gen 43,11aβ(ohne והורידו מנחה לאיש).b(ohne נכאת ולט).13b.14a(ohne ואת־בנימין).15b.16aα(nur וירא יוסף אתם).23b.26b.27–28a dar. Sie setzen die Kundschafter-Bearbeitung aus Gen 42 fort, die das Motiv einer Geiselhaft Simeons in den dortigen Kontext (nachträglich) eingeführt und so eine zweite Reise der Brüder nach Ägypten provoziert hatte. In Gen 43 machen sich die Brüder nun in die Fremde auf und Josef gibt ihnen den gefangenen Simeon wieder frei. Das Gespräch der Brüder mit Josef leitet in Gen 43,27–28a überdies die Versöhnung in Gen 45,1–4* ein.

Von dem oben skizzierten Erzählfaden hängen alle weiteren Motive in Gen 43 ab, bei denen es sich vielfach um punktuelle Ausschmückungen handeln dürfte. Eine erste solche Ausschmückung könnte das Motiv des gemeinsamen Mittagsmahles darstellen, das V. 16aγ(ab ויאמר)b.17.24b.26a(nur ויבא יוסף הביתה).30–31.33.34b umfasst. Das Motiv zeigt eine sachlich-sprachliche Schnittmenge mit Gen 24, unterstreicht die Großzügigkeit Josefs und stellt ihm seiner hohen Stellung entsprechend einen Hausvorsteher an die Seite. Der Befehl Josefs an den Hausvorsteher (V. 16*) trennt dabei die Ankunft der Brüder vor Josef (V. 15b.16a*) von der Herausgabe Simeons V. 23b und der gegenseitigen Begrüßung in V. 26b.27–28a. Das Mahl selbst unterbricht in V. 30–34* den Zusammenhang von Gen 43,28a mit seiner Entdeckung in Gen 45,1ff*, indem es die Selbstvorstellung Josefs bis nach dem Essen hinauszögert. Die Versöhnung der Brüder mit Josef (Gen 45,15) wird durch das festliche Mahl insgeheim vorweggenommen.

Von dem Motiv des gemeinsamen Mittagsmahles hängt die Übergabe des Geschenks an Josef ab, das die Brüder im Haus vor der Ankunft Josefs zurichten (V. 25). Das Motiv wird die V. 11a(nur והורידו לאיש מנחה).15aα.25.26a(ohne ויבא יוסף הביתה) umfasst haben. Es knüpft im Binnenkontext an die Aufzählung der Gaben in Gen 43,11* an, die nun nicht nur – wie im älteren Text – mitgenommen, sondern Josef auch übergeben werden.

Der Autor des Geschenkmotivs scheint die Furcht der Brüder aus der Szene V. 12b.18–21.22b.23a.24a noch nicht gekannt haben. Sie dürfte dementsprechend jünger einzustufen sein. Thematisch greift sie den Fund des Geldes aus Gen 42 auf, über den die Brüder in Gen 42,28.35 erschraken. Nun versichert der Hausvorsteher Josefs ihnen, dass sie nichts zu befürchten habe. Denn Gott, der Gott ihres Vaters, habe ihnen mit dem Geld ein Geschenk gemacht. Mit dieser theologischen Interpretation des Geldfundes verkehrt der Hausvorsteher die Furcht der Brüder aus Gen 42,28, es könne sich bei dem gefundenen Geld um eine Gottesstrafe handeln, in ihr Gegenteil. Da der Abschnitt Gen 47,18–32a* die Berichte aus Gen 42,27–28.35 voraussetzt und zusammenzieht, dürfte anzunehmen sein, dass er jünger anzusetzen ist als beide Geldfunde in Gen 42.

Jünger als das Gespräch der Brüder mit dem Hausvorsteher dürfte die Einführung Benjamins sein. Wurde in Gen 42 seine Mitnahme gefordert, wird sie nun in Gen 43 ausgeführt. Die Bearbeitung umfasst in Gen 43 V. 6(ohne ויאמר ישראל).7.13a.14a(nur ואת־בנימין)b.15aγ(nur ואת־בנימין).16aα(nur את־בנימין).28b.29.34a und bereitet die Erzählung um den Becherdiebstahl in Gen 44 vor, der sachlich und terminologisch an das Motiv des Geldfundes aus Gen 42–43* anknüpft und es variiert.[184]

---

184 Zum Anliegen der Bearbeitung vgl. genauer oben 4.1. (c); 4.2. (g) und unten 4.3.

An der Mitnahme Benjamins hängt die Einführung Judas in Gen 43,3.6(nur
ויאמר ישׂראל).8a.9–10, der sich beim Vater für den jüngsten Rahel-Sohn verbürgt.
Mit dieser Bürgschaft bereitet der Abschnitt auf das kommende Kapitel Gen 44
vor, wo Juda sich tatsächlich für das Leben Benjamins einsetzen muss.[185]
Wohl am jüngsten ist das Motiv des zweiten Getreidekaufs, das V. 1–2.4–5.12a.
15a(nur ומשׁנה-כסף לקחו).22a umfasst haben dürfte. Es knüpft an die Rede von
der ersten Reise im Rahmen der Geldfund-Bearbeitung V. 20b an und lässt der
Reise בתחלה לשׁבר-אכל nun eine zweite folgen, die in der wörtlichen Rede Judas
Gen 43,4–5 mit der Mitnahme Benjamins verknüpft wird. Im Makrokontext trägt
die Bearbeitung dem Umstand Rechnung, dass Josef den Brüdern nach Gen 44,1–2
Speise in die Säcke hat geben lassen, die Brüder sich jedoch bei ihrer zweiten
Reise bisher nicht um den Erwerb von Nahrung gekümmert haben. Der Beginn
der zweiten Reise wird durch dieses Motiv überdies mit dem Beginn der ersten
Reise synchronisiert.

Diachrone Differenzierung

I   *Die Kundschafter-Bearbeitung*
ולהשׁיב כספיהם אישׁ אל-שׂקו ולתת להם צדה לדרך(nur מרגלים אתם).11.18a.19.24b.25a(ohne
לדרך).26.29–31.33.34aβb.36aα(nur ויאמר אלהם יעקב אביהם);
Gen 43,11aβ(ohne מנחה לאישׁ) והורידו).b(ohne ולט נכאת).13b.14a(ohne ואת-
בנימין).15b.16aα(nur אתם ויֿרא יוסף).23b.26b.27–28a;
Gen 45,3.25bα(ויבאו ארץ כנען)

   I¹ *Die zusätzlichen Gaben*
   Gen 43,11(nur ולט נכאת) →Angleichung an Gen 37,25

II *Das Mittagsmahl-Motiv*
Gen 43,16a(ab ויאמר)b.17.24b.26a(nur הביתה יוסף ויבא).30–31.33.34b
   II¹ *Die Ansiedlung Israels in Goschen*
   Gen 43,32 (?);
   Gen 45,10*;
   Gen 46,28b.31–34;
   Gen 47,1a(ohne לפרעה ויגד יוסף ויבא).4.6b(nur גשׁן בארץ ישׁבו).27(nur בארץ גשׁן)

III *Das Geschenk-Motiv*
Gen 43,11a(nur מנחה לאישׁ והורידו).15aα.25.26a(ohne הביתה יוסף ויבא)

---

[185] Zum Anliegen der Bearbeitung vgl. oben 4.2. (b) und unten 4.3. (b).

IV *Die theologische Interpretation der Geldrückerstattung*
Gen 43,12b.18–21.22b.23a.24a

V *Die Benjamin-Bearbeitung*
Gen 42,4.13–16.20.34aα.38;
Gen 43,6(ohne ויאמר ישראל).7.13a.14a(nur ואת־בנימין)b.15aγ(nur ואת־בנימין).16aα
(nur את־בנימין).28b.29.34a;
Gen 44,1–4.5aαb.6–10a.11–13.14a(ohne ויבא יהודה ואחיו)b;
Gen 45,12(nur ועיני אחי בנימין).14.22b

VI *Die Juda-Bearbeitung*
Gen 37,26abα.27aα;
Gen 43,3.6(nur ויאמר ישראל).8a.9–10;
Gen 44,10b.14aα(ויבא יהודה ואחיו).15a.16–24.26–34
  VI¹ *Die Voraussendung Josefs als Rettungstat an Israel*
  Gen 42,2bβ;
  Gen 43,8b;
  Gen 45,6–7.11;
  Gen 47,12;
  Gen 50,20bβ.21a

VII *Das Getreidekauf-Motiv*
Gen 43,1–2.4–5.12a.15a(nur ומשנה־כסף לקחו).22a;
Gen 44,25

4.3. Genesis 44: Der Becherdiebstahl

Gliederung

V. 1–2:   Josefs Befehl an den Hausvorsteher, den Becher in Benjamins Sack zu legen
V. 3:   Der zweite Aufbruch der Brüder aus Ägypten
V. 4–5:   Josefs Befehl an den Hausvorsteher, er möge den Brüdern hinterhereilen
V. 6:   Der Hausvorsteher holt die Brüder ein und stellt sie zur Rede
V. 7–8:   Die Brüder beteuern ihre Unschuld
V. 9–10: Die Brüder machen einen Vorschlag zur Bestrafung und der Hausvorsteher akzeptiert
V. 11–12: Der Hausvorsteher durchsucht die Säcke der Brüder und findet Josefs Becher im Sack von Benjamin
V. 13–14: Die Brüder zerreißen bestürzt ihre Kleider und kehren mit Benjamin um zu Josef
V. 15–34: Josef verhandelt mit Juda die Bestrafung des Schuldigen

Befund

Mit Gen 44 neigt sich die zweite Reise der Brüder aus Gen 43 ihrem scheinbaren Ende. Dabei wird der Aufbruch der Brüder aus Ägypten, wie beim ersten Mal in Gen 42,25*, mit einen Befehl Josefs eingeleitet, die Säcke mit Speise zu füllen. Erging der Befehl in Gen 42 allerdings noch an die Brüder selbst, so richtet er sich in Gen 44,1–2 an den bereits aus Gen 43 bekannten Hausvorsteher Josefs. Er soll nun den Brüdern, die hier wie in Gen 43,15ff als האנשים bezeichnet werden, Speise (אכל) in die Säcke (אמתחת) geben. Überdies soll er ihnen, wie zuvor in Gen 42,25, auch Geld und dem Jüngsten zusätzlich den silbernen Becher Josefs in die Säcke legen. Wie in Gen 43,17a gehorcht der Hausvorsteher den Worten Josefs; wie in Gen 42 erfolgt in Gen 44 auf Befehl und Ausführung der Aufbruch der Brüder. „Am Morgen, als es hell wurde, ließ man die Männer mit ihren Eseln ziehen" (Gen 44,3).

Anders als bei ihrem ersten Aufbruch nach Hause, werden die Brüder bei ihrem zweiten Aufbruch allerdings nicht weit kommen. Denn kaum sind sie losgezogen, erteilt Josef seinem Hausvorsteher einen zweiten Befehl:

> Auf, jage den Männern nach! Und wenn du sie eingeholt hast, dann sprich zu ihnen: Warum habt ihr Gutes mit Bösem vergolten? Das ist doch der Becher, aus dem mein Herr trinkt und aus dem er wahrsagt. Ihr habt eine böse Tat begangen (Gen 43,4–5).

Wiederum tut der Hausvorsteher, wie ihm befohlen, jagt den Männern nach, holt sie ein und konfrontiert sie mit der Anklage Josefs. Die Männer weisen die Anklage vehement zurück und verweisen auf ihr Gespräch mit dem Hausvorsteher in Gen 43,10–23a.

> Und sie sprachen zu ihm: Wie kann mein Herr so etwas sagen? Fern sei es von deinen Dienern, solches zu tun. Siehe, das Geld, das wir oben in unseren Kornsäcken fanden, haben wir dir aus dem Land Kanaan zurückgebracht. Wie sollten wir da aus dem Haus deines Herrn Silber oder Gold stehlen? (Gen 44,7–8).

Sich ihrer Unschuld sicher, unterbreiten die Brüder bzw. Männer dem Hausvorsteher Josefs ein Angebot: „Der von deinen Dienern, bei dem es gefunden wird, der soll sterben. Wir aber wollen meinem Herrn Sklaven sein" (Gen 43,9). Auf dieses Angebot geht der Hausvorsteher scheinbar ein, wenn er in Gen 43,10a zunächst verkündet: „Wie ihr gesagt habt, so sei es". Doch widerspricht der weitere Verlauf seiner wörtlichen Rede dem von den Brüdern gemachten Angebot. „Bei wem es gefunden wird, der wird mein Sklave sein, ihr aber geht straffrei aus" (Gen 43,10b).

In Gen 44,11–12 erfolgt die Durchsuchung der Säcke, die über die vermeintliche Schuld eines der Brüder entscheidet. Dabei unterstreicht der Eifer, mit dem die Brüder sich der Untersuchung stellen, ihr unschuldiges Bewusstsein. Umso mehr trifft es sie, als der Becher Josefs tatsächlich in einem ihrer Säcke, und zwar ausgerechnet im Sack Benjamins, gefunden wird. Sie zerreißen ihre Kleider (Gen 44,13a) und solidarisieren sich mit Benjamin. Dies zeigt sich auch im weiteren Erzählverlauf. Denn hier überlassen die Brüder den zweiten Rahel-Sohn nicht, wie den ersten, einem ungewissen Schicksal, sondern kehren mit ihm gemeinsam zurück. „Jeder belud seinen Esel, und sie kehrten in die Stadt zurück" (Gen 44,13b).

Im Rahmen der soeben angesprochenen Rückkehr wird neben Benjamin noch ein weiterer Bruder Josefs explizit genannt, dieses Mal ein Lea-Sohn: Juda. Die namentliche Erwähnung Judas bereitet auf seine Funktion als Sprecher der Brüder in Gen 44,16.18–34 vor. Nachdem die Brüder nämlich in Gen 44,14 vor ihm niederfallen, konfrontiert Josef sie mit der Anschuldigung: „Was habt ihr getan! Wusstet ihr nicht, dass ein Mann wie ich wahrsagen kann?" (Gen 44,15). Auf diesen Vorwurf reagiert in Gen 44,16 allein Juda, der die (angebliche) Schuld der Brüder eingesteht: „Was sollen wir meinem Herrn sagen, was sollen wir reden und wie uns rechtfertigen? Gott (Elohim) hat die Schuld deiner Diener an den Tag gebracht". Hatte Gott den Brüdern in Gen 43,23a mit dem gefundenen Geld noch ein Geschenk in die Säcke gelegt, hat er nun ihre Schuld gefunden. Angesichts dieser drückenden Beweislast bietet Juda an, der Schuldige und die anderen Brüder mögen bei Josef als Sklaven bleiben. Damit greift Juda partiell auf die Aussagen von Gen 44,9 zurück: „Der von deinen Dienern, bei dem es gefunden wird, der soll sterben. Wir aber wollen meinem Herrn Sklaven sein". Gegen Gen 44,9 schlägt Juda allerdings nicht vor, dass der eine sterben möge und die anderen als Sklaven bleiben wollen. Vielmehr bietet er an, dass die Brüder samt dem Schuldigen als Sklaven bei Josef verbleiben wollen.

Das Angebot Judas weist Josef in Gen 44,17 vehement zurück und wiederholt stattdessen die Strafe, die auch der Hausvorsteher in V. 10 bereits vorgesehen hatte: „Es sei mir ferne, so zu handeln. Nur der soll mir Sklave sein, in dessen Besitz sich der Becher gefunden hat, ihr aber zieht in Frieden hinauf zu eurem Vater". Mit seinen Worten bereitet Josef die folgende Rede Judas vor, die sich über Gen 44,18–34 erstreckt. In ihr wird Juda dem noch unerkannten Bruder vor Augen führen, warum das Angebot für die Brüder inakzeptabel ist: Weil dem Vater zwei Söhne von der geliebten Frau geboren wurden. Sie sind die Lieblinge des Vaters. Von ihnen ist der Ältere gestorben. Würde man dem Vater nun auch den Jüngeren nehmen, so würde er dies nicht überleben. Deshalb, so schlägt Juda vor, möge der Herr nicht Benjamin, sondern ihn als Sklaven in Ägypten behalten.

Begründet ist dieser Einsatz Judas mit Verweis auf die in Gen 43,9 geleistete Selbstverpfändung vor dem Vater, deren Wortlaut hier nahezu getreu wiedergegeben wird. „Dein Diener hat sich ja für den Knaben bei meinem Vater verbürgt mit den Worten: Wenn ich ihn dir nicht wiederbringe, so will ich mein Leben lang vor meinem Vater die Schuld tragen".

Die Fürsprache Judas in V. 32–34 beschließt das Kapitel Gen 44 und bereitet sachlich den Weg für die in Gen 45,1–4 erfolgende Selbstvorstellung Josefs. So sehr hat ihn die Rede Judas bewegt, dass er in Gen 45,1–2 nicht mehr an sich halten kann und sich den Brüdern in Gen 45,3–4 als Josef zu erkennen gibt.

> Und Josef sprach zu seinen Brüdern: Ich bin Josef. Lebt mein Vater noch? Aber seine Brüder konnten ihm nicht antworten, so bestürzt standen sie vor ihm. Da sprach Josef zu seinen Brüdern: Kommt doch näher zu mir her! Und sie traten näher herzu. Und er sprach: Ich bin Josef, euer Bruder, den ihr nach Ägypten verkauft habt.

Was bleibt nach diesem ersten Überblick festzuhalten? Zunächst einmal hat sich gezeigt, dass Gen 44 an das Motiv des Geldfundes in Gen 42–43 anknüpft und ihm nun als eine Variante den Becherdiebstahl zur Seite stellt. Anders als der Geldfund in Gen 43, droht der Fund des Bechers in Benjamins Sack allerdings schlimme Konsequenzen für die Brüder bzw. Männer nach sich zu ziehen. Genau um welche Konsequenzen es sich dabei handeln soll, scheinen die Akteure im Text sich allerdings nicht immer einig. So halten die Brüder in V. 9 eine andere Strafe für angemessen als der Hausvorsteher in V. 10, der ihren Worten gleichwohl zustimmt. Und so nimmt Juda in V. 16 das Angebot aller Brüder aus V. 9 in modifizierter Form wieder auf, nur um in V. 32–34 ein weiteres Angebot zu unterbreiten.

Dem oben skizzierten Befund entsprechend wird sich die nachstehende Analyse auf folgende Fragen besonders konzentrieren:
– Wie schließt Gen 44 an den vorauslaufenden und nachfolgenden Kontext an? Wie verhält sich der Becherdiebstahl zum Motiv der Geldfunde in Gen 42–43? Wie fügt sich Gen 44 in den Zusammenhang von Gen 43 und Gen 45 ein?
– In welchem Verhältnis stehen die unterschiedlichen Vorschläge zur Bestrafung des Schuldigen zueinander? Warum geht der Hausvorsteher scheinbar auf den Vorschlag der Brüder ein, widerspricht ihm dann aber mit seiner eigenen Aussage? Wieso sprechen alle Brüder vor dem Hausvorsteher und nur Juda vor Josef? Warum ändert Juda seine Meinung?

Analyse

(a) Die kontextuelle Einbettung von Gen 44

Anspielungen auf den Kontext der Väter- und Josefsgeschichte durchziehen praktisch das gesamte Kapitel Gen 44.[186] Nicht alle sollen in diesem einleitenden

---

186 Zu einer Auflistung der Anspielungen im Rahmen von Gen 44,18–34 vgl. Hamilton, NIC.OT, 569.

Abschnitt der Analyse besprochen werden. Hier werden wir uns zunächst auf die Rückbindung des Becherdiebstahls an das Motiv der Geldfunde in Gen 42–43 und auf das Verhältnis von Gen 44 im Zusammenhang von Gen 43–45 konzentrieren. Beginnen wir dabei mit der zuletzt genannten Verhältnisbestimmung.

Gen 44 im Verhältnis zu Gen 43; 45

Die im Rahmen dieser Arbeit vorgeschlagene Verhältnisbestimmung zwischen den Kapiteln Gen 43; 45 und Gen 44 beruht auf mehreren Beobachtungen bzw. Überlegungen. Zunächst hatten wir im Kontext der Analyse von Gen 42f erwogen, dass es sich bei der Einführung Benjamins in den Erzählverlauf um eine sekundäre Entwicklung handeln dürfte.[187] Von ihm erfährt der Leser zuallererst in Gen 42,4, dass er – wie Josef in Gen 37 – bei seinem Vater zurückbleiben durfte, während die anderen Brüder losziehen mussten. In Ägypten vor Josef angekommen, konfrontiert jener die Brüder mit dem Vorwurf der Kundschafterei (Gen 42,9). Die Brüder weisen diesen Vorwurf in V. 10–11 ausdrücklich zurück. Sie seien gekommen, Getreide zu erwerben. Sie alle seien Söhne eines Mannes, rechtschaffen und keine Kundschafter. Josef aber schenkt ihren Worten keinen Glauben und hält an seinem Urteil fest. „Nein, ihr seid gekommen, um die Blöße des Landes auszuspähen" (Gen 42,12).[188]

Auf diese wörtliche Rede Josefs antworten die Brüder in Gen 42,13 – allerdings ohne auf den Vorwurf Josefs neuerlich einzugehen. Stattdessen greifen sie aus dem vorauslaufenden Kontext nur das Stichwort des gemeinsamen Vaters auf und ergänzen es um den ausdrücklichen Verweis auf die Bruderschaft.[189] „Brüder sind wir, Söhne eines Mannes im Land Kanaan" (Gen 42,13). Mit dieser neuen Akzentuierung[190] bereitet der Vers auf die anschließende Einführung Benjamins und die Erwähnung des zweiten Rahel-Sohnes vor. „Der Jüngste ist zurzeit bei unserem Vater, und einer ist nicht mehr" (Gen 42,13). Den Jüngsten verlangt Josef in Gen 42,15–16 nun zu sehen. So wolle er erkennen, dass die Brüder keine Kundschafter seien.

---

187 Bereits Gunkel, *Komposition*, 69, vermutete dass eine „ältere Fassung Benjamin überhaupt nicht gekannt" habe. An eine nachträgliche Einführung Benjamins denken auch Levin, Jahwist, 291.296; Kebekus, Joseferzählung, 94.99–111; Schweizer, Josefsgeschichte, 180, oder Schöpflin, *Jakob*, 509f.
Anders u. a. Westermann, BK, 142, oder Blum, *Literarkritik*, 494.
188 Zur genauen Argumentation sowie zur relevanten Sekundärliteratur vgl. oben 4.1. (b) und 4.1. (c).
189 Vgl. sachlich bereits Jacob, Genesis, 767.
190 Vgl. Kebekus, Joseferzählung, 99f; anders Levin, Jahwist, 291.

Damit sollt ihr auf die Probe gestellt werden: So wahr der Pharao lebt, ihr werdet von hier nicht wegkommen, es sei denn, euer jüngster Bruder komme hierher. Sendet einen von euch hin, dass er euren Bruder hole. Ihr aber werdet gefangen gesetzt. So sollen eure Aussagen geprüft werden, ob ihr die Wahrheit gesagt habt. Wenn nicht, dann seid ihr Kundschafter, beim Leben des Pharao!

Dass der Befehl, wie Josef ihn hier ausgesprochen hat, nie zur Ausführung kommt, erfährt der Leser im folgenden Erzählverlauf. Nachdem die Brüder für drei Tage gefangen gesetzt wurden (Gen 42,17), richtet sich Josef erneut an sie. Nun scheint er seine Meinung geändert zu haben. Denn nicht mehr von der Entsendung, sondern von der Inhaftierung eines einzelnen Bruders ist die Rede.

Wenn ihr rechtschaffene Leute seid, dann soll einer von euch Brüdern gefangen bleiben im Haus, wo ihr in Gewahrsam seid. Ihr aber geht und bringt das gekaufte Getreide heim, um den Hunger eurer Familien zu stillen (Gen 42,19).

Mit dieser Formulierung greift Josef auf seine Unterhaltung mit den Brüdern in Gen 42,9–11 zurück. Dort nämlich hatte er den Brüdern zunächst vorgeworfen, sie seien Kundschafter. Dies haben die Brüder verneint und darauf verwiesen, dass sie lediglich nach Ägypten hinabgezogen seien, um Nahrung zu erwerben (Gen 42,10). Dem Motiv der Kundschafterei haben sie sodann in Gen 42,11 als Positivfolie ihre Rechtschaffenheit gegenübergestellt: Nicht Kundschafter seien sie, sondern rechtschaffene Leute. Die in Gen 42,19 erwähnte Rechtschaffenheit versteht sich demnach vor dem Hintergrund der früheren Unterhaltung in Gen 42,9–11 als positives Gegenstück zum Vorwurf der Kundschafterei. Obwohl der Vorwurf der Kundschafterei in Gen 42,19 nicht noch einmal aufgegriffen wird, ist auch die anschließende Forderung Josefs sachlich mit Blick zurück auf Gen 42,9–11 zu erschließen. Denn, um ihre Rechtschaffenheit unter Beweis zu stellen, sollen die Brüder einen von sich gefangen bei Josef lassen, während die anderen nach Hause ziehen, um die Familien mit Nahrung zu versorgen.[191]

Was die Forderung Gen 42,19 demnach verdeutlichen soll, ist, ob die Brüder tatsächlich gekommen sind, Nahrung zu erwerben – so, wie sie es in Gen 42,10 behauptet hatten. Auf dem Prüfstand steht ihre Rechtschaffenheit: Sollte sich die Behauptung der Brüder als wahr erweisen und sollten sie tatsächlich gekommen sein, um Nahrung zu erwerben, so sind die Brüder in der Tat rechtschaffen. Bis

---

191 Vgl. hierzu bereits die Unterscheidung von Wellhausen, Composition, 56, zwischen dem jahwistischen und elohistischen Erzählfaden; vgl. ähnlich Dillmann, Genesis, 402–404; Holzinger, KHC, 241, oder Gunkel, HK, 447. Vgl. in jüngerer Vergangenheit auch Schmitt, Josephsgeschichte, 43–44.

sie dies erwiesen haben, soll einer von ihnen allerdings als Geisel in Ägypten zurückbleiben.

Gen 42,9–11*.19:

⁹ וַיִּזְכֹּר יוֹסֵף אֵת הַחֲלֹמוֹת אֲשֶׁר חָלַם לָהֶם וַיֹּאמֶר אֲלֵהֶם מְרַגְּלִים אַתֶּם לִרְאוֹת אֶת־עֶרְוַת הָאָרֶץ בָּאתֶם:

¹⁰ וַיֹּאמְרוּ אֵלָיו לֹא אֲדֹנִי וַעֲבָדֶיךָ בָּאוּ לִשְׁבָּר־אֹכֶל:

¹¹ כֻּלָּנוּ בְּנֵי אִישׁ־אֶחָד נָחְנוּ כֵּנִים אֲנַחְנוּ לֹא־הָיוּ עֲבָדֶיךָ מְרַגְּלִים:

¹⁹ אִם־כֵּנִים אַתֶּם אֲחִיכֶם אֶחָד יֵאָסֵר בְּבֵית מִשְׁמַרְכֶם וְאַתֶּם לְכוּ הָבִיאוּ שֶׁבֶר רַעֲבוֹן בָּתֵּיכֶם:

Mit der Aussage von V. 19 verbindet sich in V. 20 die Forderung, Benjamin bei einer Rückkehr mit nach Ägypten zu führen. „Euren jüngsten Bruder aber müsst ihr zu mir bringen. So werden sich eure Aussagen als wahr erweisen, und ihr werdet nicht sterben [...]". Die Mitnahme Benjamins trägt für eine Entkräftung des Vorwurfs der Kundschafterei sachlich nichts aus. Auf den Vorwurf der Kundschafterei bezieht sich die Aussage aber auch nicht explizit zurück. Vielmehr greift V. 20 aus V. 19 das Motiv der Rechtschaffenheit wieder auf. Jenes Motiv stellt im Erzählzusammenhang von Gen 42 grundsätzlich die Kehrseite des Vorwurfs der Kundschafterei dar. Als Ausnahme sind hier lediglich die um Benjamin kreisenden Abschnitte in Gen 42,15–16.20 zu nennen, die wir im Anschluss noch einmal genauer betrachten werden.

In Gen 42,15–16 richtet Josef sich, wie wir oben gesehen haben, mit einer ersten Forderung an seine Brüder. Benjamin will er sehen, einer von den Brüdern soll ihn zu ihm bringen. „So sollen eure Aussagen geprüft werden, ob ihr die Wahrheit gesagt habt. Wenn nicht, dann seid ihr Kundschafter, beim Leben des Pharao!" Die Kehrseite der Kundschafterei ist hier nicht die Rechtschaffenheit der Brüder, sondern die „Wahrheit der Worte". Sie bezieht sich im Kontext von V. 13–16 auf die Aussagen zu Benjamin. Erscheint er tatsächlich vor Josef, so sind die Worte der Brüder wahr und sie wären vom Vorwurf der Kundschafterei befreit. Etwas anders verhält es sich in Gen 42,20. Dort bezieht sich die „Wahrheit der Worte" nun auf die Rechtschaffenheit der Brüder, die nicht mehr nur durch das Erscheinen Benjamins in Ägypten, sondern auch durch die Geiselhaft des einen Bruders und die Abreise der anderen Brüder zu erweisen ist. Dabei dürfte die Forderung einer Geiselhaft und Abreise in V. 19, wie oben beschrieben, vor dem Hintergrund des Vorwurfs der Kundschafterei zu verstehen sein.[192] Wenn die Brüder wirklich rechtschaffen sind und ihre Reise nach Ägypten dem Erwerb von

---

192 Anders sieht (u. a.) Westermann, BK, 115, in V. 19 einen Zug, der die „freundliche Fürsorge des fremden Mächtigen für die hungernden Familien der Brüder erkennen läßt".

Getreide dient, so sollen sie einen von sich gefangen bei Josef lassen, während die anderen das erworbene Getreide zurück nach Hause bringen.

Dass mit diesem sachlichen Zusammenhang Richtiges gesehen sein könnte, deutet sich auch bei einem Blick auf Gen 42,33f* an. Dort werden die Ereignisse in Ägypten von den Brüdern vor dem Vater wiedergegeben. Über die Forderungen Josefs berichten sie:

> Da sagte der Mann, der Herr des Landes, zu uns: *Daran werde ich erkennen, dass ihr rechtschaffen seid*: Lasst einen von euch Brüdern bei mir zurück, nehmt das Getreide, um den Hunger eurer Familien zu stillen, und geht. Und bringt mir euren jüngsten Bruder her *und ich werde erkennen, dass ihr keine Kundschafter, sondern rechtschaffen seid.* Dann gebe ich euch euren Bruder wieder, und ihr dürft frei im Land umherziehen.

Hier, wo ein Verweis auf die „Wahrheit der Worte" fehlt, präsentiert sich die Rechtschaffenheit wieder als Positivfolie zur Kundschafterei. Die Rechtschaffenheit soll erwiesen werden, indem der Vorwurf der Kundschafterei entkräftet wird – und zwar dadurch, dass die Brüder das Getreide, von dem sie behauptet hatten, es stelle den Grund ihrer Reise dar, nach Hause zu ihren Familien bringen. In diesem Erzählzusammenhang nimmt sich der Verweis auf die Mitnahme Benjamins wie ein Fremdkörper aus, der weder sachlich noch terminologisch mit dem umliegenden Kontext ausdrücklich verbunden ist. Inwiefern seine Mitnahme mit der Entkräftung eines Vorwurfs der Kundschafterei oder dem Erweis der Rechtschaffenheit sachlich zusammenhängt, erschließt sich *nur* mit Rückblick auf Gen 42,15–16.19–20.

Der oben geschilderte Befund lässt sich u. E. am ehesten so erklären, dass die Forderung einer Mitnahme Benjamins erst nachträglich in den Kontext von Gen 42 eingeführt wurde. Dabei hat der Autor der Benjamin-Verse in Gen 42,13 zunächst an den Verweis auf den gemeinsamen Vater in Gen 42,11 angeknüpft und ihm den Verweis auf die Bruderschaft an die Seite gestellt. Der Verweis auf die Bruderschaft leitet nun die Vorstellung Benjamins vor Josef ein. Josef reagiert direkt auf die Information der Brüder und fordert, man möge den Jüngsten vor ihn bringen. Diese Forderung setzt eine zweite Reise nach Ägypten latent voraus, wie sie eigentlich erst mit der Forderung Josefs aus Gen 42,19–20 eingeleitet wird. Wohl um einen logischen Widerspruch zu vermeiden, scheint der Autor der Benjamin-Verse in Gen 42,15–16 deshalb eine zweite Forderung eingeführt zu haben, die nie zur Ausführung kommen wird.[193] Sie steht für sich genommen in einer sachlichen Spannung mit der Forderung aus Gen 42,19, mit der sie über die For-

---

193 Demgegenüber versuchen Hamilton, NIC.OT, 526; Clifford, Joseph, 223, oder Wenham, WBC, 408, die Differenzierung sachlich mit einem Sinneswandel Josefs zu erklären.

mulierungen von Gen 42,20 aber verknüpft und ausgeglichen wird. Nachdem eine Verhältnisbestimmung zwischen dem älteren Kundschafter-Motiv (Gen 42,9–11*.19) und dem jüngeren Motiv einer Mitnahme Benjamins (Gen 42,13–16.20) so erfolgt ist, beschränkt sich Gen 42,34 auf die Erklärung, „dass", nicht „warum" Benjamin mitzunehmen ist (Gen 42,34aα).

Der Erzählfaden von Gen 42,33.34aαb dürfte dementsprechend die ältere Forderung Josefs wiedergeben, die sachlich um den Vorwurf der Kundschafterei kreist, dem die Rechtschaffenheit als Kontrast gegenübergestellt ist. Sie sollen die Brüder im älteren Text erweisen, indem sie tatsächlich mit dem erworbenen Getreide nach Hause ziehen und Simeon gefangen zurücklassen. Im Rahmen dieser angenommenen Entwicklung ist dann mit Blick auf Gen 42,20 zumindest nicht auszuschließen, dass die Benjamin-Bearbeitung dort eine ältere Aussage ersetzt hat, die im Wortlaut *cum grano salis* Gen 42,34aβb entsprochen haben könnte.

Gen 42,9.11.13–16.18–20.33–34:

⁹ ויזכר יוסף את החלמות אשר חלם להם ויאמר אלהם מרגלים אתם לראות את־ערות הארץ באתם:

¹¹ כלנו בני איש־אחד נחנו כנים אנחנו לא־היו עבדיך מרגלים:

¹³ ויאמרו שנים עשר עבדיך אחים אנחנו בני איש־אחד בארץ כנען והנה הקטן את־אבינו היום והאחד איננו:

¹⁴ ויאמר אלהם יוסף הוא אשר דברתי אלכם לאמר מרגלים אתם:

¹⁵ בזאת תבחנו חי פרעה אם־תצאו מזה כי אם־בבוא אחיכם הקטן הנה:

¹⁶ שלחו מכם אחד ויקח את־אחיכם ואתם האסרו ויבחנו דבריכם האמת אתכם ואם־לא חי פרעה כי מרגלים אתם:

¹⁸ ויאמר אלהם יוסף ביום השלישי זאת עשו וחיו את־האלהים אני ירא:

¹⁹ אם־כנים אתם אחיכם אחד יאסר בבית משמרכם ואתם לכו הביאו שבר רעבון בתיכם:

²⁰ ואת־אחיכם הקטן תביאו אלי ויאמנו דבריכם ולא תמותו ויעשו־כן:

³³ ויאמר אלינו האיש אדני הארץ בזאת אדע כי כנים אתם אחיכם האחד הניחו אתי ואת־רעבון בתיכם קחו ולכו:

³⁴ והביאו את־אחיכם הקטן אלי ואדעה כי לא מרגלים אתם כי כנים אתם את־אחיכם אתן לכם ואת־הארץ תסחרו:

Dieser Befund von Gen 42 kann auch für die Einschätzung von Gen 44 nicht ohne Folgen bleiben. Denn die Erzählung in Gen 44 setzt nicht nur die Forderung einer Mitnahme Benjamins nach Ägypten, sondern auch die tatsächliche Ankunft des Jüngsten vor Josef notwendig voraus. Ist aber die Forderung, Benjamin nach Ägypten hinabzuführen, als Nachtrag zu betrachten, so wird auch die tatsächliche Mitnahme einen Nachtrag darstellen.[194] Dann ist ferner davon

---

[194] Vgl. hierzu insbesondere Levin, Jahwist, 296.

auszugehen, dass die Episode um den Becherdiebstahl in Gen 44 insgesamt eine nachträgliche Ausschmückung des Erzählzusammenhanges von Gen 42–45 darstellen dürfte.[195] Um diesen Nachtrag in den Kontext einzubetten, „wird [...] noch einmal eine Abreise inszeniert, von der die Brüder vorzeitig wieder umkehren müssen, so daß die vorgegebene Erzählung ihren Lauf nehmen kann"[196]. Ursprünglicher wird Gen 45 dann über Gen 44 hinweg an Gen 43 angeschlossen haben.

Dass sich für einen ursprünglichen Übergang von Gen 43 zu Gen 45 auch literarkritische Hinweise aufzeigen lassen, hatten wir bereits oben im Zusammenhang des Gastmahles von Gen 43 diskutiert. Die dortigen Beobachtungen und Schlussfolgerungen seien hier ebenfalls noch einmal kursorisch aufgegriffen.[197] Dabei beginnen wir mit einem Blick auf Gen 43,30–31. Die Verse schildern eine emotionale Reaktion Josefs, die der Begrüßung zwischen ihm und seinen Brüdern in Gen 43,27–29* folgt.

> Und Josef eilte hinfort, denn sein Herz war tief bewegt beim Anblick [seiner Brüder], und er suchte, wo er *weinen* könnte. Und er ging in die Kammer und *weinte* dort. Dann wusch er sein Gesicht und kam wieder heraus, *hielt an sich* und sprach: Tragt das Essen auf (Gen 43,30–31).

Ein ähnlicher Gefühlsausbruch ereilt Josef in Gen 45,1–2. Dort allerdings reißt er sich nicht zusammen und sondert sich auch nicht von seinen Brüdern ab.

> Da konnte Josef *nicht länger an sich halten* vor allen, die bei ihm standen, und rief: Führt alle hinaus und weg von mir! So war niemand bei ihm, als Josef sich seinen Brüdern zu erkennen gab. Und er *weinte* so laut, dass es die Ägypter hörten und auch das Haus des Pharao es hörte (Gen 45,1–2*).

Mit Blick auf den oben beschriebenen Erzählverlauf nimmt Gen 43,30–31 demnach insgeheim vorweg, was in Gen 45,1–2 geschieht.[198] Dabei gewährleistet die Heimlichtuerei in Gen 43,30–31, dass die Brüder Josef nicht vor dem anschließenden Gastmahl erkennen.

---

195 Vgl. hierzu die Bewertung bei Ruppert, FzB, 290: Doch „wird das nun einsetzende Thema des ‚Becherdiebstahls' so breit entfaltet, daß man Gen 44 auch als eigene Einheit verstehen darf" (Hervorhebung im Original).
196 Levin, Jahwist, 296.
197 Vgl. ausführlich oben 4.2. (d); vgl. ferner unten 4.4. (a).
198 Vgl. hierzu Seebass, Josephsgeschichte, 100, oder Ruppert, FzB, 313.

> Und sie setzten sich ihm gegenüber, vom Erstgeborenen bis zum Jüngsten, genau nach ihrem Alter, *und verwundert sahen die Männer einander an*. Dann ließ er ihnen von den Gerichten auftragen, die vor ihm standen. [...] Und sie tranken mit ihm und waren guter Dinge (Gen 43,33–34*).

Der Befund, so hatten wir oben unter 4.2. (d) erwogen, wird am ehesten so zu erklären sein, dass es sich bei dem Gastmahl in Gen 43,30–34* um einen Nach-trag handelt[199], der mit der Vorwegnahme der Szene Gen 45,1–2* in Gen 43,30–31 in den Kontext eingebunden wird. Dabei lassen Gen 43,30–31 den Gefühlsaus-bruch Josefs nun im Geheimen stattfinden und zögern so die Entdeckung bis nach dem Gastmahl raus. Ursprünglicher wird Gen 45,1–2* dann einmal direkt an Gen 43,28a angeschlossen haben. Dass die Einführung Benjamins zumindest nicht älter sein dürfte als das Gastmahl, zeigt sich auch im Zusammenhang von Gen 43,30–34* selbst, wo die größere Gastfreundschaft gegenüber Benjamin not-wendig auf den Kontext des Mahles angewiesen ist.

Gen 43,30–34:

30 וימהר יוסף כי־נכמרו רחמיו אל־אחיו ויבקש לבכות ויבא החדרה ויבך שמה:

31 וירחץ פניו ויצא ויתאפק ויאמר שימו לחם:

32 וישימו לו לבדו ולהם לבדם ולמצרים האכלים אתו לבדם כי לא יוכלון המצרים לאכל את־העברים לחם כי־תועבה הוא למצרים:

33 וישבו לפניו הבכר כבכרתו והצעיר כצערתו ויתמהו האנשים איש אל־רעהו:

34 וישא משאת מאת פניו אלהם ותרב משאת בנימן ממשאת כלם חמש ידות

וישתו וישכרו עמו:

Gen 44,1–34: Der Becherdiebstahl durch Benjamin*

Gen 45, 1–2*:

1 ולא־יכל יוסף להתאפק לכל הנצבים עליו ויקרא הוציאו כל־איש מעלי ולא־עמד איש אתו בהתודע יוסף אל־אחיו:

2 ויתן את־קלו בבכי וישמעו מצרים וישמע בית פרעה:

Den bisherigen Beobachtungen entsprechend dürfte es sich bei der Einführung Benjamins und somit bei Gen 44 insgesamt um einen Nachtrag im Kontext der Josefsgeschichte handeln. Thematisch beschäftigt sich Gen 44 mit dem vermeint-lichen Diebstahl von Josefs silbernem Becher und weist dabei zahlreiche Berüh-

---

199 Auch Ruppert, FzB, 278, versteht V. 29.30.31bαβ.33aα.34(ohne „Der Teil für Benjamin war fünf-mal so groß wie der aller anderen") als redaktionelle Einfügung (bei ihm: Je).

rungspunkte mit dem vorausgehenden Kontext auf. Der Betrachtung jener Berührungspunkte werden wir uns im Folgenden widmen.

Der Becherdiebstahl als Variation zu den Geldfunden in Gen 42–43

Mit Gen 44 „erreicht die Benjamin-Bearbeitung [ihren Höhepunkt]"[200].

> Das Kapitel „bringt jetzt das Motiv von den versteckten Wertsachen noch einmal, aber in
> schöner Abwandelung: das erste Mal war es nur Geld und in allen Säcken, jetzt ist es gar
> Josephs Mundbecher und in Benjamins Sack. So spitzt sich der Konflikt zu: das Geschick
> Benjamins, des von seinem Vater so geliebten und so sorgsam behüteten Jüngsten, kommt
> jetzt in Frage"[201].

Dabei orientiert sich Gen 44 nicht nur mit dem Motiv der versteckten Wertsachen, sondern auch in seiner Anlage und Terminologie an dem vorauslaufenden Kontext. Um die zahlreichen Anknüpfungspunkte an die voranstehenden Kapitel näher zu beleuchten, werfen wir noch einmal einen Blick auf den Aufbruch bei der ersten Reise in Gen 42,25–26*.[202]

In Gen 42,25 hatte Josef einen Befehl erteilt, der sich nach Maßgabe des vorauslaufenden und nachstehenden Kontextes an die Brüder selbst richten dürfte. Denn in Gen 42,10 haben die Brüder angegeben, nach Ägypten gekommen zu sein, um Getreide zu erwerben. Rechtschaffene Leute seien sie, alle Söhne eines Mannes (Gen 42,11). Weil Josef ihren Worten aber ohne Taten keinen Glauben schenken will (Gen 42,12), stellt er ihnen in Gen 42,19 eine Forderung: Wenn sie tatsächlich rechtschaffen sind, sollen sie sich mit ihrem Getreide nach Hause aufmachen und einen von sich gefangen zurücklassen. Der eigenen Forderung Folge leistend nimmt Josef in Gen 42,24b Simeon gefangen, in V. 25–26* schließt sich der Aufbruch der Brüder an. Sie füllen Getreide in die Säcke, laden es auf ihre Esel und ziehen davon.

Syntaktische und logische Schwierigkeiten bereitet im Kontext des Aufbruchs die Kette finaler Infinitive in Gen 42,25 (ולהשיב כספיהם איש אל־שׁקו ולתת להם צדה לדרך).[203] Sie führt gegenüber Gen 42,25aα כליהם nun den neuen Terminus שׂק ein. In diesen Sack soll „ihr Geld" zurückgegeben werden. Dabei kann sich das Suffix

---

200 Levin, Jahwist, 296.
201 Gunkel, HK, 453.
202 Zum Bezug zu Gen 42,25 vgl. u. a. Westermann, BK, 142.
203 Zu den syntaktischen Schwierigkeiten in Gen 42,25 vgl. insbesondere Levin, Jahwist, 288f, oder Kebekus, 107–108. Anders sehen Schmitt, Josephsgeschichte, 41, oder Ruppert, FzB, 259, den Vers als literarische Einheit.

הם- hier nur auf die Brüder beziehen, die nach dem oben beschriebenen Erzählverlauf allerdings auch als Subjekt von וימלאו את־כליהם zu begreifen sein dürften.
Sachlich und terminologisch bereitet die Infinitivkette samt Ausführungsnotiz
ויעש להם כן die Geldfunde in Gen 42,27–28.35 vor.[204] Nicht zuletzt aus diesen Beobachtungen hatten wir oben zur Stelle geschlossen, dass die Geldrückgabe erst
nachträglich in den Kontext eingeschrieben wurde, um die Ergänzung der Geldfunde einzuleiten bzw. vorzubereiten.

Gen 42,19.24b.25:

אָם־כֵּנִים אַתֶּם אֲחִיכֶם אֶחָד יֵאָסֵר בְּבֵית מִשְׁמַרְכֶם וְאַתֶּם לְכוּ הָבִיאוּ שֶׁבֶר רַעֲבוֹן בָּתֵּיכֶם: 19

[...] 24 וַיִּקַּח מֵאִתָּם אֶת־שִׁמְעוֹן וַיֶּאֱסֹר אֹתוֹ לְעֵינֵיהֶם:

25 וַיְצַו יוֹסֵף וַיְמַלְאוּ אֶת־כְּלֵיהֶם בָּר וּלְהָשִׁיב כַּסְפֵּיהֶם אִישׁ אֶל־שַׂקּוֹ וְלָתֵת לָהֶם צֵדָה לַדָּרֶךְ וַיַּעַשׂ

Die Geldfunde selbst, so hatten wir gesehen, unterscheiden sich zunächst terminologisch, wobei mit der terminologischen Differenz auch eine sachliche Differenzierung einhergeht. Denn während der eine Bruder in der Herberge sein Geld
obenauf findet, als er seinen Sack öffnet, finden alle Brüder daheim ihr Geld,
nachdem sie ihre Säcke geleert haben. Die Formulierung בפי אמתחתו (Gen 42,27)
erklärt demnach, warum nur der eine Bruder sein Geld vorab finden konnte. Bei
ihm lag das Geld בפי אמתחתו.[205]

Mit Blick auf den angeführten Befund hatten wir erwogen, dass es sich bei
Gen 42,27–28 um eine theologisierende Überarbeitung des wohl älteren Geldfundes in Gen 42,25*.35 handeln könnte. Sie hebt den Schrecken, den die Brüder
(samt Vater) beim Erblicken des Geldes in Gen 42,35 empfinden, auf eine theologische Ebene.[206] Nicht, *dass* die Brüder das Geld gefunden haben, erschreckt
sie. Nein, *warum* sie das Geld gefunden haben, lässt sie erzittern. „Da verließ sie
der Mut. Zitternd sahen sie einander an und sagten: *Was hat Gott uns angetan?*"
(Gen 42,28).

---

204 Vgl. hierzu insbesondere Kebekus, Joseferzählung, 105–108.
205 Vgl. zu dieser Differenzierung Gunkel, HK, 446.
206 Anders sehen Schmitt, Josephsgeschichte, 40–41, oder Kebekus, Joseferzählung, 104–108,
in Gen 42,27–28 das ältere Motiv. Dabei geht Kebekus in beiden Fällen (Gen 42,27–28.35) von
Nachträgen aus, während Schmitt Gen 42,27–28 als integralen Bestandteil der Ruben-Schicht
betrachtet und nur bei Gen 42,35 an einen Nachtrag denkt. Auch Levin, Jahwist, 289–290, sieht
in Gen 42,27–28.35 Nachträge. Er scheidet zwischen einem älteren Nachtrag in Gen 42,25*.35a,
der Josefs Großmut unterstreichen wolle, den jüngeren Formulierungen Gen 42,27–28, die bei
ihm in den Rahmen einer umfassenden Bearbeitung („Schuld der Brüder") gehören, und einem
Einzelnachtrag in Gen 42,35b („Das Erschrecken").

Das Thema des gefundenen Geldes aus Gen 42 wird in Gen 43,18–23a wieder aufgegriffen. Dort versichern die Brüder dem Hausvorsteher Josefs, sie hätten keine bösen Absichten gehabt. Das Geld haben sie wieder mitgebracht, wie es zuvor in ihre Säcke gekommen ist, wissen sie nicht. Der Hausvorsteher versichert ihnen daraufhin, sie hätten nichts zu befürchten, das Geld sei bei ihm angekommen. In den Formulierungen, die sich in dem Dialog zwischen Hausvorsteher und Brüdern in Gen 43,18–23a* finden, werden die Aussagen aus Gen 42,27–28.35 verknüpft und verwischen dabei die dort getroffene und o. a. Differenzierung. Vor dem Hausvorsteher geben die Brüder nämlich an, *sie alle hätten ihre Säcke in der Herberge geöffnet* und, siehe da, *das Geld lag obenauf.* Aus dieser sachlich-terminologischen Zusammenschau beider Berichte hatten wir geschlussfolgert, dass es sich bei Gen 43,18–23a* um eine gegenüber den Geldfunden in Gen 42 spätere Bearbeitung handeln dürfte.[207] Sie trägt wohl dem Umstand Rechnung, dass die Brüder sich zwar über die Rückgabe des Geldes erschrocken hatten, jedoch bisher keinerlei Anstalten gemacht haben, das Geld dem rechtmäßigen Eigentümer zurückzuerstatten. Dies wird in Gen 43,18–23a* nachgeholt und die Bewertung des Geldfundes als einer Gottesstrafe (Gen 42,28) nun in ihr Gegenteil verkehrt. „Seid ohne Sorge, fürchtet euch nicht! Euer Gott und der Gott eures Vaters hat euch einen Schatz in eure Kornsäcke gelegt; euer Silber ist mir zugekommen" (Gen 43,23a).[208]

Gen 42,27–28.35:

²⁷ וַיִּפְתַּח הָאֶחָד אֶת־שַׂקּוֹ לָתֵת מִסְפּוֹא לַחֲמֹרוֹ בַּמָּלוֹן וַיַּרְא אֶת־כַּסְפּוֹ וְהִנֵּה־הוּא בְּפִי

אַמְתַּחְתּוֹ:

²⁸ וַיֹּאמֶר אֶל־אֶחָיו הוּשַׁב כַּסְפִּי וְגַם הִנֵּה בְאַמְתַּחְתִּי וַיֵּצֵא לִבָּם וַיֶּחֶרְדוּ אִישׁ

אֶל־אָחִיו לֵאמֹר מַה־זֹּאת עָשָׂה אֱלֹהִים לָנוּ:

³⁵ וַיְהִי הֵם מְרִיקִים שַׂקֵּיהֶם וְהִנֵּה־אִישׁ צְרוֹר־כַּסְפּוֹ בְּשַׂקּוֹ וַיִּרְאוּ אֶת־צְרֹרוֹת כַּסְפֵּיהֶם הֵמָּה

וַאֲבִיהֶם וַיִּירָאוּ:

Gen 43,20–23*:

²⁰ וַיֹּאמְרוּ בִּי אֲדֹנִי יָרֹד יָרַדְנוּ בַּתְּחִלָּה לִשְׁבָּר־אֹכֶל:

²¹ וַיְהִי כִּי־בָאנוּ אֶל־הַמָּלוֹן וַנִּפְתְּחָה אֶת־אַמְתְּחֹתֵינוּ וְהִנֵּה כֶסֶף־אִישׁ בְּפִי

אַמְתַּחְתּוֹ כַּסְפֵּנוּ בְּמִשְׁקָלוֹ וַנָּשֶׁב אֹתוֹ בְּיָדֵנוּ:

---

207 Demgegenüber hat die ältere Forschung zumeist einen Zusammenhang zwischen 42,27–28; 43,18–23 J gesehen, während Gen 42,35 als Bestandteil von E zu betrachten sei; vgl. Dillmann, Genesis, 405; Holzinger, KHC, 241, oder Gunkel, HK, 447. Anders als o. a. in jüngerer Vergangenheit auch Schmitt, Josephsgeschichte, 50; Kebekus, Joseferzählung, 126, oder Levin, Jahwist, 289–290.295.
208 Vgl. hierzu Levin, Jahwist, 295, oder Kebekus, Joseferzählung, 126.

וכסף אחר הורדנו בידנו לשבר־אכל **לא** ידענו מי־שם כספנו באמתחתינו:[22]

ויאמר שלום לכם אל־תיראו |אלהיכם ואלהי אביכם נתן לכם מטמון|[23]

|באמתחתיכם| כספכם בא אלי ויוצא אלהם את־שמעון:

Die oben beschriebenen literarischen Zusammenhänge seien hier deshalb noch einmal in einiger Ausführlichkeit aufgenommen, weil sie *alle* von dem Autor des Kapitels Gen 44* bereits vorausgesetzt sein dürften. Denn ihm ist offenbar das Motiv des Geldfundes bereits in der in Gen 43,18–23a* geschilderten Version bekannt. Jenes Motiv variiert er nun in Gen 44 „und spitzt es auf Benjamin zu"[209]. Dazu wird „noch einmal eine Abreise inszeniert, von der die Brüder vorzeitig wieder umkehren müssen, so daß die vorgegebene Erzählung ihren Lauf nehmen kann"[210]. Der in Gen 44,1–2 beschriebene Befehl Josefs orientiert sich dabei zunächst an dem Befehl aus Gen 42,25.

> Dann gebot Josef seinem Hausverwalter: Fülle die Kornsäcke der Männer mit Getreide, so viel sie mitnehmen können, und lege das Geld eines jeden oben in dessen Sack. Meinen Becher aber, den Silberbecher, legst du oben in den Sack des Jüngsten samt dem Geld für sein Getreide. Und er machte es, wie Josef es ihm gesagt hatte (Gen 44,1–2).

Mit diesem Befehl richtet sich Josef wie in Gen 43,16* an seinen Hausvorsteher. Wie in Gen 43,17a, führt der Hausvorsteher den Befehl auch aus. Parallel zu Gen 42,26 folgt auch in Gen 44 auf Befehl und Platzierung der Wertsachen in den Säcken der Aufbruch der Brüder. Dass die Brüder dieses Mal nicht weit kommen werden, liegt an einem weiteren Befehl Josefs an den Hausvorsteher.

> Am Morgen, als es hell wurde, ließ man die Männer mit ihren Eseln ziehen. Sie hatten kaum die Stadt verlassen und waren noch nicht weit gekommen, da sprach Josef zu seinem Hausverwalter: Auf, jage den Männern nach! Und wenn du sie eingeholt hast, dann sprich zu ihnen: Warum habt ihr Gutes mit Bösem vergolten? (Gen 44,3–4).

Auch hier folgt der Hausvorsteher dem Befehl Josefs und stellt die Brüder zur Rede, die wie in Gen 43,15ff als האנשים bezeichnet werden. Die Brüder reagieren entsetzt und weisen jede Schuld von sich. Dabei berufen sie sich im Rahmen ihrer Verteidigungsrede in Gen 44,8 explizit auf die Ereignisse aus Gen 43,18–23a*. „Siehe, *das Geld, das wir oben in unseren Kornsäcken fanden, haben wir dir aus dem Land Kanaan zurückgebracht.* Wie sollten wir da aus dem Haus deines Herrn Silber oder Gold stehlen?"

---

209 Levin, Jahwist, 296.
210 Levin, Jahwist, 296.

Gen 42,25.27–28.34–36aα.38*:

25 ויצו יוסף וימלאו את־כליהם בר

ולהשיב כספיהם איש אל־שׁקו ולתת להם צדה לדרך ויעש להם כן:

27 ויפתח האחד את־שׁקו לתת מספוא לחמרו במלון וירא את־כספו והנה־הוא בפי

אמתחתו:

28 ויאמר אל־אחיו הושב כספי וגם הנה באמתחתי ויצא לבם ויחרדו איש אל־אחיו

לאמר מה־זאת עשה אלהים לנו:

34 והביאו את־אחיכם הקטן אלי ואדעה כי לא מרגלים אתם כי כנים

אתם את־אחיכם אתן לכם ואת־הארץ תסחרו:

35 ויהי הם מריקים שׂקיהם והנה־איש צרור־כספו בשׂקו ויראו את־צררות כספיהם המה

ואביהם וייראו:

36 ויאמר אלהם יעקב אביהם [...]:

38 [...] לא־ירד בני עמכם כי־אחיו מת והוא לבדו נשאר וקראהו אסון

בדרך אשר תלכו־בה והורדתם את־שׂיבתי ביגון שׁאולה:

Gen 43,16*.17.18–23*:

16 וירא יוסף אתם את־בנימין ויאמר לאשר על־ביתו הבא את־האנשים הביתה וטבח טבח

והכן כי אתי יאכלו האנשים בצהרים:

17 ויעש האיש כאשר אמר יוסף ויבא האיש את־האנשים ביתה יוסף:

18 וייראו האנשים כי הובאו בית יוסף ויאמרו על־דבר הכסף השׁב

באמתחתינו בתחלה אנחנו מובאים להתגלל עלינו ולהתנפל עלינו ולקחת

אתנו לעבדים ואת־חמרינו:

19 ויגשו אל־האיש אשר על־בית יוסף וידברו אליו פתח הבית:

20 ויאמרו בי אדני ירד ירדנו בתחלה לשׁבר־אכל:

21 ויהי כי־באנו אל־המלון ונפתחה את־אמתחתינו והנה כסף־איש בפי

אמתחתו כספנו במשׁקלו ונשׁב אתו בידנו:

22 וכסף אחר הורדנו בידנו לשׁבר־אכל לא ידענו מי־שׂם כספנו

באמתחתינו:

23 ויאמר שׁלום לכם אל־תיראו אלהיכם ואלהי אביכם נתן לכם מטמון

באמתחתיכם כספכם בא אלי ויוצא אלהם את־שׁמעון:

Gen 44,1–2.8:

1 ויצו את־אשר על־ביתו לאמר מלא את־אמתחת האנשים אכל

כאשר יוכלון שׂאת ושׂים כסף־איש בפי אמתחתו:

2 ואת־גביעי גביע הכסף תשׂים בפי אמתחת הקטן ואת כסף שׁברו

ויעש כדבר יוסף אשר דבר:

8 הן כסף אשר מצאנו בפי אמתחתינו השׁיבנו אליך מארץ כנען ואיך

נגנב מבית אדניך כסף או זהב:

Mit Blick auf die oben angeführten Rückbezüge lässt sich zunächst feststellen, dass sie sich auf ein bestimmtes Erzählmotiv konzentrieren, nämlich die von Josef befohlene Rückgabe des Geldes bei der ersten Rückkehr aus Ägypten. Sie wird in der aus Gen 43,18–23a* bekannten Version aufgenommen und variiert.[211]

> Dass das Geld auch in Gen 44,1–2 erwähnt wird, hat nicht wenige Exegeten dazu bewogen, in der Formulierung einen sekundären Zusatz zu sehen.[212] So schrieb Hermann Gunkel, ein „Späterer habe diese schöne Steigerung nicht gewürdigt und daher 1b und ואת כסף שברו 2 aus 42,25 hinzugefügt; aber die Pointe des Folgenden besteht ja gerade darin, daß Benjamin der einzige Schuldige ist"[213]. Mit dieser Annahme könnten Gunkel u. a. Richtiges gesehen haben. Doch ist nicht auszuschließen, dass die Formulierung, obwohl in Gen 44 funktionslos, aus dem vorauslaufenden Kontext sozusagen mitgeschleppt wurde, um den Anknüpfungspunkt der Erzählung noch einmal explizit herauszustellen. So oder so, ist durch eine Ausscheidung der Formulierungen aus dem Kontext literar- und theologiegeschichtlich nicht viel gewonnen.
>
> Dasselbe gilt mit Blick auf die Apposition גביע הכסף in V. 2a und die Näherbestimmung des Bechers als הלוא זה אשר ישתה אדני בו in V. 5a. Beide Formulierungen könnten mit Christoph Levin[214] dem Kontext durchaus erst nachträglich zugewachsen sein. Die Entscheidung für oder gegen den sekundären Charakter der o. a. Näherbestimmungen des Bechers trägt für das Verständnis des Textes letztlich aber nicht viel aus. Sie stellt in beiden Fällen eine Wertsteigerung des Bechers dar, in V. 2 eine materielle, in V. 5a eine ideelle.
>
> Dunkel bleibt im Zusammenhang des Bechers seine Funktion als Wahrsage-Becher.[215]

---

211 Vgl. zu den sachlichen Beobachtungen insbesondere Gunkel, HK, 452f.

212 Bereits Holzinger, Genesis, 244, stellte fest: „Da nachher V. 11 von dem Geld nicht die Rede [...] ist, [...] kann man fragen, ob nicht 1ᵇ aus der Parallele zu 42,25 hierher versetzt und dann natürlich auch 2ᵃᵞ ein Zusatz ist." Ähnlich Westermann, BK, 143; Schmidt, Studien, 162; Levin, Jahwist, 297; Seebass, Josephsgeschichte, 100, oder Ruppert, FzB, 293f.
Anders Soggin, Genesis, 501, der die Bewertung des Motivs als sekundärer Zusatz hier für „textkritisch nicht vertretbar" hält.
Hamilton, NIC.OT, 558, denkt, dass das Geld bereits ursprünglicher Bestandteil von Gen 44 ist und nur deshalb nicht wieder aufgegriffen werde, „because it is overshadowed by the stolen goblet. Joseph has no desire to indict his brothers a second time on being money thieves".
Kebekus, Joseferzählung, 128f, hält das Motiv der Geldrückgabe insgesamt für einen Bestandteil der Juda-Variante.

213 Gunkel, HK, 453.

214 Vgl. Levin, Jahwist, 296–297. Eine sachliche Erklärung für die ausdrückliche Erwähnung, dass der Becher silbern sei, bietet u. a. Jacob, Genesis, 792, der meint, die Attribuierung solle den „verhältnismäßg geringen" Wert hervorheben. Denn „ein kostbarer Becher wäre von Gold gewesen".

215 Zur Problematik des Wahrsagemotivs und alternativen Übersetzungsvorschlägen vgl. Lowenthal, Joseph, 90f. Zur Lekanomantie vgl. auch Jacob, Genesis, 794. Zur Interpretation des Motivs an dieser Stelle vgl. v. a. Westermann, BK, 144: „Die Frage, ob denn Joseph wirklich das Wahrsagen aus dem Becher betrieben habe, ist dem Text nicht gemäß; der Satz dient hier nur der Verstärkung der Beschuldigung".

Das Motiv der Wahrsagerei dürfte wohl ebenfalls einen späteren Nachtrag darstellen,[216] der in V. 5*.15a nur äußerst locker mit dem Erzählverlauf verbunden ist. „הלוא ידעתם führt einen bis dahin unbekannten Sachverhalt ein. In 41,38f. dagegen war Josefs Traumdeutekunst mit Gottes Geist begründet worden. Der Widerspruch lässt sich nicht ausgleichen"[217].

Ist auch Gen 44, wie wir oben gesehen haben, auf mannigfache Weise mit dem Motiv des zurückerstatteten Geldes in Gen 42–43 verbunden, so zeichnet es sich gegenüber den dortigen Erzählabschnitten doch durch einige Besonderheiten aus. Denn wird zwar in Gen 42,27 einer der Brüder aus dem Kollektiv hervorgehoben, so bleibt seine Identität doch anonym. In Gen 44 hingegen wird der eine Bruder, dem der Becher in den Sack gegeben wird, ausdrücklich mit dem jüngsten Bruder, Benjamin, identifiziert.[218] Jener Bruder soll nun, auch das ist neu gegenüber Gen 42–43*, nicht ungeschoren davonkommen. Vielmehr soll er für seinen vermeintlichen Diebstahl bestraft werden. Hatte der Hausvorsteher den Brüdern in Gen 43,23a noch versichert, dass sie nichts zu befürchten hätten, weil „Euer Gott und der Gott eures Vaters [ ] euch einen Schatz in eure Kornsäcke gelegt" habe (Gen 43,23a), so will er den vermeintlichen Dieb nun bestrafen (Gen 44,10).

Bereits oben hatten wir in der Einleitung gesehen, dass eben jene Bestrafung einige Fragen im Kontext des Kapitels aufwirft. Denn nicht immer ist klar, worin die Bestrafung eigentlich genau bestehen soll bzw. wie die Vorstellungen der einzelnen Akteure miteinander zusammenhängen. Diesem Problem werden wir uns im Anschluss widmen.

(b) Die Bestrafung des vermeintlich Schuldigen
Aussagen über eine mögliche Bestrafung für den vermeintlichen Becherdiebstahl finden sich in Gen 44,9–10.16–17.33–34. Sie alle kreisen um das Motiv der Versklavung, ziehen aber nicht alle dieselbe Person bzw. denselben Personenkreis dafür in Betracht. Aus diesen unterschiedlichen Angaben zum Strafmaß für den Becherdiebstahl hat (u. a.) Lothar Ruppert eine diachrone Differenzierung erschlossen:

---

216 Anders ging noch Gunkel davon aus, dass das Wahrsagemotiv in einer älteren Version der Erzählung noch sehr viel mehr Umfang hatte und erst im Laufe der Zeit aus dem Kontext herausgestrichen wurde. „Eine frühere Gestalt der Erzählungen wird wohl diese Seite Josephs [sc. die als Wahrsager] als einen Hauptpunkt unbefangen und deutlich dargestellt haben; diese Dinge werden aber in einer späteren Zeit, die von Zauberei nichts wissen wollte, zurückgetreten sein. Da die Zauberei in Ägypten blühte, und die Geschichte in Ägypten spielen will, darf man fragen, ob hier vielleicht eine ägyptische Zauberersage zu Grunde liegt".
217 Levin, Jahwist, 296–297.
218 Vgl. hierzu bereits die Beobachtungen von Gunkel, HK, 452–453.

Zweimal erklären die Brüder, einmal vor Josefs Hausverwalter für den Fall, daß sich der silberne Becher bei ihnen findet, einmal vor Josef selbst, nach der Entdeckung, nun freilich durch Juda, ihren Sprecher, ihre Bereitschaft, zu Sklaven zu werden (V. 9 bzw. V. 16), und einmal erklärt sich Juda in seiner umfänglichen Rede persönlich dazu bereit, anstelle Benjamins zum Sklaven Josefs zu werden (V. 33). Die erste Doppelung (V. 9 // 16) ist noch sehr gut aus dem Handlungsverlauf zu erklären: Im ersteren Falle (V. 9) halten sie ja eine Entdeckung des Bechers in einer ihrer Säcke für ausgeschlossen, weshalb ihre diesbezügliche Erklärung (Todesstrafe für den möglichen Dieb und Versklavung seiner Brüder) reine Rhetorik ist und lediglich ihr Unschuldsbewußtsein betonen soll. Im zweiten Fall, nach der Entdeckung des Bechers in Benjamins Sack, sind sie vor ihrem Ankläger bereit, den ihnen unerklärlichen Diebstahl als ‚Schuld‘ kollektiv auf sich zu nehmen und ihre Versklavung als Sühne dafür zu akzeptieren (V. 16). Wenn Juda sich darauf in seiner großen Rede stellvertretend selbst anstelle Benjamins als Sklaven anbietet (V. 33), dann distanziert er sich damit indirekt von seiner eigenen (!) Bereitschaftserklärung im Namen der Brüder, derzufolge alle Brüder (auch Benjamin!) sich als Sklaven anbieten (V. 16). Zur schwer erträglichen Doppelung gesellt sich somit noch ein inhaltlicher Widerspruch! Somit kann Judas persönliche Bereitschaftserklärung (V. 33 mit V. 18–34) schwerlich dem gleichen Autor zugeschrieben werden[219].

Als einen weiteren Anhaltspunkt für den redaktionellen Charakter von Gen 44,18–34 nennt Ruppert den Wechsel der Bezeichnungen für die Brüder.

Denn während „die Brüder Josefs zunächst nur als ‚die Männer‘ bezeichnet werden (V. 1.3.4), ist plötzlich V. 18 von ‚Juda und seinen Brüdern‘ die Rede. Dieser Wechsel in der Benennung verdankt sich offenbar dem Umstand, daß V. 16 Juda als ihr Sprecher zitiert wird. Es drängt sich daher der Verdacht auf, daß Juda, im Hinblick auf seine großen (sic!) Rede V. 18–34, in V. 16 redaktionell überhaupt zum Sprecher der Brüder wurde"[220].

In denselben redaktionellen Zusammenhang (Je) gehören nach Ruppert auch die V. 8–10.17, die sachlich-terminologisch mit V. 16.18–34 verbunden sind.[221]

Mit dieser von Ruppert vorgenommenen literarischen Scheidung werden wir uns im Folgenden kritisch auseinandersetzen. Beginnen wir dabei mit der Frage, ob Juda im Kontext von Gen 44 tatsächlich erst nachträglich zum Sprecher der Brüder gemacht worden sein könnte. Sie wird literarkritisch vor allem durch einen Blick auf den Übergang Gen 44,13–14 gestützt. Nachdem die Männer, d. h. die Brüder Josefs, ihre Kleider zerrissen haben, stiegen sie ein jeder auf seinen Esel und kehrten um in die Stadt (Gen 44,13). „Und es *kam* Juda und seine Brüder

219 Ruppert, FzB, 291.
220 Ruppert, FzB, 291–292. Bereits Wellhausen, Composition, 58, vermutete, dass in V. 16a ursprünglich ein pluralischer Narrativ mit Subjekt „die Männer" stand, der erst durch die redaktionelle Einführung Judas als Sprecher seiner Brüder in das singularische ויאמר umgewandelt wurde. So auch Holzinger, KHC, 244, oder Gunkel, HK, 455.
221 Vgl. Ruppert, FzB, 292.

in das Haus Josefs – er war noch immer dort – und *sie fielen* vor ihm nieder"
(Gen 44,14). Im Zusammenhang der durchweg auf die Brüder bezogenen Aussagen von Gen 44,13–14 fällt der singularisch auf Juda bezogene Narrativ ויבא aus
dem Rahmen. Ebenso steht der auf die Formulierung יהודה ויבא direkt folgende
Verweis auf „die Brüder" – wie Ruppert richtig bemerkt hat – der bisherigen Rede
von „den Männern" (V. 1.3.4) entgegen. Er erklärt sich sachlich aus der Einführung Judas als Sprecher in V. 16.18–34, der zu „den Männern" nun ausdrücklich
in ein verwandtschaftliches Verhältnis gesetzt wird.

Gen 44,4.13–14:

⁴ הם יצאו את־העיר לא הרחיקו ויוסף אמר לאשר על־ביתו קום רדף אחרי $\boxed{\text{האנשים}}$ והשגתם
ואמרת אלהם למה שלמתם רעה תחת טובה:

¹³ ויקרעו שמלתם ויעמס איש על־חמרו וישבו העירה:

¹⁴ $\boxed{\text{ויבא יהודה}}$ $\boxed{\text{ואחיו}}$ ביתה יוסף והוא עודנו שם ויפלו לפניו ארצה:

Alle Männer zusammen hatten bereits in V. 9 ein Angebot unterbreitet. Es erinnert
im Makrokontext der Genesis an die Verfolgung Jakobs durch Laban in Gen 31.
Nachdem Laban seinem Neffen hinterhergejagt ist und ihn gestellt hat, wirft er
ihm vor, er habe die Hausgötter gestohlen. Jakob verneint:

> Ich fürchtete mich, denn ich dachte, du würdest mir deine Töchter entreißen. *Bei wem du
> aber deine Götter findest, der soll nicht am Leben bleiben.* Vor unseren Brüdern durchsuche,
> was ich bei mir habe, und nimm sie. Jakob aber wusste nicht, dass Rachel sie [sc. die Haus-
> götter] gestohlen hatte (Gen 31,32[222]).

Wie Jakob nicht wissen konnte, dass Rahel tatsächlich die Hausgötter in ihre
Kamelsatteltasche gepackt hatte (Gen 31,34), so können auch die Brüder Josefs
nicht wissen, dass sich der Becher Josefs im Sack Benjamins befindet. So sicher
sind sich beide Parteien ihrer Sache, dass sie den Schuldigen mit dem Tode
bestrafen lassen wollen.[223]

Im Binnenkontext von Gen 44 zeigt die Aussage der Brüder in V. 9 Berührungspunkte mit der o. a. Aussage Judas aus V. 16. Doch stimmen die Aussagen
nicht genau überein. Vielmehr nimmt Juda nun, da die Brüder wissen, wer der
Schuldige ist, die Todesstrafe aus V. 9 zurück. Stattdessen bietet er an, sie alle
wollen als Sklaven bei Josef dienen. Dieses Angebot weist Josef in V. 17 vehement
von sich und greift partiell die Worte des Hausvorstehers aus V. 10 wieder auf,

---

222 Zu diesem Bezug vgl. bereits Jacob, Genesis, 796, oder Gunkel, HK, 454. Vgl. in jüngerer Vergangenheit auch Westermann, BK, 245; Wenham, WBC, 425, oder Hamilton, NIC.OT, 562.
223 Vgl. hierzu insbesondere Gunkel, HK, 454.

die ihrerseits aus der Perspektive Josefs[224] formuliert sind (יהיה־לי עבד).[225] Dabei fällt im Zusammenhang der Abschnitte Gen 44,9–10 und Gen 44,16–17 auf, dass die Aussage des Hausvorstehers nicht gänzlich mit der vorauslaufenden Rede der Brüder zusammenpasst. Denn obwohl er der Rede der Brüder in V. 10a zunächst zustimmt, widerspricht sein Angebot aus V. 10b dem Vorschlag der Brüder aus V. 9. Nicht soll der Schuldige sterben und die anderen als Sklaven bei Josef bleiben (V. 9). Vielmehr soll der Schuldige als Sklave bei Josef bleiben, während die anderen straffrei ausgehen (V. 10b).[226] Im Kontext von V. 16–17 hingegen liest sich die Rede Josefs (V. 17) zwanglos als Antwort auf die Aussage Judas (V. 16). Will Juda zunächst, dass alle Brüder samt dem Schuldigen bei Josef als Sklaven dienen, so setzt Josef dagegen, dass nur der Schuldige als Sklave bei ihm bleiben soll. Die anderen aber können sich auf den Weg nach Hause machen.

Während die Aussagen V. 10b demnach in einem logischen Widerspruch zu V. 9–10a stehen, fügen sie sich bestens mit den Aussagen aus V. 16–17. Es wäre entsprechend zu überlegen, ob nicht zwischen V. 9–10a und V. 10b.16–17 auch literarisch zu scheiden wäre. Ursprünglich hätte der Hausvorsteher dem Angebot der Brüder aus V. 9 demnach tatsächlich zugestimmt (V. 10a). Erst ein späterer Autor hätte an das Motiv der Selbstversklavung aus V. 9 angeknüpft und es modifiziert. Nicht mehr soll den Schuldigen die Todesstrafe treffen. Nein, er soll nur als Sklave „bei mir", d. h. bei Josef bleiben. Dies versucht Juda zunächst in V. 16 abzuwenden. Doch bleibt Josef in V. 17 bei der bereits von seinem Hausvorsteher angekündigten Strafe.

Gen 44,9–10.13–14.16–17:

:אשר ימצא אתו מעבדיך ומת וגם־אנחנו נהיה לאדני לעבדים⁹

¹⁰ויאמר גם־עתה כדבריכם כן־הוא

:אשר ימצא אתו יהיה־לי עבד ואתם תהיו נקים

¹³ויקרעו שמלתם ויעמס איש על־חמרו וישבו העירה:

---

224 Vgl. zu dieser Beobachtung bereits Jacob, Genesis, 796, der diese Auffälligkeit so zu erklären sucht, dass da „Joseph nachher (v. 17) ebenso entscheidet, muß er seinem Verwalter auch diese Instruktion schon mitgegeben haben, so daß dieser sich (לי) mit seinem Herrn gleichsetzen kann". Vgl. ferner Seebass, Josephsgeschichte, 101.
225 Zu den o. a. inhaltlichen Differenzierungen im Zusammenhang von V. 9–10.16–17 vgl. bereits Gunkel, HK, 455.
226 Ähnlich scheidet auch Levin, Jahwist, 297, zwischen V. 9a (Benjamin-Bearbeitung) und V. 9b–10 („Juda als Bürge").
Anders Jacob, Genesis, 796, der hier keinen Widerspruch sieht. „Der Verwalter ist mit ihnen einverstanden, wenn auch nicht mit ihrer Übertreibung". Anders auch Westermann, BK, 145; Hamilton, NIC.OT, 563, oder Seebass, Josephsgeschichte, 101.

14 ויבא יהודה ואחיו
ביתה יוסף והוא עודנו שם ויפלו לפניו ארצה:
16 ויאמר יהודה מה־נאמר לאדני מה־נדבר ומה־נצטדק האלהים מצא את־עון עבדיך הננו
עבדים לאדני גם־אנחנו גם אשר־נמצא הגביע בידו:
17 ויאמר חלילה לי מעשות זאת האיש אשר נמצא הגביע בידו הוא יהיה־לי עבד ואתם
עלו לשלום אל־אביכם: פ

Mit Blick auf den oben skizzierten Befund dürfte Ruppert grundsätzlich darin zuzustimmen sein, dass es sich bei der Einführung Judas in den Kontext um eine nachträgliche Entwicklung handelt. Gegen die diachrone Differenzierung von Ruppert
dürfte allerdings einzuwenden sein, dass in Gen 44,16 nicht allein der Name
Judas nachgetragen worden sein dürfte. Vielmehr könnte es sich bei V. 10b.14(ויבא
יהודה ואחיו).16–17 insgesamt um eine Neuinterpretation der wohl älteren Aussage
Gen 44,9 handeln. In welchem Verhältnis diese Neuinterpretation des Strafmaßes
zu der Rede Judas in Gen 44,18–34 steht, soll im Anschluss erörtert werden.[227]

Die Rede Judas lässt sich in zwei Unterabschnitte gliedern. In den V. 18–29
rekapituliert Juda vor Josef bereits geschehene Ereignisse, in V. 30–34 zieht er
aus der vorausgehenden Rekapitulation die Konsequenzen und bietet Josef einen
neuen Vorschlag zur Güte an. Dabei durchzieht ein Motiv den gesamten Rede-
komplex wie ein roter Faden: *Das besondere Verhältnis, das Jakob-Israel mit den
Söhnen Rahels verbindet.*[228]

Bereits V. 19 kommt auf Jakob-Israel und den einzig verbliebenen Rahel-Sohn,
Benjamin, zu sprechen. Josef, so berichtet Juda, habe die Brüder bei ihrer früheren
Begegnung gefragt, ob sie noch einen Vater oder einen Bruder hätten. Mit der Frage
rekurriert Gen 44,19 auf die Aussage aus Gen 43,7. Dort hatten die Brüder vor dem
Vater berichtet, dass Josef sie hartnäckig nach ihrer Verwandtschaft gefragt habe.

Auf die Frage Josefs hätten die Brüder, so berichtet Juda in V. 20 weiter, geant-
wortet: „Wir haben noch einen alten Vater und einen kleinen Knaben, der ihm
im Alter geboren wurde. Sein Bruder ist tot, und so ist er allein von seiner Mutter
übrig geblieben, und sein Vater hat ihn lieb". Mit dieser Information weichen die
Brüder von den Geschehnissen der ersten Begegnung ab. Ihre wörtliche Rede
greift stattdessen auf Aussagen aus Gen 37 zurück, die dort mit Blick auf Josef und
sein Verhältnis zum Vater verfasst waren. Durch diesen Rückgriff wird erklärt,
woraus sich der in Gen 44 vorausgesetzte Vorzug Benjamins eigentlich ergibt.[229]

---

227 Vgl. ähnlich Levin, Jahwist, 297.
228 Vgl. zum Motiv der Vorzugsrolle Benjamins in Gen 42–45 insbesondere Kratz, Komposition,
283–284.
229 Vgl. bereits die Beobachtungen bei Dillmann, Genesis, 408; vgl. ferner Ruppert, FzB, 301.

Gen 37,3–4*.33:

3 וְיִשְׂרָאֵל אָהַב אֶת־יוֹסֵף מִכָּל־בָּנָיו כִּי־בֶן־זְקֻנִים הוּא לוֹ וְעָשָׂה לוֹ כְּתֹנֶת פַּסִּים:

4 וַיִּרְאוּ אֶחָיו כִּי־אֹתוֹ אָהַב אֲבִיהֶם מִכָּל־אֶחָיו וַיִּשְׂנְאוּ אֹתוֹ וְלֹא יָכְלוּ דַּבְּרוֹ לְשָׁלֹם:

33 וַיַּכִּירָהּ וַיֹּאמֶר כְּתֹנֶת בְּנִי חַיָּה רָעָה אֲכָלָתְהוּ טָרֹף טֹרַף יוֹסֵף:

Gen 44,20:

20 וַנֹּאמֶר אֶל־אֲדֹנִי יֶשׁ־לָנוּ אָב זָקֵן וְיֶלֶד זְקֻנִים קָטָן וְאָחִיו מֵת וַיִּוָּתֵר הוּא לְבַדּוֹ לְאִמּוֹ וְאָבִיו אֲהֵבוֹ:

Obwohl die Brüder das besondere Verhältnis zwischen dem Vater und dem Jüngsten herausgestellt hätten, habe Josef verlangt, man möge den Bruder vor ihn bringen (→ Gen 43,3). „Da sprachst du zu deinen Dienern: Bringt ihn zu mir herab, ich will ihn mit eigenen Augen sehen" (Gen 44,21). Die Brüder hätten daraufhin noch einmal auf das enge Band zwischen Vater und Sohn hingewiesen. „Wir aber sprachen zu meinem Herrn: Der Knabe kann seinen Vater nicht verlassen; verließe er seinen Vater, so würde dieser sterben" (Gen 44,22). Josef aber sei stur geblieben. „Da sprachst du zu deinen Dienern: Wenn euer jüngster Bruder nicht mit euch herabkommt, dürft ihr mir nicht mehr unter die Augen treten" (Gen 44,23). Die Brüder seien daraufhin zum Vater gezogen und hätten ihm die Worte Josefs berichtet (Gen 44,24). Der Bericht vor dem Vater erfolgt in Gen 44,26. „Da sagten wir: Wir können nicht hinabziehen. Nur wenn unser jüngster Bruder bei uns ist, ziehen wir hinab, denn wir dürfen dem Mann nicht unter die Augen treten, wenn unser jüngster Bruder nicht bei uns ist". Die Antwort des Vaters zitiert Juda unmittelbar in Gen 44,27–29. Sie greift noch einmal ausdrücklich das Motiv der größeren Liebe des Vaters für die Rahel-Söhne auf. Er habe zu ihnen gesprochen, so gibt Juda an:

> Ihr wisst selbst, *dass mir meine Frau zwei Söhne geboren hat. Der eine ist von mir gegangen*, und ich musste mir sagen: Gewiss ist er zerfleischt worden. Ich habe ihn bis heute nicht wiedergesehen. *Nehmt ihr mir auch noch diesen* und stößt ihm etwas zu, dann bringt ihr mein graues Haar vor Leid ins Totenreich hinab.

Damit nimmt Gen 44,30 nicht nur die Aussage aus Gen 42,38 auf, sondern fügt ihr zudem noch Informationen hinzu, die dem Leser aus Gen 29–30*, Gen 35,16–20 und Gen 37,33 bekannt sind. Jakob-Israel liebt Rahel mehr als Lea. Rahel gebiert ihm seine beiden jüngsten Söhne, Josef und Benjamin. Dass Jakob überhaupt noch eine andere Frau und andere Söhne hat, ist in den Aussagen aus Gen 44,27–29 gänzlich außer Acht gelassen. Allein den Söhnen der Lieblingsfrau gilt das Interesse. Von ihnen scheint Josef bereits für immer verloren. Seinen blutdurchtränkten Rock haben die Brüder dem Vater in Gen 37,31–32 gebracht, den der Vater erkannt und festgestellt hat: „Gewiss ist er zerfleischt worden". Bis heute

hat er ihn nicht wiedergesehen. Würde man ihm nun auch noch den letzten verbliebenen Rahel-Sohn nehmen, so würde er dies nicht überleben.[230]

Gen 29,30–31*:

‏30 ויבא גם אל־רחל ויאהב גם־את־רחל מלאה ויעבד עמו עוד שבע־שנים אחרות:

‏31 וירא יהוה כי־שנואה לאה ויפתח את־רחמה ורחל עקרה:

Gen 30,23–24*:

‏23 ותהר ותלד בן ותאמר אסף אלהים את־חרפתי:

‏24 ותקרא את־שמו יוסף לאמר יסף יהוה לי בן אחר:

Gen 35,16–18*:

‏16 ויסעו מבית אל ויהי־עוד כברת־הארץ לבוא אפרתה ותלד רחל ותקש בלדתה:

‏17 ויהי בהקשתה בלדתה ותאמר לה המילדת אל־תיראי כי־גם־זה לך בן:

‏18 ויהי בצאת נפשה כי מתה ותקרא שמו בן־אוני ואביו קרא־לו בנימין:

Gen 37,33:

‏33 ויכירה ויאמר כתנת בני חיה רעה אכלתהו טרף טרף יוסף:

Gen 44,27–29:

‏27 ויאמר עבדך אבי אלינו אתם ידעתם כי שנים ילדה־לי אשתי:

‏28 ויצא האחד מאתי ואמר אך טרף טרף ולא ראיתיו עד־הנה:

‏29 ולקחתם גם־את־זה מעם פני וקרהו אסון והורדתם את־שיבתי ברעה שאלה:

Mit V. 30 beginnt Juda, die Konsequenzen aus der vorauslaufenden Rekapitulation zu ziehen. Auch hier konzentrieren sich seine Aussagen auf das besondere
Verhältnis des Vaters zu dem einzig verbliebenen Rahel-Sohn.[231]

> Und wenn ich nun zu deinem Diener, meinem Vater, komme und der Knabe nicht bei uns
> ist, da doch sein Herz so an ihm hängt, und wenn er sieht, dass der Knabe nicht dabei ist,
> so wird er sterben, und deine Diener bringen das graue Haar deines Dieners, unseres Vaters,
> vor Kummer ins Totenreich hinab (Gen 44,30–31).

---

230 Vgl. hierzu die Beobachtung von Ruppert, FzB, 302: „Juda gibt die wesentlichsten Punkte
des Gesprächs der Brüder vor der zweiten Ägyptenreise zum Teil wörtlich wieder [...]. Signifikant
ist aber, was Josef bzw. der Leser darüber hinaus erfährt: Das Geschick des jüngsten Bruders
ist auf geheimnisvolle Weise mit demjenigen seines älteren Vollbruders verflochten". Vgl. ferner
Kratz, Komposition, 283–284.
231 Vgl. insbesondere Westermann, BK, 148–149, oder Ruppert, FzB, 302–303.

Deshalb schlägt Juda vor, er allein möge bei Josef zurückbleiben, während Benjamin mit den anderen Brüdern hinauf zum Vater zieht.

> Darum möge jetzt dein Diener an Stelle des Knaben als Sklave meines Herrn hier bleiben, der Knabe aber möge mit seinen Brüdern hinaufziehen. Denn wie könnte ich zu meinem Vater hinaufziehen, ohne dass der Knabe bei mir wäre? Ich könnte das Leid nicht mit ansehen, das meinen Vater träfe (Gen 44,33–34).

Dies begründet Juda damit, dass er sich zuvor beim Vater verbürgt hatte. „Dein Diener hat sich ja für den Knaben bei meinem Vater verbürgt mit den Worten: Wenn ich ihn dir nicht wieder bringe, so will ich mein Leben lang vor meinem Vater die Schuld tragen". Mit dieser Selbstverbürgung greift V. 32 zurück auf den Kontext von Gen 43,8–10, wo Juda sich vor dem Vater für das Leben des Jüngsten eingesetzt hatte.

Gen 43,8–10*:

⁸ויאמר יהודה אל־ישראל אביו שלחה הנער אתי ונקומה ונלכה ונחיה ולא נמות גם־אנחנו
גם־אתה גם־טפנו:

⁹אנכי אערבנו מידי תבקשנו אם־לא הביאתיו אליך והצגתיו לפניך וחטאתי לך כל־הימים:

¹⁰כי לולא התמהמהנו כי־עתה שבנו זה פעמים:

Gen 44,32:

³²כי עבדך ערב את־הנער מעם אבי לאמר אם־לא אביאנו אליך וחטאתי לאבי כל־הימים:

Mit Blick auf die oben skizzierten Sinnzusammenhänge dürften V. 10b.16–17 sachlich mit den Aussagen aus V. 18–34 zusammengehören, als deren Vorbereitung sie dienen.[232] Der Hausverwalter Josefs lehnt zunächst den Vorschlag der Brüder ab, der Schuldige möge sterben und die anderen mögen als Sklaven bei Josef bleiben. Stattdessen schlägt er vor, nur der Schuldige solle bei Josef bleiben. So separiert der Erzähler Benjamin von seinen Brüdern und parallelisiert sein Schicksal mit dem Schicksal Josefs aus Gen 37.[233]

Eine verbale Reaktion der Brüder auf den Vorschlag des Hausvorstehers erfolgt implizit durch Juda in V. 16. Er greift den Vorschlag der Selbstversklavung aus V. 9 auf und bezieht ihn nun auf alle Brüder – schuldig wie unschuldig. So bereitet er die Antwort Josefs vor, die mitunter wörtlich auf die Aussage des Hausvorstehers rekurriert. Über die Aussage des Hausvorstehers hinaus bietet er den

---

232 Vgl. auch insgesamt die inhaltlichen Beobachtungen bei Weimar, *Rede*, 134f.
233 Vgl. Ruppert, FzB, 300.

Brüdern an, die Unschuldigen mögen nach Hause zum Vater ziehen. Damit gibt Josef das Stichwort für die Rede Judas in V. 18–34. Denn gerade dies können die Brüder ja nicht tun. Sie können nicht ohne den jüngsten Bruder zum Vater nach Hause ziehen. Die Gründe dafür werden in Gen 44,18–30 zunächst aufgezählt, danach die Konsequenzen gezogen: Juda allein will bei Josef verbleiben, die anderen Brüder sollen samt Benjamin zum Vater hinaufziehen.

Gen 43,17.33–34:

ויאמר חלילה לי מעשׂות זאת האישׁ אשׁר נמצא הגביע בידו הוא יהיה־לי עבד ואתם עלו ¹⁷

לשׁלום אל־אביכם: פ

ועתה ישׁב־נא עבדך |תחת הנער| עבד לאדני והנער יעל עם־אחיו: ³³

כי־איך אעלה אל־אבי והנער איננו אתי פן אראה ברע אשׁר ימצא את־אבי: ³⁴

Zwischen V. 16.33–34 besteht demnach kein Widerspruch. Bei V. 16 dürfte es sich – wie bei V. 10b.17 – vielmehr um die Wiederaufnahme und Neuentfaltung eines bereits im älteren Kontext vorgegebenen Motivs, i. e. der Selbstversklavung, handeln. Mit den Formulierungen aus V. 10b.16–17 bereitet der Autor auf die lange Rede Judas in V. 18–34 vor, in deren Angebot aus V. 32–34 die Fortschreibung ihren Höhepunkt findet.

Im Zusammenhang dieser Fortschreibung ist besonders bemerkenswert, dass ausgerechnet Juda den Vorzug der Rahel-Söhne in Gen 44 so nachdrücklich betont. Denn mit seinen Ausführungen gesteht Juda den Vorrang der Rahel-Söhne beim Vater ein, die über ihre gemeinsame Herkunft zudem auf besondere Weise miteinander verbunden sind. Über seine Abstammung von Rahel steht Benjamin Josef näher als Juda.[234]

Zieht man nun in Betracht, dass die oben besprochenen Aussagen nicht nur auf die Personen in der Väter- und Josefsgeschichte verweisen, sondern darüber hinaus eine nationalpolitische Dimension in sich tragen,[235] ist dieser Standpunkt

---

234 Vgl. hierzu Kratz, Komposition, 283–284: „Es folgen in Gen 42–44 die zwei Reisen der Brüder Josefs nach Ägypten, die sehr langatmig erzählt und durch mancherlei nachträglich eingefügte Verwicklungen immer weiter in die Länge gezogen werden. In ihnen geht es vor allem um das Geschick des jüngeren Sohnes der geliebten Rahel aus Gen 35,17f, Benjamin, der, nachdem Josef fort war, das Lieblingskind seines Vaters Jakob-Israel wurde (44,20). Im Hintergrund steht die Frage nach dem Schicksal und der Zugehörigkeit des Landstrichs Benjamin".
235 Anders vertritt etwa Westermann, BK, 148, eine Interpretation, die allein auf der Erzählebene des Textes verbleibt. „Für den jetzt angeredeten Herrn in Ägypten will Juda damit erklären, was ihm der Verlust Benjamins bedeuten würde. Deswegen muß die Frau erwähnt werden, von der er nur zwei Söhne hatte (V. 27b), deswegen muß er von Joseph, dem verlorenen Sohn sprechen (V. 28). Zwar kann der Fremde, zu dem er spricht, die Andeutungen nicht verstehen, wohl

Judas durchaus beachtenswert. Denn er scheint weniger die Perspektive des Süd-reiches zu vertreten, als vielmehr aus dem Blickwinkel des Nordreiches verfasst. Zwar fungiert Juda in Gen 44 ausdrücklich als Sprecher seiner Brüder und ist auch deutlich positiver dargestellt, als dies noch in Gen 37 der Fall war.[236] Doch schließt er sich und seine Brüder quasi von der Vorzugsrolle beim Vater aus und erkennt auch die besondere Verbindung Benjamins mit Josef – nicht mit Juda! – anstandslos an. Die positive Sicht auf Juda in Gen 44 scheint sich demnach nicht zuletzt dem Umstand zu verdanken, dass er sich hier so verhält, wie es der Ver-fasser für angemessen erachtet: Er ordnet sich den Rahel-Söhnen unter.[237] Denn sie sind die Lieblinge Jakob-Israels:

Ihr wisst selbst, *dass mir meine Frau zwei Söhne geboren hat*. Der eine ist von mir gegangen, und ich musste mir sagen: Gewiss ist er zerfleischt worden. Ich habe ihn bis heute nicht wiedergesehen. Nehmt ihr mir auch noch diesen und stößt ihm etwas zu, dann bringt ihr mein graues Haar vor Leid ins Totenreich hinab (Gen 44,27–29).

An zwei Stellen könnte in der Rede Judas V. 18–34 mit Zusätzen gerechnet werden. Hier ist zunächst an die Formulierung aus V. 25 gedacht, die den Zusammenhang zwischen V. 24 und V. 26 unterbricht. In V. 24 waren die Brüder zum Vater hinaufgezogen und taten ihm die Worte Josefs kund. Tatsächlich erfolgt die Wiedergabe der Worte Josefs jedoch erst in V. 26. Dazwischen erfährt der Leser in V. 25, dass der Vater einen Befehl erteilt habe, Getreide zu erwerben. Damit folgt die Aussage dem Handlungsablauf von Gen 43,1–7, stört im Binnenkontext von Gen 44 allerdings den Zusammenhang von Ankündigung (V. 24) und Ausführung (V. 26). Sie könnte literarisch mit dem Motiv des zweiten Getreidekaufs in Gen 43,1–2.4–5.12a(nur וכבם בידכם).15a(nur לקחו וכסף משנה קחו בידכם).22a(nur ומשנה־כסף) zusammengehören.

Gen 43,23–26:

²³ ותאמר אל־עבדיך אם־לא ירד אחיכם הקטן אתכם לא תספון לראות פני:
²⁴ ויהי כי עלינו אל־עבדך אבי ונגד־לו את דברי אדני:
²⁵ ויאמר אבינו שבו שברו־לנו מעט־אכל:
²⁶ ונאמר לא נוכל לרדת אם־יש אחינו הקטן אתנו וירדנו כי־לא נוכל לראות פני האיש ואחינו הקטן
איננו אתנו:

Ein weiterer Nachtrag könnte in V. 32 zu sehen sein.[238] Die Aussage des Verses knüpft sachlich an das Motiv der Selbstversklavung an, lässt sich Juda aber nicht nur Josef als Stellvertreter

---

aber kann er daraus entnehmen, was der Verlust Benjamins für den Vater bedeuten würde. Dar-auf allein kommt es Juda an".

236 Vgl. zum Zusammenspiel von Gen 37; 44 u. a. Ruppert, FzB, 305.

237 Anders u. a. Ruppert, FzB, 305.

238 Vgl. hierzu bereits die Beobachtung von Dillmann, Genesis, 408: „Die Endbitte, nun be-gründet theils durch des Vaters Liebe zu Benj. V. 19–29, theils durch Juda's Bürgschaft für ihn V. 32". Vgl. ferner Westermann, BK, 149: „Wie einen Nachtrag fügt Juda noch hinzu, daß er sich für Benjamin verbürgt habe".

für Benjamin anbieten. Dem Stellvertretungsgedanken wird vielmehr mit dem Terminus ערב auch die Selbstverpfändung Judas zur Seite gestellt, der nun – wie in Gen 43,9 – vor seinem Vater die Schuld tragen will, so Benjamin nicht nach Hause zurückkehren sollte. Dabei findet sich im Zusammenhang von Gen 43,9; 44,32 ein Bedingungssatz, der auch im Rahmen der wörtlichen Rede Rubens Gen 42,37 erscheint: „Wenn ich ihn dir nicht wiederbringe". Gen 42,37; 43,9 sind darüber hinaus über das suffigierte Nomen ידי verbunden. Soll Jakob-Israel seinen Jüngsten in Rubens Hand geben und will er ihm den Sohn wieder zurückbringen, so bietet Juda seinem Vater an, er könne Benjamin von „meiner Hand" fordern, so er ihn nicht zurückbringt. Eine literarische Beeinflussung scheint ob der genannten Übereinstimmungen evident. Die Richtung ist nicht sicher zu bestimmen. Eine Möglichkeit aber wäre, dass sich die Einführung des Terminus ערב in den Kontext von Gen 43–44 dem Wunsch verdankt, den Einsatz Judas für Benjamin an das Angebot Rubens aus Gen 42,37 anzupassen. Der Autor des Motivs hätte dann der wörtlichen Rede Rubens mit dem Vater eine Rede Judas mit dem Vater nachgestellt. Dort lässt er sich Juda nun vor dem Vater für Benjamin verbürgen: „Ich selbst will Bürge sein für ihn, von meiner Hand kannst du ihn fordern. Wenn ich ihn dir nicht wieder zurückbringe und vor dich hinstelle, so will ich mein Leben lang vor dir die Schuld tragen". Die Szene wird in Gen 44,32 aufgenommen und vor Josef wiederholt.

Unabhängig davon, ob es sich bei Gen 44,32 um einen weiteren Nachtrag innerhalb des Kapitels handelt oder nicht, liegt die Aussage sachlich auf einer Linie mit dem Angebot der Selbstversklavung Judas.

Gen 42,37–38*:

³⁷ ויאמר ראובן אל־אביו לאמר את־שני בני תמית ‏‎|אם־לא אביאנו אליך‎|‏ תנה אתו על־ידי ואני אשיבנו אליך:

³⁸ ויאמר |לא־ירד בני עמכם| כי־אחיו מת והוא לבדו נשאר וקראהו אסון בדרך אשר תלכו־בה והורדתם את־שיבתי ביגון שאולה:

Gen 43,8–10*:

⁸ ויאמר יהודה אל־ישראל אביו שלחה הנער אתי ונקומה ונלכה ונחיה ולא נמות גם־אנחנו גם־אתה גם־טפנו:

⁹ אנכי אערבנו מידי תבקשנו |אם־לא הביאתיו אליך| והצגתיו לפניך וחטאתי לך כל־הימים:

¹⁰ כי לולא התמהמהנו כי־עתה שבנו זה פעמים:

Gen 44,32–34:

³² כי עבדך ערב את־הנער מעם אבי לאמר |אם־לא אביאנו אליך| וחטאתי לאבי כל־הימים:

³³ ועתה ישב־נא עבדך תחת הנער עבד לאדני והנער יעל עם־אחיו:

³⁴ כי־איך אעלה אל־אבי והנער איננו אתי פן אראה ברע אשר ימצא את־אבי:

Ergebnis

Fassen wir unsere oben gewonnenen Ergebnisse abschließend kurz zusammen. Gen 44 dürfte dem Zusammenhang des Mittagsmahles in Gen 43 und der Entdeckung Josefs in Gen 45 erst nachträglich zwischengeschaltet worden sein. Die Bearbeitung umfasst in Gen 44 V. 1–4.5aαb.6–10a.11–13.14a(ohne ויבא יהודה ואחיו) b. Sie knüpft an die Einführung und Mitnahme Benjamins in Gen 42–43 an, deren

Relevanz sich nun vor dem Hintergrund der Ereignisse von Gen 44 erschließt. Mithilfe Benjamins, des zweiten Rahel-Sohnes, will Josef seine Brüder in Ägypten auf die Probe stellen.[239] An ihrem Verhalten gegenüber Benjamin soll sich erweisen, ob sie aus ihrem früheren Fehlverhalten gegenüber dem älteren Rahel-Sohn gelernt und sich tatsächlich geändert haben.[240] Werden sie dem Vater auch den zweiten Sohn der Lieblingsfrau nehmen, wie er in Gen 42,38 befürchtet hatte? Oder werden sie sich ihm gegenüber als loyal erweisen? Die Brüder bestehen den Test[241]: Sie alle zerreißen bestürzt ihre Kleidung, als der Becher in Benjamins Sack gefunden wird (Gen 44,13). Mit Benjamin gemeinsam kehren sie zu Josef zurück und werfen sich vor ihm nieder (Gen 44,14*). Josef kann nicht länger an sich halten und gibt sich seinen Brüdern zu erkennen (Gen 45,1–4*).

Mit dieser Darstellung zeichnet die Benjamin-Bearbeitung in Gen 42–45 einen Vorzugsteil Israels, der in den Söhnen Rahels besteht. Im Hintergrund dürfte hier die Frage nach der Zugehörigkeit des Landstrichs Benjamin stehen. Auf sie gibt die Josefsgeschichte eine eindeutige Antwort: Benjamin ist der zweite Sohn Rahels und als solcher der einzige Vollbruder Josefs. Sie beide repräsentieren das Nordreich Israel.

An die Frage nach der Zuordnung Benjamins hat eine spätere Hand angeknüpft und auch das Südreich in der Person Judas eingeführt. Er wird in Gen 43; 44 als Redner der Brüder und Fürsprecher Benjamins herausgestellt. Die Fortschreibung umfasst wohl Gen 43,3.6(nur ישראל ויאמר).8a.9–10; Gen 44,10b.14aα(ויבא יהודה ואחיו).15a.16–24.26–34. Sie knüpft an das Angebot der Selbstversklavung aus dem älteren Text an und spitzt es im Laufe der Erzählung auf Juda allein zu. Dabei begründet Juda sein Angebot der stellvertretenden Bestrafung mit Verweis auf das besondere Verhältnis, das seinen Vater Jakob-Israel mit den Söhnen seiner

---

239 Vgl. hierzu Jacob, Genesis, 797; Lowenthal, Joseph, 93; Hamilton, NIC.OT, 564, Cotter, Genesis, 313, oder Dietrich, Novelle, 25.
Anders gehen Fieger/Hodel-Hoenes, Einzug, 262, davon aus, Josef wolle mit der List des Becherdiebstahls gewährleisten, dass Benjamin bei ihm in Ägypten bleibt. „Er lässt seinen silbernen Becher in den Sack des Benjamin legen, sendet einen Boten hinterher, der die Brüder des Diebstahls bezichtigt und den, bei dem der Becher gefunden wird, als Sklaven in Ägypten behält. Aus welchem Grund auch immer, Josef will Benjamin bei sich behalten".
240 Vgl. Boecker, Josefsgeschichte, 67, oder Wenham, WBC, 424.
241 Anders hält Gunkel, HK, 455, die o. a. Vermutung für einen Anachronismus. „Man pflegt an dieser Stelle zu sagen, daß die Brüder an Benjamin brüderlicher gehandelt hätten als an Joseph, also sich gebessert hätten, und daß diese Besserung eben Josephs letzte Absicht gewesen sei. Das aber sind moderne Eintragungen. Die Brüder halten an diesem Vorschlag, wonach sie selber als Knechte mit dem Diebe büßen wollen, fest, weil sie ohne Benjamin ihrem alten Vater nicht vor die Augen treten können".

Lieblingsfrau Rahel verbindet. Einer von ihnen ist nicht mehr. Den Verlust auch des zweiten Sohnes würde er nicht überleben.

Mit seiner Fürsprache ordnet sich Juda dem Vater und den Rahel-Söhnen unter. Bei der Fortschreibung wird es sich dann nicht primär um einen pro-Juda-Text handeln. Vielmehr zeichnet sich der Text dadurch aus, dass er Juda in ein Verhältnis zu Jakob-Israel, Josef und Benjamin setzt. Hatte Juda in Gen 37 noch gegen die Vorzugsrolle Josefs aufzubegehren versucht (Gen 37,26–27), so akzeptiert er nun, dass Jakob-Israel mit Josef und Benjamin eine besondere Liebe verbindet. So wie Lea nicht gegen Rahel bestehen konnte, können auch ihre Söhne nicht mit der Liebe des Vaters zu den Rahel-Söhnen konkurrieren. Juda kann sich damit abfinden oder den Tod Israels in Kauf nehmen.

Diachrone Differenzierung

I *Die Benjamin-Bearbeitung*

Gen 42,4.13–16.20.34aα.38;

Gen 43,6(ohne ויאמר ישראל).7.13a.14a(nur ואת־בנימין)b.15aγ(nur ואת־בנימין).16aα(nur את־בנימין). 28b.29.34a;

Gen 44,1–4.5aαb.6–10a.11–13.14a(ohne ויבא יהודה ואחיו)b;

Gen 45,12(nur בנימין אחי ועיני).14.22b

II *Die Juda-Bearbeitung*

Gen 37,26abα.27aα;

Gen 43,3.6(nur ויאמר ישראל).8a.9–10;

Gen 44,10b.14aα(ויבא יהודה ואחיו).15a.16–24.26–34

Einzelnachträge: V. 5aβ.15b/V. 25 (→ Gen 43,1–2.4–5.12a.15a[nur ומשנה־כסף לקחו בידם].22a)

4.4. Genesis 45: Josef gibt sich den Brüdern zu erkennen

Gliederung:

V. 1–4:   Josef gibt sich seinen Brüdern zu erkennen
V. 5–8:   Der Verkauf Josefs nach Ägypten als eine Sendung durch Elohim
V. 9–13: Josefs Anweisungen für den Vater
V. 14–15: Josef küsst erst Benjamin, dann alle Brüder; die Brüder reden wieder mit ihm
V. 16–20: Pharaos Anweisungen bezüglich der Übersiedlung Israels
V. 21–23: Josefs Gaben an die Brüder
V. 24–25: Die Brüder machen sich auf den Heimweg
V. 26–28: Die Brüder berichten dem Vater vom Überleben Josefs

Befund

Gen 45 beginnt in V. 1–4 mit der Entdeckung bzw. Selbstvorstellung Josefs. Sie folgt im masoretischen Text auf die lange Rede Judas Gen 44,18–34. In ihr hatte Juda den noch unerkannten Josef auf das besondere Verhältnis aufmerksam gemacht, das den Vater mit Benjamin verbindet. Deshalb, so hatte Juda gemahnt, müsse Benjamin mit den Brüdern zum Vater hinaufziehen. Ansonsten würde der Vater vor Gram sterben. Anstelle des Jüngsten aber wolle er selbst, Juda, als Sklave bei Josef bleiben. Auf diesen beherzten Einsatz reagiert Josef in Gen 45,1–2 mit einem Gefühlsausbruch. „Da konnte sich Josef nicht länger beherrschen vor allen, die bei ihm standen" (Gen 45,1aα).[242]

Gleichwohl Josef sich nicht länger beherrschen kann, vermag er es nach Gen 45,1aβ, die Anwesenden hinauszukomplimentieren. „So war niemand bei ihm, als Josef sich seinen Brüdern zu erkennen gab", seine Stimme erhob und weinte. Trotz diesen Vorkehrungen von Josef werden Ägypten und das Haus Pharaos seines lautstarken Weinens gewahr (Gen 45,2). So wird sich die Kunde alsbald auch im Hause des ägyptischen Königs verbreiten. „Die Brüder Josefs sind gekommen. Und das war gut in den Augen des Pharao und in den Augen seiner Diener" (Gen 45,16).

In V. 3–4 gibt sich Josef seinen Brüdern – gleich zweimal – mit der Selbstvorstellungsformel אני יוסף zu erkennen. Dabei folgt der Formel in V. 3 zunächst die Frage nach dem Wohl „meines Vaters". Sie erinnert an das Gespräch zwischen Josef und seinen Brüdern in Gen 43,27. Hatte Josef sich dort bei den Brüdern nach dem Wohl „eures Vaters" erkundigt, gibt er nun mit der neuerlichen Frage preis, dass es sich bei „eurem Vater" auch um „meinen Vater" handelt. In V. 4a spricht Josef seine Brüder erneut an und lässt sie näher an sich herantreten. Der so suggerierten Annäherung steht in gewissem Sinne seine zweite Selbstvorstellung in V. 4b entgegen. Denn in ihrem Zusammenhang verweist Josef ausgerechnet auf die Schuld, die die Brüder in Gen 37,26–28* auf sich geladen haben. „Ich bin Josef, euer Bruder, den ihr nach Ägypten verkauft habt".

Ist die Identität Josefs mit den Aussagen von Gen 45,3–4 gleich doppelt enthüllt, so wartet der Leser nun gespannt auf die Auflösung des seit Gen 37 schwelenden Konflikts zwischen den Söhnen Jakob-Israels. Doch tut er dies vergebens. Denn bis V. 13 setzt sich zunächst die wörtliche Rede Josefs fort, der in V. 5–8 seinen Verkauf nach Ägypten als eine Entsendung durch Elohim interpretiert. Dabei setzen die Aussagen aus V. 5.7.8 je eigene Schwerpunkte. V. 5a greift die Aussage aus V. 4b noch einmal auf, dass die Brüder Josef verkauft haben. Ihr fügt

---

242 Zum Übergang von Gen 44 zu Gen 45 vgl. insbesondere die Beobachtungen von Ruppert, FzB, 311.

V. 5b hinzu, dass sie sich deswegen nicht grämen sollen, denn Elohim habe ihn auf diese Weise vor ihnen her gesandt, um Leben zu retten. An diese Aussage schließt sich in V. 6 die Erklärung an: „Denn schon zwei Jahre herrscht die Hungersnot im Land, und fünf Jahre stehen noch bevor, in denen es kein Pflügen und kein Ernten gibt". V. 7 nimmt aus V. 5b den Gedanken wieder auf, dass Elohim Josef vor den Brüdern her gesandt habe und entfaltet die dort getroffene, allgemeine Aussage למחיה nun etwas genauer. Das Leben, das erhalten werden soll, betrifft „euch", also die Brüder. Von ihnen will Elohim einen Rest im Land bewahren und ihn für sie am Leben erhalten als große Rettung für sie. V. 8 bezieht sich seinerseits auf die Sendung Josefs durch Elohim, diskutiert nun aber nicht den Aspekt eines göttlichen Rettungshandelns. Vielmehr verknüpft V. 8b die göttliche Sendung Josefs mit seinem Aufstieg in Ägypten. „Und nun, nicht ihr habt mich hierher gesandt, sondern Gott. Er hat mich zum Vater für den Pharao gemacht und zum Herrn über sein ganzes Haus und zum Herrscher über das ganze Land Ägypten".

Auf die Interpretationen des Verkaufs bzw. der Entsendung nach Ägypten folgen in V. 9–13 Anweisungen, die Josef seinen Brüdern hinsichtlich ihrer Rückkehr zum Vater erteilt. Sie lassen sich sachlich in drei Anliegen unterteilen. In V. 9–10 bringt Josef zunächst seinen Wunsch zum Ausdruck, der Vater möge mit allem, was er besitzt, nach Ägypten hinabziehen und sich in seiner Nähe ansiedeln. V. 11 knüpft an dieses Anliegen an und bietet eine Erklärung für den Wunsch Josefs, seine Familie in der Nähe haben zu wollen. „Ich will dort für dich sorgen – denn noch fünf Jahre dauert die Hungersnot –, damit du nicht verarmst, du mit deinem Haus und allem, was du hast". Ein dritter Aspekt wird in V. 13 mit dem Erfolg Josefs in Ägypten angesprochen, auf den er bereits im Kontext von V. 8 verwiesen hatte. „Erzählt meinem Vater von meinen Ehren in Ägypten und von allem, was ihr gesehen habt, und bringt eilends meinen Vater hierher". Mit dem Befehl, den Vater eilends hierher zu bringen, nimmt V. 12 den Auftrag Josefs aus V. 9–10 wieder auf und leitet sachlich den Aufbruch der Brüder ein.

Der Aufbruch allerdings erfolgt noch lange nicht. Anstelle eines Berichts, wie sich die Brüder eilends aufmachten, um dem Vater vom Überleben seines Lieblingssohnes Bericht zu erstatten, erfährt der Leser erst einmal von der seit V. 4 erhofften Versöhnung. In V. 14 fällt Josef zuerst dem zweiten Rahel-Sohn Benjamin um den Hals, bevor er sich auch den anderen Brüdern zuwendet. Nach dieser emotionalen Geste Josefs reden auch seine Brüder wieder mit ihm und überwinden so ihren in Gen 37 geschürten Hass (Gen 45,14–15).

Ist mit den versöhnlichen Gesten aus V. 14–15 der brüderliche Frieden wiederhergestellt, könnten die Brüder sich nun eigentlich aufmachen, nach Hause zu ziehen. Immerhin hatte Josef ihnen ja mehrfach Eile geboten (Gen 45,9.13). Doch auch in V. 16–23 brechen die Brüder noch nicht auf. Vielmehr zögert sich ihre Abreise durch weitere Anordnungen hinaus. In V. 16–20 mischt sich zunächst auch Pharao in die Frage nach einer möglichen Ansiedlung Israels in Ägypten ein. Dabei doppelt seine Anweisung in V. 16–17 den Befehl Josefs aus V. 9–10. Hatte jener den Brüdern bereits befohlen, den Vater schnellstmöglich nach Ägypten in seine Nähe zu bringen, so gebietet nun Pharao selbst:

> Sage zu deinen Brüdern: Tut dies: Beladet eure Tiere und geht heim in das Land Kanaan. Holt euren Vater und eure Familien und kommt zu mir. Ich will euch das Beste geben, was das Land Ägypten bietet, und ihr sollt vom Besten des Landes essen (Gen 45,17–18).

Der Anweisung zur Ansiedlung fügt er in V. 19–20 genauere Erläuterungen zum Transport hinzu: Mit Wagen soll Israel mit den Seinen nach Ägypten hinabkommen (Gen 45,19–20).

V. 21–22 beschäftigen sich mit den Vorkehrungen für den nun unmittelbar bevorstehenden Aufbruch. Josef stellt den Brüdern die von Pharao versprochenen Wagen zur Verfügung und gibt ihnen überdies Wegzehrung (Gen 45,21). „Jedem von ihnen schenkte er ein Festgewand". Wie in Gen 43,34, erhält Benjamin ein Vielfaches: „Benjamin aber schenkte er dreihundert Silberstücke und fünf Festgewänder" (Gen 45,22). Und auch für den Vater schickt Josef den Brüdern Gaben mit.

V. 24a konstatiert endlich die Entsendung der Brüder: „Dann entließ er seine Brüder, und sie gingen". Obwohl die Brüder demnach bereits losgezogen sind, ermahnt Josef sie in V. 24b: „Ereifert euch[243] nicht unterwegs". Erst mit V. 25a setzt sich der Aufbruch aus Ägypten fort. In V. 25b erreichen die Brüder ihren Vater Jakob in Kanaan und berichten ihm in V. 26–27 von den Ereignissen in Ägypten. Zunächst bleibt das Herz Jakobs kalt und er will dem Bericht der Söhne keinen Glauben schenken. Doch als er alle Worte Josefs hört und die Wagen sieht, die Pharao durch Josef hat senden lassen (Gen 45,19–21), vertraut er ihnen. Sein Geist, der seit der Meldung vom vermeintlichen Tod Josefs in Gen 37,32ff betrübt war, lebt nun wieder auf.

Verspürt Jakob nach V. 27 neues Leben in sich, so steht Israel in V. 28 der Tod vor Augen. Bevor er stirbt, so beschließt Israel, wolle er nach Ägypten hinabziehen, um seinen Lieblingssohn noch einmal zu sehen. Der aktive Beschluss des Vaters steht im Binnenkontext mit den Anweisungen Josefs aus V. 9–10 und Pharaos aus V. 17–18 in Spannung. Obwohl die Söhne ihm alle Worte Josefs mitgeteilt haben, scheint es, als wäre er nicht über die Aufforderung in Kenntnis gesetzt, sich dauerhaft in Ägypten anzusiedeln. Er selbst will zunächst aus

---

243 Vgl. zu den Übersetzungsschwierigkeiten von רגז z. B. Ebach, HThKAT, 408f.

eigenen Stücken hinabziehen, und zwar, um seinen Sohn noch einmal zu sehen. Im Kontext der Josefsgeschichte bereitet Gen 45,28 auf den mit Gen 46,1 einsetzenden Hinabzug des Erzvaters nach Ägypten vor, dem im masoretischen Text seine dauerhafte Ansiedlung im Lande Goschen (Gen 47) folgt.

Dieser erste Überblick zeigt, dass das Kapitel an den in Gen 37 aufgemachten und in Gen 42–44 weiter entfalteten Konflikt zwischen Josef und seinen Brüdern anknüpft. Dabei löst sich die familiäre Konfliktsituation nun in der Entdeckung Josefs (Gen 45,3–4), seiner Versöhnung mit den Brüdern (Gen 45,14–15) und dem Aufleben von Jakobs Geist (Gen 45,26–27) auf. Die Brüder sind versöhnt und die Trauer des Vaters ist überwunden.

Dieser Erzählfaden ist durch zahlreiche Motive unterbrochen, die die Versöhnung zwischen den Brüdern zunächst von V. 3–4 bis V. 14–15 und sodann den Aufbruch der Brüder aus Ägypten von V. 15 bis V. 24–25 hinauszögern. Die Motive lassen sich thematisch grob in folgende Kategorien einteilen: (1) die Interpretation von Josefs Verkauf als Voraussendung durch Elohim (Gen 45,5–8), (2) die Ansiedlung Jakob-Israels und seines Besitzes in Ägypten (Gen 45,9–10.16–20), (3) das Ansehen Josefs in Ägypten (Gen 45,8.13.27) und (4) die Reisevorkehrungen durch Josef (Gen 45,21–24). Innerhalb der Kategorien (1) und (2) hatten wir gesehen, dass die Interpretation von Josefs Voraussendung nach Ägypten in den einzelnen Versen unterschiedliche Schwerpunktsetzungen erhält und dass der Befehl einer Ansiedlung Israels in Ägypten doppelt, nämlich durch Josef und Pharao erfolgt.

Mit Blick auf diesen Befund wird sich die anschließende Analyse auf einige Fragen besonders konzentrieren:

– Wie verhält sich Gen 45 zum vorauslaufenden, wie zum nachstehenden Kontext? An welche Motive aus Gen 37–43(.44) schließt Gen 45 an? Welche Motive kommen hier zu einem Abschluss bzw. zu einer Auflösung? Wieso lebt der Geist Jakobs auf, während Israel den Tod vor Augen hat?

– Befehl oder Beschluss: Wieso zieht Israel nach Ägypten? Zieht Israel nach Ägypten, weil er Josef noch einmal sehen will? Oder macht er sich auf, weil Josef und Pharao ihn angewiesen haben? Wieso erteilt Josef eine Anweisung, bevor Pharao zur Ansiedlung Israels Stellung bezieht? Wie verhalten sich die beiden Befehle zur Ansiedlung in Gen 45,9–10 und Gen 45,16–20 zueinander?

– Verkauf oder Sendung: Wer hat Josef nach Ägypten gebracht? Wie verhält sich der Verkauf Josefs durch seine Brüder zu dem Motiv der Entsendung Elohims? Wieso wird der Gedanke der Entsendung gleich mehrfach explizit aufgegriffen?

– Wie verhalten sich die zahlreichen Verweise auf das hohe Ansehen Josefs und auf seinen Großmut zum weiteren Kontext des Kapitels?

Analyse

(a) Die kontextuellen Verknüpfungen von Gen 45

Gen 45 als Auflösung des brüderlichen Konflikts aus Gen 37; 42–43

Wie wir bereits einleitend gesehen haben, löst sich die in Gen 37 aufgemachte und in Gen 42–44 fortgeführte Konfliktsituation zwischen Josef und seinen Brüdern in den Ereignissen von Gen 45 auf. Josef enthüllt den Brüdern seine Identität (Gen 45,3–4), er umarmt und küsst sie. Seine Brüder reden wieder mit ihm (Gen 45,15). Aus dieser und anderen Beobachtungen haben bspw. Christoph Levin[244], Walter Dietrich[245] oder Reinhard G. Kratz[246] den Schluss gezogen, dass es sich bei Gen 45 um einen einstmaligen Schlusspunkt der Josefsgeschichte handeln könnte.[247]

Gegen diese Annahme wandte sich dezidiert Konrad Schmid, der die Josefsgeschichte grundsätzlich als literarische Einheit versteht. Er machte gegen die Vertreter redaktionsgeschichtlicher Lösungsansätze (namentlich Levin) den bereits von Heinrich Holzinger[248] oder Hermann Gunkel[249] im Rahmen der Quellenscheidung formulierten direkten Zusammenhang zwischen V. 3.15 wieder stark.

> Die Bevorzugung Josephs führt gleich zu Beginn [sc. 37,4] dazu, dass das Gespräch zwischen seinen Brüdern und ihm sistiert wird [...]. Levin hat die Auffassung vertreten, dass 45,15 [...] das sachliche Widerlager dieser Aussage bilde [...]. Doch ergibt sich dieser Bogen nur, wenn man 45,3 [...] für sekundär erklärt, was aber gerade angesichts von 45,15 wenig sinnvoll erscheint: Joseph und seine Brüder haben ja bereits seit Gen 42 wieder miteinander gesprochen; offenbar schlägt 45,15 nicht ursprünglich auf 37,4, sondern auf 45,3 zurück und konstatiert die Aufhebung der Sprachlosigkeit der Brüder vor dem sich zu erkennen gebenden Joseph. Die Aussage 37,4 wird vielmehr erst in Gen 50 wieder aufgenommen und aufgehoben[250].

Da die Frage nach dem Referenzpunkt von Gen 45,15 mit Blick auf die literarische Entstehung der Josefsgeschichte nicht ganz unerheblich ist, werden wir uns im

---

244 Vgl. Levin, Jahwist, 298–299.303.

245 Vgl. Dietrich, Novelle, 55.

246 Vgl. Kratz, Komposition, 284.

247 Auch Kebekus, Joseferzählung, 151, sieht in Gen 45 den einstmaligen Schluss der Josefsgeschichte, rechnet allerdings mit V. 8 als Schlussvers.

248 Vgl. Holzinger, KHC, 246.

249 Vgl. Gunkel, HK, 460.

250 Schmid, *Josephsgeschichte*, 101. Vgl. ähnlich Schmidt, Studien, 168: „Dort konnten die Brüder die Frage Josephs nach dem Vater nicht beantworten, weil sie entsetzt darüber waren, Joseph vor sich zu haben. Erst nachdem Joseph gezeigt hat, daß er mit ihnen Frieden geschlossen hat (v. 15a), können sie mit ihm reden".

Folgenden genauer mit der Argumentation von Schmid auseinandersetzen. Dazu beginnen wir mit einem Blick auf die Exposition in Gen 37. Als die Brüder dort in Gen 37,4 sahen, dass der Vater Josef mehr liebt als sie alle, begannen sie ihn zu hassen und vermochten es nicht, ein freundliches Wort mit ihm zu sprechen. Der Hass wurde zusätzlich geschürt, als Josef den Brüdern von seinen Träumen berichtete, in denen er sich selbst als Ersten unter den Söhnen Israels sah (Gen 37,5–8). An eben jene Träume fühlt sich Josef in Gen 42,9 erinnert, nachdem sich die Brüder in Gen 42,6 vor ihm niedergeworfen hatten. Hatte er in Gen 37,7 seinen Brüdern berichtet, einen Traum gehabt zu haben, in dem sich ihre *Garben* vor seiner Garbe verneigen, so werfen sie sich in Gen 42,6 vor ihm nieder, weil sie von ihm *Getreide* erwerben wollen. Mit diesem Rückblick auf die Ereignisse von Gen 37 wird in Gen 42 der Konflikt der Brüder neuerlich exponiert und in den Kapiteln Gen 42–44 weiter entfaltet. Im Verlauf von Gen 42–44 müssen die Brüder dabei zahlreiche Prüfungen bestehen, im Rahmen derer sie – wie Schmid richtig gesehen hat – mit Josef mehrfach kommunizieren. Doch sprechen sie nach ihrem eigenen Verständnis in den Kapiteln Gen 42–44 gar nicht mit ihrem Bruder, sondern vielmehr dem ägyptischen Mann, dem Herrn des Landes (vgl. Gen 42,30.33; 43,3.5–6). Dass es sich bei dem vermeintlichen Ägypter um ihren totgeglaubten Bruder handelt, gibt Josef den Brüdern erst in Gen 45,3–4 zu erkennen, nachdem sie die Prüfungen aus Gen 42–44 bestanden haben. In der Erzähllogik von Gen 42–45 sprechen die Brüder nach Gen 37,4 also tatsächlich das erste Mal in Gen 45,15 wieder mit Josef.[251] Dabei greift die Formulierung Gen 45,15 praktisch wörtlich auf den Kontext von Gen 37,4b zurück und hebt die dortige Feindseligkeit der Brüder auf.[252] Obwohl sie ihn nach Ägypten verkauft haben, vergibt Josef seinen Brüdern (Gen 45.4.15a) und sie nehmen die Vergebung an (Gen 45,15b).

> Es ist die eigentliche Wendung der ergreifenden Geschichte: der Bruderhaß, mit dem sie begonnen hat, ist erloschen, und diese Tränen besiegeln einen neuen Bund, der die zwölf Söhne Jakobs zu wahren Brüdern und bene Jisrael macht[253].

---

[251] Ähnlich argumentiert Schmid, Josephsgeschichte, 102, selbst mit Blick auf die Erfüllung des Traumes aus Gen 37,7. Denn der im Traum geträumte Vorrang, so Schmid – im Anschluss an Blum, Komposition, 241, und Carr, Fractures, 275 –, gehe erst mit Gen 50,18 (נפל; aber: Gen 37,7; 42,6 חוה) in Erfüllung, weil die Brüder in Gen 50 das erste Mal vor ihm niederfallen, seitdem sie um seine Identität wissen.
[252] Die aktiv auf die Brüder bezogene Formulierung דבר in Gen 45,15b spricht gegen die Annahme von Schmid, Josephsgeschichte, 102, man könne in Gen 45 lediglich von einer Vergebungsszene sprechen, die ganz einseitig gestaltet sei.
[253] Jacob, Genesis, 818.

Anders verhält es sich mit der von Schmid angeführten Großinklusion zwischen Gen 50,15–21 und Gen 37,4. Zwar werfen sich die Brüder dort tatsächlich das erste Mal vor Josef nieder, seit sie um seine Identität wissen. Doch sind es nicht die Brüder, die mit Josef reden und so ihre Feindseligkeit aus Gen 37 überwinden. Vielmehr redet Josef zu seinen Brüdern und vergibt ihnen neuerlich ihre Schuld, die sie in Gen 37 auf sich geladen hatten. „Fürchtet euch nicht! Ich will für euch und eure Kinder sorgen. *Und er tröstete sie und redete ihnen zu Herzen*" (Gen 50,21).

Im Zusammenhang beider Vergebungsszenen in Gen 45; 50 ist überdies zu beachten, dass die Vergebung in Gen 45 erzähllogisch am richtigen Platz erfolgt. Denn hatten die Brüder sich in Gen 37 an Josef verschuldet, lässt jener sie ihre Schuld in Gen 42–44 durch zahlreiche Prüfungen begleichen. Nachdem sie die Prüfungen bestanden haben, ist er in Gen 45 folgerichtig bereit, ihnen zu vergeben. Der gesamte Erzählverlauf von Gen 37; 42–44 mündet dementsprechend in die Entdeckung und Vergebung bzw. Versöhnung in Gen 45,4.15.

Demgegenüber knüpfen Gen 50,15–21 sachlich nicht unmittelbar an den vorauslaufenden Kontext an. Vielmehr greifen sie über die in Gen 46–49 beschriebenen Ereignisse zurück auf Gen 45,15 und schließen thematisch an den in Gen 37; 42–44 diskutierten Konflikt der Brüder an. Er wird gegen Ende der Josefsgeschichte noch einmal aufgegriffen, so dass sich ein Erzählbogen von Gen 37 über Gen 45 bis Gen 50 ergibt, der durch das Stichwort דבר miteinander verwoben ist. Dabei zeigen Gen 45,4.15 größere sachliche und sprachliche Übereinstimmungen mit dem Komplex Gen 37; 42–44 als Gen 50,15–21 dies tun. Dieser Befund erklärt sich gegen die Annahme von Schmid wohl am ehesten so, dass Gen 50,15–21 einen gegenüber Gen 45,4.15 jüngeren Erzählabschnitt darstellt.[254]

Gen 37,4*.7–8.28*:

⁴ וַיִּרְאוּ אֶחָיו כִּי־אֹתוֹ אָהַב אֲבִיהֶם מִכָּל־אֶחָיו וַיִּשְׂנְאוּ אֹתוֹ **וְלֹא יָכְלוּ דַּבְּרוֹ לְשָׁלֹם:**

⁷ וְהִנֵּה אֲנַחְנוּ מְאַלְּמִים אֲלֻמִּים בְּתוֹךְ הַשָּׂדֶה וְהִנֵּה קָמָה אֲלֻמָּתִי וְגַם־נִצָּבָה וְהִנֵּה תְסֻבֶּינָה אֲלֻמֹּתֵיכֶם וַתִּשְׁתַּחֲוֶיןָ לַאֲלֻמָּתִי:

⁸ וַיֹּאמְרוּ לוֹ אֶחָיו הֲמָלֹךְ תִּמְלֹךְ עָלֵינוּ אִם־מָשׁוֹל תִּמְשֹׁל בָּנוּ וַיּוֹסִפוּ עוֹד שְׂנֹא אֹתוֹ עַל־חֲלֹמֹתָיו וְעַל־דְּבָרָיו:

²⁸ וַיַּעַבְרוּ אֲנָשִׁים מִדְיָנִים סֹחֲרִים וַיִּמְשְׁכוּ וַיַּעֲלוּ אֶת־יוֹסֵף מִן־הַבּוֹר וַיִּמְכְּרוּ אֶת־יוֹסֵף לַיִּשְׁמְעֵאלִים בְּעֶשְׂרִים כָּסֶף וַיָּבִיאוּ אֶת־יוֹסֵף מִצְרָיְמָה:

---

254 Vgl. in diesem Zusammenhang auch die Beobachtungen in Kratz, Komposition, 284.

Gen 42,6.9:

⁶ וְיוֹסֵף הוּא הַשַּׁלִּיט עַל־הָאָרֶץ הוּא הַמַּשְׁבִּיר לְכָל־עַם הָאָרֶץ וַיָּבֹאוּ אֲחֵי יוֹסֵף וַיִּשְׁתַּחֲווּ־לוֹ אַפַּיִם
אָרְצָה:

⁹ וַיִּזְכֹּר יוֹסֵף אֵת הַחֲלֹמוֹת אֲשֶׁר חָלַם לָהֶם וַיֹּאמֶר אֲלֵהֶם מְרַגְּלִים אַתֶּם לִרְאוֹת אֶת־עֶרְוַת הָאָרֶץ
בָּאתֶם:

Gen 45,4.15:

⁴ וַיֹּאמֶר יוֹסֵף אֶל־אֶחָיו גְּשׁוּ־נָא אֵלַי וַיִּגָּשׁוּ וַיֹּאמֶר אֲנִי יוֹסֵף אֲחִיכֶם אֲשֶׁר־מְכַרְתֶּם אֹתִי מִצְרָיְמָה:

¹⁵ וַיְנַשֵּׁק לְכָל־אֶחָיו וַיֵּבְךְּ עֲלֵיהֶם וְאַחֲרֵי כֵן דִּבְּרוּ אֶחָיו אִתּוֹ:

Gen 50,15.20–21*:

¹⁵ וַיִּרְאוּ אֲחֵי־יוֹסֵף כִּי־מֵת אֲבִיהֶם וַיֹּאמְרוּ לוּ יִשְׂטְמֵנוּ יוֹסֵף וְהָשֵׁב יָשִׁיב לָנוּ אֵת כָּל־הָרָעָה אֲשֶׁר
גָּמַלְנוּ אֹתוֹ:

²⁰ וְאַתֶּם חֲשַׁבְתֶּם עָלַי רָעָה אֱלֹהִים חֲשָׁבָהּ לְטֹבָה לְמַעַן עֲשֹׂה כַּיּוֹם הַזֶּה לְהַחֲיֹת עַם־רָב:

²¹ וְעַתָּה אַל־תִּירָאוּ אָנֹכִי אֲכַלְכֵּל אֶתְכֶם וְאֶת־טַפְּכֶם וַיְנַחֵם אוֹתָם וַיְדַבֵּר עַל־לִבָּם:

Dass der bis Gen 50 reichende Erzählbogen eine nachträgliche Entwicklung darstellen dürfte, lässt überdies ein Blick auf die Rückkehr zum Vater in Gen 45,25–28 vermuten.

Die Rückkehr zum Vater in Gen 45,26–28

Im Zusammenhang des Abschnitts Gen 45,25–28 kehren die Brüder in V. 25 zunächst zu ihrem Vater zurück. In V. 26–27 berichten sie dem Vater von den Ereignissen in Ägypten. Die frohe Botschaft vom Überleben des Lieblingssohnes lässt den Erzvater seine Trauer aus Gen 37 überwinden, sein Geist lebt wieder auf. Auch mit den Aussagen von Gen 45,26–27 wird demnach eine Brücke zurück zur Exposition in Gen 37 geschlagen und „kommt der [dort] exponierte Erzählfaden zu einem guten und suffizienten Abschluß. Josef, der Sohn Israels lebt, nur lebt er eben in Ägypten"[255].

Dem abschließenden Charakter der V. 26–27 zum Trotz setzt sich die Erzählung in V. 28 fort.[256] Dort folgt dem positiven Ende sogleich ein negativer Aus-

---

255 Kratz, Komposition, 284. Vgl. bereits Gunkel, *Joseph-Geschichten*, 69, der glaubte, dass der „ursprüngliche Erzählungsstoff [...] mit der Wiedervereinigung der Familie sein Ende erreicht" habe. Vgl. in jüngerer Vergangenheit auch Dietrich, Novelle, 53–66 („Die Josephs-Novelle"); Kebekus, 244–250 („Ruben-Grundschicht"). Explizit dagegen argumentieren etwa Seebass, *Josephsgeschichte*, 27, oder Schmid, *Josephsgeschichte*, 95–106.
256 Bereits die ältere Forschung hat zwischen V. 26–27* und V. 28 grundsätzlich unterschieden. Maßgeblich für diese Entscheidung war nicht zuletzt der Wechsel des Erzvaternamens, der in

blick. Denn war in Jakob eben noch neues Leben erwacht, sieht Israel in Gen 45,28 seinem Tod entgegen. Aus diesem Grund will nun auch er nach Ägypten hinabziehen, um seinen geliebten Sohn noch einmal zu sehen. Im Erzählzusammenhang von V. 26–28 fällt dabei auf, dass in V. 27 die Mitteilung vom Überleben Josefs zum Aufleben vom Geist seines Vaters führt. V. 28 greift die Nachricht vom Überleben Josefs zwar ebenfalls auf, verbindet sie nun aber nicht mehr mit dem Aufleben des Vaters, sondern verknüpft sie mit seinem bevorstehenden Tod und macht beides zum Auslöser für einen Aufbruch des Vaters nach Ägypten. Mit dieser sachlichen Akzentverschiebung verbindet sich terminologisch ein Wechsel des Erzvaternamens, der nun im Rahmen des Hinabzuges nicht mehr mit Jakob, sondern mit Israel benannt wird.[257]

Den o. a. Beobachtungen zufolge nimmt V. 28 zwar mit der Nachricht vom Überleben Josefs eine Formulierung aus dem vorausgehenden Kontext auf, entfaltet sie nun jedoch neu. Im Rahmen dieser Neuentfaltung verschiebt sich sachlich der Akzent der vorauslaufenden Formulierung und ist auch eine markante terminologische Abweichung zu verzeichnen. Es ist im Zusammenhang von Gen 45,26–28 überdies zu beachten, dass die Aussage von V. 28 nicht, wie Gen 45,15.26f*, auf den Anfang der Josefsgeschichte in Gen 37 zurückleitet. Stattdessen bereitet der Vers die in Gen 46–50 erfolgenden Geschehnisse vor.[258] Es wäre angesichts des Gesamtbefundes zu überlegen, ob in den Aussagen von Gen 45,4.15.26f* nicht ein einstmaliger Schluss der Josefsgeschichte zu sehen sein könnte. Gen 45,28 wäre diesem Erzählabschnitt dann erst sekundär hinzugefügt worden und hätte den

---

V. 26–27 mit Jakob (E), in V. 28 mit Israel (J) benannt wird. vgl. Holzinger, KHC, 245, oder Gunkel, HK, 461f.
Ähnlich unterscheidet in jüngerer Vergangenheit auch Schmitt, Josephsgeschichte, 55, zwischen V. 25–27 (Ruben-Schicht wegen Jakob) und V. 28 (Juda-Schicht wegen Israel); kleinschrittiger scheidet Ruppert, FzB, 338, zwischen V. 25.26aαb.27aαb (E wegen Jakob); V. 28 (J wegen Israel) V. 26aβ (Je) und V. 27aβ (nachpriesterschriftliche Erweiterung). Levin, Jahwist, 301–303, sieht in V. 26aβ.28 einen Bestandteil von J[R], während er V. 25–26aα einer vorjahwistischen Quelle zuweist und V. 26b–27aαb als nachjahwistische Ergänzung („Jakob erfährt, daß Josef lebt") betrachtet.
257 Vgl. hierzu bereits Jacob, Genesis, 824: „Es ist undenkbar, daß die Tora ohne besondere Absicht beide Namen unmittelbar aufeinander folgen lasse". Den Namenswechsel erklärt er sachlich: „Auf die Schreckensbotschaft, daß [Josef] nicht mehr sei, war der Vater wieder zu Jakob geworden und hatte als dieser seine Kleider zerrissen [...], die Freudenbotschaft, daß der Totgeglaubte lebt, erweckt Jakob zum früheren Leben und wandelt ihn wieder zu Israel zurück". Weitere Versuche einer sachlichen Erklärung finden sich u. a. bei Hamilton, NIC.OT, 58; Brueggemann, Genesis, 351, oder Ebach, HThKAT, 410f.
258 Dies (u. a.) gegen Westermann, BK, 163, der meint, es seien dem Zusammenhang von Gen 45,26–27 – abgesehen vom Namenswechsel des Erzvaters – keine Indizien zu entnehmen, die zu einer diachronen Scheidung berechtigten.

Grundstock für eine „Geschichte Israels und seiner Söhne" gelegt, wie sie sich in den Kapiteln Gen 46–50 findet.

Gen 45,25–28:

Überleben Josefs wird zum Anlass für Israels Hinabzug nach Ägypten.

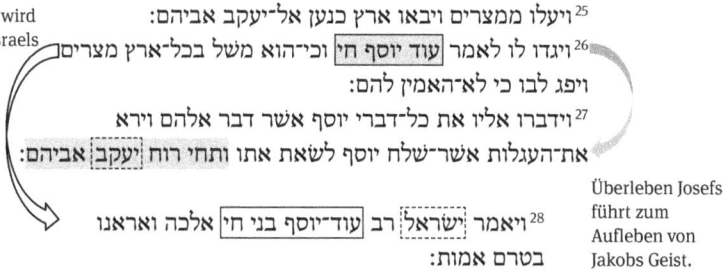

²⁵ויעלו ממצרים ויבאו ארץ כנען אל־יעקב אביהם:

²⁶ויגדו לו לאמר עוד יוסף חי וכי־הוא משל בכל־ארץ מצרים
ויפג לבו כי לא־האמין להם:

²⁷וידברו אליו את כל־דברי יוסף אשר דבר אלהם וירא
את־העגלות אשר־שלח יוסף לשאת אתו ותחי רוח יעקב אביהם:

Überleben Josefs führt zum Aufleben von Jakobs Geist.

²⁸ויאמר ישראל רב עוד־יוסף בני חי אלכה ואראנו
בטרם אמות:

Auch in sich dürften V. 26–27 nicht einheitlich sein. Aus dem Rahmen fallen hier der Verweis auf die Wagen (V. 27aβγ), der mit dem diesbezüglichen Befehl Pharaos zusammengehören dürfte (Gen 45,19; vgl. auch unten zur Stelle), sowie das Motiv vom erkalteten Herz Jakobs, der den Söhnen erst glauben will, nachdem sie ihm jedes Wort Josefs berichtet haben (V. 26b.27aαb).[259] Bei beiden Motiven könnte es sich um nachträgliche Ausschmückungen handeln, die den unmittelbaren Zusammenhang zwischen dem Überleben Josefs und dem Aufleben seines Vaters unterbrechen, indem sie das Aufleben des Vaters nun auch vom Hören der Worte und Sehen der Wagen abhängig machen.

Ist nach dem oben dargelegten Befund wahrscheinlich davon auszugehen, dass es sich bei Gen 45 um den einstmaligen Abschluss jenes Konflikts handelt, der mit Gen 37 seinen Ausgang nahm, ist nach wie vor offen, in welchem Verhältnis die von Schmid angesprochenen Verse Gen 45,3.15 zueinander stehen.

---

259 Vgl. insbesondere Levin, Jahwist, 303: „Daß Jakobs Herz auf die Nachricht hin, Josef lebe noch, erkaltet sei, und er erst, sobald die Brüder ihm die Worte Josefs berichteten, wieder zum Leben kam, ist nachgetragene Dramatisierung. Sie drückt auf ihre Weise aus, daß Jakob, der seit 37,35a den Tod vor Augen hat, nur mehr für die Begegnung mit Josef lebt. Der Tod des Vaters in den Armen des totgeglaubten Sohnes durchzieht die letzten Kapitel der Genesis als ständiges Motiv".
Vgl. auch die bereits von Jacob, Genesis, 823, angeführte Beobachtung, dass zu V. 26a „zwar v. 27b ותחי רוח [passe], aber weniger die Fortsetzung: ‚denn er glaubte ihnen nicht'".
Zu dem Abschnitt Gen 45,26–27 vgl. ferner die Beobachtung von Hamilton, NIC.OT, 587: „In ch. 37 Jacob did believe his sons when they were lying to him. In ch. 45 Jacob disbelieves his sons when they are being truthful with him".

Die doppelte Selbstvorstellung Josefs in Gen 45,3–4 vor dem Hintergrund der literarischen Genese von Gen 42–44

In der vorausstehenden Analyse hatte sich gezeigt, dass Gen 45,15 gemeinsam mit Gen 45,4 eine Brücke zurück zu den Ereignissen aus Gen 37 schlägt.[260] Der Konflikt, der dort seinen Ausgang nimmt, wird hier aufgelöst. Obwohl die Brüder, von Hass getrieben, Josef nach Ägypten verkauft haben, gibt er sich ihnen zu erkennen und schließt sie in die Arme. Auch die Brüder überwinden ihren Hass und reden nach Gen 37,4b zum ersten Mal mit Josef.

Mit Blick auf diese Beobachtungen legt es sich nahe, nicht nur einen sachlichen, sondern auch einen literarischen Zusammenhang zwischen den Aussagen von Gen 45,4.15 anzunehmen.[261] Angesichts der offenkundigen Doppelung in Gen 45,3–4 wäre überdies zu überlegen, ob hier nicht literarisch zwischen zwei Anliegen zu scheiden ist. Von ihnen dürfte dann Gen 45,4(.15) als Abschluss des in Gen 37 exponierten Erzählfadens den älteren Bestand darstellen.[262] Zu untersuchen bleibt, in welchem literarischen Zusammenhang sich die Aussagen von Gen 45,4.15 genau verstehen und wie sie gegen die Aussage von Gen 45,3 abzugrenzen sind. Antworten auf diese Fragen aber lassen sich nicht allein aus dem Binnenkontext von Gen 45 erschließen. Um die literarische Scheidung zwischen den Aussagen von Gen 45,4.15 und Gen 45,3 zu begründen, wird es deshalb nötig sein, sie jeweils im größeren Kontext der Kapitel Gen 37; 42–45 zu verorten.

Beginnen wir mit Gen 45,4.15. Mit Bezug auf die beiden Verse hatten wir bereits festgehalten, dass sie einen Erzählbogen zum Abschluss bringen, der in Gen 37 seinen Ausgang nahm. Dass es sich bei jenem Erzählbogen um eine sekundäre Entwicklung in der Josefsgeschichte handeln könnte, ist im Kontext von Gen 41–42 ausführlich besprochen worden, hier aber bisher ausgespart geblieben. Des besseren Gesamtverständnisses halber werden wir einige der literarkritischen Beobachtungen, die zu dieser Annahme geführt haben, im Folgenden noch einmal kurz skizzieren.

Dabei beginnen unsere Überlegungen abermals in Gen 37, und zwar mit der doppelten Begründung des Hasses in V. 3–4a bzw. V. 4b–8.[263] Nach Gen 37,3–4a

260 Den Zusammenhang mit Gen 37 sehen auch Hamilton, NIC.OT, 581f; Brueggemann, Genesis, 345; Kratz, Komposition, 284, oder Ruppert, FzB, 323.
261 Vgl. hierzu insbesondere Levin, Jahwist, 298.303.
262 So auch Levin, Jahwist, 299: „Die erste Selbstvorstellung ist eine nachträgliche Vorwegnahme der zweiten. Diese ist auf den Ablauf der Josefsgeschichte bezogen und daher sicher ursprünglich".
263 Bereits die ältere Forschung hat zwischen den Motiven der Bevorzugung und der Träume literarisch geschieden und sie auf die Quellen J und E verteilt. Dabei fällt das Motiv der Bevorzugung – wegen der Bezeichnung des Vaters mit Israel (Gen 37,3) – an den Jahwisten, während das

gilt die Bevorzugung Josefs durch den Vater als Auslöser für den Hass der Brüder. Sie hat ihren Grund in der Vorzugsrolle, die seine Mutter Rahel nach Gen 29,30 bei Jakob hatte. „Da ging er auch zu Rahel, und er liebte Rahel mehr als Lea" (Gen 29,30a). Die größere Liebe, die Jakob für Rahel empfunden hat, setzt sich nach Gen 37,3–4a in den Söhnen fort. Wie Jakob Rahel vorgezogen hat, so bevorzugt er nun ihren Sohn gegenüber – so ist es in diesem Rückbezug impliziert – den Söhnen der Verhassten, Lea.[264]

In Gen 37,4b–8 wird dem Motiv der Bevorzugung durch den Vater mit dem Motiv der Träume Josefs eine zweite Begründung für den Hass der Brüder zur Seite gestellt. Mit der Formulierung ויספו עוד שׂנא אתו (Gen 37,5b.8b) setzt das Motiv den bereits bestehenden Hass der Brüder (Gen 37,3–4a) voraus,[265] spitzt ihn nun aber zu und verlagert ihn ganz auf die Ebene der Geschwister.[266] Weil er den Brüdern von seinen Träumen berichtet, in denen sich ihre Garben vor seiner Garbe verneigen, hassen sie ihn noch mehr (Gen 37,8b) – und zwar so sehr, dass sie ihn zu töten gedenken (Gen 37,19–20). Das Motiv der Träume in V. 4b–8 knüpft den angeführten Beobachtungen zufolge an V. 3–4a an, setzt nun aber neue Akzente. Zwar hat der Vater den Hass der Söhne hervorgerufen, indem er Josef bevorzugte. Josef selbst aber hat den Hass der Brüder so geschürt, dass sie beschließen, ihn zu töten und ihn letztlich zum eigenen Vorteil nach Ägypten verkaufen.[267]

Motiv der Träume dem Elohisten zugerechnet wird; vgl. Dillmann, Genesis, 373–374; Holzinger, KHC, 224, oder Gunkel, HK, 401–403; Skinner, Genesis, 443; anders noch Wellhausen, Composition, 54, der in V. 2b–11 hauptsächlich den Elohisten am Werk sah.

In jüngerer Vergangenheit haben die redaktionsgeschichtlichen Arbeiten von Redford, Kebekus, Dietrich (Ruben-Priorität) und Schmitt (Juda-Priorität) an diese Scheidung angeknüpft, die Motive nun aber auf die Juda-Schicht (Bevorzugung) bzw. Ruben-Schicht (Träume) verteilt; vgl. Redford, Study, 182, Dietrich, Novelle, 53.67, oder Schmitt, Josephsgeschichte, 26. Etwas anders unterscheidet Kebekus, Joseferzählung 24–26, zwischen Ruben-Grundschicht (Träume) und Ruben-Erweiterung (Bevorzugung). Schwartz, *Composition*, 263–277, sieht demgegenüber Bevorzugung und Träume als Bestandteil derselben Quelle. Keinen Grund zur literarischen Scheidung sehen in V. 3–8 auch Donner, *Gestalt*, 36–37, oder Westermann, BK, 28–29.

264 Vgl. ausführlich oben 3.1. (a).

265 Diese Beobachtung spricht gegen die Annahme einer Ruben-Grundschicht, wie sie etwa bei Redford, Study, 182; Kebekus, Joseferzählung, 24, oder Dietrich, Novelle, 53, vertreten wird.

266 So auch Levin, Jahwist, 269: „Die älteste Josefsgeschichte erzählte vor allem von Josefs Geschick und hatte ihren Schwerpunkt in den Ägypten-Kapiteln Gen 39–41, zu denen Gen 37 das notwendige, kurze Vorspiel war. Durch einen Bearbeiter wurde der Konflikt zwischen Josef und seinen Brüdern zum eigentlichen Thema erhoben".

267 Vgl. hierzu ausführlich oben 3.1. (a) und 3.1. (c).

Mit dem Tötungsbeschluss הרג Kohortativ Qal erinnert Gen 37,20 an den Konflikt zwischen Esau und Jakob[268] in Gen 27.[269] In Gen 27,41 ist Esau seinem Bruder feind (שׂטם), weil er ihn um den Segen des Vaters Isaak gebracht hat. Deshalb beschließt er, seinen Bruder zu töten, sobald die Trauerzeit um den Vater abgelaufen ist. Als Jakob dies erfährt, flieht er zu seinem Onkel, Laban, in die Fremde, wo er sich als äußerst erfolgreich erweisen wird. Erst in Gen 33,4 treffen Jakob und Esau wieder aufeinander und fallen sich versöhnlich in die Arme. „Esau aber lief ihm entgegen und umarmte ihn, fiel ihm um den Hals und küsste ihn, und sie weinten" (Gen 33,4). Die Versöhnung der Brüder in Gen 33,4 zeigt dabei große Nähen zu der Versöhnung zwischen Josef und seinen Brüdern in Gen 45,15[270]: „Dann küsste er alle seine Brüder und weinte um ihretwillen. Danach redeten seine Brüder mit ihm".

Angesichts der sachlichen und sprachlichen Übereinstimmungen zwischen dem Konflikt Jakobs und Esaus mit dem Konflikt zwischen Josef und seinen Brüdern, steht zu vermuten, dass beide Episoden aufeinander bezogen werden wollen. Dabei lassen mehrere Beobachtungen vermuten, dass es sich bei dem Konflikt zwischen Josef und den Brüdern um eine jüngere Darstellung handeln könnte. Hier ist zunächst an die Formulierungen in Gen 37,19–20 und Gen 45,15 zu denken, die an Aussagen zu Jakob und Esau in Gen 27,41[271]; 33,4[272] erinnern und die „Geschichte über Josef und seine Brüder" sozusagen rahmen. Hier ist überdies an den Tötungsbeschluss selbst gedacht, der in Gen 27,41 aus der Feindschaft (שׂטם) zwischen Jakob und Esau, in Gen 37,5b.8b aus dem Hass (שׂנא) der Brüder auf Josef resultiert. Dabei knüpft das Motiv des Hasses in Gen 37,5b.8b an die Formulierungen aus Gen 37,3a.4a an, wo sich der Verweis auf שׂנא als Rückgriff auf Gen 29,30–31* erklären lässt. Während also der Hass der Brüder in Gen 37,5b.8b auf Gen 37,3–4a zurückzugreifen scheint, könnte sich der Tötungsbeschluss in Gen 37,20 an Gen 27,41 orientieren. In Gen 27 begründet der Beschluss erzählerisch die Flucht Jakobs zu Laban; in der Josefsgeschichte hingegen stellt er eine Art blindes Motiv dar. Denn dort mündet der Tötungsbeschluss nicht in eine Flucht Josefs vor seinen Brüdern. Vielmehr verkaufen seine Brüder den gehassten Josef – entgegen dem gefassten Beschluss – nach Ägypten.[273] Nur so nämlich können die mit Gen 39 einsetzenden Erzählungen ihren Lauf nehmen. Anders

---

268 Vgl. hierzu Ruppert, FzB, 111.
269 Vgl. hierzu ausführlich oben 3.1. (c), 3.3.3. (a) und 4.1. (a).
270 Vgl. hierzu u. a. Levin, Jahwist, 298–299, oder Ruppert, FzB, 323.
271 Vgl. Ruppert, FzB, 111.
272 Vgl. Levin, Jahwist, 298–299.
273 Vgl. hierzu die Bemerkung bei Levin, Jahwist, 270: „Sobald die Ismaeliter [in Gen 37,25] auftreten, ist die Zisterne wie vergessen".

formuliert, steht der Tötungsbeschluss dem eigentlichen Anliegen der Exposition Gen 37, dem Verkauf Josefs nach Ägypten, diametral entgegen. Er findet in Gen 37 lediglich insofern eine Auflösung im weiteren Erzählverlauf, als die Brüder dem Vater vortäuschen, Josef sei von einem wilden Tier gerissen worden.[274] Den angeführten Beobachtungen zufolge, ist der Tötungsbeschluss in Gen 27ff erzähltechnisch besser in den unmittelbaren Kontext integriert, als dies in der Josefsgeschichte der Fall ist.[275]

Mit Blick auf den oben nur kurz skizzierten Befund hatten wir im Kontext von Gen 37 vermutet, dass es sich bei dem Motiv der Träume um eine sekundäre Entwicklung innerhalb des Kapitels handeln könnte. Das Motiv knüpft intratextuell an die in Gen 37,3–4a beschriebene Bevorzugung Josefs durch Israel an, die sich intertextuell als Fortsetzung der Bevorzugung Rahels in Gen 29,30–31* liest und die den Hass der Brüder zuallererst auslöst. Der Hass wird mit dem Motiv der Träume in Gen 37,4b–8 auf Josef selbst bezogen und mündet in Gen 37,19–20 in einen Tötungsbeschluss der Brüder. Er könnte im Außenkontext auf die Selbstaufforderung Esaus aus Gen 27,41 zurückgreifen und den Konflikt zwischen Jakob und Esau so mit dem Konflikt der Söhne Jakob-Israels parallelisieren.

Mit Blick auf den weiteren Kontext der Josefsgeschichte hatte sich überdies gezeigt, dass die sekundäre Einschätzung des ersten Joseftraumes weitere entstehungsgeschichtliche Konsequenzen nach sich zieht. Denn in Gen 37 bereitet erst das Motiv der Träume sachlich und ausdrücklich auf die Entfaltung des brüderlichen Konfliktes in Gen 42–45 vor. Es antizipiert mit der im Traum beschriebenen Proskynese der brüderlichen Garben vor der Garbe Josefs die Exposition der Konfliktentfaltung in Gen 42 gleich in zweifacher Weise. Während sich in Gen 37,7 die *Garben* der Brüder vor der *Garbe* Josefs *verneigen*, verneigen sich die Brüder in Gen 42,6 tatsächlich vor Josef, als sie vor ihn treten, um *Getreide* zu erwerben.[276] Ähnliches hatte sich im Zusammenhang unserer Analyse von Gen 41 abgezeichnet. Auch dort nämlich scheinen jene Abschnitte, die das Kapitel ausdrücklich mit dem Folgekontext verbinden, erst nachträglich in den Kontext eingeführt worden zu sein. Dabei handelt es sich zum einen um den zweiten Traum Pharaos, den *Ähren*traum, zum anderen um die Entfaltung der Hungersnot in

---

274 Vgl. hierzu insbesondere Levin, Jahwist, 270–271; vgl. zum inhaltlichen Zusammenhang von V. 18–20 mit V. 31ff auch allgemein Westermann, BK, 34–35, oder Ruppert, FzB, 116–117.
275 Vgl. hierzu ausführlich oben 3.1. (c), 3.3.3. (a) und 4.1. (a).
276 Zum Zusammenhang der Aussagen in Gen 37 und Gen 42 bzw. Gen 45 vgl. Seebass, Josephsgeschichte, 87, oder Kebekus, Joseferzählung, 97f. Keinen direkten Zusammenhang sehen hingegen Döhling, *Herrschaft*, 29f; Jacob, Genesis, 765, oder Wenham, WBC, 406.

Gen 41,56–57, die mit der Wurzel שבר und der Funktion Josefs als Getreideverkäufer explizit auf den Kontext von Gen 42,1–6* vorbereitet.[277]

Angesichts dieser (u. a.) Beobachtungen hatten wir erwogen, dass eine ausdrückliche Verbindung von Gen 41 mit Gen 42 erst sekundär hergestellt worden sein könnte. Dies könnte zunächst auf den Umstand zurückgeführt werden, dass es sich bei den Traumdeutungsberichten in Gen 40–41 um älteres Überlieferungsgut handelt, das von einem Autor übernommen, mit den Ereignissen aus Gen 42ff verknüpft und dabei entsprechend überarbeitet wurde. Da auch die so zusammengefügte Erzählung bereits auf eine Exposition in Gen 37 angewiesen gewesen sein dürfte, würden die Überarbeitungen in Gen 41 dann nicht mit dem Motiv der Träume aus Gen 37 auf einer Ebene liegen. Vielmehr wären die Träume in Gen 37 als ein jüngeres Motiv zu betrachten. Die älteste Erzählung Gen 39–41.42ff wäre mit dem Motiv der Bevorzugung durch den Vater eingeleitet worden.[278]

Schwierig wird diese Annahme mit Blick auf Gen 42,6. Dort ist in Gen 42,6a zunächst auf die Funktion Josefs als משביר hingewiesen, die den Kontext von Gen 42 ausdrücklich an das Ende von Gen 41 zurückbindet. In Gen 42,6b wird die Ankunft der Brüder vor Josef konstatiert, die für den weiteren Erzählverlauf ebenfalls konstitutiv ist. Beide Motive können demnach nicht einfach aus dem Kontext von Gen 42 ausgeschieden werden. Da Gen 42,6b die Ankunft der Brüder mit ihrem Kniefall vor Josef verbindet, dürfte der Vers neben Gen 41,56–57 allerdings auch Gen 37,7 voraussetzen. Demnach scheint Gen 42,6 bereits in Kenntnis der Erweiterungen aus Gen 37; 41 geschrieben zu sein und einen gegenüber den Erzählungen über Josef in Gen 39–41 jüngeren Erzählabschnitt darzustellen.

Mit dem Rückgriff auf Gen 37 leiten Gen 42,6.9a* eine Erzählung ein, die sich in ihren Grundzügen bis Gen 45 erstrecken dürfte und den Konflikt der Brüder nun zum Hauptgegenstand hat. Sie liest sich möglicherweise als Fortsetzung des Konflikts zwischen Jakob und seinem älteren Bruder Esau, auf den Gen 37,19–20 und Gen 45,15 anspielen könnten. Wie Jakob seinen Bruder Esau durch sein Verhalten zur Feindschaft reizte und er ihn zu töten gedachte, so schürt Josef mit seinem Verhalten den Hass der Brüder, die ihn zu töten beschließen, ihn letztendlich aber gewinnbringend nach Ägypten verkaufen. In Gen 42 treffen sie Josef in Ägypten wieder, der sie auf die Probe stellt und sich ihnen schließlich als ihr Bruder zu erkennen gibt (Gen 45,4). Er schließt sie in die Arme und sie überwinden ihren Hass (Gen 45,15).[279] Die Aussagen von Gen 45,4.15, aber auch von

---

277 Vgl. hierzu ausführlich oben 3.3.3. (a).
278 Vgl. hierzu ausführlich oben 3.3.3. (a) und 4.1. (a).
279 Vgl. zu diesen sachlichen Zusammenhängen u. a. Westermann, BK, 164.

Gen 45,25–27*, verstehen sich demnach als Auflösung zu dem in Gen 37 sekundär zugespitzten Konflikt.[280]

Im Kontext der Konfliktentfaltung in Gen 42–44 schließen Gen 45,4.15.25–27*, soweit wir dies nach Maßgabe des Subtraktionsverfahrens beurteilen können, über die (sekundäre) zweite Reise der Brüder in Gen 43–44 hinweg an die Ereignisse von Gen 42,1b(nur ויאמר יעקב לבניו).2a(ohne ויאמר)bα.3(ohne עשרה).6.8.9a.b(ohne מרגלים אתם).10.12.17 an. Dort hatte Josef ihnen vorgeworfen, sie seien gekommen, zu sehen, wo das Land offen ist (Gen 42,9aβ). Die Brüder bestritten dies und versicherten, sie seien gekommen, Getreide zum Überleben zu kaufen (Gen 42,10). Josef glaubt ihnen nicht und hält an seinem Urteil fest (Gen 42,12). Er gibt sie drei Tage in Gewahrsam und lässt ihnen damit das gleiche Schicksal angedeihen, in das sie ihn nach Ägypten verkauft haben (Gen 42,17).[281] Nach drei Tagen gibt er sie frei und gibt sich ihnen als „Josef, euer Bruder, den ihr nach Ägypten verkauft habt", zu erkennen (Gen 45,4).

Gen 37,4*.28*.31–33*.35*: Exposition

וייראו אחיו כי־אתו אהב אביהם מכל־אחיו וישנאו אתו וולא יכלו דברו לשלם: ⁴

ויעברו אנשים מדינים סחרים וימשכו ויעלו את־יוסף מן־הבור וימכרו את־יוסף לישמעאלים ²⁸
בעשרים כסף ויביאו את־יוסף מצרימה:

ויקחו את־כתנת יוסף וישחטו שעיר עזים ויטבלו את־הכתנת בדם: ³¹

וישלחו את־כתנת הפסים ויביאו אל־אביהם ויאמרו זאת מצאנו הכר־נא הכתנת בנך הוא ³²
אם־לא:

ויכירה ויאמר כתנת בני חיה רעה אכלתהו טרף טרף יוסף: ³³

ויקמו כל־בניו וכל־בנתיו לנחמו וימאן להתנחם ויאמר כי־ארד אל־בני אבל שאלה וויבך אתו ³⁵
אביו:

Gen 45,4.15.26–27*: Dénouement

ויאמר יוסף אל־אחיו גשו־נא אלי ויגשו ויאמר אני יוסף אחיכם אשר־מכרתם אתי מצרימה: ⁴

וינשק לכל־אחיו ויבך עליהם וואחרי כן דברו אחיו אתו: ¹⁵

וויגדו לו לאמר עוד יוסף חי וכי־הוא משל בכל־ארץ מצרים ויפג לבו כי לא־האמין להם: ²⁶

וידברו אליו את כל־דברי יוסף אשר דבר אלהם וירא את־העגלות אשר־שלח יוסף לשאת ²⁷
אתו ותחי רוח יעקב אביהם:

---

280 Vgl. zu diesen Ausführungen insgesamt auch oben zu 3.1. und 3.3.3.

281 Vgl. hierzu insbesondere die Analyse von Gen 42 oben 4.1. Zum sekundären Charakter der Motive, die in Gen 43–44 ihre Fortsetzung finden, vgl. ferner 4.2. und 4.3.

Von diesem Zusammenhang, so hatten wir oben überlegt, könnte die zweite Selbstvorstellung Josefs in Gen 45,3 möglicherweise zu trennen sein.[282] Auch sie werden wir nun im größeren Kontext der Josefsgeschichte verorten, um ihren sachlich-literarischen Zusammenhang genauer zu beleuchten.

Beginnen wir mit einem Blick auf die Formulierungen von Gen 45,3–4. Beide Verse beinhalten eine Selbstvorstellung Josefs. Dabei identifiziert er sich in Gen 45,4, wie wir gesehen haben, mit einem Rückgriff auf die Ereignisse von Gen 37. „Ich bin Josef, euer Bruder, den ihr nach Ägypten verkauft habt". Auch Gen 45,3 beginnt mit der Selbstvorstellung „Ich bin Josef". Anders als in Gen 45,4 identifiziert Josef sich aber nicht mit Verweis auf Ereignisse, die direkt mit seiner Person oder seinem Schicksal zu tun hätten. Stattdessen schließt sich an die Vorstellung „Ich bin Josef" in V. 3 direkt die Frage nach dem Wohl „meines Vaters" an. Josef entdeckt sich seinen Brüdern hier also im Rahmen einer familiären Verhältnisbestimmung – und zwar nicht, wie in Gen 45,4 als „euer Bruder", sondern als Sohn Jakob-Israels. Nach dessen Wohl erkundigt er sich, wie er es bereits zuvor in Gen 43,27 getan hatte. „Geht es eurem alten Vater gut, von dem ihr erzählt habt? Ist er noch am Leben?" In dieser Doppelung haben Vertreter der Quellenscheidung zumeist einen Widerspruch gesehen. Denn da die Brüder zwischenzeitlich nicht zurück nach Kanaan gekehrt waren und den Vater also seit Gen 43,27 auch nicht wiedergesehen haben, hätte Josef eigentlich wissen müssen, dass es seinem Vater gut geht. So schlussfolgerte etwa Hermann Gunkel, dass hier zwischen zwei Parallelberichten J Gen 43,27 und E Gen 45,3 zu scheiden sei. „Ein rührender Zug ist, daß Joseph sogleich nach dem Leben seines Vaters fragt. Bei J weiß er davon schon lange […]. Hieraus folgt, daß die Strafe der Brüder und die Überwindung des Joseph bei E wesentlich anders gewesen sein muß als bei J"[283].

Bei dieser Annahme von Gunkel (u. a.) ist sicherlich richtig gesehen, dass Josef nach Gen 43,27 eigentlich wissen müsste, wie es um den Vater steht. Zu prüfen bleibt, ob hierin tatsächlich ein logischer Widerspruch zu sehen ist. Um dieser Frage nachzugehen, blicken wir noch einmal zurück auf den Kontext von Gen 42, wo die Brüder den Vater in V. 11 das erste Mal vor Josef erwähnen. Dabei wird es, um den Zusammenhang der Erwähnung des Vaters besser einzuordnen

---

282 Anders Alter, Art, 175; Wenham, WBC, 428; Westermann, BK, 155, oder Hamilton, NIC.OT, 575.

283 Gunkel, HK, 458. Vgl. in jüngerer Vergangenheit auch Schmidt, *Verbindung*, 22, oder Ruppert, FzB, 314. Ähnlich sieht Kebekus, Joseferzählung, 130, in V. 3 einen Bestandteil der Ruben-Schicht, da die Frage ‚Lebt mein Vater noch?' in „der Juda-Schicht […] schon in Gen 43,27f beantwortet [werde]".

Für einen direkten Zusammenhang beider Aussagen in Gen 43,27; 45,3 sprechen sich hingegen auch Levin, Jahwist, 295.299, oder Ebach, HThKAT, 387, aus.

zu können, auch hier notwendig sein, noch einmal kurz auf einige Aspekte der von der Verf. angenommenen literarischen Genese des Kapitels einzugehen. Als Ausgangspunkt bietet sich dafür der Vorwurf Josefs in Gen 42,9 an. Der Vorwurf Josefs in Gen 42,9 gliedert sich in zwei sachlich verwandte Aspekte, von denen der zweite zunächst eine nähere Erläuterung zum ersten zu sein scheint: „(1) Ihr seid Kundschafter! (2) Zu sehen, wo das Land offen steht, seid ihr gekommen".

Obwohl beide Aussagen in keinerlei Widerspruch zueinander stehen und auch keine bloße Doppelung darstellen, hatten wir unter Berücksichtigung des weiteren Erzählverlaufs von Gen 42 erwogen, eine literarische Scheidung zwischen beiden Aspekten vorzunehmen.[284] Die Gründe hierfür seien noch einmal (in Auswahl) zusammengefasst. Zunächst erscheinen beide Aspekte ausschließlich in Gen 42,9b in einem direkten Zusammenhang. In der Diskussion zwischen Josef und seinen Brüdern Gen 42,10–12 hingegen ist jeweils nur auf einen der beiden Aspekte Bezug genommen. So erklären die Brüder in V. 10 *sie seien gekommen, Getreide zu kaufen*. Dabei nimmt der Vers in Sprache und Anlage Bezug auf die Aussage Josefs, *sie seien gekommen zu sehen, wo das Land offen ist* (V. 9bβ). Erst mit V. 11 beziehen sich die Brüder separat auf den zweiten Aspekt der Kundschafterei (רגל Pi.) aus V. 9bα. Ihm entgegnen sie hier, sie seien rechtschaffen, alle Söhne eines Mannes. Der Beteuerung der Rechtschaffenheit folgt in V. 12 eine wörtliche Rede Josefs, die sich über V. 11 hinweg wieder auf die Aussagen von V. 9bβ.10 bezieht. „Nein, *zu sehen, wo das Land offen ist, seid ihr gekommen*". Bereits in diesem auffälligen Befund hatte sich angedeutet, dass die beiden Aspekte des Vorwurfs in V. 9 erst nachträglich miteinander verwoben worden sein könnten.[285]

Gestützt wurde diese Vermutung durch einen Blick auf Gen 42,30–31, wo die Begegnung aus Gen 42,9–11 von den zwischenzeitlich heimgekehrten Brüdern vor dem Vater wiedergegeben wird. In ihrem Bericht verweisen die Brüder ausschließlich auf die Aspekte der Kundschafterei und der Rechtschaffenheit (V. 9bα.11), lassen die Diskussion um den Grund der Reise, d. h. Getreidekauf (V. 10) oder Aufdecken der Blöße des Landes (V. 9bβ), hingegen aus. Daraus (u. a.) hatten wir geschlossen, dass der ursprünglichen Diskussion um den Anlass der Reise in V. 9bβ.10.12, die sich sachlich auf den Zusammenhang von Gen 41,56–57; 42,1–2 (Hungersnot) zurückbezieht, erst nachträglich der Vorwurf der Kundschafterei und mit ihm die Frage nach der Rechtschaffenheit der Brüder zugewachsen sein könnte. Im Rahmen jener Bearbeitung wäre der Vater dann in V. 11 erstmals von

---

284 Eine literarische Scheidung zwischen beiden Aspekten nahm bereits Gunkel, HK, 441, vor.
285 Vgl. zu V. 10–12 bereits die Beobachtung von Holzinger, KHC, 239: „11ᵃ unterbricht zwischen v. 10 und 11ᵇ, ist keine Antwort auf Josephs Frage und wird v. 12 ignoriert".

den Brüdern erwähnt worden, und zwar im Kontext ihrer eigenen Rechtschaffenheit: „Wir alle, wir sind Söhne desselben Mannes. Wir sind rechtschaffene Leute,
deine Diener sind keine Kundschafter".

Gen 41,56–57:

‏56 ‏והרעב היה על כל־פני הארץ ויפתח יוסף את־כל־אשר בהם וישבר למצרים ויחזק הרעב‏
‏בארץ מצרים:‏
‏57 ‏וכל־הארץ באו מצרימה לשבר אל־יוסף כי־חזק הרעב בכל־הארץ:‏

Gen 42,1–2*.9–12.30–31:

‏1 ‏וירא יעקב כי יש־שבר במצרים ויאמר יעקב לבניו למה תתראו:‏
‏2 ‏ויאמר הנה שמעתי כי יש־שבר במצרים רדו־שמה ושברו־לנו משם ונחיה ולא נמות:‏
‏9 ‏ויזכר יוסף את החלמות אשר חלם להם ויאמר אלהם‏
‏מרגלים אתם‏
‏לראות את־ערות הארץ באתם:‏
‏10 ‏ויאמרו אליו לא אדני ועבדיך באו לשבר־אכל:‏
‏11 ‏כלנו בני איש־אחד נחנו כנים אנחנו לא־היו עבדיך מרגלים:‏
‏12 ‏ויאמר אלהם לא כי־ערות הארץ באתם לראות:‏
‏30 ‏דבר האיש אדני הארץ אתנו קשות ויתן אתנו כמרגלים את־הארץ:‏
‏31 ‏ונאמר אליו כנים אנחנו לא היינו מרגלים:‏

Von dem Motiv der Kundschafterei und der Rechtschaffenheit ist literarisch die
Gefangenschaft des einen Bruders, Simeon, nicht zu trennen. Denn um Josef
zu beweisen, dass sie rechtschaffen und keine Kundschafter sind, sollen die
Brüder einen von sich bei ihm gefangen zurücklassen (Gen 42,19.30). Die restlichen Brüder aber sollen nach Hause ziehen und ihre Familien mit der Nahrung
versorgen, von der sie angegeben hatten, sie sei der Grund ihrer Reise nach
Ägypten (Gen 42,19.31). Die Brüder tun, wie Josef befohlen. Simeon bleibt zurück
(Gen 43,24b), die anderen ziehen nach Hause (Gen 43,25–26*.29) und berichten
dem Vater von den Geschehnissen in Ägypten (Gen 43,30–34*).[286]

Mit dieser durch die Gefangenschaft Simeons verursachten Heimkehr wird
eine zweite Reise der Brüder nach Ägypten notwendig, deren Anlass sachlich in
der Auslösung Simeons zu sehen sein dürfte. Dementsprechend, so hatten wir
im Kontext von Gen 43 erläutert, wird auch der vom Vater befohlene Aufbruch
in Gen 43,11ff* in den Rahmen der oben umrissenen Bearbeitung gehören. Der
Grundfaden, dessen Umfang hier nicht noch einmal *en détail* begründet werden
soll, hatte sich dabei wie folgt ausgenommen: Die Brüder machen sich ein zweites

---

286 Vgl. zu diesem Zusammenhang genauer oben 4.1. (b).

Mal auf und treten vor Josef (Gen 43,15*.16aα*). Der gibt ihnen den gefangenen Bruder wieder heraus (Gen 42,23b) und die Brüder fallen demütig vor ihm auf die Knie (Gen 43,26b). Es ist genau in jenem Moment, dass Josef zum ersten Mal nach dem Wohl des Vaters fragt (Gen 43,27), von dem die Brüder in Gen 42,11 berichtet hatten. Die Frage erfolgt dementsprechend, nachdem die Brüder ein zweites Mal nach Gen 37,31f* zum Vater zurückgekehrt waren und ihm vom (vorübergehenden) Verlust eines weiteren Sohnes berichten mussten. Nun, da sie auf Geheiß des Vaters nach Ägypten gekommen sind, um Simeon auszulösen, fragt Josef, ob es gut um den Vater stehe. Die Brüder bejahen dies: „Sie sprachen: Es geht deinem Diener, unserem Vater, gut. Er ist noch am Leben" (Gen 43,28a).[287]

Dieser Unterhaltung der Brüder dürfte einmal die Entdeckung Josefs in Gen 45 gefolgt sein.[288]

Der Unterhaltung der Brüder in Gen 43,27ff* folgt in Gen 43,30 ein Gefühlsausbruch Josefs. Er suchte zu weinen und ging in eine Kammer und weinte dort. „Dann wusch er sein Gesicht und kam wieder heraus, nahm sich zusammen und sprach: Tragt das Essen auf!" Ähnlich emotional zeigt sich Josef zu Beginn von Gen 45. Anders als in Gen 43, nimmt er sich hier jedoch nicht zusammen, sondern lässt seinen Gefühlen vor den Brüdern freien Lauf. Er erhebt vor ihnen seine Stimme, weint und gibt sich seinen Brüdern als Josef zu erkennen.[289]

Was die Szenen in Gen 43; 45 unterscheidet, ist demnach, dass Josef in Gen 43 zunächst noch unentdeckt bleiben will und sich deshalb zusammenreißt, während er sich in Gen 45 seinen Brüdern entdecken will und seine Emotionen also nicht mehr zu verstecken braucht. Wir hatten (u. a.) daraus geschlossen, dass das Motiv des Gastmahles, welches im Kontext von Gen 43 auch aus anderen Gründen literarkritisch aufgefallen war (vgl. oben zu Gen 43,15–16), den Zusammenhang des Gesprächs der Brüder in Gen 43,27–28a und Gen 45,1ff* erst nachträglich unterbrochen haben könnte. Ein Bearbeiter hätte dann den späteren Gefühlsausbruch vorweggenommen, ihn nun aber im Geheimen stattfinden lassen und die Entdeckung Josefs noch einmal bis nach dem gemeinsamen Mahl hinausgezögert.[290]

---

287 Vgl. im Detail oben 4.2. (a), 4.2. (b) und 4.2. (g).

288 Vgl. hierzu insbesondere oben 4.1. (c), 4.2. (d); 4.2. (g) und 4.2. (a). Vgl. zum Anschluss von Gen 45 über Gen 44 hinweg an Gen 43 ähnlich Levin, Jahwist, 299.

289 Vgl. zu dieser Doppelung auch die Beobachtungen bei Jacob, Genesis, 809, oder Hamilton, NIC.OT, 573.

290 Vgl. zu dem oben angenommenen Übergang auch die Beobachtung von Ruppert, FzB, 314, zum Kontext von Gen 45,1ff: „Doch auf Juda und seine aufwühlende Rede [Gen 44,18–34] geht Josef mit keiner Silbe ein!"
Demgegenüber sieht Westermann, BK, 155, Gen 45,1ff als unmittelbare Fortsetzung der Rede Judas in Gen 44,18–34. „Die Szene, in der Joseph sich seinen Brüdern zu erkennen gibt (V. 1–8), steht an der Stelle einer Antwort auf die Bitte Judas 44,(18.)33–34".

Der Frage nach dem Wohl des Vaters in Gen 43,27 und der darauf bezogenen Antwort der Brüder in Gen 43,28a wäre dann einmal unmittelbar der emotionale Ausbruch Josefs in Gen 45,1–2 gefolgt. Und ihm hätte sich im Rahmen der Selbstvorstellung direkt die neuerliche Frage Josefs nach dem Wohl des Vater angeschlossen, in der er nun seine eigene Verwandtschaft mit dem Vater anspricht: „Lebt *mein Vater* noch?"

Bei einem Vergleich beider Fragen in Gen 43,27 und Gen 45,3 fällt zuallererst die veränderte Perspektive von der 2. Ps. Pl. („euer Vater") zur 1. Ps. Sg. („mein Vater") auf. Mit ihr verbindet sich auch eine unterschiedliche Akzentuierung. Greift nämlich die erste Frage in Gen 43,27 zurück auf die erste Rückkehr zum Vater aus Ägypten am Ende von Gen 42, schlägt die zweite Frage mit dem Bezug auf Josef einen Bogen zurück zu Gen 37, wo die Brüder dem Vater in Gen 37,31–35* vorgetäuscht hatten, dass Josef nicht mehr lebt. Damit dürfte die erste Frage auf den vorübergehenden Verlust Simeons zielen, während die zweite auf den vermeintlichen Verlust Josefs verweist.

Impliziert ist dann in den Fragen Josefs auch die Schuld der Brüder, die sie in Gen 37 auf sich geladen haben. Lebt mein Vater noch, obwohl ihr ihm den Lieblingssohn genommen habt, oder ist er schon in den Scheol hinabgestiegen? Die in der Frage inbegriffene Schuld kontrastiert mit Rückblick auf Gen 42 überdies die Beteuerung der Rechtschaffenheit, die die Brüder mit Verweis auf den Vater vor Josef beschworen hatten. Es verwundert sodann nicht, dass sie nun in Gen 45,3b vor Josef verstummen. „Aber seine Brüder konnten ihm nicht antworten, so bestürzt standen sie vor ihm" (Gen 45,3). Denn genau an jenem Vater, bei dem sie ihre Rechtschaffenheit beschworen haben, hatten sie sich in Gen 37 schuldig gemacht, als sie ihm vortäuschten sein Lieblingssohn wäre von einem wilden Tier gerissen worden (vgl. Gen 37,32ff).[291]

Mit Blick auf diesen sachlichen Befund dürfte zunächst festzuhalten sein, dass die Aussagen aus Gen 43,27; 45,3 nicht in einem sachlichen Widerspruch zueinander stehen. Sie scheinen vielmehr in einen direkten Zusammenhang zu gehören.[292] Nachdem die Brüder dem Vater von dem Verlust Simeons berichtet hatten und nach Ägypten zurückgekehrt waren, fragt Josef die Brüder in Gen 43,27: „Geht es eurem alten Vater gut, von dem ihr erzählt habt? Ist er noch am Leben?" Wohl gerührt davon, dass der Vater noch lebt (Gen 43,28a) und die Brüder ihren Fehler aus Gen 37 nicht wiederholt haben, sondern zurückgekehrt sind, Simeon auszulösen, gibt Josef sich ihnen zu erkennen (Gen 45,3). Im Rahmen dieser Selbstvorstellung wiederholt er nun die Frage aus Gen 43,27 und bezieht sie auf

---

291 Vgl. hierzu insgesamt Levin, Jahwist, 299.
292 So auch Levin, Jahwist, 299, oder Ebach, HThKAT, 387.

sein eigenes Verhältnis zum Vater. Dabei spielt die Schuld der Brüder hier nicht nur, wie im älteren Text, auf ihre Tat an Josef an, sondern verweist gleichsam auf das Leid, das sie durch ihre Tat dem gemeinsamen Vater zugefügt haben. Mehr noch als die ältere Erzählung hebt diese Bearbeitung auf das Aufleben des Vaters ab, wobei die Abstammung aller Brüder von dem einen Vater durch die Formulierungen in Gen 42,11; 43,27 und Gen 45,3 deutlich akzentuiert wird.

In den Zusammenhang der oben besprochenen Kundschafter-Bearbeitung könnte auch der Verweis auf Kanaan in Gen 45,25 gehören. In jenem Vers findet sich neben dem Aufbruch aus Ägypten (ויעלו ממצרים) zusätzlich der Hinweis auf die Ankunft in Kanaan (ויבאו ארץ כנען). Dabei steht die Angabe des Zielortes der Nennung der „Zielperson" voran. Üblich wäre mit Blick auf die Konkordanz die umgekehrte Reihenfolge, wo der Erwähnung der „Zielperson" die Ortsbezeichnung folgt.

Gen 31,18:

18 וינהג את־כל־מקנהו ואת־כל־רכשו אשר רכש מקנה קנינו אשר רכש בפדן ארם לבוא אל־יצחק אביו ארצה כנען:

Gen 35,27:

27 ויבא יעקב אל־יצחק אביו ממרא קרית הארבע הוא חברון אשר־גר־שם אברהם ויצחק:

Gen 42,29:

29 ויבאו אל־יעקב אביהם ארצה כנען ויגידו לו את כל־הקרת אתם לאמר:

Gen 42,25:

25 ויעלו ממצרים ויבאו ארץ כנען אל־יעקב אביהם:

Weiterführend scheint im Falle der Formulierungen von Gen 45,25 auch ein Blick auf Gen 45,9. Dort ist der Aufbruch Israels in Gen 45,28 sachlich vorbereitet, der – wie unten unter 4.4. (b) noch zu zeigen sein wird – einen gegenüber Gen 45,25–27* grundsätzlich jüngeren Bestandteil der Erzählung darstellen dürfte. Der Vers antizipiert mit dem Befehl Josefs ועלו אל־אבי den Aufbruch der Brüder zum Vater in Gen 45,25; ein Hinweis auf Kanaan allerdings fehlt in jenem Zusammenhang (noch?).

Zieht man im Makrokontext der Josefsgeschichte überdies in Betracht, dass die Erwähnung Kanaans in Gen 42 erstmals mit dem Kundschafter-Motiv Eingang in den Text gefunden haben dürfte, wird mit Blick auf die Beobachtungen zu Gen 45,25 zu erwägen sein, ob die Ankunft in Kanaan nicht nachträglich in den Kontext eingefügt wurde. Sie gliche die ältere Aufbruchsnotiz Gen 45,25 dann nachträglich mit der jüngeren Aufbruchsnotiz in Gen 42,29 aus.[293]

---

293 Anders Jacob, Genesis, 823: „Vers 25 wie 42₂₉, aber weil dies ein so ereignisreicher Aufenthalt gewesen war, noch besonders: ‚sie zogen von Ägypten hinaus'".

Gen 42,29:

²⁹וַיבאו אל־יעקב אביהם ארצה כנען ויגידו לו את כל־הקרת אתם לאמר:

Gen 45,9*.25:

⁹ מהרו ועלו אל־אבי ואמרתם אליו כה אמר בנך יוסף שמני אלהים לאדון לכל־מצרים רדה אלי אל־תעמד:
²⁵ ויעלו ממצרים
ויבאו ארץ כנען
אל־יעקב אביהם:

Fassen wir die bisher gewonnen Ergebnisse kurz zusammen. Die Selbstvorstellung Josefs in Gen 45,4 dürfte gemeinsam mit Gen 45,15.25–27* den ursprünglichen Abschluss der Erzählung um den Konflikt zwischen Josef und seinen Brüdern bilden, wie er in Gen 37* sekundär exponiert und in Gen 42–44* weiter entfaltet wird.[294]

Jünger dürfte indes die Selbstvorstellung in Gen 45,3 (mit Gen 45,25aβ) sein, die sich im Rahmen jener Bearbeitung versteht, die in Gen 42 als zweiten Vorwurf gegen die Brüder das Motiv der Kundschafterei eingeführt hat. Sie nimmt die Schuld, die die Brüder auch in der ältesten Erzählung durch ihr Handeln an Josef auf sich genommen hatten, wieder auf, bezieht sie nun aber nicht nur auf den Lieblingssohn, sondern auch auf den Vater. Nicht nur an Josef, auch an Jakob haben sich die Brüder schuldig gemacht. Damit sein Geist wieder aufleben kann, müssen sich die Brüder versöhnen.

Eine weitere Aussage, die sich im sachlichen Zusammenhang der Versöhnung Josefs und seiner Brüder findet, ist bisher noch unberücksichtigt geblieben: die Vorwegnahme der Umarmung aller Brüder in Gen 45,15 durch die separate Begrüßung Benjamins in Gen 45,14. Ihr werden wir uns im Anschluss widmen.

Die Erwähnung des zweiten Rahel-Sohnes, Benjamin

Dass die Forderung einer Mitnahme Benjamins in Gen 42 sekundär sein dürfte, ist bereits mehrfach und ausführlich diskutiert worden. Da die Erwähnung Benjamins sich in Gen 45 auf drei kurze Notizen beschränkt, sollen die Argumente, die zu dieser Annahme geführt haben, an dieser Stelle nicht noch einmal gesondert aufgegriffen werden. Für den genauen Argumentationsgang sowie die Auseinandersetzung mit der Sekundärliteratur sei deshalb auf die relevanten Abschnitte im vorausgehenden Kontext, insbesondere im Zusammenhang von Gen 42 und

---

294 Vgl. hierzu insbesondere Levin, Jahwist, 298–299.

Gen 44 verwiesen.[295] Für unsere Einschätzung der Erwähnung Benjamins in Gen 45 begnügen wir uns hier mit der Feststellung, dass die Forderung Josefs in Gen 42, Benjamin nach Ägypten zu bringen, erst nachträglich in den Kontext eingeführt wurde. Ist aber die Forderung einer Mitnahme Benjamins sekundär, so wird es sich bei der tatsächlichen Mitnahme und Ankunft in Gen 43 sowie der Episode um den Becherdiebstahl in Gen 44 ebenfalls um Nachträge innerhalb der Geschichte um Josef und seine Brüder handeln. Denn sie sind von der Forderung Josefs aus Gen 42 abhängig. Dasselbe gilt für die Erwähnungen Benjamins in Gen 45. Auch hier wird Benjamin dem Kontext dann erst später hinzugefügt worden sein. So wird er im Zusammenhang von Gen 45,12 zunächst als einziger Bruder von Josef namentlich angesprochen. In Gen 45,14 wird er sodann als erster umarmt, bevor Josef sich den anderen Brüdern zuwendet.[296] Wie bereits zuvor in Gen 43,34a, erhält er in Gen 45,22 überdies ein Vielfaches von dem, was seinen Brüdern zuteilwird. Hier, wie andernorts, zielen die ausdrücklichen Erwähnungen Benjamins darauf ab, die besondere Beziehung zu betonen, die Josef mit dem zweiten Rahel-Sohn verbindet. In den Aussagen von Gen 45 kommt die Benjamin-Bearbeitung zu ihrem Schluss, in den Kapiteln Gen 45–50 wird Benjamin nur noch im Kontext der Stammessprüche Gen 49 erwähnt.[297]

Die Einführung Benjamins dürfte bereits in Kenntnis einer literarischen Verbindung von Genesis und Exodus verfasst sein – dies hat sich in der relativen Chronologie von Gen 42 angedeutet, der Verdacht wird sich unten zu 4.4. (b) und 4.4. (c) erhärten. Dass der zweite Rahel-Sohn in die Josefsgeschichte nachgetragen wurde, erklärt sich dann auf dem Hintergrund der Geschichte des Volkes Israel, das aus den zwölf Stämmen bzw. Söhnen besteht, und ergreift eindeutig Partei für die Rahel-Söhne. Sie sind über die gemeinsame Mutter enger miteinander als mit den anderen Brüdern verbunden und werden darüber hinaus auch von Jakob-Israel bevorzugt. In Benjamin und Josef bzw. dessen Söhnen, Ephraim und Manasse, manifestiert sich so das bevorzugte Israel. Die hier vertretene

---

295 Vgl. oben 4.1. (c), 4.2. (g) und 4.2. (a).

296 Zu einer literarischen Scheidung zwischen V. 14 (J) und V. 15 (E) vgl. aber bereits die ältere Forschung. „14 J, Ausdruck wie 46_{29}. 15 E ל נשק wie 32_1"; Gunkel, HK, 458; vgl. Holzinger, KHC, 245. Ähnlich scheidet in jüngerer Vergangenheit Ruppert, FzB, 312, zwischen V. 14 (Je) und V. 15 (E).

Anders sieht etwa Kebekus, Joseferzählung, 344, keinen Grund zur literarischen Scheidung und versteht beide Verse als Bestandteil der Ruben-Erweiterung (=Erweiterung der Ruben-Grundschicht). Auch Schmitt, Josephsgeschichte, 62, rechnet die Verse insgesamt der Ruben-Schicht zu.

297 Vgl. hierzu insbesondere Levin, Jahwist, 300.

Perspektive dürfte die des „Nordreichs" sein.[298] Der Konflikt, der zwischen den Brüdern keimt, datiert in seiner hier vorausgesetzten Form wohl in nachpriesterschriftliche Zeit[299] und wird sich dann am ehesten im Zusammenhang der perserzeitlichen Provinzen verorten lassen.

Mit diesen Worten beschließen wir unsere ersten Überlegungen zur kontextuellen Einordnung von Gen 45 im Rahmen der Josefsgeschichte und widmen uns den weiteren Fragen, die einleitend unter „Befund" bereits angeklungen waren. Dabei ist freilich nicht auszuschließen, dass wir auch im Zusammenhang der nachstehenden Teilanalysen noch einmal auf kontextuelle Verbindungen zu sprechen kommen müssen. Dies betrifft bereits unsere erste Fragestellung nach den Ansiedlungsbefehlen Josefs und Pharaos und ihrem Verhältnis zum oben ausgeführten Beschluss Israels in Gen 45,28. Denn sowohl die Befehle Josefs und Pharaos als auch der Beschluss Israels kommen ohne eine Fortsetzung in Gen 46–47 nicht aus.

(b) Die Befehle Josefs (Gen 45,9–10) bzw. Pharaos (Gen 45,16–20)
und ihr Verhältnis zum Beschluss Israels in Gen 45,28

Ein Auftrag zur Ansiedlung Israels in Ägypten wird in Gen 45 gleich zweimal ausgesprochen – einmal durch Josef in Gen 45,9–10 und einmal durch Pharao in Gen 45,16–18(.19–20). Hier, wie andernorts, haben Vertreter der Quellenscheidung aufgrund dieser Doppelung eine literarische Scheidung erwogen. So nahm Hermann Gunkel an, dass Gen 45,10*(ohne והיית קרוב אלי) als Bestandteil von J zu werten sei und mit der Aussage über Israel in Gen 45,28 zusammengehöre. Hierfür spräche, dass „auch 46,31 ff. 47,1 ff., wonach Pharao von Josephs Brüdern noch nichts weiß, aus J stammen. Demnach ist der andere Bericht 2.16–18 aus E"[300]. Er wird in einem literarischen Zusammenhang mit der wörtlichen Rede Josefs in Gen 45,9.10(nur והיית קרוב אלי) und den Aussagen zu Jakob in Gen 45,26– 27* gesehen. An diese Annahme haben in jüngerer Vergangenheit z. B. Ludwig Schmidt und Lothar Ruppert angeknüpft. So versteht Schmidt V. 9f als Vorbereitung auf V. 28 (Israel) und rechnet die Verse trotz Elohim (V. 9aβ) dem Jahwisten zu,[301] während Ruppert in V. 9abα.10*.28 (trotz Elohim V. 9aβ) einen jahwistischen

---

298 Vgl. hierzu insgesamt die Beobachtungen bei Kratz, Komposition, 283–284.287–288.
299 Vgl. hierzu oben 4.1. (b) und 4.1. (c).
300 Gunkel, HK, 457.
301 Vgl. Schmidt, Studien, 167.

Erzählfaden erkennt.[302] Ähnlich scheidet Hans-Christoph Schmitt zwischen Ruben-Version (Gen 45,16–20*.26–27*) und Juda-Version (Gen 45,9aαb.10.28).[303]

Schwierig bei der Annahme zweier *unabhängiger* Erzählfäden ist zunächst, dass Gen 45,28 sprachlich (עוד־יוסף בני חי) nicht nur explizit an die Aussage aus Gen 45,26 (עוד יוסף חי) anknüpft, sondern diese auch neu entfaltet (אלכה ואראנו בטרם אמות). Es kommt mit Blick auf den Erzählfaden des Jahwisten bzw. der Juda-Version erschwerend hinzu, dass Josef in Gen 45,(9–)10 einen Befehl erteilt, den Israel offenbar gar nicht zur Kenntnis nimmt. Denn er spricht in Gen 45,28 nicht davon, dass er zu seinem Sohn eilen und sich in seiner Nähe ansiedeln will. Vielmehr ist für ihn der Anlass seiner Reise nach Ägypten das Überleben seines Lieblingssohnes, den er vor dem eigenen Tod noch einmal sehen möchte. Selbst als er seinen Sohn in Gen 46,30 (J) wieder in die Arme schließt, ist von einer Ansiedlung in Ägypten nicht die Rede. Stattdessen greift Israel auch hier auf seinen bevorstehenden Tod zurück und erweckt so den Anschein, als habe er gar nicht vor, längerfristig in Ägypten zu verweilen. „Dann sprach Israel zu Josef: Jetzt will ich gern sterben, nachdem ich dein Angesicht erblickt und gesehen habe, dass du noch lebst".

Es bleibt mit Blick auf diesen Befund zunächst festzuhalten, dass der von Gunkel oder Schmitt postulierte J-Faden sachlich keinen glatten Zusammenhang ergibt. Denn während Josef einen ausdrücklichen Befehl zur Ansiedlung seines Vaters erteilt, scheint jener von einer dauerhaften Umsiedlung nichts zu wissen. Vielmehr hat er bereits seinen Tod vor Augen. Um zu ergründen, wie sich diese Spannung literarkritisch erklären lassen könnte, werden wir den Aufbruch Israels noch einmal genauer betrachten. Des besseren Gesamtverständnisses halber beginnen wir dabei mit einem kurzen Blick auf das bereits oben angesprochene Verhältnis von Gen 45,26–27.28.

In Gen 45,26–27* ist es Jakob, zu dem die Brüder zurückgekehrt sind und dem sie vom Überleben Josefs berichten. Daraufhin lebt sein Geist wieder auf. Gen 45,28 greift die Formulierung vom Überleben Josefs auf, verbindet sie nun aber nicht mit einem Aufleben Jakobs, sondern mit dem bevorstehenden Tod Israels. Weil Israel den Tod vor Augen hat, will er selbst nach Ägypten hinabziehen, um seinen Lieblingssohn noch einmal zu sehen. Das Überleben Josefs in Verbindung mit dem nahenden Tod Israels wird so zum Auslöser für einen Aufbruch des Vaters nach Ägypten.

Mehrere Beobachtungen lassen hier auf eine diachrone Differenzierung schließen. Zwar knüpft die Aussage Gen 45,28 an die Formulierungen von Gen 45,26–27

---

302 Vgl. Ruppert, FzB, 312f.338f.
303 Vgl. Schmitt, Josephsgeschichte, 55.

direkt an (עוד יוסף חי), doch weicht sie nicht nur terminologisch (Jakob/Israel) von ihr ab, sondern verlagert überdies auch sachlich den Schwerpunkt vom Aufleben des Geistes hin zum nahenden Tod des Erzvaters. Es wird dann in Gen 45,28 am ehesten mit einer Fortschreibung zu rechnen sein, die explizit an Gen 45,26–27* anknüpft, nun aber ein neues Thema in den Kontext einträgt: den Aufbruch Israels nach Ägypten. Anders als die Aussagen aus Gen 45,26–27* schließt der Aufbruch des Erzvaters nicht den mit Gen 37 einsetzenden Erzählfaden ab, sondern bereitet auf Ereignisse des Folgekontextes vor.[304] Denn mit Gen 46,1 macht sich Israel tatsächlich auf nach Ägypten, in Gen 46,30 schließt er Josef endlich wieder in die Arme. Was er in Gen 45,28 erhofft hatte, hat sich demnach mit Gen 46,30 erfüllt.[305] Israel hat seinen liebsten Sohn noch einmal zu Gesicht bekommen und kann nun ruhigen Gewissens sterben.

Doch tut er dies noch lange nicht. Bis Gen 47,29 muss der gespannte Leser warten, bevor der Tod des Erzvaters überhaupt wieder zur Sprache kommt. Dort rekurriert die Formulierung ויקרבו ימי־ישראל למות auf Gen 46,30.[306] Hatte der Erzvater zunächst beschlossen, sterben zu wollen, nachdem er Josef noch einmal lebend gesehen hat, so nähern sich hier die Tage, da er tatsächlich sterben wird. Aus diesem Grund ruft er Josef noch einmal zu sich. Das Gespräch, das sich zwischen Vater und Sohn in Gen 47,29–31 entwickelt, beschäftigt sich dabei thematisch mit einem Problem, das durch die Verbindung von Israels Ankunft in Ägypten und seinem offenbar kurz bevorstehenden Tod ausgelöst ist: eine mögliche Bestattung Israels in Ägypten. Dass diese untragbar wäre, führen die Begräbnisanweisungen Israels vor Augen. Als er verspürt, dass sich seine Tage nun dem Ende nähern, ruft er Josef zu sich (Gen 47,29a) und ringt ihm ein Versprechen ab.

Wenn ich Gnade in deinen Augen gefunden habe, so lege deine Hand unter meine Hüfte, dass du mir die Liebe und Treue erweisen wirst: Begrabe mich nicht in Ägypten. Wenn ich mich zu meinen Vorfahren gelegt habe, dann bringe mich aus Ägypten weg und begrabe mich in ihrer Grabstätte.

---

304 Vgl. hierzu Levin, Jahwist, 302, und Kratz, Komposition, 284.
305 Vgl. zu diesem Zusammenhang insbesondere die Beobachtungen bei Hamilton, NIC.OT, 589.
306 Einen Zusammenhang dieser Aussagen sahen auch die Vertreter der Neueren Urkundenhypothese, die Gen 45,28; 46,30 und Gen 47,29–31 als Bestandteil von J begriffen. Dabei beruht diese Einschätzung nicht zuletzt auf der Bezeichnung des Erzvaters mit Israel. Vgl. z. B. Wellhausen, Composition, 59.

Josef verspricht dem Vater, schwört ihm sogar, seinen Wunsch zu befolgen.[307] Mit Blick auf die angeführten Beobachtungen liegt die Vermutung nicht fern, dass die Begräbnisanweisungen in Gen 47,29–31 einmal in einem direkten Zusammenhang mit Gen 46,30 gestanden haben könnten, der Aussage Gen 46,30 also einmal unmittelbar gefolgt wären. Sie reflektieren den bevorstehenden Tod Israels in Ägypten und beugen einer Bestattung des Erzvaters in der Fremde vor.[308] Erst nachträglich dürfte der sachlich-sprachliche Zusammenhang in Gen 46,30; 47,29–31 dann durch das Motiv der Ansiedlung Israels in Ägypten unterbrochen worden sein, deren dauerhafter Charakter zu dem in Gen 46,30 bereits bevorstehenden Tod auch sachlich in Spannung steht.

Gen 45,28:

28 ויאמר ישראל רב עוד־יוסף בני חי אלכה ואראנו בטרם אמות:

Gen 46,30:

30 ויאמר ישראל אל־יוסף אמותה הפעם אחרי ראותי את־פניך כי עודך חי:

Ansiedlung Israels

Gen 47,29–31*:

29 ויקרבו ימי־ישראל למות ויקרא לבנו ליוסף ויאמר לו אם־נא מצאתי חן בעיניך שים־נא ידך תחת ירכי ועשית עמדי חסד ואמת אל־נא תקברני במצרים:

30 ושכבתי עם־אבתי ונשאתני ממצרים וקברתני בקברתם ויאמר אנכי אעשה כדברך:

31 ויאמר השבעה לי וישבע לו וישתחו ישראל על־ראש המטה: פ

Die oben skizzierte Annahme hat freilich auch Rückwirkungen für die Befehle zur Ansiedlung Israels in Ägypten, wie sie in Gen 45,9–10 und Gen 45,16–20 geäußert werden. Denn ist die Ansiedlung gegenüber dem Aufbruch Israels sekundär, sind die Befehle zur Ansiedlung ebenfalls als Nachträge zu bewerten. Auch sie wären demnach jünger als der Beschluss Israels in Gen 45,28.

Zu klären bleibt, in welchem Verhältnis beide Befehle zueinander stehen und wie sie sich zum weiteren Kontext von Gen 45 verhalten. Beginnen wir dazu mit einem Blick auf die genauen Aussagen der Befehle in Gen 45,9–10 und Gen 45,16–

---

307 Vgl. hierzu inhaltlich die Beobachtung von Westermann, BK, 205: „Es ist möglich, daß der Erzähler in diesem Wunsch des Sterbenden dessen ahnenden Vorblick in die Zukunft zum Ausdruck bringen will: die Zukunft seiner Familie, die Zukunft der Söhne Israels wird in Kanaan, nicht in Ägypten sein".

308 Vgl. hierzu ausführlich unten zu 5.1.4. (a).

18(.19–20). Gen 45,9a setzt mit der Aufforderung an die Brüder ein, sie mögen zum Vater hinaufziehen und ihm von seinem großen Aufstieg in Ägypten Bericht erstatten: „Zieht eilends hinauf zu meinem Vater und sagt zu ihm: So spricht dein Sohn Josef: Gott hat mich zum Herrn über ganz Ägypten gemacht". Ihm folgt in Gen 45,9b die Anweisung, den Vater zu Josef nach Ägypten zu bringen. „Komm herab zu mir, säume nicht!" Erst mit der Aussage von Gen 45,10 erfolgt ein tatsächlicher Auftrag zur Ansiedlung. Im Lande Goschen soll sich der Vater mit Familie und Viehbestand niederlassen, um nahe bei Josef zu sein.

Christoph Levin sieht in dem Verweis auf Goschen einen Zusatz, der den Zusammenhang von V. 9b.10aβb unterbricht.

> Mitten in dem dringenden Appell: ‚Komm herab zu mir, verweile nicht, du und deine Söhne und deine Enkel!', ist die Angabe des künftigen Wohnorts in Goschen fehl am Platz. Jakob soll ‚in der Nähe Josefs wohnen', das heißt nicht bei ihm, sondern vor den Toren des eigentlichen Ägypten. Mit dem Zusatz beginnt ein Motiv, das in 46,28–47,6* weiter ausgeführt wird[309].

In dieser Einschätzung Levins sind wertvolle Beobachtungen zum Binnen- und Außenkontext enthalten, die im Anschluss noch einmal genauer diskutiert werden sollen. Im Binnenkontext von Gen 45,9–10 ist zunächst beachtenswert, dass sich mit der Formulierung והיית קרוב אלי gegenüber V. 9b רדה אלי ein Akzent verlagert. Denn wollte Josef nach V. 9, dass die Brüder eilen, den Vater *zu ihm* zu bringen, so trennt V. 10 ihn räumlich wieder vom Vater und lässt ihn nicht bei ihm, sondern lediglich *in seiner Nähe* wohnen – und zwar nicht in Ägypten, sondern vor den Toren Ägyptens in Goschen[310].

Gen 45,9–10*:

⁹ מהרו ועלו אל־אבי ואמרתם אליו כה אמר בנך יוסף שמני אלהים לאדון לכל־מצרים
| רדה אלי | אל־תעמד:
¹⁰ וישבת בארץ־גשן | והיית | קרוב | אלי | אתה ובניך ובני בניך וצאנך ובקרך וכל־אשר־לך:

---

309 Levin, Jahwist, 300.
310 Im Rahmen der Quellenscheidung wurde und wird das Gebiet Goschen i. d. R. als Bestandteil des Jahwisten betrachtet; vgl. hier u. a. Wellhausen, Composition, 58–59; Dillmann, Genesis, 431; Holzinger, KHC, 245–246, oder Gunkel, HK, 457. Ähnlich urteilt in jüngerer Vergangenheit auch Schmitt, Josephsgeschichte, 54: „Außerdem weist die Erwähnung des Landes ‚Gosen' in v. 10 auf die Juda-Schicht hin"; vgl. ferner Ruppert, FzB, 321–322.

Blickt man nun auf den weiteren Erzählverlauf hat Levin überdies treffend darauf hingewiesen, dass die Ansiedlung in Goschen erst mit Gen 46,28ff in den Fokus rückt. Nachdem Israel und die Seinen in Ägypten bei Josef angekommen sind, gibt jener ihnen Weisung:

> Ich will hinaufgehen und es dem Pharao berichten und will zu ihm sprechen: Meine Brüder und das Haus meines Vaters, die im Land Kanaan waren, sind zu mir gekommen. Die Männer sind Schafhirten – denn sie waren Viehzüchter –, und ihre Schafe, ihre Rinder und alles, was ihnen gehört, haben sie mitgebracht. Wenn euch der Pharao rufen lässt und fragt: ›Was ist euer Beruf?‹ so sagt: ›Deine Diener sind Viehzüchter gewesen von Jugend an bis jetzt, wir wie schon unsere Vorfahren‹ – *damit ihr im Land Goschen bleiben dürft. Denn ein Greuel für Ägypten ist jeder Schafhirt* (Gen 46,31–34).

Im Anschluss begibt sich Josef vor Pharao und berichtet ihm von der Ankunft seiner Familie in Ägypten (Gen 47,1). Jener zeigt sich großzügig und bietet an, die Familie möge sich im besten Teil des Landes, i. e. Goschen, ansiedeln (Gen 47,5–6).

Der oben zusammengefasste Erzählverlauf zeigt, dass die Diskussion um eine Ansiedlung in Goschen im Zusammenhang von Gen 46,28–34* und Gen 47,1–11 genau am richtigen Platz erfolgt, nämlich nach der Ankunft Israels in Ägypten. Im Zusammenhang von Gen 45 hingegen kommt sie eigentlich zu früh. Nimmt man alle o. a. Beobachtungen zusammen, dürfte mit Levin davon auszugehen sein, dass es sich bei der in V. 10* angeführten Ansiedlung Israels in Goschen um eine sekundäre Vorbereitung auf die Abschnitte Gen 46,28ff; Gen 47,1ff handeln dürfte.

Mit Blick auf die Ansiedlung Israels in Goschen in Gen 46,28ff fällt ferner auf, dass erst in jenem Kontext der Verweis auf das Vieh an Relevanz gewinnt. Denn bricht in Gen 46,1 zunächst וכל־אשר־לו ישראל auf, so berichten erst Gen 46,32; 47,1, dass auch das Vieh mitgeführt wurde. Dabei wird der Viehbestand zum Anlass für eine Ansiedlung Israels in Goschen. Weil die Israeliten Viehbesitzer und mit ihrem eigenen Viehbestand nach Ägypten gekommen sind, wollen sie sich nicht direkt in Ägypten, sondern vor den Toren Ägyptens in Goschen ansiedeln. „Denn ein Greuel für Ägypten ist jeder Schafhirt". Es steht mit Blick auf die angeführten Beobachtungen und gegen die oben zitierte Einschätzung Levins zu überlegen, ob der Auftrag Josefs nicht ursprünglich mit V. 9b abgeschlossen war und V. 10 insgesamt einen Nachtrag darstellt, der auf Gen 46,28ff; 47,1ff vorbereitet. Der Nachtrag hätte dann dem Befehl Josefs auch das Vieh zugefügt. Abschließend ist überdies die summarische Notiz וכל־אשר־לו aus Gen 46,1 aufgegriffen bzw. vorweggenommen und stimmt den Befehl so mit dem anschließenden Aufbruch Israels ab.

Gen 45,9–10*:

⁹ מהרו ועלו אל־אבי ואמרתם אליו כה אמר בנך יוסף שׂמני אלהים לאדון לכל־מצרים רדה אלי אל־תעמד:

¹⁰ |וישבת בארץ־גשן| והיית קרוב אלי אתה ובניך ובני בניך וצאנך ובקרך וכל־אשר־לך:

Gen 46,1*.32–34:

¹ ויסע ישראל וכל־אשר־לו ויבא בארה שבע ויזבח זבחים לאלהי אביו יצחק:

³² והאנשים רעי צאן כי־אנשי מקנה היו וצאנם ובקרם וכל־אשר להם הביאו:

³³ והיה כי־יקרא לכם פרעה ואמר מה־מעשיכם:

³⁴ ואמרתם אנשי מקנה היו עבדיך מנעורינו ועד־עתה גם־אנחנו גם־אבתינו

בעבור תשבו בארץ גשן כי־תועבת מצרים כל־רעה צאן:

Gen 47,1*:

¹ ויבא יוסף ויגד לפרעה ויאמר אבי ואחי וצאנם ובקרם וכל־אשר להם באו מארץ כנען והנם בארץ גשן:

Nicht erwähnt werden im Kontext einer Ansiedlung in Goschen Gen 46,28ff die Söhne,
Enkel, Töchter und Enkelinnen aus Gen 45,10. Wie das Vieh, werden sie auch in Gen 46,1
nicht ausdrücklich im Zusammenhang von Israels Aufbruch erwähnt. Der Aufbruch
beschränkt sich stattdessen auf ישראל וכל־אשר־לו. Erst mit der gemeinhin priesterschriftlich
eingestuften Ausführung aus Gen 46,7 kommen auch die Kinder und Enkel genauer in den
Blick. Möglicherweise handelt es sich bei ihrer Erwähnung in Gen 45,10 ebenfalls um eine
Ergänzung, die dem Umstand Rechnung trägt, dass Gen 46,6–7.8–26 sich ausführlich mit
den Nachfahren Jakobs beschäftigen.

Gen 45,10:

¹⁰ וישבת בארץ־גשן והיית קרוב אלי אתה ובניך ובני בניך וצאנך ובקרך וכל־אשר־לך:

Gen 46,1.6–7:

¹ ויסע ישראל וכל־אשר־לו ויבא בארה שבע ויזבח זבחים לאלהי אביו יצחק:

⁶ ויקחו את־מקניהם ואת־רכושם אשר רכשו בארץ כנען ויבאו מצרימה יעקב וכל־זרעו אתו:

⁷ בניו ובני בניו אתו בנתיו ובנות בניו וכל־זרעו הביא אתו מצרימה: ס

Ist in der oben skizzierten Annahme Richtiges gesehen, so löst sich in Gen 45 der
sachliche Widerspruch zwischen Josefs Befehl in Gen 45,9f und dem Beschluss
Israels in Gen 45,28 gewissermaßen auf. Denn was Josef befiehlt, ist nicht die
Ansiedlung in Ägypten, sondern lediglich der Aufbruch Israels *zu ihm*. Und genau
zu ihm, dem Lieblingssohn, will Israel hinabziehen, weil Josef noch lebt und er
selbst den Tod vor Augen hat.

Gen 45,9–10*.28:

⁹ מהרו ועלו אל־אבי ואמרתם אליו כה אמר בנך יוסף שמני אלהים לאדון לכל־מצרים רדה
אלי אל־תעמד:

¹⁰ וישבת בארץ־גשן והיית קרוב אלי אתה ובניך ובני בניך וצאנך ובקרך וכל־אשר־לך:

²⁸ ויאמר ישראל רב עוד־יוסף בני חי אלכה ואראנו בטרם אמות:

Angesichts des oben skizzierten Befundes dürfte davon auszugehen sein, dass
Gen 45,9 mit dem Beschluss Israels aus Gen 45,28 zusammengehören könnte
und beide Verse einen gegenüber Gen 45,10* älteren Bestandteil des Kapitels

darstellen. Es bleibt zu klären, wie sich die Befehle Josefs in Gen 45,9–10* zu der Aussage Pharaos aus Gen 45,16–20 verhalten. Auch hier werden wir den fraglichen Abschnitt noch einmal genauer betrachten.

Gen 45,16 beginnt mit der Feststellung, dass auch Pharao und sein Haus die Kunde von der Anwesenheit der Brüder Josefs in Ägypten zur Kenntnis genommen haben. „Die Nachricht wurde gehört (נשמע והקל) im Haus des Pharao: Die Brüder Josefs sind gekommen. Und das war gut in den Augen des Pharao und in den Augen seiner Diener". Mit der Formulierung נשמע והקל bezieht sich die Aussage von V. 16 explizit zurück auf V. 2, wo Josef seine Stimme erhoben und so laut geweint hatte, dass ganz Israel und Pharao es vernehmen konnten: ויתן אֶת־קֹלוֹ בבכי וישמעו מצרים וישמע בית פרעה. Im Verständnis von V. 16 konnten Pharao und seine Diener demnach deshalb wissen, dass die Brüder in Ägypten sind, weil sie die Stimme Josefs gehört hatten. Das Erheben der Stimme Josefs aber steht im Kontext von V. 2 nicht im Zusammenhang mit der Kunde von der Anwesenheit der Brüder. Vielmehr bezieht sich das Erheben der Stimme auf sein Weinen. Was Pharao und sein Haus demnach hätten hören können, ist lediglich das Weinen Josefs, nicht die Kunde von der Anwesenheit der Brüder. Denn die hatte Josef ja nicht öffentlich gemacht, im Gegenteil: „Da konnte sich Josef nicht länger beherrschen vor allen, die bei ihm standen, und rief: Führt alle hinaus und weg von mir! So war niemand bei ihm, als Josef sich seinen Brüdern zu erkennen gab".

Der Befund lässt sich wohl am ehesten so erklären, dass V. 2b „eine durch V. 16–18 veranlaßte Glosse"[311] darstellt. Sie lässt das Haus Pharaos nun die Stimme mithören, die in V. 16 ausdrücklich als Nachricht interpretiert wird. Mit dieser Stichwortverknüpfung bereitet V. 2b auf den in V. 16ff einsetzenden Befehl Pharaos vor.

---

[311] Levin, Jahwist, 300. Bereits Gunkel, HK, 458, sah den Zusammenhang von V. 2.16ff. Mit „2 soll 16–18 vorbereitet werden", und vermutete in V. 2bβ eine Glosse, die dem Kapitel erst nachträglich zugewachsen sei; vgl. auch ders., *Joseph-Geschichten*, 281. Zum Bezug von V. 2.16 vgl. ferner Hamilton, NIC.OT, 574, oder Ruppert, FzB, 332 (V. 2.16: E).
Fieger/Hodel-Hoenes, Einzug, 276, glauben demgegenüber, dass sich hier historische Verhältnisse widerspiegeln. „Da kaum anzunehmen ist, dass Josef so laut weint, dass es der gesamte Ort hört, ist diese scheinbar beiläufig eingeworfene Bemerkung ein weiterer Beleg für seine [sc. Josefs] Nähe zum Herrscher. Bei den erwähnten ‚Ägyptern' dürfte es sich um den Hofstaat handeln, der auch Zeuge dieses Gefühlsausbruches wird. Da der Palast des Alten Orients und Ägyptens nicht nur als Wohnung und Empfangsraum des Herrschers fungierte, sondern auch Verwaltungs- und Wirtschaftseinrichtungen sowie Archive für königliche Korrespondenz und heilige Schriften beherbergte, ist anzunehmen, dass hohe Beamte auch in diesem Komplex lebten oder zumindest ihre Büros hatten".

Gen 45,1–2.16:

1 ולא־יכל יוסף להתאפק לכל הנצבים עליו ויקרא הוציאו כל־איש מעלי ולא־עמד איש אתו
בהתודע יוסף אל־אחיו:

2 ויתן את־‏קלו בבכי

וישמעו מצרים‏312 וישמע בית פרעה:

16 ‏והקל נשמע בית פרעה ‏לאמר באו אחי יוסף וייטב בעיני פרעה ובעיני עבדיו:

Der Befehl selbst beschäftigt sich in V. 17–18 zunächst mit der bereits von Josef
in V. 10 angesprochenen Ansiedlung des Vaters. Anders als in V. 10 soll diese
allerdings nicht in Goschen, sondern im besten Teil des Landes erfolgen. Damit
greift Gen 45,17 einer Formulierung aus Gen 47,6 vor. Diese Beobachtung ist aus
entstehungsgeschichtlicher Perspektive in mehrfacher Hinsicht beachtenswert.
Zunächst ist hier der Kontext zu berücksichtigen, in dem die Aussage sich in
Gen 47 findet. Dort nämlich geht Josef in Gen 47,1 zu Pharao und berichtet ihm
davon, dass Bruder und Vater zu ihm nach Ägypten gekommen seien. Der Bericht
an Pharao erfolgt hier nach der Ankunft, aber vor der Ansiedlung Israels in
Ägypten demnach erzähllogisch am richtigen Platz.[313]

Auf die Benachrichtigung durch Josef reagiert Pharao in Gen 47,5–6 so, als
hätte er zuvor noch nie mit Josef über seine Familie oder deren Ansiedlung in
Ägypten gesprochen.

> Da sprach der Pharao zu Josef: ›Dein Vater und deine Brüder sind also zu dir gekommen.
> Das Land Ägypten steht dir offen. Im besten Teil des Landes lass deinen Vater und deine
> Brüder wohnen. Sie mögen sich im Land Goschen niederlassen. Und wenn du weißt, dass
> unter ihnen tüchtige Leute sind, so setze sie als Aufseher über meine eigenen Herden
> ein‹.

Bei einem Vergleich der oben zitierten Rede Pharaos mit seiner Rede aus Gen 45
fällt auf, dass Gen 45,18 zwar der Ansiedlung im „besten Teil des Landes" vor-
greift, von einer Ansiedlung Israels in Goschen aber nichts berichtet. Demgegenüber erwähnt Gen 45,17 den Herkunftsort der Familie als „Land Kanaan",

---

312 Levin, Jahwist, 300, scheidet hier zwischen V. 2bα und V. 2bβ. „Die Dublette וישמע//וישמעו
ist offenkundig". Möglich ist sicherlich, dass die Ägypter das Weinen bereits ursprünglich mit-
hörten, um die Lautstärke des Weinens zu unterstreichen. Doch ist durch diese Scheidung u. E.
nicht viel gewonnen. Im jetzigen Erzählverlauf bereitet das Hören des Weinens jedenfalls auf
V. 16–18 vor.

313 Vgl. Levin, Jahwist, 300, oder Schmidt, Studien, 167.

während Pharao in Gen 47,5 nur davon spricht, dass Brüder und Vater „zu dir",
also zu Josef gekommen seien (אביך ואחיך באו אֵלֶיךָ; vgl. Gen 45,9: רדה אֵלַי).

Gen 45,9.17–18:

‎9 מהרו ועלו אל־אבי ואמרתם אליו כה אמר בנך יוסף שמני אלהים לאדון לכל־מצרים רדה
אֵלַי אל־תעמד:
‎17 ויאמר פרעה אל־יוסף אמר אל־אחיך זאת עשו טענו את־בעירכם ולכו־באו ארצה כנען:
‎18 וקחו את־אביכם ואת־בתיכם ובאו אלי וְאֶתְּנָה לָכֶם אֶת־טוּב אֶרֶץ מִצְרַיִם ואכלו את־חלב
הארץ:

Gen 47,5–6:

‎5 ויאמר פרעה אל־יוסף לאמר אביך ואחיך באו אליך:
‎6 ארץ מצרים לפניך הוא במיטב הארץ הוֹשֵׁב אֶת־אביך ואת־אחיך יֵשְׁבוּ בְּאֶרֶץ גֹּשֶׁן ואם־
ידעת ויש־בם אנשי־חיל ושמתם שרי מקנה על־אשר־לי:

Wie ist nun dieser Befund am ehesten auszuwerten? Zunächst einmal dürfte
Gen 45,17 die Anweisung Pharaos aus Gen 47,5–6* voraussetzen, Josef möge
seinen Vater und die Brüder im besten Teil des Landes ansiedeln. Denn jener
Befehl kommt im Kontext der tatsächlichen Anwesenheit von Josefs Familie in
Ägypten am richtigen Platz, erscheint in Gen 45 allerdings verfrüht. Aus dem
Schweigen über den Ansiedlungsort Goschen in Gen 45,18 könnte fernerhin
geschlossen werden, dass die Ansiedlung in Goschen nicht nur in Gen 45,10,
sondern auch im Kontext von Gen 47,6 einen Nachtrag darstellt. Der Abschnitt
Gen 45,16–18 würde dann einen gegenüber Gen 45,10 älteren Textbestand darstellen, der die Ansiedlung Israels im Land Ägypten anordnet und die Israeliten *noch
nicht vor den Toren* Ägyptens wohnen lässt.

Mit Blick auf die bisherigen Beobachtungen wäre *Israel also ursprünglich
auf Wunsch seines Sohnes Josef nach Ägypten aufgebrochen* (Gen 45,9*.28), hat
ihn noch einmal in die Arme geschlossen (Gen 46,30) und ist dann verstorben
(Gen 47,29–31*).

(II) Zwischen diesen Zusammenhang von Todesankündigung und Todeseintritt hat sich in Gen 46–47 wohl später die *Ansiedlung Israels in Ägypten*
geschoben. Sie wurde nach der Ankunft der Familie Josefs in Ägypten auf Geheiß
Pharaos im besten Teil des Landes vollzogen (Gen 47,5–6*). Sachlich knüpft diese
Fortschreibung an die bereits vorausgesetzte Anwesenheit Israels in Ägypten an,
der nun nicht einfach nach Ägypten reist und dort verstirbt, sondern sich in der
Fremde niederlässt. Die wohl längerfristig gedachte Ansiedlung steht dabei in
einem gewissen Widerspruch zu dem nach Gen 46,30 kurz bevorstehenden Tod,
der nun erst mit Gen 47,31, 49,33aβ eintritt. Sie antizipiert sachlich die mit Ex 1
einsetzende Geschichte des Volkes der Söhne Israels, das in Ägypten residiert.

(III) Von noch späterer Hand dürfte der Befehl Pharaos in Gen 45,16–18 verfasst worden sein.[314] Er greift dem Ansiedlungsbefehl in Gen 47,5–6* vor und führt so zu logischen Schwierigkeiten im Erzählverlauf. Denn im Zusammenhang der tatsächlichen Ansiedlung in Gen 47 weiß der Pharao von dem Befehl offenbar nichts, den er in Gen 45,17–18 selbst erteilt hat. Im Binnenkontext von Gen 45 hängt sich der Befehl Pharaos an den Auftrag Josefs, die Brüder mögen den Vater zu ihm bringen. Ihm fügt er nun ganz offiziell den Ansiedlungsauftrag Pharaos hinzu, der Jakob-Israel in Ägypten mit offenen Armen empfangen will: im besten Teil des Landes darf er sich mit den Seinen niederlassen. „Die Großzügigkeit, die der Pharao samt seinem Hofstaat *vom ersten Augenblick an* walten läßt, soll sicherlich die Würde Jakobs erhöhen"[315].

(IV) Erst noch später werden die Israeliten nicht direkt in Ägypten, sondern vor den Toren Ägyptens, in Goschen, angesiedelt worden sein. Die Ansiedlung in Goschen hängt sich in Gen 45 an den Befehl Josefs aus V. 9, der den Brüdern auftrug, den Vater *zu ihm* zu bringen. Mit dem Ansiedlungsbefehl aus V. 10 nimmt der Bearbeiter die räumliche Nähe zurück und lässt die Israeliten nun in Goschen, vor den Toren Ägyptens, wohnen. Vor der tatsächlichen Ankunft Israels in Gen 46,30 kommt der Befehl sachlich zu früh und dient hier wohl primär einer Vorbereitung der Ereignisse in Gen 46,28–47,11*. Der Anknüpfungspunkt in Gen 45,9 scheint indes bewusst gewählt: Israel soll nicht nach Ägypten kommen. Statt *zu Josef* zu kommen (Gen 45,9), kommt Israel deshalb nur *nahe zu ihm* (Gen 45,10). „Wenn es schon um des Hungers willen unumgänglich war, das Verheißungsland zu verlassen, so sollte in der Fremde die Trennung von dem Volk des Landes immerhin gewahrt sein"[316]. Mit der Trennung von dem Volk des Landes hängt erzähltechnisch der Viehbestand zusammen, den die Israeliten mit nach Ägypten führen.

---

314 Anders z. B. Gunkel, HK, 458, der V. 9 (wegen Elohim).10αβb als Bestandteil von E verstand, dem auch die Rede Pharaos V. 16–18 zugehören muss, weil Pharao „nach J vom Kommen der Brüder erst 47,1 ff. erfährt"; vgl. ähnlich Holzinger, KHC, 245.
Keinen Grund zu einer diachronen Differenzierung zwischen V. 9.16–18 sieht ferner Hamilton, NIC.OT, 583f, der meint, „[i]f anything, Pharaoh's invitation is more generous than Joseph's"; ähnlich Westermann, BK, 162, der in dem Befehl Pharaos eine Bestätigung der Einladung Josefs an seinen Vater sieht.
An eine Dublette denken bei V. 9f.16–18 demgegenüber Levin, Jahwist, 298f (V. 9aαb.10aβb J[R]; V. 16–18 „Der Pharao lädt die Brüder nach Ägypten ein [nachjahwistische Ergänzung]); Schmitt, Josephsgeschichte, 55.57 (V. 9aαb.10 Juda-Schicht; V. 16–18 Ruben-Erweiterung); Schmidt, Studien, 167 (V. 9f J; V. 16–18 E), oder Ruppert, FzB, 313–331 (V. 9aβα.10* J; V. 16–18 E).
315 Levin, Jahwist, 300 (Hervorhebung durch die Verf.).
316 Levin, Jahwist, 300.

Gen 45,9–10.16–18.28:

⁹ מהרו ועלו אל־אבי ואמרתם אליו כה אמר בנך יוסף שמני אלהים לאדון לכל־מצרים

רדה אלי אל־תעמד:

¹⁰ וישבת בארץ־גשן והיית קרוב אלי אתה ובניך ובני בניך וצאנך ובקרך וכל־

אשר־לך:

¹⁶ והקל נשמע בית פרעה לאמר באו אחי יוסף וייטב בעיני פרעה ובעיני עבדיו:

¹⁷ ויאמר פרעה אל־יוסף אמר אל־אחיך זאת עשו טענו את־בעירכם ולכו־

באו ארצה כנען:

¹⁸ וקחו את־אביכם ואת־בתיכם ובאו אלי ואתנה לכם את־טוב ארץ מצרים ואכלו

את־חלב הארץ:

²⁸ ויאמר ישראל רב עוד־יוסף בני חי אלכה ואראנו בטרם אמות:

Gen 46,32–34:

³² והאנשים רעי צאן כי־אנשי מקנה היו וצאנם ובקרם וכל־אשר להם הביאו:

³³ והיה כי־יקרא לכם פרעה ואמר מה־מעשיכם:

³⁴ ואמרתם אנשי מקנה היו עבדיך מנעורינו ועד־עתה גם־אנחנו גם־אבתינו

בעבור תשבו בארץ גשן כי־תועבת מצרים כל־רעה צאן:

Gen 47,1.5–6:

¹ ויבא יוסף ויגד לפרעה

ויאמר אבי ואחי וצאנם ובקרם וכל־אשר להם באו מארץ כנען והנם בארץ

גשן:

⁵ ויאמר פרעה אל־יוסף לאמר אביך ואחיך באו אליך:

⁶ ארץ מצרים לפניך הוא במיטב הארץ הושב את־אביך ואת־אחיך

ישבו בארץ גשן ואם־ידעת ויש־בם אנשי־חיל ושמתם שרי מקנה על־

אשר־לי:

Ist damit eine relative Verhältnisbestimmung der Aussagen in Gen 45,9–10.16–18.28 abgeschlossen, steht ein Blick auf den weiteren Verlauf der wörtlichen Rede Pharaos in Gen 45,19–20 noch aus. Um den Zusammenhang besser zu erfassen, werden wir noch einmal den gesamten Verlauf der wörtlichen Rede (V. 17–20) betrachten.

In V. 17 hatte sich Pharao in einer wörtlichen Rede an Josef gewandt und ihm aufgetragen, seinen Brüdern mitzuteilen: Dies tut. Es folgen die Anweisungen zur Ansiedlung im besten Teil des Landes (V. 18). Mit V. 19–20 wendet Pharao sich erneut an Josef, dem er nun weitere Anweisungen erteilt. Die Anweisungen betreffen wiederum die Brüder, die hier allerdings nicht eigens erwähnt werden (ואתה צויתה זאת עשו), sondern aus V. 17 (אמר אל־אחיך) vorausgesetzt sind.[317]

---

317 Vgl. hierzu Levin, Jahwist, 304.

Tut dies (זאת עשׂו): Nehmt euch aus dem Land Ägypten Wagen mit für eure Kinder und eure Frauen, und bringt euren Vater mit und kommt her. Lasst es euch um euren Hausrat nicht leid sein, denn das Beste, was das ganze Land Ägypten bietet, das soll euch gehören.

In V. 19–20 greift zunächst die Formulierung זאת עשׂו explizit auf V. 17a zurück. Und auch sachlich beziehen sich die in V. 19–20 folgenden Anweisungen auf den Zusammenhang von V. 17b.18a, wo den Brüdern geboten war: „Beladet eure Tiere und geht heim in das Land Kanaan. Holt euren Vater und eure Familien und kommt zu mir". Genau wie Pharao sich den Transport vorstellt, erklärt V. 19: auf Wagen sollen die Familienangehören nach Ägypten gebracht werden.[318] V. 20 knüpft mit dem Stichwort טוב an das Ende von V. 18b an. Sollte die Familie dort im besten Teil des Landes angesiedelt werden und vom Fett des Landes essen, so sollen sie nun ihres Hausrates nicht leid sein, denn das Beste des Landes Ägypten soll ihnen gehören. Demnach ist die Mitnahme der Wagen in V. 19b insgesamt durch Rückverweise auf V. 17b–18 gerahmt, an deren Aussagen sie sachlich anknüpfen und die sie nun genauer entfalten.

Mit Blick auf diese Beobachtungen wird wohl der bereits von August Dillmann angestellten Vermutung zuzustimmen sein, wonach V. 19f auf „Ein- und Überarbeitung"[319] beruhen.

Gen 45,16–20:

‏16 והקל נשׁמע בית פרעה לאמר באו אחי יוסף וייטב בעיני פרעה ובעיני עבדיו:
‏17 ויאמר פרעה אל־יוסף אמר אל־אחיך ‏זאת עשׂו‏ טענו את־בעירכם ולכו־באו ארצה כנען:
‏18 וקחו את־אביכם ואת־בתיכם ובאו אלי ואתנה לכם את־טוב ארץ מצרים ואכלו את־חלב הארץ:
‏19 ואתה צויתה ‏זאת עשׂו‏ קחו־לכם מארץ מצרים עגלות לטפכם ולנשׁיכם ונשׂאתם את־אביכם ובאתם:
‏20 ועינכם אל־תחס על־כליכם כי־טוב כל־ארץ מצרים לכם הוא:

An das Motiv der ägyptischen Wagen knüpft ausdrücklich auch V. 21aβ an und lässt Josef die Wagen nun an seine Brüder übergeben. Nach V. 27aβγ erblickt Jakob die Wagen, die Josef ihm auf Geheiß Pharaos geschickt hatte. Neben den Worten Josefs, die die Brüder vor dem Vater wiedergeben, dienen sie hier als sichtbarer Beweis für das Überleben des Sohnes. In Gen 46,5b nehmen die Söhne Israels Jakob, ihren Vater, die Kinder und ihre Frauen und bringen sie auf den in

---

318 Vgl. hierzu Westermann, BK, 162, oder Ruppert, FzB, 332–333.
319 Dillmann, Genesis 433. Vgl. Levin, Jahwist, 300; Kebekus, Joseferzählung, 146f, oder Ruppert, 332–333. Auch Schmidt, Studien, 174, oder ders., *Priesterschrift*, 114f, trennt zwischen V. 16–18 und V. 19f, rechnet Gen 45,19b.20 allerdings P zu, da P in Gen 46,7f syntaktisch nahtlos an Gen 46,5 (Wagen) anschließe.

Gen 45 an sie übergebenen Wagen nach Ägypten. Die angeführten Erwähnungen der Wagen in den o. a. Versen dürften nicht nur sachlich, sondern auch literarisch zusammenhängen.[320] Pharao befiehlt, man möge die Wagen mitnehmen, Josef übergibt sie den Brüdern und die Brüder transportieren Vater, Frauen und Kinder auf den Wagen nach Ägypten. Mit diesem besonderen Transportmittel wird das Ansehen Israels weiter gesteigert. Dabei kontrastiert die Ehrerbietung, die Pharao und Ägypten dem Erzvater zur Zeit Josefs zollen, die kommende Unterdrückung des Volkes Israel in Ex 1.[321]

Älter als das Motiv der Wagen mag die Ausführungsnotiz V. 21aα (ויעשׂו־כן) sein, die sich bereits auf den Auftrag Pharaos (זאת עשׂו) aus V. 16–18 beziehen könnte. Jünger als die Mitnahme der Wagen könnten die in V. 21b–23 erwähnten Gaben sein, die Josef den Brüdern mitgibt. Dem in V. 21b–23 implizierten Großmut Josefs werden wir uns im Folgenden zuwenden.

(c) Josefs Großmut

Wie wir bereits oben gesehen hatten, schließt in Gen 45,21aα zunächst die Formulierung ויעשׂו־כן בני ישׂראל an die Befehle Pharaos aus Gen 45,17–18.19–20 an. Der Notiz über die Befehlsausführung folgt die Übergabe der Wagen an die Brüder durch Josef (ויתן להם יוסף עגלות) in Gen 45,21aβ. An die Übergabe knüpft in V. 21b mit der Wiederaufnahme der Formulierung ויתן להם die Gabe einer Wegzehrung an. Sie wird nun von Josefs selbst veranlasst und entspricht seinem Verhalten bei dem ersten Aufbruch der Brüder in Gen 42,25*.

In V. 22–23 folgen weitere Gaben an die Brüder, an Benjamin und für den Vater. Mit Christoph Levin wird hier davon auszugehen sein, dass die Gaben in V. 21–23 eine sekundäre Ausschmückung darstellen, die an die Mitgabe der Wagen anknüpft, nun aber Josef selbst als Schenkenden darstellt.[322] Levin wird darüber hinaus zuzustimmen sein, dass die Gaben „offenbar nach und nach vermehrt worden [sind], wie die Neuansätze in V. 22a und V. 23 zeigen: Zur Wegzehrung kamen Feierkleider, schließlich Geschenke und Zehrung für den Vater. V. 24a lenkt auf V. 21aα zurück"[323].

---

320 Anders (u. a.) Levin, Jahwist, 304, der Gen 45,19–20 als gegenüber Gen 45,21aβ.27aβγ; Gen 46,5b älteren Bestandteil der Erzählung bewertet.
321 Vgl. hierzu insbesondere Ruppert, FzB, 332–333.
322 Vgl. Levin, Jahwist, 304.
323 Levin, Jahwist, 304.

Gen 42,25*:

²⁵ וַיְצַו יוֹסֵף וַיְמַלְאוּ אֶת־כְּלֵיהֶם בָּר וּלְהָשִׁיב כַּסְפֵּיהֶם אִישׁ אֶל־שַׂקּוֹ וְלָתֵת לָהֶם צֵדָה לַדֶּרֶךְ וַיַּעַשׂ
לָהֶם כֵּן:

Gen 45,21–23:

Wiederaufnahme

²¹ וַיַּעֲשׂוּ־כֵן בְּנֵי יִשְׂרָאֵל וַיִּתֵּן לָהֶם יוֹסֵף עֲגָלוֹת עַל־פִּי פַרְעֹה וַיִּתֵּן לָהֶם צֵדָה לַדָּרֶךְ:
²² לְכֻלָּם נָתַן לָאִישׁ חֲלִפוֹת שְׂמָלֹת וּלְבִנְיָמִן נָתַן שְׁלֹשׁ מֵאוֹת כֶּסֶף וְחָמֵשׁ חֲלִפֹת שְׂמָלֹת:
²³ וּלְאָבִיו שָׁלַח כְּזֹאת עֲשָׂרָה חֲמֹרִים נֹשְׂאִים מִטּוּב מִצְרָיִם וְעֶשֶׂר אֲתֹנֹת נֹשְׂאֹת בָּר וָלֶחֶם וּמָזוֹן
לְאָבִיו לַדָּרֶךְ:

Dass Josef sich in Gen 45,21–23* so großmütig zeigen kann, verdankt sich nicht zuletzt seiner herausragenden Stellung in Ägypten. Sie hatte er erlangt, nachdem er Pharao in Gen 41 seine Träume richtig gedeutet hatte. Auf sie wurde im Rahmen von Gen 45 bereits zuvor angespielt. In V. 8 nämlich hatte Josef den Brüdern mitgeteilt, dass nicht sie ihn nach Ägypten gesandt hätten, sondern Elohim. „Er hat mich zum Vater für den Pharao gemacht und zum Herrn über sein ganzes Haus und zum Herrscher über das ganze Land Ägypten". Doch ist das hohe Ansehen Josefs in Ägypten nicht der einzige Grund bzw. Zweck, warum Elohim Josef nach Ägypten gesandt hat. Weitere Erklärungen bieten V. 5.7.

Genau wie sich die jeweiligen Erklärungen zueinander verhalten und wie sie mit der Selbstvorstellung aus Gen 45,4 zusammengehören, nach der ja eigentlich die Brüder Josef in die Fremde verkauft hatten, werden wir im Anschluss zu klären versuchen.

(d) Die Sendung(en)³²⁴ Josefs durch Elohim in Gen 45,5–8 und ihr Verhältnis zur Selbstvorstellung in Gen 45,4

Beginnen wir zur Klärung dieser Fragen mit einem neuerlichen Blick auf die Selbstvorstellung Josefs in Gen 45,4. Dort hatte Josef sich seinen Brüdern mit den Worten zu erkennen gegeben: „Ich bin Josef, euer Bruder, den ihr nach Ägypten verkauft habt". Mit dieser Selbstvorstellung greift Gen 45,4 auf den Kontext von Gen 37 zurück, wo die Brüder den verhassten Josef in Gen 37,28* an die Ismaeliter verkauft hatten. Jene haben ihn daraufhin nach Ägypten gebracht. Der Rückgriff auf die Schuld, die die Brüder in Gen 37 auf sich geladen haben, leitet in Gen 45 die Versöhnung ein, wie sie sich mit Gen 45,15 vollzieht. Zwar haben die Brüder ihn nach Ägypten verkauft, aber dennoch ist Josef bereit, ihnen zu vergeben.

---

324 Zum theologischen Gebrauch der Wurzel שלח vgl. Ruppert, Josepherzählung, 119–121; oder ders., FzB, 315–316.

Die mit Gen 45,4 begonnene wörtliche Rede Josefs setzt sich in V. 5 fort. Hier ermutigt Josef seine Brüder in V. 5a zunächst, sie sollen sich nicht um ihrer Tat willen grämen, dass sie ihn nach Ägypten verkauft hätten. Die Tat selbst wird sodann in V. 5 theologisch interpretiert. Dass die Brüder Josef nach Ägypten verkauft haben, war von Elohim so gewollt. Elohim selbst hat Josef vor den Brüdern her gesandt, um Leben zu retten. Es dürfte sich hier bei der Aussage von Gen 45,5 um eine nachträgliche Theologisierung des Verkaufs aus V. 4b handeln.[325] Denn während V. 4 einen Bogen zurück zu Gen 37,28* schlägt und den dort erfolgten Verkauf Josefs noch einmal aufgreift, um so die Versöhnung in V. 15 einzuleiten, weist V. 5 nun ausdrücklich auf das Wirken Elohims hin, der die Geschicke insgeheim gelenkt habe. Damit ist die Schuld der Brüder zwar weiterhin anerkannt, wird aber nun dem heilsgeschichtlichen Handeln Elohims subsumiert. Diese theologische Interpretation des Verkaufs antizipiert das Fazit aus Gen 50,20[326]: „Ihr zwar habt Böses gegen mich geplant, Elohim aber hat es zum Guten gewendet, um zu tun, was jetzt zutage liegt: *ein zahlreiches Volk am Leben zu erhalten*". Wie Josef in Gen 45,5 seinen Brüdern erklärt, dass sie ihn zwar nach Ägypten verkauft haben, jedoch nur, weil Elohim ihn zur Lebenserhaltung vorweg sandte, so legt er ihnen in Gen 50,20 aus, dass sie zwar in böser Absicht gehandelt haben, Elohim die Dinge aber zum Guten wandte, indem er tat, was jetzt zutage tritt: ein zahlreiches Volk am Leben zu erhalten. Beide Verse korrespondieren eng miteinander.[327] Wie genau diese Korrespondenz auszuwerten sein könnte, soll hier

---

325 Vgl. Levin, Jahwist, 298–299. Kebekus, Joseferzählung, 138f, nimmt umgekehrt an, dass V. 4b in Vorbereitung auf V. 5 nachgetragen wurde.

Anders auch Jacob, Genesis, 812f, der meint, dass Josef die Aussage V. 4 voranstellt und den Brüdern den Verkauf vorwirft, weil sie ihn sonst nicht hätten verstehen können. „Mit dieser Entgegnung [sc. V. 5ff] konnte Joseph aber v. 4b noch nicht beginnen, denn wie hätten sie ihn verstehen sollen: ich bin Joseph den ihr hierhin ‚gesandt' habt? Er braucht einen Gegensatz wie zu dem Subjekt Elohim (das ist: ‚ihr'), so zu dem Verbum senden. Dazu muß er zunächst ein nüchternes, härteres, mehr auf ihre Beschämung und Furcht eingehendes wählen, und da er doch tatsächlich verkauft worden war, so konnte es kein anderes als מכר sein, das er dann ebenso wie שׁלח mit dem Ziel מצרימה und הנה verbinden darf".

Anders ferner Labonté, *Genèse*, 275: „C'est dans cet élargissement de perspective qu'il faut situer toute l'histoire de Joseph. [...] Le message principal de cette histoire n'en est pas un de réconciliation familiale. L'auteur veut que le lecteur saisisse que le plan de Dieu est plus large que les petits événements quotidiens de la vie de chaque personne".

Sachliche Erklärungsversuche der Differenz V. 4.5 bieten überdies Westermann, BK, 156f; Hamilton, NIC.OT, 575; Brueggemann, Genesis, 345, oder Ebach, HThKAT, 389.

326 Vgl. zu diesem Bezug bereits Jacob, Genesis, 814; aber auch Wenham, WBC, 432f; Westermann, BK, 156; Kratz, Komposition, 284; Ruppert, FzB, 315, oder Ebach, HThKAT, 383.

327 Vgl. Kratz, Komposition, 284.

zunächst noch offen bleiben. Stattdessen blicken wir erst einmal voraus auf den Kontext von V. 6–7. Denn auch jene Verse interpretieren den Verkauf Josefs nach Ägypten als eine Rettungstat Elohims.

V. 6 schließt mit der Formulierung כִּי־זֶה ausdrücklich an den vorauslaufenden Vers an und erklärt nun genauer, vor welchem Hintergrund sich die Aussage von V. 5 versteht, nämlich vor dem Hintergrund der in Gen 41,54 ausgebrochenen Hungersnot. „Und es brachen die sieben Hungerjahre an, wie Josef gesagt hatte. Eine Hungersnot kam über alle Länder, im ganzen Land Ägypten jedoch gab es Brot" (Gen 41,54). Weil alle Welt hungert, während in Ägypten Brot vorhanden ist, hat Elohim Josef den Brüdern vorausgesandt. Dabei sind von den in Gen 41 vorausgesetzten sieben Jahren der Hungersnot nach Maßgabe von Gen 45,6 bereits zwei Jahre verstrichen, während weitere fünf Jahre noch ausstehen.[328] „Schon zwei Jahre herrscht die Hungersnot im Land, und fünf Jahre stehen noch bevor, in denen es kein Pflügen und kein Ernten gibt".

V. 7 greift mit der Formulierung וַיִּשְׁלָחֵנִי אֱלֹהִים לִפְנֵיכֶם über V. 6 hinweg auf die Aussage כִּי לְמִחְיָה שְׁלָחַנִי אֱלֹהִים לִפְנֵיכֶם von V. 5b zurück. Christoph Levin hat daraus geschlossen, dass es sich bei V. 7 um „eine breite Wiederholung von V. 5b"[329] handelt, die als Wiederaufnahme dient. Doch nimmt V. 7 nicht einfach nur wieder auf, was in V. 5b gesagt war. Zwar knüpft der Vers sprachlich und sachlich an V. 5b an. Über die dortige Aussage hinaus expliziert er nun aber die allgemeine Formulierung לְמִחְיָה spezifisch als ein Rettungshandeln Elohims an der Familie Josefs. „Elohim aber hat mich vor euch her gesandt, *um von euch einen Rest*[330] *im Land zu bewahren und ihn für euch am Leben zu erhalten als große Rettung*". Elohim will nicht einfach nur Leben retten, er will „einen Rest von euch" als „große Rettung" bewahren – und zwar in Ägypten (בָּאָרֶץ).[331]

---

328 Die Aufteilung der Hungersnot in 2+5 Jahre mag daraus resultieren, dass die Brüder zweimal zum Getreidekauf nach Ägypten aufgebrochen sind (i. e. im ersten und zweiten Jahr der Hungersnot). So auch Jacob, Genesis, 814, oder Hamilton, NIC.OT, 575.

329 Levin, Jahwist, 299. Ebenfalls an einen literarischen Bruch denken Seebass, Josephsgeschichte, 111, oder Schmidt, Studien, 171. Selbst Ebach, HThKAT, 382, der Gen 45 als in sich einheitliche Darstellung versteht, die „keiner Aufteilung in Quellen oder Schichten" bedarf, gibt mit Blick auf V. 7 zu, dass hier die Annahme einer Ergänzung zumindest erwogen werden könne. Anders Schmitt, Josephsgeschichte, 52, der in V. 5b–8 die „für die Ruben-Schicht charakteristische Geschichtstheologie" vorliegen sieht und den Abschnitt als literarische Einheit versteht.

330 Zum Restgedanken im Alten Testament vgl. insbesondere Ruppert, FzB, 317–319.

331 Auch Ruppert, FzB, 316, sieht in V. 7 eine Konkretisierung von V. 5, glaubt aufgrund dieser Bezugnahme allerdings an eine literarische Zusammengehörigkeit jener Verse. Dagegen spricht mit Levin, Jahwist, 299, die o. a. Wiederaufnahme.

Mit der im Zusammenhang der Errettung verwendeten Wurzeln פליטה/שאר stimmt Gen 45,7 mit Ex 10,5[332] überein. Die Wurzeln finden sich dort im Zusammenhang des Plagenzyklus, näherhin der Heuschreckenplage (8. Plage). Auf Geheiß Gottes gehen Mose und Aaron in Ex 10,3 erneut zu Pharao und teilen ihm mit:

> So spricht Jhwh, der Gott der Hebräer: ›Wie lange weigerst du dich schon, dich vor mir zu beugen! Lass mein Volk ziehen, damit sie mir dienen. Denn wenn du dich weigerst, mein Volk ziehen zu lassen, siehe, dann werde ich morgen Heuschrecken in dein Gebiet bringen. Und sie werden den Boden des Landes bedecken, und man wird das Land nicht mehr sehen können, *und sie werden den Rest, der verschont und vom Hagel übrig geblieben ist, auffressen* (ואכל את־יתר הפלטה הנשארת לכם מן־הברד) und alle Bäume kahlfressen, die euch auf dem Feld wachsen‹ (Ex 10,3–5).

Will Elohim also mit der Voraussendung Josefs einen Rest von den Söhnen Israels bewahren und durch die Versorgung in Ägypten am Leben erhalten als große Errettung, wird er vom Land Ägypten auch das, was nach der siebten Plage übrig geblieben ist, von den Heuschrecken auffressen lassen, so dass die Ägypter wohl vor Hunger vergehen müssen.

Eine sprachliche Übereinstimmung verbindet Gen 45,7 ferner mit dem Abschlusskapitel der Josefsgeschichte Gen 50.[333] Dort ist in dem bereits oben erwähnten theologischen Fazit aus Gen 50,20 ebenfalls auf das Rettungshandeln Elohims hingewiesen, und zwar wie in Gen 45,7 mit der Infinitivkonstruktion להחית. „Ihr zwar habt Böses gegen mich geplant, Elohim aber hat es zum Guten gewendet, um zu tun, was jetzt zutage liegt: ein so zahlreiches Volk am Leben zu erhalten (להחית עם־רב)". Gen 50,20bβ verlässt dabei mit dem Hinweis auf das „große Volk" (עם־רב) ausdrücklich die Bühne der Familienerzählung und verweist auf die kommende Volksgeschichte des Exodus. Denn in Ex 1,9 erfahren wir, dass Pharao das Volk der Söhne Israels zu groß geworden ist (הנה עם בני ישראל רב ועצום ממנו).[334] Dass das Volk überhaupt so groß werden konnte, verdankt sich auf dem Hintergrund von Gen 45,5–7; 50,20 einer Rettungstat Elohims, der Josef den Brüdern nach Ägypten vorausgesandt hat (Gen 45,5.7). Noch vor der siebenjährigen Hungersnot lässt er Pharao die Deutung seiner

---

Westermann, BK, 158, glaubt ebenfalls, dass es sich bei V. 7b um eine nachträgliche Konkretisierung von V. 5 handele. Er scheidet deswegen aber nicht nur V. 7b als Nachtrag aus dem Kontext aus, sondern stellt auch V. 8a hinter V. 8b, ursprünglich auf V. 5–7a gefolgt sei.

332 Vgl. auch Jes 37,32; 2Kön 19,31; Esr 9,14. Zur Übereinstimmung mit Ex 10,5 vgl. Wenham, WBC, 428, oder Ebach, HThKAT, 390.

333 Zu diesem Zusammenhang vgl. bereits Gunkel, HK, 490.

334 Vgl. hierzu Kratz, Komposition, 284.

Träume übermitteln (אֶת אֲשֶׁר הָאֱלֹהִים עֹשֶׂה הִגִּיד לְפַרְעֹה; Gen 41,26b). So wird Josef zum zweiten Mann Ägyptens, der allein für die Ausgabe der Getreidevorräte in den sieben Hungerjahren zuständig ist (הוּא הַמַּשְׁבִּיר לְכָל־עַם הָאָרֶץ; Gen 42,6). Vom Hunger getrieben, werden auch Josefs Brüder nach Ägypten kommen (Gen 42–44*). Der Besuch der Brüder bei Josef mündet in ihre Versöhnung (Gen 45,15), der letztlich die Ansiedlung Israels in Ägypten folgt (Gen 47,6*. 11*). Durch die Übersiedlung nach Ägypten, wo auch während der Hungersnot noch immer Getreide vorhanden ist (Gen 41,54–57*), wird Israel überleben. Nur weil Elohim Josef nach Ägypten vorausgesandt hat (Gen 45,5.7), kann Israel zu einem großen Volk werden (Gen 50,20→Ex 1,9). Denn in Ägypten werden sie von Josef, dem Getreideverkäufer des Landes, versorgt (כול = wörtl.: bewahren, erhalten).[335]

Wie die Rettungstat Elohims, findet sich auch die Vorstellung von Josef, dem Versorger Israels, im Zusammenhang sowohl von Gen 45 als auch Gen 50. In Gen 45 findet sich die für diese Vorstellung verwandte Wurzel כול in V. 11. „Ich will dort für dich sorgen – denn *noch fünf Jahre dauert die Hungersnot* -, damit du nicht verarmst, du mit deinem Haus und allem, was du hast". Mit dem Hinweis auf die noch ausstehenden fünf Jahre greift der Vers zurück auf den bereits oben besprochenen V. 6. „*Schon zwei Jahre herrscht die Hungersnot im Land, und fünf Jahre stehen noch bevor*, in denen es kein Pflügen und kein Ernten gibt". Dieser Aussage folgt in V. 7, wie wir oben gesehen haben, die Interpretation der Rettungstat Elohims als einem Rettungshandeln an Israel: לָשׂוּם לָכֶם שְׁאֵרִית בָּאָרֶץ וּלְהַחֲיוֹת לָכֶם לִפְלֵיטָה גְדֹלָה.[336] Sie erinnert nicht nur sachlich an Gen 50,20, sondern stimmt mit ihr auch in der Verwendung des Infinitivs לְהַחֲיוֹת überein: לְמַעַן עֲשֹׂה כַּיּוֹם הַזֶּה לְהַחֲיֹת עַם־רָב.

Auf eben jene Aussage in Gen 50,20bβ folgt nun ein Verweis auf die Funktion Josefs als Versorger. Nachdem Josef die Brüder in Gen 50,20b auf das Rettungshandeln Elohims verwiesen hat, ermutigt er sie in Gen 50,21a: „So fürchtet euch nicht!" Die Erklärung folgt auf dem Fuße: „Ich will für euch und eure Kinder sorgen". Im Kontext von Gen 50,15–21 ist dabei sachlich zu beachten, dass sich die Brüder gar nicht gefürchtet hatten, vor Hunger zu vergehen. Vielmehr galt ihre Sorge einer möglichen Vergeltungstat Josefs.[337] Denn nachdem die Brüder

---

335 Vgl. hierzu insbesondere Levin, Jahwist, 310–311.
336 Vgl. zum Zusammenhang von Gen 45,7; 50,20 bereits Dillmann, Genesis, 456.
337 Vgl. hierzu insbesondere Ruppert, FzB, 524–525: „Dadurch, daß Gott, wie Josef ausdrücklich betont, das böse Planen der Brüder zum Guten gewendet hat, ist der Grund ihrer Furcht entfallen [...] und damit auch ihr Problem (V. 15) gelöst. Die VV. 20bβ.21 weisen nun über diesen Problemhorizont der Einheit hinaus, indem sie das ‚Gute', zu dem Gott das böse Planen der Brüder

in Gen 50,15 gesehen hatten, dass ihr Vater verstorben war, sprachen sie zueinander: „Wenn nun Josef uns feind ist und uns all das Böse (כל־הרעה) vergilt, das wir ihm angetan haben?" Um Josef zu beschwichtigen, senden sie ihm zunächst Wort, dass der Vater vor seinem Tod geboten habe, Josef möge den Dienern des Gottes deines Vaters ihre Sünde (פשע) vergeben. Mit V. 18 machen sich die Brüder sodann auch selbst auf zu Josef, fallen vor ihm nieder und sprechen: „Siehe, wir sind deine Sklaven" (Gen 50,18). Josef aber beschwichtigt sie: „Fürchtet euch nicht! Bin ich denn an Elohims Statt? Ihr zwar habt Böses (רעה) gegen mich geplant, Elohim aber hat es zum Guten gewendet" (Gen 50,19.20abα). Mit diesem Fazit ist die Furcht der Brüder aus V. 15 eigentlich aufgehoben und kommt das dort aufgemachte Erzählmotiv zu einem versöhnlichen Abschluss. Die Brüder müssen sich nicht fürchten, dass Josef ihnen ihre Tat aus Gen 37 vergelten will. Denn Josef ist nicht an Elohims Statt. Und Elohim hat das Böse zum Guten gewendet. Es gibt nichts, was Josef den Brüdern noch zu vergeben hätte. So tröstet er sie und spricht ihnen zu Herzen (Gen 50,21b).[338]

An diesen Erzählzusammenhang schließt Gen 50,20bβ an und entfaltet das theologische Fazit aus Gen 50,20abα. Gott hat alles zum Guten gewendet, *indem* er tat was heute zutage tritt: ein großes Volk am Leben zu erhalten. Damit bereitet Gen 50,20bβ auf die Aussage von Gen 50,21a vor, die das Rettungshandeln Elohims nun ausdrücklich auf dem Hintergrund der Hungersnot versteht.[339] Mit der Beschwichtigungsformel אל־תיראו nimmt V. 21a ein Element aus V. 19 wieder auf, bezieht es nun aber nicht mehr auf die Furcht, die die Brüder in Gen 50,15 verspürt hatten und die Josef eigentlich zu beruhigen suchte. Stattdessen verweist Josef auf seine eigene Funktion als Versorger der Familie und beruhigt so eine Angst, die die Brüder selbst nie ausgesprochen haben: die Furcht vor einem möglichen Hungertod. Sie findet sich allerdings im Kontext beider Aufbrüche nach Ägypten, in Gen 42,2bβ und Gen 43,8b jeweils im selben Wortlaut: ונחיה ולא נמות. Den angeführten Beobachtungen zufolge unterscheiden sich die Passagen Gen 50,15.18–20abα und Gen 50,20bβ.21a nicht nur thematisch, sondern beziehen sich auch auf unterschiedliche Referenzabschnitte in der Josefsgeschichte.[340]

---

umgeplant hat (V. 20abα), konkretisieren, nämlich: ‚um das zu tun, wie es jetzt am Tage ist, um ein großes Volk am Leben zu erhalten'".

338 Vgl. hierzu insbesondere die Ausführungen bei Levin, Jahwist, 310–311; vgl. aber auch Ruppert, FzB, 523–533.

339 Vgl. hierzu insbesondere Ruppert, FzB, 325.

340 Vgl. Levin, Jahwist, 310–311; vgl. ähnlich Ruppert, FzB, 524–526.

Angesichts der angeführten Beobachtungen steht mit Christoph Levin[341] zu überlegen, ob nicht zwischen beiden Abschnitten auch literarisch zu scheiden ist. Bei Gen 50,20bβ.21a dürfte es sich dann um das jüngere Motiv handeln, das an den älteren Kontext Gen 50,15.18–20abα anknüpft und ihn neu entfaltet. Die Aussagen Gen 50,20bβ.21a hängen dabei sachlich und wohl auch literarisch mit den Aussagen aus Gen 45,6–7.12, aber auch mit Gen 42,2bβ; 43,8b und Gen 47,12 zusammen, mit denen sie stichwortartig verwoben sind. Bei den genannten Versen handelt es sich dem Anschein nach um eine späte redaktionelle Überarbeitung, die nicht nur große Abschnitte der Josefsgeschichte selbst, sondern auch die Verbindung mit dem Exodus bereits voraussetzt, den Gen 45,7; 50,20bβ bewusst zu antizipieren scheinen. Die Verse interpretieren den Verkauf Josefs explizit vor dem Hintergrund der Hungersnot als ein Rettungshandeln durch Elohim. Die Platzierung der Verse im Kontext ist dabei strategisch so gewählt, dass nun die gesamte Josefsgeschichte unter den von dieser redaktionellen Überarbeitung vorgegebenen Vorzeichen zu lesen ist: „Die Schuld zwischen den Brüdern und die Irrwege, die Gott sie geführt hat, waren keine unbegreifliche Willkür. Vielmehr verfolgten sie von Anfang an das Ziel, das Gottesvolk in der Hungersnot am Leben zu erhalten"[342].

Gen 42,2*: *Aufbruch zum Getreidekauf*

²ויאמר הנה שמעתי כי יש־שבר במצרים רדו־שמה ושברו־לנו משם **ונחיה ולא נמות**:

Gen 43,8*: *Aufbruch zum Getreidekauf*

⁸ויאמר יהודה אל־ישראל אביו שלחה הנער אתי ונקומה ונלכה **ונחיה ולא נמות** גם־

אנחנו גם־אתה גם־טפנו:

Gen 45,6–7.11: *Versöhnung mit Josef*

⁶כי־זה שנתים הרעב בקרב הארץ |ועוד חמש שנים אשר אין־חריש וקציר|:

⁷וישלחני אלהים לפניכם לשום לכם שארית בארץ ולהחיות לכם לפליטה גדלה:

¹¹וכלכלתי| אתך שם כי־|עוד חמש שנים רעב| פן־תורש אתה וביתך וכל־אשר־לך:

Gen 47,12: *Ansiedlung Israels in Ägypten*

¹²ויכלכל| יוסף את־אביו ואת־אחיו ואת כל־בית אביו לחם לפי הטף:

---

341 Vgl. Levin, Jahwist, 310–311.
342 Levin, Jahwist, 310–311.

Gen 50,15.18–21: *Theologisches Fazit*

¹⁵ וַיִּרְאוּ אֲחֵי־יוֹסֵף כִּי־מֵת אֲבִיהֶם וַיֹּאמְרוּ לוּ יִשְׂטְמֵנוּ יוֹסֵף וְהָשֵׁב יָשִׁיב לָנוּ אֵת כָּל־הָרָעָה אֲשֶׁר
גָּמַלְנוּ אֹתוֹ:

¹⁸ וַיֵּלְכוּ גַּם־אֶחָיו וַיִּפְּלוּ לְפָנָיו וַיֹּאמְרוּ הִנֶּנּוּ לְךָ לַעֲבָדִים:

¹⁹ וַיֹּאמֶר אֲלֵהֶם יוֹסֵף אַל־תִּירָאוּ כִּי הֲתַחַת אֱלֹהִים אָנִי:

²⁰ וְאַתֶּם חֲשַׁבְתֶּם עָלַי רָעָה אֱלֹהִים חֲשָׁבָהּ לְטֹבָה
לְמַעַן עֲשֹׂה כַּיּוֹם הַזֶּה לְהַחֲיֹת עַם־רָב:

²¹ וְעַתָּה אַל־תִּירָאוּ אָנֹכִי אֲכַלְכֵּל אֶתְכֶם וְאֶת־טַפְּכֶם
וַיְנַחֵם אוֹתָם וַיְדַבֵּר עַל־לִבָּם:

Ex 1,9:

⁹ וַיֹּאמֶר אֶל־עַמּוֹ הִנֵּה עַם בְּנֵי יִשְׂרָאֵל רַב וְעָצוּם מִמֶּנּוּ:

Ex 10,5:

⁵ וְכִסָּה אֶת־עֵין הָאָרֶץ וְלֹא יוּכַל לִרְאֹת אֶת־הָאָרֶץ וְאָכַל אֶת־יֶתֶר הַפְּלֵטָה הַנִּשְׁאֶרֶת לָכֶם מִן־
הַבָּרָד וְאָכַל אֶת־כָּל־הָעֵץ הַצֹּמֵחַ לָכֶם מִן־הַשָּׂדֶה:

Für unsere Analyse von Gen 45 heißt der oben skizzierte Befund, dass Gen 45,6–7.11 literarisch mit Gen 50,20bβ.21a auf einer Ebene liegen dürften.[343] Die Verse dürften überdies von Gen 45,5 abzugrenzen sein, an den sie explizit anknüpfen und den sie nun weiter entfalten. Dabei wird die allgemeine Aussage למחיה in der Formulierung לשׂום לכם שׁארית בארץ ולהחיות לכם לפליטה גדלה konkretisiert.[344]

Bei unserer obigen Betrachtung von Gen 45,5 war überdies angeklungen, dass jener Vers sachlich mit dem theologischen Fazit in Gen 50,20abα korrespondiert. Während in Gen 45,5 Josef die Brüder beschwichtigt, sie mögen sich nicht grämen, dass sie ihn nach Ägypten verkauft haben, weil es sich dabei um einen Plan Elohims gehandelt habe, so versichert er ihnen in Gen 50,20abα, sie hätten zwar Böses geplant, Elohim aber habe es zum Guten gewendet. In beiden Versen wird demnach durchaus zugestanden, dass die Brüder für den Verkauf Josefs verantwortlich sind und damit „Böses" begangen haben. Doch ist ihre böse Tat dem heilsgeschichtlichen Handeln Elohims untergeordnet.

Die sachliche Korrespondenz zwischen beiden Abschnitten hat offensichtlich auch der Autor der Verse Gen 45,6–7.11 empfunden. Denn in beiden Kapiteln lässt er seine eigene Botschaft auf die jeweiligen Aussagen folgen. So schließt sich sowohl in Gen 45,5 als auch in Gen 50,20ba der theologischen Interpretation vom Verkauf Josefs nach Ägypten die Interpretation vom Rettungshandeln

---

343 Vgl. hierzu insbesondere Levin, Jahwist, 310.
344 Vgl. hierzu Levin, Jahwist, 299.

durch Elohim vor dem Hintergrund der anhaltenden Hungersnot an (vgl. Ps. 105,16f). Wenn auch ein direkter Zusammenhang zwischen Gen 45,5; 50,20abα mangels konkreter Berührungspunkte nicht mit Sicherheit postuliert werden kann, scheint zumindest der Autor von Gen 45,6–7.11; 50,20bβ.21a einen solchen gesehen zu haben.

Auch wir werden deshalb die Analyse von Gen 45,5–7 mit dem Fazit schließen, dass hier sachlich und literarisch zwischen zwei Anliegen zu unterscheiden ist. Von ihnen hängt Gen 45,5 mit dem theologischen Fazit aus Gen 50,20abα zusammen. Gen 45,6–7(.11) hingegen bilden eine Einheit mit Gen 50,20bβ.21a.[345]

Gen 45,4–7.11:

⁴ וַיֹּאמֶר יוֹסֵף אֶל־אֶחָיו גְּשׁוּ־נָא אֵלַי וַיִּגָּשׁוּ וַיֹּאמֶר אֲנִי יוֹסֵף אֲחִיכֶם אֲשֶׁר־מְכַרְתֶּם אֹתִי מִצְרָיְמָה׃

⁵ וְעַתָּה אַל־תֵּעָצְבוּ וְאַל־יִחַר בְּעֵינֵיכֶם כִּי־מְכַרְתֶּם אֹתִי הֵנָּה כִּי לְמִחְיָה שְׁלָחַנִי אֱלֹהִים לִפְנֵיכֶם׃

⁶ כִּי־זֶה שְׁנָתַיִם הָרָעָב בְּקֶרֶב הָאָרֶץ וְעוֹד חָמֵשׁ שָׁנִים אֲשֶׁר אֵין־חָרִישׁ וְקָצִיר׃

⁷ וַיִּשְׁלָחֵנִי אֱלֹהִים לִפְנֵיכֶם לָשׂוּם לָכֶם שְׁאֵרִית בָּאָרֶץ וּלְהַחֲיוֹת לָכֶם לִפְלֵיטָה גְּדֹלָה׃

¹¹ וְכִלְכַּלְתִּי אֹתְךָ שָׁם כִּי־עוֹד חָמֵשׁ שָׁנִים רָעָב פֶּן־תִּוָּרֵשׁ אַתָּה וּבֵיתְךָ וְכָל־אֲשֶׁר־לָךְ׃

Gen 50,19–21:

¹⁹ וַיֹּאמֶר אֲלֵהֶם יוֹסֵף אַל־תִּירָאוּ כִּי הֲתַחַת אֱלֹהִים אָנִי׃

²⁰ וְאַתֶּם חֲשַׁבְתֶּם עָלַי רָעָה אֱלֹהִים חֲשָׁבָהּ לְטֹבָה לְמַעַן עֲשֹׂה כַּיּוֹם הַזֶּה לְהַחֲיֹת עַם־רָב׃

²¹ וְעַתָּה אַל־תִּירָאוּ אָנֹכִי אֲכַלְכֵּל אֶתְכֶם וְאֶת־טַפְּכֶם וַיְנַחֵם אוֹתָם וַיְדַבֵּר עַל־לִבָּם׃

Zu klären bleibt, wie sich der neuerliche Verweis auf die Entsendung durch Elohim in Gen 45,8 zu den Aussagen von Gen 45,5–7 verhält. In V. 8 greift die Interjektion ועתה zunächst über V. 6–7 hinweg zurück auf den Anfang von V. 5. Auch sachlich knüpft V. 8 an die Aussage aus V. 5 an: „Doch nun grämt euch nicht und lasst es euch nicht leid sein, dass ihr mich hierher verkauft habt, denn um Leben zu erhalten, hat mich Elohim vor euch her gesandt". Allerdings ist in V. 8 der Aspekt von Josefs Verkauf ausgelassen und lediglich auf das Motiv der Sendung zurückgegriffen. „Und nun, nicht ihr habt mich hierher gesandt, sondern Elohim" (Gen 45,8a). Mit dieser Aussage differenziert V. 8a nicht mehr

---

[345] Die intratextuelle Begründung bei Westermann, BK, 157, dass es sich bei V. 5–7a um einen Versuch Josefs handele, seine Brüder zu beschwichtigen, greift sicherlich zu kurz. Die Verse korrespondieren ausdrücklich mit dem Ende der Josefsgeschichte in Gen 50 und dürften damit vor allem das Ziel verfolgen, eine insgesamt theologische Leseperspektive für Gen 37–50 vorzugeben.

zwischen dem Verkauf Josefs und seiner theologischen Interpretation. Denn nach dem Verständnis von Gen 45,4–5* waren die Brüder sehr wohl dafür verantwortlich, Josef in die Fremde verkauft zu haben. Nur hat Elohim Josef eben auf diese Weise seinen Brüdern vorausgesandt, um Leben zu erhalten.[346] Der Verkauf Josefs ist Teil des göttlichen Rettungshandelns. In Gen 45,8 aber wird zwischen dem Verkauf durch die Brüder und der göttlichen Entsendung nicht mehr differenziert. Stattdessen werden beide Aspekte nun derart vermischt, als hätten die Brüder selbst Josef entsenden wollen.

Man darf wohl bereits mit Blick auf diese sachlich-theologische Differenz vermuten, dass V. 8 nicht ursprünglich mit V. 5 zusammengehört, sondern erst nachträglich an jenen anknüpft.[347] Dieser Eindruck wird gestützt durch einen Blick auf den weiteren Erzählverlauf in V. 8b. Dort nämlich zeigt der Verfasser kein Interesse an dem Rettungshandeln Elohims, wie es in der Voraussendung Josefs impliziert ist. Ob und wie Elohim durch die Voraussendung Josefs Leben zu retten gedachte, spielt hier keine Rolle. Überhaupt ist Josef seinen Brüdern nicht *voraus*gesandt worden. Er wurde nach Ägypten *ent*sandt, und zwar um dort große Ehren zu erlangen. Was den Verfasser von V. 8 demnach primär interessiert, ist nicht das Rettungshandeln Elohims an Israel, sondern der Erfolg, den Josefs göttliche *Ent*sendung nach Ägypten mit sich brachte. „So habt nicht ihr mich hierher gesandt, sondern Elohim. Er hat mich zum Vater für den Pharao gemacht[348] und zum Herrn über sein ganzes Haus und zum Herrscher über das ganze Land Ägypten".

Von seinem großen Erfolg und seinem immensen Ansehen in Ägypten sollen die Brüder dem Vater denn auch berichten. So fordert Josef seine Brüder in V. 9 auf: „Zieht eilends hinauf zu meinem Vater und sagt zu ihm: So spricht dein Sohn Josef: Elohim hat mich zum Herrn über ganz Ägypten gemacht. Komm herab zu mir, säume nicht!" Der Gedanke setzt sich in V. 12–13a fort: „Ihr und mein Bruder Benjamin, ihr seht es ja mit eigenen Augen, dass ich selbst es bin, der zu euch redet. Erzählt meinem Vater von meinen Ehren in Ägypten und von allem, was

---

346 Auch Dietrich, Novelle, 39, weist darauf hin, dass das Verb שׁלח in V. 8 „in charakteristisch anderer Verwendung" gebraucht werde, als dies in Gen 45,5b–7 der Fall ist. Keinen Unterschied sieht er allerdings in den Aussagen von Gen 45,4b–5a.8. Alle liegen für ihn auf einer Ebene und gehören der Ismaeliter-Fassung an.

347 So auch Levin, Jahwist, 298–299. Zwischen V. 5–7 und V. 8 scheidet auch Ruppert, FzB, 319, der glaubt, V. 8aba habe ursprünglich an die Selbstvorstellung Josefs in V. 3 angeschlossen. Gegen diese Annahme spricht, dass V. 8 in seiner Formulierung die Aussagen aus V. 4–5 zu kennen scheint, die er nun verkürzt wiedergibt (vgl. genauer oben Fließtext).

348 Zur Diskussion um die Formulierung וישׂימני לאב לפרעה und ihrem oft postulierten ägyptischen Hintergrund vgl. insbesondere Redford, Study, 191f, allgemeiner auch Ebach, HThKAT, 396.

ihr gesehen habt". V. 13b nimmt den Auftrag an die Brüder aus V. 9 wieder auf und zieht dabei die Aufforderung aus V. 9a מהרו ועלו אל־אבי mit V. 9b רדה אלי אל־ תעמד zusammen: ומהרתם והורדתם את־אבי הנה. Wie im Zusammenhang von V. 4–5.8, dürfte auch hier der Hinweis auf Josefs Erfolg in Ägypten dem Kontext erst nachträglich hinzugefügt worden sein.[349] Hierfür spricht neben der offenkundigen Wiederaufnahme in V. 13b, die wohl zu dem ursprünglichen Erzählfaden zurücklenken will, auch der fehlende sachliche Zusammenhang zwischen der Aufforderung an den Vater und dem Erfolg Josefs in Ägypten. Die Bearbeitung greift in V. 8

> aus V. 5b den Gedanken auf: ,Gott hat mich vor euch hergesandt', und gibt ihm eine andere Wendung. Josefs Schicksal war von Gott gefügt, um Josef zum Herrscher über Ägypten einzusetzen. Die Irrwege in der Fremde zielen am Ende auf die triumphale Überlegenheit über die Nichtisraeliten. Das Motiv ist so wichtig, daß es auch in die Botschaft an den Vater aufgenommen wird (V. 9aβ). Am Ende der Rede Josefs wird es noch einmal breit ausgeführt (V. 12aα.b–13) [...]. Der Abschluß lenkt sinngemäß auf den Befehl V. 9aαb zurück[350].

Angesichts dessen, dass die Bearbeitung in V. 8a über V. 6–7 auf V. 5 zurückgreift und auch in V. 13 auf V. 9 zurückleitet, dürfte davon auszugehen sein, dass sie einen gegenüber V. 6–7.11 und V. 10 älteren Bestandteil des Kapitels Gen 45 darstellt.[351]

---

349 Auch Fieger/Hodel-Hoenes, Einzug, 285, differenzieren zwischen V. 9.13. „45,13 steht in Kontrast zu 45,9. Die Brüder werden nach Gen 45,13 erneut dazu aufgefordert, dem Vater davon zu berichten, wie weit es Josef in Ägypten gebracht hat und was sie gesehen haben. Verbunden damit ist der Auftrag, den Vater nach Ägypten zu bringen. Diesmal wird nur von der Ehre Josefs gesprochen und nicht davon, dass er der Herr über ganz Ägypten ist. Diese Abschwächung der Position Josefs fällt auf. Gen 45,8.9 dagegen erscheint wie eine massive Übertreibung, die vermutlich wegen einer Polemik gegen das ägyptische Königtum in einem späteren Erzählstadium hinzugefügt wurde".

350 Levin, Jahwist, 299.

351 Kebekus, Joseferzählung, 134, denkt an eine literarische Zusammengehörigkeit von V. 5b–7, während V. 5a.8 einer anderen Hand zuzuschreiben seien. Denn „V. 5b [ergebe] nur als Fortsetzung der Ermutigung der Brüder in V. 5a einen Sinn [...], die eigentliche Begründung für diese Ermutigung [erfolge] aber erst in V. 8a [...], was dafür spricht, daß V. 5b–7 für den vorliegenden Textzusammenhang formuliert wurden".

An eine festere Einbettung der Aussage V. 8 in den Kontext von Gen 45,8 glaubt auch Ruppert, FzB, 312: „Und was die Wiederholungen in V. 5b.7.8 anbetrifft, so ist von diesen theologischen Deutungen V. 8 am engsten in das Geschehen eingebunden, während die gedanklich verwandten Verse 5b und 7 in ihrer Interpretation der Lebensgeschichte Josefs von viel grundsätzlicherer Art sind und schon die spätere Geschichte Israels mit im Blick haben".

Gen 45,5–9.12–13:

‫ועתה אל־תעצבו ואל־יחר בעיניכם כי־מכרתם אתי הנה כי למחיה ‫שלחני אלהים לפניכם‬:‬ 5

‫כי־זה שנתים הרעב בקרב הארץ ועוד חמש שנים אשר אין־חריש וקציר‬: 6

‫וישלחני אלהים לפניכם לשום לכם שארית בארץ ולהחיות לכם לפליטה גדלה‬: 7

‫ועתה לא־אתם שלחתם אתי הנה‫ כי האלהים וישימני לאב לפרעה ולאדון לכל־ביתו‬ 8
‫ומשל בכל־ארץ מצרים‬:

‫מהרו ועלו אל־אבי ואמרתם אליו כה אמר בנך יוסף‬ 9
‫שמני אלהים לאדון לכל־מצרים‬
‫רדה אלי אל־תעמד‬:

‫והנה עיניכם ראות ועיני אחי בנימין כי־פי המדבר אליכם‬: 12

‫והגדתם לאבי את־כל־כבודי במצרים ואת כל־אשר ראיתם ומהרתם והורדתם את־אבי‬ 13
‫הנה‬:

Mit den oben genannten Erwägungen zum Motiv von Josefs hohem Ansehen in
Ägypten beschließen wir unsere Analyse zu Gen 45 und fassen unsere Ergebnisse
kurz zusammen.

Ergebnis

Gen 45 nimmt im Rahmen der Josefsgeschichte eine Scharnierfunktion wahr.
Denn hier kommen nicht nur Ereignisse zu einem guten Ende, die in Gen 37 ihren
Ausgang nahmen. Darüber hinaus werden auch jene Geschehnisse vorbereitet,
von denen der Leser in den Kapiteln Gen 46–50 erfährt. Allerdings dürfte Gen 45
diese Doppelfunktion nicht bereits ursprünglich zu eigen gewesen sein. Vielmehr
wird sie aus einem sukzessiven Fortschreibungsprozess resultieren. Am Anfang
der Entwicklung dürfte Gen 45 den Abschluss eines mit Gen 37 aufgemachten
Spannungsbogens dargestellt haben. Der Konflikt zwischen Josef und seinen
Brüdern, der in Gen 37 sekundär zugespitzt und in Gen 42(–44) weiter entfaltet
wurde, löst sich im ältesten Erzählfaden von Gen 45 auf. Josef gibt sich seinen
Brüdern zu erkennen (Gen 45,4) und schließt sie wieder in die Arme (Gen 45,15).
Mit der frohen Botschaft vom Überleben Josefs kehren die Brüder heim zu ihrem
Vater (Gen 45,24*[352].25[ohne ‫ויבאו ארץ כנען‬]) und der Geist Jakobs lebt wieder auf
(Gen 45,26aα.27b).

---

[352] V. 24b unterbricht den Zusammenhang zwischen V. 24a.25. Zwischen beiden Aussagen
wird wohl auch literarisch zu scheiden sein; vgl. bereits Gunkel, HK, 460f (V. 24a = E; V. 24b = J).
Gegen die Annahme zweier Quellenfäden dürfte in V. 24b allerdings mit Levin, Jahwist, 304, ein
Einzelnachtrag zu sehen sein.

An diesen Erzählfaden könnte in einem nächsten Schritt der Aufbruch Israels angeknüpft haben. Er ist in V. 9a(nur בנך אמר כה אליו ואמרתם אל־אבי ועלו מהרו יוסף)b mit einer Aufforderung Josefs vorbereitet und wird vom Erzvater selbst in Gen 45,28 beschlossen. Anknüpfungspunkt im Kontext ist dabei das Überleben Josefs aus Gen 45,27b, das in V. 28 noch einmal aufgegriffen und neu entfaltet wird. Hat die Nachricht vom Überleben des Lieblingssohnes in Gen 45,26aα.27b noch zum Aufleben des Vaters geführt, so veranlasst sie Israel in Gen 45,28 dazu, nach Ägypten hinabzuziehen, um seinen Sohn vor dem eigenen Tod noch einmal zu sehen. Im Makrokontext bereitet der Beschluss den Aufbruch Israels in Gen 46,1 vor, der in Gen 46,29–30 wieder mit Josef zusammentrifft. Der in Gen 45,28; 46,30 angekündigte Tod vollzieht sich in Gen 47,29–31*; 49,33aβ.

Die durch den Aufbruch begründete Anwesenheit Israels in Ägypten hat noch später zu seiner dauerhaften Ansiedlung in der Fremde geführt. Die Ansiedlung unterbricht den Zusammenhang zwischen Todesankündigung (Gen 45,28; 46,30) und Todeseintritt (Gen 47,29–31*; 49,33aβ) und dürfte sich ihrerseits in mehreren Stadien vollzogen haben. Der älteste Auftrag zur Ansiedlung dürfte in dem Befehl Pharaos in Gen 47,5–6* zu suchen sein. Nachdem die Brüder und der Vater bei Josef in Ägypten angekommen sind, erstattet er Pharao Bericht. Jener zeigt sich großzügig und erlaubt Josef, seine Familie im besten Teil des Landes anzusiedeln. Bereits in diesem ältesten Bestand dürfte das Motiv der Ansiedlung eine literarische Verbindung von Genesis und Exodus voraussetzen und sich auf dem Hintergrund der kommenden Volksgeschichte verstehen.[353] Israel siedelt sich in Ägypten an, weil sich dort das „Volk der Söhne Israels" (Ex 1,9) nach Ex 1ff aufhält.

An den oben skizzierten Auftrag zur Ansiedlung hat in Gen 45,2b.16–18 eine spätere Hand angeknüpft und Pharao bereits vor der Ankunft Israels in Ägypten einen Ansiedlungsbefehl erteilen lassen. Er steht im Binnenkontext von Gen 45 mit dem Beschluss Israels aus Gen 45,28 in Konflikt, der selbst entschied, nach Ägypten hinabzuziehen, um seinen Sohn vor dem offenbar kurz bevorstehenden Tod noch einmal zu sehen. Mit der großzügigen Geste Pharaos wird das Ansehen Israels in Ägypten gesteigert und kontrastiert dabei die kommende Unterdrückung des Volkes im Buch Exodus.

In einem noch späteren Stadium ist auch der Ansiedlungsort noch einmal konkretisiert worden. Aus dem „besten Teil des Landes Ägypten" wurde das „Land Goschen", das sich vor den Toren Ägyptens befindet. Die Bearbeitung knüpft in

---

Keinen Grund zur literarischen Scheidung sehen in V. 24 hingegen von Rad, ATD, 349f; Westermann, BK, 163, oder Ruppert, FzB, 331.332–335.
353 Vgl. unten 5.1.3. und 5.4. (a).

Gen 45 an die Aufforderung Josefs in V. 9aαb an, der Vater möge *zu ihm* kommen. Dieser Aufforderung wird in V. 10 der Befehl zur Seite gestellt, der Vater solle samt den Seinen in Goschen wohnen, um *nah bei Josef* zu sein. Damit wird nicht nur Josef wieder räumlich vom Vater getrennt, sondern auch Israel von den Ägyptern separiert. Der Befehl in Gen 45,10 bereitet im Makrokontext der Josefsgeschichte auf den Abschnitt Gen 46,28–34*; 47,1–11* vor, wo die Ansiedlung ebenfalls nachträglich vor die Tore Ägyptens verlagert wird. Mit der Absonderung der Israeliten von den Ägyptern nehmen die Aussagen eine Sonderrolle in der Josefsgeschichte ein, die sich ansonsten durch einen ausgesprochen positiven Blick auf Ägypten auszeichnet.

Neben dem Aufbruch und der Ansiedlung Israels, die sachlich auf den Exodus vorbereiten, haben sich an den ursprünglichen Abschluss der Josefsgeschichte in Gen 45,4.15.25*.26aα.27b auch theologisierende Fortschreibungen gehängt. Sie finden sich in Gen 45,5 bzw. Gen 45,6–7.11 und knüpfen an die Selbstvorstellung Josefs aus V. 4 an. Den dort erwähnten Verkauf Josefs durch die Brüder nach Ägypten bewerten sie als eine Voraussendung durch Elohim, die einer Lebenserhaltung dienen sollte. Diese Lebenserhaltung ist in V. 5 zunächst allgemein gehalten, während V. 6–7.11 sie näher explizieren und direkt auf dem Hintergrund der anhaltenden Hungernot verstehen. Gen 45,5 steht in einem sachlichen, womöglich auch literarischen Zusammenhang mit Gen 50,25abα, Gen 45,6–7.11 gehören literarisch mit Gen 42,2bβ; 43,8b; 47,12 und Gen 50,20bβ.21a zusammen. Bei beiden Theologisierungen dürfte es sich um redaktionelle Überarbeitungen handeln, die für die Josefsgeschichte insgesamt eine theologische Leseperspektive vorgeben wollen.

Weitere Nachträge finden sich in den Ausschmückungen von Gen 45,8.9aβ. 12–13.26aβ; Gen 45,21b–22a.3 und Gen 45,19–20.21aβ.27aβ, die das Ansehen und den Großmut Josefs unterstreichen bzw. die Ehrerbietung gegenüber seinem Vater Israel in Ägypten steigern. Einzelnachträge dürften überdies in den Formulierungen von Gen 45,24a bzw. Gen 45,26b.27aα zu sehen sein.

Zum Abschluss kommen in Gen 45 die Kundschafter-Bearbeitung sowie die Benjamin-Bearbeitung, die beide ihren Ausgang in Gen 42 genommen hatten. Zur Kundschafter-Bearbeitung gehört die zweite Selbstvorstellung Josefs in Gen 45,3, die eine Vorwegnahme der älteren Aussage Gen 45,4 darstellt, und die Rückkehr nach Kanaan Gen 45,25bα(ויבאו ארץ כנען); zur Benjamin-Bearbeitung zählen die Erwähnung des jüngsten Bruders in Gen 45,12(nur ועיני אחי בנימן).14.22b. Genauere inhaltliche Erläuterungen zu den fraglichen Bearbeitungen finden sich in den vorauslaufenden Kapiteln Gen 42–44, auf die hier weiterführend verwiesen sei.

Diachrone Differenzierung

I *Die Geschichten über Josef und seine Brüder (Gen 37*; 39–45*)*

Gen 37,4b–8.13b–14a.18a.19–20.23b(ohne הפסים את־כתנת).24a.28a(nur מן יוסף־את ויעלו וימשכו
הבור).31.32aβb.33.35b;

Gen 41,22–24a.25aβ(nur הוא אחד פרעה חלום).26aβb.27aβb.56–57;

Gen 42,1b(nur לבניו יעקב ויאמר).2a(ohne ויאמר)bα.3(ohne עשׂרה).6.9abβ.10.12.17;

Gen 45,4.15.24a.25(ohne כנען ארץ ויבאו).26aα(nur חי יוסף עוד לאמר לו ויגדו).27b

II *Israels Aufbruch nach Ägypten (Gen 45–50*/Ex 1*):*

Gen 45,9a(nur יוסף בנך אמר כה אליו ואמרתם אל־אבי ועלו מהרו)b.28;

Gen 46,1aα(nur אשׁר־לו וכל־ ישׂראל ויסע).29–30;

Gen 47,29.30b.31;

Gen 49,33a(nur אל־המטה רגליו ויאסף);

Gen 50,1.7a.10b.14aαb → Ex 1,6aα(יוסף וימת).8

II¹ *Die Kundschafter-Bearbeitung*

Gen 42,7.9b(nur אתם מרגלים).11.18a.19.24b.25a(ohne להם ולתת אל־שׂקו איש כספיהם ולהשׁיב
לדרך צדה).26.29–31.33.34aβb.36aα(nur אביהם יעקב אלהם ויאמר);

Gen 43,11aβ(ohne מנחה לאישׁ והורידו).b(ohne ולט נכאת).13b.14a(ohne בנימין ואת־).15b.
16aα(nur אתם יוסף וירא).23b.26b.27–28a;

Gen 45,3.25bα(כנען ארץ ויבאו)

II² *Der Ansiedlungsauftrag durch Pharao*

Gen 45,2b.16–18(.21aα?)

II³ *Die Ansiedlung Israels in Goschen*

Gen 43,32 (?);

Gen 45,10*;

Gen 46,28b.31–34;

Gen 47,1a(ohne לפרעה ויגד יוסף ויבא).4.6b(nur גשׁן בארץ וישׁבו).27(nur גשׁן בארץ)

II³ *Das Motiv der Wagen Pharaos*

Gen 45,19–20.21aβ.27aβ;

Gen 46,5b

II⁴ *Das Motiv der Gaben an die Brüder*

Gen 45,21b–22a.23

II⁵ *Die Benjamin-Bearbeitung*

Gen 42,4.13–16.20.34aα.38;

Gen 43,6(ohne ישׂראל ויאמר).7.13a.14a(nur בנימין ואת־)b.15aγ
(ואת־בנימין).16aα(nur בנימין את־).28b.29.34a;

Gen 44,1–4.5aαb.6–10a.11–13.14a(ohne ואחיו יהודה ויבא)b;

Gen 45,12(nur בנימין אחי ועיני).14.22b

II¹   *Die theologische Interpretation des Verkaufs als Voraussendung*
Gen 45,5;

(Gen 50,15.18[ohne גם־אחיו].19–20abα.21b)

II²   *Josefs Ansehen in Ägypten*
Gen 45,8.9aβ(לכל־מצרים לאדון אלהים שמני).12(ohne בנימין אחי ועיני).
13.26aβ(מצרים בכל־ארץ משל וכי־הוא)

II³   *Die Voraussendung Josefs als Rettungstat an Israel*
Gen 42,2bβ;

Gen 43,8b;

Gen 45,6–7.11;

Gen 47,12;

Gen 50,20bβ.21a

Einzelnachträge: Gen 45,24a/Gen 45,26b.27aα

5. Genesis 46–50: Israel und seine Söhne in Ägypten

5.1. Gen 46–47: Aufbruch, Ankunft und Ansiedlung Israels in Ägypten

5.1.1. Genesis 46,1–30: Der Aufbruch Israels nach Ägypten

Gliederung

V. 1aα:	Israel bricht nach Ägypten auf
V. 1aβb–5a:	Elohim erscheint Jakob zu Beer-Scheba
V. 5b:	Die Wagen Pharaos
V. 6–7:	Jakob und die Seinen brechen auf
V. 8–27:	Verzeichnis derer, die mit Jakob-Israel nach Ägypten hinabziehen
V. 28–30:	Die Wiederbegegnung Israels mit seinem Lieblingssohn

Befund

Gen 46 schließt mit dem Aufbruch Israels in V. 1 direkt an das Ende von Gen 45 an. Hatte Israel dort beschlossen, nach Ägypten hinabzuziehen, um seinen Lieblingssohn vor dem eigenen Tode noch einmal zu sehen, so macht er sich nun mit allem, was ihm gehört, gen Süden auf. Obwohl der Aufbruch mit V. 1 demnach bereits erfolgt ist, wird er in V. 1b–5a noch einmal theologisch sanktioniert. In V. 1b erreicht *Israel* Beer-Scheba, wo ihm in V. 2 Elohim in einer nächtlichen Vision erscheint und zu *Jakob* spricht:

> Ich bin El, der Elohim deines Vaters. Fürchte dich nicht, nach Ägypten hinabzuziehen, denn ich will dich dort zu einem großen Volk machen. Ich selbst ziehe mit dir nach Ägypten hinab, und ich selbst werde dich auch wieder heraufführen, und Josef wird dir die Augen zudrücken (Gen 46,3–4).

Mit V. 5a bricht Jakob wieder von Beer-Scheba auf. Diesem in V. 1aα und V. 5a konstatierten aktiven Aufbruch Jakob-Israels folgt in V. 5b die Mitteilung, dass die Söhne Israels ihren Vater auf die Wagen heben, die Pharao ihnen in Gen 45,19–20 überlassen hatte. Von nun an wird der Erzvater samt Frauen und Kindern nach Ägypten transportiert. Bis er dort ankommt, wird es allerdings noch dauern. Erst in Gen 46,28–30 erreicht der Erzvater Goschen und kann seinen Lieblingssohn wieder in die Arme schließen. Zwischen dem Aufbruch des Erzvaters in Gen 46,1–5 und der Ankunft bei Josef in Gen 46,28–30 finden sich in Gen 46,6–7.8–26 nähere Ausführungen zu allem, was der Erzvater mit nach Ägypten nahm (וְכָל־אֲשֶׁר־לוֹ,

V. 1aα). Dabei spricht V. 6 zunächst den Viehbestand und den irdischen Reichtum an, dem in V. 7 die Söhne, Enkel, Töchter und Enkelinnen folgen, kurzum die ganze Nachkommenschaft Israels. Um wen es sich bei der Nachkommenschaft genau handelt, wird – zumindest was die Männer betrifft – in Gen 46,8–27 detailliert ausgeführt.

Gen 46,28 bezieht sich über die Auflistungen in Gen 46,6–28 hinweg wieder auf den Aufbruch des Erzvaters in Gen 46,1.5. Dort wird Juda in Gen 46,28a vom Vater zu Josef vorausgesandt, um ihm den Weg nach Goschen zu weisen. Ob er dies jemals getan hat, wird dem Leser nicht ausdrücklich berichtet. In Gen 46,28b jedenfalls sind „sie" (ויבאו) schon nach Goschen gekommen, wohin Josef ihnen in Gen 46,29 entgegenzieht und den Vater endlich wieder in die Arme schließen kann. „Dann sprach Israel zu Josef: Jetzt will ich gern sterben, nachdem ich dein Angesicht geschaut und gesehen habe, dass du noch am Leben bist" (Gen 46,30). Mit dieser Aussage rekurriert die wörtliche Rede Israels in Gen 46,30 auf seinen Beschluss aus Gen 45,28, der sich hier erfüllt. Hatte er in Gen 45,28 nur gehofft, Josef vor seinem Tod noch einmal sehen zu können, so kann er ihn in Gen 46,29 wieder in die Arme schließen und verkündet in Gen 46,30, dass er nun gern sterben will. Der Tod vollzieht sich mit Gen 47,29–31*; 49,33aβ. Dort nähert sich in Gen 47,29a die Zeit, da Israel sterben sollte. Er erteilt Josef letzte Anweisungen (Gen 47,29b–30), neigt sich über das Kopfende und zieht (אסף) die Beine auf das Bett (Gen 48,31; 49,33aβ).

Dieser erste Überblick zeigt, dass Gen 46 nahtlos an den in Gen 45,28 beschlossenen Aufbruch nach Ägypten anknüpft. Der Aufbruch selbst hingegen geht nicht ganz so reibungslos vonstatten. Denn hatte sich Israel in V. 1aα bereits aus eigenen Stücken nach Ägypten aufgemacht, so wird seine Reise in V. 1abβ–5a noch einmal nachträglich sanktioniert. Und war er selbst bereits aktiv losgezogen (V. 1aα.5a), so setzen ihn seine Söhne in V. 5b auf Wagen, auf denen er nun passiv nach Ägypten transportiert wird. Doch kommen sie alle dort erst an, nachdem in V. 6–26(27) auch akribisch aufgezählt wurde, wen und was Israel alles mit nach Ägypten genommen hatte. Endlich in V. 28b erreichen sie Goschen. Dass Josef ihnen dorthin in V. 29 entgegenkommt, ist dabei wohl der Anweisung durch Juda aus V. 28a zu verdanken. Allerdings trifft jener mit Josef nie ausdrücklich zusammen.

Diesem Befund entsprechend wird die weitere Analyse auf folgende Fragen ein besonderes Augenmerk richten:
- Wie genau und mit welchen Motiven schließt Gen 46 an den vorauslaufenden und nachstehenden Kontext an?
- Warum wird Juda seinen Brüdern in V. 28a vorausgesandt, um Josef Weisung zu geben, trifft aber nie ausdrücklich mit Josef zusammen?

- Wieso wird Jakob von den Söhnen Israels auf Wagen gesetzt, nachdem er sich selbst bereits in Gen 41,1aα.5a aufgemacht hatte?
- Warum sanktioniert Elohim den Aufbruch Jakobs in V. 1aβb–5a, nachdem Israel in V. 1aα bereits losgezogen ist?
- Wie verhält sich die Liste des mitgeführten Besitzes und der mitgeführten Familienangehörigen (Gen 46,6–7.8–27) zum restlichen Kontext von Gen 46,1–30?

Beginnen wir mit einem Blick auf die Einbettung von Gen 46,1–30 in den umliegenden Kontext der Josefsgeschichte.

Analyse

(a) Die kontextuelle Einbettung von Gen 46,1–30

Gen 46 beginnt in V. 1aα mit der Notiz, dass Israel sich mit allem, was ihm gehört, aufgemacht habe. Damit schließt das Kapitel direkt an die Aussage von Gen 45,28 an, nach der es ebenfalls Israel war, der beschlossen hatte, seinen Sohn vor dem eigenen Tode noch einmal zu sehen. Der Beschluss wird mit dem Aufbruch Gen 46,1aα ausgeführt. Allerdings wird es noch einige Verse dauern, bis der Erzvater tatsächlich bei Josef ankommt. Denn erst in Gen 46,29–30 setzt sich der in Gen 46,1aα begonnene Erzählfaden fort. Dort trifft der Erzvater mit seinem Lieblingssohn zusammen, herzt ihn und spricht: „Jetzt will ich gern sterben, nachdem ich dein Angesicht geschaut und gesehen habe, dass du noch am Leben bist" (Gen 46,30). Mit diesem Fazit greift Gen 46,30 wörtlich auf den Beschluss aus Gen 45,28 zurück. Nun erfüllt sich, was Israel in Gen 45,28 nur zu hoffen wagte.[1] Er hat seinen geliebten Sohn noch einmal gesehen und ist nun zu sterben bereit.

Mit dem kurz bevorstehenden Tod bereitet die Notiz auf Gen 47,29–31 vor, wo das Stichwort מות noch einmal explizit aufgegriffen wird. Die Tage, da Israel sterben sollte, nähern sich. Deshalb ruft er seinen Sohn Josef zu sich und bittet ihn, dass er ihn nicht in Ägypten bestatten möge.[2] Josef stimmt zu und Israel

---

1 Zu dieser Korrespondenz vgl. bereits die ältere Forschung, z. B. Gunkel, HK, 461. Dabei werden beide Verse wegen der Bezeichnung des Vaters mit Israel als Bestandteil des Jahwisten verstanden. Dieser Einschätzung haben sich in jüngerer Vergangenheit auch Schmidt, Studien, 272, oder Ruppert, FzB, 365, angeschlossen. Ähnlich sehen Vertreter redaktionsgeschichtlicher Lösungen wie z. B. Redford, Study, 185, oder Schmitt, Josephsgeschichte, 62, in den Versen einen Bestandteil der Juda-Schicht.
2 Einen Zusammenhang zwischen Gen 45,28; 46,30 und 47,29–31 vermutete bereits die ältere Forschung. Dabei wurden die Verse im Rahmen der Quellenscheidung wegen der Bezeichnung

verstirbt. Thematisch beschäftigt sich der Abschnitt Gen 47,29–31 nicht nur mit dem Eintritt von Israels Tod, sondern vor allem mit dem Eintritt von Israels Tod in der Fremde. Denn dass der Erzvater im Fremdland verstirbt, könnte auch seine Bestattung in der Fremde nach sich ziehen. Dieser Umstand ist für den Autor von Gen 47,29–31 inakzeptabel. So beugt er mit den Anweisungen Israels an seinen Lieblingssohn Josef dem Umstand vor, dass der Erzvater in Ägypten bestattet werden könnte.[3]

Der Abschnitt Gen 47,29–31 greift demnach nicht nur ausdrücklich auf Gen 45,28; 46,30 zurück, sondern reflektiert auch sachlich den dort implizierten Tod des Erzvaters in der Fremde. Mit Blick auf diese Beobachtungen liegt die Vermutung nicht fern, dass beide Aussagen einmal in einem unmittelbaren Zusammenhang gestanden haben und ursprünglich direkt aufeinander gefolgt sein könnten. Erst nachträglich wäre dieser Zusammenhang dann durch die in Gen 46,31–47,27* beschriebene Ansiedlung Israels in Ägypten unterbrochen worden.[4] Hierfür spricht ferner sachlich, dass der nach Gen 45,28; 46,30 bereits kurz bevorstehende Tod zu einer dauerhaften Ansiedlung Israels in Ägypten in gewisser Spannung steht.

Gen 45,28:

[28] ‏ויאמר ישראל רב עוד־יוסף בני חי אלכה ואראנו בטרם אמות:‏

Gen 46,30:

[30] ‏ויאמר ישראל אל־יוסף אמותה הפעם אחרי ראותי את־פניך כי עודך חי:‏

Ansiedlung Israels

Gen 47,29–31*:

[29] ‏ויקרבו ימי־ישראל למות ויקרא לבנו ליוסף ויאמר לו אם־נא מצאתי חן בעיניך שים־נא‏
‏ידך תחת ירכי ועשית עמדי חסד ואמת אל־נא תקברני במצרים:‏
[30] ‏ושכבתי עם־אבתי ונשאתני ממצרים וקברתני בקברתם ויאמר אנכי אעשה כדברך:‏
[31] ‏ויאמר השבעה לי וישבע לו וישתחו ישראל על־ראש המטה: פ‏

---

des Erzvaters mit Israel in der Hauptsache dem Jahwisten zugesprochen; vgl. bereits Wellhausen, Composition, 59; Dillmann, Genesis, 425; Holzinger, KHC, 252, oder Gunkel, HK, 469. Ähnlich fällt die Einschätzung von Vertretern redaktionsgeschichtlicher Ansätze wie Redford, Study, 185–186; Schmitt, Josephsgeschichte, 66, oder Dietrich, Novelle, 68, aus.
3 Vgl. hierzu Levin, Jahwist, 306, oder Kratz, Komposition, 284.
4 Vgl. hierzu genauer oben 4.4. (b) und unten 5.1.3. (a).

Nach den oben angeführten Beobachtungen dürfte der Aufbruch Israels nach Ägypten einmal direkt an den Beschluss aus Gen 45,28 angeknüpft haben und in die Wiederbegegnung zwischen Vater und Sohn in Gen 46,30 gemündet sein. Das Wiedersehen selbst greift wörtlich auf Gen 45,28 zurück und bereitet mit dem Motiv des bevorstehenden Todes auf Gen 47,29–31*[5]; 49,33aβ vor.[6]

Abgesehen von der Vision Jakobs in V. 1aβb–5a und den Ausführungen über Besitz und Nachkommenschaft in Gen 46,6–7.8–27, die im Anschluss an die kontextuelle Einbettung gesondert betrachtet werden sollen,[7] finden sich im Rahmen von Israels Reise nach Ägypten noch zwei Notizen, die im einleitenden Überblick Fragen aufgeworfen hatten. Hier ist zum einen an den Transport Israels auf den Wagen in V. 5b, zum anderen an die Einbettung von V. 28 im unmittelbaren Kontext von Gen 46,28–30 gedacht. Beginnen wir chronologisch mit einem Blick auf die Wagen in V. 5b.

Jakob wird auf Wagen nach Ägypten transportiert

Dass die Söhne Israels über Wagen verfügen, mit denen sie den Vater nach Ägypten transportieren können, verdanken sie dem Großmut Pharaos. Er hatte sich in Gen 45,19–20 an Josef gerichtet und ihn gebeten, den Brüdern Wagen mitzuschicken, mit denen sie ihre Kinder und Frauen sowie Jakob nach Ägypten transportieren sollen. Die Ausführung des Befehls begann in Gen 45,21a, wo die Söhne Israels tun, wie ihnen befohlen, und Josef die Brüder mit Wagen versorgt. Jakob sieht die Wagen in Gen 45,27 und Israel beschließt in Gen 45,28 nach Ägypten zu ziehen. Israel bricht in Gen 46,1aα auf. In Gen 46,5b setzen die Söhne Israels Jakob, die Kinder und Frauen auf die von Pharao entsandten Wagen und bringen sie damit nach Ägypten.

Der Zusammenhang zwischen den Aussagen über die Wagen in Gen 45 und Gen 46,5b ist längst erkannt. So vermutete bereits Hermann Gunkel hinter den Verweisen auf die Wagen einen literarischen Zusammenhang.

---

5 Zu einer Interpretation der Formulierung וישתחו ישראל על־ראש המטה 47,31b als Einleitung von Israels Tod vgl. Blum, Komposition, 250; van Seters, Yahwist, 320, oder Schweizer, Josefsgeschichte, 290. Zu abweichenden Deutungen vgl. u. a. Skinner, Genesis, 503; Westermann, BK, 207, oder Ruppert, FzB, 425.

6 Vgl. hierzu auch unten 5.1.4. (a).

7 Vgl. unten 5.1.1. (b) und 5.1.1. (c).

Zu J gehört Folgendes: als der Vater die Wagen sieht (vgl. zu 45,19) und sich also von Josephs Leben überzeugt, entschließt er sich sofort, nach Ägypten zu ziehen [45,27aγ.28]. Die Söhne aber heben ihn und seine Familie auf die Wagen, und so bricht er auf 46 5b.1aα (*am besten in dieser Reihenfolge*)[8].

In der von Gunkel *vorgeschlagenen Textumstellung* deutet sich ein Problem an, vor das der masoretische Text den Exegeten stellt. Denn ist Israel nach Gen 45,28; 46,1aα bereits aktiv aufgebrochen, so beschließen die Söhne Israels erst in V. 5, Jakob auf die Wagen zu heben. Mit der o. a. Textumstellung lösen sich für Gunkel jedoch nicht alle Probleme. Dass nämlich die Wagen einen Bestandteil von J darstellen, ergibt sich nach Gunkel zum einen aus dem Begriff עגלות, der eine Verbindung mit Gen 45,19 nahelegt, zum anderen aus dem Gebrauch des Namens Israel: „vgl. den Namen ‚Israel', die Wagen, die Berührung mit 45$_{19}$"[9]. Dass Israel als Zeichen der Zugehörigkeit zum Jahwisten allerdings im Zusammenhang des Wagenmotivs geltend gemacht werden kann, verdankt sich einer Textänderung von Gunkel. Denn mit Blick auf Gen 46,5b stellt er fest: „יעקב ist späterer Zusatz"[10]. Der uns vorliegende Textbestand hingegen benennt den Vater im Kontext der Wagen Pharaos niemals ausdrücklich mit Israel. Vielmehr bleibt sein Name im Zusammenhang von Gen 45,19–21a unerwähnt, während die Söhne in Übereinstimmung mit Gen 46,5b als בני־ישראל bezeichnet werden. In Gen 45,27 erscheinen die Wagen im Zusammenhang des Auflebens von Jakobs Geist, in Gen 46,5b ist es ebenfalls Jakob, der von den Söhnen Israels auf die Wagen gehoben werden soll. Blickt man auf diesen Befund, so scheint es, dass das Motiv der Wagen eher in einem Zusammenhang mit Jakob steht, dessen Söhne als בני־ישראל bezeichnet werden.

Diesen Schluss zieht auch Hans-Christoph Schmitt und grenzt Gen 46,5b deshalb gegen die Juda-Schicht Gen 45,28; 46,1aα ab. Gen 46,5b sei als integraler Bestandteil der Ruben-Schicht zu betrachten, die im Verständnis von Schmitt eine spätere Bearbeitung der Juda-Schicht darstellt. Der Halbvers habe einmal über die Vision Gen 46,1aβ–5a hinweg an Gen 46,1aα angeschlossen.[11] Dass in dieser diachronen Differenzierung – ungeachtet der Verteilung auf Juda- und Ruben-Schicht – grundsätzlich Richtiges gesehen sein dürfte, soll der folgende Blick auf die Verortung des Wagenmotivs im Binnen– und Außenkontext verdeutlichen.

Im Binnenkontext von Gen 46 fällt zunächst auf, dass V. 5b den Transport auf den Wagen recht detailliert einleitet. „Und die Söhne Israels hoben ihren

---

8 Gunkel, HK, 461 (Hervorhebung durch die Verf.).
9 Gunkel, HK, 461.
10 Gunkel, HK, 463.
11 Vgl. Schmitt, Josephsgeschichte, 59–65.

Vater Jakob, ihre Kinder und ihre Frauen auf die Wagen, die der Pharao gesandt hatte, um ihn hinzubringen". Die Brüder Josefs werden ausdrücklich als Söhne Israels identifiziert, die ihren Vater, nämlich Jakob, auf die Wagen setzen. Mit der Bezeichnung des Vaters als Jakob weicht V. 5b von dem Beschluss zum Aufbruch in Gen 45,28 und dem in Gen 46,1aα konstatierten Aufbruch ab, wo jeweils die Rede von Israel war. In der Bezeichnung des Erzvaters mit Jakob stimmt V. 5b hingegen mit dem direkt vorauslaufenden Aufbruch aus Beerscheba überein, der auf V. 1aβ zurückleitet und die Vision Jakob-Israels in V. 2–4 rahmt. „Und er *kam nach Beer-Scheba* und brachte dem Gott seines Vaters Isaak Schlachtopfer dar. [...] Da *machte sich Jakob auf von Beer-Scheba*" (Gen 46,1aββ.5a)

Sachlich steht Gen 46,5b, wie oben angedeutet, zu den Aussagen sowohl aus Gen 45,28; 46,1aα als auch Gen 46,5a (vgl. Gen 46,6) in einer gewissen Spannung. Denn war Israel in Gen 46,1aα.5a bereits selbst und aktiv losgezogen, so setzen die Söhne Israels in Gen 46,5b Jakob aus heiterem Himmel auf die Wagen Pharaos, um ihn nach Ägypten zu transportieren.[12] Damit entsprechen sie dem Befehl, den Pharao in Gen 45,19–20 erteilt hatte: „Nehmt euch aus dem Land Ägypten Wagen mit für eure Kinder und eure Frauen, und bringt euren Vater mit und kommt her". Dieser Befehl wird nun von den Söhnen Israels ausgeführt, denen Josef in Gen 45,21a auch die Wagen übergeben hatte.

> Die Söhne Israels machten es so, und Josef gab ihnen auf Befehl des Pharao Wagen mit [...].
> Und die Söhne Israels hoben ihren Vater Jakob, ihre Kinder und ihre Frauen auf die Wagen,
> die der Pharao gesandt hatte, um ihn hinzubringen (Gen 45,21a; 46,5b).

Während demnach der Transport Jakobs auf den Wagen im Außenkontext als Erfüllungsnotiz zu Gen 45,19–21a* fungiert, führt er im Binnenkontext von Gen 45 zu einigen Spannungen. So bezeichnet Gen 46,5b den Erzvater gegen Gen 45,28; 46,1aα nicht mit Israel, sondern mit Jakob. Im Gegensatz zu Israel in Gen 45,28; 46,1aα und Jakob in Gen 46,5a (vgl. Gen 46,6) bricht Jakob in Gen 46,5b überdies nicht aktiv nach Ägypten auf, sondern lässt sich dorthin von den Söhnen Israels transportieren. Mit Blick auf diese Beobachtungen legt es sich zunächst nahe, dass Gen 45,5b zwar mit Gen 45,19–20, nicht aber mit dem Aufbruch Israels aus Gen 45,28.1aα oder Gen 46,5a zusammengehören dürfte.[13] Es wird sich bei dem Motiv der Wagen – gegen Schmitt – am ehesten um eine punktuelle Ausschmü-

---

12 Zum Subjektwechsel vgl. Levin, Jahwist, 304.

13 An einen direkten Zusammenhang zwischen den Wagen-Versen Gen 45,19–20; 46,5 denkt auch Schmidt, Studien, 287, der bei dem Motiv insgesamt an P denkt. Levin, Jahwist, 300.304, versteht das Motiv der Wagen als nachjahwistische/vorpriesterschriftliche Bearbeitung, die das Ansehen Israels in Ägypten erhöhen will.

ckung handeln, die an den aktiven Aufbruch Israels anknüpft (Gen 45,9aαb.28; 46,1aα) und ihm nun den passiven Transport Jakobs hinzufügt (Gen 45,19–20.21a*.27a*; Gen 46,5b). Inhaltlich ist das Motiv eines passiven Transports von Jakob nach Ägypten wohl als Ehrerbietung zu verstehen, die Pharao dem Erzvater entgegenbringt und so sein Ansehen in Ägypten steigert. Das Motiv korrespondiert in der Josefsgeschichte mit dem Begräbniszug in Gen 50. So prunkvoll, wie der Leichnam Israels dereinst von Ägypten nach Kanaan überführt wird, wird auch der lebende Erzvater auf den Wagen Pharaos hinab nach Ägypten gebracht.[14] Über die Josefsgeschichte hinaus kontrastiert das hohe Ansehen, das der Erzvater in Ägypten genießt, die kommende Unterdrückung des Volkes, wie sie mit Ex 1,8ff einsetzt.

Literarkritisch legt es die ausführliche Einleitung וישאו בני־ישראל את־יעקב אביהם in Gen 46,5b nahe, dass der Autor des Wagenmotivs den Aufbruch Jakobs aus Gen 46,5a noch nicht gekannt haben könnte. Der Vers Gen 46,5a rahmt gemeinsam mit Gen 46,1aβb die Vision Jakobs aus V. 2–4 und lässt dem dortigen Zwischenhalt in Beerscheba nun einen neuerlichen Aufbruch aus Beerscheba folgen. Es steht somit zu vermuten, dass V. 1aββ–5a eine literarische Einheit darstellen, die den Zusammenhang von V. 1aα.5b insgesamt erst nachträglich unterbrochen haben dürfte. Im Rahmen dieser Ergänzung wurde das Subjekt „Jakob" aus V. 5b noch einmal aufgenommen und explizit erwähnt.[15]

Gen 45,19–20.26–28:

19 ואתה צויתה זאת עשו קחו־לכם מארץ מצרים עגלות לטפכם ולנשיכם ונשאתם את־אביכם ובאתם:

20 ועינכם אל־תחס על־כליכם כי־טוב כל־ארץ מצרים לכם הוא:

26 ויגדו לו לאמר עוד יוסף חי וכי־הוא משל בכל־ארץ מצרים ויפג לבו כי לא־האמין להם:

27 וידברו אליו את כל־דברי יוסף אשר דבר אלהם

וירא את־העגלות אשר־שלח יוסף לשאת אתו

ותחי רוח יעקב אביהם:

28 ויאמר ישראל רב עוד־יוסף בני חי אלכה ואראנו בטרם אמות:

---

14 Vgl. hierzu insbesondere Levin, Jahwist, 300.304.
15 Vgl. hierzu auch die Beobachtungen von Donner, Gestalt, 29; Schmitt, Josephsgeschichte, 58–63, oder Westermann, BK, 173.

Gen 46,1–5:

1 וַיִּסַּע יִשְׂרָאֵל וְכָל־אֲשֶׁר־לוֹ

וַיָּבֹא בְּאֵרָה שָּׁבַע וַיִּזְבַּח זְבָחִים לֵאלֹהֵי אָבִיו יִצְחָק:

2 וַיֹּאמֶר אֱלֹהִים לְיִשְׂרָאֵל בְּמַרְאֹת הַלַּיְלָה וַיֹּאמֶר יַעֲקֹב יַעֲקֹב וַיֹּאמֶר הִנֵּנִי:

3 וַיֹּאמֶר אָנֹכִי הָאֵל אֱלֹהֵי אָבִיךָ אַל־תִּירָא מֵרְדָה מִצְרַיְמָה כִּי־לְגוֹי גָּדוֹל אֲשִׂימְךָ

שָׁם:

4 אָנֹכִי אֵרֵד עִמְּךָ מִצְרַיְמָה וְאָנֹכִי אַעַלְךָ גַם־עָלֹה וְיוֹסֵף יָשִׁית יָדוֹ עַל־עֵינֶיךָ:

5 וַיָּקָם יַעֲקֹב מִבְּאֵר שָׁבַע

וַיִּשְׂאוּ בְנֵי־יִשְׂרָאֵל אֶת־יַעֲקֹב אֲבִיהֶם וְאֶת־טַפָּם וְאֶת־נְשֵׁיהֶם בָּעֲגָלוֹת אֲשֶׁר־שָׁלַח

פַּרְעֹה לָשֵׂאת אֹתוֹ:

Beschließen wir mit den obigen Ausführungen die Betrachtung des Wagen-Motivs und widmen uns der Ankunft Israels in Ägypten (Gen 46,28).

Die Voraussendung Judas und die Ankunft aller in Goschen (Gen 46,28)

In V. 28a findet sich zunächst ein Verweis darauf, dass Juda den anderen vorausgesandt worden sei. „Und Juda sandte er vor sich her zu Josef, damit dieser vor seiner Ankunft nach Goschen Weisung gebe". Die Perfektform שׁלח setzt sachlich den Erzvater als Subjekt voraus und bezieht sich damit über die Liste Gen 46,8–27 hinweg auf den Abschnitt Gen 46,1–7* zurück.[16] Inhaltlich bereitet die Voraussendung Judas den in Gen 46,29 folgenden Aufbruch Josefs vor, der sich nach Goschen aufmacht, um dem Vater entgegenzuziehen. Zwischen der Voraussendung Judas und dem Aufbruch Josefs findet sich in V. 28b[17] eine Notiz, die die Ankunft einer pluralischen Gruppe in Goschen vermeldet. Dabei wird das Gebiet Goschen nun über die Angaben in V. 28a.29 hinaus als Land (ארצה גשן) bezeichnet. Mit dieser Aussage stimmt Gen 45,28b mit den Formulierungen im Rahmen der Ansiedlung Israels in Goschen überein, wie sie sich im Erzählzusammenhang von Gen 45,10; Gen 46,34; 47,1.4.6 vollzieht. Im unmittelbaren Zusammenhang von Gen 46,28–30 fällt sie allerdings nicht nur terminologisch, sondern

---

16 Vgl. hierzu nur von Rad, ATD, 353. „Wie grob die Liste V. 8–27 den Faden der Erzählung zerrissen hat, sieht man noch einmal an dem V. 28, der mit seinem unbestimmten Subjekt – ‚er sandte voraus' – natürlich auf die Aussagen über Jakob in V. 1–7 zurückweist".

17 V. 28b fehlt in LXX. Dort folgt auf die Voraussendung Judas (V. 28a MT) direkt der Aufbruch Josefs in V. 29 MT. Gegen die Verortung der Wiederbegegnung in Goschen liest die LXX mit Gen 47,11 „Land Ramses". Zur Diskussion um eine mögliche Priorität der LXX-Lesart vgl. von Rad, ATD, 353, oder Westermann, BK, 179.

auch sachlich aus dem Rahmen, insofern sie den Zusammenhang der Anweisung Judas mit dem Aufbruch Josefs unterbricht.[18]

Es legt sich mit Blick auf diese Beobachtungen zunächst nahe, in der Aussage von Gen 45,28b einen Nachtrag zu sehen, der an das Treffen Josefs mit seinem Vater in Goschen anknüpft und ihm die Ankunft der Israeliten im *Land* Goschen hinzufügt. Damit bereitet sie die in Gen 46,31–47,11 folgende Ansiedlung der Israeliten im Lande Goschen und also vor den Toren Ägyptens vor. Dass es sich bei der Ansiedlung im Lande Goschen auch insgesamt um einen Nachtrag im Rahmen der Ansiedlung Israels in Ägypten handeln dürfte, ist bereits im Zusammenhang von Gen 45,10 angeklungen und wird im Kontext von Gen 46,31–47,11 noch einmal genauer zu erörtern sein. Ursprünglicher könnten Gen 46,29–30 dann von Gen 46,28a eingeleitet worden sein.

Gen 46,28–30.34

28 וְאֶת־יְהוּדָה שָׁלַח לְפָנָיו אֶל־יוֹסֵף לְהוֹרֹת לְפָנָיו |גֹּשְׁנָה|
וַיָּבֹאוּ |אַרְצָה גֹּשֶׁן|:
29 וַיֶּאְסֹר יוֹסֵף מֶרְכַּבְתּוֹ וַיַּעַל לִקְרַאת־יִשְׂרָאֵל אָבִיו |גֹּשְׁנָה| וַיֵּרָא 19 אֵלָיו וַיִּפֹּל עַל־צַוָּארָיו וַיֵּבְךְּ
עַל־צַוָּארָיו עוֹד:
30 וַיֹּאמֶר יִשְׂרָאֵל אֶל־יוֹסֵף אָמוּתָה הַפָּעַם אַחֲרֵי רְאוֹתִי אֶת־פָּנֶיךָ כִּי עוֹדְךָ חָי:
34 וַאֲמַרְתֶּם אַנְשֵׁי מִקְנֶה הָיוּ עֲבָדֶיךָ מִנְּעוּרֵינוּ וְעַד־עַתָּה גַּם־אֲנַחְנוּ גַּם־אֲבֹתֵינוּ בַּעֲבוּר
תֵּשְׁבוּ |בְּאֶרֶץ גֹּשֶׁן| כִּי־תוֹעֲבַת מִצְרַיִם כָּל־רֹעֵה צֹאן:

Dass auch Gen 45,28a nicht ursprünglich mit dem Aufbruch Israels zusammengehört haben dürfte, legt ein Blick auf den Makrokontext nahe. Hier hatte sich bei einer Betrachtung insbesondere der Kapitel Gen 43–44 gezeigt, dass die Erwähnung Judas einen Nachtrag innerhalb der Josefsgeschichte darstellen dürfte. Da nur vor dem Hintergrund der Erwähnungen Judas in den vorauslaufenden Kapiteln auch seine Voraussendung in Gen 46,28a verständlich wird, werden wir an dieser Stelle noch einmal kurz auf die in Gen 44 gefällten redaktionsgeschichtlichen Entscheidungen zurückkommen.[20]

In Gen 44 lässt Josef zunächst die Säcke der Brüder mit Getreide füllen und seinen silbernen Becher in den Sack des Jüngsten, Benjamin, geben (Gen 44,1–2).

---

18 Vgl. insgesamt Levin, Jahwist, 304; vgl. zum sekundären Charakter der Bezeichnung „Land Goschen" ferner Ruppert, FzB, 366.
19 Zur Nifal-Punktierung des Narrativs im masoretischen Text und den daraus resultierenden sprachlich-syntaktischen Problemen vgl. insbesondere Ebach, HThKAT, 469f.
20 Zur genauen Argumentation und zur Auseinandersetzung mit der Sekundärliteratur vgl. oben 4.3. (b).

Nachdem seine Brüder sich samt den gefüllten Säcken auf den Heimweg gemacht hatten, schickt er ihnen den Hausvorsteher hinterher:

> Auf, jage den Männern nach! Und wenn du sie eingeholt hast, dann sprich zu ihnen: Warum habt ihr Gutes mit Bösem vergolten? Das ist doch der Becher, aus dem mein Herr trinkt und aus dem er wahrsagt. Ihr habt eine böse Tat begangen (Gen 44,4–5*).

Die Brüder wehren sich gegen diesen Vorwurf mit Verweis auf ihr zuvor tadelloses Verhalten. Den Schuldigen, so bieten sie dem Hausvorsteher an, möge der Tod treffen. Die anderen aber wollen als Sklaven bei Josef verbleiben. Auf diesen Vorschlag geht der Hausvorsteher in V. 10a scheinbar ein. „Er sprach: Wie ihr gesagt habt, so sei es". Seinem eigenen Bekunden zum Trotz widerspricht er den Worten der Brüder allerdings in V. 10b.[21] Nicht will er den Schuldigen zum Tode verurteilen. Nein, der Schuldige soll „bei mir" als Sklave bleiben. Auch sollen die anderen Brüder nicht als Sklaven in Ägypten verbleiben. Vielmehr sollen sie schuldfrei von dannen ziehen können. Dieser Vorschlag des Hausvorstehers stimmt sachlich und perspektivisch (יהיה־לי עבד) mit der Aussage Josefs aus Gen 44,17 überein. Im dortigen Zusammenhang hatte in V. 16 zunächst Juda den Vorschlag der Brüder aus Gen 44,9 aufgegriffen und ihn modifiziert. Auch er will nun nicht mehr den als Benjamin identifizierten Schuldigen zum Tode verurteilt sehen. Stattdessen bietet er an, sie alle, schuldig wie unschuldig, wollen bei Josef als Sklaven verbleiben. Diesen Vorschlag lehnt Josef in V. 17 vehement ab und greift auf die Aussage des Hausvorstehers in V. 10 zurück. Auch er möchte nur den Schuldigen als Sklaven bei sich behalten, während die anderen wieder zurück zum Vater ziehen dürfen.

Die Formulierung ואתם עלו לשלום אל־אביכם bereitet dabei den Weg für die folgende Rede Judas, in der er Josef nun genau erklärt, warum er und seine Brüder auf keinen Fall ohne Benjamin zum Vater zurückkehren können. Weil der Vater ein besonderes Verhältnis zu Benjamin, dem zweiten Sohn seiner Lieblingsfrau Rahel, hat, darf diesem auf keinen Fall etwas zustoßen.[22]

> Da sprach dein Diener, mein Vater, zu uns: Ihr wisst selbst, dass mir meine Frau zwei Söhne geboren hat. Der eine ist von mir gegangen, und ich musste mir sagen: Gewiss ist er zerfleischt worden. Ich habe ihn bis heute nicht wiedergesehen. Nehmt ihr mir auch noch diesen und stößt ihm etwas zu, dann bringt ihr mein graues Haar vor Leid ins Totenreich hinab (Gen 44,27–29).

---

21 Vgl. hierzu Ruppert, FzB, 297. „Der Hausverwalter seinerseits stimmt den Brüdern nur scheinbar zu"; vgl. ferner Levin, Jahwist, 297. Anders u. a. Westermann, BK, 145. „Der Verwalter stimmt diesem Strafvorschlag der Brüder zu, V. 10, und nimmt sie damit beim Wort; גם־עתה hat hier den Sinn: dies soll jetzt auch gelten".
22 Vgl. hierzu Westermann, BK, 146.

Deshalb, so schlägt Juda nun vor, wolle er allein bei Josef als Sklave zurückbleiben, während die anderen mit Benjamin zum Vater zurückkehren. Denn „dein Diener hat sich ja für den Knaben bei meinem Vater verbürgt mit den Worten: Wenn ich ihn dir nicht wiederbringe, so will ich mein Leben lang vor meinem Vater die Schuld tragen" (Gen 44,32).

Den oben dargelegten Befund in Gen 44 hatten wir so zu erklären versucht, dass die Brüder in einer ursprünglicheren Fassung alle in V. 9 einen Vorschlag unterbreitet hatten, dem der Hausvorsteher in V. 10a zugestimmt hat. „Und sie sprachen zu ihm: [...]. Der von deinen Dienern, bei dem es gefunden wird, der soll sterben. Wir aber wollen meinem Herrn Sklaven sein. Und er sprach: Wie ihr gesagt habt, so sei es" (Gen 44,7a*.9–10a).

Erst im Zuge einer späteren Fortschreibung scheint mit Eintragung von V. 10b ein Widerspruch in den Aussagen von V. 9–10 aufgemacht worden zu sein.[23] Die Fortschreibung umfasst wohl Gen 44,10b.14aα.16–34* und lässt Juda zum Sprecher der Brüder werden.[24] Sein Vorschlag knüpft in V. 16 zunächst an das Angebot der Brüder aus V. 9 an, lässt nun aber die Todesstrafe fallen. Stattdessen bietet er an, alle Brüder wollen als Sklaven bei Josef bleiben. Diesen Vorschlag lehnt Josef in V. 17 vehement ab und fordert: nur der Schuldige möge bei ihm bleiben, während die restlichen Brüder zum Vater ziehen. Mit dieser Formulierung gibt er das Stichwort für die Rede Judas, die auf die Vorzugsrolle der Rahel-Söhne beim Vater abzielt. Juda erkennt diese Rolle nicht nur an, sondern will auch die Strafe für Benjamin antreten. „Darum möge jetzt dein Diener an Stelle des Knaben als Sklave meines Herrn hier bleiben, der Knabe aber möge mit seinen Brüdern hinaufziehen" (Gen 44,34). Über die Mittlerfunktion Judas vollzieht sich in dieser Bearbeitung die Versöhnung zwischen Josef und seinen Brüdern.

---

23 Vgl. zu dieser diachronen Differenzierung insbesondere Levin, Jahwist, 297, der in Gen 44 die V. 8.9b–10.14.15b.16bβγ.17–34 als Bestandteil einer Juda-Bearbeitung betrachtet. U. E. ist es allerdings wahrscheinlicher, dass ein Späterer an das bereits vorgegebene Motiv der Sklaverei V. 9b angeknüpft und es modifiziert hat. Die ursprünglich vorgeschlagene Bestrafung V. 9 greift zurück auf Gen 37–41*. Sollte dort Josef zunächst sterben und wurde dann als Sklave nach Ägypten verkauft, so soll nun der Schuldige sterben, während die anderen bei Josef als Sklaven verbleiben.

24 Auch Ruppert, FzB, 292–293, geht grundsätzlich davon aus, dass Juda erst nachträglich (durch den Jehowisten) als Sprecher identifiziert wurde. Dabei sieht Ruppert einen Widerspruch zwischen den Aussagen Judas aus Gen 44,16.34–34 und nimmt deshalb im Anschluss an Wellhausen, Composition, 58, an, Juda sei in Gen 44,16 erst nachträglich als Sprecher eingeführt worden, während sich der Narrativ ויאמר ursprünglich auf alle Brüder bezogen habe.

Gen 44,9–10.13–14.16–17:

‏9 אֲשֶׁר יִמָּצֵא אִתּוֹ מֵעֲבָדֶיךָ וָמֵת וְגַם־אֲנַחְנוּ נִהְיֶה לַאדֹנִי לַעֲבָדִים:

‏10 וַיֹּאמֶר גַּם־עַתָּה כְדִבְרֵיכֶם כֶּן־הוּא

אֲשֶׁר יִמָּצֵא אִתּוֹ יִהְיֶה־לִּי עָבֶד וְאַתֶּם תִּהְיוּ נְקִיִּם:

‏13 וַיִּקְרְעוּ שִׂמְלֹתָם וַיַּעֲמֹס אִישׁ עַל־חֲמֹרוֹ וַיָּשֻׁבוּ הָעִירָה:

‏14 וַיָּבֹא יְהוּדָה וְאֶחָיו

בֵּיתָה יוֹסֵף וְהוּא עוֹדֶנּוּ שָׁם וַיִּפְּלוּ לְפָנָיו אָרְצָה:

‏16 וַיֹּאמֶר יְהוּדָה מַה־נֹּאמַר לַאדֹנִי מַה־נְּדַבֵּר וּמַה־נִּצְטַדָּק הָאֱלֹהִים מָצָא אֶת־עֲוֹן עֲבָדֶיךָ הִנֶּנּוּ

עֲבָדִים לַאדֹנִי גַּם־אֲנַחְנוּ גַּם אֲשֶׁר־נִמְצָא הַגָּבִיעַ בְּיָדוֹ:

‏17 וַיֹּאמֶר חָלִילָה לִּי מֵעֲשׂוֹת זֹאת הָאִישׁ אֲשֶׁר נִמְצָא הַגָּבִיעַ בְּיָדוֹ הוּא יִהְיֶה־לִּי עָבֶד וְאַתֶּם

עֲלוּ לְשָׁלוֹם אֶל־אֲבִיכֶם: פ

Der oben beschriebene Einsatz Judas für Benjamin kontrastiert sein Verhalten in Gen 37. Hatte er dort vorgeschlagen, den älteren Rahel-Sohn, Josef, um Geld an die Ismaeliter zu verkaufen, so schlägt er in Gen 44 vor, er möge anstelle des zweiten Rahel-Sohnes, Benjamin, für dessen vermeintliche Schuld büßen. Die Aussagen komplementieren einander und dürften auch literarisch zusammengehören. Dasselbe gilt für die wörtliche Rede Judas in Gen 43,3.8–10, die nicht nur sachlich auf Gen 44,32 vorbereitet, sondern mit ihm auch sprachlich übereinstimmt.

Mit seinem vorausgehenden Verhalten in Gen 44 hängt zumindest sachlich auch die Voraussendung Judas in Gen 46,28a zusammen.

> Nach seinem glänzenden Plädoyer zugunsten Benjamins wie vor allem des Vaters [...], lag es natürlich nahe, Juda [...] mit eben dieser Aufgabe zu betrauen [...]. Somit ist es Juda, der nicht nur, wie versprochen [...], Benjamin seinem Vater zurückbrachte, sondern auch diesem das Wiedersehen mit dem ‚verlorenen‘ Sohn Josef ermöglicht[25].

Hatte er den Vater schon mit dem jüngeren Rahel-Sohn wiedervereint, so bringt er nun auch den älteren Rahel-Sohn wieder mit Israel zusammen.

Diese Einschätzung ist für die relative Chronologie in Gen 46 insofern von Bedeutung, als bereits die Einführung Benjamins nachpriesterschriftlich zu datieren sein dürfte.[26] Dementsprechend wäre auch für die Einführung Judas eine nachpriesterschriftliche Datierung anzunehmen. Hierfür spricht inhaltlich auch, dass sich der Antagonismus zwischen Juda und den Rahel-Söhnen in Gen 37*; (38*;) 42–45* bereits auf dem Hintergrund jener nationalgeschichtlichen Erweiterungen verstehen lassen dürfte, die die Josefsgeschichte zunehmend mit der

---

25 Ruppert, FzB, 366–367; vgl. auch Levin, Jahwist, 305.
26 Zu einer ausführlichen Auflistung der Argumente, die zu dieser Einschätzung geführt haben, vgl. oben 4.1. (b).

kommenden Volksgeschichte im Exodus verknüpfen und eine literarische Verbindung der Bücher Genesis und Exodus mithin längst voraussetzen.[27] Juda ist
das Südreich, Josef ist das Nordreich und Benjamin sein einziger Vollbruder. Der
Konflikt, der zwischen Josef und Juda schwelt und über Benjamin zur Versöhnung
führt, mag dabei durchaus reale Auseinandersetzungen zwischen Nord- und Südreich widerspiegeln. Mit Blick auf die nachpriesterschriftliche Datierung und die
offenkundige Konkurrenz zwischen Josef und Juda wird am ehesten an Auseinandersetzungen der perserzeitlichen Provinzen Jehud und Samaria zu denken sein.

Für die relative Chronologie bleibt mit Blick auf die o. a. Beobachtungen festzuhalten, dass Gen 46,28a bei nachpriesterschriftlicher Datierung nicht mit dem
vorpriesterschriftlichen Aufbruch Israels in Gen 46,1aα.29–30 zusammengehören kann.[28] Vielmehr dürfte er ihn bereits voraussetzen. Er dürfte überdies die
gemeinhin als priesterschriftlich bewerteten Aussagen aus Gen 46,6–7 bereits vor
Augen haben. Über Gen 46,8–27 hinweg, wird Gen 46,28a dann einmal an jene
Aussagen angeknüpft haben.

Gen 46,1aα.6–7.28a.29–30:

‏¹ ויסע ישראל וכל־אשר־לו [...]:

‏⁶ ויקחו את־מקניהם ואת־רכושם אשר רכשו בארץ כנען ויבאו מצרימה ‏יעקב‏ וכל־זרעו
אתו:

‏⁷ בניו ובני בניו אתו בנתיו ובנות בניו וכל־זרעו ‏הביא‏ אתו מצרימה: ס

‏²⁸ ואת־יהודה ‏שלח‏ לפניו אל־יוסף ²⁹ להורת[29] לפניו גשנה[...] :

‏²⁹ ויאסר יוסף מרכבתו ויעל לקראת־ישראל אביו גשנה וירא אליו ויפל על־צואריו ויבך על־
צואריו עוד:

‏³⁰ ויאמר ישראל אל־יוסף אמותה הפעם אחרי ראותי את־פניך כי עודך חי:

---

[27] Vgl. hierzu insbesondere die Ausführungen bei Kratz, Komposition, 284: „Die Tendenz geht
dahin, die Stammes- und Volksgeschichte nach dem Höhepunkt der Karriere Josefs in Kap. 41
immer stärker auszubauen. Dem dienen die Ruben-Midian-Zusätze in Kap. 37, die Zufügung der
Söhne Josefs und deren Segnung in 41,50–52 und Kap. 48, die Benjamin-Stücke in Kap. 42–45,
die Stammessprüche in Kap. 49, im weiteren auch die Zufügung der Juda-Tamar-Erzählung in
Gen 38, die um das Gesetz der Schwagerehe kreist. Die zunehmende nationalgeschichtliche Ausformung bis hin zur Aufstockung der Brüder Josefs zu den zwölf Stämmen Israels in Gen 37,9;
42,3.13.32 und Kap. 49 bindet die Geschichte immer mehr in den literarischen Kontext des Hexateuchs und des Enneateuchs ein".
[28] Auch Levin, Jahwist, 305, versteht die Voraussendung Judas als Ergänzung, die zumindest
in einem sachlichen Zusammenhang mit seinem Erscheinen in Gen 44 steht. Levin allerdings
nimmt an, dass Gen 46,28a ursprünglich an Gen 46,1aα angefügt wurde und also vorpriester-
schriftlich zu datieren sei.
[29] Vgl. zu den Schwierigkeiten einer Lesung des Konsonantenbestandes Schmidt, Studien, 181f.

Beschließen wir damit unsere Betrachtung des (nichtpriesterschriftlichen) Aufbruchs von Jakob-Israel nach Ägypten und kommen zu einer Vision Jakobs, die in V. 1aβb–5a den Aufbruch des Erzvaters von der Zustimmung Elohims abhängig macht.

(b) Die nächtliche Vision Jakobs

„Nach Gen 45,28 erwartet der Leser, dass sich Israel nun schleunigst auf den langen Weg macht, um zu seinem Sohn Josef aus Kanaan im Norden nach Ägypten im Süden hinabzukommen."[30] So bricht der Erzvater denn auch in Gen 46,1a gleich auf, kommt jedoch zunächst nicht nach Ägypten, sondern nach Beer-Scheba, wo er Opfer für den Gott seines Vaters Isaak darbringt.[31] In V. 2 empfängt *Israel* eine nächtliche Vision[32], in der sich Elohim an *Jakob* richtet.

> Jakob, Jakob! Er sprach: Hier bin ich. Und er sprach: Ich bin El (האל), der Elohim deines Vaters. Fürchte dich nicht, nach Ägypten hinabzuziehen, denn ich will dich dort zu einem großen Volk machen. Ich selbst ziehe mit dir nach Ägypten hinab, und ich selbst werde dich auch wieder heraufführen, und Josef wird dir die Augen zudrücken (Gen 46,2–4).

In V. 5a bricht Jakob von Beer-Scheba auf und lenkt so auf Gen 42,1aβ zurück. Der Aufenthalt Jakob-Israels in Beer-Scheba ist demnach durch V. 1aβ.5a gerahmt.

Thematisch beschäftigt sich der Abschnitt V. 1aβ–5a mit einer Opferung, die mit einer nächtlichen Vision zusammenhängt. Die Vision präsentiert sich als eine direkte Gottesrede und steht damit als Redetraum den bisher in Gen 37; 40–41 vorherrschenden Bildträumen formal entgegen. Mit dieser Darstellung erinnert die Vision in Gen 46,1aβ–5 eher an jene Träume, wie sie uns in der Vätergeschichte berichtet werden.[33] Der Abschnitt Gen 42,1abβ–5a zeigt noch weitere sprachliche und sachliche Berührungspunkte mit der Vätergeschichte. Die Gottesvorstellung אנכי האל אלהי אביך samt Beschwichtigungsformel אל־תירא erinnert

---

30 Fieger/Hodel-Hoenes, Einzug, 291.

31 Zu den Spannungen, die dieser Zwischenhalt im Erzählverlauf hervorruft vgl. etwa Kebekus, Joseferzählung, 159–161; Carr, Fractures, 211. Anders hingegen Seebass, Josephsgeschichte, 121, der meint, eine „gottesdienstliche Handlung auf dem Wege ist nicht ungewöhnlich [...]. Ungewöhnlich aber ist die hier genannte Festmahlzeit, zumal sie während einer Hungersnot stattfindet".

32 Zur Diskussionen um das ansonsten nur in Ez 1,1; 8,3; 40,2; 43,3 belegte Nomen מראה (wörtl.: Sehen, Anblick) für „Nachtgesicht" vgl. Westermann, BK, 171; Ruppert, FzB, 347f.

33 Vgl. hierzu Ebach, HThKAT, 417. „Es handelt sich um einen Traum, der jedoch von den Träumepaaren der übrigen Josefsgeschichte begrifflich und formal kategorial unterschieden ist. Hier ist keine Symbolik zu entschlüsseln, vielmehr empfängt Jakob eine Botschaft in einer gleichsam unverschlüsselten Gottesrede".

zunächst an Gen 26,24. Die Weisung Gottes im Traum bezieht sich sachlich auf das in Gen 26,2aβb an Isaak ergangene, göttliche Verbot, nach Ägypten hinabzuziehen, und hebt dieses gleichsam auf.[34] Die Verbindung des Gebotes mit Isaak könnte in Gen 46 den Grund für seine explizite Erwähnung in V. 1bβ darstellen.[35] „Die Wahl des Ortes[36]" scheint „durch [...] 26,24–25a veranlaßt"[37]. Die Rede vom „großen Volk" erinnert an Gen 12,1–3[38] und Gen 21,18.[39]

---

34 Zum Zusammenhang mit Gen 26 vgl. Jacob, Genesis, 828; Lowenthal, Joseph, 112; Donner, Gestalt, 30; Levin, Jahwist, 305; Blum, Komposition, 248f; van Seters, Yahwist, 319; Boecker, Josefsgeschichte, 75; Weimar, *Josefsgeschichte*, 193; Carr, Fractures, 211; Ruppert, FzB, 348; Ebach, HThKAT, 420.
Anders hingegen denkt Schmidt, *Verbindung*, 24f, und ders., Studien, 186–188, dass die Formulierungen in Gen 26,24 jünger seien als Gen 46,1b–5* und es sich bei diesem Abschnitt der Josefsgeschichte – mit Ausnahme von „zu Israel in Gesichten der Nacht" V. 2a – um einen integralen Bestandteil der Ruben-Fassung (=E) handele. Zwischen dem Verbot Gen 26,2 und Gen 46,3 bestehe überdies keinerlei Beziehung. Dabei widerspricht seine Argumentation dem offenkundigen sachlich-literarischen Befund und scheint in erster Linie die Annahme einer elohistischen Herkunft der Beerscheba-Passage zu dienen. Ähnlich Graupner, Elohist, 347–353.
35 Vgl. zu diesen Ausführungen auch Levin, Jahwist, 305.
36 Zur Diskussion um die Ortswahl, die dem Sachverhalt (Hebron) von Gen 37,14 zu widersprechen scheint, vgl. Gunkel, HK, 462f; von Rad, ATD, 351f; Ruppert, FzB, 347–351, oder Westermann, BK, 169–174.
37 Levin, Jahwist, 305.
38 Zu Übereinstimmungen der Vision mit Gen 31,11.13.17 und Gen 12,1–3 sei insbesondere verwiesen auf Blum, Komposition, 247.
39 Es sind nicht zuletzt die o. a. zahlreichen Anspielungen auf die Vätergeschichte, die bereits die ältere Forschung vor Probleme bei der Zuordnung von Gen 46,1–5* gestellt hat. So greift Gen 46,3 ausdrücklich auf jahwistische Stück aus Gen 26 zurück, verwendet als Gottesbezeichnung nun jedoch Elohim (V. 2) bzw. „El, Elohim deines Vaters" (V. 3). Bereits Gunkel, HK, 462–463, hat mit Blick auf den skizzierten Befund festgehalten: „diese Geschichte wird 26 von J mitgeteilt; die hier vorausgesetzte Variante des E über dieselbe Begebenheit ist uns [...] nicht erhalten. Solche Verweise einer Erzählung auf die andere kommen in alten Sagen nicht vor und zeigen stets späte Herkunft des Stücks. [...] Wir haben hier also einen Strang des E vor uns, der nicht diese Abraham-, dafür aber eine Isaaq-Geschichte enthalten hat".
An diese Beobachtungen von Gunkel hat Ruppert, Josephserzählung, 130, angeknüpft. Ruppert weist zu Recht darauf hin, dass es sich bei Gen 46,1ff um einen Rekurs auf Gen 26,1–5 J handele, eine Zugehörigkeit zu E aus diesem Grund zumindest problematisch sei und man wohl deshalb eher an E² zu denken habe. In FzB, 346–351, konkretisiert Ruppert diese Vorstellung und rechnet erst ab V. 5a mit E. Bei V. 1–4 hingegen denkt er an J (V. 1aα), Je (V. 1aβ) und Jᴿ (V. 1b.2*–4).
Insgesamt an den Jahwisten denkt trotz der Gottesbezeichnung El bzw. Elohim van Seters, Yahwist, 319–320: „The Yahwist has embededed this thematic promise text within the Joseph story, making reference to the immediate story context"; van Seters Yahwist, 320. Die Gottesbezeichnung האל אלהי אביך erklärt er dabei als eine Kombination der zwei Varianten „of the divine

Gen 46,1–5*:

¹ וַיִּסַּע יִשְׂרָאֵל וְכָל־אֲשֶׁר־לוֹ וַיָּבֹא בְּאֵרָה שָּׁבַע וַיִּזְבַּח זְבָחִים לֵאלֹהֵי אָבִיו יִצְחָק:

² וַיֹּאמֶר אֱלֹהִים לְיִשְׂרָאֵל בְּמַרְאֹת הַלַּיְלָה וַיֹּאמֶר יַעֲקֹב יַעֲקֹב וַיֹּאמֶר הִנֵּנִי:

³ וַיֹּאמֶר אָנֹכִי הָאֵל אֱלֹהֵי אָבִיךָ אַל־תִּירָא מֵרְדָה מִצְרַיְמָה כִּי־לְגוֹי גָּדוֹל אֲשִׂימְךָ שָׁם:

⁴ אָנֹכִי אֵרֵד עִמְּךָ מִצְרַיְמָה וְאָנֹכִי אַעַלְךָ גַם־עָלֹה וְיוֹסֵף יָשִׁית יָדוֹ עַל־עֵינֶיךָ:

⁵ וַיָּקָם יַעֲקֹב מִבְּאֵר שָׁבַע וַיִּשְׂאוּ בְנֵי־יִשְׂרָאֵל אֶת־יַעֲקֹב אֲבִיהֶם וְאֶת־טַפָּם וְאֶת־נְשֵׁיהֶם בָּעֲגָלוֹת אֲשֶׁר־שָׁלַח פַּרְעֹה לָשֵׂאת אֹתוֹ:

Gen 12,1–3:

¹ וַיֹּאמֶר יְהוָה אֶל־אַבְרָם לֶךְ־לְךָ מֵאַרְצְךָ וּמִמּוֹלַדְתְּךָ וּמִבֵּית אָבִיךָ אֶל־הָאָרֶץ אֲשֶׁר אַרְאֶךָּ:

² וְאֶעֶשְׂךָ לְגוֹי גָּדוֹל וַאֲבָרֶכְךָ וַאֲגַדְּלָה שְׁמֶךָ וֶהְיֵה בְּרָכָה:

³ וַאֲבָרְכָה מְבָרְכֶיךָ וּמְקַלֶּלְךָ אָאֹר וְנִבְרְכוּ בְךָ כֹּל מִשְׁפְּחֹת הָאֲדָמָה:

Gen 21,18:

¹⁸ קוּמִי שְׂאִי אֶת־הַנַּעַר וְהַחֲזִיקִי אֶת־יָדֵךְ בּוֹ כִּי־לְגוֹי גָּדוֹל אֲשִׂימֶנּוּ:

Gen 26,2.23–25:

² וַיֵּרָא אֵלָיו יְהוָה וַיֹּאמֶר אַל־תֵּרֵד מִצְרַיְמָה שְׁכֹן בָּאָרֶץ אֲשֶׁר אֹמַר אֵלֶיךָ:

²³ וַיַּעַל מִשָּׁם בְּאֵר שָׁבַע:

²⁴ וַיֵּרָא אֵלָיו יְהוָה בַּלַּיְלָה הַהוּא וַיֹּאמֶר אָנֹכִי אֱלֹהֵי אַבְרָהָם אָבִיךָ אַל־תִּירָא כִּי־אִתְּךָ אָנֹכִי וּבֵרַכְתִּיךָ וְהִרְבֵּיתִי אֶת־זַרְעֲךָ בַּעֲבוּר אַבְרָהָם עַבְדִּי:

²⁵ וַיִּבֶן שָׁם מִזְבֵּחַ וַיִּקְרָא בְּשֵׁם יְהוָה וַיֶּט־שָׁם אָהֳלוֹ וַיִּכְרוּ־שָׁם עַבְדֵי־יִצְחָק בְּאֵר:

Was Gen 46,1aβb–5a mit Blick auf die oben angeführten Berührungspunkte demnach leistet, ist eine Verknüpfung von Israels Aufbruch nach Ägypten mit Ereignissen aus der Vätergeschichte.[40] Dabei wird der Aufbruch in Gen 46 nun

---

name used in the other Jacob narratives, that is, ,the God [...] of Bethel' (31:13; cf. 35:1) and ,Yahweh, the God of Isaac your father' (28:13; 32:10)"; van Seters, Yahwist, 319.

40 Diese Beobachtung hat Donner, Gestalt, 26–30, der die Josefsgeschichte ansonsten für eine ursprünglich unabhängig von J und E entstandene Erzählung hält, dazu bewogen, in Gen 46,1–5 – wie in Gen 41,50–52; Gen 48 und Gen 50,23–25 – ein Fragment der Quellenschriften zu sehen. Jene Fragmente habe der (vorexilische) jehovistische Bearbeiter RJE, der die ursprünglichen Berichte einer Übersiedlung nach Ägypten in J und E grundsätzlich durch die „Josefsgeschichte" ersetzt habe, beibehalten, weil „ihre Angaben in der Josefnovelle nicht enthalten waren: Angaben und Mitteilungen, die für den Fortgang der Pentateucherzählung nicht entbehrt werden konnten"; Donner, Gestalt, 27.

Diesen Sachverhalt sieht Donner darin bestätigt, dass (1) die Art der Traumoffenbarung formal den Träumen der Josefsgeschichte widerspricht, den Erzählungen der Vätergeschichte hingegen nahesteht und sich der Traum (2) sachlich auf das an Isaak ergangene Verbot in Gen 26 (J) bezieht und somit derselben Quelle zugerechnet werden dürfe. Damit sieht Donner zudem erwie-

nachträglich durch Elohim sanktioniert, nachdem bzw. weil Jhwh Isaak in Gen 26,2aβb verboten hatte, nach Ägypten hinabzuziehen. Warum das Gebot Elohims an dieser Stelle wichtig ist, ergibt sich also nur auf dem Hintergrund der vorauslaufenden Vätergeschichte.

Aufgrund der Verwendung der Wurzel עלה im Zusammenhang des Ägyptenzuges (V. 4) wird nicht selten angenommen, dass in der Vision Gen 46,1–5* nicht nur auf die Vätergeschichte zurückgegriffen, sondern auch der Exodus antizipiert wird.[41] Diese Annahme hält etwa Schmid für

> neither required nor suggested by the text. The explicit horizon of Gen 46:1–5a does not extend beyond Gen 50. The sequence of events that verses 3–4 delineate is as follows: YHWH will move with Jacob to Egypt (3b, 4a), in order to make him into a great people there [...], in order to lead him out again (4a), and Joseph will close his eyes (4b). If one arranges this anticipatory sequence to the subsequent events, then one does not see beyond the Joseph story. Jacob moves to Egypt in Gen 46:5–7. Genesis 47:27b notes the multiplication of Israel [...], and Gen 50:7–13 specifies the return to Canaan as well as the burial of Jacob by Joseph. [...] Genesis 46:1–5a only looks forward to the return of Jacob to Canaan in Gen 50, but not to the return of Israel in Exodus-Joshua. However, that means that Gen 46:1–5a has been formulated precisely for the ancestral story encompassing Gen 12–50[42].

Die Annahme von Schmid scheint auf den ersten Blick schlüssig. Doch fällt bei genauerer Betrachtung auf, dass sich die Vorstellung von Gen 46,1–5 nicht nur darin von den Verheißungen an die Erzväter unterscheidet, dass Jakob nun – anders als Isaak – doch nach Ägypten hinabziehen darf. Ein weiterer und nicht unerheblicher Unterschied findet sich in Gen 46,3b. In jenem Halbvers erinnert

---

sen, dass bereits J den Übergang nach Ägypten erzählt haben muss und dass es sich bei der Josefsgeschichte um eine ursprünglich unabhängige Erzählung handelt, die eine Nivellierung des an Isaak ergangenen Gebotes nicht zu berücksichtigen hatte.
Schwierig bei der Annahme Donners ist zunächst die Identifikation von Gen 46,1–5 als Bestandteil einer lediglich angenommenen Quellenschrift der Josefsgeschichte, deren Umfang, Sprache, genauer Inhalt und Intention uns gänzlich unbekannt sind. Auch lässt der Verweis auf Gen 26 nicht zwingend auf J schließen. Denkbar wäre auch, dass es sich bei Gen 26,2 und Gen 46,1–5 nicht um gleichursprüngliche Anweisungen handelt, sondern letztere das an Isaak ergangene Verbot bereits als bekannt voraussetzt und von jenem somit literarisch abhängt. Hierfür könnte auch sprechen, dass, während Gen 26,2 (J) aus dem Munde Jhwhs erfolgt, die Ausführungen von Gen 46,2f ausdrücklich auf Elohim verweisen. Es fällt zudem ins Auge, dass die Wendung שׂים לגוי גדול (Gen 46,3) ihre einzige Entsprechung in Gen 21,17 (gemeinhin E) findet, wo das Versprechen ebenfalls durch die „Fürchte-dich-nicht"-Formel (אל־תירא) eingeleitet wird und sich auf Elohim beruft.
41 Vgl. zu dieser Annahme den Überblick bei Ebach, HThKAT, 419f.432f.
42 Schmid, Genesis, 43. Vgl. ähnlich Seebass, *Josephsgeschichte*, 34, der für Gen 46,1–5* eine Spätdatierung ablehnt und an der elohistischen Herkunft festhält.

die Formulierung כי־לגוי גדול אשׂימך שׁם an Mehrungsverheißungen an die Väter (vgl. Gen 12; 13; 15; 17; 18; 22; 28; 35 u. ö.), die sich dort auf Kanaan beziehen. Nun aber soll die Verheißung sich für Jakob שׁם, also in Ägypten, erfüllen. *Dort* soll er zu einem großen Volk werden. Über die Aussage von Gen 46,3b verbindet die Josefsgeschichte demnach die Väterverheißungen mit der temporären Existenz des Volkes Israel in Ägypten. In Ägypten wird Israel zu einem גוי גדול, wie Gott es seinen Vätern versprochen hat. Die Verheißung beginnt sich mit Gen 47,27b zu erfüllen (ויפרו וירבו מאד; vgl. Ex 1,7), in Ex 1 ist das Volk der Söhne Israels den Ägyptern zu groß geworden (Ex 1,9: ויאמר אל־עמו הנה עם בני ישׂראל רב ועצום ממנו). Mit Blick auf die hier skizzierten Zusammenhänge scheint Gen 46,3b ein Problem zu reflektieren, dass sich auf dem Hintergrund des Hexateuchs versteht: nach der literarischen Verbindung der Genesis mit der Exodus-Landnahmeerzählung[43] nämlich muss sich die an die Väter verheißene Mehrung bzw. Volkwerdung bereits vor dem Tod Israels, dem Ahnherrn des Volkes aus Ex 1ff, erfüllt haben. Denn zwar wird das Land Kanaan erst im Buch Josua in Besitz genommen. Doch ist das Volk bereits in Ex 1 und also in Ägypten groß geworden.

Es dürfte sich dann bei Gen 46,1aβb–5a um einen Nachtrag handeln,[44] der auf zahlreiche Abschnitte der Vätergeschichte rekurriert und auf den kommenden Exodus bereits vorausblickt. Der Nachtrag legitimiert nachträglich den Aufbruch des in Gen 46,1aα bereits losgezogenen Erzvaters nach Ägypten, indem er das von Jhwh an Isaak ergangene Verbot aus Gen 26,2 aufhebt. Er deutet überdies die Verheißungen an die Väter in Gen 12,2; 21,18 um und lässt sich die von Gott versprochene Mehrung bereits in Ägypten, nicht erst in Kanaan erfüllen.[45]

Beschließen wir mit diesem Fazit die Betrachtung des nichtpriesterschriftlichen Textbestandes und widmen uns im Folgenden jenen Abschnitten, die gemeinhin als priesterschriftlich (Gen 46,6–7) bzw. als von der Priesterschrift beeinflusst (Gen 46,8–27) verstanden werden. Beginnen wir dabei mit den Aussagen aus Gen 46,6–7.

---

43 Der Begriff ist hier allgemein – und zunächst ohne redaktionsgeschichtliche Implikationen – als Umschreibung einer Erzählung gemeint, die die Motive von Exodus und Landnahme umfasst.
44 Vgl. etwa Levin, Jahwist, 305 (nachendredaktionelle Ergänzung); Gertz, Tradition, 273–277 (endredaktioneller Abschnitt).
45 Vgl. hierzu bereits die Beobachtung von Jacob, Genesis, 828, dass hier schon „der Gegensatz der siebzig Seelen und des zahlreichen späteren Volks" anklinge.

(c) Der Besitz und die Nachkommen Jakob-Israels

Gen 46,6–7:

In V. 6 erfährt der Leser, dass Jakob und die Seinen auch den erworbenen Reichtum mit nach Ägypten geführt haben. „Und sie nahmen ihre Herden und ihre Habe, die sie im Land Kanaan erworben hatten, *und kamen nach Ägypten, Jakob und alle seine Nachkommen mit ihm*". Der Vers zeigt sachlich-terminologische Übereinstimmungen mit gemeinhin priesterschriftlich bewerteten Abschnitten der Vätergeschichte (Gen 12,5; 31,18; 36,6f[46]) und wird zumeist ebenfalls als Bestandteil der Priesterschrift verstanden,[47] sonderlich als Bestandteil von P[G].[48] „Die ausführende Wiederholung V. 7 ist ein innerpriesterschriftlicher Nachtrag (P[S])"[49]. V. 7 fügt den materiellen Reichtümern nun auch die Nachkommen hinzu. Dabei greift V. 7b mit der Formulierung וכל־זרעו הביא אתו מצרימה auf V. 6b zurück.

Gen 46,6–7*:

⁶ויקחו את־מקניהם ואת־רכושם אשר רכשו בָּאָרֶץ כְּנַעַן ויבאו מצרימה יעקב וכל־זרעו אתו׃

⁷בניו ובני בניו אתו בנתיו ובנות בניו וכל־זרעו הביא אתו מצרימה׃ ס

Gen 12,5:

⁵ויקח אברם את־שרי אשתו ואת־לוט בן־אחיו ואת־כל־רכושם אשר רכשו ואת־הנפש אשר־
עשו בחרן ויצאו ללכת אַרְצָה כְּנַעַן ויבאו אַרְצָה כְּנַעַן׃

Gen 31,18:

¹⁸וינהג את־כל־מקנהו ואת־כל־רכשו אשר רכש מקנה קנינו אשר רכש בפדן ארם לבוא אל־
יצחק אביו אַרְצָה כְּנַעַן׃

Gen 36,6–7:

⁶ויקח עשו את־נשיו ואת־בניו ואת־בנתיו ואת־כל־נפשות ביתו ואת־מקנהו ואת־כל־בהמתו
ואת כל־קנינו אשר רכש בָּאָרֶץ כְּנַעַן וילך אל־ארץ מפני יעקב אחיו׃

⁷כי־היה רכושם רב משבת יחדו ולא יכלה ארץ מגוריהם לשאת אתם מפני מקניהם׃

---

46 Vgl. Levin, Jahwist, 305; Ruppert, Genesis, 350f.

47 So bereits Gunkel, HK, 492: „Auf P führt רכוש, רכש, die große Weitläufigkeit der Aufzählung und die Parallelen 12₅ 31₁₈ 36₆". Vgl. Westermann, BK, 174; Levin, Jahwist, 305. Anders Redford, Study, 21, der in V. 5–7 eine durch den „Genesis editor" eingetragene Harmonisierung „between the end of chapter 45 and 46:5" sieht, „telling of the family's migration from Hebron to Beersheba".

48 So bereits Nöldecke, Untersuchungen, 33: „Jedes Wort spricht hier für die Grundschrift".

49 Levin, Jahwist, 305.

„Strittig in der Kritik ist nur, ob auch V. 5b zu P oder eher einer P-nahen Tradition angehört"[50]. Diese Frage allerdings stellt sich weniger aufgrund der sachlich-sprachlichen Aussage von V. 5b. Denn das Motiv der Wagen weist nicht zwangs-läufig auf die Priesterschrift oder eine ihr nahestehende Tradition. Vielmehr ergibt sich das Problem aus der syntaktischen Gestaltung von V. 6–7, die auf eine Einleitung durch den vorauslaufenden Kontext angewiesen ist. Zwar stellt auch die nachholende Erklärung יעקב וכל־זרעו אתו das Subjekt der pluralischen Narra-tivkette heraus. Doch versteht sich V. 6 syntaktisch im vorliegenden Text als Fort-setzung des zuvor beschriebenen Aufbruchs. Dieser Umstand aber erklärt sich nur schwer im Rahmen einer priesterschriftlichen Quelle.

Aus diesem Grund hat etwa Ludwig Schmidt angenommen, bei dem Motiv der Wagen aus Gen 45,19–20; Gen 46,5b handele es sich ebenfalls um einen Bestandteil von P.[51] Demgegenüber geht Lothar Ruppert davon aus, nur V. 6–7 gehörten der Priesterschrift an, während V. 5b „am ehesten einem P nahestehen-den Bearbeiter (P[S]) zuzuschreiben"[52] sei. Beobachtungen im Außen- und Binnen-kontext allerdings lassen daran zweifeln, dass Gen 46,6–7 überhaupt als direkte Fortsetzung von V. 5b gedacht waren. Dies betrifft zunächst den Zusammenhang von Gen 46,5–6. Hier dürfte zu vermuten sein, dass ursprünglich auch Jakob als Subjekt von Gen 46,6 ויקחו gedacht war. Wie Abram in Gen 12,5 und wie Esau in Gen 36,6–7 wird auch er seinen Reichtum aktiv genommen und mit sich geführt haben. Erst durch die Einführung der Wagen in V. 5b, auf denen Jakob nun passiv von den Söhnen Israels nach Ägypten transportiert wird, dürfte er als Subjekt zu ויקחו ausgefallen sein.

Eine weitere Beobachtung zum unmittelbaren Kontext legt es überdies nahe, dass Gen 46,6 einmal direkt an Gen 46,1aα angeschlossen haben könnte. Denn nicht nur V. 7b schließt mit einer Wiederaufnahme von V. 6b an den Vorvers an. Auch V. 6b greift mit der Formulierung וכל־זרעו אתו auf V. 1aα וכל־אשר־לו zurück. Dabei führt V. 6 nun offenbar genauer aus, was unter וכל־אשר־לו zu verstehen ist, nämlich zunächst der von Jakob erworbene Reichtum, sodann aber auch die Nachkommenschaft. Mit ihrer Erwähnung greift V. 6b (וכל־זרעו אתו) auf V. 1aα(וכל־אשר־לו) zurück und schließt die Erläuterung ab.

Ist hierin Richtiges gesehen, trägt der Anschluss der priesterschriftlichen Aussage V. 6 an den nichtpriesterschriftlichen Kontext Gen 46,1aα Anzeichen, wie sie in aller Regel als charakteristisch für eine Fortschreibung bewertet werden. Es wäre dementsprechend zumindest zu erwägen, ob es sich bei V. 6–7

---

nicht eher um eine priesterschriftliche Bearbeitung als um den Bestandteil einer priesterschriftlichen Quelle handeln müsste. Diese Annahme verdichtet sich mit Blick auf die Häufung des oben beschriebenen Phänomens im Rahmen traditionell priesterschriftlich bewerteter Verse innerhalb der Josefsgeschichte (vgl. Gen 41,46; 47,27; 48,5–7; 49,29–33; [50,22]). Zu fragen bliebe dann, wie sich das Urteil über die Priesterschrift in der Josefsgeschichte mit den priesterschriftlichen Bestandteilen in anderen Abschnitten des Pentateuchs vereinbaren ließe. Doch dies ist Stoff für weitere Untersuchungen und kann im Rahmen der hier vorgelegten Arbeit nicht beantwortet werden.

Gen 46,1aα.6–7:

¹ וַיִּסַּע יִשְׂרָאֵל וְכָל־אֲשֶׁר־לוֹ [...] :

⁶ וַיִּקְחוּ אֶת־מִקְנֵיהֶם וְאֶת־רְכוּשָׁם אֲשֶׁר רָכְשׁוּ בְּאֶרֶץ כְּנַעַן וַיָּבֹאוּ מִצְרָיְמָה יַעֲקֹב וְכָל־זַרְעוֹ אִתּוֹ

⁷ בָּנָיו וּבְנֵי בָנָיו אִתּוֹ בְּנֹתָיו וּבְנוֹת בָּנָיו וְכָל־זַרְעוֹ הֵבִיא אִתּוֹ מִצְרָיְמָה: ס

Gen 46,8–27*: Das Verzeichnis derer, die mit nach Ägypten zogen
An die oben besprochenen Aussagen der Priesterschrift knüpft in Gen 46,8 ein Personenverzeichnis an, das sich bis V. 27 erstreckt. Es erklärt nun genauer, um wen es sich bei den Nachkommen Jakobs handelt, die er mit nach Ägypten genommen hat. Die Liste schreibt demnach die priesterschriftlichen Aussagen aus V. 6b–7 fort und entfaltet die dort getroffenen Aussagen im Detail.[53]

Dass der Abschnitt Gen 46,8–27 selbst nicht als Bestandteil der Priesterschrift gelten könne, hatte bereits Julius Wellhausen vermutet.

> Zwar das Material zu dieser namentlichen Aufzählung der siebzig Seelen ist aus Q entnommen, aber es scheint eine spätere Hand zu sein, welche für die allgemeine Angabe Exod. 1 an dieser Stelle die Einzelposten nachgewiesen hat, nicht ohne sich dadurch in unauflösliche Schwierigkeiten zu verwickeln[54].

Für die Bestimmung der von Wellhausen so genannten Einzelposten ziehen die Verfasser von Gen 46,8–27 so unterschiedliche Texte wie Gen 38 (die Söhne

---

53 Zur Diskussion, ob es sich bei den genannten 70 Seelen um eine runde Summe oder exakte Berechnung handelt vgl. Gunkel, HK, 493; von Rad, ATD, 352; Westermann, BK, 175, oder Lowenthal, Joseph, 22f. Zur Annahme zweier konkurrierender Zahlensysteme in Gen 46,8–27 vgl. Kebekus, Joseferzählung, 166f.
54 Wellhausen, Composition, 51. Anders rechnen Gunkel, HK, 493; Westermann, BK, 174–176; Schmidt, Studien, 196, oder Ruppert, FzB, 353–363, mit priesterschriftlicher Herkunft (Pˢ).

Judas), Gen 41,50–52 (die Söhne Josefs), Ex 6,14–16 (die Söhne Rubens, Simeons, Levis) oder Ri 10,1;12,11 (die Söhne Issachars und Sebulons) heran.[55] Mit Blick auf diese Referenztexte dürfte es sich bei der „offenkundig gewachsenen Liste"[56] um einen sehr späten Nachtrag handeln, der disparaten Erzählstoff in priesterschriftlichem Stil programmatisch zusammenfasst.[57] Das in Gen 46,8–27 aufgezählte Personenverzeichnis wird in Num 26,5–51 als Geschlechterliste aufgenommen, in den Kontext eingepasst und teilweise ausgeschmückt.[58]

Ergebnis

Fassen wir die oben gewonnen Ergebnisse abschließend kurz zusammen. In Gen 46,1–30 wird der von Israel in Gen 45,28 beschlossene Aufbruch nach Ägypten ausgeführt. Er stellt in seiner jetzigen Gestalt das Resultat eines sukzessiven Fortschreibungsprozesses dar. Den ältesten Bestand dürften dabei jene Verse darstellen, die zur Ausführung bringen, was mit Gen 45,9aαb.28 begann. Nachdem Israel beschlossen hatte, seinen Sohn Josef noch einmal vor dem eigenen Tode sehen zu wollen (Gen 45,28), macht er sich auf nach Ägypten (Gen 46,1aα), schließt seinen Sohn in die Arme (Gen 46,29) und spricht: „Jetzt will ich gern sterben, nachdem ich dein Angesicht geschaut und gesehen habe, dass du noch am Leben bist" (Gen 46,30). Mit dieser Ankündigung seines eigenen Todes bereitet Gen 46,30 auf die Begräbnisanweisungen und den Todeseintritt in Gen 47,29–31*; 49,33aβ vor. Jene Motive dürften einmal direkt an Gen 46,30 angeschlossen haben.

In diesen Erzählfaden dürften im Rahmen von Gen 46,1–30 zuallererst die priesterschriftlichen Aussagen aus Gen 46,6–7* eingetragen worden sein. Sie knüpfen in V. 6b.7b mit וכל־זרעו offenbar an die vorpriesterschriftliche Aussage וכל־אשר־לו aus Gen 46,1aα an, die sie als Mitnahme von irdischen Reichtümern und Nachkommenschaft explizieren.

Alle weiteren Motive aus Gen 46,1–30 werden bereits nachpriesterschriftlich zu datieren sein. Dies gilt zunächst für die Voraussendung Judas in Gen 45,28a, die über Gen 46,8–27 hinweg einmal an Gen 46,6–7 angeschlossen haben wird. Dass er den anderen vorausgeschickt wird, um Josef Weisung zu geben, knüpft sachlich an seine Funktion in Gen 44 an. Hatte er dort die Versöhnung mit seiner Fürsprache für Benjamin maßgeblich herbeigeführt und den jüngeren Rahel-

---

55 Vgl. u. a. Levin, *System*, 117f; Ruppert, FzB, 355–363.
56 Berner, Exoduserzählung, 40 mit Anm. 101. Vgl. auch Kebekus, Joseferzählung, 166–171.
57 Vgl. Levin, *System*, 117f; Ruppert, Josephserzählung 130f; Blum, Komposition, 249f.
58 Zur Verbindung von Gen 46,8–27 und Num 26,5–51 vgl. Levin, *System*, 111–121, oder Samuel, Levi, 189f.

Sohn für seinen Vater gerettet, so bringt er nun auch den älteren Rahel-Sohn wieder mit dem Vater zusammen. Die Einführung Judas als Gegenüber zu den Rahel-Söhnen Josef und Benjamin dürfte bereits auf dem Hintergrund der kommenden Volksgeschichte zu verstehen sein. Juda symbolisiert in Gen 37–45* das Südreich, das sich dem in den Rahel-Söhnen konkretisierten Nordreich unterordnen muss (vgl. Gen 44,18–34).

Jünger als die Voraussendung Judas dürfte die Notiz von der Ankunft (der Israeliten) in Ägypten (V. 28b) sein. Sie unterbricht den Zusammenhang von V. 28a und V. 29–30 und bereitet auf die Ansiedlung im Lande Goschen (Gen 46,31–47,6*) vor. Die Israeliten werden nun nicht mehr im besten Teil Ägyptens (Gen 47,6a), sondern vor den Toren Ägyptens angesiedelt (Gen 47,6bα) und so ausdrücklich von den Ägyptern getrennt. „Wenn es schon um des Hungers willen unumgänglich war, das Verheißungsland zu verlassen, so sollte in der Fremde die Trennung von dem Volk des Landes immerhin gewahrt sein"[59].

Ebenfalls nachpriesterschriftlich dürfte der Transport des Erzvaters auf den Wagen Pharaos in Gen 46,5b sein. Er steht dem aktiven Aufbruch des Erzvaters in Gen 46,1aα.6–7 entgegen und bringt sachlich zur Ausführung, was Pharao in Gen 45,19–20 befohlen hatte. Mit jenen Versen wird Gen 46,5b auch literarisch zusammengehören. Der Transport Jakobs auf den Wagen Pharaos unterstreicht das hohe Ansehen, das der Erzvater in Ägypten genießt. Über diese Betonung von Israels Ansehen in Ägypten korrespondiert das Motiv der Wagen mit dem Trauerzug in Gen 50. Über die Genesis hinaus setzt das Motiv der kommenden Unterdrückung des Volkes Israel (Ex 1,8ff) die Ehrerbietung gegenüber, die der Erzvater Israels zur Zeit Josefs in Ägypten erfahren hat.

Jünger als das Motiv der Wagen Pharaos dürfte die Vision Jakobs in Gen 46,1aβb–5a sein. In der Vision hebt Elohim das Gebot auf, das in Gen 26,2 an Isaak ergangen war und ihm ausdrücklich untersagte, nach Ägypten hinabzuziehen. In Gen 46,1aβb–5a wird der Aufbruch Israels nun durch Elohim ausdrücklich erlaubt, ja befohlen. Mit der göttlichen Sanktionierung des Aufbruchs nach Ägypten steht Gen 46,1aβb–5a dem aktiven Beschluss Israels aus Gen 45,28 entgegen. Der Abschnitt unterbricht überdies den Zusammenhang des Aufbruchs in Gen 46,1aα.5b. Die Bearbeitung greift auf mehrere Referenztexte in der Vätergeschichte zurück (Gen 21,1–3; 21,18; 26,2.23–25) und hat auch den Exodus vor Augen (עלה, כי־לגוי גדול אשׂימך שׁם).

Den wohl jüngsten Nachtrag dürfte die sukzessive gewachsene Liste aus Gen 46,8–27 darstellen. Sie knüpft sachlich an Gen 46,7 an und identifiziert nun jene Nachkommen, die mit Israel nach Ägypten hinabgezogen sind. Darüber

---

59 Levin, Jahwist, 304.

hinaus greift sie der Liste in Ex 1,1–5 vor, die sie voraussetzt und entfaltet, in der sie aber auch ihrerseits Fortschreibungen veranlasst haben wird. Das in Gen 46,8–27 notierte Personenverzeichnis wird in Num 26,5–50 in Form eines Geschlechterverzeichnisses aufgenommen.

Diachrone Differenzierung

I *Israels Aufbruch nach Ägypten (Gen 45–50*/Ex 1*):*

Gen 45,9a(nur מהרו ועלו אל־אבי ואמרתם אליו כה אמר בנך יוסף)b.28;

Gen 46,1aα(nur ויסע ישראל וכל־אשר־לו).29–30;

Gen 47,29.30b.31;

Gen 49,33a(nur ויאסף רגליו אל־המטה);

Gen 50,1.7a.10b.14aαb → Ex 1,6aα(וימת יוסף).8

II *Der Aufbruch Israels nach P*

Gen 46,6–7*

II¹ *Die Voraussendung Judas*

Gen 46,28a

II² *Die Ansiedlung Israels in Goschen*

Gen 43,32 (?);

Gen 45,10*;

Gen 46,28b.31–34;

Gen 47,1a(ohne ויבא יוסף ויגד לפרעה).4.6b(nur וישבו בארץ גשן).27 (nur בארץ גשן)

II² *Das Verzeichnis derer, die mit Israel nach Ägypten kamen*

Gen 46,8–27*

II¹ *Das Motiv der Wagen Pharaos*

Gen 45,19–20.21aβ.27aβ;

Gen 46,5b

II² *Die Vision Jakobs*

Gen 46,1(ohne ויסע ישראל וכל־אשר־לו).2–5a

5.1.2. Genesis 46,31–47,12.27: Die Ansiedlung Israels in Ägypten

Gliederung

Gen 46,30–34: Josef bereitet die Brüder auf seine bzw. ihre Audienz bei Pharao vor
Gen 47,1: Josefs Bericht vor Pharao
Gen 47,2–4: Die Brüder vor Pharao
Gen 47,5–6: Pharao erteilt Josef Anweisungen bezüglich der Ansiedlung seiner Familie in Ägypten
Gen 47,7–10: Jakob vor Pharao
Gen 47,11: Die Ansiedlung der Familie Josefs in Ägypten
Gen 47,12: Josef als Versorger der Familie
Gen 47,27: Israel wohnt in Ägypten

Befund

Mit Gen 46,28–30* ist Israel in Ägypten angekommen, hat seinen Sohn wieder in die Arme geschlossen und verkündet: „Jetzt will ich gern sterben, nachdem ich dein Angesicht geschaut und gesehen habe, dass du noch am Leben bist" (Gen 46,30). Auf diese emotionale Ankündigung seines Vaters reagiert Josef in Gen 46,31–34 nicht direkt. Stattdessen plant er dem nahenden Tod des Vaters zum Trotz eine Ansiedlung seiner Familie in Ägypten. So kündigt er Vater und Brüdern in Gen 46,31 an, er wolle zu Pharao gehen und ihm berichten, dass sie aus Kanaan zu ihm gekommen seien.

> Meine Brüder und das Haus meines Vaters, die im Land Kanaan waren, sind zu mir gekommen. Die Männer sind Schafhirten – denn sie waren Viehzüchter –, und ihre Schafe, ihre Rinder und alles, was ihnen gehört, haben sie mitgebracht (Gen 46,31–32).

Hatte Josef bisher lediglich davon gesprochen, er selbst wolle zum Pharao gehen, so setzt seine wörtliche Rede in Gen 46,33 voraus, dass auch Mitglieder seiner Familie vor Pharao anwesend sein werden. „Wenn euch der Pharao rufen lässt und fragt: Was ist euer Beruf? so sagt: Deine Diener sind Viehzüchter gewesen von Jugend an bis jetzt, wir wie schon unsere Vorfahren" (Gen 46,33–34a). Dies sollen sie sagen, damit sie in Goschen bleiben dürften. „Denn ein Greuel für Ägypten ist jeder Schafhirt" (Gen 46,34b).

Der Erzählfaden aus Gen 46,31–34 setzt sich in Gen 47,1–12 fort. Hier erfährt der Leser in Gen 47,1, dass Josef tatsächlich zu Pharao gegangen ist und ihm Mitteilung gemacht hat. „Mein Vater und meine Brüder sind mit ihren Schafen und ihren Rindern und mit allem, was ihnen gehört, aus dem Land Kanaan gekommen, und sie sind jetzt im Land Goschen". Auf die Mitteilung Josefs an Pharao folgt in V. 2 die Nachricht, dass Josef einige von seinen Brüdern nahm, genauer gesagt fünf Männer, und sie vor Pharao stellte. Jener spricht die Brüder in V. 3 sogleich an und erkundigt sich, wie Josef es in Gen 46,33 vorhergesehen hatte, nach ihrem Beruf. Die Brüder antworten – jedoch nicht mit den von Josef gewünschten Angaben. Anstatt vor Pharao wiederzugeben, sie seien Viehbesitzer, erklären sie ihm „Schafhirten sind deine Diener, wir wie schon unsere Vorfahren" (Gen 47,3). Die wörtliche Rede der Brüder setzt sich in V. 4 nahtlos fort. Dennoch sprechen sie Pharao erneut an. Über die Frage Pharaos aus V. 3 hinaus teilen die Brüder ihm nun mit:

> Wir sind gekommen, um als Fremde im Land zu wohnen, denn es gibt keine Weide mehr für die Schafe, die deinen Dienern gehören, da die Hungersnot schwer auf dem Land Kanaan lastet. Und nun möchten sich deine Diener im Land Goschen niederlassen (Gen 47,4).

In V. 5 meldet sich wieder Pharao zu Wort. Obgleich er die Brüder in V. 3a selbst angesprochen hatte und sie ihm in V. 3b–4 Antwort gegeben haben, richten sich seine Worte nun an Josef. Damit greift die Rede Pharaos über den Dialog V. 2–4 hinweg auf V. 1 zurück. „Da sprach der Pharao zu Josef: Dein Vater und deine Brüder sind also zu dir gekommen" (Gen 47,5). Der Feststellung folgt in V. 6 ein Angebot, das sich ebenfalls an Josef richtet: „Das Land Ägypten steht dir offen. Im besten Teil des Landes lass deinen Vater und deine Brüder wohnen. Sie mögen sich im Land Goschen niederlassen". Den Weisungen zur Ansiedlung der Familie schließt sich in V. 6bβ eine Bitte an, die dem vorauslaufenden Kontext in gewisser Weise widerspricht. Denn hatte Josef in Gen 46,34 angenommen, alle Viehhirten seien den Ägyptern ein Greuel, so wendet sich Pharao nun mit den Worten an ihn: „Und wenn du weißt, dass unter ihnen kräftige Männer sind, so setze sie als Aufseher über meine eigenen Herden ein".

Ohne auf diese Bitte näher einzugehen, bringt Josef in V. 7 seinen Vater Jakob vor Pharao. Der Erzvater segnet den ägyptischen Herrscher und wird von ihm in V. 8 angesprochen: „Wie alt bist du?" Jakob antwortet in V. 9:

> Die Zeit meiner Fremdlingschaft beträgt hundertdreißig Jahre. Kurz und voll Leid war die Zeit meiner Lebensjahre, und sie reicht nicht an die Zeit der Lebensjahre, die meinen Vorfahren in den Tagen ihrer Fremdlingschaft beschieden war.

V. 10 wiederholt die Segnung Pharaos durch Jakob, bevor der Erzvater die Bühne des Geschehens so unmittelbar verlässt, wie er sie betreten hat.

Mit V. 10 endet ferner die Audienz Josefs und seiner Familie vor Pharao. V. 11 konstatiert im direkten Anschluss die Ansiedlung Israels in Ägypten, wie sie von Pharao in V. 6 vorgeschlagen wurde. Oder zumindest fast so, wie Pharao sie vorgeschlagen hatte. Denn entgegen den Worten Pharaos siedelt Josef seinen Vater und die Brüder nicht im besten Teil des Landes, im Lande Goschen an. Stattdessen lässt er sie im besten Teil des Landes, im Lande Ramses wohnen. Dort wird er sie versorgen, den Vater und die Brüder und das gesamte Haus seines Vaters, mit Brot gemäß dem Bedarf der Kinder (Gen 47,12).

An die Vorstellung von Josef als Versorger der Familie knüpft in Gen 47,13–26 ein Abschnitt an, der thematisch um die Versorgung der Ägypter während der Hungersnot kreist. Auch ihr Überleben soll Josef sichern. Gen 47,27–28 greifen über Gen 47,13–26 hinweg auf das Thema der in Gen 46,31–34; 47,1–12 diskutierten Ansiedlung Israels in Ägypten zurück.

Dieser erste Überblick zeigt, dass die Ansiedlung Israels in Gen 46,34–47,12 sowohl mit dem vorauslaufenden als auch mit dem nachstehenden Kontext verknüpft ist. Doch erfolgt der Anschluss an die vorangehende Wiederbegegnung Josefs mit seinem Vater in Gen 46,29–30 nicht nahtlos. Denn Gen 46,31–34; 47,1–12 lassen eine direkte Reaktion Josefs auf die Ankündigung seines Vaters vermissen, dass er nun, da er seinen Liebling noch einmal gesehen hat, gern sterben wolle (מות Koh.; Gen 46,30). Mit Blick auf den nachfolgenden Kontext fällt überdies auf, dass die Ansiedlung Israels in Ägypten mit Gen 47,27 neuerlich konstatiert wird, von ihrem Anknüpfungspunkt in Gen 47,11 aber durch die Versorgung von Josefs Familie in Gen 47,12 und durch den Ankauf Ägyptens in Gen 47,13–26 getrennt ist.

Neben den Schwierigkeiten, die sich aus der Einbettung in den unmittelbaren und mittelbaren Kontext ergeben, zeigt sich auch der Abschnitt selbst nicht spannungsfrei. Gibt Josef zunächst an, er (allein) wolle zu Pharao gehen und ihm Mitteilung machen (Gen 46,31–32), geht er sodann davon aus, dass weitere Mitglieder seiner Familie mit Pharao sprechen (Gen 46,33–34). Dies tun sie in Gen 47,2–4 auch. Doch geben sie dort vor Pharao nicht exakt wieder, was Josef ihnen geboten hatte (Gen 46,33–34). Pharao seinerseits ignoriert die Brüder in seiner direkten Rede Gen 47,5–6 und richtet sich stattdessen an Josef, den er anweist, seine Familie im besten Teil des Landes, im Lande Goschen, wohnen zu lassen. Der Weisung Pharaos zum Trotz, siedelt Josef seine Familie im Lande Ramses an (Gen 47,11). Auf die Bitte Pharaos, er möge unter seinen Brüdern fähige Viehhirten suchen (Gen 47,6n), reagiert Josef überhaupt nicht. Hatte er doch auch selbst in Gen 46,34 angenommen, alle Viehhirten seien den Ägyptern ein Greuel.

Mit Blick auf diesen vorläufigen Befund wird sich die anschließende Detailanalyse auf einige Fragen besonders konzentrieren:

– Wie verhält sich Gen 46,31–47,12 zum vorauslaufenden, wie zum nachfolgenden Kontext? Warum reagiert Josef nicht auf den bevorstehenden Tod des Vaters? Wieso greift Gen 47,27 über Gen 47,12.13–26 zurück auf Gen 47,11?

– Was sind die Israeliten: Viehhirten oder Viehbesitzer? Wen bringt Josef aus welchem Grund mit zur Audienz bei Pharao? Wieso geben die Brüder vor Pharao nicht an, was Josef ihnen geboten hatte? Wieso reagiert Pharao nicht immer direkt auf die Aussagen der Brüder? Warum segnet Jakob Pharao gleich zweimal?

– Wo erfolgt die Ansiedlung: Im besten Teil Ägyptens, im Land Goschen oder im Land Ramses?

Beginnen wir mit der kontextuellen Einbettung.

Analyse

(a) Die kontextuelle Einbettung von Gen 46,31–47,12

Der Anschluss an den vorauslaufenden Kontext

In Gen 46,31–34 beginnen die Vorbereitungen für eine Ansiedlung Israels in Ägypten mit einer Ansprache Josefs an seine Brüder und das Haus seines Vaters. Die Ansprache schließt im Kontext von Gen 46 direkt an das Wiedersehen Josefs mit Israel an. Waren sich Vater und Sohn in Gen 46,29 glücklich in die Arme gefallen, so verkündete Israel in Gen 46,30: „Jetzt will ich gern sterben, nachdem ich dein Angesicht geschaut und gesehen habe, dass du noch am Leben bist". Mit dieser Aussage greift die wörtliche Rede des Erzvaters auf seinen Beschluss aus Gen 45,28 zurück, der hier zur Ausführung kommt. Das Motiv des bevorstehenden Todes antizipiert überdies den Todeseintritt, wie er sich im Zusammenhang von Gen 47,29–31*; 49,33aβ vollzieht.[60]

Wie bereits mehrfach angeklungen[61], greift der Abschnitt Gen 47,29–31* nicht nur mit dem Stichwort מות auf die Formulierungen von Gen 46,30 zurück, sondern reflektiert auch sachlich ein Problem, das mit dem nahenden Tod des Erzvaters in Ägypten zusammenhängt. Denn dass der Tod in Ägypten erfolgt, soll nicht bedeuten, dass der Erzvater auch dort bestattet werden wolle.[62] Dies gibt er vor Josef ausdrücklich zu verstehen und lässt ihn schwören. „Wenn ich Gnade in deinen Augen gefunden habe, so lege deine Hand unter meine Hüfte, dass du mir die Liebe und Treue erweisen wirst: Begrabe mich nicht in Ägypten" (Gen 47,29).

---

60 Ein direkter Zusammenhang der o. a. Aussagen wurde bereits im Rahmen der Neueren Urkundenhypothese angenommen. Da die Verse auf den Erzvater als Israel verweisen, gelten sie i. a. R. als Bestandteil von J; vgl. bereits Wellhausen, Composition, 59; Dillmann, Genesis, 425; Holzinger, KHC, 252, oder Gunkel, HK, 469. An diese Einschätzung knüpfen Vertreter redaktionsgeschichtlicher Ansätze wie Redford, Study, 185–186; Schmitt, Josephsgeschichte, 66, oder Dietrich, Novelle, 68, an und verstehen die Verse als Bestandteil der Juda-Version.

61 Vgl. oben 4.4. (a) und 5.1.1. (a); vgl. ferner unten 5.1.4. (a) und 5.4. (a).

62 Vgl. hierzu insbesondere Kratz, Komposition, 284.

Nachdem Josef ihm geschworen hat, seinen Wunsch zu erfüllen, sinkt der Erzvater über das Kopfende des Bettes und verstirbt.[63]

Aus diesen hier nur kurz skizzierten Beobachtungen hatten wir geschlossen, dass beide Aussagen einmal in einem unmittelbaren Zusammenhang gestanden haben dürften. Erst nachträglich scheinen sie durch die Thematik einer dauerhaften Ansiedlung in Gen 46,31–47,28 unterbrochen worden zu sein, die dem in Gen 46,30 kurz bevorstehenden Tod des Vaters auch sachlich entgegensteht.

Die Annahme einer sekundären Einfügung der Ansiedlung Israels in den Kontext von Gen 45,28–47,31 wird durch einen Blick auf den Anschluss von Gen 46,31–47,12 an die Wiederbegegnung Josefs mit seinem Vater in Gen 46,29–30 gestützt. Denn In Gen 46,31–47,12 geht Josef mit keiner Silbe auf den vorauslaufenden Kontext ein.[64] Hatte er in Gen 45,9aαb die Brüder noch zur Eile gedrängt, zum Vater zurückzukehren und ihm mitzuteilen, er möge zu ihm nach Ägypten kommen, so verliert er nun kein einziges Wort über den bevorstehenden Tod des geliebten Jakob-Israel. Stattdessen richtet er sich mit politischem Kalkül an die Brüder bzw. das Haus seines Vaters und legt ihnen dar, wie sie sich am besten darstellen sollen, um vor Pharao eine Ansiedlung in Goschen zu erreichen. Auch im weiteren Verlauf von Gen 47,13–47,28 wird die Ankündigung vom bevorstehenden Tod Israels nicht mehr aufgegriffen. Erst der Abschnitt Gen 47,29–31 thematisiert das Motiv erneut und bringt zu einem Abschluss, was Israel vorhergesagt hatte. Nun, da er weiß, dass Josef noch lebt und jener ihm versprochen hat, ihn nicht in Ägypten zu bestatten, will Israel gern sterben und tut dies auch.

Was die sachlich-sprachliche Verknüpfung von Gen 46,30 mit 47,29–31 nahelegte, erhärtet somit ein Blick auf die kontextuelle Einbettung von Gen 46,31–47,28: dass es sich nämlich bei der Ansiedlung Israels in Ägypten um ein gegenüber dem Aufbruch und der Ankunft Israels in Ägypten jüngeres Erzählmotiv handeln dürfte. Was im Anschluss noch zu klären bleibt, ist die Frage, wie sich die Ansiedlung in Gen 46,31–34; 47,1–12 zu dem Ankauf Ägyptens in Gen 47,13–26 und den priesterschriftlichen Aussagen aus Gen 47,27–28 verhält.

---

[63] Zu dieser Deutung der Formulierung Gen 47,31b vgl. Blum, Komposition, 250; van Seters, Yahwist, 320; Kratz, Komposition, 281 mit Anm. 50; Schmid, Josephsgeschichte 104; Schweizer, Josefsgeschichte, 290. Anders Skinner, Genesis, 503; Westermann, BK, 207; de Hoop, Genesis, 328–332.460–464, oder Ruppert, FzB, 425.

[64] Zum Übergang von Gen 46,30 zu Gen 46,31ff vgl. insbesondere die Ausführungen bei Ebach, HThKAT, 417.471.

Das Verhältnis der Ansiedlung Israels in Gen 46,31–34; 47,1–12 zum direkt nachfolgenden Kontext in Gen 47,13–26 bzw. 47,27

In V. 11 erfährt der Leser, dass Josef den Vater und die Brüder in Ägypten ansiedelt. Dort will er sie nach V. 12 mit Nahrung versorgen. Beide Verse bereiten auf den Folgekontext vor. An V. 12 schließt sich in V. 13–26 ein Erzählabschnitt an, in dem die Versorgung der ägyptischen Bevölkerung durch Josef diskutiert wird. Über diesen Passus hinweg beziehen sich die Aussagen aus Gen 47,27 auf V. 11 zurück und konstatieren neuerlich die Ansiedlung Israels in Ägypten.[65]

Mit Blick auf diesen Befund dürfte zunächst festzuhalten sein, dass Gen 47,27 ursprünglicher einmal an Gen 47,11 angeschlossen haben wird,[66] auf den Gen 47,27a auch explizit zu rekurrieren scheint. Welche Konsequenzen aus dieser Beobachtung für die Einschätzung von Gen 47,27b als Bestandteil der Priesterschrift zu ziehen sein könnten, wird unten noch gesondert zu erörtern sein. Für den hier zu besprechenden Abschnitt Gen 46,31–47,12 heißt diese Beobachtung zunächst, dass Gen 47,12 von Gen 47,11 literarisch zu trennen sein dürfte.

Gen 47,11*–12.27*:

¹¹וַיּוֹשֵׁב יוֹסֵף אֶת־אָבִיו וְאֶת־אֶחָיו וַיִּתֵּן לָהֶם אֲחֻזָּה בְּאֶרֶץ מִצְרַיִם בְּמֵיטַב הָאָרֶץ בְּאֶרֶץ רַעְמְסֵס כַּאֲשֶׁר צִוָּה פַרְעֹה:

¹²וַיְכַלְכֵּל יוֹסֵף אֶת־אָבִיו וְאֶת־אֶחָיו וְאֵת כָּל־בֵּית אָבִיו לֶחֶם לְפִי הַטָּף:

²⁷וַיֵּשֶׁב יִשְׂרָאֵל בְּאֶרֶץ מִצְרַיִם בְּאֶרֶץ גֹּשֶׁן וַיֵּאָחֲזוּ בָהּ וַיִּפְרוּ וַיִּרְבּוּ מְאֹד:

Auf die o. a. Annahme weisen noch weitere Beobachtungen im Makrokontext der Josefsgeschichte. Über das Motiv Josefs als Versorger der Familie ist Gen 47,12 sachlich und sprachlich mit anderen Aussagen aus den Kapiteln Gen 42–50 verbunden, die wir bereits bei der Betrachtung von Gen 45,5–7 in den Blick genommen hatten. Um einen besseren Gesamtüberblick zu gewinnen, werden wir die dort angeführten Beobachtungen und redaktionsgeschichtlichen Entscheidungen im Folgenden noch einmal kurz zusammenfassen.[67] Blicken wir dazu zunächst zurück auf Gen 45,5.6–7. Der Abschnitt folgt in Gen 45 auf die Entdeckung Josefs, der sich in Gen 45,4 als „Josef, euer Bruder, den ihr nach Ägypten verkauft habt"

---

65 Zur schwierigen Einbettung von Gen 47,13–26 in den Kontext des Kapitels vgl. bereits Wellhausen, Composition, 59: „Das eigentümliche Stück 47,13–26 fügt sich an dieser Stelle weder in den Zusammenhang von E noch von J. Man könnte annehmen, dass es ursprünglich in einer Parallele zu Kap. 41 seinen Platz gehabt hätte"; vgl. ferner Dillmann, Genesis, 421; Holzinger, KHC, 251; Gunkel, HK, 465–467; von Rad, ATD, 335; Schmitt, Josephsgeschichte, 64–66, oder Westermann, BK, 193.

66 Vgl. hierzu die literarische Schichtung bei Levin, Jahwist, 301–306.

67 Vgl. ausführlich oben 4.4. (d) und unten 5.4. (c).

zu erkennen gab. An diese Formulierung knüpft Gen 45,5 wohl nachträglich an und interpretiert die Tatsache, dass die Brüder Josef verkauft haben, nun theologisch: Um Leben zu bewahren, hat Elohim Josef den Brüdern vorausgesandt.[68]

Das Motiv der lebenserhaltenden Voraussendung Josefs durch Elohim wird in V. 6–7 aufgegriffen und spezifisch als eine Rettung der Familie Josefs interpretiert.[69]

> Schon zwei Jahre herrscht die Hungersnot im Land, und fünf Jahre stehen noch bevor, in denen es kein Pflügen und kein Ernten gibt. Gott aber hat mich vor euch her gesandt, *um von euch einen Rest im Land zu bewahren und ihn für euch am Leben zu erhalten als große Rettung* (Gen 45,6–7).

Aus diesen (u. a.) Beobachtungen hatten wir geschlossen, dass es sich bei V. 6–7 um einen Nachtrag handeln dürfte, der an die Aussage von V. 5 anschließt und sie neu entfaltet.[70] Dabei versteht sich die Voraussendung nun direkt auf dem Hintergrund der anhaltenden Hungersnot als eine göttliche Wohltat an der Familie Josefs.[71] Schon zwei Jahre währt die Hungersnot und hält noch weitere fünf Jahre an (Gen 45,6). Während jener Zeit, so verspricht Josef den Brüdern in Gen 45,11, wolle er dort für den Vater sorgen, „denn noch fünf Jahre dauert die Hungersnot, damit du nicht verarmst, du mit deinem Haus und allem, was du hast". Nachdem nun die Brüder samt Vater in Ägypten eingetroffen sind und Josef sie in Ägypten angesiedelt hat, kommt Gen 47,12 noch einmal auf dieses Versprechen zurück. „Und Josef sorgte für seinen Vater und seine Brüder und das ganze Haus seines Vaters mit Brot gemäß dem Bedarf der Kinder". In Gen 47,12 löst Josef demnach ein, was er in Gen 45,11 zugesichert hatte. Der Gedanke setzt sich in Gen 50,20–21a fort.

> Ihr zwar habt Böses gegen mich geplant, Gott aber hat es zum Guten gewendet, um zu tun, was jetzt zutage liegt: ein so zahlreiches Volk am Leben zu erhalten. So fürchtet euch nicht! Ich will für euch und eure Kinder sorgen (Gen 50,20–21a*).

---

68 Vgl. Levin, Jahwist, 298–299. Anders Jacob, Genesis, 812–813; Kebekus, Joseferzählung, 138–139; Labonté, *Genèse*, 275; Westermann, BK, 156–157; Hamilton, NIC.OT, 575; Brueggemann, Genesis, 345, oder Ebach, HThKAT, 389.

69 Vgl. hierzu insbesondere die Ausführungen bei Ruppert, FzB, 316–317.

70 Vgl. Levin, Jahwist, 299; Seebass, Josephsgeschichte, 111, oder Schmidt, Studien, 171. Anders u. a. Schmitt, Josephsgeschichte, 52.

71 So auch Levin, Jahwist, 299.310–311.

Mit Blick auf die oben skizzierten Beobachtungen zum Makrokontext der Josefsgeschichte dürfte Gen 47,12 nicht den Abschluss der nichtpriesterschriftlichen
Ansiedlungserzählung darstellen. Vielmehr wird sich die Aussage im Rahmen
einer redaktionellen Überarbeitung der Josefsgeschichte verstehen, die den
Verkauf Josefs theologisch auf dem Hintergrund der anhaltenden Hungersnot
interpretiert (Gen 42,2bβ; 43,8b; 45,6–7.11; 47,12; 50,20bβ.21a). Dabei bezieht sich
die Lebenserhaltung zunächst auf die Familie Josefs in der Josefsgeschichte,
weist spätestens mit der Erwähnung des עם־רב in Gen 50,20 jedoch auf die Unterdrückung des Volkes im Buch Exodus voraus.

Gen 42,2: *Aufbruch zum Getreidekauf*

²ויאמר הנה שמעתי כי יש־שבר במצרים רדו־שמה ושברו־לנו משם <u>ונחיה ולא נמות</u>:

Gen 43,8:*Aufbruch zum Getreidekauf*

⁸ויאמר יהודה אל־ישראל אביו שלחה הנער אתי ונקומה ונלכה <u>ונחיה ולא נמות גם־</u>
<u>אנחנו גם־אתה גם־טפנו</u>:

Gen 45,6–7.11: *Versöhnung mit Josef*

⁶כי־זה שנתים הרעב בקרב הארץ |ועוד חמש שנים אשר אין־חריש וקציר|:

⁷וישלחני אלהים לפניכם לשום לכם <u>שארית בארץ ולהחיות לכם לפליטה גדלה</u>:

¹¹|וכלכלתי| אתך שם כי |עוד חמש שנים רעב| פן־תורש אתה וביתך וכל־אשר־לך:

Gen 47,12: *Ansiedlung Israels in Ägypten*

¹²|ויכלכל| יוסף את־אביו ואת־אחיו ואת כל־בית אביו לחם לפי הטף:

Gen 50,15.18–21: *Theologisches Fazit*

¹⁵ויראו אחי־יוסף כי־מת אביהם ויאמרו לו ישטמנו יוסף והשב ישיב לנו את כל־הרעה אשר
גמלנו אתו:

¹⁸וילכו גם־אחיו ויפלו לפניו ויאמרו הננו לך לעבדים:

¹⁹ויאמר אלהם יוסף |אל־תיראו| כי התחת אלהים אני:

²⁰ואתם חשבתם עלי רעה אלהים חשבה לטבה
למען עשה כיום הזה <u>להחית עם־רב</u>:

²¹ועתה |אל־תיראו| אנכי |אכלכל| אתכם ואת־טפכם
וינחם אותם וידבר על־לבם:

Ex 1,9:

⁹ויאמר אל־עמו הנה <u>עם</u> בני ישראל <u>רב</u> ועצום ממנו:

Dürfte Gen 47,12 demnach literarisch von der Ansiedlung Israels in Gen 46,30–34; 47,1–11 zu trennen sein, bleibt zu prüfen, ob der Abschnitt über eine Ansiedlung Israels in Ägypten eine literarische Einheit darstellt. In diesem Sinne widmen wir uns im Folgenden einer Frage, die sich bereits oben unter „Befund" aufgedrängt hatte: Sind allen Ägyptern die Viehhirten ein Greuel?

(b) Die Ansiedlung der Familie Josefs in Ägypten

Die Problematik, die sich sachlich mit der Frage nach der Tätigkeit der Brüder verbindet, fasste John Skinner wie folgt zusammen: „Unfortunately, while [Joseph] bids [his brothers] say they are cattle-breeders, they actually describe themselves as shepherds (47³), and yet Pharaoh would make them cattle-overseers (47⁶ᵇ)"[72]. Aus diesem etwas verwirrenden Erzählverlauf, so fuhr Skinner fort, könne man allerdings literargenetisch keine weitreichenden Schlüsse ziehen. „Some confusion of the two terms may be suspected, but as the text stands, nothing can be made of the distinction". Wie Heinrich Holzinger[73] oder Hermann Gunkel[74], sprach auch Skinner den Abschnitt Gen 46,31–34; 47,1–11 deshalb – mit Ausnahme der priesterschriftlichen Notizen Gen 47,5*–6a.7–11 – dem Jahwisten zu. An diese Einschätzung hat in jüngerer Vergangenheit bspw. Hans-Christoph Schmitt angeknüpft und den Abschnitt grundsätzlich der Juda-Schicht zugesprochen, während allein Gen 47,5b.6a.7–11 als Bestandteil der Priesterschrift auszunehmen seien.[75]

Da die oben skizzierte Einschätzung – zumindest im deutschsprachigen Raum – noch immer von Anhängern quellenorientierter bzw. redaktionsgeschichtlicher Lösungsansätze vertreten wird,[76] werden wir uns im Folgenden genauer mit ihr auseinandersetzen. Dabei werden wir uns auf die Frage nach der literarischen Einheitlichkeit einerseits und nach der priesterschriftlichen Einschätzung von Gen 47,5*–6a.7–11 andererseits konzentrieren. Beginnen wir jedoch mit einem allgemeinen Überblick über den fraglichen Textbereich. Nachdem Josef in Gen 46,29–30 wieder mit seinem Vater zusammengetroffen ist, spricht er die Brüder und das Haus seines Vaters in Gen 46,31–34 direkt an. Er

---

72 Skinner, Genesis, 496.
73 Vgl. Holzinger, KHC, 222.
74 Vgl. Gunkel, HK, 495.
75 Schmitt, Josephsgeschichte, 63. Anders als die genannten Vertreter der Quellenscheidung geht Schmitt bei V. 5–6 allerdings nicht von einer Priorität der LXX-Lesart aus.
76 Vgl. in jüngerer Vergangenheit Ruppert, FzB, 375, oder Schmidt, *Priesterschrift*, 116. Anders sieht Kebekus, Joseferzählung, 191–192, in den angeführten Versen einen integralen Bestandteil der Ruben-Erweiterung.

wolle zum Pharao gehen und ihm Mitteilung machen, dass seine Familie nach Ägypten gekommen ist. Bei dieser Gelegenheit wolle er Pharao gleichsam informieren, dass es sich bei seiner Familie um Viehhirten handelt, „denn deine Knechte haben Viehbesitz. Und ihr Kleinvieh und Großvieh und alles, was sie besitzen, haben sie mitgebracht" (Gen 46,32).

Obwohl bisher nur die Rede davon war, dass Josef allein zu Pharao gehen wolle, gibt er den Angehörigen seiner Familie in Gen 46,33–34 unvermittelt Weisung, wie sie sich gegenüber dem ägyptischen Herrscher äußern sollen. Dabei legt er ihnen nahe, dem Pharao zu erklären, was er selbst ihm nach Gen 46,32 ebenfalls offenbaren will: Dass es sich bei den Brüdern um Männer mit Viehbesitz handelt. Denn wenn Pharao sie nach ihrer Tätigkeit (מעשׂה) fragt (Gen 46,33), so sollen sie antworten: „Deine Diener sind Viehzüchter gewesen von Jugend an bis jetzt, wir wie schon unsere Vorfahren" (Gen 46,34a). Den Grund für diese Weisung liefert Josef gleich mit. Die Brüder sollen diese Angaben vor Pharao machen, „damit ihr im Land Goschen bleiben dürft. Denn ein Greuel für Ägypten ist jeder Schafhirt" (Gen 46,34b).

Nachdem diese Präliminarien geklärt sind, macht sich Josef in Gen 47,1 auf den Weg zu Pharao. Wie er es in Gen 46,31–32 gegenüber seiner Familie angegeben hatte, berichtet er Pharao davon, dass seine Brüder und sein Vater samt Viehbestand nach Ägypten gekommen sind. Dass es sich bei ihnen um Viehhirten bzw. Viehbesitzer handelt, nimmt er, anders als in Gen 46,32, nun nicht vorweg, sondern lässt es die Brüder selbst vor Pharao berichten. Von ihnen nimmt er in Gen 47,2 einige bzw. fünf Männer und stellt sie vor den ägyptischen König. Wie Josef es in Gen 46,33 vorausgeahnt hatte, fragt jener seine Brüder: „Was ist eure Tätigkeit?" (Gen 47,3a). Die Brüder antworten in Gen 47,3b: „Schafhirten sind deine Diener, wir wie schon unsere Vorfahren". Damit entsprechen sie den Vorgaben Josefs aus Gen 46,33–34 nur bedingt. Denn jener hatte seinen Familienangehörigen aufgetragen, sie mögen vor Pharao angeben, Viehbesitzer zu sein. Nun aber erklären sie sich für Viehhirten. Dass zwischen Viehhirten und Viehbesitzern ein direkter Zusammenhang besteht, hatte Josef selbst in Gen 46,32 suggeriert: „Die Männer sind Schafhirten – denn sie waren Viehzüchter –, und ihre Schafe, ihre Rinder und alles, was ihnen gehört, haben sie mitgebracht".

Obwohl ihre vorherige Rede aus Gen 47,3b gar nicht unterbrochen wurde, sprechen die Brüder Pharao in Gen 47,4 erneut an. Sachlich fügt die Rede Gen 47,4 der Aussage aus Gen 47,3b die Bitte um Ansiedlung in Ägypten hinzu, und zwar im Lande Goschen. Dass Pharao die Bitte der Brüder überhaupt wahrgenommen hat, ist dem weiteren Erzählverlauf nicht direkt zu entnehmen. Anstatt sich nämlich in Gen 47,5–6 mit einer Antwort an die Brüder zu richten, adressiert Pharao nun Josef, der ihn in Gen 47,1a angesprochen hatte. Nachdem Pharao noch einmal konstatiert hat, dass die Brüder und der Vater zu Josef gekommen sind, weist er die Ansiedlung der Familie im Land Ägypten an. Dabei entspricht er auch der Bitte der Brüder, im Lande Goschen wohnen zu dürfen. Dass es sich indes bei Goschen um den besten Teil des Landes Ägypten handelt, ist dem Leser neu. Die Rede Pharaos schließt in Gen 47,6 mit der Bitte, Josef möge sich unter den Seinen nach fähigen Männern umsehen, die der ägyptische Herrscher über seinen Viehbestand setzen könne. Josef selbst geht auf die Bitte Pharaos mit keiner Silbe oder Geste ein. Stattdessen fährt er in Gen 47,7 damit fort, nun auch seinen Vater vor den ägyptischen König zu stellen.

Bereits die oben angeführte Zusammenfassung der Ereignisse aus Gen 46,31–34; 47,1–7 zeigt, dass der Erzählverlauf einige Fragen aufwirft. Um zu klären, inwiefern die dargelegten Schwierigkeiten im Erzählverlauf die literarische Entstehung des Abschnitts zu erhellen vermögen, werden wir die literarkritischen Auffälligkeiten im Folgenden zusammenfassen und diachron auswerten. Dabei beginnen wir mit einem Vergleich von Gen 46,33–34 und Gen 47,3–4. Mit Gen 46,33 sieht Josef zunächst voraus, dass Pharao die Brüder nach ihrer Tätigkeit fragen wird. Darauf sollen sie ihm antworten, sie seien Viehbesitzer. So will Josef gewährleisten, dass Pharao die Brüder in Goschen, nicht in Ägypten ansiedelt. „Denn ein Greuel für Ägypten ist jeder Viehhirt".

Was Josef in Gen 46,33–34 vorwegnimmt, ereignet sich in Gen 47,2–4.[77] Dort stellt er fünf Brüder vor Pharao, der sie tatsächlich nach ihrer Tätigkeit fragt (Gen 47,2–3a). Die Brüder antworten in V. 3b: „Schafhirten sind deine Diener, wir wie schon unsere Vorfahren". „Mit V. 3 ist die Antwort auf die Frage des Pharao abgeschlossen"[78]. Dennoch setzt sich die Antwort der Brüder an Pharao in V. 4 fort. Obgleich die Rede nie unterbrochen war, nimmt V. 4a die Redeeinleitung aus V. 3b wieder auf und lässt die Brüder Pharao erneut ansprechen.[79] „Jetzt sagen sie aus eigenem Antrieb etwas [über die Frage Pharaos] hinaus"[80]. Im Vergleich mit Gen 46,33–34 zeigt sich überdies, dass die Information über die Tätigkeit der Brüder und ihre Bitte, sich mit ihrem eigenen Vieh in Goschen ansiedeln zu können, in Gen 47,3–4 nicht in einem gleichermaßen unmittelbaren Zusammenhang stehen, wie dies am Ende von Kap. 46 der Fall war. Vielmehr verteilen sich die Aussagen in Gen 47,3–4 auf zwei separate Ansprachen (Gen 47,3b/47,4), die

---

77 Weimar, *Josefsgeschichte*, 174f, sieht in der Rede Josefs in Gen 46,32–34 eine Zukunftsweissagung, die kompositorisch als Gegenstück zur Gottesrede Gen 46,1–4 fungiert. Der Wortlaut der Rede Josefs selbst lässt auf einen weissagenden Charakter allerdings nicht schließen.
78 Westermann, BK, 188; vgl. ähnlich Ruppert, FzB, 377.
79 Vgl. bereits Gunkel, HK, 465, der hier an den Wegfall einer Zwischenrede Pharaos glaubt. Vgl. ebenfalls Levin, Jahwist, 304, der in V. 2f.7 ein gegenüber V. 4 älteres Motiv der Erzählung sieht.
80 Westermann, BK, 188.

auch inhaltlich von Gen 46,33–34 differieren. Denn eigentlich hätten die Brüder ja vor Josef angeben sollen, sie seien Viehbesitzer, nicht Viehhirten.[81]

Mit dem Motiv der Brüder als Viehhirten weicht Gen 47,3 demnach von Gen 46,34 ab. Das Motiv antizipiert stattdessen die wörtliche Rede Pharaos in Gen 47,5–6. Dort nämlich bittet Pharao Josef, er möge unter seinen Familienangehörigen nach fähigen Männern Ausschau halten, die er über seinen eigenen Viehbestand setzen könne. Mit der direkten Ansprache Josefs greift die Rede Pharaos dabei über Gen 47,2–4 hinweg und knüpft an den Bericht Josefs aus Gen 47,1 an.[82]

Wie ist nun dieser Befund auszuwerten? Zunächst einmal macht es den Anschein, als reagiere Pharao in Gen 47,5–6 direkt auf die Mitteilung Josefs aus Gen 47,1 ויבא יוסף ויגד לפרעה. Nichtsdestoweniger gehen seine Aussagen in Gen 47,6b auch auf die Unterhaltung mit den Brüdern in Gen 47,2–4 ein. So kommt er der Bitte einer Ansiedlung in Goschen nach und sucht unter den Israeliten nach fähigen Viehhirten. Zwischen beiden Motiven – nämlich der Tätigkeit der Brüder als Viehhirten und der Bitte um Ansiedlung in Goschen – dürfte mit Blick auf die doppelte Redeeinleitung Gen 47,3.4 sachlich und literarisch zu trennen sein.[83] Hierauf weist auch ein Vergleich von Gen 47,3–4 mit Gen 46,33–34. Dort ist die Begegnung der Brüder mit Pharao vorweggenommen, entspricht ihr aber nur bedingt. Denn das Augenmerk liegt in Gen 46,31–34 nicht primär auf der Tätigkeit der Brüder als Viehhirten, sondern auf ihrem Viehbesitz. Beide Motive werden in Gen 46,32 explizit miteinander verbunden: „Die Männer sind Viehhirten – denn sie haben Viehbesitz –, und ihre Schafe, ihre Rinder und alles, was ihnen gehört, haben sie mitgebracht". Mit dieser Erklärung bereitet der Vers auf Gen 46,34 vor. Dort weist Josef die Brüder ausdrücklich an, sie mögen vor Pharao auf ihren Viehbestand hinweisen, damit sie im Lande Goschen siedeln dürften. Denn alle Viehhirten sind den Ägyptern ein Greuel.

Mit Blick auf den o. a. Befund legt sich der Verdacht nahe, dass es sich bei den Brüdern ursprünglicher mit Gen 47,3 nur um Viehhirten gehandelt hat. Mit dieser Aussage bereitet die wörtliche Rede der Brüder in Gen 47,3 auf das großzügige Angebot Pharaos in Gen 47,6bβ vor, Josef möge unter seinen Brüdern nach fähigen Männern suchen, die er über seinen Viehbestand setzen könne. Das Motiv der Brüder als Viehhirten unterbricht dabei den Zusammenhang von Josefs Bericht in Gen 47,1 ויבא יוסף ויגד לפרעה mit der Antwort Pharaos in Gen 47,5–6a und

---

81 Zur Differenz der Aussagen vgl. Gunkel, HK, 465; Westermann, BK, 188, oder Ruppert, FzB, 377.

82 Zu dieser Beobachtung vgl. z. B. Westermann, BK, 188.

83 So auch Levin, Jahwist, 304–305. Anders z. B. Westermann, BK, 188: „Dies zu sagen, hatte Joseph seine Brüder nicht angewiesen, aber es liegt ganz in seiner Absicht"; anders ferner Schmitt, Josephsgeschichte, 63, oder Ruppert, FzB, 372–373.

dürfte seinerseits eine nachträgliche Ausschmückung der Ansiedlung Israels in Ägypten darstellen.[84]

An das Motiv der Brüder als Viehhirten hat wohl ein Späterer angeknüpft und die Brüder auch zu Viehbesitzern gemacht.[85] Dazu hat er das Gespräch der Brüder mit Pharao in Gen 47,2–3 in Gen 46,31–34 vorweggenommen und die Tätigkeit der Brüder als Viehhirten aus Gen 47,3 in einen ausdrücklichen Zusammenhang mit dem Besitz von Vieh gestellt (Gen 46,32). Das Motiv der viehbesitzenden Viehhirten dient dem Autor in Gen 46,34; 47,4 sodann dazu, die Israeliten räumlich von den Ägyptern abzusondern.[86]

> Wenn euch der Pharao rufen lässt und fragt: Was ist euer Beruf? so sagt: Deine Diener sind Viehzüchter gewesen von Jugend an bis jetzt, wir wie schon unsere Vorfahren – damit ihr im Land Goschen bleiben dürft. Denn ein Greuel für Ägypten ist jeder Schafhirt (Gen 46,33–34).

Dass der ältere Text diese Auffassung indes nicht geteilt haben dürfte, zeigt das Angebot Pharaos aus Gen 47,6bβ: „Und wenn du weißt, dass unter ihnen tüchtige Leute sind, so setze sie als Aufseher über meine eigenen Herden ein".

Zusammenfassend kann für den Abschnitt Gen 46,31–34; 47,1–6 demnach festgehalten werden, dass seine jetzige Gestalt das Resultat eines mehrstufigen Wachstumsprozesses darstellen dürfte. Den ältesten Bestand dürfte dabei das Motiv einer Ansiedlung Israels im besten Teil des Landes darstellen. Sie ist vorbereitet mit der Ankunft Josefs vor Pharao (Gen 47,1aα), der ihm in Gen 47,5–6a antwortet: „Dein Vater und deine Brüder sind also zu dir gekommen. Das Land Ägypten steht dir offen. Im besten Teil des Landes lass deinen Vater und deine Brüder wohnen". Dieses Motiv wird erst später um das Motiv der Brüder als Viehhirten erweitert worden sein. Im Zusammenhang dieser Bearbeitung dürfen die Brüder in Gen 47,2–3 selbst vor Pharao treten und ihm mitteilen: „Schafhirten sind deine Diener, wir wie schon unsere Vorfahren". Pharao weist daraufhin Josef an: „Und wenn du weißt, dass unter ihnen tüchtige Leute sind, so setze sie als Aufseher über meine eigenen Herden ein" (Gen 47,6bβ). So sehr schätzt Pharao Josef, dass er Mitglieder seiner Familie über den königlichen Viehbestand setzen will.[87]

Erst in einem noch späteren Stadium dürften die Israeliten selbst zu Viehbesitzern geworden sein. Dabei soll die Mitnahme des eigenen Viehbestandes nach Ägypten laut Gen 46,32–34 eine Ansiedlung Israels in Goschen, vor

---

84 Vgl. Weimar, *Rahmen*, 254, und Levin, Jahwist, 301–304.
85 So auch Levin, Jahwist, 303f.
86 Vgl. hierzu insbesondere Levin, Jahwist, 304.
87 Vgl. zu der Ehre, die den Brüdern mit dieser Position zuteilwürde, bereits Jacob, Genesis, 845.

den Toren Ägyptens, erreichen.[88] Mit der Ansiedlung der Israeliten in Goschen (Gen 46,31–34; 47,1aβb.4.6bα) wird einer Integration der Fremden im eigenen Land vorgebeugt. Israel muss draußen bleiben! Die Ablehnung dürfte dabei jedoch *realiter* von Seiten der Israeliten, nicht der Ägypter, erfolgen.[89] Hierfür spricht neben den fehlenden außerbiblischen Belegen, die ein solches Verhalten der Ägypter bezeugen könnten, vor allem die Erzählperspektive selbst, die aus dem Blickwinkel der Söhne Israels formuliert ist.[90]

Dieselbe Hand, die eine Ansiedlung Israels in Goschen in den Kontext von Gen 46–47* eingetragen hat, könnte ferner für die Trennung der Tischgesellschaft in Gen 42,32 verantwortlich sein, wo das gemeinsame Mahl mit den Israeliten ebenfalls als Greuel für die Ägypter bezeichnet wurde (vgl. auch Ex 8,22). Auch in Gen 42,32 wird der inklusive Entwurf einer national gefärbten Familiengeschichte zur exklusiven Volksgeschichte. Dabei erinnert das Mahlmotiv an die Erzählung Dan 1, in der sich Daniel und seine drei Gefährten dadurch von den Babyloniern absondern, dass sie das ihnen fremde Essen verweigern und stattdessen eine ihrem Glauben gemäße Diät einhalten wollen.[91] So beugen sie der Vermischung mit den Fremden vor, die immer auch eine Gefahr für den eigenen Glauben bzw. den einen Gott darstellen.

Nach der oben vorgeschlagenen Textgenese stellen die von Skinner u. a. als priesterschriftlich eingestuften Aussagen von Gen 46,5*.6a den ältesten Bestand der Ansiedlung Israels in Ägypten dar. Ist in der priesterschriftlichen Herkunft der Verse Richtiges gesehen, wäre eine Ansiedlung Israels in Ägypten demnach erst durch die Priesterschrift erfolgt. Ein Blick auf den weiteren Erzählverlauf lässt allerdings Zweifel an der priesterschriftlichen Provenienz des Ansiedlungsauftrags Gen 47,5*.6b und seiner Ausführung durch Josef in Gen 47,11 aufkeimen.

---

88 Zur nachträglichen Einfügung der Ansiedlung in Goschen vgl. auch van Seters, Yahwist, 318. Van Seters glaubt, die Verortung der Israeliten sei der ursprünglichen Josefsgeschichte vom Jahwisten hinzugefügt worden, der so auf die Exoduserzählung verbreiten wolle.

89 So auch Levin, Jahwist, 297. „Man wird indessen eher sagen dürfen, daß die Gemeinschaft mit den Ägyptern dem Ergänzer ein Greuel war“.

Anders denken Jacob, Genesis, 840–841; Gunkel, HK, 452; Soggin, Joseph Story, 17; Redford, Study, 235; Westermann, BK, 136; Wenham, WBC, 423; Seebass, Josephsgeschichte, 100; Willi-Plein, NSK.AT, 281; Römer, *Repas*, 23, oder Fieger/Hodel-Hoenes, Einzug, 54–55, an die Spiegelung realhistorischer Verhältnisse.

90 Vgl. hierzu Levin, Jahwist, 304.

91 Vgl. hierzu die Anmerkung von Levin, Jahwist, 297, zu Gen 43,32, dass der Bearbeiter indirekt andeute, „daß auch Josef nicht mit den Ägyptern aß“.

Die priesterschriftliche Einschätzung der Verse hängt nicht zuletzt an der Verwendung des Terminus אחזה in V. 11. Die Wurzel אחז findet sich auch in Gen 47,27b, der von Heinrich Holzinger, Hermann Gunkel oder John Skinner als nächstfolgender Bestandteil der Priesterschrift in Gen 47 betrachtet wird. Diese Annahme ist nicht ohne Probleme. Denn Gen 47,11.27b stimmen in ihrer Vorstellung vom Erbbesitz nicht genau überein.[92] In Gen 47,11 siedelt Josef seine Familie zunächst an und gibt ihnen Erbbesitz im Lande Ägypten. Mit der Formulierung ויתן להם אחזה erinnert Gen 47,11 dabei an Gen 48,4, wo Jakob seinem Sohn Josef von einer Vision erzählt, die er in Lus erhielt.

> Und Jakob sprach zu Josef: El-Schaddai ist mir in Lus im Land Kanaan erschienen und hat mich gesegnet. Er sprach zu mir: Siehe, ich will dich fruchtbar machen und dich mehren, und ich will dich zu einer Großzahl von Völkern machen. Und dieses Land will ich deinen Nachkommen zu ewigem Besitz geben (ונתתי את־הארץ הזאת לזרעך אחריך אחזת עולם).

Im Kontext von Gen 48 bezieht sich „dieses Land" auf das Land Kanaan und betrifft der Terminus אחזה demnach ebenfalls das Land Kanaan, das den Israeliten von Gott als Erbteil zugesagt ist. In Gen 47,11 hingegen verweist אחזה auf einen Landstrich in Ägypten. Ihn hat Josef nach Gen 47,11 den Brüdern und dem Vater gegeben. „Josef aber siedelte seinen Vater und seine Brüder an und gab ihnen Besitz im Land Ägypten, im besten Teil des Landes, im Gebiet von Ramses, wie der Pharao es geboten hatte" (Gen 47,11). Jenen Landstrich, so berichtet Gen 47,27b, haben sie in Besitz genommen (ויאחזו בה). Damit greift Gen 47,27b nicht auf die Nominalform אחזה zurück, sondern setzt ihr eine Verbalform entgegen. Mit dieser Differenzierung entspricht Gen 47,27b der gemeinhin als priesterschriftlich bewerteten Vorstellung, nach der sich אחזה stets auf das Land Kanaan bezieht. Denn das Erbteil Israels ist Kanaan, nicht Ägypten. So spricht denn auch Gen 47,27b nicht von einer אחזה in Ägypten, sondern lediglich von einer Inbesitznahme in Ägypten (ויאחזו בה).[93]

Die Formulierung ויתן להם אחזה בארץ מצרים in Gen 47,11 hingegen stellt dem von Gott vergebenen ewigen Erbteil Israels in Kanaan ausdrücklich ein von Josef (temporär) vergebenes Erbteil im Lande der Fremdlingschaft, Ägypten, gegenüber, das sich mit Ramses an eben jenem Ort befindet, von dem die Söhne Israels in Ex 12 aufbrechen werden, das ewige Erbteil in Besitz zu nehmen. Der Zwischenstopp in Ägypten wird so mit der Landnahme korreliert. Im Kleinen und für einen

---

92 Zu einer Diskussion um die Beziehung von V. 27a und Gen 47,11 vgl. Weimar, *Rahmen*, 254 mit Anmerkung 104, oder Schmidt, Studien, 201.
93 Vgl. hierzu bereits die Ausführungen bei Jacob, Genesis, 866.

begrenzten Zeitraum ist dabei bereits vorabgebildet, was sich im Großen und für die Ewigkeit noch erfüllen soll.[94]

Mit der oben skizzierten Vorstellung eines Landstriches in Ägypten als Erbteil Israels dürfte eine Zuordnung von Gen 47,5*6a.11 zu P wohl eher unwahrscheinlich sein. Fallen aber Gen 47,5*.6a.11 als Bestandteil einer priesterschriftlichen Erzählung über die Ansiedlung Israels in Ägypten weg, fehlt für Gen 47,27b P jeglicher Anknüpfungspunkt im priesterschriftlichen Kontext. Es wäre dann mit Christoph Levin zu überlegen, ob Gen 47,27 nicht insgesamt als Bestandteil von P zu verstehen ist. „Aus P stammt ebenfalls die Notiz über die Niederlassung Israels in Ägypten 47,27, die Teil des topographischen Systems der Priesterschrift ist, vgl. 11,31; 13,12; 36,8; bes. 37,1"[95].

Beachtenswert an dem Zitat Levins ist insbesondere der Verweis auf Gen 37,1, der sich ebenfalls im Kontext der Josefsgeschichte findet. Dort ist dem Leser mitgeteilt, dass der Erzvater im Lande Kanaan wohnt. „Jakob aber ließ sich im Land nieder, in dem sein Vater als Fremder geweilt hatte, im Land Kanaan" (Gen 37,1). Mit Gen 46,6f macht sich der Erzvater sodann mit den Seinen auf, nach Ägypten hinabzuziehen.

> Und sie nahmen ihre Herden und ihre Habe, die sie im Land Kanaan erworben hatten, und kamen nach Ägypten, *Jakob* und alle seine Nachkommen mit ihm: Seine Söhne und seine Enkel mit ihm, seine Töchter und seine Enkelinnen und alle seine Nachkommen brachte er mit sich nach Ägypten.

Auf diesen Vers müsste – nach Ausschluss von Gen 47,5–6*.11* (s. o.) – in einer priesterschriftlichen Quelle nun die Ansiedlung in Gen 47,27 gefolgt sein. Sie verweist entgegen Gen 37,1; 46,6 nicht mehr auf den Erzvater Jakob, sondern auf eine Ansiedlung Israels, der mit dem pluralischen Narrativ V. 27b (ויאחזו) als Repräsentant des Volkes der בני ישראל zu verstehen ist. „*Israel* aber ließ sich nieder im Land Ägypten, im Land Goschen. *Sie* wurden dort ansässig, waren fruchtbar und mehrten sich sehr". Ist der oben dargelegte Zusammenhang von Gen 37,1–2*; 46,6–7* mit Gen 47,27 sicher nicht undenkbar, so wirft er doch im Rahmen der Priesterschrift einige Fragen auf. Denn lebt Jakob zunächst in Kanaan und zieht von dort nach Ägypten hinab, ist nicht ohne weiteres zu ver-

---

94 Vgl. hierzu Weimar, *Rahmen*, 254 mit Anm. 104, der davon ausgeht, dass Gen 47,11.27 zwei unterschiedliche Traditionen zugrunde liegen, die „nicht allein aufeinander bezogen, sondern gezielt einander angeglichen werden".
95 Levin, Jahwist, 305.

stehen, warum Gen 47,27 unvermittelt von Israel spricht, der sich nun als Volk in Ägypten ansiedelt.[96]

Gen 37,1:

¹ וַיֵּשֶׁב |יַעֲקֹב| בְּאֶרֶץ מְגוּרֵי אָבִיו בְּאֶרֶץ כְּנָעַן:

Gen 46,6–7*:

⁶ וַיִּקְחוּ אֶת־מִקְנֵיהֶם וְאֶת־רְכוּשָׁם אֲשֶׁר רָכְשׁוּ בְּאֶרֶץ כְּנַעַן וַיָּבֹאוּ מִצְרַיְמָה |יַעֲקֹב| וְכָל־זַרְעוֹ אִתּוֹ:

⁷ בָּנָיו וּבְנֵי בָנָיו אִתּוֹ בְּנֹתָיו וּבְנוֹת בָּנָיו וְכָל־זַרְעוֹ הֵבִיא אִתּוֹ מִצְרָיְמָה: ס

Gen 47,27*:

²⁷ וַיֵּשֶׁב יִשְׂרָאֵל בְּאֶרֶץ מִצְרַיִם בְּאֶרֶץ גֹּשֶׁן וַיֵּאָחֲזוּ בָהּ וַיִּפְרוּ וַיִּרְבּוּ מְאֹד:

Die Formulierungen von Gen 47,27 erklären sich hingegen gut auf dem Hintergrund der – nach unserer Einschätzung – nichtpriesterschriftlichen Erzählung über die Ansiedlung Israels in Ägypten in Gen 47,5–6*.11. Ein ausdrücklicher Verweis auf den Erzvaternamen fehlt im Zusammenhang der nichtpriesterschriftlichen Verse, die von einer Ansiedlung in Ägypten berichten. Dort bezieht sich die Ansiedlung stets auf den Vater und die Brüder Josef (אֶת־אָבִיו וְאֶת־אֶחָיו) und findet so in einem (pseudo-)familiären Rahmen statt. Dieser Rahmen einer zumindest scheinbaren Familiengeschichte wird mit Gen 47,27 verlassen, wo zunächst in V. 27a auf Israel als Namen von Josefs Vater Bezug genommen wird, bevor der pluralische Narrativ וַיֵּאָחֲזוּ V.27b auch die Söhne Israels und also die Brüder Josefs impliziert. Damit spiegeln sich in Gen 47,27 die Aussagen der nichtpriesterschriftlichen Ansiedlung in Gen 47,5–6*.11*, die nun ausdrücklich in eine nationalpolitische Dimension überführt werden. Die Aussagen von Gen 47,27 machen so den Anschein, als könnte es sich bei ihnen um eine bewusste Auslegung der Ansiedlung von Josefs Familie in Ägypten Gen 47,5–6*.11* handeln, die eine explizit nationalpolitische Perspektive in den Kontext der Ansiedlung einträgt. Zu diesem Zweck greift Gen 47,27a zunächst explizit auf die Ansiedlung des Vaters in Gen 47,6a.11 zurück, der mit dem pluralischen Narrativ auch die Ansiedlung der Söhne bzw. Brüder Josefs folgt. So werden Brüder und Vater mit dem „Volk der Söhne Israels" (Ex 1,9) identifiziert.

---

96 Vgl. hierzu die Beobachtungen von Ruppert, FzB, 345, zu Gen 46,5b. „Dabei dürfte V. 5b wie auch 45,19–*21 am ehesten einem P nahestehenden Bearbeiter (P^s) zuzuschreiben sein, da P, obwohl er von Jakobs Umbenennung in Israel [...] weiß, sonst in der Genesis den Erzvater weiterhin Jakob nennt".

Gen 47,5–6*.11.27*:

‏⁵ ויאמר פרעה אל־יוסף לאמר אביך ואחיך באו אליך:‏
‏⁶ ארץ מצרים לפניך הוא במיטב הארץ הושב את־אביך ואת־אחיך ישבו בארץ גשן ואם־
ידעת ויש־בם אנשי־חיל ושמתם שרי מקנה על־אשר־לי:‏
‏¹¹ ויושב יוסף את־אביו ואת־אחיו ויתן להם אחזה בארץ מצרים במיטב הארץ בארץ רעמסס
כאשר צוה פרעה:‏
‏²⁷ וישב ישראל בארץ מצרים בארץ גשן ויאחזו בה ויפרו וירבו מאד:‏

Ist in der oben skizzierten Annahme Richtiges gesehen, wirft dies Fragen hinsichtlich der Priesterschrift auf. Denn zum einen hatte sich gezeigt, dass sich
die Formulierung ויאחזו בה (Gen 47,27b) am ehesten auf dem Hintergrund einer
אחזה verstehen lässt, die ausdrücklich und allein mit dem Land Kanaan zu identifizieren ist. Damit steht Gen 47,27 mit einem Konzept in Zusammenhang, das
gemeinhin priesterschriftlich bewertet wird. Gleichzeitig hatte es die kontextuelle Verortung des Verses in der Josefsgeschichte nahegelegt, dass Gen 47,27
weniger als direkte Fortsetzung von Gen 37,1–2*; 46,6–7*, sondern vielmehr als
Fortschreibung von Gen 47,5–6*11* zu verstehen sein dürfte. Dann aber wird zu
fragen sein, ob es sich bei der Priesterschrift in der Josefsgeschichte tatsächlich
um eine Quellenschrift handeln kann oder nicht eher von einer priesterschriftlichen Be- bzw. Überarbeitung der Josefsgeschichte auszugehen wäre. Es wird in
diesem Zusammenhang überdies neu zu bedenken sein, in welcher Beziehung
die gemeinhin als priesterschriftlich bewerteten Abschnitte der Josefsgeschichte
eigentlich genau zueinander stehen, d. h. wie sich z. B. die Aussagen über
Jakob in Gen 37,1; 46,6–7 zu der Ansiedlung Israels in Gen 47,27 literarisch verhalten.[97]

Ungeachtet dessen, wie eine Entscheidung in diesen Fragen ausfällt, dürfte
es sich bei Gen 47,27 um einen literarisch einheitlichen Vers handeln, der unter
Berücksichtigung der Formulierung ויאחזו בה in einem Zusammenhang mit
gemeinhin priesterschriftlich bewerteten Abschnitten der Vätergeschichte steht.
Jünger als Gen 47,27 dürfte die Formulierung ויתן להם אחזה in Gen 47,11 sein. Denn
sie zieht, wie wir oben gesehen haben, die Aussagen aus Gen 47,27b und Gen 48,4
zusammen und versteht nun auch die vorläufige Inbesitznahme des ägyptischen
Landstriches als אחזה. Dass indes nicht der gesamte Erzählfaden Gen 47,5*6a.11
jünger zu datieren sein dürfte als Gen 47,27b, zeigt bereits die oben dargelegte
Einbettung von Gen 47,27b in den Kontext der Ansiedlung von Josefs Familie in

---

[97] Einen Nachtrag innerhalb von Gen 47,27 dürfte mit Berner die Formulierung בארץ גשן darstellen. Sie expliziert die allgemeine Formulierung בארץ מצרים nun als Goschen und knüpft damit an
die Bearbeitung in Gen 46,32–34; 47,1a*b.4.6bα an.

Ägypten. Genau wie die älteste Ansiedlung in Gen 47 ausgesehen haben könnte, soll im Folgenden noch einmal genauer betrachtet werden.

Der Auftrag Pharaos aus Gen 47,6 wird in Gen 47,11 ausgeführt. Dabei gibt Gen 47,11b vor, die Ausführung entspreche genau dem Befehl, den Pharao zuvor erteilt habe. Dies jedoch trifft auch dann nur bedingt zu, scheidet man die Notiz ויתן להם אחזה als nachpriesterschriftlichen Nachtrag aus (s. o.). Denn der Auftrag Pharaos lautete, Josef möge seine Brüder und den Vater im besten Teil des Landes ansiedeln, im Lande Goschen. Zwar siedelt Josef Brüder und Vater auch im besten Teil des Landes an, doch handelt es sich nach Maßgabe von Gen 47,11 nicht um Goschen, sondern um Ramses. Der Bezug auf das Land Ramses erinnert an die Aussage von Ex 12,37 (vgl. auch Ex 1,11), nach denen der Exodus Israels seinen Ausgang in Ramses (vgl. Num 33,3.5) nahm.

> Von der in Ex 1 offenbar gemeinten Ramsesstadt ist die Bezeichnung ‚Land Ramses' in Gen 47,11 [allerdings] erkennbar unterschieden. Es ist auch kaum vorstellbar, wie sich die Ansiedlung der Jakobsippe und ihrer Herden [...] mit jener Delta-Residenz verbinden sollte. [...] Nach all dem dürfte es sich bei der Nennung des ‚Landes Ramses' in 47,11 als der besten Gegend im Lande Ägypten, in dem Josef auf Pharaos Geheiß seiner Familie Wohnrecht gab, um eine literarische Verknüpfung von Josefs- und Exodusgeschichte handeln. Auch hierin wird eine spätere Erweiterung der Befehlsausführung zu sehen sein[98].

Alles in allem, dürfte Gen 47,11 ursprünglich lediglich die (vorpriesterliche) Erfüllungsnotiz zu Gen 47,6 enthalten haben, bevor in einem späteren Schritt, in Anlehnung an Gen 47,27; 48,4 bzw. Ex 12,37, der Verweis auf den Erbbesitz (אחזה) und die Ortsangabe Ramses hinzugefügt wurden.[99]

Gen 47,5–6a.11.27*:

ויאמר פרעה אל־יוסף לאמר אביך ואחיך באו אליך: ⁵

ארץ מצרים לפניך הוא במיטב הארץ הושב את־אביך ואת־אחיך [...]: ⁶

ויושב יוסף את־אביו ואת־אחיו ויתן להם אחזה בארץ מצרים במיטב הארץ בארץ רעמסס ¹¹
כאשר צוה פרעה:

וישב ישראל בארץ מצרים בארץ גשן ויאחזו בה ויפרו וירבו מאד: ²⁷

---

98 Ebach, HThKAT, 487.
99 Vgl. Rudolph, *Josefsgeschichte*, 167: „בארץ רעמסס scheint in der Tat Randglosse wegen Ex 12₃₇ zu sein". Ähnlich Redford, Study, 401–418; Weimar, *Rahmen*, 254; Westermann, BK, 191; Boecker, Josefsgeschichte, 81; Seebass, Josephsgeschichte, 134, oder Fieger/Hodel-Hoenes, Einzug, 306.

Gen 48,4:

⁴ ויאמר אלי הנני מפרך והרביתך ונתתיך לקהל עמים ונתתי את־הארץ הזאת לזרעך אחריך
אחזת עולם:

Ex 12,37:

³⁷ ויסעו בני־ישראל מרעמסס | סכתה כשש־מאות אלף רגלי הגברים לבד מטף:

Zwischen dem Auftrag zur Ansiedlung in Gen 47,5–6* und seiner Ausführung in Gen 47,11 findet sich in Gen 47,7–10 ein Erzählabschnitt, der von einer Audienz auch Jakobs bei Pharao berichtet. Offenkundig ist zunächst, dass dieser Abschnitt den Zusammenhang von Auftrag und Ausführung unterbricht. Auch sachlich hängt er mit der Ansiedlung der Familie in Ägypten nicht zwingend zusammen. Der Abschnitt berichtet in V. 7a davon, dass Josef seinen Vater vor Pharao bringt. V. 7b konstatiert unvermittelt, dass Jakob Pharao segnete. Dieser Segen, den der Erzvater dem ägyptischen König spendet, findet ein Gegenstück in der Bitte Pharaos aus Ex 12,32. Ex 12 handelt von der letzten Plage, der Tötung der Erstgeburt. Nachdem Gott den Israeliten geboten hatte, ihre Türstürze mit Blut zu markieren, damit ihre Erstgeborenen verschont werden, beginnt die Plage in Ex 12,29.

> Um Mitternacht aber schlug Jhwh alle Erstgeburt im Land Ägypten, vom Erstgeborenen des Pharao, der auf seinem Thron saß, bis zum Erstgeborenen des Gefangenen, der im Kerker lag, und alle Erstgeburt des Viehs. Da stand der Pharao auf in der Nacht [...]. Und er rief Mose und Aaron des Nachts und sprach: Macht euch auf, zieht weg aus meinem Volk, ihr und die Israeliten, und geht, dient Jhwh, wie ihr gesagt habt. Nehmt auch eure Schafe und Rinder, wie ihr gesagt habt, und geht! *Und bittet auch für mich um Segen* (Ex 12,29–32).

Einige Verse später, in Ex 12,37, werden sich die Israeliten tatsächlich aus Ramses aufmachen, um in das verheißene Land zu ziehen.

Wie die Erwähnung vom Land Ramses, so stellt offenbar auch der Segen Jakobs in Gen 47,7 eine Verbindung von der Ansiedlung der Israeliten in Ägypten mit ihrem Aufbruch aus Ägypten her.[100] In einem sachlichen Zusammenhang mit dem Abschnitt Ex 12,29–37 steht ferner die Mitnahme des Viehbestandes. Den Viehbestand hatten die Israeliten in Gen 46,31–34; 47,1*.4 mit nach Goschen gebracht und ihn dürfen sie in Ex 12 nach langer Debatte mit Pharao auch mit aus Ägypten hinaufführen. Da die Mitnahme des Viehbestandes in Gen 46f* litera-

---

100 Für diese und andere Beobachtungen zu Motiven, die mit dem Buch Exodus in Zusammenhang stehen könnten, gilt mein großer Dank Dr. Christoph Berner.

risch mit der Ansiedlung in Goschen verbunden ist, Goschen aber in Ex 12 keine namentliche Rolle spielt, ist ein direkter literarischer Zusammenhang hier eher unwahrscheinlich. Er könnte allerdings bei der Erwähnung vom Land Ramses und der Segnung Pharaos durch Jakob durchaus erwogen werden. Wird Pharao in Ex 12,32 um den Segen flehen und lässt die Israeliten sodann aus Ägypten, aus Ramses losziehen, so erteilt Jakob in Gen 47,7 Pharao freiwillig seinen Segen und wird von ihm anschließend im besten Teil Ägyptens, im Land Ramses angesiedelt. So die Aussagen nicht direkt zusammengehören, dürften sie einander zumindest beeinflusst haben.

Gen 47,7.11*:

⁷ ויבא יוסף את־יעקב אביו ויעמדהו לפני פרעה ויברך יעקב את־פרעה:

¹¹ ויושב יוסף את־אביו ואת־אחיו ויתן להם אחזה בארץ מצרים במיטב הארץ בארץ רעמסס כאשר צוה פרעה:

Ex 12,32.37:

³² גם־צאנכם גם־בקרכם קחו כאשר דברתם ולכו וברכתם גם־אתי:

³⁷ ויסעו בני־ישראל מרעמסס סכתה כשש־מאות אלף רגלי הגברים לבד מטף:

Die Audienz Jakobs bei Pharao setzt sich in V. 8–10 fort.

> Die kurze Wechselrede zwischen Pharao und Jakob grenzt sich durch die Wiederholung V. 7b in V. 10 als Zusatz aus. Die priesterliche Datierung V. 28 ist vorausgesetzt [...]. Der Ergänzer nimmt an, daß der Pharao das hohe Alter des Erzvaters als ein Wunder bestaunt haben muß. Jakob antwortet, daß die 130 Jahre, die er bisher nämlich in der Zeit seiner Fremdlingschaft in Kanaan, gelebt habe, noch schlecht und wenig seien im Vergleich mit dem Alter Abrahams (180) und Isaaks (175). Der Zusatz dient dem höheren Ruhme der Israeliten und ihres Gottes[101].

---

[101] Levin, Jahwist, 305–306; vgl. Weimar, *Rahmen*, 252. Insgesamt an P denken bei dem o. a. Abschnitt Gunkel, HK, 495; Lux, Geschichte, 165–171, oder Ebach, HThKAT, 475. Kebekus, Joseferzählung, 345, weist die V. 8–10 insgesamt der Juda-Bearbeitung zu.
Keine konkreten sprachlich-sachlichen Anhaltspunkte hat nach Auffassung der Verf. die Annahme von Rabenaus, *Joseph*, 38f, der in Gen 47,7–9 den Versuch sieht, die ägyptische Heirat Salomos (1Kön 9,16.24) „vermutlich mit einer Tochter des Libyerkönigs Siamun, und seine allgemeine Anlehnung an ägyptische Zivilisation zu legitimieren".
Dass die Aussage der V. 8–10 inhaltlich dazu dient, das Ansehen „Israels und ihres Gottes" zu steigern, vermuten neben Levin, Jahwist, 305, auch Golka, *Joseph*, 172, oder Ebach HThKAT, 478.

Gen 47,7–10:

7 וַיָּבֵא יוֹסֵף אֶת־יַעֲקֹב אָבִיו וַיַּעֲמִדֵהוּ לִפְנֵי פַרְעֹה וַיְבָרֶךְ יַעֲקֹב אֶת־פַּרְעֹה׃

8 וַיֹּאמֶר פַּרְעֹה אֶל־יַעֲקֹב כַּמָּה יְמֵי שְׁנֵי חַיֶּיךָ׃

9 וַיֹּאמֶר יַעֲקֹב אֶל־פַּרְעֹה יְמֵי שְׁנֵי מְגוּרַי שְׁלֹשִׁים וּמְאַת שָׁנָה מְעַט וְרָעִים הָיוּ יְמֵי שְׁנֵי חַיַּי

וְלֹא הִשִּׂיגוּ אֶת־יְמֵי שְׁנֵי חַיֵּי אֲבֹתַי בִּימֵי מְגוּרֵיהֶם׃

10 וַיְבָרֶךְ יַעֲקֹב אֶת־פַּרְעֹה וַיֵּצֵא מִלִּפְנֵי פַרְעֹה׃

Ergebnis

Fassen wir die oben gewonnenen Ergebnisse kurz zusammen. Die nichtpriesterschriftliche Ansiedlung Israels in Ägypten in Gen 46,31–47,12 dürfte den
Zusammenhang der Todesankündigung Israels (Gen 46,30) mit dem Todeseintritt in Gen 47,29–31*; 49,33aβ erst nachträglich unterbrochen haben. Sie wird
überdies in sich nicht einheitlich sein, sondern das Resultat eines sukzessiven Fortschreibungsprozesses darstellen. Der älteste Bestand der Ansiedlung
dürfte im Zusammenhang von Gen 47, 1(nur וַיָּבֹא יוֹסֵף וַיַּגֵּד לְפַרְעֹה).5–6a.11(ohne
בְּאֶרֶץ רַעְמְסֵס und וַיִּתֵּן לָהֶם אֲחֻזָּה בְּאֶרֶץ מִצְרַיִם) zu suchen sein. Nachdem die Familie in
Ägypten angekommen ist, erstattet Josef Pharao Bericht und jener trägt ihm auf,
die Familie im besten Teil des Landes Ägypten anzusiedeln. Josef tut, wie ihm
befohlen. Die Ansiedlung Israels in Ägypten dürfte sich bereits in diesem ältesten
Bestand auf dem Hintergrund des Exodus verstehen. Weil das Volk in Ex 1ff in
Ägypten residiert, wird auch der Erzvater dauerhaft in der Fremde angesiedelt.[102]

An die Ansiedlung in Gen 47,11* hat Gen 47,27 (P?) angeknüpft und Brüder
und Vater mit Israel bzw. den Söhnen Israels identifiziert. Israel siedelt sich in
Ägypten an und nimmt einen Teil davon in Besitz.

Im nichtpriesterschriftlichen Text dürfte an die oben skizzierte Ansiedlung
zunächst eine Bearbeitung angeknüpft haben, die die Brüder Josefs zu Viehhirten erklärt. Aus ihrer Mitte soll Josef fähige Männer suchen, die Pharao als
Aufseher über seine Herden setzen kann. Die Bearbeitung dürfte Gen 47,2–3.6βb
umfasst haben. Sie betont das Wohlwollen und die Gastfreundschaft, die Pharao
der Familie Josefs von Anfang an hat angedeihen lassen. Damit kontrastiert das
Verhalten Pharaos in Gen 47,2–3.6βb das Verhalten jenes ägyptischen Königs, der
von Josef nichts mehr wusste (Ex 1,8). Während der Pharao zur Zeit Josefs den
Israeliten so sehr vertraut, dass er ihnen sein eigenes Vieh anvertraut, empfindet
der Pharao, der von Josef nichts mehr wusste, die Israeliten als Bedrohung und
beginnt, sie zu unterdrücken (Ex 1,9ff).

---

102 Vgl. hierzu auch die Diskussion um die älteste Verbindung zwischen Genesis und Exodus
unten zu 5.1.4. (a) und 5.4. (a).

Jünger als die Vorstellung der Brüder Josefs als Viehhirten dürfte die Ansiedlung der Israeliten in Goschen sein. Sie knüpft sowohl an die Ansiedlung der Israeliten in Ägypten als auch an deren Tätigkeit als Viehhirten an und lässt sie nun zu Viehbesitzern werden, die sich mit ihrem Vieh in Goschen ansiedeln möchten. Die Bearbeitung wird Gen 43,32; 45,10*; Gen 46,28b.31–34; 47,1a(ohne ויבא יוסף ויגד לפרעה).b.4.6bα umfasst haben. Sie trennt die Israeliten bewusst von den Ägyptern und lässt sie nicht mehr im Land, sondern vor dessen Toren wohnen.[103]

Weitere Nachträge finden sich in dem Verweis auf Ramses in Gen 47,11, dem Verständnis des Ansiedlungsortes in Ägypten als אחזה (Gen 47,11), dem Segen Pharaos durch Jakob (V. 7), der daran anschließenden Altersangabe des Erzvaters in V. 8–10 und dem Motiv Josefs als Versorger der Familie in Gen 47,12.

Diachrone Differenzierung

I *Die Ansiedlung Israels im besten Teil Ägyptens*
   Gen 47,1(nur ויבא יוסף ויגד לפרעה)5–6a.11(ohne ויתן להם אחזה בארץ מצרים und בארץ רעמסס)

   I¹ *Die Ansiedlung Israels (P?)*
      Gen 47,27(ohne בארץ גשן)

      I² *Der Erbbesitz Israels in Ägypten*
         Gen 47,11(nur ויתן להם אחזה בארץ מצרים)

      I² *Die Voraussendung Josefs als Rettungstat an Israel*
         Gen 42,2bβ;
         Gen 43,8b;
         Gen 45,6–7.11;
         Gen 47,12;
         Gen 50,20bβ.21a

   I¹ *Die Israeliten als Viehaufseher bei Pharao*
      Gen 47,2–3.6b(nur ואם־ידעת ויש־בם אנשי־חיל ושמתם שרי מקנה על־אשר־לי)

      I² *Die Ansiedlung Israels in Goschen*
         Gen 43,32 (?);
         Gen 45,10*;
         Gen 46,28b.31–34;
         Gen 47,1a(ohne ויבא יוסף ויגד לפרעה).4.6b(nur ישבו בארץ גשן).27(nur בארץ גשן)

---

103 Vgl. auch oben 4.2. (d), 4.4. (b) und 5.1.1. (a).

I¹ *Die Ansiedlung Israels in Ramses*
Gen 47,1(nur בארץ רעמסס)
I¹ *Jakob segnet Pharao*
Gen 47,7
I² *Jakobs Lebensjahre*
Gen 47,8–10

5.1.3. Genesis 47,13–26: Josef als Versorger der ägyptischen Bevölkerung

Gliederung

V. 13:   Die Hungersnot wiegt schwer auf Ägypten und Kanaan
V. 14–15: Die Ägypter geben Josef ihr Silber für Getreide
V. 16–18: Die Ägypter geben Josef ihr Vieh für Nahrung
V. 19–21: Josef kauft die Ägypter und ihr Land für Pharao
V. 22:   Das Ackerland der Priester kauft Josef nicht
V. 23–26: Josef verteilt Saatgut und führt die Abgabe des Fünften ein

Befund

Der Abschnitt Gen 47,13–26 beschäftigt sich mit der Versorgung der ägyptischen Bevölkerung während der siebenjährigen Hungersnot. Sie wird, wie die in Gen 47,12 angesprochene Versorgung der Familie Israels, von Josef gewährleistet. Damit entspricht Gen 47,13–26 der Vorgabe aus Gen 41,56. „Als nun die Hungersnot über das ganze Land hin herrschte, öffnete Josef die Speicher und verkaufte den Ägyptern Getreide. Die Hungersnot aber wurde drückend im Land Ägypten". Die allgemeine Aussage aus Gen 41,56 wird in Gen 47,13–26 genauer entfaltet. Dabei beginnt der Abschnitt mit der programmatischen Feststellung ולחם אין בכל־הארץ כי־כבד הרעב מאד und greift damit einen Aspekt aus Gen 47,4 wieder auf. Sind die Israeliten nach Maßgabe von Gen 47,4 aufgrund der schweren Hungersnot nach Ägypten gezogen, wo Josef sie nach Gen 47,12 versorgt, so leidet nun Ägypten – wie Kanaan – große Not. Deshalb führt Josef Maßnahmen durch, die den Ägyptern das Überleben sichern sollen. Zunächst lässt er das gesamte Geld Ägyptens und Kanaans einsammeln und bringt es in das Haus Pharaos. Als Gegenleistung für das Geld erhalten die Ägypter und Kanaanäer Getreide (שבר). Nachdem das Geld ausgegangen ist, fordert Josef von den Ägyptern, nicht aber von den Kanaanäern, ihm ihren Viehbestand abzutreten. Als Gegenleistung erhalten sie dieses Mal Nahrung (לחם). Als das Jahr, in dem das Vieh abgetreten wurde, sich dem Ende zuneigt, kommen die Ägypter im zweiten Jahr abermals zu Josef (Gen 47,18) und flehen ihn an:

> Das Silber ist zu Ende, und die Viehherden sind an unseren Herrn übergegangen. Es steht nichts mehr zur Verfügung unseres Herrn als unser Leib und unser Ackerland. Warum sollten wir vor deinen Augen sterben, wir und unser Ackerland? Kaufe uns und unser Ackerland um Brot, so wollen wir mit unserem Ackerland dem Pharao als Sklaven dienen. Aber gib Saatgut heraus, damit wir am Leben bleiben und nicht sterben und das Ackerland nicht verödet (Gen 47,18–19).

Josef reagiert auf das Flehen der Ägypter, kauft ihr Ackerland für Pharao und macht ihm das Volk dienstbar – vom einen Ende Ägyptens bis zum anderen (V. 20–21). Einzig das Ackerland der Priester kauft er nicht (V. 22). In einer abschließenden Rede richtet er sich an das Volk und übereignet ihnen das geforderte Saatgut:

> Heute habe ich euch und euer Ackerland für den Pharao gekauft. Da habt ihr Saatgut, nun besät das Ackerland. Von den Erträgen liefert ihr ein Fünftel dem Pharao ab. Die andern vier Teile aber gehören euch, als Saatgut für das Feld und als Nahrung für euch, eure Hausgenossen und eure Kinder (Gen 47,23–24).

Die Ägypter danken Josef (V. 25). V. 26 schließt mit dem Fazit: „So machte es Josef zum Gesetz bis auf den heutigen Tag für das Ackerland in Ägypten, dass dem Pharao der Fünfte gehöre. Nur das Ackerland der Priester ging nicht an den Pharao über".

Der Überblick zeigt, dass es sich bei Gen 47,13–26 grundsätzlich um eine thematische Einheit handelt,[104] die sich in Anschluss an Gen 41,56–57; 47,4.12 nun mit dem Schicksal der Ägypter während der siebenjährigen Hungersnot beschäftigt. Obwohl hier und da Formulierungen im Kontext des Abschnitts zu finden sind, die eine sukzessive Entstehung vermuten lassen, zeigt der Abschnitt inhaltlich

---

104 Vgl. u. a. Gunkel, HK, 465–469; von Rad, ATD, 357–359; Ruppert, FzB, 385–401, die jedoch alle auf die sachlichen und sprachlichen Unebenheiten der Verse hinweisen und eine komplexere Entstehungsgeschichte offen lassen.
Dillmann, Genesis, 421, oder Holzinger, KHC, 252f, vermuten eine Quellenmischung von J (Dillmann: C) und E (Dillmann: B). Greßmann, *Ursprung*, 29–31, versucht sich an einer Scheidung der unterschiedlichen vorliterarischen Fassungen. Westermann, BK, 196, sieht in den Versen zwei ursprünglich unabhängige Traditionen verwoben, die er jedoch nicht mit den Quellen J und E identifiziert, sondern als spätere Zusätze zur Josefsgeschichte ausweist. Kebekus, Joseferzählung, 184, vermutet in dem Abschnitt aufgrund seiner „strukturbildenden Funktion" – mit Ausnahme der redaktionellen Zusätze V. 22.26b – einen Bestandteil seiner Juda-Bearbeitung, die er für die „Strukturierung der heute vorliegenden Gestalt von Gen 37–50" maßgeblich verantwortlich macht.

eine große Geschlossenheit. Aus diesem Grund werden wir uns in der folgenden Analyse vornehmlich mit der Frage beschäftigen, wie die Erzähleinheit in den mittelbaren und unmittelbaren Kontext der Josefsgeschichte eingebettet ist (a). In Ansätzen wird auch ein mögliches literarisches Wachstum angesprochen (b).

Analyse

(a) Gen 47,13–26 im Kontext der Josefsgeschichte

Der Abschnitt setzt in V. 13a ein mit der programmatischen Überschrift: „Es gab aber kein Brot im ganzen Land, denn die Hungersnot war sehr schwer". Mit dem Verweis auf den Hunger knüpft V. 13a an das direkt vorausgehende Motiv der Versorgung durch Josef an, die nun nicht nur auf die eigene Familie, sondern – wie in Gen 41 – auch auf Ägypten bezogen wird.[105] Gen 47,13b weitet den Blick auch auf Kanaan. „Und das Land Ägypten und das Land Kanaan darbten vor Hunger". Mit dieser Formulierung werden Gen 47,13–26 gleich in mehrfacher Weise an den vorauslaufenden Kontext der Josefsgeschichte zurückgebunden. Die Aussage Gen 47,13 erinnert zunächst an das Fazit aus Gen 41,56–57. Dort waren kurz zuvor in Gen 41,54 die sieben Jahre des Hungers angebrochen. Gen 41,56–57 stellen die Konsequenzen vor Augen.

> Als nun die Hungersnot über das ganze Land hin herrschte, öffnete Josef die Speicher und verkaufte den Ägyptern Getreide. Die Hungersnot aber wurde drückend im Land Ägypten. Und alle Welt kam nach Ägypten, um bei Josef Getreide zu kaufen, denn die Hungersnot war drückend auf der ganzen Erde.

Die in Gen 41,56 nur knapp beschriebenen Auswirkungen des Hungers auf Ägypten, führt Gen 47,13–26 nun genauer aus. Der Abschnitt erklärt nicht nur, dass sich die Ägypter an Josef wenden, sondern wie und warum genau sie dies tun. Die Aussagen Gen 47,13–26 führen überdies vor Augen, dass Josef nicht einfach die Speicher öffnet (Gen 41,55–56). Vielmehr verlangt er für Getreide, Nahrung und Saatgut auch immer eine Gegenleistung. Diese Gegenleistung ist freilich nicht für ihn selbst, sondern für Pharao gedacht, in dessen Auftrag er handelt. Mit dieser stellvertretenden Funktion entspricht Gen 47,13–26 der Aussage aus Gen 41,55:

---

105 Zu diesem Bezug vgl. Seebass, Josephsgeschichte, 138, oder Ruppert, Josephserzählung, 143f.

„Das ganze Land Ägypten aber begann zu hungern, und das Volk schrie zum Pharao nach Brot. Da sprach der Pharao zu allen Ägyptern: Geht zu Josef, was er euch sagt, das sollt ihr tun".

Aufgrund dieser offenkundigen Berührungspunkte von Gen 47,13–26 mit dem Ende von Gen 41 hatte bereits Julius Wellhausen geschlossen, man „könnte annehmen, dass [der Abschnitt] ursprünglich in einer Parallele zu Kap. 41 seinen Platz gehabt hätte"[106]. Noch einen Schritt weiter ging August Dillmann, der Gen 47,13–26 als ursprüngliche Fortsetzung von Gen 41 verstand. Denn V. 13 „knüpft mit den Worten des C [sc. J] an 41,55 f. an, und [es] ist darum nicht unwahrscheinlich, dass 13 ff. urspr. Fortsetzung von C. 41 waren"[107]. Doch finden sich für Gen 47,13–26 auch konkrete Anknüpfungspunkte im unmittelbaren Zusammenhang von Gen 47.[108] Hier ist neben dem bereits o. a. Vers Gen 47,12 an die wörtliche Rede der Brüder vor Pharao in Gen 47,4 gedacht.[109] Nachdem Pharao die Brüder in Gen 47,3a gefragt hatte, welche Tätigkeit sie ausüben, haben sie sich in Gen 47,3b zunächst als Viehhirten ausgegeben. In Gen 47,4 bitten sie sodann, sich in Goschen als Fremdlinge aufhalten zu dürfen, „denn es gibt keine Weide mehr für die Schafe, die deinen Dienern gehören, da die Hungersnot schwer auf dem Land Kanaan lastet". Deshalb sind Josefs Vater und seine Brüder nach Ägypten gekommen. Und deshalb siedeln sie sich in Ägypten an, wo Josef seine Familie mit Nahrung versorgt (Gen 47,12). An diesen Zusammenhang schließt direkt der Abschnitt Gen 47,13–26 an, der nun erklärt, dass Josef nicht nur für die Versorgung seiner Familie in Ägypten, sondern auch für die Versorgung der Ägypter in ihrem eigenen Land verantwortlich ist.[110]

Mit Blick auf diesen Befund legt es sich – entgegen der Annahme von Dillmann u. a. – näher, dass Gen 47,13–26 nicht erst nachträglich in den Zusammenhang von Gen 47 platziert wurde. Der Abschnitt dürfte vielmehr im Binnenkontext an die Versorgung der Israeliten in Ägypten anschließen, die dort von Josef gewährleistet ist (Gen 47,12). Dabei legt der Abschnitt nun genauer aus, wie die allgemeinen Aussagen aus Gen 41,55–56 mit Blick auf die Versorgung der Ägypter

---

106 Wellhausen, Composition, 59.
107 Dillmann, Genesis, 421; vgl. auch Gunkel, HK, 465.
108 Zu den sachlich-terminologischen Berührungspunkten des Abschnittes Gen 47,13–26 mit seinem unmittelbaren und mittelbaren Kontext vgl. insbesondere Weimar, *Rahmen*, 220–296, oder Westermann, BK, 193f.
109 Vgl. ähnlich Westermann, BK, 193f.
110 Anders z. B. Seebass, Josephsgeschichte, 142, der meint, dass V. 13–26 „die Handlung der IJG [sc. Israel-Josefsgeschichte] empfindlich stören. Hier geht es *beziehungslos* um eine innerägyptische Angelegenheit" (Hervorhebung durch d. Verf.).

zu verstehen sind. Josef ist nicht nur Versorger der eigenen Familie. Er ist überdies Versorger des Landes Ägypten und seiner Einwohner.[111]

Mit dem Anschluss an Gen 47,12 setzt der Abschnitt Gen 47,13–26 eine redaktionelle Überarbeitung voraus, die eine Verbindung von Genesis und Exodus
voraussetzt und die Josefsgeschichte insgesamt unter theologische Vorzeichen
stellt.[112]

Gen 41,55–57:

55 וַתִּרְעַב כָּל־אֶרֶץ מִצְרַיִם וַיִּצְעַק הָעָם אֶל־פַּרְעֹה לַלָּחֶם וַיֹּאמֶר פַּרְעֹה לְכָל־מִצְרַיִם לְכוּ אֶל־יוֹסֵף
אֲשֶׁר־יֹאמַר לָכֶם תַּעֲשׂוּ:
56 וְהָרָעָב הָיָה עַל כָּל־פְּנֵי הָאָרֶץ וַיִּפְתַּח יוֹסֵף אֶת־כָּל־אֲשֶׁר בָּהֶם וַיִּשְׁבֹּר לְמִצְרַיִם וַיֶּחֱזַק הָרָעָב
בְּאֶרֶץ מִצְרָיִם:
57 וְכָל־הָאָרֶץ בָּאוּ מִצְרַיְמָה לִשְׁבֹּר אֶל־יוֹסֵף כִּי־חָזַק הָרָעָב בְּכָל־הָאָרֶץ:

Gen 47,4.12–13:

4 וַיֹּאמְרוּ אֶל־פַּרְעֹה לָגוּר בָּאָרֶץ בָּאנוּ כִּי־אֵין מִרְעֶה לַצֹּאן אֲשֶׁר לַעֲבָדֶיךָ כִּי־כָבֵד הָרָעָב בְּאֶרֶץ
כְּנָעַן וְעַתָּה יֵשְׁבוּ־נָא עֲבָדֶיךָ בְּאֶרֶץ גֹּשֶׁן:
12 וַיְכַלְכֵּל יוֹסֵף אֶת־אָבִיו וְאֶת־אֶחָיו וְאֵת כָּל־בֵּית אָבִיו לֶחֶם לְפִי הַטָּף:
13 וְלֶחֶם אֵין בְּכָל־הָאָרֶץ כִּי־כָבֵד הָרָעָב מְאֹד וַתֵּלַהּ אֶרֶץ מִצְרַיִם וְאֶרֶץ כְּנַעַן מִפְּנֵי הָרָעָב:

Eine weitere Verknüpfung mit dem Kontext der Josefsgeschichte wird mit dem
Erwerb von Getreide (שבר) um כסף hergestellt (Gen 47,14–15). Jenes Motiv greift
zurück auf den Erzählfaden von Gen 42–44, wo die Brüder Josefs nach Ägypten
gekommen waren und von ihm שבר für כסף gekauft hatten. Hatte er den Brüdern
das Geld allerdings jeweils wieder in die gefüllten Getreidesäcke zurücklegen
lassen, so verlangt er nun von Kanaanäern und Ägyptern, sie sollen ihm all ihr
כסף überlassen, damit er ihnen שבר als Gegenleistung gebe.

Gen 42,1–2*.25*:

1 וַיַּרְא יַעֲקֹב כִּי יֶשׁ־שֶׁבֶר בְּמִצְרָיִם וַיֹּאמֶר יַעֲקֹב לְבָנָיו לָמָּה תִּתְרָאוּ:
2 וַיֹּאמֶר הִנֵּה שָׁמַעְתִּי כִּי יֶשׁ־שֶׁבֶר בְּמִצְרָיִם רְדוּ־שָׁמָּה וְשִׁבְרוּ־לָנוּ מִשָּׁם וְנִחְיֶה וְלֹא נָמוּת:
25 וַיְצַו יוֹסֵף וַיְמַלְאוּ אֶת־כְּלֵיהֶם בָּר וּלְהָשִׁיב כַּסְפֵּיהֶם אִישׁ אֶל־שַׂקּוֹ וְלָתֵת לָהֶם צֵדָה לַדָּרֶךְ וַיַּעַשׂ
לָהֶם כֵּן:

---

111 Vgl. hierzu insbesondere Ruppert, FzB, 388–389.
112 Vgl. hierzu oben 4.4. (d) und unten 5.4. (c).

Gen 47,14–15:

14 וילקט יוסף את־כל־הכסף הנמצא בארץ־מצרים ובארץ כנען בשבר אשר־הם שברים ויבא
יוסף את־הכסף ביתה פרעה:
15 ויתם הכסף מארץ מצרים ומארץ כנען ויבאו כל־מצרים אל־יוסף לאמר הבה־לנו לחם ולמה
נמות נגדך כי אפס כסף:

Auch die zweite Forderung Josefs, die Ägypter mögen ihm ihr Vieh überlassen
(Gen 47,16–17), erinnert an den vorauslaufenden Kontext, näherhin die Ansiedlung Israels in Ägypten in Gen 46,31–47,6*. Hatte Pharao den Brüdern und dem
Vater Josefs erlaubt, sich samt ihrem gesamten Viehbestand in Goschen anzusiedeln, so verlangt Josef nun von den Ägyptern, all ihren Viehbestand abzutreten,
so sie Nahrung erhalten wollen.

Gen 47,1*.4–6*.16–17:

1 ויבא יוסף ויגד לפרעה ויאמר אבי ואחי וצאנם ובקרם וכל־אשר להם באו מארץ כנען והנם
בארץ גשן:
4 ויאמרו אל־פרעה לגור בארץ באנו כי־אין מרעה לצאן אשר לעבדיך כי־כבד הרעב בארץ
כנען ועתה ישבו־נא עבדיך בארץ גשן:
5 ויאמר פרעה אל־יוסף לאמר אביך ואחיך באו אליך:
6 ארץ מצרים לפניך הוא במיטב הארץ הושב את־אביך ואת־אחיך ישבו בארץ גשן ואם־ידעת
ויש־בם אנשי־חיל ושמתם שרי מקנה על־אשר־לי:
16 ויאמר יוסף הבו מקניכם ואתנה לכם במקניכם אם־אפס כסף:
17 ויביאו את־מקניהם אל־יוסף ויתן להם יוסף לחם בסוסים ובמקנה הצאן ובמקנה הבקר
ובחמרים וינהלם בלחם בכל־מקנהם בשנה ההוא:

Berührungspunkte mit dem Kontext der Josefsgeschichte weist schließlich
auch die dritte Forderung Josefs auf, die in Gen 47,18 damit eingeleitet ist, dass
die Ägypter im zweiten Jahr neuerlich vor Josef treten. Dass hier explizit auf
das zweite Jahr verwiesen ist, erinnert an den Kontext von Gen 45. Dort hatte
Josef in einer wörtlichen Rede Gen 45,6 darauf hingewiesen, dass die Hungersnot bereits zwei Jahre währt und noch weitere fünf Jahre andauere. In Gen 47,18
kommen die Ägypter „im zweiten Jahr" zu Josef, der von ihnen den Fünften
als Abgabe verlangt. Wie in Gen 45,6(.11) scheint demnach auch Gen 47,13–26
das Schema der 2+5 Jahre zugrunde zu legen.[113] Mit der zeitlichen Verortung

---

113 Anders geht Ruppert, FzB, 396, davon aus, dass es sich bei dem in Gen 47,18 erwähnten
zweiten Jahr um das siebte Jahr der Hungersnot handeln müsse. „Da das nun anbrechende Jahr
offenbar den Höhepunkt der Hungersnot bildet (eine noch weiter einschneidende Maßnahme
zu ihrer Linderung ist nicht vorstellbar!), dürfte es sich bei dem nun beginnenden ‚zweiten Jahr'

im zweiten Jahr werden die Ereignisse aus Gen 47,18ff mit der Ansiedlung Israels in Ägypten gleichgesetzt. Während Pharao den Israeliten mit Großmut begegnet und ihnen den besten Teil des Landes als Wohnstätte anbietet, sind die Ägypter gezwungen, sich Josef zu verkaufen, um nicht vor Hunger zu vergehen.

Gen 45,6.11:

⁶ כִּי־זֶה שְׁנָתַיִם הָרָעָב בְּקֶרֶב הָאָרֶץ וְעוֹד חָמֵשׁ שָׁנִים אֲשֶׁר אֵין־חָרִישׁ וְקָצִיר׃

¹¹ וְכִלְכַּלְתִּי אֹתְךָ שָׁם כִּי־עוֹד חָמֵשׁ שָׁנִים רָעָב פֶּן־תִּוָּרֵשׁ אַתָּה וּבֵיתְךָ וְכָל־אֲשֶׁר־לָךְ׃

Gen 47,12–13.18–19:

¹² וַיְכַלְכֵּל יוֹסֵף אֶת־אָבִיו וְאֶת־אֶחָיו וְאֵת כָּל־בֵּית אָבִיו לֶחֶם לְפִי הַטָּף׃

¹³ וְלֶחֶם אֵין בְּכָל־הָאָרֶץ כִּי־כָבֵד הָרָעָב מְאֹד וַתֵּלַהּ אֶרֶץ מִצְרַיִם וְאֶרֶץ כְּנַעַן מִפְּנֵי הָרָעָב׃

¹⁸ וַתִּתֹּם הַשָּׁנָה הַהִוא וַיָּבֹאוּ אֵלָיו בַּשָּׁנָה הַשֵּׁנִית וַיֹּאמְרוּ לוֹ לֹא־נְכַחֵד מֵאֲדֹנִי כִּי אִם־תַּם הַכֶּסֶף וּמִקְנֵה הַבְּהֵמָה אֶל־אֲדֹנִי לֹא נִשְׁאַר לִפְנֵי אֲדֹנִי בִּלְתִּי אִם־גְּוִיָּתֵנוּ וְאַדְמָתֵנוּ׃

¹⁹ לָמָּה נָמוּת לְעֵינֶיךָ גַּם־אֲנַחְנוּ גַּם אַדְמָתֵנוּ קְנֵה־אֹתָנוּ וְאֶת־אַדְמָתֵנוּ בַּלָּחֶם וְנִהְיֶה אֲנַחְנוּ וְאַדְמָתֵנוּ עֲבָדִים לְפַרְעֹה וְתֶן־זֶרַע וְנִחְיֶה וְלֹא נָמוּת וְהָאֲדָמָה לֹא תֵשָׁם׃

Weitere Anknüpfungspunkte an den vorauslaufenden Kontext der Josefsgeschichte zeigen sich im direkten Anschluss V. 19. Dort bieten sich die Ägypter mit ihrem Ackerland (אדמה) Josef als Sklaven (עבד) an, damit sie leben und nicht sterben. Mit der Formulierung וְנִחְיֶה וְלֹא נָמוּת greift der Abschnitt dabei explizit auf Gen 42,2bβ; 43,8b zurück. Die Verse leiten jeweils eine Reise der Brüder nach Ägypten ein, die dem Erwerb von Getreide dient. Bei der ersten Reise ist es Jakob selbst, der seine Söhne anweist. „Seht, ich habe gehört, dass es in Ägypten Getreide zu kaufen gibt. Zieht dort hinab und kauft für uns Getreide, *damit wir am Leben bleiben und nicht sterben*" (Gen 42,2*). In Gen 43,8b begegnet die Aussage im Munde Judas, der seinen Vater dazu bewegen will, Benjamin mit den anderen Brüdern nach Ägypten ziehen zu lassen: „Lass den Knaben mit mir ziehen, dann wollen wir uns aufmachen und gehen, *damit wir am Leben bleiben und nicht sterben*, wir und du und unsere Kinder". In Gen 47,19 treten die Ägypter selbst vor Josef und erbeten Nahrung von ihm, *damit sie am Leben bleiben und nicht sterben*. Interessant an dieser Verbindung ist, dass Gen 42,2bβ; 43,8b nach unserer bisherigen Analyse[114] in einem direkten lite-

---

(V. 18) der besonderen Notaktionen Josefs – im Hinblick auf 45,6 Je – um das siebte Hungerjahr handeln". Ähnlich bereits Jacob, Genesis, 851–853.

114 Vgl. 4.4. (d) und unten 5.4. (c).

rarischen Zusammenhang mit Gen 45,6–7.11; 47,12 stehen dürften, auf die der Abschnitt Gen 47,13–26 (2+5 Jahre/כול),[115] wie wir oben gesehen haben, ebenfalls zurückgreift.

Gen 42,2*:

‏²‏ ויאמר הנה שמעתי כי יש־שבר במצרים רדו־שמה ושברו־לנו משם ‏וְנִחְיֶה וְלֹא נָמוּת‏:

Gen 43,8*:

‏⁸‏ ויאמר יהודה אל־ישראל אביו שלחה הנער אתי ונקומה ונלכה ‏וְנִחְיֶה וְלֹא נָמוּת‏ גם־אנחנו
גם־אתה גם־טפנו:

Gen 47,19:

‏¹⁹‏ למה נמות לעיניך גם־אנחנו גם אדמתנו קנה־אתנו ואת־אדמתנו בלחם ונהיה אנחנו
ואדמתנו עבדים לפרעה ותן־זרע ‏וְנִחְיֶה וְלֹא נָמוּת‏ והאדמה לא תשם:

Und noch mit einem weiteren Motiv greift Gen 47,19 auf den vorauslaufenden Kontext der Josefsgeschichte zurück. Hier ist an das Angebot der Selbstversklavung (עבד) gedacht. Der Vorschlag, sich selbst versklaven zu wollen, erinnert an das Angebot der Brüder vor Josef in Gen 44,9*.16 und Gen 50,18. Bevor die Brüder sich in Gen 44 ein zweites Mal auf den Heimweg nach Kanaan gemacht haben, hatte Josef seinem Vollbruder Benjamin einen silbernen Becher in den Sack mit dem in Ägypten erworbenen Getreide gelegt. Nachdem die Brüder losgezogen waren, hat er ihnen seinen Hausvorsteher hinterhergeschickt, der sie gestellt und ihnen vorgeworfen hat, sie hätten Josef bestohlen. Die Brüder verneinten dies und boten sich als Sklaven an. Das Angebot wurde von Juda in Gen 44,16 vor Josef wiederholt. Josef aber lehnte in Gen 44,17 vehement ab: Nur der Schuldige soll bei ihm als Sklave zurückbleiben, die anderen dürften als freie Männer nach Hause ziehen. Ähnlich wird er in Gen 50,18 reagieren. Dort fürchten die Brüder, Josef könnte ihnen noch gram sein wegen der Schuld, die sie in Gen 37 auf sich geladen haben. Deshalb werfen sie sich vor Josef nieder und sprechen: „Siehe, wir sind deine Sklaven". Auch hier lehnt Josef das Angebot der Brüder ab: „Josef aber sprach zu ihnen: Fürchtet euch nicht! Bin ich denn an Elohims Statt? Ihr zwar habt Böses gegen mich geplant, Elohim aber hat es zum Guten gewendet" (Gen 50,19–20).

---

115 Zum Motiv der Versorgung vgl. insbesondere Levin, Jahwist, 299.310–311.

Anders verhält Josef sich nun gegenüber den Ägyptern in Gen 47,13–26. Hat er das Angebot seiner Brüder *realiter* nie angenommen, so akzeptiert er das Angebot der Ägypter sofort.[116]

Gen 44,9.16–17:

9 אֲשֶׁר יִמָּצֵא אִתּוֹ מֵעֲבָדֶיךָ וָמֵת וְגַם־אֲנַחְנוּ נִהְיֶה לַאדֹנִי לַעֲבָדִים׃

16 וַיֹּאמֶר יְהוּדָה מַה־נֹּאמַר לַאדֹנִי מַה־נְּדַבֵּר וּמַה־נִּצְטַדָּק הָאֱלֹהִים מָצָא אֶת־עֲוֺן עֲבָדֶיךָ הִנֶּנּוּ עֲבָדִים לַאדֹנִי גַּם־אֲנַחְנוּ גַּם אֲשֶׁר־נִמְצָא הַגָּבִיעַ בְּיָדוֹ׃

17 וַיֹּאמֶר חָלִילָה לִּי מֵעֲשׂוֹת זֹאת הָאִישׁ אֲשֶׁר נִמְצָא הַגָּבִיעַ בְּיָדוֹ הוּא יִהְיֶה־לִּי עָבֶד וְאַתֶּם עֲלוּ לְשָׁלוֹם אֶל־אֲבִיכֶם׃ פ

Gen 47,19:

19 לָמָּה נָמוּת לְעֵינֶיךָ גַּם־אֲנַחְנוּ גַּם אַדְמָתֵנוּ קְנֵה־אֹתָנוּ וְאֶת־אַדְמָתֵנוּ בַּלָּחֶם וְנִהְיֶה אֲנַחְנוּ וְאַדְמָתֵנוּ עֲבָדִים לְפַרְעֹה וְתֶן־זֶרַע וְנִחְיֶה וְלֹא נָמוּת וְהָאֲדָמָה לֹא תֵשָׁם׃

Gen 50,18–20*:

18 וַיֵּלְכוּ גַּם־אֶחָיו וַיִּפְּלוּ לְפָנָיו וַיֹּאמְרוּ הִנֶּנּוּ לְךָ לַעֲבָדִים׃

19 וַיֹּאמֶר אֲלֵהֶם יוֹסֵף אַל־תִּירָאוּ כִּי הֲתַחַת אֱלֹהִים אָנִי׃

20 וְאַתֶּם חֲשַׁבְתֶּם עָלַי רָעָה אֱלֹהִים חֲשָׁבָהּ לְטֹבָה לְמַעַן עֲשֹׂה כַּיּוֹם הַזֶּה לְהַחֲיֹת עַם־רָב׃

Über den Kontext der Josefsgeschichte hinaus antizipiert der Terminus עבד die kommende Unterdrückung der Israeliten in Ägypten und stellt so eine Verbindung zum Exodus her. Dort ist im Eingangskapitel Ex 1,13f geschildert, wie die Ägypter den Israeliten das Leben schwer machten, indem sie sie zur Fronarbeit zwangen.

---

116 Vgl. Blum, Komposition, 243. Fieger/Hodel-Hoenes, Einzug, 318, sehen in der „Passage der Unterdrückung der Ägypter […] einen tagespolitischen Hintergrund". „Ist die Versklavung ein Symbol für die Situation der Ägypter und der Juden unter der persischen Herrschaft, als die Ägypter hohe Tribute erbringen mussten und die Juden relativ ungestört leben konnten? In der Perserzeit waren die Ägypter nicht mehr Herr im eigenen Haus, es wurde ihnen eine fremde Verwaltung aufgezwungen, sie waren benachteiligt. Die Juden hingegen konnten ihrem Glauben ungestört nachgehen und hatten ein verhältnismässig privilegiertes Dasein. Es wäre denkbar, dass sich diese Lebensumstände in der Josefserzählung spiegeln". Zu einem Vergleich des Versklavungsmotivs mit mesopotamischen Schriftfunden vgl. Hurowitz, *Genesis*, 358f. "The similarities between the Biblical story and the Mesopotamian documents raise the possibility that the biblical narrator has incorporated stereotyped legal formula into his narrative and has built his narrative upon well known legal situations".

Und die Ägypter zwangen die Israeliten mit Gewalt zur Arbeit (ויעבדו מצרים את־בני ישראל בפרך) und machten ihnen das Leben schwer mit harter Lehm- und Ziegelarbeit und mit aller Feldarbeit, all der Arbeit, die sie mit Gewalt von ihnen erzwangen (כל־עבדתם אשר־עבדו בהם בפרך).

Die freiwillige Unterwerfung der Ägypter vor Josef, dem Lieblingssohn Israels, in Gen 47 kontrastiert demnach die kommende Unterdrückung der Israeliten durch die Ägypter in Ex 1. Das glückliche Geschick der Israeliten zur Zeit Josefs wird auf diese Weise mit dem Schicksal jener Söhne Israels korreliert, die unter einem ägyptischen König leben mussten, der Josef nicht mehr kannte.[117]

Gen 47,19:

19 למה נמות לעיניך גם־אנחנו גם אדמתנו קנה־אתנו ואת־אדמתנו בלחם ונהיה אנחנו
ואדמתנו עבדים לפרעה ותן־זרע ונחיה ולא נמות והאדמה לא תשם:

Ex 1,13–14:

13 ויעבדו מצרים את־בני ישראל בפרך:
14 וימררו את־חייהם בעבדה קשה בחמר ובלבנים ובכל־עבדה בשדה את כל־עבדתם אשר־
עבדו בהם בפרך:

Im Zusammenhang mit dem Motiv des Ankaufs (קנה) verbindet das Motiv der Selbstversklavung den Abschnitt Gen 47,13–26 noch mit einem weiteren Passus der Josefsgeschichte. Denn, wie der Leser aus Gen 39–41* weiß, war Josef dereinst von einem pharaonischen Beamten gekauft und als עבד über sein Haus gesetzt worden. Nun kauft Josef für Pharao ganz Ägypten und das ägyptische Volk bietet sich freiwillig als עבדים an.[118]

Gen 39,1*:

1 ויוסף הורד מצרימה **ויקנהו** פוטיפר סריס פרעה **שר הטבחים איש מצרי** מיד הישמעאלים
אשר הורדהו שמה:

---

117 Vgl. hierzu bereits Jacob, Genesis, 857. „Die Entrüstung über die Abhängigkeit, in die Land und Volk geraten, ist am falschen Ort, weil, was man meistens übersieht, es nicht Joseph ist, der darauf dringt, sondern die Ägypter sie von sich aus anbieten. Hiermit aber sind wir bei der wahren Intention dieses Abschnittes. Die Genesis will, wie immer wieder zu betonen ist, eine Einleitung zum Exodus sein. Dessen Thema ist der Auszug Israels aus dem ‚Haus der Knechte'".
118 Vgl. Ruppert, Josephserzählung, 161.

Gen 41,12:

‏¹² וְשָׁם אִתָּנוּ נַעַר עִבְרִי עֶבֶד לְשַׂר הַטַּבָּחִים וַנְּסַפֶּר־לוֹ וַיִּפְתָּר־לָנוּ אֶת־חֲלֹמֹתֵינוּ אִישׁ כַּחֲלֹמוֹ
פָּתָר:

Gen 47,19–21.23:

‏¹⁹ לָמָּה נָמוּת לְעֵינֶיךָ גַּם־אֲנַחְנוּ גַּם אַדְמָתֵנוּ קְנֵה־אֹתָנוּ וְאֶת־אַדְמָתֵנוּ בַּלָּחֶם וְנִהְיֶה אֲנַחְנוּ
וְאַדְמָתֵנוּ עֲבָדִים לְפַרְעֹה וְתֶן־זֶרַע וְנִחְיֶה וְלֹא נָמוּת וְהָאֲדָמָה לֹא תֵשָׁם:
‏²⁰ וַיִּקֶן יוֹסֵף אֶת־כָּל־אַדְמַת מִצְרַיִם לְפַרְעֹה כִּי־מָכְרוּ מִצְרַיִם אִישׁ שָׂדֵהוּ כִּי־חָזַק עֲלֵהֶם הָרָעָב
וַתְּהִי הָאָרֶץ לְפַרְעֹה:
‏²¹ וְאֶת־הָעָם הֶעֱבִיר אֹתוֹ לֶעָרִים מִקְצֵה גְבוּל־מִצְרַיִם וְעַד־קָצֵהוּ:
‏²³ וַיֹּאמֶר יוֹסֵף אֶל־הָעָם הֵן קָנִיתִי אֶתְכֶם הַיּוֹם וְאֶת־אַדְמַתְכֶם לְפַרְעֹה הֵא־לָכֶם זֶרַע וּזְרַעְתֶּם אֶת־
הָאֲדָמָה:

Mit den o. a. Berührungspunkten dürften die wichtigsten intertextuellen Beziehungen angesprochen sein.[119] Es bleibt ein Blick auf die literarische Einheitlichkeit, bevor wir die gewonnenen Beobachtungen noch einmal insgesamt zusammenfassen.

(b) Überlegungen zur literarischen Entstehung des Abschnitts Gen 47,13–26[120]

Die literarische Einheitlichkeit des Kapitels hat bereits Heinrich Holzinger in seinem Kommentar zur Genesis (1898) angezweifelt. „Es ist nicht nur die Unbehilflichkeit im einzelnen namhaft zu machen, sondern auch, dass dem Ganzen der Fluss fehlt". Einen Nachtrag vermutete er insbesondere in den Aussagen zum Landbesitz der Priester in V. 21.26b.[121] „Es wird sich namentlich fragen, ob der Zusatz betreffs des Priesterlandes ursprünglich ist; v. 26b jedenfalls nicht, aber auch v. 22 nimmt sich nach v. 21 angeflickt aus". Hierin dürfte Holzinger zuzu-

---

119 Die mannigfache Bezugnahme auf den Kontext der Josefsgeschichte, auf deren Hintergrund allein der Abschnitt seinen vollen Sinn entfaltet, spricht deutlich gegen die Annahme, bei Gen 47,13–26 handele es sich um eine ursprünglich eigenständige Erzählung; so etwa Ruppert, Josephserzählung, 155, oder Schmitt, Josephsgeschichte, 66.
120 Zum Versuch einer Scheidung der unterschiedlichen Motive vgl. – auf vorliterarischer Ebene – Greßmann, Ursprung, 29–31.
121 Der Ausschluss der Priester hat Redford, Study, 236–239, dazu verleitet, eine Datierung in die Saitenzeit anzunehmen. Seebass, Zeit, 56f, geht davon aus, dass der Abschnitt wegen des Motivs der „städteweise[n] Dienstbarmachung" (V. 21), die Sesostris-Legende voraussetze und somit frühestens ins 5. Jh. v. Chr. zu datieren sei. Da der Text selbst jedoch keine konkreten historischen Hinweise enthält, sollte hier wohl mit Schmitt, Josephsgeschichte, 154, oder Schmidt, Studien, 204, von dem Versuch einer allzu genauen Datierung Abstand genommen werden.

stimmen sein. Der Ausschluss der Priester widerspricht der universalen Aussage von Gen 47,20(את־כל־אדמת יוסף ויקן). V. 22 unterbricht überdies den Zusammenhang von V. 20–21 mit V. 23.

Aber auch ohne das Land der Priester ergibt der Erzählverlauf von Gen 47,19–21.23 keinen ganz glatten Zusammenhang. In V. 19 richten sich die Ägypter an Josef und sprechen: „Warum sollen wir vor deinen Augen sterben?" Dieser in der 1. Ps. Pl. formulierten Frage folgt die Erklärung גם־אנחנו גם אדמתנו, die das Subjekt zu נמות nun als Mensch und Ackerland bestimmt. Um dem Hungertod zu entrinnen, schlagen die Ägypter Josef in V. 19 weiter vor, er möge sie und ihr Ackerland gegen Speise kaufen. Sie und ihr Ackerland wollen Pharao als Sklaven dienen und er, Josef, möge ihnen Saatgut geben, damit sie leben und nicht sterben und ihr Ackerland nicht verödet. Während diese letzte Aussage aus V. 19b explizit zwischen den Menschen und dem Ackerland unterscheidet, ist das Ackerland in den vorausgehenden Aussagen jeweils mit den Menschen zusammengefasst.

In V. 20 schließt sich an die wörtliche Rede der Ägypter die Feststellung an, Josef habe ganz Ägypten für Pharao gekauft, „denn die Ägypter verkauften alle ihr Feld, weil die Hungersnot sie hart drückte. So ging das Land an den Pharao über". Obwohl sich in V. 19 auch die Menschen zum Verkauf feilboten, ist von ihnen hier keine Rede. Sie begegnen erst wieder in V. 21, der allerdings nicht auf den Aspekt des Kaufes (קנה), sondern den Aspekt der Selbstversklavung (עבד) eingeht. „Das Volk aber machte er ihm dienstbar[122], vom einen Ende Ägyptens bis zum anderen".

Dass Josef auch die Ägypter selbst gekauft hat, kommt erst mit V. 23 zur Sprache. „Und Josef sprach zum Volk: Heute habe ich euch und euer Ackerland für den Pharao gekauft. Da habt ihr Saatgut, nun besät das Ackerland". „Der einst von einem Ägypter Gekaufte [...], darf nun alle Ägypter kaufen"[123].

Mit Blick auf diesen Befund legt es sich nahe, in V. 19–21.23 zumindest sachlich, wohl aber auch literarisch zwischen drei Motiven zu scheiden: dem Kauf der Ägypter, dem Kauf des Landes und dem Motiv der Selbstversklavung. Alle Motive finden sich lediglich in V. 19 vereint, während V. 20–21.23 selektiv auf die Aussagen von V. 19 zurückgreifen. V. 20 knüpft zunächst ausschließlich an den Kauf des Landes an und expliziert diesen nun genauer. „Da kaufte Josef das ganze Ackerland in Ägypten für den Pharao auf, denn die Ägypter verkauften alle ihr Feld, weil die Hungersnot sie hart drückte. So ging das Land an den Pharao

---

122 MT liest העביר und לערים, doch könnte hier eher mit V. 19 sowie Sam. Pentateuch, LXX (καὶ τὸν λαὸν κατεδουλώσατο αὐτῷ εἰς παῖδας) und anderen Versionen die Wurzel עבד zu lesen sein.

123 Ruppert, Josephserzählung, 161.

über". V. 21 hängt syntaktisch von V. 20 ab, thematisiert nun aber weder den Kauf des Landes noch der Ägypter, sondern beschäftigt sich einzig mit dem Motiv der Ägypter als Sklaven. Das in V. 19 miterwähnte Land ist hier nicht aufgegriffen. Erst V. 23 kommt auf den von den Ägyptern in V. 19 vorgeschlagenen Selbstverkauf zurück. In ihm könnte das ursprünglichste Motiv zu sehen sein, das zunächst um den Ankauf auch des Landes erweitert worden sein dürfte.[124] Auslöser für die Eintragung des Motivs mag die Formulierung von Gen 47,23b sein, nach der die Ägypter das Land bestellen sollen. Nun wird das Land ebenfalls an Pharao verkauft. Dabei steht der Verkauf des Landes in einem Kontrast zu der Landvergabe an die Israeliten, wie sie durch Pharao in Gen 47,6a erfolgt. Dass das Land nicht ursprünglich im Kauf mit inbegriffen gewesen sein dürfte, lässt sich zum einen anhand der einseitigen Bezugnahme von V. 20 (ויקן יוסף את־כל־אדמת מצרים) vermuten und deutet sich zum anderen in Formulierungen aus Gen 47,19.23 an. Dort nämlich schließt in V. 19a an die Frage למה נמות לעיניך zunächst der Zusatz גם־אנחנו גם אדמתנו an, während V. 19b explizit zwischen ונחיה ולא נמות und והאדמה לא תשם unterscheidet. In V. 23 klappt zudem die Erwähnung von ואת־אדמתכם im Anschluss an die Zeitangabe היום nach.

An den Kauf des Landes wird noch später das Motiv von der Versklavung der Ägypter angeschlossen haben, das in V. 21 syntaktisch von V. 20 abhängt. Es knüpft sachlich an das Motiv des Kaufs (קנה) an. Nach Maßgabe des älteren Textes hat ausgerechnet Josef ganz Ägypten gekauft, der selbst von einem Ägypter gekauft worden war. Von jenem wurde er als עבד über sein Haus gesetzt (vgl. insbesondere Gen 41,12). Diesen Aspekt (עבד) fügt nun ein Bearbeiter auch dem Zusammenhang von Gen 47,19–23 hinzu. Auf diese Weise verknüpft der Bearbeiter den Abschnitt mit Gen 44; Gen 50 sowie über die Genesis hinaus mit Ex 1. Die Bearbeitung bringt damit deutlich(er) zum Ausdruck, was sachlich bereits in der älteren Fassung angelegt war: Das Ägypten zur Zeit Josefs ist das Gegenstück zu dem Ägypten jener Zeit, da der herrschende ägyptische König Josef nicht mehr kannte (Ex 1,8).[125]

---

124 Vgl. hierzu bereits die Annahme von Gunkel, HK, 466, es handele sich bei Gen 47,13–26 um eine ätiologische Sage über die Einbehaltung des Fünften. Vgl. ferner Ruppert, FzB, 387, der mit Blick auf die These von Gunkel zu Bedenken gibt, dass die Abgabe des Fünften nur eines von mehreren Motiven ist, die sich im Kontext von Gen 47,13–26 finden lasse. „Wenn eine ätiologische Sage zugrunde liegen sollte, dann dürfte sie auf das Motiv des Fünften, eventuell einschließlich der Steuerfreiheit der Priester (V. 26), beschränkt gewesen sein".
125 Vgl. hierzu sachlich bereits Jacob, Genesis, 857.

Gen 47,19–21.23:

¹⁹ למה נמות לעיניך

גם־אנחנו גם אדמתנו

קנה־אתנו

ואת־אדמתנו

בלחם

ונהיה אנחנו ואדמתנו עבדים לפרעה

ותן־זרע ונחיה ולא נמות והאדמה לא תשם:

²⁰ ויקן יוסף את־כל־אדמת מצרים לפרעה כי־מכרו מצרים איש שדהו כי־חזק עלהם

הרעב ותהי הארץ לפרעה:

²¹ ואת־העם העביד* אתו לעדים* מקצה גבול־מצרים ועד־קצהו:

²³ ויאמר יוסף אל־העם הן קניתי אתכם היום

ואת־אדמתכם

לפרעה הא־לכם זרע וזרעתם את־האדמה:

Einen weiteren Zusatz in Gen 47,13–26 sah Heinrich Holzinger in der Erwähnung Kanaans. „Es wird sich überhaupt fragen, ob auf Kanaan ursprünglich irgend Bezug genommen war, denn wie es dort aussah, ist hier von keinerlei Interesse". Ähnlich resümierte auch Hugo Greßmann in einem Artikel zur Josephsgeschichte: „Wie klar ist, müssen sie [sc. die Kanaanäer] entweder überall oder nirgends genannt werden; da das erste unmöglich ist, muß man sie als späteren Zusatz streichen"[126]. Diese Annahme ist sicherlich nicht ganz unbegründet. Doch muss man zumindest mit Blick auf Gen 47,13b eingestehen, dass gerade die Erwähnung Kanaans einen expliziten Rückbezug zum Kontext von Gen 47, näherhin V. 4 herstellt:

> Und sie [sc. die Brüder Josefs] sprachen zum Pharao: Wir sind gekommen, um als Fremde im Land zu wohnen, denn es gibt keine Weide mehr für die Schafe, die deinen Dienern gehören, *da die Hungersnot schwer auf dem Land Kanaan lastet*. Und nun möchten sich deine Diener im Land Goschen niederlassen (Gen 47,4).

Ist mit der oben postulierten Annahme Richtiges gesehen, dass Gen 47,13–26 nämlich die Verhältnisse ab Ex 1 kontrastiert und gewissermaßen auf den Kopf stellt, fällt allerdings die Erwähnung des Landes Kanaan im Zusammenhang der Geldübergabe von V. 14–15 aus dem Rahmen. Denn seine Erwähnung verwischt gerade den Kontrast, den das Motiv eines Getreidekaufes um Geld zwischen Ägyptern und Israeliten aufmacht. Während Josef nämlich den Brüdern das Geld, mit dem sie das Getreide erwerben wollten, stets wieder in ihre Säcke zurückgegeben

---

126 Greßmann, *Ursprung*, 29; ähnlich auch Gunkel, *Joseph-Geschichten*, 285 mit Anm. 1.

hat, sammelt er nun das Geld der Ägypter, bevor er ihnen Getreide zukommen lässt. Die Brüder, die selbst aus Kanaan kamen, bilden also gerade darin einen Kontrast zu den Ägyptern, dass ihnen ihr Geld jeweils von Josef zurückerstattet wurde. In diesen sachlichen Zusammenhang fügt sich die Erwähnung Kanaans nur schlecht ein. Es könnte sich dann, bei der Erwähnung Kanaans mit Heinrich Holzinger oder Hugo Greßmann wohl tatsächlich am ehesten um einen späteren Zusatz handeln. Er könnte den Zweck verfolgen, Gen 47,13–26 noch einmal ausdrücklich an den vorauslaufenden Kontext (Gen 47,4) zurückzubinden.[127]

Ein weiteres Problem, das nicht nur Greßmann mit Blick auf Gen 47,13–26 umtrieb, sind die Zeitangaben in Gen 47,13–26. Zu ihnen bemerkte Greßmann, dass „die Verteilung der drei Lasten auf die zwei Jahre sehr merkwürdig"[128] sei. Mit Blick auf die oben angenommenen Verknüpfungen von Gen 47,13–26 mit dem Makrokontext der Josefsgeschichte fällt noch etwas Weiteres auf. Mit der Angabe „im zweiten Jahr", knüpft Gen 47,18 an Aussagen aus Gen 47,6.11 an, die mit Gen 47,12 in einem sachlichen, wohl aber auch literarischen Zusammenhang stehen. Seinen Brüdern gegenüber hatte Josef in Gen 45,6 darauf hingewiesen, dass bereits zwei Jahre Hunger herrscht und noch fünf weitere Jahre ausstehen,[129] in denen kein Pflügen und Ernten sein wird. Deshalb versprach er ihnen in Gen 45,11, den Vater in Ägypten versorgen zu wollen. Dieses Versprechen erfüllt sich mit Gen 47,12. An die Einlösung des Versprechens knüpft nun unmittelbar der Abschnitt Gen 47,13–26 an und verweist in V. 18 ausdrücklich auf das „zweite Jahr". Mit Blick auf den Makrokontext könnte dann vermutet werden, dass die Versorgung der Ägypter durch die zeitliche Verortung בשנה השנית mit der Versorgung der Familie Josefs gleichgesetzt werden soll.

Ist hierin Richtiges gesehen, steht überdies zu überlegen, ob die Motive der Geldübergabe und der Viehabtretung[130] in Gen 47,14–17 dem Kontext erst nachträglich zugewachsen sind. Denn die oben angenommene Intention wird durch

---

127 Vgl. Gunkel, HK, 466. Die gegenwärtige Stellung des Abschnitts, so Gunkel, „mitten unter den Erzählungen des zweiten Fadens ist keine natürliche und ursprüngliche, dies zeigt sich auch daran, daß die Erwähnung Kanaans 13.14.15, *die dies Stück ein wenig in den gegenwärtigen Zusammenhang einfügen soll*, im Stücke selbst, das sonst nur von den ägyptischen Dingen handelt, nicht recht passend ist" (Hervorhebung durch die Verf.).
128 Greßmann, *Ursprung*, 29,
129 Zu diesem Bezug vgl. bereits Gunkel, *Joseph-Geschichten*, 286. Anders vermutet Schmidt, Josephsgeschichte, 65, dass Gen 47,13–26 insgesamt nur von einer zweijährigen Hungersnot ausgehe. Anders auch Seebass, Josephsgeschichte, 143, der annimmt, dass die Tradition in Gen 47,13–26 nichts mit der Tradition von der siebenjährigen Hungersnot aus Gen 41 zu tun habe.
130 Zu der Aufzählung der Tiere vgl. auch Greßmann, Ursprung, 30, der sie je für ein Jahr der siebenjährigen Hungersnot stehen sieht.

ihre Erwähnung deutlich gestört. Berücksichtigt man mit Greßmann ferner, dass auch die Verteilung von zwei Gaben auf ein Jahr merkwürdig ist, wäre am ehesten mit einer sukzessiven Einfügung von Geldübergabe und Viehabtretung zu rechnen. Wie genau die Motive im Einzelnen voneinander zu scheiden sind, ist nur noch schwer zu bestimmen. Es wird deshalb an dieser Stelle auf eine weitere Differenzierung verzichtet.

Ergebnis

Fassen wir die gewonnenen Ergebnisse kurz zusammen. Bei Gen 47,13–26 handelt es sich um einen Erzählabschnitt, der sich mit der Versorgung der Ägypter während der siebenjährigen Hungersnot beschäftigt. Er knüpft im Binnenkontext an die in Gen 47,12 konstatierte Versorgung der Familie durch Josef in Ägypten an. Im Außenkontext der Josefsgeschichte entfaltet er die allgemeinen Aussagen zur Hungersnot aus Gen 41,55–56. Der Abschnitt dürfte sukzessive gewachsen sein. Das literarische Wachstum ist allerdings nur noch in Ansätzen nachzuvollziehen. Die folgende Zusammenfassung wird sich deshalb auf die Scheidung von Motiven beschränken, auf eine genaue Aufteilung auf Einzelverse wird unterdessen verzichtet.

Den ältesten Bestand des Abschnitts dürfte der Kauf der Ägypter durch Josef um Saatgut darstellen. Er kontrastiert das Schicksal Israels mit dem Schicksal der Israeliten, das hier die Ereignisse aus Ex 1 gewissermaßen spiegelt. Der Lieblingssohn Josefs, der nach Ägypten verkauft wurde, ist dort zu großen Ehren aufgestiegen und kauft nun selbst ganz Ägypten für Pharao. Während seine eigene Familie im besten Teil des Landes wohnen darf, wo er sie unentgeltlich versorgt, müssen die Ägypter sich selbst verkaufen, um von Josef Saatgut zu erhalten. An diesen bereits im Grundbestand der Erzählung aufgemachten Kontrast knüpfen alle weiteren Motive an und bauen ihn aus. Im Zuge dieses Fortschreibungsprozesses mussten die Ägypter zunächst nicht mehr nur sich selbst, sondern zusätzlich ihr Ackerland an Pharao verkaufen. Auch hier steht der Verkauf in einem starken Kontrast zum Geschick Israels. Hatte Pharao der Familie Josefs den besten Teil des Landes Ägypten als Wohnort angeboten, so müssen die Ägypter selbst nun gar ihr Ackerland verkaufen, um zu überleben.

In einem nächsten Schritt machen sie sich (und ihr Ackerland) dem Pharao als Sklaven dienstbar. Ist Josef bei seinen Brüdern nicht bereit, sie als Sklaven für sich anzunehmen, so zögert er keinen Moment, die Ägypter als Sklaven für Pharao zu kaufen. Weitere Fortschreibungen finden sich wohl zu Beginn des Erzählabschnittes in den Motiven der Geldübergabe und der Viehabtretung. Sie dürften dem Kapitel sukzessive zugewachsen sein und kontrastieren neuerlich das Geschick Israels mit dem Geschick der Ägypter. Hatten die Brüder zwar von

Josef ebenfalls Getreide um Geld erworben, so hat er es ihnen doch stets zurücker-stattet. Die Ägypter aber sind gezwungen, Josef ihr ganzes Geld zu bringen, damit er ihnen Getreide überlässt. Und während die Israeliten auf Geheiß Pharaos mit ihrem gesamten Viehbestand im besten Teil Ägyptens siedeln dürfen, müssen die Ägypter ihr letztes Vieh an Pharao abzutreten, damit sie Nahrung zum Überle-ben bekommen. Dem Wohlwollen, das Josef und Pharao Israel entgegenbringen, steht die Härte gegenüber, mit der sie gegen das ägyptische Volk vorgehen. Das Ägypten zur Zeit Josefs wird so mehr und mehr zum Gegenbild jenes Ägyptens, das von einem Pharao beherrscht wurde, der Josef nicht mehr kannte (Ex 1,8).

5.1.4. Genesis 47,28.29–31: Der (nahende) Tod Jakob-Israels

Gliederung
> V. 28:   Jakobs Lebensalter (P)
> V. 29–31: Israel erteilt Josef Anweisungen für sein Begräbnis

Befund
Nachdem in Gen 47,27 die Ansiedlung Israels in Ägypten abgeschlossen ist, kommt mit Gen 47,28 das Lebensende Jakobs in den Blick. Bereits in Gen 45,28; 46,30 hatte der Leser erfahren, dass Israels Tod naht. Nun erfährt der Leser in Gen 47,28 die Summe von Jakobs Lebensjahren, die seinen Todeseintritt antizipiert. „Und Jakob lebte im Land Ägypten noch siebzehn Jahre, so dass die Tage Jakobs, seine Lebensjahre, hundertsiebenundvierzig Jahre betrugen". Ab Gen 47,29 kommt der Text wieder auf Israel zu sprechen. Da sich die Tage seines Sterbens nähern, ruft er Josef noch einmal zu sich und erteilt ihm Begräbnisanweisungen. So er Gnade in den Augen seines Lieblingssohnes gefunden habe, möge jener ihn nicht in Ägypten bestatten. Wenn er sich zu seinen Vätern gelegt habe, wolle er vielmehr in ihrem Grab begraben werden. Josef verspricht dies und Israel fällt über das Kopfende des Bettes. Mit dieser Geste dürfte der Tod eingeleitet sein. Die Szene setzt sich in Gen 49,33aβb fort, wo Israel seine Füße auf dem Bett versammelt (אסף Qal) und selbst zu den Vätern versammelt (אסף Nif.) wird. Die an Josef gerichte-ten Anweisungen zur Bestattung finden in Gen 50 ihre Erfüllung. Josef führt den toten Vater hinauf aus Ägypten und bestattet ihn in Kanaan.

Der oben skizzierte Überblick zeigt, dass Gen 47,28–31 sachlich an den in Gen 46,30 angekündigten Tod anknüpft, der sich nun zu vollziehen beginnt und in Gen 49,33aβb seine Vollendung findet. Obwohl sich der Abschnitt insge-samt mit dem Tod des Erzvaters beschäftigt, setzen V. 28.29–31 dabei unterschied-liche Akzente. V. 28 kreist um die Summe der Lebensjahre Jakobs; V. 29–31 formulieren Begräbnisanweisungen Israels, die er hier an Josef erteilt und die Josef in Gen 50 durchführt.

Mit Blick auf diesen ersten Befund wird sich der kommende Abschnitt auf zwei Fragen besonders konzentrieren:

- Wie ist Gen 47,28–31 mit dem Kontext der Josefsgeschichte verbunden?
- Wie verhalten sich die Aussagen über Jakob (V. 28) zu den Aussagen über Israel (V. 29–31)?

Analyse

(a) Die kontextuelle Verknüpfung von Gen 47,28–31

Wie bereits mehrfach angeklungen ist, greifen die Formulierungen in Gen 47,29aα direkt auf Gen 46,30 zurück. Hatte der Erzvater dort beschlossen, sterben zu wollen, nachdem er Josef noch einmal lebend gesehen hat, so nähern sich hier die Tage, da er tatsächlich sterben wird. Thematisch beschäftigen sich Gen 47,29–31 dabei primär mit einem Problem, das durch die Verbindung von Israels Ankunft in Ägypten mit seinem kurz bevorstehenden Tod ausgelöst ist: eine mögliche Bestattung Israels in Ägypten. Dass diese untragbar wäre, führen die Begräbnis- anweisungen Israels vor Augen. Als er verspürt, dass seine Tage sich nun dem Ende nähern, ruft er seinen Lieblingssohn Josef zu sich (Gen 47,29a) und ringt ihm ein Versprechen ab.

> Wenn ich Gnade in deinen Augen gefunden habe, so lege deine Hand unter meine Hüfte, dass du mir die Liebe und Treue erweisen wirst: Begrabe mich nicht in Ägypten. Wenn ich mich zu meinen Vorfahren gelegt habe, dann bringe mich aus Ägypten weg und begrabe mich in ihrer Grabstätte. Er sprach: Ja, ich werde tun, was du gesagt hast (Gen 47,29–30).

Gen 47,31b[131] leitet sodann den Tod des Vaters ein, mit Gen 49,33aβ vollzieht er sich. In Gen 50,1 sinkt Josef als einziger Sohn über das Angesicht seines Vaters, beweint und küsst ihn. Damit entspricht Gen 50,1 der in Gen 47,29–31* vorgege- benen Situation, nämlich der eines Zwiegespräches zwischen Israel und Josef, das durch den direkt bevorstehenden Tod des Vaters ausgelöst ist.[132] Nachdem der Tod nun eingetreten ist, ist es folglich auch nur Josef, der auf ihn reagieren

---

131 Vgl. zur Interpretation der Formulierung וישתחו ישראל על־ראש המטה als Einleitung des Todes bzw. als Todesvollzug Blum, Komposition, 250; van Seters, Yahwist, 320; Kratz, Komposition, 281 mit Anm. 50; Schmid, *Josephsgeschichte* 104; Schweizer, Josefsgeschichte, 290. Anders Skinner, Genesis, 503; Westermann, BK, 207; de Hoop, Genesis, 328–332.460–464, oder Ruppert, FzB, 425.
132 Vgl. hierzu bereits Wellhausen, Composition, 60: „Kap. 50 schliesst eher an Kap. 47 an".

kann. Blickt man voraus auf den weiteren Verlauf von Gen 50, so fällt ins Auge, dass auch der Aufbruch aus Ägypten in V. 7a, die Trauer in V. 10b und die Rückkehr nach Ägypten in V. 14 zunächst singularisch auf Josef bezogen sind.[133] „Da zog Josef hinauf, um seinen Vater zu begraben [...] und hielt eine siebentägige Trauer um seinen Vater. Nachdem Josef seinen Vater begraben hatte, kehrte er nach Ägypten zurück". In V. 7(-9) gewährleistet erst die zweifache Wiederholung des Narrativs ויעל, der nun mit den Präpositionen את bzw. עם verbunden ist, dass noch zahlreiche weitere Gruppen an dem Trauerzug teilnehmen. In V. 14 ergibt sich ein ähnliches Bild. Während in V. 14aα zunächst Josef allein nach Ägypten zurückkehrt, greift in V. 14aβ das Personalpronomen הוא auf Josef als Subjekt zurück und lässt ihm weitere Rückkehrer folgen. Etwas anders verhält es sich in V. 10. Dort wechselt der Numerus in V. 10b unvermittelt in den Singular. Dabei ist das Subjekt zu ויעש im unmittelbaren Kontext nur in dem suffigierten Nomen אביו impliziert und erklärt sich explizit erst aus dem Gesamtkontext von Gen 50, nämlich mit Blick zurück auf V. 7a. Ein literarkritischer Blick auf Gen 50,1.7.10.14[134] lässt demnach vermuten, dass auch dort ursprünglich nur Josef als Subjekt einer Narrativkette gedacht gewesen sein könnte, die sachlich zur Ausführung bringt, was in Gen 47,29–31 vom Vater erbeten wurde. Nachdem also Israel erfahren hat, dass sein Sohn noch lebt, beschließt er – seinen eigenen Tod vor Augen –, nach Ägypten hinabzuziehen, um seinen Sohn noch einmal zu sehen. Gesagt getan, zieht auch er gen Süden, schließt seinen Sohn noch einmal in die Arme und ist nun bereit zu sterben. Als sich seine Tage schließlich dem Ende nähern, ruft er Josef zu sich und bittet ihn, nicht in Ägypten bestattet zu werden. Josef verspricht dies und Israel verstirbt. Josef weint über den Tod des Vaters und bringt dessen letzten Wunsch zur Erfüllung. Er zieht hinauf, den Vater zu bestatten, hält eine siebentägige Trauer und kehrt alsdann nach Ägypten zurück.

Nach dem oben skizzierten Befund dürfte zunächst anzunehmen sein, dass die angeführten Motive nicht nur in einem sachlichen, sondern auch in einem direkten literarischen Zusammenhang stehen. Sie knüpfen an das Ende der „Geschichte(n) über Josef und seine Brüder" in Gen 45,26–27* an und lassen nun auch den Erzvater Israel (!) nach Ägypten aufbrechen. Es dürfte überdies in dem angeführten Erzählzusammenhang der älteste Bestand der Kapitel Gen 46–50 zu betrachten sein, der erst nachträglich durch die Eintragungen der Ansiedlung in Gen 46–47*, des Ankaufs der Ägypter in Gen 47,13–26 und der stammesgeschichtlichen Kapitel Gen 48–49* unterbrochen wurde.[135]

---

133 Vgl. hierzu insbesondere Levin, Jahwist, 306–307, oder Berner, Exoduserzählung, 18–20.
134 Vgl. auch unten zu 5.4.
135 Vgl. auch oben 5.1.2. (a) und 5.1.3. (a) sowie unten 5.2. (a); 5.3. (a) und 5.3. (b).

Mit dem Motiv der Überführung von Israels Leichnam bilden Gen 45,28; 46,30; 47,29–31*; 50,1.7a.10b.14* den kommenden Exodus des Volkes Israel vorab. Wie das Volk sich dereinst aus Ägypten aufmachen wird, in das Gelobte Land zurückzukehren, so wird der Leichnam Israels in das Land seiner Väter überführt. Die Rückkehr von Israels Lieblingssohn, Josef, nach Ägypten (Gen 50,14*) gewährleistet, dass das spätere Volk Israel auch bis zum Exodus in Ägypten verbleibt. Mit Blick auf die in diesem Erzählfaden enthaltene symbolische Präfiguration wird der Exodus hier zumindest sachlich vorausgesetzt sein.[136] Angesichts der offenkundig brückenbildenden Funktion der Aussagen zu Israels Aufbruch und Bestattung dürfte überdies davon auszugehen sein, dass mit ihnen eine erste literarische Verbindung zwischen Genesis und Exodus überhaupt hergestellt wurde (Gen 45,9aα[nur אמר בנך אמר כה אלי ואמרתם אל־אבי ועלו מהרו]b.28;Gen 46,1aα[nur ויאסף רגליו אל־המטה].29–30;Gen 47,29–30a.31;Gen 49,33a[nur לו ויסע ישראל וכל־אשר־לו]. Gen 50,1.7a.10b.14aαb → Ex 1,6aα[nur וימת יוסף].8[137]). Der Erzvater stirbt, das Volk aber lebt in den Söhnen Israels weiter. So markiert der Tod des Erzvaters das Ende der Josefsgeschichte und öffnet sie gleichsam hin auf den Kontext der folgenden Volksgeschichte des Exodus.

> Aus dem Rahmen fällt innerhalb der Begräbnisanweisungen die Notiz V. 30a. „Die Anweisung über die Grabstätte geht im nichtpriesterschriftlichen Text ins Leere. Vom Begraben ‚bei den Vätern' spricht dagegen 49,29"[138]. Wellhausen nahm deshalb an, „dass der ursprüngliche Wortlaut von 47,30 vom Redaktor der Genesis mit Rücksicht auf Q 48,7. 49,30s. geändert worden" sei[139]. „Einfacher als eine Textänderung ist die Annahme eines Zusatzes"[140], der auf den Befehl Jakobs in Gen 49,29–32* vorausweisen will. „Zwischen V. 29 und 30b besteht eine glatte Verbindung"[141].

Zwischen den Zusammenhang von Gen 46,30 und Gen 47,29–31 dürfte sich nachträglich nicht nur die dauerhafte Ansiedlung Israels in Ägypten (Gen 46,32–

---

136 Vgl. hierzu Kratz, Komposition, 284: „Daraufhin zieht Israel nach Ägypten, wo Jakob stirbt und von wo er in das Land seiner Väter zurückgebracht wird, um dort begraben zu werden, *als Angeld für die bevorstehende Befreiung Israels aus Ägypten in Ex 1ff*" (Hervorhebung durch die Verfasserin).

137 Vgl. hierzu unten 5.4. (a) und 5.4. (d).

138 Levin, Jahwist, 311.

139 Wellhausen, Composition, 60.

140 Levin, Jahwist, 311. Ähnlich Fieger/Hodel-Hoenes, Einzug, 320, die bemerken, „Gen 47,30 erscheint wie eine Korrektur zu Gen 47,29". Auch Weimar, *Rahmen*, 262f, sieht in V. 30a einen Nachtrag, der „eine Verbindung zur Darstellung des Todes Jakobs und seines Begräbnisses am Schluss des Genesisbuches" herstellen will. Bei dem Halbvers handele es sich um einen Zusatz, „der auf priesterschriftliche Tradition schon rekurrieren kann und dementsprechend als nachpriesterschriftlicher Zusatz einzuordnen ist".

141 Levin, Jahwist, 311.

47,12*.27) geschoben haben. Auch Gen 47,28 dürfte Gen 47,29–31* erst sekundär vorangestellt worden sein. Wie sich jener Vers zu Gen 47,29–31 verhält und in welchem größeren Zusammenhang er zu verstehen ist, soll im Anschluss kurz erörtert werden.

(b) V. 28 und sein Verhältnis zu V. 29–31

Gen 47,28 zieht die Summe von Jakobs Lebensjahren: „Und Jakob lebte im Land Ägypten noch siebzehn Jahre, so dass die Tage Jakobs, seine Lebensjahre, hundertsiebenundvierzig Jahre betrugen". Diese Notiz setzt den folgenden Tod Israels bereits voraus, dem sie programmatisch vorangestellt ist. Bereits Julius Wellhausen hat den Vers der Priesterschrift (Wellhausen: Q=liber quatuor foederum) zugeschrieben. An diese Einschätzung hat u. a. Hermann Gunkel angeknüpft und sie mit Blick auf den größeren Kontext der Genesis begründet: „Auf P führen die chronologischen Angaben". Die in der älteren Forschung vertretene priesterschriftliche Bewertung von Gen 47,28 hat sich bis heute *cum grano salis* erhalten.

> Der priesterschriftliche Bericht über Jakobs Tod folgt dem Schema, das P auch bei Abraham (25,7–8), Ismael (25,27) und Isaak (35,28–29a) gebraucht hat: Auf die Summe des Lebensalters (47,28) folgt die Notiz: ‚Er verschied und wurde versammelt zu seinen Stammesgenossen' (49,33b)[142].

Nach der oben zitierten Annahme legen sich die priesterschriftlichen Notizen Gen 47,28; 49,33b wie ein Rahmen um den vorpriesterschriftlichen Tod des Erzvaters Israel in Gen 47,29–31; 49,33aβ. So wird der Tod des letzten Erzvaters im nichtpriesterschriftlichen, vorpriesterschriftlichen Text nachträglich unter priesterschriftliche Vorzeichen gestellt.[143]

Gen 47,28–31*:

ויחי <u>יעקב</u> בארץ מצרים שבע עשרה שנה ויהי ימי־יעקב שני חייו שבע שנים וארבעים ²⁸
ומאת שנה:

ויקרבו ימי־<u>ישראל</u> למות ויקרא לבנו ליוסף ויאמר לו אם־נא מצאתי חן בעיניך שים־נא ידך ²⁹
תחת ירכי ועשית עמדי חסד ואמת אל־נא תקברני במצרים:

שכבתי עם־אבתי ונשאתני ממצרים וקברתם בקברתם ויאמר אנכי אעשה כדברך: ³⁰

ויאמר השבעה לי וישבע לו <u>וישתחו ישראל על־ראש המטה</u>: פ ³¹

---

142 Levin, Jahwist, 309–310.
143 Vgl. bereits Gunkel, HK, 496: „Auf P führen die chronologischen Angaben 47,28. [...] Altersangaben, wie sie P auch sonst unmittelbar vor dem Bericht vom Tod des Urvaters bringt 9,28f; 11,32; 23,1; 25,7; 35,28".

Gen 49,33*:

$$^{33} [...] \boxed{\text{ויאסף רגליו אל־המטה}}$$
$$\text{ויגוע ויאסף אל־עמיו:}$$

Ergebnis

Fassen wir die gewonnenen Ergebnisse kurz zusammen. Gen 47,29–31* schließt über die Ansiedlung Israels in Ägypten hinweg an die Todesankündigung des Erzvaters aus Gen 46,30 an. Die Anweisungen Israels reflektieren dabei den nach Gen 46,30 kurz bevorstehenden Tod Israels in Ägypten. Er birgt die Gefahr in sich, dass der Erzvater auch in der Fremde bestattet werden könnte. Um dieser Gefahr vorzubeugen, lässt Israel seinen Sohn in Gen 47,29–31a schwören, ihn nicht in Ägypten zu bestatten. Nachdem der Vater verstorben ist (Gen 47,31b; 49,33aβ), führt Josef den Befehl des Vaters aus (Gen 50*). Mit diesem Erzählfaden, der den Exodus des Volkes präfiguriert, dürfte eine erste literarische Verbindung zwischen Genesis und Exodus hergestellt worden sein.

Jünger als die vorpriesterschriftlichen Begräbnisanweisungen ist die priesterschriftliche Notiz Gen 47,28, die mit der Todesnotiz in Gen 47,33b zusammenhängt. Noch jünger dürfte mit Gen 47,30a ein Nachtrag innerhalb der Begräbnisanweisungen (Gen 47,29–31*) sein. Er hat wohl bereits die in Gen 49 angesprochene Erbbegräbnisstätte vor Augen und trägt sie nun auch in den vorpriesterschriftlichen Kontext von Gen 47,29–31 nach[144].

Diachrone Differenzierung

I   *Israels Aufbruch nach Ägypten (Gen 45–50*/Ex 1*):*

Gen 45,9a(nur מהרו ועלו אל־אבי ואמרתם אליו כה אמר בנך יוסף)b.28;
Gen 46,1aα(nur ויסע ישראל וכל־אשר־לו).29–30;
Gen 47,29.30b.31;
Gen 49,33a(nur ויאסף רגליו אל־המטה);
Gen 50,1.7a.10b.14aαb → Ex 1,6aα(וימת יוסף).8

II   *Israels Lebenssumme nach P*
Gen 47,28

III   *Das Grab bei den Vätern*
Gen 47,30a

---

144 Vgl. auch unten zu 5.3.(b).

5.2. Genesis 48: Israel begegnet seinen Enkeln

Gliederung

Befund

Mit den Aussagen in V. 1–2 knüpft Gen 48 an den direkt vorauslaufenden Kontext aus Gen 47,29–31 an. Nachdem sich die Tage genähert hatten, da Israel sterben sollte, rief er Josef noch einmal zu sich, erteilte ihm Begräbnisanweisungen (Gen 47,29–31a) und sank über das Ende des Bettes (Gen 47,31b). Schien damit der Tod des Erzvaters so gut wie besiegelt, erfährt nicht nur der Leser in Gen 48,1–2, dass Israel noch immer lebt. Auch Josef, der ja soeben noch zugegen war, als sein Vater über das Kopfende des Bettes sank, wird in Gen 48,1 mitgeteilt, dass es gesundheitlich nicht gut um seinen Vater steht. „Und es geschah nach diesen Begebenheiten, dass man Josef mitteilte: Dein Vater ist krank".

Auf diese Nachricht hin nimmt Josef seine beiden Söhne, Manasse und Ephraim, und macht sich auf zu seinem Vater. Bevor er beim Vater ankommt, wird Jakob übermittelt, dass sein Sohn Josef auf dem Weg zu ihm sei. Daraufhin nimmt Israel seine Kräfte zusammen und richtet sich in seinem Bett noch einmal auf. In V. 3 spricht Jakob seinen Sohn Josef in einer wörtlichen Rede an, die sich bis V. 7 erstreckt. Die Rede lässt sich sachlich in zwei Abschnitte gliedern. In einem ersten Abschnitt, V. 3–4, repetiert Jakob eine nächtliche Vision, die ihn zu Lus ereilte.

> El-Schaddai ist mir in Lus im Land Kanaan erschienen und hat mich gesegnet. Er sprach zu mir: Siehe, ich will dich fruchtbar machen und dich mehren, und ich will dich zu einer Großzahl von Völkern machen. Und dieses Land will ich deinen Nachkommen zu ewigem Besitz geben (Gen 48,3–4).

Ein zweiter Abschnitt umfasst V. 5–7 und beschäftigt sich in V. 5–6 zunächst mit den Söhnen Josefs. Dass Jakob sie zuvor überhaupt zur Kenntnis genommen hatte, ist dem Text nicht direkt zu entnehmen. Dennoch weiß er anscheinend nicht nur genau, wen er vor sich hat. Nein, er will die Söhne Josefs auch als seine eigenen annehmen.

> Nun aber sollen deine beiden Söhne, die dir im Land Ägypten geboren wurden, bevor ich zu dir nach Ägypten kam, die meinen sein; Efraim und Manasse sollen die meinen sein wie Ruben und Simeon. Die Kinder aber, die du nach ihnen gezeugt hast, sollen die deinen sein; nach dem Namen ihrer Brüder sollen sie in ihrem Erbteil genannt werden (Gen 48,5–6).

Der Abschnitt schließt mit einem Verweis auf Rahel, der geliebten Frau Jakob-Israels, der Mutter Josefs und Großmutter Manasses und Ephraims. „Als ich aus Paddan kam, starb mir Rahel unterwegs im Land Kanaan, als es nur noch ein kleines Stück bis Efrat war, und ich begrub sie dort am Weg nach Efrat – das ist Betlehem" (Gen 48,7).

In V. 8 kommt der Text wieder auf Israel zu sprechen. Nachdem Jakob soeben die Söhne Josefs adoptiert hatte, sieht Israel sie nun offenbar zum ersten Mal und erkundigt sich nach ihrer Identität. „Und Israel sah die Söhne Josefs und sprach: Wer sind diese?" Jetzt erst stellt Josef seinem Vater die Söhne tatsächlich vor. „Josef sprach zu seinem Vater: Es sind meine Söhne, die mir Elohim hier gegeben hat" (Gen 48,9a). Sogleich äußert der Großvater den Wunsch, Josef möge die Enkel zu ihm bringen, damit er sie segne. Doch tut er dies zunächst noch nicht. In V. 10 erfährt der Leser stattdessen, dass Israel, der seine Enkel in V. 8 gesehen hatte, nicht mehr sehen konnte (V. 10a). Wohl deshalb führt Josef die Enkel noch einmal näher zu seinem Vater, dessen Augen vom Alter schwach geworden waren. Der Großvater herzt und küsst die Enkel (V. 10b) und richtet sich danach erneut an seinen Sohn Josef: „Ich dachte nicht, dass ich dein Angesicht je wiedersehen würde, und nun hat Elohim mich sogar deine Nachkommen sehen lassen". Hatte er in Gen 45,28 gehofft, seinen Sohn noch einmal zu sehen, und hat sich diese Hoffnung in Gen 46,30 tatsächlich erfüllt, so kann Israel nun sein Glück kaum fassen: Auch seine Enkel hat ihn Elohim noch schauen lassen.

Ohne auf die emotionale Rede des Vaters näher einzugehen, nimmt Josef die Enkel vom Schoß des Großvaters und wirft sich vor ihm nieder (V. 12). In V. 13 nimmt er seine Söhne und führt sie dem Großvater nun wieder zu, woraufhin Israel die Enkel in V. 14 endlich zu segnen beginnt. „Und Israel streckte seine Rechte aus und legte sie auf den Kopf Efraims, und der war der Jüngere, und seine Linke auf den Kopf Manasses, indem er seine Hände kreuzte, und Manasse war der Erstgeborene". Bevor sich die Segnung der Enkel in V. 17–19 fortsetzt, findet sich in V. 15–16 ein verbaler Segen an Josef. Er ist offenbar in seinen Söhnen gesegnet.

> Und er segnete Josef und sprach: Der Gott, mit dem meine Vorfahren Abraham und Isaak gelebt haben, der Gott, der mein Hirt war mein Leben lang bis auf diesen Tag, der Bote, der mich erlöst hat aus aller Not, er segne die Knaben, dass in ihnen mein Name fortlebe und der Name meiner Vorfahren Abraham und Isaak, dass sie zahlreich werden mitten im Land.

V. 17 bezieht sich zurück auf den Segensgestus in V. 14. Josef sieht, dass sein Vater dem Zweitgeborenen die rechte Hand auflegt und will ihn korrigieren.

> Und er fasste die Hand seines Vaters, um sie vom Kopf Efraims auf Manasses Kopf hinüberzulegen. Und Josef sprach zu seinem Vater: Nicht so, mein Vater; dieser ist der Erstgeborene, leg deine Rechte auf seinen Kopf (Gen 48,17–18).

Doch sein Vater beschwichtigt ihn:

> Ich weiß, mein Sohn, ich weiß. Auch dieser wird zu einem Volk werden, und auch er wird groß sein. Aber sein jüngerer Bruder wird größer sein als er, und seine Nachkommen werden zu einer Menge von Völkern werden (Gen 48,19).

Mit Gen 48,20 ist der Segen vollzogen. „So segnete er sie an jenem Tag, indem er sprach: Durch dich wird Israel segnen und sprechen: Gott mache dich wie Efraim und Manasse. Und so gab er Efraim den Vorrang vor Manasse".

Das Kapitel schließt in V. 21–22 mit Notizen, die sachlich auf den nahenden Tod Israels (Gen 46,30; 47,29–31*) zurückgreifen. Er wendet sich nun nach Gen 47,29–31* neuerlich an Josef und spricht: „Siehe, ich sterbe nun. Elohim aber wird mit euch sein und wird euch in das Land eurer Vorfahren zurückbringen". Es folgt in V. 22 die Zusage eines Erbteils an Josef, die an seine Vorzugsposition aus Gen 37,3–4a anknüpft: „Und als Vorzug vor deinen Brüdern gebe ich dir einen Bergrücken, den ich den Amoritern mit meinem Schwert und mit meinem Bogen abgenommen habe".

Beide Verse blicken bereits voraus auf die Zeit nach dem Tode Jakob-Israels, Gen 48,21 antizipiert überdies den Zusammenhang von Exodus und Landnahme. Elohim wird die Söhne Israels zurückbringen in das Land ihrer Väter.

Dieser kurze Überblick zeigt, dass Gen 48 mit dem umliegenden Kontext sachlich und sprachlich verknüpft ist. Gleichwohl fügt sich das Kapitel nicht ganz glatt in den Zusammenhang von Gen 47; 49 ein. Denn hatte mit Gen 47,31b der Tod Israels bereits eingesetzt, so nimmt er in Gen 48,2 noch einmal all seine Kräfte zusammen und richtet sich wieder auf jenem Bett auf, über dessen Kopfende er in Gen 47,31b gesunken war. Mit dieser Geste wird der Tod Israels nun von Gen 47,31b bis Gen 49,33aβ hinausgezögert.

Und auch das Kapitel Gen 48 selbst ist nicht frei von Widersprüchen. So scheint Jakob in V. 3–7 mehr zu wissen als Israel. Denn während Jakob in V. 5–6 die Enkel bereits namentlich adoptiert, weiß Israel in V. 8 noch immer nicht, um wen es sich bei den Begleitern Josefs handelt. Ein Widerspruch besteht auch zwischen V. 8 und V. 10. Während Israel nämlich in V. 8 seine Enkel bereits gesehen und sich erkundigt hatte, wer sie seien, sind seine Augen in V. 10 so schwach, dass Josef seine Söhne näher zu ihm bringen muss. Und obwohl Israel bereits in V. 9b davon spricht, die Enkel segnen zu wollen, beginnt der Segen erst mit V. 14. Er wird sogleich in V. 15–16 durch einen Segen an Josef unterbrochen, der offenbar in seinen Söhnen gesegnet ist. Mit V. 17 setzt sich der Segensgestus aus V. 14 fort. V. 21–22 verlassen die Szene der Begegnung zwischen Israel und seinen Enkeln und schließen über sie hinweg an den nahenden Tod des Erzvaters aus Gen 47,29–31 an.

Diesem ersten Befund entsprechend wird sich die anschließende Detailanalyse mit einigen Fragen besonders beschäftigen:
- Wie ist Gen 48 in den umliegenden Kontext eingebettet?
- Wie gut kann Israel sehen?
- Warum kennt Jakob die Enkel, von denen Israel noch nichts weiß?
- Weshalb unterbrechen V. 15–16 den Segen über die Enkel in V. 14.17–19 durch einen verbalen Segen an Josef?
- Wie hängen Gen 48,21–22 mit dem restlichen Kapitel zusammen?

Analyse

(a) Die Einbettung von Gen 48 in den umliegenden Kontext der Josefsgeschichte
Beginnen wir mit der binnenkontextuellen Einbindung und werfen zunächst einen Blick auf die vorauslaufende Szene zwischen Josef und Israel in Gen 47,29–31*. Hier findet sich in Gen 47,29 – im logischen Anschluss an die Aussage von Gen 46,30 – die Notiz, dass sich die Tage Israels dem Ende näherten. Aus diesem Grund bittet er seinen Sohn Josef, ihn nicht in Ägypten zu bestatten. Josef stimmt zu, und Israel neigt sich über den Kopf des Bettes. Unabhängig davon, wie genau man die Formulierung וישתחו על־ראש המטה interpretiert, muss Josef nach den Angaben von Gen 47,29ff also grundsätzlich gewusst haben, wie es um seinen Vater bestellt ist.[145]

---

145 Vgl. hierzu Schweizer, Josefsgeschichte, 290.

Es verwundert entsprechend, wenn er nach Gen 48,1 erst zu erfahren scheint, dass es um die Gesundheit bzw. Lebenserwartung seines Vaters nicht zum Besten steht. „Nach diesen Begebenheiten sagte man zu Josef: Siehe, dein Vater ist krank" (Gen 48,1a). Recht unvermittelt folgt in V. 1b überdies das Erscheinen seiner Söhne, Manasse und Ephraim, die er an die Hand nimmt, um sie mit sich zum kranken Vater zu führen. Der Besuch wird in V. 2 konstatiert und der Erzvater erstmals bei seinem Namen – oder, genauer gesagt, bei seinen Namen – genannt. Denn während in V. 2a Jakob mitgeteilt wird, dass sein Sohn erschienen ist, bäumt sich Israel in V. 2b noch einmal auf und setzt sich על המטה. Damit greift V. 2b sachlich und terminologisch auf die Aussage von Gen 47,31b zurück und scheint den dort vorgegebenen Sachverhalt zurücknehmen zu wollen. War Israel nämlich in Gen 47,31b (sterbend) über das Kopfende des Bettes gesunken, so nimmt er seine Kräfte nun noch einmal zusammen und setzt sich auf sein Bett. Der Tod des Erzvaters vollzieht sich dann in Gen 49,33aβ, wo er seine Füße אל־המטה versammelt.

Mit Blick auf die o. a. Beobachtungen ist demnach festzuhalten, dass Gen 48,1–2 sowohl mit dem kränklichen Zustand des Vaters (Gen 48,1a) als auch mit der Formulierung ויתחזק ישראל וישב על־המטה (V. 2b) an den direkt vorauslaufenden Kontext in Gen 47,29–31 anknüpft. Gleichwohl setzt er ihn nicht spannungsfrei fort. Denn zum einen war Josef bereits in Gen 47,29–31 zugegen, als sein Vater im Sterben lag, und hätte auch ohne die Mitteilung Gen 48,1b wissen müssen, dass sein Vater dem Ende entgegensieht. Zum anderen hatte sich Israel in Gen 47,31b bereits zum Sterben darnieder gelegt. Nun aber wird er noch einmal ins Leben gerufen, um seine Enkel zu sehen, bevor er in Gen 49,33aβ tatsächlich verstirbt.

Der oben skizzierte Befund legt die Vermutung nahe, dass dem Autor von Gen 48,2b der Tod des Erzvaters Israel bereits bekannt war und er ihn nachträglich noch einmal zum Leben erweckt.[146] Dabei hat er entweder den bereits bestehenden Zusammenhang zwischen Gen 47,31b mit 49,33aβ; 50,1[147] unterbrochen oder sich an die, dann bereits als Todesnotiz verstandene, Aussage von Gen 47,31b gehängt und die Formulierung von Gen 49,33aβ selbst in den Kontext

---

146 Vgl. von Rad, ATD, 361, oder Ebach, HThKAT, 530.
147 Vgl. hierzu bereits Wellhausen, Composition, 60. „Kap. 50 schliesst eher an Kap. 47 an". Ähnlich Greßmann, *Ursprung*, 6, der Gen 47,29–31 als Vorbereitung für Gen 50,1 versteht. Von diesem Zusammenhang aber sei ein zweites Motiv zu trennen, nämlich die ätiologische Erklärung, „wie es kam, daß Ephraim, obwohl der jüngere, den älteren Bruder Manasse überflügelt hat".

eingetragen.[148] Wie wir unten im Zusammenhang von Gen 49,29–33 noch sehen werden, wird ersterer Annahme der Vorzug zu geben sein.[149]

Gen 47,31:

[31]ויאמר השבעה לי וישבע לו וישתחו ישראל על־ראש המטה: פ

Gen 48,2:

[2] ויגד ליעקב ויאמר הנה בנך יוסף בא אליך ויתחזק ישראל וישב על־המטה:

Gen 49,33*:

[33]ויכל יעקב לצות את־בניו ויאסף רגליו אל־המטה ויגוע ויאסף אל־עמיו:

Ist der oben angenommene Zusammenhang richtig gesehen, wird Gen 48 insgesamt als Fortschreibung zu verstehen sein, die dem Kontext von Gen 47,29–31*; 49,33aβ erst nachträglich eingefügt wurde.

Zu klären bleibt, wie es um die literarische Einheitlichkeit des Kapitels selbst bestellt ist. Bereits einleitend hatte sich gezeigt, dass etwa die Aussagen zu Jakob und Israel in einem sachlichen Widerspruch zueinander stehen. Denn hatte Jakob die Enkel im Zusammenhang der wörtlichen Rede von Gen 48,3–7 bereits namentlich adoptiert, so weiß Israel in Gen 48,8 nicht, um wen es sich bei den Begleitern Josefs handelt. Zumindest bei jenen Abschnitten wird eine literarische Scheidung zu erwägen sein.

Bei einer Betrachtung des literarischen Zusammenhangs ist ferner die oben gezogene Schlussfolgerung zu berücksichtigen, dass jene Hand, die die kontex-

---

148 So Levin, Jahwist, 308, oder Blum, Komposition, 250. Anders sehen Schmid, *Josephsgeschichte*, 96f; de Hoop, Genesis, 329, oder Seebass, Josephsgeschichte, 28, hier eine mögliche Erfüllung des zweiten Traums aus Gen 37,9. Abgesehen davon, dass der Terminus חוה an dieser Stelle nicht im Sinne einer Proskynese verwendet worden sein dürfte, ist auch in Gen 37,9 nicht von Jakob-Israel allein, sondern von „Sonne, Mond und elf Sternen", i. e. Vater, Mutter und elf Brüdern (Gen 37,10), die Rede, während Gen 47,31b Israel allein erwähnt. Gegen den Zusammenhang spricht sprachlich auch die Gestaltung von Gen 47,31b mit על חוה, während sowohl die Träume in Gen 37,7.9 als auch die Erfüllung des ersten Traumes in Gen 42,6; 43,26.28 die Konstruktion ל חוה bieten. Vgl. zu den angeführten Einwänden bereits Jacob, Genesis, 863.
Einen Sprung von Gen 45 zu Gen 50 sieht Johnson, *Josephserzählung*, 27. „Die eigentliche Erzählung von Joseph und seinen Brüdern umfaßt Genesis 37; 39–45 und 50". Da sowohl das Wiedersehen Josefs als auch der Tod Israels in Gen 45,28 jedoch lediglich angedeutet werden und sich erst in Gen 46,1*.30; 47,29–31 vollziehen, scheint u. E. die Einleitung Gen 50,1 für ihr Verständnis zumindest auf jene Abschnitte notwendig angewiesen.
149 Vgl. genauer unten 5.3. (b).

tuelle Verknüpfung in Gen 48,2b geschaffen hat, auch für den ursprünglichsten Bestandteil des Kapitels verantwortlich zeichnet. Mit anderen Worten, werden jene Verse, die mit Gen 48,2b (Israel) originär zusammengehören, den ältesten Kern von Gen 48 darstellen.

Hier dürfte zunächst an V. 1 zu denken sein, der mit der Formel ויהי אחרי הדברים האלה ebenfalls eine kontextuelle Verbindung zu den vorausgehenden Ereignissen herstellt und mit der Einführung der Enkelsöhne für das Folgegeschehen – jenseits jeder literarischen Schichtung – unabdingbar ist.[150]

(b) Die Begegnung Israels mit seinen Enkeln

Mit der Fortsetzung von V. 2b dürfte, wie oben angedeutet, nicht vor V. 8 zu rechnen sein.[151] Hierfür spricht zuallererst der Wechsel in der Anrede des Erzvaters, der in V. 3 nicht mehr mit Israel, sondern mit Jakob bezeichnet wird. Seine Rede, die mit der Notiz V. 2a (Jakob) vorbereitet ist, berichtet in V. 3–4 von einer nächtlichen Vision, in der Jakob von El-Schaddai gesegnet worden sei. Mit dem Motiv des Segens greift der Abschnitt dem Folgekontext voraus. Dasselbe gilt für die in V. 5(–7) beschriebene Adoption der Enkel. Sie bedingt, dass der Erzvater um seine Enkel weiß. Doch hat Josef ihm seine Begleitung noch gar nicht vorgestellt. Nichtsdestoweniger sind die Begleiter dem Erzvater als Ephraim und Manasse bekannt. Dabei setzt die hier angeführte Reihenfolge ihrer namentlichen Nennung den Vorrang des Jüngeren bereits voraus, wie er eigentlich erst mit der Segnung in V. 14.17–20 hergestellt wird.

Über den Abschnitt V. 3–7 hinweg schließt V. 8 an die Aussagen aus V.1.2b an.[152] Der Vers kehrt zur Bezeichnung des Erzvaters mit Israel zurück und lässt ihn nun die Söhne Josefs sehen, die er nach V. 1b mit sich zum Vater geführt hatte. Weder sie noch ihre Namen sind Israel bekannt. Deshalb erkundigt er sich bei Josef nach ihrer Identität: „Wer sind diese?" (Gen 48,8b). Erst jetzt stellt Josef ihm die Söhne vor: „Es sind meine Söhne, die mir Elohim hier gegeben hat" (Gen 48,9a). Der Vorstellung folgt in V. 9b eine Aufforderung. Als Subjekt des Narrativs ויאמר dürfte in V. 9b der Erzvater zu verstehen sein. Er richtet sich mit einer Bitte an Josef. „Bring sie her zu mir, ich will sie segnen" (Gen 48,9b). Bevor Josef diesem Wunsch seines Vaters allerdings in V. 10b entsprechen kann, wird dem Leser in

---

150 Zur Formulierung ויאמר ליוסף in V. 1 vgl. Schweizer, Josefsgeschichte, 49, der für ein unbestimmtes Subjekt „man" plädiert, dabei jedoch eine Umvokalisierung in den M-Stamm (mit LXX, Syr, Vg) ablehnt. Anders Ruppert, FzB, 419.
151 Anders Willi-Plein, NSK.AT, 300: „V. 8 schließt direkt an V. 3 an".
152 Zur Fortsetzung von V. 2 in V. 8 vgl. bereits Wellhausen, Composition, 60.

V. 10a mitgeteilt, dass es um Israels Sehkraft aus Altersgründen nicht mehr gut bestellt war. „Israels Augen aber waren vor Alter schwach geworden, *er konnte nicht mehr sehen*" (Gen 48,10a). Dass Israel nicht mehr sehen konnte, ist dabei nur leidlich mit der Aussage aus V. 8 zu vereinbaren, nach der Israel seine Enkel ja bereits gesehen und sich eben deshalb nach ihrer Identität erkundigt hatte. *„Und Israel sah die Söhne Josefs und sprach*: Wer sind diese?"

Den oben angedeuteten Widerspruch zwischen V. 8.10 sah etwa Hermann Gunkel und nahm deshalb an, dass V. 10, der lediglich die jahwistische Bezeichnung Israel biete, einen Bestandteil von J darstellen müsse, während V. 11, der literarisch mit V. 8 zusammengehöre und neben Israel auch die Gottesbezeichnung Elohim enthalte, notwendig E zuzusprechen sei. Folglich müsse es sich bei der Bezeichnung des Erzvaters mit Israel in V. 8a(.11) um ein „falsches Explicitum"[153] handeln.

Gegen diese Annahme wandte sich dezidiert Hans-Christoph Schmitt. Er gestand zunächst ein, das

> zentrale literarkritische Problem von Gen 48 stellt nun der Umstand dar, daß der Gebrauch von ,Israel' als Bezeichnung für den Vater Josephs nicht nur an den genannten, ohne weiteres der Juda-Schicht zuzuweisenden Stellen vorkommt, sondern auch in v. 8a.11.21, bei denen die traditionelle Pentateuchkritik vor einer Zuordnung zur Juda-Schicht zurückschreckte[154].

Zumindest mit Blick auf V. 8a jedoch sieht Schmitt keinen Grund, von einer solchen Zuweisung abzusehen.

> So scheint mir v. 8a durchaus zur Juda-Schicht gehören zu können. Zwar weist man herkömmlicherweise darauf hin, daß in der Juda-Schicht (v. 10a.13f.17–19) vorausgesetzt werde, daß Israel blind sei, und daß daher die Aussage von v. 8a ,Israel sah die Söhne Josephs' nicht der gleichen Schicht zugewiesen werden dürfe, doch liegt hier u. E. eine Überinterpretation von v. 10a vor: Das ,nicht mehr sehen' ist hier nicht im Sinne von ,blind sein', sondern von ,nicht mehr recht sehen' zu verstehen, so daß v. 8a durchaus neben v. 10a in der Juda-Schicht gestanden haben kann[155].

Anders, so fährt Schmitt fort, verhalte es sich jedoch mit einer Zuweisung von V. 11. Er könne nicht der Juda-Schicht zugesprochen werden und also auch nicht mit V. 8a auf einer Ebene liegen. Denn in V. 11 „steht [die Erwähnung Israels] in

---

153 Gunkel, HK, 469. Ähnlich nimmt Skinner, Genesis, 503, an, dass der Erzvatername Israel in V. 8.11.21 als „redactional explication" zu tilgen sei.
154 Schmitt, Josephsgeschichte, 68.
155 Schmitt, Josephsgeschichte, 68.

einem Zusammenhang, in dem von der Führung ‚Elohims' die Rede ist, was dem in der Juda-Schicht Üblichen widerspricht"[156].

Mit dieser Annahme von Schmitt werden wir uns im Folgenden genauer befassen. Dazu betrachten wir noch einmal den genauen Erzählverlauf von V. 8–9a.11. In V. 8 *sieht Israel seine Enkel* und erkundigt sich danach, wer sie seien. Josef antwortet dem Vater in V. 9a: „Es sind meine Söhne, die mir Elohim hier gegeben hat". Hierauf reagiert Israel explizit in V. 11: *„Dein Angesicht zu sehen, habe ich nicht vermutet und, siehe, Elohim hat mich sogar deine Nachkommen sehen lassen!"* Mit dieser Aussage greift Gen 48,11 *expressis verbis* auf die Aussage von Gen 46,30 zurück, wo es ebenfalls Israel war, der zu Josef sprach: „Ich will nun sterben, *nachdem ich dein Angesicht gesehen habe*, dass du noch lebst".[157]

Was die Aussagen Gen 46,30; 48,8.11 demnach zuallererst verbindet, ist das Stichwort ראה. Nicht nur seinen Sohn, den er schon verloren glaubte, hat Israel noch einmal zu Gesicht bekommen (Gen 46,30). Nein, auch die Enkel zu sehen, ist ihm noch vergönnt gewesen (Gen 48,11). Mit Blick auf diesen Befund scheint es zunächst – entgegen der Annahme von Schmitt – geraten, V. 8.11 sehr wohl in einem direkten Zusammenhang zu sehen. Es scheint überdies angebracht, den Unterschied zwischen V. 8.11 (ראה) und V. 10a (לא יוכל לראות) nicht vorschnell als Überinterpretation abzutun. Denn gerade das Motiv des Sehens stellt im Zusammenhang von Gen 46,30; Gen 48,8.11 das entscheidende Verbindungsglied dar.[158]

Gegen den ersten Anschein lässt der o. a. Befund ferner vermuten, dass die ähnlich lautenden Aussagen aus Gen 46,30; 48,11 literarisch nicht zusammengehören dürften. Denn ist in Gen 46,30 Israel das Subjekt des Sehens, behält die von dort in Gen 48,11 übernommene Formulierung ראה פניך zunächst die aktive Perspektive (Qal) bei, bevor der Erzvater mit Bezug auf die Enkel zum Objekt der Wurzel ראה (Hif.) gemacht und ihm das „Schauen" der Enkel erst durch Elohim ermöglicht wird. Der Akzent verschiebt sich demnach zwischen Gen 46,30 und Gen 48,11 vom aktiv-menschlichen Sehen zum passiven Empfangen göttlicher Gnade.

Mit dieser Perspektive liegt Gen 48,11 auf einer Linie mit Gen 48,9a, in dem Josef seine Söhne ebenfalls als Gottesgeschenk ausgewiesen hatte. „Josef sprach zu seinem Vater: *Es sind meine Söhne, die mir Elohim hier gegeben hat"*. Dasselbe gilt für die Geburtsnotizen Manasses und Ephraims in Gen 41,50–52*, in denen

---

156 Schmitt, Josephsgeschichte, 69.
157 Der Zusammenhang hat Redford, Study, 24, zu der Annahme geführt: „The whole episode as it now appears in chapter 48 probably originally stood [...] after Gen 46:30".
158 Vgl. hierzu auch die Beobachtung von Schmidt, Studien, 181, zu Gen 45,28; 46,30, dass der „Begriff ‚sehen' die Funktion eines Leitwortes" habe.

Josef die Namensgebung der Söhne mit einer auf Elohim verweisenden Etymologie begründet. „Josef nannte den Erstgeborenen Manasse. Denn, sprach er, *Elohim hat mich all meine Mühsal und das ganze Haus meines Vaters vergessen lassen.* Den Zweiten nannte er Efraim. Denn, sprach er, *Elohim hat mich fruchtbar gemacht im Land meines Elends"* (Gen 41,51–52). Zwischen den genannten Versen dürfte nicht nur ein sachlich-terminologischer, sondern auch ein literarischer Zusammenhang bestehen.[159] Dabei liegt das Augenmerk auf dem Handeln Elohims, das das Schicksal der Menschen bestimmt.

Gen 41,50–52*:

50 וליוסף ילד שני בנים בטרם תבוא שנת הרעב אשר ילדה־לו אסנת בת־פוטי פרע כהן
און:

51 ויקרא יוסף את־שם הבכור מנשה כי־נשני אלהים את־כל־עמלי ואת כל־בית אבי:

52 ואת שם השני קרא אפרים כי־הפרני אלהים בארץ עניי:

Gen 46,30:

30 ויאמר ישראל אל־יוסף אמותה הפעם אחרי ראותי את־פניך כי עודך חי:

Gen 48,9*.11:

9 ויאמר יוסף אל־אביו בני הם אשר־נתן־לי אלהים בזה ויאמר קחם־נא אלי ואברכם:

11 ויאמר ישראל אל־יוסף ראה פניך לא פללתי והנה הראה אתי אלהים גם את־זרעך:

Da nun Gen 48,9a als direkte Fortsetzung von Gen 48,1.2b.8 einen Bestandteil der Grundschicht darstellen dürfte, wären ihr auch Gen 41,50a.51abα.52; 48,11 zuzurechnen. Zu fragen bleibt, warum diese Episode der Josefsgeschichte überhaupt nachträglich eingefügt worden sein sollte, worin also die eigentliche Intention des Nachtrags zu sehen ist. Um dieser Frage nachzugehen, blicken wir zunächst noch einmal zurück auf die Geburtsnotizen in Gen 41,50–51f. Vergegenwärtigt man sich den genauen Wortlaut der beiden in Gen 41,51f angeführten Etymologien, fällt auf, dass die Etymologie[160] Manasses auf dem Hintergrund der Josefsgeschichte verfasst ist, während die Namensgebung Ephraims einen weiteren Horizont vor Augen zu haben scheint. Denn sie antizipiert mit der Formulierung כי־הפרני אלהים בארץ עניי zwei Motive, die über die Josefsgeschichte hinaus auch zu

---

159 Vgl. ähnlich Levin, Jahwist, 308: „Die Ergänzung steht in engem Zusammenhang mit der Geburtsnotiz 41,50–52 [ ]. Beide Stücke gebrauchen אלהים statt יהוה". Anders Schmidt, *Priesterschrift*, 117.
160 Vgl. zur etymologischen Begründung Manasses auch die Ausführungen bei Zimmermann, *Studies*, 101.

Beginn des Buches Exodus erscheinen: die Mehrung und die Unterdrückung. Das Motiv der Mehrung beschränkt sich im Rahmen der Etymologie Ephraims sinngemäß auf die Wurzel פרה, die in Gen 41,52 zunächst die Namenswahl erklärt, im größeren Kontext von Josefsgeschichte und Exodus aber auch auf die Mehrungsverheißung Gen 47,27 (P) sowie die Feststellung der tatsächlichen Mehrung in Ex 1,7 (nach P)[161] vorausweist. Mit Ex 1; 3f verbindet die Etymologie Ephraims überdies der Verweis auf die Unterdrückung (ענה, עֳנִי), wie sie in Ex 1,11f; 3,7.17; 4,31 das Volk Israel betrifft.[162]

An eine weitere Mehrungsverheißung im Kontext der Josefsgeschichte erinnert die Perspektive von Gen 48,9a, der – wie oben dargelegt – literarisch mit Gen 41,50–52*; 48,1.2b.8.10b.11 zusammengehören dürfte. In Gen 48,9a weist Josef seinen Vater explizit darauf hin, dass ihm die Söhne von Elohim „in diesem (Land)" (בזה) gegeben wurden. Mit dieser ausdrücklichen Verortung der Nachkommenschaft in Ägypten stimmt die direkte Rede Josefs mit einem Versprechen überein, das Elohim Jakob in einer nächtlichen Vision in Gen 46,3 gegeben hatte: „Fürchte dich nicht, nach Ägypten hinabzuziehen, denn ich will dich *dort* zu einem großen Volk machen". Was Elohim Jakob in einer nächtlichen Vision versprochen hatte, scheint demnach mit der Geburt Manasses und Ephraims im Begriff, sich zu erfüllen. In den Söhnen, die Josef von Elohim „in diesem (Land)" gegeben wurden, nimmt die gottverheißene Mehrung Israels „dort", nämlich „in Ägypten", ihren Anfang. Sie setzt sich in Gen 47,27 fort und ist mit Ex 1,7ff erfüllt. Mit den Aussagen in Gen 41,50–52*; 48,1.2b.8.9a.10b.11 wird die gesamtisraelitische Perspektive aus Gen 46,3; 47,27 und Ex 1,7.11f dabei allein auf Josef und seine Söhne konzentriert. So erscheint das in Josef und seinen Söhnen konkretisierte Israel auch als Gegenstand der kommenden Ereignisse.[163]

Mit Blick auf die angeführten Beobachtungen scheint der Grundbestand von Gen 48 an den bevorstehenden Tod Israels in Gen 47,29–31* einerseits und an die Jakob-Israel versprochene Mehrung in Ägypten andererseits anzuknüpfen. Dabei kreist der Abschnitt Gen 41,50–52*; 48,1.2b.8.9a.10b.11 thematisch um die Frage, wer die Nachfolge Israels nach seinem Tod antreten darf und, damit verbunden, nach der Identität Israels. Auf beide Fragen gibt Gen 48 – nicht nur in seinem Grundbestand – eine Antwort, die eindeutig Partei für das Nordreich ergreift: Die Mehrung, die Elohim Jakob für die Zeit in Ägypten verheißen hat, betrifft konkret die Nachkommenschaft Josefs. In Manasse und Ephraim nimmt die Mehrung

---

161 Vgl. zu Ex 1,7 und seinem Verhältnis zu Gen 47,27 insbesondere Berner, Exoduserzählung, 14f.
162 Vgl. Wenham, WBC, 398. „עֳנִי ‚oppression' is used in Exod 3:7; 17; 4:1 [...] of the Israelite bondage in Egypt. So here Joseph's experience anticipates that of his descendants".
163 Vgl. in diesem Zusammenhang Jos 17,14.

ihren Ausgang. Die beiden Söhne Josefs repräsentieren Israel, wenn nicht exklusiv, dann zumindest in einem engeren Sinne.

Gen 41,51f:

‏⁵¹ויקרא יוסף את־שם הבכור מנשה כי־נשני אלהים את־כל־עמלי ואת כל־בית אבי:

‏⁵²ואת שם השני קרא אפרים כי־הפרני אלהים בארץ עניי:

Gen 48,9*:

‏⁹ויאמר יוסף אל־אביו בני הם אשר־נתן־לי אלהים בזה ויאמר קחם־נא אלי ואברכם:

Gen 46,3 (nach P):

‏³ויאמר אנכי האל אלהי אביך אל־תירא מרדה מצרימה כי־לגוי גדול אשימך שם:

Gen 47,27* (P):

‏²⁷וישב ישראל בארץ מצרים בארץ גשן ויאחזו בה ויפרו וירבו מאד:

Ex 1,7 (nach P).11f:

‏⁷ובני ישראל פרו וישרצו וירבו ויעצמו במאד מאד ותמלא הארץ אתם: פ

‏¹¹וישימו עליו שרי מסים למען ענתו בסבלתם ויבן ערי מסכנות לפרעה את־פתם ואת־רעמסס:

‏¹²וכאשר יענו אתו כן ירבה וכן יפרץ ויקצו מפני בני ישראל:

(c) „Israels Augen aber waren vor Alter schwach geworden, er konnte nicht mehr sehen."

Jünger als der oben skizzierte Erzählkern dürfte das Motiv des „erblindeten" Israel sein, das notwendig auf die Einleitung in V. 1.2b.8 angewiesen ist, ihr jedoch – wie oben angedeutet – durch die Formulierung ועיני ישראל כבדו מזקן לא יוכל לראות (V. 10a) widerspricht.[164] Mit dieser Formulierung erinnert V. 10a an die Aussage Gen 27,1, wo Josefs Großvater Isaak ebenfalls aus Altersgründen an Sehschwäche leidet.

Gen 27,1:

‏¹ויהי כי־זקן יצחק ותכהין עיניו מראת ויקרא את־עשו בנו הגדל ויאמר אליו בני ויאמר אליו הנני:

---

[164] Anders Coats, *Unity*, 19, oder Willi-Plein, NSK.AT, 300, die meint, „Jakobs beginnende Erblindung (V. 10) ist offenbar ein Topos, der zur typischen Szene des Segens vor dem nahenden Tod gehört".

Gen 48,10*:

¹⁰ ‏ועיני ישראל כבדו מזקן **לא יוכל לראות** ויגש אתם אליו וישק להם ויחבק להם:‏

Das Motiv dient dort der Einführung einer Verwechslungsszene, die mit der Segnung zweier Brüder zusammenhängt und den Vorrang des Jüngeren vor dem Älteren zur Folge hat. Ähnlich verhält es sich in Gen 48. Auch hier schließt sich an das Motiv des „erblindeten Erzvaters" (V. 10a) in V. 13–14.17–19.20* eine Verwechslung der Brüder an, die mit einer Segensspende des Erzvaters verbunden ist und den Vorrang Ephraims vor seinem eigentlich älteren Bruder Manasse etabliert. Die genannten Verse dürften mit V. 10a auch literarisch auf einer Ebene liegen.

Dass es sich indes bei der angenommenen Bearbeitung in Gen 48 um den nehmenden Part handelt, der die Szene in Gen 27 bereits voraussetzt und bewusst an sie anknüpft, ergibt sich bereits aus einer oberflächlichen Beobachtung: Während das Motiv des erblindeten Vaters in Gen 27 zuallererst begründet, warum Isaak den älteren Sohn nicht erkennen kann und ihn aus Versehen segnet, bleibt das Motiv in Gen 48 funktionslos. In Gen 48 nämlich weiß (der blinde) Israel sehr wohl, dass er den jüngeren Enkel, Ephraim, vorzieht.[165]

Gen 27		Gen 48
Isaak	*Schwache Sehkraft*	Israel
		V. 10a
Esau/Jakob	*Verwechslung*	Manasse/Ephraim
		(nur scheinbar!)
		V. 13–14.17–18
Jakob	*Segnung*	Ephraim/Manasse
		V. 13–14.17–19.20aα
Jakob	*Vorrang des Jüngeren*	Ephraim
		V. 17–19.20b

---

[165] Zum Zusammenhang mit Gen 27 vgl. insbesondere Blum, Komposition, 253: „Die ganze Szene in Gen 48 [sc. ohne V. 3–7.15f] ist als Entsprechung und ‚Gegenstück' zu der in Gen 27 gestaltet: in beiden Texten der greise, (nahezu) blinde Vater/Ahn, der vor seinem Tode den Segen weitergeben will; ebenso das Motiv, daß der Jüngere den Segen des Erstgeborenen gewinnt. Bezeichnend sind aber gerade auch die Unterschiede: Ermöglichte die Blindheit des Vaters in Kap. 27 den Betrug Jakobs, so ist die Blindheit in Kap. 48 kein funktionales Motiv." Vgl. ferner van Seters, Yahwist, 321; Graupner, Elohist, 358f; Ebach HThKAT, 526. Anders de Hoop, Genesis, 477, oder ders., *Israel*, 477f, der mit Blick auf Gen 48,8–12 zu dem Schluss kommt, dass „in none of the verses of our passage is there a hint of the plot of Genesis 27".

Zu überlegen wäre zudem, ob auch V. 9b mit der Formulierung ואברכם jener Schicht zuzuschreiben ist. Hier ist zunächst sachlich zu beachten, dass nicht die Segnung der Enkel, sondern die Freude des Großvaters über ihr Erblicken als direkte Reaktion auf die Vorstellung Josefs in V. 9a zu verstehen ist. Mit ihr greift V. 11 über V. 9b.10a zurück auf V. 9a.10b.

> Josef sprach zu seinem Vater: *Es sind meine Söhne, die mir Gott hier gegeben hat.* [...] Und er führte sie zu ihm heran, und er küsste und umarmte sie. Und Israel sprach zu Josef: *Ich dachte nicht, dass ich dein Angesicht je wiedersehen würde, und nun hat Gott mich sogar deine Nachkommen sehen lassen.*

Für die Verbindung von V. 9b mit dem Motiv der Verwechslung könnten literarkritisch ferner die Subjektinkongruenzen zwischen V. 9a.b bzw. V. 10a.b sprechen. Sie hängen mit der Verknüpfung der V. 9b.13 durch das Stichwort לקח zusammen, die im jetzigen Kontext die Segnung durch Jakob-Israel als eigentlichen Zweck des Heranführens (נגש V. 10b.13b) erscheinen lässt. Denn zwar wird Josef bereits in V. 9b aufgefordert, seine Enkel zu nehmen (לקח). Doch führt er sie in V. 10b zunächst lediglich heran (נגש), bevor er sie in V. 13a tatsächlich nimmt (לקח), um sie neuerlich zu ihrem Großvater zu bringen (V. 13b / נגש). Diese Doppelung lässt sich wohl am ehesten so erklären, dass der Terminus לקח erst mit dem Verwechslungsmotiv Eingang in die Perikope gefunden hat. Während Josef seine Söhne also ursprünglich ihrem Großvater im Anschluss an dessen Frage V. 8b vorgestellt hat (V. 9b), hat sich eine spätere Hand das Motiv des Heranführens (נגש) zunutze gemacht, um mit der Verbindung נגש/לקח auch das Motiv der Verwechslung in den Kontext zu integrieren.[166] In Anbetracht der angeführten Beobachtungen dürften V. 9b.10a.13–14.17–19.20* als Bestandteil derselben Bearbeitung zu verstehen sein.[167]

---

166 Vgl. zu den genannten Auffälligkeiten der Verse 9–13, insbesondere Kebekus, Joseferzählung, 198, und Schweizer, Josefsgeschichte, 303 mit Anm. 318; vgl. weniger ausführlich auch Skinner, Genesis, 503.

167 Vgl. Ruppert, FzB, 429. „Jakob gibt V. 9b sogleich den Zweck an, weshalb Josef seine beiden Söhne ihm zuführen soll: ‚daß ich sie segne'. Da er aber, wie das folgende zeigt, dazu zunächst überhaupt keine Anstalten macht und Josef die beiden sogar von Jakobs Knien weggehen läßt (V. 10b–12), ist die Segnung doch wohl erst nach der Intention des Bearbeiters (Je) der eigentliche Zweck der Herbeiführung (vgl. VV. 13f.17–19.20* init.)".
Einen direkten Zusammenhang der Begegnung Israels mit seinen Enkeln und deren Segnung stellt Levin, Jahwist, 308, her, der Gen 48,1.2b.8–9.10b.12; 49,33aβ als Einheit „Israel segnet Efraim und Manasse" zusammenfasst und sie im Zuge einer Nationalisierung der Vätergeschichte versteht. „Nachdem der Jahwist Jakob zu Israel sowie Juda und Benjamin zu seinen Söhnen erklärt hat, führt ein nachjahwistischer Ergänzer nunmehr die zwei wichtigsten Größen des Nord-

Gen 48,9.10.13[168]:

9 ויאמר יוסף אל־אביו בני הם אשר־נתן־לי אלהים בזה

ויאמר קחם־נא אלי ואברכם:

10 ועיני ישראל כבדו מזקן לא יוכל לראות

ויגש אתם אליו וישק להם ויחבק להם:

13 ויקח יוסף את־שניהם את־אפרים בימינו משמאל ישראל ואת־מנשה בשמאלו מימין

ישראל ויגש אליו:

(d) Die Segnung Josefs und seiner Söhne „in ihm"

Wiederum jünger dürfte die in den V. 15–16 erfolgende Artikulation des Segens sein, die den Zusammenhang von V. 13–14 mit V. 17–19 deutlich unterbricht[169] und in der Quellenscheidung i. d. R. als Fortsetzung des elohistischen Berichts von V. 11 bzw. V. 12 verstanden wird.[170] Dies entspricht zumindest im Falle von V. 11.15 syntaktisch und inhaltlich durchaus einer Möglichkeit. Doch sprechen andere Gründe gegen eine solche Zuordnung. Bereits Donner hat in einem Vortrag aus dem Jahr 1975 darauf hingewiesen, dass „sich Gesichtspunkte nennen [lassen], die [...] die Zuschreibung der V. 15/16 an den Elohisten unwahrscheinlich machen."[171] Dabei denkt er vor allem an die Formulierung האלהים אשר התהלכו

---

reichs, das Gebirge Efraim und den Stamm Manasse, in die Vätergeschichte ein und setzt sie zu Israel in eine genealogische Beziehung. Die Konstruktion ist älter als die Liste der weiteren Söhne Jakobs in Gen 30. Sonst hätte man Efraim und Manasse dort zu Söhnen Jakobs erklärt. Durch seine Söhne wird auch Josef mittelbar vom Individuum der Josefsgeschichte zu einer stammesgeschichtlichen Figur".

168 Schwierig ist in diesem Zusammenhang das fehlende Objekt in V. 13b, das bei einer Hifil-Lesung zu erwarten wäre. Eine Qal-Lesung mit Josef als Subjekt jedoch stellt neuerlich vor sachliche Probleme, so dass wohl am ehesten mit einer Fehllesung gerechnet werden muss. Vgl. die „Korrektur" αυτους in LXX (ebenso Vulgata, Peschitta).

169 So Westermann, BK, 212–214.239–242; Blum, Komposition, 253; Hirth, *Segen*, 44, oder Fieger/Hodel-Hoenes, Einzug, 32.

Anders van Seters, Yahwist, 321, der glaubt, es sei „preferable to interpret Joseph's protest [sc. V. 17f] as interrupting the blessing." Denn „the remarks of Jacob in V. 19 are more appropriate as an expansion of the blessing in V. 16 than if they were preceded by no blessing at all". Auch de Hoop, Genesis, 479–490, geht davon aus, dass zumindest die Formulierung ויברך את־יוסף V. 15aα (Joseph layer) älter ist als die Verwechslungsszene V. 13f.17f, die literarisch mit dem Segenswortlaut V. 15aβb.16 zusammengehöre (Judah layer).

170 Vgl. Holzinger, KHC, 253; Gunkel, HK, 469f, oder Skinner, Genesis, 503. Anders Schmidt, Studien, 272.294, der Gen 48,11 als jahwistisch bewertet und in Gen 48,15f einen späten Zusatz sieht, der zwar „sicher nicht aus vorexilischer Zeit stamme," bei dem aber fraglich sei, ob er jünger oder älter ist als P.

171 Donner, Gestalt, 33; vgl. auch Kebekus, Joseferzählung, 328f.

אבתי לפניו in V. 15bα, die an Gen 17,1 P erinnert[172] – der einzig weiterer Stelle im Alten Testament, die vom Wandeln eines Erzvaters vor Elohim bzw. El spricht (vgl. Gen 24,40 Isaak, der vor Jhwh wandelt). Dieser Bezug ist vor allem deshalb interessant, weil sich die in Gen 17,1 erwähnte Gottesbezeichnung El Schaddai direkt zu Beginn der Rede Jakobs an Josef in V. 3a finden lässt und dort ebenfalls im Zusammenhang eines Segens erscheint, nämlich der Segnung Jakobs in Lus.

Gen 48,3 wird zumeist als priesterschriftlich eingestuft und mit V. 4–6[173], teilweise auch V. 7[174] zusammengezogen. Dabei wird in den Aussagen V. 3f nicht selten eine Wiedergabe der Ereignisse in Gen 35,(6.)9.11.12 gesehen.[175] Doch der Bezug auf Gen 35 greift u. E. zu kurz. Denn es lassen sich auch Formulierungen aus Gen 17 und Gen 28 nachweisen. So verweist die Landverheißung V. 4b auf Gen 17,8, während sich Segnung und Mehrungsverheißung aus V. 3b.4a praktisch wortgetreu in Gen 28,3[176] finden lassen. Bei genauerer Betrachtung lässt sich also feststellen, dass die Erscheinung Elohims zu Lus zwar aus Gen 35 entlehnt ist, die Verheißungsformulierungen jedoch eine Kombination der Aussagen von Gen 17,8 und Gen 28,3 darstellen (vgl. insbesondere die abweichende Formulierung וקהל גוים in Gen 35,11[177]).

Gen 17,1.8:

¹ ויהי אברם בן־תשעים שנה ותשע שנים וירא יהוה אל־אברם ויאמר אליו אני־אל שדי התהלך לפני והיה תמים:
⁸ ונתתי לך ולזרעך אחריך את ארץ מגריך את כל־ארץ כנען לאחזת עולם והייתי להם לאלהים:

---

172 Vgl. bereits Jacob, Genesis, 878.
173 So Holzinger, KHC, 222f; Gunkel, HK, 496; von Rad, ATD, 360; Graupner, Elohist, 356; Schmidt, *Priesterschrift*, 117, oder Ruppert, FzB, 427.
174 So Wellhausen, Composition, 60; van Seters, Yahwist, 320, oder Willi-Plein, NSK.AT, 298f. Ähnlich von Rad, ATD, 360, der allerdings einschränkend bemerkt, die „Frage, welchem Zusammenhang die V. 7 angehört, vermag niemand zu beantworten". Auch Levin, Jahwist, 311, zieht V. 3–7 literarisch zusammen und versteht sie als nachendredaktionelle Ergänzung. Ähnlich denkt Wöhrle, Fremdlinge, 121f, bei V. 3–7 insgesamt an P.
175 Vgl. Gunkel, HK, 496; Skinner, Genesis, 503; Soggin, Genesis, 527.530; Westermann, BK, 207–209, oder Ruppert, FzB, 426. Zur Terminologie von Gen 48,3f vgl. Jacob, Genesis, 865; Lowenthal, Joseph, 135f; Blum, Komposition, 420–432; Ebach, HThKAT, 531, oder Wöhrle, Fremdlinge, 121f.
176 Zu diesem Bezug vgl. de Hoop, Genesis, 334.
177 Anders Schmidt, Studien, 254, der meint, dass die Abweichung nur bezeuge, dass „bei P gôy und'am die gleiche Bedeutung haben".

Gen 28,3:

³ואל שדי׀ יברך אתך ויפרך וירבך והיית לקהל עמים:

Gen 35,6.9.11:

⁶ויבא יעקב לוזה אשר בארץ כנען הוא בית־אל הוא וכל־העם אשר־עמו:

⁹וירא אלהים אל־יעקב עוד בבאו מפדן ארם ויברך אתו:

¹¹ויאמר לו אלהים אני׀ אל שדי׀ פרה ורבה גוי וקהל גוים יהיה ממך ומלכים מחלציך יצאו:

Gen 48,3f:

³ויאמר יעקב אל־יוסף אל שדי נראה־אלי בלוז בארץ כנען ויברך אתי:

⁴ויאמר אלי הנני מפרך והרביתך ונתתיך לקהל עמים ונתתי את־הארץ הזאת לזרעך אחריך אחזת עולם:

Es macht entsprechend den Anschein, als wolle der Autor von Gen 48,3f den Inhalt aller drei mit El-Schaddai in Zusammenhang stehenden und an die Väter ergangenen Verheißungen bündeln. Aber aus welchem Grund?

Nach Westermann dient „[d]ie Erinnerung an die Offenbarung und Verheißung in Bethel 3–4 (=35,(6.)9.11.12) [...] allein der Begründung von V. 5–6."[178] Es verwundert jedoch, dass der in V. 3f hergestellte explizite Bezug zur eigenen Segnung Jakobs in eine Adoption der Enkel mündet, die weder mit einer Segenshandlung einhergeht noch terminologisch-sachliche Berührungspunkte mit den Verheißungen von Gen 17; 28; 35 aufweist, während die Segnung von Enkeln (V. 9b.15f) und Sohn (V. 15f) erst gegen Ende des Kapitels erfolgt. Es ist zudem auffällig, dass der Segensspruch in V. 15, wie die Rekapitulation der Verheißungen in V. 3f, ausschließlich an Josef gerichtet[179] ist und der Segensspruch selbst

---

178 Westermann, BK, 207. Vgl. ähnlich Kaiser, *Josephsgeschichte*, 10, der davon ausgeht, in „der Segnung liegt, was P in V. 5 ausdrücklich betont, ihre Adoption".

179 Schöpflin, Jakob, 511, nimmt deshalb an, dass der Wortlaut des Segens „aber sehr wohl einmal in singularischer Form zu Josef gesprochen gewesen sein mag: ›Der Gott, vor dem meine Väter Abraham und Isaak gewandelt sind, der Gott, der mein Hirte gewesen ist mein Leben lang bis auf diesen Tag, der segne dich, daß durch dich mein Name und meiner Väter Abraham und Isaak Name fortlebe, daß du zu einer Vielzahl anwachsest inmitten der Erde‹". Deshalb plädiert Schöpflin, Jakob, 517, dafür: „Wenn Josef in der Grundfassung der Josefsgeschichte allein als segenstragende Fortsetzung der Hauptlinie der Väter da steht, repräsentiert er damit Israel als Ganzes". Zur Kritik an den Ausführungen von Schöpflin vgl. Naumann, *Vater*, 60f, oder Ebach, HThKAT, 550f.

Auch Lisewski, Studien, 180, weist ausdrücklich darauf hin, dass Gen 49,24–26 einen richtigen Segen enthalten. Darum „passen sie zu 48,15, wo ein Segen für Josef eingeführt wird, aber es folgt ein Segen für seine Söhne". Ähnlich geht de Hoop, Genesis, 562, davon aus, dass es sich bei dem Segen für Josef in Gen 49,22–26* um einen Bestandteil seiner pro-Josef-Schicht handle,

mit dem auf Gen 17,1 verweisenden האלהים אשר התהלכו אבתי לפניו V. 15bα eine
Brücke zurück zur Gottesbezeichnung El Schaddai in V. 3 zu schlagen scheint.[180]
Es wäre entsprechend zu überlegen, ob die Formulierungen von V. 3f nicht eher
in der Segnung von Sohn und Enkeln (V. 15f) gipfeln, in denen die Verweise auf
die Väterverheißungen nach Kapitel absteigend angeordnet und zudem durch die
Formulierungen aus Gen 17,1 gerahmt sind.

V. 3–4: „Segnung Jakobs"	
Rekurs auf	**Gen 17,1 (El Schaddai)**
	Gen 35,11; Gen 35,6.9
	Gen 28,3
	Gen 17,8
V. 15f: „Segnung Josefs und seiner Söhne"	
Rekurs auf	**Gen 17,1**

Vor diesem Hintergrund ließen sich auch Sinn und Zweck des Rekurses auf
die priesterschriftlichen Verheißungstexte zwanglos als eine Interpretation
des bereits vorliegenden Kontextes erklären: Die Einschreibung stößt sich an
der Segnung Ephraims und Manasses durch den Erzvater Jakob-Israel, die den
eigentlichen Sohn und somit legitimen Nachfolger, Josef, einfach übergeht.[181] Um
diesen Missstand zu beheben, ergeht der Segensspruch nun direkt an Josef, in
dem seine Söhne gesegnet sind.[182] Der ausdrückliche Rückgriff auf die priesterschriftlichen Verheißungstexte garantiert dabei, dass Josef und seine Söhne in
die Sukzession der Väter integriert werden.[183]

---

der ursprünglich einmal an dessen Segnung in Gen 48,8.9a.10–12.14aα(nur את־ וישלח ישראל
ימינו).15aα(nur ויברך את־יוסף).21f angeschlossen habe.
180 Vgl. zu diesen Spannungen vor allem Ruppert, FzB, 421f.
181 Anders nimmt de Hoop, Genesis, 500, an, dass die Formulierung V. 15aα einer ursprünglicheren pro-Josef-Schicht angehört, die zu einem späteren Zeitpunkt um die Segnung der Söhne
ergänzt wurde.
182 Vgl. hierzu die Beobachtung von Redford, Study, 23: „Twice we are told that Joseph made
his boys approach their grandfather (vss. 10 and 13). Twice Israel blesses them (vss. 15–16 and
20); and the poetical blessings he utters have nothing to do with the exaltation of the younger
over the older brother". Zur Anrede an Josef und dem Spruch über die Enkel vgl. auch Schweizer,
Josefsgeschichte, 293, oder Ruppert, Josephserzählung, 164.
183 Ebach, HThKAT, 531f, weist darauf hin, dass auch „unabhängig von der Annahme einer
solchen besonderen Schicht priesterlicher Überarbeitung", wie sie Blum, Komposition, 420–432,
annimmt, „die inhaltlichen und terminologischen Zusammenhänge" der El-Schaddai-Texte zu
beachten seien. „Das bedeutet für 48,3–6(.7), dass die Erweiterung die Weitergabe des Segens
an die Josefsöhne an die mit Abraham beginnende Segensgeschichte zurückbindet und somit
die Geschichte der ‚Väter', die Erzelterngeschichte, in die folgenden Generationen überführt. [...]

Dahingestellt sei, ob der Segenswortlaut insgesamt mit der Einschreibung zusammenhängt, oder sich die kryptischen Gottesbezeichnungen, die mit dem priesterschriftlichen Kontext von Gen 17; 28 und 35 in keinerlei Zusammenhang stehen, noch späteren Händen verdanken.[184] Ebenfalls mit der Einschreibung zusammengehören könnte die nicht unumstrittene Formulierung Gen 48,20aβ, die an Verheißungen erinnert, die in Gen 12,3; 18,18; 28,14 an Abraham und Jakob ergangen sind. Ist hier Ähnliches gemeint wie in den Referenzstellen der Vätergeschichte, müsste das Imperfekt יברך gegen den atl. Befund[185] als Nifal punktiert werden, was nach dem Konsonantenbestand durchaus einer Möglichkeit entspräche.[186]

Gen 48,20:

20 ויברכם ביום ההוא לאמור בך יברך ישראל לאמר ישמך אלהים כאפרים וכמנשה וישם את־אפרים לפני מנשה:

Gen 18,18:

18 ואברהם היו יהיה לגוי גדול ועצום ונברכו בו כל גויי הארץ:

Gen 28,14:

14 והיה זרעך כעפר הארץ ופרצת ימה וקדמה וצפנה ונגבה ונברכו בך כל־משפחת האדמה ובזרעך:

(e) Die Adoption[187] der Enkel

Von der oben skizzierten Segnung Josefs dürfte wiederum die Adoption der Enkel in V. 5–7 zu trennen sein. Ihr werden wir uns im Folgenden widmen und dabei zu

---

Warum segnet nicht Jakob Josef und der wiederum zu gegebener Zeit seine Söhne? Eine Antwort auf diese für die Passage V 3–6 bzw. 3–7 [...] wichtige Frage [...] liegt darin, dass Josef selbst – anders als Abraham, Isaak und Jakob=Israel – eine entsprechende Verheißung Gottes niemals erhalten hat oder erhalten wird".

184 Als literarisch gewachsen versteht den Segenswortlaut Westermann, BK, 212–214.239–242. Gegen diese Annahme argumentiert Hirth, *Segen*, 44–48, der den Segenswortlaut umgekehrt als literarische Einheit versteht und als „Zeugnis frühisraelitischer familiärer Frömmigkeit" betrachtet.

185 ברך im Nifal ist im MT lediglich an den drei genannten Stellen der Genesis und dort als Perfekt belegt.

186 Vgl. zum passiven Verständnis Westermann, BK, 216, oder die Diskussion bei Ebach, HThKAT, 559f.

187 Boecker, *Adoption*, 1–6, geht davon aus, dass die Praxis der Adoption dem AT unbekannt war. Dies begründet er damit, dass „offspring, being the blessing of Yahweh, cannot be artificially tampered with"; vgl. Boecker, *Adoption*, 6. Sollen im Zusammenhang von Gen 48 Ephraim und Manasse aber für Jakob sein wie Ruben und Simeon, seine beiden ältesten Söhne, legt sich die Vermutung nahe, dass an eine Annahme der Josefsöhne an Sohnes statt gedacht ist. Es wird aus diesem Grund in der vorliegenden Arbeit gegen den Einwand von Boecker von einer „Adoption" gesprochen. Vgl. zu einer Auseinandersetzung mit dieser Frage auch ausführlich Ebach, HThKAT, 532–534.

klären versuchen, wie sie sich literarisch zum Kontext von Gen 48 verhält und welche Funktion ihr im Binnen- und Außenkontext zukommt.

Der Abschnitt setzt in V. 5 mit der Adoption der Enkel ein. Der Vers schließt mit der Interjektion ועתה direkt an die vorausgehende Rede Jakobs an und setzt die Reihenfolge Ephraim–Manasse voraus. Damit dürfte er zum einen jünger sein als jene Fortschreibung, die den Vorrang Ephraims vor Manasse zuallererst eingeführt hat (Gen 48,9b.10a.13–14.17–19.20aαb), zum anderen wird er später zu datieren sein als die Segnung Josefs in V. 15–16.20aβ, die, wie wir oben gesehen haben, literarisch mit der Rekapitulation der Segnung Jakobs in Lus (V. 3–4) zusammenhängen dürfte. Diesem Befund entsprechend dürfte es sich bei dem mit V. 5 eingeleiteten Abschnitt Gen 48,5–7 um die jüngste Fortschreibung im Kontext von Gen 48,1–20 handeln.

Gen 48,1–5:

1 ויהי אחרי הדברים האלה ויאמר ליוסף הנה אביך חלה ויקח את־שני בניו עמו את־מנשה
ואת־אפרים:

2 ויגד ליעקב ויאמר הנה בנך יוסף בא אליך
ויתחזק ישראל וישב על־המטה:

3 ויאמר יעקב אל־יוסף אל שדי נראה־אלי בלוז בארץ כנען ויברך אתי:

4 ויאמר אלי הנני מפרך והרביתך ונתתיך לקהל עמים ונתתי את־הארץ הזאת לזרעך
אחריך אחזת עולם:

5 ועתה שני־בניך הנולדים לך בארץ מצרים עד־באי אליך מצרימה לי־הם
אפרים ומנשה כראובן ושמעון יהיו־לי:

Die Fortschreibung lässt Jakob erklären, dass die Söhne, die Josef in Ägypten geboren wurden, bevor er zu ihm kam, nämlich Ephraim und Manasse, für ihn sein sollen wie Ruben und Simeon, also wie seine eigenen Erstgeborenen.[188] Warum aber sollen Ephraim und Manasse von ihrem Großvater an Sohnes statt angenommen werden? Um eine mögliche Antwort auf diese Frage zu finden, werfen wir einen kurzen Blick auf das Geschlechterverzeichnis in Num 26.

---

188 Anders nimmt Levin, Jahwist, 311, an, dass Efraim und Manasse Ruben und Simeon gleichgestellt werden, weil es die anderen Söhne Jakobs noch nicht gab.

Das Geschlechterverzeichnis Num 26 und seine mögliche Relevanz für die Adoption der Enkelstämme

In Num 26 ist, wie Levin[189]; Macchi[190] oder Samuel[191] u. E. zu Recht herausgestellt haben, das Personenverzeichnis aus Gen 46,8–27* in Form eines Geschlechterverzeichnisses aufgenommen.[192] Dabei dürfte sich das Motiv der Zählung in Num 26 zunächst aus der in Num 25 beschriebenen Plage ergeben, nach der sich naturgemäß die Frage nach den Überlebenden stellt.[193] In Num 26,2 werden Mose und Eleasar aufgefordert, die Überlebenden zu zählen, was sie nach Aussage von V. 3 auch tun.

An den Befehl der Zählung dürfte sich erst später die Übernahme des Personenverzeichnisses Gen 46,8–27* gehängt haben, die nun in V. 5–50* nicht nur die Söhne Israels, sondern deren einzelne Geschlechter (מִשְׁפַּחַת) anführt. Es folgt in V. 51 eine summarische Notiz, die nicht mehr von den in V. 5–50* so dominanten *Mischpachot*, sondern wieder von den Söhnen Israels (vgl. V. 2) spricht und ihre Zahl abschließend zusammenfasst. „Das waren die Gemusterten der Söhne Israels: 601.730". Es dürfte sich mit Blick auf die skizzierten Zusammenhänge in V. 51 weniger um einen Bestandteil des Geschlechterverzeichnisses,[194] als vielmehr um den Abschluss der in V. 2 geforderten Zählung handeln.

Num 26,2–3.5–7.50f:

שְׂאוּ אֶת־רֹאשׁ כָּל־עֲדַת ‏בְּנֵי־יִשְׂרָאֵל‏ מִבֶּן עֶשְׂרִים שָׁנָה וָמַעְלָה לְבֵית אֲבֹתָם כָּל־יֹצֵא צָבָא בְּיִשְׂרָאֵל: ‏²

וַיְדַבֵּר מֹשֶׁה וְאֶלְעָזָר הַכֹּהֵן אֹתָם בְּעַרְבֹת מוֹאָב עַל־יַרְדֵּן יְרֵחוֹ לֵאמֹר: ‏³

מִבֶּן עֶשְׂרִים שָׁנָה וָמַעְלָה כַּאֲשֶׁר צִוָּה יְהוָה אֶת־מֹשֶׁה וּבְנֵי יִשְׂרָאֵל הַיֹּצְאִים מֵאֶרֶץ מִצְרָיִם:

רְאוּבֵן בְּכוֹר יִשְׂרָאֵל בְּנֵי רְאוּבֵן חֲנוֹךְ ‏מִשְׁפַּחַת‏ הַחֲנֹכִי לְפַלּוּא ‏מִשְׁפַּחַת‏ הַפַּלֻּאִי: ‏⁵

לְחֶצְרֹן ‏מִשְׁפַּחַת‏ הַחֶצְרוֹנִי לְכַרְמִי ‏מִשְׁפַּחַת‏ הַכַּרְמִי: ‏⁶

אֵלֶּה ‏מִשְׁפְּחֹת‏ הָרֵאוּבֵנִי וַיִּהְיוּ פְקֻדֵיהֶם שְׁלֹשָׁה וְאַרְבָּעִים אֶלֶף וּשְׁבַע מֵאוֹת וּשְׁלֹשִׁים: ‏⁷

אֵלֶּה ‏מִשְׁפְּחֹת‏ נַפְתָּלִי לְמִשְׁפְּחֹתָם ‏וּפְקֻדֵיהֶם‏ חֲמִשָּׁה וְאַרְבָּעִים אֶלֶף וְאַרְבַּע מֵאוֹת: ‏⁵⁰

אֵלֶּה פְּקוּדֵי ‏בְּנֵי יִשְׂרָאֵל‏ שֵׁשׁ־מֵאוֹת אֶלֶף וָאֶלֶף שְׁבַע מֵאוֹת וּשְׁלֹשִׁים: פ ‏⁵¹

---

189 Vgl. Levin, *System*, 111–123.
190 Vgl. Macchi, tribus, 266.
191 Vgl. Samuel, Leviten, 189f.
192 Anders hält Seebass, Josephsgeschichte, 127, mit Noth, System, 14, daran fest, dass Num 26 „wohl den Grundstock abgab".
193 Vgl. hierzu Samuel, Levi, 188.
194 So bereits Noth, System, 14.

Die oben skizzierte Annahme könnte auch ein Blick auf die Zählung *des Leviten*[195] in V. 57–62 stützen. Denn hier findet sich in V. 57 die Formulierung ואלה פקודי הלוי. Sie stimmt nicht mit der Einleitung der einzelnen Söhne Israels in V. 5–50* überein (אלה משפחת yx בני ... yx למשפחתם), entspricht jedoch der summarischen Notiz V. 51: אלה פקודי בני ישראל. Der Einleitungsformel ist die Explikation למשפחתם nachgestellt, die auch für den Leviten die Zählung nach den *Mischpachot* gewährleistet. Doch verlagert sich bei der Zählung des Leviten der Schwerpunkt. Denn anders als bei seinen Brüdern ist dem Leviten die summarische Formulierung ואלה פקודי הלוי vorangestellt. Die aus dem Stamm hervorgegangenen *Mischpachot* sind der Zählung nachgestellt. So liegt das Augenmerk bei dem Leviten auf der Zählung selbst, während die *Mischpachot* eine nachgeordnete Rolle spielen. Die *Mischpachot* aber sind für die Übernahme von Gen 46,8–27* in Num 26 insofern von herausragender Bedeutung, als sie verdeutlichen, dass es sich bei den genannten Geschlechtern um direkte Nachfahren jener Personen handelt, die mit Israel nach Ägypten hinabgezogen sind. Sowohl die unterschiedliche Formulierung als auch die damit einhergehende Verlagerung des Schwerpunktes sprechen dann im Falle Levis bzw. des Leviten dafür, dass die separate Zählung des bzw. der Leviten literarisch nicht mit der Einführung des Geschlechterverzeichnisses Num 26,5–50* zusammenhängt. Eher dürfte es sich bei der Einführung des Geschlechterverzeichnisses um einen Nachtrag handeln, der die separate Zählung der Leviten bereits voraussetzt. Ursprünglicher dürfte sich die Zählung der Leviten dann formal an der summarischen Notiz V. 51 orientiert haben und sachlich dem Umstand geschuldet sein, dass der Levit – aus uns nicht näher erklärten Gründen – von der in V. 52–56* beschriebenen Erbteilverteilung ausgenommen ist. In Konsequenz wird er auch gesondert gezählt.[196]

Diese separate Zählung dürfte wiederum später mit dem Geschlechterverzeichnis der Söhne Israels V. 5–50 abgeglichen worden sein, das an die in V. 51 genannten פקדים anknüpft und sie nun in den משפחת konkretisiert. In diesem Zusammenhang werden auch für Levi die einzelnen Geschlechter nachgetragen worden sein, obwohl er dem Erzählzusammenhang V. 51–57*.62* zufolge von den Söhnen Israels getrennt wurde und somit auch im Geschlechterverzeichnis selbst nicht mehr auftauchen kann. Dass aber die *Mischpachot* auch für ihn noch „mit-

---

195 Vgl. zur determinierten Formulierung an dieser Stelle Samuel, Levi, 202.

196 Zum Zusammenhang des Ausschlusses der Leviten vom Erbteil mit ihrer Nichtberücksichtigung bei der Zählung vgl. Samuel, Levi, 188. „Die Landverteilung als Grund einer Volkszählung erklärt übrigens auch recht überzeugend die Nichtberücksichtigung bzw. Sonderrolle Levis. Da diesem Stamm kein Land zugeteilt wird, entfällt auch die Notwendigkeit einer Zählung mit den übrigen Stämmen Israels".

geschleppt" werden, spricht – wie bereits oben angedeutet – nicht dafür, dass der Autor, der das Verzeichnis von Gen 46,8–27 in Num 26 nachgetragen hat, zugleich für den Ausschluss Levis aus den Zwölf Söhnen/Stämmen verantwortlich ist.

Num 26,48–51.57–62:

⁴⁸ בני נפתלי למשפחתם ליחצאל משפחת היחצאלי לגוני משפחת הגוני:

⁴⁹ ליצר משפחת היצרי לשלם משפחת השלמי:

⁵⁰ אלה משפחת נפתלי למשפחתם ופקדיהם חמשה וארבעים אלף וארבע מאות:

⁵¹ אלה פקודי בני ישראל שש־מאות אלף ואלף שבע מאות ושלשים: פ

⁵⁷ ואלה פקודי הלוי

למשפחתם לגרשון משפחת הגרשני לקהת משפחת הקהתי למררי משפחת המררי:

⁵⁸ אלה משפחת לוי משפחת הלבני משפחת החברני משפחת המחלי משפחת המושי משפחת הקרחי וקהת הולד את־עמרם:

⁵⁹ ושם אשת עמרם יוכבד בת־לוי אשר ילדה אתה ללוי במצרים ותלד לעמרם את־אהרן ואת־משה ואת מרים אחתם:

⁶⁰ ויולד לאהרן את־נדב ואת־אביהוא את־אלעזר ואת־איתמר:

⁶¹ וימת נדב ואביהוא בהקריבם אש־זרה לפני יהוה:

⁶² ויהיו פקדיהם

שלשה ועשרים אלף כל־זכר מבן־חדש ומעלה כי לא התפקדו בתוך בני ישראל כי לא־נתן להם נחלה בתוך בני ישראל:

Der Wegfall Levis aus dem Verzeichnis V. 5–50 führt dazu, dass die Zwölfzahl der Söhne Israels nicht mehr gewährleistet ist. Aus diesem Grund wird im Verzeichnis selbst „nachgebessert" worden sein, und zwar zugunsten der Söhne Josefs. Jene nämlich erhalten im Gegensatz zu den weiteren Enkel-, aber im Einklang mit den Sohnes-Stämmen ein eigenes Geschlechterverzeichnis[197] nach dem auch auf die anderen Jakobsöhne angewandten Muster:

אלה משפחת yx לפקדיהם/ופקדיהם ... בני yx למשפחתם ל

So ist in Num 26,28–29.34–35.37 zu lesen:

> Die Söhne Josef *nach ihren Mischpachot*, Manasse und Efraim. Die Söhne Manasse: von Machir die Sippe der Machiriten. Machir aber zeugte Gilead; und von Gilead die Sippe der Gileaditen. [...] *Das waren die Mischpachot Manasses*, und ihre Gemusterten waren 52.700.

---

[197] Vgl. zu diesem Zusammenhang bereits Jacob, Genesis, 867; vgl. im Anschluss an Jacob auch Seebass, Josephsgeschichte, 152.

Dies waren die Söhne Efraim *nach ihren Mischpachot*: von Schutelach die Sippe der Schutel-achiten, von Becher die Sippe der Becheriten, von Tachan die Sippe der Tachaniten. [...] *Das waren die Mischpachot der Söhne Efraim*; ihre Gemusterten: 32.500. *Das waren die Söhne Josef, nach ihren Mischpachot.*

Der Erzählverlauf zeigt, dass zwar für Manasse die bereits im Vorvers auf Josef bezogene Wendung למשפחתם fehlt. Doch wird für ihn in V. 34 terminologisch korrekt die Summe gezogen. Im Falle Ephraims, der der Angabe בני יוסף למשפחתם nicht unmittelbar folgt, sind beide Formeln angeführt. Josef hingegen, dessen Erwähnung die Geschlechterlisten seiner Söhne rahmt (V. 28.37b), kommt lediglich als Erzeuger Manasses und Ephraims in den Blick und erhält kein eigenes Verzeichnis.

Num 26,28–37:

²⁸ בני יוסף למשפחתם מנשה ואפרים:

²⁹ בני מנשה למכיר משפחת המכירי ומכיר הוליד את־גלעד לגלעד משפחת הגלעדי:

³⁰ אלה בני גלעד איעזר משפחת האיעזרי לחלק משפחת החלקי:

³¹ ואשׂריאל משפחת האשׂראלי ושכם משפחת השכמי:

³² ושמידע משפחת השמידעי וחפר משפחת החפרי:

³³ וצלפחד בן־חפר לא־היו לו בנים כי אם־בנות ושם בנות צלפחד מחלה ונעה חגלה מלכה ותרצה:

³⁴ ‏אלה משפחת מנשה ופקדיהם‏ שנים וחמשים אלף ושבע מאות: ס

³⁵ ‏אלה בני־אפרים למשפחתם‏ לשותלח משפחת השתלחי לבכר משפחת הבכרי לתחן משפחת התחני:

³⁶ ואלה בני שותלח לערן משפחת הערני:

³⁷ ‏אלה משפחת בני־אפרים לפקדיהם‏ שנים ושלשים אלף וחמש מאות אלה ‏בני־יוסף‏ למשפחתם: ס

Anders als bei seinen Brüdern, wird die Nennung der Söhne Josefs also nicht mit den aus ihnen resultierenden Geschlechtern korreliert, sondern jenes Muster (Söhne = Geschlechter) erst bei Manasse[198] und Ephraim im Verhältnis zu den Enkeln Josefs entfaltet. Damit aber setzt die Wahrnehmung der Enkel als Söhnen Jakob-Israels die Adoptionsszene in Gen 48,5–7 sachlich voraus. Denn erst nachdem Ephraim und Manasse für Jakob-Israel wie Ruben und Simeon geworden (Gen 48,6) sind, können auch sie seinen Söhnen zugerechnet werden. Und als Söhnen Jakob-Israels steht es ihnen eben zu, ein eigenes Geschlechterverzeichnis zu erhalten. Die Spannungen, die sich vor dem Hintergrund einer separaten Zählung Levis (Num 26,57*.62*) für die Übernahme des Verzeichnis-

---

198 Zur Genealogie Manasses vgl. Samuel, Levi, 191f.

ses Gen 46,8–27* in Num 26,4b–51* ergeben, lösen sich demnach in der Adoption Ephraims und Manasses durch Jakob auf. Durch sie nämlich sind sie berechtigt, in die Liste vollwertiger Jakobsöhne aufgenommen zu werden. Anders ausgedrückt: Ist Levi aus dem Geschlechterverzeichnis mit Blick auf die separate Zählung der Leviten ausgeschieden und sind Ephraim und Manasse aus diesem Grund an seine Stelle gerückt, soll ihre Legitimation als vollwertige Stämme mit ebenbürtigem Geschlechterverzeichnis auch in den Anfängen Israels und also in der Genesis verortet werden.[199] Dies dürfte mithilfe der Adoption der Enkel durch Jakob in Gen 48,5–7 geschehen sein, durch welche die Enkel nun für Jakob wie Ruben und Simeon werden.[200] Den Erstgeborenen der Lea werden so die nun „Erstgeborenen" der in V. 7 genannten Rahel zur Seite gestellt.[201] Dazu passt, dass die Söhne Rahels in Num 26 und gegen Gen 46 (!) den Söhnen der Mägde vorangestellt sind, so dass auch dort die ältesten Söhne Leas, Ruben und Simeon, als Gegenstück der nun ältesten Söhne Rahels, Ephraim und Manasse (bzw. Manasse und Ephraim) fungieren. Da der Tenor dieser „Adoption" der Enkelstämme im Zusammenhang von Gen 48 ein durchaus positiver ist,[202] steht ferner zu vermuten, dass dem Autor der Adoptionsszene weder die Abkanzelung der drei ältesten Lea-Söhne noch die ausdrückliche Zusammenstellung von Simeon und Levi

---

199 Anders versteht de Hoop, Genesis, 468–472, die Adoption in Gen 48,5–6 als negative Bewertung der Josefsöhne, da sie mit den in Gen 49 diskreditierten Lea-Söhnen Ruben und Simeon verglichen werden. Der Erzählverlauf von Gen 48 selbst jedoch lässt eine negative Bewertung weder Josefs noch seiner Söhne erkennen.
200 Zu dem hier angenommenen Zusammenhang vgl. bereits die Ausführungen bei Jacob, Genesis, 867f. „Ephraim und Menasse, obgleich nur Enkel Jakobs, werden zum Range von Stämmen erhoben, der sonst nur den Söhnen Ruben, Simeon usw. zukommt. Die praktische Konsequenz ist: [...] jeder wird ein eigenes nach ihm benanntes Stammesgebiet erhalten [...]. Die auf Ruben usw. Ephraim und Menasse folgenden Generationen sowie die nachgeborenen Söhne von Joseph, werden nicht Stämme, sondern ‚Geschlechter' [...] innerhalb der Stämme und Stammesgebiete bilden. Danach wird denn auch Nu 26 bei der Landverteilung verfahren. [...] Ephraim und Menasse haben also eine Doppelstellung: ihrer Geburt nach und als Personen sind sie Enkel Jakobs, hinsichtlich der späteren Volksgliederung aber werden sie von ihm seinen Söhnen gleichgestellt und wie diese zum Range von Stammhäuptern erhoben".
201 Aus dieser Gleichsetzung könnte sich u. E. der Verweis auf Rahel in V. 7 erklären. Denn indem Ephraim und Manasse Joseph „ersetzen", nehmen sie seine Stellung als Erstgeborene Rahels ein. Wie Ruben und Simeon Jakobs Erstgeborene von Lea repräsentieren, stellen Ephraim und Manasse nun die Erstgeborenen der Rahel dar. Dass dabei auf letztere ausgerechnet mit ihrer Todesnotiz aus Gen 35,19 verwiesen wird, könnte sich wiederum dem Umstand verdanken, dass bereits der Anfang der Jakobrede in V. 3 auf (priesterschriftliche) Formulierungen von Gen 35 zurückgreift und die Verweise auf Gen 35 die direkte Rede somit kunstvoll rahmen. Vgl. ähnlich bereits Jacob, Genesis, 871; vgl. ferner die Ausführungen bei Ebach, HThKAT, 536f.
202 Vgl. Ebach, HThKAT, 534. Anders de Hoop, Genesis, 336–339.

in Gen 49[203] bekannt gewesen sein dürfte. Dementsprechend wären Gen 48,5–7 älter anzusetzen als Gen 49,3–27*.

Gen 46,8–27		Num 26,4b–51
Ruben (Lea)	Gad ersetzt als ältester Sohn der Lea-Magd Silpa Levi; Asser kommt zwischen den Bilha-Söhnen zu stehen. $\Longrightarrow$	Ruben (Lea)
Simeon (Lea)		Simeon (Lea)
Levi (Lea)		~~Levi (Lea)~~ Gad (Silpa)
Juda (Lea)	So wird Gad zu den Vollsöhnen der Lea gezählt. Asser hingegen wird nicht nur den Söhnen der Rahel-Magd Bilha eingeglie-dert, sondern jene werden insgesamt der Lieblingsfrau Israels nachgestellt, so dass sich eine Aufteilung in 6 Lea- und 6 „Rahel-Söhne" bzw. Nicht-Lea-Söhne ergibt.	Juda (Lea)
Issachar (Lea)		Issachar (Lea)
Sebulon (Lea)		Sebulon (Lea)
Gad (Silpa)		*Josef Manasse(Rahel)*
Asser (Silpa)		*Josef Ephraim (Rahel)*
Josef (Rahel)		Benjamin (Rahel)
Benjamin (Rahel)		Dan (Bilha)
Dan (Bilha)		Asser (Silpa)
Naftali (Bilha)		Naftali (Bilha)

Der durch die Adoption in seinen Söhnen aufgehende, eigentlich älteste Rahel-Sohn Josef und insbesondere Levi haben dabei das Nachsehen. Ob Gen 48,5–7 nach den o. a. Beobachtungen literarisch auf einer Ebene mit der Eintragung des Geschlechterverzeichnisses anzusiedeln ist oder jenes bereits voraussetzt, ist nicht mit letzter Sicherheit zu klären. Mit Blick auf die Gleichsetzung der Enkel mit Ruben und Simeon in Gen 48,6, die gegen Gen 46 der Voranstellung der Rahel-Söhne vor die Magd-Söhne in Num 26 entspricht, ist jedoch zumindest nicht auszuschließen, dass in beiden Texten tatsächlich derselbe Verfasser die Hände im Spiel gehabt haben könnte.

Nachdem die literarische Analyse zu Gen 48,1–20 damit abgeschlossen ist, wenden wir uns im Anschluss den V. 21–22 zu, die mit dem Rest des Kapitels in keinem organischen Zusammenhang zu stehen scheinen.

(a) Die wörtliche Rede Israels in Gen 48,21–22

V. 21 schlägt mit der Formulierung ויאמר ישראל אל־יוסף הנה אנכי מת zunächst einen Bogen zu den Formulierungen von Gen 47,29–31*. Dort nämlich hatte Israel seinen Sohn Josef zu sich gerufen, weil die Tage, da er sterben sollte, nahegekommen waren. Deshalb hatte er Josef schwören lassen, er möge ihn nicht in Ägypten bestatten. An dieses Vermächtnis knüpft Gen 48,21 nun sprachlich und sachlich

---

203 Vgl. hierzu insbesondere Ebach, HThKAT, 534.

an. „Dann sprach Israel zu Josef: Siehe, ich sterbe nun. Elohim aber wird mit euch sein und wird euch in das Land eurer Vorfahren zurückbringen". Der Vers blickt weit über den Tod Israels hinaus auf den Exodus (V. 21b). Nicht nur die Gebeine des Erzvaters werden Ägypten verlassen, auch das ganze Volk wird „in das Land eurer Väter" (V. 21b vgl. Gen 47,30a) zurückkehren.[204] Dies wird nicht, wie in Gen 47,30a Josef, sondern Elohim selbst gewährleisten.

Im Zusammenhang von Gen 47,29–31*; 48 setzt die Anrede Israels an Jakob voraus, dass der Erzvater noch nicht verstorben ist. Die Aussage Gen 48,21 dürfte dementsprechend zumindest jünger sein als die älteste Begegnung Israels mit seinen Enkeln in Gen 48,1.2b.8.9a.10b.11. Denn sie hat offenbar den Erzvater mit der Formulierung ויתחזק ישראל וישב על־המטה (Gen 48,2b) noch einmal ins Leben gerufen und seinen Tod von Gen 47,31b bis Gen 49,33aβ hinausgezögert.

Gen 47,29–31*:

29 ויקרבו ימי־ישראל למות ויקרא לבנו ליוסף ויאמר לו אם־נא מצאתי חן בעיניך שים־נא ידך
תחת ירכי ועשית עמדי חסד ואמת אל־נא תקברני במצרים:

30 ושכבתי עם־אבתי ונשאתני ממצרים וקברתני בקברתם ויאמר אנכי אעשה כדברך:

31 ויאמר השבעה לי וישבע לו וישתחו ישראל על־ראש המטה: פ

Gen 48,1–2*.21:

1 ויהי אחרי הדברים האלה ויאמר ליוסף הנה אביך חלה ויקח את־שני בניו עמו את־
מנשה ואת־אפרים:

2 ויגד ליעקב ויאמר הנה בנך יוסף בא אליך ויתחזק ישראל וישב על־המטה:

21 ויאמר ישראל אל־יוסף הנה אנכי מת והיה אלהים עמכם והשיב אתכם אל־ארץ
אבתיכם:

An die Aussage von V. 21 schließt sich eine Landvergabe an Josef an. Sie setzt die Redeeinleitung Israels in V. 21a voraus und könnte entsprechend später als der Vorvers anzusetzen sein. Inhaltlich bezieht sich V. 22 wohl auf die gewaltsame Eroberung Sichems in Gen 34. „Und als Vorzug vor deinen Brüdern gebe ich dir eine Bergschulter, die ich den Amoritern mit meinem Schwert und mit meinem Bogen abgenommen habe".

---

204 So auch Levin, Jahwist, 308. „Im Anschluß an den Segen erweitert Israel sein Vermächtnis. Mit der Situation הנה אנכי מת knüpft der Anhang an 47,29–31* J[R] an. Diesmal geht es nicht allein um sein eigenes Begräbnis, sondern die Zukunft des Gottesvolkes. Wie Israel im Tode in das Ver-heißungsland zurückkehren wird, so werden seine Nachkommen nicht im Fremdland sterben. Sie werden unter Gottes Beistand ‚in das Land ihrer Väter' zurückkehren". Vgl. ferner Ruppert, FzB, 437–439 (J[R]); Westermann, BK, 216f (Nachtrag); Gunkel, HK, 474 (E); Holzinger, KHC, 253 (E).

Die ‚eine Bergschulter' (שכם אחד) kann nur eine Anspielung auf die gewaltsame Eroberung Sichems in Gen 34 Rˢ sein.[205] Die dortigen Nachrichten sind in einer Weise abgewandelt, die auch die kriegerische Landnahme gegen die Amoriter anklingen läßt, von der erstmals in Num 21,21–31 Rˢ berichtet ist. Die Notiz, daß Jakob Sichem auf friedlichem Wege erworben habe (Gen 33,19 Rˢ), ist offenbar noch nicht vorausgesetzt. Den Widerspruch, der auf diese Weise entsteht, versucht Jos 24,12 zu glätten.[206]

Ergebnis

Fassen wir das Ergebnis abschließend kurz zusammen. Unsere Analyse legt ein sukzessives Wachstum des Kapitels nahe. Den literarisch ältesten Kern dürfte die Begegnung Israels mit seinen Enkeln Manasse und Ephraim darstellen (V. 1.2b.8.9a.10b.11[207]). Sie knüpft sachlich und sprachlich an die Aussage Israels in Gen 46,30 (vgl. Gen 48,11) an und hängt literarisch mit der Geburt der Josefsöhne in Gen 41,50a.51f* zusammen. Spätestens mit der Geburt seiner Söhne „wird auch Josef mittelbar vom Individuum der Josefsgeschichte zu einer stammesgeschichtlichen Figur"[208].

Dass dem Lieblingssohn Israels ausgerechnet die Nordreichgrößen Manasse und Ephraim als Söhne zur Seite gestellt werden, wird sich vor allem durch die zunehmend nationale Ausprägung der Josefsgeschichte erklären lassen, die wohl auf dem Hintergrund der literarischen Verbindung von Josefsgeschichte und Exodus zu verstehen ist. Anders formuliert, werden auch in der Josefsgeschichte zunehmend Fragen nach der Identität und Nachfolge Israels aufgegriffen, nachdem die in das Gewand der Familienerzählung gekleidete Geschichte um Josef und seine Familie literarisch mit der Volksgeschichte im Exodus verbunden wurde (Gen 45,9aα[nur מהרו ועלו אל־אבי ואמרתם אליו כה אמר בנך יוסף] b.28;Gen 46,1aα[nur ויסע ישראל וכל־אשר־לו].29–30;Gen 47,29.30b.31;Gen 49,33a[nur ויאסף רגליו אל־המטה]Gen 50,1.7a.10b.14aαb → Ex 1,6aα[nur וימת יוסף].8). Als eine Rückwirkung dieser Verbindung dürfte der Grundbestand von Gen 48 zu betrachten sein. Er knüpft an den nahenden Tod Israels in Gen 47,29–31* und die Mehrungsverheißungen in Gen 46,3; 47,27; Ex 1,7 an, die nun auf die Nachkommenschaft Josefs bezogen werden. In ihnen, die Josef von Elohim „in diesem (Land)"

---

205 Zu dieser Annahme vgl. Levin, Jahwist, 311. Anders Gunkel, HK, 474f, Westermann, BK, 217; von Rad, ATD, 366; Holzinger, KHC, 255, oder Ruppert, FzB, 439, die einen Bezug von V. 22 zur Dina-Erzählung Gen 34 ablehnen.
206 Levin, Jahwist, 311.
207 Vgl. hierzu insbesondere Schmidt, Studien, 270f, der V. 2b.8.9a.10b.11f zum jahwistischen (und damit ältesten) Bestand von Gen 48 zählt.
208 Levin, Jahwist, 308.

gegeben wurden, nimmt die verheißene Mehrung Israels ihren Ausgang und in den Nachkommen Josefs lebt Israel fort.[209] Das „alte Geschlecht stirbt dahin, aber eine neue Zukunft tut sich auf und Gott bleibt derselbe"[210].

In einem nächsten Schritt wurde Ephraim vor seinen Bruder Manasse gesetzt (V. 9b.10a.13 f.17–19.20aα[nur ויברכם ביום ההוא]b[211]). Im Zusammenhang jener Bearbeitung scheint sich die für den Vorrang Ephraims verantwortlich gemachte, nur scheinbare Verwechslung der Josefsöhne an jener Jakobs und Esaus in Gen 27 zu orientieren. Aus der Verbindung zu Gen 27 wird sich auch das Motiv der Segnung erklären lassen, das hier wie dort Auslöser einer Verwechslung der Söhne ist. Dabei dürfte sich der Rückgriff auf Gen 27 in Gen 48 auf dem Hintergrund der bereits im Grundbestand von Gen 48 verhandelten Frage nach der Nachfolge Israels verstehen, die nun mit dem Motiv des Segens verbunden wird. Wie Isaak und Jakob-Israel nicht eigentlich die Erstgeborenen und also die legitimen Nachfolger ihrer Väter waren, so wird auch bei ihren Nachfolgern dem Jüngeren der Vorzug gegeben. So erhielt zunächst Josef, als nicht eigentlich Erstgeborener, aber Ältester der Lieblingsfrau Rahel den Vorzug vor seinen Brüdern (Gen 37,3f). Und so erhält nun auch Ephraim den Vorzug vor seinem eigentlich älteren Bruder Manasse. Anders als in Gen 27, wo die Segnung des Älteren ja ohnehin eine unfreiwillige war, wird hier jedoch nicht nur ein Bruder, sondern werden die Brüder gemeinsam gesegnet. Beide zusammen, Ephraim und Manasse, werden die Nachfolge Israels antreten, wobei dem Jüngeren – der Tradition und möglicherweise auch den realpolitischen Gegebenheiten entsprechend[212] – der Vorzug gegeben wird. Manasse aber wird nicht vergessen und erhält wie Ismael (Gen 17,20) ebenfalls Segen und Verheißung. In der Konzentration der Nachfolgeregelung auf die Rahel-Enkel zeigt sich eine deutliche Bevorzugung des Nordreichs bzw. der Nordreichgrößen.

---

209 Vgl. van der Merwe, *Joseph*, 223: „If this surmise is correct, we have in Gen 47,29ff the report about the approaching end and death of a ruler and accordingly the question of which of his sons will succeed him is of primary importance."

210 Gunkel, *Joseph-Geschichten*, 288.

211 Vgl. hierzu insbesondere Schmidt, Studien, 271, der V. 9b.10a.13 f.17–20 als Bestandteil einer nachpriesterschriftlichen Ergänzung versteht.

212 So Levin, Jahwist, 308f. Zu bedenken bleibt allerdings, dass Ephraim zwar als geographische Größe bekannt ist, historische Belege für einen Stamm oder eine Region Manasse allerdings fehlen. Es kann somit lediglich aufgrund der Gegenüberstellung von Manasse mit Ephraim und der Erwähnung Manasses in zahlreichen Stämmelisten (außerbiblisch auch in der Tempelrolle [11Q19; 11Q20] oder dem „Neuen Jerusalem" [2Q24; 4Q554–555; 5Q15; 11Q18]) darauf geschlossen werden, dass es sich bei Manasse auch um eine historische Nordreichgröße gehandelt haben könnte.

Das Motiv der Segnung Ephraims und Manasses wurde von einem weiteren Autor aufgenommen und neu interpretiert (V. 2a.[213]3f[.12?[214]].15f[.20aβ?]). Zwar sind auch für ihn Ephraim und Manasse gesegnet, doch sind sie es „in Josef". Denn er ist als ältester Sohn der Lieblingsfrau Rahel, als Lieblingssohn Jakob-Israels (Gen 37,3f) der legitime Empfänger des erzväterlichen Segens.[215] Die Verbindung des Segens mit priesterschriftlicher Verheißungsterminologie (Gen 17,8; 28,3; 35,6.11*) garantiert dabei, dass Josef und seine Söhne in die Sukzession der Väter integriert werden.[216]

---

213 V. 2a bereitet mit dem Verweis auf Jakob (vgl. V. 2b Israel!) auf die wörtliche Rede in V. 3 vor. Dabei ergibt sich die Bezeichnung des Erzvaters vermutlich aus dem Rückverweis auf die nächtliche Erscheinung zu Lus, die nach Gen 35,9 ebenfalls an Jakob erging.

214 V. 12 ist schwer zuzuordnen. Nicht selten wird er im Rahmen der Quellenscheidung als Bestandteil des elohistischen Fadens betrachtet: V. 11.12.15. Problematisch ist bei dieser Annahme, dass V. 12b Josef explizit als Subjekt nennt, während V. 15 Jakob-Israel als Subjekt notwendig voraussetzt. Da der Erzvater aber in V. 15 nicht ausdrücklich erwähnt wird, kann der Vers auf die vorauslaufende Szene V. 13f kaum verzichten. Denn nur so wird deutlich, dass es sich bei dem Segnenden um Jakob-Israel handelt.

Da die Segnung Josefs in V. 15 nach unserer Analyse die Verwechslung der Brüder in V. 13–14.17–19 bereits kennt, könnte V. 12 hier durchaus als Vorbereitung auf V. 15 verstanden werden. Schwierig bleibt jedoch, dass die Segnung für ihr Verständnis auf V. 12 nicht zwangsläufig angewiesen ist und auch keine sprachlich-sachliche Schnittmenge mit der Segnung aus Gen 48,3–4.15–16 aufweist. Theoretisch bestünde natürlich auch die Möglichkeit, V. 12.13f literarisch auf einer Ebene anzusiedeln. Sachlich jedoch gestaltet sich der Übergang von V. 12 zu V. 13 ebenfalls nicht glatt. Denn während Josef in V. 12a umständlich die Enkel von den Knien ihres Großvaters setzt und sich selbst zu Boden wirft, nimmt er seine Söhne in V. 13 (vgl. V. 9b) erneut an die Hand, um sich seinem Vater zu nähern. Hätte V. 13 die Aussage von V. 12 bereits vorgelegen, hätte zudem die neuerliche Subjektnennung V. 13a (vgl. V. 12a) entfallen können (vgl. den Übergang von V. 13a.b). Es könnte sich angesichts der angeführten Beobachtungen bei V. 12 auch um einen Einzelzusatz handeln, der versucht, die durch die zweimal erwähnte Wendung אליו [אתם] ויגש in V. 10b.13b entstandene Verwirrung auszugleichen, indem die Enkel nun in Anlehnung an die Aussage von V. 10b als auf den Knien des Großvaters sitzend gedacht werden und zunächst hinabsteigen müssen, um Israel auf die in V. 13 beschriebene Weise neu vorgestellt zu werden, d. h. um die Verwechslung beim Handauflegen plausibel vorzubereiten.

215 Vgl. die Beobachtungen von van der Merwe, *Joseph*, 226: „[...] there seem to be traces of another narrative in Gen 48 about the blessing of Joseph as first-born by Jacob. These traces may perhaps be seen in Gen 48:2–4,7,15,16a.21f".

216 Interessant mit Blick auf die bisher angeführten literarischen Schichten, die um die Regelung der Nachfolge Israels bemüht scheinen, ist ein Blick auf Jub 31. Dort werden Motive aus Gen 48 explizit aufgegriffen (vgl. etwa Jub 31,7.9.10.13). Der Segen ergeht jedoch nicht von Jakob an Josef bzw. dessen Söhne, sondern stattdessen durch Isaak an Levi und Juda, denn „they were indeed his sons"; Jub 31,10; Übersetzung nach Vanderkam, Jubilees, 202. Es scheint Jub 31 demnach daran gelegen, die in Gen 48 hergestellte Nachfolgeregelung Israels umzukehren, d. h. der Segen, der in Gen 48 noch Josef und seine Söhne betraf, wird nun ausdrücklich auf Levi und Juda

Eine letzte Hand hat die Adoption der Söhne Josefs durch Jakob-Israel in den Kontext eingetragen (V. 5–7).[217] Die Adoption dürfte dem Wegfall Levis aus dem Stämmesystem geschuldet sein, mit dem die Josefsgeschichte durch die Einfügung des Personenverzeichnisses Gen 46,8–27* in Num 26,5–50* direkt in Berührung kommt. Dieser Umstand könnte die Adoption Ephraims und Manasses als vollbürtige Söhne Israels in Gen 48,5–7 zuallererst veranlasst haben. Die Adoption legitimiert in der Genesis und also in den Anfängen der Geschichte Israels, warum die Enkelstämme in Num 26 ein eigenes Geschlechterverzeichnis erhalten.

Weitere Nachträge finden sich in den Aussagen von V. 21–22. Sie setzen zumindest den ältesten Kern von Gen 48,1–20 voraus. Der weite Horizont, vor dem die Aussagen geschrieben sind, lässt allerdings vermuten, dass sie auch die eine oder andere Fortschreibung des ältesten Kerns von Gen 48,1–20 bereits vor Augen haben.

Diachrone Differenzierung

I *Grundbestand: Israel sieht seine Enkel:*
 Gen 41,50–52*;

 Gen 48,1.2b.8.9a.10b.11

II *Die Segnung der Enkel und der Vorrang Ephraims:*
 Gen 48,9b.10a.13–14.17–19.20aα(nur ויברכם ביום ההוא א)b

III *Die Segnung Josefs und seiner Söhne „in ihm":*
 Gen 48,2a.3–4.15–16*(.20aβ?)

IV *Die Adoption Ephraims und Manasses:*
 Gen 48,5–7

Einzelzusätze: V. 12(?) / V. 20aγ / V. 21.22

übertragen. Auch diese frühe Rezeption des Kapitels hat Gen 48 demnach als Antwort auf die Frage verstanden, wer Israel wahrhaftig repräsentieren darf.
217 Vgl. zu V. 7 auch die Beobachtungen von Ebach, HThKAT, 536. „Auffällig ist die Ortsbezeichnung Paddan [...]. Sie kommt ausschließlich in priesterschriftlichen Texten vor [...]. An allen diesen anderen Stellen jedoch lautet die Bezeichnung jener obermesopotamischen Heimat Rebekkas ‚Paddan Aram' [...]. Wenn es sich in 48,7 nicht um ein bloßes Versehen handelt (Samaritanus u. LXX ergänzen ‚Aram'), liegt in diesem Sprachgebrauch sowohl ‚P'-Sprache vor wie auch eine Differenz zum üblichen ‚P'-Sprachgebrauch, was [...] für eine nachpriesterliche Überarbeitung sprechen könnte". Ähnlich Westermann, BK, 208f.

5.3. Genesis 49: Jakobs letzte Worte

Gliederung

V. 1–2:   Jakob ruft seine Söhne zu sich
V. 3–27:   Sprüche über die Söhne Jakobs bzw. Stämme Israels
V. 28:   Jakob segnet seine Söhne bzw. die Stämme Israels
V. 29–32: Jakob erteilt seinen Söhnen Begräbnisanweisungen
V. 33:   Jakob-Israel verstirbt

Befund

In Gen 49 findet sich der so genannte Segen Jakobs über seine Söhne. Nachdem der im Sterben liegende Jakob-Israel in Gen 48 bereits seinen Lieblingssohn Josef und dessen Söhne, Manasse und Ephraim, gesegnet hatte, sollen sich nun auch alle weiteren Söhne vor ihm versammeln (Gen 49,1–2), auf dass er sie segnen könne (Gen 49,28). Dabei erhält jeder der zwölf Söhne in den V. 3–27 einen eigenen Spruch, von denen allerdings nur der Spruch über Josef (Gen 49,25–26) eine Segnung tatsächlich enthält. Für alle weiteren Brüder wird der Segen lediglich in der summarischen Notiz V. 28 festgehalten. Sie allerdings richtet sich nicht an die *Söhne Jakobs*, sondern an die *zwölf Stämme Israels*. „Alle diese sind die zwölf *Stämme Israels*, und das ist es, was *ihr Vater* zu ihnen redete, als er sie segnete; einem jeden von ihnen gab er den Segen, der ihm zukam".

Den Sprüchen folgen in V. 29–32 Begräbnisanweisungen Jakobs an alle seine Söhne. Sie doppeln im Makrokontext die Begräbnisanweisungen aus Gen 47,29–31. Dort hatte Israel seinen Sohn Josef zu sich gerufen und ihn gebeten, er möge ihn nicht in Ägypten bestatten. Dies fordert nun auch Jakob von allen Söhnen. Dabei fällt seine Aufforderung hier deutlich präziser aus, als dies in Gen 47,29–31 der Fall war.

Und er gebot ihnen und sprach zu ihnen: Ich werde nun mit meinen Vorfahren vereint. Begrabt mich bei meinen Vorfahren in der Höhle, die auf dem Feld des Hetiters Efron liegt, in der Höhle auf dem Feld Machpela, das gegenüber Mamre im Land Kanaan liegt, dem Feld, das Abraham von Efron, dem Hetiter, als Grabbesitz gekauft hat. Dort hat man Abraham und Sara, seine Frau, begraben, dort hat man Isaak und Rebekka, seine Frau, begraben, und dort habe ich Lea begraben, auf dem Feld mit der Höhle darauf, das von den Hetitern gekauft wurde (Gen 49,29–32).

Das Kapitel schließt mit der Nachricht vom Tod des Erzvaters, der sich bereits in Gen 45,28; 46,30 und Gen 47,29–31 angekündigt hatte.[218] „Als Jakob seinen Söhnen alle diese Anweisungen gegeben hatte, zog er seine Füße auf das Bett zurück. Dann verschied er und wurde mit seinen Vorfahren vereint". In Gen 50,12–13 werden die Söhne seinem Befehl entsprechen und den Vater in Machpela bestatten.

> Und seine Söhne verfuhren mit ihm so, *wie er es ihnen geboten hatte*: Seine Söhne brachten ihn in das Land Kanaan und begruben ihn in der Höhle des Felds Machpela, des Feldes, das Abraham als Grabbesitz von Efron, dem Hetiter, gegenüber Mamre gekauft hatte.

Im Anschluss an den oben dargelegten Befund wird sich die nachstehende Analyse auf einige Fragen besonders konzentrieren:

- Wie ist das Kapitel in den Kontext der Josefsgeschichte eingebettet?
- Wie verhält sich der Rahmen in Gen 49,1–2.28–33 zu den Sprüchen in Gen 49,3–27? Wie verhält sich die Rede von den Söhnen Jakobs zu der Erwähnung der Söhne Israels?
- Was ist die Intention der Sprüche in V. 3–27, die mit V. 28 als Segnung ausgewiesen sind, aber doch nur eine Segnung enthalten?

Analyse

(a) Die Einbettung von Gen 49 in den Kontext der Josefsgeschichte

Wie wir einleitend gesehen haben, schließt Gen 49 in V. 33b mit dem Tod des Erzvaters in Ägypten, der sich seit Gen 45,28 angekündigt hatte. Bereits in Gen 45,28 nämlich hatte der Erzvater verkündet: „Genug! Mein Sohn Josef lebt noch. *Ich will hingehen und ihn sehen, bevor ich sterbe*". In Gen 46,1* macht er sich auf den Weg, in Gen 46,30 trifft er wieder mit Josef zusammen und greift in seiner wörtlichen Rede den bevorstehenden Tod wieder auf: „*Jetzt will ich gern sterben*, nachdem ich dein Angesicht geschaut und gesehen habe, dass du noch am Leben bist". Das nahende Sterben wird in Gen 47,29–31 aufgenommen und reflektiert. Dass der Erzvater in Ägypten stirbt, heißt nicht, dass er dort auch begraben würde. Sein Sohn Josef muss ihm versprechen, ihn nicht in Ägypten zu bestatten.

---

218 Vgl. hierzu auch die Erwähnungen des Totenreiches (שאול) in Gen 37,35; Gen 42,38; Gen 44,29.31.

> *Es nahte aber die Zeit, dass Israel sterben sollte.* Da ließ er seinen Sohn Josef rufen und sprach zu ihm: Wenn ich Gnade in deinen Augen gefunden habe, so lege deine Hand unter meine Hüfte, dass du mir die Liebe und Treue erweisen wirst: Begrabe mich nicht in Ägypten. [...] Er sprach: Ja, ich werde tun, was du gesagt hast. [...] Da warf sich Israel zum Kopfende des Bettes hin nieder (Gen 47,29–31*).

Der mit Gen 47,31b eingeleitete Tod des Erzvaters vollzieht sich in Gen 49,33aβ, wo sich die Formulierung ויאסף רגליו אל־המטה über die Zusammenhänge von Gen 48,1–49,33aα hinweg auf Gen 47,31b zurückbezieht (וישתחו ישראל על־ראש המטה).

Der oben geschilderte Erzählzusammenhang wurde wohl erstmals durch den Grundbestand von Gen 48 unterbrochen.[219] Dort greift Gen 48,2b (ויתחזק ישראל וישב על־המטה) auf die Aussage Gen 37,31b zurück bzw. der Sterbenotiz Gen 49,33aβ vor und ruft den Erzvater zwischenzeitlich noch einmal ins Leben.[220]

Gen 47,31:

31 ויאמר השבעה לי וישבע לו וישתחו ישראל על־ראש המטה: פ

Gen 48,2:

2 ויגד ליעקב ויאמר הנה בנך יוסף בא אליך ויתחזק ישראל וישב על־המטה:

Gen 49,33*:

33 ויכל יעקב לצות את־בניו ויאסף רגליו אל־המטה ויגוע ויאסף אל־עמיו:

Trifft die o. a. Annahme zu, setzen auch Gen 49,1–33aα zumindest den Grundbestand von Gen 48 notwendig voraus. Das Kapitel Gen 49 selbst kann grob in zwei Unterabschnitte gegliedert werden: Die Rahmenverse in Gen 49,1a.28–33* und das Sprüchekorpus in Gen 49,1b–28*. Mit jenen Abschnitten wird sich die anschließende Analyse genauer befassen und dabei auch auf weitere Verknüpfungen mit dem Binnen– und Außenkontext zu sprechen kommen. Beginnen wir mit einer Betrachtung der Rahmenverse.

---

219 Vgl. von Rad, ATD, 361: „Besonders auffallend ist nun aber der Bruch zwischen diesem eben genannten Erzählungsteil und dem Anfang von Kap. 48: nachdem Joseph eben schon letztwillige Verfügungen am Bett des Sterbenden zur Kenntnis genommen hatte, erfährt er in Kap. 48,1 erst von dem nahenden Tod des Vaters"; ähnlich Ebach, HThKAT, 530.
220 Vgl. ausführlich oben zu 5.2. (a). Vgl. hierzu ferner bereits die Beobachtung von Wellhausen, Composition, 60, dass Gen 50 eher an Gen 47,29–31 anschließt.

(b) Die Rahmenverse in V. 1a.28–33*

In der atl. Forschung herrscht relative Einigkeit über die priesterschriftliche Herkunft von V. 1a.28–33*.

> Und Jakob rief seine Söhne [...] und segnete sie, einen jeden entsprechend seinem Segen, segnete er sie. Und er gebot ihnen und sprach zu ihnen: Ich werde nun mit meinen Vorfahren vereint. Begrabt mich bei meinen Vorfahren in der Höhle, die auf dem Feld des Hetiters Efron liegt, in der Höhle auf dem Feld Machpela, das gegenüber Mamre im Land Kanaan liegt, dem Feld, das Abraham von Efron, dem Hetiter, als Grabbesitz gekauft hat. Dort hat man Abraham und Sara, seine Frau, begraben, dort hat man Isaak und Rebekka, seine Frau, begraben, und dort habe ich Lea begraben, auf dem Feld mit der Höhle darauf, das von den Hetitern gekauft wurde. Als Jakob seinen Söhnen alle diese Anweisungen gegeben hatte, [zog er seine Füße auf das Bett zurück]. Dann verschied er und wurde mit seinen Vorfahren vereint.

Die priesterschriftliche Bewertung von V. 1a.28b–33aαb ergibt sich vor allem aus dem größeren Kontext der Genesis. So entspricht die Todesnotiz in Gen 49,33b den gemeinhin priesterschriftlich bewerteten Aussagen zum Tode von Abraham (25,7–8), Ismael (25,17) und Isaak (35,28–29a). Und auch V. 29–33a[221] schließen im Makrokontext der Genesis an einen traditionell priesterschriftlich bewerteten Abschnitt an. Sie greifen auf den Kauf der Begräbnisstätte Machpela durch Abraham in Gen 23 zurück, „ein unzweifelhaftes und anerkanntes Stück der Grundschrift"[222] von P.[223]

Gegen die priesterschriftliche Einschätzung des Motivs der Erbbegräbnisstätte wandte sich in jüngerer Vergangenheit (2009) Christoph Levin in einem Aufsatz zu Gen 23[224]. Er stellte heraus, dass zahlreiche Wiederaufnahmen und inhaltliche Spannungen zu der Annahme drängten, die Episode über den Kauf der Erbbegräbnisstätte habe ein sukzessives Wachstum durchlaufen. Dabei setze bereits das älteste Stratum der Erzählung eine Verbindung von vorpriesterschriftlichem und priesterschriftlichem Material voraus und sei entsprechend nachpriesterschriftlich zu datieren.[225]

---

221 Zu den Schwierigkeiten der V. 29–33 vgl. Westermann, BK, 223.

222 Hupfeld, Quellen, 29.

223 So bereits Holzinger, KHC, 222: „Aus Cap. 49 gehört P v.1ª [...], in unmittelbarem Anschluss daran v.28ᵇ von ויברך an v.29–32.33⁽ᵃᵃ?⁾ᵇ". Vgl. ferner Gunkel, HK, 496; von Rad, ATD, 369; Westermann, BK, 220–229; Schmidt, Josephsgeschichte, 127f; Ruppert, FzB, 456; Levin, Jahwist, 311f, oder Schorn, Ruben, 250f.

224 Levin, *Abraham*, 96–113.

225 Die genaue Argumentation von Levin, *Abraham*, 96–113, zur literarischen Scheidung des Machpela-Abschnitts in Gen 23 kann und soll an dieser Stelle nicht aufgenommen werden, da der nachpriesterschriftliche Charakter der Begräbnisanweisungen in Gen 49 u. E. auch mit Blick

Diese Einschätzung kann freilich auch für seine Bewertung von Gen 49,29–33 nicht ohne Folgen bleiben. Denn jener Abschnitt bezieht sich ja ausdrücklich auf Gen 23 zurück. In Gen 49, so nimmt Levin an, habe sich zunächst die priesterschriftliche Formulierung ויגוע ויאסף אל־עמיו an die vorpriesterschriftliche Sterbenotiz[226] Gen 49,33aβ ויאסף רגליו אל־המטה gehängt und den Tod des Erzvaters so mit dem Tod seiner Väter synchronisiert.[227]

Gen 25,7–8.17:

[7] ואלה ימי שני־חיי אברהם אשר־חי מאת שנה ושבעים שנה וחמש שנים:

[8] ויגוע וימת אברהם בשיבה טובה זקן ושבע ויאסף אל־עמיו:

[17] ואלה שני חיי ישמעאל מאת שנה ושלשים שנה ושבע שנים ויגוע וימת ויאסף אל־עמיו:

Gen 35,28–29:

[28] ויהיו ימי יצחק מאת שנה ושמנים שנה:

[29] ויגוע יצחק וימת ויאסף אל־עמיו זקן ושבע ימים ויקברו אתו עשו ויעקב בניו: פ

Gen 47,31:

[31] ויאמר השבעה לי וישבע לו וישתחו ישראל על־ראש המטה: פ

Gen 49,33*:

[33] ויכל יעקב לצות את־בניו ויאסף רגליו אל־המטה ויגוע ויאסף אל־עמיו:

An die priesterschriftliche Notiz habe noch später ein (nachpriesterschriftlicher) Bearbeiter angeknüpft.

> Der Verfasser greift auf die Todesnotiz der Priesterschrift voraus, die in 49,33b anschließt: ‚Dann verschied er und wurde versammelt zu seinen Stammesgenossen', und versetzt sie aus dem Bericht in die wörtliche Rede (49,1a.29a). Mit dieser Nachricht, dass sein Tod bevorstünde, leitet Jakob seine letzte Verfügung ein. Aus ויאסף [...] אל־עמיו wird das Futurum instans אני נאסף אל־עמי [...]. Mit dem Wechsel des Tempus ändert sich zugleich die Semantik; denn die Wendung אסף אל־עמי ni. [...] kann ursprünglich nichts anderes bedeuten als die Beisetzung in der Stammesgruft.[228]

---

auf die kontextuelle Einbettung von Gen 49,29–33* innerhalb der Josefsgeschichte wahrscheinlich ist. Für weiterführende Informationen sei deshalb auf den o. a. Artikel verwiesen.
226 Vgl. bereits Gunkel, HK, 469.
227 Zu den Bezügen vgl. Westermann, BK, 223–225; Schmidt, Studien, 208; Levin, Jahwist, 309f, oder Ruppert, FzB, 505f.
228 Levin, *Abraham*, 105.

Anders formuliert, hat ein nachpriesterschriftlicher Bearbeiter die Wurzel אסף
aus Gen 49,33b (P) aufgegriffen, um dem bereits eingetretenen Tod Jakob-Israels
seine Begräbnisanweisungen an alle Söhne voranzustellen. Dabei erklärt der
Bearbeiter nun die Wendung ויאסף אל־עמיו (V. 33b) genauer bzw. gibt ihr eine neue
Bedeutung: Dass Jakob bei seinem Volk versammelt wird, bedeutet, dass er אל־
אבתי אל־המערה begraben wird.

Gen 49,1a.29:

$$: [...] ¹ ויקרא יעקב אל־בניו$$

²⁹ ויצו אותם ויאמר אלהם אני נאסף אל־עמי קברו אתי אל־אבתי אל־המערה אשר
בשדה עפרון החתי:
ויאסף רגליו אל־המטה
ויגוע ויאסף אל־עמיו:

> Die [...] Rede hat einzig Jakobs Begräbnis zum Gegenstand. In der veränderten Wortwahl
> אל־אבתי [...] statt אל־עמיו [...] erkennt man die spätere Hand. Auffallend breit wird die Anwei-
> sung, die ursprünglich nur kurz war, in V. 33aα resümiert [...]. Man kann daran ablesen,
> dass dieser letzte Akt die vorangehenden Vermächtnisse in Gen 47–48 voraussetzt [...].[229]

Darauf lässt auch die Einbettung von Gen 49,1a.28–32*.33aα in den Kontext der
Josefsgeschichte schließen. Denn mit der Verbindung von Segen und Begräbnisanweisungen orientiert sich der Abschnitt V. 28*.29–33a offenkundig an den Vorgaben des vorauslaufenden Erzählabschnittes, die nun in V. (1a.)28ff* chiastisch
wieder aufgenommen sind.

Gen 47,29–31: Israels *Begräbnisanweisungen* an Josef
     Gen 48*: Jakob-Israel *segnet* Josef und seine Söhne

     Gen 49,28*: Jakob *segnet* alle seine Söhne
Gen 49,29–33*: Jakobs *Begräbnisanweisungen* an alle seine Söhne

Da sich oben 5.2. (b) angedeutet hatte, dass bereits der älteste Bestand von Gen 48
nachpriesterschriftlich zu datieren sein dürfte[230], gewinnt die relativ-chronologische Verortung der Machpela-Verse durch Levin auch vor dem Hintergrund ihrer
kontextuellen Einbettung in die Josefsgeschichte an Wahrscheinlichkeit.[231]

---

229 Levin, *Abraham*, 106.
230 Vgl. hierzu ausführlich oben 5.2. (b).
231 Hiergegen könnte freilich eingewandt werden, dass, wenn Gen 48 insgesamt nachpriesterschriftlich zu datieren ist, die Machpela-Verse ursprünglicher sein könnten und der Zusam-

Auf eine nachpriesterschriftliche Datierung von Gen 41,50a.51–52; Gen 48,1.2b.8.9a.10b.11 deuten die Etymologie Ephraims in Gen 41,52 und die wörtliche Rede Josefs aus Gen 48,9. Die dort verwandten Formulierungen scheinen auf die Mehrungsverheißungen in Gen 46,3 (nach P), 47,27 (P) und Ex 1,7 (nach P) sowie auf die Unterdrückung des Volkes in Ex 1,11f bereits vorauszuweisen. Sie beschränken die Perspektive nun auf ein Israel, das, wenn nicht exklusiv, dann zumindest primär aus Josef und seinen Söhnen besteht.[232]

Trifft die oben skizzierte Annahme zu, dürfte die Sterbenotiz Gen 49,33aβ ursprünglich an Gen 47,31b angeschlossen und mit ihr zusammen das Dahinscheiden des Erzvaters konstatiert haben. Beiden Aussagen wäre später die priesterschriftliche Sterbenotiz Gen 49,33b nachgestellt worden. Noch später hätte Gen 48,2b (nach P) den Zusammenhang von Gen 47,31b; 49,33b* unterbrochen und den Erzvater noch einmal zum Leben erweckt. An die Ereignisse aus Gen 48 knüpft wiederum die Machpela-Episode in Gen 49,1a.28*.29–33a an.

Gen 47,28 (P).29–31*:

²⁸ויחי יעקב בארץ מצרים שבע עשרה שנה ויהי ימי־יעקב שני חייו שבע שנים וארבעים ומאת שנה:

²⁹ויקרבו ימי־ישראל למות ויקרא לבנו ליוסף ויאמר לו אם־נא מצאתי חן בעיניך שים־נא ידך תחת ירכי ועשית עמדי חסד ואמת אל־נא תקברני במצרים:

³⁰ושכבתי עם־אבתי ונשאתני ממצרים וקברתני בקברתם ויאמר אנכי אעשה כדברך:

³¹ויאמר השבעה לי וישבע לו <u>וישתחו ישראל על־ראש המטה</u>: פ

Gen 48,2:

²<u>ויגד ליעקב ויאמר הנה בנך יוסף בא אליך ויתחזק ישראל וישב על־המטה</u>:

Gen 49,29.33:

²⁹ויצו אותם ויאמר אלהם ‏|אני נאסף אל־עמי|‏ קברו אתי אל־אבתי אל־המערה אשר בשדה עפרון החתי:

³³ויכל יעקב לצות את־בניו

ויאסף רגליו אל־המטה

ויגוע ‏|ויאסף אל־עמיו|‏:

---

menhang von Gen 47,29–31* mit Gen 49,1.28ff* erst nachträglich unterbrochen wurde. Dagegen spricht vor allem die kontextuelle Anbindung der Machpela-Verse mit dem Stichwort ברך, das im Rahmen der Begräbnisanweisungen an alle Söhne relativ funktionslos erscheint und eher als redaktionelle Verknüpfung mit dem bereits vorliegenden Kontext zu verstehen sein dürfte, in dem der Segen (Gen 48*; ab der 1. Bearbeitung) eine entscheidende Rolle spielt.

232 Vgl. oben 5.2. (b).

Auch in sich dürfte die Machpela-Fortschreibung nicht einheitlich sein. „V. 29b und V. 30 bilden eine Dublette. Neben במערה אשר בשדה עפרון החתי steht אל־המערה אשר בשדה במערה אשר בשדה המכפלה [...] אשר על־פני־ממרא בארץ כנען. Die erste Angabe ist nachgetragen; denn nur die zweite gibt eine nähere Lokalisierung, und nur sie ist, indem sie auf das Land Kanaan verweist, darauf bezogen, dass Jakob in Ägypten sterben wird. Mit V. 29b hängt sachlich der Relativsatz V. 30b zusammen, der sich, vor allem wegen des nochmals genannten Objekts את־השדה, ebenfalls schlecht in das Gefüge einpasst [...]. Auch in V. 30a muss der Bezug auf das Feld (אשר בשדה) ein Nachtrag sein“[233]. Mit diesen Nachträgen gleicht der Bearbeiter die Formulierungen von Gen 49,29ff an die literarischen Entwicklungen von Gen 23 an, wo dem Kauf der Höhle der Kauf des Ackers zur Seite gestellt wurde. Gegen Levin, der in V. 30a mit einer ursprünglich wie Gen 25,9a gestalteten Formulierung אל־מערת המכפלה rechnet und damit in den Konsonantenbestand eingreift,[234] ist allerdings zu überlegen, ob es sich bei der doppelten Formulierung אשר בשדה in V. 29b.30a nicht um eine bewusste Rahmung des Nachtrages handelt und המכפלה ursprünglich (attributiv) an אל־המערה angeschlossen haben könnte.

„Noch jünger ist [wohl] die asyndetische Erläuterung V. 32“[235]. Mit ihr unterstreicht der Bearbeiter, dass „der Kauf des Feldes auch die Höhle betraf, auf die es als Grabstätte ankam“[236]. Wiederum jünger dürfte die Aussage von V. 31 sein, die den Zusammenhang von V. 30b.32 trennt. „Der asyndetisch eingefügte Verweis auf die Begräbnisse Abrahams, Saras, Isaaks, Rebekkas und Leas will sämtliche Patriarchen in der Höhle versammeln. Einzig Rahel soll nicht dort beigesetzt worden sein. Damit berücksichtigt der Ergänzer die Ätiologie des Rahelgrabes 35,19–20“[237].

Fassen wir die oben angestellten Vermutungen noch einmal systematisch zusammen. In einer vorpriesterschriftlichen Fassung der Josefsgeschichte hat Gen 49,33aβ direkt an Gen 47,29–31* angeschlossen. Dieser vorpriesterschriftliche Tod des Erzvaters wurde zunächst in Gen 47,28; 49,33b durch priesterschriftliche Notizen gerahmt. Noch später wurden der kombinierten Fassung aus vorpriesterschriftlichem und priesterschriftlichem Tod die nachpriesterschriftlichen Begräbnisanweisungen in Gen 49,1a.28*.29–33a* hinzugefügt.

Zu klären bleibt, wie sich der so gewachsene Rahmen in Gen 49 zum Sprüchekorpus in Gen 49,1b–28* verhält.

(c) Die Einbettung der Sprüche Gen 49,1b–28 in die Rahmenverse

Die Sprüche sind in V. 1b–2 mit einer wörtlichen Rede Jakobs eingeleitet. Nachdem er seine Söhne in V. 1 zu sich gerufen hat, spricht er in V. 1b–2 zu ihnen: „Ver-

---

233 Levin, *Abraham*, 106.
234 Vgl. Levin, *Abraham*, 106.
235 Levin, *Abraham*, 106.
236 Levin, *Abraham*, 106.
237 Levin, *Abraham*, 106.

sammelt euch, ich will euch verkünden, was euch am Ende der Tage begegnen wird. Kommt zusammen und hört, ihr Söhne Jakobs, hört auf euren Vater Israel". Es folgen in V. 3–27 Sprüche an seine zwölf Söhne. Die Spruchreihe aus V. 3–27 schließt in V. 28 mit einer summarischen Notiz, die die einzelnen Sprüche als einen Segen für den jeweiligen Stamm ausgibt: „Alle diese sind die zwölf Stämme Israels, und das ist es, was ihr Vater zu ihnen redete, als er sie segnete; einem jeden von ihnen gab er den Segen, der ihm zukam". Dieses Fazit steht dem Korpus der Sprüche insofern entgegen, als nur der Spruch Josefs eine Segnung tatsächlich enthält.[238]

Um zu ergründen, wie diese Differenz zu erklären sein mag, werfen wir im Anschluss zunächst einen Blick auf das Fazit in V. 28. Dort fällt der ausdrückliche Verweis auf die „Stämme Israels" ins Auge, welcher der Einleitung V. 1a gewissermaßen entgegensteht. Denn in V. 1a hatte Jakob „seine Söhne" zu sich gerufen, an die er sich mit den Sprüchen in V. 3–27 richtet. Bereits mit dem Aufruf Jakobs V. 2 ist allerdings ein stammesgeschichtlicher Bezug aufgemacht: הקבצו ושמעו בני יעקב ושמעו אל־ישראל אביכם. Die Söhne Jakobs sind die Söhne Israels, auf ihn sollen sie hören, wenn er sie im Folgenden mit einem Spruch bedenkt. Die Sprüche schließen mit den Worten: כל־אלה שבטי ישראל שנים עשר. Mit der Erwähnung der „Stämme Israels" wird dabei der pseudo-personale Rahmen einer Familiengeschichte aus V. 1a endgültig verlassen und explizit auf die Geschichte des Volkes Israel angespielt. V. 2–28a verschieben demnach den Fokus von einer Rede Jakobs an seine Söhne hin zu einer Rede Jakobs, der sich als Israel an die zwölf Stämme richtet. Jeden von den zwölf Stämmen bedenkt er dabei mit einem eigenen Spruch, der nach V. 28b als Segen zu verstehen ist.[239]

Im Rahmen der Segnung in V. 28 fällt literarkritisch eine Doppelung ins Auge, die darauf schließen lässt, dass das Motiv der Segnung dem Autor der Spruchreihe bereits vorgegeben gewesen sein dürfte. Denn nachdem der Erzvater die Söhne in V. 28bα bereits gesegnet hatte, setzt V. 28bβ an, diese Segnung der Söhne genauer zu erläutern. Sie ist nämlich so zu verstehen, dass ein jeder seinen eigenen Segen erhält. Mit dieser Differenzierung zwischen den einzelnen Söhnen bzw. Stämmen erklärt V. 28bβ die vorauslaufenden Sprüche, die sich jeweils an die einzelnen Söhne bzw. Stämme gerichtet hatten: Ein jeder wurde in den Sprüchen nach dem

---

238 Anders gehen Skinner, Genesis, 520, oder Krause, *Blessing*, 147f, davon aus, dass auch der Juda-Spruch eine Segnung enthält.

239 Vgl. hierzu die Beobachtungen von Kittel, Stammessprüche, 40, in „Vers 28a ist das Nebeneinander von ‚Söhnen' und ‚Stämmen' höchst auffällig. Während Vers 1b noch deutlich die Rede eines Vaters an seine Söhne vor Augen hat und dies wohl auch wieder die Meinung des Schlußsatzes (28aβ) ist, werden als Ausleitung der Sammlung die ‚Söhne' mit den ‚Stämmen' Israels identifiziert".

Segen gesegnet, der ihm zukam. Dass die Sprüche – mit Ausnahme des Josefs-spruches in V. 25–26 – gar keinen Segen enthalten, bestärkt die Vermutung, in V. 28bβ eine redaktionelle Notiz zu sehen. Sie hängt sich an das ältere Motiv des Segens in V. 28bα und identifiziert nun auch die in V. 3–27 eingefügten Sprüche als Segnungen, die sie *realiter* gar nicht sind. Anders formuliert, dient der Segen in V. 28aβ dem Autor von V. 28aαb als Anknüpfungspunkt im bereits vorgegebe-nen Erzählkontext.

Gen 49,1–2.28–29:

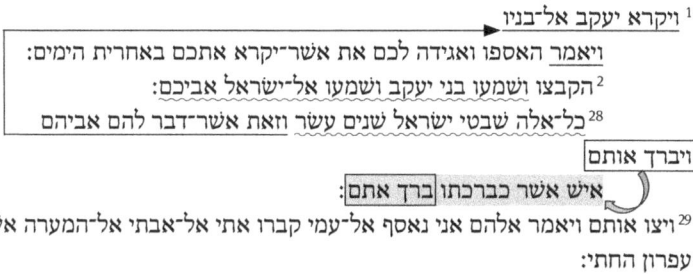

1 ויקרא יעקב אל־בניו

ויאמר האספו ואגידה לכם את אשר־יקרא אתכם באחרית הימים:

2 הקבצו ושמעו בני יעקב ושמעו אל־ישראל אביכם:

28 כל־אלה שבטי ישראל שנים עשר וזאת אשר־דבר להם אביהם

ויברך אותם

איש אשר כברכתו ברך אתם:

29 ויצו אותם ויאמר אלהם אני נאסף אל־עמי קברו אתי אל־אבתי אל־המערה אשר בשדה

עפרון החתי:

Bei dem Segen als Anknüpfungspunkt für die Eintragung der Spruchreihe dürfte es sich aber nicht um eine zufällige Wahl handeln. Denn im Gegensatz zu den negativen Beurteilungen Rubens, Simeons und Levis und vor dem Hintergrund der programmatischen Unterschrift V. 28b lässt uns die herausragende Bewer-tung Judas in V. 8 den viertgeborenen Lea-Sohn als eigentlich „Gesegneten" erscheinen und korrigiert so gewissermaßen die allein auf die Nordstämme kon-zentrierte Segnung aus Gen 48 zugunsten des Südreiches.

Um diese Annahme genauer zu erörtern, werfen wir im Anschluss einen Blick auf die Sprüche der vor Juda geborenen Lea-Söhne Ruben, Simeon und Levi und auf den Juda-Spruch in V. 8–12*.

Die „Vor-Juda-Geborenen"

Beginnen wir chronologisch mit dem Erstgeborenen Jakob-Israels, Ruben. Sein Spruch beginnt in V. 3 mit den Worten: „Ruben, mein Erstgeborener bist du, meine Stärke, der Erstling meiner Manneskraft, Erster an Hoheit und Erster an Macht". Dem bisweilen umstrittenen hebräischen Vokabular zum Trotz,[240] ist für ihn in

---

240 Zu einem ausführlichen Überblick der sprachlichen Schwierigkeiten in Gen 49 vgl. insbe-sondere de Hoop, Genesis, 7–26, aber auch Kittel, Stammessprüche, 8–38; Westermann, BK, 220–229, oder Ruppert, FzB, 447–454.

V. 3 eine positive[241] Charakterisierung durchaus erkennbar.[242] Die Aussage des Verses bestätigt so zunächst den in Gen 29,32 vorgegebenen Status des Erstgeborenen, der auch in den Zwölferlisten aus Gen 35,23–26 und Gen 46,8–27* seinen Niederschlag findet.

Der in V. 3 herausgestellte Vorzug Rubens, des „Erstlings meiner Manneskraft, des Ersten an Hoheit und Ersten an Macht", wird in V. 4 aufgehoben. Denn Ruben hat seinen Vorrang verspielt, indem er auf das Bett seines Vaters gestiegen ist. „Überschäumend wie Wasser: Du sollst nicht der Erste bleiben, denn bestiegen hast du das Bett deines Vaters, damals hast du mein Lager entweiht, das du bestiegen hast" (Gen 49,4). Diese Anschuldigung spielt auf das in Gen 35,22a[243] angedeutete Vergehen an, der älteste Lea-Sohn sei zu Bilha, der Nebenfrau seines Vaters, eingegangen.

Interessant ist in diesem Zusammenhang, dass die Anschuldigung in Gen 35,22a direkt vor der Erwähnung Rubens als Erstgeborener in der Zwölferliste Gen 35,22b–26 erscheint.[244] Dort nämlich findet sich folgender Erzählverlauf:

> Als aber Israel in jener Gegend wohnte, *da ging Ruben hin und schlief bei Bilha, der Nebenfrau seines Vaters, und Israel erfuhr es.* Die Söhne Jakobs waren zwölf: Die Söhne Leas waren: *Ruben, der Erstgeborene Jakobs,* und Simeon und Levi und Juda und Issaschar und Sebulon (Gen 35,22–23).

Zu פחז V. 4a vgl. Rubin, *Genesis*, 499–502; zu מכרתיהם V. 5 vgl. Meinhold, *Textkonjekturen*, 169; Cohen, *MeKĒRŌTĒHEM*, 472–482, oder Young, *Ghost*, 335–342; zu עקרו־שור V. 6b vgl. Krebs, *Stiere*, 359–361; zur Präposition עד in V. 10 vgl. insbesondere den Überblick bei Steiner, *Interpretations*, 33–60, hier עד כי ders., *Interpretations*, 38; zu מיהודה שבט לא־יסור V. 10 ders. *Interpretations*, 43–48; zu שילה כי־יבא עד V. 10 vgl. ders., *Interpretations*, 49–60; zu עקב V. 19 vgl. Gevirtz, *Asher*, 155, und zu לחמו שמנה V. 20 vgl. ders., *Asher*, 155–163.

241 Anders nimmt Macchi, tribus, 44, an, „verset 3b ne doit donc pas être compris comme un éloge du statut prééminent de Ruben, mais déjà comme une critique"; anders auch Kittel, Stammessprüche, 7.

242 Vgl. die Übersetzung der LXX: Ρουβην πρωτότοκός μου σύ ἰσχύς μου καὶ ἀρχὴ τέκνων μου σκληρὸς φέρεσθαι καὶ σκληρὸς αὐθάδης. Vgl. ferner Westermann, BK, 253–255, oder de Hoop, Genesis, 86–89. Zur überwiegend positiven Darstellung Rubens im AT vgl. Goldin, *Reuben*, 133–139. Zu den Übereinstimmungen zwischen Gen 35,22; 49,4 und 2Sam 16,20–23 vgl. Macchi, tribus, 53.

243 Vgl. zu diesem Zusammenhang allgemein Holzinger, KHC, 256; Greßmann, *Segen*, 175; Gunkel, HK, 479; von Rad, ATD, 370; Eissfeldt, Genesis, 37; Carmichael, *Sayings*, 435; Westermann, BK, 254; Blum, Komposition, 205; Ruppert, FzB, 477; Levin, *System*, 116f; Schorn, Ruben, 252.255f; Boecker, Josefsgeschichte, 110f; Augustin, *Rubeniten*, 302, oder Macchi, tribus, 48f.

244 Zur Figuration der Söhne als Stämme vgl. Treves, *Shiloh*, 354, oder Macchi, tribus, 49. Anders nimmt de Hoop, Genesis, 285, an: „there is absolutely no indication that we are here dealing with a tribe called ‚Reuben' but evidently with an individual". Ähnlich auch Kittel, Stammessprüche, 10, der meint, Ruben ist hier „ein Mann, und nicht etwa ein Stamm". Dieser „Mann hat sich an seinem Vater vergangen und wird deshalb bestraft".

Dieser Erzählverlauf ist nun in Gen 49,3–4 in umgekehrter Reihenfolge aufgenommen. Hier erscheint zunächst in Gen 49,3 das Stichwort בכר (Gen 35,23a)[245], während V. 4 auf das Vergehen aus Gen 35,22a rekurriert. Durch den Verweis auf das zuvor in Gen 35,22a begangene Vergehen wird dabei der Vorzug Rubens in Gen 49,4 sogleich aufgehoben. Das schändliche Vergehen Rubens, das in der Vätergeschichte seiner Nennung als Erstgeborener direkt vorangeht, führt in der Josefsgeschichte dazu, dass er diesen besonderen Status verliert. Mit Blick auf diese Beobachtungen ist zu erwägen, ob die Herabsetzung Rubens in Gen 35,22a nicht erst im Zuge einer Aberkennung seines Erstgeburtsrechtes in Gen 49,3f verfasst worden sein könnte.[246] Hierfür spricht auch, dass die flüchtige Notiz in Gen 35,22a – und hier insbesondere die Formulierung ישראל[247] וישמע[248] – ohne ihre Fortsetzung in Gen 49,3–4 gänzlich unverständlich bleibt.[249] Denn erst „Gen 49 bietet die in Gen 35₂₂ fehlende väterliche Bestrafung, die darin besteht, daß Ruben die auf das Erstgeburtsrecht gründende Würde und Vorrangstellung aberkannt werden"[250].

Gen 35,22:

22 ויהי בשכן ישראל בארץ ההוא וילך ראובן וישכב את־בלהה פילגש אביו וישמע ישראל
ויהיו בני־יעקב שנים עשר:

Gen 35,23:

23 בני לאה בכור יעקב ראובן ושמעון ולוי ויהודה ויששכר וזבולן:

Gen 49,3:

3 ראובן בכרי אתה כחי וראשית אוני יתר שאת ויתר עז:

Gen 49,4:

4 פחז כמים אל־תותר כי עלית משכבי אביך אז חללת יצועי עלה: פ

---

245 Vgl. die Bemerkung von Kittel, Stammessprüche, 7, die „Erstgeburt wird durch drei Parallelausdrücke hervorgehoben und kann deswegen nicht ohne Absicht erwähnt worden sein".
246 So auch Carr, Fractures, 252; Westermann, BK, 254; Schorn, Ruben 252.255f, oder de Moor, *Genesis*, 182.
247 Vgl. Macchi, tribus, 49, „[l]'appellatif ‚Israël' utilisé pour désigner le patriarche Jacob, constitue un autre indice du lien littéraire entre" Gen 35 und Gen 49.
248 Vgl. insbesondere Blum, Komposition, 205.
249 Vgl. von Rad, ATD, 370: Die „Notiz Kap. 35,22 ist nur ein Fragment". Ähnlich Blum, Komposition, 209.228.
250 Zobel, Stammesspruch, 7.

Simeon und Levi

In V. 5–7 findet sich der Spruch über Simeon und Levi als einer geschlossenen Einheit. Anders als Ruben, werden sie als Gruppe nicht direkt angesprochen. Stattdessen ergeht der Spruch des Vaters über Simeon und Levi in der dritten Person Plural.

> Simeon und Levi sind Brüder, Werkzeuge der Gewalt sind ihre Pläne. In ihren Kreis will ich nicht eintreten, mit ihrer Versammlung soll sich mein Herz nicht vereinen, denn in ihrem Zorn haben sie Männer gemordet und in ihrem Mutwillen Stiere gelähmt. Verflucht sei ihr Zorn, dass er so mächtig, und ihr Grimm, dass er so grausam ist. Verteilen will ich sie unter Jakob, zerstreuen will ich sie in Israel.

Ungeachtet der nicht leicht verständlichen Metaphorik von V. 5.6b, ist wohl mit Karin Schöpflin (u. a.) anzunehmen, dass bereits die Abhandlung beider Brüder in einem Spruch einen Verweis auf deren gemeinsames Vergehen in Gen 34 nahelegt.[251] Denn nur in Gen 49,5–7 und Gen 34,25.30 erscheinen beide Brüder atl. als „Paar". Und wie im Zusammenhang des Rubenspruches, legt es ein Blick auf den Kontext von Gen 34 nahe, dass auch das dort beschriebene Vergehen erst sekundär auf Simeon und Levi bezogen worden sein und literarisch mit ihrer Herabsetzung in Gen 49,5–7* zusammengehören könnte.[252]

---

251 Vgl. Schöpflin, *Jakob*, 50; ähnlich Samuel, Levi, 312.
Zum Zusammenhang zwischen Gen 49,5–7 und Gen 34 vgl. ferner Carmichael, *Sayings*, 435f; Blum, Komposition, 217; Schorn, Ruben, 253f.256–260; Boecker, Josefsgeschichte, 112, oder Macchi, tribus, 57.
Erwähnenswert ist hier auch die Bemerkung von Kittel, Stammessprüche, 11, das AT kennt einen „festen Sprachgebrauch für Simeon und Levi als ‚Brüder'" nicht. Nur „in Gen 34 werden beide gemeinsam genannt. Darum wird man hinter der ausdrücklichen Nennung Simeons und Levis als ‚Brüder' eine besondere, nicht genealogische Absicht vermuten dürfen".
Anders Seebass, Josephsgeschichte, 172f, der bei V. 6b „für beide Stämme Historisches aus sehr früher Zeit erinnert" sieht und einen Verweis auf Gen 34 ausschließt.
252 Vgl. insbesondere Schorn, Ruben, 97.256–260 oder de Hoop, Genesis, 521. Vgl. zur Anspielung auf Gen 34 in Gen 49,5–7 ferner Greßmann, *Segen*, 176; Kittel, Stammessprüche, 11; Levin, *Dina*, 49–59.
Blum, Komposition, 216–219.228f, sieht ebenfalls einen Zusammenhang zwischen Gen 34 und den Sprüchen über Simeon und Levi in Gen 49,5–7, die er seiner „judäischen Textgruppe" zuordnet. Gen 34,30f allerdings seien nicht Bestandteil jener Komposition, sondern gehörten der D-Bearbeitung an. „Nach diesen Beobachtungen wird man also die in 34,30 mitgeteilte Reaktion Jakobs für die der Bearbeitung von Gen 35,1ff vorausliegenden Kontexte noch nicht voraussetzen können. Dies bedeutet zugleich, daß die im Gefälle der Erzählung zu erwartende Korrespondenz, die später in 49,5–7 genannt wird, für die beiden Brüder hier – in der Erzählung selbst – noch augenfälliger offenbleibt". Obwohl der Tadel Simeons und Levis so aus dem Grundbestand von Gen 34 herausfällt, nimmt Blum, Komposition, 218, weiter an: im Fall „der in Gen 34 aufgegrif-

Um diese Annahme zu erörtern, blicken wir kurz zurück auf den fraglichen Referenztext in Gen 34. Dort ist in V. 13 zunächst die Rede von dem Kollektiv der בני־יעקב, die insgesamt als Übeltäter in Aktion treten.

> Da antworteten die *Söhne Jakobs* Schechem und Chamor, seinem Vater, mit hinterhältiger Rede, weil er ihre Schwester Dina entehrt hatte. *Sie* sprachen zu ihnen: Wir können nicht zulassen, unsere Schwester einem Mann zu geben, der unbeschnitten ist, denn das gilt bei uns als Schande. Nur dann willigen wir ein, wenn ihr werdet wie wir und sich alles bei euch, was männlich ist, beschneiden lässt (Gen 34,13–15).

Schechem und Chamor zeigen sich gewillt, der Forderung zu entsprechen. Sie gehen zum Tor der Stadt und richten sich an die Männer ihrer Stadt:

> Diese Männer sind uns friedlich gesinnt. Sie können sich im Land ansiedeln und sich darin umtun. Das Land hat ja nach allen Seiten Raum genug für sie. Ihre Töchter können wir uns zu Frauen nehmen, und unsere Töchter können wir ihnen geben. Doch nur dann willigen die Männer ein, bei uns zu wohnen und ein einziges Volk zu werden, wenn sich alles bei uns, was männlich ist, beschneiden lässt, so wie sie beschnitten sind. [...] Da stimmten alle Chamor und seinem Sohn Schechem zu, alle, die im Tor seiner Stadt ein- und ausgingen. Und alles, was männlich war, ließ sich beschneiden, alle, die im Tor seiner Stadt ein- und ausgingen (Gen 34,21–22.24).

Damit entsprechen Chamor und Schechem der Forderung, welche die Männer, i. e. die Söhne Jakobs, an sie gestellt hatten.

Erst in Gen 34,25 kommt das Brüderpaar Simeon und Levi gesondert in den Blick. Dabei ist der bereits in Gen 34,13 verwandten Bezeichnung בני־יעקב das Zahlwort שני־ voran- und die namentliche Nennung Simeons und Levis nachgestellt.

---

fenen Einzelüberlieferung deutet nichts darauf hin, daß sich der Skopus mit der Einbindung in den Kontext mit Gen 49 verändert hätte: Ebenso wie der Stammesspruch Gen 49,5–7 erklärte sie sehr wahrscheinlich die Sonderexistenz der ‚Stämme Simeon und Levi ohne eigenes geschlossenes Stammesterritorium ätiologisch als Folge des Fluches, mit dem sie für die Gewalttat in Sichem bestraft wurden“.

Macchi, tribus, 64, vermutet, dass „l'insertion de Gn 34,1–26* dans le cycle de Jacob [peut être considérée] comme l'œuvre d'un seul auteur, le même que celui de Gn 49,5–7“. Clifford, *Joseph*, 217f, betrachtet Gen 34 als Beginn der „original story of Jacob's adult sons“. Er sieht dabei den perspektivischen Wechsel von den Lea-Söhnen (Gen 34f) zum Rahel-Sohn (ab Gen 37) als Analogie zu den Geburtsgeschichten in Gen 29f, in denen der Fokus zunächst auf Lea liege, bevor Rahel in den Blick kommt.

> Am dritten Tag aber, als sie im Wundfieber lagen, nahmen die *zwei* Söhne Jakobs *Simeon und Levi*, die Brüder Dinas, jeder sein Schwert, drangen ungefährdet in die Stadt ein und töteten alles, was männlich war. Auch Chamor und seinen Sohn Schechem töteten sie mit dem Schwert. Dann holten sie Dina aus dem Haus Schechems und gingen davon (Gen 34,25–26).

In V. 27–29 treten, gänzlich unvermittelt, wieder alle Söhne Jakobs gemeinsam auf.

> Die *Söhne Jakobs* fielen über die Erschlagenen her und plünderten die Stadt, weil man ihre Schwester entehrt hatte. Ihre Schafe und Rinder, ihre Esel und was in der Stadt und auf dem Feld war, nahmen sie mit. Ihre ganze Habe, all ihre Kinder und Frauen führten sie als Gefangene fort, und sie plünderten alles, was in den Häusern war.

Obwohl demnach nicht nur Simeon und Levi, sondern auch die anderen Söhne Jakobs an den Greueltaten in Sichem beteiligt waren, trifft doch nur das Brüderpaar der Tadel des Vaters.

> Da sagte Jakob *zu Simeon und Levi*: Ihr habt mich ins Unglück gestürzt, habt mich bei den Bewohnern des Landes, den Kanaanitern und Perissitern, verhasst gemacht. Ich habe doch nur wenige Leute. Wenn sie sich gegen mich zusammentun, werden sie mich schlagen, und ich werde mit meinem Haus vernichtet (Gen 34,30).

Dieser kurze Überblick zeigt, dass die Erwähnung Simeons und Levis zum einen nur locker mit dem Gesamtkontext der Erzählung verbunden ist und ihre ausdrückliche Erwähnung zum anderen zu einer logischen Spannung im Erzählverlauf führt. Denn obgleich alle Brüder in 27–29 an den Gewalttaten in Sichem beteiligt waren, richtet der Vater sich über V. 27–29 hinweg mit seinem Tadel doch nur an die in V. 25–26 erwähnten Lea-Söhne Simeon und Levi.

Mit Blick auf diesen Befund steht zu überlegen, ob sich die Schandtat in Sichem nicht ursprünglich einmal auf alle בני־יעקב bezogen haben könnte, von denen Simeon und Levi erst nachträglich und in Vorbereitung auf Gen 49 namentlich hervorgehoben worden sind.[253] Hierfür könnte auch das paarweise Auftreten der Brüder nur in Gen 34; 49 sprechen. Denn war in Gen 34 mit den בני־יעקב bereits ein Plural vorgegeben, mussten sich mindestens zwei der „Vor-Juda-Geborenen" in Gen 49 des Verbrechens in Sichem schuldig gemacht haben. Und mit dieser schändlichen Tat haben sich Simeon und Levi, wie zuvor ihr Bruder Ruben, als Vorzugssöhne ihres Vaters disqualifiziert.

---

253 Vgl. hierzu bereits die Ausführungen von Lehming, *Überlieferungsgeschichte*, 228–250; vgl. ferner Schorn, Ruben, 256–260; Sparks, *Tradition*, 331f, oder de Moor, *Genesis*, 182.

Gen 34,25–30*:

‏25 ויהי ביום השלישי בהיותם כאבים ויקחו שני־בני־יעקב שמעון ולוי אחי דינה איש חרבו
ויבאו על־העיר בטח ויהרגו כל־זכר:
‏26 ואת־חמור ואת־שכם בנו הרגו לפי־חרב ויקחו את־דינה מבית שכם ויצאו:
‏27 בני יעקב באו על־החללים ויבזו העיר אשר טמאו אחותם:
‏28 את־צאנם ואת־בקרם ואת־חמריהם ואת אשר־בעיר ואת־אשר בשדה לקחו:
‏29 ואת־כל־חילם ואת־כל־טפם ואת־נשיהם שבו ויבזו ואת כל־אשר בבית:
‏30 ויאמר יעקב אל־שמעון ואל־לוי עכרתם אתי להבאישני בישב הארץ בכנעני ובפרזי ואני
מתי מספר ונאספו עלי והכוני ונשמדתי אני וביתי:

Der Juda-Spruch V. 8

Haben sich nach den Aussagen aus V. 3–4.5–7 alle vor Juda geborenen Lea-Söhne als Vorzugssohn disqualifiziert, ist damit der Weg frei für den viertgeborenen Lea-Sohn Juda. Über ihn verkündet sein Vater in V. 8: „Er ist es. Ihm sollen sich seine Brüder beugen". Die einleitenden Zusagen V. 8a bieten dabei ein doppeltes Wortspiel mit seinem Namen (ידך bzw. יודוך),[254] von denen das erste die etymologische Begründung aus Gen 29,35aβ aufgreift. Fluchtpunkt des Verses ist die Aussage von V. 8b, nach der sich alle Brüder „deines Vaters" nun vor Juda niederwerfen sollen. Mit dieser Proskynese[255] greift der erste Vers des Juda-Spruches ein sehr prägnantes Motiv aus dem vorauslaufenden Kontext der Josefsgeschichte wieder auf. Es begegnet erstmals im Zusammenhang von Josefs Traum in Gen 37,7, wo die Brüder sich als Garben vor der Garbe Josefs verneigen und so den späteren Vorrang Josefs vorabbilden, wie er sich in Gen 42,6; 43,26.28 vollzieht.[256] Indem nun die Einführung Judas als Primus unter seinen Brüdern auf genau diesen Terminus zurückgreift, wird die zuvor für Josef reservierte Vorzugsstellung auf den viertgeborenen Lea-Sohn übertragen.[257]

---

254 Zu den Wortspielen vgl. bereits Gunkel, HK, 481; vgl. ferner Ruppert, FzB, 483; Westermann, BK, 257–259, oder de Moor, *Genesis*, 193.
255 Zu den unterschiedlichen Deutungsversuchen der Proskynese vgl. van der Merwe, *Joseph*, 230, oder Westermann, BK, 257–259.
256 Zu diesem Bezug vgl. Carmichael, *Sayings*, 438; Döhling, *Herrschaft*, 26f; Macchi, tribus, 121; de Hoop, Genesis, 324; Menn, Judah, 81, oder Wünch, *Analysis*, 784. Vgl. ferner Ebach, HThKAT, 595, der meint, dass sich der von Josef erträumte „Vorrang" über seine Brüder *realiter* nie bzw. nur korrigiert vollzogen habe.
257 Anders sieht Good, *Judah*, 427–432, in dem Juda-Spruch eine Kritik an dem Lea-Sohn. Seebass, Josephsgeschichte, 182f, versteht auch in Gen 49 Josef als „Erstgeborenen" bzw. Nachfolger Israels. Ähnlich Eissfeldt, Genesis, 9, der annimmt, dass in einer älteren Version Ruben, Simeon,

Gen 37,7:

‏⁷ והנה אנחנו מאלמים אלמים בתוך השדה והנה קמה אלמתי וגם־נצבה ‏והנה תסבינה‏
‏‏אלמתיכם ותשתחוין לאלמתי‎:‎

Gen 42,6:

‏⁶ ויוסף הוא השליט על־הארץ הוא המשביר לכל־עם הארץ ויבאו אחי יוסף ‏וישתחוו־לו אפים‏
‏‏ארצה‎:‎

Gen 43,26.28:

‏²⁶ ויבא יוסף הביתה ויביאו לו את־המנחה אשר־בידם הביתה ‏וישתחוו־לו ארצה‎:‎
‏²⁸ ויאמרו שלום לעבדך לאבינו עודנו חי ‏ויקדו וישתחו‏‎:‎

Gen 49,8:

‏⁸ יהודה אתה יודוך אחיך ידך בערף איביך ‏ישתחוו לך בני אביך‎:‎

Angesichts der o. a. Stichwortverknüpfung[258] ist zu überlegen, ob die Sprüche Jakobs nicht von vornherein für ihren jetzigen Kontext verfasst wurden. Zwar könnten die Tiermetaphern und Wortspiele,[259] die als Charakterisierung der jüngeren Brüder dienen, durchaus auf ältere Sprichwörter zurückgehen. Doch scheinen die Sprüche über Ruben, Simeon, Levi und Juda ihren vollen Sinn nur auf dem Hintergrund der Josefs- und Vätergeschichte zu entfalten.[260]

Levi und Juda „ihren Erstgeburtsanspruch verloren haben und dieser nun dem nächst älteren, dem Joseph zufallen musste".

Steinberg, *World*, 295, sieht hier den Wechsel von einer vertikalen zu einer horizontalen Genealogie vorliegen. The „focus shifts from a lineal/vertical genealogy, focused on the choice of only one son, to a segmented/horizontal genealogy, where all of Jacob's sons become his heirs. The lack of interest in exclusivity of heirship is clear when Jacob blesses his twelve sons in Gen 49. No one son is singled out as lineal heir to Jacob. Instead the lineage clearly shifts from vertical to horizontal reckoning. Heirship has become decentralized".

Sparks, *Tradition*, 331f, geht davon aus, dass „the original list may have granted this high position only to Joseph and that the list has been secondarily edited to grant a special distinction upon Judah as well".

Clifford, *Joseph*, 218, versteht die Josefsgeschichte insgesamt als einen Kampf um das Erstgeburtsrecht. Dabei geht er nach der Disqualifikation Rubens, Simeons und Levis in Gen 34 f davon aus, dass „[b]y chapter 37, the rivalry has narrowed down to two – the Leah son Judah and the Rachel son Joseph".

258 Anders Seebass, *Josephsgeschichte*, 184.

259 Vgl. hierzu Macchi, tribus, 304. Zu einer Auflistung der einzelnen Motive vgl. Gunneweg, *Sitz*, 28f.

260 Vgl. hierzu insbesondere Macchi, tribus, 302. Zu beachten ist auch die bereits von Eissfeldt, Genesis, 43, getroffene Beobachtung, „die von Jakob über Ruben, Simeon und Levi verhängten

Der Juda-Spruch: V. 8 und sein Verhältnis zu V. 9–12

Vorausgesetzt ist bei dieser Einschätzung freilich, dass es sich bei V. 8 um einen integralen Bestandteil der Spruchreihe handelt, der dem Kontext nicht – wie Zobel oder Sparks vermuten[261] – erst nachträglich zugewachsen ist. Für diese Annahme spricht vor allem ein Blick auf den weiteren Kontext des Judaspruches in V. 9–12. Dort nämlich wechselt in V. 9 der Numerus zwischen der 2. und 3. Person msk. Sg. Dieser Personenwechsel „läßt sich [wohl am ehesten] als Fortführung der Anredeform von Vers 8 [verstehen]. Unabhängig von Vers 8 als Vordersatz wäre er innerhalb von Vers 9 ebenso wenig verständlich wie der Wechsel von 2. Sing. zu 3. Sing. zwischen Vers 8 und 9".[262] Mit anderen Worten, dürfte der Autor von V. 9 mit der Anrede in der 2. Person zunächst an die ihm bereits vorgegebenen Formulierungen von V. 8 angeknüpft haben, die er nun um Formulierungen in der 3. Person ergänzt und so auf die ebenfalls in der 3. Ps. msk. Sg. formulierten V. 10–12 vorbereitet. Dabei fällt auf, dass der Tierspruch in V. 9b nahezu wörtlich mit Num 24,9 übereinstimmt, wo er nicht auf Juda allein, sondern auf Israel bezogen ist.

In V. 10 findet sich mit dem Szepter ein Motiv, das uns ebenfalls im Rahmen der Bileamweissagungen begegnet. Dort nämlich sagt der Seher für Jakob-Israel im Zusammenhang des vierten Orakels in Num 24,17 voraus, dass ein Stern aus Jakob hervortreten und sich ein Szepter aus Israel erheben wird.[263] Auffällig ist mit Blick auf beide Verse, dass auch in Gen 49,10 die zweigliedrige Struktur Nomen + מן angeführt ist, obwohl hier nur ein Adressat angesprochen wird.

Gen 49,9.10:

⁹גור אריה יהודה מטרף בני עלית כרע רבץ כאריה וכלביא מי יקימנו:

¹⁰לא־יסור שבט מיהודה ומחקק מבין רגליו עד כי־יבא שילה ולו יקהת עמים:

Num 24,9.17:

⁹כרע שכב כארי וכלביא מי יקימנו מברכיך ברוך וארריך ארור:

¹⁷אראנו ולא עתה אשורנו ולא קרוב דרך כוכב מיעקב וקם שבט מישראל ומחץ פאתי מואב וקרקר כל־בני־שת:

Flüche in 49,3–7 sind so fest mit ihrem Erzählungszusammenhang verwachsen und weisen so wenig Eigenständigkeit auf, daß man sie von den Autoren der Erzählungsfäden, zu denen sie gehören, wird herleiten müssen". Vgl. auch Wenham, Genesis, 469f, oder die Bemerkung von de Hoop, Genesis, 79: Though „the classification of ,tribal sayings' is almost generally accepted for the sayings in Genesis 49, the independence of some smaller sayings is questionable. In several cases it is hard to envisage a situation where these sayings would have functioned independently".
Zur unterschiedlichen Gestaltung der Sprüche über Ruben, Simeon und Levi vgl. ferner Sparks, *Tradition*, 330, oder Gunneweg, *Sitz*, 30f, der auch auf die abweichende Gestaltung des Juda-Spruches hinweist.
261 Vgl. Zobel, Stammesspruch, 55–58, oder Sparks, *Tradition*, 332f, die in der Tiermetapher von V. 9 den ursprünglichen Spruch und in V. 8.10–12 eine pro-judäische Erweiterung sehen.
262 Kittel, Stammessprüche, 16.
263 Vgl. hierzu Blenkinsopp, *Oracle*, 57, oder Macchi, tribus, 293f.

Die weiteren Formulierungen von Gen 49,10 sind kryptisch, die Bedeutungen der hebräischen Wurzeln nicht immer bekannt. Das prominenteste Rätsel dürfte das viel und vergebens diskutierte [264]שילה darstellen, dessen genaue Bedeutung wohl nicht mehr zu klären ist. Mit Blick auf die Formulierungen von V. 10 insgesamt ist allerdings davon auszugehen, dass Juda für die Zukunft Positives verheißen wird. Dieser Eindruck manifestiert sich innerhalb von V. 10 vor allem in der Vorstellung des Herrschertums, die durch das Symbol des bereits oben besprochenen שבט (V. 10aα) und dem Gehorsam der Völker (יקהת עמים V. 10bβ) evoziert wird.[265] Er wird gestützt von einem Blick auf V. 11–12, die von der Erwähnung Judas in V. 10a abhängen[266] und diesen auch sachlich fortzusetzen scheinen.[267] Es darf damit wohl insgesamt für die Aussage von V. 10–12 angenommen werden, dass sie Juda eine positive Zukunft verheißen.[268] „V. 11a berührt sich mit dem Gedanken aus Sach 9,9, daß der Herrscher auf einem Esel reitet und scheint diesen vorauszusetzen. Wenn er sein Reittier an den Weinstock bindet, der Israel repräsentiert, dann deutet dies auf seinen Herrschaftsanspruch darüber hin. V. 11b[269] nimmt die purpurfarbene Kleidung dieses Herrschers in den Blick, V. 12[270] die ideale Schönheit seiner Person."[271]

Die zukunftsorientierte, „messianische" Perspektive der Verse deckt sich mit dem Verweis auf zukünftige Zeiten (אחרית הימים) in V. 1b. V. 10–12 könnten mit jenem Halbvers auch literarisch auf einer Ebene liegen.[272] Hierfür spricht neben der gemeinsamen Intention auch die redundante Vorwegnahme der Aufforderung von V. 2a in V. 1b, die primär einer Akzentverschiebung ins „Messianische" zu dienen scheint.[273]

Auffällig im Zusammenhang von V. 1b ist wiederum, dass sich die Zeitangabe באחרית הימים ebenfalls im Kontext der Bileam-Sprüche von Num 24 finden lässt,[274] nunmehr in V. 14, der Bileam Balak verkünden lässt, „was dies Volk deinem Volk tun wird in den letzten Tagen".

---

264 Bereits Gunkel, HK, 481, stellte ernüchternd fest, „שילו ist trotz aller Bemühungen der Jahrhunderte noch nicht gedeutet". Zu Interpretationsversuchen der Formulierung vgl. Nötscher, שילה, 323–325; Margulis, *Look*, 202–205; de Hoop, Genesis, 122–139; Macchi, tribus, 97–111; Rosenberg, *Shiloh*, 258–261; Ruppert, FzB, 468–475, oder Treves, *Shiloh*, 353–355.

265 Vgl. hierzu vor allem Ruppert, FzB, 481–487, oder Westermann, BK, 260–264.

266 Vgl. bereits Dillmann, Genesis, 441, zum Juda-Spruch: „V. 11 f. gehören mit 10 enger zusammen".

267 Vgl. Zobel, Stammesspruch, 15, der V. 10–12 allerdings von V. 9 abhebt.

268 So meinte Gunkel, HK, 481, „10b ist, wie heute fast allgemein zugegeben wird, ‚messianisch' d. h. auf den Herrscher der Endzeit zu verstehen". Vgl. auch Westermann, BK, 246–249; Ruppert, FzB, 481–489, oder Schöpflin, Jakob, 518.

269 Abzulehnen ist an dieser Stelle wohl die Annahme von Carmichael, *Sayings*, 442f, der in dem in Wein getränkten Gewand eine Anspielung auf Gen 37,31 sieht.

270 Mit Gevirtz, *Adumbrations*, 23; Westermann, BK, 246–249; Ruppert, FzB, 448, oder Schöpflin, *Jakob*, 518 mit Anm. 101, wird hier anzunehmen sein, dass מיין (V. 12a) und מחלב (V. 12b) in komparativischer Bedeutung zu verstehen sind.

271 Schöpflin, *Jakob*, 518.

272 Vgl. die Beobachtungen bei von Rad, ATD, 369.

273 Vgl. insbesondere Macchi, tribus, 81, aber auch von Rad, ATD, 369; Ruppert, FzB, 481–489, oder Westermann, BK, 278.

274 Vgl. hierzu z. B. Macchi, tribus, 293f.

Gen 49,1*:

¹ וַיִּקְרָא יַעֲקֹב אֶל־בָּנָיו וַיֹּאמֶר האספו ואגידה לכם את אשר־יקרא אתכם **באחרית הימים**:

Num 24,14:

¹⁴ ועתה הנני הולך לעמי לכה איעצך אשר יעשה העם הזה לעמך **באחרית הימים**:

Fassen wir unsere Beobachtungen zu V. 8–12 kurz zusammen. In V. 8 wird Juda in der direkten Rede seines Vaters zum Vorzugssohn erklärt. Dazu rekurriert der Autor von V. 8 mit dem Terminus חזה offenbar direkt auf die vorangehende Josefsgeschichte (Gen 37,7; 42,6; 43,26) und überträgt den dort vorgegebenen Vorrang Josefs nun auf den vierten Lea-Sohn. Juda wird so zum Vorzugssohn Jakobs und zum Nachfolger Israels erkoren.

Ist der Höhepunkt damit eigentlich erreicht, setzt sich das Lob auf Juda dennoch in den V. 9–12 fort. Dabei schließt V. 9aβ mit der direkten Anrede formal an V. 8 an,[275] wird jedoch von einer Rede über Juda in der 3. Ps. Sg. msk. gerahmt. Sie findet eine fast wortgetreue Entsprechung in Num 24,9 und bereitet die Verheißungen in V. 10–12 vor, die ebenfalls in Aussageform verfasst sind. V. 10–12 befassen sich mit dem *künftigen* Schicksal Judas und dürften damit nicht nur sachlich, sondern auch literarisch mit V. 1b zusammengehören. Neben einer Anspielung auf Sach 9,9 (V. 11a) lassen sich in jenen Versen noch zwei weitere Berührungspunkte mit den Bileamsprüchen feststellen, nämlich mit dem aus Juda bzw. Israel hervorgehenden שבט (V. 10a; Num 24,17) und mit dem Verweis auf zukünftige Zeiten (אחרית הימים; V. 1a; Num 24,14).

Die angeführten Beobachtungen lassen sich wohl am ehesten so erklären, dass mindestens zwischen zwei Juda-Sprüchen zu unterscheiden ist, von denen der ältere (V. 8) bemüht ist, den Vorrang Judas unter Rückgriff auf die Josefsgeschichte herauszustellen (s. o.).

Erst in einem nächsten Schritt wurden diesem älteren Spruch V. 9–12 angefügt, die sich nun mit dem künftigen Schicksal Judas beschäftigen und einem „prophetischen Orakel" gleichen. In diesem Orakel finden sich mehrere Anspielungen auf die Bileamerzählung in Num 24, von denen das Zitat כרע [...] כאריה וכלביא מי יקימנו Gen 49,9b und der Verweis auf das Szepter (V. 10a; Num 24,17) die in Num 24 vorgegebene Perspektive von Jakob-Israel auf Juda verengen.[276]

Nachdem mit dem expliziten Rückgriff auf die Josefsgeschichte nicht nur der Vorrang Judas gegenüber den vor ihm geborenen Brüdern vollzogen, sondern auch der Vorzug Josefs auf ihn übergegangen ist, nimmt es sodann kaum wunder, dass für die Sprüche über die jüngeren Brüder kein gleichermaßen spezifisches Interesse festzustellen ist, wie es für Ruben, Simeon und Levi auszumachen war.[277]

---

275 Dass die direkte Anrede in V. 9 als redaktionelle Verknüpfung zu verstehen ist, glaubt auch Zobel, Stammesspruch, 11.

276 Anders versteht Macchi, tribus, 292, die Abhängigkeit genau umgekehrt.

277 Auch de Hoop, Genesis, 355f, weist darauf hin, dass die „sayings on the other brothers are all very loosely embedded in their context, as they do not refer to any events in the context, ex-

Ihre ausdrückliche Ansprache im Rahmen der letzten Worte Jakob-Israels scheint sich vielmehr der programmatischen Unterschrift zu verdanken,[278] die mit der Erwähnung der zwölf Stämme Israels den (pseudo-)personalen Rahmen der nachpriesterschriftlichen Einleitung V. 1a verlässt. Es scheint demnach weniger von Bedeutung, wie die nach Juda geborenen Brüder charakterisiert werden, als vielmehr, dass sie aufgelistet werden.

Bei der oben skizzierten Entwicklung dürfte es sich gegen de Hoop weniger um einen realhistorischen „shift of the *status quo* in favour of Judah"[279] als vielmehr um das literarische Produkt einer pro-judäischen Autorschaft handeln, das nachpriesterschriftlich zu datieren sein dürfte und den Vormachtsanspruch Judas gegenüber seinen Brüdern zum Ausdruck bringen will. Ob dieser Anspruch real-historische Auseinandersetzungen – dann wohl im Zusammenhang der perserzeitlichen Provinzen Jehud und Samaria – widerspiegelt, steht zu vermuten, ist dem Text selbst jedoch nicht zu entnehmen. Interessant ist in jedem Fall die explizite Aufnahme des Segensmotivs, das nun mit der herausragenden Formulierung V. 8 Juda als „Gesegneten" herausstellt und so die Segnung der Nordstämme in Gen 48 zugunsten des Südreichs „korrigiert".

Der Josef-Spruch (V. 22–26)[280]
Dass auch Josef ursprünglich in Gen 49 nur einer unter den Nach-Juda-Geborenen gewesen sein dürfte, soll hier kurz gesondert erörtert werden. Wenden wir uns deshalb im Anschluss den Josef-Versen (V. 22–26) zu. Ungeachtet der sprachlichen Schwierigkeiten von V. 22 und seiner nicht ganz sauberen dikolaren Struktur, bewegt sich die Aussage des Verses im Horizont der übrigen Sprüche über die nach Juda geborenen Jakob-Söhne: ein prägnanter Einzeiler, der Josef mit einem metaphorischen Wortspiel charakterisiert.[281]

---

cept that some of them seem to allude to the birth-stories".
Vgl. ähnlich die Beobachtungen von Skinner, Genesis, 510f, dass „the inadequacy of the theory [...] that the poem consists of a number of fugitive oracles which had circulated independently among the tribes [...] is seen when we observe that all the longer passages (Reuben, Simeon-Levi, Judah, Joseph) assume that Jacob is the speaker, while the shorter pieces are too slight in content to have any significance except in relation to the whole".
278 Vgl. hierzu bereits die Beobachtung von Eissfeldt, Genesis, 44, dass die Einfügung der ab Juda Geborenen sich dem Zwecke verdankt, den Text „zu einer alle Jakobssöhne berücksichtigenden vollständigen Spruchreihe auszugestalten".
Vgl. ferner de Hoop, Genesis, 356, der annimmt, dass die „list functions as a survey of the twelve tribes of Israel (49:28) and in that sense the number twelve seems to be rather important here".
279 De Hoop, Genesis, 455.
280 Zu den abweichenden Formulierungen der LXX und ihrer möglichen Herleitung(en) vgl. insbesondere Rösel, *Interpretation*, 67–70, und Sæbø, *Names*, 60–64.
281 Vgl. zu dieser Beobachtung Zobel, Stammesspruch, 21.

Der Übergang zu V. 23 erfolgt nicht nahtlos. Neben grammatischen Schwierigkeiten stört hier vor allem das unvorbereitete Auftauchen der Pfeilschützen, deren Erscheinen nur schlecht an die in V. 22 dargebotene Metapher Josefs als Jungstier[282] anschließt. Es ist dementsprechend anzunehmen, dass beide Motive nicht in einem ursprünglichen Verhältnis stehen, sondern V. 23, der syntaktisch von V. 22 abhängt, dem Kontext erst sekundär zugefügt wurde. „Von den meisten Auslegern (alle früheren, aber auch HJZobel, HJKittel) wird V. 24b als ursprüngliche Fortsetzung von V. 24a gesehen"[283], an den er mit מידי auch explizit anschließt und die Arme nun als ידי אביר יעקב expliziert. Dabei erstrecken sich die Gottesattribute von V. 24b bis V. 25aα, der die Reihe mit dem Verweis auf מאל אביך abzuschließen scheint, allerdings nur schlecht an den folgenden Narrativ ויעזרך anknüpft. Die Wirrungen, die sich sprachlich und syntaktisch aus dem Zusammenhang von V. 23–26 ergeben, werden sich wohl nicht letztgültig klären lassen. Sachlich jedoch erwecken die Verse den Anschein, als habe man zwischen den Pfeilschützen und den Segnungen zu unterscheiden. Dann könnte es sich bei den Formulierungen aus V. 24b um eine Überleitung handeln, die explizit an die Aussage von V. 24a anknüpft und auf die Segnungen V. 25 vorbereiten will. Sicher ist diese Annahme freilich nicht.

Mit relativer Sicherheit dürfte allerdings zwischen einem älteren Spruch (V. 22) und einer nachträglichen Fortsetzung (V. 23–26) zu unterscheiden sein. Dabei hätte sich der ursprüngliche Josefspruch analog den übrigen „Nach-Juda-Geborenen" als ein kurzes Bildwort gestaltet.[284] Josef geht so in der Masse der Nach-Juda-Geborenen auf; der Fokus gilt allein Juda, dessen Huldigung (חוה) durch seine Brüder die Vorrangstellung Josefs aufhebt. Im Rahmen der ursprünglichen Spruchreihe Gen 49,3–27* repräsentiert Josef somit nur einen unter vielen.

Erst später dürfte der Spruch um die Aussagen von V. 23–26 ergänzt worden sein. Die Fortschreibung(en) des Josef-Spruches dürfte(n) sich wohl am ehesten im Rahmen eines „literarischen Wettstreites" mit seinem älteren Bruder Juda erklären lassen, an dessen herausragende Position die Stellung des eigentlichen Lieblingssohnes nun wieder angeglichen wird. Wie genau sich dieser „Wettstreit" vollzogen hat, ist dem vorliegenden Text dabei u. E. nicht mehr sicher zu entnehmen.

Versteht sich somit auch die (älteste) Erwähnung Josefs in Gen 49 noch ganz auf dem Hintergrund der nach Juda geborenen Brüder, bleibt zu fragen, wie sich der ausdrückliche Verweis auf die „zwölf Stämme Israels" in V. 28 und die Vorordnung Judas in V. 8 erklären lassen könnten. Um eine mögliche Antwort auf diese

---

282 Vgl. zu dieser Übersetzung Ruppert, FzB, 452f, oder Macchi, tribus, 189–194. Bereits Gunkel, HK, 485, vermutete: „פרת ist Wortspiel auf den alten Namen אפרת [...] also gesichert, wird aber besser als = פרה ‚Kuh' gedeutet, wie denn auch 22b = שור ‚Rind' zu sein scheint, und wie Joseph auch Dtn 33,₁₇ mit einem Rind (שור) verglichen wird; auch hier also ein Tierbild".
Zur floralen Deutung des Spruches mit möglichem mesopotamischen Hintergrund vgl. exemplarisch Allegro, *Background*, 249–251.
283 Westermann, BK, 272.
284 Zu den Spannungen innerhalb des Josef-Spruches vgl. insbesondere Westermann, BK, 269–275. Mit Blick auf V. 24b–26 nahm bereits Fripp, *Note*, 262–266, an, dass sie als Glosse ausgeschieden werden sollten.

Frage vorzustellen, weiten wir unseren Blick auf die Stammeslisten im Buch Numeri.

Die 12er-Listen des Numeri-Buches

Wie bereits im Zusammenhang von Gen 48 besprochen, ist in Num 26 das Personenverzeichnis von Gen 46 in Form eines Geschlechterverzeichnisses aufgenommen.[285] Dabei musste Levi, der in Num 26 als Priesterstamm vom Erbteil ausgeschlossen war und aus diesem Grund gesondert gezählt wurde, aus dem Personenverzeichnis Gen 46 ausgeschieden werden und wurde durch die Söhne Josefs, Manasse und Ephraim, ersetzt. Um die Lücke innerhalb der sechs Lea-Söhne zu schließen, die durch den Wegfall Levis entstanden ist, wurde zudem der erste Sohn der Lea-Magd Silpa, Gad, an seine Stelle gerückt. Ihr zweiter Sohn, Asser, wurde den Söhnen der Rahel-Magd Bilha (Dan/Naftali) subsumiert. Hieraus ergibt sich die in den Numeri-Listen feststehende Dreierfolge Dan (Bilha) – Asser (Silpa) – Naftali (Bilha), die sich konzentrisch an den Müttern orientiert.[286]

Während Num 26 grundsätzlich an die in Gen 46 vorgegebene Rangfolge der Brüder anschließt und Ruben an erster Stelle verortet, kehren sich die Verhältnisse in der Heerbannordnung Num 2,3–31 um.[287] Hier wird nun der vierte Lea-Sohn Juda an die erste Stelle gerückt. Da die Anordnung der Söhne in Num 2 nach den vier Himmelsrichtungen erfolgt, werden die Söhne Israels in Dreiergruppen zusammengefasst und wird Ruben deshalb nicht an die zweite, sondern an die zuvor von Juda eingenommene vierte Stelle versetzt. Die weiteren Lea-Söhne Simeon und der für Levi eingetretene Gad sowie Issachar und Sebulon folgen auf den Plätzen und verdeutlichen, dass, obwohl die Rangfolge der Brüder verändert wurde, ihre Anordnung nach den Müttern noch immer den genealogischen Vorgaben der Genesis folgt. Sie bleibt zudem den 6er-Blöcken (6 Lea – 6 Nicht-Lea) aus Num 26 treu.

---

285 Vgl. Levin, *System*, 111–123, oder Samuel, Levi, 198f. Anders hingegen Noth, System, 7. Weippert, *System*, 76, versteht das „stämmegeographische System als ein ursprünglich nordisraelitisches Gebilde aus der vormonarchischen Zeit, dessen Anfang ursprünglich durch die Nennung Benjamins und Ephraims und dessen Ende durch die beiden Stämme Asser und Naphtali festgelegt war".
286 Vgl. ausführlich oben 5.2. (e). Vgl. ferner Levin, *System*, 111–123.
287 Vgl. zu einer ausführlichen Darstellung der literarisch-chronologischen Verhältnisse Levin, *System*, 112f.

Num 26,5–51		Num 2,3–31
Ruben (Lea)		Juda (Lea)
Simeon (Lea)		Issachar (Lea)
Levi (Lea) Gad (Silpa)		Sebulon (Lea)
Juda (Lea)		Ruben (Lea)
Issachar (Lea)		Simeon (Lea)
Sebulon (Lea)		Levi (Lea) Gad (Silpa)
Josef Manasse(Rahel)		Josef Ephraim (Rahel)
Josef Ephraim (Rahel)		Josef Manasse (Rahel)
Benjamin (Rahel)		Benjamin (Rahel)
Dan (Bilha)		Dan (Bilha)
Asser (Silpa)		Asser (Silpa)
Naftali (Bilha)		Naftali (Bilha)

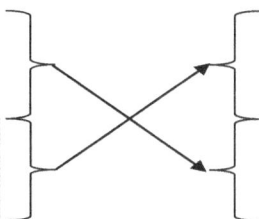

Auch die Auflistung der Söhne in Gen 49 hält sich an die Verteilung nach den Müttern. So nimmt sie, unter den veränderten Vorzeichen der Genesis, zunächst Levi als Sohn Jakobs wieder in die Liste der Lea-Söhne auf. Der an seine Stelle gerückte Bruder Gad muss somit weichen und wird seinem Vollbruder Asser an die Seite gestellt. Entgegen den Vorgaben der Genesis (Gen 29f; Gen 35,22bff; Gen 46,8–27*) befinden sich Gad und Asser aber nicht als Block im Gegenüber zu den Söhnen der verbleibenden Magd, Bilha, (Dan/Naftali – Gad/Asser), sondern orientieren sich stattdessen an der konzentrischen Anordnung der Magdsöhne in den Numeri-Listen: Dan (Bilha) – Gad (Silpa) – Asser (Silpa) – Naftali (Bilha). Es macht entsprechend den Anschein, als sei die Anordnung der Söhne in Gen 49 bereits in Kenntnis der Numeri-Reihenfolge verfasst worden. Mehr noch, könnte man annehmen, dass sie mit ihrer Konzentration auf den Vorrang Judas nicht nur das ältere System mit Ruben an erster Stelle, sondern bereits die Heerbannordnung Num 2,3–31 voraussetzt, in der Juda seinen älteren Bruder Ruben als Primus unter den Brüdern bzw. Stämmen abgelöst hat.

In der Eintragung der Zwölf Stämme in den Kontext von Gen 49 könnte dann ein Versuch zu sehen sein, die in der Heerbannordnung Num 2,3–31 vollzogene Vorordnung Judas unter den Söhnen Israels nachträglich auch in den Anfängen Israels zu verankern und sie so zu legitimieren.[288]

---

288 Schwierig bleibt in diesem Zusammenhang das Fehlen der Josefsöhne Ephraim und Manasse, die ja direkt zuvor (Gen 48,5–7) von Jakob-Israel adoptiert wurden. Dass sie hier dennoch nicht auftauchen, obwohl sie nach der Adoption zu den Söhnen bzw. Stämmen Israels zählen, kann mit mehreren Aspekten zusammenhängen. Zum einen haben sie bereits im Zusammenhang von Gen 48 eine explizite und ausführliche Segnung erhalten. Des Weiteren ist im Rahmen

Num 2,3–31		Gen 49,3–27
Juda (Lea)		Ruben (Lea)
Issachar (Lea)	Die 6+6 Struktur aus Num 2 und	Simeon (Lea)
Sebulon (Lea)	Num 26 ist in Gen 49 zugunsten	~~Gad (Silpa)~~ Levi (Lea)
Ruben (Lea)	der genealogischen Anordnung	Juda (Lea)
Simeon (Lea)	aus Gen 29f aufgegeben.[289]	Issachar (Lea)
~~Levi (Lea)~~ Gad (Silpa)	Die konzentrische Struktur der	Sebulon (Lea)
Josef Ephraim (Rahel)	Magdsöhne ist hingegen beibe-	**Dan (Bilha)**
Josef Manasse (Rahel)	halten.	**Gad (Silpa)**
Benjamin (Rahel)		**Asser (Silpa)**
Dan (Bilha)		**Naftali (Bilha)**
Asser (Silpa)		**Josef (Rahel)**
Naftali (Bilha)		Benjamin (Rahel)

Eine weitere Rückwirkung der Numeri-Listen auf die Genesis könnte, wie oben besprochen, in der Adoption Ephraims und Manasses durch Jakob (Gen 48,5–7) zu greifen sein. Sie scheint auf den bereits angeklungenen Ausfall Levis aus der Liste Num 26 und dessen Ablösung durch Ephraim und Manasse zu reagieren, die nun von ihrem Großvater an Sohnes statt angenommen werden. Durch diesen Adoptionsakt gehören sie offiziell zu den Söhnen Jakob-Israels und können als solche auch den weiteren Söhnen in Num 26 gleichgesetzt werden (vgl. ausführlich oben zur Stelle).[289]

Auch in Gen 48 scheint die Legitimation der Numeri-Liste also in der Genesis und somit in den Anfängen der Geschichte Gottes mit seinem Volk verortet zu werden, wohl um eine Kontinuität der geschichtlichen Ereignisse zu gewährleisten: Die zwölf Söhne Jakobs sind die Eponymen jener Stämme, die in das verheißene Land einziehen werden. Es wird dann kein Zufall sein, dass die zweite Rückbindung (Gen 49,3–27*) auf den Fersen der ersten (Gen 48,5–7) folgt und im Zusammenhang der letzten Worte Israels (!) ergeht. Dass es sich bei der dargestellten Entwicklung nur um den Versuch einer Annäherung an die komplexen literargeschichtlichen Zusammenhänge handeln kann, versteht sich von selbst.

---

der Söhne Jakobs und vor dem Hintergrund der in ein Familiengewand gekleideten Stammesgeschichte der Genesis auch Levi wieder in die Liste aufgenommen, dessen Ausscheiden in Num 26 ja den Ausschlag für die Aufnahme der Enkel als vollwertige Stämme veranlasst haben dürfte. Zuletzt entspricht die Auslassung der Josefsöhne zumindest dem Grundtenor der ursprünglichen Spruchreihe, deren Interesse einzig dem vierten Lea-Sohn, Juda, galt, während Josef seiner herausragenden Position enthoben und zu „einem unter vielen" wurde.

289 Vgl. hierzu de Hoop, Genesis, 350.

Ergebnis

Fassen wir unser Ergebnis abschließend kurz zusammen. Der älteste Bestand (I) von Gen 49 dürfte in der Sterbenotiz V. 33aβ zu sehen sein, die im vorpriesterschriftlichen Zusammenhang einmal auf die Begräbnisanweisungen Israels in Gen 47,29–31* gefolgt ist. Beide Motive gehören auch literarisch zusammen und werden durch die Ausführung des Befehls aus Gen 47,29–31* in Gen 50* fortgesetzt. Dort bestattet Josef seinen Vater, wie von ihm gewünscht, nicht in Ägypten.

Dieser vorpriesterschriftliche Erzählabschnitt Gen 47,29–31*; 49,33aβ wurde später durch die (II) priesterschriftlichen Formulierungen in Gen 47,28; 49,33b gerahmt. Sie stellen den Begräbnisanweisungen in Gen 47,29–31* zunächst die summarische Notiz über das Lebensalter Jakobs voran und lassen dem Abschnitt in Gen 49,33b die priesterschriftliche Todesnotiz folgen. Die Formulierungen entsprechen den priesterschriftlichen Aussagen über den Tod der weiteren Erzväter Abraham (Gen 25,7–8) und Isaak (Gen 35,28–29a).

Zwischen die Aussagen aus Gen 47,29–31* und Gen 49,33aβb* hat sich nachpriesterschriftlich zunächst der (III) Abschnitt Gen 49,1a.28abβ.29a.30(ohne במערה אשר בשדה) geschoben. Er lässt Jakob nun alle Söhne segnen und ihnen den Befehl erteilen, er möge in der Erbbegräbnisstätte Machpela und also *bei seinen Vätern* begraben werden. Damit greift der Abschnitt makrokontextuell auf den Kauf der Begräbnisstätte durch Abraham in Gen 23* zurück und doppelt im Binnenkontext der Josefsgeschichte die Bitte Israels an Josef, ihn nicht in Ägypten zu bestatten (Gen 47,29–31*).

Dieser älteste Befehl Jakobs ist von Späteren offenbar mehrfach überarbeitet worden (III¹: V. 29b.30[nur במערה אשר בשדה]; III²: 32; III³: 31; vgl. genauer oben zu V. 29–33). Ihm ist zudem auch (III¹) die Spruchreihe V. 1b–27* eingefügt worden,[290] die das Motiv des Segens aus V. 28* aufgreift und den Segen nun als einen jeden Sohn bzw. Stamm einzeln betreffenden Segensspruch interpretiert. Primäres Ziel der Spruchreihe ist es, den Vorrang Judas unter seinen Brüdern zu etablieren. Zu diesem Zwecke werden zunächst die drei älteren Lea-Söhne Ruben, Simeon und Levi mit Rückverweisen auf ihre Vergehen in Gen 35,22; 34(,25.30) diskreditiert und verlieren so ihr Anrecht auf die Rolle des Vorzugssohnes. Dabei könnten sowohl der Verweis Gen 35,22a als auch die Identifikation der Übeltäter in Gen 34,25*.30* mit Simeon und Levi literarisch mit der Eintragung der Stammessprüche in Gen 49 zusammengehören.

Die explizite Aufnahme der Wurzel חוה im Rahmen des Juda-Spruches Gen 49,8 lässt überdies darauf schließen, dass die Sprüche in Kenntnis der Josefsgeschichte geschrieben und wohl bewusst für ihren jetzigen Kontext verfasst

---

290 Vgl. Westermann, BK, 252, oder Levin, Jahwist, 311.

wurden.[291] Sie stellen grundsätzlich eine literarische Einheit dar, die nachpriesterschriftlich zu datieren[292] sein wird und neben einigen möglichen Einzelnach-
trägen (V. 7[293].15[294].17[295].18[296]) vor allem im Rahmen einer Konkurrenz Judas mit
dem eigentlichen Protagonisten der Josefserzählung, Josef, Erweiterungen erfahren haben dürfte (V. 2b*.9–12 [*?].23–26[*?]).

Diachrone Differenzierung

I   *Israels Aufbruch nach Ägypten (Gen 45–50*/Ex 1*):*

Gen 45,9aα(nur מהרו ועלו אל־אבי ואמרתם אליו כה אמר בנך יוסף)b.28;

Gen 46,1aα(nur ויסע ישראל וכל־אשר־לו).29–30;

Gen 47,29.30b.31;

Gen 49,33a(nur ויאסף רגליו אל־המטה);

Gen 50,1.7a.10b.14aαb → Ex 1,6aα(וימת יוסף).8

---

291 Hiermit ist freilich noch nichts über die Historizität einer Gattung „Stammessprüche" an
sich gesagt. Denn auch wenn sich die Sprüche der Nachgeborenen hier vor allem der oben beschriebenen Intention des Autors verdanken, besteht grundsätzlich die Möglichkeit, dass Sprüche über einzelne Stämme in Umlauf waren. Argumente gegen diese Annahme finden sich bei
Macchi, tribus, 302.
292 Vgl. zur Annahme einer späten Datierung insbesondere Macchi, tribus, 301.303f.
293 Ein Problem innerhalb des Simeon/Levi-Spruches stellt die Selbstaufforderung V. 6a dar.
Sie unterbricht den Zusammenhang der Feststellung V. 5 mit deren Begründung V. 6b–7. „Die Begründung bzw. Entfaltung von V. 5 folgt erst in V. 6b. Das כי am Anfang von 6b bezieht sich nicht
auf 6a, sondern auf V. 5. Dazwischen ist als Parenthese V. 6a gefügt"; Westermann, BK, 256; vgl.
ähnlich Boecker, Josefsgeschichte, 111. Mit Blick auf jene Parenthese wurde immer wieder darauf
aufmerksam gemacht, dass der Terminus כבד (V. 5aβ) als Subjekt die Gottheit selbst verlangen
müsste; so etwa Zobel, Stammesspruch, 9. Mit Westermann, BK, 256, ist dagegen einzuwenden,
dass eine der Wurzel נפש נפשי) V. 6aα) entsprechende Übersetzung insbesondere unter Berücksichtigung parallel gestalteter Psalmenworte (vgl. Ps 16,9; 30,13; 57,9; 108,2) durchaus vertreten
werden kann. Ob es sich bei dem Nachtrag, wie Westermann glaubt, tatsächlich um die Randglosse eines Lesers handelt, sei dahingestellt. Die inhaltliche Nähe zu den Aussagen von Ps 1,1
ist sicher richtig gesehen; vgl. ähnlich Boecker, Josefsgeschichte, 111. Die Identifikation Jakobs
als wahrhaft Frommer dürfte die Intention der Einschreibung am zwanglosesten wiedergeben.
Einen Nachtrag innerhalb des Simeon/Levi-Spruches könnte mit Ruppert, FzB, 478–381, auch
die Aussage aus V. 7b darstellen.
294 Zu den Spannungen innerhalb der Issacharsprüche vgl. insbesondere Westermann, BK,
265f, oder Zobel, Stammesspruch, 58.
295 Zu den Spannungen innerhalb des Dan-Spruches vgl. insbesondere Westermann, BK, 257f.
296 V. 18 wird gemeinhin als theologisierender Nachtrag verstanden, vgl. etwa Zobel, Stammesspruch, 19; Westermann, BK, 268, oder Gunneweg, *Sitz*, 31.

II *Priesterschriftliche Sterbenotiz:*
Gen 49,33b

III *Nachpriesterschriftliche Begräbnisanweisungen Jakobs an alle Söhne:*
Gen 49,1a.28(nur אותם ויברך).29–32*.33a(nur ויכל יעקב לצות את־בניו);
Gen 50,8(nur ואחיו).12–13*.14(nur ואחיו)

    III¹ *Die Sprüche über die Zwölf Stämme Israels:*
    Gen 49,1b(nur ויאמר).2–8*.13–17*.19–22.27.28(ohne אותם ויברך)

        III² *Erweiterung des Juda-Spruches:*
        Gen 49,1b(ohne ויאמר).9–12

        III² *Erweiterung des Josefspruches:*
        Gen 49,23–26(*?)

        III² *Jhwh-Lob:*
        Gen 49,18

5.4. Genesis 50: Das Finale der Genesis

Gliederung

V. 1:	Josef trauert um den Vater
V. 2:	Israels Leichnam wird einbalsamiert
V. 3:	Ägypten trauert um den Tod Israels
V. 4–6:	Josef bittet Pharao um Erlaubnis, den Vater außerhalb Ägyptens bestatten zu dürfen
V. 7–9:	Josef und weitere Trauernde machen sich auf den Weg, Israel zu begraben
V. 10–11:	Ankunft und Trauerklage in Goren-Atad bzw. Abel-Mizrajim
V. 12–13:	Die Söhne Jakobs führen seine Begräbnisanweisungen aus Gen 49,29–32 aus
V. 14:	Josef und die weiteren Teilnehmer des Trauerzuges kehren nach Ägypten zurück
V. 15–21:	Die Brüder versöhnen sich ein zweites Mal mit Josef
V. 22:	Josef und das Haus seines Vaters wohnen in Ägypten, Josef wird 110 Jahre alt
V. 23–26:	Josefs letzte Anweisungen und sein Tod

Befund

Gen 50,1 schließt nahtlos an das Ende von Gen 49 an. War der Erzvater Jakob-Israel in Gen 49,33aβb verschieden, so erfährt der Leser nun von der Trauer, die der Tod des Vaters auslöst. Sie allerdings betrifft in V. 1 nur Josef. „Da warf sich Josef über seinen Vater und weinte über ihm und küsste ihn". Von den in Gen 49 ebenfalls anwesenden anderen elf Söhnen Jakob-Israels fehlt jede Spur. Ob auch sie um den toten Vater trauern, bleibt der Text dem Leser zunächst schuldig. Stattdessen berichten V. 2–3 von der Präparation des Leichnams von Jakob-Israel und der großen Trauer der Ägypter, die siebzig Tage um den toten Erzvater weinen. „Und Josef befahl den Ärzten, die in seinem Dienst standen, seinen Vater einzubalsamieren, und die Ärzte balsamierten Israel ein. [...]. *Und Ägypten beweinte ihn siebzig Tage lang*" (Gen 50,2–3).

Als sich aber die Tage der Trauer dem Ende neigten, wendet sich Josef mit einer Bitte an das Haus Pharaos:

> Wenn ich Gnade in euren Augen gefunden habe, sagt dem Pharao dies: Mein Vater hat mich schwören lassen und gesagt: Siehe, ich muss sterben. In meinem Grab, das ich mir im Land Kanaan angelegt habe, dort sollst du mich begraben. So will ich denn hinaufziehen und meinen Vater begraben. Danach komme ich wieder zurück (Gen 50,4–5).

Der Pharao gewährt die Bitte Josefs: „Zieh hinauf und begrabe deinen Vater, wie er dich hat schwören lassen" (Gen 50,6).

Der Aufbruch beginnt mit V. 7 und erstreckt sich bis V. 9. Nachdem Josef in V. 7 zunächst alleine loszuziehen scheint (ויעל יוסף), folgen ihm in V. 7b–9 noch zahlreiche weitere Gruppen, die ihn bei seiner Reise nach Kanaan begleiten.

> *Da zog Josef hinauf*, um seinen Vater zu begraben, *und mit ihm zogen* alle Diener des Pharao, die Ältesten seines Hauses und alle Ältesten des Landes Ägypten, dazu das ganze Haus Josefs, seine Brüder und das Haus seines Vaters; nur ihre Kinder und ihre Schafe und Rinder ließen sie im Land Goschen zurück. *Und es zogen mit ihm hinauf* Wagen und Reiter, und der Zug war gewaltig (Gen 50,7–9).

In V. 10a erreicht der gewaltige Trauerzug Goren-Atad, jenseits des Jordan, wo erst eine pluralische Gruppe (V. 10a), dann Josef allein eine Trauerklage für den Vater abhält (V. 10b).

> Die Bewohner des Landes aber, die Kanaaniter, beobachteten die Trauerfeier in Goren-Atad und sprachen: Da hält Ägypten eine große Trauerfeier. Darum nennt man den Ort Abel-Mizrajim; er liegt jenseits des Jordan (V. 11).

Mit V. 12–13 kommt der Text endlich auch genauer auf die Brüder Josefs zu sprechen. Sie, die Josef nach Aussage von V. 8 neben weiteren Trauernden auf dem Zug nach Kanaan begleiten, machen sich nun daran, den letzten Wunsch des Vaters zu erfüllen.

> Und seine Söhne verfuhren mit ihm so, wie es ihnen geboten hatte: Seine Söhne brachten ihn in das Land Kanaan und begruben ihn in der Höhle des Feldes Machpela, des Feldes, das Abraham als Grabbesitz von Efron, dem Hetiter, gegenüber Mamre gekauft hatte.

Mit V. 14 kehren Josef, die Brüder und alle, die mit hinaufgezogen waren, den Vater zu begraben, nach Ägypten zurück.

Gleichwohl die Brüder demnach mit Josef zusammen den Vater bestattet haben und nach Ägypten zurückgekehrt sind (V. 12–14), scheinen sie in V. 15 zuallererst zu erfahren, dass ihr Vater verstorben ist. „Und die Brüder Josefs sahen, dass ihr Vater gestorben war". Diese Erkenntnis löst in den Brüdern Angst aus. „Wenn nun Josef uns feind ist und uns all das Böse vergilt, das wir ihm angetan haben?" Die Angst der Brüder wird in V. 16–21 genauer entfaltet.

In V. 16–17 lassen sie Josef zunächst mitteilen, der Vater habe vor seinem Tod befohlen, er möge ihnen ihre böse Tat vergeben.

> So ließen sie Josef sagen: Dein Vater hat vor seinem Tod geboten: Dies sollt ihr zu Josef sagen: Ach, vergib deinen Brüdern ihr Verbrechen und ihre Verfehlung, denn Böses haben sie dir angetan. Nun vergib den Dienern des Gottes deines Vaters ihr Verbrechen. Josef aber weinte, als sie zu ihm redeten.

Mit V. 18 treten die Brüder sodann selbst vor Josef und sprechen zu ihm. „Siehe, wir sind deine Sklaven" (vgl. Gen 44,9–10*.16–17). Josef jedoch erwidert:

> *Fürchtet euch nicht!* Bin ich denn an Gottes Statt? Ihr zwar habt Böses gegen mich geplant, Gott aber hat es zum Guten gewendet, um zu tun, was jetzt zutage liegt: ein so zahlreiches Volk am Leben zu erhalten. *Fürchtet euch nicht!* Ich will euch und eure Kinder versorgen. Und er tröstete sie und redete ihnen zu Herzen (V. 19–21).

V. 22 konstatiert die Summe von Josefs Lebensalter und antizipiert damit gleichsam seinen Tod, der sich in Gen 50,26 erstmals, in Ex 1,6 zum zweiten Male vollzieht. Zwischen Gen 50,22 und Gen 50,26 finden sich mehrere Notizen, die ebenfalls mit dem bevorstehenden Tod Josefs zusammenhängen, thematisch jedoch voneinander zu scheiden sind. V. 23 beschäftigt sich zunächst mit den Nachfahren Josefs, die er bis in die dritte Generation sah. In V. 24 richtet sich Josef an seine Brüder, denen er verspricht: „*Ich sterbe nun.* Elohim aber wird sich euer annehmen, und er wird euch aus diesem Land hinaufführen in das Land, das er Abraham, Isaak und Jakob zugeschworen hat". Damit greift Josef zurück auf das Versprechen, das sein Vater ihm in Gen 48,21 gegeben hatte: „Sieh, *ich sterbe nun.* Elohim aber wird mit euch sein und wird euch in das Land eurer Vorfahren zurückbringen".

Mit V. 25 ändert sich die Perspektive. Josef richtet sich nun nicht mehr an die in V. 24 angesprochenen Brüder, sondern stattdessen an die Söhne Israels. Sie lässt er schwören, seine Gebeine mit aus Ägypten hinaufzuführen. Das Motiv bereitet im Binnenkontext den direkt anschließenden Tod in Gen 50,26 vor: „Und Josef starb, hundertzehn Jahre alt. Und sie balsamierten ihn ein, und er wurde in

Ägypten in einen Sarg gelegt". Im Außenkontext binden Gen 50,25–26 die Josefsgeschichte in den Hexateuch ein. Denn Mose nimmt die Gebeine Josefs in Ex 13,19
mit aus Ägypten, in Jos 24,32 werden sie in Sichem beigesetzt.

Dieser erste Überblick zeigt, dass Gen 50 mit der Trauer um den Vater und dessen
Bestattung direkt an den in Gen 49,33aβb eingetretenen Tod anschließt. Gleichwohl ergeben sich mit Blick auf den Anschluss einige Fragen. So ist zunächst
verwunderlich, dass einzig Josef auf den Tod des Vaters reagiert, obwohl auch
seine Brüder in Gen 49 am Sterbebett des Vaters zugegen waren. Josef allein ist
es zunächst auch, der in V. 7a aus Ägypten aufbricht und von dem in V. 14aαb
berichtet wird, dass er seinen Vater bestattet habe. Dass Josef entgegen den Formulierungen aus V. 7a.14aαb seinen Vater nicht allein bestattet hat, verdeutlichen
V. 7b–9.12–13.14aβ. Dort erfährt der Leser, dass Josef von zahlreichen Gruppen
begleitet wird und ihm die Brüder bei der Bestattung des Vaters zur Seite standen.
Reichlich unklar ist in diesem Zusammenhang, wie die Brüder Josefs mit hinaufziehen konnten (V. 8), den Vater zu begraben (V. 12–13), ohne dessen gewahr zu
werden, dass der Vater tatsächlich verstorben ist. Denn diese Erkenntnis ereilt sie
offenbar erst in V. 15. Disparat erscheinen ferner die Aussagen in V. 22–26, die sich
zwar alle mit dem Tod bzw. dem bevorstehenden Tod Josefs beschäftigen. Doch
zeichnen sich in ihnen divergierende Anliegen ab, die nicht immer den gleichen
literarischen Horizont vor Augen zu haben scheinen.

Mit Blick auf diesen ersten Befund wird sich die nachstehende Analyse auf einige
Fragen besonders konzentrieren:
– Mit welchen Motiven schließt Gen 50 an den vorauslaufenden Kontext an? In
  diesem Zusammenhang werden folgende Fragen zu berücksichtigen sein: Wieso weint nur
  Josef um den Vater? Wieso sind einige Aktivitäten zunächst singularisch auf Josef bezogen,
  wenn er bei den Handlungen doch von anderen Gruppen unterstützt/begleitet wird? Wieso
  erkennen die Brüder erst in V. 15, dass der Vater Tod ist, wo sie ihn doch in V. 12–13 gemeinsam mit Josef bestattet hatten?
– Wie verhalten sich die V. 22–26 zum restlichen Textbestand von Gen 50? Wie
  verhalten sich die Aussagen zueinander? Welches Anliegen verfolgen sie?
  Welchen literarischen Horizont haben sie jeweils vor Augen?

Analyse

(a) Genesis 50 im literarischen Zusammenhang der Josefsgeschichte
Die Betrachtung der kontextuellen Verknüpfung setzt an dieser Stelle ein mit
einem Blick auf Gen 50,14.15. Dort wird uns zunächst in V. 14 berichtet, dass Josef

nach Ägypten zurückgekehrt ist – er und seine Brüder und alle, die mit ihm hinaufgezogen waren, seinen Vater zu begraben –, nachdem er seinen Vater begraben hatte. Obwohl die Brüder demnach mit Josef unterwegs waren, den Vater zu
bestatten, und auch mit ihm nach Ägypten zurückgekehrt sind, nehmen sie den
Tod des Vaters in V. 15 offenbar überhaupt erst zur Kenntnis.[297] „Und die Brüder
Josefs sahen, dass ihr Vater gestorben war, und sie sprachen: Wenn nun Josef uns
feind ist und uns all das Böse vergilt, das wir ihm angetan haben?"

Dieser logische Bruch zwischen V. 14.15 ist im Rahmen der Neueren Urkundenhypothese damit erklärt worden, dass es sich bei den Versen um Bestandteile
unterschiedlicher Quellenschriften handelt. So vermutete Hermann Gunkel in
seinem Genesis-Kommentar:

> Nach dem einen Bericht sind Josephs Brüder mit beim Begräbnis gewesen 8. 14; dagegen
> scheint Vers 9, wonach Joseph von Reisigen begleitet wird, die Beteiligung der Brüder nicht
> anzunehmen. Daß diese Vermutung richtig ist, zeigt 15 ff. E, wonach Josephs Brüder erst 15
> erfahren, daß ihr Vater gestorben ist[298].

Dass die Brüder indes nach der Beerdigung des Vaters überhaupt wieder nach
Ägypten zurückkehren, hänge – so Gunkel – mit der Funktion von Gen 50,2–11.14
zusammen. Denn die

> Erzählung hat den Zweck, zwei verschiedene Traditionen zu vereinigen: einerseits erzählte
> die Josephsage, daß Jaqob in Ägypten gestorben sei, andererseits aber gab es eine offenbar
> ältere Überlieferung, die sein selbstgegrabenes Grab 5 in Kanaan zeigte und natürlich auch
> behauptete, daß er daselbst gestorben sei[299].

An diese Beobachtungen von Gunkel hat in jüngerer Vergangenheit Konrad Schmid
angeknüpft. Anders als Gunkel, versteht Schmid die Josefsgeschichte zwar grund-

---

297 Anders Jacob, Genesis, 938, oder Hamilton, NIC.OT, 701f, die annehmen, וייראו sei hier im
Sinne von „es kam ihnen zum rechten Bewußtsein und sie überlegten" bzw. „when the full rea-
lity of their father's passing dawned on them" zu verstehen.
298 Gunkel, HK, 488.
299 Gunkel, HK, 488. Vgl. auch Greßmann, *Ursprung*, 8, der mit Blick auf Gen 48,21 annimmt,
dass sich Jakob-Israel und seine Söhne bei der „Abschiedsszene" in Kanaan, nicht in Ägypten
befanden. Vgl. ebenfalls Schmidt, Studien, 275, der die Frage aufwirft, „ob es nicht in der mündlichen Überlieferung bereits eine Verbindung zwischen Jakob- und Exodusüberlieferung gegeben hat, als die Josephsgeschichte entstand. Ihr Verfasser kennt eine Tradition, nach der dieser
Ahnherr in Palästina begraben wurde. Deshalb läßt Israel Joseph schwören, ihn nicht in Ägypten
zu begraben, und Joseph bestattet den toten Vater in Palästina [...]. Dann ist aber zweifelhaft,
daß Jakob schon in der Überlieferung nach Ägypten übersiedelte".

sätzlich als literarische Einheit, doch sieht auch er einen unvereinbaren Bruch zwischen V. 14.15, den er diachron auswertet. Dabei greift seine Schlussfolgerung die überlieferungsgeschichtliche These von Gunkels „zwei verschiedene[n] Traditionen" auf, die nun redaktionsgeschichtlich als zwei unterschiedliche Stadien in der literarischen Entstehung der Josefsgeschichte begriffen werden. So lautet Schmids Fazit: die Josefsgeschichte habe ihr ursprüngliches Ende in Kanaan gefunden. Denn der „letztlich entscheidende Eisodos nach Ägypten in der Josephsgeschichte beschränkt sich auf diesen einen Vers (14), und es liegt nicht nur deshalb nahe, ihn als redaktionellen Nachtrag zu bestimmen"[300].

Neben dem sachlich unebenen Übergang von V. 14 zu V. 15 weise auch die in V. 8b „nachgetragene Motivation" für einen Rückzug auf die

> literarische Sekundarität der Rückkehr nach Ägypten [...]. Sprach 50,8a explizit vom Auszug ‚des ganzen Hauses Josephs und seiner Brüder und des Hauses seines Vaters', so will 50,8b demgegenüber die kleinen Kinder und das Vieh [...] in Ägypten zurücklassen. Der Grund hierfür ist klar: Die Rückkehr der Jakobsippe nach Ägypten soll sichergestellt werden, damit so eine sachliche Brücke zum Einsatz des Exodusbuches entsteht[301].

Wäre demnach aber die Rückkehr der Familie nach Ägypten

> nicht zum Grundbestand von Gen 50 zu zählen, dann bedeutet das: Die Josephsgeschichte scheint ursprünglich in Kanaan geendet zu haben, ohne die Auskunft 50,14 spielt auch die Schlußszene in 50,15–21 dort, während die nachfolgenden Verse 50,22–26 allesamt anerkanntermaßen zu übergreifenden redaktionellen Bearbeitungen zu zählen sind, deren Horizont zum Teil auch den Pentateuch noch überschreitet[302].

Im vorauslaufenden Kontext dürfte „Gen 50,1 ff. ursprünglich direkt an den nicht-priesterlich nur verklausuliert berichteten [...] Tod Jakobs 47,(*)29–31 angeschlossen haben"[303].

Mit der oben kurz umrissenen Annahme von Schmid werden wir uns im Folgenden näher befassen. Dabei beginnen wir mit dem letztgenannten Abschnitt Gen 47,29–31 und seinem Zusammenhang mit Gen 50. Bereits Julius Wellhausen hat bemerkt, „Kap. 50 schließt eher an Kap. 47 an"[304]. In Gen 47,29–31 nämlich ist berichtet, dass sich die Tage näherten, da Israel sterben sollte. Aus diesem Grund ruft er seinen geliebten Sohn Josef zu sich. Ihm übermittelt er Anweisungen zu

---

300 Schmid, *Josephsgeschichte*, 104.
301 Schmid, *Josephsgeschichte*, 104.
302 Schmid, *Josephsgeschichte*, 104.
303 Schmid, *Josephsgeschichte*, 104f.
304 Wellhausen, Composition, 60.

seiner Bestattung: „Begrabe mich nicht in Ägypten" (Gen 47,29b). Nachdem Josef dem Vater geschworen hat, diesen letzten Wunsch zu erfüllen, sinkt dieser über das Kopfende des Bettes (Gen 47,31b).

Schien mit dieser Geste in Gen 47,31b der in Gen 47,29a angekündigte Tod des Erzvaters bereits eingesetzt zu haben, nimmt Gen 48,2b diesen Eindruck wieder zurück. Denn nachdem Josef neuerlich zu ihm gekommen war (Gen 48,1), sammelt Israel seine Kräfte und richtet sich auf dem Bett noch einmal auf. So gestärkt lernt er in Gen 48 zunächst seine Enkel kennen und segnet sie, bevor er in Gen 49 auch alle seine eigenen Söhne noch einmal zu sich ruft, sie segnet und ihnen Begräbnisanweisungen erteilt. Erst in Gen 49,33aβ darf er seine Füße wieder auf dem Bett versammeln und tatsächlich sterben.

Bereits dieser oberflächliche Blick auf Gen 47,29–49,33 lässt vermuten, dass Gen 48,1–49,33aα den Zusammenhang von Gen 47,29–31* und Gen 49,33aβ erst nachträglich unterbrochen hat. Dieser Eindruck wird gestützt durch einen Blick auf Gen 50,1. Denn obwohl nach Gen 49 auch die Brüder Josefs zugegen waren, als der Vater verschied, ist es in Gen 50,1 doch nur der Lieblingssohn Israels, der seinen Tod beweint.[305] Von allen weiteren Personen, die in Gen 48–49* ebenfalls als anwesend vorausgesetzt waren, fehlt jede Spur. Damit entspricht Gen 50,1 der in Gen 47,29–31* vorgegebenen Situation eines Zwiegesprächs zwischen Israel und Josef. Allein seinen Lieblingssohn hatte er zu sich gerufen (Gen 47,29) und allein ihm hat er Anweisungen für seine Bestattung erteilt (Gen 47,29–31a*). Nachdem der Vater nun verstorben ist (Gen 47,31b; 49,33aβ), ist es folglich auch nur Josef, der auf ihn reagiert.

Nach alldem steht zu vermuten, dass Gen 50,1 einmal direkt auf Gen 47,29–31*, Gen 49,33aβ gefolgt sein dürfte.

Gen 47,29–31*:

²⁹ ויקרבו ימי־ישראל למות ויקרא לבנו ליוסף ויאמר לו אם־נא מצאתי חן בעיניך שים־נא ידך תחת ירכי ועשית עמדי חסד ואמת אל־נא תקברני במצרים:

³⁰ ושכבתי עם־אבתי ונשאתני ממצרים וקברתני בקברתם ויאמר אנכי אעשה כדברך:

³¹ ויאמר השבעה לי וישבע לו וישתחו ישראל על־ראש המטה: פ

Gen 48,2:

² ויגד ליעקב ויאמר הנה בנך יוסף בא אליך ויתחזק ישראל וישב על־המטה:

---

305 Vgl. hierzu die Beobachtungen von Naumann, *Vater*, 61, oder Ebach, HThKAT, 643–644. Anders vermutet Hamilton, NIC.OT, 691, dass „Joseph alone *flung himself on his father's face* may be intended as a fulfillment of an earlier word to Jacob by God that it would be Joseph who would close the eyes of his father (46:4)" (Hervorhebung im Original); ähnlich Wenham, WBC, 488.

Gen 49,33*:

‏33 ויכל יעקב לצות את־בניו ויאסף רגליו אל־המטה ויגוע ויאסף אל־עמיו:

Gen 50,1:

‏1 ויפל יוסף על־פני אביו ויבך עליו וישק־לו[306]:

Zu prüfen bleibt, ob sich auch die von Schmid angesprochenen Verse „Gen 50,1ff" allesamt auf Gen 47,29–31* zurückbeziehen. Hier ist zunächst noch einmal die Situation von Gen 47,29–31* selbst zu berücksichtigen. Dort hatte Israel einzig seinen Sohn Josef zu sich bestellt, dem allein er auch Anweisungen für sein Begräbnis erteilt hat. Josef soll den Vater bestatten, und zwar nicht in Ägypten. Dass auch die Brüder bzw. ganz Ägypten Josef begleiten, ist nach Gen 47,29–31* nicht vorgesehen, wird im masoretischen Text von Gen 50 aber gleichwohl so ausgeführt.

Dass dies indes nicht ursprünglich so gewesen sein dürfte, zeichnet sich noch in einigen Formulierungen aus Gen 50 ab. Gedacht ist hier an die Aussagen in Gen 50,7a.10b.14aαb. Sie beziehen den Aufbruch aus Ägypten, die offizielle Trauer um den Vater und seine Bestattung singularisch auf Israels Lieblingssohn[307] allein und lesen sich so als Fortsetzung der Vorgaben aus Gen 47,29–31*.

> Es nahte aber die Zeit, dass Israel sterben sollte. Da ließ er seinen Sohn Josef rufen und sprach zu ihm: Wenn ich Gnade in deinen Augen gefunden habe, so lege deine Hand unter meine Hüfte, dass du mir die Liebe und Treue erweisen wirst: Begrabe mich nicht in Ägypten. [...] Er sprach: Ja, ich werde tun, was du gesagt hast. Er aber sprach: So schwöre mir! Und er schwor ihm. Da warf sich Israel zum Kopfende des Bettes hin nieder [...] und versammelte seine Füße auf dem Bett. [...] Da warf sich Josef über seinen Vater und weinte über ihm und küsste ihn. [...] Und Josef zog hinauf, um seinen Vater zu begraben [...] und er hielt für seinen Vater eine Trauerfeier von sieben Tagen. [...]. Und nachdem Josef seinen Vater begraben hatte, kehrte er nach Ägypten zurück [...] (Gen 47,29.30b.31; 49,33aβ; 50,1.7a.10b.14aαb).

Auch literarkritisch finden sich Indizien, die dafür sprechen, dass es sich bei dem angeführten Erzählfaden um die ursprüngliche Fortsetzung von Gen 47,29–31* handeln dürfte und alle weiteren Teilnehmer am Begräbniszug erst nachträg-

---

306 Vgl. hierzu auch Jub 23,5, wo Isaak auf das Antlitz seines Vaters fällt, weint und ihn küsst.
307 Bezüglich der Sonderstellung Josefs, die sich aus den Anweisungen Gen 47,29–31* und deren Ausführung in Gen 50 ergibt, vgl. auch van der Merwe, *Joseph*, 227: „Joseph made all the arrangements in connection with the funeral of his father. This fact cannot be attributed solely to the important position of Joseph as 'viceroy' of Egypt. It seems more natural to accept that these arrangements were the duty of the first-born and successor of the deceased ruler".

lich in den Kontext von Gen 50 eingetragen wurden. Um diese Annahme zu erläutern, blicken wir noch einmal genauer auf die Formulierungen von V. 7–9.10.14.[308]

Beginnen wir chronologisch mit V. 7–9. V. 7a berichtet, dass Josef sich auf den Weg machte, seinen Vater zu begraben: ויעל יוסף לקבר את־אביו. In V. 7b.9a wird der Narrativ ויעל in der 3. Ps. Pl. msk. bzw. der 3. Ps. Sg. msk. wieder aufgenommen und dem Aufbruch Josefs so der Aufbruch weiterer Gruppen an die Seite gestellt.

> *Und mit ihm zogen hinauf* (ויעלו אתו) alle Diener des Pharao, die Ältesten seines Hauses und alle Ältesten des Landes Ägypten, dazu das ganze Haus Josefs, seine Brüder und das Haus seines Vaters; nur ihre Kinder und ihre Schafe und Rinder ließen sie im Land Goschen zurück. *Und mit ihm zogen hinauf* (ויעל עמו) auch die Wagen und die Reiter, der Zug war gewaltig.

Der gewaltige Zug erreicht in V. 10 Goren-Atad. Dabei folgt der pluralischen Ankunft aller Teilnehmer des Trauerzugs eine offizielle Trauer (מספד גדול), die in V. 10a zunächst von einer pluralischen Gruppe gehalten wird (ויספדו). In V. 10b wird die Trauer – nun mit dem Begriff אבל– neuerlich thematisiert und auf eine einzelne Person (ויעש) beschränkt. Dass es sich bei dem Subjekt zu ויעש um Josef handeln dürfte, lässt sich dabei im Kontext von V. 10–11 lediglich aus dem suffigierten Nomen אביו erschließen und erklärt sich explizit nur mit Rückblick auf V. (1.)7a. „Da zog *Josef* hinauf, um *seinen Vater* zu begraben. [...] Und *er hielt* (ויעש) *für seinen Vater* eine Trauerklage (אבל) von sieben Tagen" (Gen 50,7a.10b).[309]

Der oben geschilderte Befund lässt sich wohl am ehesten so erklären, dass V. 10b einmal direkt auf V. 7a gefolgt ist[310] und erst nachträglich um die Aussagen aus V. 7b–9.10a ergänzt wurde. Sie lassen dem Aufbruch Josefs nun den Aufbruch der Ägypter, der Brüder etc. folgen. Dabei führt V. 10a mit מספד gegen V. 10b (אבל) einen neuen Begriff für die Trauer um den Vater ein.

Gen 50,1.7–10:

¹ ויפל יוסף על־פני אביו ויבך עליו וישק־לו:

⁷ ויעל יוסף לקבר את־אביו

⟵ ויעלו אתו כל־עבדי פרעה זקני ביתו וכל זקני ארץ־מצרים:

⁸ וכל בית יוסף ואחיו ובית אביו רק טפם וצאנם ובקרם עזבו בארץ גשן:

⁹ ויעל עמו גם־רכב גם־פרשים ויהי המחנה כבד מאד: ⟵

¹⁰ ויבאו עד־גרן האטד אשר בעבר הירדן ויספדו־שם מספד גדול וכבד מאד

ויעש לאביו אבל שבעת ימים:

---

308 Vgl. hierzu Levin, Jahwist, 307–308, oder Berner, Exoduserzählung, 19–20.

309 Vgl. zu dieser Argumentation insbesondere Berner, Exoduserzählung, 19.

310 Zu dieser Annahme vgl. Kebekus, Joseferzählung, 219f; Berner, Exoduserzählung, 18–20, oder Levin, Jahwist, 306f.

Mit Blick auf den für die These von Schmid so bedeutsamen V. 14 ergibt sich ein ähnliches Bild. In V. 14aα kehrt Josef zunächst allein nach Ägypten zurück. V. 14aβ greift mit dem Personalpronomen הוא ausdrücklich auf Josef als Subjekt zurück und stellt ihm weitere Rückkehrer zur Seite: „er und seine Brüder und alle, die mit ihm hinaufgegangen waren, um seinen Vater zu begraben". Obwohl auch die Brüder mit zurückgekehrt sind, ist V. 14aβ weiterhin aus der Perspektive Josefs verfasst: לקבר את־אביו. Dieser Zweck der Reise, i. e. die Bestattung des Vaters, ist in V. 14b neuerlich angesprochen.[311] Dort bezieht sich der suffigierte Infinitiv קברו wieder auf Josef allein[312]: „Nachdem Josef seinen Vater begraben hatte [...], kehrte er nach Ägypten zurück".[313]

Mit Blick auf die angeführten Beobachtungen dürfte auch die Rückkehr Josefs in V. 14aαb zunächst auf Josef beschränkt gewesen sein, bevor mit V. 14aβ weitere Rückkehrer in den Kontext eingetragen wurden. In welchen Zusammenhang die Notiz V. 14aβ gehört, wird unten zu 5.4. (b) noch genauer zu erörtern sein.

Gen 50,14:

---

311 Vgl. hierzu auch die Ausführungen bei Westermann, BK, 228f. „Die Worte ‚nachdem er seinen Vater begraben hatte', die in G fehlen, dürfen nicht gestrichen werden. Vielleicht sind sie, grammatisch ungeschickt, absichtlich an den Schluß gestellt worden zum Beschluß des ganzen Teiles, der mit der Ankündigung von Jakobs Tod 47,29 eingesetzt hatte, oder um zu unterstreichen, daß Joseph sein Versprechen (47,31) eingelöst hat".
312 Vgl. zu dieser Perspektive bereits Dillmann, Genesis, 455: „Josef ist hier wieder die Hauptperson, und die Aeg. vereinigen sich wieder mit ihm".
313 Gertz, *Transition*, 78, nimmt an, es handele sich bei V. 14b um eine Glosse, die um einen Ausgleich zwischen Gen 50,14a und Gen 50,15 bemüht ist. Diese Annahme ist bereits sachlich schwierig, da Gen 50,14b die Mitreise der Brüder ja keineswegs zurücknimmt und sie somit in Gen 50,15 immer noch vorausgesetzt wäre. Aber auch die bereits im Fließtext skizzierte Anlage von V. 14 spricht dagegen, in V. 14b eine Glosse zu sehen, die V. 14aβ wiederaufnimmt. Denn V. 14b schließt über V. 14aβ hinweg an die Aussage von V. 14aα an und setzt diese fort. Josef kehrt um, *nachdem er seinen Vater begraben hatte*. Dazwischen steht in V. 14aβ eine Rückkehrnotiz, die neben Josef noch weitere Teilnehmer des Trauerzuges benennt. Und obwohl neben וכל־העלים אתו auch die Brüder explizit angeführt sind, bleibt V. 14aβ aus der Perspektive von Josef allein als Sohn Jakob-Israels verfasst: לקבר את־אביו. Die Brüder sind hier für den Autor von V. 14aβ entweder nicht relevant oder – u. E. wahrscheinlicher – ihre Teilnahme am Trauerzug ist noch nicht vorausgesetzt.
Die angeführten Beobachtungen legen es u. E. näher, nicht in V. 14b, sondern in V. 14aβ einen Nachtrag zu sehen. Er scheint bemüht, die in V. 8–9* eingeführten Teilnehmer am Trauerzug mit dem älteren Kontext auszugleichen, in dem wohl Josef allein in Einklang mit Gen 47,29–31* den Vater nicht in Ägypten bestattete.

Der oben skizzierte Überblick zeigt, dass sich in den V. 1.7a.10b.14aαb eine Narrativkette ergibt, die singularisch auf Josef bezogen ist und zur Ausführung bringt, was der Vater von Josef in Gen 47,29–31* erbeten hatte. Wohl erst nachträglich dürfte diese Narrativkette um pluralische Formulierungen angewachsen sein, die sachlich über Gen 47,29–31* hinausgehen und im Binnenkontext von Gen 50 literarkritisch auffallen.[314]

Ist in dem oben angenommenen literarischen Wachstum Richtiges gesehen, bedeutet dies für die These von Schmid, dass sich der Widerspruch zwischen V. 14.15 in Wohlgefallen auflöst. Denn wenn

> ursprünglich nur Joseph an Jakobs Sterbebett saß und den Vater in Kanaan beerdigte, so löst sich auch die Spannung zwischen 50,14 und 50,15: Die Brüder bemerken in der Tat erst, daß Jakob tot ist, als Joseph bereits nach Ägypten zurückgekehrt ist![315]

Dort, also in Ägypten, dürfte die Josefsgeschichte demnach immer schon geendet haben.[316]

Dass Josef indes überhaupt nach Ägypten zurückgekehrt ist, erklärt sich am ehesten, wenn ein weiterer Verbleib Israels in Ägypten und also die kommende Volksgeschichte im Exodus bereits vorausgesetzt ist. Die Bearbeitung Gen 45,28; 46,1aα.29–30; 47,29.30b–31; 49,33aβ; 50,1.7a.10b.14aαb dürfte demnach zumindest in sachlicher Kenntnis der Exoduserzählung verfasst worden sein. Möglich und u. E. wahrscheinlicher ist jedoch, dass die ausdrückliche Rückführung des Erzvaters nach Kanaan den kommenden Exodus gleichnishaft vorabbildet[317] und mit dieser Präfiguration bewusst eine erste literarische Verbindung zwischen Genesis und Exodus hergestellt worden ist. Wie das Volk Israel sich dereinst aus Ägypten aufmachen wird, in das Gelobte Land zurückzukehren, so wird der Leichnam des Erzvaters Israel in das Land seiner Väter überführt.[318] Die Rückkehr Josefs

---

314 Vgl. Levin, Jahwist, 306f, oder Berner, Exoduserzählung, 19. Anders z. B. Westermann, BK, 224: „Der Bericht vom Begräbnis 50,1–14 ist ganz von dem Auftrag Jakobs 47,29–31; 49,29–32 bestimmt".

315 Berner, Exoduserzählung, 19. Mit Blum, Literarkritik, 504, ist im Zusammenhang der Formulierung von Gen 50,15 überdies darauf hinzuweisen, dass der Narrativ ויראו mit Vulgata oder Peschitta auch als „fürchten" (ירא) zu lesen sein könnte.

316 Zur Kritik an dieser These, die neben Schmid auch von Dietrich, Novelle, 44 mit Anm. 118, oder Gertz, *Transition*, 78, vertreten wird, vgl. insbesondere Berner, Exoduserzählung, 18–20, oder Blum, *Literarkritik*, 503 mit Anm. 45.

317 Zum Motiv des Todes vom letzten Erzvater als „end of the beginning", vgl. Miller, *End*, 116.

318 Vgl. hierzu Kratz, Komposition, 284. „Daraufhin zieht Israel nach Ägypten, wo Jakob stirbt und von wo er in das Land seiner Väter zurückgebracht wird, um dort begraben zu werden, *als Angeld für die bevorstehende Befreiung Israels aus Ägypten in Ex 1ff*" (Hervorhebung durch die Verf.).

ermöglicht den Verbleib „Israels" in Ägypten,[319] sein in Ex 1,6 (par. Gen 50,26; vgl. genauer unten) konstatierter Tod leitet über zu einer neuen Epoche, in der die Söhne Israels unter einem Pharao leben müssen, der Josef nicht mehr kennt (Ex 1,8).[320]

Gen 45,26–28*:

²⁶ויגדו לו לאמר עוד יוסף חי וכי־הוא משל בכל־ארץ מצרים ויפג לבו כי לא־האמין להם:

²⁷וידברו אליו את כל־דברי יוסף אשר דבר אלהם וירא את־העגלות אשר־שלח יוסף לשאת

אתו ותחי רוח יעקב אביהם:

²⁸ויאמר ישראל רב עוד־יוסף בני חי אלכה ואראנו בטרם אמות:

Gen 46,1aα.29–30:

¹ ויסע ישראל וכל־אשר־לו [...]:

²⁹ויאסר יוסף מרכבתו ויעל לקראת־ישראל אביו גשנה וירא אליו ויפל על־צואריו ויבך

על־צואריו עוד:

³⁰ויאמר ישראל אל־יוסף אמותה הפעם אחרי ראותי את־פניך כי עודך חי:

Gen 47,29.30b–31:

²⁹ויקרבו ימי־ישראל למות ויקרא לבנו ליוסף ויאמר לו אם־נא מצאתי חן בעיניך שים־נא

ידך תחת ירכי ועשית עמדי חסד ואמת אל־נא תקברני במצרים:

³⁰ [...] ויאמר אנכי אעשה כדברך:

³¹ ויאמר השבעה לי וישבע לו וישתחו ישראל על־ראש המטה: פ

Gen 49,33aβ:

³³ [...] ויאסף רגליו אל־המטה [...]:

Gen 50,1.7a.10b.14aαb:

¹ ויפל יוסף על־פני אביו ויבך עליו וישק־לו:

⁷ ויעל יוסף לקבר את־אביו [...]

¹⁰ [...] ויעש לאביו אבל שבעת ימים:

¹⁴וישב יוסף מצרימה [...] אחרי קברו את־אביו:

---

319 Vgl. hierzu Levin, Jahwist, 308.
320 Vgl. zum vorpriesterschriftlichen Scharnier zwischen Gen/Ex insbesondere Berner, Exodus-erzählung, 21–22. Zum Zusammenhang von Ex 1,6.8 vgl. ferner die Beobachtungen bei Nöldecke, Untersuchungen, 55. Gegen eine vorpriesterschriftliche Datierung von Ex 1,6.8–10 spricht sich explizit (u. a.) Schmitt, *Verbindung*, 182, aus.

Ex 1,6aα.8:

‎6 וימת יוסף [...]:
‎8 ויקם מלך־חדש על־מצרים אשר לא־ידע את־יוסף:

Ist in dieser Funktion der Begräbnisanweisungen aus Gen 47,29–31* und ihrer Ausführung in Gen 50,1.7a.10b.14aαb Richtiges gesehen, dürften alle weiteren Motive in Gen 50 die literarische Verbindung zwischen Genesis–Exodus bereits vor Augen haben. Dies steht wohl außerfrage für die Aussagen in Gen 50,(22.)23–26.[321] Es dürfte darüber hinaus auch für den sukzessive gewachsenen Trauerzug in Gen 50,1–14 und für den Dialog zwischen Josef und seinen Brüdern in Gen 50,15–21 gelten.[322]

Einer genaueren Analyse jener Abschnitte werden wir uns im Folgenden widmen und beginnen dabei dem Erzählverlauf entsprechend mit Gen 50,1–14.

(b) Gen 50,1–14: Der Trauerzug für Jakob-Israel

Ein Blick auf die kontextuelle Rückbindung von Gen 50 hat gezeigt, dass es sich bei den Aussagen in Gen 50,1.7a.10b.14aαb um den ältesten Bestand handeln dürfte. Er knüpft an die Begräbnisanweisungen aus Gen 47,29–31* an. Sie sind dort von Israel an Josef ergangen und werden nun von Josef allein durchgeführt. Alle weiteren Teilnehmer, die den Begräbniszug des Erzvaters in Gen 50,1–14 begleiten, dürften dem Kontext von Gen 50,1.7a.10b.14aαb erst nachträglich zugefügt worden sein. Als sekundäre Einfügung relativ unumstritten sind die gemeinhin priesterschriftlich eingestuften Aussagen von Gen 50,12–13.

Gen 50,12–13: Das Begräbnis in Machpela

Gen 50,12–13 handeln von der Bestattung des Vaters in der Erbbegräbnisstätte Machpela.

> Und seine Söhne taten (‎ויעשׂו), wie er es ihnen geboten hatte (‎כאשׁר צום): Seine Söhne brachten ihn in das Land Kanaan und begruben ihn in der Höhle des Felds Machpela, des Feldes, das Abraham als Grabbesitz von Efron, dem Hetiter, gegenüber Mamre gekauft hatte.

---

321 Vgl. zum literarischen Horizont von Gen 50,24–26 Witte, *Gebeine*, 148–149, oder Porzig, *Lade*, 2–7.
322 Vgl. hierzu Levin, *Jahwist*, 307–312.

Mit der Formulierung כאשר צום bezieht sich Gen 50,12 zurück auf Gen 49,29a. 33a. Jene Verse rahmen in Gen 49 die Begräbnisanweisungen, die in Gen 49,29–32 von Jakob an (alle) seine Söhne ergehen. Auf den Kontext jener Begräbnisanweisungen ist Gen 50,13 auch sachlich zurückbezogen.[323]

> Und er gebot ihnen (ויצו אותם) und sprach zu ihnen: Ich werde nun mit meinen Vorfahren vereint. Begrabt mich bei meinen Vorfahren in der Höhle, die auf dem Feld des Hetiters Efron liegt, in der Höhle auf dem Feld Machpela, das gegenüber Mamre im Land Kanaan liegt, dem Feld, das Abraham von Efron, dem Hetiter, als Grabbesitz gekauft hat. [...] Und Jakob schloss die Anweisungen an seine Söhne (ויכל יעקב לצות את־בניו) (Gen 49,29–30.33*).

Bereits im Zusammenhang von Gen 49,29–33 hatten wir gesehen, dass Gen 49,29 explizit an die priesterschriftliche Todesnotiz in Gen 49,33b anknüpft und jene nun neu interpretiert. War Jakob nach dem Verständnis von Gen 49,33b nämlich zu seinen Vätern versammelt worden, so erklärt Gen 49,29 die Formulierung ויאסף אל־עמיו nun so: אני נאסף אל־עמי קברו אתי אל־אבתי אל־המערה. Dass Jakob zu seinem Volk versammelt wird, heißt, dass er zu seinen Vätern versammelt wird. Was Gen 49,29–33a demnach bieten, ist eine Neuentfaltung der priesterschriftlichen Sterbenotiz aus Gen 49,33b. Dass es sich bei der hier skizzierten Entwicklung nicht um einen innerpriesterschriftlichen Nachtrag (P^S) handeln dürfte, zeigt ein Blick auf die Einbettung von Gen 49,1.28b(nur ויברך אותם).29–33a im Kontext der Josefsgeschichte. Denn die dortige Reihenfolge der vorpriesterschriftlichen Begräbnisanweisungen in Gen 47,29.30b–31 und der nachpriesterschriftlichen[324] Segnung der Enkel (Gen 48*) ist in Gen 49,1a.28b(nur ויברך אותם).29–33a* in umgekehrter Reihenfolge wieder aufgenommen. Demnach knüpfen Gen 49,1a.28.29–33a* nicht nur an die Priesterschrift in Gen 49,33b(אסף אל־עם), sondern auch an (disparates) nichtpriesterschriftliches Material in Gen 47–48 (Begräbnisanweisungen, Segen) an.[325] Wie Gen 49,1a.28b(nur ויברך אותם).29–33a* dürften dann auch Gen 50,12–13 nachpriesterschriftlich zu datieren sein.

> Wie Gen 49,29–33a, dürfte Gen 50,12–13 überdies in sich nicht einheitlich sein. Mit Christoph Levin ist ferner anzunehmen, dass sich die „in 49,29–33aα beobachtete Schichtung [hier] wiederholt [...]. Auch diesmal ist der Verweis auf den Kauf des Feldes erst auf jüngerer Ebene in V. 13b(bis החתי) hinzugefügt worden. Er trennt die Angaben על־פני ממרא [...] von ihrem Bezug. Wieder dürfte auch das Stichwort שדה [...] in V. 13aγ nachgetragen sein"[326].

---

323 So bereits Dillmann, Genesis, 455.
324 Vgl. hierzu ausführlich oben 5.2. (b).
325 Vgl. hierzu ausführlich oben 5.3. (b).
326 Levin, *Abraham*, 107. Vgl. hierzu auch insgesamt die literarkritische Analyse von Gen 23 bei Levin, *Abraham*, 96–103, aus der sich die Unterscheidung zwischen Feld und Höhle primär ergibt. Anders vertrat ders., Jahwist, 310, noch eine priesterschriftliche Herkunft von Gen 50,12–13.

Im Kontext von Gen 50 könnte mit der Eintragung von V. 12–13 auch die Erwähnung der Brüder in Gen 50,8 zusammengehören. Denn dass die Brüder ihren Vater in V. 12–13 beerdigen können, setzt ihren vorherigen Hinaufzug aus Ägypten voraus. Für eine sekundäre Eintragung der Brüder in den Kontext von Gen 50,8 spricht auch, dass sie strenggenommen in der Erwähnung vom „Haus des Vaters" mit einbegriffen sind. Ihre ausdrückliche Benennung ist demnach sachlich entbehrlich und steht auch sprachlich den Erwähnungen vom „*Haus* Josefs" und vom „*Haus* seines Vaters" entgegen.[327]

In denselben Zusammenhang wird die Rückkehr der Brüder nach Ägypten zu verstehen sein, die ihre vorherige Ausreise bedingt. Sie trägt nun dem Umstand Rechnung, dass die Brüder in Gen 50,8* mit hinaufgezogen sind, um die Begräbnisanweisungen Jakobs aus Gen 49,29–33a* zu erfüllen. Dies tun sie in Gen 50,12–13 und müssen folglich auch in Gen 50,14 wieder mit hinabziehen. Dass die Brüder indes in V. 14 nicht bereits ursprünglich mit Josef und den anderen zurückgekehrt sein dürften, zeigt sich in der Formulierung לקבר את־אביו V. 14aβ, in der nur vom Vater Josefs die Rede ist.[328]

Für die relative Verortung von V. 12–13 im Kontext von Gen 50 ist weiterführend, dass der Narrativ ויעשׂו (V. 12) über V. 11 auf Gen 50,10b (ויעשׂ) zurückgreift. Dies könnte darauf hinweisen, dass Gen 50,12–13 ursprünglicher einmal auf Gen 50,10 gefolgt sind.

Gen 50,8*.10.12–13*:

:וכל ‏בית יוסף‏ ‏ואחיו‏ ‏ובית אביו‏ רק טפם וצאנם ובקרם עזבו בארץ גשן 8

ויבאו עד־גרן האטד אשר בעבר הירדן ויספדו־שם מספד גדול וכבד מאד 10

:ויעשׂ לאביו אבל שבעת ימים

:ויעשׂו בניו לו כן כאשר צום 12

:וישׂאו אתו בניו ארצה כנען ‏ויקברו‏ אתו במערת שדה המכפלה אשר 13
:קנה אברהם את־השדה לאחזת־קבר מאת עפרן החתי על־פני ממרא

---

327 Anders sieht Levin, Jahwist, 309, in Gen 50,7b–8 eine literarische Einheit, die von Gen 50,12–13 zu trennen ist. Auch Westermann, BK, 228, trennt zwischen V. 7–9 und V. 12–13. „Aus dem unmittelbaren Anschluß V. 12–13 an 49,29–32 ergibt sich, daß die Darstellung von Tod und Begräbnis bei P weder eine Beteiligung des ägyptischen Hofes V. 7–9 noch eine Zwischenstation V. 10–11 kannte". **328** An eine literarische Einheitlichkeit des Verses denken demgegenüber Westermann, BK, 228, oder Ruppert, FzB, 516. Levin, Jahwist, 307, scheidet zwischen V. 14aαb und einem Nachtrag in V. 14aβ, der mit V. 3b–6.7b–8 in einem literarischen Zusammenhang steht. In der älteren Forschung wurde V. 14b (אחרי קברו את־אביו) meist als Zusatz gestrichen und mit LXX gelesen: καὶ ἀπέστρεψεν Ιωσηφ εἰς Αἴγυπτον αὐτὸς καὶ οἱ ἀδελφοὶ αὐτοῦ καὶ οἱ συναναβάντες θάψαι τὸν πατέρα αὐτοῦ. Vgl. Holzinger, KHC, 264, oder Gunkel, HK, 490.

Dass neben einer Ausführung der Begräbnisanweisungen aus Gen 49,29–33a*
auch die Ausführung der Begräbnisanweisungen aus Gen 47,29–31* im Zusammenhang von Gen 50 eine Rolle spielt, ist bereits oben angeklungen. Ihre Ausführung spiegelt sich jedoch nicht nur im Handeln Josefs aus Gen 50,1.7a.10b.14aαb.
Auf sie ist in Gen 50,4–6 auch explizit verwiesen. Jenem Abschnitt werden wir
und im Folgenden zuwenden.

„Zieh hinauf und begrabe deinen Vater, wie er dich hat schwören lassen" (Gen 50,6)

Der Rückverweis auf die Begräbnisanweisungen in Gen 50,4–6 findet sich im
Kontext von Josefs bevorstehendem Aufbruch aus Ägypten nach Kanaan. In
Gen 50,1 beginnt das Kapitel zunächst mit einer Notiz über die Trauer Josefs
über den soeben eingetretenen Tod des Vaters. Der Trauer Josefs schließt sich in
V. 2–3a die Einbalsamierung des Erzvaters an. V. 3b knüpft mit dem Stichwort בכה
sodann über V. 2–3a hinweg an die Aussage von V. 1 an.[329] Der Halbvers lässt der
Trauer Josefs die Trauer ganz Ägyptens folgen, die mit einer Dauer von 70
Tagen die von Josef in V. 10b gehaltene Trauerklage um ein zehnfaches über-
trifft.[330] Als sich mit V. 4α die Zeit der Trauer dem Ende neigt, wendet sich Josef
in V. 4aβb an das Haus Pharaos und gibt in V. 5 die Ereignisse aus Gen 47,29–31
wieder:

> Wenn ich Gnade in euren Augen gefunden habe, sagt dem Pharao dies: Mein Vater hat mich
> schwören lassen und gesagt: Siehe, ich muss sterben. In meinem Grab, das ich mir im Land
> Kanaan angelegt habe, dort sollst du mich begraben. So will ich denn hinaufziehen und
> meinen Vater begraben. Danach komme ich wieder zurück.

Auf das Anliegen Josefs antwortet Pharao in Gen 50,6: „Zieh hinauf und begrabe
deinen Vater, wie er dich hat schwören lassen". Mit V. 7 macht sich Josef zunächst
allein auf: ויעל יוסף לקבר את־אביו. Mit der Wiederaufnahme des Narrativs ויעל in
V. 7b folgen ihm sodann auch die Ägypter: ויעלו אתו כל־עבדי פרעה זקני ביתו וכל זקני
ארץ־מצרים.
Die Wiedergabe des Schwurs aus Gen 47,29–31 steht demnach in Gen 50 in
einem Kontext, der den Trauerhandlungen Josefs Trauerhandlungen der Ägypter
folgen lässt. Dass die Ägypter indes nicht ursprünglich an dem Trauerzug
beteiligt waren, zeigt die Einbettung von V. 2–6*.7b in den unmittelbaren Kon-

---

329 Vgl. hierzu Levin, Jahwist, 309.
330 Vgl. hierzu insbesondere die Beobachtungen bei Ruppert, FzB, 512–513.

text.[331] So greift V. 3b zunächst mit dem Stichwort בכה auf V. 1 zurück, weitet die Trauer Josefs nun auf ganz Ägypten aus und bereitet damit die Teilnahme der Ägypter am Trauerzug (V. 7b) vor. In V. 7b wird dem singularischen Aufbruch Josefs mit der Wiederaufnahme ויעלו אתו der Aufbruch ganz Ägyptens zur Seite gestellt.[332] Der Aufbruch zur Bestattung Jakobs wird überdies in Gen 50,4–6 mit einem Befehl Pharaos selbst genehmigt, der den Abschnitt Gen 50,3b–6.7b in den Makrokontext der Josefsgeschichte einbettet.[333]

Mit Blick auf den oben skizzierten Befund dürfte anzunehmen sein, dass Gen 50,3b–6.7b als Bestandteil einer Bearbeitung zu verstehen sind, die „[a]us der Erfüllung der Sohnespflicht" nachträglich „ein großartiges Trauergefolge"[334] werden lässt. Sie dürfte neben V. 3b–6.7b auch die Rückkehr derer, die mit hinaufgezogen waren, in V. 14a(nur וכל־העלים אתו לקבר את־אביו [...] הוא) umfasst haben.

Von dieser Bearbeitung hängen zahlreiche weitere Motive ab. Hier ist zunächst an das Motiv der Einbalsamierung[335] zu denken, dass in V. 2–3a den Zusammenhang von V. 3b–4a mit V. 1 unterbricht.

> Daß Israel mumifiziert werden muß, ist Folge dessen, daß die Ägypter siebzig Tage um ihn trauerten, ehe Josef zum Begräbnis aufbrechen konnte. Für die Prozedur, die vierzig Tage in Anspruch genommen haben soll, gab die lange Trauerzeit den Spielraum[336].

Gen 47,1–7.10:

:וַיִּפֹּל יוֹסֵף עַל־פְּנֵי אָבִיו |וַיֵּבְךְּ| עָלָיו וַיִּשַּׁק־לוֹ [1]

וַיְצַו יוֹסֵף אֶת־עֲבָדָיו אֶת־הָרֹפְאִים לַחֲנֹט אֶת־אָבִיו וַיַּחַנְטוּ הָרֹפְאִים [2]
:אֶת־יִשְׂרָאֵל

וַיִּמְלְאוּ־לוֹ אַרְבָּעִים יוֹם כִּי כֵּן יִמְלְאוּ יְמֵי הַחֲנֻטִים [3]
:וַיִּבְכּוּ אֹתוֹ מִצְרַיִם שִׁבְעִים יוֹם

וַיַּעַבְרוּ יְמֵי |בְכִיתוֹ| וַיְדַבֵּר יוֹסֵף אֶל־בֵּית פַּרְעֹה לֵאמֹר אִם־נָא מָצָאתִי חֵן בְּעֵינֵיכֶם [4]
:דַּבְּרוּ־נָא בְּאָזְנֵי פַרְעֹה לֵאמֹר

אָבִי הִשְׁבִּיעַנִי לֵאמֹר הִנֵּה אָנֹכִי מֵת בְּקִבְרִי אֲשֶׁר כָּרִיתִי לִי בְּאֶרֶץ כְּנַעַן שָׁמָּה [5]
:תִּקְבְּרֵנִי וְעַתָּה אֶעֱלֶה־נָּא וְאֶקְבְּרָה אֶת־אָבִי וְאָשׁוּבָה

---

331 Anders sehen Dillmann, Genesis, 454; Holzinger, KHC, 264; Gunkel, HK, 488; Westermann, BK, 224–225, oder Ruppert, FzB, 519–520, einen direkten Zusammenhang zwischen Gen 47,29–31 und Gen 50,4–6.

332 Vgl. zur Priorität der singularisch auf Josef bezogenen Aussagen ausführlich oben 5.4. (a).

333 Zur Funktion von Gen 50,4–6 im Kontext von Gen 50 vgl. Jacob, Genesis, 936–934; Levin, Jahwist, 309, oder Boecker, Josefsgeschichte, 88–89.

334 Levin, Jahwist, 309.

335 Zum Motiv der Einbalsamierung vgl. Miller, *End*, 117.

336 Levin, Jahwist, 309.

‎6‏וַיֹּאמֶר פַּרְעֹה עֲלֵה וּקְבֹר אֶת־אָבִיךָ כַּאֲשֶׁר הִשְׁבִּיעֶךָ:
‎7‏וַיַּעַל יוֹסֵף לִקְבֹּר אֶת־אָבִיו
‎וַיַּעֲלוּ אִתּוֹ כָּל־עַבְדֵי פַרְעֹה זִקְנֵי בֵיתוֹ וְכֹל זִקְנֵי אֶרֶץ־מִצְרָיִם:
‎10‏[...]וַיַּעַשׂ לְאָבִיו אֵבֶל שִׁבְעַת יָמִים:

Weitere Nachträge zum Trauergefolge dürften sich in den V. 8.9.10a.11 finden. Sie lassen den Ägyptern nun auch die Israeliten sowie Wagen und Reiter folgen und verknüpfen die Josefsgeschichte über Stichwortverbindungen explizit mit dem Exodus. Um diese Annahme genauer zu erläutern, werfen wir auch auf jene Verse im Anschluss einen genaueren Blick und beginnen chronologisch mit V. 8.

Der Aufbruch der Israeliten aus Goschen (Gen 50,8)
In der oben umrissenen Bearbeitung Gen 50,3–6.7b.14aβ drehte sich alles um die unendliche Trauer der Ägypter um den Erzvater Jakob-Israel, dem sie kollektiv das letzte Geleit geben. Mit V. 8 verschiebt sich der Fokus von den Ägyptern zu den Israeliten.

> Da zog Josef hinauf, um seinen Vater zu begraben, und mit ihm zogen alle Diener des Pharao, die Ältesten seines Hauses und alle Ältesten des Landes Ägypten, *dazu das ganze Haus Josefs, seine Brüder und das Haus seines Vaters*; nur ihre Kinder und ihre Schafe und Rinder ließen sie im Land Goschen zurück (Gen 50,7–8).

Neben Josef und den Ägyptern sind also auch die Israeliten mit hinaufgezogen, dem Erzvater das letzte Geleit zu geben – zurückgelassen haben sie lediglich ihre Kinder und das Vieh.

Mit der Aussage, dass das Vieh und die Kinder in Goschen bleiben, begründet Gen 50,8b, warum die Israeliten wieder nach Ägypten zurückgekehrt sind.[337] Dabei weisen die in Goschen zurückgelassenen Gruppen, Viehbestand und Kinder, auf das Buch Exodus voraus. Dort nämlich ist im Rahmen der Auszugsverhandlungen aus Ex 10,9–10.24; 12,31–32.38 ebenfalls auf den Viehbestand, in Ex 10,10.24; 12,37 auf die Kinder verwiesen. In den genannten Stellen der Auszugsverhandlungen geht es darum, dass die Israeliten das Land Ägypten verlassen wollen, und zwar samt Kindern und Viehbestand. Dies aber erlaubt der Pharao in Ex 10,10 zunächst nicht: „Jhwh möge mit euch sein, wenn ich euch mit

---

337 Vgl. Schmid, *Josephsgeschichte*, 104. Ruppert, FzB, 520, vermutet demgegenüber einen sachlichen Zusammenhang von Gen 50,6.8. Weil Josef Pharao versprochen hat, nach Ägypten zurückzukehren, bleibt auch das Vieh da. Doch erklärt sich bei diesem Annahme nicht, wieso das Vieh eigens erwähnt werden sollte.

Frau und Kind ziehen lasse. Doch seht, Böses habt ihr im Sinn". In Ex 10,24 lässt er sich zumindest soweit auf die Forderung ein, als er die Kinder nun mit den Israeliten ziehen lassen will. Das Vieh aber soll in Ägypten bleiben. „Da rief der Pharao Mose und sprach: Geht, dient Jhwh; nur eure Schafe und Rinder sollen hier bleiben. Auch eure Frauen und Kinder dürfen mit euch gehen". Erst in Ex 12,32 ist er bereit, auch das Vieh gehen zu lassen. „Nehmt auch eure Schafe und Rinder, wie ihr gesagt habt, und geht! Und bittet auch für mich um Segen". In Ex 12,37–38 machen sich die Israeliten mit Sack und Pack auf den Weg.

> Und die Israeliten brachen auf von Ramses nach Sukkot, etwa sechshunderttausend Mann zu Fuß, Frauen und Kinder nicht mitgezählt. Auch viel fremdes Volk zog mit ihnen hinauf, dazu Schafe und Rinder, eine gewaltige Menge Vieh.

Mit Blick auf den oben skizzierten Erzählzusammenhang ist beachtenswert, dass die Israeliten nach Aussage von Gen 46,32–34; 47,1*.4.6b* auch mit ihrem gesamten Viehbestand nach Ägypten gekommen sind, und zwar nach Goschen. Dort sollte Josef sie nach Gen 47,6bα ansiedeln, und dort lassen sie nun ihr Vieh und die Kinder zurück. Während sie deshalb nun in Gen 50,14* nach Ägypten zurückkehren müssen, bestehen sie in den Auszugsverhandlungen mit Pharao im Buch Exodus darauf, auch das Vieh und die Kinder mitnehmen zu dürfen. Dies gewährt Pharao nach langem Zögern und die Israeliten brechen samt und sonders aus Ägypten auf, allerdings nicht aus Goschen, sondern aus Ramses (vgl. Gen 47,11*).

Mit Blick auf diesen Befund dürfte zunächst davon auszugehen sein, dass Gen 50,8 in Kenntnis der o. a. Aussagen verfasst wurde und die Ansiedlung der Israeliten in Goschen (Gen 46f*) nachträglich mit den Auszugsverhandlungen bzw. dem Auszug der Israeliten aus Ramses (Ex 10–12*) verknüpft. Der Vers bildet demnach eine Brücke zwischen Ansiedlung und Auszug und motiviert in Gen 50 mit dem Verbleib von Vieh und Kindern in Goschen die Rückkehr der Israeliten nach Ägypten.

Gen 46,32–34:

‎32 וְהָאֲנָשִׁים רֹעֵי צֹאן כִּי־אַנְשֵׁי מִקְנֶה הָיוּ וְצֹאנָם וּבְקָרָם וְכָל־אֲשֶׁר לָהֶם הֵבִיאוּ:

‎33 וְהָיָה כִּי־יִקְרָא לָכֶם פַּרְעֹה וְאָמַר מַה־מַּעֲשֵׂיכֶם:

‎34 וַאֲמַרְתֶּם אַנְשֵׁי מִקְנֶה הָיוּ עֲבָדֶיךָ מִנְּעוּרֵינוּ וְעַד־עַתָּה גַּם־אֲנַחְנוּ גַּם־אֲבֹתֵינוּ בַּעֲבוּר תֵּשְׁבוּ בְּאֶרֶץ גֹּשֶׁן כִּי־תוֹעֲבַת מִצְרַיִם כָּל־רֹעֵה צֹאן:

Gen 50,8:

‎8 וְכֹל בֵּית יוֹסֵף וְאֶחָיו וּבֵית אָבִיו רַק טַפָּם וְצֹאנָם וּבְקָרָם עָזְבוּ בְּאֶרֶץ גֹּשֶׁן:

Ex 10,9–10.24:

‫9 ויאמר משה בנערינו ובזקנינו נלך בבנינו ובבנותנו ‫|בצאננו ובבקרנו נלך| כי חג־יהוה לנו:‬

‫10 ויאמר אלהם יהי כן יהוה עמכם כאשר אשלח אתכם ואת־‫טפכם‬ ראו כי רעה נגד פניכם:‬

‫24 ויקרא פרעה אל־משה ויאמר לכו עבדו את־יהוה ‫|רק צאנכם ובקרכם| יצג גם־‫טפכם‬ ילך‬
‫עמכם:‬

Ex 12,31–32.37–38:

‫31 ויקרא למשה ולאהרן לילה ויאמר קומו צאו מתוך עמי גם־אתם גם־בני ישראל ולכו עבדו‬
‫את־יהוה כדברכם:‬

‫32 ‫|גם־צאנכם גם־בקרכם קחו| כאשר דברתם ולכו וברכתם גם־אתי:‬

‫37 ויסעו בני־ישראל מרעמסס סכתה כשש־מאות אלף רגלי הגברים לבד ‫מטף‬:‬

‫38 וגם־ערב רב עלה אתם ‫|וצאן ובקר| מקנה כבד מאד:‬

In diesem Zusammenhang sind auch zwei Nachträge erwähnenswert, die sich im Zusammenhang der Ansiedlung Israels in Ägypten, näherhin in Gen 47,7–11 angedeutet hatten. Gedacht ist hierbei an die Erwähnung vom Land Ramses als Ansiedlungsort der Israeliten (V. 11) und die Segnung Pharaos durch Jakob in V. 7. Beide Motive weisen voraus auf den bereits oben besprochenen Kontext von Ex 12,32.37. „Da stand der Pharao auf in der Nacht, er mit allen seinen Dienern und ganz Ägypten. Und es erhob sich ein großes Geschrei in Ägypten, denn es gab kein Haus, in dem nicht ein Toter war. Und in der Nacht rief er Mose und Aaron und sprach: Macht euch auf, zieht weg aus meinem Volk, ihr und die Israeliten, und geht, dient Jhwh, wie ihr gesagt habt. Nehmt auch eure Schafe und Rinder, wie ihr gesagt habt, und geht! *Und bittet auch für mich um Segen.* [...] *Und die Israeliten brachen auf von Ramses nach Sukkot*, etwa sechshunderttausend Mann zu Fuß, Frauen und Kinder nicht mitgezählt" (Ex 12,30–32.37).

Ob bzw. wie die Verse genau zusammenhängen, ist am Text nicht genau nachzuvollziehen. Sie alle aber scheinen das Ziel zu verfolgen, die Ansiedlung Israels samt Viehbestand in Goschen mit den Auszugsverhandlungen im Buch Exodus abzustimmen.

Von Gen 50,8 sind Gen 50,9.10a.11 wohl sachlich und literarisch zu trennen. Einer Betrachtung jener These widmen wir uns im Folgenden.

Die Mitnahme von Wagen und Reitern

Wie bereits mehrfach angeklungen, nimmt V. 9 den Narrativ ‫ויעל‬ aus V. 7a wieder auf und fügt dem Trauerzug nun nachträglich auch Wagen und Reiter hinzu – der Zug war gewaltig.[338] „Der Konduct wird von den Ägyptern eskortiert. Daß sie über solche Art Truppen verfügten, ließ sich der Erzählung vom Meerwunder entneh-

---

338 Vgl. bereits Jacob, Genesis, 935. „Mit neuem Ansatz ‫ויעל‬ für die zur Erhöhung des Gepränges und zum Schutze mitgenommene Kavalkade".

men, und zwar der Fassung der Priesterschrift (Ex 14,9.17.18.23.26.28 P)"[339]. Der gewaltige Zug kommt in V. 10a nach Goren-Atad und „sie hielten eine große und *schwere* Trauerklage" für Jakob-Israel.
Die Fortsetzung von V. 9.10a sieht Christoph Levin in V. 11 vorliegen.

> Das „Trauergefolge [wird] ein ‚sehr schweres Heer', das Jakob eine ‚sehr große und schwere Wehklage hält (V. 10a), eine ‚schwere Totenklage' (V. 11a). [...] Die Szene ist eingekleidet als Ätiologie, um ihre bis auf die Gegenwart reichende Bedeutung zu unterstreichen. Die Ortslage Goren-Haatad [...] und Abel-Mizrajim [...] mußte der Ergänzer schon damals erläutern. Vielleicht ist sie von vornherein fiktiv. Daß sie ‚jenseits des Jordans'[340] gesucht wird, hat keine topographischen Gründe: Die Ägypter dürfen das Land nicht betreten haben. Für den toten Jakob ist derselbe Umweg vorausgesetzt wie für das spätere Israel"[341].

Levin dürfte zunächst bei der Interpretation der Formulierung „jenseits des Jordan" zuzustimmen sein. Mit Blick auf den von ihm postulierten Zusammenhang in V. 9.10a.11 bleibt jedoch festzuhalten, dass zwischen den Aussagen von V. 10a.11 eine terminologische Differenz auszumachen ist. Denn während V. 10a von einer גדול מספד spricht, knüpft V. 11 mit der Formulierung אבל *expressis verbis* an die Trauer Josefs aus V. 10b an.

Es wäre mit Blick auf diesen Befund zumindest zu erwägen, ob in V. 9–10.11 nicht auch literarisch zwischen zwei Anliegen zu scheiden ist. Dabei knüpft V. 11 mit dem Begriff אבל nachträglich an die Trauerklage Josefs an und stellt ihr nun die große Trauerklage Ägyptens zur Seite.[342] So eindrücklich war die Trauer Ägyptens für die Kanaaniter, dass der Ort der Klage in Abel-Mizrajim[343] benannt wurde. „Die Bewohner des Landes aber, die Kanaaniter, beobachteten die Trauerfeier in Goren-Atad und sprachen: Da hält Ägypten eine große Trauerfeier. Darum nennt man den Ort Abel-Mizrajim; er liegt jenseits des Jordan".

---

339 Levin, Jahwist, 312.
340 Zu den Schwierigkeiten der Formulierung הירדן בעבר vgl. Gemser, *Borderland*, 349–355, dort insbesondere 355–356.
341 Levin, Jahwist, 312. Vgl. ferner Hamilton, NIC.OT, 697; Wenham, WBC, 489, oder Seebass, Josephsgeschichte, 194.
342 Anders Westermann, BK, 227: „V. 10b gehört mit V. 11 zusammen, denn dieser ätiologische Anhang erfordert die Vokabel אבל für die Trauerbegehung. Während 10a schon durch seine Sprache eindeutig zur Josepherzählung gehört und V. 7–9 fortsetzt, entspricht der ätiologische Anhang dem Stil der Josepherzählung nicht, wohl aber dem der Vätergeschichten".
343 Zum Versuch den Ort Abel-Mizrajim geographisch zu lokalisieren, vgl. etwa Demsky, *Funeral*, 57f. Ders., *Funeral*, 59–63 sieht auch in הירדן eine explizite Ortsangabe. „The key to understanding'asher be'aber hayyarden in the Jacob story is identifying (ה)ירדן with the site y-w-r-w-d-n, no. 150 in Shishak's victory stele".

Auch V. 9–10a greifen sachlich das Motiv von Josefs Trauer auf, verwenden aber gegen V. 10b nicht אבל, sondern מספד. Sie schließen überdies an den Aufbruch Josefs in V. 7a an und lassen ihm den Aufbruch der Wagen und Reiter folgen. Mit den in V. 9–10a begegnenden Wurzeln רכב, פרשׁ und כבד antizipiert der Nachtrag die Meerwundererzählung in Ex 14.

Angesichts der Tatsache, dass V. 11 die Trauer nicht nur Josefs, sondern auch Ägyptens sachlich voraussetzt, sie explizit in Goren-Atad verortet und auch die Formulierungen אשׁר בעבר הירדן bzw. כבד aufgreift, könnten V. 9–10a den älteren Nachtrag darstellen. Sie verknüpfen Gen 50 mit der Meerwundererzählung Ex 14,[344] während V. 11 die Bedeutung des Erzvaters weiter ausschmückt. So sehr haben die Ägypter um Israel getrauert, dass gar ein ganzer Ort danach benannt wurde.[345]

Gen 50,7a.9–11:

‏7[ויעל] יוסף לקבר את־אביו [...]:‏

‏9[ויעל עמו] גם־רכב גם־פרשׁים ויהי המחנה כבד מאד:‏

‏10ויבאו עד־גרן האטד אשׁר בעבר הירדן ויספדו־שׁם מספד גדול וכבד מאד‏
‏ויעשׂ לאביו אבל שׁבעת ימים:‏

‏11וירא יושׁב הארץ הכנעני את־האבל בגרן האטד ויאמרו אבל־כבד זה למצרים על־‏
‏כן קרא שׁמה אבל מצרים אשׁר בעבר הירדן:‏

Ex 14,17–18:

‏17ואני הנני מחזק את־לב מצרים ויבאו אחריהם ואכבדה בפרעה ובכל־חילו ברכבו ובפרשׁיו:‏

‏18וידעו מצרים כי־אני יהוה בהכבדי בפרעה ברכבו ובפרשׁיו:‏

Mit den oben skizzierten Motiven dürften die wichtigsten Bearbeitungen in Gen 50,1–14 benannt sein. Beschließen wir deshalb unsere Analyse zu jenem Abschnitt und widmen uns im Folgenden den Versen Gen 50,15–21.

---

344 Vgl. zu diesem Bezug Ruppert, Josephserzählung, 193; Kebekus, Joseferzählung, 326, oder Levin, Jahwist, 312.
345 Vgl. Seebass, Josephsgeschichte, 191–192, oder Demsky, *Funeral*, 57: „The intent of the episode is to point out the high regard in which Jacob was held by the Egyptians".

(c) Gen 50,15–21: Josef und seine Brüder

Der Abschnitt Gen 50,15–21 thematisiert das Verhältnis zwischen Josef und seinen Brüdern.[346] Er beginnt in V. 15 mit der Feststellung, dass die Brüder Josefs sahen, dass ihr Vater verstorben war. Wie bereits oben besprochen, steht der Vers in Spannung zu den Formulierungen aus Gen 50,8.12–13.14aβ. Denn in ihnen war ja vorausgesetzt, dass die Brüder mit Josef zusammen hinaufgezogen waren, den Vater zu beerdigen. Waren sie aber bei der Bestattung zugegen, hätten sie auch wissen müssen, dass der Vater tot ist. Dass ihnen dieser Umstand nicht geläufig ist, so hatten wir vermutet, erklärt sich am ehesten so, dass die Mitreise der Brüder nach Kanaan dem Autor von V. 15 noch nicht vorlag. Dementsprechend werden V. 15–21* grundsätzlich älter einzustufen sein als V. 8(nur ואחיו).12–13.14a (nur ואחיו).[347]

Nachdem die Brüder in V. 15aα gesehen hatten, dass der Vater tot ist, ereilt sie in V. 15aβb die Furcht, Josef könnte ihnen noch immer gram sein wegen all des Bösen (כל־הרעה), dass sie ihm angetan haben. Deshalb lassen sie ihm zunächst in V. 16 mitteilen, der Vater habe vor seinem Tod geboten:

> Dies sollt ihr zu Josef sagen: Ach, vergib deinen Brüdern ihr Verbrechen und ihre Verfehlung, denn Böses haben sie dir angetan. Nun vergib den Dienern des Gottes deines Vaters ihr Verbrechen. Josef aber weinte, als sie zu ihm redeten (Gen 50,17).

Im direkten Anschluss V. 18 treten die Brüder sodann selbst vor Josef. „Dann gingen seine Brüder selbst hin, fielen vor ihm nieder und sprachen: Siehe, wir sind deine Sklaven". Josef lehnt dieses Angebot seiner Brüder ab (vgl. Gen 44,17). Dabei beschwichtigt er sie zunächst mit den Worten „Fürchtet euch nicht!" Der Beschwichtigungsformel folgt in V. 19b ein Verweis auf Elohim allein als richtende Instanz: „Bin ich denn an Elohims Statt?" Mit der rhetorischen Frage leitet Josef das theologische Fazit in V. 20abα ein, das die Furcht der Brüder aus V. 15 für unbegründet erklärt. „Ihr zwar habt Böses (רעה) gegen mich geplant, Elohim aber hat es zum Guten gewendet". Die Brüder brauchen sich nicht vor einer Vergeltung Josefs zu fürchten. Denn sie gedachten zwar Böses mit ihm zu tun. Elohim aber hat das Böse zum Guten gewandt. Der Streit zwischen Josef und den Brüdern ist vergeben, Josef tröstet seine Brüder und spricht ihnen zu Herzen (Gen 50,21b). Ist mit den Aussagen von Gen 50,19.20abα demnach der in Gen 50,15 aufgemachte Erzählbogen abgeschlossen, gehen Gen 50,20bβ.21a

---

346 Der Abschnitt ist im Jubiläenbuch ausgelassen. Zu Versuchen, die Auslassung zu erklären, vgl. insbesondere den Überblick bei van Ruiten, *Death*, 471f.
347 Vgl. hierzu insbesondere Berner, *Exoduserzählung*, 18–20.

darüber eigentlich hinaus. Denn sie thematisieren eine Furcht, die die Brüder so nie geäußert haben: die Furcht vor einem möglichen Hungertod. Dass Josef seine Brüder in Gen 50,20bβ.21a mit Blick auf die Versorgung während der Hungersnot beschwichtigt, geht demnach in Gen 50 selbst ins Leere.[348] Im Makrokontext der Josefsgeschichte jedoch bezieht sich der Halbvers Gen 50,21a zurück auf Aussagen des Vaters Jakob und des Lea-Sohnes Juda in Gen 42,2bβ bzw. Gen 43,8b. Dort werden die erste und zweite Reise der Brüder nach Ägypten jeweils mit der Hoffnung eingeleitet, man könne in der Fremde Getreide erwerben, damit „wir leben und nicht sterben".

Die Hoffnung der Familie wird übertroffen, als sich der Getreideversorger Ägyptens als der verloren geglaubte Josef herausstellt. Er gibt sich den Brüdern in Gen 45,4 zunächst als der zu erkennen, den die Brüder nach Ägypten verkauft haben. Sodann erklärt er in V. 5–7, dass dieser Verkauf als eine Voraussendung durch Elohim zu verstehen sei. Bei unserer Analyse von Gen 45 hatten wir vermutet, dass es sich bei dem Verständnis des Verkaufs als einer göttlichen Voraussendung (Gen 45,5–7) um eine nachträgliche Theologisierung der Selbstvorstellung Josefs aus Gen 45,4 handelt. Darüber hinaus hatte sich gezeigt, dass auch in Gen 45,5–7 zwischen zwei Interpretationen in V. 5 bzw. V. 6–7 literarisch zu differenzieren sein dürfte.[349] Von ihnen bewertet Gen 45,5 den Verkauf zunächst allgemein als eine lebenserhaltende Maßnahme: „um Leben zu erhalten (למחיה), hat mich Elohim vor euch her gesandt". V. 6–7 hingegen konkretisieren diese allgemeine Vorstellung vor dem Hintergrund der anhaltenden Hungersnot als ein göttliches Rettungshandeln an der Familie Josefs.[350]

> Schon zwei Jahre herrscht die Hungersnot im Land, und fünf Jahre stehen noch bevor, in denen es kein Pflügen und kein Ernten gibt. Elohim aber hat mich vor euch her gesandt, *um von euch einen Rest im Land zu bewahren und ihn für euch am Leben zu erhalten als große Rettung für euch.*

Mit den noch ausstehenden fünf Jahren Hunger hängt Gen 45,6 explizit mit der Aussage aus Gen 45,11 zusammen. Sachlich geht Gen 45,11 näher auf das in Gen 45,7 konstatierte Wirken Elohims ein. Denn den dort erwähnten Rest will Elohim durch die Versorgung Josefs im Land bewahren und „für euch am Leben" erhalten. „Ich will dort für dich sorgen – *denn noch fünf Jahre dauert die Hungersnot* –, damit du nicht verarmst, du mit deinem Haus und allem, was du hast". Was hier von Josef zunächst nur versprochen ist, erfüllt sich in Gen 47,12. Dort

---

348 Vgl. hierzu die Beobachtungen bei Ruppert, FzB, 524–525.
349 Vgl. hierzu insbesondere Levin, Jahwist, 299, oder Ruppert, FzB, 316.
350 So auch Ruppert, FzB, 316–317. Vgl. ausführlich oben 4.4. (d).

sorgt Josef für seine Familie, nachdem er sie in Ägypten angesiedelt hat. „Und Josef sorgte für seinen Vater und seine Brüder und das ganze Haus seines Vaters mit Brot gemäß dem Bedarf der Kinder".

Mit den o. a. Versen ist Gen 50,20bβ.21a sprachlich und sachlich auf vielfältige Weise verwoben. Wie bereits erwähnt, rekurriert die Beschwichtigung Josefs auf die Worte Jakobs bzw. Judas aus Gen 42,2bβ; 43,8b. Mit letzterem Vers verbindet Gen 50,21b auch die Erwähnung der Kinder (טף). Ihre Versorgung spielt nicht nur in Gen 50,21b, sondern auch in Gen 47,12 eine Rolle. Über die Wurzel כול ist Gen 50,21b mit Gen 45,11; 47,12 verknüpft, der Infinitiv להחית Gen 50,20bβ greift Gen 45,7 auf.[351] Entstehungsgeschichtlich ist besonders die letztgenannte Verbindung zwischen Gen 50,20bβ.21 und Gen 45,6–7.11 von Bedeutung. Denn im Zusammenhang von Gen 45 hatten wir gesehen, dass Gen 45,6–7.11 eine Neuinterpretation der Aussage aus Gen 45,5 darstellen dürfte. Sie knüpft an die in Gen 45,5 geäußerte theologische Bewertung von Josefs Verkauf nach Ägypten an und versteht jene nun explizit vor dem Hintergrund der anhaltenden Hungersnot.[352]

Eine ähnliche literarische Entwicklung scheint sich auch in Gen 50,19–21 vollzogen zu haben. Hier hebt in V. 19–20abα das theologische Fazit zunächst die Furcht der Bruder aus Gen 50,15 auf. Hatten die Brüder dort gefürchtet, Josef könnte ihnen gram sein, weil sie ihn dereinst nach Ägypten verkauft hatten (כל־הרעה אשר גמלנו אתו), so versichert Josef ihnen: „Fürchtet euch nicht! Bin ich denn an Elohims Statt? Ihr zwar habt Böses gegen mich geplant (ואתם חשבתם עלי רעה), Elohim aber hat es zum Guten gewendet". An dieses Fazit knüpfen V. 20bβ.21a an und führen nun vor Augen, inwiefern Elohim das böse Planen, d. h. den Verkauf Josefs nach Ägypten, zum Guten gewendet hat. Der Verkauf Josefs durch die Brüder ist als Lebenserhaltung gedacht. Denn in Ägypten wird Josef seine Familie während des Hungers versorgen und am Leben erhalten. Mit dieser Erklärung gehen V. 20bβ.21a nicht nur sachlich über den mit Gen 50,15 aufgemachten Erzählbogen hinaus. Auch sprachliche Indizien sprechen dafür, dass es sich hier, wie in Gen 45,6–7.11, um eine Nachinterpretation handelt.

Die prägnante Antithese V. 20abα wird durch den Finalsatz aus dem Lot gebracht. Die anschließende Wiederholung des ‚Fürchtet euch nicht!' (V. 19a) zeigt, daß ein Nachtrag vorliegt. Er steht mit den Zusätzen 45,6–7.11 und 47,12 in Zusammenhang. In dem Anklang der Mehrungsverheißung liegt ein Hinweis auf die Theodizee: Die Schuld zwischen den Brüdern und die Irrwege, die Gott sie geführt hat, waren keine unbegreifliche Willkür. Vielmehr verfolgten sie von Anfang an das Ziel, das Gottesvolk in der Hungersnot am Leben zu erhalten[353].

---

351 Vgl. Levin, Jahwist, 310–311.
352 Vgl. zu diesen Beobachtungen auch Levin, Jahwist, 310–311, oder Ruppert, FzB, 316–317.
353 Levin, Jahwist, 310.

Mit der Formulierung עם־רב in V. 20bβ wird die Bearbeitung hier *expressis verbis* mit der kommenden Unterdrückung des Volkes im Buch Exodus verknüpft (→Ex 1,9).

Gen 42,2*:

²ויאמר הנה שמעתי כי יש־שבר במצרים רדו־שמה ושברו־לנו משם **ונחיה ולא נמות**:

Gen 43,8*:

⁸ויאמר יהודה אל־ישראל אביו שלחה הנער אתי ונקומה ונלכה **ונחיה ולא נמות גם־**
אנחנו גם־אתה גם־טפנו:

Gen 45,6–7.11:

⁶כי־זה שנתים הרעב בקרב הארץ |ועוד חמש שנים אשר אין־חריש וקציר|:
⁷וישלחני אלהים לפניכם לשום לכם שארית בארץ **ולהחיות** לכם לפליטה גדלה:
¹¹|וכלכלתי|אתך שם כי־|עוד חמש שנים רעב| פן־תורש אתה וביתך וכל־אשר־לך:

Gen 47,12:

¹²|ויכלכל| יוסף את־אביו ואת־אחיו ואת כל־בית אביו לחם לפי הטף:

Gen 50,15.18–21:

¹⁵ויראו אחי־יוסף כי־מת אביהם ויאמרו לו ישטמנו יוסף והשב ישיב לנו את כל־הרעה אשר
גמלנו אתו:
¹⁸וילכו גם־אחיו ויפלו לפניו ויאמרו הננו לך לעבדים:
¹⁹ויאמר אלהם יוסף |אל־תיראו| כי התחת אלהים אני:
²⁰ואתם חשבתם עלי רעה אלהים חשבה לטבה
למען עשה כיום הזה **להחית** עם־רב:
²¹ועתה |אל־תיראו| אנכי |אכלכל| אתכם ואת־טפכם
וינחם אותם וידבר על־לבם:

Ex 1,9:

⁹ויאמר אל־עמו הנה עַם בני ישראל רַב ועצום ממנו:

Neben den Nachträgen in Gen 50,20bβ.21a dürfte sich im Zusammenhang von Gen 50,15–21 noch ein weiterer Zusatz finden.[354] Hier ist an V. 16–17 gedacht, in denen die Brüder Josef zunächst eine Botschaft des mittlerweile verstorbenen Vaters übermitteln, bevor sie mit V. 18 selbst vor Josef treten. Um diese Annahme

---

354 Vgl. Levin, Jahwist, 311. Anders verstehen Westermann, BK, 230–231, oder Seebass, Josephs-geschichte, 201, den Abschnitt als literarische Einheit.

näher zu beleuchten, blicken wir auch hier noch einmal auf den relevanten Erzählabschnitt, näherhin V. 15–20abα. Wie oben gesehen, setzt der Abschnitt mit der Erkenntnis der Brüder ein, dass der Vater verstorben ist. Ohne die vermittelnde Instanz des Vaters fürchten sie, Josef könne ihnen ihre böse Tat aus Gen 37, i. e. den Verkauf nach Ägypten, vergelten. „Und die Brüder Josefs sahen, dass ihr Vater gestorben war, und sie sprachen: Wenn nun Josef uns feind ist und uns *all das Böse* vergilt, *das wir ihm angetan haben* (כל־הרעה אשר גמלנו אתו)?" Deshalb lassen sie ihm in V. 16–17 eine Botschaft übermitteln, die nach Angabe der Brüder vom Vater vor seinem Tod geäußert worden sein soll.

> Dein Vater hat vor seinem Tod geboten: Dies sollt ihr zu Josef sagen: Ach, vergib deinen Brüdern ihr Verbrechen und ihre Verfehlung (שא נא פשע אחיך וחטאתם), denn Böses haben sie dir angetan (כי־רעה גמלוך). Nun vergib den Dienern des Gottes deines Vaters ihr Verbrechen (שא נא לפשע עבדי אלהי אביך). Josef aber weinte, als sie zu ihm redeten.[355]

In V. 18 gehen die Brüder sodann selbst zu Josef, fallen vor ihm nieder und bieten sich ihm als Sklaven (עבדים) an. Josef weist das Anliegen seiner Brüder zurück: „Josef aber sprach zu ihnen: Fürchtet euch nicht! Bin ich denn an Elohims Statt? Ihr zwar habt Böses gegen mich geplant, Elohim aber hat es zum Guten gewendet" (Gen 50,19–20abα).

Mit Blick auf den oben zusammengefassten Erzählverlauf ist demnach festzuhalten, dass sich der Abschnitt insgesamt mit dem Bösen beschäftigt, das die Brüder Josef dereinst angetan haben, und von dem sie fürchten, das Josef es ihnen nun vergelten könnte. Dabei ist im Zusammenhang von V. 15 und im Kontext der Rede Josefs aus V. 19–20abα jeweils auf den Terminus רעה für das Vergehen der Brüder verwiesen. Über diese Beschreibung hinaus, geht die Anweisung des mittlerweile verstorbenen Vaters in V. 17. Sie greift zwar die Formulierung כל־הרעה אשר גמלנו אתו aus V. 15 explizit auf. Doch ist der Verweis auf das Böse, das die Brüder Josef angetan haben, in V. 17 gerahmt durch die Bitte um Vergebung.

> Ach, vergib deinen Brüdern ihr Verbrechen (פשע) und ihre Verfehlung (חטא), denn Böses (רעה) haben sie dir angetan. Nun vergib den Dienern des Gottes deines Vaters ihr Verbrechen (פשע). Josef aber weinte, als sie zu ihm redeten.

Durch diese Rahmung wird das Böse der Brüder nun explizit als Sünde identifiziert (פשע, חטא). Diese Sünde, die die Brüder mit ihrem Vergehen an Josef auf sich

---

355 Vgl. hierzu insgesamt Levin, Jahwist, 311.

geladen haben, soll er ihnen vergeben. Denn sie sind alle „Diener vom Elohim deines Vaters".[356]

Nach den angeführten Beobachtungen knüpfen V. 16–17 mit der Formulierung כי־רעה גמלוך also explizit an Gen 50,15 an. Über den Zusammenhang von Gen 50,15.18 hinaus verstehen sie das Böse nun aber ausdrücklich als eine Sünde. In V. 16–17 vollzieht sich zudem ein Wechsel der Beziehungsebene vom verwandtschaftlichen Verhältnis zum Gottesverhältnis. Nicht soll Josef seinen Brüdern vergeben, weil sie seine Brüder, die Söhne seines Vaters sind. Nein er soll ihnen vergeben, weil sie alle Diener desselben Gottes und also alle Mitglieder des einen Gottesvolkes sind.[357]

Mit Blick auf diesen Befund dürfte davon auszugehen sein, dass es sich bei V. 16–17 am ehesten um eine Neu-Interpretation des Erzählzusammenhangs aus Gen 50,15.18–20abα handeln dürfte. Er versteht die Familie Josefs als Gottesvolk, unter dessen Gliedern es keine Sünde geben darf. Mit den Aussagen aus V. 16–17 dürfte ferner die Formulierung גם־אחיו V. 18 zusammengehören. Der Zusatz „läßt die Unterwerfung zur allgemeinen Huldigung werden, an der die Brüder nur unter vielen anderen beteiligt waren"[358]

Gen 50,15–20abα:

Beschließen wir damit unsere Analyse von Gen 50,15–21 und widmen uns dem Ende der Josefsgeschichte in Gen 50,22–26.

---

356 Vgl. zu diesen Beobachtungen insbesondere die Ausführungen zur „Vergebungsbitte" bei Ruppert, FzB, 526–528.
357 Vgl. Ruppert, FzB, 526–528.
358 Levin, Jahwist, 311.

(d) Gen 50,22–26: Der Tod Josefs

Gen 50,22 schließt inhaltlich und sprachlich an Gen 50,14 an.[359] Nachdem Josef dort nach Ägypten zurückgekehrt war (וישב יוסף מצרימה), vermeldet V. 22 nun, dass Josef auch in Ägypten verblieb bzw. dort wohnte (וישב יוסף במצרים), und zwar bis zu seinem 110. Lebensjahr. Die Summe des Lebensalters antizipiert den Tod Josefs, wie er in Gen 50,26; Ex 1,6 erfolgt. Im Zusammenhang der genannten Aussagen fällt auf, dass Gen 50,22 zunächst positiv vom Leben Josefs spricht und damit eine Art Gegenstück zu seinem Tod in Ex 1,6 darstellt: „Und Josef lebte 110 Jahre [...] und Josef starb". Demgegenüber stellt Gen 50,26 die Lebensspanne Josefs in einen direkten Zusammenhang mit seinem Tod: „Und Josef starb, 110 Jahre alt". Nach diesen Beobachtungen liest sich die positive Formulierung ויחי יוסף in Gen 50,22b wie eine Vorbereitung der Todesnotiz Josefs in Ex 1,6, während Gen 50,26 beide Aspekte – Lebensspanne und Todesvollzug – in einer Aussage zusammenfasst.

Bereits bei oberflächlicher Betrachtung legt sich damit der Verdacht nahe, dass uns mit den Aussagen von Gen 50,22; Ex 1,6 der ältere Zusammenhang vorliegt, der von Gen 50,26 bereits vorausgesetzt und resümiert wird. Läge umge-

---

359 Vgl. hierzu Levin, Jahwist, 310. „Der Dialog, der zwischen 50,14 und 50,22 eingeschoben ist, ist eine Art zweite Versöhnungsszene nach 45,1–15".
Einen Nachtrag sieht in Gen 50,15–21 ferner Westermann, BK, 230–231. Nach Westermann besteht die Funktion des Abschnittes darin, die Josepherzählung redaktionell mit der Jakobgeschichte zu verknüpfen. Durch die Verbindung beider Erzählkomplexe sei „der Schluß, der Tod Jakobs, der nach der Konzeption der Josepherzählung bald auf das Wiedersehen von Vater und Sohn folgte, so weit von dem Höhepunkt, der Versöhnung mit den Brüdern, entfernt, daß eine die Verbindung wieder herstellende Wiederaufnahme des Versöhnungsmotivs notwendig erschien. Es ist dann anzunehmen, daß die Szene auf den Bearbeiter zurückgeht, der den Schluß der Josepherzählung mit dem der Jakobgeschichte zusammenfügte".
Andersherum sieht Gertz, *Transition*, 78, in Gen 50,12–13.14*.22b einen Bestandteil der Priesterschrift, der über die graphische Wiederaufnahme von Gen 40,14b in Gen 50,22a redaktionell mit dem vorpriesterschriftlichen Material in Gen 50,11.15–21 verbunden worden sei. Diese These von Gertz beruht zunächst auf der Beobachtung, dass zwischen den Aussagen von Gen 50,14.15 ein logischer Bruch bestehe. Dabei sei die Aussage von Gen 50,14 einzig über die Notiz Gen 50,8b in den narrativen Kontext von Gen 50 integriert. Denn Gen 50,8b biete den Grund dafür, dass die Brüder und Josef überhaupt nach Ägypten zurückkehren. Demgegenüber sei die Szene Gen 50,15–21 „well suited to the situation of a burial". Es sei somit evident, dass es sich bei Gen 50,14 um einen Nachtrag handele, der der Priesterschrift zuzusprechen sei. „There are no linguistic reasons to reject this proposal".
Sowohl die Ausgrenzung von Gen 50,14aαb aus dem Grundbestand von Gen 50 als auch die Zuordnung von Gen 50,14* zu P widersprechen u. E. allerdings den oben im Fließtext zu 5.4. (a) und 5.4 (b) ausführlich dargelegten sprachlichen und inhaltlichen Zusammenhängen im Binnenkontext von Gen 50 und im Außenkontext von Gen 46–50*; Ex 10*;12*.

kehrt die ältere Aussage in Gen 50,26 vor,[360] erklärt sich der doppelte Verweis auf die Lebensangabe Josefs nur schlecht. Denn ist bereits mit der Aussage von Gen 50,26 impliziert, dass Josef 110 Jahre gelebt hat, erscheint die direkt vorausgehende Angabe in Gen 50,22 unnötig redundant.

> Sollte daher in Gen 50,26aα [...] die ursprüngliche, vorpriesterschriftliche Todesnotiz Josephs vorliegen, so wäre davon auszugehen, daß die aus 50,22b P übernommene Altersangabe erst nachträglich in 50,26aβ ergänzt wurde, und zwar nachdem zumindest 50,23 oder 50,24 zwischen die beiden Verse getreten war. Es ist aber überhaupt nicht erkennbar, was einen späteren Bearbeiter dazu veranlaßt haben sollte, die von 50,22b her unstrittige Lebensdauer Josephs in 50,26aβ nachzutragen, zumal ja auch in Ex 1,6 niemand am Fehlen der entsprechenden Angabe Anstoß nahm. Da sich Gen 50,26aβ als Nachtrag schlechterdings nicht plausibilisieren läßt, ist davon auszugehen, daß 50,26a literarisch aus einem Guß und damit zugleich notwendig jünger als 50,22 P ist[361].

In der oben zitierten Einschätzung von Christoph Berner zum Verhältnis von Gen 50,22.26; Ex 1,6 deutet sich eine weitere Bewertung von Gen 50,22 an, nämlich die gemeinhin angenommene priesterschriftliche Herkunft des Verses. Ist in dieser Bewertung Richtiges gesehen, lässt ein Blick auf die kontextuelle Einbettung der Aussage Gen 50,22 vermuten (vgl. Gen 41,46; 46,6–7; 47,27), dass es sich bei der Priesterschrift in der Josefsgeschichte nicht um eine eigenständige Quelle handeln dürfte. Blickt man nämlich noch einmal auf den Zusammenhang von Gen 50,14.22 macht es den Anschein, als greife Gen 50,22 nicht nur sachlich, sondern auch sprachlich auf die Aussage von Gen 50,14 zurück. In V. 14 ist uns zunächst berichtet, dass Josef nach der Bestattung seines Vaters nach Ägypten zurückkehrte: וישב יוסף מצרימה.[362] Der in Gen 50,14*[362] dargebotene Konsonantenbestand spiegelt sich in der Formulierung von Gen 50,22: וישב יוסף במצרים.[363] Nachdem Josef aus Kanaan nach Ägypten zurückgekehrt ist, verbleibt er dort bis zu seinem Tod.

---

360 So etwa Gertz, Tradition, 362.

361 Berner, Exoduserzählung, 21.

362 Bei der Erwähnung des ובית אביו dürfte es sich um einen Nachtrag handeln. Er greift zunächst mit dem Personalpronomen הוא auf Josef als Subjekt zurück und stellt ihm nun auch das Haus des Vaters zur Seite. Dabei unterbricht die Formulierung הוא ובית אביו den Zusammenhang zwischen den Aussagen וישב יוסף במצרים V. 22aα und ויחי יוסף מאה ועשר שנים V. 22b. Der Zusatz könnte mit Gen 50,8 in Zusammenhang stehen, wo das Haus des Vaters mit dem ganzen Haus Josefs aufgebrochen war, den Vater zu bestatten.

Gen 50,8.22:

⁸וכל בית יוסף ואחיו ‎|ובית אביו|‎ רק טפם וצאנם ובקרם עזבו בארץ גשן:

²²וישב יוסף במצרים ‎|הוא ובית אביו|‎ ויחי יוסף מאה ועשר שנים:

363 Vgl. Gertz, *Transition*, 79.

Ein genauer Blick auf die Formulierungen in Gen 50,22b lässt darüber hinaus auch Zweifel an der priesterschriftlichen Bewertung des Verses aufkeimen. Sie wird z. B. von Christoph Levin mit Hinweis auf die formelhafte Sprache der Priesterschrift begründet. Denn die Notiz über das Lebensalter Josefs „folgt dem [priesterschriftlichen] Schema von 5,3–28.30; 9,28; 11,11–26; 47,28"[364]. Betrachtet man die von Levin angegebenen Verse, fällt allerdings auf, dass sich die Aussagen in Gen 5 und Gen 11 im Rahmen von Zeugungsnotizen finden und nicht die Summe der Lebensjahre insgesamt betrifft. Die Lebenssumme hingegen wird in der Priesterschrift für die Erzväter Abraham (25,7–8), Ismael (25,17), Isaak (35,28–29a) und Jakob (Gen 47,28; 49,33b) stets mit einer nominalen Formel eingeleitet, die im Falle von Abraham, Ismael und Jakob eine Form von חי beinhaltet. Lediglich im Kontext von Abraham ist der nominalen Konstruktion auch die verbale Formulierung אשר־חי nachgestellt. In den angeführten Aussagen zur Lebenssumme der Erzväter weicht überdies das Zahlenformat schematisch von Gen 50,22 ab. Denn in der Priesterschrift ist jedem einzelnen Zahlenbestandteil der Lebenssumme das Nomen שנה nachgestellt; den Zahlen über zehn singularisch, den Zahlen unter zehn pluralisch.[365] Die Zahlen selbst sind bei Abraham, Ismael und Isaak absteigend, bei Jakob aufsteigend sortiert.

Im Zusammenhang der Todesnotiz über Jakob fällt fernerhin auf, dass hier neben der Summe der Lebensjahre insgesamt auch die Lebensjahre Jakobs in Ägypten angeführt werden. Der Lebensabschnitt, den Jakob in Ägypten verbracht hat, beläuft sich dabei auf siebzehn Jahre und wird mit dem Narrativ ויחי eingeleitet. Mit diesem Narrativ stimmt Gen 47,28 mit Gen 50,22b überein. In Gen 50,22b allerdings eröffnet der Narrativ ויחי unmissverständlich die Lebenssumme für Josef, wie sie nach P eigentlich mit einer nominalen Konstruktion beginnen müsste.[366]

Mit Blick auf die angeführten Beobachtungen wäre zumindest zu erwägen, ob es sich bei Gen 50,22 nicht eher um einen nachpriesterschriftlichen Nachtrag handeln könnte,[367] der sich bereits an den (priesterschriftlichen) Angaben in Gen 37,2 und 47,28 orientiert und nun auch für Josef die Lebensjahre nachträgt.[368]

---

364 Levin, Jahwist, 315. Vgl. Gertz, Tradition, 360, oder Berner, Exoduserzählung, 20. Anders versteht die ältere Forschung zumeist Gen 50,22a als Bestandteil des Jahwisten, während Gen 50,22b als möglicher Zusatz gewertet wird; vgl. KHC, 265, oder Gunkel, HK, 488. Schmitt, Josephsgeschichte, 79, sieht in Gen 50,22 insgesamt einen Bestandteil der Juda-Schicht.
365 Vgl. bereits Dillmann, Genesis, 453.
366 Vgl. hierzu Blum, *Literarkritik*, 507.
367 So auch Schmitt, *Verbindung*, 178.
368 Vgl. hierzu die Beobachtungen bei Blum, *Literarkritik*, 510. Die dort getroffene Zuweisung von Gen 50,22* zur Priesterschrift wird hier allerdings nicht geteilt.

Gen 25,7–8.17:

⁷וְאֵלֶּה יְמֵי שְׁנֵי־חַיֵּי אַבְרָהָם אֲשֶׁר־חָי מְאַת שָׁנָה וְשִׁבְעִים שָׁנָה וְחָמֵשׁ שָׁנִים:
⁸וַיִּגְוַע וַיָּמָת אַבְרָהָם בְּשֵׂיבָה טוֹבָה זָקֵן וְשָׂבֵעַ וַיֵּאָסֶף אֶל־עַמָּיו:
¹⁷וְאֵלֶּה שְׁנֵי חַיֵּי יִשְׁמָעֵאל מְאַת שָׁנָה וּשְׁלֹשִׁים שָׁנָה וְשֶׁבַע שָׁנִים וַיִּגְוַע וַיָּמָת וַיֵּאָסֶף אֶל־עַמָּיו:

Gen 35,28–29:

²⁸וַיִּהְיוּ יְמֵי יִצְחָק מְאַת שָׁנָה וּשְׁמֹנִים שָׁנָה:
²⁹וַיִּגְוַע יִצְחָק וַיָּמָת וַיֵּאָסֶף אֶל־עַמָּיו זָקֵן וּשְׂבַע יָמִים וַיִּקְבְּרוּ אֹתוֹ עֵשָׂו וְיַעֲקֹב בָּנָיו: פ

Gen 37,2*:

²אֵלֶּה תֹּלְדוֹת יַעֲקֹב יוֹסֵף בֶּן־שְׁבַע־עֶשְׂרֵה שָׁנָה הָיָה רֹעֶה אֶת־אֶחָיו בַּצֹּאן וְהוּא נַעַר אֶת־בְּנֵי
בִלְהָה וְאֶת־בְּנֵי זִלְפָּה נְשֵׁי אָבִיו וַיָּבֵא יוֹסֵף אֶת־דִּבָּתָם רָעָה אֶל־אֲבִיהֶם:

Gen 47,28:

²⁸וַיְחִי יַעֲקֹב בְּאֶרֶץ מִצְרַיִם שְׁבַע עֶשְׂרֵה שָׁנָה וַיְהִי יְמֵי יַעֲקֹב שְׁנֵי חַיָּיו שֶׁבַע שָׁנִים וְאַרְבָּעִים
וּמְאַת שָׁנָה:

Gen 49,33*:

³³וַיְכַל יַעֲקֹב לְצַוֹּת אֶת־בָּנָיו וַיֶּאֱסֹף רַגְלָיו אֶל־הַמִּטָּה וַיִּגְוַע וַיֵּאָסֶף אֶל־עַמָּיו:

Gen 50,22:

²²וַיֵּשֶׁב יוֹסֵף בְּמִצְרַיִם הוּא וּבֵית אָבִיו וַיְחִי יוֹסֵף מֵאָה וָעֶשֶׂר שָׁנִים:

Relativ umständlich erscheint die Annahme von Gertz, Tradition, 360 mit Anm. 43, dass
Gen 50,22b sprachlich erst nachträglich an Gen 50,26 angeglichen worden sei, ursprünglich
aber eine Gen 47,28 gemäße Formulierung enthalten habe. „Wegen der vom priesterschriftlichen Sprachgebrauch leicht abweichenden Formulierung der Angabe des Lebensalters Josephs
ist jedoch zu erwägen, ob nicht ein nachpriesterschriftlicher Redaktor die Notiz in V. 22 ‚und
Joseph lebte 110 Jahre' [...] und V. 26 ‚da starb Joseph, 110 Jahre alt' [...] einander angeglichen
hat, um so den Nachtrag Gen 50,23.24–26 zu verklammern". Dieser in der Fußnote angemerkte
Vorbehalt widerspricht in gewissem Sinne der Behauptung aus dem Fließtext, dass die „Angaben über den Verbleib Josephs und seines Vaters Haus in Ägypten sowie über Josephs Lebensalter in Gen 50,22 [...] *wegen ihrer Entsprechung zu der priesterschriftlichen Notiz in Gen 47,27f P
zugewiesen werden*" können. Der Vergleich trifft nur für die Lebenssumme Josefs und also für
Gen 50,22b zu. Eine Zuordnung jenes Halbverses zu P kann aber nur dann mit Blick auf Gen 47,28
begründet werden, so ein Vergleich beider Textstellen dies zweifelsfrei zulässt. Da dies aber offenkundig nicht der Fall ist, schränkt auch Gertz seine These aus dem Fließtext mit Anm. 43
dahingehend ein, dass ein Vergleich von Gen 50,22(b) und Gen 47,28 keine eindeutige Entscheidung herbeiführen könne. „Allerdings sind die Unterschiede nicht so gravierend, daß eine
priesterschriftliche Herkunft auch der vorliegenden Textgestalt des Teilverses *von vornherein
auszuschließen ist*" [Hervorhebungen durch die Verf.].

Der Angabe über die Lebensspanne Josefs folgen in V. 23 Aussagen zu seinen Nachfahren. „Und Josef sah von Efraim Söhne in der dritten Generation; auch die Söhne des Machir, des Sohns von Manasse, wurden auf den Knien Josefs geboren". Die Vorstellung, dass Josef die Söhne Efraims bis ins dritte Glied sah, könnte durch die zuvor genannte Lebensdauer von 110 Jahren veranlasst sein.[369] An sie schließt die Identifikation Machirs als ein auf den Knien Josefs Geborener Manassesohn an. Die Annahme Machirs an Sohnes statt orientiert sich inhaltlich an Gen 48,5–7 und stimmt terminologisch mit Gen 30,3 überein. Wie Bilha auf den Knien Rahels, der Mutter Josefs, geboren hat, so nimmt Josef nun die Söhne Manasses als seine eigenen an.

Gen 30,3:

‏³ ותאמר הנה אמתי בלהה בא אליה ותלד על־ברכי ואבנה גם־אנכי ממנה:‏

Gen 50,23:

‏²³ וירא יוסף לאפרים בני שלשים גם בני מכיר בן־מנשה ילדו על־ברכי יוסף:‏

Mit dem expliziten Bezug auf Machir als Sohn Manasses, der in Gen 50,23 von Josef adoptiert wird, könnte überdies ein Ausgleich jener Unstimmigkeiten intendiert sein, die sich aus den Aussagen von Num 26,29 par. Jos 17,1 und Ri 5,14 ergeben. Während nämlich Num 26,29 und Jos 17,1 davon ausgehen, dass es sich bei Machir um einen Sohn Manasses handelt, ist er in Ri 5,14 neben Efraim und Benjamin angeführt. In dieser Reihe scheint er mit Efraim zusammen den zweiten Josef-Sohn zu repräsentieren, bei dem es sich nach Gen 41,50–52* allerdings um Manasse handeln müsste. Indem Machir, der Erstgeborene Manasses, nun nach Gen 50,23b auf den Knien Josefs geboren wurde, erhält auch er einen Sohnesstatus. Wie Efraim und Manasse in Gen 48,5–7 von ihrem Großvater Jakob adoptiert wurden, so nun auch Machir von seinem Großvater Josef.[370]

Gen 50,23:

‏²³ וירא יוסף לאפרים בני שלשים גם בני מכיר בן־מנשה ילדו על־ברכי יוסף:‏

Num 26,29:

‏²⁹ בני מנשה למכיר משפחת המכירי ומכיר הוליד את־גלעד לגלעד משפחת הגלעדי:‏

---

369 Vgl. Gertz, Tradition, 360. Zu einem möglichen Bezug der „dritten Generation" zu den vier Generationen aus Gen 15,16 vgl. insbesondere Blum, Komposition, 257.
370 Vgl. Levin, Jahwist, 316. Anders Ruppert, FzB, 544, der glaubt, dass der Jehowist hier eine „stammesgeschichtliche Erinnerung an Machir" nachgetragen habe.

Jos 17,1:

¹ ויהי הגורל למטה מנשה כי־הוא בכור יוסף למכיר בכור מנשה אבי הגלעד כי הוא היה איש
מלחמה ויהי־לו הגלעד והבשן:

Ri 5,14:

¹⁴ מני אפרים שרשם בעמלק אחריך בנימין בעממיך מני מכיר ירדו מחקקים ומזבולן משכים
בשבט ספר:

Wie die Adoption des Enkels in V. 23, hat auch die Todesankündigung aus
V. 24 eine Parallele in Gen 48, näherhin in Gen 48,21.[371] Dort hatte Israel seinen
Lieblingssohn Josef zu sich gerufen und angekündigt: „*Siehe, ich sterbe nun.
Elohim aber wird mit euch sein und wird euch in das Land eurer Vorfahren zurück-
bringen*". In Gen 50,24 richtet sich Josef selbst an seine Brüder und spricht: „*Ich
sterbe nun. Elohim aber wird sich eurer annehmen, und er wird euch aus diesem
Land hinaufführen in das Land, das er Abraham, Isaak und Jakob zugeschworen
hat*".

Beide Aussagen sind durch die Formel אנכי מת eingeleitet und zeigen auch
sachliche Berührungspunkte. Während Israel Josef zusagt, dass Elohim mit ihm
und seinen Brüdern sein wird und sie in das Land der Vorväter zurückbringt,
gibt Josef das Anliegen seines Vaters nun, da er sterben wird, an seine Brüder
weiter. Nach dem Tod Josefs, den Elohim den Brüdern vorausgesandt hatte, damit
er sie zu einem großen Volk bewahren kann, wird sich Elohim selbst der Brüder
annehmen und sie schließlich in das Land hinaufführen, das er den Erzvätern
versprochen hatte. Auch nach dem Tod Josefs ist somit die Bewahrung der Brüder
bzw. der Familie garantiert. Die Aussage von Gen 50,24 greift demnach die Zusage
von Israel an Josef aus Gen 48,21 auf und interpretiert sie im Lichte von Gen 45,5–
7*.11; 50,20–21*.

Gen 45,5–7.11:

⁵ ועתה אל־תעצבו ואל־יחר בעיניכם כי־מכרתם אתי הנה כי למחיה שלחני אלהים לפניכם:
⁶ כי־זה שנתים הרעב בקרב הארץ ועוד חמש שנים אשר אין־חריש וקציר:
⁷ וישלחני אלהים לפניכם לשום לכם שארית בארץ ולהחיות לכם לפליטה גדלה:
¹¹ וכלכלתי אתך שם כי־עוד חמש שנים רעב פן־תורש אתה וביתך וכל־אשר־לך:

Gen 48,21:

²¹ ויאמר ישראל אל־יוסף הנה אנכי מת והיה אלהים עמכם והשיב אתכם אל־ארץ אבתיכם:

---

371 Vgl. Gunkel, HK, 491; Westermann, BK, 235; Blum, Komposition, 257; ders., *Literarkritik*, 510;
Levin, Jahwist, 315, oder Ruppert, FzB, 540.

Gen 50,20–21*.24:

²⁰ וְאַתֶּם חֲשַׁבְתֶּם עָלַי רָעָה אֱלֹהִים חֲשָׁבָהּ לְטֹבָה לְמַעַן עֲשֹׂה כַּיּוֹם הַזֶּה לְהַחֲיֹת עַם־רָב:

²¹ וְעַתָּה אַל־תִּירָאוּ אָנֹכִי אֲכַלְכֵּל אֶתְכֶם וְאֶת־טַפְּכֶם וַיְנַחֵם אוֹתָם וַיְדַבֵּר עַל־לִבָּם:

²⁴ וַיֹּאמֶר יוֹסֵף אֶל־אֶחָיו אָנֹכִי מֵת וֵאלֹהִים פָּקֹד יִפְקֹד אֶתְכֶם וְהֶעֱלָה אֶתְכֶם מִן־הָאָרֶץ הַזֹּאת אֶל־הָאָרֶץ אֲשֶׁר נִשְׁבַּע לְאַבְרָהָם לְיִצְחָק וּלְיַעֲקֹב:

Der oben ausgeführte binnenkontextuelle Anknüpfungspunkt[372] in der Josefsgeschichte spricht gegen die weit verbreitete Annahme, dass Gen 50,24 eine Vorwegnahme der Zusage Moses aus Ex 3,16 im Munde Josefs darstellt.[373] Das Abhängigkeitsverhältnis dürfte sich mit Christoph Berner „exakt umgekehrt" darstellen.[374]

> Denn „der Gedanke, JHWH werde sich der Israeliten annehmen (פקד[375]), [hat] seinen genu-
> inen Ort am Ende der Josephsgeschichte [...]. Durch die betonte Voranstellung des Subjekts
> in 50,24b werden der sterbende Joseph und Gott gezielt zueinander in ein heilsgeschichtli-
> ches Verhältnis gesetzt: War bisher Joseph der im göttlichen Plan vorgesehene Garant für
> das Wohl der Familie als Keimzelle Israels (50,20bβ.21a), so geht diese Funktion nun auf
> Gott selbst über, der sich seines Volkes annehmen und es schließlich aus Ägypten heraus-
> führen wird"[376].

> Die Wendung von Jhwhs Schwur an die Väter hat [dabei] ihren Schwerpunkt in den späten
> Schichten des Deuteronomiums. In der Genesis ist 22,16; 24,7; 26,3 zu vergleichen. Für die
> Trias ‚Abraham, Isaak, Jakob' ist Gen 50,24 der erste Beleg in biblischer Folge[377].

In V. 25 wird die Formulierung וֵאלֹהִים פָּקֹד יִפְקֹד אֶתְכֶם aus V. 24 aufgenommen,
richtet sich nun aber nicht mehr an die Brüder Josefs, sondern an die Söhne
Israels. Der Schwerpunkt liegt in V. 25 zudem nicht mehr auf dem in V. 24 versprochenen „dass" der Zuwendung Gottes, sondern vielmehr auf dem „wann".

---

372 Zu einer Auflistung möglicher Referenzstellen von Gen 50,24–26 vgl. insbesondere Witte,
Gebeine, 148–149.
373 Zu diesem Bezug vgl. Westermann, BK, 236; Levin Jahwist, 315; Ruppert, FzB, 544, oder
Porzig, Lade, 4.
374 Vgl. Berner, Exoduserzählung, 42.
375 Zu Überlegungen zum Terminus פקד vgl. Miller, *End*, 118f.
376 Berner, Exoduserzählung, 42.
377 Levin, Jahwist, 315. Zum Verhältnis von V. 24.25 vgl. auch Ruppert, FzB, 539, der schlussfol-
gert, da „Josef V. 24 ‚zu seinen Brüdern' spricht, in V. 25 dagegen ‚die Söhne Israels' schwören
läßt, ist ein Bruch unverkennbar. Weiterhin wiederholt V. 25bα wörtlich V. 24bα init., was völlig
ungewöhnlich ist. Für das Verständnis des Zusammenhangs ist V. 24 gänzlich entbehrlich. Nur
im Gesamtkontext des Pentateuchs gibt der Vers einen Sinn, insofern Josef schon jetzt Gottes
Rettungstat, die Jahwe nach Ex 3,8 erst dem Mose ankündigen sollte, mit dem gleichen Syntagma
'lh (H-St.) min hā'āraṣ verheißt".

Die Hinaufführung durch Elohim ist vorausgesetzt, zu dem Zeitpunkt, da sie sich erfüllt, sollen die Brüder nun auch die Gebeine Josefs mit hinaufführen.

Es dürfte sich bei פקד יפקד אלהים אתכם in V. 25 am ehesten um eine Wiederaufnahme handeln, die als neues Motiv die Mitnahme der Gebeine Josefs einführt und sie nachträglich mit der versprochenen Hinaufführung der Brüder bzw. Söhne Israels aus Ägypten verknüpft.[378]

Gen 50,24–25:

ויאמר יוסף אל־אחיו אנכי מת ‏ואלהים פקד יפקד אתכם‏ והעלה אתכם מן־הארץ הזאת 24

אל־הארץ אשר נשבע לאברהם ליצחק וליעקב:

וישבע יוסף את־בני ישראל לאמר ‏פקד יפקד אלהים אתכם‏ והעלתם את־עצמתי 25

מזה:

Mit der Mitnahme der Gebeine hängt sachlich und wohl auch literarisch die Aussage von V. 26 zusammen, in dem Josef nach Eintritt des Todes (V. 26a), wie zuvor sein Vater Jakob-Israel (Gen 50,2–3a), mumifiziert und – singulär im Alten Testament – [379]בארון aufbewahrt werden[380] soll (V. 26b).[381]

> Über die Aussagen von Gen 50,25–26 ist das Ende der Genesis mit dem Ende des Buches Josua verbunden.[382] Dies betrifft sowohl die Lebenssumme von je 110 Jahren für Josef und Josua als auch die Gebeine Josefs, die hier (Gen 50) für eine Heraufführung aus Ägypten präpariert und dort (Jos 24) bestattet werden. Angesichts der großen sachlichen und sprachlichen Schnittmenge der Aussagen in Gen 50,25–26 und Jos 24,29.32 dürfte zunächst davon auszugehen sein, dass beide Abschnitte in einem direkten literarischen Zusammenhang stehen und aufeinander bezogen werden wollen.[383]

---

378 Anders sehen Blum, Komposition, 256; ders., *Literarkritik*, 510, oder Gertz, Tradition, 361, in Gen 50,24–25 eine literarische Einheit.

379 Zur Vorstellung der Gebeine Josefs בארון und einem Zusammenhang von Gen 50,25 und Jos 24,32 vgl. bereits Jacob, Genesis, 945, aber insbesondere Porzig, Lade, 2–7.95–97.

380 „In Hebrew the word for 'Ark' of the Covenant [...] is the same word as used here, and nowhere else, for 'coffin,' Joseph's sarcophagus. Jewish Tradition gives the reason: 'He who is enshrined in the one, fulfilled the commandments enshrined in the other'", Lowenthal, Joseph, 160.

381 Vgl. zur literarischen Genese von Gen 50,24–26 vor allem Berner, Exoduserzählung, 21f.41–44, und Porzig, Lade, 2–4.
Anders versteht etwa Gertz, Tradition, 363, den Abschnitt insgesamt als Bestandteil seiner Endredaktion und setzt damit eine literarische Einheitlichkeit voraus. Witte, *Gebeine*, 15f, geht von einer nicht ganz spannungsfreien, aber zumindest kompositionellen Einheit aus.

382 Vgl. hierzu bereits die Beobachtungen bei Gunkel, HK, 491.

383 Vgl. hierzu Blum, *Knoten*, 202–203, und ders. *Literarkritik*, 509.

Im Falle der Mitnahme von Josefs Gebeinen leuchtet diese Vermutung bereits inhaltlich unmittelbar ein. Sollen die Gebeine nämlich nicht in Ex 13,19 mitgenommen und in Jos 24,32 bestattet werden, ergeben der Befehl Josefs Gen 50,25 und die Aufbewahrung des Leichnams in Gen 50,26 schlechterdings keinen Sinn. Anders formuliert, schließt das Ende der Genesis mit dem Tod Josefs nicht nur die Josefsgeschichte ab, sondern eröffnet mit der Mitnahme der Gebeine auch einen neuen Erzählbogen,[384] der auf eine Auflösung in Ex 13,19 und Jos 24,32 notwendig angewiesen ist.

Gen 33,19:

19 וַיִּקֶן אֶת־חֶלְקַת הַשָּׂדֶה אֲשֶׁר נָטָה־שָׁם אָהֳלוֹ מִיַּד בְּנֵי־חֲמוֹר אֲבִי שְׁכֶם בְּמֵאָה קְשִׂיטָה:

Gen 50,25–26:

25 וַיַּשְׁבַּע יוֹסֵף אֶת־בְּנֵי יִשְׂרָאֵל לֵאמֹר פָּקֹד יִפְקֹד אֱלֹהִים אֶתְכֶם וְהַעֲלִתֶם אֶת־עַצְמֹתַי מִזֶּה:
26 וַיָּמָת יוֹסֵף בֶּן־מֵאָה וָעֶשֶׂר שָׁנִים וַיַּחַנְטוּ אֹתוֹ וַיִּישֶׂם בָּאָרוֹן בְּמִצְרָיִם:

Ex 13,19:

19 וַיִּקַּח מֹשֶׁה אֶת־עַצְמוֹת יוֹסֵף עִמּוֹ כִּי הַשְׁבֵּעַ הִשְׁבִּיעַ אֶת־בְּנֵי יִשְׂרָאֵל לֵאמֹר פָּקֹד יִפְקֹד אֱלֹהִים אֶתְכֶם וְהַעֲלִיתֶם אֶת־עַצְמֹתַי מִזֶּה אִתְּכֶם:

Jos 24,32:

32 וְאֶת־עַצְמוֹת יוֹסֵף אֲשֶׁר־הֶעֱלוּ בְנֵי־יִשְׂרָאֵל מִמִּצְרַיִם קָבְרוּ בִשְׁכֶם בְּחֶלְקַת הַשָּׂדֶה אֲשֶׁר קָנָה יַעֲקֹב מֵאֵת בְּנֵי־חֲמוֹר אֲבִי־שְׁכֶם בְּמֵאָה קְשִׂיטָה וַיִּהְיוּ לִבְנֵי־יוֹסֵף לְנַחֲלָה:

Dass auch die für Josef und Josua auf 110 Jahre bemessene Lebenssumme in einem direkten literarischen Zusammenhang stehen könnte, ist sachlich nicht gleichermaßen zwingend. Doch weisen die großen Übereinstimmungen in der Formulierung hier ebenfalls auf ein literarisches Abhängigkeitsverhältnis.[385] Zunächst ist beachtenswert, dass die Angabe der Zahl 110 sowohl in Gen 50,26 als auch in Jos 24,29; Ri 2,8 identisch konstruiert ist (מֵאָה וָעֶשֶׂר שָׁנִים). Sie wird überdies nicht – wie in der großen Mehrheit der Fälle (z. B. Abraham [Gen 25,7–8], Ismael [Gen 25,17], Isaak [Gen 35,28–29a], Jakob [Gen 47,28]) – im Zusammenhang der Lebensspanne, d. h. im Kontext einer positiven Formulierung mit der Wurzel חיה gebraucht, sondern stattdessen direkt mit dem Tod Josefs bzw. Josuas verbunden (so atl. nur noch in nominaler Form bei Mose Dtn 34,7 und Aaron Num 33,19). Lässt der Befund demnach vermuten, dass beide Aussagen in einen direkten literarischen Zusammenhang gehören könnten, mag die o. a. Analyse zu den Todesnotizen Josefs auch Aufschluss über die Richtung einer möglichen Abhängigkeit geben. Denn in Gen 50 dürften die 110 Jahre in V. 22 bereits für Josef konstatiert worden sein, bevor Gen 50,26 in den Kontext eingetragen wurde. Dabei zieht die Aussage Gen 50,26 die Formulierungen Gen 50,22 (וַיְחִי יוֹסֵף מֵאָה וָעֶשֶׂר שָׁנִים) und Ex 1,6 (וַיָּמָת יוֹסֵף) nachträglich zusammen und stellt so die Summe der Lebensjahre in einen direkten Zusammenhang mit dem Tod (וַיָּמָת יוֹסֵף בֶּן־מֵאָה וָעֶשֶׂר שָׁנִים). Diese für das AT ungewöhnliche Kombination scheint nun in Jos 24,29b; Ri 2,8b bereits vorausgesetzt (וַיָּמָת יְהוֹשֻׁעַ בֶּן־מֵאָה וָעֶשֶׂר שָׁנִים עֶבֶד יְהוָה בֶּן־מֵאָה וָעֶשֶׂר שָׁנִים). Es wird die Angabe der Lebenssumme ihren ursprünglicheren Ort dann am ehesten in der Josefsgeschichte gehabt haben. Von dort dürfte sie in Jos

---

384 Vgl. hierzu u. a. Weimar, *Spuren*, 310.
385 Vgl. hierzu Blum, *Literarkritik*, 509.

24,29b; Ri 2,8b auch für Josua nachgetragen worden sein. Ursprünglicher könnte für Josua lediglich der Tod von Jhwhs Knecht vermeldet worden sein, wie er auch in Dtn 34,5 von Mose berichtet ist.

Gen 50,22.26:

²² וישב יוסף במצרים הוא ובית אביו ‎ויחי יוסף מאה ועשר שנים:
²⁶ וימת יוסף בן־מאה ועשר שנים ויחנטו אתו ויישם בארון במצרים:

Ex 1,6*:

⁶ ‎וימת יוסף‎ וכל־אחיו וכל הדור ההוא:

Dtn 34,5:

⁵ וימת שם משה עבד־יהוה בארץ מואב על־פי יהוה:

Jos 24,29 (Ri 2,8 par.):

²⁹ ויהי אחרי הדברים האלה וימת יהושע בן־נון עבד יהוה
בן־מאה ועשר שנים:

Mit Blick auf die oben skizzierten Beobachtungen dürfte davon auszugehen sein, dass die Buchübergänge Gen/Ex und Jos/Ri nachträglich aufeinander bezogen wurden. In diesem Zusammenhang scheint mit den 110 Lebensjahren zum einen eine bereits bekannte Formulierung aufgegriffen (Jos 24,29b/Ri 2,8b par. → Gen 50,22b), zum anderen mit der Überführung der Gebeine in Gen 50,25–26; Jos 24,32 auch ein neues Motiv in den Kontext eingetragen worden zu sein. Die jeweiligen Aussagen haben dabei sowohl verbindende als auch abgrenzende Funktion.

So öffnet der Abschnitt Gen 50,25–26 das Ende der Genesis hin auf den größeren Erzählbogen des Hexateuchs. Gleichsam grenzt er die Genesis gegen das Buch Exodus ab, indem der Tod Josefs nun in Gen 50,26a noch einmal aufgegriffen wird und eine deutliche Zäsur markiert.[386] Im Zusammenhang von Jos 24 schließt die Bestattung der Gebeine Josefs den mit Gen (33,19;) 50,25–26 (Ex 13,19) begonnen Erzählfaden ab und trennt das Josua- vom Richterbuch. Mit der Wiederaufnahme der 110 Lebensjahre für Josua wird die Exodus-Landnahmeerzählung überdies von der Genesis abgegrenzt. Wie der Tod Josefs, der die Israeliten gewissermaßen nach Ägypten gebracht hat, das Ende der Genesis darstellt, so kennzeichnet der Tod Josuas, der die Israeliten in das verheißene Land geführt hat, den Abschluss der Exodus-Landnahmeerzählung.

Beschließen wir mit diesen Anführungen unsere Analyse des finalen Kapitels der Genesis und fassen unsere Ergebnisse im Anschluss kurz zusammen.

---

386 Vgl. Weimar, *Spuren*, 310

Ergebnis

Die vorausgehende Analyse legt für Gen 50 ein vielstufiges und kleinschrittiges Textwachstum nahe. Den ursprünglichsten Bestandteil dürften die singularisch auf Josef bezogenen Aussagen von V. 1.7a.10b.14a(nur מצרימה יוסף וישב).b darstellen. Sie schließen im Makrokontext der Josefsgeschichte eine Bearbeitung ab, die mit dem Aufbruch Israels nach Ägypten begonnen hatte. Der Aufbruch ist durch eine Aufforderung Josefs in Gen 45,9* eingeleitet und wird vom Erzvater selbst in Gen 45,28 beschlossen, in Gen 46,1a* sodann angetreten. In Gen 46,29–30 schließt der Erzvater seinen Sohn Josef wieder in die Arme und verkündet: „Jetzt will ich gern sterben, nachdem ich dein Angesicht geschaut und gesehen habe, dass du noch am Leben bist". Über diesen nahenden Tod des Erzvaters in Ägypten reflektiert der Abschnitt Gen 47,29.30b.31; 49,33aβ; 50,1.7a.10b.14aαb. Um ein Begräbnis des Erzvaters in der Fremde zu verhindern, lässt er seinen Sohn schwören, ihn nicht in Ägypten zu bestatten. Josef tut, wie ihm befohlen und bestattet den Vater nicht in Ägypten (Gen 50,7a.10b). Das Motiv der Überführung des Erzvaters Israel präfiguriert den kommenden Auszug des Volkes Israel im Buch Exodus. Die anschließende Rückkehr Josefs in Gen 50,14aαb gewährleistet, dass die Söhne Israels bis zum Exodus in Ägypten verbleiben. Angesichts dieser brückenbildenden Funktion dürfte der geschilderte Erzählfaden die vorpriesterschriftliche Verbindung zwischen Genesis und Exodus zuallererst hergestellt haben und in die Aussagen von Ex 1,6aα.8 gemündet sein.

Dass in diesem Übergang Richtiges gesehen sein könnte, mag auch ein Blick auf Gen 50,22 nahelegen, der frühestens priesterschriftlich, wahrscheinlich aber bereits nachpriesterschriftlich zu datieren ist. Der Vers knüpft über Gen 50,15–21 an Gen 50,14 an. War Josef dort nach Ägypten zurückgekehrt, wird er nach Gen 50,22 auch bis zu seinem Tod in Ägypten verbleiben. Der Tod Josefs aus Ex 1,6 ist in der Angabe der Lebenssumme V. 22b vorausgesetzt, wird aber nicht eigens konstatiert. Gen 50,22 schließt demnach an Gen 50,14 an und bereitet auf Ex 1,6 vor. Anders formuliert, hängt sich die Formulierung Gen 50,22 genau in das oben angenommene vorpriesterschriftliche Scharnier zwischen Genesis und Exodus (Gen 50,14; Ex 1,6). Trifft die oben angedeutete nachpriesterschriftliche Datierung für Gen 50,22 zu, wäre eine explizit priesterschriftliche Verbindung zwischen beiden Büchern in Gen 50 hingegen nicht auszumachen.

Zwischen den Zusammenhang von Gen 50,14.22 dürfte sich erst nachträglich die Szene zwischen Josef und seinen Brüdern in Gen 50,15–21 geschoben haben. Der Abschnitt wird dabei auch in sich nicht einheitlich sein. Den ältesten Bestand dürfte eine Unterhaltung zwischen Josef und seinen Brüdern in V. 15.18(ohne גם־ אחיו).19–20abα.21b darstellen. Sie kreist um die Furcht der Brüder, Josef könne ihnen nun, da der Vater tot ist, ihre böse Tat aus Gen 37 vergelten wollen. Diese Angst erklärt Josef mit dem Fazit Gen 50,19.20abα für unbegründet und bewertet den Verkauf Josefs nach Ägypten (כל־הרעה אשר גמלנו אתו, Gen 50,15b) mit Gen 45,5 als eine Rettungstat Gottes. Die Brüder zwar haben Böses geplant, als sie Josef verkauften, Elohim aber hat das Böse zum Guten gewendet. So ist den Brüdern vergeben und Josef spricht ihnen zu Herzen (vgl. Gen 37,4b; 45,15). Mit dieser zweiten Versöhnungsszene legen Gen 50,19–20*.21b eine Großinklusion um die Josefsgeschichte, die mit dem Fazit Gen 50,20* insgesamt unter theologische Vorzeichen gestellt wird.[387]

An diese Szene in Gen 50,15.18(ohne גם־אחיו).19–20abα.21 haben wohl später die Nachträge in Gen 50,16–17.18(nur גם־אחיו) und Gen 50,20bβ.21a angeschlossen. Erstere interpretiert nun das Böse genauer als eine Schuld bzw. Sünde, die im Rahmen des Gottesvolkes von den Brüdern an Josef verübt wurde. Diese Schuld soll Josef seinen Brüdern im Auftrag des mittlerweile verstorbenen Vaters vergeben (Gen 50,16–17.18[ויגם־אחיו]). Demgegenüber knüpfen Gen 50,20bβ.21a an das Gute an, zu dem Elohim das Böse Planen der Brüder gewendet hat. Es ist nach Maßgabe von Gen 50,20bβ.21a nun ausdrücklich auf dem Hintergrund der Hungersnot zu verstehen. Die Verse Gen 50,20bβ.21a sind Bestandteil einer redaktionellen Überarbeitung der Josefsgeschichte, die auch die Abschnitte Gen 42,2bβ; 43.8b; 45,6–7.11; Gen 47,12 umfasst.

Von dem ältesten Erzählfaden in Gen 50,15–21* hängt ferner die Bestattung Jakobs durch alle seine Söhne in Gen 50,8(nur ואחיו).12–13.14(nur ואחיו) ab. Sie stößt sich mit der Aussage Gen 50,15, nach der die Brüder Josefs erst bemerken, dass ihr Vater gestorben ist, nachdem Josef von der Bestattung des Vaters nach Ägypten zurückkehrt. Nun aber ziehen die Brüder mit Josef aus Ägypten hinauf, um ihren Vater in Machpela zu bestatten. Damit bringen sie zur Ausführung, was der Vater ihnen in Gen 49,28aβ.29–33a befohlen hatte. Beide Abschnitte stehen miteinander, wohl aber auch mit dem Erwerb der Erbbegräbnisstätte Machpela in Gen 23* in einem direkten literarischen Zusammenhang.

Die Bestattung des Erzvaters durch alle Söhne dürfte im Kontext von Gen 50,1–14 allerdings nicht nur den Aufbruch Josefs, sondern auch den Mitzug der Ägypter in Gen 50,3b–6.7b.14aβ(ohne ואחיו) und der Israeliten in Gen 50,8 (ohne ואחיו) bereits voraussetzen. Denn sowohl im Zusammenhang des Aufbruchs Gen 50,8 als auch im Zusammenhang der Rückkehr Gen 50,14 dürfte die Erwähnung der Brüder (ואחיו) einen Zusatz darstellen.

Die Teilnahme der Ägypter am Trauerzug wird den Erzählfaden Gen 50,3b–6.7b.14aβ umfasst haben. Er greift in V. 3b–4a die Trauer Josefs aus V. 1, in V. 7b den Aufbruch Josefs aus V. 7a auf und dehnt beides auf Ägypten aus. Der Aufbruch

---

[387] Zur kontextübergreifenden Brückenfunktion vgl. Kratz, Komposition, 284, oder Berner, Exoduserzählung, 20.

Josefs wird im Rahmen dieser Bearbeitung überdies von Pharao selbst sanktioniert, der die Begräbnisanweisungen Israels aus Gen 47,29–31 ausdrücklich genehmigt (Gen 50,6). Die Bearbeitung lässt dem Erzvater Israel in Ägypten große Ehrerbietung zuteilwerden. Siebzig Tage trauert Ägypten um ihn, „alle Diener des Pharao, die Ältesten seines Hauses und alle Ältesten des Landes Ägypten" geben ihm die letzte Ehre. Damit stellt das Verhalten Ägyptens und Pharaos einen Kontrast zu der Unterdrückung des Volkes dar, wie sie ab Ex 1,9ff beschrieben wird.

Von der Teilnahme Ägyptens am Trauerzug für Jakob-Israel in Gen 50,1–14 dürften alle weiteren Motive bereits abhängen. Dies gilt, wie oben gesehen, für die Bestattung in Machpela (Gen 50,8[nur ואחיו].12–13.14[nur ואחיו]). Es gilt überdies für das Motiv der Einbalsamierung in V. 2–3a, den Mitzug der Israeliten in Gen 50,8, die Mitnahme von Wagen und Reitern in V. 9–10a und die Ätiologie in V. 11.

Das Motiv der Einbalsamierung unterbricht den Zusammenhang von V. 1.3b (בכה) und setzt sachlich die lange Trauerzeit aus V. 3b voraus. Ihr ist es wohl geschuldet, dass der Erzvater jetzt auch einbalsamiert wird. Die Teilnahme der Israeliten an dem Trauerzug in V. 8 knüpft an den Mitzug der Ägypter aus V. 7b an und stellt über die Aussage von V. 8b eine explizite Verbindung zwischen der Ansiedlung der Israeliten in Goschen (Gen 46,32–34; 47,1*.4.6ba) und den Auszugsverhandlungen der Israeliten in Ex 10,9–10.24; 12,31–32.37–38 her. Eine Verbindung mit dem Exodus, näherhin mit der Meerwundererzählung aus Ex 14, wird auch über V. 9–10a geknüpft. Dabei schließt V. 9 über V. 8 hinweg an V. 7 an und lässt den Trauerzug nun auch von Wagen und Reitern begleitet werden. Der gesamte Trauerzug erreicht in V. 10a Goren-Atad und hält dort eine schwere Trauerklage. Die Aussagen von V. 9–10a sind ihrerseits in V. 11 vorausgesetzt. Der Vers knüpft an die Trauer Josefs aus V. 10b (אבל) an und macht sie für eine Ätiologie fruchtbar. „Die Bewohner des Landes aber, die Kanaaniter, beobachteten die Trauerfeier in Goren-Atad und sprachen: Da hält Ägypten eine große Trauerfeier. Darum nennt man den Ort Abel-Mizrajim; er liegt jenseits des Jordan".

Weitere Nachträge finden sich im Zusammenhang von Gen 50,23–26. Sie alle setzen einen sehr weiten literarischen Horizont voraus. V. 23b lässt Josef seinen Enkel Machir adoptieren und gleicht so die Diskrepanz der Aussagen aus Num 26,29; Jos 17,1 mit der Angabe aus Ri 5,14 aus.

In Gen 50,24 greift das Versprechen Josefs an seine Brüder auf die Zusage Israels an Josef in Gen 48,21 zurück und interpretiert sie nun im Lichte des theologischen Fazits Gen 50,19–21*. Nach dem Tod Josefs, der seinen Brüdern von Elohim vorausgesandt war, um ein großes Volk am Leben zu halten, wird Elohim selbst für das Wohlergehen der Familie Israels sorgen. An das Motiv der Fürsorge (פקד) Elohims knüpft V. 25 vordergründig an, konzentriert sich aber nicht mehr primär auf das Schicksal der Brüder, sondern der Gebeine Josefs. Sie sollen von den Söhnen Israels bei ihrem Auszug mitgenommen werden. Der Auftrag Josefs wird in Ex 13,19 von Moses ausgeführt, in Jos 24,32 werden die Gebeine in Sichem bestattet. Mit Gen 50,25 gehört sachlich und literarisch Gen 50,26 zusammen. Der Vers nimmt zunächst die Todesnotiz aus Ex 1,6 vorweg und verknüpft sie direkt mit der Angabe des Lebensalters aus Gen 50,22b. Nachdem Josef 110jährig verstorben ist, werden seine Gebeine ebenso einbalsamiert, wie der Leichnam seines Vaters. Denn noch länger als er wird Josef auf die Überführung nach Kanaan warten müssen.

Diachrone Differenzierung

I   *Israels Aufbruch nach Ägypten (Gen 45–50*/Ex 1*)*:

Gen 45,9a(nur מהרו ועלו אל־אבי ואמרתם אליו כה אמר בנך יוסף)b.28;

Gen 46,1aα(nur ויסע ישׂראל וכל־אשר־לו).29–30;

Gen 47,29.30b.31;

Gen 49,33a(nur ויאסף רגליו אל־המטה);

Gen 50,1.7a.10b.14aαb → Ex 1,6aα(וימת יוסף).8

    I¹   *Die Lebenssumme Josefs*

      Gen 50,22

        I²   *Die theologische Interpretation des Verkaufs als Voraussendung*

        (Gen 45,5);

        Gen 50,15.18(ohne גם־אחיו).19–20abα.21b

          I³   *Die Voraussendung Josefs als Rettungstat an Israel*

          Gen 42,2bβ;

          Gen 43,8b;

          Gen 45,6–7.11;

          Gen 47,12;

          Gen 50,20bβ.21a

          I³   *Keine Sünde unter den Mitgliedern des Gottesvolkes*

          Gen 50,16–17.18(nur גם־אחיו)

        I²   *Josef adoptiert Machir*

        Gen 50,23

        I²   *Die Bewahrung der Söhne Israels nach Josefs Tod durch Elohim*

        Gen 50,24

          I³   *Die Gebeine Josefs*

          Gen 33,19;

          Gen 50,25–26;

          Ex 13,19;

          Jos 24,29b.32

    I¹   *Die Trauer Ägyptens*

      Gen 50,3b–6.7b.14aβ(ohne ואחיו)

I²   *Israel wird einbalsamiert*
      Gen 50,2–3a

I²   *Das Vieh und die Kinder bleiben in Goschen*
      Gen 50,8(ohne ואחיו)

I²   *Reiter und Wagen*
      Gen 50,9–10a

I²   *Nachpriesterschriftliche Begräbnisanweisungen Jakobs an alle Söhne:*
      Gen 49,1a.28(nur ויברך אותם).29–32*.33a(nur ויכל יעקב לצות את־בניו;)
      Gen 50,8(nur ואחיו).12–13*.14(nur ואחיו)

     I³   *Ätiologie zu Abel-Mizrajim*
         Gen 50,11

6. Zusammenfassung: Die literarische Entstehung der Josefsgeschichte

Die Einzelanalysen der hier vorgelegten Untersuchung haben gezeigt, dass die uns heute vorliegende Gestalt der Josefsgeschichte als Resultat eines langwierigen und komplexen literarischen Fortschreibungsprozesses zu verstehen sein dürfte. Ihn werden wir im Folgenden in seinen Grundzügen zu skizzieren versuchen und uns dabei auf die literar- und theologiegeschichtlich bedeutsamsten Entwicklungen beschränken.

(a) Die Josefsgeschichte im Anschluss an die Vätergeschichte

Die Erzählungen über Josef in Gen 37*; 39–41*

Die älteste vorpriesterschriftliche Fassung der Josephsgeschichte, wie sie uns in Gen 39–41* (mit Einleitung in Gen 37*) vorliegt, hat wahrscheinlich einmal vom sagenhaften Aufstieg Josefs in Ägypten erzählt.[1] Mit der Exposition Gen 37 ist diese Geschichte über Josef ausdrücklich an die Vätergeschichte zurückgebunden und will auf ihrem Hintergrund gelesen bzw. verstanden werden.[2] Anders ausgedrückt, kann die Josefsgeschichte nicht unabhängig von der Vätergeschichte entstanden sein, sondern setzt eine Kenntnis bestimmter Abschnitte der Vätergeschichte zwingend voraus. Denn nur wer weiß, dass Jakob, dem Rahel in Gen 30,23-24 Josef geboren hat, in Gen 32,29 in Israel umbenannt wurde, kann verstehen, warum Israel Josef mehr liebte als alle anderen Söhne. Weil Rahel die geliebte Frau Jakobs war und ihm als ersten Sohn Josef geboren hat, zieht Israel Josef seinen Brüdern vor. Sie können, wie ihre Mutter, die verhasste Lea, nicht gegen den Sohn der geliebten Rahel bestehen. Wie Jakob seine Liebe unter den Frauen ungleich verteilte, so auch Israel unter den Söhnen.[3]

Das Motiv der Bevorzugung durch den Vater erklärt zu Beginn der Josefsgeschichte, warum Josef im Folgenden eine Sonderrolle zukommt und sich die

---

1 Gen 37,3a.4a.12.13a.14b(ohne מעמק חברון).23a.25.28a(ab וימכרו)b; Gen 39,1ba(nur ויקנהו שר בלילה).4; Gen 40,1aα(nur ויהי אחר הדברים האלה).2(ohne על שני סריסיו).3aα.4.5a(bis הטבחים איש מצרי).6a.7a(nur לאמר)b.9–11.12(ohne זה פתרנו).13.16–17.18(ohne זה פתרנו).19–22; Gen 41,1(nur ויהי אחד 17–.).25aα(nur ויאמר יוסף אל־פרעה).26aα.27aα.29–31*.34–36*.40–49*.53–54.).8(nur מקץ שנתים ימים ופרעה חלם).9a.10.11a.12–13.14(ohne ויהי בבקר ותפעם רוחו).17–.)ויריצהו מן־הבור

2 Vgl. ausführlich oben 3.1. (a).

3 Vgl. insbesondere Lux, Josef, 50, oder Kratz, Komposition, 282. Anders Schmitt, Josephsgeschichte, 127; Schmidt, Studien, 149f; Schmid, *Josephsgeschichte*, 94, oder Lanckau, Herr, 166.

Kapitel Gen 39–41 exklusiv mit seinem Schicksal befassen. Die Bevorzugung fungiert in Gen 37 erzähltechnisch überdies als Auslöser für die Verschleppung Josefs nach Ägypten und setzt somit das Folgegeschehen überhaupt erst in Gang. Weil der Vater Josef mehr liebte als die anderen Söhne, beginnen sie Josef zu hassen und verkaufen ihn nach Ägypten. Dort aber wird er nicht untergehen, sondern gegen jede Wahrscheinlichkeit und dank seiner herausragenden mantischen Fähigkeiten zum zweiten Mann nach Pharao aufsteigen. Das Märchen, dessen Motive in Gen 39; 40–41 durchaus auf älteren Traditionsstoff zurückgehen könnte,[4] setzt mit der Verortung Josefs im ägyptischen Exil den Verlust der Staatlichkeit wohl zumindest für das Nordreich voraus. Doch steht für den Autor nicht der Verlust der Heimat, sondern vielmehr das Geschick des Exilierten im Vordergrund, für den sich der scheinbare Untergang zu einem neuen und erfolgreichen Anfang entwickelt. Josef mag zwar seine Heimat verloren haben, aber dies bedeutet nicht sein Ende. Im Gegenteil, der Lieblingssohn Israels lebt in Ägypten äußerst erfolgreich fort. Damit ist die „Geschichte Josefs" ein Keim der Hoffnung für all diejenigen, die ebenfalls ihrer Heimat beraubt wurden. Auch für sie muss der erlittene Verlust nicht das Ende bedeuten, sondern kann er einen neuen, erfolgreichen Anfang markieren. Die Komposition Gen 37*; 39–41* beschäftigt sich demnach primär mit einer „Darstellung und Deutung der israelitisch-jüdischen Diasporaexistenz"[5]. Dabei teilt sie die positive und hoffnungsvolle Sicht auf eine Existenz im Fremdland mit der vormakkabäischen Daniel-Komposition Dan (1.)2–6* oder dem Brief Jeremias an die Gola (Jer 29). Josef „sucht" (und findet) „der Stadt Bestes" (Jer 29,7). Mit dem Buch Jeremia verbindet die Geschichte über Josef ferner die Wahrnehmung der Exilierten als Vorzugsteil. Wie Jhwh die Verbannten aus Juda so wohlwollend ansehen wird, wie die guten Feigen, die er Jeremia schauen ließ (Jer 24,1ff), so prosperiert der Liebling Israels im ägyptischen Exil.

Der Konflikt zwischen Josef und seinen Brüdern in Gen 37*; 42–45*

Erst im Laufe der Zeit dürften den „Geschichten über Josef" in Gen 37*; 39–41* auch Erzählungen über die Brüder und den Vater in Gen 38*; 42–50* zugewachsen sein. Sie hängen sich in ihrem vorpriesterschriftlichen Bestand zunächst an Motive, die bereits im ältesten Kern der Exposition Gen 37 angelegt waren. Jene Motive

---

4 Vgl. Levin, Jahwist, 267–269, oder Kratz, Komposition, 283.

5 Meinhold, *Gattung*, 320; vgl. ähnlich Kratz, Komposition, 284–286. Vgl. ferner die Beobachtung von Seebass, *Josephsgeschichte*, 29, „daß Gen 39–41, sie und nur sie, in die Nähe dessen kommen, was man eine Diasporanovelle nennt".

werden nun neu entfaltet bzw. ausgestaltet. Als erstes dürfte dies die Versöhnung der Brüder in Gen 42–45* betreffen.[6]

Dass eine Versöhnung überhaupt notwendig ist, hat seinen Grund in der Bevorzugung Josefs durch den Vater, die nach Gen 37,4a in den Brüdern einen Hass entfacht. Der Konflikt zwischen den Brüdern dient in der älteren Erzählung als Auslöser für den Verkauf Josefs nach Ägypten, wird dort aber weder genauer diskutiert noch aufgelöst. Dies geschieht offenbar erst im Rahmen einer späteren Bearbeitung, die in Gen 37 an das Motiv des Bruderhasses explizit anknüpft, ihn auf die Ebene der Brüder verlagert, deutlich verschärft und mit dem Konflikt zwischen Jakob und seinem Bruder, Esau, parallelisiert (Gen 37,20→ Gen 27,41–42; Gen 45,15→ Gen 33,4). Im Zusammenhang dieser Bearbeitung wird dem älteren Motiv der Bevorzugung in Gen 37,3–4a das Motiv der Träume Josefs an die Seite gestellt (Gen 37,4b–8). Weil Josef den Brüdern seine Träume, in denen er sich als Ersten unter ihnen sieht, unbefangen erzählt, hassen sie ihn noch mehr – so sehr, dass sie sogar bereit sind, ihn zu töten (Gen 37,19–20→ Gen 27,41–42).[7]

Der so zugespitzte Konflikt wird in Gen 42 aufgegriffen. Dort müssen sich die Brüder aufgrund einer anhaltenden Hungersnot auf den Weg nach Ägypten machen. Mit dem Motiv der Hungersnot knüpft Gen 42 an die auf die Zukunft bezogenen Träume Pharaos aus Gen 41 an, von denen nur der Traum über die Nilkühe ursprünglich sein dürfte. Ihm wird nachträglich der Traum über die Ähren zugefügt worden sein, der nun über das Motiv des Getreides eine ausdrückliche Verknüpfung mit der Fortsetzung des brüderlichen Konflikts in Gen 42 herstellt. Ähnliches leisten Gen 41,56–57. Sie entfalten die in Gen 41,54 konstatierte universale Hungersnot mit Blick auf Ägypten und die Welt. Josef ist der Getreideverkäufer Ägyptens, zu dem nicht nur die Ägypter, sondern Menschen aus aller Welt kommen, um Nahrung für ihr Überleben zu erwerben. So ist gewährleistet, dass später auch die Brüder dem verloren geglaubten Josef gegenüberstehen.[8] Dies tun sie in Gen 42,6 und werden von Josef in Gen 42,9* der Spionage bezichtigt. Die Brüder weisen den Vorwurf von sich, doch Josef bleibt hart und nimmt sie in Gewahrsam. Mit der in Gen 42,17 beschriebenen Gefangenschaft vergilt er ihnen Gleiches mit Gleichem. Hatten sie ihn dereinst in die Gefangenschaft nach Ägypten verkauft, so nimmt er sie nun gegen ihren Willen in Gewahrsam.

---

6 Gen 37,4b–8.13b–14a.18a.19–20.23b(ohne הפסים את־כתנת).24a.28a(nur מך־יוסף את־וימשכו ויעלו (הבור).31.32aβb.33.35b; Gen 41,22–24a.25aβ(nur הוא אחד פרעה חלום).26aβb.27aβb.56–57; Gen 42,1b (nur לבניו יעקב ויאמר).2a (ohne ויאמר).3(ohne עשרה).6.9abβ.10.12.17; Gen 45,4.15.24a.25(ohne ויבאו 27b(.ויגדו לו לאמר עוד יוסף חי).26aα(nur ארץ כנען).
Vgl. ausführlich oben 3.1. (c).

7 Vgl. grundsätzlich Levin, Jahwist, 267–271.

8 Vgl. oben 3.3.3. (a) und 4.1. (a).

Nachdem sie ihre Strafe verbüßt haben, gibt er sich ihnen als Josef, „euer Bruder, den ihr nach Ägypten verkauft habt", zu erkennen (Gen 45,4) und schließt sie in die Arme Gen 45,15a (→ vgl. Gen 33,4).[9] Danach schickt er seine Brüder „nach Hause, um dem Vater zu melden, daß Josef am Leben sei, was wiederum Jakob-Israel aufleben läßt [...]. Damit kommt der in Gen 37 [sekundär] exponierte Erzählfaden zu einem guten und suffizienten Abschluß. Josef, der Sohn Israels lebt, nur lebt er eben in Ägypten"[10]

Im Rahmen der oben umrissenen Erweiterung der älteren Komposition Gen 37*; 39–41* verlagert sich der Akzent von der Frage nach dem Schicksal des Lieblingssohnes im ägyptischen Exil hin zu der Frage nach der innerisraelitischen Hierarchiefolge. Mit dieser Problematik knüpfen Gen 37*; 42–45* an die Erzählungen über Jakob und Esau (Gen 25–33*) an und schreiben den dortigen Hierarchiekampf zwischen den Isaaksöhnen nun mit Blick auf die Söhne Jakob-Israels fort. Zur Diskussion steht nicht weniger als die Nachfolge des Erzvaters Israel, die in Gen 37*; 39–45* zugunsten von Josef entschieden wird.

An den oben skizzierten Erzählfaden dürfte als erstes der Aufbruch Israels in Gen 45,9aα(nur יוסף בנך אמר כה אליו ואמרתם אל־אבי ועלו מהרו)b.28; Gen 46,1aα(nur ויאסף רגליו אל־)29–30; Gen 47,29–30a.31; Gen 49,33a(nur ויסע ישראל ובכל־אשר־לו המטה); Gen 50,1.7a.10b.14aαb (→ Ex 1,6aα[וימת יוסף].8) angeknüpft haben.[11]

(b) Die Josefsgeschichte als Brücke zum Exodus

Der Aufbruch Israels nach Ägypten

Der Aufbruch Israels nach Ägypten ist mit einer Bitte vorbereitet, die Josef seinem Vater durch die Brüder übermitteln lässt. „Komm herab zu mir, säume nicht!" (Gen 45,9*). Der Vater selbst beschließt seinerseits in Gen 45,28, sich auf den Weg nach Ägypten zu machen, um den Lieblingssohn noch einmal zu sehen. Dabei knüpft seine wörtliche Rede in Gen 45,28 an die Aussagen über Jakob in Gen 45,26–27* an. Hat das Überleben Josefs dort allerdings zum Aufleben des Vaters Jakob geführt, so dient es nun als Anlass für einen Aufbruch Israels nach Ägypten. Den eigenen Tod vor Augen, will er den Lieblingssohn noch einmal von Angesicht zu Angesicht zu sehen.

---

9 Vgl. oben 4.1. (a); 4.1. (f) und 4.4. (a).
10 Kratz, Komposition, 284.
11 Vgl. oben 4.4. (a); 5.1.1. (a) und 5.1.4.

In Gen 46,1aα macht er sich auf, in Gen 46,29–30 trifft er wieder mit Josef zusammen. Nachdem die Brüder bereits in Gen 45 wieder mit Josef vereint waren, kann nun auch Israel seinen Sohn wieder in die Arme schließen. „Dann sprach Israel zu Josef: Jetzt will ich gern sterben, nachdem ich dein Angesicht geschaut und gesehen habe, dass du noch am Leben bist" (Gen 46,30).

Den Tod selbst leiten die Anweisungen ein, die Israel seinem Lieblingssohn Josef in Gen 47,29–31* gibt. Dabei reflektieren die Verse das in Gen 45,28; 46,30 angelegte Problem, dass der Erzvater nicht im verheißenen Land, sondern in Ägypten sterben wird. Seinen Sohn Josef lässt er deshalb schwören, er möge ihn nicht in der Fremde beerdigen, was dieser ihm auch verspricht. Die in Gen 50 folgende Überführung von Israels Leichnam durch Josef präfiguriert den Exodus, seine Bestattung daheim symbolisiert das „Angeld für die bevorstehende Befreiung Israels aus Ägypten in Ex 1ff"[12]. Mit der Rückkehr Josefs nach Ägypten (Gen 50,14*) wird überdies gewährleistet, dass die Söhne Israels bis zum Exodus in Ägypten verbleiben.[13] Angesichts dieser brückenbildenden Funktion, ist der Schluss nahezu unausweichlich, dass mit den Aussagen zu der Bestattung Israels eine erste literarische Verbindung zwischen Vätererzählungen und Auszugserzählung, also späterhin Genesis und Exodus, hergestellt wurde.[14]

Diese Verbindung von Vätererzählungen und Auszugserzählung hatte zahlreiche Rückwirkungen auf die literarische Entstehung der Josefsgeschichte. Hier ist als erstes die dauerhafte Ansiedlung Israels in Ägypten zu nennen.[15]

Die Ansiedlung Israels in Ägypten in Gen 46–47

Die dauerhafte Ansiedlung Israels in Ägypten ist wohl bereits auf dem Hintergrund der kommenden Volksgeschichte zu verstehen. Weil das Volk Israel nach Ex 1ff in Ägypten residiert, wird nun auch der Erzvater Israel in Ägypten angesiedelt. Die Abschnitte zur Ansiedlung in Gen 46,32–34; 47,1–11.27 unterbrechen den Zusammenhang zwischen der Todesankündigung in Gen 46,30 und dem Tod Jakobs in Gen 47,29–31*; 49,33aβ. Ihr Kern wird in den Formulierungen von Gen 47,1a*.5–6a.11* zu suchen sein. Nachdem sein Vater und die Brüder in Ägypten angekommen sind, erstattet Josef Pharao Bericht. Pharao weist Josef an,

---

12 Kratz, Komposition, 284.
13 Vgl. hierzu Levin, Jahwist, 308.
14 Gen 45,9aα(nur ויסע ישראל); Gen 46,1aα(nur מהרו ועלו אל־אבי ואמרתם אליו כה אמר בנך יוסף)b.28; Gen 47,29–30a.31; Gen 49,33a(nur ויאסף רגליו אל־המטה); Gen 50,1.7a.10b.(וכל־אשר־לו) 14aαb (→ Ex 1,6aα[וימת יוסף].8)
15 Vgl. oben 5.1.2. (a).

seine Familie im besten Teil des Landes Ägypten anzusiedeln. Mit dieser großzügigen Geste Pharaos ist eine implizite Verknüpfung zwischen Josefsgeschichte
und Exodus hergestellt. Der Pharao zur Zeit Josefs wird zum Gegenstück jenes
ägyptischen Königs, „der von Josef nichts mehr wusste" und das Volk der Israeliten zu unterdrücken beginnt (Ex 1,8ff). Dieser zunächst nur schemenhaften
Anspielung auf die kommende Volksgeschichte werden weitere folgen, die das
Ende der Genesis immer deutlicher mit dem Exodus verzahnen.[16]

Im Rahmen der Ansiedlung Israels betrifft dies zunächst implizit die Benennung des Wohnortes mit Goschen. Mit der ausdrücklichen Ansiedlung in Goschen
werden die Israeliten nicht mehr direkt in Ägypten, sondern vor den Toren Ägyptens ansässig.[17] „Der Wohnsitz in Goschen ermöglicht, die Israeliten von den
Ägyptern zu separieren. ‚Alle Viehhirten sind den Ägyptern ein Greuel'. Wenn es
schon um des Hungers willen unumgänglich war, das Verheißungsland zu verlassen, so sollte in der Fremde die Trennung von dem Volk des Landes immerhin
gewahrt werden"[18].

Weitere Verknüpfungen mit dem Exodus werden im Rahmen der Ansiedlung Israels mit dem Segen Pharaos durch Jakob (V. 8–10) und der Ansiedlung
in Ramses[19] (Gen 47,11*) hergestellt. Beide Motive verknüpfen die Ansiedlung
Israels direkt mit dem Auszug in Ex 12. Sind die Israeliten in Gen 46–47 mitsamt
ihrem Viehbestand nach Ägypten gekommen und haben sich nach Gen 47,11
in Ramses angesiedelt, so wollen sie in Ex 12 mitsamt ihrem Viehbestand von
Ramses aufbrechen. Und segnet Jakob den Pharao zur Zeit Josefs in Gen 47,8–10
aus freien Stücken, so muss der Pharao des Exodus verzweifelt um den Segen
bitten. Die Lebenssituation der Israeliten zur Zeit Josefs wird zunehmend zum
Kontrapunkt zur Lebenssituation jener Israeliten, die unter dem ägyptischen
König leben müssen, der Josef nicht mehr kennt (Ex 1,8).[20]

Ähnliches zeigt sich auch in der Erzählung über den Ankauf Ägyptens,
welcher der Ansiedlung Israels in Gen 47,13–26 unmittelbar folgt.[21] Sie bildet
sachlich und sprachlich einen Kontrast zur kommenden Unterdrückung der Isra

---

16 Vgl. oben 5.1.2. (b).
17 Gen 43,32 (?); Gen 45,10*; Gen 46,28b.31–34; Gen 47,1a(ohne ויגד לפרעה).4.6b(nur ויבא יוסף).27(nur בארץ גשן).(ישבו בארץ גשן).
18 Levin, Jahwist, 304.
19 Vgl. zu diesem Bezug Rudolph, *Josefsgeschichte*, 167; Redford, Study, 401–418; Weimar, *Rahmen*, 254; Westermann, BK, 191; Boecker, Josefsgeschichte, 81; Seebass, Josephsgeschichte, 134, oder Fieger/Hodel-Hoenes, Einzug, 306.
20 Vgl. oben 5.1.2. (b).
21 Zu den sachlich-terminologischen Berührungspunkten des Abschnittes Gen 47,13–26 mit seinem unmittelbaren und mittelbaren Kontext vgl. insbesondere Weimar, *Rahmen*, 220–296.

eliten in Ex 1. Hatte Josef den Brüdern einst heimlich ihr Geld zurückerstattet, das sie ihm für den Erwerb von Getreide überlassen hatten, so nimmt er nun den Ägyptern im Auftrage Pharaos ihr letztes Geld im Gegenzug für Getreide. Und hatte der Pharao zur Zeit Josefs die Israeliten samt Viehbestand im besten Teil des Landes Ägypten siedeln lassen, müssen die einheimischen Ägypter zunächst ihr Vieh für Nahrung an Pharao abtreten und sich samt Ackerboden letztlich selbst an den ägyptischen König verkaufen. Ihm, dem ägyptischen König, bieten sie sich als Sklaven an. Anders als bei seinen Brüdern, deren Angebot zur Selbstversklavung er in Gen 50,18–19 zurückweist,[22] geht Josef auf das Angebot der Ägypter ohne zu zögern ein und lässt sie allesamt zu Sklaven Pharaos werden. Damit ereilt sie in Gen 47,13–26 das gleiche Schicksal, das auch dem „Volk der Söhne Israels" (Ex 1,9) in Ex 1,13–14 widerfährt.[23]

Die Liste der Anspielungen und Vorverweise auf den Exodus ließe sich beinahe beliebig fortsetzen. Sie finden sich je später, je mehr. In ihren Zusammenhang gehört die zweite Versöhnungsszene zwischen Josef und den Brüdern in Gen 50,15–21 (Gen 50,20*: עם־רב; vgl. Ex 1,9) genauso wie der Verbleib von Vieh und Kindern in Goschen (Gen 50,8→Ex 10,9–10.24; 12,31–32.37–38). Und auch das immer weiter gesteigerte Ansehen des Erzvaters in Ägypten, das in den unübertroffenen Begräbnisfeierlichkeiten Gen 50 seinen Höhepunkt findet, dürfte bereits vor dem Hintergrund der kommenden Unterdrückung des Volkes formuliert sein, das über das System der zwölf Söhne bzw. Stämme explizit an den Erzvater zurückgebunden ist. Israel ist das Volk, seine Söhne sind die Repräsentanten der nach ihnen benannten Stämme (vgl. insb. Ex 1,9: עם בני ישראל)

Unter den Vorzeichen der oben angedeuteten zunehmenden nationalgeschichtlichen Ausformung dürften sich auch die Verweise auf Benjamin, Juda, Ephraim und Manasse verstehen lassen, in der sich je eigene nationalpolitische Interessen auszudrücken scheinen. Auch sie sind nur auf dem Hintergrund der Volksgeschichte des Exodus verständlich und lassen die Geschichte über Josef und seine Brüder zunehmend zu einer Geschichte über Israel und seine Söhne (bzw. Enkel) werden.[24] Von ihnen dominieren über weite Strecken die mit Rahel affiliierten Größen Benjamin, Josef, Manasse und Ephraim das Geschehen der Josefsgeschichte.

---

22 Vgl. Blum, Komposition, 243. Anders z. B. Fieger/Hodel-Hoenes, Einzug, 318, die in der „Passage der Unterdrückung der Ägypter [...] einen tagespolitischen Hintergrund" sehen.
23 Vgl. oben 5.1.3.
24 Vgl. hierzu insbesondere Kratz, Komposition, 283–284.

Die Nachkommen Rahels

In Gen 41,50–52 werden Josef zunächst mit Manasse und Ephraim zwei Söhne an die Seite gestellt, von denen zumindest Ephraim eindeutig als Nordreichsgröße zu bestimmen ist. Mit der ausdrücklichen genealogischen Verbindung entfalten Gen 41,50–52, was bereits in Gen 37* angelegt war. Dort war Josef als erster Sohn Rahels zum Vorzugssohn Israels und damit implizit zu seinem Nachfolger erkoren worden. Diese mittelbare Identifikation Josefs mit dem Nordreich Israel wird durch die Geburt seiner Söhne konkretisiert.[25] Josef ist der Vorzugssohn Israels, Ephraim und Manasse sind seine Söhne. Im Laufe der Überlieferung jedoch werden ihm seine Söhne allmählich den Rang ablaufen.

Dies kann in der Josefsgeschichte ansatzweise an Gen 48 verdeutlicht werden. Dort werden die Enkel dem Großvater vorgestellt (Gen 41,50–52*; Gen 48,1.2b.8.9a.10b.11), der zunächst ihnen und nicht seinem eigenen Sohn Josef den Segen erteilt (Gen 48,9b.10a.13 f.17–19.20aαb). Die Segnung wird in einem späteren Stadium auch auf Josef ausgedehnt. Er wird in Gen 48,15–16 als Segnender angesprochen, erhält den Segen aber wiederum über seine Söhne (Gen 48,2a. 3 f.15f[.20aβ?]). Die literarische Entwicklung in Gen 48 mündet in die Adoption der Enkel durch den Großvater (Gen 48,5–7). Mit dieser Annahme an Sohnes statt bereitet Gen 48,5–7 auf die spätere Stellung der Josefsöhne in den genealogischen Listen im Buch Numeri vor, wo sie den Ausfall des Priesterstammes Levi kompensieren. Ephraim und Manasse sind für Jakob-Israel wie Ruben und Simeon, wie seine eigenen Erstgeborenen. Den Erstgeborenen der Lea werden so die – nun Erstgeborenen – Rahels gegenübergestellt. Josef aber hat das Nachsehen.[26]

Mit den Söhnen Josefs wird nicht selten sein Vollbruder und jüngerer Rahel-Sohn Benjamin assoziiert. Er wird in Gen 42–45 als eine Art zweiter Protagonist in die Josefsgeschichte eingeführt, „der, nachdem Josef fort war, das Lieblingskind seines Vaters Jakob-Israel wurde (44,20)"[27]. Über ihre Loyalität gegenüber dem jüngeren Rahel-Sohn müssen die Brüder Josefs nun zeigen, dass sie aus ihrem Fehlverhalten gegen den älteren Rahel-Sohn gelernt haben und sich einer Versöhnung als würdig erweisen. Dabei stellt Josef mit der fälschlichen Anschuldigung, Benjamin habe seinen Becher geklaut, eine Situation her, die sein eigenes Schicksal in gewisser Weise parallelisiert. Hatten die Brüder in Gen 37 nicht gezögert, ihn in ein ungewisses Schicksal zu übergeben, so zwingt er sie nun zu entscheiden, ob sie auch mit Benjamin so verfahren wollen. Anders als in Gen 37,

---

25 Vgl. hierzu insbesondere Levin, Jahwist, 308.
26 Vgl. oben 5.2.
27 Kratz, Komposition, 283.

erklären die Brüder sich in Gen 44 aber solidarisch und kehren gemeinsam mit Benjamin zu Josef zurück.[28]

„Im Hintergrund" der Benjamin-Bearbeitung[29] „steht die Frage nach dem Schicksal und der Zugehörigkeit des Landestriches Benjamin"[30]. In dieser Frage bezieht die Bearbeitung eindeutig Position: Benjamin ist der Vollbruder Josefs (43,29) und beide sind der Vorzugsteil Israels (Gen 42,38).

Der Lea-Sohn Juda und sein Verhältnis zu den Rahel-Söhnen

Das Thema einer brüderlichen Versöhnung, die sich am Verhalten gegenüber Benjamin entscheidet, ist im Laufe der Zeit ausgebaut worden. Im Rahmen der literarischen Überarbeitung jenes Motivs kommt mit Juda erstmals auch ein Lea-Sohn in den Blick.[31] Er wird in Gen 37 zunächst zum Hauptverantwortlichen für den Verkauf Josefs stilisiert. Zwar haben alle Brüder ihn nach Maßgabe von Gen 37,28* verkauft. Doch der Vorschlag kam von Juda. Diesen Fehler macht er in Gen 44 wieder gut. In einer langen Rede wendet er sich dort (Gen 44,18–34) an Josef und erklärt ihm mit Nachdruck, warum der jüngste Bruder Benjamin auf keinen Fall in Ägypten zurückbleiben kann. Seinem Vater nämlich seien von seiner Frau zwei Söhne geboren worden. Einer von ihnen aber ist nicht mehr. Nähme man ihm nun auch den zweiten Sohn, so stürbe er vor Gram. Dies aber könne er, Juda, nicht zulassen, denn er selbst habe sich vor dem Vater für die Heimkehr des Jüngsten verbürgt. So wolle er nun auch an Stelle Benjamins bei Josef als Sklave zurückbleiben. Benjamin aber, der geliebte Sohn des Vaters, solle mit den anderen Brüdern hinaufziehen.[32]

Mit dieser Rede setzt sich Juda nicht nur für das Leben Benjamins ein. Er setzt sich auch selbst in ein Verhältnis zum Vater und den Rahel-Söhnen. Seinem Vater wurden zwei Söhne von der geliebten Frau geboren, Josef und Benjamin. An ihnen hängt sein Herz. Die Rahel-Söhne sind mit dem Vater, aber auch miteinander, auf eine Weise verbunden, wie Juda es nicht ist. Hatte er in Gen 37 noch versucht, sich gegen die Sonderrolle des Rahel-Sohnes aufzulehnen, so nimmt er

---

28 Vgl. oben 4.1. (c); 4.2. (g) und 4.3.
29 Gen 42,4.13–16.20.34aα.38; Gen 43,6(ohne ישראל ויאמר).7.13a.14a(nur ואת־בנימין)b.15ay (nur ואת־בנימין).16aα(nur את־בנימין).28b.29.34a; Gen 44,1–4.5aαb.6–10a.11–13.14a(ohne ויבא יהודה ואחיו)b; Gen 45,12(nur ועיני אחי בנימין).14.22b.
30 Kratz, Komposition, 283–284.
31 Gen 37,26abα.27aα; Gen 43,3.6(nur ישראל ויאמר).8a.9–10; Gen 44,10b.14aα(ויבא יהודה ואחיו). 15a.16–24.26–34.
32 Vgl. oben 3.1. (c) und 4.3. (b).

sie in Gen 44 anstandslos an. Juda ist zwar auch ein Teil, aber nicht der Vorzug-steil Israels (Gen 44,27–29).

Eine Verhältnisbestimmung zwischen Juda und Josef, die zumindest sachlich mit den Aussagen aus Gen 37*; 43–44* zusammengehört, nimmt auch Gen 38 vor. Dort wird Juda negativ gegen seinen Bruder und Rahel-Sohn Josef abgegrenzt. Während Jhwh mit Josef ist und ihm in der Fremde alles gelingen lässt, droht Juda daheim auszusterben. Und während Josef nicht nur Ägypten, sondern die ganze Welt mit Nahrung versorgt, scheitert Juda daran, sich um seine eigenen Schutz-befohlenen zu kümmern. Zwar wird das Ansehen des Lea-Sohnes im Laufe der literargeschichtlichen Entwicklung von Gen 38 sukzessive aufgebessert,[33] doch schimmert noch in der masoretischen Gestalt des Textes die negative Kernsubs-tanz der Erzählung durch.

Erst mit den Stammessprüchen aus Gen 49 wird Juda in ein gänzlich posi-tives Licht gerückt. Auch in ihnen wird das Verhältnis der Söhne Jakob-Israels diskutiert. Hier aber hat das Südreich die Nase vorn. Nicht Josef, nein Juda ist es, vor dem sich die Brüder niederwerfen werden. Josef wird zu einem unter vielen, Juda hingegen zum Vorzugssohn Jakob-Israels.[34]

Elohim und Jhwh in der Josefsgeschichte

In dem oben skizzierten Überblick über die großen Entwicklungslinien der Josefs-geschichte zeichnet sich ab, dass es den Verfassern nicht selten darum geht, die Identität Israels bzw. die innerisraelitischen Verhältnisse zu definieren. Vor dem Hintergrund dieser Entwicklungen könnte sich auch ein weiteres Phänomen der Josefsgeschichte erklären lassen: ihr „profaner" Charakter. Zwar wird Gott in (späten) Überarbeitungen durchaus als eigentlicher Akteur herausgestellt, der etwa die böse Absicht der Brüder zum Guten gewandt und so die Söhne Israels vor dem Hungertod gerettet hat (Gen 45,5; 50,15.18[ohne גם־אחיו].19–20abα.21b; noch später Gen 42,2bβ; 43,8b; 45,6–7.11; 47,12; 50,20bβ.21a)[35]. Doch glänzen Elohim und Jhwh in der Josefsgeschichte über weite Strecken vor allem durch ihre (namentliche) Abwesenheit. Mit Blick auf die oben angeführten literari-schen Prozesse könnte sich dieser Umstand nicht zuletzt der Josefsgeschichte als einer Brücke zwischen den im Familienverband lebenden Vätern in Gen 12–50 und den im Volksverbund zusammengefassten Söhnen Israels im Buch Exodus verdanken. Denn in der Josefsgeschichte werden die Söhne, die Jakob-Israel in

---

33 Vgl. ausführlich oben 3.2.
34 Vgl. oben 5.3. (c).
35 Vgl. oben 4.4. (d) und 5.4. (c).

Gen 29f* bzw. Gen 35,16–20* geboren wurden, ausdrücklich zu den Eponymen jener Stämme, die das Volk Israel ab Ex 1 repräsentieren werden. Deshalb wird sich die Josefsgeschichte, wie keine andere Erzählung, angeboten haben, die Größe Israel zu konkretisieren und seine Nachfolge zugunsten einzelner Söhne bzw. Stämme zu regeln. Dabei dürfte außer Frage stehen, dass auch in diesen Fortschreibungen – wie in der gesamten Josefsgeschichte – das Wirken der Gottheit latent vorausgesetzt ist. Jedoch tritt es hinter die nationalgeschichtlichen Bestrebungen der einzelnen Bearbeiter zurück, die mal diesen, mal jenen Sohn (bzw. Enkel) als wahren Erben Israels betrachten.

7. Abkürzungen und Literaturverzeichnis

Die Abkürzungen in der vorliegenden Arbeit erfolgen nach: Redaktion der RGG[4] (Hg.), Abkürzungen Theologie und Religionswissenschaft nach RGG[4], UTB 2868, Tübingen 2007. Bei Bibelstellen wurde der Modus der RGG[4] eingehalten (vgl. ebd. 1ff). Darin nicht enthaltene Abkürzungen entsprechen S. M. Schwertner, IATG[3], Berlin 2014. Die Literatur wird in den Fußnoten i. d. R. mit Verfasser, Kurztitel und Seitenangabe zitiert. Bei Aufsätzen und Artikeln ist der Kurztitel *kursiv* dargestellt. Hiervon ausgenommen sind Titel in hebräischer Sprache. Folgende Kommentare werden in den Fußnoten mit Abkürzungen wiedergegeben:

AncB = Anchor Bible
ATD = Altes Testament Deutsch
BK = Biblischer Kommentar Altes Testament
FzB = Forschungen zur Bibel
HThKAT = Herders Theologischer Kommentar zum Alten Testament
HK = Handkommentar zum Alten Testament
KHC = Kurzer Hand-Commentar zum Alten Testament
NIC.OT = New International Commentary on the Old Testament
NSK.AT = Neuer Stuttgarter Kommentar Altes Testament
WBC = World Biblical Commentary

Quellen und Hilfsmittel

Baumgartner, W./Stamm, J. J./Hartmann, B. (Hgg.), *Hebräisches und aramäisches Lexikon zum Alten Testament*, Leiden 1967–1996.
Becker, J., *Die Testamente der zwölf Patriarchen* (JSHRZ III), Gütersloh 1974.
Berger, K., *Das Buch der Jubiläen* (JSHRZ II/3), Gütersloh 1981.
BibleWorks, LLC (Hg.), BibleWorks for Windows, Version 9, Norfolk/VA 2011, CD-ROM.
Burchard, C., *Joseph und Aseneth* (JSHRZ II/4), Gütersloh 1983.
Elliger, K./Rudolph, W. (Hgg.), *Biblia Hebraica Stuttgartensia*, Stuttgart [5]1997 (BHS).
Gesenius, W./Buhl, F., Hebräisches und aramäisches Handwörterbuch über das Alte Testament, Leipzig [17]1962 (Gesenius).
Janowski, B./Wilhelm, G. (Hgg.), *Texte aus der Umwelt des Alten Testaments*. Neue Folge. 3 Bde., Gütersloh 2004–2006 (TUAT.NF 1/2/3).
Jenni, E., *Lehrbuch der Hebräischen Sprache des Alten Testaments*, Basel [3]2003 (unveränderter Nachdruck der zweiten durchges. Auflage).
Kaiser, O. (Hg.), *Texte aus der Umwelt des Alten Testaments*, 3 Bde. und eine Ergänzungslieferung, Gütersloh 1981–2000 (TUAT I/II/III/Erg.).
Kittel, R. (Hg.), *Biblia Hebraica*, Stuttgart [3]1937 (BHK).
Koehler, L./Baumgartner, W. (Hgg.), *Lexicon in Veteris Testamenti libros*, Leiden [2]1958.

LOHSE, E. (Hg.), *Die Texte aus Qumran I, Hebräisch und Deutsch*. Mit masoretischer Punktation, Übersetzung, Einführung und Anmerkungen, Darmstadt ⁴1986.

NEUSNER, J. (Hg.), *Genesis Rabba*. The Judaic Commentary to the Book of Genesis. A New American Translation, 3 Bde., Atlanta/Ga 1985.

NIESE, B. (Hg.), *Flavii Josephi Opera*, Antiquitatum Judaicarum Libri I–XX, 4 Bde., Berlin ²1955.

RAHLFS, A. (Hg.), *Septuaginta*. Ed est Vetus Testamentum Graece iuxta LXX Interpretes. Editio Altera quam recognovit et emendavit Robert Hanhart, Stuttgart ²2006.

RENZ, J./ROELLIG, W. (Hgg.), *Handbuch der althebräischen Epigraphik*, 3 Bde., Darmstadt 1995–2001.

STEUDEL, A., *Die Texte aus Qumran II, Hebräisch und Deutsch*. Mit masoretischer Punktation, Übersetzung, Einführung und Anmerkungen. Unter Mitarbeit von H.-U. Boesche, B. Brederecke, C. A. Gasser und R. Vielhauer. Darmstadt 2001.

THEODOR, J., *Bereschit Rabba mit kritischem Apparat und Kommentar*, Jerusalem 1965.

TOV, E. (Hg.), *The Dead Sea Scrolls Electronic Library*. Incorporating the Dead Sea Scrolls Reader, Leiden 2006, CD-ROM (DSSEL).

–   (Hg.), *The Texts from the Judean Desert*. Indices and an Introduction to the Discoveries in the Judean Desert Series, *DJD* XXXIX, Oxford 2002.

TOV, E. /PFANN, S. (Hgg.), *The Dead Sea Scrolls on Microfiche*. A Comprehensive Facsimile Edition of the Texts from the Judean Desert, Leiden 1993.

WEBER, R., et al. (Hgg.), *Biblia sacra iuxta Vulgatam versionem*, Stuttgart ³1983.

WEVERS, J. W. (Hg.), *Septuaginta*. Vetus Testamentum Graecum, Bd. 1/Genesis, Göttingen 1974.

Zürcher Bibel, hg. v. Kirchenrat der Evangelisch-Reformierten Landeskirche des Kantons Zürich, Zürich 2007.

Sekundärliteratur

ABASILI, A. I., Genesis 38. The Search for Progeny and Heir, *SJOT* 25/2, 2011, 276–288.

ACKERMAN, J. S., Joseph, Judah and Jacob, in: K. R. R. Gros Louis/ders., *Literary Interpretations of Biblical Narratives*, Bd. 2, Nashville/TN 1982, 85–113.

ADDINAL, P., Genesis xlvi 8–27, *VT* 54, 2004, 281–300.

ALBANI, M., Artikel: Traum/Traumdeutung, in: *RGG* VIII, ⁴2008, 563–566.

ALBERTZ, R., *Religionsgeschichte Israels in alttestamentlicher Zeit*, ATD Erg. 8/2, Göttingen ²1997 (durchges.).

ALBRIGHT, W. F., Historical and Mythical Elements in the Story of Joseph, *JBL* 37, 1918, 11–143.

ALLEGRO, J. M., A Possible Mesopotamian Background to the Joseph Blessing of Gen. xlix, *ZAW* 64, 1952, 249–251.

ALTER, R., Some Problems in Genesis XXXVIII, *VT* 25, 1975, 338–361.

–,   *The Art of Biblical Narrative*, New York/NY 1981.

AMIT, Y., Narrative Analysis: Meaning, Context, and Origins of Genesis 38, in: J. M. LeMon/K. H. Richards (Hgg.), *Method Matters* (FS David L. Petersen), SBL.RBS 56, Atlanta/GA 2009, 271–291.

ANDREW, M. E., Moving from Death to Life. Verbs of Motion in the Story of Judah and Tamar in Gen 38, *ZAW* 105, 1993, 262–269.

ARBEITMAN, Y. L., Tamar's Name or is It? (Gen 38), *ZAW* 112, 2000, 341–355.

ASSMANN, J., Das ägyptische Zweibrüdermärchen (Papyrus d'Orbiney) – Eine Textanalyse auf drei Ebenen am Leitfaden der Einheitsfrage, *ZÄS* 104, 1977, 1–26.

ASTOUR, M. C., Tamar the Hierodule. An Essay in the Method of Vestigial Motifs, *JBL* 85, 1966, 185–196.

AUGUSTIN, M., Neue territorialgeschichtliche Aspekte zu 1 Chr 1–9 am Beispiel der Rubeniten, in H. M. Niemann/M. Augustin/W. H. Schmidt (Hgg.), *Nachdenken über Israel, Bibel und Theologie* (FS K.-D. Schunck), BEAT 37, Frankfurt a. M. 1994, 299–309.

BEAUCHAMP, P., Joseph et ses Frères: offense, pardon, réconciliation, *SémBib* 105, 2002, 3–13.

BECKING, B., They hated him even more. Literary Technique in Genesis 37.1–11, *BN* 60, 1991, 40–47.

BELKIN, S., Levirate and Agnate Marriage in Rabbinic and Cognate Literature, *JQR* 60, 1969/70, 275–329.

BEN YOSEPH, A., Joseph and his Brothers, *JBQ* 21, 1993, 153–158.

BERLEJUNG, A., Geschichte und Religionsgeschichte des antiken Israel, in: J. C. Gertz (Hg.), *Grundinformation Altes Testament.* Eine Einführung in Literatur, Religion und Geschichte des Alten Testaments, UTB 2745, Göttingen 2006, 55–186.

BERMAN, J., Identity Politics and the Burial of Jacob (Genesis 50:1–14), *CBQ* 68/1, 2006, 11–31.

BERNSTEIN, M., Poetry and Prose in 4Q371–373 Narrative and Poetic Composition[a,b,c], in: E. G. Chazon (Hg.), *Liturgical Perspectives: Prayer and Poetry in Light of the Dead Sea Scrolls.* Proceedings of the Fifth International Symposium of the Orion Center for the Study of the Dead Sea Scrolls and Associated Literature, 19–23 January 2000 , StTDJ 48, Leiden 2003, 19–33.

BEYERLE, S., *Der Mosesegen im Deuteronomium.* Eine text-, kompositions- und formkritische Studie zu Deuteronomium 33, BZAW 250, Berlin 1997.

–, Joseph and Daniel. Two Fathers in the Court of a Foreign King. in: F. W. Golka/W. Weiß (Hgg.), *Joseph.* Bibel und Literatur, Oldenburgische Beiträge zu Jüdischen Studien 6, Oldenburg 2000, 55–66.

BIRD, P., „To Play the Harlot". An Inquiry into an Old Testament Metaphor, in: P. L. Day (Hg.), *Gender and Difference in Ancient Israel*, Minneapolis/MN 1989, 75–94.

BLENKINSOPP, J., The Oracle of Judah and the Messianic Entry, *JBL* 80, 1961, 55–64.

–, *The Pentateuch.* An Introduction to the First Five Books of the Bible, ABRL, London 1992.

BLUM, E., Der kompositionelle Knoten am Übergang von Josua zu Richter. Ein Entflechtungsvorschlag, in: M. Vervenne/J. Lust (Hgg.), *Deuteronomy and Deuteronomic Literature* (FS C. H. W. Brekelmans), BEThL 132, 181–212.

–, *Die Komposition der Vätergeschichte*, WMANT 57, Neukirchen-Vluyn 1985.

–, Zwischen Literarkritik und Stilkritik. Die diachrone Analyse der literarischen Verbindung von Genesis und Exodus – im Gespräch mit Ludwig Schmidt, *ZAW* 124, 2012, 492–515.

BLUMENTHAL, E., Die Erzählungen des Papyrus d'Orbiney als Literaturwerk, *ZÄS* 99, 1972, 1–17.

BLUMENTHAL, F., Jacob's Blessing for Dan, *JBQ* 30, 2002, 107–109.

BOECKER, H. J., Anmerkungen zur Adoption im Alten Testament, in: ders. (Hg.), *Gott gedachte es gut zu machen.* Theologische Überlegungen zum Alten Testament, BThSt 54, Neukirchen-Vluyn 2003, 1–7.

–, *Die Josefsgeschichte.* Mit einem Anhang über die Geschichte der Tamar und die Stammessprüche, Neukirchen-Vluyn 2003.

–, Überlegungen zur Erzählung von der Versuchung Josephs (Genesis 39), in: ders. (Hg.), *Gott gedachte es gut zu machen.* Theologische Überlegungen zum Alten Testament, BThSt 54, Neukirchen-Vluyn 2003, 94–106.

–, Überlegungen zur ‚Geschichte Tamars' (Gen 38), in: ders. (Hg.), *Gott gedachte es gut zu machen*. Theologische Überlegungen zum Alten Testament, BThSt 54, Neukirchen-Vluyn 2003, 127–147.

–, Überlegungen zur Josephsgeschichte, in: ders. (Hg.), *Gott gedachte es gut zu machen*. Theologische Überlegungen zum Alten Testament, BThSt 54, Neukirchen-Vluyn 2003, 59–75.

BOLYKI, J., „Never Repay Evil with Evil". Ethical Interaction between the Joseph Story, the Novel Joseph and Aseneth, the New Testament and the Apocryphal Acts, in: F. G. Martínez/ G. P. Luttikhuizen (Hgg.), *Jerusalem, Alexandria, Rome* (FS A. Hilhorst), JSJ 82, Leiden 2003, 41–53.

BOUHALLIER, A., La sentence joséphite dans le Testament de Jacob (Gen 49,22–26), in: L.-J. Bord/D. Hamidovic (Hgg.), *De Jérusalem à Rome* (FS J. Riaud), Paris 2000, 29–36.

BRUEGGEMANN, W., *Genesis*, Interpretation. A Bible Commentary for Teaching and Preaching, Atlanta/GA 2004.

–, Life and Death in Tenth Century Israel, *JAAR* 40, 1972, 96–103.

BRUNNER-TRAUT, E., *Altägyptische Märchen*, Die Märchen der Weltliteratur 16, Düsseldorf/Köln 1963.

BUDDE, K., *Der Segen Mose's Deuteronomium 33*, Tübingen 1922.

BURROWS, M., Levirate Marriage in Israel, *JBL* 59, 1940, 23–33.

–, The Oracles of Jacob and Balaam, London 1938.

CANNEY, M. A., The Hebrew מליץ, *AJSL* 40, 1924, 135–137.

CARMICHAEL, C. M., Some Sayings in Genesis 49, *JBL* 88, 1969, 435–444.

CARR, D. M., *Reading the Fractures of Genesis*. Historical and Literary Approaches, Louisville/ KY 1996.

CHILDS, B. S., A Study of the Formula "Until this Day", *JBL* 82, 1963, 279–292.

–, *Introduction to the Old Testament as Scripture*, London 1979.

CLIFFORD, R. J., Genesis 37–50. Joseph Story or Jacob Story?, in: C. A. Evans/J. N. Lohr/D. L. Petersen (Hgg.), *The Book of Genesis*. Composition, Reception, and Interpretation, VT.S 152, Leiden 2012, 213–229.

CLINES, D. J. A. (Hg.), Artikel: רגל, *DCH* VII, 2010, 410–411.

–, (Hg.), Artikel: זנה, *DCH* III, 1996, 122–123.

–, (Hg.), Artikel: זנונים, *DCH* III, 1996, 123.

–, (Hg.), Artikel: זנות, *DCH* III, 1996, 123.

COATS, G. W., *From Canaan to Egypt*. Structural and Theological Context of the Joseph Story, CBQMS 4, Washington/DC 1976.

—, *Genesis*. With an Introduction to Narrative Literature, The Forms in the Old Testament Literature 1, Grand Rapids/MI 1983.

–, Redactional Unity in Gen 37–50, *JBL* 93, 1974, 15–21.

–, Strife and Reconciliation. Themes of Biblical Theology in the Book of Genesis, *HBT* 2, 1980, 15–37.

–, The Joseph Story and Ancient Wisdom. A Reappraisal, *CBQ* 35, 1973, 285–297.

–, Widow's Rights. A Crux in the Structure of Genesis 38, *CBQ* 34, 461–466.

COHEN, M., MeKĒRŌTĒHEM (Genèse XLIX 5), *VT* 31, 1981, 472–482.

COLLINS, J. J., *Daniel*, Hermeneia, Minneapolis/MN 1993.

COOPER, J. S., Sargon and Joseph. Dreams Come True, in: A. Kort/S. Morschauser (Hgg.), *Biblical and Related Studies* (FS S. Iwry), Winona Lake/IN 1985, 33–39.

COPPENS, J., La Bénédiction de Jacob. Son Cadre Historique à la Lumière des Parallèles Ougaritiques, in: G. W. Anderson/H. Cazelles et al. (Hgg.), *Volume du Congres International pour l'étude de l'Ancien Testament. Strasbourg 1956*, VT.S 4, Leiden 1957, 97–115.

COTTER, D. W., *Genesis*, Berit Olam. Studies in Hebrew Narrative and Poetry, Collegeville/MI 2003.

CRAGHAM, J. F., The ARM X 'Prophetic' Texts: Their Media, Style, and Structure, *Journal of the Ancient Near Eastern Society* 6, 1974, 39–58.

CRENSHAW, L., Method in Determining Wisdom Influence upon 'Historical' Literature, *JBL* 88, 1969, 129–142.

CROSS, F. M. JR./FREEDMAN, D. N., The Blessing of Moses, *JBL* 67, 1948, 191–210.

CRÜSEMANN, F., *Der Widerstand gegen das Königtum*. Die antiköniglichen Texte des Alten Testamentes und der Kampf um den frühen israelitischen Staat, WMANT 49, Neukirchen-Vluyn 1978.

DAUBE, D., Rechtsgedanken in den Erzählungen des Pentateuchs, in: J. Hempel/L. Rost (Hgg.), *Von Ugarit nach Qumran* (FS O. Eissfeldt), BZAW 77, Berlin 1958, 32–41.

DE HOOP, R., *Genesis 49 in its Literary and Historical Context*, OTS 39, Leiden 1999.

–, 'Then Israel Bowed Himself …' (Gen 47.31), *JSOT* 28/4, 2004, 467–480.

DE MOOR, J. C., Genesis 49 and the Early History of Israel, in: ders./H. F. van Rooy (Hgg.), *Past, Present, Future*. The Deuteronomistic History and the Prophets, OTS 44, Leiden 2000, 176–198.

DEMSKY, A., 'Dark Wine' from Judah, *IEJ* 22, 1972, 233–234.

–, The Route of Jacob's Funeral Cortege and the Problem of 'Eber Hayyarden (Genesis 50.10–11), in: M. Brettler/M. Fishbane, *Minḥah le-Naḥum* (FS N. M. Sarna), JSOT.S 154, Sheffield 1993, 54–64.

DE PURY, A., *Promesse divine et légende culturelle dans le cycle de Jacob*. Genèse 28 et les traditions patriarchales, Paris 1975.

DEURLOO, K. A., Der Text der Versklavung Ägyptens im Kontext des Josef-Zyklus (Gen 47,13–26), *Text und Kontext* 21, 1998, 41–49.

DIEBNER, J., Le roman de Joseph, ou Israël en Égypte. Un midrash post-exilique de la Tora, in: O. Abel et al. (Hgg.), *Le livre de la traverse*. De l'exégèse biblique à l'anthropologie, Paris 1992, 55–85.

DIETRICH, W., *Die Josephserzählung als Novelle und Geschichtsschreibung*. Zugleich ein Beitrag zur Pentateuchfrage, BThSt 14, Neukirchen-Vluyn 1989.

DILLMANN, A., *Die Genesis*, Leipzig 1882.

DÖHLING, J.-D., Die Herrschaft erträumen, die Träume beherrschen. Herrschaft, Traum und Wirklichkeit in den Josefträumen (Gen 37,5–11) und der Israel-Josefsgeschichte, *BZ* 50/1, 2006, 1–30.

DONNER, H., Adoption oder Legitimation?, *OrAnt* 8, 1969, 87–119.

–, *Die literarische Gestalt der alttestamentlichen Josephsgeschichte*, Heidelberg 1976.

–, *Geschichte des Volkes Israel und seiner Nachbarn in Grundzügen*, ATD Erg. 4/1, Göttingen ³2001 (durchges.).

–, *Geschichte des Volkes Israel und seiner Nachbarn in Grundzügen*, ATD Erg. 4/2, Göttingen ³2000 (durchges. und erg.).

DUBOVSKY, P., Genesis and the Tale of the Two Brothers, in: J. E. A. Chiu/K. J. O'Mahony/M. Roger (Hgg.), *Bible et Terre Sainte* (FS Marcel Beaudry), New York/NY 2008, 47–62.

EERDMANS, B. D., *Die Komposition der Genesis*. Alttestamentliche Studien I, Gießen 1908.

EISSFELDT, O., Die Bedeutung der Märchenforschung für die Religionswissenschaft, besonders für die Wissenschaft vom Alten Testament, in: ders., *Kleine Schriften I*, Tübingen 1962, 23–32.

–, *Die Genesis der Genesis*. Vom Werdegang des ersten Buches der Bibel, Tübingen 1958.

–, *Hexateuch-Synopse*. Die Erzählung der fünf Bücher Mose und des Buches Josua mit dem Anfange des Richterbuches in vier Quellen zerlegt und in deutscher Übersetzung dargeboten samt einer in Einleitung und Anmerkungen gegebenen Begründung, Darmstadt ²1962.

–, Stammessage und Novelle in den Geschichten von Jakob und von seinen Söhnen, in: H. Schmidt (Hg.), *Eucharisterion*. Studien zur Religion und Literatur des Alten und Neuen Testaments (FS H. Gunkel), FRLANT 36, Göttingen 1923, 56–77.

ELLENBOGEN, M., *Foreign Words in the Old Testament*. Their Origin and Etymology, London, 1962.

ELLIGER, K., Sinn und Ursprung der priesterlichen Geschichtserzählung, in: ders., *Kleine Schriften zum Alten Testament*, TB 32, München 1966, 174–198.

EMERTON, J. A., Judah and Tamar, *VT* 29, 1979, 403–415.

–, The Priestly Writer in Genesis, *JTS* 39, 1988, 381–400.

– (Hg.), *Studies in the Pentateuch*, VT.S 41, Leiden 1990.

ENDO, Y., *The Verbal System of Classical Hebrew in the Joseph Story*. An Approach from Discourse Analysis, SSN 32, Assen 1996.

ENGELKEN, K., *Frauen in Israel*. Eine begriffsgeschichtliche und sozialgeschichtliche Studie zur Stellung der Frau im Alten Testament, BWANT 130, Stuttgart 1990.

FABRY, H.-J./DAHMEN, U., Artikel: פתר, ThWAT VI, 1989, 810–816.

FICHTNER, J., *Die altorientalische Weisheit in ihrer israelitisch-jüdischen Ausprägung*, BZAW 62, Gießen 1932.

FICKEL, E., Die alttestamentliche Josephsgeschichte im Lichte der ägyptischen Forschung, *BiLe* 1, 1960, 138–140.

FIEGER, M./HODEL-HOENES, S., *Der Einzug in Ägypten*. Ein Beitrag zur alttestamentlichen Josefs-geschichte, Bern 2007.

FINKELSTEIN, I., *The Archaeology of the Israelite Settlement*, Jerusalem 1988.

FISCHER, G., Die Josefsgeschichte als Modell für Versöhnung, in: A. Wénin (Hg.), *Studies in the Book of Genesis*. Literature, Redaction and History, BEthL 155, Leuven 2001, 243–271.

FLEISHMAN, J., Towards Understanding the Legal Significance of Jacob's Statement: "I will divide them in Jacob, I will scatter them in Israel" (Gen 49,7b), in: A. Wénin (Hg.), *Studies in the Book of Genesis*. Literature, Redaction and History, BEThL 155, Leuven 2001, 541–559.

FOKKELMAN, J. P., Genesis 37 and 38 at the Interface of Structural Analysis and Hermeneutics, in ders./L. J. de Regt/J. de Waard (Hgg.), *Literary Structure and Rhetorical Strategies in the Hebrew Bible*, Assen 1996, 152–187.

FOX, M. V., Joseph and Wisdom, in: C. A. Evans/J. N. Lohr/D. L. Petersen (Hgg.), *The Book of Genesis*. Composition, Reception, and Interpretation, VT.S 152, Leiden 2012, 231–262.

–, Wisdom in the Joseph Story, *VT* 15, 2001, 26–41.

FRENSCHKOWSKI, M., Artikel: Traum II, *TRE* XXXIV, ⁴2002, 33–37.

FREVEL, C., *Mit Blick auf das Land der Schöpfung erinnern*. Zum Ende der Priestergrundschrift, HBS 23, Freiburg i. Br. 2000.

FRIPP, E. I., Note on Gen. XLIX, 24b–26, *ZAW* 11, 1891, 262–266.

FRITSCH, C. T., "God Was With Him". A Theological Study of the Joseph Narrative, *Interp.* 9, 1955, 21–34.

FRITZ, V., Das Geschichtsverständnis der Priesterschrift, *ZThK* 84, 1987, 426–439.

GALPAZ-FELLER, P., "And the Physicians Embalmed Him" (Gen 50,2), ZAW 118, 2006, 209–217.

GEMSER, B., BE'ĒBER HAJJARDĒN. In Jordan's Borderland, *VT* 2, 1952, 349–355.

GERTZ, J. C., The Transition between the Books of Genesis and Exodus, in: T. B. Dozeman/
K. Schmid (Hgg.), *A Farewell to the Yahwist?* The Composition of the Pentateuch in Recent
European Interpretation, SBL Symposium Series, Atlanta/GA 2006, 73–87.

–, Tradition und Redaktion in der Exoduserzählung. Untersuchungen zur Endredaktion des
Pentateuch, FRLANT 186, Göttingen 2000.

GEVIRTZ, S., Adumbrations of Dan in Jacob's Blessing on Judah, *ZAW* 93, 1981, 21–37.

–, Asher in the Blessing of Jacob (Genesis XLIX 20), *VT* 37, 1987, 154–163.

–, Of Patriarchs and Puns. Joseph at the Fountain, Jacob at the Ford, *HUCA* 46, 1975, 33–54.

–, The Reprimand of Reuben, *JNES* 30, 1971, 87–98.

–, Simeon and Levi in "The Blessing of Jacob", *HUCA* 52, 1981, 93–128.

GLEESON, L. J., Difficulties with Identifying the Pharaoh in Genesis 40–47, *BN* 123, 2004,
103–104.

GNUSE, R., The Jewish Dream Interpreter in a Foreign Court: The Recurring Use of a Theme in
Jewish Literature, *JSPE* 7, 1990, 29–53.

GÖRG, M., Der gefärbte Rock Josefs, *BN* 102, 2000, 9–13.

–, Die Amtstitel des Potifar, *BN* 53, 1990, 14–20.

–, *Die Beziehungen zwischen dem Alten Israel und Ägypten. Von den Anfängen bis zum Exil*,
EdF 290, Darmstadt 1997.

–, Die Lade als Sarg. Zur Traditionsgeschichte von Bundeslade und Josefssarg, *BN* 105, 2000,
5–11.

–, Josef, ein Magier oder Seher?, *BN* 103, 2000, 5–8.

–, Josef in Untersuchungshaft, *BN* 104, 2000, 16–19.

–, Potifar und Potifera, *BN* 85, 1996, 8–10.

GOLDIN, J., Reuben, in: M. Brettler/M. Fishbane (Hgg.), *Minḥah le-Naḥum* (FS N. M. Sarna),
JSOT.S 154, Sheffield 1993, 133–141.

–, The youngest Son or where does Genesis 38 belong, *JBL* 96, 1977, 24–77.

GOLKA, F., Die biblische Josefsgeschichte und Thomas Manns Roman, in H. M. Niemann/
M. Augustin/W. H. Schmidt (Hgg.), *Nachdenken über Israel, Bibel und Theologie*, BEAT 37,
Frankfurt a. M. 1994, 37–49.

–, Joseph, Tammuz and Thomas Mann, in: F. W. Golka/W. Weiß (Hgg.), *Joseph*. Bibel und
Literatur, Oldenburgische Beiträge zu Jüdischen Studien 6, Oldenburg 2000, 67–71.

GRAF, F., Artikel: Divination/Mantik, *RGG* 2, ⁴1999, 883–886.

GRAUPNER, A., *Der Elohist*. Gegenwart und Wirksamkeit des transzendenten Gottes in der
Geschichte, Neukirchen-Vluyn 2002.

GREEN, B., The Determination of Pharaoh: His Characterization in the Joseph Story (Genesis
37–50), in: P. R. Davies/J. A. Clines, *The World of Genesis*. Persons, Places, Perspectives,
JSOT.S 257, Sheffield 1998, 150–171.

GREENFIELD, J. C., The Etymology of אֲמִתַּחַת, *ZAW* 77, 1965, 90–92.

GRESSMANN, H., Der Segen Jakobs und Moses. I. Mose 49,1–28a; V. 33,1–39, in: ders. et al.
(Hgg.), *Die Anfänge Israels* (Von 2. Mose bis Richter und Ruth). Übersetzt, erklärt und mit
Einleitung versehen, SAT 2, Göttingen ²1922, 171–184.

–, Ursprung und Entwicklung der Joseph-Sage, in: H. Schmidt (Hg.), *Eucharisterion*. Studien
zur Religion und Literatur des Alten und Neuen Testaments, FRLANT 36, Göttingen 1923,
1–55.

GUNKEL, H., Die Joseph-Geschichten bei J und E, in: ders. et al. (Hgg.), *Die Urgeschichte und die Patriarchen* (Das erste Buch Mosis). Übersetzt, erklärt und mit Einleitungen in die fünf Bücher Mosis und in die Sagen des ersten Buches Mosis versehen, SAT 1, Göttingen 1911, 246–293.

–, Die Komposition der Joseph-Geschichten, *ZDMG* 1, 1922, 55–71.

–, *Genesis*, HK, Göttingen ⁴1917.

GUNNEWEG, A. H. J., Über den Sitz im Leben der sog. Stammessprüche. Gen 49 Dtn 33 Jdc 5, in: ders., *Sola Scriptura*. Beiträge zur Exegese und Hermeneutik des Alten Testaments, Göttingen 1983, 25–36.

HAAS, V., *Babylonischer Liebesgarten*. Erotik und Sexualität im Alten Orient, München 1999.

HAMILTON, V. P., *The Book of Genesis*. Chapters 18–50, NIC.OT, Grand Rapids/MI 1995.

HARRIS, J. S. R., Genesis 44:18–34, *Interp.* 52, 1998, 178–181.

HARTMANN, R., Zu Genesis 38, *ZAW* 33, 1913, 76–77.

HAYES, C. E., The Midrashic Career of the Confession of Judah (Genesis XXXVIII 26). Part I: The Extra-Canonical Texts, Targums and Other Versions, *VT* 45, 1995, 62–81.

HAYES, J. H./MILLER, J. M. (Hgg.), *Israelite and Judean History*, Philadelphia/PA 1977.

HECK, J. D., A History of Interpretation of Gen 49 and Deuteronomy 33, *BS* 147, 1990, 16–31.

–, Issachar. Slave or Freeman? (Gen 49:14–15), *JETS* 29, 1986, 385–396.

HENDEL, R. S., *The Epic of the Patriarch*. The Jacob Cycle and the Narrative Tradition of Canaan and Israel, HSM 42, Atlanta/GA 1987.

HERRMANN, S., Joseph in Ägypten, *ThLZ* 85, 1960, 827–830.

HIRTH, V., Jakobs Segen über Ephraim und Manasse (Gen 48,15 f.) als Beispiel frühisraelitischer familiärer Frömmigkeit, *BN 86*, 1997, 44–48.

HOFTIJZER, J., *Die Verheissungen an die drei Erzväter*, Leiden 1956.

HOLZINGER, H., *Genesis*, KHC, Tübingen 1898.

HONEYMAN, A. M., The Occasion of Josephs Temptation, *VT* 2, 1952, 85–87.

HOROVITZ, J., *Die Josephserzählung*, Frankfurt a. M. 1921.

HUDDLESTUM, J. R., Divestiture, Deception and Demotion. The Garment Motif in Genesis 37–39, *JSOT* 98, 2002, 47–62.

HUPFELD, H., *Die Quellen der Genesis und die Art ihrer Zusammensetzung*, Berlin 1853.

HUROWITZ, V. A., Joseph's Enslavement of the Egyptians (Genesis 47.13–26) in Light of Famine Texts from Mesopotamia, *RB* 101/3, 1994, 355–362.

HUSSER, J.-M., *Le songe et la parole – Études sur le rêve et sa fonction dans l'ancien Israël*, BZAW 210, Berlin 1994.

JACKSON, B. S., Law, Wisdom, and Narrative, in G. J. Brooke/J.-D. Kaestli (Hgg.), *Narrativity in Biblical and Related Texts*, Leuven 2000, 31–52.

JACOB, B., *Das erste Buch der Tora, Genesis*, Berlin 1934.

JACOBS, M. R., The Conceptual Dynamics of Good and Evil in the Joseph Story. An Exegetical and Hermeneutical Inquiry, *JSOT* 27, 2003, 309–338.

JANSSEN, A., Egyptological Remarks on the Story of Joseph in Genesis, *JEOL* 14, 1955/1956, 63–72.

JANSSEN, J., Bemerkungen zur Hungersnot im Alten Ägypten, *Bib.* 20, 1939, 69–71.

JENSEN, P., Die Joseph-Träume, in: W. Frankenberg/F. Küchler, *Abhandlungen zur semitischen Religionskunde und Sprachwissenschaft* (FS W. W. Grafen), BZAW 33, Gießen 1918, 233–245.

JEREMIAS, A., Joseph, in ders.: *Das Alte Testament im Lichte des Alten Orients*, Leipzig ⁴1930, 372–390.

JOHNSON, B., Die Josephserzählung und die Theodizeefrage, in H. M. Niemann/
M. Augustin/W. H. Schmidt (Hgg.), *Nachdenken über Israel, Bibel und Theologie*, BEAT 37,
Frankfurt a. M. 1994, 27–36.

KAISER, O., *Einleitung in das Alte Testament*, Gütersloh ⁴1978.

–, *Grundriß der Einleitung in die kanonischen und deuterokanonischen Schriften des Alten
Testaments*, Bd. 1, Die erzählenden Werke, Gütersloh 1992.

–, Stammesgeschichtliche Hintergründe der Josephsgeschichte. Erwägungen zur Vor- und
Frühgeschichte Israels, *VT* 10, 1969, 1–15.

KALIMI, I., Joseph in Midrash Psalms in the Light of Earlier Sources, in: F. W. Golka/W. Weiß
(Hgg.), *Joseph*. Bibel und Literatur, Oldenburgische Beiträge zu Jüdischen Studien 6,
Oldenburg 2000, 93–124.

KATZ, P., Two Kindred Corruptions in the Septuagint, *VT* 1, 1951, 261–266.

KEBEKUS, N., *Die Joseferzählung*. Literarkritische und redaktionsgeschichtliche Untersuchungen zu Gen 37–50, Münster 1990.

KESSLER, R., *Die Querverweise im Pentateuch*. Überlieferungsgeschichtliche Untersuchung der
expliziten Querverbindungen innerhalb des vorpriesterlichen Pentateuchs, Diss. Theol.
(masch.), Heidelberg 1972.

KIM, D., The Structure of Genesis 38. A Thematic Reading, *VT* 62, 2012, 550–560.

KING, J. R., The Joseph Story and Divine Politics. A Comparative Study of a Biographic Formula
from the Ancient Near East, *JBL* 106, 1987, 577–594.

KINGSBURY, E. S., He Set Ephraim Before Manasseh, *HUCA* 38, 1967, 129–136.

KITTEL, R., *Die Stammessprüche Israels*. Genesis 49 und Deuteronomium 33 traditionsge-
schichtlich untersucht, Berlin 1959.

KNIBB, M., A Note on 4Q372 and 4Q390, in: F. H. García Martínez/C. J. Anthony-Labuschagne
(Hgg.), *The Scriptures and the Scrolls* (FS A. S. van der Woude), VT.S 49, Leiden 1992,
164–177.

KNIPPING, B. R., Textwahrnehmung „häppchenweise" – Bemerkungen zu Harald Schweizers
„Die Josephsgeschichte" und zu seiner Literarkritik, *BN* 62, 1992, 61–95.

KOCH, K., *Das Buch Daniel*, EdF 144, Darmstadt 1980.

KÖCKERT, M., *Vätergott und Väterverheißungen*. Eine Auseinandersetzung mit A. Alt und seinen
Erben, FRLANT 142, Göttingen 1988.

KOENEN, K., Zur Bedeutung von Gen 37,15–17 im Kontext der Josephs-Erzählung und von B
21–28 in der ägyptischen Sinuhe-Erzählung, *BN* 86, 1997, 51–56.

KORNFELD, W./RINGGREN, H., Artikel: קדשׁ, *ThWAT* VI, 1989, 1179–1204.

KRATZ, R. G., „Abraham, mein Freund". Das Verhältnis von inner- und außerbiblischer Schrift-
auslegung, in: A. C. Hagedorn/H. Pfeiffer (Hgg.), *Die Erzväter in der biblischen Tradition*
(FS M. Köckert), BZAW 400, Berlin 2009, 115–136.

–, Friend of God, Brother of Sarah, and Father of Isaac. Abraham in the Hebrew Bible and in
Qumran, in: D. Dimant/ders. (Hgg.), *The Dymnamics of Language and Exegesis at Qumran*,
FAT II/35, Tübingen 2009, 79–105.

–, Der Zweite Tempel zu Jeb und zu Jerusalem, in ders.: *Das Judentum im Zeitalter des Zweiten
Tempels*, FAT 42, Tübingen 2004, 60–78.

–, *Die Komposition der erzählenden Bücher des Alten Testaments*. Grundwissen der
Bibelkritik, UTB 2157, Göttingen 2000.

–, *Historisches und biblisches Israel*. Drei Überblicke zum Alten Testament, Tübingen 2013.

–, Nabonid und Kyros, in ders.: *Das Judentum im Zeitalter des Zweiten Tempels*, FAT 42,
Tübingen 2004, 40–56.

–, *Translatio Imperii*. Untersuchungen zu den aramäischen Danielerzählungen und ihrem theologiegeschichtlichen Umfeld, WMANT 63, Neukirchen-Vluyn 1991.

KRAUS, H./KÜCHLER, M., *Erzählungen der Bibel III*. Das Buch Genesis in literarischer Perspektive. Die Josef-Erzählung, Göttingen 2005.

KRAUSE, D., The One who comes unbinding the Blessing of Judah. Mark 11.1–10 as a Midrasch on Genesis 49.11, Zechariah 9.9, and Psalm 118.25–26, in: C. A. Evans/J. A. Sanders (Hgg.), *Early Christian Interpretation of the Scriptures of Israel*. Investigations and Proposals, JSNT.S 148, Sheffield 1996, 141–153.

KREBS, W., „... sie haben Stiere gelähmt." (Gen 49,6), *ZAW* 78, 1966, 359–361.

KRÜGER, T., Genesis 38 – ein ‚Lehrstück' alttestamentlicher Ethik, in: ders., *Kritische Weisheit*. Studien zur weisheitlichen Traditionskritik im Alten Testament, Zürich 1997, 1–22.

KRUGER, P., Nonverbal Communication and Narrative Literature. Genesis 39 and the Ruth Novella, *BN* 141, 2009, 5–17.

KRUSCHWITZ, J., The Type-Scene Connection between Genesis 38 and the Joseph Story, *JSOT* 36/4, 2012, 383–410.

KUGEL, J. L., *In Potiphar's House*. The Interpretive Life of Biblical Texts, San Francisco/CA 1990.

KUNZ, A., Ägypten in der Perspektive Israels, *BZ.NF* 47, 2003, 206–229.

KUTSCH, E., Artikel: יבם, *ThWAT* III, 1982, 393–400.

LABONTÉ, G. G., Genèse 41 et Daniel 2. question d'origine, in: A. S. van der Woude (Hg.), *The Book of Daniel in the Light of New Findings*, Leuven 1993, 271–284.

LANCKAU, J., *Der Herr der Träume*. Eine Studie zur Funktion des Traumes in der Josefsgeschichte der Hebräischen Bibel, AThANT 85, Zürich 2006.

–, ḥarṭummīm – die Traumspezialisten? Eine methodische Problemanzeige in der Suche nach Josefs Kontrahenten in Gen 41,8.24, *BN* 199–200, 2003, 101–117.

LANGE, A., Becherorakel und Traumdeutung. Zu zwei Formen der Divination in der Josephs-geschichte, in: A. Wénin (Hg.), *Studies in the Book of Genesis*. Literature, Redaction and History, BEThL 155, Leuven 2001, 371–379.

LAMBE, A. J., Judah's Development.The Pattern of Departure – Transition – Return, *JSOT* 83, 1999, 53–68.

–, Genesis 38: Structure and Literary Design, in: J. A. Clines/P. R. Davies (Hgg.), *The World of Genesis*. Persons, Places, Perspectives, JSOT.S 257, Sheffield 1998, 102–120.

LATTEY, C., Vicarious Solidarity in the OT, *VT* 1, 1951, 267–274.

LAYTON, S. C., The Steward in ancient Israel, *JBL* 109, 1990, 633–649.

LEANDER, P., Einige Bemerkungen zur Quellenscheidung der Josephsgeschichte, *ZAW* 17, 1897, 197–198.

LEBRAM, J. C. H., Nachbiblische Weisheitstraditionen, *VT* 15, 1965, 167–236.

LEHMANN, R., Biblical Oaths, *ZAW* 81, 1969, 74–92.

LEUCHTER, M., Genesis 38 in Social and Historical Perspective, *JBL* 132/2, 2013, 209–227.

LEVIN, C., Abraham erwirbt seine Grablege (Genesis 23), in: R. Achenbach/M. Arneth (Hgg.), *Gerechtigkeit und Recht zu üben* (Gen 18,19). Studien zur altorientalischen und biblischen Rechtsgeschichte, zur Religionsgeschichte Israels und zur Religionssoziologie (FS E. Otto), BZAR 13, Wiesbaden, 2009, 96–113.

–, Das System der Zwölf Stämme Israels, in ders.: *Fortschreibungen*. Gesammelte Studien zum Alten Testament, BZAW 316, Berlin 2003, 111–123.

–, *Der Jahwist*, FRLANT 157, Göttingen 1993.

–, Dina. Wenn die Schrift wider sich selbst lautet, in ders.: *Fortschreibungen*. Gesammelte Studien zum Alten Testament, BZAW 316, Berlin 2003, 49–59.

–, Gerechtigkeit Gottes in der Genesis, in ders.: *Fortschreibungen*. Gesammelte Studien zum Alten Testament, BZAW 316, Berlin 2003, 40–48.

–, Tamar erhält ihr Recht (Genesis 38), in: Th. Naumann/R. Hunziker-Rodewald (Hg.), *Diasynchron*. Beiträge zur Exegese, Theologie und Rezeption der Hebräischen Bibel (FS W. Dietrich), Stuttgart 2009, 279–298.

LEVIN, Y., Joseph, Judah and the 'Benjamin Conundrum', *ZAW* 116, 2004, 223–241.

LISEWSKI, K. D., *Studien zu Motiven und Themen zur Josefsgeschichte der Genesis*, Europäische Hochschulschriften Reihe XXIII, Bd. 881, Frankfurt a. M. 2008.

LONGACRE, R. E., *Joseph*. A Story of Divine Providence. A Text Theoretical and Textlinguistic Analysis of Genesis 37 and 39–48, Winona Lake/IN ²2003 (komplett überarbeitet).

LORENZ, E., Die Träume des Pharao, des Mundschenks und des Bäckers, in: Y. Spiegel (Hg.), *Psychoanalytische Interpretationen biblischer Texte*, München 1972, 99–111.

LOWENTHAL, E. I., *The Joseph Narrative in Genesis*, New York/NY 1973.

LURIA, S., Die ägyptische Bibel (Joseph- und Mosesage), *ZAW* 44, 1926, 94–135.

LUTHER, B., Die Novelle von Juda und Tamar und andere israelitische Novellen, in: E. Meyer, *Die Israeliten und ihre Nachbarstämme*, Halle a. d. S. 1966, 175–206.

LUX, R., *Josef*. Der Auserwählte unter seinen Brüdern, Leipzig 2001.

MACCHI, J.-D., Les interprétations conflictuelles d'une narration (Genèse 34,1–35,5; 49,5–7), in: G. Brooke/J.-D. Kaestli (Hgg.), *Narrativity in Biblical and Related Texts*, Leuven 2000, 3–16.

–, *Israël et ses tribus selon Genèse 49*, OBO 171, Göttingen 1999.

MACLAURIN, E. C. B., Joseph and Asaph, *VT* 25, 1975, 27–45.

MALY, E. H., Genesis 12,10–20; 20,1–18; 26,7–11 and the Pentateuchal Question, *CBQ* 18, 1956, 255–262.

MARBÖCK, J., Die heiligen Orte im Jakobszyklus. Einige Beobachtungen und Aspekte, in: M. Görg (Hg.), *Die Väter Israels*. Beiträge zur Theologie der Patriarchenüberlieferungen im Alten Testament. Unter verantw. Mitw. von A. R. Müller, Stuttgart 1989, 211–224.

MARGULIS, B., Gen. XLIX 10/DEUT. XXXIII 2–3. A New Look at Old Problems, *VT* 19, 1969, 202–210.

MATTHES, J. C., Bemerkungen zu einigen Stellen aus Genesis und Numeri, *ZAW* 31, 1911, 128–132.

MATTHEWS, V. H., The Anthropology of Clothing in the Joseph Narrative, *JSOT* 65, 1995, 25–36.

MAY, H. G., The Evolution of the Joseph Story, *AJSL* 47, 1930/1, 83–93.

MCEVENUE, S., *Interpreting the Pentateuch*, OTSt 4, Collegeville/MN 1990.

MCGUIRE, E. M., The Joseph Story: A Tale of Son and Father, in: B. O. Long (Hg.), *Images of Man and God*. Old Testament Short Stories in Literary Focus, Sheffield 1981, 9–25.

MCKANE, W., *Prophets and Wise Men*, SBT 44, London ²1966.

MCKAY, H. A., Confronting Redundancy as Middle Manager and Wife. The Feisty Woman of Genesis 39, *Semeia* 87, 1999, 215–231.

MCKENZIE, S. L., Tamar and Her Biblical Interpreter, in: A. C. Hagedorn/H. Pfeiffer, *Die Erzväter in der biblischen Tradition* (FS M. Köckert), BZAW 400, Berlin 2009, 197–208.

MEINHOLD, A., Die Gattung der Josephsgeschichte und des Estherbuches: Diasporanovelle I, *ZAW* 87, 1975, 306–324.

–, Die Gattung der Josephsgeschichte und des Estherbuches. Diasporanovelle. II, *ZAW* 88, 1976, 72–93.

MEINHOLD, J., Textkonjekturen, *ZAW* 38, 1920, 169–171.

MELCHIN, R., Literary Sources in the Joseph Story, *ScEs* 31, 1979, 93–101.

MENN, E. M., *Judah and Tamar (Genesis 38) in Ancient Jewish Exegesis*. Studies in Literary Form and Hermeneutics, JSJ 51, Leiden 1997.

–, Sanctification of the (Divine) Name. Targum Neofiti's 'Translation' of Genesis 38.25–26, in C. A. Evans/J. A. Sanders (Hgg.), *The Function of Scripture in Early Jewish and Christian Tradition*, JSNT.S 154, Sheffield 1998, 206–240.

MEYER, E., *Der Papyrusfund von Elephantine*. Dokumente einer jüdischen Gemeinde aus der Perserzeit und das älteste erhaltene Buch der Weltliteratur, Leipzig 1912.

MIKETTA, K., Die literarhistorische und religionsgeschichtliche Bedeutung der ägyptischen Eigennamen in der Josephsgeschichte, *BZ* 2, 1904, 122–140.

MILLER, P. D., The End of the Beginning. Genesis 50, in B. R. Gaventa/ders. (Hgg.), *The Ending of Mark and the Ends of God* (FS D. H. Juel), Louisville/KY 2005, 115–126.

MISCALL, P. D., The Jacob and Joseph Stories as Analogies, *JSOT* 6, 1978, 28–40.

MORENZ, S., Joseph in Ägypten, *ThLZ* 84, 1959, 401–416.

MORIMURA, N., Tamar and Judah. A Feminist Reading of Gen 38, in: T. Schneider/H. Schüngel-Straumann (Hgg.), *Theologie zwischen Zeiten und Kontinenten* (FS E. Gösselmann), Freiburg i. Br. 1993, 1–18.

MORRIS, G., Convention and Character in the Joseph Narrative, *Proceedings* 14, 1994, 69–85.

MÜLLER, A. R., Die Mehrungsverheißung und ihre vielfältige Formulierung, in: M. Görg (Hg.), *Die Väter Israels*. Beiträge zur Theologie der Patriarchenüberlieferungen im Alten Testament. Unter verantw. Mitw. von A. R. Müller, Stuttgart 1989, 259–266.

MÜLLER, H.-P., Artikel: קדשׁ, *THAT* II, ²1979, 589–609.

NA'AMAN, N., Saul, Benjamin and the Emergence of ‚Biblical Israel', *ZAW* 121/3, 335–349.

NAUMANN, T., Opfererfahrung für Täter. Das Drama der Versöhnung in der biblischen Josefs-geschichte, *ÖR* 52, 2003, 491–505.

–, Der Vater in der biblischen Josefserzählung, *ThZ* 61, 2005, 44–64.

NEUFELD, E., The Anatomy of the Joseph Cycle, *JBQ* 22, 1994, 38–46.

NIDITCH, S., The Wronged Woman Righted. An Analysis of Genesis 38, *HThR* 72, 1979, 143–149.

NIDITCH, S./DORAN, R., The Success Story of the Wise Courtier, *JBL* 96, 1977, 179–193.

NIEHOFF, M., The Biblical Characters Talk to Themselves, *JBL* 111, 1992, 577–592.

–, *The Figure of Joseph in Post-Biblical Jewish Literature*, Leiden 1992.

NÖTSCHER, F., Gen 49,10: שילה, *ZAW* 47, 1929, 323–325.

NOTH, M., *Das System der Zwölf Stämme Israels*, Darmstadt 1966.

–, *Geschichte Israels*, Göttingen ³1950 (unveränderter Nachdruck der zweiten überarbeiteten und ergänzten Auflage).

–, Mari und Israel. Eine Personennamenstudie, in: G. Ebeling (Hg.), *Geschichte und Altes Testament* (FS A. Alt), BHTh 16, Tübingen 1953, 127–152.

–, *Überlieferungsgeschichte des Pentateuch*, Stuttgart 1948.

O'BRIEN, M. A., The Contribution of Judah's Speech, Genesis 44: 18–34, to the Characterization of Joseph, *CBQ* 59/3, 1997, 429–447.

OTTO, E., Artikel: Ehe. II. Altes Testament, *RGG* II, ⁴1999, 1071–1073.

–, Brückenschläge in der Pentateuchforschung, *ThR* 64, 1999, 84–99.

–, *Jakob in Sichem*. Überlieferungsgeschichtliche, archäologische und territorialge-schichtliche Studien zur Entstehungsgeschichte Israels, BWANT 110, Stuttgart 1979.

PAAP, C., *Die Josephsgeschichte Genesis 37–50*, Europäische Hochschulschriften Reihe XXIII, Bd. 534, Frankfurt a. M. 1995.

PÉNICAUD, A., L'interprétation des songes dans l'histoire de Joseph. Un modèle pour l'interprétation de textes?, *SémBib* 116, 2004, 5–31.

PFEIFFER, H., *Jahwes Kommen von Süden*. Jdc 5, Hab 3, Dtn 33 und Ps 68 in ihrem literatur- und theologiegeschichtlichen Umfeld, FRLANT 211, Göttingen 2005.

PINKER, A., "Abomination to Egyptians" in Genesis 43:32; 46:34, and Exodus 8:22, *OTE* 22/1, 2009, 151–174.

PIRSON, R., *The Lord of the Dreams*. A Semantic and Literary Analysis of Gen 37–50, London 2003.

–, The Sun, the Moon and Eleven Stars. An Interpretation of Joseph's Second Dream, in: A. Wénin, *Studies in the Book of Genesis*. Literature, Redaction and History, BEThL 155, Leuven 2001, 561–568.

–, The Twofold Message of Potiphar's Wife, *SJOT* 18, 2004, 248–259.

–, What is Joseph Supposed to Be? On the Interpretation of נער in Genesis 37:2, in: A. Brenner/J. W. van Henten (Hgg.), *Recycling Biblical Figures*, Leiden 1999, 83–92.

POHLMANN, K.-F., *Studien zum Jeremiabuch*, FRLANT 118, Göttingen 1978.

PORZIG, P. C., *Die Lade Jahwes im Alten Testament und in den Texten vom Toten Meer*, BZAW 397, Berlin 2009.

PREUSS, H. D., „... ich will mit dir sein!", *ZAW* 80, 1968, 139–173.

PRICKETT, S., The Idea of Character in the Bible; Joseph the Dreamer, in: M. O'Kane (Hg.), *Borders, Boundaries and the Bible*, JSOT.S 313, Sheffield 2002, 180–193.

PROCKSCH, O., *Das Nordhebräische Sagenbuch*. Die Elohimquelle, Leipzig 1906.

REDFORD, D. B., *A Study of the Biblical Story of Joseph*, VT.S 20, Leiden 1970.

REIF, S. C., A Note on נער, *VT* 21, 1971, 241–244.

RENDTORFF, R., *Das überlieferungsgeschichtliche Problem des Pentateuch*, BZAW 147, Berlin 1977.

–, Die Josefsgeschichte – Novelle ohne „Quellen", in: F. W. Golka/W. Weiß (Hgg.), *Joseph*. Bibel und Literatur, Oldenburgische Beiträge zu Jüdischen Studien 6, Oldenburg 2000, 37–44.

–, The ‚Yahwist' as Theologian? The Dilemma of Pentateuchal Criticism, *JSOT* 3, 1977, 2–10.

RESCH, A., *Der Traum im Heilsplan Gottes*. Deutung und Bedeutung des Traumes im Alten Testament, Freiburg i. Br. 1964.

RESENHÖFFT, W., *Die Quellenberichte im Josef-Sinai-Komplex*. Gen 37 bis Ex 24 mit 32–34, Europäische Hochschulschriften XXIII, Bd. 199, Bern/Frankfurt a. M. 1982.

REVELL, E. J., Midian and Ishmael in Genesis 37: Synonyms in the Joseph Story, in M. Daviau/J. W. Wevers/M. Weigl (Hgg.), *The World of the Arameans I* (FS E. Dion), JSOT.S 324, Sheffield 1991, 70–91.

REYNOLDS, B. H., Symbolic and Non-Symbolic Visions of the Book of Daniel in Light of the Dead Seas Scrolls, in: N. Dávid/A. Lange et al. (Hgg.), *The Hebrew Bible in Light of the Dead Sea Scrolls*, FRLANT 239, Göttingen 2012, 218–234.

RICHTER, H. F., „Auf den Knien eines anderen gebären"? (Zur Deutung von Gen 30,3 und 50,23), *ZAW* 91, 1979, 436–437.

RICHTER, W., Traum und Traumdeutung im AT. Ihre Form und Verwendung, *BZ* 7, 1963, 202–220.

RINDGE, M. S., Jewish Identity under Foreign Rule. Daniel 2 as a Reconfiguration of Genesis 41, *JBL* 129/1, 2010, 85–104.

RINGGREN, H., Artikel: זנה, *ThWAT* II, 1977, 619–621.

–, Die Versuchung Josefs (Gen 39), in: M. Görg (Hg.), *Die Väter Israels*. Beiträge zur Theologie der Patriarchenerzählungen im Alten Testament (FS J. Scharbert), Stuttgart 1989, 268–269.

Römer, T., Das Buch Numeri und das Ende des Jahwisten. Anfragen zur ‚Quellenscheidung'
im vierten Buch des Pentateuch, in: J. C. Gertz/K. Schmid/M. Witte (Hgg.), *Abschied vom
Jahwisten. Die Komposition des Hexateuch in der jüngsten Diskussion*, BZAW 315, Berlin
2002, 215–231.

–, Deux Repas ‚en miroir' dans l'histoire de Joseph (Gn 37–50), *RHPhR* 93/1, 2013, 15–27.

–, La narration, une subversion. L'histoire de Joseph (Gn 37–50*) et les romans de la
diaspora, in: G. Brooke/J.-D. Kaestli (Hgg.), *Narrativity in Biblical and Related Texts*,
Leuven 2000, 17–29.

Rösel, M., Die Interpretation von Genesis 49 in der Septuaginta, *BN* 79, 1995, 54–70.

Ron, Z., The Preference of Ephraim, *JBQ* 28, 2000, 60–61.

Rosenberg, R. A., Beshaggam and Shiloh, *ZAW* 105, 1993, 258–261.

Rosenthal, F., *A Grammar of Biblical Aramaic*, PLO 5, Wiesbaden [7]2006 (überarbeitet).

Rosenthal, L. A., Nochmals der Vergleich Ester, Joseph-Daniel, *ZAW* 17, 1897, 125–128.

Rossier, F., L'intercession de Judah. Gn 44,18–34, in: ders., *L'intercession entre des hommes
dans la Bible hébraique*, OBO 152, Fribourg/Göttingen 1996, 16–51.

Rowley, H. H., Qumran, the Essenes and the Zealots, in: J. Hempel/L. Rost, *Von Ugarit nach
Qumran* (FS O. Eissfeldt), BZAW 77, Berlin 1958, 184–192.

Rubin, A. D., Genesis 49:4 in Light of Arabic and Modern South Arabian, *VT* 59/3, 2009,
499–502.

Rudnig, T., *Davids Thron*. Redaktionskritische Studien zur Geschichte von der Thronnachfolge
Davids, BZAW 358, Berlin 2006.

Rudolph, W., Die Josefsgeschichte, in: P.Volz/ders., *Der Elohist als Erzähler*. Ein Irrweg der
Pentateuchkritik? An der Genesis erläutert, BZAW 63, Gießen 1933.

Rüterswörden, U., *Die Beamten der israelitischen Königszeit*, BWANT 117, Stuttgart 1985.

Ruppert, L., Die Aporie der gegenwärtigen Pentateuchdiskussion und die Josefserzählung der
Genesis, *BZ N. F.* 29, 1985, 31–48.

–, *Die Josephserzählung der Genesis*. Ein Beitrag zur Theorie der Pentateuchquellen, StANT
11, München 1965.

–, *Genesis*. Ein kritischer und theologischer Kommentar, FzB 98, Würzburg 2002.

–, *Genesis*. Ein kritischer und theologischer Kommentar, FzB 118, Würzburg 2008.

–, Zur neueren Diskussion um die Josefserzählung der Genesis, *BZ N. F.* 33, 1989, 92–97.

Sæbø, M., Divine Names and Epithets in Genesis 49.24b–25a. Methodological and Tradition-
Historical Remarks, in: ders., *On the Way to Canon*. Creative Tradition History in the Old
Testament, JSOT.S 191, Sheffield 1998, 58–77.

Salm, E., *Juda und Tamar*. Eine exegetische Studie zu Gen 38, FzB 76, Würzburg 1996.

Samuel, H., *Von Priestern zum Patriarchen*. Redaktions- und traditionsgeschichtliche
Studien zu Levi und den Leviten in der Literatur des Zweiten Tempels, BZAW 448, Berlin
2014.

Savage, M., Literary Criticism and Biblical Studies. A Rhetorical Analysis of the Joseph
Narrative, in: C. D. Evans et al. (Hgg.), *Scripture in Context*, PThMS 34, Pittsburgh/PA 1980,
79–100.

Scharbert, J., Artikel: Ehe/Eherecht/Ehescheidung. II. Altes Testament, *TRE* 9, [5]1982, 311–313.

–, Die Landverheißung als ‚Urgestein' der Patriarchen-Tradition, in: A. Caquot/S. Légasse/
M. Tardieu (Hgg.), *Mélanges bibliques et orientaux* (FS M. Delcor), AOAT 215, Kevelaer/
Neukirchen-Vluyn 1985, 359–368.

–, Genesis 12–50, NEB.AT, Würzburg 1986.

Schmid, H. H., *Der sogenannte Jahwist*. Beobachtungen zur Pentateuchforschung, Zürich 1976.

Schmid, K., Die Josephsgeschichte im Pentateuch, in: J. C. Gertz/ders./M. Witte (Hgg.), *Abschied vom Jahwisten*. Die Komposition des Hexateuch in der jüngsten Diskussion, BZAW 315, Berlin 2002, 83–118.

–, *Erzväter und Exodus*. Untersuchungen zur doppelten Begründung der Ursprünge Israels innerhalb der Geschichtsbücher des Alten Testaments, WMANT 81, Neukirchen-Vluyn 1999.

–, Genesis in the Pentateuch, in: C. A. Evans/J. N. Lohr/D. L. Petersen (Hgg.), *The Book of Genesis*. Composition, Reception, and Interpretation, VT.S 152, Leiden 2012, 27–50.

Schmidt, L., Die Priesterschrift in der Josefsgeschichte (Gen 37; 39–50), in: M. Beck/U. Schorn (Hgg.), *Auf dem Weg zur Endgestalt von Genesis bis II Regum* (FS H.-C. Schmitt), BZAW 370, Berlin 2006, 111–123.

–, Die vorpriesterliche Verbindung von Erzvätern und Exodus durch die Josefsgeschichte (Gen 37; 39–50) und Exodus 1, *ZAW* 124, 2012, 19–37.

–, Literarische Studien zur Josephsgeschichte, in: A. Aejmelaeus (Hg.), *The Traditional Prayer in the Psalms*, BZAW 167, Berlin 1986, 125–194.

Schmitt, H.-C., Die Josefs- und die Exodus-Geschichte. Ihre vorpriesterliche weisheitstheologische Verbindung, *ZAW* 127, 2015, 171–187.

–, *Die nichtpriesterliche Josephsgeschichte. ein Beitrag zur neuesten Pentateuchkritik*, BZAW 154, Berlin 1980.

–, Eschatologische Stammesgeschichte im Pentateuch. Zum Judaspruch von Gn 49,8–12, in: B. Kollmann/W. Reinhold/A. Steudel (Hgg.), *Antikes Judentum und frühes Christentum* (FS H. Stegemann), BZNW 97, Berlin 1998, 1–11.

Schöpflin, K., Jakob segnet seinen Sohn. Genesis 49,1–28 im Kontext von Josefs- und Vätergeschichte, *ZAW* 115/2, 2003, 501–523.

Schorn, U., *Ruben und das System der Zwölf Stämme Israels*, BZAW 248, Berlin 1997.

Schuller, E., Non-Canonical Psalms from Qumran, *CBQ* 50, 335–36.

–, The Psalm of 4Q372 1 Within the Context of Second Temple Prayer, *CBQ 54*, 1992, 67–79.

–, 4Q372 1: A Text about Joseph, *RdQ 14/3*, 1990, 349–376.

–, 4QNarrative and Poetic Composition a–c. Introduction – 4QNarrative and Poetic Composition a (Pl. XLVI) – 4QNarrative and Poetic Composition b (Pls. XLVII–XLIX) – 4QNarrative and Poetic Compositionc (Pl. XLIX), in: D. Gropp/M. Bernstein et al. (Hgg.), *Wadi Daliyeh II. The Samaria Papyri from Wadi Daliyeh and Qumran Cave XXVIII*. Miscellanea, Bd. 2, DJD 28, Oxford 2001, 151–204.

Schulte, H., *Die Entstehung der Geschichtsschreibung im Alten Israel*, BZAW 128, Berlin 1972.

Schunck, K.-D., *Benjamin*. Untersuchungen zu Entstehung und Geschichte eines israelitischen Stammes, BZAW 86, Berlin 1963.

Schwartz, B. J., How the Compiler of the Pentateuch Worked. The composition of Genesis 37, in: C. A. Evans/J. N. Lohr/D. L. Petersen (Hgg.), *The Book of Genesis*. Composition, Reception, and Interpretation, VT.S 152, Leiden 2012, 263–278.

Schweizer, *Die Josefsgeschichte*. Konstituierung des Textes Bd. 1, Tübingen 1991.

–, *Die Josefsgeschichte*. Konstituierung des Textes Bd. 2, Tübingen 1991.

Seebass, H., *Der Erzvater Israel und die Entstehung der Jahweverehrung in Kanaan*, BZAW 98, Berlin 1966.

–, Dialog über Israels Anfänge. Zum Evolutionsmodell von N. P. Lemche, Early Israel, in: J. Hausmann/ H.-J. Zobel (Hgg.), *Alttestamentlicher Glaube und Biblische Theologie*, Stuttgart 1992, 11–19.

–, Erwägungen zum altisraelitischen System der Zwölf Stämme, *ZAW 90*, 1978, 196–220.

–, Gehörten Verheißungen zum ältesten Bestand der Väter-Erzählungen?, *Bib.* 64, 1983, 189–209.

–, *Genesis III.* Josephsgeschichte (37,1–50,26), Neukirchen-Vluyn 2000.

–, *Geschichtliche Zeit und theonome Tradition in der Joseph-Erzählung*, Gütersloh 1978.

–, Joseph, sein Vater Israel und das pharaonische Ägypten, in: H. M. Niemann/M. Augustin/W. H. Schmidt (Hgg.), *Nachdenken über Israel, Bibel und Theologie*, BEAT 37, Frankfurt a. M. 1994, 11–25.

–, Landverheißungen an die Väter, *EvTh* 37, 1977, 210–229.

–, The Joseph Story, Genesis 48 and the Canonical Process, *JSOT* 35, 1986, 29–43.

–, Zur Quellenscheidung in der Josephsgeschichte, in: F. W. Golka/W. Weiß (Hgg.), *Joseph*. Bibel und Literatur, Oldenburgische Beiträge zu Jüdischen Studien 6, Oldenburg 2000, 25–36.

SEGAL, M., Monotheism and Angelology in Daniel, in: R. G. Kratz/H. Spieckermann (Hgg.), *One God – One Cult – One Nation*, BZAW 405, Berlin 2010, 405–420.

–, *The Book of Jubilees.* Rewritten Bible, Redaction, Ideology and Theology, Leiden 2007.

–, Rewriting the Story of Dinah and Shechem. The Literary Development of Jubilees 30. Michael, Segal, in: N. Dávid/A. Lange et al. (Hgg.), *The Hebrew Bible in Light of the Dead Sea Scrolls*, FRLANT 239, Göttingen 2012, 337–356.

SEIDEL, B., Entwicklungslinien der neueren Pentateuchforschung im 20. Jahrhundert, *ZAW* 106, 1994, 476–485.

SELLIN, E., Zu dem Judaspruch im Jakobsegen Gen 49,8–12 und im Mosesegen Deut 33,7, *ZAW* 60, 1944, 57–67.

SEYBOLD, K., Der Judaspruch Gen 49,8–12, in: ders., *Die Sprache der Propheten*. Studien zur Literaturgeschichte der Prophetie, Zürich 1999, 18–34.

SKA, J. L., L'Ironie de Tamar (Gen 38), *ZAW* 100, 1988, 261–263.

–, Sommaires proleptiques en Gn 27 et dans l'histoire de Joseph, *Bib.* 73, 1992, 518–527.

SKINNER, J., *Genesis*. The International Critical Commentary on the Holy Scriptures of the Old and New Testament, Edinburgh ²1951.

SMELIK, K. A. D., *Historische Dokumente aus dem Alten Israel*, Göttingen 1987.

SMEND, R. (d. Ä.), *Die Erzählungen des Hexateuch*. Auf ihre Quellen untersucht, Berlin 1912.

SMEND, R. (d.J.), *Die Entstehung des Alten Testaments*, Stuttgart ³1984.

–, *Jahwekrieg und Stämmebund*. Erwägungen zur ältesten Geschichte Israels, Göttingen ²1966.

SOGGIN, J. A., Dating the Joseph Story and other remarks, in: F. W. Golka/W. Weiß (Hgg.), *Joseph*. Bibel und Literatur, Oldenburgische Beiträge zu Jüdischen Studien 6, Oldenburg 2000, 13–24.

–, Juda and Tamar (Genesis 38), in: H. A. McKay/D. J. A. Clines (Hgg.), *Of Prophets' Visions and the Wisdom of Sages*, JSOT.S 162, Sheffield 1993, 281–287.

–, Notes on the Joseph Story, in: A. G. Auld (Hg.), *Understanding Poets and Prophets* (FS G. W. Anderson), JSOT.S 152, Sheffield 1993, 393–401.

SPARKS, K., Genesis 49 and the Tribal List Tradition in Ancient Israel, *ZAW* 115/3, 2003, 327–347.

SPECHT, H., Die Gestalt des Ruben in der Josefserzählung, in: C. Karrer-Grube/J. Krispenz et al. (Hgg.), *Sprachen – Bilder – Klänge*. Dimensionen der Theologie im Alten Testament und in seinem Umfeld (FS R. Bartelmus), AOAT 359, Münster 2009, 305–320.

SPIECKERMANN, H., *Heilsgegenwart*. Eine Theologie der Psalmen, FRLANT 148, Göttingen 1989.

STADEL, C., A Septuagint Translation Tradition and the Samaritan Targum to Genesis 41:43, *JBL* 131/4, 2012, 705–713.

STECK, O. H., *Die Paradieserzählung*. Eine Auslegung von Genesis 2,4b–3,24, Neukirchen-Vluyn 1970.

STEINBERG, N. A., The World of the Family in Genesis, in: C. A. Evans/J. N. Lohr/D. L. Petersen (Hgg.), *The Book of Genesis*. Composition, Reception, and Interpretation, VT.S 152, Leiden 2012, 279–302.

STEINDORFF, J., Der Name Josephs Saphenat-Pa'neach, *ZÄS* 37, 1989, 41–42.

STEINER, R. C., Four Inner-Biblical Interpretations of Genesis 49:10. On the Lexical and Syntactic Ambiguities of עד as Reflected in the Prophecies of Nathan, Ahijah, Ezekiel, and Zechariah, *JBL* 132/1, 2013, 33–60.

STENDEBACH, F.-J., Artikel: רגל, in: ThWAT VII, 1993, 333–346.

STEYMANS, H. U., The Blessings in Genesis 49 and Deuteronomy 33. Awareness of Intertextuality, in: J. le Roux/O. Eckart (Hgg.), *South African Perspectives on the Pentateuch between Synchrony and Diachrony*, LHB 463, New York, NY/London 2007, 71–89.

STIPP, H.-J., *Die Qedešen im Alten Testament*, in: A. C. Hagedorn/H. Pfeiffer, Die Erzväter in der biblischen Tradition (FS M. Köckert), BZAW 400, Berlin 2009, 209–240.

STRAUSS, H., Weisheitliche Lehrerzählungen in und um das Alte Testament, *ZAW* 116, 2004, 379–395.

TARLIN, J. W., Tamar's Veil. Ideology at the Entrance to Enaim, in: G. Aichele (Hg.), *Culture, Entertainment and the Bible*, JSOT.S 309, Sheffield 2000, 174–181.

TENGSTRÖM, S., *Die Hexateucherzählung*. Eine literaturgeschichtliche Studie, CB.OTS 7, Lund 1976.

THIEL, W., Geschichtliche und soziale Probleme der Erzväter-Überlieferungen in der Genesis, *ThV* 14, 1985, 11–27.

THIESSEN, M., 4Q372 1 and the Continuation of Joseph's Exile, *DSD 15/3*, 2008, 380–395.

THOMPSON, T. L., *The Historicity of the Patriarchal Narratives. The Quest for the Historical Abraham*, BZAW 133, Berlin 1974.

–, The Background of the Patriarchs. A Reply to W. Dever and M. Clark, in: J. W. Rogerson (Hg.), *The Pentateuch*. A Sheffield Reader, The Biblical Seminary 39, Sheffield 1996, 321–336.

TORCZYNER, H., אביר kein Stierbild, *ZAW* 39, 1921, 296–300.

TREVES, M., Shiloh (Genesis 49:10), *JBL* 85, 1966, 353–356.

UNGNAD, A., Joseph, der Tartan des Pharao, *ZAW* 41, 1923, 204–207.

VANDERKAM, J. C., A Twenty-eight-day Month Tradition in the Book of Jubilees?, *VT* 32, 1982, 504–506.

–, *The Book of Jubilees*, 2 Bde., Leuven 1989.

VANDERKAM, J. C./Milik, J. T., 4QJubilees f (Pl. VI), in: H. Attridge et al. (Hgg.), *Parabiblical Texts I*, DJD XIII. Qumran Cave 4.VIII. Oxford: Clarendon, 1994, 63–86.

VAN DER KOOIJ, A., The Dead Sea Scrolls and the Textual History of the Hebrew Bible, in: N. Dávid/A. Lange et al. (Hgg.), *The Hebrew Bible in Light of the Dead Sea Scrolls*, FRLANT 239, Göttingen 2012, 29–40.

VAN DER MERWE, B. J., Joseph as successor of Jacob, in: W. C. van Unnik/A. S. van der Woude (Hgg.), *Studia Biblia et Semitica*, Wageningen 1966, 221–232.

VAN DIJK-HEMMES, F., Tamar and the limits of Patriarchy. Between Rape and Seduction (2 Samuel 13 and Genesis 38), in: M. Bal (Hg.), *Anti-Covenant*. Counter-Reading Women's Lives in the Hebrew Bible, JSOT.S 81, Sheffield 1989, 135–156.

VAN RUITEN, J., Between Jacob's Death and Moses' Birth: The Intertextual Relationship between Genesis 50:15–Exodus 1:14 and Jubilees 46:1–16, in: A. Hilhorst/E. Puëch/E. Tigchelaar (Hgg.), *Flores Florentino* (FS F. G. Martínez), JSJ 122, Leiden 2007, 467–489.

VAN SETERS, J., Narrative Patterns for the Story of Commissioned Communication in the Old Testament, *JBL* 99, 1980, 365–382.

–, *Prologue to History. The Yahwist as Historian in Genesis*, Zürich 1992.

VATER, A. M., Narrative patterns for the Story of Commissioned Communication in the Old Testament, *JBL* 99, 1980, 365–382.

VERGOTE, J., *Joseph en Ègypte*, OBL 3, Leuven 1959.

VOLGGER, D., Dtn 25,5–10 – Per Gesetz zur Ehe gezwungen?, *BN* 114/115, 2002, 173–188.

VON PÁKOZDY, L. M., Theologische Redaktionsarbeit in der Bileamperikope, in: J. Hempel/L. Rost (Hgg.), *Von Ugarit nach Qumran*, BZAW 77, Berlin 1958, 161–176.

VON RABENAU, K., Inductio in tentationem – Joseph in Ägypten, in: E. Staehelin/B. Jaeger (Hgg.), *Ägypten-Bilder*, OBO 150, Göttingen 1997, 35–50.

VON RAD, G., *Das erste Buch Mose*, ATD 4, Göttingen 1953.

–, *Die Josephsgeschichte*. Ein Vortrag, Neukirchen ²1956.

–, Josephsgeschichte und ältere Chokma, in: ders., *Gesammelte Studien zum Alten Testament*, München 1958, 272–280.

WALLACE, R. S., *The Story of Joseph and the Family of Jacob*, Grand Rapids/Mi 2001.

WALLIS, G., Die Tradition von den drei Ahnvätern, *ZAW* 81, 1969, 18–40.

WALTON, J. H., *Ancient Near Eastern Thought and the Old Testament*. Introducing the Conceptual World of the Hebrew Bible, Grand Rapids/MI 2006.

WARD, W. A., Egyptian Titles in Genesis 37–50, *BS* 114, 1957, 40–59.

–, The Egyptian Office of Joseph, *JSSt* 5, 1960, 144–150.

WEBER, E., Vorarbeiten zu einer künftigen Ausgabe der Genesis, *ZAW* 34, 1914, 199–218.

WEIMAR, P., Aufbau und Struktur der priesterschriftlichen Jakobsgeschichte, *ZAW* 86, 1974, 174–203.

–, Die Josefsgeschichte als theologische Komposition. Zu Aufbau und Struktur von Gen 37, in: ders., *Studien zur Josefsgeschichte*, SBAB 44, Stuttgart, 2008, 27–60.

–, Eine bewegende Rede. Komposition und Theologie der Rede Judas in Gen 44,18–34, in: ders., *Studien zur Josefsgeschichte*, SBAB 44, Stuttgart, 2008, 125–145.

–, „Fürchte dich nicht, nach Ägypten hinabzuziehen!" (Gen 46,3). Funktion und Bedeutung von Gen 46,1–7 im Rahmen der Josefsgeschichte, in: ders., *Studien zur Josefsgeschichte*, SBAB 44, Stuttgart, 2008, 163–220.

–, Gen 46,1–5 – Ein Fremdkörper im Rahmen der Josefsgeschichte, in: ders., *Studien zur Josefsgeschichte*, SBAB 44, Stuttgart, 2008, 145–162.

–, „Jahwe aber war mit Josef" (Gen 39,2). Eine Geschichte von programmatischer Bedeutung, in: ders., *Studien zur Josefsgeschichte*, SBAB 44, Stuttgart, 2008, 61–124.

–, Josef – Eine Geschichte vom schwierigen Prozeß der Versöhnung, in: ders., *Studien zur Josefsgeschichte*, SBAB 44, Stuttgart, 2008, 9–26.

–, Spuren der verborgenen Gegenwart Gottes in der Geschichte. Anmerkungen zu einer späten Redaktion der Josefsgeschichte, in: ders., *Studien zur Josefsgeschichte*, SBAB 44, Stuttgart, 2008, 297–316.

–, *Untersuchungen zur Redaktionsgeschichte des Pentateuch*, BZAW 146, Berlin 1977.

–, „Wir werden dem Pharao Diener sein" (Gen 47,25b). Stellung und Bedeutung von Gen 47,13–26 im Rahmen der Josefsgeschichte, in: ders., *Studien zur Josefsgeschichte*, SBAB 44, Stuttgart, 2008, 221–296.

WEINFELD, M., Ancient Near Eastern Patterns in Prophetic Literature, *VT* 27, 1977, 178–195.

WEIPPERT, H., Das geographische System der Stämme Israels, *VT* 23, 1973, 76–89.

WEISS, W., Die Josephsgeschichte bei Josephus Flavius, in: F. W. Golka/W. Weiß (Hgg.), *Joseph.* Bibel und Literatur, Oldenburgische Beiträge zu Jüdischen Studien 6, Oldenburg 2000, 73–82.

WELLHAUSEN, J., *Die Composition des Hexateuchs und der historischen Bücher des Alten Testaments*, Berlin ⁴1963.

WENHAM, G. J., *Genesis 16–50*, WBC II, Dallas/TX 1996.

–, The Religion of the Patriarchs, in: A. R. Millard/D. J. Wiseman (Hgg.), *Essays on the Patriarchal Narratives*, Leicester 1980, 157–188.

WENIN, A., Joseph et la femme de Putiphar. De la Genèse à la réécriture de Thomas Mann, in: F. Mies (Hg.), *Bible et littérature*. L'homme et Dieu mis en intrigue, Le livre et le rouleau 6, Brüssel 1999, 123–167.

–, La tunique ensanglantée de Joseph (Gen 37,31–33), *VT* 54, 2004, 407–410.

– (Hg.), *Studies in the Book of Genesis*. Literature, Redaction and History, BEThL 155, Leuven 2001.

WENTES, E. F., The Tale of the Two Brothers, in: W. K. Simpson (Hg.), *The Literature of Ancient Egypt*, New Haven/CT 1972, 92–107.

WESSELS, J. P. H., The Joseph Story and Pentateuchal Criticism, *VT* 18, 1968, 522–528.

WEST, G. O., Difference and Dialogue. Reading the Joseph Story, *Biblical Interpretation* 2, 1994, 152–170.

WESTERMANN, *Genesis*, BK I/15, Neukirchen-Vluyn 1979.

–, *Genesis*, BK I/20, Neukirchen-Vluyn 1981.

–, *Genesis*, BK I/21, Neukirchen-Vluyn 1982.

–, *Genesis*, BK I/22.23, Neukirchen-Vluyn 1982.

–, Gen 37–50. Die Joseph-Erzählung, in: ders., *Genesis 12–50*, EdF 48, Darmstadt 1975, 56–68.

WHITE, H. C., Reuben or Judah. Duplicates or Complements?, in J. T. Butler/E. W. Conrad/ B. C. Ollenburger (Hgg.), *Understanding the Word* (FS B. W. Anderson), JSOT.S 37, Sheffield 1985, 73–98.

WHYBRAY, *The Making of the Pentateuch*. A Methodological Study, JSOT.S 53, Sheffield 1994.

–, The Joseph Story and Pentateuchal Criticism, *VT* 18, 1968, 522–528.

WILLI-PLEIN, I., *Das Buch Genesis*. Kapitel 12–50, NSK.AT, Stuttgart 2011.

WILLMES, B., Objektive Ereignisse bei textinterner Literarkritik. Einige Anmerkungen zur Subjektivität literarkritischer Beobachtung. Harald Schweizers Studie ‚Die Josefsge-schichte‘, *BN* 67, 1993, 54–86.

WITTE, M., Die Gebeine Josefs, in: M. Beck/U. Schorn (Hgg.), *Auf dem Weg zur Endgestalt von Genesis bis II Regum* (FS H.-Ch. Schmitt), BZAW 370, Berlin 2006, 139–156.

WÖHRLE, J., *Fremdlinge im eigenen Land*. Zur Entstehung und Intention der priesterlichen Passagen der Vätergeschichte, FRLANT 246, Göttingen 2012.

WRIGHT, G. R. H., The Positioning of Gen 38, *ZAW* 94, 1982, 523–529.

WÜNCH, H.-G., Genesis 38 – Judah's Turning Point. Structural Analysis and narrative Techniques and their Meaning for Genesis 38 and its Placement in the Story of Joseph, *OTE* 25/3, 2012, 777–806.

YOUNG, D. W., A Ghost Word in the Testament of Jacob (Gen 49:5)?, *JBL* 100, 1981, 335–342.

ZEITLIN, S., Dreams and Their Interpretation from the Biblical Period to the Hellenistic Time, *JQR* 66, 1975/6, 1–18.

ZENGER, E., Die Bücher der Tora/des Pentateuch, in: ders. (Hg.), *Einleitung in das Alte Testament*, Stuttgart ⁸2011 (vollständig überarbeitet).

ZGOLL, A., *Traum und Welterleben im antiken Mesopotamien*. Traumtheorie und Traumpraxis im 3. – 1. Jahrtausend v. Chr. als Horizont einer Kulturgeschichte des Traumes, AOAT 333, Münster 2006.

ZIMMERMANN, F., Some Textual Studies in Genesis, *JBL* 73, 1954, 97–101.

–, The Births of Perez and Zerah, *JBL* 64, 1945, 377–378.

ZOBEL, H. J., Zusammenschlüsse und Stämme in der vorstaatlichen Zeit Israels, *ThV* 14, 1985, 29–37.

–, *Stammesspruch und Geschichte*. Die Angaben der Stammessprüche von Gen 49, Dtn 33 und Jdc 5 über die politischen und kultischen Zustände im damaligen „Israel", Berlin 1965.

8. Bibelstellenregister